ROCHAS E PROCESSOS ÍGNEOS

um guia prático

O Autor

Robin Gill leciona petrologia ígnea e geoquímica na Universidade de Londres há 22 anos, e atuou nos cursos de pós-doutorado das Universidades de Manchester, de Western Ontario e de Oxford. É autor de obras como *Chemical Fundamentals of Geology* (segunda edição, 1996) e foi editor de *Modern Analytical Geochemistry* (1997).

G475r Gill, Robin.
  Rochas e processos ígneos : um guia prático / Robin Gill ; tradução: Félix José Nonnenmacher ; revisão técnica: André Weissheimer de Borba. – Porto Alegre : Bookman, 2014.
  ix, 427 p. : il. ; 28 cm.

  Contém encarte colorido.
  ISBN 978-85-8260-183-9

  1. Rochas ígneas. I. Título.

  CDU 552.3(036)

Catalogação na publicação: Suelen Spíndola Bilhar – CRB 10/2269

ROBIN GILL
Departamento de Ciências da Terra
Faculdade Royal Holloway
Universidade de Londres

ROCHAS E PROCESSOS ÍGNEOS
um guia prático

Tradução:
Félix José Nonnenmacher

Revisão técnica:
André Weissheimer de Borba
Mestre em Geociências e Doutor em Ciências pela UFRGS
Professor Adjunto do Departamento de Geociências do Centro de Ciências Naturais e Exatas
da Universidade Federal de Santa Maria (CCNE/UFSM)
Professor do Programa de Pós-graduação em Geografia e Geociências da UFSM

bookman

2014

Obra originalmente publicada sob o título *Igneous Rocks and Processes*
ISBN 9781444330656/1444330659

Original edition copyright © 2010 by Robin Gill
Blackwell Publishing was acquired by John Wiley & Sons.
All Rights Reserved. Authorised translation from the English language edition published by Blackwell Publishing Limited. Responsibility for the accuracy of the translation rests solely with Grupo A Educação S.A. and is not the responsibility of Blackwell Publishing Limited. No part of this book may be reproduced in any form without the written permission of the original copyright holder, Blackwell Publishing Limited.

Gerente editorial: *Arysinha Jacques Affonso*

Colaboraram nesta edição:

Coordenadora editorial: *Denise Weber Nowaczyk*

Capa: *Márcio Monticelli (arte sobre capa original)*

Imagem da capa: vista noturna do domo de lava de Soufrière Hills, Montserrat, em 11 de setembro de 2006, reproduzida com permissão do Montserrat Volcano Observatory
Imagens da contracapa, de cima para baixo: uma complexidade intrusiva no centro plutônico de Nualik, leste da Groenlândia (reproduzida com permissão de Geological Survey of Denmark and Greenland), bandas em calha com graduação mineral em um gabro estratificado, intrusão de Skærgaard, leste da Groenlândia (reproduzida com permissão de Geological Survey of Denmark and Greenland), uma vista aérea da cratera e do domo de lava do Monte Santa Helena, estado de Washington, Estados Unidos, em junho de 2007 (fotografada por Matt Logan e reproduzida com permissão de US Geological Survey/Cascades Volcano Observatory), um xenólito de espinélio-lherzolito em um basalto escoriáceo do vulcão Leurat, Victoria, Austrália (fotografia de Kevin d'Souza), um cone de escória do Monte Etna, em abril de 2009, e a seção delgada de um leucita-sodalita fonólito, Reiden, Alemanha.

Leitura final: *Amanda Jansson Breitsameter*

Editoração: *Techbooks*

Reservados todos os direitos de publicação, em língua portuguesa, à
BOOKMAN EDITORA LTDA., uma empresa do GRUPO A EDUCAÇÃO S.A.
Av. Jerônimo de Ornelas, 670 – Santana
90040-340 – Porto Alegre – RS
Fone: (51) 3027-7000   Fax: (51) 3027-7070

É proibida a duplicação ou reprodução deste volume, no todo ou em parte, sob quaisquer formas ou por quaisquer meios (eletrônico, mecânico, gravação, fotocópia, distribuição na Web e outros), sem permissão expressa da Editora.

Unidade São Paulo
Av. Embaixador Macedo Soares, 10.735 – Pavilhão 5 – Cond. Espace Center
Vila Anastácio – 05095-035 – São Paulo – SP
Fone: (11) 3665-1100   Fax: (11) 3667-1333

SAC 0800 703-3444 – www.grupoa.com.br

IMPRESSO NO BRASIL
PRINTED IN BRAZIL

Agradecimentos

Meus agradecimentos vão para as organizações que me concederam permissão para reproduzir figuras (os números entre parênteses) ou outros materiais especificados: a União Geofísica dos Estados Unidos (Figuras 5.3.1a, b e c, 6.4, 6.24, 9.13), o American Journal of Science (Figura 9.7b), Blackwell Science (Figuras 6.16, 8.23, 9.7c), o Instituto de Pesquisas Geológicas do Reino Unido (Figura 4.3e), Caribbean Helicopters (Figura 6.3b), Elsevier (Figuras 2.13, 4,9, 4.14a, 5.4, 5.12, 5.13, 5.6.1, 6.17, 6.26a, 6.4.1, 8.7, 8.16, 8.18, 9.3, 9.14, 9.15, 9.18, Prancha 2.10), a Sociedade Geológica dos Estados Unidos (Figuras 4.14b, 5.8a, 5.3.2, 6.7, 6.21b, c, 6.26b), a Sociedade Geológica da Austrália (Figura 4.6.2), a Sociedade Geológica de Londres (Figuras 4.4, 9.6, 9.8, 9.11, 9.16, 9.6.1 e um trecho de texto extraído de Guest et al., 2003), o Instituto de Pesquisas Geológicas da Dinamarca e Groelândia (GEUS) (Figuras 2.2d, 4.3, 4.6, 4.6.1, 8.3a, 8.8, 8.10a-c, 8.13b), a Associação de Geólogos do Reino Unido (Figuras 7.6 e 8.5b), Getty Images (Figura 7.9a), o Programa Integrado de Perfurações Oceânicas/Universidade de Ciências Agrícolas e Mecânicas do Texas (Figura 2.9a), Sociedade de Filosofia e Literatura de Leicester, Reino Unido (Figura 2.14), a Associação Mineralógica do Canadá (Figura 9.23), a Sociedade Mineralógica dos Estados Unidos (Figura 6.6), o Observatório Vulcânico de Montserrat (Figura 7.4a e a imagem da primeira capa), a Open University (Figuras 6.13 e 6.21), a Oxford University Press (Figuras 3.12, 4.4.1, 5.3, 5.8b, 5.11, 5.5.2, 6.18, 8.15, 8.19, 8.4.1, 9.7a, 9.20, 9.22), Penguin Books (trecho de texto extraído de Radice, 1963), Springer Business Media (Figuras 4.13, 5.9, 6.5, 7.17b, 9.4.1), Wiley Interscience (Figura 12.5) e a Academia Nacional de Ciências dos Estados Unidos (Figura 5.4.1). O Instituto de Pesquisas Geológicas dos Estados Unidos merece minha gratidão por ter cedido muitas fotos de domínio público reproduzidas neste livro (ver as respectivas legendas); quisera outros institutos do gênero fossem igualmente generosos.

Muitas pessoas me auxiliaram cedendo ilustrações ou dando permissão para reproduzir figuras, entre as quais J. Bédard (Figura 4.3d), o Smithsonian Institution de Washington DC (Figuras 6.3a e d), J. Blundy (Figura 7.17b), A. Bussell (Figura 8.10d), J. P. Davison (Figura 2.5), C. H. Donaldson (Figura 5.9), C. H. Emeleus (Figura 4.3e), R. Greeley (Figura 6.3e), D. Millward (Figura 7.4b), I. Modinou (Figura 2.2a) e J. S. Myers (Figura 4.6.3).

Agradeço também aos colegas por terem gentilmente cedido amostras ou imagens para as pranchas: D. Alderton (8.5), F. Benton (9.18, 9.19), J. B. Dawson (9.10), C. M. H. Edwards (6.1, 6.2), J. G. Fitton (2.1), C. A. Goodrich (2.10), I. S. McCallum (4.9, 5.1, 5.2), E. McPherson (5.8, 5.9), M. A. Menzies (5.5), R. H. Mitchell (9.1, 9.2), I. Modinou (2.6), G. Stripp (4.11), R. N. Taylor (6.4, 6.5), C. Tiltman (7.2), B. G. J. Upton (9.9), P. Wallace (6.11), J. Walton (9.5), A. Zaitsev (9.4). A Figura 2.9c foi generosamente cedida pelo Programa Integrado de Perfurações Oceânicas/Universidade de Ciências Agrícolas e Mecânicas do Texas. Minha gratidão especial vai para Eric Tomme e Jonathan Stone, por terem cedido as fotografias de Montserrat. As outras imagens são de minha coleção particular ou pertencem à coleção do Departamento de Ciências da Terra, Faculdade Royal Holloway, Universidade de Londres. Também fico muito agradecido a Aubrey Lamb, da Carl Zeiss, Alemanha, por ter autorizado a reprodução do gráfico de Michel-Levy.

Grazzie mille a Giulia Kistruck, por ter traduzido um trecho do Capítulo 7 do italiano. Kevin D'Souza, Neil Holloway, Frank Lehane e Mark Longbottom recebem meu muito obrigado pelo apoio técnico ao longo dos anos. Sou agradecido a Ian Francis e Kelvin Matthews da Wiley-Blackwell pelo suporte institucional que me ofereceram.

Acima de tudo, sou muito agradecido a Dave Alderton, Grant Cawthorn, Godfrey Fitton[1], John Gamble, Ray Macdonald, Colin Macpherson, Nick Petford e Anatoly Zaitsev pelos comentários e sugestões a trechos deste livro, e a Richard Arculus e Jon Blundy pelos inúmeros comentários construtivos sobre o texto final. Essas contribuições representam um acréscimo concreto ao conteúdo e à precisão desta obra. Todas as falhas que este livro apresenta são de minha responsabilidade apenas.

---

[1] Que também melhorou a exatidão dos cálculos no Quadro 3.2.

Prefácio

Este livro é o resultado de minha experiência como professor de petrologia ígnea, uma disciplina do segundo ano da Faculdade Royal Holloway, da Universidade de Londres. Neste nível intermediário de ensino, o principal objetivo é auxiliar os alunos a desenvolverem técnicas de descrição e interpretação adequadas. A ênfase em habilidades práticas estabelece uma ordem diferente de prioridades, comparada à sequência adotada durante a elaboração de um livro sobre petrogênese. Ao se deparar com uma rocha intermediária de origem desconhecida, um estudante precisa descrevê-la com objetividade, inferindo o que for possível sobre o material com base nas informações de que dispõe, em vez de adaptar sua análise a um nome, uma origem ou uma associação tectônica preconcebidos. Nesse sentido, o termo "andesito" surge durante a análise, com o amparo dos dados mineralógicos que o estudante tem, não por conta de ele saber que a rocha em questão é originária do Japão (ainda que esse detalhe possa ser útil). Portanto, minha opinião é de que, neste estágio, os estudantes precisam de um livro que os ajude a traduzir um conjunto de observações (por exemplo, "uma rocha composta por fenocristais de plagioclásio e hornblenda em abundância imersos em uma matriz de granulação fina, formada principalmente por plagioclásio intermediário + augita + opacos") em um nome informativo e apropriado ("andesito porfirítico com hornblenda e plagioclásio", veja o Capítulo 6). Os estudantes iniciados no assunto necessitam também de orientações para a interpretação de texturas e dados geoquímicos com perspicácia, tirando conclusões embasadas sobre processos magmáticos. Para propiciar essa ênfase no trabalho prático desenvolvido pelo próprio estudante, a maior parte dos capítulos deste livro é dedicada às principais famílias de rochas (basaltos, rochas gabroicas, rochas graníticas, etc.). Os ambientes tectônicos também são discutidos, mas estes não estabelecem a estrutura deste livro, como em obras voltadas para o estudo da gênese do magma.

Os aspectos essenciais da nomenclatura ígnea são apresentados no Capítulo 1. A ordem dos capítulos seguintes reflete um percurso lógico, partindo dos produtos mais simples, abundantes e menos fracionados da fusão do manto (como os basaltos, vistos no Capítulo 2) e seus equivalentes plutônicos (Capítulos 4 e 5), até os tipos mais evoluídos de magma, tratados nos Capítulos 6 e 8. O último capítulo examina as rochas alcalinas, cuja diversidade e complexidade mineralógicas desafiam até mesmo o mais dedicado dos estudantes! Os Capítulos 3 e 7 abordam assuntos um pouco diferentes, nos pontos adequados do livro, tratando da petrologia experimental (uma importante ferramenta na compreensão da evolução do magma) e de conceitos de vulcanologia física.

No tocante à nomenclatura ígnea, este livro tenta apresentar uma combinação equilibrada da prática petrográfica tradicional com a convenção definida pela União Internacional das Ciências Geológicas, IUGS (Le Maitre, 2002). Os minerais observados em uma rocha são discutidos sob quatro subtítulos principais: minerais *essenciais*, minerais *qualificadores*, minerais *acessórios* e minerais *pós-magmáticos*. Os termos "essencial" e "acessório" são comumente empregados, porém, neste livro assumem um significado um pouco diferente do usual, como mostra a tabela a seguir.

"Mineral qualificador" é um termo que meramente especifica um conceito que entendemos implicitamente sempre que falamos de "olivina basalto". Sabe-se que um mesmo mineral pode ser essencial em um tipo de rocha (a nefelina presente em um nefelinito), atuar como mineral qualificador em outra (a nefelina em um gabro alcalino) e estar presente como acessório em um terceiro tipo de rocha, dependendo de fatores como abundância e contexto. O conceito de "mineral pós-magmático" é apresentado como forma de enfatizar que uma rocha ígnea verdadeira em seu estado atual pode conter minerais que jamais coexistiram no líquido magmático de que ela se formou.

Ao redigir as definições de rochas, deparei-me com um princípio essencial: a definição de um tipo de rocha deve ser fundamentada em critérios puramente descritivos, sem qualquer conotação sobre origem. Por essa razão, o adjetivo "vulcânico" foi omitido na definição de basalto, enquanto "plutônico" não aparece na caracterização do gabro. Embora essa iniciativa discorde do cânone

Categoria de mineral (conforme explicado no Capítulo 4)	Significado tradicional	Significado adotado neste livro	Exemplo
Mineral **essencial** (ou "que consiste principalmente de")	Um mineral "necessário para estabelecer a classificação ou nomenclatura de uma rocha"[1]	Um mineral cuja presença é essencial à determinação do nome *raiz* apropriado	O plagioclásio cálcico no basalto
Mineral **qualificador**	–	Um mineral não essencial utilizado com função *qualificadora*	A olivina no "olivina basalto"
Mineral **acessório**	"Um mineral presente em quantidades pequenas em uma rocha e cujo teor não afeta o diagnóstico"[2]	Qualquer mineral magmático que não influi na escolha dos nomes raiz ou qualificadores	A magnetita no basalto
Mineral **pós-magmático**	–	Um mineral que preenche os vazios ("hidrotermal") ou substitui minerais ígneos ("secundário") na estrutura	A esmectita em um basalto alterado

[1] AGI Glossary of Geology, 2ª edição, 1960.
[2] Holmes (1928).

dado pela IUGS (Le Maitre, 2002, p. 60[1]), a lógica diz que, com base em critérios puramente objetivos, uma amostra de granulação fina da borda resfriada de uma intrusão gabroica e encontrada sem qualquer rótulo identificador em uma gaveta seria chamada de basalto, ao passo que a parcela básica de uma lava espessa de komatiito de granulação grossa seria logicamente chamada de gabro (de acordo com Arndt et al., 1977, por exemplo). Em outras palavras, não é necessário conhecer a procedência de uma rocha ou o local em que se formou para dar a ela o nome adequado. Falar de um "gabro de granulação fina" é uma distorção da lógica que deve ser questionada por qualquer estudante perspicaz. Os princípios adotados neste livro são semelhantes à nomenclatura consagrada pelo Instituto de Pesquisas Geológicas do Reino Unido (Gillespie and Styles, 1999).[2]

O termo "prático" no título deste livro assinala seu objetivo de ser uma ferramenta de suporte ao trabalho independente do estudante no laboratório de petrologia ou em projetos de pesquisa. Por ser pragmático, incluí uma visão geral sobre conceitos de óptica em apoio à identificação simplificada de minerais sem a necessidade de consultar um texto sobre mineralogia[3] que, conforme indica a experiência, muitos estudantes relutam em adquirir. Esse resumo sobre óptica é dado no Apêndice A e em quadros de texto ao longo do livro. O Apêndice B aborda diversos cálculos em petrografia, como o esquema simplificado da norma CIPW para facilitar a compreensão de conceitos como a subsaturação em sílica. O Apêndice C resume os símbolos e unidades utilizados ao longo do livro. As figuras e tabelas exibidas nos quadros explicativos são identificadas com números compostos por três algarismos: "Fig. 1.3.1" indica a primeira (ou única) figura no Quadro 1.3 (o terceiro quadro do Capítulo 1), "Fig. B3" refere-se à Figura 3 no Apêndice B. Além disso, um glossário geral foi incluído como ferramenta extra. Os termos definidos no glossário são assinalados em negrito na primeira citação em um capítulo ou seção dele, ou quando representam uma referência cruzada no próprio glossário.

[1] Contudo, em outras obras, a definição de rocha vulcânica dada pela IUGS como "rocha ígnea com textura **afanítica**, isto é, uma rocha de granulação relativamente fina (< 1 mm)...". Em vez de adotar essa definição ambígua, o termo "vulcânica" é restrito, neste livro, a seu uso genérico convencional, que descreve uma rocha ígnea cristalizada de um magma extravasado na superfície (ou muito próximo dela).
[2] Veja também www.bgs.ac.uk/bgsrcs/.
[3] Os princípios de óptica resumidos no Apêndice A servem apenas para consulta, não como conteúdo para introduzir o assunto.

Sumário

Capítulo 1	Introdução aos Magmas e às Rochas Magmáticas	1
Capítulo 2	Os Basaltos e Rochas Afins	20
Capítulo 3	A Diferenciação do Magma	65
Capítulo 4	As Rochas Gabroicas	93
Capítulo 5	As Rochas Ultramáficas e Ultrabásicas	131
Capítulo 6	Os Andesitos, os Dacitos e os Riolitos	161
Capítulo 7	Como os Magmas entram em Erupção – uma Introdução aos Processos e Produtos Piroclásticos	209
Capítulo 8	As Rochas Graníticas	241
Capítulo 9	As Rochas Alcalinas	291
Apêndice A	A Identificação de Minerais por Microscopia de Polarização	347
Apêndice B	Os Cálculos Petrográficos	358
Apêndice C	Símbolos, Unidades e Constantes Utilizados Neste Livro	365
Glossário		367
Soluções dos Exercícios		382
Bibliografia		396
Índice		415

Capítulo 1
Introdução aos Magmas e às Rochas Magmáticas

POR QUE ESTUDAR AS ROCHAS MAGMÁTICAS?

Os objetivos deste livro são despertar o interesse do leitor em rochas e processos magmáticos e desenvolver habilidades essenciais relativas à descrição, classificação e nomenclatura dessas rochas, revelando o quanto há a aprender sobre processos ígneos com base em uma interpretação criteriosa e fundamentada de texturas e características mineralógicas e geoquímicas. O público-alvo deste volume são os estudantes dos níveis intermediários da geologia, que já dominam os conteúdos elementares de rochas ígneas. Entretanto, os iniciantes descobrirão que o primeiro capítulo e os quadros de texto – além do Glossário – propiciam uma introdução adequada aos temas abordados nesta obra. Este livro foi escrito com ênfase na investigação prática, sobretudo no tocante às técnicas de análise que utilizam a microscopia de polarização. Logo, dados básicos sobre a identificação de minerais foram incluídos para reunir em uma única obra todo o aparato necessário durante uma aula prática típica sobre rochas e processos ígneos.

O ponto de partida de uma disciplina de petrologia ígnea consiste em responder a algumas perguntas. Qual é a missão do petrológo, geólogo ou vulcanólogo em seus estudos sobre rochas ígneas? Por que nos dedicamos a essa tarefa? O que pretendemos aprender? Quais são as repostas que queremos encontrar? Essas questões devem nortear a mente do petrólogo que embarca em um estudo petrográfico ou geoquímico. Como ciência, a petrologia vem trilhando um longo caminho evolutivo, desde seus primeiros dias, quando a mera descrição de uma rocha ígnea era um fim em si mesmo. Contudo, hoje um petrólogo estuda uma suíte de rochas ígneas com um ou mais objetivos em mente, entre os quais:

- entender os *processos* eruptivos;
- avaliar o *risco* de um vulcão para comunidades adjacentes com base nos produtos de derrames passados;
- investigar a *evolução do magma* em uma câmara magmática subvulcânica;
- documentar a *estrutura* e a *formação* da crosta oceânica ou continental;
- deduzir acerca de *ambientes tectônicos* antigos (por exemplo, uma dorsal meso-oceânica ou um arco de ilhas) com base na composição de rochas ígneas contemporâneas a eles;
- compreender a formação de *depósitos minerais* associados a rochas ígneas;
- estabelecer a *idade absoluta* de uma sucessão de rochas sedimentares e vulcânicas (pois as rochas ígneas são mais fáceis de datar utilizando técnicas isotópicas, comparadas a rochas sedimentares);
- identificar a *fonte* de que um magma se originou e as *condições* em que se deu a fusão (investigando a "gênese do magma", por exemplo);
- identificar o caráter e distribuição de *domínios geoquímicos* no manto subjacente e sua evolução no tempo com base no exame de rochas magmáticas eruptivas.

Nesses tipos de investigação, a descrição criteriosa das rochas ígneas tem papel importante, mas, em termos gerais, o intuito principal é conhecer os processos magmáticos ou as condições em que estes ocorrem. Essa meta – estudar rochas ígneas para aprender mais sobre processos – é recorrente neste livro, porque compreender o que acontece em sistemas magmáticos é o objetivo fundamental de todo petrólogo. As rochas ígneas são fontes de informação não somente sobre os processos que hoje ocorrem sobre a superfície da Terra, mas também:

- sobre processos ocorridos no passado ao longo da história da Terra, e
- sobre transformações em partes do planeta que são inacessíveis por via direta, como uma câ-

mara magmática originalmente posicionada 5 km abaixo de um vulcão ativo, mas cujos componentes – os produtos eruptivos – estejam hoje expostos na superfície.

Hoje o estudo de rochas ígneas requer uma gama de habilidades, como a análise das relações de campo, a identificação de amostras de mão no local em que são encontradas, a descrição e interpretação de lâminas delgadas, a atribuição de nomes de rocha informativos, a interpretação das análises de rochas e de minerais (muitas vezes incluindo elementos-traço e razões isotópicas), além da interpretação de curvas experimentais de equilíbrios e de diagrama de fases. Este livro apresenta uma introdução a todas as habilidades práticas e descritivas citadas, salvo a primeira. Nosso objetivo não é substituir obras sobre as teorias da petrogênese ígnea em nível avançado.

O restante deste capítulo é dedicado à introdução do vocabulário básico necessário para uma explicação detalhada sobre rochas ígneas.

O QUE É O MAGMA?

As rochas ígneas são aquelas formadas a partir da fusão no interior da Terra. Os petrólogos usam dois termos para se referir à rocha fundida. **Magma**[1] é o termo mais geral, que, descreve misturas de líquido e qualquer cristal que esse líquido contenha em suspensão. Um bom exemplo é uma lava fluindo, contendo **cristais** em suspensão no material fundido (Figura 1.1): o termo magma refere-se ao conjunto, incluindo os estados sólidos e líquidos da matéria presente na lava. O **líquido magmático**, por outro lado, diz respeito apenas ao material liquefeito, livre de qualquer material sólido que possa estar em suspensão ou associado a ele de alguma forma. A diferença fica mais clara se pensarmos como faríamos a análise química das diferentes composições do magma e do líquido magmático, após a solidificação do derrame de lava (Figura 1.1). A composição de um *magma* poderia ser estimada triturando uma amostra da lava solidificada, incluindo os fenocristais e a matriz (tomando cuidado para que estejam presentes em proporções representativas). Contudo, a análise da composição do *líquido magmático* exige que a matriz – o equivalente solidificado do material fundido entre os fenocristais – seja separada e analisada individualmente.

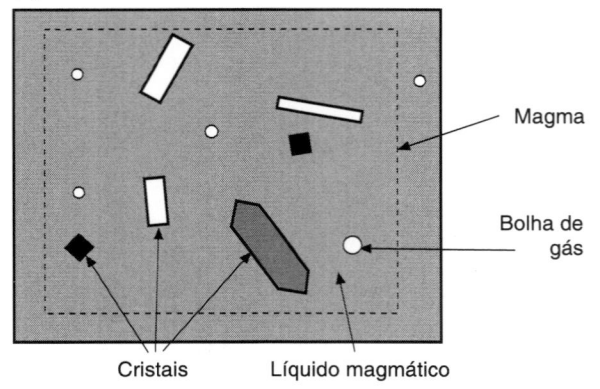

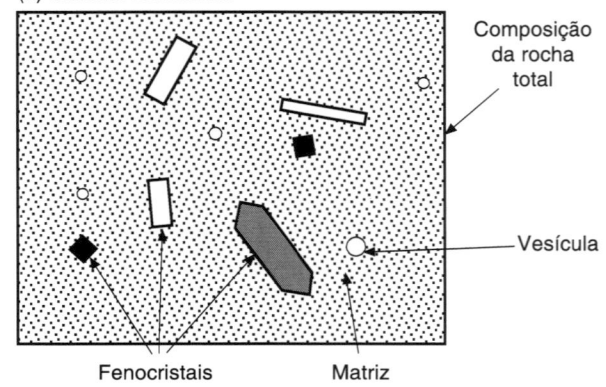

Figura 1.1 A terminologia utilizada para designar os diferentes elementos constituintes de (a) uma lava em estado de fusão e (b) a mesma lava, no estado sólido.

Na verdade o termo "magma" pode ser utilizado de modo ainda mais amplo. Em geral, um corpo de lava em ascensão, ao se aproximar da superfície, contém bolhas de gás e fenocristais. As bolhas são formadas por gás que tende a escapar do líquido magmático devido à redução de pressão inerente ao movimento ascendente (ver Quadro 1.4). Com frequência, o termo "magma" descreve o líquido magmático, os cristais *e* quaisquer bolhas de gás presentes nele (Figura 1.1). Uma vez que chega à superfície e perde parte de seus gases para a atmosfera, o líquido magmático passa a ser mais adequadamente chamado de "lava". Contudo, conduzir uma análise química representativa da composição original do magma que inclua seus componentes gasosos seria difícil: quando o líquido magmático solidifica e contrai ao esfriar, os conteúdos gasosos das vesículas escapam para a atmosfera. (Eles seriam perdidos de qualquer maneira, durante a fragmentação da amostra rochosa para análise.) Portanto, a determinação da concentração desses

---

[1] Os termos em **negrito** são definidos (e, em alguns casos, têm uma explicação etimológica) no Glossário.

constituintes **voláteis** do magma – a partir da rocha sólida, produto final do magmatismo – requer uma abordagem analítica diferente, discutida a seguir.

A origem dos magmas está na fusão dos materiais presentes nas profundezas da Terra (Capítulo 2). Na maioria das vezes, a fusão inicia no manto, embora a passagem de magma quente através da crosta continental possa provocar fusão adicional, desta vez do material da própria crosta, elevando a complexidade química e petrológica das rochas continentais. Em áreas oceânicas e continentais, os magmas derivados do manto podem esfriar e cristalizar parcialmente no interior das câmaras magmáticas, reservatórios existentes no interior da crosta em que se eles acumulam (Capítulo 3). Esses processos ampliam de modo considerável a diversidade de composições do magma que, em algum momento no futuro, entrará em erupção na superfície.

A DIVERSIDADE DAS COMPOSIÇÕES NATURAIS DOS MAGMAS

Qual é o significado da composição do magma (ou da rocha)?

A composição global de uma rocha ígnea pode ser expressa de duas maneiras:

- uma análise geoquímica quantitativa, que forneça os percentuais em massa de cada um dos seus principais constituintes *químicos* (Quadro 1.1);
- uma lista de *minerais* presentes na rocha e visualizados ao microscópio e que pode incluir uma estimativa qualitativa ou quantitativa de suas proporções relativas.

Embora essas duas maneiras estejam correlacionadas, elas não são totalmente equivalentes em termos das informações que produzem. Ao constituir uma evidência quantitativa da composição química que pode ser representada em gráficos (por exemplo, a Figura 1.2) e utilizada em cálculos, uma análise geoquímica fornece informações mais precisas. A **análise integral** (também conhecida por **análise de rocha total**) de uma rocha vulcânica dá uma estimativa muito próxima – exceto pela composição de seus componentes voláteis – da composição do magma do qual ela se originou, em um estágio anterior ao início de sua cristalização. Uma análise detalhada de dados geoquímicos revela muito sobre a *fonte* do líquido magmático e as *condições* (pressão, profundidade e extensão da fusão) em que ele originalmente se formou.

No entanto, existem também outras modalidades de análise de rochas que são mais práticas em condições específicas. Na maioria das vezes, as análises geoquímicas, que requerem um grau maior de sofisticação de instalações laboratoriais, não estão disponíveis em campo, quando é comum o geólogo perceber que observações sobre a mineralogia e a textura de amostras de mão representam um método mais prático de caracterizar e diferenciar os variados tipos de rocha presentes na área. Além disso, a ocorrência de certos minerais indicadores-chave – como quartzo, olivina, nefelina, aegirina-augita – em lâminas delgadas revela vestígios essenciais e prontamente observáveis da composição química do líquido magmático, sem a necessidade de recorrer a uma análise geoquímica. A mineralogia de uma rocha ígnea também gera informações sobre *processos pós-magmáticos* (como intemperismo e **alteração** hidrotermal) capazes de influenciar resultados, fazendo com que sua composição química não represente a composição do magma parental (Quadro 1.4).

A *petrografia* é a ciência que estuda a composição mineralógica e a textura de uma rocha, utilizando o microscópio petrográfico para o exame de lâminas delgadas. A análise petrográfica de uma rocha ígnea varia de uma simples lista dos materiais observados (e das relações texturais entre eles) a uma análise quantitativa completa de seus volumes relativos mensurados em lâmina delgada. O exame petrográfico qualitativo antecede a análise geoquímica, pois permite separar as amostras inadequadas ou não representativas de um conjunto de amostras e, assim, evitar análises químicas desnecessárias. Porém, um exame petrográfico revela muito mais sobre uma rocha do que sua adequabilidade para a análise geoquímica: o estudo detalhado da textura dessa rocha fornece um volume de informações sobre a *erupção e cristalização* do magma.

Depreende-se do exposto que uma análise geoquímica e uma análise petrográfica (da mineralogia) de uma rocha ígnea (com base no mineral) são fontes de informações que se complementam e que, isoladamente, não permitem a total compreensão da origem e da história dessa rocha.

Quanto varia a composição natural dos magmas?

A Figura 1.2 mostra um **diagrama de variação**, a representação gráfica das composições de diferentes rochas vulcânicas, originárias em uma variedade de ambientes geotectônicos, obtidas por

Quadro 1.1 As análises químicas de rochas e minerais

A maioria das rochas e dos minerais ígneos, bem como dos magmas dos quais se formam, cai na categoria de compostos químicos chamados de **silicatos** – formados por metais combinados com átomos de silício e oxigênio.

A composição química de materiais complexos contendo silicatos é mais facilmente compreendida se a considerarmos como uma mistura de óxidos: na maioria das vezes, o dióxido de silício (SiO_2, a "sílica") é o óxido mais abundante em rochas e minerais ígneos, embora também estejam presentes, em quantidades significativas, os óxidos de titânio (TiO_2), de alumínio (Al_2O_3), de ferro (Fe, que forma os óxidos férrico, Fe_2O_3, e ferroso, FeO), de manganês (MnO), de magnésio (MgO), de cálcio (CaO), de sódio, (Na_2O), de potássio (K_2O) e de fósforo (P_2O_5). Uma típica análise de silicatos, que gera a *porcentagem em massa* de cada um dos óxidos citados (tradicionalmente chamada de *análise em porcentagem em peso*, apesar de o termo não ser correto) é mostrada na tabela abaixo.* A vantagem de expressar uma análise em *porcentagem* de óxidos está na possibilidade de calcular a quantidade exata de oxigênio, sem precisar analisar o elemento diretamente. Os elementos listados, cujos óxidos são encontrados em teores acima de 0,1% em massa, são chamados de **elementos maiores**.

Tabela 1.1.1 Análise de um basalto típico

SiO_2	48,3
TiO_2	2,591
Al_2O_3	13,03
Fe_2O_3 (férrico)	6,84
FeO (ferroso)	7,72
MnO	0,23
MgO	5,46
CaO	10,91
Na_2O	2,34
K_2O	0,51
P_2O_5	0,26
H_2O^+	1,41
CO_2	0,49
Total	100,1

Observe que o ferro pode ser expresso tanto na forma de óxido férrico (ferro trivalente) quanto ferroso (ferro bivalente). A razão para isso é que o comportamento dos íons Fe^{+3} e Fe^{+2} em líquidos magmáticos difere do seu comportamento em cristais minerais, conforme explicado no Quadro 2.6. Mesmo assim, a maior parte das análises utilizadas hoje revela apenas a quantidade total de óxido de ferro, expressa como "ΣFeO" ou "ΣFe_2O_3". A letra grega sigma (Σ) é o símbolo de somatório. As fórmulas usadas nesses cálculos são apresentadas no Quadro 2.6.

Os dois últimos itens na análise (Tabela 1.1.1) representam as porcentagens em massa dos dois principais constituintes **voláteis** da rocha (ver Quadro 1.3). A análise é finalizada com o cálculo de uma porcentagem total de todos os óxidos determinados, uma medida da exatidão dos cálculos que, se a análise tiver sido conduzida corretamente, está entre 99,5 e 100,5%, na maioria das vezes.

Diversos outros elementos estão presentes em magmas, em rochas e em minerais em concentrações menores do que 0,1%. Esses elementos menos abundantes são chamados de **elementos-traço**, e suas concentrações são expressas em partes por milhão em massa (ppm = $\mu g\ g^{-1}$ = microgramas do *elemento* por grama de amostra) ou, no caso de elementos-traço mais raros, em partes por bilhão (ppb = $ng\ g^{-1}$ = nanogramas do elemento por grama da amostra). Apesar de estarem nessas concentrações baixas, os elementos-traço fornecem informações importantes sobre a fonte do magma e suas condições de formação.

Hoje, a espectrometria de emissão atômica com plasma acoplado indutivamente (ICP-AES, sigla de *Inductively coupled plasma atomic emission spectroscopy*) e a espectrometria de fluorescência por raio X (XRFS, *X-Ray Fluorescence Spectroscopy*) são os métodos mais usados na análise de rochas. As duas técnicas são capazes de determinar os elementos maiores e alguns elementos-traço presentes em rochas ígneas. Os detalhes desses e de outros métodos, que vão além do escopo deste livro, são encontrados em Gill (1997), em que também é descrita a preparação da amostra para a análise.

---

* As análises de alguns minerais não silicatos (óxidos, carbonatos, fosfatos e sulfatos) podem ser conduzidas conforme apresentado. Nesses casos, o SiO_2 é um componente secundário.

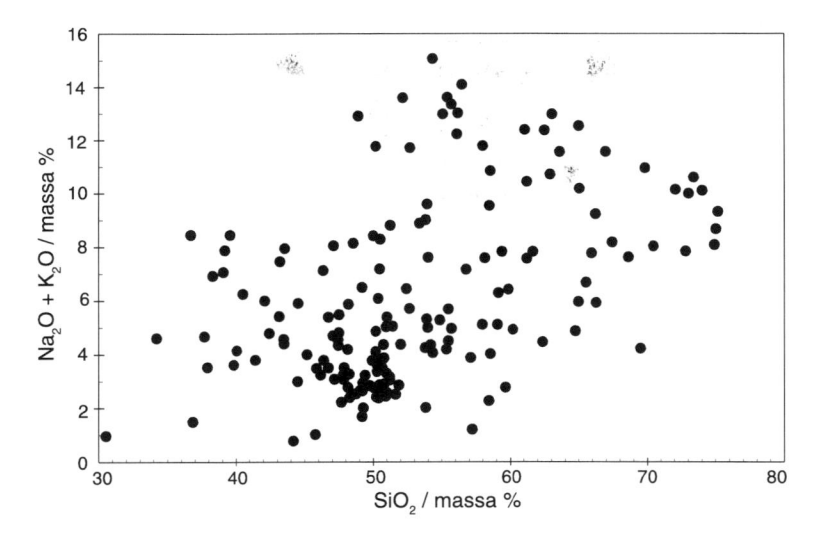

Figura 1.2 Gráfico do teor de álcalis totais ($Na_2O + K_2O$) relativo ao teor de SiO_2 (ambos em % em massa) para uma gama representativa de análises de rochas vulcânicas terrestres (representando composições de líquidos magmáticos ígneos). Os dados foram obtidos por Wilson (1989) com algumas contribuições de Carmichael et al. (1974) e Cox et al. (1979). Todos os dados foram recalculados em base livre de voláteis (ver Quadro 1.3), exceto no caso das análises feitas por Wilson (1989), cujos dados sobre voláteis não foram fornecidos provavelmente porque os autores efetuaram tal correção.

análises geoquímicas. O eixo vertical é a soma dos teores de Na_2O e K_2O (expressos tanto para cada um dos óxidos individuais quanto para a soma de seus teores, em porcentagem em massa [% massa; ver nota de rodapé[2]], isto é, gramas de óxido por 100 g de rocha) de cada amostra. O eixo horizontal representa o teor de SiO_2 (também em % em massa) e cada ponto, ou par de coordenadas $Na_2O + K_2O$ e SiO_2, indica o resultado da análise de uma rocha específica. Nesse tipo de diagrama, a análise de rocha representa a composição original do magma. Esse gráfico específico é chamado de diagrama "álcalis totais vs. sílica" (TAS, *total-alkalis vs. silica*) e é muito utilizado na classificação geoquímica de rochas vulcânicas (ver Figura 1.4).

A principal finalidade de apresentar um diagrama de variação neste ponto de nossa discussão é ilustrar o quanto varia a composição dos magmas naturais silicatados: os teores de SiO_2 variam de 31 a 76%, e os teores de álcalis totais oscilam entre 1 e 15%. (Essa faixa de variação vale apenas para magmas silicatados: se os magmas carbonatíticos fossem incluídos na análise, a variação composicional seria muito maior.) Uma variação dessa amplitude na composição pode ser atribuída sobretudo a quatro fatores que desempenham um papel importante na gênese do magma:

- A composição e a mineralogia da fonte do magma (por exemplo, a crosta ou o manto)
- A profundidade em que ocorre a fusão
- A extensão (%) da fusão
- Os processos de fracionamento ocorridos em câmara magmática posicionada em pequena profundidade, como a **cristalização fracionada**

Os efeitos desses fatores serão discutidos nas seções subsequentes deste livro. Neste ponto, a conclusão relevante é que as composições de rochas vulcânicas (e magmas) se distribuem ao longo de um amplo intervalo de valores de álcalis totais-SiO_2, sem quaisquer lacunas nessa distribuição, as quais indicam a necessidade de classificar essas rochas em subgrupos naturais. Em outras palavras, em seu curso a natureza cria um *continuum* de possibilidades para a composição magmática no interior da Terra, e qualquer tentativa de categorizar ou subdividir essa composição (com o estabelecimento de nomenclaturas, por exemplo) é arbitrária e artificial.

OS PARÂMETROS UTILIZADOS PARA CLASSIFICAR ROCHAS ÍGNEAS

A menos que os petrólogos dedicados ao estudo das rochas ígneas venham a desenvolver um méto-

---
[2] Neste livro, o termo "porcentagem em massa" é utilizado em lugar do termo mais comum, embora menos indicado, "porcentagem em peso".

do puramente numérico para a classificação desses materiais, será necessária uma nomenclatura consistente que permita subdividir esse amplo espectro de composições em campos menores, com nomes específicos para as rochas neles contidas, a exemplo da divisão de um estado em municípios e distritos para fins administrativos.

A nomenclatura atual das rochas ígneas está fundamentada em três modalidades de observação, as quais podem influenciar o nome dado a uma rocha:

- As observações petrográficas *qualitativas* (por exemplo, a presença ou ausência de quartzo)
- Os dados petrográficos *quantitativos* (a porcentagem de quartzo na rocha)
- A composição *química* (a posição da rocha em um diagrama TAS – Figura 1.4)

Essas modalidades podem ser mais bem ilustradas utilizando três formas básicas de categorizar rochas ígneas.

A classificação com base em critérios qualitativos – o tamanho de grão

A Figura 1.3a mostra que as rochas ígneas podem ser classificadas, em relação ao tamanho de grão, em grossa, média e fina. Essa classificação é obtida com base em uma estimativa qualitativa (ou semiquantitativa) do tamanho médio de grão da *matriz* da rocha (*não* do tamanho dos fenocristais presentes). Essa estimativa também pode ser feita por observação da amostra de mão ou, com maior confiabilidade, por exame de lâmina delgada. Dependendo da categoria de granulação em que é inserida (grão fino, médio, grosso), uma rocha de mineralogia basáltica, por exemplo, pode ser chamada de basalto, dolerito (no Reino Unido), diabásio (nos Estados Unidos)[3] ou gabro.

Outro exemplo de observação qualitativa utilizada na classificação de rochas é a presença de quartzo ou de nefelina, a qual indica se a rocha analisada é **supersaturada** ou **subsaturada em sílica**.

A classificação com base na proporção de minerais – o índice de cor

Os adjetivos "ultramáfico" e "leucocrático", consagrados no estudo de rochas ígneas, dizem respeito às proporções relativas de minerais escuros e claros presentes nelas. Os termos "escuro" e "claro" se referem à aparência dos minerais na amostra de mão, conforme indica o lado esquerdo da Figura 1.3b. Os minerais escuros também são chamados de **máficos** ou **ferromagnesianos**, ao passo que os claros são denominados minerais **félsicos**. A porcentagem de minerais escuros constitui o **índice de cor** da rocha.

As mensurações quantitativas das proporções de minerais em uma lâmina delgada são executadas utilizando uma técnica denominada *contagem de pontos*. A técnica requer a colocação da lâmina delgada em estudo sobre um dispositivo especial fixado na platina de um microscópio que permite mover a lâmina a intervalos pequenos e predefinidos ao longo dos eixos x e y pressionando os botões específicos para a função. A observação começa próximo a um canto da lâmina, com a identificação do mineral sob o retículo graduado das objetivas enquanto a lâmina delgada é deslocada ao longo da platina, e prossegue com o registro do número de ocorrências de cada mineral presente na amostra. Após a aquisição de centenas de pontos de dados cobrindo uma área significativa da lâmina delgada, a porcentagem de cada mineral pode ser calculada com facilidade. Uma vez que as porcentagens calculadas são proporcionais à área de cada mineral na superfície da lâmina, métodos como esse permitem determinar as proporções relativas de minerais *por volume*, não por massa. Além disso, a maior parte dos minerais escuros é muito mais densa do que os minerais claros, o que introduz um viés que precisa ser considerado se as proporções do mineral determinadas de acordo com esse método forem comparadas com os resultados de uma análise geoquímica (que são expressos em porcentagem *por massa*).

Se forem interpretados rigorosamente, todos os descritores mostrados na Figura 1.3b refletem as proporções minerais *quantitativas* determinadas segundo o procedimento descrito, que é demorado. Contudo, na maioria das averiguações no dia a dia, esses termos podem ser aplicados com base em uma estimativa visual rápida das proporções de minerais escuros e claros.

O leitor poderá achar útil conhecer as origens de termos como **melanocrático** e **leucocrático**: eles derivam dos radicais gregos *melano-* ("escuro", como em *melanoma* e *melancolia*), *leuco-* ("de cor clara", como em *leucócito*, o termo médico que descreve os glóbulos brancos da corrente sanguínea) e *-crático* ("governado por", como em *democrático* e *autocrático*). O termo **mesocrático**, apesar de contraditório (já que uma rocha não pode apresentar o predomínio de algo classificado entre um mineral claro e um escuro!), aplica-se a rochas com índices de cor no intervalo de 35-65.

---

[3] A Subcomissão para a Sistemática de Rochas Ígneas da IUGS (Le Maitre, 2002) recomenda o uso de microgabro em lugar de dolerito ou diabásio.

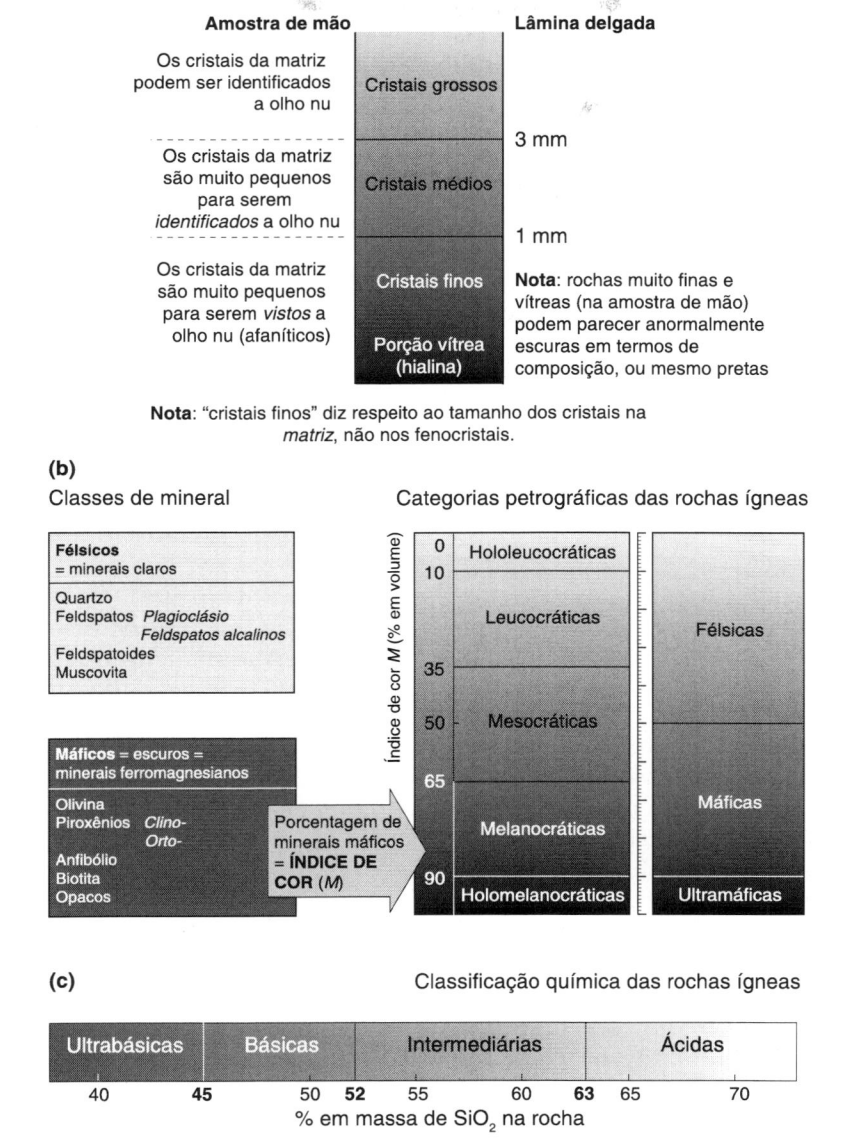

Figura 1.3 Três maneiras simplificadas de classificação das rochas ígneas: (a) por tamanho do grão na matriz. O limite entre granulação média e granulação grossa foi dado em 3 mm, de acordo com Le Maitre (2002); outras convenções (por exemplo, Cox et al., 1988) utilizam o limite de 5 mm; (b) por proporções em volume de minerais claros (félsicos) e escuros (máficos) observados ao microscópio; (c) por conteúdo de sílica (obtido por análise química). O limite entre intermediária e ácida é definido em 63% de SiO_2, em conformidade com Le Maitre (2002); convenções anteriores estipulavam o valor de 65%. Uma análise utilizada para determinar se uma amostra é ultrabásica, básica, intermediária ou ácida deve ser recalculada em base livre de voláteis (ver Quadro 1.3).

A classificação com base na composição química – rochas ácidas e básicas

O primeiro sistema de classificação de rochas ígneas estudado é aquele que as divide em rochas *ultrabásicas, básicas, intermediárias* e *ácidas*. Essa classificação é baseada no teor de SiO_2 presente na rocha, como mostra a Figura 1.3c (de acordo com os valores adotados pela União Internacional das Ciências Geológicas, **IUGS**. O teor de SiO_2, o primeiro parâmetro da análise geoquímica mostrado no Quadro 1.1, é determinado apenas por análise em laboratório. Essa é a principal desvantagem dessa classificação: ela não pode ser empregada para descrever rochas em campo ou no exame ao microscópio.

É importante distinguir corretamente o teor de sílica de uma rocha (que em regra está entre 40 e 75%) e o teor de quartzo (raras vezes acima de 30%, quando não é nulo). A sílica (SiO_2) é um *componente* químico presente em todos os minerais silicatados, ao passo que o quartzo (que tem a mesma composição, SiO_2) é um *mineral* com uma composição e uma estrutura cristalina específicas. O quartzo representa o excesso de SiO_2, isto é, o teor remanescente após todos os outros minerais silicatados terem sequestrado suas respectivas cotas de sílica disponíveis no líquido magmático.

O termo "silícico", menos preciso e amplamente adotado nos Estados Unidos, é muito utilizado como sinônimo de "ácido".

A CONCEPÇÃO DE UMA NOMENCLATURA PETROGRÁFICA PARA ROCHAS ÍGNEAS

O tópico principal inicial deste livro é a nomenclatura de rochas com base em observações petrográficas qualitativas, porque estas são mais relevantes para as aulas práticas e viagens a campo em cursos de graduação.

De modo geral, os nomes de rochas ígneas são compostos por um **nome raiz** (como *basalto, andesito* e *traquito*), antecedido por um ou mais **qualificadores** que indicam características de textura e composição que diferenciam a rocha em estudo (por exemplo, *olivina* basalto, andesito *porfirítico com fenocristais de plagioclásio* e traquito *afanítico*).

O que é um basalto?

Um célebre dicionário de petrologia define basalto da seguinte forma:

> *De acordo com o uso atual, o basalto é uma rocha vulcânica composta essencialmente de labradorita, piroxênio e minério de ferro, com ou sem vidro ou clorita intersticial.*[4]

Embora não deixe dúvida de que se trata de uma definição de basalto, esta tem alguns problemas que precisam ser esclarecidos:

[4] Tomkeieff et al. (1983).

1 Tal como vulgarmente conhecido, o termo "vulcânico" (que lembra uma erupção na superfície da Terra) pode, em alguns casos, ser difícil de provar em campo. Ainda que em sua maioria os basaltos sejam, na verdade, os produtos de erupções na superfície, os petrólogos preferem embasar a nomenclatura de rochas ígneas em critérios *descritivos* relacionados à amostra em estudo, independentemente de interpretações feitas em campo. Em outras palavras, uma nomenclatura precisa gerar os subsídios para nomear uma rocha desconhecida encontrada em uma gaveta, sem a necessidade de conhecer a massa rochosa em que foi coletada. A principal característica descritiva que diferencia o basalto do dolerito ou do gabro é que ele é o integrante de *granulação fina* dessa família de rochas. Uma rocha básica de grão fino que integra a borda de resfriamento de um dique (uma rocha hipabissal), ou mesmo de uma inclusão de grande porte (uma rocha plutônica), qualifica-se como um basalto da mesma maneira que um derrame de lava básica. Por outro lado, o núcleo de um derrame espesso de lava básica pode ter granulação média (que o qualifica como dolerito) ou, em casos extremos, granulação grossa, apesar de ter origem vulcânica comprovada.

2 "Piroxênio" não é um termo específico o bastante: o piroxênio rico em cálcio característico do basalto (como do dolerito e do gabro) de modo geral é chamado de augita (Quadro 2.1). Os basaltos *podem* também conter um piroxênio com baixo teor de cálcio – a enstatita, nunca desacompanhado de um piroxênio rico naquele elemento. Logo, uma definição precisa de basalto necessita especificar a *augita* (ou o piroxênio rico em cálcio) como piroxênio essencial em sua composição.

3 "Labradorita" (An_{50}-An_{70}, ver Quadro 1.2), por outro lado, é um termo muito restritivo. Em alguns basaltos terrestres e gabros, os núcleos de plagioclásio ficam na faixa mais cálcica da bytownita (An_{70}-An_{90}), enquanto basaltos lunares contêm até mesmo anortita (An_{90}-An_{100}). À luz dessa ampla variação de composição de plagioclásios em basaltos naturais, o melhor a fazer é simplesmente estipular "plagioclásio cálcico" (no sentido de qualquer plagioclásio com teores de anortita acima de 50%) como o plagioclásio essencial em um basalto.

4 A expressão "com ou sem vidro intersticial" é uma redundância em uma definição concisa.

5 A clorita é um filossilicato hidratado que nunca cristaliza diretamente do magma nem ocorre em rochas ígneas. Quando detectada em uma rocha ígnea, a clorita é sempre um produto **secundário** da **alteração hidrotermal** de minerais ígneos como o piroxênio, ou um constituinte dos veios hidrotermais. Como produto de processos hidrotermais tardios ou metamórficos de baixo grau (ou seja, pós-magmático), afetando apenas alguns basaltos, a clorita não deve ser incluída na definição de uma rocha ígnea.

Uma definição petrográfica mais precisa e sucinta de basalto é:

O basalto é uma rocha ígnea, de granulação fina, formada pelos minerais cálcicos essenciais plagioclásio e augita.

De que modo é possível afirmar o caráter cálcico ou sódico de um plagioclásio ao microscópio? Uma técnica simples para responder a essa pergunta é descrita no Quadro 4.1, mas os detalhes práticos desse procedimento não são discutidos neste ponto do livro.

Os minerais magmáticos "essenciais", "qualificadores", "acessórios" e "pós-magmáticos"

A definição de basalto apresentada se fundamenta na presença de dois minerais principais: o piroxênio rico em cálcio e o plagioclásio cálcico. Qualquer rocha ígnea de granulometria fina contendo esses dois minerais pode ser classificada utilizando o termo "basalto" como **nome raiz**. No entanto, os petrólogos dividem o basalto em subgrupos, de acordo com os outros minerais que apresentam. Por exemplo, a ocorrência de olivina em um basalto, além da augita e do plagioclásio cálcico, insere-o em um importante subgrupo, chamado de "olivina basalto". Porém, nem todos os minerais presentes em uma rocha são úteis a esse propósito. Para dar um nome simples e informativo a uma rocha, é importante considerar os minerais que ela contém com base em quatro conceitos principais:

1 *Minerais essenciais*: são os minerais cuja presença na rocha determina seu nome raiz. Por exemplo, a prevalência de plagioclásio cálcico e augita em uma rocha *de granulação grossa* leva, inevitavelmente, ao nome raiz "gabro". A ausência de um desses minerais essenciais invalidaria esse nome. Se a olivina estivesse presente em lugar da augita, por exemplo, a rocha seria denominada troctolito (Capítulo 4).

2 *Minerais qualificadores*: são os minerais cuja presença não afeta o nome raiz, mas permite a subdivisão qualitativa de um tipo de rocha. Por exemplo, um *olivina gabro* contém olivina, além do plagioclásio cálcico e da augita. Os minerais escolhidos como minerais qualificadores de modo geral dão informações acerca da composição da rocha. Por exemplo, a presença de olivina indica que um gabro é relativamente deficiente em SiO_2, ao passo que a aegirina em um sianito sugere que ele é **peralcalino**.

3 *Minerais acessórios*: são os minerais presentes em uma rocha (muitas vezes em teores reduzidos) que nos dizem pouco sobre suas características químicas. Por essa razão, não contribuem com uma nomenclatura de rochas ígneas. Exemplos de minerais acessórios são a cromita, a magnetita, a apatita e a ilmenita.

4 *Minerais pós-magmáticos*: são os minerais formados *após* a cristalização completa do magma:

- Os minerais **hidrotermais**, que preenchem os veios e outros vazios de uma rocha (por exemplo, uma zeolita).
- Os minerais **secundários**, que substituem os minerais originais (por exemplo, um epidoto).

Uma vez que os minerais pós-magmáticos são formados por processos hidrotermais tardios, não ígneos, não desempenham papel algum na nomenclatura. Contudo, devido à possibilidade de que sua formação tenha sido acompanhada por alterações químicas expressivas, a presença desses minerais nunca pode ser desprezada.

Além disso, é preciso lembrar que um mineral considerado essencial em uma rocha pode ser um mineral qualificador em outra, ou um mineral acessório em uma terceira.

A Tabela 1.1 mostra alguns exemplos de minerais essenciais que definem os tipos comuns de rochas vulcânicas, assim como seus principais minerais qualificadores. A tabela é uma simplificação da nomenclatura quantitativa apresentada em Le Maitre (2002). Hoje, o procedimento mais comum, se dispomos da análise química de elementos maiores, consiste em encontrar o nome raiz de uma rocha de granulação fina a partir de sua composição química, conforme representada na Figura 1.4, não com base em critérios petrográficos. Uma vez que a Figura 1.4 foi elaborada

Quadro 1.2 A expressão da composição de um mineral como solução sólida

A olivina e o plagioclásio estão entre os muitos minerais formados por **soluções sólidas**: toda olivina natural é uma mistura – em escala molecular – de dois componentes, Mg_2SiO_4 (a forsterita, comumente abreviada por Fo) e o Fe_2SiO_4 (a faialita, abreviada por Fa).

A Tabela 1.2.1 mostra uma análise simplificada da olivina, expressa em porcentagens em massa de SiO_2, FeO e MgO (Quadro 1.1). Uma maneira mais concisa de descrever a composição de um mineral com solução sólida toma como base as porcentagens de moléculas de **membro extremo**, nesse caso o Mg_2SiO_4 e o Fe_2SiO_4. Para termos uma ideia de como essa descrição é elaborada, antes é preciso reescrever a forma alternativa de cada fórmula, $(MgO)_2(SiO_2)$ e $(FeO)(SiO_2)$. Isso mostra que *uma* molécula de forsterita (Mg_2SiO_4), por exemplo, é composta pela combinação de *duas* moléculas de MgO e *uma* molécula de SiO_2. Esses cálculos ficam mais fáceis quando a análise original é expressa em números que representem o número de *moléculas* (ou mols) de cada membro extremo presentes, não a massa em *gramas*.

Tabela 1.2.1 Cálculo dos membros extremos em uma análise simplificada de uma olivina

	Análise simplificada da olivina, % em massa[a]	MMR do óxido	Mols disponíveis por 100 g da amostra[b]	Mols alocados a $2FeO.SiO_2$[c]	Mols alocados ao $2MgO.SiO_2$	Total de mols alocados	Resíduos
SiO_2	39,58	60,09	0,6588	0,1157	0,5414	0,6571	0,0017[d]
FeO	16,63	71,85	0,2315	0,2315		0,2315	0,0000
MgO	43,66	40,32	1,0828		1,0828	1,0828	0,0000
Total	99,87		1,9731				
		Mols de X_2SiO_4		0,1157	0,5414	0,6571	
		% molar de Fa e Fo		17,61%	82,39%	100,00	

[a] "% de massa de óxido" pode ser vista como *gramas de cada óxido por 100 g da amostra*.
[b] Cada número da coluna 1 dividido pela MMR correspondente na coluna 2 dá o número de *mols por 100 g da amostra*.
[c] Se *n* mols de FeO estão disponíveis, eles se combinam com 0,5*n* mols de SiO_2 para formar 0,5*n* mols de faialita.
[d] O pequeno excesso de SiO_2 (que totaliza 1 parte em 400 partes do SiO_2 disponível) pode representar o erro analítico ou o fato de que pequenas quantidades de CaO e MnO presentes na análise original foram negligenciadas na versão simplificada acima.

com base em uma grande compilação de rochas vulcânicas muito bem caracterizadas do ponto de vista petrográfico (Le Maitre, 2002), para a maioria delas a correlação entre a nomenclatura petrográfica e a nomenclatura química é consistente.

O leitor que tentar memorizar nomes raiz e suas definições não encontrará dificuldade em reduzir as definições dadas na Tabela 1.1 a um código simplificado. Por exemplo, um nefelinito pode ser representado por "cpx+ne". Uma rocha equivalente, com granulação grossa (por exemplo, um ijolito, Tabela 9.3) é representada pelo mesmo código escrito em letras maiúsculas.

A concepção de um nome petrográfico completo

A hierarquia dos minerais constitui a base para atribuir nomes petrográficos para todas as rochas ígneas. Ela permite conceber nomes informativos, como *olivina gabro, hornblenda andesito* e *muscovita biotita microgranito**. Em cada um desses nomes compostos, um **nome raiz** é precedido por um ou mais **qualificadores**. Os qualificadores mais importantes indicam os minerais qualificadores presentes (que, com frequência, dão indícios sobre a composição do magma). A forma geral do nome petrográfico de rocha é:

(mineral qualificador 3) (mineral qualificador 2) (mineral qualificador 1)... nome raiz

---

* N. de R.T: Na atribuição de nomes petrográficos para rochas ígneas, o mais usual é a inserção de hífens entre os minerais qualificadores de uma rocha, se houver mais de um e se cada um deles contribuir com mais de 5% da mineralogia observada. Assim, um microgranito hipotético contendo 6% de muscovita e 8% de biotita será denominado muscovita-biotita microgranito. O mineral qualificador mais abundante será listado sempre por último, de forma a ficar mais próximo do nome da rocha, assim como recomendado neste livro. Observe, no entanto, que não há hífen entre o último mineral listado (o qualificador mais abundante) e o nome da rocha.

Essa transformação é conseguida dividindo a porcentagem em massa de cada óxido (% em massa = *massa em g de cada óxido por 100 g de olivina*) na coluna 1 pela massa molecular relativa ("MMR" na coluna 2). O resultado, exibido na coluna 3, representa o número de *mols de cada óxido por 100 g de olivina*. O número de mols de FeO (0,2315) pode ser combinado com o número de mols de SiO_2 (0,2315 ÷ 2 = 0,1157 mols) para dar o número de mols de $(FeO)_2SiO_2$ (0,1157 mols, ver a tabela). Da mesma forma, 1,0828 mols de MgO podem ser combinados com 1,0828 mols ÷ 2 = 0,5414 mols de SiO_2 para formar 0,5414 mols de $(MgO)SiO_2$. A divisão de cada um desses números pela sua soma (0,6571) e multiplicação por 100 dá a *porcentagem molar* de cada **membro extremo** nessa amostra de olivina. O resultado mostrado na tabela pode ser reescrito na forma reduzida Fo_{82}, a maneira mais concisa de expressar a composição de uma olivina.

Cálculos semelhantes permitem expressar as composições de plagioclásios em termos de porcentagem molar da molécula de anortita (por exemplo, An_{56} para um plagioclásio com porcentagens molares de 56% de An e 44% de Ab). Os nomes a seguir são amplamente empregados para variações específicas de composição:

Anortita	An_{100}–An_{90} (também se refere ao membro extremo puro $CaAl_2Si_2O_8$)
Bytownita	An_{90}–An_{70}
Labradorita	An_{70}–An_{50}
Andesina	An_{50}–An_{30}
Oligoclásio	An_{30}–An_{10}
Albita	An_{10}–An_0 (também se refere ao membro extremo puro $NaAlSi_3O_8$).

Nos piroxênios, a solução sólida é mais complexa, pois a representação da composição de um piroxênio requer *três* membros extremos: $Mg_2Si_2O_6$, $Fe_2Si_2O_6$ e $Ca_2Si_2O_6$ (conforme explicação no Quadro 2.1). A presença de pequenas quantidades de Al_2O_3 e TiO_2 na maioria dos piroxênios naturais complica um pouco o cálculo, mas para nossos objetivos essas dificuldades podem ser ignoradas. A composição de uma granada é ainda mais intricada, pois exige *seis* membros extremos (Quadro 5.2). Esses "cálculos com fórmulas" são explicados em detalhe em Gill (1996, Capítulo 8).

Observe que a convenção (Le Maitre 2002) diz que, se diversos minerais qualificadores são listados em um nome de rocha, o mais abundante é listado por último (isto é, o mais próximo do nome raiz). Portanto, um granito contendo mais biotita do que muscovita seria chamado de *muscovita-biotita granito*, não biotita muscovita granito. A lógica nessa convenção é que a muscovita atua como qualificador menos importante, indicando o tipo de *biotita granito* que temos em mãos.

A decisão acerca de quais minerais devem ser rotulados como minerais qualificadores envolve um julgamento de natureza petrográfica. A experiência, em conjunto com os dados apresentados na Tabela 1.1, indica os minerais que têm importância na definição da composição de uma rocha ígnea, em cada caso. Porém, uma regra é válida em todas as circunstâncias: nenhum mineral com status de essencial em uma dada rocha (indispensável na determinação do nome raiz) pode entrar na classificação dela como mineral qualificador. Um *augita basalto*, por exemplo, seria uma redundância, já que a presença de augita é condição essencial para que uma rocha possa ser chamada de basalto e, por essa razão, o termo não precisa fazer parte da designação.

Contudo, no caso de um andesito, em que o mineral máfico pode ser a augita, um piroxênio pobre em cálcio, uma hornblenda e/ou uma biotita (Tabela 1.1), *seria* apropriado especificar a augita como o mineral qualificador. Enquanto hornblendas e biotitas são características em magmas andesíticos mais **evoluídos**, hidratados e de temperatura baixa, o termo *augita andesito* indica um magma andesítico relativamente **primitivo**, anidro ou de temperatura alta.

A inclusão de minerais qualificadores no nome de uma rocha fornece elementos qualitativos úteis (além dos dados informados pelo nome raiz ape-

Tabela 1.1 Nomes raiz e minerais essenciais à identificação petrográfica das principais rochas ígneas de granulação fina. As porcentagens especificadas representam estimativas de % em volume que podem ser baseadas na avaliação qualitativa visual de uma lâmina delgada. Alguns minerais mencionados podem ser desconhecidos ao leitor neste estágio (por exemplo, um **feldspatoide**) e serão apresentados em capítulos subsequentes. LCP = piroxênio com baixo teor de cálcio que inclui a enstatita e a pigeonita (ver Quadro 2.1), plag = plagioclásio, plag cálcico = An_{50-100}, plag sódico = An_{0-50}, foid = **feldspatoide**

Nome raiz	Minerais essenciais necessários	Possíveis minerais qualificadores
Basalto	Augita + plag cálcico	Olivina, LCP (→ basalto toleítico[1], pouca nefelina (+ olivina → basalto alcalino[1])
Basanito	Augita + plag cálcico + foid (>10%) + olivina (>10%)	Nefelina, leucita ou analcita (de acordo com o foid dominante)
Tefrito	Augita + plag cálcico + foid (>10%) (olivina <10%)	Nefelina, leucita ou analcita (de acordo com o foid dominante)
Nefelinita	Augita + nefelina	Olivina, melilita
Leucitita	Augita + leucita	Olivina, melilita
Traquibasalto	Plag cálcico + augita + feldspato alcalino *ou* foid	
Andesito	Plag sódico[2] + um mineral máfico (piroxênio, hornblenda *ou* biotita)	Piroxênio, hornblenda ou biotita, dependendo do mineral máfico dominante presente na rocha
Latito	Plag sódico + feldspato alcalino	Quartzo (<20%)
Traquito	Feldspato alcalino[3] ± plag sódico	Quartzo (<20%), foid (<10%), aegirina-augita, biotita
Fonolito	Feldspato alcalino[3] ± plag sódico + foid (>10%)	Aegirina, riebeckita, biotita; é comum especificar também o foid dominante, quando não é a nefelina (p. ex., "leucita fonolito)
Dacito	Plag sódico[4] + feldspato alcalino + quartzo (>20%)	Hornblenda, biotita
Riolito	Feldspato alcalino[3] ± plag sódico + quartzo (>20%)	Biotita, aegirina

[1] Esses tipos de basalto geralmente são diferenciados segundo critérios químicos, não mineralógicos. Os conceitos usados nessa diferenciação são explicados no Capítulo 2 (Quadro 2.4).
[2] Fenocristais de plagioclásio, abundantes na maioria das andesitos, muitas vezes encontram-se zonados com núcleos cálcicos; contudo, a composição *média* em feldspatos é An<50.
[3] O feldspato alcalino excede o plagioclásio.
[4] Em regra, os riolitos apresentam matriz vítrea.

nas) sobre a composição química do magma de que ela cristalizou, como ficará claro em capítulos posteriores. Os minerais qualificadores permitem ao petrólogo diferenciar rochas de tipos semelhantes. O mesmo é válido para diversos outros tipos de qualificadores que possam ser úteis em dada circunstância e que informem sobre processos eruptivos e o histórico de cristalização de uma rocha.

- Talvez seja importante salientar as características texturais em um nome de rocha se, por exemplo, as diferenças de textura observadas permitirem discriminar dois subgrupos: as condições de erupção ou os históricos de cristalização podem ser semelhantes para representantes de uma mesma massa de magma, mas diferentes das condições e do histórico de outra.
- Termos qualificadores de textura, como **vesicular**, **porfirítica**, **seriada**, **esferulítica**, **soldada**, **ofítica** e **poiquilítica** fornecem informações sobre os processos em pequena escala do magma ou sobre as condições de cristalização.
- A identidade dos fenocristais deve ser informada pelo acréscimo do adjetivo "porfirítico", seguido do complemento "com fenocristais de". Por exemplo, um andesito contendo fenocristais de plagioclásio imersos em uma matriz com hornblenda será chamado de *hornblenda andesito porfirítico com fenocristais de plagioclásio*. Observe que, embora a presença de plagioclásio já esteja

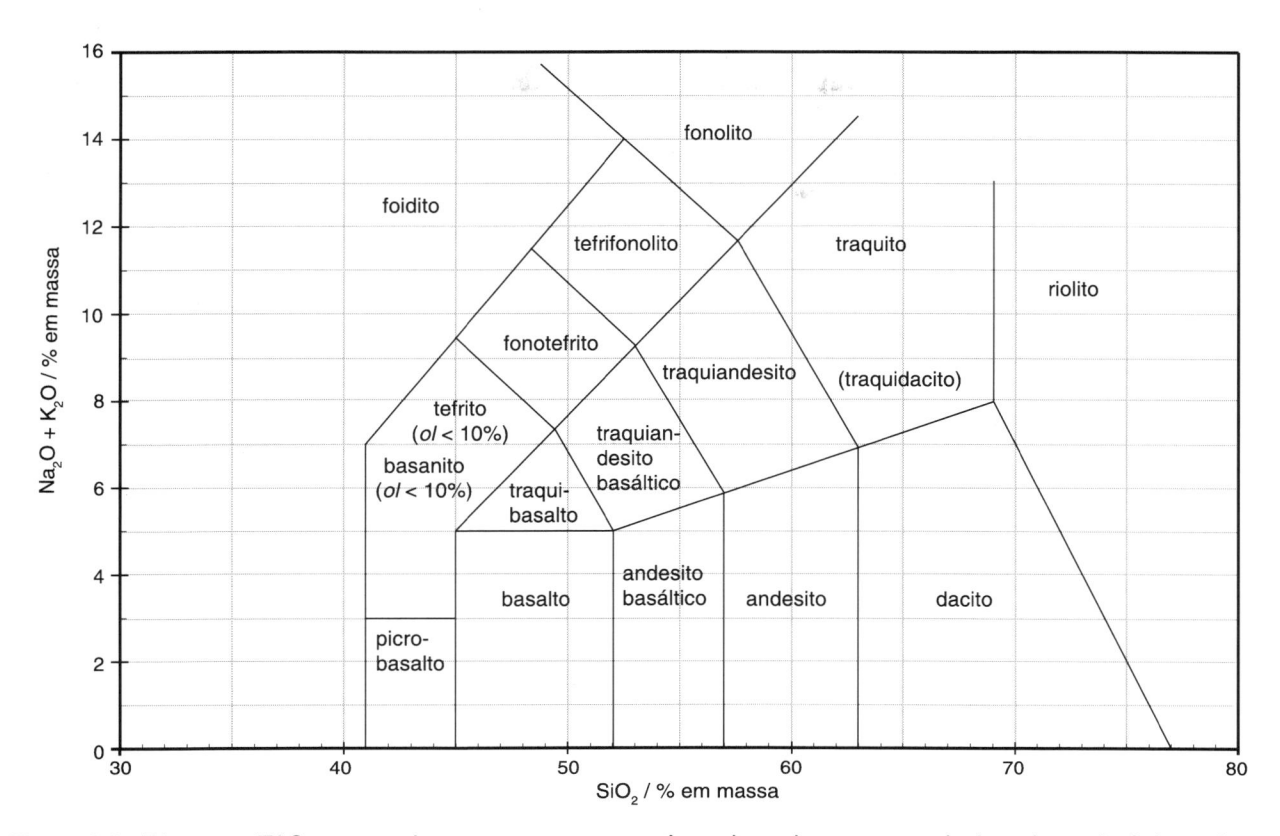

Figura 1.4 Diagrama TAS mostrando os campos para os tipos de rochas comuns designados pela Subcomissão para a Sistemática de Rochas Ígneas da IUGS (Le Maitre, 2002).* Todas as análises exigem uma correção em base livre de voláteis (Quadro 1.3) antes da elaboração do diagrama.

* O símbolo "*ol*" representa o teor de olivina **normativa** (explicado no Quadro 2.4). As composições de rocha no campo do traquito podem receber o nome de traquidacito se o teor de quartzo representar mais do que 20% do total de minerais félsicos **normativos** (quartzo + feldspatos). Esses detalhes não são discutidos neste capítulo.

implícita na simples atribuição do nome andesito, o fato de ele ocorrer como fenocristais precisa ser destacado no nome da rocha.
- Como mostra a Figura 1.1, a identidade dos fenocristais em uma rocha vulcânica é fonte de informações sobre os minerais que cristalizaram antes da erupção (por exemplo, em uma câmara magmática subvulcânica).
- Os petrólogos também utilizam uma variedade de termos qualificadores químicos (por exemplo, teor baixo ou alto de K, peralcalino, peraluminoso) para refinar nomes de rochas específicas. Esses parâmetros químicos são descritos na próxima seção.

A SUBDIVISÃO QUÍMICA DE ROCHAS ÍGNEAS E MAGMAS

Existem circunstâncias em que a nomenclatura petrográfica fundamentada na microscopia de polarização não basta para descrever uma rocha, como ocorre com uma rocha que contém uma quantidade significativa de vidro. Por exemplo, a maioria dos basaltos submarinos apresenta pequenas quantidades de cristais de olivina e de plagioclásio (cristais de augita são raros) imersos em uma matriz vítrea. O vidro vulcânico representa um líquido magmático que, por alguma razão (resfriamento rápido, por exemplo) não teve tempo suficiente para cristalizar. Por essa razão, uma porção dos componentes químicos que *teriam cristalizado* (sob diferentes condições) formando cristais minerais reconhecíveis – nos quais um nome petrográfico se embasaria – são retidos na fase vítrea, cuja composição não pode ser estabelecida ao microscópio. Para essa rocha, ou uma rocha cujos cristais da matriz são muito finos para serem identificados por microscopia, o nome de rocha precisa ser atribuído tomando como base uma análise geoquímica.

Não causa surpresa o fato de a composição mineralógica de uma rocha, em que a nomenclatura petrográfica é baseada, ter forte correlação com sua composição química. Logo, como alternativa para atribuir nomes raiz, é possível representar as divisões entre os tipos petrográficos das rochas discutidas (mostrados na Tabela 1.1) em diagramas apropriados de variação de elementos maiores. A Figura 1.4 mostra um diagrama TAS em que uma grade de campos classificatórios e linhas limite foi construída de acordo com as recomendações da União Internacional das Ciências Geológicas (Le Maitre, 2002). As linhas limite foram traçadas empiricamente, de maneira a permitir a sobreposição mais exata possível da distribuição de minerais de um grande conjunto de amostras de rocha identificadas pela via petrográfica (ver Le Maitre, 1976). Ao representar informações nesse tipo de diagrama, é importante garantir que elas tenham sido recalculadas em base livre de voláteis, para eliminar ao máximo distorções resultantes de alteração ou intemperismo (Quadro 1.3).

Entretanto, é preciso esclarecer duas restrições. A primeira é que a correlação entre mineralogia e composição química não é perfeita e, portanto, um nome raiz concebido com base na Figura 1.4 para uma rocha cristalina pode, em alguns casos, diferir de seu nome petrográfico. Logo, um nome de rocha deve ser gerado com base em critérios petrográficos, sempre que possível. A segunda restrição diz respeito ao fato de os metais alcalinos Na e K estarem entre os elementos mais **móveis** nos processos hidrotermais pós-magmáticos e, por isso, suas concentrações podem variar durante tais processos de alteração (Quadro 1.4). Isso limita a confiabilidade da Figura 1.4, mesmo após as análises terem sido refeitas em base livre de voláteis (Quadro 1.3).

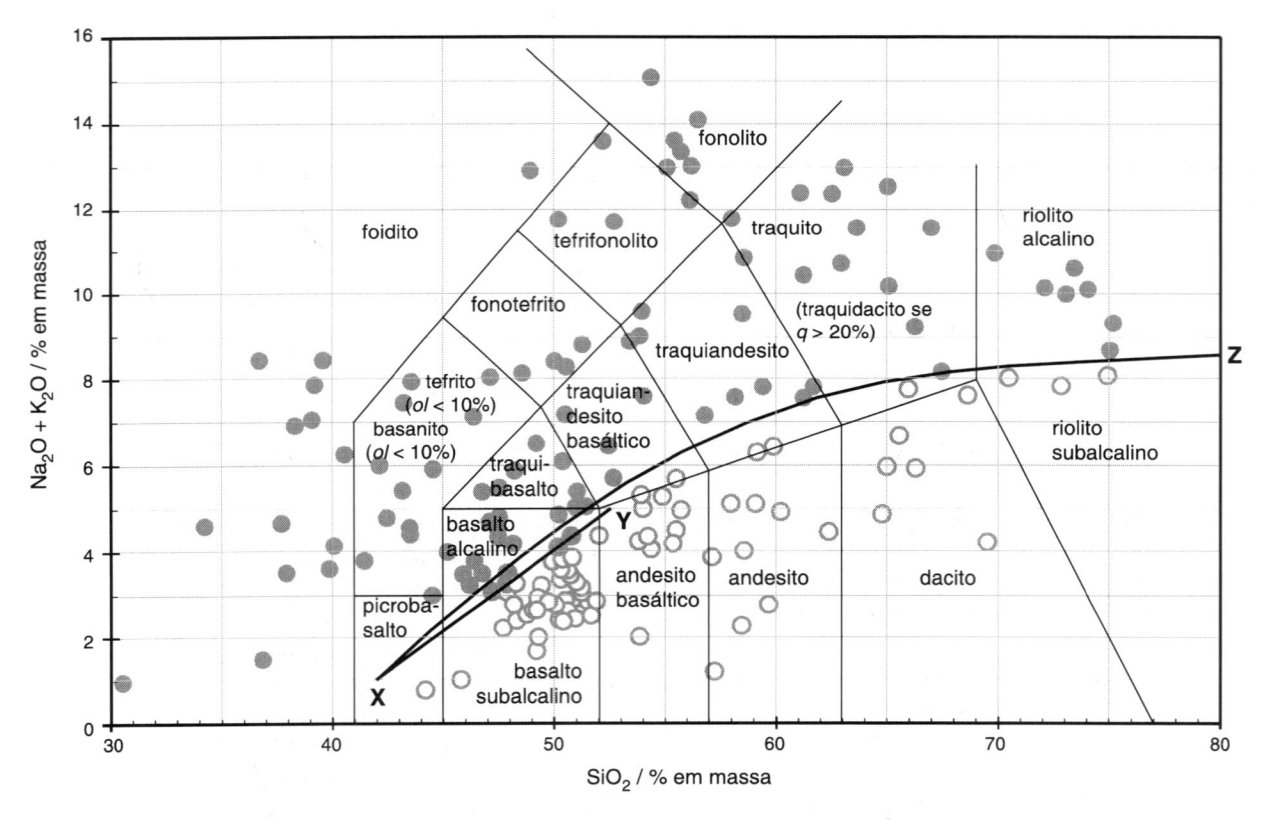

Figura 1.5 Diagrama TAS mostrando as divisões entre as séries **subalcalinas** e **alcalinas** de rochas vulcânicas: a linha X-Y representa a linha de divisão de Macdonald e Katsura (1964) para basaltos havaianos, e a linha X-Z mostra a linha de divisão de Miyashiro (1978) para uma gama mais ampla de rochas vulcânicas. Os basaltos próximos a essas linhas limite são muitas vezes denominados basaltos **transicionais**. A figura também apresenta o conjunto de rochas vulcânicas mostrado na Figura 1.2: os círculos vazios representam as análises de afinidade subalcalina, os preenchidos indicam as análises de afinidade alcalina. A correção em base livre de voláteis (Quadro 1.3) é necessária antes da elaboração deste diagrama.

Essa abordagem química não é utilizada na nomenclatura de rochas de granulação grossa, porque os minerais essenciais e qualificadores geralmente estão presentes em cristais grandes o bastante para poderem ser identificados com facilidade ao microscópio, ou mesmo em uma amostra de mão (Tabela 8.1). É preciso lembrar que a separação mecânica e a acumulação seletiva de diferentes tipos de cristais, passíveis de ocorrerem durante uma cristalização lenta (que leve à formação de rochas **cumuláticas**, conforme discutido no Quadro 1.4), indicam que a composição química de uma rocha plutônica depende das proporções dos minerais acumulados em seu interior. Essa

Quadro 1.3 Por que recalcular as análises de uma rocha vulcânica em base livre de voláteis?

Embora os líquidos magmáticos ígneos nas profundezas contenham teores significativos de H_2O, CO_2, SO_2 e outros gases primários dissolvidos, tais constituintes voláteis são efetivamente perdidos para a atmosfera quando o material chega à superfície durante a erupção. Os teores de H_2O e de outros voláteis mensurados em rochas vulcânicas naturais representam, sobretudo, a presença de minerais hidratados resultantes da alteração hidrotermal inicial ou do intemperismo e refletem as mudanças pós-magmáticas na mineralogia da rocha, não a composição química original do magma.

Por conta das razões discutidas no Quadro 1.4, durante o trabalho em campo é essencial que o material coletado para as análises geoquímicas seja sempre o mais inalterado (ou o mais fresco) possível. Mesmo com esse esforço, em uma coleta representativa de rochas vulcânicas algumas amostras inevitavelmente parecem mais alteradas do que outras.

Em uma análise percentual, a presença de voláteis secundários reduz os teores de outros constituintes (Figura 1.3.1), o que faz surgir diferenças entre amostras individuais que se devem meramente às discrepâncias no grau de alteração dessas rochas. Portanto, embora a análise de elementos maiores sempre inclua uma estimativa do teor de voláteis totais (por exemplo, a determinação da **perda ao fogo**) como meio de observar a alteração, é comum recalcular as análises em base livre de voláteis antes da elaboração do diagrama de dados geoquímicos de rochas vulcânicas. Isso é feito com a multiplicação da concentração de cada elemento ou óxido pelo fator:

$$\frac{\text{Análise total (\%)}}{\text{Análise total (\%)} - \text{voláteis (\%)}}$$

O raciocínio que fundamenta esse cálculo é explicado na Figura 1.3.1.

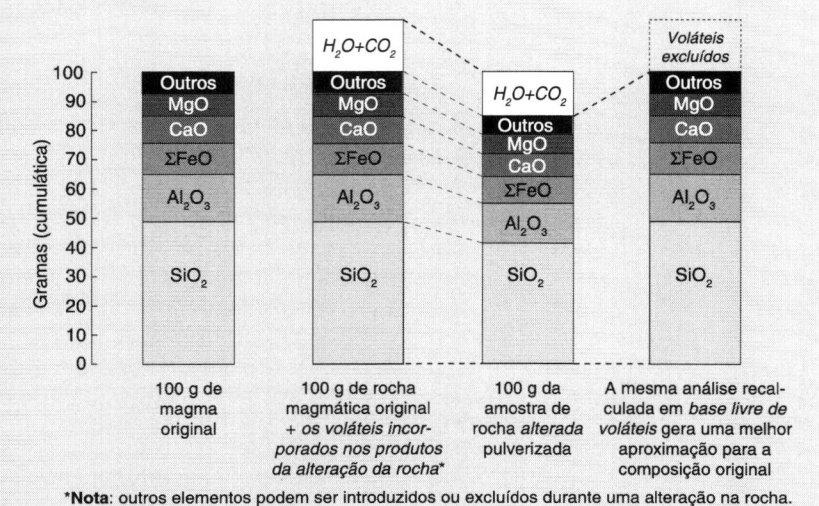

Figura 1.3.1 A justificativa para refazer uma análise em base livre de voláteis antes da elaboração do diagrama TAS.

composição química da rocha pode estar apenas indiretamente relacionada à composição química do magma a partir do qual ela cristalizou.

Os qualificadores geoquímicos

A Figura 1.4 mostra como a composição geoquímica de uma rocha vulcânica pode ser útil na atribuição de um nome raiz (em que a determinação de um nome petrográfico seria complexa). A geoquímica de uma rocha também fornece alguns qualificadores que permitem subdividir aqueles tipos de rocha oriundos de magmas com diversas fontes. Por muitos anos, os basaltos foram divididos nos subgrupos **alcalinos** e **subalcalinos**. Diversos critérios foram concebidos para essa finalidade; os mais simples são mostrados na Figura 1.5. A linha XY é a linha limite desenhada por Macdonald e Katsura (1964), dividindo os basaltos subalcalinos formadores da maior parte do Havaí (incluindo os vulcões em escudo, como o Kilauea) daqueles basaltos alcalinos que extrudiram nos estágios mais recentes do desenvolvimento vulcânico. Para mostrar como esse critério é aplicado, as análises apresentadas na Figura 1.2 foram reproduzidas na Figura 1.5, em que os basaltos são representados como alcalinos ou subalcalinos, de acordo com a classificação proposta por Macdonald e Katsura.

Há muito que os petrólogos reconhecem que os basaltos subalcalinos tendem a se fracionar (evoluir) em líquidos magmáticos evoluídos e pobres em álcalis, como o dacito e o riolito, enquanto os basaltos alcalinos fracionam-se em líquidos magmáticos evoluídos mais ricos em álcalis, como o traquito ou

---

Quadro 1.4 A análise de uma rocha ígnea representa a composição do magma?

Na busca pelas origens dos magmas e pelas condições sob as quais se formaram, as análises de elementos maiores, de elementos-traço e de isótopos em rochas *vulcânicas* ocupam um lugar de destaque. A principal hipótese que norteia esse esforço é a de que essas análises são uma representação precisa das composições químicas dos magmas a partir dos quais essas rochas cristalizaram. Porém, até que ponto essa hipótese pode ser aceita? Quais são os fatores que limitam sua aplicação?

A DESGASEIFICAÇÃO E A LIBERAÇÃO DE VOLÁTEIS

O magma confinado em profundidade na Terra contém gases dissolvidos no líquido magmático. À medida que a pressão diminui com a ascensão desse magma à superfície, esses gases gradativamente se desprendem da solução, formando bolhas de gás (muitas vezes visíveis como **vesículas** em lavas eruptivas), que escapam para a atmosfera (Figura 2.7). Esse processo de desgaseificação (perda de gases) é comum a todos os magmas confinados em câmaras situadas a baixa profundidade ou que irromperam na superfície. Com isso, o teor de voláteis medido em uma amostra de rocha vulcânica recém-formada muitas vezes é menor do que o teor originalmente dissolvido no líquido magmático, em profundidade.

Assim, de que maneira determinamos os teores reais de voláteis "magmáticos" presentes antes da erupção em rochas vulcânicas eruptivas? Uma das abordagens usadas com essa finalidade consiste em analisar o teor de voláteis de *inclusões vítreas* pequenas (muitas vezes chamadas informalmente de **inclusões de líquido magmático**, porque representam um líquido magmático aprisionado, ainda que o material já não esteja nesse estado físico) no interior de fenocristais individuais, como mostra a Prancha 6.11. A tensão no cristal circundante atua como uma espécie de armadura para a inclusão de líquido magmático contra a ruptura e a perda de gases durante a ascensão do magma à superfície. A microanálise do teor de voláteis aprisionados nessas inclusões vítreas representa a melhor medida do teor de voláteis presentes no líquido magmático não desgaseificado (ver Hammer, 2006).

A ALTERAÇÃO HIDROTERMAL E O METAMORFISMO DE BAIXO GRAU

Os minerais anidros formados nas temperaturas de liquefação do magma, como a olivina e o plagioclásio, estão propensos a reagir e recristalizar na forma de minerais hidratados **secundários**, como a **esmectita**, a serpentina, a clorita e o epidoto. Isso ocorre quando esses minerais são expostos a fluidos hidratados a baixas temperaturas durante o resfriamento (por exemplo, quando os fluidos circulam por uma sequência vulcânica espessa). Portanto, a análise de uma rocha vulcânica que tenha passado por esse tipo de alteração ou reações metamórficas

o fonolito. Logo, é apropriado não apenas dividir os basaltos nas classes alcalina e subalcalina, mas também aplicar a mesma distinção a suas respectivas famílias de líquidos magmáticos residuais. Com essa finalidade, Miyashiro (1978) calculou uma linha divisória, a curva XZ apresentada na Figura 1.5. As composições de líquidos magmáticos mais evoluídos exibidas na Figura 1.5 também são simbolizadas de acordo com o lado da linha em que se encontram.

A divisão simples em campos alcalino e subalcalino da Figura 1.5, em parte segundo a linha definida por Miyashiro, não é um mero artifício de nomenclatura; ela reflete uma distinção profunda de natureza petrológica, conforme explicado no Capítulo 9. Portanto, não é por acaso que a curva XZ esteja próxima às linhas limite estipuladas pela IUGS entre o traquiandesito basáltico e o andesito basáltico, entre o traquiandesito e o andesito e entre o traquito e o dacito. A mesma curva também divide o campo em que se encontram os riolitos em campos menores, definindo variedades subalcalinas e alcalinas típicas de diferentes ambientes tectônicos.

Um diagrama semelhante muito utilizado para subdividir rochas vulcânicas associadas à subducção é mostrado na Figura 1.6. Em muitos arcos de ilhas, o teor de potássio em rochas vulcânicas aumenta de modo sistemático com a distância do sítio eruptivo em relação à fossa ou, para sermos mais precisos, com a profundidade da zona de subducção abaixo do ponto de erupção. Nesse sentido, é necessária uma nomenclatura que reflita essas variações e, portanto, os basaltos, os andesitos e os

---

de baixo grau apresenta níveis elevados de H_2O e outras espécies voláteis, introduzidas por essas reações pós-magmáticas, mas sem relação com o teor original de voláteis no magma. Esse teor de voláteis secundários não pode ser desprezado (ver Quadro 1.3), embora seja muito mais difícil de corrigir para qualquer alteração nos teores de elementos relativamente não voláteis como o Na_2O, o K_2O e o CaO, os quais podem ter participado dessas reações. Por essa razão, a investigação geoquímica precisa ser fundamentada em amostras inalteradas cujos teores desses minerais pós-magmáticos ao microscópio sejam negligenciáveis.

A ACUMULAÇÃO DE CRISTAIS

Em câmaras magmáticas localizadas em grandes profundidades, onde o resfriamento é lento, os cristais podem afundar ou flutuar no líquido magmático, dependendo da densidade e do tamanho que apresentam. Podem também formar depósitos em que um mineral (ou mais de um) é concentrado de modo seletivo em horizontes específicos. Alternativamente, um determinado tipo de cristal pode formar núcleos de maneira mais eficiente no fundo e nas paredes da câmara, comparado a outros minerais, e portanto se concentrar também de maneira seletiva nesse local. A existência desses processos de acumulação seletiva, que transcorrem em diversas escalas, significa que a composição de uma amostra de mão de uma rocha plutônica não reflete com precisão a composição do líquido magmático de que ela cristalizou. Além disso, as acumulações de cristais precoces têm razões Mg/Fe (no caso de minerais ferromagnesianos) ou Ca/Na (em plagioclásios) geralmente elevadas, comparadas às do líquido magmático de que se separaram (ver a Figura 3.4).

Embora os efeitos mais importantes dos processos de acumulação de cristais sejam vistos em intrusões estratificadas de grande porte (Capítulo 4), esses processos também são observados em intrusões menores ou mesmo em derrames de lava espessos (Capítulo 2). Ao passo que a formação de minerais em rochas vulcânicas pode ser governada pela composição química do magma, em rochas plutônicas nas quais houve a separação de cristais vale o oposto: a composição química da rocha total é em parte o resultado dos minerais presentes e das proporções em que estão combinados.

OS XENOCRISTAIS E OS XENÓLITOS

Muitas rochas ígneas contêm materiais estranhos na forma de **xenólitos** (Figura 5.3), arrancados das paredes do conduto durante a ascensão do magma ou presentes em um estado desagregado como *xenocristais* individualizados. Uma análise integral da rocha encaixante não gerará uma representação confiável da composição do magma encaixante, a menos que essa matéria externa tenha sido selecionada com cuidado durante a preparação da amostra. Mesmo que corpos estranhos visíveis tenham sido removidos, a análise sofrerá um viés causado pela troca química entre magma e xenólitos, sobretudo em rochas encaixantes plutônicas esfriadas.

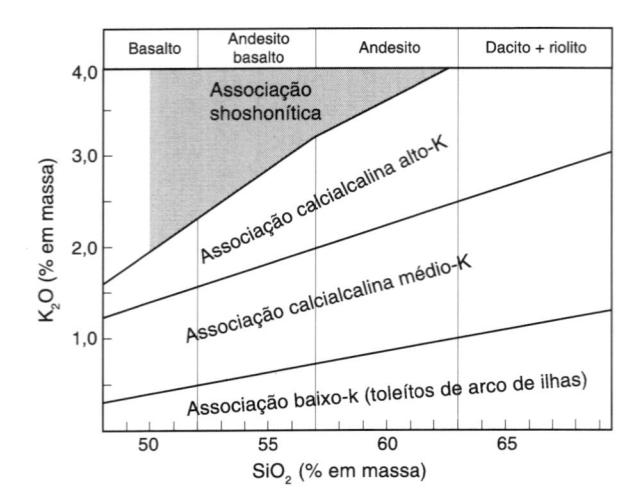

Figura 1.6 Diagrama K_2O vs. SiO_2 mostrando as linhas limite usadas para subdividir rochas vulcânicas associadas à subducção. As análises exigem uma correção para base livre de voláteis (Quadro 1.3) antes da elaboração do gráfico. As linhas limite mostradas são aquelas definidas por Le Maitre (2002), exceto a linha que separa a associação shoshonítica, elaborada por Peccerillo e Taylor (1976).

dacitos associados à subducção são muitas vezes atribuídos às séries magmáticas baixo-K, médio-K e alto-K. Essas divisões não são válidas para rochas vulcânicas do interior de placas tectônicas ou em margens divergentes.

Os demais exemplos de como os qualificadores geoquímicos são utilizados para refinar a nomenclatura de rochas são discutidos nos capítulos seguintes (ver, por exemplo, as Figuras 6.8b e c, 8.14, 8.19, 9.8.1 e 9.24).

REVISÃO

O estudo de rochas ígneas tem muito em comum com o aprendizado de um novo idioma. O sucesso depende de três aspectos essenciais:

- O vocabulário – aprender um conjunto de palavras novas, tanto *substantivos* (os nomes das rochas) quanto *adjetivos* (os qualificadores texturais, mineralógicos e geoquímicos).
- A gramática – aprender as regras, as convenções e a estrutura (tal como definidas em Le Maitre, 2002, por exemplo) em que essas descrições precisas se apoiam.
- Muita prática, que permite ao estudante conquistar a confiança e a fluência de que precisa, gradativamente (ver os exercícios abaixo).

Este capítulo apresentou a sintaxe básica sobre a qual se fundamenta a "linguagem" petrográfica da nomenclatura de rochas ígneas. Vimos que a variação composicional do magma natural retratada nas análises de rochas vulcânicas coletadas em diferentes locais é descrita essencialmente por um continuum. Quando linhas retas são traçadas em um diagrama, como o mostrado na Figura 1.4, para definir o domínio de cada nome de rocha, é preciso lembrar que, tal qual a cerca em um campo, a posição dessas retas é arbitrada de acordo com a conveniência e a convenção em vigor, não com base em variações bruscas na composição do magma. Assim como essas cercas são deslocadas e as acepções de uma palavra podem variar com o tempo, também os limites petrográficos mudam de posição à medida que se refinam os aspectos definidores de uma nomenclatura, resultado dos esforços da pesquisa sobre rochas ígneas. Por exemplo, as linhas limite mostradas na Figura 1.6 têm posições ligeiramente diferentes, dependendo do estudo publicado. Isso ressalta o caráter arbitrário das linhas limite mostradas na Figura 1.4 sem afetar sua validade.

Por outro lado, a ampla divisão de basaltos e dos produtos de seu fracionamento nos domínios alcalino e subalcalino mostrada na Figura 1.5 representa um limite petrológico fundamental que dirige o curso da evolução do líquido magmático, conforme discutido em detalhe no Capítulo 9.

Expressões como "de granulação fina", "melanocrático" e "ultrabásico" são respaldadas por uma variedade de observações quantitativas e qualitativas de uma rocha.

Para esclarecer os princípios básicos de uma nomenclatura de rochas ígneas, os minerais presentes em uma rocha ígnea são separados (neste livro) em quatro categorias conceituais: os minerais essenciais (as quais determinam o nome raiz da rocha, como na Tabela 1.1), os minerais qualificadores, os acessórios e os pós-magmáticos. Essa classificação é um mero artifício que permite codificar, ou colocar em termos explícitos, uma abordagem que todo petrólogo utiliza tacitamente na concepção de nomes para rochas ígneas.

EXERCÍCIOS

1.1 Uma lâmina delgada de uma rocha ígnea contém fenocristais cujo tamanho varia entre 2 e 6 mm, e uma matriz composta por cristais menores do que 0,05 mm. Essa rocha deve ser classificada como apresentando granulação fina, média ou grossa?

1.2 Uma amostra de rocha de granulação grossa consiste em 40% de augita (SiO$_2$ 51,3%), 55% de enstatita (SiO$_2$ 50,9%) e 5% de plagioclásio (SiO$_2$ 55,1%). Quais dos adjetivos abaixo podem ser utilizados para descrever essa rocha? (a) ultrabásica, (b) ultramáfica, (c) melanocrática ou (d) holomelanocrática? Justifique sua escolha.

1.3 Determine os nomes apropriados para rochas vulcânicas que apresentam as composições apresentadas na tabela abaixo (dadas em base livre de voláteis):

	A	B	C
SiO$_2$	48,30	56,29	55,59
TiO$_2$	1,94	0,95	0,54
Al$_2$O$_3$	14,32	16,97	18,44
ΣFe$_2$O$_3$	10,45	8,09	8,09
MnO	0,15	0,13	0,27
MgO	10,00	3,83	0,57
CaO	9,50	8,02	2,64
Na$_2$O	3,20	2,52	7,96
K$_2$O	1,05	2,80	5,57
P$_2$O$_5$	0,39	0,40	0,33

1.4 Utilizando a Tabela 1.1, encontre os nomes adequados de rocha (nomes raiz e os qualificadores necessários) para rochas ígneas de granulação fina compostas pelos seguintes minerais:

(i) feldspato alcalino + baixo teor de plagioclásio sódico + baixo teor de biotita;

(ii) plagioclásio cálcico + augita + nefelina (>10%);

(iii) plagioclásio cálcico + feldspato alcalino (em teores aproximadamente iguais) + baixo teor de quartzo;

(iv) nefelina + augita + baixo teor de olivina;

(v) plagioclásio sódico + hornblenda (sem quartzo).

Capítulo 2

Os Basaltos e Rochas Afins

Os basaltos são rochas eruptivas encontradas em uma variedade de ambientes tectônicos na Terra (por exemplo, dorsais meso-oceânicas, arcos de ilhas, **grandes províncias ígneas** e riftes intracontinentais). Se considerarmos todas as rochas vulcânicas observadas na superfície terrestre, as variedades de basalto são as que ocorrem em maior volume. O basalto também é encontrado em outros planetas de feição terrestre e na Lua, e constitui uma classe importante de meteoritos, os acondritos basálticos. Os magmas basálticos terrestres são produtos da fusão que ocorre no manto. Portanto, sua geoquímica e as inclusões que às vezes apresentam nos informam muito sobre a composição e a mineralogia do manto superior e, como defendem muitos petrólogos, também do manto inferior. Os magmas basálticos são a rocha parental da maioria dos tipos de magma mais evoluídos e implicados na atividade ígnea continental e oceânica, desenvolvidos por meio da cristalização fracionada ocorrida na crosta (Capítulo 3). Em face de seu papel de rocha parental, aliado a sua abundância e sua mineralogia relativamente simples, o basalto consiste no ponto de partida mais lógico para o estudo sistemático das rochas ígneas.

A NOMENCLATURA E A MINERALOGIA DAS ROCHAS BASÁLTICAS

Definição

A definição mais simples de um basalto é:

> *Basalto*: rocha ígnea máfica de granulação fina[1] composta essencialmente de augita + plagioclásio cálcico.

A augita é uma variedade de piroxênio com alto teor de cálcio (Quadro 2.1). "Plagioclásio cálcico" diz respeito aos cristais de plagioclásio contendo mais anortita ($CaAl_2Si_2O_8$) do que albita ($NaAlSi_3O_8$) em base molar (representada pelo símbolo An_{50}-An_{100}). A determinação da composição do plagioclásio por microscopia de polarização é explicada no Quadro 4.1. A mineralogia dos basaltos é resumida na Tabela 2.1.

Muitos basaltos têm granulação demasiadamente fina para permitir a identificação de cada mineral

---
[1] Um basalto nem sempre precisa ser uma **rocha vulcânica** (no sentido de uma rocha formada por erupção na superfície).

Tabela 2.1 Resumo da mineralogia dos basaltos. As propriedades ópticas de minerais relevantes são resumidas no Apêndice A (Quadro A1)

Minerais essenciais	• **Augita** • **Plagioclásio cálcico (An > 50 mol%)**
Minerais qualificadores	• Piroxênio com baixo teor de cálcio (enstatita ou pigeonita – ver Quadro 2.1) • Olivina (ver Quadro 2.2) • Nefelina (ou outro feldspatoide) **Nota**: um piroxênio com baixo teor de cálcio e um feldspatoide nunca coexistem em um basalto (ver Quadro 2.4)
Minerais acessórios comuns	• Minerais óxidos como a cromita, a titanomagnetita ou ilmenita (muitas vezes chamados simplesmente de "opacos", pois não são distinguíveis à luz transmitida) • Apatita
Minerais secundários comuns (**de alteração** ou de metamorfismo de baixo grau*)	• Serpentina ou **iddingsita** em substituição à olivina (ver Quadro 2.2) • **Esmectita** substituindo diversos minerais ou o vidro • Clorita* ou epidoto substituindo o piroxênio • **Sericita** substituindo qualquer plagioclásio

* Consulte o texto.

constituinte por microscopia, e podem até mesmo apresentar uma matriz vítrea a partir da qual um ou mais minerais latentes não conseguiram cristalizar. A definição de basalto concebida sobre a composição mineral dada anteriormente não é aplicada com facilidade às rochas dessa família. A Figura 2.1 mostra uma definição gráfica alternativa elaborada a partir da composição química, útil sempre que uma análise química estiver disponível. Por serem rochas **básicas** (Figura 1.3c), os basaltos sempre apresentam teores de SiO_2 na faixa de 45% a 52%. A Figura 2.1 também mostra que o termo "basalto" é restrito a rochas com teor de álcalis totais (Na_2O+K_2O, em % massa) menor do que 5%.

Os basaltos podem ser afíricos (sem fenocristais), embora basaltos mais evoluídos possam apresentar fenocristais ou **microfenocristais** de olivina ou de piroxênio e/ou plagioclásio. Um basalto contendo fenocristais de olivina seria chamado de olivina basalto **fírico**. Contudo, outros dois termos são utilizados para nomear basaltos ricos em olivina:

- *Picrito*: rocha basáltica visivelmente rica em cristais de olivina, muitas vezes na forma de fenocristais.
- *Ankaramito*: rocha basáltica rica em fenocristais de olivina *e* de augita (Pranchas 2.3 – 2.5).

Em alguns picritos e ankaramitos, a abundância de fenocristais máficos pode ser o resultado da acumulação gravitacional (em que os cristais de olivina e de augita são mais densos do que o líquido magmático basáltico). A definição de picrito (e de picro-basalto) é detalhada no Quadro 5.5.

A subdivisão dos basaltos

Tomando como base uma amostra de mão ou uma lâmina delgada, os basaltos podem ser, em princípio, divididos em diversas categorias petrográficas, de acordo com os minerais qualificadores que apresentam, seguindo as orientações dadas no Capítulo 1. Contudo, como antecipou a Tabela 1.1 (coluna 3), uma nomenclatura consagrada para basaltos não está em total conformidade com a lógica descrita no Capítulo 1. Com base em um precedente histórico amplamente aceito e com o aval do importante estudo publicado por Yoder e Tilley (1962), hoje o termo **toleíto** é empregado para descrever um basalto contendo piroxênio com baixo teor de cálcio (a enstatita ou a pigeonita), e o termo **basalto alcalino** é usado em lugar de "nefelina olivina basalto" (ver Tabela 2.2). O termo "toleíto", que representa o tipo mais comum de basalto, com efeito é utilizado como

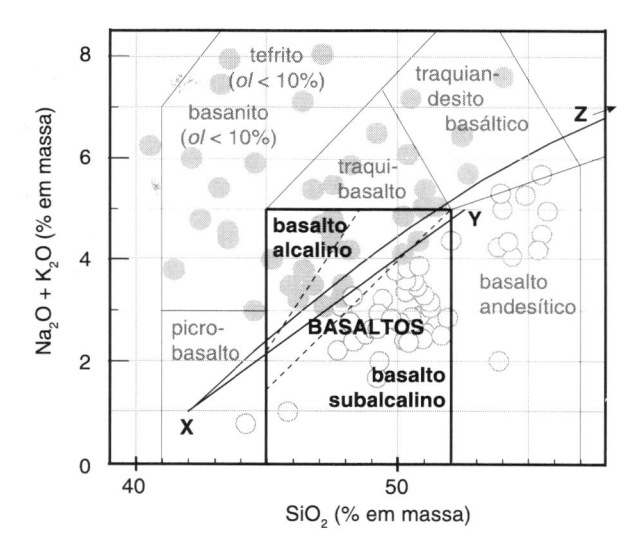

Figura 2.1 Parte do diagrama TAS mostrado na Figura 1.5 enfatizando o campo de composições que definem o basalto de acordo com a **IUGS** (Le Maitre, 2002). O diagrama também mostra os campos de composição adjacentes (em cinza), uma seleção de análises relevantes feitas por Wilson (1989), Carmichael et al. (1974) e Cox et al. (1979), as linhas limite (X-Y e X-Z) usadas para distinguir basaltos alcalinos de toleíticos (para consultar as fontes, ver a Figura 1.5). As linhas tracejadas delimitam a região de sobreposição de basaltos alcalinos e subalcalinos definida por Le Maitre et al. (2002). As análises requerem correção para base livre de voláteis (Quadro 1.3) antes da elaboração do diagrama.

nome raiz por sua própria conta (por exemplo, em "olivina toleíto").

Uma vez que a matriz vítrea ou de granulação fina dos basaltos muitas vezes dificulta a identificação de todos os seus minerais constituintes, hoje esse sistema de classificação baseado em dados petrográficos raramente é utilizado. Por isso, as alternativas de classificação que utilizam a composição química são preferidas, na maior parte dos casos. A Figura 2.1 mostra o diagrama discriminador mais simples (e o mais utilizado) de subdivisão de basaltos utilizando dados geoquímicos, com base no mesmo diagrama usado para definir essas rochas. Um diagrama desse tipo foi empregado pela primeira vez quando da subdivisão dos basaltos alcalinos e basaltos toleíticos do Havaí. A Figura 2.1 mostra as linhas limite alternativas de Macdonald e Katsura (1964, linha X-Y), e Miyashiro (1978, linha X-Z), descritas no Capítulo 1 (Figura 1.5). Se os resultados da análise de um basalto havaiano ficassem acima de uma das linhas limite (X-Y ou X-Z) nas Figuras 1.5 e 2.1, então ele seria batizado de *basalto alcalino*, ainda que não

Quadro 2.1 A estrutura e a composição dos piroxênios – uma breve revisão

A família dos piroxênios é composta por silicatos em cadeia, nos quais a arquitetura estrutural é baseada em cadeias simples de tetraedros de $(SiO_4)^{4-}$. Nessas cadeias, cada um desses tetraedros compartilha dois átomos de oxigênio com seus vizinhos. Elas podem estar empilhadas de duas maneiras distintas, o que permite ao piroxênio cristalizar nos sistemas cristalinos ortorrômbico ou monoclínico. A simetria ortorrômbica é restrita a piroxênios com baixo teor de cálcio (Figura 2.1.1). Nos piroxênios com alto teor de cálcio, o cátion Ca^{2+} volumoso impede o empilhamento organizado das cadeias, característico do piroxênio ortorrômbico: em vez disso, a estrutura cristalina distorcida assume a forma monoclínica, pouco simétrica. O piroxênio monoclínico é a forma mais comum, embora as duas formas, chamadas de ortopiroxênio e clinopiroxênio, possam ocorrer lado a lado em algumas rochas ígneas básicas.

A Figura 2.1.1 resume a variação da solução sólida encontrada em piroxênios naturais com Ca-Mg-Fe (exceto os piroxênios sódicos ou alcalinos, discutidos no Quadro 9.2). As soluções sólidas de piroxênio são divididas naturalmente em famílias com alto e com baixo teor de cálcio com base em uma **lacuna de miscibilidade,** entre cerca de 15% e 24% molar de $Ca_2Si_2O_6$ (ver Quadro 4.5). São pouquíssimos os piroxênios naturais que ocorrem nessa faixa de composição. Os nomes empregados para identificar os diferentes domínios definidos pelas distinções em composição e estrutura são apresentados na Figura 2.1.1, que também mostra como a augita, a pigeonita e o ortopiroxênio podem ser diferenciados ao microscópio de polarização (para mais detalhes sobre essas técnicas, consulte o Apêndice A). Nomes mais antigos de faixas específicas de soluções Fe-Mg, como "hiperstênio", não são adotados neste livro (concordando com Morimoto et al., 1998). Em contrapartida, nomes como enstatita podem sinalizar a existência de um membro extremo puro (En, $Mg_2Si_2O_6$) *ou* de um intervalo de solução sólida (Figura 2.1.1) semelhante a ele.

As composições de equilíbrio de piroxênios em que coexistem teores altos e baixos de cálcio variam muito com a temperatura de equilíbrio, como indica a curva de **solvus** discutida no Quadro 4.5.

Figura 2.1.1 O intervalo de solução sólida em piroxênios Ca-Mg-Fe (áreas sombreadas) e os nomes utilizados para identificar as diversas subséries. A composição de uma solução sólida de piroxênio é definida em termos de três membros extremos químicos ($Ca_2Si_2O_6$, $Mg_2Si_2O_6$ e $Fe^{2+}Si_2O_6$), mas os piroxênios ígneos naturais raramente contêm mais do que 50% de $Ca_2Si_2O_6$. Os campos de composição de clinopiroxênios com alto e baixo teor de cálcio e a série dos ortopiroxênios estão realçados. O diagrama também resume as principais propriedades ópticas pelas quais esses minerais são distinguidos em uma lâmina delgada.

---

fosse possível identificar nefelina em sua composição. Por outro lado, se os resultados ficassem abaixo dessas linhas, o basalto seria denominado *toleíto* ou *basalto toleítico*, independentemente da caracterização de piroxênio de baixo teor de cálcio na lâmina delgada. Contudo, ao adotar a Figura 1.5 como ferramenta para classificar uma gama mais ampla de tipos de rocha, a União Internacional das Ciências Geológicas (IUGS) reconheceu que diversos basaltos (inclusive aqueles associados à subducção) também ficariam na parte inferior do campo do basalto da Figura 1.5. Por essa razão, a instituição adotou o termo *basalto subalcalino,* mais genérico, para classificar qualquer rocha cuja análise ficasse nesse campo. Os basaltos subalcalinos constituem uma categoria química dentro da qual estão incluídos os basaltos havaianos e toleíticos (definidos pela via petrográfica).

A noção que fundamenta essa importante divisão da família dos basaltos em alcalinos e subalcalinos/toleíticos será explicada ainda neste capítulo.

Os basaltos também são categorizados de acordo com o ambiente tectônico em que entraram em erupção, dos quais "basalto de dorsal meso-oceânica" (muitas vezes abreviado por MORB, do inglês *mid-ocean ridge basalt*) e "basalto de ilha oceânica", ou OIB (*ocean-island basalt*) são exemplos comuns. Como veremos mais tarde, essas categorias "tectônicas" de basalto diferem no tocante a aspectos sutis de sua composição de elementos maiores e/ou elementos-traço, razão pela qual a geoquímica pode, com frequência, ser utilizada para discriminar essas rochas. Esta técnica ajuda a esclarecer as origens de basaltos mais antigos, cuja configuração eruptiva original é desconhecida.

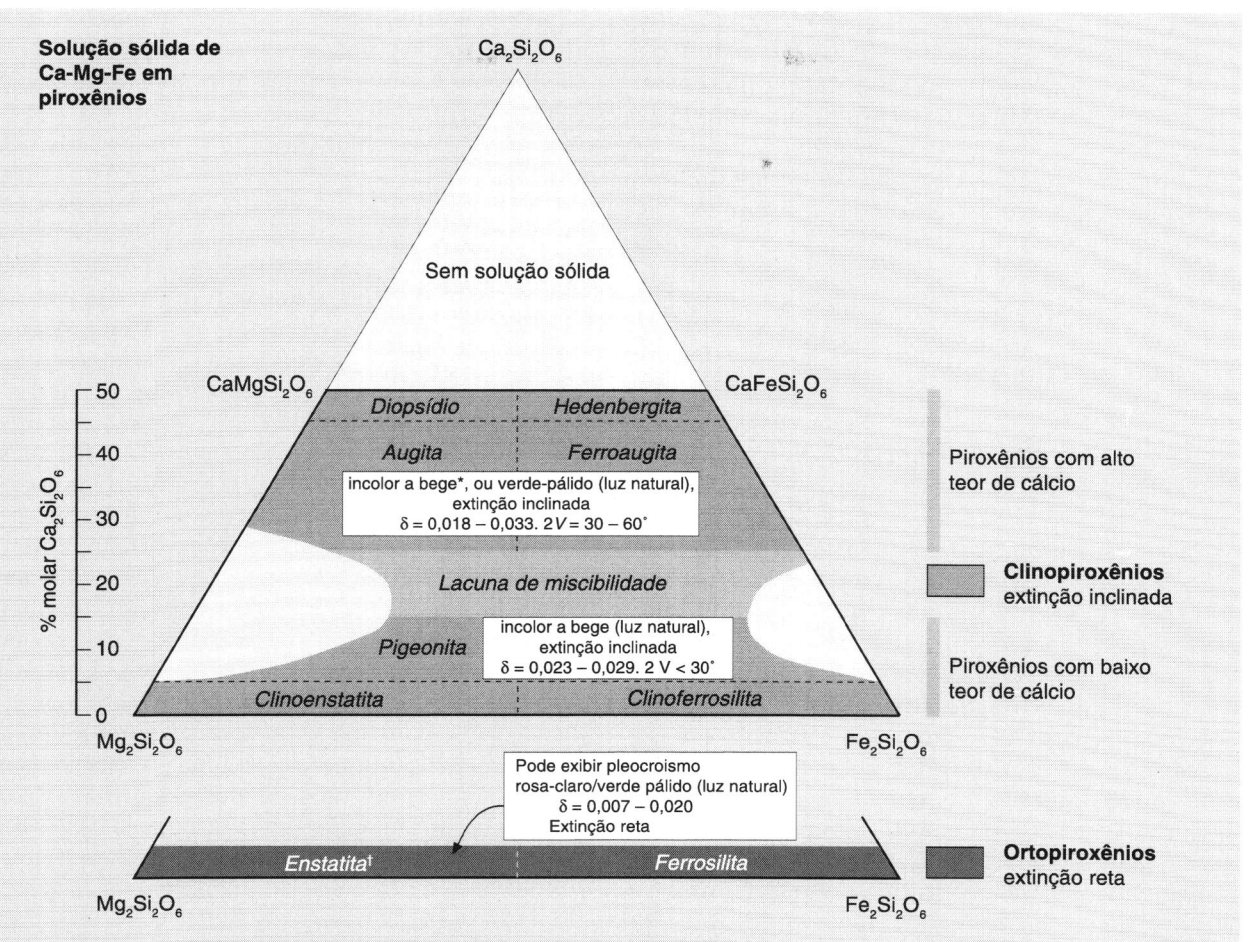

Solução sólida de Ca-Mg-Fe em piroxênios

Diagrama triangular com vértice superior $Ca_2Si_2O_6$, vértice inferior esquerdo $Mg_2Si_2O_6$ e vértice inferior direito $Fe_2Si_2O_6$.

- Eixo vertical: % molar $Ca_2Si_2O_6$ (0 a 50).
- Região superior (sem solução sólida).
- Linha em 50%: $CaMgSi_2O_6$ — $CaFeSi_2O_6$
- Diopsídio | Hedenbergita
- Augita | Ferroaugita
  - incolor a bege*, ou verde-pálido (luz natural), extinção inclinada
  - $\delta = 0{,}018 - 0{,}033$. $2V = 30 - 60°$
- Lacuna de miscibilidade
- Pigeonita
  - incolor a bege (luz natural), extinção inclinada
  - $\delta = 0{,}023 - 0{,}029$. $2V < 30°$
- Clinoenstatita | Clinoferrosilita

Clinopiroxênios — extinção inclinada

Piroxênios com alto teor de cálcio / Piroxênios com baixo teor de cálcio

Faixa inferior (Ortopiroxênios):
- Enstatita† | Ferrosilita
- Pode exibir pleocroísmo rosa-claro/verde pálido (luz natural)
- $\delta = 0{,}007 - 0{,}020$
- Extinção reta

Ortopiroxênios — extinção reta

*A titano augita (contendo de 3 a 6% em massa de TiO_2, contra teores entre 0,5 e 0,8% do óxido observados na maioria das augitas) geralmente apresenta pleocroísmo de marrom-claro a lilás. Essa é uma característica das rochas basálticas alcalinas.

†Na literatura antiga, a série de soluções sólidas de ortopiroxênios era dividida em seis faixas (enstatita, bronzita, hiperstênio, etc.).

Tabela 2.2 As divisões petrográficas do basalto

Mineral qualificador presente	Nome sistemático de acordo com o Capítulo 1	Nomenclatura consagrada
Piroxênio com baixo teor de cálcio (LCP)	Enstatita (ou pigeonita) basalto	Basalto toleítico*
LCP + olivina	Olivina enstatita (ou pigeonita) basalto	Olivina basalto toleítico
Olivina	Olivina basalto	Olivina basalto
Olivina + nefelina	Nefelina olivina basalto	Basalto alcalino

* A Subcomissão da IUGS (Le Maitre et al., 2002) recomenda que o termo amplamente utilizado "toleíto" seja substituído por "basalto toleítico".

As rochas afins

O campo do basalto mostrado na Figura 2.1 está cercado de tipos de rochas afins, de granulação fina que, embora não sejam basaltos *senso strictu*, podem parecer semelhantes a ele. Essas rochas são diferenciadas sobretudo com base em critérios químicos, mas indícios de natureza petrográfica também são úteis a essa finalidade:

- Os picrobasaltos, que comparados aos basaltos contêm teores reduzidos de SiO_2 (são ultrabásicos em termos de composição), são mais ricos em olivina e apresentam baixo conteúdo de plagioclásios.
- Os andesitos basálticos têm minerais máficos semelhantes aos basaltos, mas apresentam plagioclásios mais ricos em sódio (principalmente a andesina – ver Quadro 4.1).
- Os traquibasaltos, os basanitos e os tefritos de modo geral contêm feldspatos alcalinos ou feldspatoides (Quadro 9.1).

OS PROCESSOS ERUPTIVOS E AS FORMAS VULCÂNICAS

Os líquidos magmáticos basálticos são caracterizados por valores reduzidos de viscosidade e de teor de gases, comparados a magmas mais evoluídos. A erupção subaérea pode fazer com que o magma seja lançado em jatos acima do conduto (como visto em erupções **havaianas** típicas), ou ocorrer por efusão silenciosa. Nos dois casos, o produto mais comum é o derrame de lava com **relação espessura:comprimento** reduzida (muitas vezes menor do que 1:50). Os basaltos também podem entrar em erupção por meio de processos piroclásticos de baixa explosividade, do tipo **estromboliano**. Os basaltos derramados na água formam lavas almofadadas, com ou sem **hialoclastito**, ou derrames em lençol. Nos pontos em que o basalto liquefeito entra em contato com águas subterrâneas ou superficiais durante a ascensão, a expansão brusca associada à conversão de água em vapor gera explosões **freatomagmáticas** que formam crateras ou **maars**.

Os derrames de lava subaéreos

Erupções volumosas de basaltos sempre assumem a forma de derrames de lava. Os derrames de lava subaéreos caem em duas categorias morfológicas:

- Os derrames do tipo **pahoehoe**
- Os derrames do tipo **a'a**

Uma *lava pahoehoe* é caracterizada por uma superfície ondulada ou enrugada (Figura 2.2a), cuja forma indica que a crosta fina esfriada formada na superfície da lava liquefeita permaneceu **dúctil** durante o deslocamento. A feição de plasticidade é mais marcante na lava com aparência de toalha de mesa enrugada, chamada de *pahoehoe em corda* (Figura 2.2a), formada quando uma seção da crosta fina fica ancorada às margens do derrame enquanto o centro prossegue seu curso por conta do arraste da lava subjacente. Apesar de ser a morfologia mais distinguível do derrame pahoehoe, a lava em corda tem extensão limitada. A superfície de lava solidificada lisa ou "ondulada" mais comum (Figura 2.2a) pode esconder vazios sob a crosta externa fina que talvez se rompam se alguém inadvertidamente pisar nela: esse tipo de *pahoehoe conchoso* é trabalhoso, difícil de trilhar a pé. O interior de uma lava pahoehoe de modo geral é **vesicular**, muitas vezes com mais de 20% de vesículas, em volume. Em seu deslocamento, os derrames do tipo pahoehoe lentos formam uma sucessão de pequenos lobos com largura da ordem de algumas dezenas de centímetros. Esses *dedos* subaéreos são rapidamente recobertos durante o derrame. Quando expostos pela erosão (Figura 2.2b), podem ser confundidos com lava almofadada subaquosa (*pillow lavas*). A Figura 2.5 resume os critérios de diferenciação das duas formas.

Em contrapartida, a superfície brechada de um *derrame a'a* (Figura 2.2c) registra o comportamento friável da superfície esfriada durante o deslocamento da lava. Francis e Oppenheimer (2004) descrevem a superfície de um derrame a'a como "um amontoado de blocos irregulares e soltos de escória que muitas vezes apresentam arestas cortantes", e advertem para o fato de que caminhar sobre uma superfície dessas pode acabar sendo "uma experiência terrível". Quando observada em seção transversal, essa camada superior fragmentada e irregular (composta por grânulos friáveis da superfície alterada pelo deslocamento do derrame) prossegue para o interior de uma massa de lava maciça, frequentemente vesicular, formando juntas incipientes. Por serem mais viscosos, os derrames a'a avançam formando **rampas** internas e têm uma frente de derrame íngreme, que espalha material fragmentado por seu percurso. Portanto, as lavas a'a normalmente exibem material fragmentado tanto na base como no topo do derrame. De certa maneira, o deslocamento desses fluxos lembra aquele de um veículo pesado equipado com lagartas.

Em um mesmo derrame de lava, a transição lateral entre a morfologia do tipo pahoehoe e a do tipo a'a é um fato comum. As circunstâncias que causam essa transição são complexas, mas as evidências do fenômeno observadas em campo podem ser resumidas como:

- O fluxo de lava pahoehoe proximal muitas vezes transiciona para um fluxo de lava a'a em sua porção distal, embora, em alguns casos, a lava a'a possa ser observada jorrando diretamente de um conduto.
- O fluxo de lava pahoehoe se transforma, lateralmente, em um fluxo de lava a'a à medida que se afasta do conduto; porém, uma lava a'a nunca se transforma novamente em lava pahoehoe.

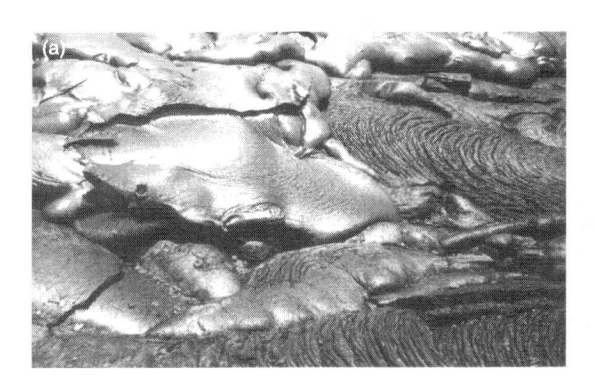

Figura 2.2 (a) Superfícies lisas e em corda de um derrame de lava basáltica pahoehoe no Havaí (fotografia: Ivvet Modinou). (b) Dedos de lava pahoehoe demarcados por margens claras devidas ao intemperismo, na ilha de Gran-Canaria (tamanho do martelo: 28 cm). (c) Topo de um derrame a'a na lava basáltica do Monte Etna, Sicília, em 2001. (d) *Traps* presentes nos basaltos paleogênicos da formação do Platô de Geikie, leste da Groenlândia, em que os sulcos resultantes da erosão estão preenchidos por neve (fotografia: W.S. Watt, publicada em Larsen et al. [1989] e reproduzida com permissão do Instituto de Pesquisas Geológicas da Dinamarca e da Groenlândia (detentor dos direitos autorais). (e) Clasto de escória de uma erupção em Narices del Teide, Tenerife, em 1798, mostrando brilho vítreo recente (conforme Prancha 5.3).

- A morfologia pahoehoe é vista apenas em lavas basálticas de baixa viscosidade, enquanto as superfícies do tipo a'a são encontradas em basaltos e em outros tipos de lavas mais evoluídos.
- A lava do tipo pahoehoe muitas vezes se transforma em uma lava a'a no ponto em que começa a escorrer em declive.

Em diversas áreas da ciência dos materiais, a transição entre os comportamentos dúctil e frágil sob estresse é influenciada por dois fatores: temperatura e taxa de deformação. O comportamento dúctil é favorecido por altas temperaturas e/ou taxas de deformação baixas, ao passo que a deformação frágil é promovida por temperaturas mais baixas e/ou taxas de deformação altas. Isso permite concluir que as superfícies pahoehoe estão associadas às altas temperaturas observadas nas proximidades do conduto, a velocidades baixas de fluxo de lava e/ou a **taxas de efusão** reduzidas (menos do que 5 a 10 m^3s^{-1}), enquanto as superfícies a'a são facilitadas pelo resfriamento durante o movimento de saída do conduto e/ou velocidades maiores de fluxo de lava (por exemplo, a lava que escorre por um declive acentuado). A perda de voláteis em uma lava em movimento também pode desempenhar um papel nesse aspecto, conforme discutido a seguir.

Os túneis e os tubos de lava, gerados quando uma crosta estacionária isolante ou um teto se formam sobre o fluxo, são características importantes dos **campos de derrame** (por exemplo, no Havaí), porque facilitam o transporte lateral da lava, ao reduzirem a perda de calor irradiante. O teto de um tubo pode se romper em determinado local, formando o chamado *skylight* ("claraboia"), uma abertura pela qual é possível observar o fluxo de lava no interior do tubo (Prancha 2.6). Nesses túneis, a lava pode fluir por muitos quilômetros em circunstâncias que, se reproduzidas na superfície, permitiriam seu escoamento por não mais do que algumas poucas centenas de metros, devido à perda de calor por resfriamento irradiante. Os fluxos alimentados por tubos de lava representam um mecanismo pelo qual as lavas basálticas percorrem distâncias consideráveis, mesmo no mais suave dos declives, produzindo os **vulcões em escudo** maciços, típicos de ilhas oceânicas como Havaí e Reunião.

Os basaltos de platô (*flood basalts*) vistos em locais como as ilhas de Skye e de Mull (nas Ilhas Hébridas, noroeste da Escócia), o leste da Groelândia, o Rio Columbia (oeste dos Estados Unidos), o platô de Deccan (na Índia) e a região de Karoo (África do Sul) apresentam taxas de efusão mais altas do que as dos campos do Havaí. Os derrames individuais, alimentados por extensos sistemas de fissuras, estendem-se por áreas vastas – da ordem de dezenas de milhares de quilômetros quadrados – na forma de derrames espessos e quase planos que, em alguns casos, podem ser percorridos por mais de 750 km. A sobreposição desses derrames muitas vezes acarreta o acúmulo de lava com muitos quilômetros de espessura. As superfícies irregulares dos derrames erodem mais rápido que seus interiores maciços (muitas vezes portadores de disjunções colunares), e a erosão desses terrenos gera uma topografia típica em degrau (*trap*, em inglês, que por sua vez é um correlato de *trappa*, ou "degrau", no idioma sueco), como mostra a Figura 2.2d. No intuito de explicar como esses derrames de lava individuais conseguem percorrer distâncias tão grandes (por vezes mais de 100 km) antes de esfriarem, Self et al. (1996, 1998) sugerem que os espessos derrames de basaltos de platô posicionam-se por inflação – a injeção constante de lava liquefeita sob uma superfície solidificada anteriormente, a qual isola o líquido magmático que flui sob ela. A efusão contínua de lava, por períodos que se estendem de meses a anos, não apenas alarga o derrame, mas também o torna espesso, em ritmo gradual, a partir de certa distância do conduto.

As seções transversais de basaltos de derrame com frequência apresentam disjunções colunares bem definidas. Essas disjunções resultam da contração térmica pós-solidificação da lava quente. Por estar soldada às rochas mais frias sob ela, uma lava não consegue se contrair como uma massa única e, para acomodar a contração, disjunções poligonais se desenvolvem perpendiculares às isotermas de resfriamento, migrando para o interior a partir da margem inferior. Em magmas bem desenvolvidos (Figura 2.3a), um derrame pode ser dividido em uma zona inferior composta por colunas verticais regulares chamadas de *zona colunar*, e uma zona superior de junção curva ou significativamente irregular. O estudo da propagação das disjunções (De Graff and Aydin, 1987; Lyle, 2000) sugere que a zona colunar se forma por propagação ascendente das disjunções na base fria da lava, enquanto a zona irregular se origina a partir da superfície mais alta do derrame, onde a penetração de água presente no local contribui com irregularidades marcantes das isotermas, comprovadas pela ocorrência de disjunções contorcidas. Outro exemplo de disjunções em processo de resfriamento que se formam perpendiculares a uma superfície regular de resfriamento são as juntas radiais, que se desenvolvem moldadas em torno de troncos de árvores expostas ao evento eruptivo (Figura 2.3b) e no interior de lavas almofadadas (Figura 2.4a).

Figura 2.3 (a) Zona colunar e zona irregular em derrame basáltico na ilha de Staffa, Hébridas; (b) juntas radiais em lava basáltica derramada ao redor de uma árvore em Ardmeanach, ilha de Mull, Hébridas.

Os basaltos almofadados e os derrames em lençol subaquosos

Os derrames de basalto que se formam sob as águas diferem em forma, comparados aos derrames em terra. A forma mais facilmente reconhecível é a lava almofadada (Figura 2.4a), equivalente subaquoso do derrame pahoehoe. Embora se assemelhem a balões cheios de algum líquido, a maioria das lavas almofadadas na verdade são seções transversais de tubos de lava interligados (Figura 2.4b) que avançaram de acordo com um processo chamado de *budding* (brotamento): um lobo de lava recente e esfriado pela água que o envolve forma um envelope vítreo dúctil que aumenta de volume com a pressão gerada pela lava injetada nele, até esfriar e tornar-se demasiado frágil para prosseguir em expansão, rompendo-se em uma abertura de material incandescente pelo qual a lava passa a escapar, formando uma nova almofada. Na maior parte dos casos, esta tem uma superfície lisa ou mesmo corrugada, caracterizada por irregularidades ao longo da abertura pela qual a lava extrude, como a maionese que passa pelo orifício de uma bisnaga com a pressão da mão. No ponto em que uma almofada recém-formada se assenta na junção entre duas almofadas subjacentes, ela forma uma cúspide descendente que pode servir como indicador do sentido de ascensão em terrenos de basaltos almofadados deformados (Figura 2.4a). A seção transversal desses basaltos almofadados é assinalada por uma superfície vítrea e juntas de resfriamento radiais perpendiculares à superfície de resfriamento externa (Figura 2.4a), indicador de erupção subaquosa (mas não necessariamente submarina). Uma vez que o resfriamento rápido causa a fragmentação fina do líquido magmático basáltico, as lavas almofadadas muitas vezes encontram-se intimamente associadas a depósitos de detritos vítreos angulosos e finos, os **hialoclastitos** (do grego, "fragmento de rocha vítrea"). O vidro vulcânico finamente fragmentado é instável, alterando-se ou intemperizando-se com rapidez, formando uma massa denominada *palagonita*, como aquela que preenche os interstícios mostrados na Figura 2.4a.

Figura 2.4 (a) Lava almofadada com hialoclastitos associados (península de Reykjanes, Islândia, Figura 9.9), o chapéu mostrado no canto superior esquerdo mede 25 cm; (b) seção longitudinal de uma lava almofadada de geometria tubular, Ilha do Norte, Nova Zelândia, o martelo mostrado no canto inferior direito mede 28 cm.

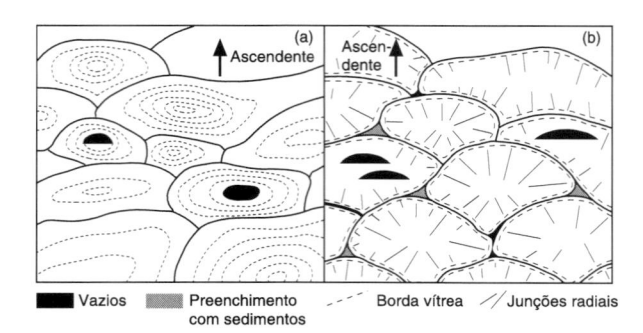

Figura 2.5 Características que diferenciam as seções transversais de dedos de derrames pahoehoe subaéreos e lava almofadada subaquosa, adaptado de Macdonald (1967) com permissão de J. Wiley and Sons Inc. (a) Dedos de derrame pahoehoe mostrando zonas vesiculares concêntricas características; as áreas em preto indicam tubos abertos. (b) Lavas almofadadas apresentando juntas radiais características, bordas vítreas esfriadas (as linhas tracejadas indicam as margens internas), sedimento intersticial ou hialoclastito (cinza) e vazios no interior ou entre as almofadas (preto).

Derrames menos característicos de lavas submarinas, com estrutura maciça, conhecidos como derrames em lençol, são comumente observados em perfurações conduzidas em águas oceânicas profundas, em locais como o rifte de Galápagos no Oceano Pacífico oriental e a Bacia de Nauru, no Pacífico ocidental. Esses derrames representam a erupção submarina de basalto em **taxas de efusão** elevadas (muito altas, na Bacia de Nauru), comparados aos derrames que geram lavas almofadadas.

As erupções basálticas piroclásticas: os cones de escória

A superfície da Terra em zonas basálticas vulcânicas com frequência é salpicada com cones formados a partir de sucessivos leitos de piroclastos escuros muito diferenciados denominados **escória**, oriundos de basaltos (ou andesitos) altamente vesiculares (Figura 2.2e e a rocha encaixante na Prancha 5.3). Os cones de escória (Figura 2.6) são típicos de erupções basálticas um pouco mais explosivas (ricas em voláteis), nas quais o magma em processo de vesiculação se fragmenta durante a erupção, e os clastos se solidificam antes de atingir o solo em torno do conduto. Esse tipo de atividade **estromboliana**, batizada com o nome da localidade-tipo, a ilha de Stromboli, na costa italiana, ocorre como uma série de jatos individuais provavelmente relacionados ao lançamento de grandes bolhas de gás no conduto de acesso à chaminé (ver o Capítulo 7). Vista à noite, uma explosão estromboliana parece um espetáculo pirotécnico, com a queda de uma chuva de clastos de escória incandescente na terra que escorrem como uma cascata pelos flancos externos do cone (Figura 7.3d). As erupções diurnas geram jatos menos interessantes de cinzas e **lapili** (Figura 7.3c). As variações na explosividade podem contribuir com a formação de estratificação incipiente no depósito de material lançado que circunda a chaminé (Figura 2.6b). De modo geral, esses depósitos são bem selecionados, com clastos cujo tamanho médio diminui com a distância do conduto.

A CRISTALIZAÇÃO DE MAGMAS BASÁLTICOS – AS EVIDÊNCIAS CONTIDAS NA TEXTURA

As microestruturas e texturas, tanto de uma amostra de mão quanto as observadas ao microscópio, informam-nos muito acerca dos processos e das con-

Figura 2.6 (a) Cone de escória, Ilha de Ascensão, Atlântico Sul (fotografia: J.P. Davidson); (b) estratificação de escória, Tenerife (o martelo na parte central superior da foto mede 28 cm).

dições nas quais os líquidos magmáticos ígneos cristalizam. As texturas de rochas ígneas são conhecidas por uma variedade de termos um tanto obscuros (muitas vezes derivados do idioma grego clássico) e que o estudante de geologia aprende, embora com certa relutância. Contudo, uma vez que as texturas têm muito a dizer sobre o processo e as condições de cristalização de uma rocha ígnea, esses termos servem como atalho para a identificação de diferentes históricos de resfriamento. Nesse sentido, é interessante ter alguma familiaridade com eles. Detalhes adicionais sobre a nomenclatura e a interpretação de texturas ígneas são encontrados nos livros publicados por Shelley (1992) e Vernon (2004).

As vesículas e a solubilidade dos voláteis

As **vesículas** são bolhas de gás formadas na lava liquefeita **supersaturada** em **voláteis** (sobretudo vapor d'água) após a ascensão à superfície. Assim como a cerveja contém CO_2 dissolvido que forma bolhas logo que a pressão diminui quando a garrafa é aberta (Zhang e Xu, 2008), a lava basáltica contém água e outros voláteis que se conservam completamente dissolvidos quando em grande profundidade, mas que **exsolvem** formando bolhas à medida que a lava em ascensão encontra regiões com pressões de confinamento gradativamente menores. No entanto, diferentemente da cerveja, muitas vesículas ficam encapsuladas na lava solidificada. A Figura 2.7 mostra o processo de vesiculação em relação à curva de solubilidade da água no basalto em estado de fusão. O líquido magmático ascende ao longo de um percurso de descompressão, representado pela seta contínua, até atingir uma profundidade em que se satura em água. Nesse ponto, ele apresenta o teor máximo de água dissolvida, no respectivo valor de pressão, e qualquer avanço na ascensão conduz o magma para o campo de supersaturação, onde o excesso de água, que o líquido magmático agora não consegue reter em solução, **exsolve**. Um volume considerável de gás escapa para a atmosfera durante uma erupção, mas uma proporção do volume inicial permanece aprisionada no magma na forma de bolhas de vapor. Com o avanço da ascensão, as bolhas aumentam de tamanho e número, como mostra a Figura 2.7b. Essas bolhas são conservadas como vazios quase esféricos quando a lava solidifica.

A presença de voláteis dissolvidos em um líquido magmático basáltico reduz a temperatura em que a cristalização inicia. Portanto, o escape de gases durante a erupção (chamado de "desgaseificação") pode iniciar a formação de cristalitos em suspensão no líquido magmático, o que talvez atue como fator importante na transição da lava pahoehoe para lava a'a (Polacci et al., 1999).

Durante a formação de vesículas, o líquido magmático precisa expandir (quando os voláteis ocupam um volume maior na forma de bolhas, comparado ao volume ocupado quando dissolvidos no líquido magmático). No interior de um conduto cilíndrico hipotético de raio constante, essa expansão acelera o líquido magmático para cima. É por isso que a vesiculação no conduto de um vulcão faz a lava jorrar quando atinge a superfície.

Seções transversais em lavas do tipo pahoehoe muitas vezes apresentam um número elevado de vesículas maiores próximo à parte superior (Figura 2.8a). Isso pode ser o reflexo da vesiculação pós-erupção em resposta à pressão reduzida perto do topo do derrame, não da flotação de bolhas formadas a profundidades maiores (ou em estágio anterior) no derrame. Vesículas cilíndricas, quase verticais, também são formadas junto à base do derrame de lava. Essas *vesículas tipo pipe* (Figura 2.8b) resultam da invasão ascendente de vapor expelido de solos encharcados de água pelos quais a

Quadro 2.2 Como distinguir uma olivina de uma augita em lâmina delgada

A olivina e a augita são dois minerais de relevos e cores de interferência (na superfície) semelhantes. Por essa razão, um observador pouco experiente pode confundir os dois materiais. A tabela abaixo mostra algumas das características mais importantes identificadas durante a diferenciação entre a olivina e a augita. Os atributos em *itálico* são os com maior poder diagnóstico.

	Olivina em lâmina delgada	Augita em lâmina delgada
Cor do mineral em lâmina delgada (ver Prancha 4.1)	Incolor à luz natural (as variedades ricas em Fe são amarelo pálido)	De modo geral, é bege-pálido ou cinza (Pranchas 2.3 e 2.5); a titanoaugita tem um tom lilás pleocroico.
Fratura ou clivagem	*Fraturas curvas irregulares*, normalmente salientes devido a alterações incipientes (ver Prancha 2.4)	Tanto uma *clivagem* (em seções paralelas à elongação do cristal) quanto *duas clivagens perpendiculares* (em seções perpendiculares à elongação).
Birrefringência	Entre 0,035 e 0,052, com cores de terceira ordem	Entre 0,018 e 0,033, com cores de segunda ordem.
Ângulo de extinção	Olivina euédrica* tem extinção reta em relação às faces do prisma	*Extinção oblíqua* relativa à clivagem.
Alteração	*Suscetível a alteração* para: • **iddingsita** de vermelho a marrom, ou • serpentina (muitas vezes incolor), ou • **bowlingita** verde Relíquias de fraturas internas curvas – reconhecidas pelos produtos da alteração – frequentemente identificam olivina alterada	Mais resistente. Pode sofrer alteração formando a **uralita**.

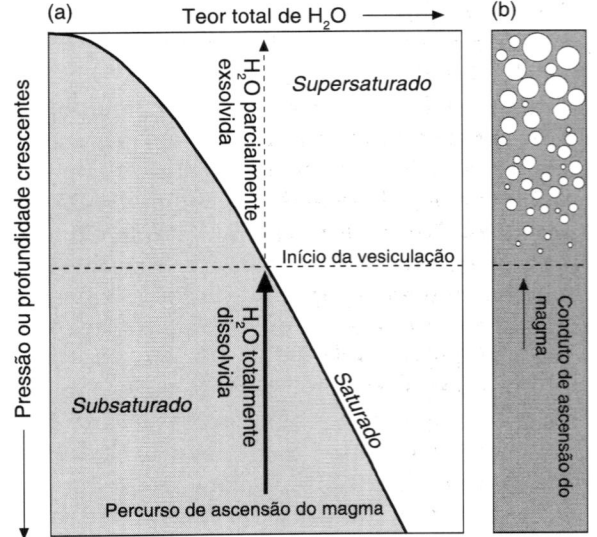

*A ausência de clivagem na olivina torna impraticável a discriminação de cristais anédricos com base no ângulo de extinção.

Figura 2.7 (a) Solubilidade de um gás (neste caso, vapor de H_2O) no líquido magmático basáltico em função da pressão (isto é, profundidade). A forma da curva de solubilidade foi obtida em Dixon et al. (1985). (b) Grau de vesiculação como resultado da descompressão à medida que o líquido magmático ascende pelo conduto do vulcão em direção à superfície.

lava passou. Uma vez que a lava derramada abaixo da superfície da água sofre uma carga de pressão que é função da profundidade, as lavas submarinas formam menor número de vesículas em comparação com lavas subaéreas de teor de água equivalente.

A circulação hidrotermal durante o soterramento de espessas sucessões de lava normalmente leva à deposição de minerais de baixa temperatura nas vesículas (na maioria das vezes uma zeólita, a analcita ou a calcita, em basaltos). As vesículas preenchidas ou semipreenchidas são chamadas de **amígdalas**. Com frequência, as amígdalas são preenchidas por minerais ígneos ou vidro em lugar de minerais hidrotermais, o que indica que o preenchimento se deu a temperaturas muito altas.

As formas de vidro basáltico

O vidro basáltico pode ocorrer de diversas formas, todas representando o resfriamento rápido do líquido magmático (Quadro 2.3). A forma mais interessante, o *cabelo de Pele* (em referência à deusa havaiana dos vulcões), consiste em filamentos finos

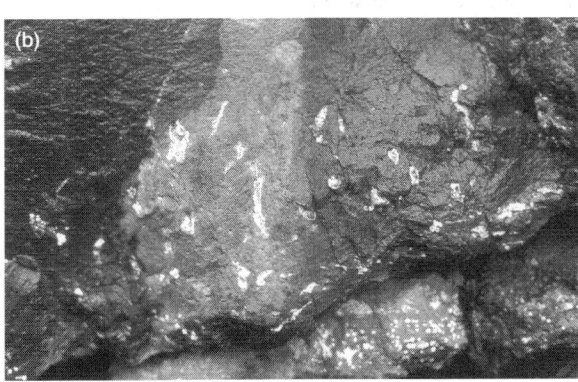

Figura 2.8 (a) Aumento da vesicularidade em uma lava basáltica à medida que ela se aproxima da superfície (Auckland, Nova Zelândia); (b) **amígdalas** tubulares na base de uma lava basáltica na ilha de Skye (mesma escala do item [a]).

de vidro basáltico marrom com menos de 0,5 mm de diâmetro que, contudo, atingem 2 m de comprimento, formados pelos jatos ou derrames violentos de lava derretida (Figura 2.9a). O cabelo de Pele é dispersado com rapidez pelo vento e está associado exclusivamente a **erupções havaianas** subaéreas.

Os vidros basálticos com frequência se formam quando o líquido magmático é esfriado rapidamente ao contato com a água no estado líquido, como nas bordas esfriadas de diques e soleiras intrusivas observadas em sedimentos contendo água. Quando esse basalto é completamente vítreo, ele é translucido, marrom pálido ou avermelhado, e é chamado de *sideromelano*. Contudo, a presença de cristais submicroscópicos pode conferir a esse vidro uma aparência escura e opaca. O vidro vulcânico, devido a sua **me-**

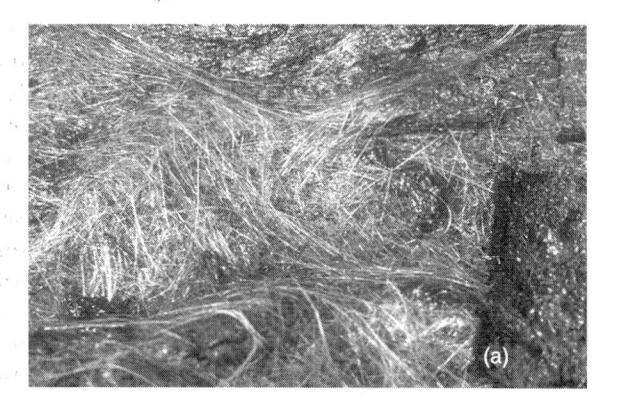

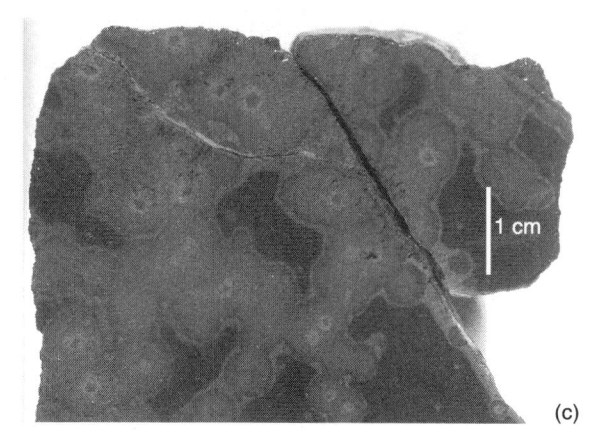

Figura 2.9 (a) Cabelo de Pele em Mauna Ulu, Havaí (foto: D. W. Peterson, cortesia do Instituto de Pesquisas Geológicas dos Estados Unidos*); (b) **esferulitos** de desvitrificação em vidro basáltico em Ardmeanach, ilha de Mull, Hébridas. A ponta da caneta (no canto superior esquerdo) tem aproximadamente 1 cm de largura. (c) Amostra extraída por perfuração mostrando esferulitos formados em redor de cristais de olivina alterada em uma margem de almofada basáltica afanítica em Ontong, platô de Java (foto: Programa Integrado de Perfurações Oceânicas/Universidade de Ciências Agrícolas e Mecânicas do Texas).

*Departamento do Interior dos Estados Unidos.

taestabilidade em relação ao estado cristalino, tem durabilidade limitada na escala de tempo geológico e, muitas vezes, exibe sinais de transformações lentas, no estado sólido, tornando-se material cristalino, um processo denominado desvitrificação. Os feixes esferoides de cristais fibrosos raiados (Figura 2.9b), denominados varíolas ou **esferulitos**, às vezes são indício de desvitrificação, embora possam também ser formados pelo super-resfriamento do líquido magmático basáltico (ver Fowler et al., 2002). Nos dois casos, esses feixes indicam a ocorrência de cristalização em condições nas quais a velocidade de crescimento excede a velocidade de nucleação de maneira significativa (Quadro 2.3). Alguns esferulitos se formam em torno de cristais pré-existentes (Figura 2.9c).

Os vidros basálticos, de modo geral, têm índice de refração (IR) maior do que o do bálsamo do Canadá (1,54). Os vidros de composição mais evoluída tendem a apresentar IRs menores do que esse (ver Shelley, 1992; Figura 1.24).

As texturas envolvendo variações no tamanho do cristal

A exemplo de outras rochas vulcânicas, os basaltos muitas vezes contêm duas ou mais gerações de cristais de tamanhos diferentes. Na textura **porfirítica** (chamada de **fírica** nos Estados Unidos), existe uma distinção clara em termos de tamanho entre **fenocristais** – cristais precoces **euédricos** maiores, formados de um ou mais minerais – e a **matriz** mais fina, que os envolve (Pranchas 2.1 e 2.5). Os minerais presentes na forma de fenocristais podem ser especificados no nome da rocha por meio do adjetivo porfirítico, seguido da expressão "com fenocristais de", por exemplo plagioclásio e augita, como discutido no Capítulo 1.

Quadro 2.3   O que determina a granulação de rochas ígneas?

A velocidade de resfriamento de um magma é o fator determinante da probabilidade de ele formar uma rocha de granulação fina ou grossa, ou um sólido vítreo. É comum ouvirmos dizer que o resfriamento lento gera uma textura grossa, porque há tempo para a formação de cristais grandes, enquanto rochas de granulação fina se formam quando o resfriamento é rápido. A Figura 2.3.1 apresenta uma explicação mais plausível, que permite compreender as diferenças na granulação de rochas ígneas. A cristalização de um líquido magmático ocorre em dois estágios:

- *A nucleação*: é a formação inicial de cristais embrionários muito pequenos, que servem como base para a continuação do processo de crescimento do cristal.
- *O crescimento cristalino*: compreende a deposição de material cristalino adicional nos núcleos e cristais existentes.

As duas etapas são impedidas pela ação das barreiras de energia livre (Gill, 1996; Vernon, 2004) e, portanto, somente iniciam depois de certo grau de **super-resfriamento** ou de supersaturação ter sido atingido (um intervalo de temperatura da ordem de muitas dezenas de °C, na maioria dos casos). A eficiência relativa de cada processo, como função de ΔT de super-resfriamento (em °C), é ilustrada na Figura 2.3.1. Do ponto de vista energético, a nucleação é a etapa mais difícil, pois requer um grau maior de super-resfriamento, comparada ao crescimento cristalino. Essa etapa define a velocidade do crescimento cristalino: este não ocorre antes de os núcleos de cristal terem se formado.

A Figura 2.3.1 mostra três intervalos de super-resfriamento:

1 O resfriamento lento gera um grau de super-resfriamento reduzido: a velocidade de crescimento cristalino (curva cinza) é alta nesse ponto, mas a criação de novos cristais é limitada pela velocidade de nucleação (zero ou muito baixa, curva preta). Nesse sentido, qualquer crescimento cristalino fica concentrado em alguns poucos cristais, o que gera a granulação grossa, característica do gabro.

2 O resfriamento rápido gera um grau maior de super-resfriamento, o que aumenta a eficiência da nucleação (linha preta). Porém, a velocidade de crescimento cristalino é muito menor (curva cinza). Logo, são formados por muitos cristais pequenos, conferindo ao material a textura de granulação fina, comum entre muitos basaltos.

3 O resfriamento extremamente rápido (por exemplo, o chamado *quenching*, que ocorre em contato com a água) acarreta um grau de super-resfriamento amplo o bastante para suprimir tanto a nucleação quanto o crescimento cristalino: não se formam cristais, e o estado desordenado do líquido magmático é "congelado" na forma de vidro.

Esse contraste na granulação reflete uma relação entre tamanho do grão e velocidade de resfriamento (Quadro 2.3): quando um líquido magmático basáltico começa a cristalizar em profundidade, cercado por rochas encaixantes em temperaturas relativamente altas, o resfriamento é um tanto lento, o super-resfriamento é pequeno e a nucleação é limitada – condições que favorecem o crescimento de cristais grandes. Se o líquido magmático cristalizasse por completo nessa profundidade, o produto seria uma rocha plutônica de granulação grossa. Se, por outro lado, o magma parcialmente cristalizado escapa para a superfície, as evidências do estágio plutônico de cristalização são preservadas na forma dos fenocristais em suspensão que ele carrega. Por terem crescido no interior do líquido magmático, esses fenocristais, em regra, desenvolvem a forma cristalina euédrica (embora a reabsorção durante a ascensão possa causar seu arredondamento ou embaiamento). Quando os fenocristais apresentam **zonação**, é sinal de que o estágio plutônico da cristalização foi longo o bastante para permitir a evolução significativa da composição do líquido magmático (embora não longo o suficiente para garantir o equilíbrio total). Em contrapartida, o estágio de resfriamento acelerado que se segue à erupção promove o super-resfriamento e uma velocidade de nucleação alta, o que gera uma matriz de granulação fina composta por um número muito elevado de cristais pequenos. A textura **intersertal** – em que os fenocristais estão envoltos por uma matriz vítrea (Prancha 2.3) – indica que o estágio final de resfriamento foi ainda mais rápido, talvez devido à interação com a água.

Portanto, a textura porfirítica muitas vezes é indício de que a ascensão do magma do manto para a superfície foi interrompida por um período em que ocorreu a cristalização em uma câmara magmática

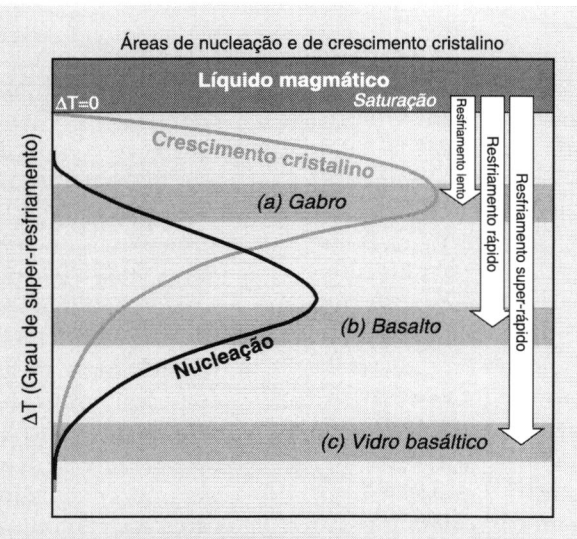

Figura 2.3.1 Diagrama mostrando as velocidades de nucleação e de crescimento cristalino como função do super-resfriamento abaixo da isoterma solidus (extraído de Dowty, 1980, com base nos dados de Winkler). As três faixas arbitrárias de super-resfriamento (ou de velocidade de resfriamento) são ilustradas, gerando cristais de granulação grossa e fina e vidro livre de cristais.

As velocidades de nucleação e de crescimento cristalino dependem também da taxa de difusão no líquido magmático. Uma vez que a difusão é mais lenta em líquidos magmáticos mais siliciosos (porque estes são mais **polimerizados**), as texturas vítreas são mais comuns em riolitos do que em basaltos (Capítulo 6).

Na natureza, a cristalização de uma rocha ígnea pode ocorrer em diversos estágios, cada qual caracterizado por graus diferentes de super-resfriamento (ou velocidades de resfriamento) e por velocidades de nucleação distintas. Os históricos de resfriamento em multiestágio podem ser inferidos a partir de variações em granulação de cristais precoces, intermediários e tardios (por exemplo, a textura porfirítica – ver a Prancha 2.1 e a Figura 2.10).*

---

*Lofgren (1980) argumenta que a textura porfirítica também pode se originar de um processo de resfriamento em estágio único, embora as circunstâncias especiais em que seus experimentos parecem ter sido conduzidos não são amplamente válidas na natureza.

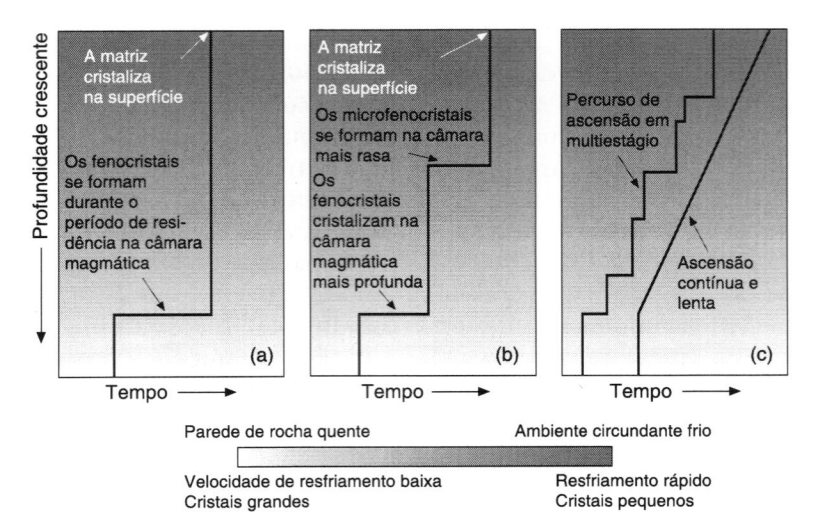

Figura 2.10 Ascensão hipotética de um magma *vs.* percursos no tempo. As condições explicam (a) a existência de basalto porfirítico e (b) presença de duas gerações de fenocristais. Em (c), os dois percursos de ascensão alternativos explicam a textura seriada. Os percursos de ascensão mostrados são menos complexos do que aqueles observados na natureza.

subvulcânica (ou mais profunda), como mostra a Figura 2.10a. Os fenocristais auxiliam a compreender a evolução do magma, pois permitem identificar os minerais em processo de cristalização nesta câmara magmática antes da erupção cujas composições (determinadas com facilidade utilizando uma **microssonda eletrônica**) são úteis na elaboração de modelos que reflitam as alterações na constituição do líquido magmático ocorridas durante a cristalização. Os minerais que formam os fenocristais podem ser especificados no nome da rocha como um complemento ao adjetivo "porfirítico" (como em um basalto porfirítico com fenocristais de olivina e de augita).

As variações na textura porfirítica indicam que o histórico de ascensão/resfriamento é mais complexo (Figura 2.10).

- Alguns basaltos contêm duas gerações de fenocristais (fenocristais e microfenocristais), além de matriz, indicando *dois* estágios de cristalização durante a ascensão, antes da erupção (Figura 2.10b). Os microfenocristais presentes em basaltos às vezes exibem textura **intergranular**, na qual cristais equivalentes de olivina e de piroxênio preenchem espaços livres em um esqueleto formado por microfenocristais de plagioclásio tabular.
- Os fenocristais podem se agregar em aglomerados (*glomerocristais*) formando uma textura *glomeroporfirítica* (Pranchas 2.3 e 2.4). Para Ikeda et al. (2002), a formação de aglomerados é vantajosa em termos de energia, porque os cristais apresentam menor energia da interface cristal:líquido magmático (no estudo de rochas ígneas, essa energia é o equivalente da tensão superficial em líquidos) em um aglomerado do que se estivessem dispersos.
- Uma gradação contínua de tamanho de cristal, de cristais euédricos grandes e precoces, sem pontos de diferenciação abrupta entre fenocristais e matriz (Prancha 2.3) é chamada de textura **seriada**. A cristalização dos cristais maiores começou em profundidade mas, em vez de ascender de modo brusco e extravasar, o magma passou por um processo lento de subida à superfície, cristalizando-se a taxas de resfriamento progressivamente maiores (Figura 2.10c). A textura seriada é mais comum em andesitos do que em basaltos (Prancha 6.1).

Quando todos os cristais são demasiadamente pequenos para serem diferenciados a olho nu, a textura é denominada **afanítica** (compare com **fanerítica**). As rochas finas sem fenocristais são ditas **afíricas** ou simplesmente *não porfiríticas*. A ausência de fenocristais sugere que, ou o líquido magmático ascendeu direto de sua fonte sem ser detido em uma câmara magmática ao longo do percurso, ou quaisquer possíveis fenocristais formados foram removidos por afundamento, filtrados ou reabsorvidos durante a ascensão.

Os basaltos às vezes têm textura **ofítica**, descrita e explicada no Capítulo 4.

ALTERAÇÃO E METAMORFISMO DE BASALTOS

Os minerais presentes nos basaltos cristalizam a temperaturas acima dos 1000°C e são quase sempre **anidros** (anfibólios são raros nos basaltos). Esses minerais primários são preservados em basaltos subaéreos que resfriam rapidamente até alcançar a temperatura ambiente e não são expostos a fluidos quentes após o resfriamento. Uma amostra de mão desses minerais é quase preta (exceto por um marrom chocolate característico da superfície exposta ao intemperismo), e a maioria dos fenocristais tem faces cristalinas brilhantes ou superfícies de clivagem. A lâmina delgada não apresenta minerais secundários de coloração marcante. Esse tipo de amostra é chamado de *inalterada*.

Por outro lado, quando um basalto sofre exposição prolongada à circulação de **fluidos** quentes, os minerais silicatados formados a temperaturas magmáticas podem reagir entre si, formando minerais novos, **hidratados**, mais estáveis no novo regime **hidrotermal** em que a rocha agora se encontra. Essas reações e seus produtos são conhecidos pela denominação geral **alteração** hidrotermal. Um novo mineral hidratado que substitui parcial ou completamente um cristal mineral ígneo **primário** é denominado *produto de alteração* ou *mineral secundário*. Os produtos de alteração mais comuns associados à mineralogia basáltica são resumidos na Tabela 2.1. Um produto de alteração pode formar um cristal **opticamente contínuo**, cuja orientação em lâmina delgada é semelhante àquela do cristal que ele substitui, embora na maioria das vezes esses produtos de alteração ocorrem como agregados ou intercrescimentos de cristais menores (Prancha 9.15).

Se o episódio hidrotermal é relativamente breve ou se a temperatura que atinge é baixa, a alteração é interrompida em um estágio inicial, e seus produtos serão confinados nas margens de cristais suscetíveis (Prancha 2.7), em clivagens no mineral ou, no caso da olivina, em fraturas internas (Prancha 2.8). Alguns minerais (em especial a olivina) são mais suscetíveis a alterações do que outros (como o piroxênio com alto teor de Ca, por exemplo) e, por essa razão, são os primeiros a sucumbir. As alterações mais pervasivas tendem a afetar um número maior de minerais presentes, e os mais suscetíveis podem ser integralmente substituídos por minerais secundários. Em alguns casos, o(s) produto(s) de alteração preserva(m) o contorno do cristal original – um fenocristal euédrico, por exemplo –, formando um **pseudomorfo** identificável em lâmina delgada (Prancha 2.9) que permite tirar conclusões sobre a identidade do mineral original, mesmo quando este já não existe na amostra.

Em amostras de mão, um basalto muito alterado tem coloração de verde a vermelha e superfícies internas apresentando tons menos vivos. Muitas vezes, esses basaltos são bastante friáveis ao longo de um sistema de fraturas (que atuam como canal de penetração para fluidos). Em lâmina delgada, os produtos de alteração com granulação fina substituem os minerais primários suscetíveis, sobretudo junto a fraturas e veios.

Enquanto a alteração incipiente causa modificação relativamente pequena na composição química dos basaltos – exceto para componentes voláteis, como H_2O (Quadro 1.3) – a alteração mais pervasiva frequentemente é acompanhada de mudanças seletivas em outros elementos maiores, especialmente naqueles mais móveis, como Na_2O, K_2O e CaO (Quadro 1.4). Dessa forma, uma avaliação petrográfica do grau de alteração e uma seleção criteriosa das amostras mais frescas constituem passos preparatórios importantes antes de qualquer estudo geoquímico sobre a composição dos magmas, para que a assinatura química dos processos magmáticos não seja obscurecida por modificações químicas secundárias.

É comum vermos uma diferenciação imprópria entre *alteração*, cuja intensidade varia em uma escala de metros, e *metamorfismo hidrotermal* (Yardley, 1989), no qual alterações mineralógicas similares se desenvolvem de modo mais distribuído, em escala regional. Uma alteração pode ser causada pelo escape de fluidos através de fraturas e falhas nas partes mais profundas do próprio sistema magmático (alteração **deutérica**) ou refletir a circulação convectiva de água marinhas ou **meteóricas** deslocadas pelas fontes magmáticas de calor abaixo delas. Nos basaltos, um grau baixo de metamorfismo muitas vezes indica a circulação de fluidos meteóricos durante o soterramento de sequências vulcânicas espessas. Em todos os casos, os fluidos responsáveis pelas alterações mineralógicas também depositam minerais novos, como o epidoto observado em amígdalas e outras cavidades.

UMA VISÃO ALTERNATIVA SOBRE A SUBDIVISÃO QUÍMICA DOS BASALTOS – AS NORMAS

A divisão de basaltos em *basalto alcalinos* e *basaltos toleíticos* é fundamental, pois esclarece o grau de **saturação em sílica** (ou **subsaturação em sílica**) em magmas básicos. Essa distinção foi originalmente embasada na mineralogia **modal**: um basalto contendo nefelina e olivina identificáveis ao microscópio era chamado de basalto alcalino,[2] ao passo que um basalto conten-

---

[2] O nome original era "olivina basalto alcalino", mas posteriormente foi adotada a designação "basalto alcalino".

do piroxênio com baixo teor de Ca (com ou sem olivina) era denominado toleíto. Diante da dificuldade de reconhecer quantidades pequenas de nefelina na matriz de um basalto, sobretudo se a rocha é alterada ou contém vidro, hoje os petrólogos preferem tomar a composição química dessas rochas como base para tais diferenciações. Para quantificar o grau de subsaturação em sílica na composição de uma rocha ígnea, a análise de seus elementos maiores é útil no cálculo daquilo que é denominado **norma** da rocha (por vezes, o termo usado é "norma CIPW", em homenagem aos pesquisadores que a desenvolveram, os petrólogos norte-americanos W. Cross, J. P. Iddings, L. V. Pirsson e H. S. Washington, que publicaram seu trabalho pioneiro na área em 1902). Algumas variações da norma foram propostas no passado (por exemplo, por Niggli), mas caíram em desuso.

Porém, o que na verdade significa a "norma" de uma rocha? Como mostra a Tabela 2.3, em síntese uma norma é a análise dos elementos maiores de uma rocha traduzida em porcentagens de minerais hipotéticos ("normativos") com composições padronizadas. A maneira de calcular a norma é ilustrada graficamente no Quadro 2.4 para as duas análises mostradas na Tabela 2.3. As instruções passo a passo para calcular uma norma são dadas no Apêndice B (com exercícios). O cálculo de uma norma pode ser comparado a um exercício de contabilidade. Ele possibilita ao petrólogo avaliar o "orçamento" em termos do teor de sílica associado a cada mineral presente na rocha e, com isso, determinar se a composição total da rocha está:

- "Com excesso" de SiO_2, isto é, essa rocha, contendo quartzo como um de seus minerais normativos, é **supersaturada em sílica**.
- "Em equilíbrio", isto é, rocha cuja norma contém enstatita[3] e olivina, mas não quartzo ou nefelina e, por isso, é chamada de **rocha saturada em sílica**.
- "Com déficit" de SiO_2, em que a análise do teor de óxidos revela um conteúdo de sílica *insuficiente* para a conversão de Na_2O e K_2O em albita e ortoclásio normativos, o que torna necessário inserir a nefelina em lugar de parte ou de todo o teor de feldspatos alcalinos. A nefelina normativa é a marca de uma rocha **subsaturada em sílica**.

Esses conceitos são resumidos na Figura 2.11. O triângulo menor à direita tem os minerais quartzo, albita e enstatita em seus vértices. Assim, qualquer basalto com quartzo normativo fica dentro deste campo (próximo à linha albita-enstatita, uma vez que os basaltos nunca apresentam teor elevado de quartzo normativo) e, por isso, é classificado como supersaturado em sílica. Um basalto cuja norma contém enstatita e olivina (isto é, um olivina toleíto) cai no triângulo central, saturado em sílica. Os basaltos com nefelina normativa (basaltos alcalinos) ficam no triângulo subsaturado em sílica, à esquerda.

A definição correntemente aceita de basalto alcalino é "um basalto cuja norma contém nefelina", enquanto um basalto toleítico é definido como aquele cuja norma inclui a enstatita. A nefelina e a enstatita são produtos incompatíveis no cálculo de uma norma (Quadro 2.4). Conforme observado, a nomenclatura em uso hoje (Le Maitre, 2002) reconhece uma categoria mais ampla de basaltos **subalcalinos**, que podem ser definidos em termos normativos como basaltos cuja norma *não contém nefelina*. Os basaltos subalcalinos incluem uma variedade de classes importantes de basalto toleítico em termos de volume, como os basaltos de dorsais meso-oceânicas e os basaltos associados à subducção.

A diferenciação normativa fundamental entre basaltos alcalinos e basaltos toleíticos pode ser expressa em um diagrama álcalis totais vs. sílica (TAS), como mostram as Figuras 1.5 e 2.1. Esse diagrama permite classificar basaltos sem calcular

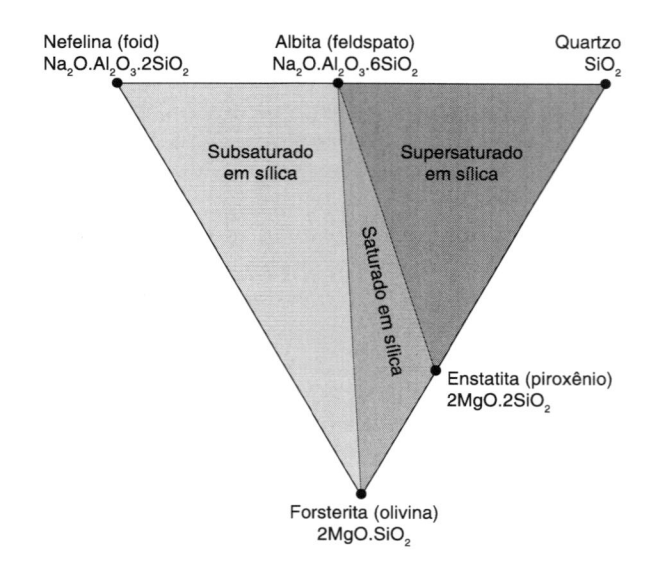

Figura 2.11 Representação gráfica da saturação em sílica de basaltos em termos dos minerais normativos presentes (mostrados em proporção de massa). As linhas divisórias separam os pares de minerais que não ocorrem juntos em uma mesma norma (Quadro 2.4): quartzo/olivina, enstatita/nefelina e quartzo/nefelina. A figura forma a base do "tetraedro basáltico" mostrado na Figura 9.7a.

---

[3] Aqui, o termo "enstatita" é utilizado para piroxênios com alto teor de Ca, em concordância com o emprego mineralógico atual (Deer et al. 1992). Portanto, "com enstatita normativa" significa o mesmo que **com hiperstênio normativo**, utilizado em obras mais antigas (ver Quadro 2.1).

Tabela 2.3 (a) Análise de elementos maiores de dois basaltos (extraído de Le Maitre, 2002, Tabela C4, análises 2 e 1, respectivamente) mostrando o recálculo da porcentagem em massa de cada óxido (dada em g/100 g de rocha) em mols de cada óxido por 100 g de rocha

(a) Análise de óxido	MMR (óxidos)	Análise A		Análise B	
		% em massa	mol/100 g	% em massa	mol/100 g
SiO_2	60,09	50,84	0,8461	47,37	0,7883
TiO_2	79,88	2,33	0,0292	1,69	0,0212
Al_2O_3	101,96	14,98	0,1469	15,26	0,1497
Fe_2O_3	159,69	4,08	0,0255	3,6	0,0225
FeO	71,85	8,32	0,1158	6,95	0,0967
MnO	70,86	0,18	0,0025	0,17	0,0024
MgO	40,32	7,53	0,1868	10,85	0,2691
CaO	56,08	9,59	0,1710	9,49	0,1692
Na_2O	61,98	1,75	0,0282	3,56	0,0574
K_2O	94,20	0,22	0,0023	0,84	0,0089
P_2O_5	141,94	0,16	0,0011	0,22	0,0015
Total		99,98		100,00	

(b) Normas calculadas a partir das mesmas análises; as colunas 3 e 5 mostram os resultados (em mols) de cada mineral por 100 g (observe a correspondência com alguns números na parte [a]), enquanto as colunas 4 e 6 contêm os mesmos resultados, agora expressos em % em massa. As fórmulas dos minerais (base óxido) utilizadas no cálculo são mostradas na coluna 2; os pontos indicam "combinado com". Os campos em branco nas colunas 3, 4, 5 e 6 indicam onde o cálculo não incluiu o mineral em questão; os zeros indicam onde o mineral foi eliminado por conta do déficit em sílica

(b) Norma	Fórmulas dos minerais normativos	mol/100 g	% em massa	mol/100 g	% em massa
Quartzo (q)	SiO_2	0,1283	7,71	0,0000	0,00
Coríndon (c)	Al_2O_3				
Ortoclásio (or)	$K_2O.Al_2O_3.6SiO_2$	0,0023	1,30	0,0089	4,96
Albita (ab)	$Na_2O.Al_2O_3.6SiO_2$	0,0282	14,81	0,0574	22,26
Anortita (an)	$CaO.Al_2O_3.2SiO_2$	0,1163	32,37	0,0833	23,18
Nefelina (ne)	$Na_2O.Al_2O_3.2SiO_2$			0,0150	4,26
Leucita (lc)	$K_2O.Al_2O_3.4SiO_2$				
Acmita (ac)	$Na_2O.Fe_2O_3.4SiO_2$				
Diopsídio (Di)	$CaO.(FeO+MnO+MgO).2SiO_2$	0,0513	11,52	0,0807	17,92
Wollastonita (wo)	$CaO.SiO_2$				
Enstatita (En)	$(FeO+MnO+MgO).SiO_2$	0,1991	21,58	0,0000	0,00
Olivina (Ol)	$2(FeO+MnO+MgO).SiO_2$			0,1219	18,46
Magnetita (mt)	$FeO.Fe_2O_3$	0,0255	5,92	0,0225	5,22
Ilmenita (il)	$FeO.TiO_2$	0,0292	4,43	0,0212	3,21
Apatita (ap)	$3,33CaO.P_2O_5$	0,0011	0,37	0,0015	0,51
Total			100,00		99,99

O piroxênio com baixo teor de Ca é representado pelo termo "enstatita" por uma questão de consistência com o emprego mineralógico atual (Deer et al., 1992); em outros trabalhos sobre o cálculo de normas (por exemplo, Cross et al., 1902, Cox et al., 1979; e Le Maitre, 2002), esses piroxênios são denominados "hiperstênios", hoje um termo ultrapassado.

Quadro 2.4 O cálculo da norma de uma rocha ígnea

O cálculo de uma norma envolve as seguintes etapas:

1. O recálculo da análise de elementos maiores em base livre de voláteis (ver Quadro 1.3). Uma norma envolve *apenas minerais anidros*. Os minerais hidratados são representados por substitutos anidros. Por exemplo, a hornblenda é representada pelo piroxênio e a biotita, pela magnetita e pelo ortoclásio.

2. A divisão do valor do peso percentual de cada óxido (dado em gramas de óxido por 100 g de rocha) pela massa molecular relativa (MMR, em $g.mol^{-1}$) do óxido em questão, para expressar a análise em termos de número de **mols** de cada óxido por 100 g de rocha*. Esse cálculo é mostrado na Tabela 2.3a, e o resultado da análise A é representado graficamente na Figura 2.4.1a.

---

*A lógica aqui é análoga à divisão de uma sacola de maçãs entre crianças em um passeio escolar: é mais útil conhecer o *número* de maçãs do que o peso das frutas.

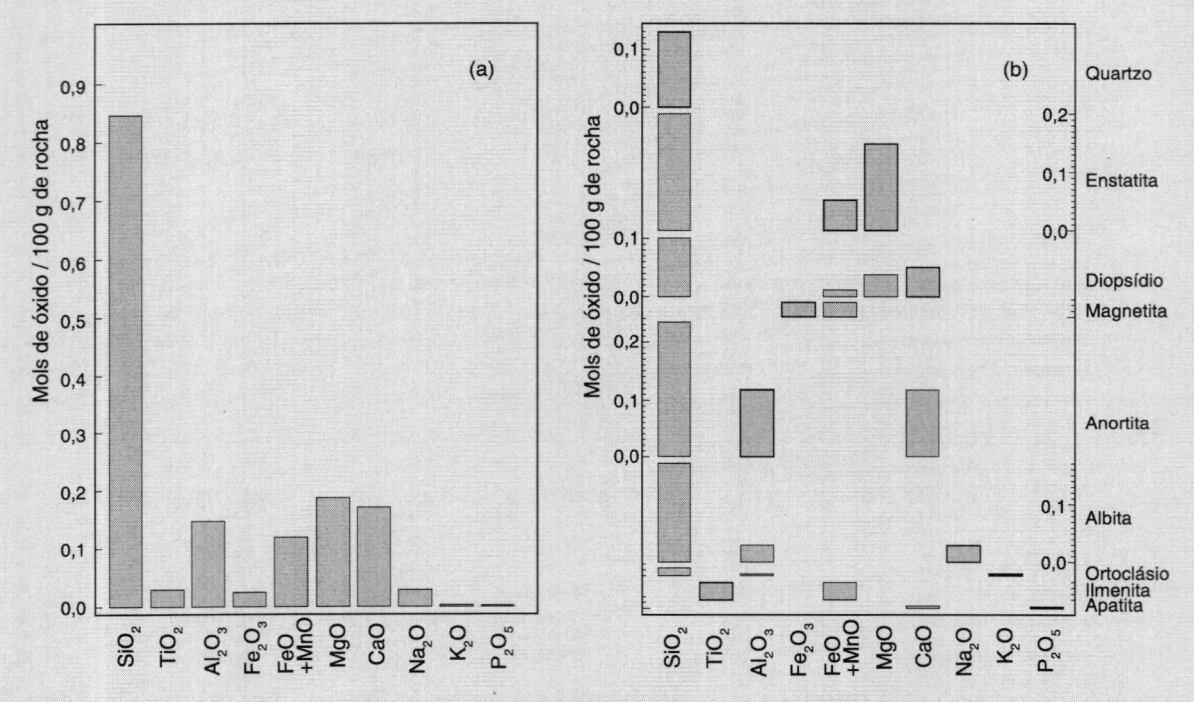

Figura 2.4.1 (a) Análise A mostrada na Tabela 2.2 como mols de cada óxido por 100 g de rocha. O teor baixo de MnO presente foi adicionado na coluna relativa ao FeO, uma vez que o óxido ocorre nos mesmos minerais em que o FeO está presente. (b) Versão segmentada, em mesma escala, mostrando como cada óxido se divide entre os diversos minerais normativos. A alocação de teores é dada em ordem ascendente. Os retângulos com margens em negrito representam os óxidos cuja abundância (remanescente) regula a quantidade do mineral normativo de interesse. A escala graduada para cada mineral indica o teor calculado em mols por 100 g de rocha.

Observe que o quartzo consta na norma dessa rocha, indicando que a Análise A na Tabela 2.2 representa um magma **supersaturado em sílica**.

3 A combinação de óxidos relevantes em proporções prescritas para recalcular o número de mols de cada mineral normativo que pode ser formado a partir da análise da rocha, como mostrado na análise A da Figura 2.4.1b. Por exemplo a fórmula conhecida da albita (NaAlSi$_3$O$_8$) pode ser reescrita alternativamente em base óxido, Na$_2$O.Al$_2$O$_3$.6SiO$_2$, que indica que o Na$_2$O, o Al$_2$O$_3$ e o SiO$_2$ precisam ser combinados nas proporções molares 1:1:6 para formar o mineral. As fórmulas minerais simplificadas utilizadas são mostradas na Tabela 2.3b; as normas são baseadas em membros extremos e não consideram soluções sólidas complexas, como em piroxênios naturais.

4 Os "minerais" na norma são calculados em uma ordem predefinida, começando da *base* da Figura 2.4.1b, prosseguindo para cima. O teor de cada mineral é determinado pela disponibilidade do constituinte *menos abundante* (por exemplo, o TiO$_2$ na ilmenita), identificado na Figura 2.4.1b como quadrados delineados em negrito. Os óxidos mais abundantes, como o Al$_2$O$_3$ e principalmente o SiO$_2$ precisam ser divididos entre os diversos minerais normativos, como mostram as colunas segmentadas; o SiO$_2$ é o último a ser alocado, e a norma pode precisar de ajustes se o teor de SiO$_2$ for muito pequeno (ver Figura 2.4.2).

5 A multiplicação do teor molar de cada mineral normativo pela **MMR** da fórmula do mineral gera uma norma expressa em % em massa. Uma norma deve ter um total que se aproxima do total da análise em base livre de voláteis (considerando os erros de arredondamento).

A análise A na Tabela 2.3a contém mais de 50% de SiO$_2$, o suficiente para atender à demanda de sílica de todos os minerais silicatados normativos, deixando um pequeno excesso expresso como quartzo normativo (Tabela 2.3b), indicando que a rocha é **supersaturada em sílica**.

A NORMA DE UM BASALTO COM BAIXO TEOR DE SÍLICA

A análise B mostrada na Tabela 2.3 ilustra um basalto com baixo teor de sílica. Quando a norma dessa análise é calculada utilizando o procedimento explicado anteriormente, descobrimos que não há sílica o bastante para corresponder à quantidade de enstatita (piroxênio com baixo teor de Ca) sugerida pelo que restou de FeO e de MgO após a formação de diopsídio (Figura 2.4.2a). O déficit em SiO$_2$ pode ser reduzido com a conversão de toda a enstatita em *olivina*, um mineral quimicamente semelhante, mas com baixo teor de sílica (Figura 2.4.2b). Mesmo assim, ainda que menor, permanece um déficit de sílica após esse procedimento. Para essa rocha, precisamos ser mais rígidos em nossos cálculos do teor de sílica. Isso é feito com a substituição de parte do teor de albita por nefelina, um **feldspatoide** com baixo teor de sílica (Figura 2.42c). A nefelina é um mineral que cristaliza naturalmente em líquidos magmáticos deficientes em sílica. A introdução desses minerais pobres em sílica (realçados como retângulos mais escuros na Figura 2.4.2b,c) em lugar dos minerais com demanda maior de sílica possibilita eliminar esse déficit. O fato de que o cálculo da norma torna obrigatório esse procedimento reflete com fidelidade o que ocorre na natureza, e a menção do quartzo, da enstatita, da olivina e/ou da nefelina em uma norma serve como uma medida quantitativa útil da condição da rocha em termos de super- ou subsaturação em sílica (Figura 2.11).

É importante observar que a olivina somente entra na norma quando ocorre um déficit de sílica. Portanto, o quartzo e a olivina nunca poderão aparecer juntos em uma norma, com base na incompatibilidade natural desses minerais em rochas básicas. Da mesma forma, uma vez que a nefelina é introduzida em uma norma apenas quando a análise revela um teor suficientemente baixo de SiO$_2$, de maneira a ser necessário converter em olivina toda a enstatita que possa estar presente na amostra (ver Figura 2.4.1c), fica claro que a nefelina e a enstatita normativas jamais poderão coexistir em uma mesma rocha.

Um procedimento simplificado para o cálculo de normas é dado no Apêndice B. Os detalhes de um algoritmo computacional utilizado nesse cálculo são apresentados por Le Maitre (2002).

(Continua)

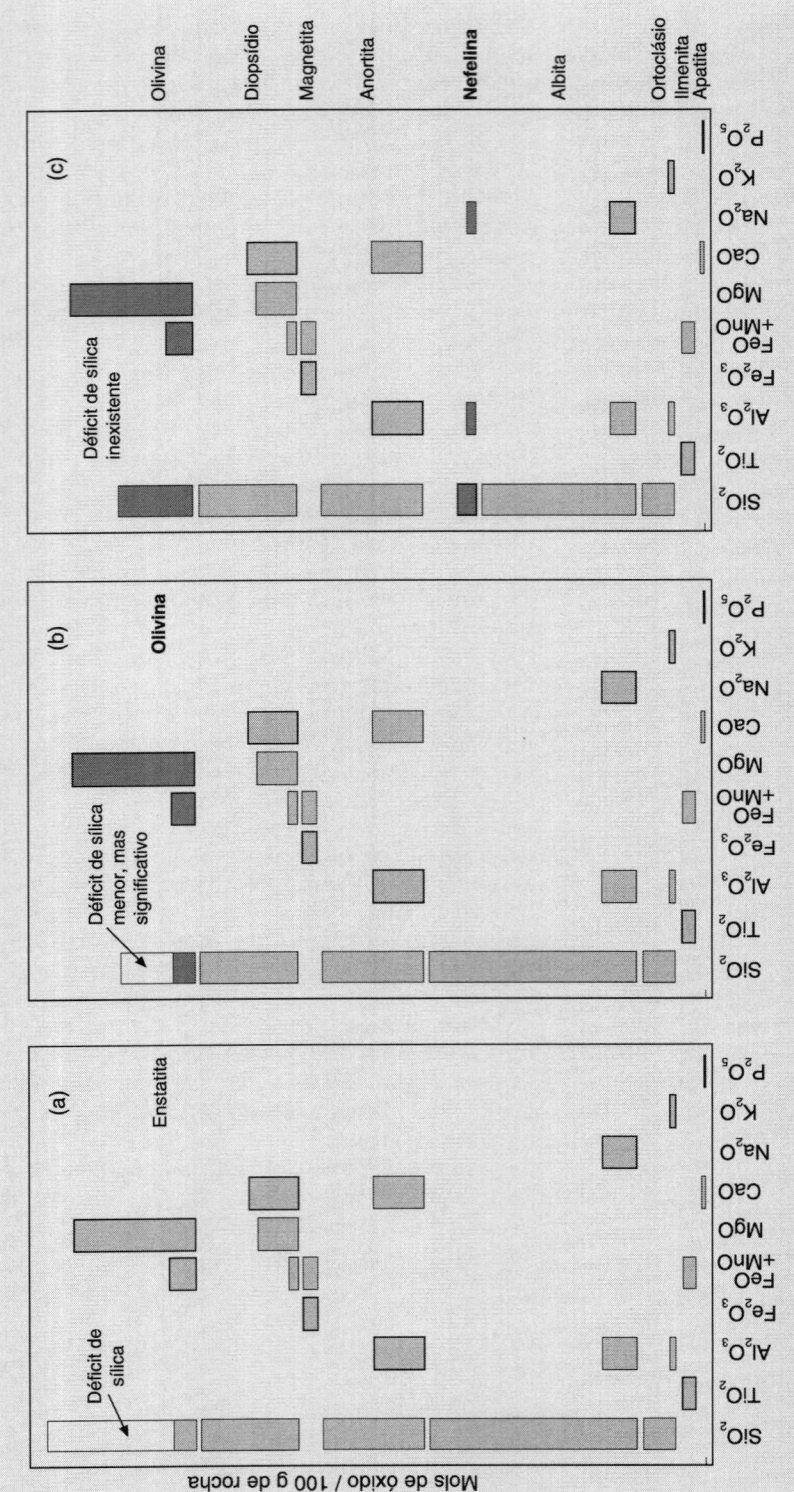

Figura 2.4.2 Os estágios conceituais no cálculo da norma de uma rocha **subsaturada em sílica** (análise B na Tabela 2.3). A ordem de alocação inicia na parte inferior e prossegue para cima. Os retângulos com margens em negrito identificam os óxidos cuja abundância (restante) regula o teor do mineral normativo de interesse. (a) O cálculo executado conforme a Figura 2.4.1b. Contudo, a sílica disponível nesta análise não é suficiente para atender à quantidade de enstatita sugerida pelo restante de (FeO + MnO) + MgO, o que evidencia um déficit de sílica indicado pela parte em branco da coluna do SiO_2. (b) Ajuste 1: recalcule parte ou todo o teor em potencial de enstatita como olivina, que tem composição semelhante, mas apresenta uma demanda de sílica menor (menor relação SiO_2:[FeO + MnO + MgO]). A substituição de toda a enstatita por olivina reduz o déficit em sílica, mas não o elimina. Os retângulos escuros são afetados pelos ajustes em sílica. (c) Ajuste 2: recalcule parte ou todo o teor em potencial de albita como o **feldspatoide** nefelina, que tem composição semelhante à da albita, mas uma demanda de sílica menor (isto é, a razão SiO_2:[Al_2O_3 + Na_2O]). A substituição de *parte* da albita por nefelina e a substituição da enstatita pela olivina em (b) bastam para eliminar o déficit de sílica por completo. Os retângulos escuros são afetados pelos ajustes em sílica.

a norma, embora esse procedimento não resulte em uma única linha limite. As linhas X-Y e X-Z são ajustadas para permitir diferenciar rochas com e sem nefelina normativa (basaltos subalcalinos). Uma vez que a norma envolve outros óxidos além daqueles marcados no diagrama TAS (Na_2O, K_2O e SiO_2), uma pequena parcela dos basaltos com nefelina normativa é representada abaixo da linha X-Y, enquanto um número semelhante de basaltos sem nefelina normativa talvez também fique acima dela. A extensão dessa zona de ambiguidade é ilustrada pelas linhas tracejadas na Figura 2.1, e os basaltos que caem nessa região são chamados de **basaltos de transição**.

Embora a principal via de diferenciação de basaltos alcalinos e subalcalinos seja embasada em dados químicos, alguns indícios de caráter petrográfico também são úteis na diferenciação dessas rochas, como mostra o Quadro 2.5.

ONDE OCORREM OS BASALTOS

O vulcanismo basáltico é observado em uma ampla variedade de ambientes tectônicos na Terra, além de outros planetas e seus satélites. As diferenças químicas observadas entre basaltos de diferentes ambientes tectônicos terrestres, embora um tanto sutis, são rica fonte de informações sobre os processos de formação dos líquidos magmáticos basálticos no interior da Terra. Esta seção apresenta uma revisão dos diversos cenários de formação de basaltos e discute a identificação das assinaturas petrológicas e geoquímicas que caracterizam cada um desses ambientes. Contudo, o vulcanismo não é exclusivamente basáltico em todos esses locais. Na verdade, em alguns deles, como arcos de ilhas maduros, os basaltos podem estar subordinados a rochas mais evoluídas.

Os principais locais de ocorrência de basaltos eruptivos são mostrados na Figura 2.12. Um mapa completo em cores está disponível em http://pubs.usgs.gov/imap/2800/, o qual complementa os dados na figura.

Os basaltos de dorsais meso-oceânicas (MORBs)

O sistema de dorsais meso-oceânicas da Terra (Figura 2.12) – local de criação constante de litosfera – tem comprimento total de mais de 60 mil quilômetros (Fowler, 2005). Dele jorram em média 3 km^3 de lava basáltica ao ano (Crisp, 1984). A maior parte do magma em ascensão do manto sob este sistema consolida em profundidade, uma vez que a produção total de líquido magmático sob essas dorsais seja da ordem de 20 km^3 anuais (ver Arculus, 2004).

A morfologia das dorsais meso-oceânicas varia de acordo com a velocidade de deslocamento. Dorsais de expansão lenta, como a Dorsal Meso-Atlântica, tendem a apresentar um vale central bastante visível, com cerca de 25 km de largura, limitado por falhas, ainda que a topografia varie consideravelmente ao longo da dorsal: a extensão é contínua, ao passo que o magmatismo é episódico (Fowler, 2005) e, por essa razão, acredita-se que as câmaras magmáticas sejam descontínuas ao longo do tempo e do espaço, sob as dorsais de expansão mais lenta. A produção vulcânica em setores eruptivos consiste em vulcões axiais pequenos – alimentados por bolsões individuais de magma em ascensão – que muitas vezes coalescem, formando dorsais vulcânicas axiais (Smith and Cann, 1993). Em contrapartida, as dorsais de expansão rápida, como a Cordilheira do Pacífico Oriental, tipicamente têm relevos menos íngremes e não apresentam um vale central, apesar de atingirem cerca de 2 km de altura nas planícies abissais, na maioria das vezes. Nessas dorsais, a produção vulcânica é composta por extensos derrames de lava de baixo relevo (derrames em lençol). Evidências sísmicas dão conta de que câmaras magmáticas crustais contínuas existem debaixo de grandes extensões de dorsais de expansão rápida. Todas as dorsais – exceto as de expansão ultralenta, como a Dorsal de Gakkel, no Oceano Ártico (Dick et al., 2003) – são divididas em segmentos e descoladas por falhas transformantes (Figura 2.12). Em alguns casos, lavas basálticas extravasam destas e de suas zonas de fratura associadas (por exemplo, o arquipélago de São Paulo, no Oceano Atlântico equatorial).

Os basaltos extravasados em dorsais meso-oceânicas são olivina basaltos toleíticos que podem ser afíricos ou, como na maioria das vezes, conter fenocristais de olivina ± cromita ± plagioclásio ± augita (listados em ordem de cristalização). Embora não sejam os primeiros a surgir, os fenocristais de plagioclásio são comumente os mais abundantes. Em regra, o resfriamento rápido em águas marinhas resulta em uma matriz vítrea. Porém, o aspecto mais característico dos basaltos de dorsais meso-oceânicas (MORB, *mid-ocean ridge basalts*) é sua composição química (Tabela 2.4). Os basaltos eruptivos oriundos de segmentos do sistema de dorsais meso-oceânicas distantes de **pontos quentes**, ou *hot spots* (N-MORB, onde N significa "normal") variam pou-

> **Quadro 2.5 As diferenças petrográficas entre basaltos toleíticos e basaltos alcalinos**
>
> Quando ocorre em basaltos alcalinos, a nefelina modal raramente é observada ao microscópio. Contudo, outros parâmetros petrográficos permitem distinguir basaltos alcalinos de basaltos toleíticos, na impossibilidade de conduzir uma análise química. Nos basaltos alcalinos:
>
> - Os cristais de augita normalmente apresentam uma **cor** variando de lilás a malva pálido, devido ao enriquecimento em titânio. As *titanoaugitas* (Quadro 2.1) com frequência têm ligeiro pleocroísmo e zonação mais pronunciada do que as augitas em basaltos toleíticos.
> - A augita, em regra, surge como uma fase de fenocristal, antes do plagioclásio. A ordem natural é a olivina, seguida da augita e, então, (em lavas mais evoluídas) o plagioclásio.
>
> Em basaltos subalcalinos:
>
> - O plagioclásio geralmente surge como uma fase de fenocristais, antes da augita (Prancha 2.2). A ordem mais comum é olivina, seguida pelo plagioclásio e então pela augita (em lavas mais evoluídas).
>
> - A ocorrência de *piroxênio com baixo teor de Ca*, tanto como *pigeonita* monoclínica quanto como *enstatita* ortorrômbica (Quadro 2.1); o piroxênio com baixo teor de Ca pode ocorrer na forma de fenocristais, cristais de matriz e/ou crescimentos secundários de fenocristais de olivina.
>
> Muito raramente, traços de quartzo são encontrados na matriz de um basalto toleítico (que explica o termo quartzo toleíto), cristalizado a partir dos resíduos mais evoluídos de líquido magmático **intersticial**. Macdonald e Katsura (1964) lançaram a hipótese de que a olivina na matriz serve para discriminar basaltos alcalinos, embora estudos mais recentes demonstrem que ela pode ser encontrada na matriz de praticamente qualquer basalto havaiano (M. O. Garcia, comunicação pessoal).
> Quando é possível executar análises de minerais, fica claro que as rochas máficas toleíticas e alcalinas diferem também em termos do conteúdo de piroxênio com alto teor de Ca, como mostra a Figura 4.2.

co em termos composicionais e são caracterizados por teores reduzidos de K_2O e outros **elementos incompatíveis** (Quadro 2.7). A assinatura diagnóstica de elementos-traço em N-MORBs pode ser observada mais claramente em um gráfico no qual seus elementos incompatíveis são normalizados àqueles de um manto primitivo hipotético (Figura 2.7.3[4]) e plotados em escala logarítmica (Figura 2.16); nesse gráfico, os elementos são dispostos da esquerda para a direita em ordem decrescente de incompatibilidade (Quadro 2.7). Amostras de N-MORB têm perfis relativamente suaves e nivelados para os elementos menos incompatíveis (aqueles à direita), mas crescentemente deprimidos nos elementos mais incompatíveis (à esquerda). Os basaltos posicionados em segmentos da dorsal próximos a ilhas oceânicas ou montes submarinos (ou seja, a pontos quentes) podem, por outro lado, apresentar padrões quase horizontais, o que reflete o enriquecimento em elementos incompatíveis (E-MORB, onde E significa enriquecido). Os basaltos de dorsais de expansão rápida, como a Cordilheira do Pacífico Oriental, tendem a ser mais **evoluídos** do que os de dorsais de expansão lenta, como a Dorsal Meso-Atlântica (ainda que ocorram muitas sobreposições), provável reflexo da existência de câmaras magmáticas mais persistentes supostamente ativas sob as dorsais de expansão rápida.

A água do mar permeia as lavas almofadadas no assoalho oceânico, e os altos gradientes geotérmicos característicos dos centros de expansão ativos fazem com que a água presente nos poros da lava entre em convecção e interaja quimicamente com os basaltos encaixantes, de maneira que:

- Os basaltos sofrem metamorfismo hidrotermal local, que leva à substituição de minerais ígneos pela albita, pelo epidoto, pela clorita e pelo carbonato, com perda de SiO_2 e CaO e ganho de FeO e MgO. Essas reações, ao se completarem, produzem um metabasalto característico, de fácies xisto verdes, denominado **espilito**, encontrado em muitos cinturões de **ofiolitos**.

---

[4] A Figura 2.7.3 é a terceira figura no Quadro 2.7. As tabelas e quadros são identificados por números equivalentes.

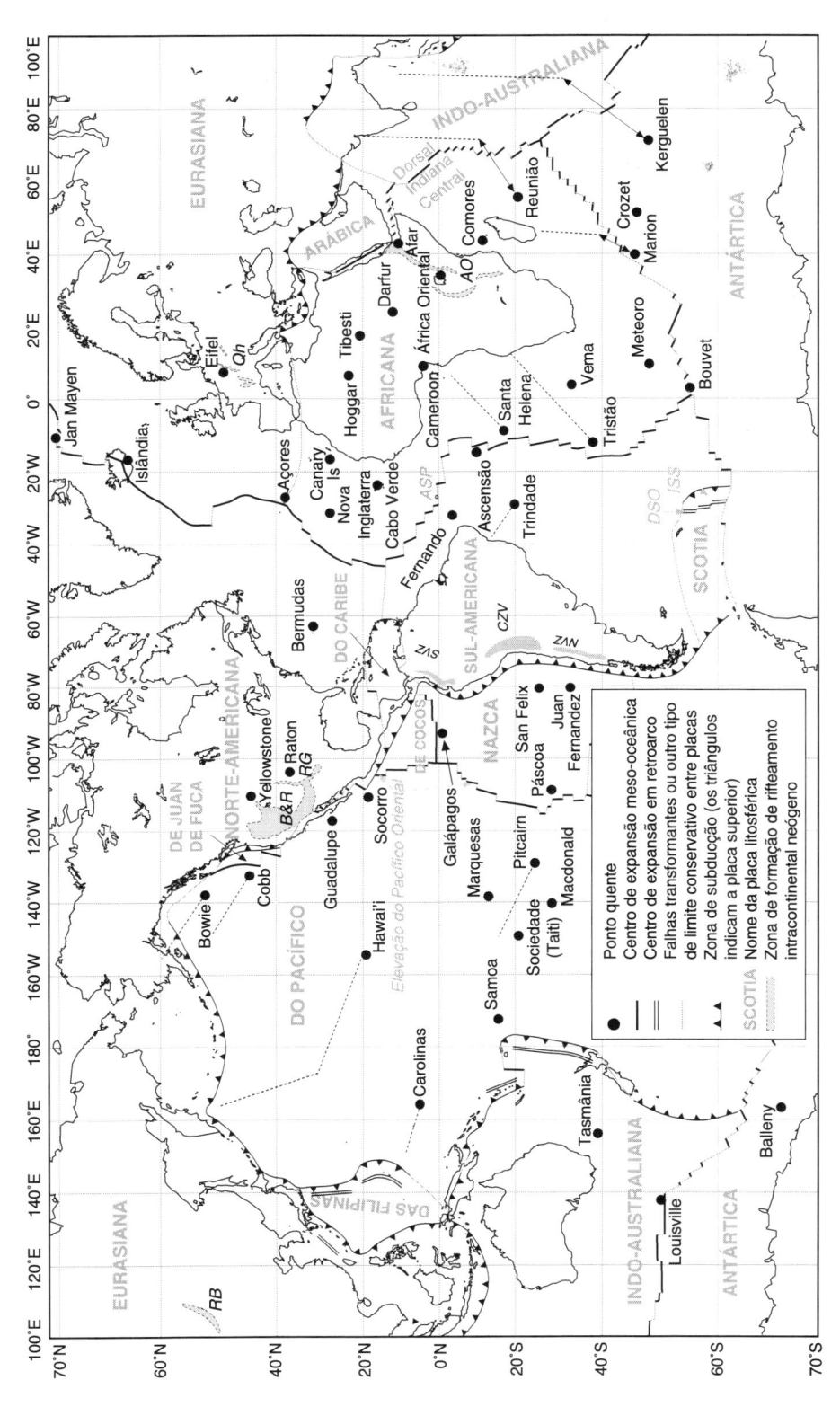

Figura 2.12 Mapa-múndi mostrando principais placas litosféricas e **pontos quentes**, centros de expansão meso-oceânicos, limites transformantes, margens convergentes e centros de expansão em retroarco, com base em um mapa do Instituto de Pesquisas Geológicas dos Estados Unidos. Os pontos quentes mostrados são aqueles listados por Steinberger (2000), além dos pontos quentes de Afar, Ascensão, Bermudas, Bouvet e Corzet. As opiniões em vigor divergem acerca do status e da origem de alguns deles. As linhas pontilhadas indicam a orientação aproximada de cadeias de montes submarinos associadas a alguns deles. As setas de ponta dupla no Oceano Índico conectam as cadeias de montes submarinos aos respectivos pontos quentes, no ponto em que se separaram devido à expansão do assoalho oceânico. ASP: Arquipélago de São Paulo, produto da atividade vulcânica em uma transformante "vazada". Atlântico Sul: *ISS*, Ilhas Sandwich do Sul; *DSO*, Dorsal da Scotia Oriental. Riftes intracontinentais: *RB*, Rifte do Baikal; *B&R*, província Basin and Range; *RG*, rifte do Rio Grande; *AO*, Sistema de Riftes da África Oriental; *Rh*, Rifte do Rio Reno e outros riftes da Europa Ocidental. *NVZ*, *CVZ* e *SVZ* dizem respeito às zonas vulcânicas setentrional, central e meridional da Cordilheira dos Andes.

Tabela 2.4 Análises de elementos maiores e elementos-traço de basaltos representativos de diversos ambientes tectônicos. Uma vez que a relação FeO/Fe$_2$O$_3$ em uma rocha vulcânica raramente preserva o valor magmático original, FeO e Fe$_2$O$_3$ foram combinados como "FeO total" ("ΣFeO, FeO real + [Fe$_2$O$_3$ real/1.11] (ver Quadro 2.6). Alguns autores utilizam ΣFe$_2$O$_3$ em lugar de (ΣFeO x 1.11), e suas análises podem resultar em totais menores, quando apresentadas como ΣFeO, nesta tabela. As células não preenchidas indicam elementos que não foram incluídos na publicação original.

Nota: o número de **algarismos significativos** dado aqui varia de acordo com a **precisão** da determinação analítica; o método e a precisão de um elemento podem diferir entre análises e laboratórios.

Categoria	Manto primitivo	N-MORB		OIB		Vulcanismo associado à subducção		Vulcanismo associado a grandes províncias ígneas		Riftes continentais
Tipo de basalto		Basalto toleítico	Basalto toleítico	Basalto toleítico	Basalto alcalino	Basalto calcialcalino	Toleíto com baixo-K	Toleíto com baixo-K	Basalto subalcalino	Basalto alcalino
Localização		Dorsal Meso-Atlântica	Cordilheira do Pacífico Oriental	Kilauea, Havaí	Koloa, Ilha Kauai, Havaí	Arco de Hoshu	Ilhas Sandwich do Sul	Platô Ontong-Java	Etendeka, Namíbia	Rifte do Quênia
Referência	1	2	2	3	4	5	6	7	8	9
% em massa de óxido										
SiO$_2$		50,48	49,30	49,28	45,64	50,77	50,88	49,47	50,07	47,18
TiO$_2$	0,217	1,19	1,68	2,61	1,84	1,59	0,50	1,08	3,19	3,63
Al$_2$O$_3$		16,87	14,40	12,56	12,49	16,21	18,24	14,05	12,68	14,75
ΣFeO		8,85	10,46	11,18	12,44	11,02	8,53	11,04	11,55	13,41
MnO		0,15	0,19	0,17	0,17	0,18	0,20	0,19	0,17	0,18
MgO		8,07	7,56	9,74	11,36	5,64	6,34	7,64	6,41	5,70
CaO		11,85	11,60	10,80	9,93	9,24	11,50	12,34	8,60	8,77
Na$_2$O		2,62	2,81	2,10	2,25	2,80	1,76	2,08	2,62	3,55
K$_2$O	0,030	0,10	0,13	0,48	0,67	0,93	0,10	0,12	1,48	1,31
P$_2$O$_5$	0,022	0,11	0,16	0,27	0,32	0,39	0,02	0,09	0,46	0,59
LOI		0,10	0,90		2,00		1,23	0,34	2,25	
Total		100,39	99,19	99,19	99,11	98,77	99,30	98,43	99,47	99,07

PPM em massa

Rb	0,635	0,9	0,8	8,4	13	18,0	0,9	24,3	29
Ba	6,989	13,5	10	125	384	244	34	585	477
Th	0,085	0,191	0,171	1,14		1,39	0,12	4,14	5,62
Nb	0,713	2,5	3,1	24	31	3,3	0,19	28,3	63,0
La	0,687	3,08	4,06	14,6	20,3	10,13	0,90	38,6	52,2
Ce	1,775	8,71	12,3	36,5	35,3	25,21	2,81	86,3	107
Sr	21,1	126	142	368	478	391	108	626	933
Nd	1,354	7,91	11,3		25,5	18,8	2,84	45,8	51,3
Zr	11,2	78,3	100	141	110	132	21,3	280	227
Sm	0,444	2,53	3,92	5,55	6,30	5,04	1,11	9,34	9,32
Gd*	0,596	3,51	5,23			5,08	1,47	8,01	
Tb*	0,108			0,91	0,8	0,85	0,9	1,18	1,10
Y	4,55	26,9	37,0	22	24	30,0	11,9	29,9	25
Yb	0,493	2,53	3,67	1,90	1,30	2,86	1,40	2,33	1,80
Lu	0,074	0,40	0,57	0,27		0,43	0,22	0,33	0,26

*A citação de um desses elementos terras raras (ETR) depende do método analítico adotado na publicação original.

Fontes

1 Composição de manto primitivo modelo compilada por Sun e McDnonough (1989), utilizada para normalização, conforme descrito no Quadro 2.7. Os elementos maiores, salvo o TiO_2, o K_2O e o P_2O_5, não foram incluídos na compilação.
2 Base de dados PetDB da Universidade de Columbia em http://petdb.ldeo.columbia.edu, análises DAR0057-022-002-1B e ODP0142.
3 Projeto de Estudos sobre o Vulcanismo Basáltico (1981), análises HAW-1 da suíte subalcalina formadora de escudo do vulcão Kilauea, Havaí.
4 Maaloe et al. (1992), análise 6 da suíte pós-erosão de Koloa, Kauai, Arquipélago do Havaí.
5 Gust et al. (1997), análise 85-10-8-4.
6 Pearce et al. (2004), análise SSC35-4.
7 Fitton et al. (2004), análise 1183-9.
8 Ewart et al. (2004), análise KSL 554.
9 Macdonald et al. (2001), análise K93-1.

Quadro 2.6 Fe_2O_3, FeO e "óxido de ferro total" – por que e como?

A análise de rocha mostrada no Quadro 1.1 tem campos para os dois óxidos de ferro: o Fe_2O_3 (óxido férrico) e o FeO (óxido ferroso). A existência de dois campos enfatiza que o ferro pode estar presente em minerais silicatados em dois estados de oxidação ou, em outras palavras, como dois cátions, Fe^{3+} e Fe^{2+}. Uma vez que as duas formas iônicas do ferro possuem cargas e raios iônicos diferentes, elas entram em sítios catiônicos distintos em minerais cristalinos (o sítio octaédrico na olivina, por exemplo, aceita íons Fe^{2+}, mas não íons Fe^{3+}) e se comportam de maneira diferente nos líquidos magmáticos silicáticos. Pela mesma razão, as análises de elementos maiores apresentam a porcentagem de FeO (determinada utilizando uma solução de rocha preparada adequadamente por meio da medição de sua capacidade de atuar como agente oxidante) e de Fe_2O_3 (calculada subtraindo o FeO do "teor de ferro total" da rocha) em separado.

Apesar desses comportamentos químicos diferentes, a maior parte das análises de rochas utilizadas hoje não traça uma distinção entre FeO e Fe_2O_3, em parte porque a análise do FeO é mais lenta do que os métodos analíticos utilizados na determinação de outros óxidos principais. Logo, tempo e custos de análise são reduzidos quando a análise do FeO não é realizada. Contudo, a principal razão para essa omissão está no fato de a razão FeO/Fe_2O_3 medida no pó de uma rocha ígnea fria não ter uma relação sistemática com seu valor no magma quente original. Ao contrário, uma metodologia analítica moderna típica gera um valor generalizado de teor de óxido de ferro total, como mostra a Tabela 2.4.

É preciso ter cautela nos cálculos envolvendo FeO e Fe_2O_3, porque os dois óxidos têm valores diferentes de **MMR** e de razão Fe:O.

	Nº de átomos de Fe	Nº de átomos de oxigênio	Nº de átomos de oxigênio por átomo de Fe	MMR	MMR por átomo de Fe
FeO	1	1	1,0	71,85	71,85
Fe_2O_3	2	3	1,5	159,69	79,85

Não se deve simplesmente adicionar ou subtrair as porcentagens em massa de FeO e de Fe_2O_3, uma vez que 1 kg de FeO representa mais ferro do que 1 kg de Fe_2O_3. Em contrapartida, devido às diferenças em MMR, 1,00% em massa do ferro se traduz em (MAR_{Fe} + MAR_O) ÷ MAR_{Fe} = (55,85 + 16,00) ÷ 55,85 = 1,29% de FeO, ou em (2 × 55,85 + 3 × 16,00) ÷ (2 × 55,85) = 1,43% de Fe_2O_3 (Figura 2.6.1). A razão desses dois números (1,4297 ÷ 1,2865 = 1,1113 ≈ 1,11) gera o fator de conversão que precisa ser con-

---

- Ao dissolver elementos **móveis,** a água oceânica quente evolui, formando um fluido com **força iônica** maior, rico em sulfetos metálicos. Quando lançados na água fria do oceano, esses fluidos precipitam na forma de plumas de sedimentos escuros de sulfetos, ricos em elementos como Cu, Zn e Pb. Esses condutos de lançamento, associados a muitos centros de expansão, são denominados "chaminés negras"(*black smokers*).

Os basaltos de ilhas oceânicas (OIBs)

As bacias oceânicas do mundo são adornadas com cadeias lineares de ilhas vulcânicas e montes submarinos intraplaca (Figura 2.12), das quais a cordilheira Havaí-Imperador é a mais conhecida. Naquela cadeia, a idade do vulcanismo tem correlação com a posição da ilha dentro da cadeia. No entanto, isso não significa que todas as ilhas e os montes intraplaca estejam associados a estas "linhas de pontos quentes" (Wessel and Lyons, 1997). Em regra, a elevação, a composição, a idade e a maior espessura da crosta de ilhas oceânicas intraplaca grandes são muito diferentes das planícies abissais em que a maior parte delas ocorre. A porção submersa de qualquer ilha vulcânica intraplaca excede, em muito, a fração exposta sobre as ondas (Figura 2.13). As maiores ilhas erguem-se acima da litosfera oceânica a uma proporção semelhante àquela em que o monte Everest está acima do nível do mar. Por exemplo, o Mauna Loa, no Havaí, está a 4.169 m acima do nível do mar, e as planícies abissais que o circundam têm cerca de

siderado em qualquer cálculo envolvendo a transformação notacional da massa de um óxido de ferro na massa de outro, ou a soma das duas massas.

O teor total de óxido de ferro pode ser expresso de duas maneiras:

$$\Sigma Fe_2O_3 = (1{,}11 \times FeO) + Fe_2O_3 \quad [2.6.1]$$

$$\Sigma FeO = FeO + (Fe_2O_3 \div 1{,}11) \quad [2.6.2]$$

O FeO é mais abundante do que o Fe_2O_3 na maioria das rochas ígneas inalteradas (ver Carmichael et al., 1974; Wilson, 1989). Portanto, ΣFeO gera uma notação mais precisa, que explica por que esta é a forma utilizada em todas as tabelas relatando análises neste livro.* Contudo, ΣFe_2O_3 é muito utilizado em diversas análises publicadas, embora este parâmetro represente uma proporção excessiva de O (o que eleva o teor total da análise).

Quando o FeO precisa ser estimado com base em uma análise que lista apenas o óxido de ferro total, como no cálculo das normas das análises na Tabela 2.4, por exemplo, uma convenção útil para expressar o teor de FeO é a expressão $FeO_{estimado} = 0{,}9\ \Sigma FeO$.

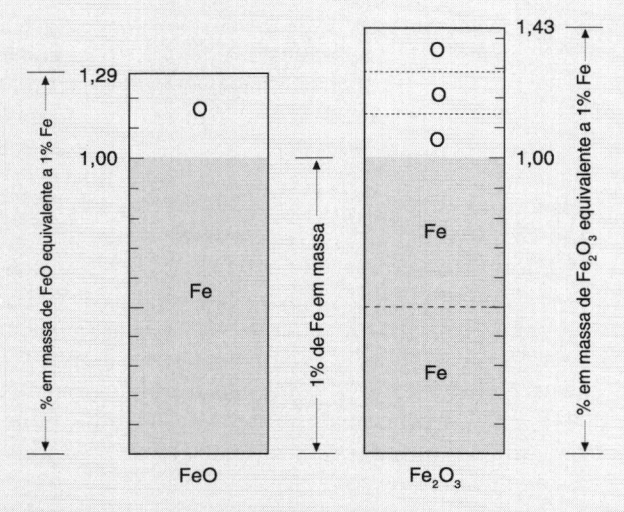

Figura 2.6.1 Diagrama de blocos ilustrando a composição de FeO e de Fe_2O_3 em base massa. As áreas sombreadas representam 1% em massa de Fe.

* Alguns autores utilizam notações alternativas, como FeO* ou FeO_t.

5.000 m de profundidade.[5] Desde a década de 1960 (Wilson, 1963), as cadeias de montes submarinos, que definem as direções do movimento das placas, são interpretadas como sítios de anomalias estacionárias de fusão no manto terrestre (Figura 2.12). É sobre esse manto que as placas litosféricas migram, embora pesquisas recentes sugiram que os pontos quentes não são tão inertes quanto se julgava (Christensen, 1998; Tarduno, 2007).

Um **ponto quente** é uma fonte localizada de magma, cuja produção provoca um espessamento da crosta basáltica em sua vizinhança imediata (Figura 2.13) com a construção de um edifício vulcânico no assoalho oceânico, a intrusão de magmas no interior e na base da crosta (o chamado *underplating*). Por exemplo, a espessura da crosta sob a Ilha de Ascensão no Oceano Atlântico é de 12 a 13 km (Klingelhöfer et al., 2001) e a do arquipélago das Ilhas Marquesas no Pacífico está entre 15 e 17 km (Caress et al., 1995), valores considerados altos em comparação com a espessura típica da crosta oceânica, a qual varia entre 6 e 7 km. A compilação de dados desse tipo para linhas de pontos quentes de idades conhecidas permite estimar as taxas de produção de líquido magmático. Por exemplo, White (1993) estimou a velocidade de produção de líquido magmático (vulcânico e plutônico) na Ilha de Reunião no Oceano Índico em 0,05 km³ ao ano, enquanto o valor calculado para a cadeia do Havaí foi de cerca de 0,18 km³ por ano.

---

[5] Uma representação em 3D das ilhas havaianas está disponível em http://pubs.usgs.gov/imap/2800/.

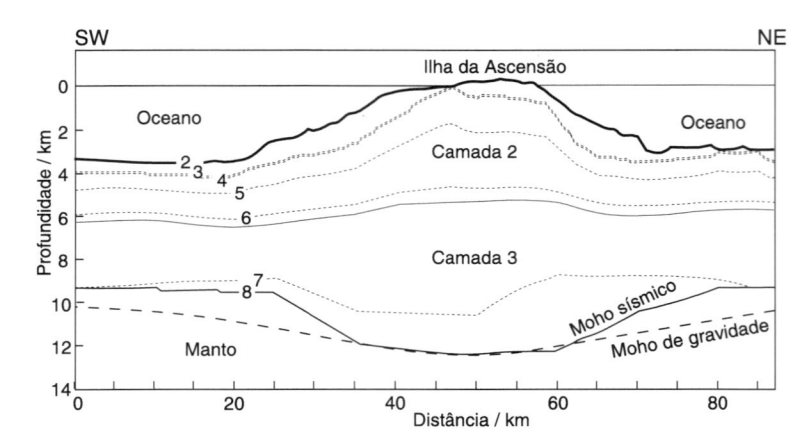

Figura 2.13 Seção transversal sísmica da Ilha de Ascensão, no Atlântico equatorial (simplificação do material publicado em Klingelhöfer et al., 2001, Figura 6A [direitos autorais: Elsevier, 2001]. As linhas pontilhadas representam os contornos dos modelos de velocidade em km.s^{-1}. As linhas tracejadas indicam a profundidade de Moho de acordo com um modelo gravimétrico 3D.

As rochas vulcânicas que formam as ilhas e os montes submarinos intraplaca são dominantemente basálticas. A maioria das ilhas oceânicas se desenvolve de maneira semelhante, iniciando com uma fase de crescimento volumoso que dura até um milhão de anos e durante a qual um **vulcão em escudo** subaéreo e de pouca inclinação (o "estágio de construção do escudo") se ergue. Terminada a fase de crescimento, ocorre um hiato, quando é observada a erosão do escudo seguida de um novo período de vulcanismo mais explosivo, mais alcalino e menos volumoso (o "estágio pós-erosão"). Nessa fase, os magmas **evoluídos** podem predominar. Nas ilhas havaianas, o estágio de construção do escudo é composto sobretudo por basaltos porfiríticos com fenocristais de augita, plagioclásio e olivina, embora esse escudo seja coberto por basaltos alcalinos e de transição tardios. O estágio pós-erosão consiste em lavas muito mais alcalinas, além de derrames ocasionais de produtos mais evoluídos, como o traquito (Figura 9.8). No entanto, a maioria das ilhas oceânicas tem caráter alcalino durante toda a sua formação.

Os basaltos de ilhas oceânicas intraplaca formam um tipo de magma com composição bem definida, os OIBs (*ocean-islands basalts*). A Figura 2.16a mostra os padrões de elementos incompatíveis de dois exemplos de OIBs. Apesar das diferenças que apresentam, os padrões exibem níveis consistentemente maiores de enriquecimento nos elementos mais incompatíveis (ao menos 10 vezes maior), comparados aos MORBs. Contudo, os padrões de OIBs cruzam os perfis de MORB no lado direito da figura, invertendo essa relação. Esse contraste nas assinaturas de elementos incompatíveis sugere que os OIBs se originam de fontes mantélicas diferentes das que alimentam as dorsais meso-oceânicas.

A Islândia é um caso especial de ilha oceânica que se encontra exatamente sobre a Dorsal Meso-Atlântica. Como muitas outras ilhas oceânicas, ela tem zonas de rifte bem definidas (Figura 9.9), embora a geometria desses riftes esteja mais intimamente relacionada com um centro de expansão oceânica do que com uma falha estrutural de um edifício insular. Os basaltos mais antigos da Islândia, com cerca de 16 Ma, são encontrados nas extremidades noroeste e sudeste da ilha. A atividade vulcânica pós-glacial está concentrada em um percurso com a forma da letra grega lambda (λ) denominado Zona Neovulcânica. Ela compreende um transecto que vai do centro da ilha, de sudoeste a nordeste, e conecta a Dorsal de Reykjanes, no sudoeste, à zona de fratura Tjörnes, no nordeste da ilha. A intensidade da extensão litosférica e do vulcanismo associado observados na Zona Neovulcânica é indicada pela ocorrência de erupções fissurais alimentadas por diques, de fissuras não eruptivas e falhas normais localizadas, de cadeias lineares de cones e crateras de escória (sobretudo ao longo da zona de fissuras Laki) e de cadeias lineares (chamadas de "mobergs") compostas por brechas almofadadas e hialoclastitos que sinalizam os pontos cobertos por camadas de gelo no passado e onde ocorreram as erupções em fissura (Figura 2.14). A maior parte do vulcanismo islandês é composta por basaltos subalcalinos com composições químicas distintas e altos teores de Fe e Ti, com afinidade por OIBs e MORBs. Rochas subalcalinas mais evoluídas (inclusive riolitos) estão associadas a alguns centros vulcânicos (Capítulo 6). O vulcanismo basáltico alcalino do Holoceno está associado à Península de Snaeffellsnaes, no oeste, fora da zona de rifte e na extremidade sul da Zona de Fratura Oriental, incluindo as Ilhas Vestmann (Figura 9.9).

Quadro 2.7 O papel dos elementos-traço como traçadores de assinatura geoquímica

Basaltos oriundos de diferentes ambientes tectônicos diferem em termos de composição química. Essas diferenças ajudam a esclarecer as maneiras pelas quais os líquidos magmáticos basálticos foram formados e a identificar as afinidades de basaltos mais antigos, cujos ambientes tectônicos originais foram alterados devido a eventos que se seguiram à sua formação. Os **elementos-traço**, de modo geral, são os discriminantes geoquímicos mais úteis, pois suas concentrações variam de modo mais amplo em termos do ambiente de origem, comparadas aos teores de elementos maiores.

Eles são subdivididos de acordo com sua afinidade relativa por minerais cristalinos ou pelo líquido magmático:

- **Elementos incompatíveis** são aqueles que preferem residir no líquido magmático, a se incorporarem aos minerais com que ele coexiste. Goldschmidt (1937) atribuiu esse comportamento ao raio iônico demasiadamente grande e à carga iônica muito elevada desses elementos (Figura 2.7.1), fatores que os impedem de residir na estrutura compacta e altamente ordenada da maioria dos cristais minerais. Esses íons são acomodados com mais facilidade na estrutura um tanto desordenada do líquido magmático em que se encontram. O Rb, o Ba, o La e o U são bons exemplos desse comportamento. A distribuição dos principais elementos incompatíveis na tabela periódica está resumida na Figura 2.7.2.

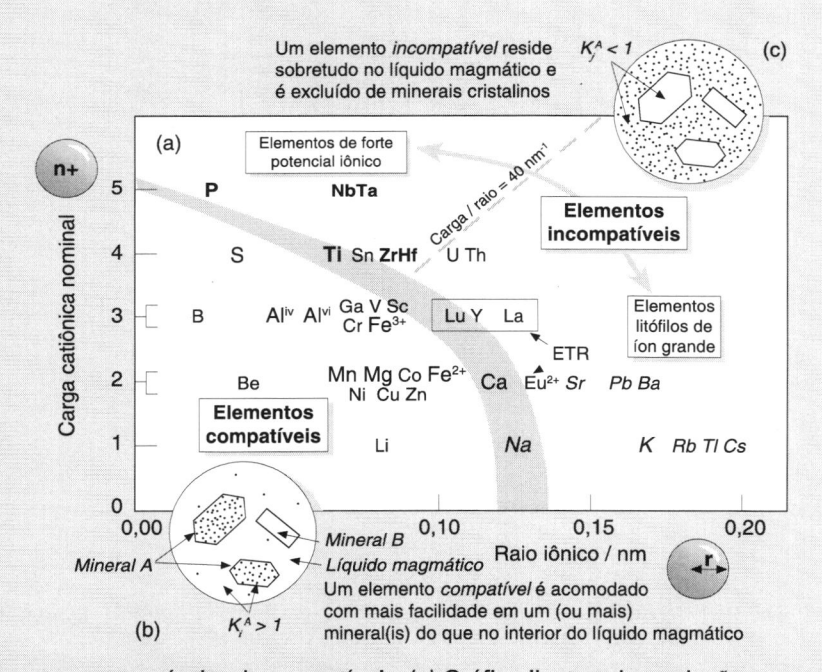

Figura 2.7.1 Elementos compatíveis e incompatíveis. (a) Gráfico ilustrando a relação entre carga catiônica vs. raio catiônico de elementos **litófilos** (com base em Gill, 1996). Os elementos cujos símbolos se sobrepõem ao limite indeterminado entre campos compatíveis e incompatíveis podem ficar em um ou outro grupo, dependendo das dimensões da rede dos minerais em processo de cristalização (ou que estão presentes durante a fusão). As letras maiores indicam os elementos maiores; letras em *itálico* representam os elementos incompatíveis mais inclinados a se dissolverem e apresentar mobilidade em fluidos aquosos; letras em **negrito** identificam elementos incompatíveis cujas concentrações são menos móveis nesses fluidos. O retângulo rotulado de "ETR" reúne os 15 **elementos terras raras**, do La ao Lu (ver Figura 2.7.2) e o ítrio (Y), que se comporta como um ETR (ver Figura 2.7.2); o európio (Eu) é único entre os ETR, inclusive por apresentar um estado de oxidação bivalente (2+). (b) Representação do comportamento compatível, na qual os pontos simbolizam os íons de um elemento compatível, e sua densidade representa suas concentrações de equilíbrio no cristal e líquido magmático coexistentes. Observe que o elemento é incompatível em um mineral A ($K_i^A > 1$), mas não em outro ($K_i^B < 1$). (c) Representação do comportamento incompatível: o elemento tem uma concentração mais alta no líquido magmático do que em todos os cristais coexistentes ($K_i^A < 1$).

(Continua)

- **Elementos compatíveis** são incorporados preferencialmente por um ou mais minerais em processo de cristalização, em relação ao líquido magmático. Por exemplo, o níquel é incorporado sobretudo pela olivina.

Embora o raio e a carga iônicos sejam fatores essenciais na determinação do comportamento compatível ou incompatível de um elemento, os parâmetros de estrutura cristalina da maioria dos minerais também desempenham um papel nesse sentido (Blundy and Wood, 2003).

A afinidade de um elemento por um mineral cristalino em particular pode ser expressa em termos quantitativos como o *coeficiente de partição* $K_i^{A/\text{líquido magmático}}$:

$$K_i^{A/\text{líquido magmático}} = \frac{\text{concentração do elemento } i \text{ no mineral } A}{\text{concentração do elemento } i \text{ no líquido magmático coexistente}}. \quad [2.7.1]$$

Em aplicações ígneas, a presença de líquido magmático é uma hipótese plausível e, portanto, "$K_i^{A/\text{LÍQUIDO MAGMÁTICO}}$" pode ser abreviado por "K_i^A". Um elemento incompatível é aquele para o qual $K_i^A < 1,0$ (Figura 2.7.1c). No caso de um elemento compatível, $K_i^A > 1,0$ para um mineral específico A: logo, para a distribuição de Ni entre a olivina e o líquido magmático basáltico coexistente, por exemplo, $K_{Ni}^{\text{olivina}} \approx 14$.* É preciso ressaltar que essa compatibilidade tem forte dependência da identidade do mineral encaixante: embora seja preferido pela olivina, o Ni é fortemente *excluído* pelos feldspatos ($K_i^{\text{feldspato}} \approx 0,01$) e, por essa razão, comporta-se como um elemento incompatível, se o feldspato for o único mineral em processo de cristalização. O mesmo vale para os **ETR** na Figura 6.6.1 (Quadro 6.6).

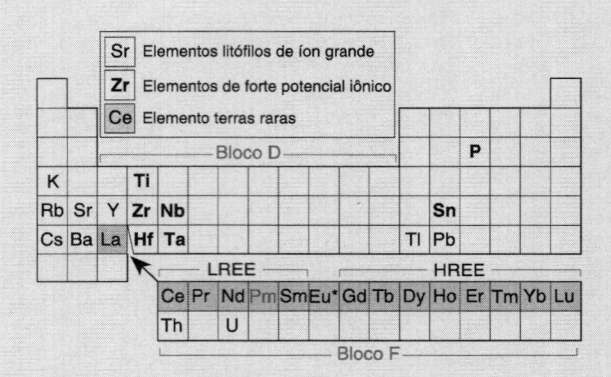

Figura 2.7.2 Localização de elementos litófilos incompatíveis na tabela periódica dos elementos; os elementos maiores são mostrados em **negrito**. Os elementos terras raras (ETR), do lantânio (La) ao lutécio (Lu), são quimicamente muito semelhantes entre si e ao ítrio (Y); o ETR radioativo promécio (Pm, mostrado em letra esmaecida) tem vida muito curta para ocorrer naturalmente na Terra.

Os elementos incompatíveis são os indicadores mais úteis na distinção entre diferentes tipos de basalto. A Figura 2.7.3a mostra uma maneira de representar essas informações. O eixo x apresenta uma lista de elementos-traço incompatíveis (e alguns dos elementos "maiores", como o K, o P e o Ti, que também exibem este comportamento) dispostos da esquerda para a direita *em ordem decrescente de incompatibilidade* (isto é, valores crescentes de K_i^A): os elementos à esquerda são os mais fortemente excluídos de todos os minerais mantélicos (olivina, enstatita, diopsídio, espinélio e granada); logo, seus níveis no líquido magmático coexistente, resultante da fusão parcial, são mais elevados, enquanto os elementos à direita podem ser incorporados em alguns minerais mantélicos, sobretudo a granada, quando presente. O eixo y simboliza a concentração de cada elemento na amostra, com base em uma escala logarítmica que permite incluir uma gama mais ampla de valores possíveis.

O problema com este gráfico é que variações amplas de abundância natural entre elementos-traço individuais geram uma aparência irregular, que dificulta a observação das diferenças entre amostras. Uma vez que essas variações grosseiras nos valores de abundância de elementos são comuns em toda

---

*Os valores publicados dos coeficientes de partição de elementos, minerais e composições de líquidos magmáticos específicos são encontrados na base de dados GERM (http://earthref.org/GERM/). Os coeficientes de partição variam com a temperatura e a pressão em que o líquido magmático e os cristais entram em equilíbrio (ver Blundy and Wood, 2003).

a matéria no sistema solar, elas podem ser atenuadas representando a relação entre a concentração de cada elemento na amostra (um basalto de ilha oceânica, neste caso) e sua concentração no "manto primitivo". A Figura 2.7.3b mostra como este tratamento possibilita uma identificação mais clara que sinaliza o enriquecimento seletivo do líquido magmático nos elementos-traço mais incompatíveis, o qual é uma característica de OIBs.

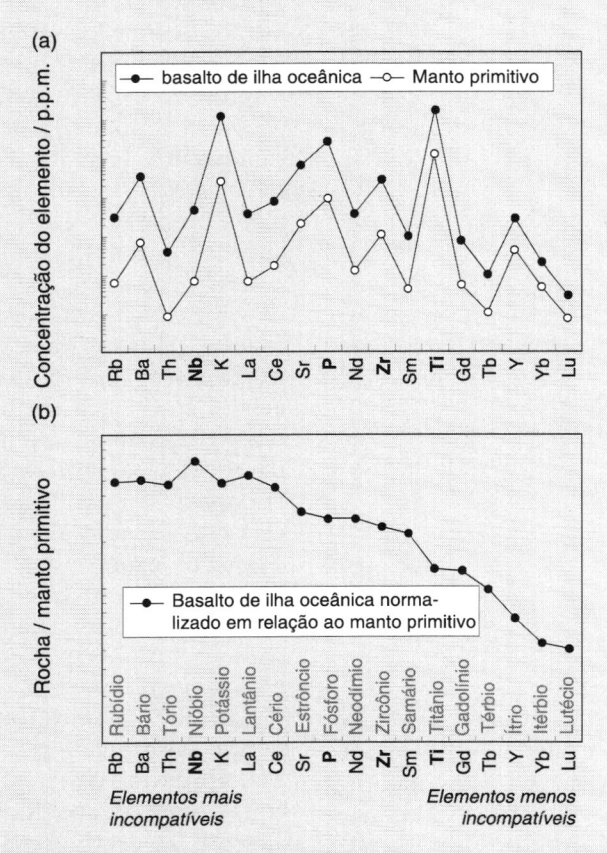

Figura 2.7.3 Por que normalizar? (a) Concentrações brutas em ppm de elementos incompatíveis em ordem decrescente de incompatibilidade para um basalto de ilha oceânica (OIB) típico e para um "manto primitivo" (dados de Sun and McDonough, 1989). (b) Razões "normalizadas" dos elementos incompatíveis para os mesmos dados de um OIB em (a) (isto é, a relação OIB/manto primitivo para cada elemento), na mesma ordem. Os dados relativos ao manto primitivo utilizados na normalização publicados por Sun e McDonough (1989) são listados na Tabela 2.4. Os elementos químicos em **negrito** são elementos de forte potencial iônico (Figura 2.7.1).

As Figuras 2.7.3b e 2.15 ilustram a forma mais simples desse gráfico (por vezes chamado de "**spidergram**"). Muitos autores inserem elementos incompatíveis adicionais (como o U, o Ta, o Pb, o Hf e **ETR** "pesados" como o Dy e o Er), mas sem vantagens expressivas.

Como mostra a Figura 2.7.1, os elementos incompatíveis muitas vezes são divididos em:

- "Elementos **litófilos** de íon grande" (LILE, *large íon litophile elements*), com raios iônicos muito grandes para serem acomodados na maioria dos minerais formadores de rocha.
- "Elementos de forte potencial iônico" (HFSE, *high field-strength elements*), com relações carga:raio elevadas que criam um campo eletrostático intenso ao redor dos íons, tornando-os instáveis em um cristal silicático iônico.

Os LILEs são mais prontamente dissolvidos em fluidos aquosos e, por isso, são um tanto **móveis** frente ao o intemperismo, à alteração e ao metassomatismo (ver Gill, 1996, p. 207). Por outro lado, os HFSEs resistem à dissolução e, por serem menos móveis, atuam como indicadores confiáveis da afinidade do magma com basaltos alterados e metamofisados. Essa distinção tem importância fundamental na investigação das origens de magmas associados à subducção (Capítulo 6).

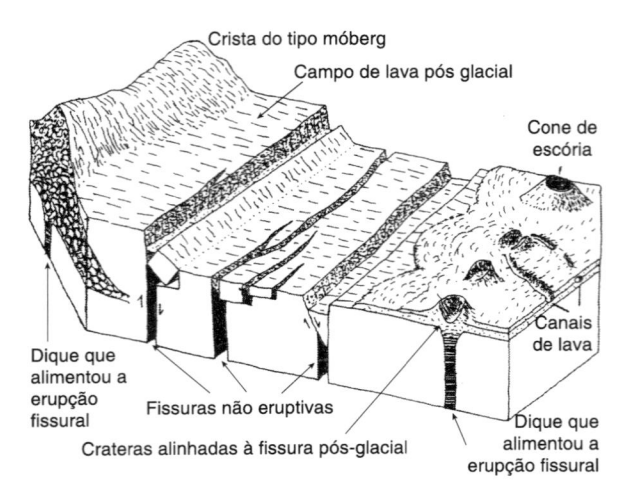

Figura 2.14 Bloco diagrama mostrando as características do vulcanismo da Zona Neovulcânica na Islândia (adaptado de Walker, 1965, com permissão da Sociedade de Filosofia e Literatura de Leicester, Reino Unido). *Móberg* é o termo em islandês para "rocha marrom" (neste contexto, um hialoclastito): as cristais do tipo móberg são elevações lineares de brechas almofadadas e hialoclastitos acumulados formados durante as erupções fissurais subglaciais.

As grandes províncias ígneas (LIPs): os platôs oceânicos e os basaltos de platôs continentais (CFBs)

Ao longo da maior parte do assoalho oceânico distante de pontos quentes, a crosta basáltica tem espessura uniforme, da ordem de 6,5 km, embora dados de batimetria do assoalho oceânico, aliados a estudos geofísicos conduzidos nos últimos 25 anos revelam um número expressivo de platôs basálticos submarinos (Figura 2.15). Esses platôs se erguem a uma altura mínima de 1.000 m das planícies abissais em que se encontram, em áreas onde a crosta oceânica chega a ter 35 km de espessura (Mahoney and Coffin, 1997). Em sua maioria, eles são distantes de centros de expansão e não exibem quaisquer anomalias magnéticas regulares, do tipo associado a dorsais meso-oceânicas. Esses platôs representam efusões vulcânicas *intraplaca* que parecem ter se posicionado em apenas alguns milhões de anos. O maior é o platô Ontong-Java (OJP, *Ontong Java Plateau*) no Pacífico Oriental que, se consideradas todas as lavas associadas na Bacia de Nauru e nas Ilhas Salomão, na mesma região, contabiliza perto de 60 milhões de quilômetros cúbicos de rochas vulcânicas e plutônicas (Coffin and Eldholm, 1994)

colocadas há cerca de 122 Ma (Fritton et al., 2004).[6] Os basaltos são predominantemente toleíto de baixo teor de potásio, porfiríticos, com fenocristais de olivina e plagiocálsio. Platôs e elevações oceânicos de grande volume (Figura 2.15) são exemplos oceânicos de **grandes províncias ígneas** (LIP, *large igneous provinces*). Outros exemplos incluem a Elevação de Shatsky, no Pacífico, e o enorme Platô de Kerguelen, no Mar do Sul, a sudoeste da Austrália (Figura 2.15; Coffin et al., 2002).

Suas equivalentes continentais – as províncias de **basaltos de platôs continentais** (CFB, *continental flood basalts*) – foram reconhecidas muito antes, e sua petrologia e geoquímica têm sido objeto de estudos detalhados há 50 anos. Assim como em platôs oceânicos, os CFBs são acumulações de grande espessura, da ordem de diversos quilômetros, de lavas basálticas subalcalinas, em geral porfiríticas, com fenocristais de olivina e plagioclásio, ainda que alguns CFBs, como Etendeka e Iêmen, possuam também um volume expressivo de rochas vulcânicas mais evoluídas. É comum encontrar evidências de extensas elevações em domo associadas aos estágios iniciais da evolução dos CFBs, exemplificadas na Figura 2.15 para a LIP Afro-Arábica, da qual a zona vulcânica do Iêmen faz parte. Hoje, sabe-se que, em algumas LIPs, como a Província Vulcânica do Atlântico Norte o os *traps* de Deccan, na Índia, a maior parte da produção vulcânica foi derramada a intervalos de tempo surpreendentemente curtos (de até 0,5 a 2 Ma, segundo White, ou menos de 1 Ma, de acordo com Courtillot and Renne, 2003). Especula-se que as taxas de produção de líquidos magmáticos durante esses curtos períodos tenham sido colossais. Por exemplo, considerada apenas a região de Deccan, a taxa média de produção de líquidos magmáticos foi estimada em 5 km³ anuais (White, 1993; Courtillot and Renne, 2003), número que excede em muito a atual produção dos pontos quentes em nível global (~0,5 km³ anuais) e não fica demasiadamente atrás da taxa permanente de produção de magma da totalidade do sistema de dorsais meso-oceânicas (~20 km³ anuais). A maioria dos CFBs, mas não a totalidade (ver Figura 2.15), é encontrada em margens passivas, onde ocorreu a separação

---

[6] Taylor (2006) sugere que o OJP atual formava apenas uma parte de um platô submarino ainda maior, que também incorporava os platôs de Manihiki e Hikurangi (Figura 2.15), posteriormente dispersados pela expansão da litosfera oceânica durante o Cretáceo.

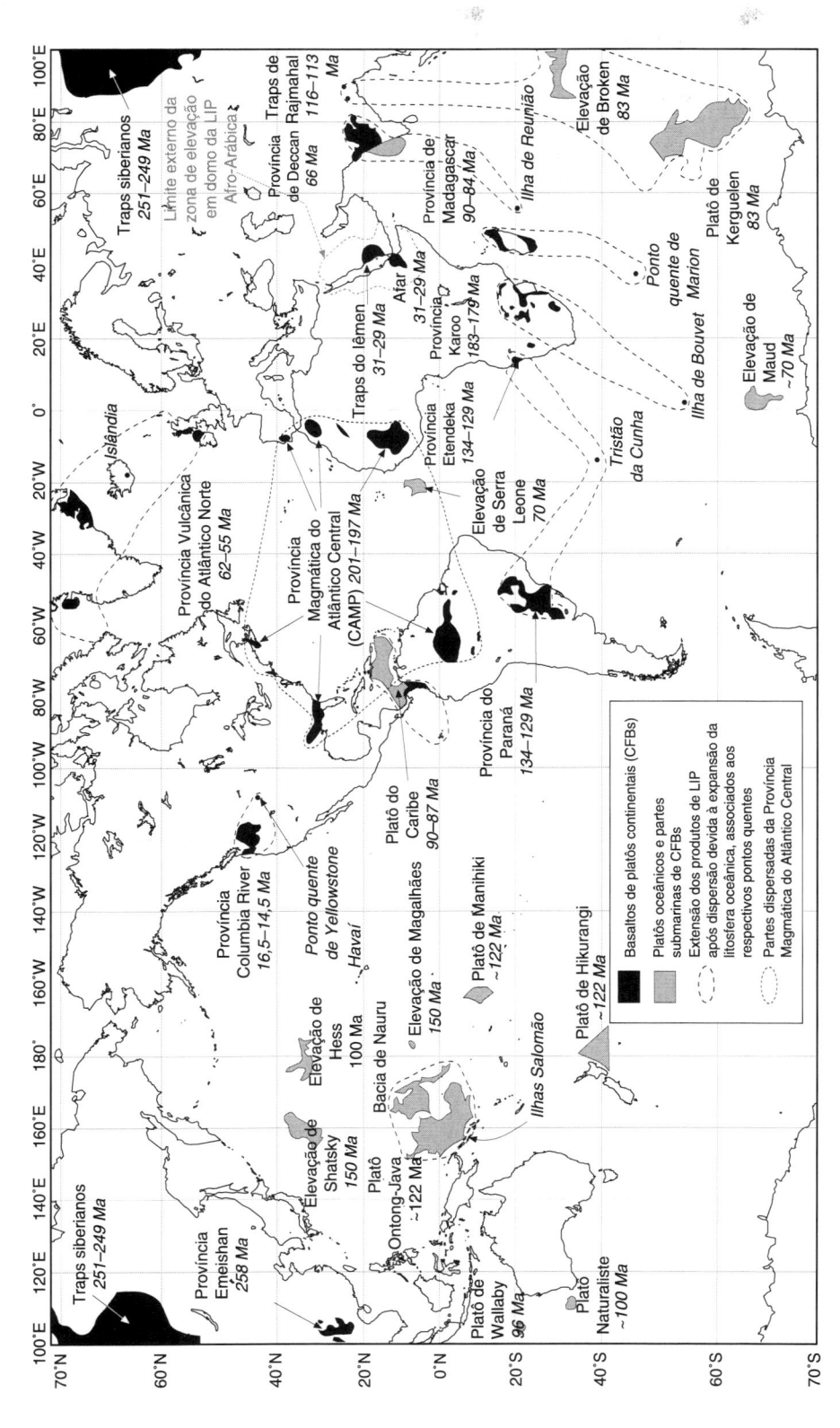

Figura 2.15 As principais grandes províncias ígneas (LIP) formadas nos últimos 260 Ma e respectivas idades (em itálico). Basaltos de derrames continentais e de margem passiva são mostrados em preto; os platôs oceânicos e principais elevações são mostrados em cinza. As linhas tracejadas circundam províncias vulcânicas dispersadas pela expansão do assoalho oceânico após a erupção, ou unem uma LIP a um ponto quente ativo considerado responsável por sua formação. Mapa preparado com base em um catálogo on-line da Comissão sobre Grandes Províncias Ígneas (www.largeigneousprovinces.org) da Associação Internacional de Vulcanologia e Química do Interior da Terra, do qual as idades foram extraídas, e um mapa preparado pelo Instituto de Pesquisas Geológicas dos Estados Unidos (como na Figura 2.12). O afloramento dos basaltos da Província Magmática do Atlântico Central é de McHone (2000). A LIP de Ferrar (183 – 179 Ma), composta por basaltos e soleiras de dolerito na Antártica (Figura 4.3d), Tasmânia e Nova Zelândia, dispersada pela divisão de Gondwana, não é mostrada. Ela coincide em idade com a LIP de Karoo, com a qual parece ser cogenética. As idades mostradas dizem respeito apenas à manifestação vulcânica principal inicial – muitas LIPs podem ser associadas a um ponto quente ativo no presente. A extensão da formação em domo associada com a LIP Afro-Arábica, de aproximadamente 30 Ma (com base em Davison et al. 1994) é mostrada como uma linha tracejada cinza.

dos fragmentos continentais, embora muitos CFBs possam estar conectados a pontos quentes ativos por meio de cadeias de ilhas e montes submarinos ou mesmo de dorsais assísmicas. Assim, a província CFB do Deccan (Figura 2.15) está conectada ao ponto quente da ilha de Reunião através da Cadeia das Maldivas, ainda que a correlação geográfica dessa conexão tenha ficado mais complexa por conta da expansão do assoalho suboceânico a partir da Dorsal Indiana Central (Figura 2.12).

Por outro lado, Ingle e Coffin (2004) acreditam que o platô oceânico Ontong-Java, a maior LIP na Terra em produção vulcânica, pode na verdade ser o registro do impacto de um bólido, e embasam essa proposição no fato de que aquele platô não apresenta indícios de estar ligado a uma linha de pontos quentes. Isso talvez explique por que o soerguimento na época da erupção – indicado em outras LIPs submarinas pela abundância de lavas subaéreas na sequência vulcânica – parece ter sido mínimo: a vasta maioria das lavas de Ontong-Java amostradas até hoje sem dúvida são submarinas (Fitton et al., 2004). Outra LIP sem uma conexão plausível com uma linha de pontos quentes é a Província Magmática do Atlântico Central, do Jurássico inferior (200 Ma), cujos produtos estão dispersos nas margens de quatro continentes (Figura 2.15) como resultado do rifteamento e fragmentação do supercontinente de Pangea, ocorridos na mesma época. McHone (2000) defende que não é possível explicar essa LIP tomando como base uma pluma de manto; em contrapartida, Coltice et al. (2007) atribuem esse vulcanismo ao aquecimento superficial prolongado do manto, processo associado à aglutinação continental.

Acredita-se que os maiores CFBs tenham sido responsáveis por graves crises ambientais no momento de sua erupção, e alguns estudiosos sugerem que esses basaltos estejam associados a eventos de extinção em massa de espécies biológicas (White and Saunders, 2005; Kelley, 2007). A controvérsia que ronda a causa das grandes extinções marcadas no registro estratigráfico, seja uma crise vulcânica relacionada à atividade de plumas do manto, seja o impacto de um bólido, arrasta-se por décadas na comunidade científica. Com base em informações estatísticas, White e Saunders (2005) defendem a tese de que as extinções ocorridas ao final dos períodos Permiano, Triássico e Cretáceo tenham resultado de choques de bólidos com o planeta, os quais coincidiram com erupções de LIPs. O impacto das LIPs oceânicas, derramadas sobretudo no ambiente submarino, parece ter sido menos grave.

Ao contrário dos padrões relativamente uniformes de elementos-traço observados em MORBs e OIBs (Figura 2.16a), o comportamento de elementos incompatíveis em LIPs varia muito, tanto internamente a uma província quanto na comparação entre elas. As diferenças entre províncias são ilustradas na Tabela 2.4 e na Figura 2.16b através de:

- Um basalto com baixo-K do Platô Ontong-Java; a curva lembra aquela de um N-MORB, mas com uma porção horizontal mais evidente e um gradiente bastante pronunciado entre os elementos mais incompatíveis K, Th, Ba e Rb.
- Um basalto de derrame de Etendeka, Namíbia; apesar de ser toleítico, esse basalto tem um perfil enriquecido em elementos incompatíveis que lembra aquele de um basalto alcalino do tipo OIB.

Fatores como espessura da litosfera e, em áreas continentais, a interação com a crosta **siálica**, bem como as variações desses fatores com o tempo longo da evolução de uma província representam alguns trechos que explicam essas diferenças.

Os basaltos de rifte intracontinental

O vulcanismo basáltico ocorre em associação com o rifteamento intracontinental em diversas circunstâncias:

- Quando a extensão é causada pela formação de domos acima de um ponto quente no manto subcontinental, como no *sistema de riftes Quênia-Etiópia* na África Oriental (mostrado na Figura 9.3) desde 25 Ma atrás, até o presente (Rogers et al., 2000).
- Quando a extensão ocorre perpendicularmente aos estresses compressivos atrás de uma zona de colisão continental, como na atividade vulcânica neógena no *Rifte do Rio Reno*, na Alemanha (Figura 2.12).
- Em regiões de extensão pós-subducção, como na *província Basin and Range*, no oeste dos Estados Unidos (B&R, Figura 2.12). A subducção para leste da antiga Placa de Farallon durante o Paleógeno produziu magmatismo calcialcalino (Capítulo 6). Tudo o que restou da Placa de Farallon está nas extremidades noroeste e sudeste, nas placas atuais de Juan de Fuca e de Cocos (Figura 2.12). A porção intermediária, juntamente à Dorsal do Pacífico Oriental que a gerou, está em processo de subducção há 30 Ma, o que pode ser visto como uma possível causa do grande fluxo de calor, do soerguimento e da extensão gene-

ralizada das porções imediatamente sobrepostas da placa em cavalgamento, processos que se estendem para o leste, até o rifte do Rio Grande ("*RG*" na Figura 2.12). O vulcanismo basáltico associado ocorre na região há cerca de 15 Ma, e boa parte dele é subsaturada em SiO_2.
- Outros tipos de rifte continental, como o *rifte do lago Baikal*, na Sibéria Oriental, cujas origens tectônicas não são claras.

Esses exemplos são caracterizados por um fluxo de calor elevado (da ordem de 100 $mW.m^{-2}$ no interior do rifte e aproximadamente 60 $mW.m^{-2}$ nos flancos) e um baixo gravimétrico amplo, consistente com um adelgaçamento da litosfera. Em cada uma dessas regiões, foi aventada a participação de pontos quentes mas, exceto no caso da África Oriental, hoje entende-se que outros mecanismos são responsáveis pela extensão e pelo vulcanismo.

No Quênia, o volume total de material vulcânico extravasado nos últimos 25 Ma contabiliza cerca de 200.000 km³. Se a Etiópia for incluída, o total chega a 500.000 km³. No entanto, nos outros exemplos a produção de magma é ao menos um grau de magnitude menor. Os basaltos alcalinos e de transição predominam em todos os casos.[7] A maioria dos basaltos presentes nos riftes continentais forma um continuum com rochas máficas mais alcalinas e fortemente subsaturadas como nefelinitos e melilititos, acompanhados por volumes relativamente expressivos de rochas vulcânicas mais evoluídas, como traquitos e fonolitos (Capítulo 9). Dessa forma, a petrografia dos basaltos de riftes continentais é discutida de maneira mais apropriada no contexto desses magmas mais alcalinos, no Capítulo 9.

Em relação aos elementos incompatíveis, a geoquímica do basalto alcalino do vale de riftes do Quênia, mostrado na Figura 2.16a, é praticamente indistinguível daquela de um basalto alcalino encontrado em um ponto quente oceânico. A importância dessa semelhança é discutida na seção final deste capítulo e no Capítulo 9.

Os basaltos associados à subducção

As zonas de subducção (Figura 2.12), onde a litosfera oceânica nascida em uma dorsal meso-oceânica é novamente incorporada pelo manto da Terra, geram uma ampla gama de produtos vulcânicos. Os reflexos mais óbvios dessa variedade se encontram nos magmas mais **evoluídos** extravasados em muitos arcos de ilhas (andesitos) e margens continentais ativas (dacitos e riolitos), descritos nos Capítulos 6 e 7. Embora sejam menos aparentes em campo e ao microscópio, existem variações importantes também entre os magmas basálticos parentais gerados sobre zonas de subducção, como revela a representação gráfica dos perfis de elementos incompatíveis (Figura 2.16c). Esses basaltos são discutidos abaixo, em cinco categorias definidas com base no ambiente tectônico e nas divisões geoquímicas traçadas na Figura 1.6.

Basaltos de arco de baixo-K ou toleítos de arco de ilhas (IAT)

A associação portadora dos mais baixos teores de K_2O mostrada na Figura 1.6, chamada simplesmente de associação baixo-K ou toleítos de arco de ilhas, é dominada por basaltos e característica de arcos de ilhas imaturos, como as Ilhas Sandwich do Sul, Tonga e as Ilhas Izu, no Japão (Figura 2.12). Estima-se que lavas com essa afinidade também formem os alicerces de muitos arcos de ilhas mais evoluídos. Diferentemente de outras lavas associadas à subducção, os IAT com frequência são afíricos ou ligeiramente porfiríticos, e são compostos por olivina, plagioclásio e augita, por vezes acompanhados de ortopiroxênios e/ou magnetita.

A geoquímica dos toleíto de arco de ilhas se distingue por sua **depleção** em elementos incompatíveis de forte potencial iônico (**HFSEs**) e um relativo enriquecimento em muitos elementos litófilos de íon grande (**LILEs**). Essas tendências conferem à maioria dos magmas associados à subducção os perfis irregulares típicos observados em diagramas de elementos incompatíveis normalizados para o manto primitivo. O padrão do IAT mostrado na Figura 2.16c é típico ao apresentar, à direita, uma porção com caimento suave depletada em relação a N-MORB. À esquerda, essa tendência suave se estende até os elementos terras raras "mais leves", o La e o Ce (com uma relação La/YB um pouco menor do que N-MORB), mas se interrompe com as anomalias negativas marcantes nos HFSEs P e Nb e as anomalias positivas em alguns LILEs **móveis** (o Sr, o K e o Ba). Essas características apontam para uma fonte mantélica totalmente depletada em relação à fonte de N-MORB (como indica o Nb, o P, os elementos terras raras, o Zr e o Ti), que, contudo, recebeu um aporte de LILEs móveis transferidos por fluidos expelidos da placa em processo de desidratação, conforme discutido no Capítulo 6.

---

[7] Os basaltos subalcalinos predominam entre as lavas com mais de 5 Ma na província de Basin and Range.

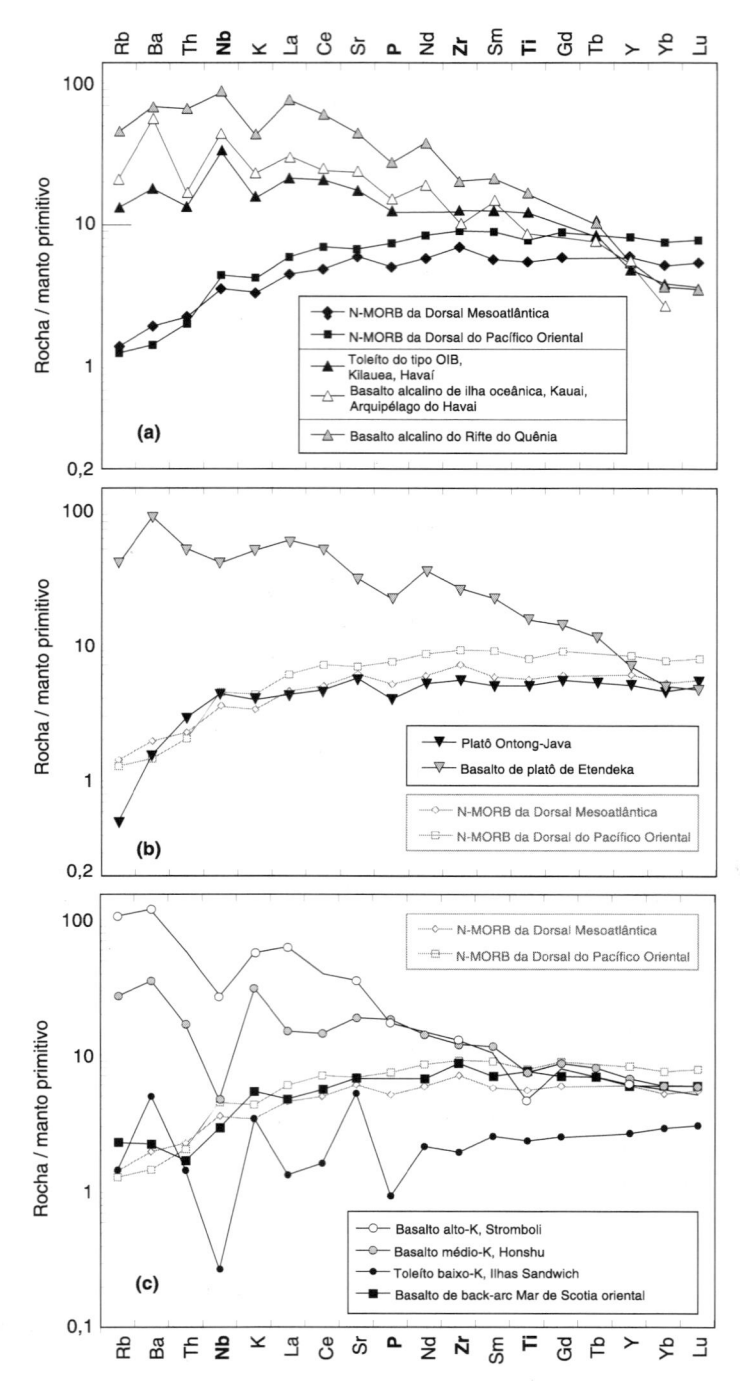

Figura 2.16 Diagramas de enriquecimento em elementos incompatíveis ("spidergrams") de análises típicas de basaltos. Observe a escala vertical logarítmica, que permite representar uma ampla gama de valores de enriquecimento (em relação ao manto primitivo). (a) N-MORBs e OIBs, (b) LIPs e (c) basaltos associados à subducção, (conforme mostrados na Tabela 2.4) onde as amostras de N-MORB estão esmaecidas, para facilitar a comparação, em (b) e (c); os dados relativos ao basalto Stromboli com alto teor de K e ao basalto de back-arc do Mar de Scotia oriental em (c), ausentes na Tabela 2.4, foram obtidos de Francalanci et al. (1999) e de Fretzdorff et al. (2002), respectivamente. Para construção do gráfico, as análises foram (i) recalculadas como livres de voláteis (Quadro 1.3) quando necessário e (ii) divididas elemento por elemento pela análise da composição do manto primitivo fornecida na Tabela 2.4 (Quadro 2.7). Nos casos em que um determinado elemento não constava de uma análise publicada (como Gd ou Tb), desenhou-se uma linha reta ligando os elementos imediatamente adjacentes. Observe a escala logarítmica do eixo vertical. Símbolos químicos em **negrito** indicam os elementos HFSE (Figura 2.7.1).

Basaltos de arco de médio-K

As rochas com médio-K (Figura 1.6), ou associação "calcialcalina" (Wilson, 1989), são os produtos mais característicos do vulcanismo de arco de ilhas maduro. Os membros basálticos dessa associação, às vezes denominados **basaltos com alto teor de alumina** (Kuno, 1960; ver também Seth et al., 2002), são frequentemente muito porfiríticos, contendo fenocristais de plagioclásio, olivina, augita, magnetita, por vezes acompanhados de hornblenda. No entanto, em muitos arcos de ilhas, andesitos médio-K fortemente porfiríticos (Capítulo 6) são mais abundantes do que basaltos.

Em basaltos médio-K, a geoquímica dos elementos incompatíveis é mais variável do que em basaltos baixo-K, embora tenham outras características em comum. A Figura 2.16c mostra um basalto médio-K da região central de Honhsu, Japão, no qual:

- Todos os elementos incompatíveis estão presentes em concentrações mais altas do que no IAT.
- Os elementos altamente incompatíveis (lado esquerdo), embora variáveis, estão presentes em concentrações mais altas do que os elementos moderadamente incompatíveis.
- Como no IAT, existe uma marcante depleção em alguns elementos de forte potencial iônico, sobretudo o nióbio (Nb).

Essas características são comuns a muitos magmas de *zona de suprassubducção* (ZSS) em arcos de ilhas maduros e margens convergentes. Acredita-se que elas reflitam o fracionamento do magma na crosta, processo que modifica a assinatura de fusão dos peridotitos da cunha mantélica metassomatizados por fluidos provenientes da placa, conforme discutido nos Capítulos 6 e 11.

Basaltos de arco de alto-K

Os basaltos da associação alto-K (Figura 1.6), ou associação "calcialcalina com alto-K" (Wilson, 1989, Figura 6.15) são relativamente escassos, e seu volume muitas vezes é ultrapassado por andesitos e membros mais evoluídos da associação, tanto em arcos de ilhas quanto em margens continentais ativas (por exemplo, a zona vulcânica central dos Andes, Figura 2.12). Muitos desses basaltos contêm fenocristais de olivina e augita, acompanhados ou não de hornblenda, magnetita e/ou plagioclásio.

Os padrões de elementos incompatíveis em basaltos com alto-K tendem a ser mais enriquecidos em LILEs móveis do que em basaltos com médio-K (o que é esperado, uma vez que o próprio K é um LILE). Isso é ilustrado na Figura 2.16c por um basalto com alto-K da ilha eólica de Stromboli, no Mar Mediterrâneo. Observe as anomalias negativas em Nb e Ti.

Assim como no Stromboli (Francalonci et al., 1999), os basaltos na categoria alto-K frequentemente estão associados a lavas potássicas alcalinas do tipo traquibasalto (Figura 2.1), as quais são membros da "associação shoshonítica", descrita nos Capítulos 6 e 9.

Basaltos de bacias de back-arc

O rifteamento interno a um arco de ilhas pode dividi-lo longitudinalmente, criando uma bacia extensional entre as porções frontal e traseira do arco. Em tais bacias, forma-se um assoalho oceânico a partir de um centro de expansão que se assemelha a uma dorsal meso-oceânica. Os centros de expansão nessas bacias de back-arc (Figuras 2.12 e 6.18) extravasam basaltos almofadados subalcalinos com petrografia semelhante à dos N-MORB: os fenocristais são dominados por plagioclásio e olivina com augita e opacos subordinados. Sua composição muitas vezes compartilha as características de IAT e N-MORB. A Figura 2.16c mostra um basalto do centro de expansão do back-arc do Mar da Scotia Oriental atrás do arco das Ilhas Sandwich do Sul (*DSO* e *ISS* na Figura 2.12), que apresenta um perfil semelhante ao perfil de MORB, com uma pequena anomalia negativa em Nb e anomalias positivas em K e Ba, que lembram a assinatura de rochas vulcânicas de uma zona de suprassubducção.

A atividade hidrotermal nos centros de expansão em back-arc gera depósitos de sulfetos maciços vulcanogênicos (**VMS**, *vulcanogenic massive sulphide*) ricos em Cu, Zn e Pb, análogos àqueles formados em dorsais meso-oceânicas.

Basaltos de margens continentais ativas

Os basaltos com o mesmo intervalo composicional visto nos arcos de ilhas também são extravasados acima de zonas de subducção em margens continentais "ativas" (ou convergentes), embora os membros de uma suíte com baixo-K estejam menos representados nessas rochas. Os basaltos muitas vezes têm volumes insignificantes, comparados a magmas mais evoluídos, como os andesitos e os dacitos. Contudo, na Zona Vulcânica Meridional dos Andes predominam os basaltos e os andesitos basálticos (Figura 2.1). Dos pontos de vista mineralógico e geoquímico, os basaltos de margens continentais caem nessas definições.

Os basaltos extraterrestres

Este capítulo não estaria completo sem uma breve discussão a respeito do vulcanismo basáltico em outras partes do sistema solar.

Os basaltos lunares

As regiões mais escuras da superfície da Lua, tal como vistas da Terra (os *maria*, plural de *mare*, em latim, ou mar) são formadas por rochas com os mesmos atributos petrográficos do basalto. No entanto, os basaltos lunares diferem de seus equivalentes terrestres em diversos aspectos importantes:

- Uma proporção de rochas lunares mineralogicamente classificadas como basaltos (Tabela 2.1) ficam fora da definição geoquímica estabelecida pela IUGS e mostrada na Figura 2.1, pois os teores de SiO_2 nos basaltos de um *mare* são muito baixos, chegando a 38%. (Essas rochas foram denominadas "basalto" antes de o trabalho da Comissão da IUGS [Le Maitre, 2002] ser publicado, o que parece ter sido negligenciado pela Comissão.)
- Os basaltos de *mare* com os menores teores de SiO_2 apresentam conteúdos surpreendentemente elevados de TiO_2 (de até 13%). O teor desse óxido é um discriminante-chave na identificação de diferentes categorias de basaltos lunares (Projeto de Estudos sobre o Vulcanismo Basáltico, 1981).
- Os basaltos lunares não contêm teores detectáveis de água, e seus teores de minerais ferríferos são muito reduzidos, em comparação com basaltos terrestres. Esses basaltos não apresentam minerais férricos, e muitas amostras de basaltos lunares têm inclusive traços de ferro metálico.
- Os teores de álcalis são muito mais baixos do que os observados na maioria dos basaltos terrestres: o conteúdo de Na_2O, em regra, é menor do que 0,5%, e o teor de K_2O normalmente está abaixo de 0,1% (compare com a Tabela 2.4).
- As composições dos piroxênios variam muito nos basaltos lunares, e algumas amostras, como aquelas coletadas no local de alunissagem do módulo Apollo 17, apresentam composições metaestáveis que caem na lacuna de miscibilidade mostrada na Figura 2.1.1 (Projeto de Estudos sobre o Vulcanismo Basáltico, 1981).

Os meteoritos basálticos e as superfícies planetárias

Os **meteoritos** "rochosos", compostos principalmente de minerais silicatados com teores reduzidos de ferro metálico, são divididos em duas categorias:

- Os *condritos*, que apresentam composições ultramáficas **primitivas** (ver Capítulo 5) usualmente contendo característicos agregados esféricos milimétricos de cristais dendríticos e de vidro, os *côndrulos* (do qual deriva o termo "condrito").
- Os *acondritos*, que representam um grupo menor de meteoritos cujas composições são mais diferenciadas, sem côndrulos, com texturas ígneas (Prancha 2.10), consistem em basaltos ou cumulatos de piroxênio e olivina resfriados lentamente.

As texturas finas dos acondritos basálticos sugerem que são produtos de processos vulcânicos em andamento na superfície de um ou mais corpos celestes, dos quais foram ejetados devido a um evento de impacto. Diversas linhas de evidência indicam que os acondritos basálticos mais comuns, os *eucritos*, são os ejectólitos provenientes de impactos na superfície de um dos maiores asteroides conhecidos, o 4 Vesta.

Outros acondritos basálticos parecem ter sido derivados de corpos planetários maiores. Um grupo importante, os shergotitos (Prancha 2.10), apresenta evidências claras de ser oriundo da superfície de Marte. Amostras de gás extraído a vácuo de inclusões vítreas em uma amostra encontrada na Antártida são idênticas em composição às análises da atmosfera marciana realizadas pela sonda Viking. O evento de impacto que ejetou esses fragmentos de basalto sem dúvida gerou líquidos magmáticos de impacto que dissolveram gases da atmosfera marciana. A pouca idade da cristalização dos shergotitos (165 – 450 Ma) é mais um aspecto a indicar a ocorrência de processos vulcânicos que somente poderiam ter acontecido em planetas de grande porte. Sabe-se que outro grupo de acondritos basálticos, com textura, composição e idade de cristalização semelhantes às dos basaltos lunares coletados pela missão Apolo, seguramente é originário da Lua.

ONDE E COMO OS MAGMAS BASÁLTICOS SÃO FORMADOS NA TERRA?

A matéria-prima dos líquidos magmáticos basálticos

O comportamento da fusão de basaltos e eclogitos indica que ambos são os produtos da fusão parcial de uma rocha mais primitiva ... que supõe-se tenha sido um granada peridotito.

(Yoder and Tilley, 1962)

Os magmas basálticos têm teores reduzidos de SiO$_2$ (menos do que 52% em massa), conteúdos relativamente altos de MgO (5% a 15%) e menos de 5% de álcalis totais. Embora, na teoria, esses líquidos magmáticos possam ser formados pela fusão completa de rochas parentais máficas, a tese mais amplamente aceita é a de que o fenômeno quase nunca acontece no interior da Terra – ele ocorre apenas quando o planeta é atingido por detritos interplanetários. Nas outras circunstâncias, os líquidos ígneos são os produtos de um processo denominado fusão parcial (Quadro 5.4), no qual a fusão é interrompida antes de se completar e que, após os líquidos magmáticos parcialmente liquefeitos terem migrado para cima, deixa para trás um resíduo sólido depletado de material da fusão na região parental. Na fusão parcial de materiais geológicos complexos, os componentes químicos mais fundíveis (misturas de SiO$_2$, Al$_2$O$_3$, Na$_2$O, K$_2$O e H$_2$O) ficam concentrados preferencialmente nos líquidos magmáticos, ao passo que os componentes mais **refratários** (sobretudo o MgO, o Ni e o Cr) são retidos no resíduo sólido.[8] Isso significa que os líquidos magmáticos não derivados da fusão parcial são mais ricos em SiO$_2$ e mais pobres em MgO do que o material parental de que se formaram. Logo, ao estudar as regiões do interior da Terra que podem atuar como fonte de líquidos magmáticos basálticos, é preciso concentrar a atenção nos domínios pobres em SiO$_2$ e ricos em MgO, em comparação com o basalto. Os candidatos óbvios são as rochas **ultrabásicas** que formam o manto superior da Terra. A noção de que esses magmas basálticos são gerados no interior do manto é atestada pela ocorrência de xenólitos de **peridotitos**, com texturas mantélicas características (explicados na Tabela 5.4 e ilustrados nas Pranchas 5.3-5.7) em muitos basaltos alcalinos e rochas afins (embora nos basaltos subalcalinos esses xenólitos sejam raros). É consenso entre os petrólogos que é preciso investigar a estrutura térmica do manto terrestre para compreender por que os basaltos extravasam em um sítio, mas não em outro.

As condições necessárias para a fusão no manto

Duas linhas de pesquisa ajudam a entender a fusão no manto terrestre:

1 As mensurações do fluxo de calor na superfície do planeta permitem calcular o gradiente geotérmico nela e construir um modelo qualitativo para uma **geoterma**, a curva da variação da temperatura com a profundidade no interior da Terra (ver Fowler, 2005). O fluxo de calor, o gradiente e a geoterma variam muito de acordo com o ambiente geotectônico.

2 Experimentos em laboratório permitem determinar as temperaturas em que os peridotitos começam a fundir e como elas variam com a pressão aplicada (que simula a profundidade).

A Figura 2.17 ilustra como esses dados podem ser combinados para melhor compreender porque a fusão ocorre no interior do manto. O diagrama é dividido em dois domínios principais: uma área cinza à esquerda, que indica as condições nas quais as rochas mantélicas permanecem completamente sólidas, e uma área branca que representa o domínio de temperatura e de pressão onde, com base em experiências em laboratório, a fusão deve ocorrer. Esses domínios são separados pela curva **solidus**, que indica a temperatura inicial mínima da fusão em um peridotito mantélico.[9] As curvas subparalelas mostram as temperaturas em que 20%, 50% e 100% do manto de peridotito atingem a fusão. Essas temperaturas variam com a profundidade: quanto maior a profundidade, maior a temperatura necessária para iniciar a fusão. (Essa generalização perde a validade quando a H$_2$O estiver presente, como veremos adiante.)

A curva espessa na Figura 2.17 ilustra uma geoterma calculada típica de uma litosfera oceânica distante de centros de expansão. Ela compreende duas porções lineares unidas por uma curva. A seção linear superior representa a camada externa rígida da Terra (a crosta e o manto superior) onde, devido ao fato de as rochas serem muito frias para poderem fluir, o calor é transportado apenas por condução térmica. Nessa seção, o gradiente linear de temperatura é análogo à distribuição de temperatura em estado estacionário em uma barra de ferro com temperaturas diferentes em suas extremidades. Os geofísicos chamam essa camada condutora externa mais rígida de "camada limite mecânica". Em termos gerais, ela equivale à litosfera, tal como definida pelos geólogos.

A porção linear de maior inclinação da geoterma, onde a temperatura aumenta muito devagar com a profundidade, representa a astenosfera, uma porção mais profunda do manto, quente e dúctil o bastante (embora ainda no estado sólido) para en-

---

[8] A divisão dos elementos maiores entre os líquidos magmáticos e o sólido residual é discutida no Capítulo 5.

[9] Na verdade, a temperatura solidus varia com a composição do peridotito: a Figura 2.17 mostra um valor médio, obtido de McKenzie e Bickle (1988) – ver a legenda da Figura 2.16.

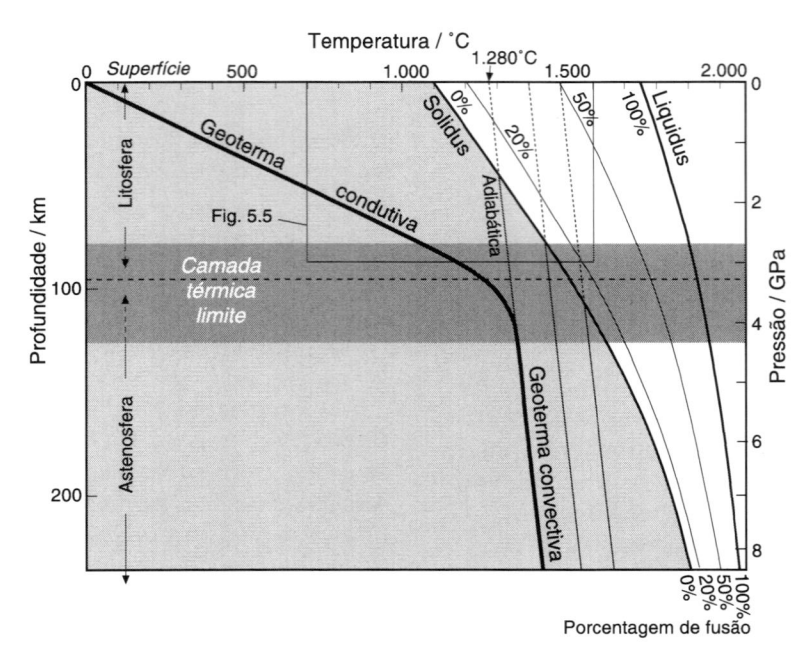

Figura 2.17 Diagrama temperatura vs. pressão mostrando uma geoterma oceânica e o comportamento de fusão do peridodito mantélico, com base em McKenzie e Bickle (1988). As curvas de solidus e de liquidus nas pressões mais elevadas foram adaptadas de Nisbet et al. (1993), para levar em consideração as experiências de fusão a 14 GPa executadas por Herzberg et al. (1990). As pressões correspondentes à escala de profundidade são mostradas à direita do gráfico.

trar em convecção de imediato, na escala de tempo geológico. Ao iniciar, a convecção distribui o calor com mais rapidez do que a condução. Um meio em mistura completa por convecção, como a água fervente em uma panela, atinge necessariamente uma temperatura e uma composição uniformes. Se essa premissa é verdadeira, por que a geoterma não é representada como uma linha vertical no diagrama, a essas profundidades, indicando uma temperatura constante ao longo de toda a camada? Para responder a essa pergunta, é preciso reconhecer que o peridotito mantélico, como toda rocha, é passível de compressão: 1 kg ocupa um volume um pouco menor a uma pressão elevada, como ocorre em camadas profundas, do que a uma pressão menor, mais próximo à superfície. Em contrapartida, um manto em processo de convecção ascendente sofre uma ligeira expansão e, por essa razão, precisa "forçar passagem" no manto que o envolve, pressionando-o para os lados. O trabalho mecânico envolvido nesse processo de "abertura de espaço" para a expansão é realizado à custa da energia interna do peridotito e por isso sua temperatura sofre leve queda. Assim também o manto em ascensão e a seção "convectiva" da geoterma seguem um percurso temperatura-pressão fortemente inclinado, mas não vertical, chamado de **adiabático**.

Se considerarmos a *expansão adiabática* sofrida pelo manto em ascensão, faz sentido expressar as temperaturas mantélicas (como ocorre na meteorologia) como **temperatura potencial**, T_p, a temperatura superficial hipotética a que uma rocha a uma profundidade grande (definida pela $P_{inicial}$ e $T_{inicial}$) chegaria, se fosse transportada à superfície ao longo da adiabática que passa por $P_{inicial}$ e $T_{inicial}$ *sem sofrer fusão*. Segundo McKenzie e Bickle (1988), a ideia amplamente aceita hoje é que a astenosfera tem uma T_p de cerca de 1.300°C,[10] como mostra a "geoterma convectiva" na Figura 2.17. Adiabáticas alternativas são dadas para T_p de 1.400°C e 1.500°C, discutidas abaixo.

Não há limite definido entre as seções convectivas e condutivas de manto. A faixa horizontal mais escura na Figura 2.17 e a seção curva da geoterma representam uma zona de transição, a "camada térmica limite", na qual, à medida que aumenta a temperatura, as rochas se tornam progressivamente mais dúcteis e passam a participar no processo de convecção. A base da litosfera, ou "placa rígida", está em algum ponto no interior dessa zona de transição. É preciso enfatizar que a convecção não impli-

---

[10] O valor estimado inicialmente por McKenzie e Bickle era de 1.280°C, mostrado na Figura 2.16.

ca a ocorrência de fusão ou a presença de magma. Na verdade, a localização da toda a geoterma oceânica no interior da área subsolidus cinza na Figura 2.17 é um paradoxo em um planeta com atividade vulcânica como a Terra: se a geoterma não intercepta a curva solidus, como então explicar a fusão parcial que alimenta as erupções vulcânicas na superfície?

A Figura 2.18 ilustra três maneiras de elucidar a ocorrência desse paradoxo na Terra. Os ambientes geotectônicos relevantes são representados na Figura 2.18d. Hoje, as dorsais meso-oceânicas são consideradas centros de extensão passiva. Com a separação das placas, a astenosfera subjacente ascende, tomando seu lugar. Essa "subida" é mostrada pelas setas XY, nas Figuras 2.18d e 2.18a. Uma astenosfera com temperatura potencial de 1.280°C ascende ao longo da adiabática de 1.280°C, como na Figura 2.18a. Ainda que esfrie um pouco durante a ascensão, a astenosofera cruza a curva solidus (que é função da pressão) em S e com isso começa a fundir. O grau de fusão parcial aumenta com a subida e ultrapassa 20% antes de atingir Y. Os líquidos magmáticos resultantes da fusão parcial se separam em diferentes profundidades, alimentando o vulcanismo MORB ou as câmaras magmáticas sob as dorsais, nas quais ocorre a cristalização do gabro. O resíduo sólido refratário que o líquido magmático deixa para trás se agrega às bordas em movimento das placas litosféricas divergentes. Mecanismos semelhantes operam sob os centros de expansão nos ambientes de back-arc, embora nesses casos existam evidências de que a H_2O proeminente da placa subductada também desempenhe um papel nesse processo (Kelley et al., 2006).

Por essa razão, o aquecimento não é condição essencial para o início da fusão do manto nas dorsais meso-oceânicas: o principal fator é a oportunidade dada pela separação das placas para que ocorra a *ascensão adiabática* da astenosfera, causando a *fusão por descompressão*. Por outro lado, esse raciocínio não explica a fusão parcial em pontos quentes intraplaca, como nas ilhas oceânicas, já que o marcante adelgaçamento da litosfera, característico das dorsais meso-oceânicas (Figura 2.18d, lado esquerdo) não é observado. A crosta basáltica mais espessa encontrada sob ilhas oceânicas como Havaí e Ascensão (Figura 2.13) sugere uma temperatura mantélica local mais alta, e a maioria dos geofísicos[11] hoje atribui o vulcanismo de ilhas oceânicas – sobretudo o vulcanismo associado a linhas de pontos quentes, como os mostrados na Figura 2.12 – à presença de uma **pluma mantélica** abaixo de uma ilha com vulcanismo ativo. O termo "pluma" denota uma massa convectiva em ascensão a partir do manto inferior, mais quente e menos densa do que a astenosfera que a envolve (Figura 2.18d). Essa anomalia térmica é representada na Figura 2.18b por uma "geoterma de pluma" elevada. Por apresentar uma temperatura potencial maior (como 1.500°C, mostrado na Figura 2.18b), os peridotitos da pluma ascendente podem cruzar a linha solidus e começar a fundir a profundidades maiores do que as mostradas na Figura 2.18a, embora o espaço disponível para a ascensão diminua devido à camada limite mecânica relativamente fria (CLM, na Figura 2.18b) presente nessa região central da placa. Por essa razão, apesar da temperatura potencial elevada, o grau de fusão parcial em uma pluma é de modo geral mais baixo do que aquele observado em uma dorsal meso-oceânica, e depende da espessura da litosfera (White, 1993). No ponto em que uma pluma coincide com um centro de expansão oceânica, como sob a Islândia, essa restrição deixa de ser aplicável.

Não é possível supor que todas as ilhas vulcânicas intraplaca nos oceanos resultam de plumas com temperaturas potenciais elevadas. A maior parte das ilhas vulcânicas oceânicas e dos montes submarinos, na verdade, não tem relação com as linhas de pontos quentes, embora alguns petrólogos os atribuam a "bolhas" sujeitas à fusão no interior da astenosfera em convecção (Fitton, 2007), cuja fusão parcial se deve a uma temperatura de solidus baixa, não a uma anomalia térmica.

As plumas são encontradas sob as placas continentais e em áreas oceânicas. Acredita-se que o vulcanismo do rifte do Quênia tenha se originado de uma pluma (Rogers, 2006), o que explica por que o basalto alcalino dessa região, mostrado na Figura 2.16a, tem semelhança geoquímica com um basalto alcalino intraplaca oceânico. Uma discussão mais detalhada sobre o vulcanismo na África Oriental e suas origens está no Capítulo 9.

Muitos (mas não todos) pontos quentes intraplaca oceânicos e continentais (Figura 2.12) são considerados produtos de plumas mantélicas em estado estacionário. A taxa de produção de magma desses pontos quentes (~ 0,5 km³ ao ano) é pequena, comparada à produção do sistema de dorsais meso-oceânicas em todo o globo. Porém, as consequências observadas durante o nascimento de uma pluma podem ser muito mais dramáticas. Muitos petrólogos e geofísicos (como White e McKenzie, 1989, por exemplo) acreditam que as efusões de grande porte e de curta duração representadas por LIPs e CFBs (até 5 km³ ao ano, segundo Croutillot e Renne, 2003) correspondem à chegada da parte superior de uma pluma nova e quente à base da li-

---

[11] Ainda que não todos: ver www.mantleplumes.org/.

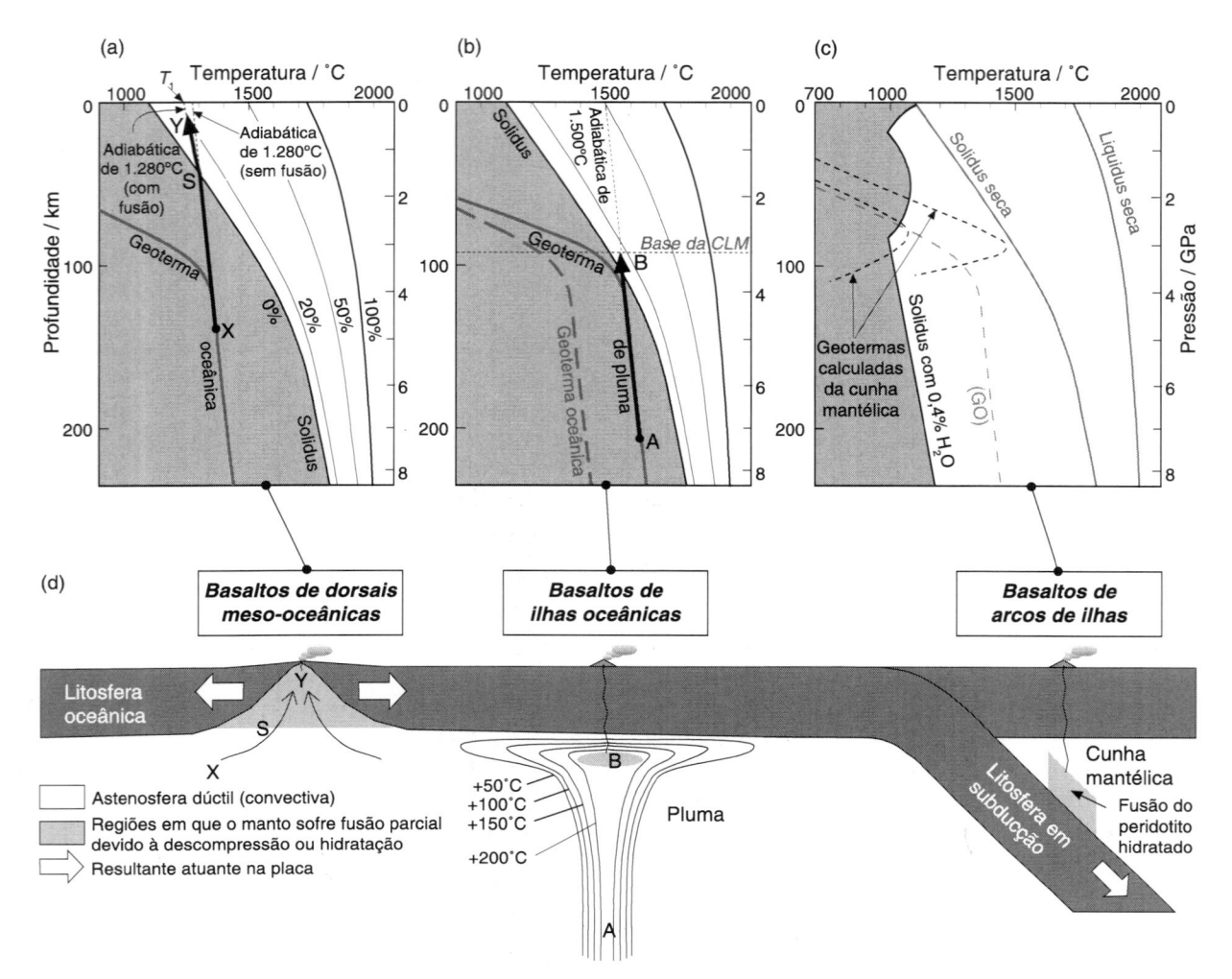

Figura 2.18 Gráficos ilustrando: (a) astenosfera ascendente e a fusão por descompressão devida à extensão da litosfera em dorsais meso-oceânicas; acima de S o manto ascendente obedece a uma adiabática ligeiramente diferente (S-T_1) que reflete a maior compressibilidade do líquido magmático presente. (b) Fusão por descompressão em uma pluma mantélica intraplaca; aqui o grau de fusão é restringido pela presença de uma litosfera espessa (linha tracejada) que inibe a continuidade da ascensão e da fusão por descompressão. Nessa profundidade, os líquidos magmáticos são drenados a graus menores de fusão do que em Y, na Figura 2.18a. (c) Fusão devida à depressão da curva solidus na cunha mantélica hidratada acima da zona de subducção. A linha de solidus de peridotito com 0,4% de H_2O é relatada em Wyllie (1981); os modelos de geoterma de cunha são de Davies e Stevenson (1992) (T menor) e Furukawa (1993) (T maior). A geoterma oceânica (GO) na Figura 2.18a,b é mostrada apenas para referência e não tem relevância direta neste contexto. (d) Ambientes geotectônicos de (a), (b) e (c).

tosfera. Essa "pluma inicial" pode ser interpretada como o exato oposto da bolha inicial que cai de uma colher cheia de melado, antes de o fluxo diminuir, até se estabilizam como apenas um fio fino de líquido. As evidências geológicas que respaldam essa noção dão conta de que muitos dos maiores CFBs de margem passiva, como os basaltos do Deccan e do Paraná-Etendeka (Figura 2.15) – que, por sua vez, são considerados produtos do impacto inicial de "plumas incipientes" – estão ligados a pontos quentes intraplaca (como Reunião e Tristão da Cunha,

Figura 2.15). Acredita-se que esses pontos quentes sejam produtos de plumas em estado estacionário, e que essa ligação se daria por cadeias de ilhas oceânicas progressivamente mais jovens.

O fator que promove a fusão parcial na cunha mantélica sob um arco de ilhas (Figura 2.18d, lado direito) não é o adelgaçamento da litosfera ou uma geoterma elevada, mas a liberação de fluidos aquosos por desidratação da crosta oceânica alterada que se desloca sobre a placa litosférica descendente, à medida que se aquece durante a subducção. A crosta alterada contém minerais hidratados como cloritos, serpentinas e anfibólios formados à custa dos minerais ígneos originais, sobretudo precocemente, como resultado da circulação hidrotermal que ocorre próximo à dorsal. Experiências em laboratório demonstraram que a presença de pequenas quantidades de H_2O conseguem reduzir a temperatura de solidus do peridotito de maneira substancial na cunha mantélica sobrejacente, como mostra a Figura 2.18c. (A forma do solidus "úmido" neste diagrama é complicada por diversos fatores, os quais vão além do objetivo deste capítulo.) A Figura 2.18c também enfatiza que a geoterma na cunha mantélica sobre uma zona de subducção provavelmente exibirá um máximo de temperatura devido ao resfriamento subjacente, causado pela placa subductada (ver Figura 6.23). Apesar das muitas incertezas que rondam a elaboração de um modelo térmico de cunha mantélica, a projeção de geotermas possíveis acima do solidus de peridotito "úmido" na Figura 2.18c indica que as condições na cunha favorecem a fusão parcial do peridotito e a produção de líquidos magmáticos basálticos associados à subducção. As maneiras como esses líquidos são gerados acima das zonas de subducção são discutidas em detalhe no Capítulo 6.

Os três cenários de fusão apresentados explicam as configurações do vulcanismo basáltico discutidas na seção anterior. Os basaltos derramados em pequenos volumes em dorsais continentais provavelmente representam o material ascendido que acompanha o adelgaçamento da litosfera continental causado pelo estiramento. Contudo, a pluma também pode desempenhar um papel nesse processo, como parece ser o caso do vulcanismo volumoso do Quênia. O vulcanismo basáltico de back-arc reflete graus elevados de expansão litosférica atribuídos ao "retorno" da placa subductante – o afastamento lateral da linha limite de subducção, em relação ao arco (como mostra a Figura 6.19).

REVISÃO – QUAIS SÃO AS INFORMAÇÕES QUE OS BASALTOS NOS FORNECEM?

O interesse nos basaltos está no que têm a dizer sobre os processos ocorridos no interior da Terra, suas origens magmáticas, condições da fusão, ambientes tectônicos passados, evolução do magma e processos eruptivos. A composição dos basaltos permite estudar as partes inacessíveis da Terra (por exemplo, o manto) ou os ambientes internos e de superfície no passado geológico distante. As principais conclusões deste capítulo são:

- Todos os magmas basálticos são produzidos pela fusão parcial de peridotitos do manto.
- Os basaltos de dorsais meso-oceânicas (e dos centros de expansão em back-arc) são produtos da **fusão por descompressão** da astenosfera que ascende devido ao afastamento das placas litosféricas (Figura 2.18a e d).
- Segundo a maioria dos petrólogos e dos geofísicos, os pontos quentes posicionados no interior de placas, como os do Havaí, são expressões das plumas mantélicas, feições convectivas localizadas e de 150°C a 300°C mais quentes do que a astenosfera circundante. Acredita-se que os basaltos de ilhas oceânicas sejam os produtos da fusão parcial em temperaturas potenciais elevadas e em altas pressões impostas por uma espessa "tampa" listosférica (Figura 2.18b e d). De modo geral, as grandes províncias ígneas registram um estágio inicial muito intenso durante o surgimento de uma nova pluma. Contudo, uma minoria de cientistas questiona a opinião ortodoxa vigente sobre as plumas mantélicas.
- A maior parte dos magmas basálticos associados à subducção é produto da fusão parcial na cunha mantélica acima da zona de subducção, onde os fluidos aquosos expelidos da placa em subducção promovem a fusão ao reduzirem a temperatura de **solidus** do manto (Figura 2.18c e d).
- Os basaltos de diferentes ambientes geotectônicos possuem assinaturas geoquímicas distintas (Figura 2.16) que, em princípio, permitem seu reconhecimento em terrenos vulcânicos antigos.
- A presença de fenocristais (Prancha 2.1) indica que a ascensão do magma do manto à superfície foi interrompida por um período de cristalização em uma câmara magmática subvulcânica (Figura 2.10). Esses fenocristais esclarecem a evolução do magma, pois permitem identificar os minerais em processo de cristalização na câmara antes da erupção. A diferenciação do magma durante a cristalização é descrita em detalhe no Capítulo 3.
- Embora os basaltos possam ser formados por pequenas explosões piroclásticas, dando origem a cones de escória (Figura 2.6), a vulcanologia dos basaltos é dominada por derrames de lava (Figuras 2.2 e 2.3), dos quais os maiores podem escoar por centenas de quilômetros. Derrames de lavas

de grande extensão lateral dependem do fluxo subjacente (os tubos de lava) para minimizar a perda de calor irradiante.

EXERCÍCIOS

2.1 Construa um gráfico TAS utilizando as análises de basaltos em base livre de voláteis mostradas na Tabela 2.5. Estabeleça as categorias a que esses basaltos pertencem.

2.2 Calcule as normas para as análises de basaltos dadas na Tabela 2.5, conforme descrição apresentada no Apêndice B. Em que aspecto básico essas normas diferem? Elas são consistentes com sua resposta ao Exercício 2.1?

2.3 Construa os gráficos de enriquecimento em elementos incompatíveis (os "**spidergrams**") para as análises dadas na Tabela 2.5 e discuta os ambientes de que podem ter sido amostrados.

2.4 A análise de uma rocha contém 1,56% de Fe_2O_3 e 9,8% de FeO em massa. Calcule os valores de ΣFe_2O_3 e ΣFeO.

Tabela 2.5 Análise de elementos maiores e de elementos-traço de basaltos usada nos Exercícios 2.1, 2.2 e 2.3. As análises são apresentadas em base livre de voláteis

	C	D
% em massa de óxido		
SiO_2	50,77	48,18
TiO_2	0,67	1,9
Al_2O_3	18,97	15,06
Fe_2O_3	1,55	1,87
FeO	7,95	9,55
MnO	0,19	0,19
MgO	6,32	6,97
CaO	11,8	12,15
Na_2O	1,69	2,76
K_2O	0,13	0,67
P_2O_5	0,03	0,29
Elementos (em ppm)		
Rb	2,7	13
Ba	29	403
Th	0,3	2,31
Nb	0,21	25
La	1,1	22,4
Ce	2,84	43,6
Sr	120	460
Nd	2,97	24,5
Zr	19,2	110
Sm	1,06	5,17
Gd	1,52	
Tb		0,9
Y	13,3	29
Yb	1,41	2,51
Lu	0,2	

Capítulo 3

A Diferenciação do Magma

AS CAUSAS DA DIVERSIDADE DOS MAGMAS

Qual é a origem da ampla diversidade de composições de magmas naturais mostrada na Figura 1.2? Durante boa parte do século XX, essa questão fundamental foi o foco da atenção dos petrólogos ígneos. Até cerca de 1960, as pesquisas sobre o assunto se concentravam nos processos pelos quais as diferentes composições químicas dos magmas poderiam, a princípio, ser geradas em sucessão, a partir de *um único líquido magmático basáltico parental*. O conjunto desses processos, responsáveis pela forma mais óbvia de diversidade entre rochas ígneas – isto é, o espectro de variação entre líquidos magmáticos básicos e ácidos –, é denominado *diferenciação do magma*. Hoje, os petrólogos ígneos aceitam a noção de que a cristalização fracionada e a assimilação crustal são os principais fatores da diferenciação magmática, embora existam outros mecanismos que também podem contribuir com esse fenômeno, em menor intensidade ou em circunstâncias específicas (ver Wilson, 1993). Uma vez que todos esses processos envolvidos na cristalização do magma são função de seu resfriamento nos diversos estágios de sua ascensão à superfície, a opinião mais aceita é que ocorram no interior das crostas oceânica ou continental, embora esses processos, muito provavelmente, iniciem-se quando os magmas em ascensão ainda se encontram em profundidades mantélicas.

O conhecimento atual sobre a diferenciação do magma, assunto deste capítulo, deriva sobretudo de:

1. Experimentos laboratoriais em que o pó de uma rocha – ou preparados sintéticos quimicamente equivalentes que atingem o estado de equilíbrio com maior velocidade – é fundido sob condições controladas de temperatura e pressão para o estudo de como a cristalização ocorre e quais são os fatores que a governam.
2. Estudos geoquímicos e isotópicos em conjuntos de amostras correlacionáveis de rochas vulcânicas bem preservadas (ver Figura 3.10).
3. Estudos em laboratório e em campo sobre rochas **cumuláticas** em intrusões estratificada, discutidas no Capítulo 4.

As consequências da diferenciação ígnea se manifestam em todas as escalas, desde os cristais de plagioclásio milimétricos em uma lava andesítica, cuja zonação interna é testemunha da variação composicional do magma durante o crescimento cristalino, até os batólitos graníticos, os quais se estendem por centenas de quilômetros em cordilheiras como as dos Andes e do Himalaia.

Os processos de diferenciação ígnea, que atuam em um único magma basáltico "parental", não podem, por conta própria, ser os únicos responsáveis por *toda* a variação observada na Figura 1.2. A partir da década de 1960, os petrólogos passaram a reconhecer que as variações composicionais mais sutis, observadas entre os diferentes magmas básicos e também em seus equivalentes mais diferenciados, refletem as variações nas condições em que os líquidos magmáticos originalmente se formam no manto (ou na crosta, em alguns casos). Essas condições incluem a profundidade em que a fusão ocorre, sua extensão (a porcentagem do sólido original que se funde) e as composições química e mineralógica do material de origem do manto, ou "fonte". O conjunto desses aspectos, que recebe o nome geral de *fusão parcial*, é discutido no Quadro 5.4.

As diversas contribuições dos processos de diferenciação magmática e fusão parcial à diversidade de magmas estão ilustradas na Figura 3.1.

OS EXPERIMENTOS DE EQUILÍBRIO DE FASES

A fusão e a cristalização no interior da Terra envolvem o equilíbrio entre um líquido magmático silicático e um ou mais minerais cristalinos em altas temperaturas. Cada um desses dois estados da matéria que, mesmo coexistindo em um mesmo cenário, na verdade são química e fisicamente distintos, é chamado pelos petrólogos de **fase**. Na acepção

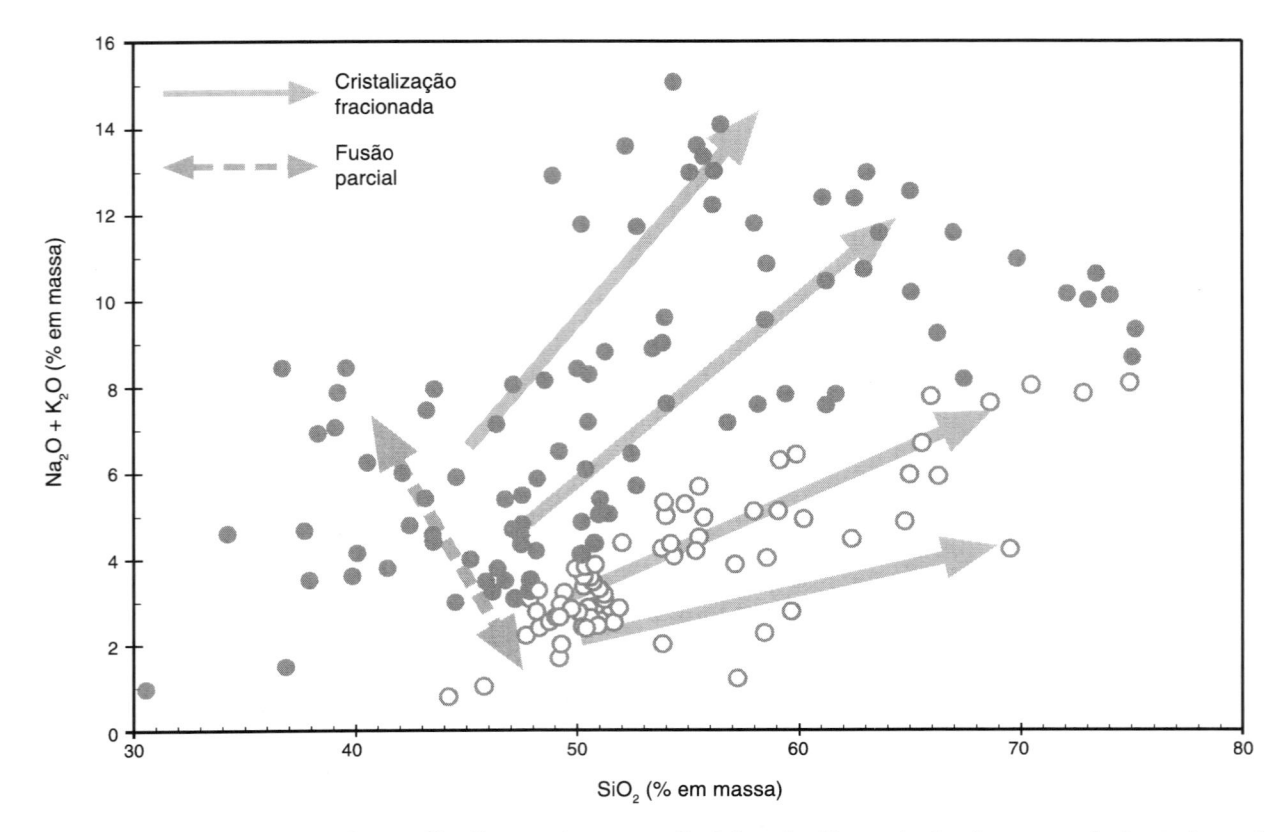

Figura 3.1 Gráfico álcalis totais vs. sílica ilustrando as contribuições da diferenciação do magma (sobretudo a cristalização fracionada) e da fusão parcial à diversidade global do magma, adaptado de Wilson (1989, Figura 1.2a). Os vetores apenas fornecem uma indicação qualitativa da direção da evolução do magma que, na verdade, não segue as linhas retas mostradas.

química do termo, "fase" pode ser descrita como *uma parte de uma rocha sólida ou parcialmente fundida (ou um análogo experimental), com características físicas e químicas bem definidas que a distinguem de todas as outras partes da mesma rocha*.[1] A compreensão que um petrólogo tem do termo fica clara após uma consulta à Figura 1.1. O diagrama superior mostra cinco fases diferentes:

- Os cristais "brancos" (que representam plagioclásios)
- Os cristais "cinza" (por exemplo, a olivina)
- Os cristais "pretos" (a magnetita)
- O líquido magmático envolvendo os cristais
- As bolhas de gás redondas, aprisionadas ou em suspensão no líquido magmático

Essas fases diferem em suas propriedades físicas (por exemplo, densidade ou índice de refração),

composição química e estrutura atômica. Além disso, a coexistência dessas cinco fases pode ser observada por meio do estudo da rocha solidificada (parte inferior do diagrama), desde que reconheçamos que a matriz (vítrea ou cristalina) representa uma fase originalmente em estado de fusão, e que as vesículas "vazias" indicam uma fase gasosa. Os cristais originalmente suspensos no líquido magmático podem ser identificados com base nos fenocristais presentes no basalto.

Muito já foi descoberto sobre a evolução do magma durante a fusão e a cristalização na Terra, com base em estudos laboratoriais criteriosamente controlados. Uma vez que envolvem uma investigação do equilíbrio químico entre duas ou mais fases (uma das quais, em regra, é o líquido magmático), essas experiências são denominadas *experimentos de equilíbrio de fases*, cujos resultados, na maioria das vezes, são apresentados graficamente como **diagramas de fases** (como os mostrados nas Figuras 3.2 e 3.3). A elaboração desses diagramas é descrita no Quadro

---
[1] A definição petrológica do termo "fase" exclui todas as suas acepções gerais empregadas no dia a dia.

3.1. Essa área de pesquisa é denominada *petrologia experimental*.

Os minerais mais importantes na diferenciação de líquidos magmáticos basálticos são a olivina, o piroxênio, o plagioclásio e o espinélio. Ao longo dos anos, muitos esforços foram feitos no sentido de entender as relações de fase desses minerais com os líquidos magmáticos basálticos e entre si. É impressionante como conclusões de caráter geral, embasadas em experimentos simples envolvendo apenas esses quatro minerais, possibilitam prever o curso da evolução do líquido magmático em sistemas naturais.

Os experimentos com composições simplificadas

A petrologia experimental segue duas linhas de pesquisa sobre a cristalização. Talvez a abordagem mais intuitiva consista em pegar uma rocha vulcânica real (cuja composição representa aquela do magma de que se formou), moê-la até obter um pó fino e fundi-lo a fim de observar como o líquido magmático cristaliza a diversas temperaturas (ver a Figura 3.9). Porém, embora experiências como essa esclareçam o processo de cristalização de rochas consideradas individualmente (ver p. 83), elas não trazem muitas informações sobre a diferenciação do magma *em geral*. Primeiramente, um ensaio com uma única ou mesmo várias composições de rocha não permite variar a composição do líquido magmático de maneira sistemática no sentido de obter uma noção de como ela influencia o curso da cristalização. Em segundo lugar, as rochas naturais são entidades quimicamente complexas compostas por ao menos 10 óxidos principais (Quadro 1.1) e por um número ainda maior de elementos-traço. Descobrir como cada um desses componentes químicos afeta a fusão e a cristalização seria uma tarefa excessiva e desnecessariamente complicada.

A alternativa a essas experiências com "rochas reais" é a realização de testes com materiais sintetizados em laboratório, com estrutura química simples e cuja composição possa ser controlada de acordo com a necessidade. O trabalho com um número pequeno de componentes químicos puros misturados em proporções cuidadosamente controladas permite observar com mais clareza o efeito de cada constituinte na cristalização e nas temperaturas de **liquidus** e de **solidus**. A Figura 3.2 mostra um dos diagramas de fase mais simples que encontramos na literatura sobre petrologia ígnea. Ele resume o comportamento de fusão e cristalização de misturas simples de anortita e diopsídio. A família de composições possíveis resultantes da mistura de $CaMgSi_2O_6$ e $CaAl_2Si_2O_8$ em diversas proporções constitui o que os petrólogos chamam de "**sistema $CaMgSi_2O_6$–$CaAl_2Si_2O_8$**", ou "sistema Di-An". A palavra "sistema" tem origem na termodinâmica química e denota uma região específica de um intervalo composicional potencial à qual momentaneamente se restringe a atenção, excluindo os outros componentes. Neste contexto, examinaremos apenas as misturas de $CaMgSi_2O_6$ e $CaAl_2Si_2O_8$, sem os efeitos do $NaAlSi_3O_8$, do $CaFeSi_2O_6$ e do Mg_2SiO_4 ou de qualquer outro composto.

Agora examinaremos os diagramas de fase de diversos sistemas silicáticos "simples" (isto é, sintetizados em laboratório) e, com base neles, formularemos conclusões cabíveis sobre a cristalização do magma.

Para descrever como os líquidos magmáticos cristalizam, é preciso considerar não apenas as *fases* envolvidas no processo, mas também sua composição química. A composição de um cristal de olivina, por exemplo, pode ser expressa como porcentagens de *três* óxidos, MgO, FeO e SiO_2 (Quadro 1.1). No entanto, considerando que as proporções em que o MgO e o FeO combinam com SiO_2 presente na olivina são fixas, é possível expressar a composição da olivina de modo mais sucinto em termos das porcentagens molares de apenas *dois* membros extremos, Mg_2SiO_4 e Fe_2SiO_4 (Quadro 1.2). É plausível imaginar que os cristais de olivina sejam formados por esses dois únicos **componentes**. Por outro lado, os cristais de plagioclásio têm dois componentes diferentes, $NaAlSi_3O_8$ e $CaAl_2Si_2O_8$. O número de componentes presentes é importante no contexto da regra das fases, discutida no Quadro 3.3. Os componentes de um sistema podem ser definidos como *o número mínimo de espécies químicas necessárias para especificar de forma completa as composições de todas as fases presentes*.[2]

O sistema $CaMgSi_2O_6$–$CaAl_2Si_2O_8$: a geometria de um diagrama T-X

Esse sistema é o equivalente laboratorial mais simples ao magma basáltico. Uma vez que esse magma é o produto principal da fusão parcial do manto, o sistema $CaMgSi_2O_6$–$CaAl_2Si_2O_8$ é o ponto de partida adequado para a compreensão do fracionamento do magma nas câmaras magmáticas crustais. Todas as composições possíveis mostradas na Figura 3.2 po-

---
[2] A distinção entre sistema, fase e componente é explicada em detalhe em Gill (1996).

Quadro 3.1 Como são construídos os diagramas de fases?

Um **diagrama de fases** como o mostrado na Figura 3.2 é o produto de uma série de experimentos laboratoriais nos quais composições preparadas com cuidado são aquecidas em um forno, uma por vez, a temperaturas controladas e mantidas por um período longo o bastante para que as diversas fases entrem em **equilíbrio químico**. A **amostra** é, então, **instantaneamente resfriada (*quenched*)** e examinada utilizando diversas técnicas para identificar as fases presentes. A finalidade desse resfriamento é impedir que o material fundido e os cristais entrem em reequilíbrio a temperaturas mais baixas.

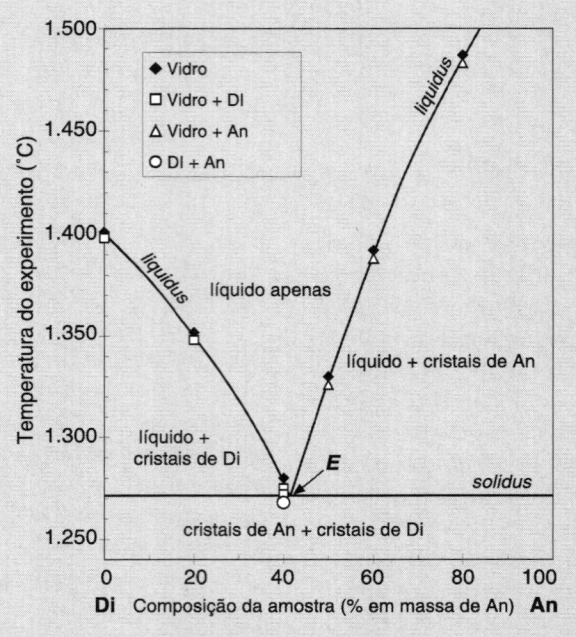

Figura 3.1.1 Diagrama de fases do sistema $CaMgSi_2O_6$–$CaAl_2Si_2O_8$ na pressão atmosférica, mostrando os resultados dos experimentos individuais utilizados para definir as linhas limite (com base em Bowen, 1915). Símbolos diferentes indicam minerais e fases observados nas amostras (ver legenda).

Essa estratégia é ilustrada na Figura 3.1.1, uma imagem dilatada na vertical da Figura 3.2 que mostra os experimentos originais utilizados na elaboração desse diagrama. Os experimentos foram conduzidos por N. L. Bowen, pioneiro da petrologia experimental, e seus resultados foram publicados no American Journal of Science em 1915. Cada símbolo-ponto representa um experimento individual. A coordenada x mostra a proporção de cristais de diopsídio e anortita que formavam a mistura inicial, e a temperatura exata do experimento é denotada no eixo y. Esses experimentos foram conduzidos nas temperaturas especificadas por 30 minutos, para permitir o equilíbrio entre cristais e líquido, antes do resfriamento

dem ser expressas como proporções de apenas dois componentes, $CaMgSi_2O_6$ e $CaAl_2Si_2O_8$, como exemplo de diagrama de fases **binário**. Esses diagramas, que representam as relações no espaço temperatura (*T*) – composição (*X*), também são chamados de diagramas *T–X*.

O diagrama é composto por quatro campos:

- O campo do "líquido", no alto (na cor branca), que mostra o intervalo de temperatura e de composição em que as misturas $CaMgSi_2O_6$+$CaAl_2Si_2O_8$ estão *completamente* na fase líquida.
- Dois campos com hachura espaçadas, que ilustram as circunstâncias em que o líquido magmático coexiste com cristais de diopsídio *ou* cristais de anortita, dependendo da composição da fase líquida. Essas são as condições em que as misturas $CaMgSi_2O_6$+$CaAl_2Si_2O_8$ estão *parcialmente* fundidas.

instantâneo da amostra candente em um balde com água ou com mercúrio (este um método que caiu em desuso, por questões de segurança relativas ao metal). Uma vez fria, uma lâmina delgada da amostra é cortada e examinada em microscópio de polarização para identificar as **fases** formadas na temperatura arbitrada: vidro (representando o líquido magmático instantaneamente resfriado) ± plagioclásio ± piroxênio.

As linhas limite do diagrama são traçadas utilizando um símbolo diferente para os pontos de cada experimento que mostram as fases encontradas na amostra resfriada resultante. Um losango preto simboliza as coordenadas de um experimento que resultou em fase vítrea apenas (indicando que a amostra estava completamente em estado de fusão na temperatura adotada). Um quadrado vazado representa um experimento em que a amostra continha vidro *e* diopsídio, e assim sucessivamente, como mostra a legenda da figura. O círculo vazado representa um experimento cuja amostra continha apenas diopsídio e anortita cristalinos. Nele, a ausência de fase vítrea indica que não houve fusão na temperatura arbitrada, a qual precisa, portanto, estar abaixo da temperatura de **solidus** das misturas diopsídio-anortita.

A temperatura de **liquidus** de cada composição é demarcada por dois pontos: o losango preto indica a temperatura em que a amostra fundiu por completo (apenas vidro, $T > T_{liquidus}$), enquanto o símbolo vazado representa a temperatura ligeiramente menor de um experimento em que a amostra apresentava vidro *e* cristais ($T < T_{liquidus}$). Os experimentos executados em temperaturas que *enquadram* o liquidus para cada composição permitem construir a curva de liquidus com precisão razoável (com erros na casa de alguns °C). Contudo, uma amostra com 40% de An é um pouco mais complicada:

Composição da amostra	Temperatura (°C)	Fases encontradas
40% $CaAl_2Si_2O_8$	1.280	Vidro
60% $CaMgSi_2O_6$	1.275	Vidro + Di
	1.272	Vidro + Di
	1.268	Di + An (sem fase vítrea)

Dentro desse intervalo limitado de temperatura, passamos da fase *líquida* (a amostra resfriada contém apenas vidro), pela fase *líquida + Di* e chegamos à fase *Di + An* cruzando as curvas liquidus e solidus em um intervalo de temperatura de apenas 12°C. O fato de essas duas temperaturas serem tão próximas indica que essa composição está muito próxima da composição **eutética** (*E*), na qual as temperaturas de liquidus e solidus coincidem.

Os experimentos mostrados na Figura 3.1.1 foram conduzidos na pressão atmosférica em cadinhos de platina abertos. Nas últimas décadas, os petrólogos passaram a executar experiências envolvendo fusão em pressões cada vez maiores e em aparelhos mais sofisticados, o que permite investigar a fusão e a cristalização tal como ocorrem em grandes profundidades no interior da Terra. Esses ensaios fornecem dados para a construção de diagramas de fase em função de pressão, temperatura e intervalo composicional (os diagramas *P-T-X*). Os aparelhos utilizados nesses ensaios não são discutidos neste livro. Explicações detalhadas sobre o funcionamento de tais equipamentos são encontradas no livro publicado por Holloway e Wood (1988).

- Um campo com hachura compacta, representando as condições nas quais as misturas $CaMgSi_2O_6+CaAl_2Si_2O_8$ consistem em diopsídio e anortita cristalinos, sem fase líquida.

Esses campos são separados por dois tipos de linhas limite:

- Linhas curvas, que separam o campo de fase líquida dos campos "fase líquida + Di" e "fase líquida + An". Essa curva (AED), camada de curva de **liquidus**, indica a temperatura em que as fases líquidas de diferentes composições *começam* a cristalizar.
- Uma linha reta separando os campos "fase líquida + Di" e "fase líquida + An" do campo "Di + An". Nessa linha (BEC), a linha de **solidus**, é marcada a temperatura em que a cristalização é completada, quando a fase líquida deixa de existir.

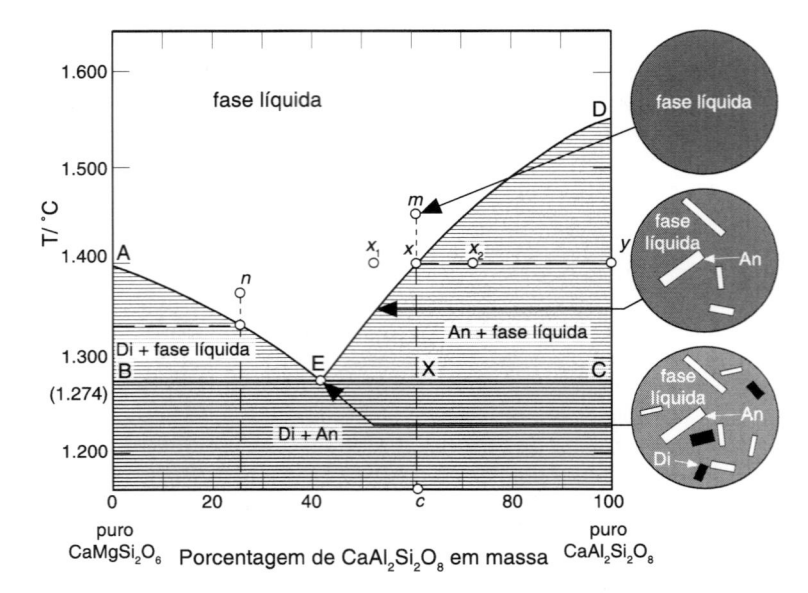

Figura 3.2 Diagrama de fases de um sistema pseudobinário CaMgSi$_2$O$_6$–CaAl$_2$Si$_2$O$_8$ na pressão atmosférica, mostrando o comportamento de cristalização desses dois componentes. "Di" e "An" são os minerais cristalinos diopsídio e anortita. Os círculos externos dão uma ideia de como esse "magma" experimental seria observado ao microscópio se fosse resfriado instantaneamente nos diversos estágios do processo de cristalização indicado pelas setas, e ilustram os fenocristais vistos em rochas vulcânicas análogas.

Os quatro campos se encontram em um ponto singular do diagrama:

- O ponto **eutético** (*E*), que marca a única configuração de composição de fase líquida e de temperatura em que o líquido coexiste com o diopsídio *e* a anortita.

Observe as diferentes maneiras como os dois componentes se misturam. No estado cristalino, o diopsídio (um silicato em cadeia, ou inossilicato) e a anortita (um silicato em rede, ou tectossilicato) têm estruturas atômicas completamente distintas e, como não podem coexistir em uma mesma estrutura cristalina, não formam solução sólida.[3] Pela mesma razão, qualquer ponto dentro do campo Di + An obrigatoriamente representa uma mistura de cristais separados de diopsídio e de anortita (na temperatura em questão). Contudo, no estado líquido menos organizado, as fases líquidas de CaMgSi$_2$O$_6$ e CaAl$_2$Si$_2$O$_8$ são miscíveis por completo, em escala molecular. Portanto, desde que a temperatura seja alta o bastante, podem se formar fases líquidas homogêneas com qualquer composição química entre 100% de diopsídio e 100% de anortita. A composição de uma fase líquida *m* é determinada em gráfico, traçando uma vertical descendente até a linha de base (por exemplo, *m–c*) e demarcando a porcentagem de An dissolvida nela.

Como interpretar um ponto no interior de um campo fase líquida-cristal (como o ponto x_2 na Figura 3.2)? A linha horizontal tracejada *x–y* que passa por x_2 é a **linha de amarração**, porque liga duas fases em equilíbrio: *x* é a fase mais rica em CaAl$_2$Si$_2$O$_8$ possível a uma dada temperatura (1.400°C), e *y* representa a anortita pura, na mesma temperatura. Logo, x_2 simboliza uma mistura de fase líquida e cristais. As proporções dessa mistura podem ser calculadas com base na coordenada *x* de x_2 utilizando a **regra da alavanca**, uma ferramenta geométrica útil explicada no Quadro 3.2.

A composição de uma substância homogênea nunca pode estar nas áreas hachuradas na Figura 3.2. Elas representam duas fases distintas (sólido-sólido ou sólido-líquido) coexistentes e, por essa razão, são denominadas **áreas bifásicas**. É possível imaginar essas áreas sendo atravessadas por diversas linhas de amarração (foi com essa finalidade que adotamos a hachura na horizontal).

Em contrapartida, *x* indica a única composição de fase líquida que pode coexistir em equilíbrio químico com a anortita a 1.400°C e, portanto, é dita

---

[3] Os piroxênios que ocorrem na natureza na verdade contêm pequenas quantidades de Al$_2$O$_3$, mas o membro extremo aluminoso não é o CaAl$_2$Si$_2$O$_8$. Para uma discussão detalhada sobre esta pequena discrepância, consulte Morse (1980, p. 53).

saturada em anortita. Se a essa temperatura uma fase líquida é mais rica em $CaAl_2Si_2O_8$ (por exemplo, a composição x_2), ela é portanto instável e cristaliza a anortita, fazendo com que a composição do líquido se desloque para a esquerda até atingir x. Se, por outro lado, uma fase líquida pobre em $CaAl_2Si_2O_8$, como x_1, coexiste com cristais de anortita a 1.400°C, ela os dissolve até a composição atingir x (ou até a exaustão da anortita). Portanto, além de indicar a temperatura em que uma fase líquida com composição específica e em processo de resfriamento começa a cristalizar, a curva de **liquidus** informa a composição que uma fase líquida precisa apresentar para coexistir de forma estável com cristais a uma temperatura predefinida.

Como cristalizam as misturas de anortita e diopsídio

Com base nas informações contidas na Figura 3.2, passemos a examinar como um diagrama de fases esclarece a cristalização do magma. Consideremos uma fase líquida m. Na temperatura inicial de 1.450°C, a fase está acima da curva liquidus e, por isso, totalmente no estado líquido. O resfriamento (descendo ao longo da linha $m-x$) não causa qualquer alteração visível, até o liquidus ser atingido, no ponto x (1.400°C). Na temperatura de liquidus, a fase líquida começa a cristalizar a anortita. A $CaAl_2Si_2O_8$ é retirada da fase líquida, formando cristais. Logo, o líquido remanescente fica depletado desse componente, deslocando-se um pouco para a esquerda. Esse deslocamento, em conjunto com o resfriamento da mistura, faz com que a fase líquida migre em trajetória descendente ao longo da curva de liquidus univariante na direção de E, processo em que a cristalização da anortita continua. Contudo, se em algum momento a fase líquida diverge do liquidus, o sistema sofre um ajuste (cristalizando ou redissolvendo An) até o equilíbrio ser atingido outra vez. Portanto, com o avanço da cristalização, as coordenadas da composição da fase líquida e da temperatura se deslocam juntas ao longo da linha de liquidus, na direção de E. Com isso, o liquidus desempenha um terceiro papel nesse diagrama: ele indica o *caminho de cristalização* no espaço $T-X$ percorrido pela fase líquida em resfriamento.

No entanto, o que acontece quando a fase líquida atinge o eutético E? Esse é o ponto de convergência de todas as quatro áreas do diagrama de fases e, portanto, uma fase líquida apresentando essa composição está em equilíbrio com a anortita *e* o diopsídio. Assim, quando a fase líquida atinge essa composição (a 1.274°C), ela passa a cristalizar o diopsídio concomitantemente à cristalização da anortita. A partir desse estágio, os dois minerais cristalizam em proporções idênticas às da fase líquida no ponto E (41% de anortita e 59% de diopsídio) e, assim, a composição da fase líquida permanece constante. A temperatura comporta-se de maneira idêntica, já que esse ponto é invariável: o calor perdido pelo sistema é igual ao calor de cristalização liberado pela fase líquida, o que mantém a temperatura em 1.274°C, até a fase líquida ter cristalizado por completo.

As fases líquidas cujas composições estão no lado esquerdo da Figura 3.2 se comportam de modo semelhante, exceto pela ordem em que os minerais cristalizam: o diopsídio é o primeiro mineral a cristalizar na fase líquida n (retirando $CaMgSi_2O_6$ do meio), ao passo que a anortita surge apenas quando a fase líquida atinge o eutético. É interessante observar que, independentemente da composição da fase líquida inicial (salvo os elementos extremos puros), a composição da fase líquida final é a mesma.

A forma do diagrama de fases mostrado na Figura 3.2 é típica de misturas de minerais que não formam combinações em soluções sólidas e se misturam apenas na fase líquida. Diagramas de fase semelhantes envolvendo eutéticos existem para os sistemas $Mg_2SiO_4-Mg_2Si_2O_6$ (Fo–En), $Mg_2SiO_4-CaMgSi_2O_6$ (Fo–Di) e $CaMgSi_2O_6-NaAlSi_3O_8$ (Di–Ab).

A Figura 3.2 descreve um princípio geral da físico-química: misturas de minerais sempre fundem (ou permanecem no estado líquido) a temperaturas mais baixas comparadas aos pontos de fusão de cada mineral no estado puro que as constituem. A anortita pura cristaliza a aproximadamente 1.550°C (ponto D), e o diopsídio cristaliza a 1.440°C (ponto A), embora as misturas dos dois minerais sejam capazes de fundir a temperaturas tão baixas quanto 1.274°C. Esse princípio está por trás do uso do sal para derreter gelo.

A adição de olivina – o sistema **ternário** An-Di-Fo

Um diagrama de fases como o mostrado na Figura 3.2 revela apenas os aspectos mais elementares sobre a cristalização do basalto. Uma das desvantagens mais óbvias da Figura 3.2 é que a olivina, um constituinte –chave em muitos basaltos, não é representada. Ainda que esse obstáculo possa ser vencido adicionando olivina a nossas misturas experimentais (na forma de seu membro extremo, a forsterita, Mg_2SiO_4), a presença de um terceiro componente químico, além do diopsídio e da anortita,

Quadro 3.2   A estimativa da composição de uma mistura – a Regra da Alavanca

Em um diagrama de fases, uma linha de amarração une duas fases em **equilíbrio** químico e térmico. Uma vez que o equilíbrio térmico exige que as duas fases estejam a uma mesma temperatura, uma linha de amarração em um diagrama T–X é sempre horizontal.

Qualquer ponto cujas coordenadas estejam *entre* as extremidades da linha de amarração representa uma *mistura física* das duas **fases** unidas por ela: uma mistura sólido–sólido, sólido–líquido ou uma mistura líquido–líquido (fato raro na geologia). A posição desse ponto intermediário em uma linha de amarração indica as proporções em que as duas fases estão misturadas. Contudo, como essas proporções são calculadas?

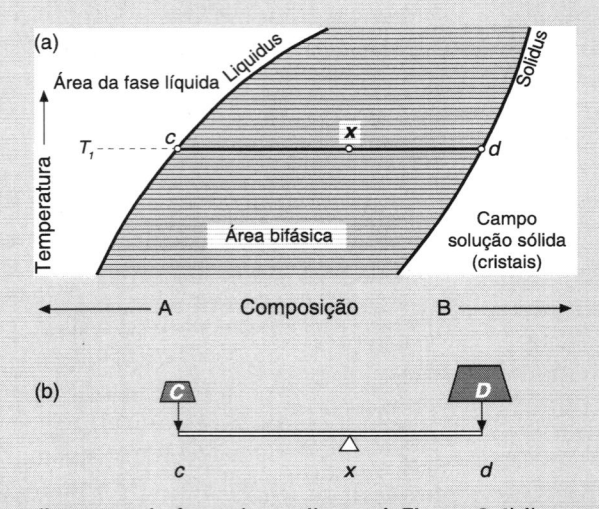

Figura 3.2.1 (a) Parte de um diagrama de fases (semelhante à Figura 3.4) ilustrando a Regra da Alavanca. (b) Analogia com o travessão de uma balança.

A Figura 3.2.1a mostra parte de um diagrama de fases (como aquele mostrado na Figura 3.4) em que uma solução sólida completa existe entre dois compostos, A e B. A linha de amarração c–d indica o equilíbrio na temperatura T_1 entre uma fase líquida com composição c no liquidus e uma solução sólida com composição d no solidus. Tanto c quanto d são expressas em % de massa de B. A composição x está na **área bifásica** entre c e d e, obrigatoriamente, sinaliza uma mistura física dessas duas fases. C e D são as frações de massa (isto é, $C + D = 1{,}00$), em que c e d são misturadas para formar x. É possível expressar a composição de x como média ponderada de c e d:

exige que os resultados sejam representados em outro tipo de diagrama de fases. Este tem a forma de um triângulo equilátero, como mostra a Figura 3.3. Porém, como é possível representar a composição de uma mistura de *três* componentes no espaço *bidimensional*? A explicação está no fato de as três concentrações $c_1 + c_2 + c_3$ em cada mistura sempre somarem 100%. Logo, é possível definir a composição completa de cada mistura com base em apenas *duas* concentrações, c_1 e c_2, por exemplo, e determinar a terceira concentração pela equação $c_3 = 100 - c_1 - c_2$, sem considerá-la como uma entidade independente.

Nesse diagrama de fases, denominado diagrama **ternário** (de três componentes), o liquidus descreve uma superfície, não uma linha, como na Figura 3.2. Essa superfície assume uma série de fisionomias curvas que lembram montes e se encontram em "vales térmicos". Essas formas podem ser representadas por um modelo tridimensional elaborado sobre uma base triangular – ver o detalhe em perspectiva na Figura 3.3 – ou traçando o modelo na forma de um "mapa" com "curvas de nível" de temperatura, como mostra o diagrama principal. No entanto, antes de tudo é importante observar que a face esquerda do modelo é o diagrama de fases Di–An, discutido na Figura 3.2 (no sentido contrário). No diagrama principal, a superfície liquidus é composta por quatro campos separados por bordas ligeiramente curvas. Cada campo repre-

$$x = Cc + Dd \qquad [3.2.1]$$

Uma vez que $C = 1 - D$, a expressão pode ser reescrita como:

$$x = (1-D)c + Dd = c - Dc + Dd \qquad [3.2.2]$$

Portanto

$$x - c = D(d - c) \qquad [3.2.3]$$

levando a

$$D = \frac{x-c}{d-c} \qquad [3.2.4]$$

Fazendo $D = 1 - C$ em [3.2.1], é possível demonstrar que:

$$C = \frac{x-d}{c-d} = \frac{d-x}{d-c} \qquad [3.2.5]$$

Logo, a razão de massa em que c e d estão presentes em x é dada por:

$$\frac{C}{D} = \frac{d-x}{d-c} \bigg/ \frac{x-c}{d-c} \text{ (após cancelamento dos denominadores) dá} = \frac{d-x}{x-c} \qquad [3.2.6]$$

Em outras palavras:

$$C(x-c) = D(d-x) \qquad [3.2.7]$$

Essa equação descreve o travessão de uma balança ou alavanca em equilíbrio, cujo ponto de apoio é x, e as massas C e D estão nas extremidades. Ao usar essa equação, não importa se $x - c$ e $d - x$ são expressos em % em massa ou em milímetros medidos diretamente usando a Figura 3.2.1: os resultados são os mesmos nos dois casos, uma vez que o fator dimensional % / mm é cancelado.

A equação [3.2.7] é chamada de "Regra da Alavanca", pela qual a composição de uma mistura x pode ser calculada a partir de simples mensurações de comprimentos em um diagrama de fases. Ela é válida para qualquer diagrama de composições em que todas as variáveis são lineares e todas as fases são homogêneas (isto é, não zonadas). Portanto, a Regra da Alavanca é aplicável em diagramas de fase binários (por exemplo, T–X), ternários (os diagramas X–X–X na Figura 3.7; ver Exercício 3.4) e uma ampla gama de **diagramas de variação** (como na Figura 3.10).

senta um domínio diferente de composição, dentro do qual uma fase específica cristaliza antes (a exemplo das linhas curvas na Figura 3.2). O campo maior é aquele em que a forsterita é a "fase liquidus". Os campos relativos ao diopsídio e à anortita são significativamente menores. (O campo que representa o espinélio é uma anomalia desse diagrama, a qual não será discutida agora. Uma anomalia semelhante é observada na Figura 9.7b, no Capítulo 9, em que sua importância é esclarecida.)

Consideremos o processo de cristalização de uma mistura x. Se sua temperatura inicial for mais alta que a temperatura liquidus (por exemplo, 1.500°C), o primeiro estágio de seu processo de resfriamento (às vezes referido como *linha de descenso líquida*, LLD) envolve apenas o resfriamento até o liquidus (cerca de 1.430°C). Nesse ponto, devido ao fato de sua composição estar na área da forsterita, a olivina começa a cristalizar. Uma vez que não há ferro no sistema, a olivina será uma forsterita pura. A remoção da olivina na forma cristalina faz com que a fase líquida restante perca Mg_2SiO_4, representado no diagrama em questão por uma linha tracejada que sai do vértice atribuído ao Mg_2SiO_4 e vai até as coordenadas de x, prosseguindo como uma seta sólida além desse ponto. À medida que o resfriamento avança, a composição da fase líquida se afasta do vértice da forsterita, até atingir a linha limite entre os campos da forsterita e do diopsídio. Nesse limite, chamado de cotético, o diopsídio começa a cris-

Quadro 3.3 A Regra das Fases

A Figura 3.2 mostra a distinção entre (i) os campos, (ii) as linhas limite AE, ED e BC que os cercam e (iii) o ponto único E no diagrama, onde todos os campos e linhas limite se encontram. Essas características são a expressão geométrica de categorias sutilmente diferentes de equilíbrio entre as fases existentes nesse sistema. Sua importância fica evidente na *Regra das Fases*, cuja fórmula foi brilhantemente apresentada por J. Williard Gibbs, engenheiro pioneiro nos estudos da termodinâmica, que viveu no século XIX.

$$\phi + f = C + 1^* \quad [3.3.1]$$

Na fórmula, ϕ representa o número de fases em equilíbrio, C é o número total de componentes necessários para descrever a composição das fases e f é a *variância*, ou *número de graus de liberdade*, simbolizando a extensão em que as condições (T, X) podem variar sem que o equilíbrio se desfaça. Logo, o que f nos diz acerca dos equilíbrios na Figura 3.2?

Três fases estão envolvidas na Figura 3.2: o diopsídio, a anortita e a fase líquida. O diopsídio é composto por $CaMgSi_2O_6$ puro a anortita é formada por $CaAl_2Si_2O_8$ puro e a composição da fase líquida pode, dependendo da temperatura, consistir em qualquer combinação de $CaMgSi_2O_6$ e $CaAl_2Si_2O_8$. Portanto, esses dois componentes por si só explicam a composição das três fases.

Consideremos um experimento conduzido nas condições representadas pelo ponto m na Figura 3.2 (composição = c, $T \approx 1450°C$). A fase líquida é a única presente ($\phi = 1$) e, exceto nas extremidades do diagrama, apresenta dois componentes ($C = 2$). Logo,

$$1 + f = 2 + 1 \therefore f = 2 \quad [3.3.2]$$

---
* Essa é a versão da regra de fases aplicável a diagramas de fase T–X. Ver Gill (1996) para uma perspectiva mais ampla sobre o assunto.

Nessas condições, a fase líquida tem *dois graus de liberdade*: é possível variar a temperatura, a composição do líquido ou as duas variáveis de maneira independente (respeitando certos limites), sem alterar as características típicas de uma fase que esse "equilíbrio" hipotético apresenta. Essa situação é chamada de *equilíbrio bivariante*.

Compare essa situação com um equilíbrio entre a fase líquida coexistente com cristais de anortita. Como $\phi = 2$,

$$2 + f = 2 + 1 \therefore f = 1 \quad [3.3.3]$$

A única variação em T e X consistente com a manutenção desses dois equilíbrios está na curva de liquidus: elevar a temperatura de maneira independente de m ou alterar a composição da fase líquida para x_1 à temperatura constante, por exemplo, elimina a anortita e, portanto, modifica o caráter bifásico desse equilíbrio, cuja sobrevivência exige o confinamento em uma linha limite unidimensional. Ele tem apenas *um grau de liberdade*, e é denominado equilíbrio *univariante*.

A composição da fase líquida e a temperatura indicada pelo ponto E representam um equilíbrio trifásico entre o líquido, a anortita e o diopsídio ($\phi = 3$).

$$3 + f = 2 + 1 \therefore f = 0 \quad [3.3.4]$$

Qualquer variação composicional da fase líquida ou na temperatura tira as três fases do estado de equilíbrio. Por exemplo, se deslocarmos a linha limite AE para cima, a anortita é eliminada. Em contrapartida, se T cai abaixo de $1.275°C$, a fase líquida desaparece. Esse equilíbrio tem *zero grau de liberdade* e é chamado de *equilíbrio invariante*. Somente as proporções relativas das fases podem variar sem que o caráter trifásico do equilíbrio seja afetado. Como veremos adiante, nem todos os diagramas de fase apresentam pontos invariantes como E (por exemplo, o diagrama na Figura 3.4).

---

talizar, junto à forsterita. Nela, a fase cristalina que se separa da fase líquida é uma mistura de Di e Fo (ver o círculo correspondente), a qual deve ficar em algum ponto na borda inferior do diagrama (o domínio das misturas Di–Fo, sem An). A remoção dessa fase cristalina faz com que a composição da fase líquida migre para o vértice atribuído à An. Na verdade, por conta do fato de a linha limite Fo–Di ser um "vale térmico", a composição da fase líquida precisa obrigatoriamente migrar ao longo da linha cotética, na direção de E, já que uma alteração em qualquer outra direção exigiria um aumento na temperatura. A separação de Di + Fo prossegue, até a composição da fase líquida atingir E, onde as três áreas do diagrama se encontram. Nesse ponto, a anortita passa a cristalizar ao lado da forsterita e do diopsídio. É interessante observar que, com o avanço da cristalização, aumenta o número de fases sólidas partici-

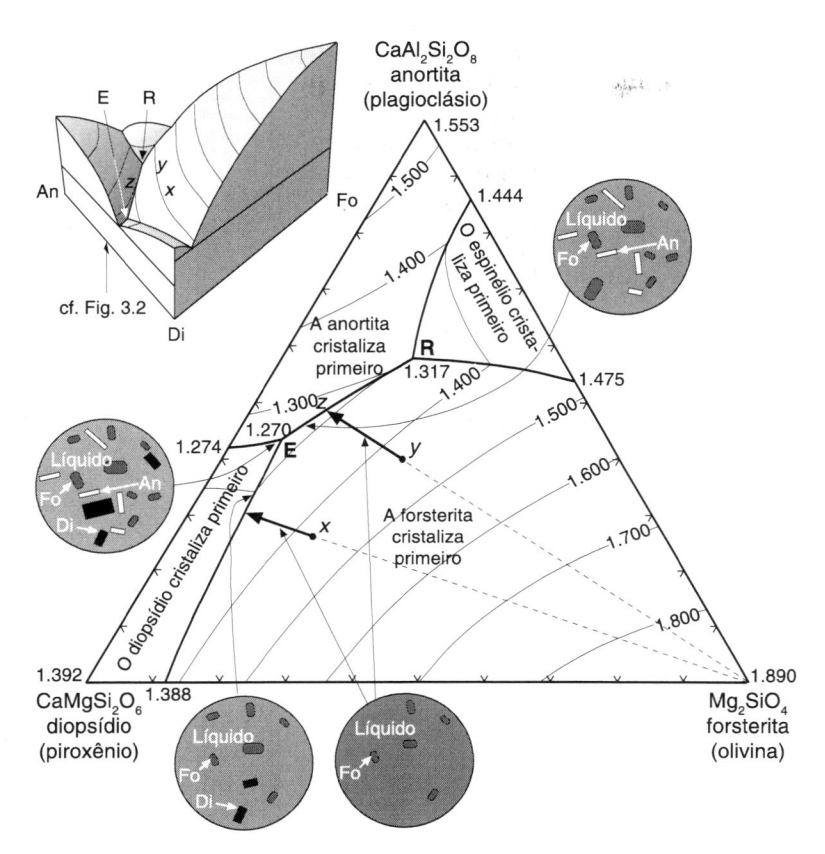

Figura 3.3 Diagrama de fases para o sistema ternário $CaAl_2Si_2O_8$–$CaMgSi_2O_6$–Mg_2SiO_4 (An–Di–Fo) na pressão atmosférica, extraído de Osbornte e Tait (1952) expresso em proporções de massa. O detalhe em perspectiva mostra o liquidus como superfície tridimensional em que a temperatura é representada no eixo vertical. O diagrama principal ilustra a mesma topografia de liquidus indicada pelas "curvas de nível" graduadas em °C. As marcas em forma de "v" sinalizam graduações de 10% em % em massa. "x" e "y" são as composições iniciais da fase líquida, discutidas no texto. Os círculos externos representam a mineralogia dos fenocristais nos principais estágios do processo de cristalização, mostrando como o conjunto de fenocristais varia com o percurso de evolução do magma. E representa o eutético (ver texto) e R é o ponto de reação (ver Quadro 4.3).

pantes no processo. Essa progressão pode ser simbolizada, de acordo com os círculos na Figura 3.3, como:

$$\text{líquido} \to \text{líquido} + A \to \text{líquido} + A + B \to \text{líquido} + A + B + C \quad [3.1]$$

onde A, B e C representam as diferentes fases cristalinas. A aplicação da regra das fases (Quadro 3.3) em cada um desses estágios mostra que eles são, respectivamente, trivariante (A variação na temperatura ao lado da variação composicional, em duas dimensões), bivariante, univariante e invariante. Em sistemas químicos naturais de maior complexidade (além do escopo de um diagrama ternário), essa progressão pode ser estendida a diversos outros minerais. Observe que a "fase líquida" na equação 3.1 implica o deslocamento da evolução das composições das fases líquidas da esquerda para a direita, não uma composição constante.

O líquido y percorre um caminho de cristalização diferente, mas atinge a mesma composição final. A cristalização inicial da forsterita faz com que o líquido y cruze a cotética An-Fo, ponto em que a anortita começa a cristalizar ao lado da forsterita. O diopsídio surge apenas quando o líquido atingiu o ponto E, que representa (a) a composição em que a superfície liquidus atinge sua temperatura mais baixa e (b) a composição para a qual todos os líquidos convergem à medida que cristalizam, mesmo aqueles cujas composições iniciais estejam nas áreas da anortita ou do diopsídio. O ponto E é o **eutético ternário** desse sistema. É um ponto invariante, como o ponto eutético mostrado na Figura 3.2.

Se imaginarmos a natureza conduzindo esses experimentos em uma câmara magmática com efusão, os magmas que ascendem à superfície periodicamente trazem consigo um histórico de sua evolução química (como o grau de cristalização fracionada que sofreram, por exemplo) na forma de cristais suspensos, ou "fenocristais" (como mostram os círculos da Figura 3.3). Os líquidos iniciais cujas temperaturas excederam a temperatura de liquidus não conterão fenocristais (esses magmas serão **afíricos**). Os magmas que não cristalizaram de maneira ostensiva e, logo, não apresentam variações composicionais expressivas exibem um dado tipo de fenocristal (por exemplo, fase líquida + olivina), enquanto aqueles cuja cristalização fracionada foi mais intensa apresentam dois ou três fenocristais (por exemplo, fase líquida + olivina + piroxênio + plagioclásio), número que pode ser maior em magmas naturais mais complexos. Com base nesses processos de cristalização, é possível concluir que o número de diferentes tipos de fenocristais presentes em uma rocha vulcânica natural indica o grau de fracionamento do magma: uma ampla gama de fenocristais sinaliza que o magma é **evoluído**.

Nesse sentido, quais são as conclusões a que podemos chegar com base nos sistemas que estudamos até agora? Vamos revê-los em termos do que ocorre em experimentos laboratoriais *e* nas câmaras magmáticas naturais em processo de evolução:

De modo geral, vimos que a cristalização avança de acordo com o padrão abaixo:

$$\text{líquido}_0 \rightarrow \text{líquido}_1 + A \rightarrow \text{líquido}_2 + A + B$$
$$\rightarrow \text{líquido}_3 + A + B + C...$$

[3.2]

onde o termo "líquido$_0$" é a fase líquida inicial, "líquido$_1$", "líquido$_2$', etc., são as fases líquidas nos estágios sucessivos de evolução e A, B e C são os minerais que cristalizam da fase líquida em evolução. Esse padrão de cristalização obtido com experiências em laboratório está de acordo com o que é observado em intrusões estratificadas (Capítulo 4, Figura 4.8). Com o avanço da cristalização, novos minerais entram na lista de minerais **cumuláticos**, e a mineralogia das rochas cumuláticas formadas gradativamente aumenta em complexidade. Porém, o estudo das intrusões estratificadas também revela exemplos em que um novo mineral cumulático, em vez de engrossar a lista, na verdade *substitui* um mineral cumulático em processo de cristalização:

$$\text{líquido}_3 + A + B + C \rightarrow \text{líquido}_4 + A + B + \mathbf{D} \quad [3.3]$$

Experimentos laboratoriais	Câmaras magmáticas naturais
• De modo geral, os cristais que se separam de uma fase líquida têm *uma composição diferente daquela do líquido*. Por exemplo, a fase líquida x na Figura 3.2 cristaliza a anortita, que é mais rica em Al_2O_3 e mais pobre em MgO do que o líquido.	Em uma câmara magmática, os primeiros cristais a se separarem invariavelmente diferem em termos de composição integral, com relação ao líquido magmático. As rochas formadas pela segregação desses cristais precoces (as rochas **cumuláticas**) não dão indicação direta da composição do magma de que cristalizaram (Capítulo 4).
• A separação dos cristais com composições diferentes em relação à fase líquida *altera a composição do líquido remanescente*. À medida que evolui, a fase líquida x na Figura 3.3 tem seu teor de Mg_2SiO_4 gradativamente reduzido, ao passo que os conteúdos de $CaMgSi_2O_6$ e de $CaAl_2Si_2O_8$ aumentam quando ela evolui até a superfície liquidus.	Com o resfriamento e a consequente cristalização do líquido magmático na câmara em que se encontra (formando rochas cumuláticas em seu teto, paredes e assoalho), sua composição é alterada de modo contínuo.
• Com o avanço da cristalização, aumenta o número de minerais cristalizando ao mesmo tempo. A Figura 3.3 mostra uma evolução de *fase líquida x apenas $\rightarrow$ fase líquida + Fo $\rightarrow$ fase líquida + Fo + Di $\rightarrow$ fase líquida + Fo + Di + An*.	A mineralogia das rochas cumuláticas é mais simples na base de uma intrusão estratificada, mas aumenta em complexidade à medida que ascendemos pela intrusão (Capítulo 4), o que reflete o aumento no número de minerais que cristalizam ao mesmo tempo.

Bowen (1922) foi o primeiro a reconhecer que o *desaparecimento* de uma fase cristalina (C) nesse processo – não explicado pelos diagramas de fase vistos até agora – é sinal de que uma *reação* ocorre entre o mineral e a fase líquida relativamente evoluída (nesse caso, o líquido$_3$). A importância desse *princípio de reação* será abordada no Capítulo 4 (Quadro 4.3), com base nas evidências contidas nas intrusões básicas estratificadas.

De que maneira as soluções sólidas fundem e cristalizam

As Figuras 3.2 e 3.3 elucidam, em parte, o modo como os magmas basálticos cristalizam. Embora nenhuma solução sólida exista *entre* o diopsídio e o plagioclásio, por exemplo, esses dois minerais são **membros extremos** de uma série de soluções sólidas: a anortita pertence à série do plagioclásio ($CaAl_2Si_2O_8$–$NaAlSi_3O_8$), e o diopsídio forma soluções sólidas com outros membros extremos do piroxênio ($Mg_2Si_2O_6$, $Fe_2Si_2O_6$ e $CaFeSi_2O_6$). Nenhuma investigação experimental sobre a cristalização do basalto seria completa se não levasse em conta essas soluções sólidas.

Para fins de ilustração, a Figura 3.4 mostra o comportamento de fusão e de cristalização da série do plagioclásio, sem outras séries. Um cristal de plagioclásio é uma solução sólida formada por dois componentes misturados, $NaAlSi_3O_8$ e $CaAl_2Si_2O_8$. O diagrama de fases correspondente é composto por três campos:

- Um campo referente à fase líquida, no alto do diagrama (área branca), que mostra o intervalo das coordenadas de temperatura-composição nas quais o plagioclásio se encontra *completamente* em estado de fusão. Observe que os líquidos magmáticos nesse sistema experimental são compostos apenas por $NaAlSi_3O_8$ e $CaAl_2Si_2O_8$ em proporções diferentes. Os outros constituintes de um líquido magmático basáltico (por exemplo, o MgO) não estão presentes nesses experimentos.
- Um campo bifásico (hachurado), dentro do qual o derretido coexiste com cristais de plagioclásio. Nesse campo, o plagioclásio está *parcialmente* fundido.
- Um campo de solução sólida (plagioclásio$_{ss}$), no qual o plagioclásio existe apenas no estado cristalino, sem qualquer fase líquida. Diferentemente da Figura 3.2, na qual os dois componentes químicos formavam uma mistura de cristais independentes em temperaturas baixas, An e Ab

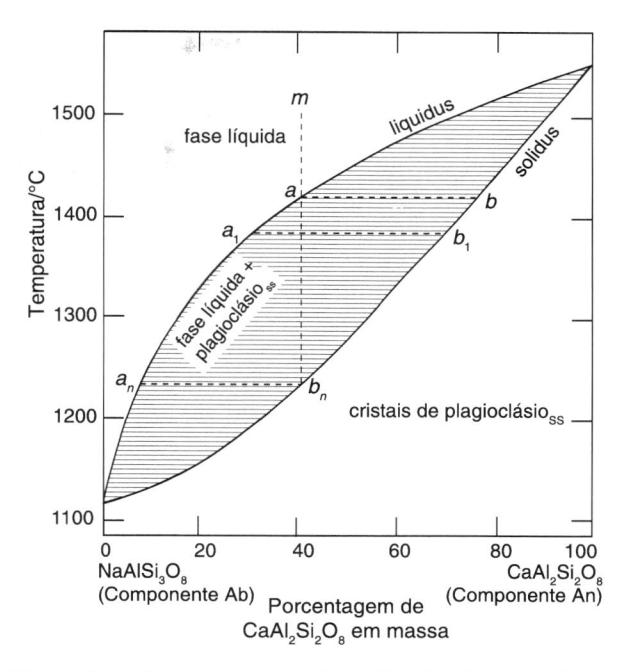

Figura 3.4 O diagrama de fase *T-X* da série dos feldspatos plagioclásios na pressão atmosférica (com base em Bowen, 1915). Os "ss" em subscrito indicam que os cristais de plagioclásio pertencem a uma solução sólida, cuja composição pode variar entre An e Ab de acordo com um continuum (embora a exsolução seja observada em temperaturas mais baixas, ao longo de parte do intervalo).

são completamente miscíveis em temperaturas próximas à temperatura solidus e, assim, coexistem em uma única fase cristalina.

Nesse diagrama, cuja organização geral ilustra o comportamento de fusão de muitas soluções sólidas minerais, além das soluções de plagioclásio, *tanto* a linha liquidus *quanto* a linha solidus são curvas (compare com a Figura 3.2). As duas vão de um membro extremo que exibe uma temperatura máxima de fusão (nesse caso, a anortita) ao membro extremo que funde na temperatura mínima do sistema (a albita). Comparada com a Figura 3.2, não há um ponto **eutético** nas composições intermediárias, na direção do qual todas as fases líquidas em processo de cristalização convergem. A regra das fases (Quadro 3.3) explica por quê: somente duas fases podem coexistir na Figura 3.4 ($\phi \leq 2$) e, uma vez que há dois componentes:

$$(1 \text{ ou } 2) + f = 2 + 1 \qquad \text{logo}, f = 2 \text{ ou } 1 \qquad [3.4]$$

Portanto, apenas equilíbrios divariantes e univariantes podem existir nesse diagrama de fases. Não existem circunstâncias em que $f = 0$: um diagrama de fases de uma solução sólida como esse não apresenta um ponto invariante.

Uma **linha de amarração** como a_1–b_1 une uma composição de fase líquida a_1 no liquidus à única composição da solução sólida com a qual ela pode entrar em equilíbrio naquela temperatura (no solidus). Como na Figura 3.2, além de indicar a temperatura em que uma fase líquida com composição específica sendo resfriada começa a cristalizar, a curva liquidus informa a composição que uma fase líquida precisa ter para coexistir de maneira estável com cristais a essa temperatura. A curva solidus apresenta a composição da fase sólida que, nesse sistema, é uma solução sólida, coexistindo com a fase líquida.

Vamos traçar o percurso da cristalização de um líquido magmático hipotético m, que contém 41% (em massa) do membro extremo anortita. No começo, ele resfria até interceptar o liquidus (ponto a), em cuja temperatura o plagioclásio passa a cristalizar. A composição do primeiro plagioclásio formado é determinada traçando uma linha de amarração *horizontal* (uma vez que as duas fases coexistem na mesma temperatura) entre a e a curva de solidus, a qual intercepta o ponto b. A composição da fase sólida (76% em massa de An[4]) é lida traçando uma vertical que vai de b ao eixo horizontal do gráfico (que representa a composição).

É importante observar que o plagioclásio b é mais rico em anortita do que a fase líquida a. A estrutura do diagrama diz que os cristais formados são enriquecidos no membro extremo mais **refratário**, uma conclusão válida para todas as soluções sólidas. Logo, a remoção do plagioclásio cristalino reduz o teor de $CaAl_2Si_2O_8$ na fase líquida remanescente, deixando-a mais rica em albita. Se admitirmos que a cristalização é acompanhada de resfriamento constante, a fase líquida se desloca de maneira gradual para baixo, ao longo da curva de liquidus, cristalizando mais plagioclásio à medida que a temperatura cai. No entanto, esse é mais um aspecto que diverge daquilo que mostra a Figura 3.2: a composição do plagioclásio *muda* com a queda na temperatura, porque uma linha de amarração como a_1–b_1 diz que a fase líquida a_1 está em equilíbrio com o plagioclásio b_1, não com b original. Por essa razão, com o avanço do resfriamento, é possível esperar alterações não somente na composição da *fase líquida*, mas também na composição do *plagioclásio* que cristaliza nela.

Contudo, o que pode ser dito acerca dos cristais com composição b formados tão logo a fase líquida atinge o liquidus? Eles conservam sua composição original com o avanço da cristalização ou essa composição muda por conta da reação com a fase líquida em que se encontram? Essa pergunta tem importância fundamental, e a resposta a ela depende do modo como o experimento é conduzido. Para que a composição do cristal b se adapte à do cristal b_1 (permanecendo em equilíbrio com a fase líquida mais evoluída, a_1), é necessário que ocorra a difusão dos íons Ca e Al do cristal para a fase líquida, e a difusão dos íons Na e Si da fase líquida para o cristal. O resultado obtido depende das velocidades de difusão desses íons pela rede cristalina (a difusão em um líquido é sempre mais rápida) em comparação com a velocidade de resfriamento adotada no experimento. Se a amostra é submetida a um resfriamento lento o suficiente para que essa troca por difusão ocorra, então a composição do cristal consegue se adaptar, de maneira contínua, à composição da fase líquida em evolução. Essas condições favorecem um regime que chamaremos de **cristalização em equilíbrio**. A composição dos cristais varia com o tempo, por conta da reação contínua com a fase líquida, mas a massa cristalina como um todo tem uma composição uniforme a um dado momento durante o processo. O produto final é composto por cristais homogêneos idênticos em composição à fase líquida inicial (Figura 3.5). N. L. Bowen (ver Quadro 3.1) chamou essa sucessão de composições pelas quais passa o cristal (de 76% a 41% em massa de An, na Figura 3.4) de *série de reação contínua*, um conceito associado ao nome desse cientista desde o momento em que ele o desenvolveu.

O leitor cético talvez se pergunte como, em um sistema fechado cuja composição global é constante, a fase líquida e os cristais podem ficar mais ricos em sódio ao mesmo tempo, com a queda na temperatura. Um dos pontos de que não tratamos em nossa discussão diz respeito às *proporções* variantes de fase líquida e cristais. A 1.416°C, na Figura 3.5a, na qual a cristalização apenas começou, a amostra experimental é composta essencialmente de uma fase líquida e de uma quantidade diminuta de cristais. A 1.323°C, a relação líquido:cristais é cerca de 50:50, ao passo que, a 1.227°C, apenas um mero traço de fase líquida perdura no sistema. As

---

[4] A notação "An$_{76}$" não pode ser usada aqui, porque implica uma porcentagem molar de An (medida pela via óptica; ver Figura 4.1.2). Na prática, a porcentagem em massa é semelhante à porcentagem molar, já que $NaAlSi_3O_8$ e $CaAl_2Si_2O_8$ têm massas moleculares relativas (**MMR**) parecidas.

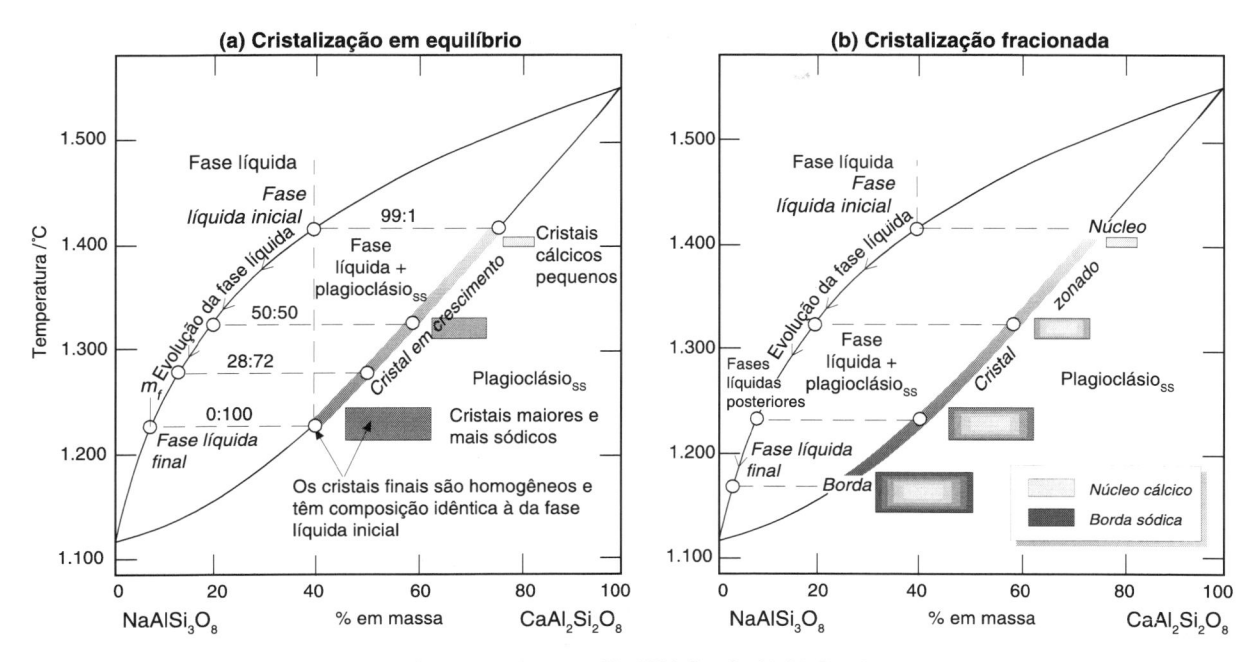

Figura 3.5 (a) Cristalização em equilíbrio no sistema $NaAlSi_3O_8$–$CaAl_2Si_2O_8$. As proporções relativas entre fase líquida e cristais em cada estágio da cristalização podem ser calculadas utilizando a regra da alavanca (Quadro 3.2); as proporções são mostradas acima das linhas de amarração traçadas para fins de ilustração. Observe que a cristalização é completada quando a proporção líquido:cristal é 0:100, ponto em que os cristais acabaram de atingir a composição da fase líquida original. O cristal em fase de crescimento e sua composição variável são representados no gradiente de cinza ao lado da curva solidus. (b) Cristalização fracionada observada no mesmo sistema. A taxa de deposição cristalina ultrapassa o reequilíbrio entre cristais iniciais e líquidos posteriores. Portanto, os cristais não são homogêneos, como ocorre na cristalização em equilíbrio, mas são **zonados** em termos composicionais.

proporções de cristais e fase líquida nas diferentes temperaturas podem ser calculadas usando a Regra da Alavanca, descrita no Quadro 3.2. Na cristalização em equilíbrio, a fase líquida é consumida por completo quando a composição dos cristais com que coexistia se iguala à sua composição inicial. Por essa razão, quando a cristalização ocorre em condições de equilíbrio, a composição da fase líquida não consegue evoluir além de m_f.

Por outro lado, se o aparelho sofresse um resfriamento rápido, a velocidade de crescimento de material cristalino novo excederia a troca difusiva de componentes entre os cristais iniciais e os líquidos posteriores. No contexto laboratorial, esse "material cristalino novo" provavelmente assumiria a forma de novas camadas de crescimento envolvendo os cristais originais. O resfriamento rápido impede que os núcleos cristalinos iniciais reajam e entrem em equilíbrio químico com as frações posteriores da fase líquida de composição variável. Nesse tipo de regime, chamado de **cristalização fracionada**, apenas o material cristalino depositado mais recentemente (as bordas cristalinas) mantém o equilíbrio com a fase líquida em evolução. Os núcleos formados anteriormente são incapazes de sustentar esse equilíbrio e, portanto, conservam, em graus diferentes, sua composição original. O exame criterioso da composição cristalina ao final do experimento revela a **zonação** composicional contínua no interior dos cristais de plagioclásio (Figura 3.5b). Na cristalização fracionada real, os núcleos cristalinos conservam a composição inicial, mas a massa cristalina, de modo geral, é heterogênea.

Uma vez que a reação entre os primeiros núcleos formados e as fases líquidas posteriores é inibida na cristalização fracionada, esses núcleos permanecem mais cálcicos do que seriam caso a cristalização fosse em equilíbrio (Figura 3.5a). Embora as bordas mantenham o equilíbrio com a fase líquida em evolução, a massa de material cristalino como um todo é enriquecida no membro extremo Ca. Logo, em um sistema fechado como esse, a totalidade da fase líquida é depletada nesse membro extremo. Com isso, a fase líquida é capaz de evoluir até atingir teores extremos de sódio (Figura 3.5b), comparados com os que seriam observados em condições de equilíbrio – o que constitui um aspecto importante, se levarmos em consideração a ampla diversidade de fases líquidas na Figura 3.1. Além disso, a fase líquida não é exaurida quando a composição das bordas cristalinas se iguala àquela do líquido original. Em condições extremas de cristalização fracionada, a última fase líquida pode ser composta somente por albita.

O mesmo raciocínio é válido para a cristalização da olivina de líquidos com a composição (ver o sistema Mg_2SiO_4–Fe_2SiO_4, mostrado na Figura 3.6), ou mesmo a cristalização de qualquer solução sólida binária.

Como as misturas líquidas de diopsídio e de plagioclásio$_{ss}$ cristalizam

É possível compreender melhor a cristalização dos magmas basálticos examinando as Figuras 3.2 e 3.4 *lado a lado*, em um único diagrama (Figura 3.7). O diagrama de fases de misturas de diopsídio, anortita e albita tem forma triangular, semelhante à da Figura 3.3. Contudo, enquanto naquele diagrama os três minerais não são mutuamente solúveis, no diagrama da Figura 3.7 um dos lados do triângulo representa uma solução sólida. Por isso (em comparação com as Figuras 3.4 e 3.6), a Figura 3.7 não apresenta um **eutético ternário**. Os diagramas de fase binários Di–An e Ab–An são representados como as faces posterior e direita do detalhe tridimensional mostrado na Figura 3.7.

A geometria da superfície de liquidus é mostrada no detalhe tridimensional e composta por dois "montes" que se encontram ao longo de um "vale térmico" inclinado. Em vez de terminar em um ponto baixo no diagrama (eutético ternário), a **cotética** desce de forma contínua a partir do ponto eutético binário a 1.274°C no sistema Di–An (lado direito do diagrama principal) e vai até outro ponto eutético binário, a 1.133°C, no sistema Di–Ab (lado esquerdo). O diagrama contém apenas dois campos, os quais definem os domínios de composição da fase líquida dentro dos quais o diopsídio puro (campo superior) ou *soluções sólidas* de plagioclásio (campo inferior) cristalizam primeiro.

A evolução química das fases líquidas em processo de cristalização é mostrada em maior detalhe na Figura 3.8. Durante o resfriamento, um líquido "a" atinge o liquidus a 1.300°C e, uma vez que se encontra na área do diopsídio, passa a cristalizar o mineral puro. Em analogia à olivina (Figura 3.3), a

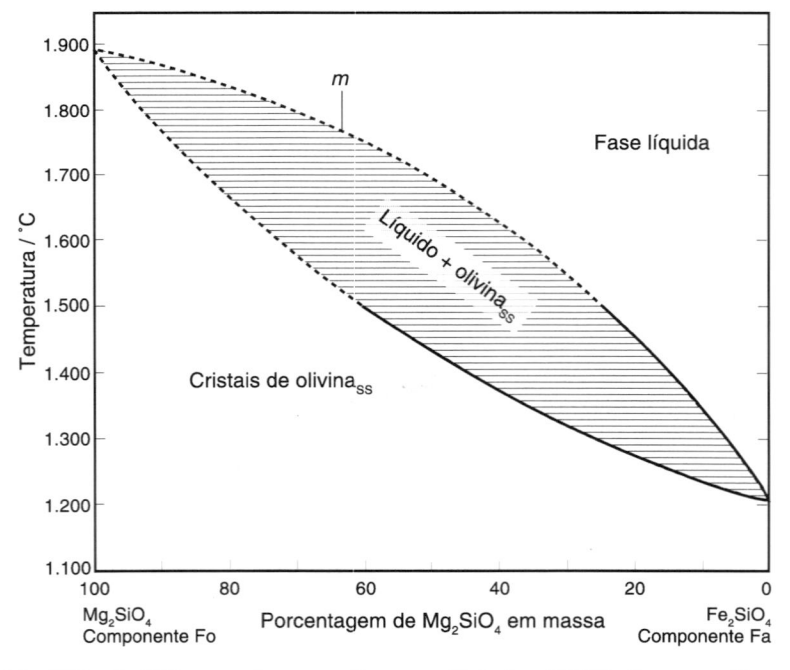

Figura 3.6 O sistema Mg_2SiO_4–Fe_2SiO_4, com base em Bowen e Schairer (1932). Como na Figura 3.4, os "ss" em subscrito indicam que os cristais de olivina pertencem a uma solução sólida. (As linhas tracejadas mostram os trechos em que as curvas liquidus e solidus foram interpoladas a partir de dados experimentais com Fo pura e de ensaios abaixo de 1.500°C.) A composição da fase líquida *m* pode ser interpretada da mesma forma que no Exercício 3.4.

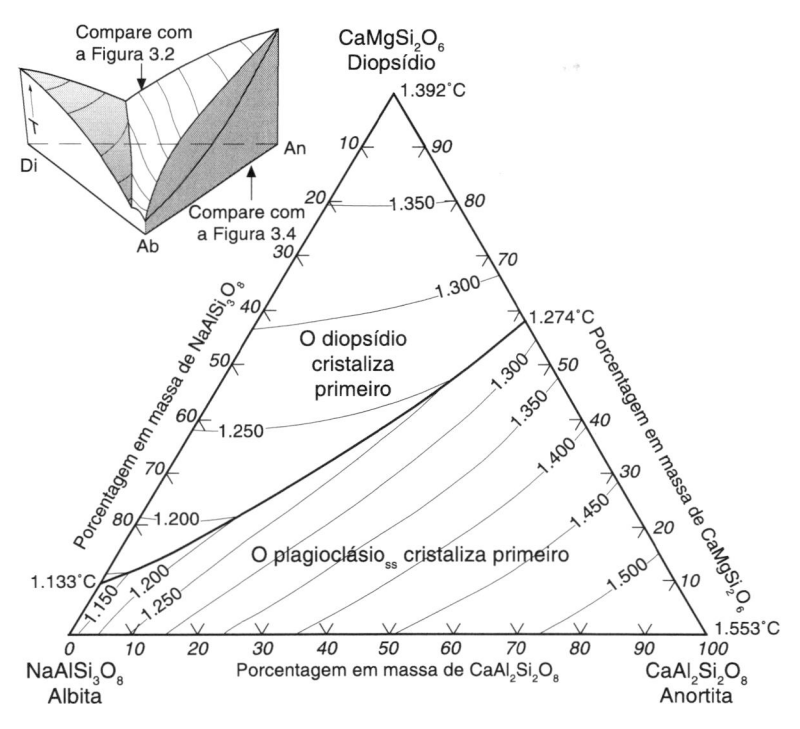

Figura 3.7 As relações de fase no sistema CaMgSi$_2$O$_6$– NaAlSi$_3$O$_8$–CaAl$_2$Si$_2$O$_8$ (Di–Ab–An) na pressão atmosférica em proporção de massa. O detalhe em perspectiva mostra a superfície de liquidus como um modelo tridimensional cuja vertical representa a temperatura. Ele é dividido em duas áreas inclinadas, em cada qual um mineral cristaliza da fase líquida. As áreas se encontram em um "vale térmico" que simboliza as composições da fase líquida passíveis de coexistir com as duas fases sólidas. Essa característica é mostrada na figura principal como "curvas de nível" de temperatura, graduadas em °C. As marcas em forma de "v" sinalizam graduações de 10% em % em massa. Os campos indicam as variações composicionais da fase líquida na qual o diopsídio e o plagioclásio, respectivamente, cristalizam em primeiro lugar. Os "ss" em subscrito indicam que os cristais de plagioclásio pertencem a uma solução sólida.

remoção do diopsídio cristalino desloca a composição do líquido restante no sentido contrário ao do vértice superior, que representa o diopsídio, ao longo da seta preta. Ao chegar a *b*, na linha limite entre os campos do diopsídio e do plagioclásio$_{ss}$, a fase líquida começa a cristalizar também o plagioclásio. Que composição terá esse plagioclásio? Como mostra a Figura 3.4, em princípio a composição da fase líquida pode ser unida à composição do plagioclásio com que coexiste, "plag$_b$", por uma linha de amarração a dada temperatura (nesse caso, cerca de 1.240°C).[5] De acordo com a Figura 3.4, o plagioclásio cristalino tem uma relação An:Ab maior (isto é, está mais à direita) do que o líquido. Nesse instante,

três fases coexistem em equilíbrio (líquido + diopsídio + plag$_b$), como mostra o *triângulo de três fases* formado pelas linhas de amarração na Figura 3.8. A composição do extrato cristalino que está sendo removido da fase líquida (extrato$_b$) está na linha de amarração plag$_b$–diopsídio, e a cristalização dessa mistura faz com que a composição da fase líquida restante evolua ao longo da cotética na direção da temperatura descendente.

No ponto *c*, a fase líquida está em equilíbrio com o plag$_c$ e com o diopsídio. A composição do extrato está na linha de amarração diopsídio–plag$_c$ em "extrato$_c$". A linha de amarração *c*–extrato$_c$ é tangente à cotética ligeiramente curva *b–e* e, por isso, tem inclinação um pouco menor em *c* do que a linha de amarração em *b*. À medida que o diopsídio e o plagioclásio cristalizam, a composição da fase líquida se aproxima de *d*, lembrando que, nesse processo, a proporção de cristais acumulados aumenta e que a quantidade de líquido diminui. Em

---

[5] Na prática, não é possível obter as composições do plagioclásio em equilíbrio com fases líquidas ternárias no diagrama, como ocorre na Figura 3.4: as temperaturas de equilíbrio plagioclásio-fase líquida são mais baixas nesse sistema ternário do que no sistema binário An-Ab.

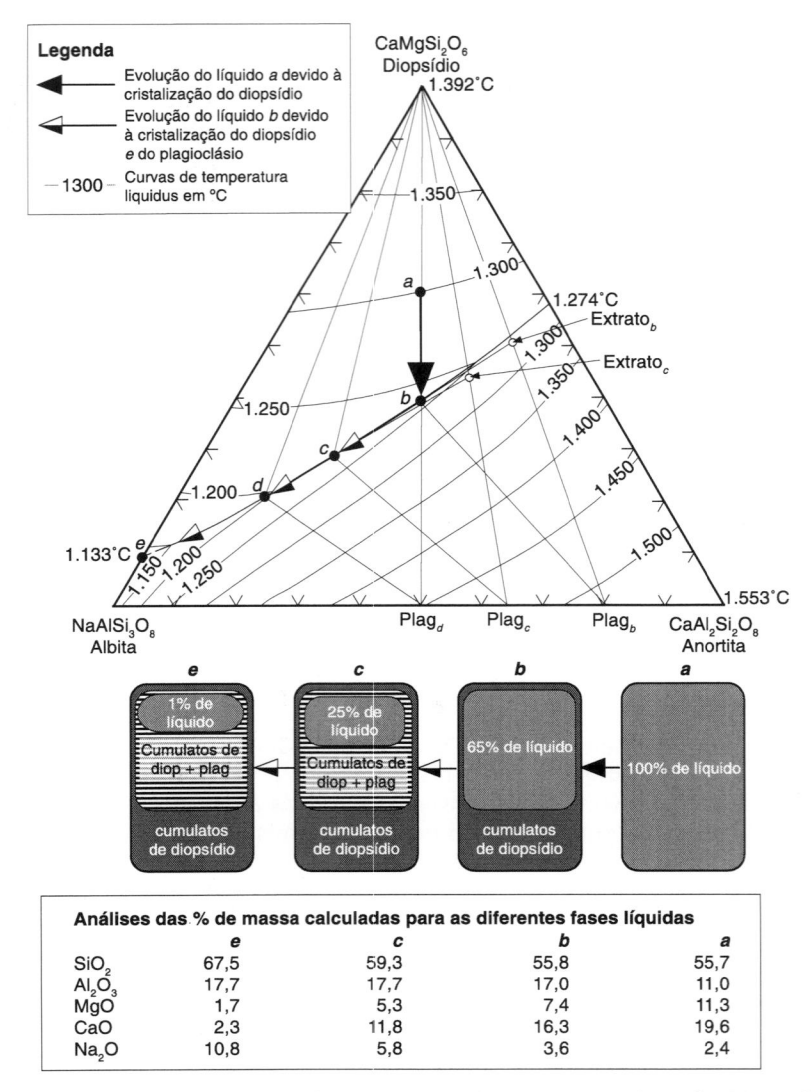

Análises das % de massa calculadas para as diferentes fases líquidas				
	e	c	b	a
SiO₂	67,5	59,3	55,8	55,7
Al₂O₃	17,7	17,7	17,0	11,0
MgO	1,7	5,3	7,4	11,3
CaO	2,3	11,8	16,3	19,6
Na₂O	10,8	5,8	3,6	2,4

Figura 3.8 Evolução das fases líquidas devido à cristalização fracionada da fase líquida *a*. Os detalhes abaixo do diagrama mostram o percurso da cristalização em uma câmara magmática hipotética em processo de fracionamento nos estágios correspondentes às fases líquidas *a*, *b*, *c* e *e*. As porcentagens de líquido remanescente são valores aproximados para *c* e *e*. A tabela mostra a variação composicional das fases líquidas com o avanço da cristalização, de *a* a *e*.

uma câmara magmática hipotética, isso é ilustrado nos retângulos *a*, *b*, *c* e *d*, abaixo do diagrama de fases da Figura 3.8. Se os cristais se depositam no fundo da câmara à medida que se formam, a primeira camada seria composta de cristais de diopsídio **cumulático** que, a partir do estágio *b*, seriam substituídos por depósitos cumuláticos compostos por diopsídio e plagioclásio.

O líquido *d* está em equilíbrio com o diopsídio e o plagioclásio "plag$_d$". Observe que a linha de amarração entre plag$_d$ e o diopsídio atravessa a composição da fase líquida original *a*. Em outras palavras, a composição *a* pode ser expressa em termos de uma mistura totalmente cristalina de diopsídio e plag$_d$. Isso indica que, se a cristalização ocorreu em condições de equilíbrio (isto é, lentamente), a proporção de líquido *d* caiu para zero: já não resta fase líquida, e a cristalização é total. No entanto, caso o experimento fosse conduzido em condições de cristalização fracionada (resfriamento mais rápido), uma quantidade maior de anortita ficaria aprisionada no interior dos cristais de plagioclásio, e um teor alto o bastante de albita permaneceria na fase líquida, permitindo que ela evoluísse até a cotética, talvez a ponto de atingir a composição *e*, como mostrado nas representações das câmaras de magma *a* a *e*.

Esse sistema ilustra a eficiência da cristalização fracionada como fator de alteração da composição de fases líquidas. Com base nas coordenadas das composições de *a* a *e* na Figura 3.8 e nas fórmulas de Di, An e Ab, o cálculo dessas composições em porcentagem de massa de óxido é simplificado (ver Exercício 2, no final deste capítulo). Essas composições são mostradas na tabela abaixo da Figura 3.8. Embora a amostra analisada nesse diagrama de fases seja a simplificação de uma composição basáltica, as alterações nessa composição refletem as composições observadas em séries naturais de lavas com muita precisão: o teor de SiO_2 aumenta de 55,7% (um valor demasiadamente alto para um basalto real) para 67,5%, o teor de MgO cai de 11,3% para 1,7%, o de CaO vai de 19,6% para 3,3% e a quantidade de Na_2O sobe de 3,4% para 10,8%. Embora não possamos reproduzir um percurso evolucionário de basalto a riolito nesse sistema fechado, esses experimentos retratam as alterações significativas na composição das fases líquidas que ocorrem com o avanço da cristalização. Uma comparação com as tendências na composição química em rochas vulcânicas reais é apresentada mais adiante neste capítulo.

De modo geral, as conclusões que podemos tirar desses sistemas de soluções sólidas podem ser resumidas no contexto de experiências laboratoriais e de câmaras magmáticas naturais:

Os caminhos de cristalização mostrados nas Figuras 3.3 e 3.8 partem de líquidos ricos em componentes ferromagnesianos e chegam a fases líquidas muito empobrecidas nesses componentes. Por essa razão, uma determinada série de rochas formadas por cristalização fracionada de um basalto exibe uma queda gradual no índice de cor.

Os experimentos com a fusão e a cristalização de rochas reais

Nas seções anteriores, discutimos em detalhe a teoria petrológica da diferenciação do magma com base em diagramas de fase elaborados utilizando informações geradas por composições simples sintetizadas em laboratório, não com líquidos magmáticos naturais complexos. Contudo, é importante verificar até que ponto esses experimentos conseguem reproduzir a cristalização de rochas vulcânicas reais e dos líquidos magmáticos preparados a partir dela.

A Figura 3.9 mostra os resultados de experimentos executados com um conjunto de amostras de lavas basálticas por Thompson e Tilley (1969). As composições das lavas analisadas incluem uma ampla variação nos teores de elementos maiores, o que sugere que essas lavas sejam produtos de diferentes graus de diferenciação magmática no sistema de alimentação de magma, situado abaixo do vulcão Kilauea. Amostras desses tipos de lava foram moídas até se obter um pó fino, que foi aquecido até a fusão completa, na pressão atmosférica. Após, as amostras fundidas foram resfriadas a temperaturas diferentes e criteriosamente controladas, antes de serem subme-

Experimentos laboratoriais	Câmaras magmáticas naturais
• A maioria dos minerais ígneos são soluções sólidas. Os cristais desses minerais (como a olivina) que cristalizam em uma fase líquida silicatada são *enriquecidos no membro extremo mais refratário* (por exemplo, a Fo).	Os primeiros cumulatos depositados próximo à base de uma intrusão estratificada contêm os maiores teores de minerais refratários (por exemplo, a olivina mais rica em Fo, como na Figura 3.6).
• A cristalização reduz o teor desse componente refratário no líquido remanescente (por exemplo, a An). As frações posteriores de líquido e cristais tornam-se *progressivamente mais ricas no membro extremo menos refratário* (a Ab na Figura 3.5)	A sucessão de cumulatos em uma intrusão estratificada evolui de cristais de plagioclásio precoces e ricos em An, junto à base, a cristais tardios mais ricos em Ab, no topo. Todos os minerais em solução sólida apresentam tendências semelhantes.
• A cristalização rápida favorece a *cristalização fracionada*, na qual os núcleos cristalinos são isolados quimicamente das frações posteriores das fases líquidas e, portanto, não reequilibram com elas (produzindo cristais *zonados*). Isso gera fases líquidas com composições mais extremas.	A cristalização fracionada pode ocorrer em câmaras magmáticas grandes, porque os primeiros depósitos de cumulatos são isolados por depósitos posteriores, o que os impede de reagir com as frações subsequentes de líquidos.

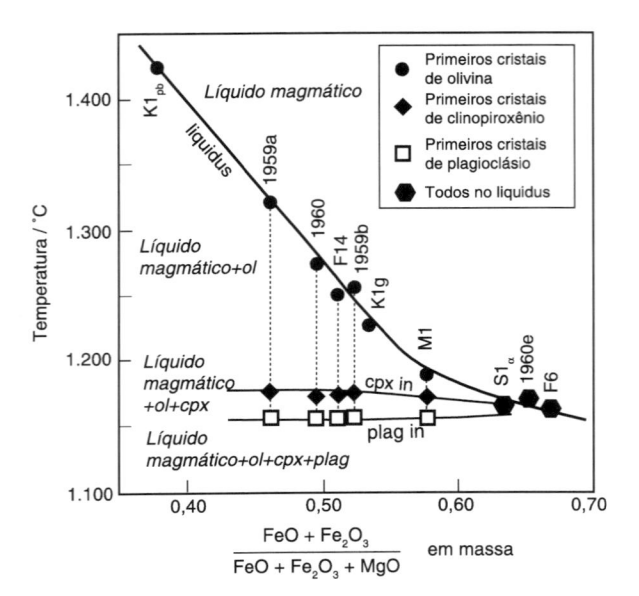

Figura 3.9 Comportamento da cristalização na pressão atmosférica de lavas do Kilauea (dados obtidos de Thompson and Tilley, 1969). A função (Fe + FeO$_2$)/(Fe + FeO$_2$ + MgO)$_{rocha}$ é uma medida do fracionamento: valores baixos indicam líquidos basálticos primitivos, enquanto valores altos sinalizam líquidos magmáticos mais evoluídos. Os símbolos indicam a temperatura em que os minerais surgem (ver legenda) à medida que a amostra derretida é esfriada. As linhas pontilhadas unem os resultados de uma mesma lava. A olivina é o único mineral no liquidus em todas as amostras, exceto 1960e, S1$_\alpha$ e F6, nas quais os três minerais cristalizam juntos. O "cpx in" representa a linha limite em que surgem os primeiros cristais de clinopiroxênio (cpx).

tidas a resfriamento instantâneo (*quenching*). Foram confeccionadas lâminas das amostras para detectar a presença de cristais. Esses experimentos possibilitaram estabelecer, para cada lava, as temperaturas nas quais (a) a olivina, (b) o clinopiroxênio e (c) o plagioclásio começaram a cristalizar. Na maioria das amostras analisadas, os cristais de olivina surgiram em temperaturas significativamente mais altas do que os cristais de clinopiroxênio, os quais começaram a se formar a uma temperatura cerca de 20°C acima da temperatura em que os cristais de plagioclásio apareceram. No entanto, nas três amostras mais evoluídas, os três minerais começaram a cristalizar em temperaturas essencialmente iguais.

Comparemos os resultados mostrados na Figura 3.9 com os percursos de cristalização mostrados na Figura 3.3. Uma vez que a olivina é o primeiro mineral a cristalizar na maioria dos basaltos naturais, fica evidente que seus teores estão no intervalo de composições do análogo natural do "campo da olivina" na Figura 3.3, semelhantes às composições *x* e *y*. Uma vez que o clinopiroxênio presente nas amostras do Kilauea começa a cristalizar *antes* do plagioclásio, é possível que *x* na Figura 3.3 representa um análogo mais fiel dos basaltos naturais, em comparação com *y*. Sem dúvida, a composição da amostra M1 é muito semelhante a um cotético olivina-clinopiroxênio análogo ao mostrado na Figura 3.3, pois a olivina começa a cristalizar um pouco antes do clinopiroxênio. As amostras mais evoluídas S1$^\alpha$, 1960e e F6 são semelhantes ao eutético na Figura 3.3, porque os três minerais começam a cristalizar na mesma temperatura, não de maneira sequencial.

Esses experimentos com rochas reais demonstram que os resultados obtidos em laboratório refletem o comportamento de líquidos magmáticos na natureza com precisão surpreendente. No entanto, é preciso considerar algumas diferenças importantes. Primeiro, as linhas limite em um sistema natural ocorrem em temperaturas muito menores do que as observadas em sistemas experimentais. Por exemplo, no caminho da cristalização da composição *x* na Figura 3.3, o plagioclásio começa a cristalizar a 1.270°C, enquanto esse fenômeno é observado somente a 1.150°C na natureza (Figura 3.9). Essa diferença não surpreende, já que os minerais ferromagnesianos contendo Fe e o plagioclásio contendo Na na Figura 9.3 têm temperaturas de liquidus sempre menores, comparadas com os membros extremos (Di, Fo e An) usados nas experiências em laboratório, como confirmam as Figuras 3.4 e 3.6.

A segunda diferença está no fato de o ponto final da evolução da fase líquida na Figura 3.3 ser um eutético simples (E), no qual os três minerais cristalizam ao mesmo tempo. Em sistemas naturais, nos quais a maioria dos minerais em processo de cristalização são membros intermediários de séries de soluções sólidas[6], não membros extremos, esse eutético é convertido em uma cotética, tal qual o eutético na Figura 3.2 corresponde à cotética na Figura 3.7. Logo, as três amostras evoluídas mostradas na Figura 3.9 apenas marcam o começo de uma linha cotética olivina-clinopiroxênio-plagioclásio, ao longo da qual a fase líquida prossegue seu percurso de evolução, ao contrário do que sugere o final da linha de evolução do magma mostrada na Figura 3.3.

---

[6] Como, por exemplo, o plagioclásio, a augita, a olivina, o piroxênio com baixo teor de Ca, a hornblenda e a biotita.

OS DIAGRAMAS DE VARIAÇÃO DOS ELEMENTOS PRINCIPAIS PARA AS SÉRIES VULCÂNICAS NATURAIS

Não é factível conduzir experimentos detalhados, como os descritos na Figura 3.9, para cada conjunto de amostras naturais de rocha vulcânica cuja evolução desejamos compreender. Nesse sentido, que outras evidências as rochas magmáticas nos fornecem capazes de esclarecer o processo de cristalização no interior de uma câmara magmática e de confirmar que os líquidos ígneos naturais seguem os princípios da cristalização fracionada discutidos acima?

As alterações químicas que ocorrem na diferenciação de um magma podem ser investigadas por meio da representação dos resultados das análises de rochas eruptivas em **diagramas de variação**. A Figura 3.10 mostra exemplos de diagramas de variação entre dois elementos químicos (diagramas binários, neste caso envolvendo elementos maiores analisados em rochas vulcânicas da Ilha de Gough, no Atlântico Sul). Os nomes de rochas mostrados na legenda (Figura 3.10a), aos quais ainda não estamos familiarizados, podem ser tratados como meros rótulos. A importância desses nomes é discutida no Capítulo 9. Em cada subdiagrama, o teor de SiO_2 é representado no eixo x como indicador de progressivo fracionamento, de picrobasaltos, à esquerda, até os traquitos (lavas alcalinas evoluídas, ver Figura 1.5), à direita. Cada ponto representa a análise de uma rocha individual, indicando a composição do magma na câmara no momento de sua erupção. Em conjunto, essas análises definem a tendência da composição do magma em evolução – realçada pela faixa cinza-claro – que exibe uma ou mais mudanças abruptas na direção. Para ajudar a interpretar essas características, as composições analisadas dos principais fenocristais nos basaltos (que representam os minerais que estão cristalizando na câmara magmática) são mostradas como áreas cinza-escuro nos diagramas. Os teores de olivina, augita, ilmenita e titanomagnetita, quando ultrapassam os limites dos diagramas, são sinalizados por setas.

A Figura 3.10a mostra como variou o teor de MgO no magma durante o fracionamento, no sistema magmático da Ilha de Gough, entre 1 Ma e 100 ka. Inicialmente, o teor de MgO cai de maneira abrupta entre A e B, ponto em que a redução é suavizada. Duas setas apontam na direção do *intervalo de composição da olivina* (Fo_{84}–Fo_{68}), encontrada na forma de fenocristais nos traquibasaltos. Por serem muito mais ricas em MgO do líquido magmático, sua cristalização promove um empobrecimento do líquido em evolução nesse elemento (ver detalhe na figura). A presença de fenocristais de augita, além dos fenocristais de olivina, sugere que o piroxênio também cristalizava nesse ponto mas, por ser mais pobre em MgO do que a olivina, o efeito no teor de MgO no líquido magmático é menor. Contudo, a augita é rica em CaO, e sua cristalização concomitante à da olivina causa uma queda brusca no teor de CaO no líquido (de A a B na Figura 3.10c). Segundo Le Roex (1985), os traquibasaltos mais ricos em MgO apresentam evidências texturais de **acumulação** parcial de cristais de olivina e de augita, e suas composições são consistentes com a *adição*, não a remoção desses materiais ao traquibasalto parental A nas Figuras 3.10a a c.

Uma vez que a olivina e a augita são minerais pobres em alumínio, a cristalização desses minerais concentra Al_2O_3 nas frações tardias do líquido, como mostra o detalhe na Figura 3.10b. O modo como esse efeito pode ser analisado graficamente em um diagrama de variação é ilustrado na Figura 3.10e: a variação composicional do líquido magmático causada pela remoção por cristalização de um mineral Y do líquido m_0 é obtida extrapolando a linha Y–m_0, como indicado pela seta cinza.

Uma mudança de direção nas curvas mostradas nas Figuras 3.10a–c é indicada pelo ponto B. A partir desse ponto, o teor de Al_2O_3 aumenta *menos bruscamente*, como na Figura 3.10b, sugerindo que um mineral aluminoso começou a cristalizar junto à olivina e à augita, uma conclusão comprovada pela súbita abundância de fenocristais de plagioclásio nas rochas com composições próximas a B. Um extrato composto por plagioclásio + olivina + augita é rico em Al_2O_3 e pobre em MgO, quando comparado a um extrato formado apenas por olivina + augita. Logo, o aumento no teor de Al_2O_3 e a queda na quantidade de MgO ilustrados por essa tendência são atenuados em B. A Figura 3.10f mostra como o fracionamento de minerais pobres e de minerais ricos em Al, em um mesmo sistema, afeta os líquidos magmáticos posteriores. O surgimento do feldspato alcalino como fenocristal nos traquitos em C marca o envolvimento de um segundo mineral aluminoso, causando uma leve queda na tendência do Al_2O_3, entre C e D.

Os minerais cuja composição difere de modo marcante da composição do líquido magmático são os que mais influenciam a direção de sua evolução. Isso é ilustrado na Figura 3.10d, que mostra uma elevação no teor de TiO_2 que, por sua vez, reflete a cristalização da olivina e da augita pobres em Ti entre A e A′, seguida de uma reviravolta a partir da qual a ilmenita e a titanomagnetita, minerais ricos em Ti, começam a cristalizar em A′. Seu impacto é ligeiramente atenuado pelo início do fracionamento do

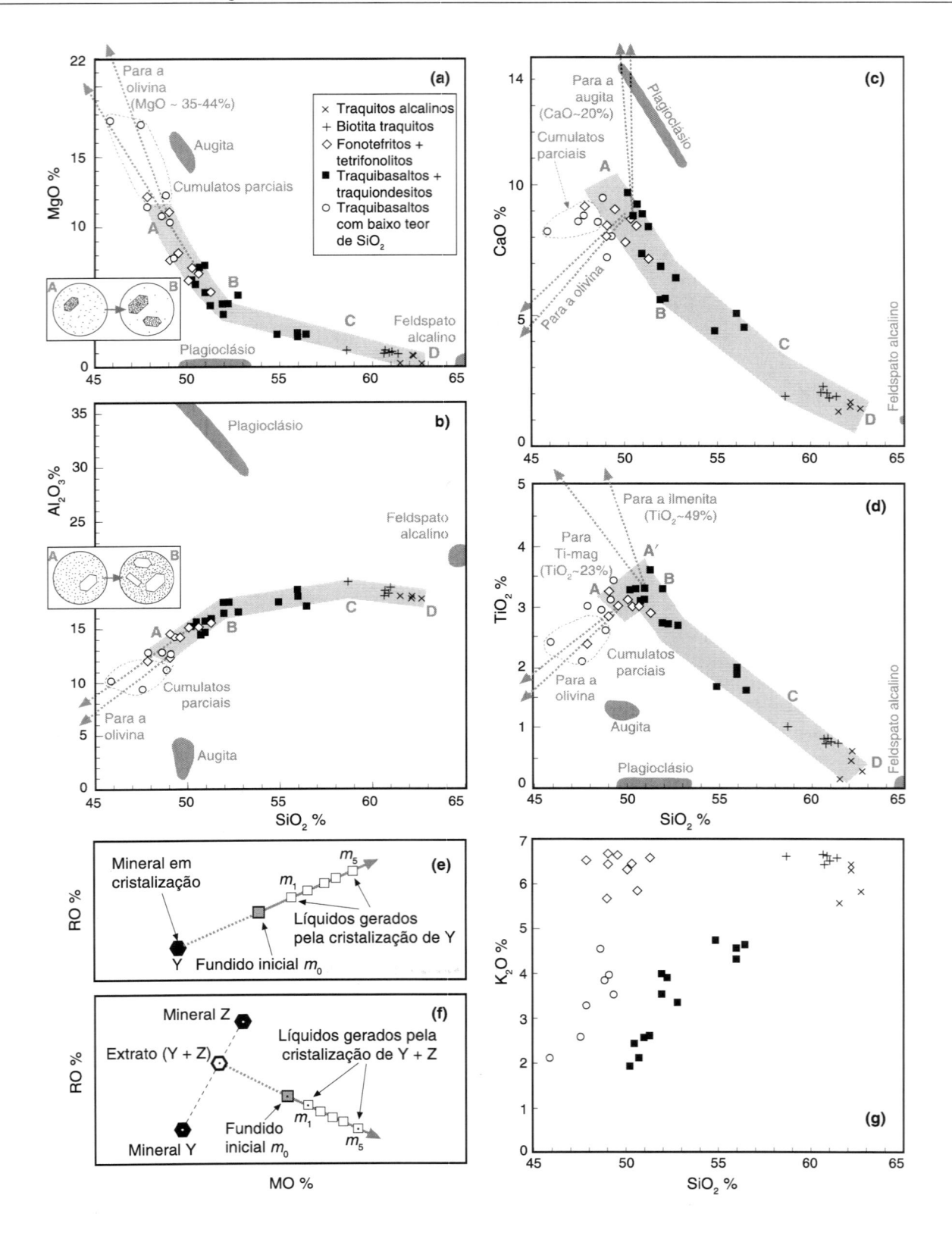

86 Rochas e Processos Ígneos

plagioclásio em B, que ameniza levemente a tendência de queda no teor de TiO$_2$. As mudanças na inclinação nas curvas da Figura 3.10, causadas pela cristalização de novos fenocristais, são um sinal claro de que a cristalização fracionada é o principal agente da diferenciação do magma. Outros processos, como a mistura de magmas, por exemplo, não são capazes de gerar descontinuidades tão pronunciadas.

As Figuras 3.10e e f sugerem que os líquidos magmáticos residuais deveriam sofrer apenas modificações composicionais suaves (exceto onde minerais novos começam a fracionar). Se essa hipótese é verdadeira, por que os dados mostrados nas Figuras 3.10a–d, que parecem estar alinhados, apresentam dispersão tão marcante (muito maior do que o erro analítico)? Talvez a noção simplificada de que um corpo magmático homogêneo sofre uma alteração uniforme em sua composição com o passar do tempo seja demasiadamente ingênua: é possível que algumas seções do magma sigam caminhos um tanto divergentes, devido às diferenças nas condições locais. Além disso, a tendência observada na Figura 3.10 talvez represente o fracionamento em um sistema complexo de pequenas porções de magma, que evoluem a partir de composições um pouco diferentes, não de um único volume de grande porte.

Com um exame mais minucioso, fica evidente a natureza ilusória da suposta "tendência unificada" discutida acima. A representação dos teores de K$_2$O (Figura 3.10g) mostra uma distribuição que dificilmente seria observada no fracionamento de um único magma parental: os traquibasaltos e os traquiandesitos definem uma tendência, ao passo que os traquibasaltos com teores reduzidos de SiO$_2$ parecem obedecer a uma segunda (em parte como resultado da acumulação), e os fonotefritos, a uma terceira disposição. Não é possível traçar uma única faixa cinza para todos esses grupos. O percurso único de evolução do magma sugerido pelas Figuras 3.10a–d leva a conclusões equivocadas. Se *todos* os dados disponíveis forem considerados, várias tendências paralelas de evolução do magma ficam aparentes, cada qual oriunda de um magma parental diferente. Esse é um dos fatores que explica o espalhamento a dispersão, evidenciada nas Figuras 3.10a–d.

AS INTERAÇÕES DO MAGMA COM A CROSTA

As experiências em laboratório discutidas neste capítulo foram realizadas em recipientes de platina ou outro metal nobre, por apresentarem pontos de fusão elevados e serem quimicamente inertes. Isso garante que a amostra não seja alterada por contaminantes metálicos, mesmo em temperaturas próximas ao ponto de fusão. Uma câmara magmática em processo de cristalização no interior da crosta, sobretudo na crosta continental, que entra em fusão com facilidade, não desfruta desse tipo de proteção contra contaminantes. Existem muitas evidências de que os magmas podem se contaminar com componentes da crosta assimilados das rochas encaixantes com as quais ele entra em contato. Esses processos são relevantes no contexto deste capítulo, porque acredita-se que a assimilação e a fusão da crosta continental **siálica** contribuem significativamente com a diversidade dos magmas naturais em regiões continentais.

Embora muitas propriedades geoquímicas de um magma possam ser afetadas pela assimilação crustal, uma das assinaturas mais claras com frequência é propiciada por **isótopos radiogênicos** (Quadro 3.4). Isso ocorre porque reações químicas como a cristalização fracionada não influenciam

Figura 3.10 Diagramas de variação mostrando a evolução do magma, exemplificada pelas rochas vulcânicas da Ilha de Gough, Atlântico Sul; as análises (dados de Le Roux, 1985, e Le Maitre, 1962) estão representadas em base livre de voláteis (Quadro 1.3) como % em massa; a legenda mostra os símbolos representando diferentes tipos de rocha, de acordo com a nomenclatura atual (Figura 1.4). Os campos e as setas em cinza-escuro simbolizam as composições importantes de fenocristais analisados em basaltos e traquibasaltos; as áreas em cinza-claro mostram o suposto percurso da evolução do magma. A, B, C e D indicam as descontinuidades onde minerais novos aparentemente começam a cristalizar. (a) MgO vs. SiO$_2$; o detalhe mostra como o crescimento de um mineral com alto teor de MgO retira o óxido do líquido magmático remanescente. (b) Al$_2$O$_3$ vs. SiO$_2$. (c) TiO$_2$ vs. SiO$_2$. (e) Detalhe mostrando como as alterações composicionais do líquido magmático – devido à cristalização de um mineral de composição Y – aparecem em um diagrama de variação de dois elementos como prolongamento da linha que une Y à composição do líquido magmático inicial, m_0; "RO" e "MO" representam óxidos de elementos maiores arbitrários. (f) O efeito da cristalização de *dois* minerais (com composições Y e Z) em proporções específicas dadas pela composição do **extrato**. (g) K$_2$O vs. SiO$_2$.

as razões de abundância isotópica como a razão $^{87}Sr/^{86}Sr$, que envolve um isótopo radiogênico (neste caso, o ^{87}Sr): em termos de comportamento químico, dois isótopos do mesmo elemento são idênticos. Por outro lado, essas razões são facilmente influenciadas por rochas antigas, mais ricas no isótopo radiogênico (sobretudo se o magma contiver uma concentração menor do elemento em questão, comparada com as rochas crustais circundantes). A Figura 3.11 mostra um gráfico da razão $^{87}Sr/^{86}Sr$ **inicial** vs. teor de SiO_2 em uma série de rochas vulcânicas relacionadas entre si, do vulcão Cantal no Maciço Central na França. Os membros básicos da série têm um intervalo estreito de valores um tanto baixos de $(^{87}Sr/^{86}Sr)_0$ – abaixo de 0,7045 –, o que reflete a composição de sua fonte mantélica, embora lavas mais evoluídas demonstrem um intervalo mais amplo e com valores muito mais altos. Essas rochas têm uma correlação pouco definida entre a razão inicial de Sr e o teor de SiO_2.

Uma vez que os equilíbrios cristal–líquido não diferenciam os isótopos de elementos pesados como o Sr, os cristais formados a partir de um líquido magmático apresentarão isótopos de Sr na exata proporção em que estes se encontravam nesse líquido. Isso significa que a cristalização fracionada, *por si só*, não consegue causar uma mudança na composição de isótopos de Sr nos líquidos magmáticos residuais. Portanto, embora a cristalização fracionada, possa explicar o intervalo de SiO_2 na Figura 3.11, ela não elucida os valores altos da razão $(^{87}Sr/^{86}Sr)_0$ observados em amostras mais evoluídas. O vulcão Cantal está sobre a crosta continental Variscana e, por isso, a contaminação das lavas por rochas crustais mais antigas – nas quais o decaimento do ^{87}Rb ao longo do tempo produziu razões $^{87}Sr/^{86}Sr$ mais altas – fornece uma explicação óbvia para o estrôncio radiogênico observado nas amostras ricas em SiO_2. Utilizando modelagem numérica para descrever o efeito de uma variedade de contaminantes possíveis, Downes (1984) atribuiu as altas razões isotópicas do Sr em rochas evoluídas à assimilação de granulitos da crosta inferior cujos xenólitos (que ocorrem nas lavas) fornecem valores de $^{87}Sr/^{86}Sr$ (corrigidos para a idade dessas lavas) entre 0,7058 e 0,7188.

A observação de que os membros mais evoluídos de cada série têm as razões $(^{87}Sr/^{86}Sr)_0$ mais altas e dispersas, enquanto os membros mais básicos são confinados a uma variação estreita de valores menores, sugere que a assimilação crustal ocorreu de forma concomitante à cristalização fracionada. O **calor latente** liberado pela cristalização é transferido para o envelope de rochas encaixantes, onde ele causa a fusão parcial daquelas rochas. Pequenas frações de líquido magmático geradas pela fusão parcial de rochas com razões $^{87}Sr/^{86}Sr$ elevadas na crosta continental são incorporadas ao corpo de magma em evolução, elevando a razão a valores progressivamente mais altos, à medida que a crista-

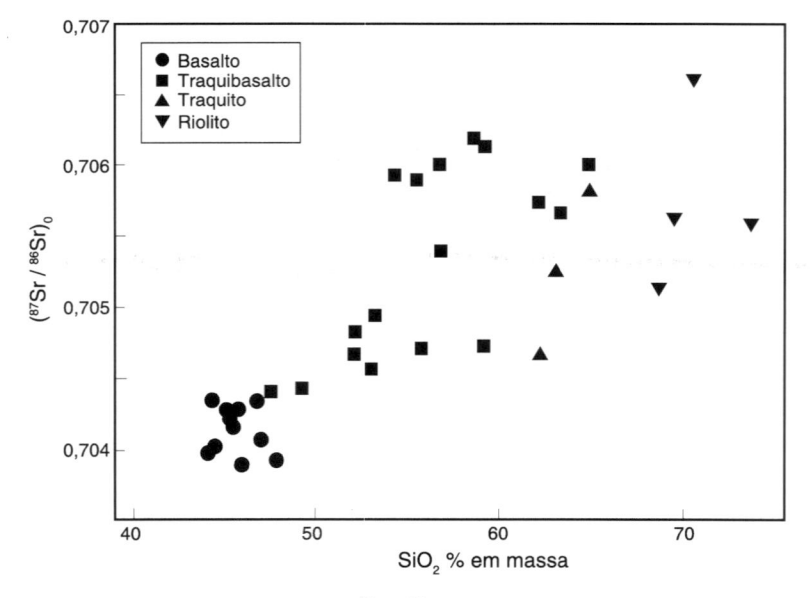

Figura 3.11 Razões isotópicas **iniciais** de estrôncio $(^{87}Sr/^{86}Sr)_0$ de rochas vulcânicas do vulcão Cantal, França central, em função do teor de SiO_2 (com base em Downes, 1984).

lização prossegue e mais calor é liberado em direção às encaixantes. Esse processo, cuja sistemática isotópica foi descrita pela primeira vez por De Paolo (1981), é chamado de "assimilação com cristalização fracionada" (**ACF**).

O alcance que a assimilação crustal terá em provocar alterações nas razões isotópicas do Sr do magma em processo de fracionamento é função de uma variedade de fatores, sobretudo as razões $^{87}Sr/^{86}Sr$ e os teores de Sr (em ppm) no magma e no contaminante: o efeito será maximizado quando o contaminante apresentar uma razão $^{87}Sr/^{86}Sr$ muito mais alta – por exemplo, quando ele é muito mais antigo (Quadro 3.4) – *e* uma concentração de Sr maior do que o teor do elemento no magma. É muito provável que as pequenas porções fundidas da rocha encaixante apresentem teores mais elevados de SiO_2 do que o magma. Portanto, este também é ligeiramente enriquecido em SiO_2.

A contaminação crustal pode ser detectada por meio de outros sistemas de isótopos radiogênicos, e até por isótopos do oxigênio (Quadro 3.4). As rochas mantélicas e os magmas derivados de sua função parcial tipicamente têm valores de $\delta^{18}O$ entre +5,4 e +5,8‰, enquanto as rochas cristalinas da crosta continental que não interagiram com águas meteóricas (que têm $\delta^{18}O$ muito baixos) têm valores de $\delta^{18}O$ médios da ordem de +8‰. Os granitos inalterados estão na faixa entre +6‰ e +9‰ (James, 1981) e, em rochas sedimentares, esse parâmetro atinge +20‰. Portanto, a contaminação crustal de magmas mantélicos é indicada por valores de $\delta^{18}O$ maiores do que aqueles observados para o manto, tanto para rocha total quanto para minerais separados. Por exemplo, a Figura 3.12 mostra como $\delta^{18}O$ e $^{87}Sr/^{86}Sr$ aumentam juntos em zonas consecutivas de fenocristais de clinopiroxênio fortemente zonados em um basalto magnesiano da província de basaltos de platô do Iêmen (Figura 2.15), o que sugere a contaminação crustal progressiva do magma à medida que os fenocristais crescem.

REVISÃO

A ampla diversidade das composições dos magmas naturais, mostrada na Figura 3.1, pode ser atribuída a:

1 A variação nas condições da fusão e na composição química das regiões mantélicas parentais (ilustrada pelas setas tracejadas na Figura 3.1 e discutida em detalhe no Capítulo 9).
2 Os processos de diferenciação do magma que ocorrem nas câmaras magmáticas a profundi-

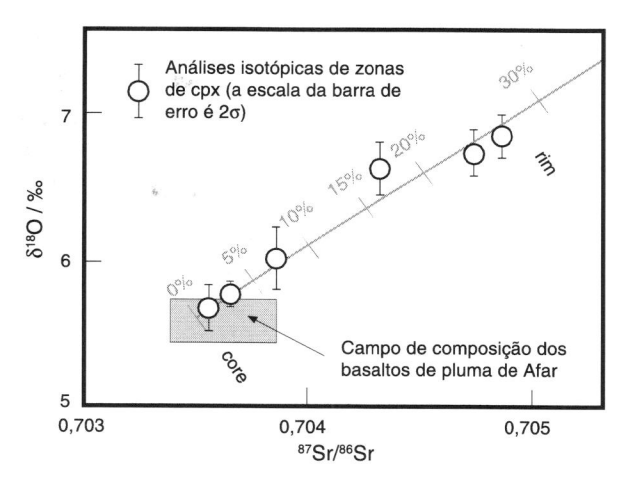

Figura 3.12 Detecção de contaminação crustal utilizando isótopos de oxigênio: correlação entre $\delta^{18}O$ e $^{87}Sr/^{86}Sr$ em zonas composicionais de fenocristais de augita (do núcleo para as bordas) procedentes de um basalto de platô do Iêmen (dados de Baker et al., 2000, com permissão da Oxford University Press). A linha de cor cinza representa uma trajetória numericamente modelada representando a contaminação crustal desde um magma basáltico original ('0‰', $\delta^{18}O$ = 5,6‰, $^{87}Sr/^{86}Sr$ = 0,7035, com 476 ppm de Sr) e crosta continental ($\delta^{18}O$ = 10,6‰, $^{87}Sr/^{86}Sr$ = 0,7086, Sr 476 ppm); os valores percentuais em cinza representam a proporção em massa de componentes crustais.

dades crustais. Esses processos, ilustrados pelas setas sólidas na Figura 3.1, foram o tópico principal deste capítulo.

A cristalização fracionada – o principal agente da diferenciação do magma – pode ser compreendida, em termos gerais, com base no estudo dos diagramas de fase de sistemas silicatados simples preparados em laboratório (Quadro 3.1). Na maioria das vezes, a cristalização fracionada começa com a cristalização do primeiro mineral, então do segundo e por fim do terceiro, e assim sucessivamente:

$$\text{líquido} \rightarrow \text{líquido} + A \rightarrow \text{líquido} + A + B$$
$$\rightarrow \text{líquido} + A + B + C \ldots \quad [3.1]$$

como mostra a Figura 3.3. Ao mesmo tempo, os minerais em solução sólida inicialmente formam cristais ricos no membro extremo mais refratário (An, Fo, etc.) que, paralelamente a alterações na composição do líquido magmático, ficam mais pobres nesse membro extremo à medida que a cristalização avança (Figura 3.4). Esses processos fazem com que a composição do magma parental evolua de maneira muito ampla, ao longo das setas sólidas na Figura 3.1. Além disso, podem ocorrer reações entre cristais precoces

Quadro 3.4 Os isótopos – conceitos básicos

Os **isótopos** fornecem um conjunto de ferramentas poderosas para o teste de teorias sobre a gênese e a evolução de magmas. Duas categorias de sistemas isotópicos são utilizadas no estudo de rochas ígneas:

1 *Sistemas de isótopos radiogênicos*. O elemento-traço rubídio (Rb, $Z = 37$) tem dois isótopos (Figura 3.4.1), o ^{85}Rb (72% dos átomos de Rb) e o ^{87}Rb (28%). O ^{87}Rb é um isótopo radioativo, com meia-vida de 48,8 Ga e que decai lentamente a ^{87}Sr, um dos isótopos do estrôncio (Sr, $Z = 38$), um dos elementos-traço vizinhos a ele, como mostra a seta cinza na Figura 3.4.1. Portanto, a proporção de ^{87}Sr em relação aos outros isótopos aumenta com o tempo em minerais e rochas, proporcionalmente à sua razão Rb/Sr (Figura 3.4.2). Assim, o ^{87}Sr é descrito como um **isótopo *radiogênico*** (aquele que, ao menos em parte, é o resultado do decaimento *radio*ativo). Para enfatizar essas mudanças em gráficos de rochas cogenéticas com diferentes teores de Sr (Figura 3.4.2), a convenção adotada pede que o ^{87}Sr seja expresso como razão para seu isótopo não radiogênico vizinho, o ^{86}Sr, o que gera a *razão isotópica do estrôncio* ^{87}Sr/^{86}Sr. Uma vez que a dimensão das alterações sofridas por esses isótopos ao longo do tempo são mensuráveis, razões de isótopos radiogênicos como ^{87}Sr/^{86}Sr, ^{143}Nd/^{144}Nd e ^{207}Pb/^{204}Pb são parâmetros essenciais na geocronologia isotópica.

2 *Sistemas isotópicos estáveis*.* Os três isótopos do oxigênio (^{16}O, ^{17}O e ^{18}O) não são radioativos nem radiogênicos e, por isso, suas proporções não variam com o tempo. Contudo, devido ao fato de as diferenças em número de massa (18 – 16 = 2) serem muito amplas em relação com o número de massa médio (17), a razão ^{18}O/^{16}O é fracionada de maneira mensurável por processos geológicos como a cristalização e a alteração hidrotermal. As variações naturais muito pequenas nessa razão são uma ferramenta útil no estudo do histórico desses processos. Uma vez que as razões isotópicas (por

---
*O termo "estável" é um tanto ambíguo: para um físico, o termo significa simplesmente não radioativo, enquanto na geoquímica ele implica *nem radioativo, nem radiogênico* (isto é, não se altera com o tempo). Essa acepção do termo se consagrou por falta de palavra que melhor descreva esse estado.

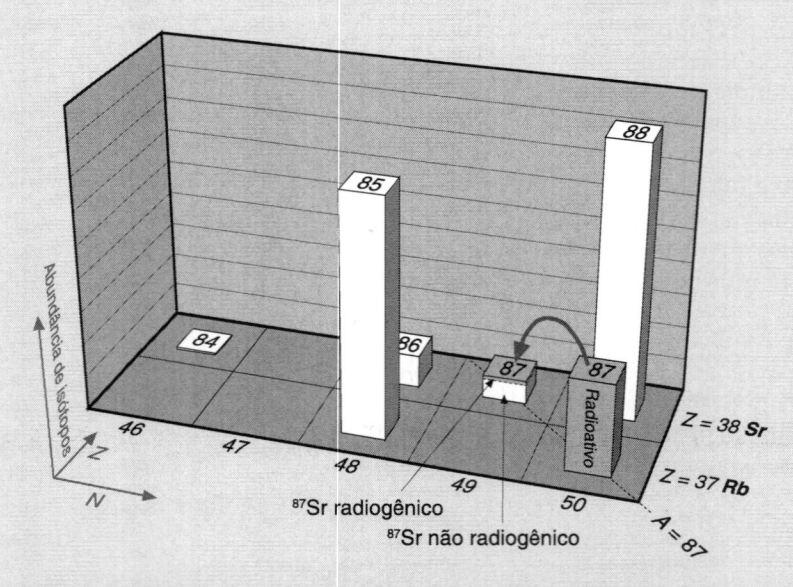

Figura 3.4.1 Isótopos naturais dos elementos rubídio (Rb) e estrôncio (Sr). A altura das colunas representa a abundância relativa do isótopo (mostrada aqui para quantidades idênticas dos elementos Rb e Sr); o número no alto de cada coluna é o número de massa $A = Z + N$, que identifica o isótopo.

exemplo, $^{18}O/^{16}O$) não variam com o tempo, esses sistemas são batizados de "isótopos estáveis". Outros sistemas de isótopos estáveis usados no estudo de processos e equilíbrios geológicos incluem o $^2H/^1H$ (muitas vezes representado por D/H, onde D é o símbolo do deutério) e $^{34}S/^{32}S$.

As variações naturais nas razões $^{18}O/^{16}O$ de rochas e minerais são registradas utilizando a notação $\delta^{18}O$ para eliminar o erro interlaboratório.

O crescimento de isótopos radiogênicos com o tempo

Quando uma rocha ou mineral contém um teor muito baixo de Rb comparado ao de Sr, sua razão $^{87}Sr/^{86}Sr$ aumenta muito lentamente com o tempo. Por outro lado, em uma amostra com uma razão Rb/Sr elevada, o crescimento de $^{87}Sr/^{86}Sr$ é muito mais rápido. Isso é ilustrado na Figura 3.4.2. Em rochas mantélicas, o teor de Rb é extremamente baixo, e a razão Rb/Sr elementar no manto como um todo não passa de 0,028. O resultado é que a razão $^{87}Sr/^{86}Sr$ no manto aumenta muito devagar com o tempo, de 0,699 no momento de formação da Terra, há 4,5 Ga, a cerca de 0,704 no presente (Figura 3.4.2). Os magmas mantélicos atuais têm razões $^{87}Sr/^{86}Sr$ próximas a esse valor, herdadas das áreas-fonte mantélicas. Uma vez que o Rb é muito mais incompatível do que o Sr, as rochas típicas da crosta continental, sobretudo da crosta superior, apresentam razões Rb/Sr mais altas do que esse número e, em muitos granitos, essa razão é bastante superior a ele. Por conta da idade e da razão Rb/Sr elevada, está claro que a crosta continental antiga tem razões $^{87}Sr/^{86}Sr$ muito mais altas do que os valores observados para magmas mantélicos (Figura 3.4.2) e, por isso, a contaminação por rochas crustais siálicas eleva as razões $^{87}Sr/^{86}Sr$ em magmas contaminados (Figura 3.11).

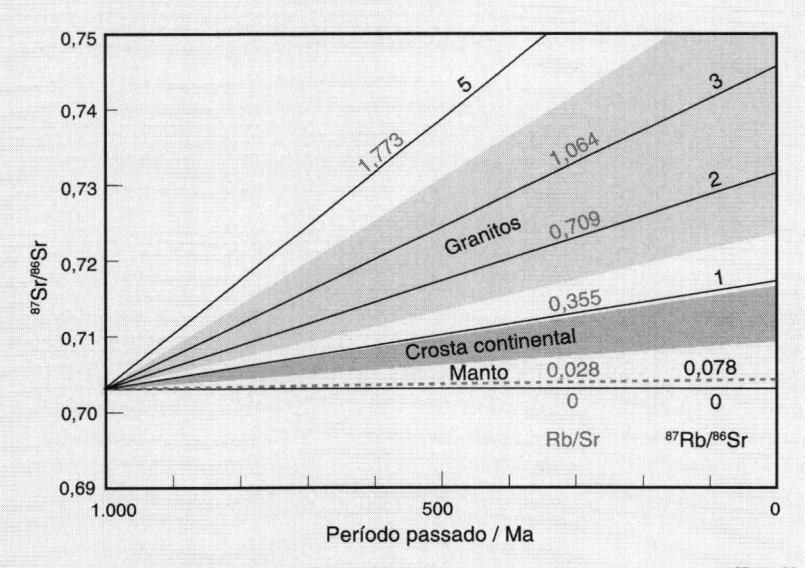

Figura 3.4.2 Crescimento do ^{87}Sr radiogênico ao longo do tempo em função da razão $^{87}Sr/^{86}Sr$ (e razão elementar Rb/Sr, em cinza) em diversas rochas com idade arbitrária 1 Ga; intervalos representativos da taxa de crescimento das razões no manto, crosta continental e granitos (com base nos dados de Taylor e McLennan, 1985).

A **razão isotópica inicial** ($^{87}Sr/^{86}Sr)_0$ de uma suíte cogenética de rochas ígneas é uma ferramenta para a identificação da fonte da qual o magma parental se originou. A razão inicial pode ser determinada a partir do ponto de intersecção de uma isócrona no eixo y em um **diagrama isocrônico** (ver Figura 8.21a) ou aplicando uma correção de idade a uma razão isotópica individual, correção essa que leva em conta a idade da amostra e sua razão Rb/Sr.

e líquidos magmáticos tardios. Uma discussão detalhada sobre esse fator, que dificulta a interpretação desses processos, é apresentada no Capítulo 4, no qual ele é abordado à luz das evidências de campo observadas em intrusões gabróicas estratificadas.

Os diagramas de variação representam uma ferramenta poderosa no exame da evolução de magmas atuais em suítes de rochas vulcânicas cogenéticas. Os diagramas mostrados na Figura 3.10 utilizam o SiO_2 como índice de fracionamento, embora parâmetros como teor de Zr (em ppm) e de Mg também sejam válidos (o teor de MgO diminui com o avanço do fracionamento e, portanto, muitas vezes é representado oposto ao teor de SiO_2 – os valores altos ficam à esquerda e os baixos, à direita – no diagrama). Quebras bruscas nas tendências indicam o surgimento de novos minerais no processo de fracionamento (por exemplo, a ilmenita no ponto A' e o plagioclásio no ponto B na Figura 3.10) e fornecem uma assinatura evidente da cristalização fracionada naquele momento. Os diagramas de variação podem ajudar a detalhar as identidades e proporções dos minerais em processo de cristalização (ver Cox et al., 1979) mas, como vimos, se os dados não forem avaliados com cuidado, esses diagramas poderão levar a conclusões equivocadas.

Os magmas sujeitos a cristalização fracionada na crosta continental são propensos a assimilar contaminantes siálicos, prontamente detectados com base na razão de isótopos radiogênicos ou na razão $^{18}O/^{16}O$ (Figuras 3.11 e 3.12). A assimilação crustal aumenta a proporção de líquidos magmáticos residuais altamente evoluídos na câmara magmática e de seus produtos eruptivos, e tem desempenhado um papel essencial na gênese de muitos magmas graníticos (Capítulo 8).

EXERCÍCIOS

3.1 As fórmulas do diopsídio e da anortita são $CaMgSi_2O_6$ e $CaAl_2Si_2O_8$. Calcule a composição ideal de cada mineral em % em massa de óxidos. As massas moleculares relativas em unidades de massa atômica (**uma**) são: MgO = 40,32, Al_2O_3 = 101,96, SiO_2 = 60,09 e CaO = 56,08.

3.2 Utilizando os resultados do Exercício 3.1, calcule as composições (em % em massa de óxidos) do líquido magmático n (26% de anortita) e do líquido eutético E (41% de anortita) na Figura 3.2

3.3 (a) A que temperatura o líquido em y na Figura 3.3 começa a cristalizar, e qual é o primeiro mineral a cristalizar nessas condições? (b) Qual é a porcentagem de fase líquida que precisa cristalizar antes do segundo mineral começar a cristalizar. Que mineral é esse e a que temperatura ele surge?

3.4 Na Figura 3.6, qual é porcentagem de fase líquida m cristalizada a (a) 1700°C, (b) 1600°C e (c) 1550°C em uma cristalização em equilíbrio, e qual será a composição da olivina coexistente com a fase líquida em cada temperatura (expressa em Fo_x)?

3.5 Utilize a regra da alavanca para calcular a composição do "extrato (X + Y)" na Figura 3.10f como porcentagem de massa de Y e de Z. Estime a porcentagem em massa da fase líquida remanescente quando a fase líquida inicial m_0 fracionou (a) na composição m_1 e (b) na composição m_5.

CAPÍTULO 4
As Rochas Gabroicas

Os gabros são rochas ígneas de granulação grossa, com composição equivalente à dos basaltos. Eles representam magmas basálticos cristalizados lentamente, em profundidade. Se os gabros fossem intrusões homogêneas, não seria necessário dizer muito, além do que foi discutido no Capítulo 2; porém, nos gabros a homogeneidade não é regra. De modo geral, as intrusões gabroicas volumosas têm uma arquitetura interna química e mineralógica – denominada **estratificação** ígnea – que conserva os detalhes do histórico de cristalização do magma e, indiretamente, registra a evolução da composição química do líquido magmático, discutida no âmbito experimental no Capítulo 3. O estudo dessa estratificação ígnea – e de suas variações locais nas proporções entre os minerais – torna claro que algumas diferenças nas propriedades físicas dos minerais em processo de cristalização (nomeadamente sua densidade, seu hábito cristalino e sua taxa de nucleação) são capazes de promover sua segregação durante a cristalização e a deposição. O resultado é a concentração localizada de minerais em camadas, o que, muitas vezes, é efetivo o bastante para gerar rochas essencialmente monominerálicas, como o dunito e o anortosito. Essas rochas **cumuláticas** requerem uma nomenclatura mais ampla, que inclua uma gama maior de composições mineralógicas, em comparação com os basaltos (Figura 4.1).

As rochas gabroicas se formam nos mesmos ambientes tectônicos que os basaltos, descritos no Capítulo 2. Contudo, o estudo dessas rochas somente é possível quando elas são exumadas por soerguimento ou erosão.

A NOMENCLATURA DAS ROCHAS GABROICAS

As definições

Gabro: rocha ígnea de granulação grossa composta essencialmente de augita (ver Quadro 2.1) + plagioclásio cálcico (An > 50%).

Dolerito:[1] rocha ígnea de granulação média (Figura 1.3a) formada sobretudo por augita + plagioclásio cálcico.

Outros minerais que podem estar presentes nesses dois tipos de rocha são listados na Tabela 4.1.

Uma das técnicas ópticas utilizadas para estimar a composição do plagioclásio ao microscópio é explicada no Quadro 4.1. Uma rocha melanocrática ou mesocrática contendo plagioclásio *mais sódico* (An < 50%) é chamada de diorito, não gabro, sobretudo se contiver hornblenda e piroxênio (ou apenas hornblenda). Essas rochas são descritas no Capítulo 8. Quando o teor de plagioclásio de uma rocha é menor que 10%, a nomenclatura das rochas máficas pode ser usada para descrevê-la (Capítulo 5).

A vasta maioria dos gabros é encontrada em corpos plutônicos. Contudo, restringir a adoção do termo gabro (como sugere a União Internacional das Ciências Geológicas, IUGS) apenas a rochas plutônicas não é conduta apropriada, já que o gabro, conforme definido, pode ser encontrado como uma fácie interna de granulação grossa em algumas lavas espessas (ver Arndt et al., 1977, por exemplo). A definição de uma rocha é mais apropriada quando embasada nas características descritivas dela, não no local onde se formou.

O adjetivo **"gabroico"**, tal como entendido pela maioria dos petrólogos, inclui uma variedade mais ampla de rochas semelhantes, também de granulação grossa (o norito, o gabronorito, o troctolito e o anortosito, além do próprio gabro). O norito, por exemplo, embora tenha uma textura semelhante à do gabro, consiste sobretudo em plagioclásio e *or*topiroxênio (Figura 4.1). Quando presente, o clinopiroxênio é um mineral secundário. A justificativa para essa flexibilidade no emprego do termo "gabroico" está no fato de que todas as rochas gabroicas podem, em tese, ser formadas por processos de

---
[1] Chamado de *diabásio*, nos Estados Unidos. A IUGS recomenda o uso do sinônimo "microgabro" (Le Maitre, 2002).

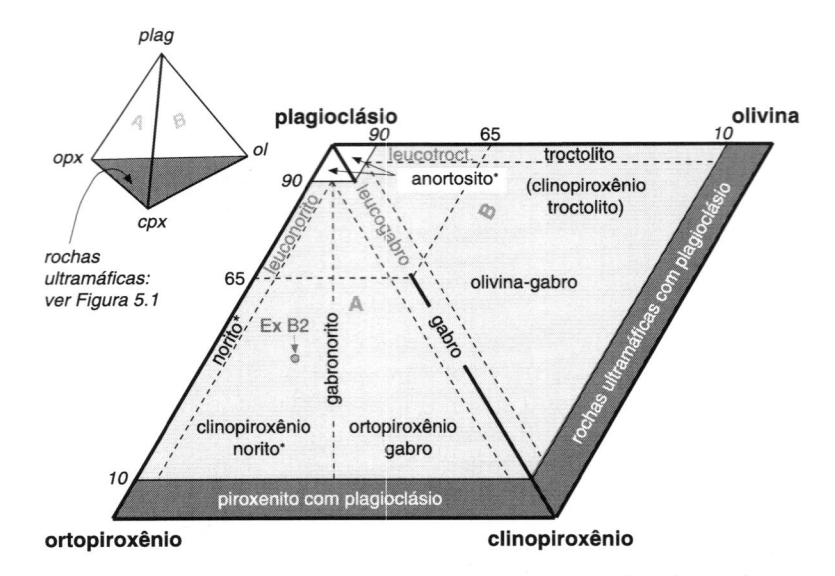

Figura 4.1 Diagrama mostrando a nomenclatura da IUGS para rochas gabroicas baseada nas proporções modais de plagioclásio, olivina, clinopiroxênio e ortopiroxênio (Le Maitre, 2002). As faces A e B do tetraedro plag–opx–cpx–ol (no detalhe) são mostradas de forma planificada no diagrama principal. O "clinopiroxênio troctolito" é mostrado entre parênteses porque, embora esteja em consonância com a lógica da nomenclatura definida pela IUGS para rochas gabroicas, não aparece explicitamente no diagrama proposto pela instituição. O ponto Ex B2 faz referência ao Exercício 2 no Apêndice B.

*Nota: A condição de um plagioclásio ser *cálcico* (An > 50%), como na definição de gabro *sensu stricto*, não é válida para o norito, o leuconorito ou o anortosito.

Tabela 4.1 Resumo da mineralogia dos gabros e doleritos. As propriedades ópticas dos minerais mais importantes são apresentadas no Apêndice A

Minerais essenciais	• Augita • Plagioclásio cálcico (An > 50 % molar – ver o Quadro 4.1)
Principais minerais qualificadores	• Enstatita* (para saber sobre seu processo de identificação, ver o Quadro 4.2) • Olivina • Nefelina, analcita (ou outro feldspatoide) • Quartzo • Hornblenda
Minerais acessórios comuns	• Opacos (cromita, magnetita, ilmenita, sulfetos) • Apatita, zircão
Minerais secundários (de alteração) comuns	• Serpentina ou iddingsita em substituição à olivina (ver o Quadro 2.2) • Clorita ou uralita em substituição ao piroxênio • Sericita em substituição ao plagioclásio e/ou feldspatoides

*No passado, a literatura especializada dividia os ortopiroxênios em enstatita (En_{90-100}), bronzita (En_{70-90}) e hiperstênio (En_{50-70}); a utilização corrente reúne todos esses minerais sob o termo "enstatita" (En_{50-100}), como mostra o Quadro 2.1.

segregação cristalina durante a cristalização de um líquido magmático homogêneo de composição gabroica/basáltica. O significado exato de cada um desses nomes é fundamentado na nomenclatura definida pela IUGS e baseado em análises **modais** quantitativas, como mostra a Figura 4.1.[2] Porém, essa terminologia também pode ser empregada informalmente na análise visual qualitativa de uma lâmina delgada. As palavras mais adequadas a essas definições qualitativas são:

Anortosito: rocha ígnea de granulação grossa, composta por mais de 90% de plagioclásio.[3]

Troctolito: rocha ígnea de granulação grossa, composta sobretudo de plagioclásio cálcico + olivina.

---

[2] O detalhe na figura mostra um tetraedro, um polígono **quaternário** tridimensional, no qual as proporções relativas de *quatro* minerais podem ser representadas (desconsiderando a problemática envolvendo a representação bidimensional dessa imagem 3D). A figura principal mostra a vista lateral planificada de duas faces do tetraedro (A e B). Os triângulos ilustram as proporções relativas de três minerais diferentes, nos vértices. O procedimento para representar dados modais nesse tipo de diagrama é descrito no Apêndice B.

[3] Observe que a exigência de que esse plagioclásio seja cálcico (An > 50%) é atenuada para o norito ou o anortosito, que contêm andesina em lugar dele.

Norito: rocha ígnea de granulação grossa, composta sobretudo de plagioclásio + ortopiroxênio.[3]

Gabronorito: rocha ígnea de granulação grossa, composta sobretudo de plagioclásio cálcico + augita + enstatita (os dois piroxênios estão presentes em quantidades semelhantes).

A IUGS recomenda o termo "gabroide" para descrever de maneira provisória, em campo, as rochas plutônicas semelhantes ao gabro, antes de uma análise petrográfica ao microscópio.

A subdivisão de gabros e doleritos

Uma vez que granulação grossa permite identificar com confiabilidade todos os minerais presentes em rocha (a menos que a alteração tenha substituído um ou mais minerais ígneos por completo), as definições da IUGS para o gabro e rochas afins são fundamentadas nas proporções modais dos minerais encontrados nessas rochas (Figura 4.1). Nesses casos, os diagramas de variação química, como o gráfico álcalis totais-sílica (TAS), não são necessários, uma vez que as incertezas associadas à presença de vidro ou à granulação fina dos basaltos deixam de ser uma preocupação. Além disso, dependendo do quanto a análise de uma rocha de granulação grossa foi influenciada por processos cumulativos, ela perde confiabilidade em termos de composição do magma (Quadro 1.4). Logo, representar essa composição como um gráfico TAS não é procedimento adequado.

A exemplo dos basaltos, é possível dividir os gabros e os magmas de que eles cristalizaram nas categorias toleítica e alcalina:

- Gabros toleíticos contêm enstatita modal (ortopiroxênio, identificado como mostrado no Quadro 4.2) além de augita; teores reduzidos de quartzo **intersticial** não são incomuns, indicando um líquido magmático ligeiramente supersaturado em sílica. A olivina pode ou não estar presente.
- Gabros alcalinos contêm quantidades subordinadas de algum feldspatoide (nefelina ou analcita – ver Quadro A1 no Apêndice A para o processo de identificação), além de olivina, indicando a ocorrência de cristalização a partir de um magma subsaturado em sílica. Teores reduzidos de hornblenda e de biotita também podem ocorrer.

Contudo, esses gabros diferem também em outros aspectos. A presença de dois piroxênios coexistindo em um gabro toleítico reflete a solubilidade mútua limitada entre os piroxênios com teores baixo e alto de Ca. Ao cristalizarem, as composições dos dois minerais indicam que eles estiveram em um equilíbrio dependente da temperatura (discutido em detalhe no Quadro 4.5): a enstatita é saturada em um componente de piroxênio com alto teor de Ca, ao passo que a augita é saturada em um componente com baixo teor de Ca. Esse equilíbrio faz com que os gabros toleíticos apresentem augitas cujas composições sejam relativamente pobres no elemento. Uma relação de saturação mútua como essa é identificável ao microscópio. À medida que os dois piroxênios esfriam lentamente, eles se tornam supersaturados um no outro, o que se manifesta como lamelas ou bolhas de **exsolução** (ver o Quadro 4.5 e as Pranchas 4.7 e 4.8). As augitas encontradas em gabros alcalinos não apresentam piroxênios com baixo teor de Ca com os quais poderiam entrar em equilíbrio. Ao contrário, elas seguem uma tendência mais rica em Ca (Figura 4.2), não são saturadas com o componente $Mg_2Si_2O_6$ e, portanto, não exsolvem essas lamelas durante o resfriamento lento. De modo geral, as augitas presentes em gabros alcalinos são da variedade titano augita, com pleocroísmo de marrom a lilás (Quadro 2.1).

Os gabros e doleritos alcalinos muitas vezes contêm minerais acessórios característicos, como a kaesurtita, um anfibólio de cor marrom e rico em Ti.

A ESCALA E A COLOCAÇÃO DE INTRUSÕES DOLERÍTICAS E GABROICAS

Pequenos corpos intrusivos

Os diques são corpos intrusivos tabulares e discordantes, quase verticais no momento da colocação, que muitas vezes ocorrem na forma de enxames paralelos ou radiais (Figura 4.3a). Sua largura varia muito, de alguns centímetros a várias centenas de metros, e seu comprimento pode atingir dezenas ou até centenas de quilômetros. Há também os diques que se prolongam por mais de 1.000 km, entre os quais o enxame gigante de diques de Mackenzie, no noroeste do Canadá (Figura 4.13), que ilustra a tendência radial de alguns enxames de grande porte do gênero. De modo geral, os diques básicos são compostos por um núcleo de dolerito (ou de gabro, nos diques mais espessos), embora aqueles coloca-

Quadro 4.1 A estimativa da composição do plagioclásio

O plagioclásio, em altas temperaturas, pode formar cristais homogêneos cujas composições estão entre 100% de anortita ($CaAl_2Si_2O_6$) e 100% de albita ($NaAlSi_3O_8$). Entre as propriedades ópticas variáveis com a composição, a mais útil na estimativa da composição de cristais de plagioclásio em uma lâmina delgada é o **ângulo de extinção**. Em cristais de plagioclásio com macla da albita (Figura 4.1.1), as lamelas geminadas se extinguem em ângulo com o plano limite* que separa umas das outras. O ângulo de extinção é calibrado em relação ao teor de anortita, como mostra a Figura 4.1.2, o que permite determinar composições ao microscópio de polarização.

A Figura 4.1.2 é válida apenas para cristais cujos planos limite da macla da albita (paralelos a [010]) são precisamente perpendiculares ao plano da lâmina delgada. Os cristais que apresentam a orientação correta podem ser identificados mediante três testes (Deer et al., 1992), cujos critérios têm de ser atendidos para que a identificação possa ser confiável:

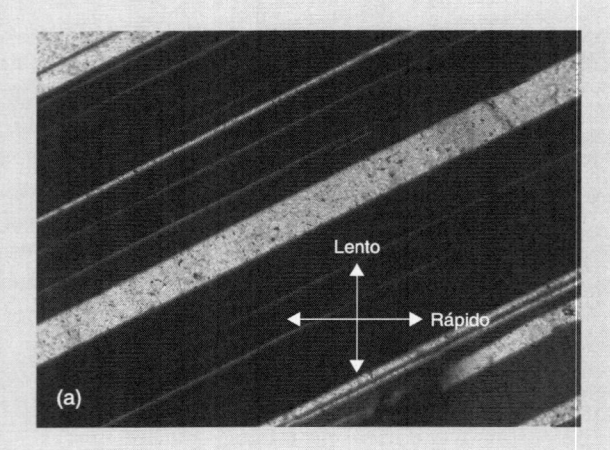

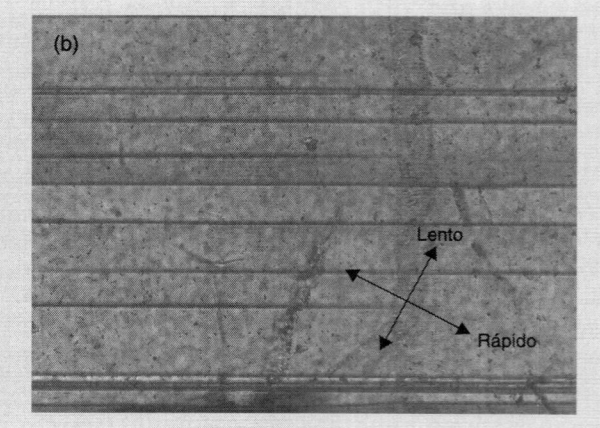

Figura 4.1.1 (a) Imagem de um plagioclásio em nicóis cruzados (LP) mostrando a macla da albita – a mais comum no plagioclásio – com um dos conjuntos de lamelas em extinção; os eixos mostram as direções de vibração rápida e lenta, determinadas utilizando um compensador (Quadro 9.2). (b) Fotografia do mesmo cristal rodada em 27,6° no sentido horário, o ângulo necessário para fazer com que o plano limite fique paralelo ao analisador; observe a uniformidade da tonalidade entre as maclas adjacentes. (c) O mesmo cristal, com outra macla em posição de extinção em LP (rodando a platina por outros 27,3° no sentido horário). A amostra é um gabro da Zona Mediana de Skærgaard.

*O termo utilizado em cristalografia para descrever esse plano limite é *plano de composição* (Cox et al., 1998; Deer et al., 1992). O termo não é empregado aqui porque pode causar confusão, já que não diz respeito a composições químicas.

Capítulo 4 As Rochas Gabroicas 97

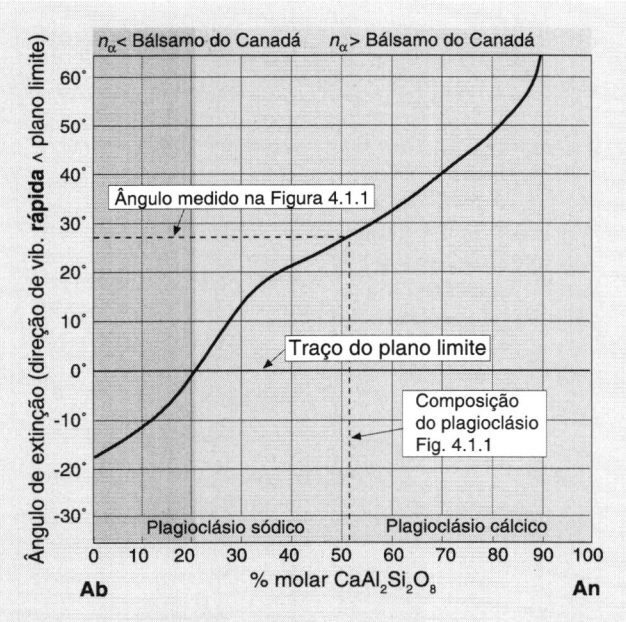

Figura 4.1.2 Curva empírica para a determinação da composição do plagioclásio a partir do ângulo de extinção de seções perpendiculares a (010) – ver abaixo para entender como selecionar essas seções. Os plagioclásios no intervalo An_0–An_{20} têm ângulos de extinção semelhantes aos ângulos entre An_{20} e An_{38}, mas podem ser distinguidos pelo fato de apresentarem um índice de refração n_α menor do que o do balsamo do Canadá (ver a zona mais escura na Figura 4.1.2). A calibração mostrada é válida apenas para os plagioclásios de "baixa temperatura" de rochas hiperabissais e plutônicas (ver Deer et al., 1992, Figura 162). O ângulo de extinção e a composição estimada do cristal de plagioclásio na Figura 4.1.1 são mostrados como exemplo.

1. O plano limite deve estar bem definido (Figura 4.1.1.) e não pode apresentar movimento lateral se houver uma pequena perda de foco (qualquer movimento implica um plano limite que não está perpendicular de maneira precisa em relação ao plano da lâmina).
2. Lamelas vizinhas devem apresentar cores de interferência *idênticas* quando o plano limite estiver na direção N–S ou E–W (Figura 4.1.1b).
3. Lamelas adjacentes devem apresentar o mesmo ângulo de extinção (em direções opostas) dentro de uma tolerância de 5% (Figura 4.1.1a e c).

Quando um cristal adequado é encontrado, procede-se rodando a platina até encontrar a posição em que uma das lamelas da macla esteja exatamente em extinção e medindo a posição da platina utilizando a régua na própria platina. As direções de vibração das lamelas agora são paralelas ao polarizador e ao analisador do microscópio. É interessante desenhar o grão e marcar as duas direções de vibração (compare com a Figura 4.1.1a). Roda-se a platina exatos 45° e utiliza-se o compensador (Apêndice A1) para determinar a *direção de vibração rápida* (n mais baixo), que pode ser anotada no desenho. Retorna-se à posição de extinção e anota-se se a direção rápida (α) é paralela à régua horizontal ou à régua vertical (direção do polarizador ou do analisador, respectivamente). Após, gira-se a platina para fazer com que o plano limite fique exatamente paralelo à mesma régua (Figura 4.1.1b). Então, anota-se o ângulo com atenção e subtrai-se esse valor daquele lido inicialmente, determinando o ângulo de extinção da lamela em estudo. Após, deve-se girar novamente a platina para fazer com que a lamela adjacente fique completamente extinta (Figura 4.1.1c), anotar o ângulo e subtrair da segunda leitura para obter o ângulo de extinção complementar. Se as duas medidas dessa diferença concordarem em um ou dois graus (sem levar em conta o sinal), então calcula-se a média. Caso contrário, é preciso encontrar outro grão e repetir o processo.

O ideal é mensurar os ângulos de extinção de acordo com esse procedimento para cerca de dez cristais com a orientação adequada, lançando o *valor máximo* obtido na Figura 4.1.2 para estimar a composição do plagioclásio. Se o plagioclásio for sódico, talvez seja necessário estimar também o índice de refração n_α (ver a legenda da Figura 4.1.2).

Quadro 4.2 A distinção entre o ortopiroxênio e o clinopiroxênio

O ÂNGULO DE EXTINÇÃO

A ferramenta mais comum para distinguir piroxênios ortorrômbicos de piroxênios monoclínicos é o ângulo de extinção. Porém, é preciso tomar cuidado para selecionar as seções cristalinas mais apropriadas. Nos cristais ortorrômbicos, a extinção é *paralela* à clivagem prismática (210) quando observada em seções prismáticas ou pinacoides, mas não nas outras. Nos piroxênios monoclínicos, a extinção é *oblíqua* à clivagem prismática (110), exceto nas seções paralelas ao eixo y.

A melhor estratégia para evitar o uso de seções inadequadas que levem a resultados equivocados consiste em conduzir o teste de extinção selecionando apenas os grãos que exibam:

1 uma única clivagem (não duas clivagens perpendiculares, conforme visto em seções basais), *e*
2 a cor de interferência mais elevada disponível (o que indica proximidade a uma seção transversal α–γ).

A Figura 4.2.1 mostra o comportamento de extinção de ortopiroxênios e clinopiroxênios nessas circunstâncias.

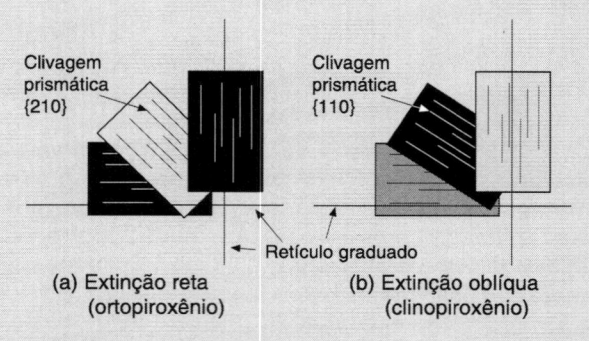

Figura 4.2.1 A distinção em nicóis cruzados entre (a) extinção reta, ou *paralela*, em uma seção α–γ (100) de um *ortopiroxênio*, como a enstatita, e (b) extinção *inclinada* em uma seção α–γ (010) de um *clinopiroxênio* como a augita.

OUTRAS DIFERENÇAS

Três indícios adicionais revelam se um piroxênio é ortorrômbico ou monoclínico:

1 Algumas enstatitas exibem um pleocroísmo verde-rosado fraco mas muito característico.
2 Os ortopiroxênios têm birrefringência mais baixa (cores de primeira ordem) do que os clinopiroxênios (cores de segunda ordem) – compare com o Quadro A1 no Apêndice A.
3 Os ortopiroxênios nunca exibem maclas, ao passo que os clinopiroxênios, inclusive a pigeonita, podem exibi-las.

---

dos em profundidades menores exibam bordas de resfriamento compostas por basalto (Figura 4.3b). Juntas colunares sub-horizontais muitas vezes se desenvolvem perpendicularmente às margens dos diques (Figura 4.3a), as quais atuam como superfícies de resfriamento. Além de promover o transporte vertical do magma à superfície, alimentando erupções fissurais, a colocação dos diques pode transportar esse magma lateralmente ao longo de distâncias consideráveis (Ernst et al., 1995).

As soleiras (*sills*) são intrusões sub-horizontais tabulares, na maioria das vezes concordantes com a estratificação das rochas encaixantes (de modo geral, são sucessões sedimentares ou vulcânicas não deformadas). São poucas as soleiras que têm mais de algumas centenas de metros de espessura. A maioria se constitui em corpos tabulares individuais no interior de complexos cuja espessura total pode alcançar diversos quilômetros. Por exemplo, algumas soleiras jurássicas existentes em Ferrar, nas montanhas transantárticas (Figura 4.3d) têm espessuras que, no conjunto, atingem 2 km. Com frequência as soleiras são *transgressivas:* vistas lateralmente, sobem ou descem entre dois horizontes estratigráficos na sucessão encaixante. Segmentos sucessivos concordantes ou transgressivos criam

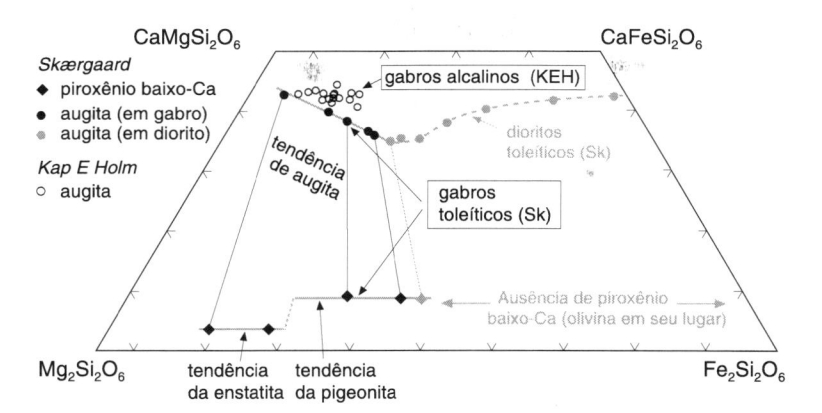

Figura 4.2 Gráfico comparativo das composições do piroxênio em gabros toleíticos (intrusão de Skærgaard, símbolos pretos sólidos) e gabros alcalinos (complexo de Kap Edvard Holm, símbolos vazados). Os dados estão representados na forma do "quadrilátero do piroxênio" apresentado no Quadro 2.1. A tendência para a augita difere entre suítes de gabros toleíticos e gabros alcalinos devido ao equilíbrio com o piroxênio com baixo teor de Ca presente nos primeiros (Quadro 4.5); quando o piroxênio com baixo teor de Ca para de cristalizar, a tendência para a augita muda de direção (os símbolos cinza representam dioritos mais evoluídos presentes na intrusão de Skærgaard). Dados obtidos de Wager e Brown (1968), Deer e Abbot (1965) e Elsdon (1971).

uma geometria escalonada ou em degraus (Francis, 1982). Em três dimensões as soleiras e seus complexos normalmente exibem uma arquitetura em forma de pires ou tigela. A visualização tridimensional computadorizada de dados de reflexão sísmica de complexos de soleiras (Thomson, 2004; Thomson e Schofield, 2008) revela detalhes fascinantes sobre o modo como os sistemas de soleiras são colocados e ilustra o percurso lateral de soleiras individuais para fora do sistema, na forma de lobos semelhantes a dedos, como aqueles formados por lavas pahoehoe (Figura 4.4a; compare com a Figura 2.2b e Prancha 9.19). Esse tipo de visualização também mostra como diques periféricos concêntricos podem transportar o magma do "pires" central até uma borda elevada externa, como um prato de sopa com borda com uma superfície horizontal, uma inclinada e uma terceira também horizontal (Figura 4.4b).

Alguns complexos de soleiras, como a maioria dos enxames de diques, transportam magmas lateralmente por distâncias muito grandes ao longo da crosta. Evidências dão conta de que os magmas das soleiras de Ferrar, por exemplo, fluíram lateralmente por até 4.000 km a partir de uma única fonte, provavelmente localizada na margem em rifte África-Antártica (Storey e Kyle, 1997; Leat, 2008).

No entanto, quais são os fatores que determinam se um magma é colocado como dique ou como soleira? Na crosta, um corpo magmático expande na direção em que encontra a menor resistência. A Figura 4.5a mostra uma seção transversal das forças atuantes na extremidade de um dique em deslocamento. A ascensão da extremidade (de z_1 a z_2) é impelida pela pressão interna do magma P_m e sofre resistência de (i) a componente principal mínima σ_3 do campo de tensões regional, e (ii) da tensão κ da rocha encaixante (a qual tem de ser vencida antes de a fissura poder expandir e que, na maior parte dos casos, é de aproximadamente 50 MPa). O dique se desloca para cima somente se:

$$P_m > \sigma_3 + \kappa \quad [4.1]$$

Em rochas nas quais κ é independente da direção, isto é, naquelas em que não há estratificação ou outra estruturação significativa, a normal à superfície do dique se aproxima no momento da colocação da direção da força de compressão mínima σ_3, a qual deve ter atuado na direção horizontal e ter sido *menor* que a carga litostática vertical. Quando invadem rochas fraturadas, os diques muitas vezes se ramificam, desenvolvem **apófises** (Figura 4.3c) ou exploram fraturas *en echelon*.

Por outro lado, a colocação das soleiras ocorre em profundidades relativamente baixas, onde a carga litostática, que atua na vertical, é a tensão de cisalhamento mínima (Figura 4.5b). Nessas circunstâncias, a propagação lateral (de x_1 a x_2) precisa satisfazer a equação:

$$P_m > \sigma_3 + \kappa = \bar{\rho}gh + \kappa \approx \bar{\rho}gh \quad [4.2]$$

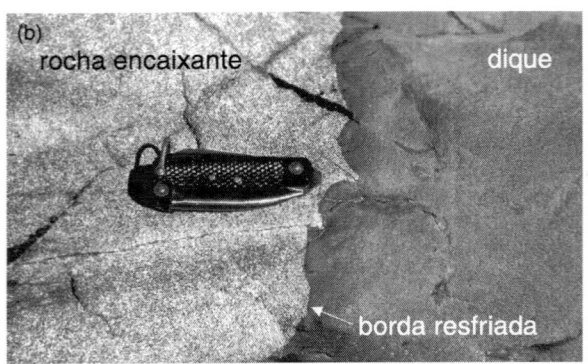

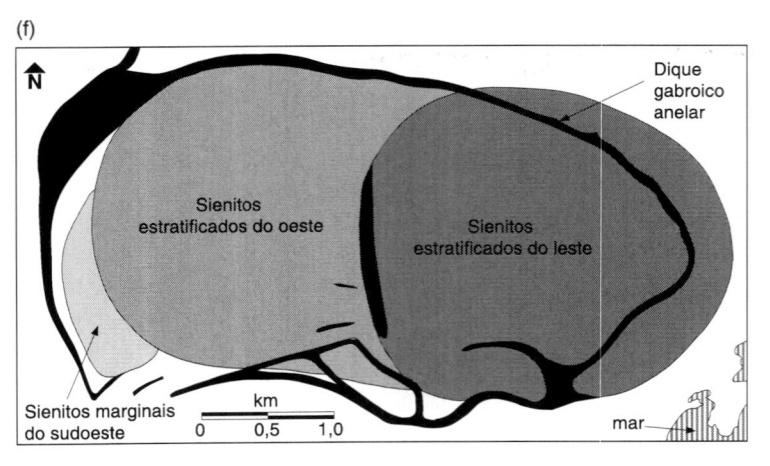

100 Rochas e Processos Ígneos

(a)

(b) rocha encaixante | dique | borda resfriada

(c) apófise

(d)

(e)

(f)
- N
- Dique gabroico anelar
- Sienitos estratificados do oeste
- Sienitos estratificados do leste
- Sienitos marginais do sudoeste
- km 0 0,5 1,0
- mar

Figura 4.3 (a) Enxame denso de diques doleríticos, leste da Groenlândia; os diques mais precoces (com até 1,5 m de espessura) sofreram basculamento após a colocação, ao passo que os diques mais jovens apresentam mergulho mais pronunciado e juntas mais evidentes.* (b) Borda esfriada de um dique; observe a granulação crescente em direção ao interior do dique (à direita); comprimento do canivete: 10 cm.* (c) Dique irregular mostrando **apófises**; comprimento do martelo: 35 cm.* (d) Soleira de dolerito com aproximadamente 300 m de espessura e apófise discordante; pertencentes ao complexo de soleiras de Ferrar, cortando sedimentos de margem de rifte do Supergrupo Beacon, nas Montanhas Transantárticas, recobertos pelos basaltos comagmáticos Kirkpatrick (foto: J. Bédard, reproduzida com permissão); (e) corpos tabulares de um cone dolerítico ligeiramente inclinados com 1,5 a 2 m de espessura, a oeste do píer Mingari, Ardnamurchan, Escócia (foto: C. H. Emeleus, publicada em Emeleus and Bell, 2005, e reproduzida com permissão do Instituto de Pesquisas Geológicas da Grã-Bretanha, IPR/103-27CA, NERC). Todos os direitos reservados); (f) mapa esquematizado de um dique gabroico anelar na intrusão de Kûngnât, sul da Groenlândia (com base em Emeleus and Upton, 1976), onde a zona branca representa rochas encaixantes gnáissicas do Proterozoico.

* Foto tirada pelo autor durante trabalho em campo para o Instituto de Pesquisas Geológicas da Dinamarca e Groenlândia, reproduzida com permissão.

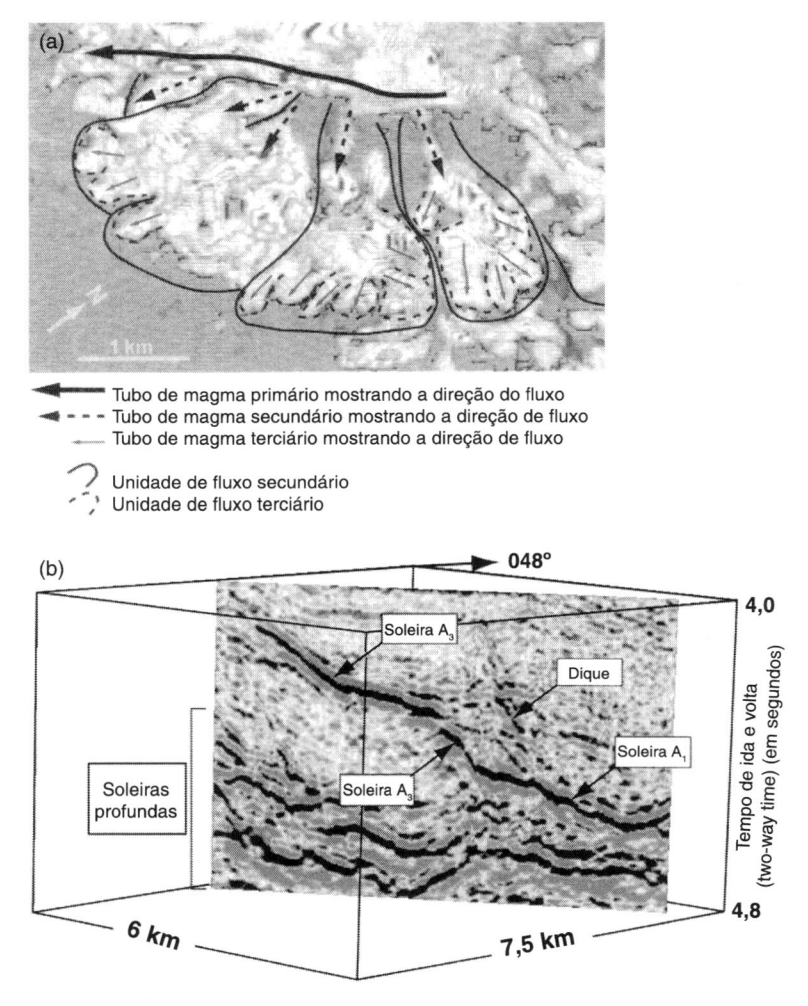

Figura 4.4 (a) Imagem de sísmica 3D em volume mostrando de parte de uma unidade de fluxo primário no interior do complexo híbrido de soleiras sob a calha norte de Rockall. Os tubos de magma secundário, que alimentam as unidades de fluxo secundário, ramificam-se a partir do tubo de magma primário. As unidades de fluxo secundário também se subdividem em unidades de fluxo de ordem menor (publicado por Thomson, 2004, reproduzido com permissão da Sociedade Geológica de Londres). (b) Seção sísmica contendo soleiras no interior da Bacia de Flett (a nordeste da calha de Rockall). É possível perceber que "Soleira A" é composta por três segmentos distintos que produzem uma morfologia de superfícies planas e inclinadas em alternância (reproduzido com permissão de Thomson e Schofield, 2008).

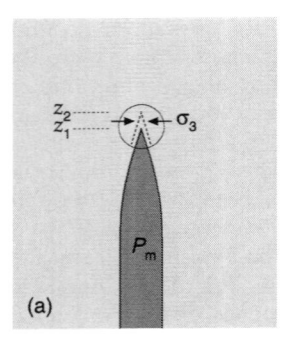

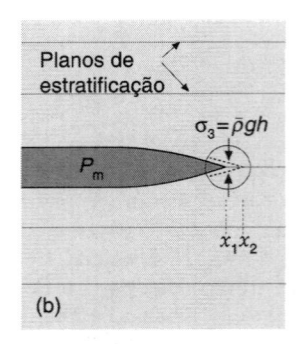

Figura 4.5 Seções verticais mostrando as forças atuantes na extremidade de (a) um dique em propagação e (b) uma soleira em processo de expansão. σ_3 é a força de compressãp mínima na crosta, $\bar{\rho}$ é a densidade média das rochas sobre a soleira (kg m^{-3}), g é a aceleração da gravidade (9,807 m s^{-2}) e h é a profundidade da colocação igual à espessura da sobrecarga (m).

(Os símbolos foram definidos na legenda da Figura 4.5.) Em rochas sedimentares pouco soterradas, o vapor gerado pelo contato entre o magma e a água armazenada nos poros da rocha pode ajudar a superar a tensão κ das encaixantes, o que efetivamente a anula. A propagação das soleiras pode ocorrer nessas circunstâncias simplesmente se a pressão do magma exceder a carga litostática.

Intrusões pequenas associadas a plútons de grandes dimensões normalmente adquirem uma disposição em arco quando vistas em planta. Corpos intrusivos dispostos em cone (os chamados *cone sheets*, ou diques em cone) mergulham de forma centrípeta em direção a um complexo intrusivo (Figuras 4.3e, 4.6a), tipicamente com baixo ângulo. Vistos em conjunto, esses cones formam um padrão de afloramento arqueado. Um **dique anelar**, por sua vez, é um corpo intrusivo tabular encurvado, que envolve parcial ou totalmente um plúton (Figuras 4.3f, 4.6b), apresentando contatos que mergulham verticalmente ou com forte caimento *centrífugo*. Com frequência, os diques em cone e os diques anelares cortam as regiões superiores do complexo plutônico ao qual estão associados (e, por essa razão, são posteriores a ele), embora possam se estender também a suas rochas encaixantes (Figura 4.3f). Os diques em cone indicam a ocorrência de soerguimento e são formados quando uma câmara magmática está em processo de expansão. Na Figura 4.6a, as setas brancas largas representam as direções da compressão máxima (σ_1) nessas circunstâncias, enquanto as setas brancas mais finas sinalizam as trajetórias da menor tensão compressiva (σ_3) – perpendicular a σ_1 –, a qual o magma vence mais facilmente. Em contrapartida, os diques anelares estão

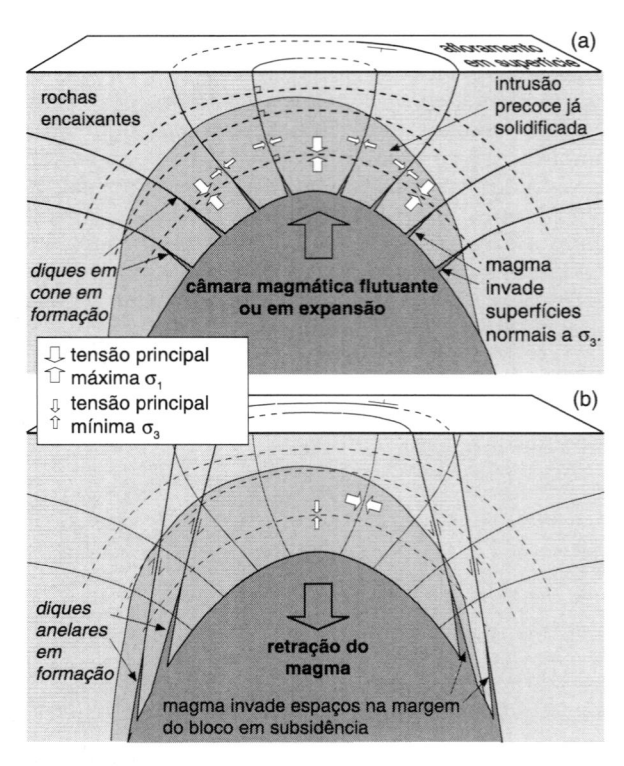

Figura 4.6 As trajetórias de tensão sobre uma câmara magmática, com base no diagrama de Anderson (1938) com modificações feitas por Jeffreys (1938). (a) As setas brancas largas e as linhas tracejadas mostram as trajetórias da compressão máxima acima da câmara magmática em expansão; as setas menores e as linhas sólidas representam as direções da menor tensão de compressão normal a σ_1. (b) Com a queda na pressão do magma, o campo de tensões é revertido, mas a falha extensional leva à formação de diques anelares *oblíquos* às direções da tensão principal.

associados à redução da pressão do magma, tal como ocorre após as erupções na superfície, e à subsidência do teto, como mostra a Figura 4.6b. A exemplo do que é observado muitas vezes com colapso extensional (Shaw, 1980), as fraturas anelares se formam *oblíquas* em relação às direções das tensões principais.

Os plútons gabroicos

As grandes intrusões de gabros, algumas das quais estão associadas a componentes ultramáficos ou anortosíticos, variam muito em tamanho. Algumas atingem poucos quilômetros de diâmetro, enquanto outras são muito maiores, como o complexo Bushveld, na África do Sul, que se estende por 450 km de leste a oeste. Determinar a forma tridimensional de uma intrusão é uma tarefa dificultada pelo fato de termos de inferi-la a partir de sua superfície exposta ou indiretamente, a partir das rochas que a recobrem. As intrusões gabroicas normalmente exibem uma variedade de geometrias que variam em função de suas dimensões (Tabela 4.2). As intrusões de tamanho médio podem apresentar a forma de um funil (por exemplo, Skærgaard, no leste da Groenlândia[4], e Kiglapait, na península de Labrador); uma tigela (Fongen-Hyllingen, na Noruega); diques gigantes ou formas afins, com seção transversal afunilada (o Grande Dique[5,6] no Zimbábue; Muskox, no Canadá). As maiores intrusões básicas-ultrabásicas tendem a apresentar a forma de **lopólitos** (por exemplo, Bushveld[6], na África do Sul). Contudo, para uma parcela significativa de complexos máficos/ultramáficos importantes, a forma original foi obliterada por falhamento (por exemplo, em Rum[6,7], nas Ilhas Hébridas), pela deformação tectônica (Fongen-Hyllingen, Windimurra, oeste da Austrália), por intrusões tardias (Cuillin,[6] na ilha de Skye, Hébridas) ou, como observado com mais frequência, pelo recobrimento por outras rochas (Stillwater[6], no estado de Montana, Estados Unidos).

AS FORMAS E ESTRUTURAS INTERNAS E A ESTRATIFICAÇÃO

Corpos intrusivos menores

A maior parte das intrusões de pequeno porte colocadas em rochas encaixantes já frias a pequenas profundidades forma bordas de resfriamento (Figura 4.3b), nas quais o crescimento cristalino foi impedido pelo resfriamento rápido.

Algumas soleiras espessas, como a soleira das ilhas de Shiant, composta por dolerito alcalino com 125 m de espessura (Gibb and Henderson, 2006) e a soleira toleítica de Palisades, em Nova Jérsei, Estados Unidos, com 300 m de espessura, exibem uma camada rica em olivina junto à base da intrusão. Por muito tempo, a noção mais amplamente aceita era a de que essas soleiras *diferenciadas* refletiam a acomodação gravitacional de minerais densos precoces, durante o lento resfriamento de uma massa magmática inicialmente homogênea. Porém, estudos recentes sugerem que a soleira das ilhas de Shiant seja o produto de intrusões múltiplas (Gibb and Henderson, 2006) e que a zona basal rica em olivina da soleira de Palisades represente uma injeção de uma suspensão rica em cristais (Husch, 1990; Gorring and Naslund, 1995). A soleira de Palisades tem uma zona **pegmatítica** a aproximadamente dois terços do topo, onde os resíduos finais do líquido magmático parecem ter cristalizado, o que sugere que a cristalização ocorreu não apenas na direção descendente, a partir do teto, mas também na direção ascendente, desde a base da intrusão.

Alguns diques e soleiras são *compostos*, isto é, suas zonas centrais têm composições visivelmente diferentes daquelas das bordas, indicando que uma segunda intrusão, de um magma distinto, explorou a mesma fissura ou horizonte enfraquecido, talvez antes de a primeira ter solidificado por completo.

A estratificação ígnea em plútons gabroicos

Muitos plútons gabroicos cuja menor dimensão ultrapassa algumas centenas de metros têm **estratificação** ígnea.[8] Em sua forma mais evidente, a estratificação é caracterizada pela repetição de camadas planas ou com sulcos suaves na direção ascendente, com espessuras que variam de centímetros a metros. As proporções relativas (composição modal) entre os diferentes minerais variam tanto nessas camadas que tais diferenças se tornam claramente visíveis no campo. Essa estratificação varia de uma simples sucessão de bandas ricas em minerais ferromagnesianos (Figura 4.7a) a um conjunto de camadas com belas graduações internas que podem ser holomelanocráticas (Figura 1.3) na base a mesocráticas ou leucocráticas no topo. Essas camadas se empilham diretamente umas sobre as outras (Figura 4.7b) ou se intercalam com gabros homogêneos (Figura 4.7c).

A formação dessas camadas em uma rocha plutônica requer algum tipo de processo de seleção de cristais durante a cristalização e a deposição. Na maioria das vezes, os minerais ferromagnesianos acumulam na base de cada camada, como mostra a Figura 4.7b, ao passo que os minerais félsicos se concentram no topo. As rochas plutônicas geradas por intermédio desses processos seletivos, as quais são enriquecidas em minerais específicos em relação à composição do líquido magmático, são chamadas de **cumulatos**. Em uma rocha cumulática, é possível diferenciar os minerais que

---

[4] As localizações dessas intrusões são mostradas na Figura 4.13.

[5] Um arranjo linear de câmaras magmáticas individuais em profundidade que se unem em níveis estruturais mais elevados.

[6] Os gabros ocorrem em associação com cumulatos ultramáficos nesses complexos.

[7] Esta é a grafia mais utilizada atualmente, embora o termo "Rhum" ocorra em obras mais antigas.

[8] R. G. Cawthorn (em comunicação pessoal) sugere que a estratificação pode ser encontrada em intrusões com espessuras tão delgadas quanto 300 m.

Tabela 4.2 Algumas intrusões gabroicas estratificadas importantes: forma, idade, ambiente tectônico, tipos de rochas associadas e depósitos minerais. Ver também Cawthorn (1996)

Forma	Exemplos	Idade (Ma)	Ambiente tectônico	Tipos de rochas associadas às rochas gabroicas	Depósitos minerais (elementos em negrito = jazidas em produção)*	Descrição recente
Funil	Skaergaard, leste da Groenlândia	55	Margem passiva relacionada a plumas	Ferrodiorito	Au, PGE	Irvine et al. (1998), Andersen et al. (1998), McBirney (1996)
	Kiglapait, península de Labrador	1.300	Anorogênica	Sienito		Yang and Morse (1992)
Lopólito ou tigela	Fongen-Hyllingen, Noruega	430	Sinorogênico	Quartzo sienito		Wilson and Sørensen (1996)
	Bushveld, África do Sul	2.060	Possivelmente da LIP de Hatton (1995)	Cumulatos ultramáficos, ferrodiorito	**PGE, Cr, V, Cu, Ni**	Eales and Cawthorn (1996), Cawthorn and Walraven (1998)
	Windimurra, oeste da Austrália	2.800	Greenstone belt arqueano	Cumulatos ultramáficos, leucogabronorito, etc.	PGE, V	Mathison and Ahmat (1996)
Dique gigante	Tugtûtoq, sul da Groenlândia	1.163	Rifte continental	Sienito (dique composto)		Upton et al. (2003)
Semelhante a dique com seção transversal em funil	Muskox, Canadá	1.270	Rifte continental/LIP	Cumulatos ultramáficos	PGE, Cu, Ni, Cr	Roach et al. (1998)
	Grande dique, Zimbábue	2.575	Rifte continental/LIP	Cumulatos ultramáficos	**PGE, Cu, Ni, Cr**	Wilson (1996)
Outras (formas de intrusão menos definidas)	Intrusão Estratificada Oriental, Rum, Hébridas	60	Margem passiva relacionada a pluma	Peridorito feldspático		Emeleus et al. (1996)
	Stillwater, Montana	2.700	Possivelmente relacionada a subducção	Cumulatos ultramáficos	**PGE, Cu, Ni, Cr**	McCallum (1996)

*Com base em Lee (1996) e Cawthorn (comunicação pessoal).

Figura 4.7 (a) Camadas máficas em diversas escalas em Hallival, Rum, Ilhas Hébridas; (b) camadas sucessivas com gradação modal, zona média da intrusão de Skærgaard (caderneta de campo: 17 cm);* (c) camadas com gradação modal, alternadas com gabros homogêneos, zona média da intrusão de Skærgaard (canivete: 10 cm)*; (d) estratos cruzados, margens da zona média da intrusão de Skærgaard (a linha cinza que atravessa a rocha representa silte depositado em uma canaleta rasa).

(continua)

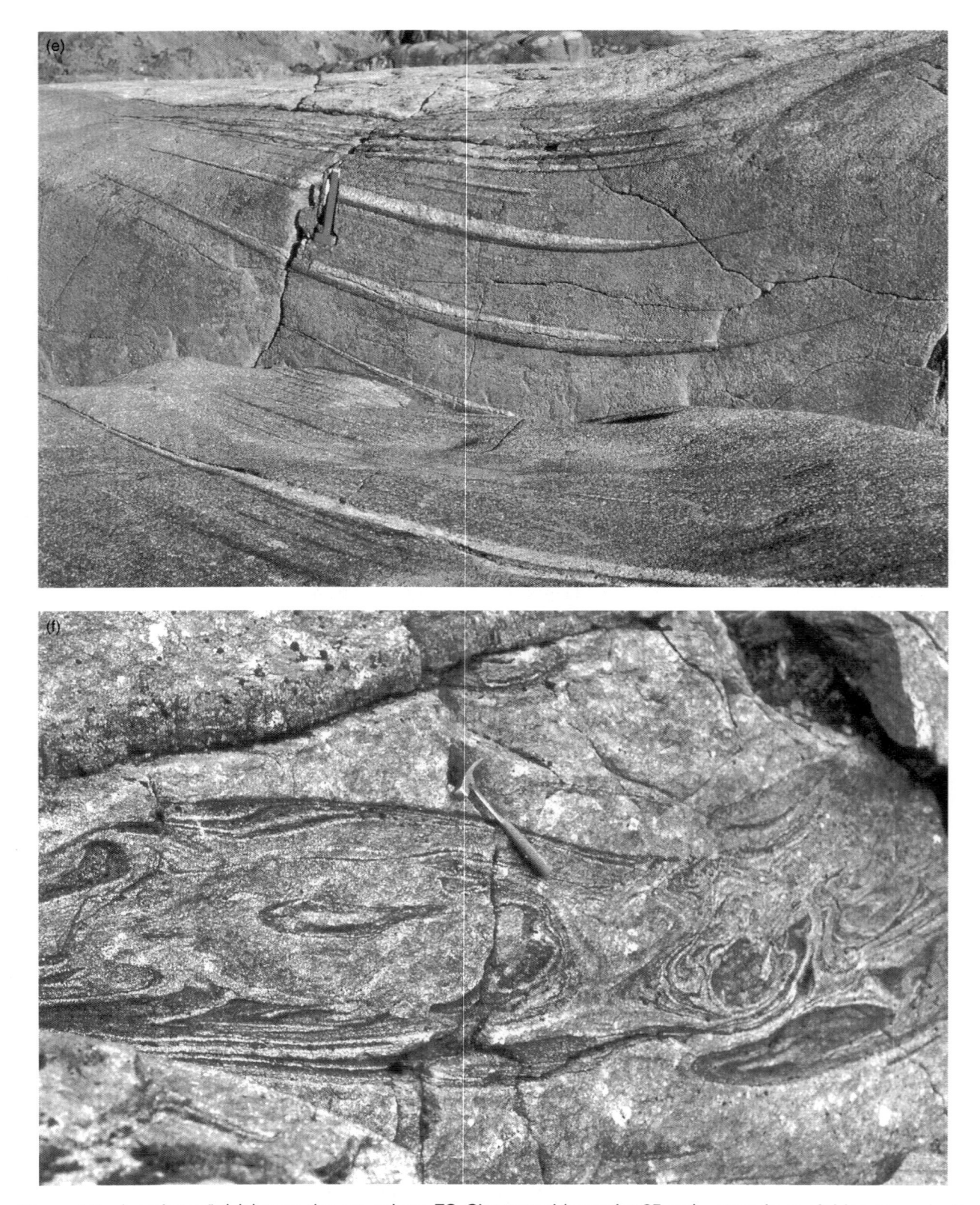

Figura 4.7 (continuação) (e) camadas em sulcos, ZS, Skærgaard (martelo: 35 cm) – quando corrigidos para a inclinação pós-intrusão, esses sulcos mergulham para o centro da intrusão;* (f) estrutura em escorregamento, Hallival, ilha de Rum (comprimento do martelo: 28 cm). ZS: zona superior.

*Foto tirada pelo autor durante trabalho em campo para o Instituto de Pesquisas Geológicas da Dinamarca e Groenlândia, reproduzida com permissão da instituição. A Figura 4.7e recebeu retoques digitais para minimizar o impacto visual de amostragem descuidada.

Figura 4.7 (continuação) (g) crescumulática (harrisítica), onde os cristais crescem em posição perpendicular à direção de estratificação, Glen Harris, Rum (tampa da lente: 6 cm); (h) lente de pegmatito gabroico na Série de Borda Marginal, Skærgaard (canivete: 10 cm).*

*Foto tirada pelo autor durante trabalho em campo para o Instituto de Pesquisas Geológicas da Dinamarca e Groenlândia, reproduzida com permissão da instituição.

podem ter se acumulado devido a esses processos (os minerais **cúmulus**) e aqueles que cristalizaram posteriormente, a partir do líquido magmático **intersticial** (minerais **intercumulus**). Isso quer dizer que, diferente de uma rocha vulcânica, a análise de uma amostra de mão de uma rocha cumulática não registra com exatidão a composição do líquido magmático de que cristalizou. É somente na borda de resfriamento, onde as encaixantes frias promovem o resfriamento rápido demais do líquido magmático, impedindo qualquer processo de acumulação, que uma estimativa pode ser feita (contudo, ela nem sempre confiável) sobre a composição do magma ou do líquido magmático iniciais. Enquanto a mineralogia das rochas vulcânicas é ditada pela composição do líquido magmático,[9] o oposto é válido para uma rocha cumulática: sua composição química depende, sobretudo, dos minerais que con-

---

[9] A mineralogia também é influenciada pelas condições nas quais ocorre a cristalização.

tém e das proporções em que elas se acumularam nela (Quadro 1.4), variando de horizonte para horizonte em uma camada.

Ao descreverem intrusões estratificadas, os petrólogos distinguem três tipos de estratificação ígnea:

- A *estratificação modal*[10] é definida pela variação nas *proporções* **modais** dos minerais cumuláticos relativa à **altura estrutural**, como mostra a Figura 4.7a; a variante mostrada nas Figuras 4.7b e c é chamada de *estratificação modal graduada*.
- A *estratificação em fases* é definida pela variação na *identidade* dos minerais cumuláticos com o aumento da altura estrutural (Figura 4.8b).[11]
- A *estratificação críptica* é descrita como a variação nas *composições* dos minerais cumuláticos com a altura estrutural.

Um número reduzido de intrusões exibe, internamente às camadas, uma *gradação de tamanho* (de granulação) *dos cristais* de minerais cumuláticos, independentemente das proporções modais.

Os diferentes aspectos da estratificação são compreendidos com mais facilidade com o estudo da seção transversal de uma intrusão estratificada bem exposta, como a intrusão de Skærgaard, no leste da Groenlândia, mostrada na Figura 4.8. Essa abordagem permite averiguar os aspectos essenciais da arquitetura de um corpo gabroico estratificado. Skærgaard é um exemplo ideal para essa finalidade, pois se formou pela cristalização em sistema fechado de um único pulso de magma não afetado por quaisquer injeções posteriores de magma que, quando ocorrem, elevam a complexidade de muitos plútons gabroicos. A Figura 4.8a mostra o nível em que a câmara magmática foi colocada, próximo à discordância entre gnaisses precambrianos do embasamento e as rochas que os recobrem (no caso, um pacote delgado de sedimentos do Cretáceo recobertos por basaltos do Eoceno). A linha x–y mostra o nível atual de exposição ao longo da seção oeste–leste. Devido ao fato de a intrusão ter sido basculada para sul–sudeste (o que não é visível na Figura 4.8a), a superfície erodida atual, em três dimensões, na verdade expõe a maior parte da extensão vertical da intrusão, de noroeste a sudeste. Uma "zona oculta" de espessura desconhecida permanece encoberta sob a superfície.

A Série Estratificada constitui mais de 90% do volume da intrusão (o restante é composto por séries marginais e de borda superior, como mostra a Figura 4.8a). A estratificação modal, muito desenvolvida na Série Estratificada, serve como referência "estratigráfica" em campo, útil na documentação da ordem de deposição das rochas cumuláticas à medida que a intrusão cristalizava, começando pela base e terminando no topo. As outras formas de estratificação se tornam aparentes apenas com investigações petrográficas em laboratório. O lado direito da Figura 4.8b revela que a assembleia de minerais cumuláticos é alterada com o aumento da altura estrutural. Essa estratificação em fases reflete o modo como o conjunto de minerais em processo de cristalização no líquido magmático em cada estágio sofreu alterações com o avanço do processo e fornece todos os elementos necessários para dividir a Série Estratificada em zonas, a Zonas Inferior, a Média e a Superior (LZ, MZ e UZ; *lower, middle* e *upper zones*, respectivamente) (com base na presença inicial, no desaparecimento e no ressurgimento de olivina cumulática). Além disso, a estratificação auxilia na definição de subzonas, onde novos minerais cumuláticos surgem pela primeira vez, como a augita, na base da zona inferior (LZb). De modo análogo a outras intrusões estratificadas (por exemplo, o complexo de Stillwater, no estado de Montana, Estados Unidos), é provável que os primeiros cumulatos a se formar, escondidos na "Zona Oculta" de Skærgaard (Figura 4.8a) e surgidos antes de o plagioclásio começar a cristalizar, tenham composição ultramáfica, embora o volume de minerais ultramáficos presentes possa ser pequeno (ver a seguir).

A Figura 4.8b também mostra como as composições do plagioclásio, da augita e da olivina cumuláticos se alteram de maneira progressiva, da base ao topo da Série Estratificada. Por não serem detectadas em campo, essas variações sistemáticas na composição mineral foram chamadas de "estratificação críptica" por Wager e Deer (1939). Elas registram, tal como a estratificação em fases, a evolução composicional do líquido magmático à medida que a câmara magmática cristalizava. A variação composicional dos plagioclásios dita a nomenclatura dessas rochas: ao passo que as rochas em LZ e MZ recebem a definição de gabro ou troctolito, o plagioclásio em UZ é muito sódico (An < 50). As rochas evoluídas nessa zona são apropriadamente denominadas **diorito** e, uma vez que os minerais máficos nesse estágio da estratificação críptica são ricos em ferro, o termo "ferrodiorito" é muito utilizado para designá-las.

A Série Estratificada é formada por cristais que acumularam no assoalho contemporâneo à solidificação na câmara magmática. As mesmas alterações na mineralogia cumulática são observadas nas séries Marginal e Borda Superior que revestem as paredes e o teto da intrusão (Figura 4.8a). A Série da Borda

---

[10] A literatura mais antiga utiliza o sinônimo "estratificação rítmica".

[11] Irvine (1982) propôs o termo "estratificação por cristalização" como mais apropriado para esse conceito, mas ele não foi amplamente adotado.

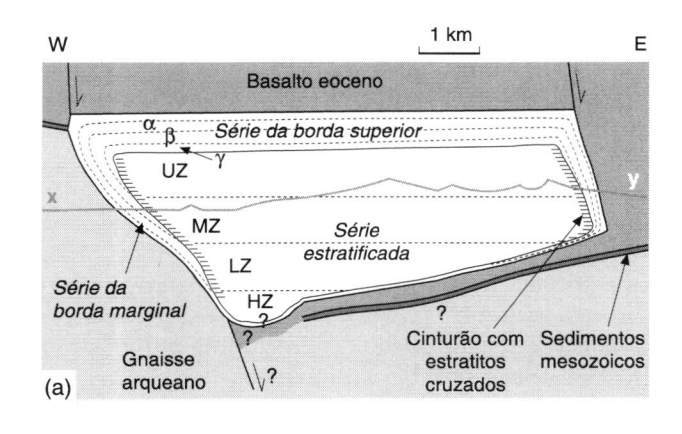

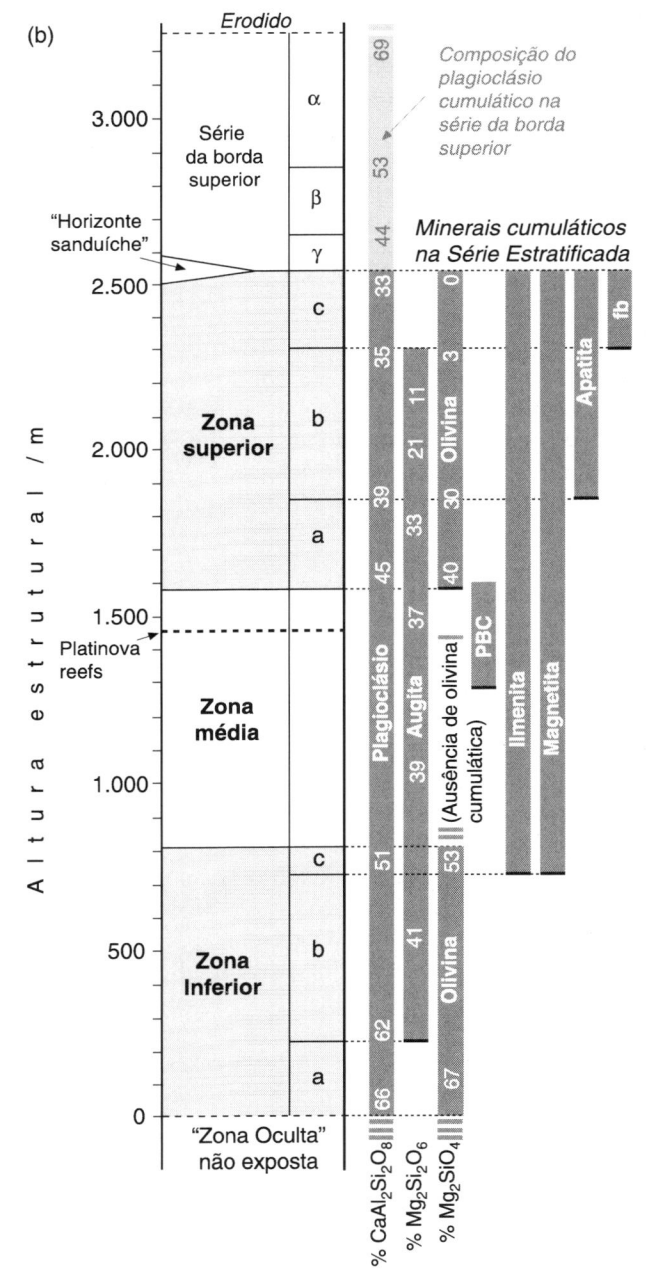

Marginal (MBS, *Marginal Border Series*) é composta por duas partes. A "Divisão Maciça" é formada por olivina-gabro homogêneo que resfriou de imediato ao contato com as paredes frias da câmara. Nela, os contatos resfriados com as rochas encaixantes estão preservados em alguns pontos e representam os únicos indícios diretos da composição do magma inicial. Mais para o interior da intrusão a partir da Divisão Maciça está a "Divisão Bandada", marcada por uma forte estratificação irregular paralela às paredes que registra a mesma "estratigrafia" mineral cumulática observada da base ao topo da Série Estratificada (Irvine et al., 1998).

Os gabros de granulação grossa ricos em plagioclásio da Série da Borda Superior (UBS, *Upper Border Series*), os quais revestem o teto da câmara, exibem o mesmo tipo de estratificação críptica observado na Série Estratificada (por exemplo, em termos da composição de plagioclásio, Figura 4.8b); porém, nesse local a estratificação se desenvolveu do topo para baixo. Por conta disso, a UBS se dividiu nas zonas α, β e γ, correspondentes à LZ, MZ e UZ da Série Estratificada, respectivamente. As rochas da UBS também são encontradas como blocos submergidos (autólitos) na Série Estratificada, ao lado de alguns xenólitos basálticos oriundos do teto (Irvine et al., 1998). O fato de o plagioclásio ser observado em todas as rochas da UBS sugere que a proporção de qualquer rocha ultramáfica presente na Zona Oculta é pequena.

O limite entre a MBS e a Série Estratificada é marcado por um espetacular cinturão de camadas com estratos cruzados (Figuras 4.5d e 4.6a) que registra a erosão, o colapso gravitacional e a redeposição de depósitos cumuláticos no ponto de quebra da declividade, onde as correntes convectivas de magma descendentes são desviadas no assoalho da câmara. A estratificação cruzada adjacente às paredes é evidência da existência de correntes de convecção persistentes e em larga escala, ainda que oscilantes, ao longo da história da cristalização da câmara magmática. "Bandas em forma de sulcos" são sucessões de camadas sinformes com estratificação gradada

Figura 4.8 (a) Seção transversal oeste-leste simplificada da intrusão de Skaergaard, conforme interpretada por Irvine et al. (1998) e Nielsen (2004); a linha x–y mostra a topografia atual (uma seção norte–sul revelaria a erosão em níveis estruturais mais profundos). (b) Estratificação em fases e críptica na intrusão de Skaergaard (concebida por Wager e Brown, 1968, e reformulada por Irvine et al., 1998) como função da altura estrutural (em metros); PBC = piroxênio com baixo teor de Ca (**pigeonita invertida**); "fb" = ferrobustamita pironexoide que toma o lugar das augitas ricas em Fe.

modal (Figura 4.7e) que convergem no centro geográfico da intrusão. Elas sugerem a ocorrência de correntes magmáticas intensas, embora episódicas e mais localizadas. Essas pilhas se desenvolveram de modo espetacular na UZa, mas exemplos menos evidentes são vistos em muitos locais (Irvine et al., 1998). A **laminação** ígnea na Série Estratificada e na UBS é interpretada por muitos como evidência suplementar da ocorrência de correntes magmáticas.

A estratificação críptica, apesar de ser a forma menos evidente em campo, é o tipo mais facilmente explicável no âmbito da estratificação. As Figuras 3.4 e 3.6 retratam o percurso da cristalização de soluções sólidas de plagioclásio e de olivina a partir de líquidos magmáticos desenvolvidos em laboratório. Em cada um desses casos, os primeiros cristais a se formar são enriquecidos, comparados ao líquido, no membro extremo mais refratário ($CaAl_2Si_2O_8$ e Mg_2SiO_4, respectivamente). Contudo, à medida que cai a temperatura, os últimos cristais se tornam mais ricos no membro extremo menos refratário ($NaAlSi_3O_8$ e Fe_2SiO_4, nessa ordem). A estratificação críptica observada desde a base até o topo da Série Estratificada de Skærgaard é consistente com a queda na temperatura do líquido magmático concomitante ao avanço da cristalização fracionada, uma condição que gera líquidos magmáticos mais evoluídos. Conclusões semelhantes podem ser tiradas acerca das alterações composicionais no piroxênio. A continuidade da estratificação críptica mostrada na Figura 4.8b é característica típica do fracionamento em câmara magmática fechada. Em contrapartida, algumas intrusões estratificadas sofrem reveses bruscos nas tendências de suas composições minerais (por exemplo, a olivina se torna mais magnesiana), os quais representam a entrada de novas massas de magma primitivo. Acredita-se que esse fenômeno tenha ocorrido em Rum, Muskox e Bushveld (ver Capítulo 5).

No estágio representado pelas rochas mais profundas expostas na Zona Inferior, o líquido magmático de Skærgaard parece ter sido saturado de plagioclásio e olivina, uma vez que esses minerais são as únicas fases cumuláticas observadas naqueles estratos. Os outros minerais presentes nessas rochas cristalizaram depois, no líquido magmático **intercumulático**. A composição do líquido magmático nesse ponto foi igual ao ponto z, na Figura 3.3. Com o avanço da cristalização fracionada, conforme revelam os níveis superiores da Série Estratificada, a augita (ponto E na Figura 3.3) foi o primeiro mineral a cristalizar. Os outros cristalizaram em seguida, à medida que suas concentrações no líquido magmático excediam o ponto de saturação. Na Série Estratificada, é possível testemunhar a versão dada pela natureza da sequência descrita na Equação 3.1. Esse aspecto da *estratificação em fases*, isto é, o surgimento progressivo de novos minerais cumuláticos, é consistente com os experimentos realizados em sistemas eutéticos simples.

Porém, como explicar o fato de a olivina *desaparecer* na Zona Intermediária e ressurgir na base da Zona Superior? A resposta a essa pergunta requer a compreensão do Princípio de Reação, descrito no Quadro 4.3.

Embora a estratificação modal seja a mais facilmente identificável em campo, suas origens são polêmicas. Wager e Deer (1939) propuseram que a estratificação ígnea reflete a segregação e a deposição gravitacional de cristais cumuláticos – análogas à sedimentação clástica – sob a influência das correntes convectivas do magma. Os autores argumentam que a maior parte dos cristais iniciou o processo de nucleação próximo ao teto da câmara, onde as rochas encaixantes limítrofes à intrusão estavam mais frias e, portanto, a temperatura do magma era a mais baixa. Wager e Brown (1968) associaram as camadas homogêneas de gabro (Figura 4.7c) à presença de correntes constantes e lentas (da ordem de alguns metros ao dia) que teriam arrastado os cristais para baixo, pelas paredes da câmara, os quais se acumularam gradualmente no assoalho, formando um "sedimento" cristalino. Os autores postularam que camadas com estratificação gradada modal (Figura 4.7c), por sua vez, foram depositadas por "correntes de densidade" mais fortes e ricas em cristais. Essas correntes teriam irrompido vigorosa e intermitentemente pelas paredes da intrusão a velocidades da ordem de alguns quilômetros ao dia, espalhando-se então pelo assoalho da câmara. Cada um desses eventos de corrente de densidade gerou um carpete de cristais em suspensão em que eles se acomodaram segundo sua densidade: os mais densos depositaram mais rápido, de acordo com a **Lei de Stokes**[12], e produziram uma camada com gradação modal. Diante das incríveis estruturas quase sedimentares e erosivas vistas em Skærgaard (Figura 4.7), muitos petrólogos insistem no papel da segregação e da deposição gravitacionais de cristais em suspensão no magma convectivo na geração da estratificação modal (como Sparks et al., 1993 e Irivne et al., 1998), embora suas ideias, quando examinadas em detalhe, divirjam das noções propostas por Wager e colaboradores.

Entretanto, uma linha de pensamento alternativa (como delineada por McBirney, 1996, por exemplo) explica a estratificação em termos da nucleação e do crescimento cristalinos *in situ*, na interface entre o pacote de cumulatos e o líquido magmático sobreja-

---

[12] A estratificação modal sugere que a Lei de Stokes controla a deposição de cumulatos sobretudo com base nas diferenças em densidade dos cristais (ρ_x), ao passo que na gradação em sedimentos (e na estratificação com base em tamanho nos cumulatos) o raio r é o parâmetro dominante.

cente – isto é, no "assoalho" em migração ascendente da câmara magmática. Um dos fatores que põe em cheque a deposição gravitacional é a suposição de que o plagioclásio possa *flutuar*, em vez de afundar, no magma basáltico (Quadro 4.4). Os que aceitam a teoria da cristalização *in situ* também argumentam que a queda adiabática na temperatura sofrida pelo líquido magmático em convecção ascendente é menor do que a redução da temperatura de liquidus ao longo do mesmo intervalo de profundidade. Logo, é possível que a temperatura do líquido magmático na parte superior da câmara seja maior do que a temperatura de liquidus, enquanto a temperatura próximo ao assoalho seria menor, o que indica que o assoalho é o local mais provável de ocorrência da nucleação e do crescimento cristalino. Esses estudiosos sugerem a existência de uma "frente de solidificação", a qual migraria para o interior, a partir das paredes, e para cima, a contar da base, à medida que a intrusão resfria. Eles completam essa argumentação lembrando que os minerais ferromagnesianos encontrados na base de cada camada estratificada segundo a moda se caracterizam não somente por densidades maiores do que a do plagioclásio, mas também por estruturas cristalinas mais simples (óxidos, ortossilicatos, silicatos em cadeia) que sofrem nucleação com mais facilidade e, portanto, antes do plagioclásio de estrutura silicatada. Logo, acredita-se que as camadas com gradação modal sejam causadas por variações na eficiência da nucleação de minerais à medida que a frente de cristalização avança, não por diferenças na taxa de acomodação. Alguns autores vão mais longe e interpretam a estratificação críptica como indício não da *evolução no tempo* de uma composição magmática homogênea, mas de um *gradiente ascendente de composição química do líquido magmático* que se desenvolveu e perdurou por toda história de cristalização da câmara magmática.

Algumas das principais diferenças entre essas duas hipóteses são ilustradas na Figura 4.9. As divergências nas opiniões atuais sobre o mecanismo da estratificação vêm à tona nos artigos de McBirney (1996) e de Irvine et al. (1998) que, embora tratem de observações semelhantes sobre a mesma intrusão, chegam a conclusões radicalmente diferentes. Hoje, não há sinal de consenso ou mesmo de convergência entre essas duas linhas de pensamento. Outra área em que persistem dissensões é a evolução química do líquido magmático. A alteração da composição do mineral cumulático resultante do avanço da cristalização pode ser documentada em detalhe, mas as alterações que ocorrem paralelamente na composição do *líquido magmático* somente podem ser inferidas de modo indireto, uma vez que não restaram amostras representativas para análise. A Figura 4.10 esboça as diversas

(a) Cristais de plagioclásio flutuam (ou afundam mais lentamente na corrente de convecção ascendente, comparados aos cristais ferromagnesianos) e por essa razão se concentram na UBS.

Correntes de densidade ricas em cristais se espalham pelo assoalho, depositando *camadas com gradação modal*.

A *estratificação críptica* ocorre pelo fato de o magma ser quimicamente homogêneo e evoluir com o tempo.

As correntes de densidade erodem e redepositam onde mudam de direção no assoalho da câmara, formando o cinturão de estratos cruzados.

(b) A nucleação e o crescimento de cristais ocorrem na interface entre o pacote cumulático e o líquido magmático sobrejacente.

A *estratificação críptica* reflete um gradiente de composição química do líquido magmático. O *magma sofre a convecção estratificada*, como mostra o detalhe.

Camadas com gradação modal se formam como resultado de taxas de nucleação diferentes.

A frente de solidificação migra a partir das margens e do assoalho, com o resfriamento da intrusão.

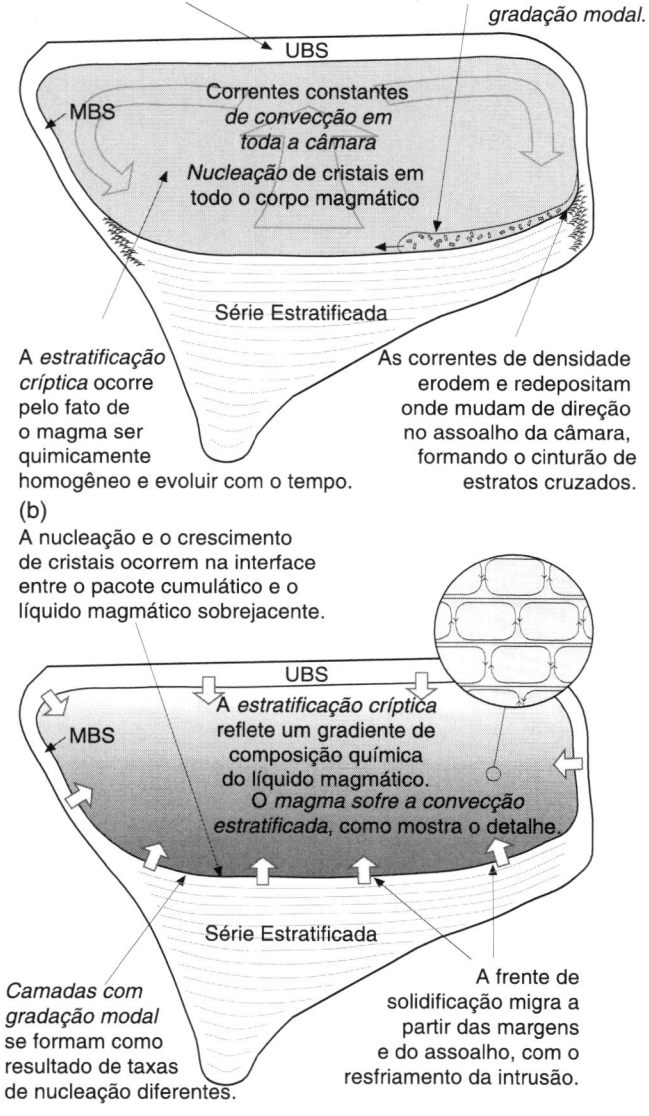

Figura 4.9 Esquemas de uma câmara magmática do tipo Skærgaard resumindo as duas explicações para a estratificação ígnea: (a) deposição dos cristais em um magma convectivo com correntes de densidade periódicas (Irvine et al., 1998); (b) cristalização *in situ* em uma câmara magmática quimicamente estratificada (Wilson and Larsen, 1985). O detalhe em (b) mostra a forma estratificada que a convecção precisa adotar nesse tipo de câmara magmática zonada (chamada de "convecção duplamente difusiva", porque envolve a difusão de calor e de componentes químicos de uma camada de células para outra, em resposta aos gradientes térmicos e químicos).

Quadro 4.3 O princípio de reação

"Em um sistema eutético, mineral algum jamais desaparece. Quando um mineral se forma, ele é seguido por outro, esses dois por um terceiro e assim sucessivamente, até todos os minerais ocorrerem juntos, em um produto eutético final (Equação 3.2). Muito diferente é o que se vê de fato, isto é, o desaparecimento de minerais... a verdadeira essência da série de reação." N. L. Bowen (1922)

Por que a olivina *desaparece* como mineral cumulático no topo da Zona Inferior de Skaergaard e então *reaparece* na Zona Superior? O desaparecimento do mineral fica mais claro ao examinarmos a Figura 4.3.1a, a qual ilustra como a olivina magnesiana se torna instável e *reage* com líquidos basálticos mais ricos em SiO_2.

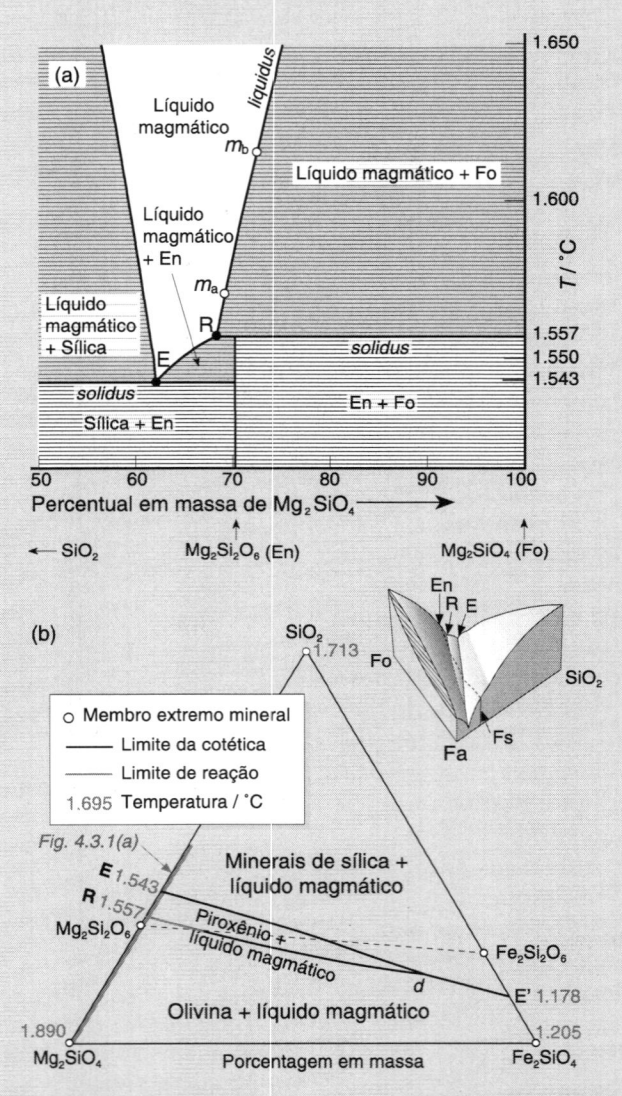

Figura 4.3.1 (a) Parte do sistema Mg_2SiO_4–SiO_2 (com base em Bowen e Anderson, 1914) mostrando a reação entre o líquido magmático e a forsterita para formar enstatita. As zonas hachuradas representam **campos bifásicos** (o hachurado mais carregado indica campos sólido-sólido). (b) Limites de liquidus no sistema SiO_2–Mg_2SiO_4–Fe_2SiO_4, adaptado de Bowen e Schairer (1935) em vista em planta. A linha tracejada fina indica a união do piroxênio com baixo teor de Ca, a enstatita ($Mg_2Si_2O_6$) e a ferrosilita ($Fe_2Si_2O_6$). A porção cinza da linha R-*d* é a região em que o piroxênio pode se formar pela reação entre a olivina e o líquido magmático. O detalhe em perspectiva mostra um esquema da superfície de liquidus.

A Figura 4.3.1a mostra o comportamento da cristalização dos líquidos magmáticos cujas composições estão entre a forsterita (Mg_2SiO_4) e SiO_2. À primeira vista, o gráfico é semelhante ao sistema eutético binário na Figura 3.2, mas há uma diferença essencial, sublinhada pelo *ponto de reação* R. Esse sistema tem dois pontos **invariantes**. Consideremos o líquido magmático m_a à medida que esfria, cristalizando Fo (olivina). Sua composição se desloca pelo liquidus até o primeiro ponto invariante R. Esse ponto está na interseção entre a área "líquido magmático + Fo" e um campo "líquido magmático + En" e, por isso, um líquido magmático em evolução que atinge essa composição coexiste com Fo *e* En (piroxênio com baixo teor de Ca). A olivina sai do equilíbrio estável com os líquidos magmáticos relativamente ricos em SiO_2 à esquerda de R. Portanto, um líquido magmático em evolução, ao chegar a esse ponto, *reage* com os cristais de olivina já formados, convertendo-os em enstatita:*

$$Mg_2SiO_4 + SiO_2 \rightarrow Mg_2SiO_6 \quad [4.3.1]$$

forsterita líquido magmático R enstatita

Nas condições de equilíbrio, o líquido magmático retoma sua evolução univariante além de R apenas depois de todos os cristais de olivina em contato com o líquido magmático terem sido convertidos em enstatita. Desse ponto em diante, a En cristaliza até o eutético E – o segundo ponto invariante – ser atingido. R pode ser considerado o análogo laboratorial da linha limite entre LZ e MZ, em Skaergaard, onde a olivina reage como um mineral cumulático e é substituída por piroxênio com baixo teor de Ca.**

No entanto, por que a olivina *reaparece* na sequência cumulática superior de Skaergaard? Experimentos mostram que a relação descrita na Equação 4.3.1 é válida apenas para a olivina relativamente rica em Mg, como mostra a Figura 4.3.1b. A série da olivina que parte de Mg_2SiO_4 (Fo) e vai até Fe_2SiO_4 (Fa) forma a base do triângulo, enquanto a barra cinza ao longo da extremidade esquerda indica a variação da composição mostrada na Figura 4.3.1a. O *ponto* relativo a $Mg_2Si_2O_6$ (En) na Figura 4.3.1b aparece aqui como uma das extremidades de uma *união* (simbolizada pela linha tracejada) que vai até $Fe_2Si_2O_6$, a qual representa a solução sólida na série do piroxênio com baixo teor de Ca. A reação Fo–En [4.3.1] ocorre somente onde a área olivina + líquido magmático *se sobrepõe* a essa união, um fenômeno confinado ao lado esquerdo do diagrama (onde a linha de liquidus é mostrada em cinza). A representação detalhada da evolução do líquido magmático e da cristalização nesse diagrama envolve muitos aspectos complexos (detalhados em Bowen and Schairer, 1935). Para a finalidade deste livro, basta observar que a área "piroxênio + líquido magmático", a qual representa o intervalo de composições do líquido magmático capazes de cristalizar o piroxênio com baixo teor de Ca (analogamente ao estágio MZ na evolução magmática em Skaergaard), é limitada e desaparece no ponto *d*. Os estágios mais ricos em Fe na evolução do líquido magmático de Skaergaard (Figura 4.2) que cristalizaram os cumulatos de UZ contendo olivina (Figura 4.8) corresponderam à região à direita de *d* na Figura 4.3.1b.

O PRINCÍPIO DE REAÇÃO DE BOWEN

A reação 4.3.1, que envolve o desaparecimento de um mineral e sua substituição por outro, é um exemplo do que Bowen (1922) chamou de *princípio de reação*. Bowen entendeu essa reação como a primeira etapa em uma *série de reações descontínuas* em que, com o avanço da cristalização, a olivina (ao reagir com o líquido magmático) seria substituída pela enstatita, esta (em contato com um líquido mais evoluído) seria substituída pela augita, a qual (em contato com um líquido mais frio ou mais hidratado) seria substituída por hornblenda e, então, a hornblenda seria substituída pela biotita.*** Embora esse conceito auxilie a explicar porque alguns cristais de olivina são recobertos por enstatita, os de enstatita por augita (Prancha 6.5) e os cristais de augita são recobertos por hornblenda, ele não tem robustez teórica e raramente é utilizado hoje.

---

* Em contrapartida, quando a enstatita é liquefeita, ela forma olivina + líquido magmático (fenômeno chamado de **fusão incongruente**).

** Curiosamente, o surgimento do primeiro cumulato de piroxênio com baixo teor de Ca é postergado aos níveis mais elevados da Zona Intermediária (Figura 4.8b), segundo Irivne et al. (1998).

*** Bowen entendeu que a série de reação descontínua prossegue lado a lado com a *série de reação contínua* entre o plagioclásio e o líquido magmático em evolução mostrado nas Figuras 3.4 e 3.5 (dando surgimento à estratificação críptica).

Quadro 4.4 O plagioclásio submerge ou flutua?

A deposição puramente gravitacional de cristais cumuláticos requer que todos os minerais cumuláticos sejam mais densos do que o líquido magmático basáltico. Está claro que os minerais ferromagnesianos e os óxidos atendem a essa exigência (Figura 4.4.1), mas o plagioclásio é muito menos denso, devido a sua estrutura relativamente aberta de tectossilicato e seu baixo teor de ferro. Assim, seria ele denso o bastante para submergir em um líquido basáltico?

A Figura 4.4.1 compara a densidade mensurada do plagioclásio em seu intervalo de composição (An à esquerda, Ab à direita) com o intervalo de densidades possíveis para líquidos magmáticos basálticos: a linha cheia mostra como a densidade do plagioclásio varia com a composição a 25°C, mas a expansão térmica reduz a densidade nas temperaturas magmáticas, como mostra a linha tracejada. Diante da semelhança na densidade entre o plagioclásio e o líquido magmático basáltico, a melhor resposta à pergunta que dá título a este quadro é: nenhum dos dois. Em uma câmara magmática básica típica, o plagioclásio se comporta de maneira quase neutra ($\Delta\rho \sim 0$), submergindo ou flutuando com velocidade mínima (de acordo com a **Lei de Stokes**), e tende a permanecer em suspensão por muito mais tempo do que minerais máficos quando em um magma convectivo.

Quais são os mecanismos que regem a deposição, no assoalho da intrusão, do plagioclásio em suspensão? Um dos mecanismos possíveis é a deposição a partir das correntes de densidade magmáticas que, em conjunto, são mais densas do que o líquido magmático devido à presença dos cristais máficos e félsicos que transportam. Outro fator relevante é que a adição de quantidades de H_2O, ainda que muito baixas, podem reduzir significativamente a densidade dos líquidos magmáticos basálticos (Scoates, 2000), permitindo que o plagioclásio afunde em um magma basáltico mais hidratado.

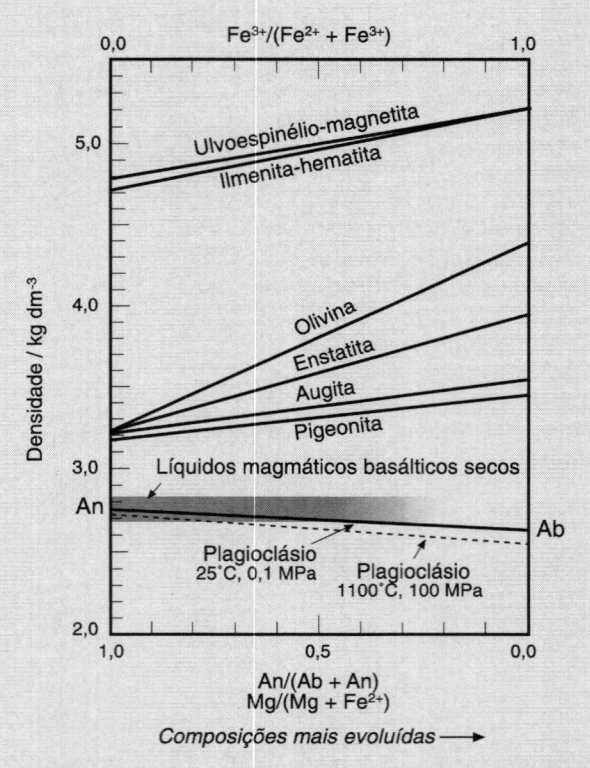

Figura 4.4.1 Gráfico (com base em Scoates, 2000) comparando os intervalos de densidade dos principais minerais em rochas ígneas básicas com as densidades calculadas de líquidos magmáticos basálticos: as composições são representadas em proporções molares. Para o plagioclásio, a linha contínua simboliza a densidade à temperatura ambiente (Deer et al., 1992); a linha tracejada indica a densidade ajustada a 1.100°C e 3 km de profundidade (utilizando os valores de expansibilidade e compressibilidade térmicas de Gottschalk, 1997).

propostas publicadas sobre os percursos da evolução do líquido magmático, as quais são defendidas por diferentes autores e variam muito em relação ao grau de enriquecimento do líquido em ferro e sílica. O gráfico também enfatiza o quão pouco se sabe, de fato, acerca da composição do magma de Skærgaard e de sua evolução. As opiniões de especialistas variam até mesmo no que diz respeito à composição inicial desse magma (símbolos maiores na Figura 4.10).

Os depósitos minerais metalíferos associados a intrusões máficas estratificadas

Muitas intrusões máficas-ultramáficas estratificadas contêm depósitos de elementos do grupo da platina (PGEs, *platinum group elements*) de importância econômica, além de cromita e/ou sulfetos de metais-base. Por exemplo, a maioria das jazidas mundiais de platina está no grande Complexo de Bushveld, na África do Sul (Figura 4.13 e Tabela 4.2). Os depósitos de minerais preciosos em intrusões estratificadas tendem a estar muito concentrados em horizontes específicos na sequência cumulática. Os geólogos especializados em mineração muitas vezes se referem a esses depósitos com o termo em inglês *reef* ou horizonte. Esses horizontes consistem em – ou estão associados a – grupos característicos de camadas cumuláticas que podem se estender lateralmente por grandes distâncias. Por exemplo, o horizonte Merensky, nos noritos do Complexo de Bushveld, estende-se por 180 km ininterruptos na extremidade ocidental do complexo e por 120 km no flanco leste. Existem também numerosas camadas de **cromitito** de importância econômica, uma das quais (o cromitito do Grupo 2 Superior) contém reservas admiráveis de **PGEs**. A situação é semelhante no complexo de Stillwater (Tabela 4.2): os PGEs estão concentrados em um horizonte (aqui chamado de Johns-Manville reef, ou "J-M") em noritos estratificados um pouco acima do horizonte que demarca o surgimento do plagioclásio cumulático, e podem estar relacionados a um aporte significativo de magma novo. Contudo, nos noritos que ocorrem em Stillwater, a cromita está essencialmente ausente e suas maiores concentrações são encontradas apenas nas rochas ultramáficas inferiores da intrusão.

Embora seja menor, a intrusão de Skærgaard apresenta semelhanças na distribuição de PGEs. Os horizontes chamados de Platinova reef[13] (Figura 4.8b) são formados por cerca de dez zonas ricas em PGEs,

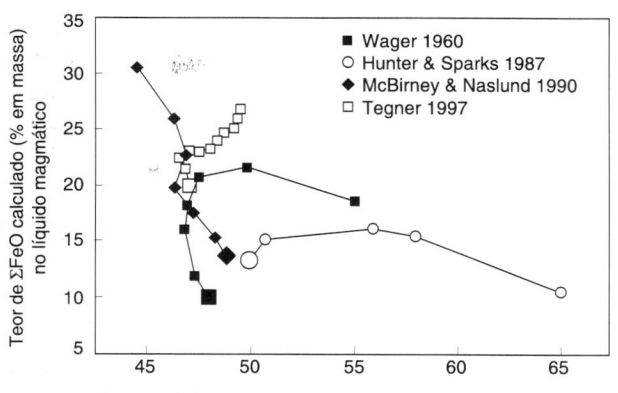

Figura 4.10 Percursos de evolução do líquido magmático postulados para a Intrusão de Skærgaard, calculados de acordo com os modelos descritos pelos autores listados e ilustrados como gráfico ΣFeO vs. SiO$_2$ (adaptado de Jang et al., 2001; direitos autorais: Elsevier). "ΣFeO" representa o teor de ferro total expresso como FeO. Os símbolos maiores sinalizam as supostas composições dos líquidos magmáticos iniciais.

as quais contêm até 4 ppm de Au e 3 ppm de Pd, associadas com o "Grupo Triplo", um proeminente trio de camadas **macrorrítmicas** junto ao topo da MZ (Figura 4.8b). Nelas, os metais preciosos ocorrem como grãos muito pequenos de ligas metálicas associadas a sulfetos formados em temperaturas magmáticas (Nielsen, 2006). No entanto, não se sabe se os grãos de liga precipitaram diretamente do líquido magmático ou na forma de gotículas imiscíveis de um líquido magmático rico em sulfetos que posteriormente se decompôs (Andersen et al., 1998; Nielsen et al., 2005; Andersen et al., 2006).

A CRISTALIZAÇÃO DOS DOLERITOS E DOS GABROS – AS EVIDÊNCIAS VISTAS NAS TEXTURAS

As estruturas *megascópicas* como a estratificação em fase e a estratificação críptica fornecem uma ampla gama de informações sobre o histórico da cristalização fracionada de uma câmara magmática. Essas estruturas nos dizem, por exemplo, se a câmara foi completamente preenchida pelo magma em um único pulso, comportando-se desde então como um sistema fechado (como em Skærgaard), ou se esta foi regularmente reabastecida com novas massas de magma à medida que a cristalização evoluía (como pode ter ocorrido em Bushveld, segundo Cawthorn e Walraven, 1998). Esta seção examina o que as texturas *microscópicas* nos dizem sobre a cristalização dessas rochas.

---

[13] Batizado com o nome da empresa então detentora da concessão de exploração, Platinova Resources Ltd.

A granulação, a nucleação e a ordem da cristalização

O tamanho dos grãos de rochas magmáticas depende do grau de super-resfriamento em que a cristalização ocorreu, o que, por sua vez, é função da velocidade de resfriamento do magma (Quadro 2.3). Em um corpo intrusivo, o magma resfria mais rapidamente (o que aumenta as chances de formação de rochas de granulação fina e média):

1. Próximo às bordas de uma intrusão (Figura 4.3b), sobretudo em pouca profundidade, onde a rocha está mais fria.
2. Em uma intrusão pequena ou tabular (que tem uma alta relação área superficial:volume), como um dique, por exemplo.

As rochas intrusivas mais finas são mais comumente encontradas onde esses dois fatores atuam em conjunto. Em contrapartida, as rochas de granulação grossa formam-se no interior de intrusões maiores.

Em termos gerais, a granulação é influenciada por fatores adicionais, além da velocidade de resfriamento. Inúmeros bolsões de pegmatito gabroico são observados próximo às margens da intrusão de Skærgaard (Figura 4.7h), onde os cristais podem atingir 15 mm ou mais, o que constitui uma granulação muito mais grossa do que aquela do gabro que os envolve. Esses trechos podem ser indício da infiltração de vapor d'água oriundo das rochas encaixantes. Além de reduzir de forma drástica a temperatura de solidus do líquido magmático e o grau de super-resfriamento, a água dissolvida favorece velocidades mais altas de difusão no líquido magmático, acelerando o crescimento cristalino, o que por sua vez resulta em cristais maiores. Uma explicação alternativa para a ocorrência desses bolsões, proposta por Irvine et al. (1998), indica que a infiltração de vapor d'água possa ter dado início a um novo processo de fusão do gabro já cristalizado, o que teria resultado em uma assembleia de rochas de granulação mais grossa.

A relativa facilidade com que os diferentes minerais (a) iniciam a nucleação e (b) crescem no líquido magmático está por trás do conjunto característico de texturas observadas em muitos doleritos e rochas afins. A Prancha 4.1 mostra uma dessas rochas, na qual cristais de augita *anédricos* grandes envolveram uma profusão de ripas de plagioclásio euédricas menores, dispostas de forma aleatória. O maior tamanho dos cristais de augita decorre do fato de serem incapazes de iniciar a nucleação com a mesma eficiência exibida pelos cristais de plagioclásio (Quadro 2.3). Essa textura **ofítica** representa o crescimento de pequenos cristais de plagioclásio a partir de um grande número de núcleos, ao passo que o crescimento da augita fica confinado aos poucos núcleos disponíveis (nesse campo de visão), o que resulta em cristais de piroxênio menos numerosos, porém muito maiores. A ideia de que o plagioclásio começa a cristalizar antes da augita não necessariamente é verdadeira (Vernon, 2004). A mesma interpretação é válida para as texturas **subofíticas**, nas quais o plagioclásio é parcialmente envolto em augita (Prancha 4.2).

As texturas ofítica e subofítica são casos especiais (pois é a augita que envolve o plagioclásio) de uma textura **poiquilítica**, um termo que inclui todos os exemplos de cristais múltiplos de um ou mais minerais envoltos por cristais maiores de outro. A Prancha 4.3 ilustra outro caso especial, a textura poiquilofítica, na qual o plagioclásio *e* outro mineral (nesse caso, a olivina) são envoltos pela augita. Infelizmente, parece haver um excesso de termos descritivos dessas texturas derivadas de variações no processo de nucleação. O termo "poiquilítica" pode ser usado em referência a todas essas texturas impostas por processos relacionados à nucleação.

Porém, essas texturas revelam algo sobre a ordem de cristalização? É interessante observar que as ripas de plagioclásio e os cristais de olivina mostrados na Prancha 4.3 tendem a aumentar de tamanho do centro para as margens do grão que os envolve, ao passo que na Prancha 4.1 essa correlação espacial não existe. Uma razão presumível para essa diferença é mostrada na Figura 4.11. Quando um cristal de augita *começa* a crescer concomitantemente a um cristal de plagioclásio (Figura 4.11a), o envelopamento inicial impede qualquer crescimento de ripas desse mineral que possam estar próximas aos núcleos de augita, enquanto as ripas distantes têm mais espaço para crescer antes de serem incorporadas (compare com a Prancha 4.3). Quando a augita inicia o processo de crescimento um pouco depois do plagioclásio (Figura 4.11b), essa variação sistemática de tamanho não ocorre (Prancha 4.1).

As texturas cumuláticas, o zoneamento e as alterações na composição do líquido magmático

"Cumulático" é um termo de caráter conceitual, não descritivo, e as principais evidências de natureza observacional que indicam a origem de um cumulato (por exemplo, a estratificação modal ou críptica) raramente são percebidas em pequena escala, como em uma amostra de mão, muito menos em seção delgada. Quais feições poderiam caracterizar um cumulato em lâmina delgada? Em termos de textura, um **cumulato** é um arcabouço de cristais euédricos ou subédricos em

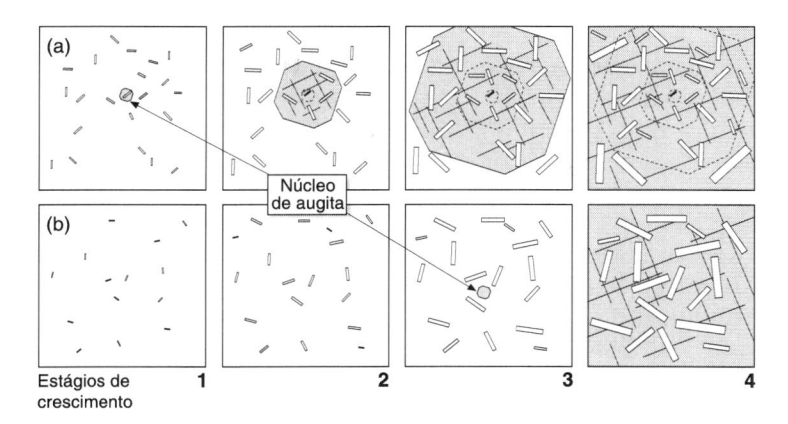

Figura 4.11 Evidência da ordem de cristalização em uma textura ofítica/poiquilítica. Em cada linha, os esquemas mostram (da esquerda para a direita) o desenvolvimento cristalino em quatro estágios da formação de uma textura ofítica, em dois cenários: (a) quando a augita e o plagioclásio começam a cristalizar *ao mesmo tempo* – as ripas menores de plagioclásio marcam o centro de crescimento de um oicocristal, no qual o envelopamento inicial impediu o crescimento a partir de certo ponto (com base em um esquema de Shelley, 1992); (b) quando a augita começa a cristalizar *muito depois* do plagioclásio – o tamanho dos cristais de plagioclásio não tem correlação com a posição no cristal de augita, porque todos cresceram de maneira significativa antes do envelopamento.

contato mútuo[14] depositados obedecendo a um processo de segregação cristalina – os minerais **cumuláticos** – interespaçados por grãos que cristalizaram *in situ* a partir de um líquido magmático **intercumulático** (Irvine, 1982). A Prancha 4.4 mostra um exemplo visto na Zona Inferior da Intrusão de Skærgaard, no qual ripas euédricas de plagioclásio e cristais equigranulares de olivina formam uma estrutura bastante clara de minerais cumuláticos, com oicocristais de augita intercumulática[15] preenchendo os interstícios. Não é possível precisar se a augita surge somente após a olivina e o plagioclásio ou se representa o crescimento secundário seletivo em um número limitado de núcleos de augita cumuláticos formados concomitantemente aos demais minerais. Um cumulato em que essa estrutura cristalina diferenciada de cristais euédricos em contato mútuo é preservada, a qual também contém uma proporção significativa de diversos minerais intercumuláticos, é chamado de *ortocumulato* (Wager et al., 1960). Em cumulatos ricos em plagioclásio, as ripas de feldspato euédricas podem se depositar de acordo com um padrão subparalelo (Prancha 4.5), produzindo uma foliação deposicional chamada de **laminação ígnea**. Uma vez que, nesses casos, os cristais cumuláticos são capazes de se aglutinar de modo mais compacto, o espaço disponível para o líquido magmático intercumulático é menor e, portanto, a quantidade de matriz intercumulática presente é reduzida.

Contudo, a estrutura simples contendo cristais euédricos em contato, a qual identifica um cumulato em lâmina delgada (Prancha 4.4), muitas vezes é obliterada por uma modificação subsequente durante o estágio magmático tardio ou após a solidificação. Em lugar de formar bolsões isolados, o líquido magmático intercumulático pode manter os canais de difusão ou de migração abertos para o reservatório de líquido magmático principal sobrejacente, permitindo o reequilíbrio. Logo, a cristalização do líquido magmático intercumulático pode, em lugar de criar minerais intercumuláticos individuais, simplesmente aumentar o tamanho dos cristais cumuláticos existentes, formando crescimentos secundários que, em casos extremos, preenchem por completo os interstícios, gerando os chamados *adcumulatos* (Wager et al., 1960). Com isso, o arranjo euédrico ou subédrico original dos cristais cumuláticos é obliterado; a textura alcançada passa a refletir o crescimento cristalino confinado pelos vizinhos mais próximos, em um processo que gera grãos anédricos, muitas vezes não zonados, os quais podem ou não conservar algumas evidências de sua origem cumulática.

Outro fator capaz de alterar a forma dos cristais é o ajuste de limite de grão em estado sólido que ocorre quando as rochas ígneas esfriam muito lentamente (Vernon, 2004). Tal qual a área de uma gotícula de líquido é reduzida pela influência da tensão superficial, assim também uma assembleia policristalina quente adapta os limites do cristal no sentido de minimizar a energia livre na superfície dele. O atributo

---

[14] É preciso lembrar que uma lâmina delgada oferece apenas uma imagem bidimensional do que na realidade é uma estrutura tridimensional: os minerais que estão em contato uns com os outros em uma amostra tridimensional podem apenas dar a impressão de estarem próximos em uma amostra bidimensional.

[15] Os oicocristais opacos também ocorrem fora do campo de visão.

mais característico da configuração de área superficial mínima resultante desse fenômeno é a disposição poligonal de limites cristalinos relativamente retos que se encontram em ângulos da ordem de 120°. O exemplo mais representativo desse ajuste de limite de grão é visto em muitos peridotitos mantélicos (Prancha 5.6). O "equilíbrio textural" descrito é ilustrado na rocha cumulática mostrada na Prancha 5.2.

Uma textura cumulática especialmente característica é mostrada na Figura 4.7g e na Prancha 4.6. Ela é composta por cristais de olivina subparalelos placoides (vistos de cima na Prancha 4.6) que cresceram perpendiculares à estratificação em partes da intrusão de Rum, sobretudo em Glen Harris. Wadsworth (1961) atribuiu essas texturas de olivina crescumulática (ou harrisita) ao crescimento ascendente *in situ* de olivina, do assoalho da intrusão para o interior do líquido magmático **superesfriado** em processo de convecção atenuada ou estagnado. Os crescumulatos e o *comb layering* indicam a cristalização em condições nas quais a velocidade do crescimento cristalino G excede de forma significativa a velocidade de nucleação N, embora a causa dessa circunstância nem sempre seja clara.

As texturas intracristalinas

As rochas plutônicas não apenas cristalizam lentamente a partir do líquido magmático, mas também continuam resfriando devagar *após* o fim da cristalização. O resfriamento lento disponibiliza tempo para que os minerais se transformem em formas cristalográficas mais estáveis. Nos gabros essas mudanças são ilustradas com mais clareza pelos piroxênios, nos quais a formação de soluções sólidas e a própria simetria dos cristais dependem da temperatura (Quadro 4.5).

A Prancha 4.7 apresenta um fenômeno conhecido por dois termos alternativos: desmistura e exsolução. Nela, o cristal hospedeiro é uma augita maclada que, em temperaturas magmáticas, continha uma quantidade significativa de piroxênio com baixo teor de Ca (LCP, *low-Ca pyroxene*) em solução sólida (Figura 4.5.1, no Quadro 4.5). Contudo, em temperaturas baixas, o piroxênio com baixo teor de Ca é pouco solúvel na augita e, por isso, tende a **exsolver**. Um fenocristal de augita que esfriasse rapidamente em uma rocha vulcânica reteria esse componente de LCP em uma solução sólida metaestável, mas, quando esfria lentamente – como nesse caso –, o cristal expele o excesso de LCP na forma de lamelas de uma fase diferente de LCP (a enstatita ou a pigeonita). As lamelas na direção N–S na Prancha 4.8 estão em extinção, indicando que são compostas por ortopiroxênio (enstatita); a pigeonita monoclínica estaria em extinção quando as lamelas estivessem oblíquas aos nicóis. A Prancha 4.9 mostra um exemplo muito interessante de lamelas de ortopiroxênio na augita.

A Prancha 4.7 apresenta um cristal de **pigeonita invertida** (A está em extinção) com duas gerações de lamelas de augita em exsolução. O grão em extinção originalmente fora de pigeonita, mas no momento em que a foto foi tirada era de enstatita. As lamelas de augita espessas se formaram durante a inversão da simetria cristalina monoclínica da pigeonita para a simetria ortorrômbica da enstatita (explicada no Quadro 4.5). As lamelas finas exsolveram durante o resfriamento subsequente da enstatita.

A feição interna mais característica do plagioclásio é a ocorrência de maclas múltiplas (Quadro 4.1), as quais podem ser grossas o bastante em algumas rochas gabroicas para permitirem sua visualização megascópica (Figura 4.12).

As texturas de reação

Os cristais de augita em alguns gabros exibem uma borda ou manto de hornblenda, a qual reflete a acumulação de água dissolvida (e de componentes **incompatíveis**, como o K_2O) no líquido magmático intersticial mais evoluído. Ao lado da temperatura em queda, essa característica permite que a hornblenda, que é um mineral hidratado, torne-se estável (Quadro 6.2), substituindo as partes externas do cristal de augita ou crescendo sobre ele, formando uma borda. Esse manto é um exemplo de um sobrecrescimento primário (magmático).

Em rochas resfriadas lentamente, como o gabro, é possível que uma reação entre cristais adjacentes ocorra quando a cristalização se completa. Essas reações no estado sólido (sub-solidus) produzem uma borda de reação com textura **corona** muito distinta de um sobrecrescimento primário. A principal diferença é que os produtos da reação são encontrados somente nos limites de contato onde os dois mine-

Figura 4.12 Maclas múltiplas megascópicas no plagioclásio, anortosito, complexo de Morin, Quebec. Comprimento da barra de aço: 1 cm (foto: K. D'Souza).

rais reagem entre si, sem a formação de uma borda contínua em torno dos cristais.

Às vezes, os limites do grão em rochas plutônicas apresentam intercrescimentos finos, complexos e de formato sinuoso entre duas espécies minerais, chamados de **simplectito** (Prancha 4.10). Tradicionalmente, os simplectitos são considerados produtos de reações metamórficas (subsolidus) entre minerais vizinhos específicos (Vernon, 2004). No entanto, pesquisas recentes sobre os simplectitos plagioclásio-olivina-piroxênio encontrados nos gabros de Skærgaard – os quais recobrem grãos de óxidos (Prancha 4.11) ao longo dos limites de grão em junções triplas – sugerem que eles podem ter se formado pela reação entre os cristais cumuláticos e os líquidos magmáticos reativos residuais que percolam os limites dos cristais durante os estágios finais da cristalização (Stripp and Holness, 2006).

Outras texturas pós-magmáticas

Algumas texturas em rochas plutônicas se desenvolvem em um estágio muito tardio. A Prancha 4.13 mostra um grande cristal de plagioclásio deformado, recristalizado em subgrãos nos limites dos cristais originais, textura resultante da deformação pós-magmática. Essa recristalização, às vezes denominada "microestrutura de núcleo e manto" (Vernon, 2004), é típica de alguns anortositos do tipo maciço e rochas afins (ver a seção com título "Anortositos, noritos e troetolitos", a seguir) e provavelmente reflete o esforço gerado durante o processo de colocação.

A alteração de minerais magmáticos gera uma variedade de texturas, muitas das quais serão ilustradas nos capítulos subsequentes deste livro. Um exemplo dessas alterações é dado na Prancha 4.12, que ilustra um troctolito no qual a olivina foi parcialmente alterada, formando serpentina. A imagem obtida por luz natural enfatiza duas texturas características associadas à serpentinização:

- A alteração para formar a serpentina está concentrada nas fraturas irregulares características da olivina. Na imagem mostrada na Prancha 4.12, essas fraturas aparecem como material opaco. As olivinas magmáticas contêm FeO, mas a serpentina acomoda quantidades ínfimas desse óxido. O óxido de ferro expelido durante a serpentinização, representada de maneira simplificada na Equação 4.3, aparece como óxidos finamente disseminados associados à serpentina:

$$\underset{\text{Olivina gabroica típica}}{6(Mg_{0,75}Fe_{0,25})_2SiO_4} + 6H_2O + 0,5O_2 \underset{\text{Fluido}}{\rightarrow}$$

$$\underset{\text{Serpentina}}{3Mg_3Si_2O_5(OH)_4} + \underset{\text{Magnetita}}{Fe_3O_4} \quad [4.3]$$

- Um exame minucioso revela sistemas de fraturas radiais que atravessam os cristais de plagioclásio circundantes, centrados nos cristais de olivina alterada. Porém, por que essas fraturas se formaram? A resposta está nas diferenças entre as densidades da olivina (3,22 – 4,39 kg dm^{-3}) e da serpentina (2,55 – 2,60 kg dm^{-3}). Mesmo desconsiderando a formação da magnetita, que é mais densa (5,2 kg dm^{-3}), a conversão da olivina anidra em serpentina (que, por sua vez, normalmente contém mais de 12% de H_2O) sem dúvida envolve o fenômeno da expansão. Portanto, as fraturas indicam que a expansão foi acompanhada pelo fraturamento dos cristais circundantes.

OS LOCAIS EM QUE DOLERITOS E GABROS SÃO ENCONTRADOS

Sabe-se que muitos doleritos e gabros são componentes subsuperficiais dos sistemas alimentadores dos campos de lavas basálticas na superfície. Logo, é muito provável que essas rochas existam sob a maioria das províncias basálticas apresentadas no Capítulo 2. Estudos sobre a geoquímica e a petrologia dos basaltos indicam que muitos deles não representam magmas em equilíbrio com assembleias mantélicas; ao contrário, esses basaltos passaram por algum grau de fracionamento nas câmaras magmáticas crustais antes de extravasarem, o que constitui forte indício da existência de depósitos cumuláticos complementares ocultos nas profundezas, sob o sítio de erupção. Esta seção discute as evidências diretas da ocorrência de intrusões subjacentes aos diferentes ambientes de ocorrência dos basaltos.

Os centros de expansão oceânicos

Os complexos de **ofiolitos**, como o ofiolito de Omã (Figura 4.13), tipicamente inclui rochas gabroicas e ultramáficas estratificadas que representam cumulatos formados em câmaras magmáticas axiais sob os centros de expansão oceânicos, tanto nas dorsais meso-oceânicas quanto em bacias de back-arc sobre as zonas de subducção (Quadro 5.3). Amostras de gabro foram coletadas também em zonas de fratura oceânica e em complexos de núcleo de extensão oceânica (Ildefonse et al., 2007).

As ilhas oceânicas

Os gabros raramente são observados *in situ* em ilhas oceânicas, porque a intensidade da erosão requerida para expô-los submergiria o edifício vulcânico abaixo do nível do mar. Contudo, não resta dúvida da existência de rochas gabroicas no interior de ilhas oceânicas:

Quadro 4.5 O solvus do piroxênio e outras complexidades

Quando observados com nicóis cruzados, os piroxênios presentes em rochas plutônicas resfriadas lentamente muitas vezes exibem estruturas que revelam a complexidade subsolidus dessa família de minerais.

A INVERSÃO

O piroxênio com baixo teor de Ca (LCP) pode cristalizar formando estruturas ortorrômbicas ou monoclínicas, de acordo com a temperatura e a composição, como mostra a Figura 4.5.1. Os LCPs magnesianos cristalizam diretamente como enstatita ortorrômbica a partir de líquidos magmáticos basálticos, como m_1. Contudo, líquidos magmáticos mais evoluídos, como m_2, cristalizam a pigeonita monoclínica em primeiro lugar, a qual pode ser "invertida" (isto é, recristalizar no estado sólido) em enstatita, se o resfriamento da rocha for lento o bastante (ver a discussão sobre as **pigeonitas invertidas** abaixo). Em rochas vulcânicas, o resfriamento muitas vezes é rápido demais para que essa imersão ocorra.

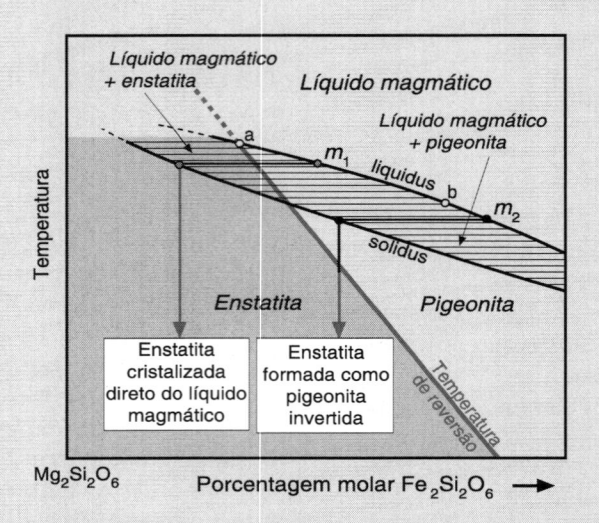

Figura 4.5.1 Gráfico ilustrando como a temperatura de inversão pigeonita-enstatita depende da composição. Estão igualmente ilustradas as linhas solidus e liquidus para líquidos magmáticos basálticos. As linhas tracejadas indicam extensões metaestáveis dos limites de fase. (Na pressão atmosférica, a En pura é liquefeita de forma incongruente em Fo + líquido magmático, não em En + líquido magmático.)

O SOLVUS E A EXSOLUÇÃO

Os piroxênios com teores altos e baixos de Ca são separados por uma **lacuna de miscibilidade** (Quadro 2.1). A largura dessa lacuna varia com a temperatura, como mostrado para a extremidade magnesiana (En–Di) do sistema na Figura 4.5.2a. Os campos externos em branco do diagrama representam soluções sólidas de enstatita, de pigeonita ou de diopsídio. Os teores máximos de $Mg_2Si_2O_6$ e de $CaMgSi_2O_6$ que podem ser acomodados em soluções sólidas de diopsídio e de pigeonita, respectivamente, em certa temperatura, são definidos por uma curva chamada de **solvus**. O campo hachurado no interior da curva solvus mostra a extensão da lacuna de miscibilidade, no interior da qual nenhuma solução sólida homogênea de composição intermediária é estável: todas as composições que caem nessa área representam (em condições de equilíbrio) *misturas de dois piroxênios*).

Na figura, y_1 é o cristal de diopsídio em equilíbrio com um cristal de enstatita x_1 a 1.250°C. Ao resfriar, esse cristal desce até o campo hachurado (seguindo a seta vertical), indicando a supersaturação em $Mg_2Si_2O_6$. Com isso, ele precipita *lamelas de enstatita em exsolução* no interior do cristal hospedeiro (ver Pranchas 4.7 a 4.9). Quando o cristal de diopsídio esfria a 1.000°C, o cristal hospedeiro tem composição y_2 com lamelas de composição x_2 (em proporções representadas pelo círculo vazio*). O cristal de enstatita coexistente responde ao resfriamento com comportamento análogo, exsolvendo lamelas de diopsídio

---
*Ver Quadro 3.2.

em número menor. Contudo, a pigeonita invertida normalmente contém lamelas de augita em abundância ou "bolhas" pouco regulares, porque a enstatita$_{ss}$ acomoda menos $CaMgSi_2O_6$ em solução sólida do que a pigeonita monoclínica original (Figura 4.5.2a); logo, a inversão é acompanhada por uma exsolução paralela ao plano (001) da pigeonita. Com o avanço do resfriamento lento do cristal hospedeiro (que agora é a enstatita), uma segunda geração de lamelas em exsolução paralelas ao plano (100) da enstatita pode se formar (ver Prancha 4.7).

O solvus se estende por todo o quadrilátero do piroxênio mostrado na Figura 4.5.2b. Os cortes 1-3 ilustram os pares augita-pigeonita gerados a temperaturas gradativamente menores e mais ricos em Fe.

Os diagramas simplificados na Figura 4.5.2 sugerem um campo contínuo de um único piroxênio que se estende por todo o solvus em temperaturas acima de 1.450°C. Contudo, quando os piroxênios cristalizam a partir de líquidos magmáticos basálticos, a parte superior do solvus é cortada pelo **solidus** do basalto, o que explica a coexistência de cristais de augita e de pigeonita/enstatita em basaltos toleíticos. Piroxênios raros com composições homogêneas na "zona proibida" entre teores altos e baixos de Ca – como vistos em alguns basaltos lunares, por exemplo – cristalizaram em condições de desequilíbrio, isto é, sob resfriamento muito rápido, e existem em um estado **metaestável**.

A composição do diopsídio que coexiste com o ortopiroxênio (como observado em xenólitos de peridorito mantélicos, nas Pranchas 5.4 e 5.5) pode servir como **geotermômetro** (ver Figura 9.22).

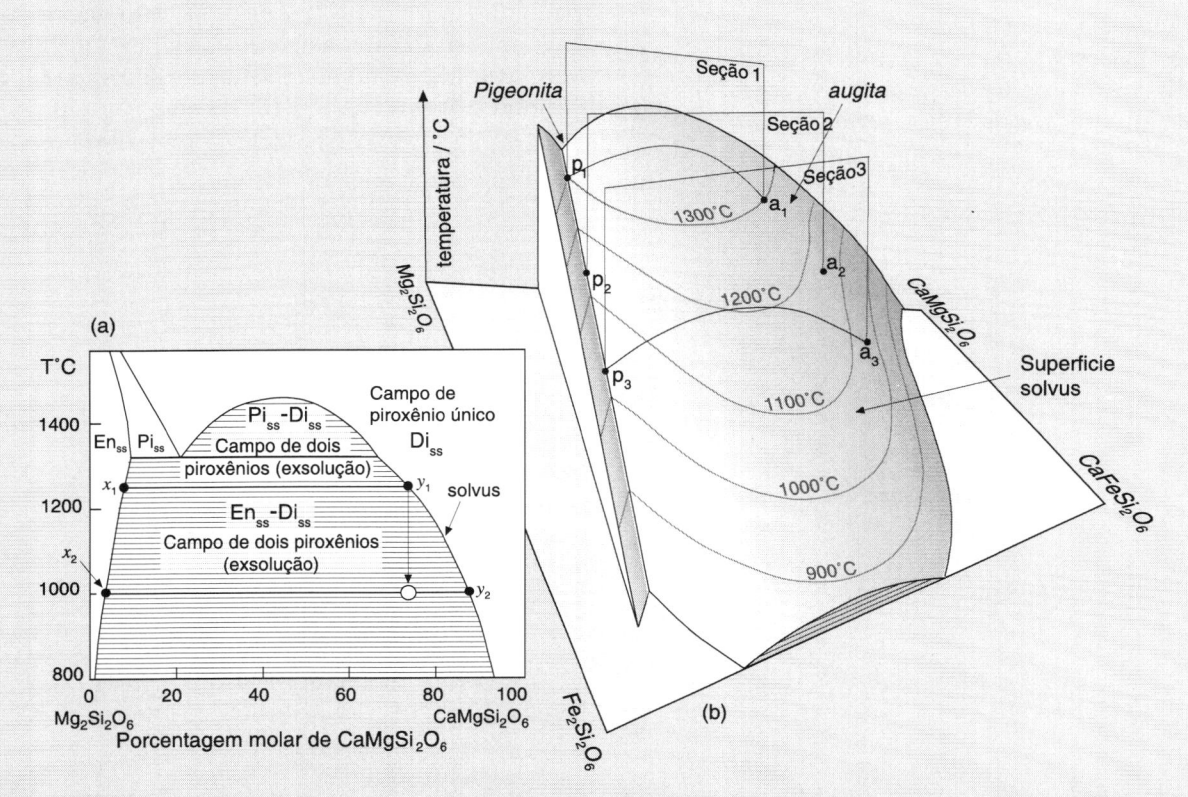

Figura 4.5.2 (a) Diagrama de fases subsolidus simplificado mostrando o solvus entre a enstatita pura ($Mg_2Si_2O_6$) e o diopsídio puro ($CaMgSi_2O_6$). Pi: pigeonita; En, enstatita; Di; diopsídio; "ss" em subscrito representa solução sólida. Adaptado de Lindsley (1983). (b) Vista em perspectiva simplificada do solvus do piroxênio entre a pigeonita e a augita. As linhas de temperatura são baseadas em Lindsley e Andersen (1983). A base (a 800°C) é o quadrilátero do piroxênio (compare com o Quadro 2.1).
Nota: esses diagramas mostram apenas os equilíbrios subsolidus; a evolução do líquido magmático não é representada nesta figura e a intersecção solidus-solvus foi omitida para fins de clareza.

xenólitos gabroicos e ultramáficos com texturas cumuláticas foram registrados em lavas de diversas dessas ilhas. Por exemplo, nos basaltos do flanco meridional de Mauna Kea, no Havaí, foram encontrados xenólitos ultramáficos e gabroicos com estratificação modal, de fase, críptica e de tamanho de grão (Fodor and Galar, 1997), o que sugere que a cristalização ocorreu em uma câmara magmática basáltica grande o bastante para permitir a formação de cumulatos estratificados.

As grandes províncias ígneas

Enxames densos de diques doleríticos são elementos integrantes de muitas grandes províncias ígneas (LIPs, *large igneous provinces*), pois as erupções fissurais são condição necessária para as expressivas taxas de efusão típicas dessas províncias. Um exemplo notável desse fenômeno é o enxame de diques McKenzie e suas soleiras e lavas associadas, com 1,27 Ga, que se estendem por ao menos 2,7 milhões de quilômetros quadrados no Escudo do Canadá (Figura 4.13). A intrusão estratificada de Muskox nos Territórios do Noroeste canadense é um componente plutônico dessa província. Algumas LIPs mais antigas são representadas apenas por um enxame de diques e um complexo de intrusões após as rochas vulcânicas superficiais terem sido completamente removidas pela erosão. Com 2,06 Ga, o complexo de Bushveld, que aflora em uma área de 65.000 km² na África do Sul, foi interpretado como o análogo intrusivo de uma província de basaltos de platô continentais. As evidências apontam para uma série de episódios de alimentação magmática ao longo de sua cristalização.

As soleiras também contribuem com uma importante parcela do volume total de magma em uma LIP, como as soleiras de Ferrar das montanhas Transantárticas e Tasmânia (com 180 Ma). Estas posicionaram-se de forma contemporânea à erupção dos basaltos continentais de Karoo, sul da África, e os basaltos de Kirkpatrick, na Antártida. As soleiras de Ferrar respondem por 500.000 km³ de um total estimado de 5 milhões de quilômetros cúbicos[16] de produção magmática (Storey e Kyle, 1997). Apesar do fato de aflorarem por uma significativa extensão litosférica, a relativa homogeneidade dessas soleiras sugere que seus magmas fluíram lateralmente, a partir de uma única fonte, por até 4.000 km (Storey e Kyle, 1997; Leat, 2008).

---

[16] Ver www.largeigneousprovinces.org/record.html.

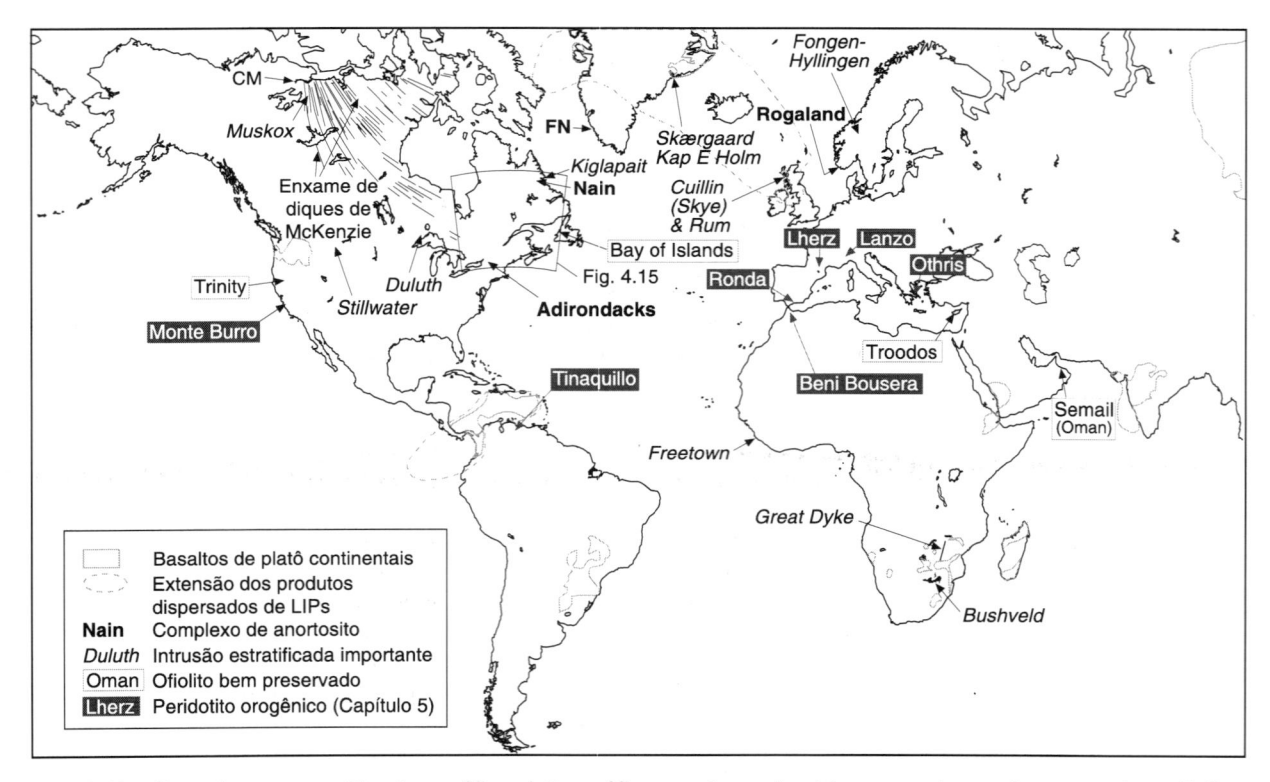

Figura 4.13 Complexos estratificados máficos/ultramáficos mais conhecidos, complexos de anortosito, ofiolitos e o enxame de diques gigante de McKenzie do Canadá setentrional (Ernst et al., 1995). FN: Complexo de Fiskenaesset, Groenlândia ocidental; CM: rochas vulcânicas de Coppermine no noroeste do Canadá (remanescente de rochas vulcânicas de uma LIP tida como cogenética da intrusão de Muskox e do enxame de diques gigantes de McKenzie).

As intrusões em rifte intracontinental

Localizada no sul da Groenlândia, a província de Gardar, com idade entre 1.300 e 1.130 Ma (Figura 9.15; Upton et al., 1996; 2003), registra a ocorrência de magmatismo plutônico sob uma província vulcânica alcalina continental associada com rifteamento intracontinental. Ela é composta por uma abundância de enxames de diques doleríticos e compostos, alguns dos quais incluem diques gigantes que alcançam 800 m de largura, além de um número expressivo de complexos centrais félsicos de grande porte de composição variável, de granito alcalino a nefelina sienito. Além desses corpos intrusivos, uma sucessão de sedimentos continentais e rochas vulcânicas está preservada em grábens precoces. O grande volume de plútons evoluídos em comparação com as intrusões máficas é semelhante ao de algumas províncias alcalinas vulcânicas, como o Quênia (Capítulo 2). A província de Gardar é discutida em detalhe no Capítulo 9.

As grandes intrusões félsicas de Gardar, cujas composições isotópicas indicam contribuição mínima de fusão crustal, indicam que volumes consideráveis de magma basáltico sofreram fracionamento extremo em câmaras magmáticas crustais mais profundas durante o desenvolvimento da província. Porém, isso não é válido para todo o magmatismo alcalino intracontinental: a ocorrência de xenólitos de peridotito derivados do manto em lavas de muitos centros basálticos alcalinos pequenos em todos os continentes – como o Maciço Central na França, o Vitória na Austrália (Prancha 5.3), o rifte do Rio Grande no Novo México – é indício seguro de que os magmas ascenderam diretamente do manto, sem serem detidos em câmaras magmáticas crustais (onde os xenólitos densos teriam se acomodado no assoalho).

Os complexos associados à subducção

Xenólitos cumuláticos gabroicos – alguns dos quais apresentam bandas de texturas adcumuláticas – são observados em muitas rochas vulcânicas toleíticas e calcialcalinas em arcos de ilha, em especial nas Antilhas Menores (Arculus and Wills, 1980), nas Aleutas (Conrad and Kay, 1984; Bacon et al., 2007) e no vulcão Arenal, localizado na Costa Rica (Beard and Borgia, 1989). Esses xenólitos indicam que plútons gabroicos estratificados se formaram sob vulcões de arcos de ilhas, exatamente como fazem em outras áreas de vulcanismo basáltico. Portanto, não causa surpresa o fato de muitos desses xenólitos serem compostos por gabro com hornblenda, já que os magmas associados à subducção tendem a ser mais ricos em H_2O dissolvida quando comparados a outros tipos de magmas mantélicos. Nesse caso, como ocorre em gabros associados à subducção expostos *in situ* (como mostraram Claeson and Meurer, 2004, por exemplo), a hornblenda não é uma fase cumulática, mas normalmente forma oicocristais poiquilíticos visíveis que envolvem a cromita, a olivina e o clinopiroxênio. Acredita-se que esses oicocristais possam ser o produto da reação entre esses minerais e o líquido magmático coexistente. A hornblenda é marcadamente mais abundante em xenólitos gabroicos plutônicos do que como fenocristais nas rochas vulcânicas básicas dos mesmos arcos de ilhas, já que os fenocristais de hornblenda surgem apenas em lavas andesíticas com $SiO_2 > 54\%$ (ver Quadro 6.2).

Os gabros também são encontrados em zonas de colisão continental, como no complexo Fongen-Hylligen, nas montanhas da Caledônia norueguesa (Figura 4.13, Tabela 4.2).

OS ANORTOSITOS, OS NORITOS E OS TROCTOLITOS

Entre as rochas plutônicas classificadas como "gabroicas", os anortositos são de longe as mais enigmáticas. Uma vez que não se tem notícia de rochas vulcânicas de composição equivalente à dessas rochas, a única conclusão possível é de que os processos cumuláticos desempenham um papel essencial em sua formação. Em pequena escala, o anortosito ocorre na forma de camadas cumuláticas – sobretudo formando as porções superiores de camadas com gradação modal – em muitas intrusões gabroicas estratificadas, como Skærgaard, embora também integre o componente principal de corpos intrusivos precambrianos, de dimensões comparáveis às de batólitos graníticos; um exemplo é o complexo do Lago Saint-Jean, em Quebec (Figura 4.15), cujo afloramento se estende por 17.000 km². O anortosito está presente nesses complexos em proporções muito maiores do que o esperado para um magma basáltico fracionado em sistema fechado. Então, como explicar a preponderância de rochas ricas em plagioclásio? A existência desse "enigma do anortosito" é reconhecida há mais de um século, embora a maneira como os corpos anortosíticos se formaram, muitas vezes em escala muito grande, continue sem uma explicação completa.

As ocorrências terrestres de anortosito são de duas categorias, cujas características são comparadas na Tabela 4.3 e na Figura 4.14.

Os anortositos cálcicos arqueanos

Os anortositos metamorfizados e leucogabros associados constituem uma parte pequena, mas muito característica, da maioria dos crátons arqueanos no globo.

Muitos desses anortositos exibem estratificação ígnea semelhante àquela vista em intrusões estratificadas máficas pós-arqueanas, como Bushveld e Stillwater, ainda que os anortositos arqueanos possuam uma textura grossa "megacrística" ou porfirítica – compostas de cristais de plagioclásio cálcico equigranulares grandes (os quais normalmente estão entre 1 e 5 cm, embora às vezes possam alcançar 30 cm) dispostos em uma matriz máfica que nunca é vista em rochas gabroicas mais jovens. As composições do plagioclásio estão na faixa An_{65}–An_{90} (Figura 4.14), mas os mais sódicos refletem a ocorrência de metamorfismo ou de alteração: megacristais bem preservados normalmente estão entre An_{80} e An_{90} (Aswhal, 1993). Nesses complexos arqueanos, o componente anortosítico está associado a leucogabros e gabros, mas cumulatos ultramáficos também podem estar presentes. O mais conhecido desses complexos cálcicos arqueanos é o da região de Fiskenaesset, Groenlândia ocidental, detalhado no Quadro 4.6.

Os anortositos proterozoicos do tipo "maciço"

Os anortositos do tipo maciços (equivocadamente tratados como "maciços" por alguns autores) devem seu nome à sua tendência de formar "maciços" em terras altas em muitos terrenos pré-crambianos, como as montanhas de Adirondack, no estado de Nova York, Estados Unidos (Figura 4.15). Eles pertencem a uma associação ígnea muito característica que ocorre – em contraste com os anortositos cálcicos – quase exclusivamente em terrenos proterozoicos, a qual é caracterizada pela presença de plagioclásio de composição intermediária (na maioria das vezes, An_{40} – An_{60}) (Figura 4.14). Os tipos de rochas dominantes (Tabela 4.3), de granulação grossa, são o anortosito, o leucogabro, o leuconorito e o leucotroctolito. Em algumas intrusões, essas rochas podem ser relativamente desprovidas de uma estrutura definida, ao passo que em outras a estratificação é muito desenvolvida.

Os anortositos do tipo maciço estão associados com, e repetidas vezes são cortados por, rochas graníticas com ortopiroxênios característicos, como o **charnockito** e o mangerito, além de granitos **rapakivi** (cujo significado é discutido no Capítulo 8). As rochas melanocráticas e ultramáficas associadas aos complexos de anortositos cálcicos arqueanos raramente estão presentes. Termos como "suíte de anortosito-mangerito-charnockito proterozoico (AMC)[17]" são utilizados por alguns autores em referência a toda a gama de rochas magmáticas presentes nessa associação. A maior concentração de intrusões desse tipo se encontra em um notável cinturão com mais de 1.000 km de comprimento – mostrado na Figura 4.15 – que parte da península de Labrador, passa por Ontário no Canadá e termina no estado de Nova York, Estados Unidos, mas ocorre de modo mais abundante na Província de Grenville, no leste do Escudo do Canadá. Essas intrusões variam em tamanho, forma e grau de deformação e de metamorfismo. Nos pontos em que a deformação é mais suave, a maioria delas é composta por diversas intrusões isoladas. A abundância de xenólitos anortosíticos e de megacristais de plagioclásio em intrusões básicas e intermediárias (os "Grandes Diques de Feldspato"), na província alcalina proterozoica de Gardar, sul da Groenlândia, é evidência de que o magmatismo relacionado a anortositos dessa idade se estendeu para o nordeste do continente norte-americano.

A geologia de uma intrusão AMC na Europa – o complexo ígneo de Rogaland, no sudoeste norueguês, com 0,93 Ga – é resumida na Figura 4.16. O complexo está localizado na extremidade sudoeste do cinturão orogênico sueco-norueguês, a extensão oriental da região orogênica de Grenville (Figura 4.15). A Figura 4.16a mostra o volume desproporcionalmente grande de rochas leucocráticas expostas na superfície – uma característica fundamental dos complexos anortosíticos proterozoicos. A explicação mais amplamente aceita para esse afloramento é que esses anortositos se formaram por *flutuação* do plagioclásio durante a cris-

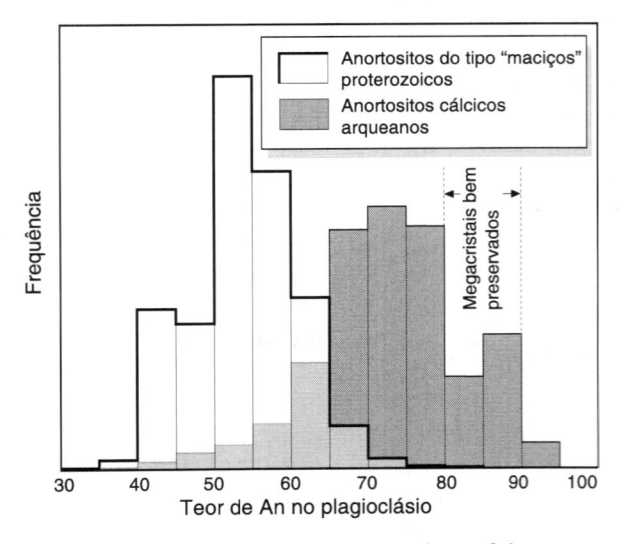

Figura 4.14 Histogramas comparando as faixas composicionais do plagioclásio em anortositos proterozoico do tipo "maciço" e anortositos cálcicos arqueanos (com base nos dados resumidos em Ashwal, 1993); a frequência foi normalizada para gerar a mesma área em cada histograma. A faixa composicional mostrada para os megacristais bem preservados (isto é, ígneos) nos anortositos arqueanos também é dada em Ashwal (1993).

---

[17] AMC é a abreviação de "anortosito-mangerito-charnockito".

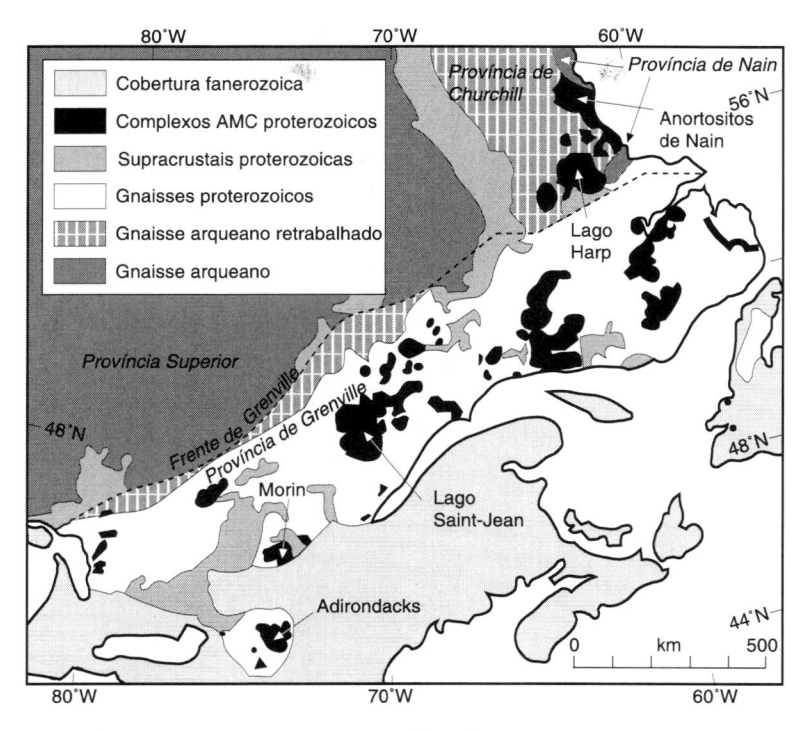

Figura 4.15 Mapa do Canadá oriental e do nordeste dos Estados Unidos mostrando o afloramento de complexos de anortositos proterozoicos (AMC), com base em Ashwal (1993), reproduzido com permissão de Springer Science and Business Media.

talização do magma basáltico ou andesítico, o que teria dado origem a rochas ricas em plagioclásio na forma de cumulatos no teto da câmara magmática. Se essa hipótese fosse verdadeira, os cumulatos de assoalho máficos e ultramáficos complementares se encontrariam exatamente embaixo deles, e – mesmo não estando expostos – seriam detectáveis na forma de uma anomalia gravitacional positiva. Contudo, as pesquisas sobre os efeitos da gravidade no complexo ígneo de Rogaland (Figura 4.16) revelam que essas anomalias estão confinadas a um volume relativamente pequeno de rochas máficas expostas (inclusive aquelas subjacentes aos

Tabela 4.3 Características diferenciadoras das associações anortosíticas terrestres

	Anortositos cálcicos arqueanos	Anortositos proterozoicos do tipo "maciço"
Faixa de idade	2.650 – 3.370 Ma.	930–2570 Ma (a maioria está entre 1.300 e 1.800 Ma).
Afloramento	A maioria é menor do que 500 km². Muitas vezes ocorrem desmembrados, devido a intrusões e tectonismo tardios.	Até 17.000 km².
Faixa composicional típica do plagioclásio	Para megacristais originais ~ An_{80}–An_{90}, mas os cristais de plagioclásio metamórficos exibem uma variação maior (ver Figura 4.14).	A maioria é An_{40}–An_{60}.
Rochas máficas associadas	Gabro e **leucogabro** (muitas vezes estratificados), cumulatos ultramáficos e cromitito (Quadro 4.6).	Pequenos volumes de leucogabro, leuconorito e leucotroctolito. Rochas ultramáficas estão *ausentes*.
Tipos de rochas félsicas associados	Tonalito, diorito (raro).	**Charnockito**, mangerito e outras rochas com ortopiroxênio, ao lado de granito **rapakivi**.
Exemplos	Fiskenaesset, Groenlândia ocidental (Quadro 4.6) (Myers, 1975, 1981).	Complexo de Rogaland, Noruega (Figura 4.16) (Bolle et al., 2003).

Quadro 4.6 O perfil de um complexo de anortositos cálcicos arqueanos: o complexo de Fiskenaesset, Groenlândia ocidental

Localizado a aproximadamente 150 km ao sul de Nuuk, a maior cidade da Groenlândia, o Complexo Anortosítico de Fiskenaesset (FAC, *Fiskenaesset Anorthosite Complex*) é, sem dúvida, o complexo anortosítico mais bem exposto e estudado no mundo. Sua origem mais provável está na formação de uma única intrusão do tipo soleira há mais de 2,8 Ga. Entretanto, o complexo (i) foi cortado por intrusões posteriores de granitoides, (ii) apresenta repetidas deformações e dobras com os gnaisses encaixantes, compondo padrões de interferência complexos (Figura 4.6.1), e (iii) foi metamorfizado em fácies anfibolito e granulito (com retrometamorfismo localizado). Hoje, os afloramentos do FAC ocorrem em uma área de 5.000 km² de gnaisses quartzo-feldspáticos na forma de fatias finas, alinhamentos de intrusões e alguns corpos de proporções significativas, como Majorqap Qâva (Figura 4.6.1). Nos pontos em que os contatos originais estão preservados, o FAC é intrusivo em anfibolitos metavulcânicos, alguns dos quais exibem relíquias de estruturas almofadadas. Estas indicam que a colocação original ocorreu em pouca profundidade, talvez no interior da crosta oceânica (Myers, 1981). Apesar desse intricado histórico pós-cristalização, o complexo anortosítico estratificado preserva texturas reliquiares ígneas e estruturas estratificadas (Figura 4.6.3) com depósitos de cromita estratiformes ao longo de grandes extensões de seu afloramento, além de uma "litoestratigrafia" ígnea interna consistente (Figura 4.6.2).

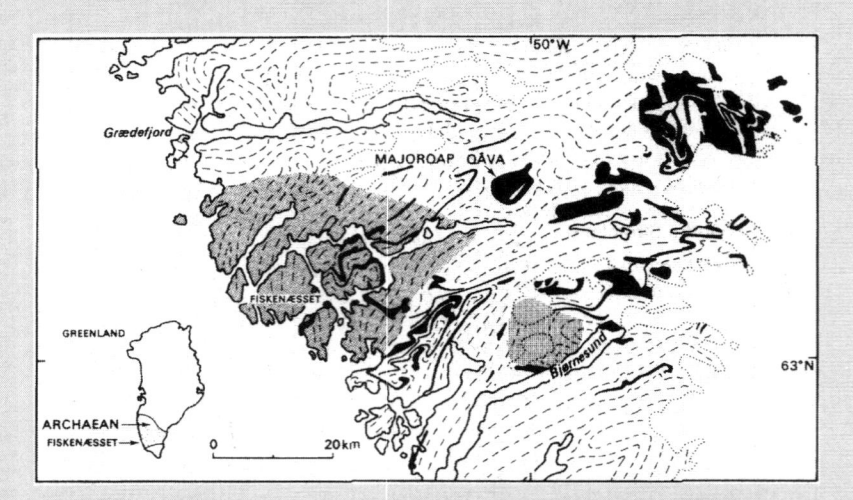

Figura 4.6.1 Mapa geológico esquemático (reproduzido com permissão de Myers, 1975) mostrando o afloramento do Complexo Anortosítico de Fiskenaesset, a tendência de foliação nos gnaisses encaixantes (linhas tracejadas) e regiões nas quais o metamorfismo regional atingiu fácies granulito (áreas sombreadas). As linhas pontilhadas indicam as margens da cobertura de gelo em terra firme. Reproduzido com permissão da Sociedade de Pesquisas Geológicas da Dinamarca e Groenlândia.

Embora o anortosito seja a litologia dominante e mais notável (a unidade correspondente ao anortosito contribui com mais de 50% da espessura agregada), ele mantém uma estreita associação com o gabro, o leucogabro e rochas ultramáficas do FAC. Por essa razão, o termo "complexo anortosítico" não propicia uma descrição muito adequada. Como em outros anortositos arqueanos, a granulação dos feldspatos de Fiskenaesset é marcadamente grossa (Figura 4.6.3), a gradação no tamanho de grão não é incomum – no Leucogabro Superior, por exemplo (Figura 4.6.2), os cristais de plagioclásio aumentam de tamanho na direção ascendente, de 2 cm para 10 cm.

A maioria das rochas do FAC é composta por plagioclásio e hornblenda metamórficos, mas a mineralogia original está preservada de modo amplo o bastante para permitir a identificação dos minerais cumuláticos originais (olivina, enstatita, augita, plagioclásio e espinélio de cromo). Os cristais de plagioclásio ígneo são **zonados normalmente**, com núcleos de An_{85-89} e bordas de An_{79-84}, mas os plagioclásios metamórficos cobrem uma faixa mais ampla.

O complexo inclui uma proporção muito maior de rochas gabroicas ricas em plagioclásio em comparação com as proporções em intrusões gabroicas estratificadas mais recentes, embora a razão da existência dessa diferença não esteja esclarecida. A colocação de uma pasta rica em plagioclásio originada em uma câmara magmática mais profunda é uma explicação plausível para o caráter rico em plagioclásio e para as anomalias de Eu positivas dessas rochas (Quadro 8.5), conforme discussão a seguir sobre os anortositos de maciço. As rochas encontradas no FAC são reconhecidamente cumuláticas. Contudo, a composição original do magma é assunto de debates que ainda não chegaram a um consenso.

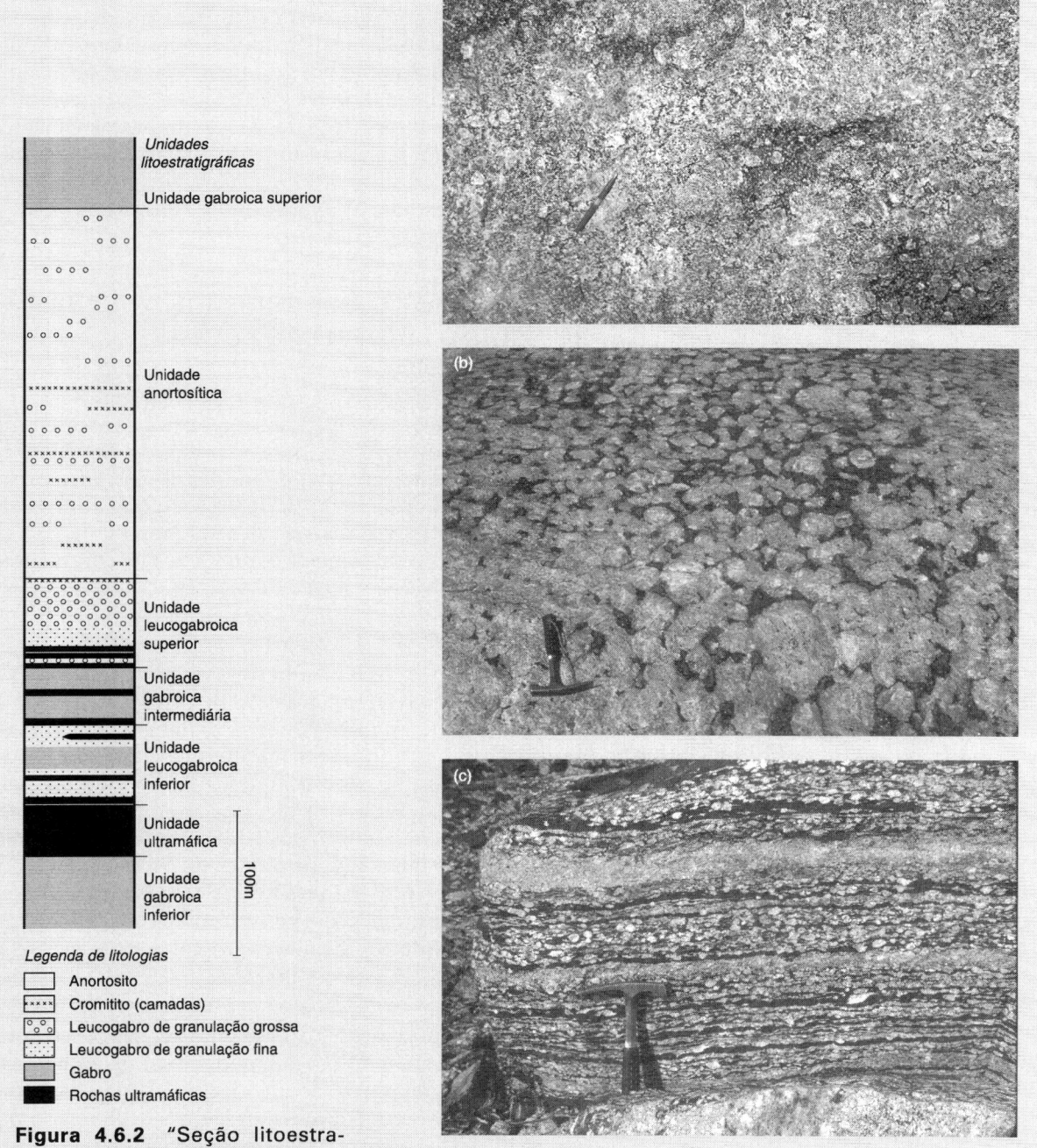

Figura 4.6.2 "Seção litoestratigráfica" composta do Complexo Anortosítico de Fiskenaesset, compilada por Myers (1981) a partir de medidas efetuadas em diversas seções incompletas. Reproduzida com permissão da Sociedade Geológica da Austrália.

Figura 4.6.3 Imagens de campo do complexo anortosítico de Fiskenaesset, Groenlândia ocidental, cedidas por J. S. Myers e reproduzidas com permissão. (a) Anortosito com megacristais (comprimento da caneta: 13 cm); os trechos escuros são ricos em hornblenda, provavelmente devido à presença original de oicocristais de ortopiroxênio. (b) Metaleucogabro (comprimento do martelo: 28 cm). (c) Cumulato plagioclásio-cromita com estratificação modal (comprimento do martelo: 28 cm).

charnockitos). Não há indícios da existência de acumulações máficas ou ultramáficas diretamente sob o volume mais representativo de plútons anortosíticos, os quais pouco diferem das rochas encaixantes em termos de assinatura gravimétrica. Uma grande parte dos complexos canadenses exibe um déficit semelhante de cumulatos máficos-ultramáficos densos.

A resposta mais aceita para este "enigma do anortosito" parte do pressuposto de que a câmara magmática parental se formou em profundidade na crosta continental, próximo ao limite entre a crosta e o manto. Dempster et al. (1999) propuseram a formação de bolsões de magma basáltico mantélico na base da crosta, onde a interação com litologias ricas em alumínio da crosta inferior promoveu a farta cristalização do plagioclásio. O magma parental pode ter se originado no manto subjacente ou, como sugerem dados experimentais recentes (Longhi et al., 1999; Longhi, 2005), devido à fusão de litologias máficas da crosta inferior. Segundo Dempster et al., a câmara magmática cristalizou e formou cumulatos anortosíticos no teto. Estes se tornaram instáveis em termos de gravidade e ascenderam na forma de um diápiro de cristais pouco densos na crosta. Nesse processo, os cumulatos máficos e ultramáficos mais densos permaneceram junto à base da crosta (Ashwal, 1993, Figura 3.39), onde são indetectáveis em levantamentos gravimétricos, já que se encontram em grande profundidade e apresentam densidade semelhante à do manto subjacente. Um modelo semelhante proposto por McLelland et al. (2004) defende a ocorrência de anatexia inicial das rochas da base da crosta como fator responsável pela formação de magmas de uma suíte de charnockitos, o que teria deixado para trás um restito de piroxênio e plagioclásio capaz de ser remobilizado pelos magmas básicos mantélicos na forma de um material de consistência pastosa rico em plagioclásio. A foliação paralela à superfície de contato observada em algumas massas anortosíticas (por exemplo, EO na Figura 4.16a) é tida como evidência da colocação de massas pastosas ricas em cristais, a exemplo do que ocorre com diápiros, embora a formação de um "balão" (ballooning) após a colocação (Capítulo 8) forneça uma explicação mais plausível para o evento. Os anortositos de maciço normalmente exibem evidências texturais de deformação simultânea ou posterior à colocação (Prancha 4.13). Os granitoides com ortopiroxênios associados podem ser o produto da fusão de rochas félsicas de fácies granulito da base da crosta (ver o Capítulo 8).

Os anortositos lunares

O anortosito é também um importante constituinte da crosta da Lua e o principal componente de suas "terras altas". Embora anortositos "ígneos" de granulação grossa tenham sido trazidos pelas missões Apolo, quase toda a superfície montanhosa lunar é composta por material fortemente brechado, resultante de impactos. As composições do plagioclásio estão, sobretudo, na faixa An_{85}–An_{97} (ver Ashwal, 1993, Figura 7.3), a qual é significativamente mais cálcica do que a maioria dos anortositos terrestres. Acredita-se que os anortositos lunares sejam cumulatos de flutuação gerados na superfície de um "oceano" de magma primitivo que teria recoberto toda a superfície lunar logo após a formação do satélite. Impactos violentos nos primórdios da história do Sistema Solar romperam essa crosta anortosítica inicial, o que permitiu ao magma escapar à superfície, onde formou os basaltos hoje observados nos *maria*.

REVISÃO – O QUE PODEMOS APRENDER COM O ESTUDO DAS ROCHAS GABROICAS?

As intrusões doleríticas e gabroicas representam uma oportunidade para estudar os sistemas de alimentação de magma que distribuem esse material fundido pela crosta terrestre e que alimentam as erupções vulcânicas. Elas ajudam a entender os dispositivos mecânicos e químicos que controlam o transporte e a evolução do magma.

As intrusões menores

- Os maiores enxames de diques e complexos de soleiras são testemunhas de episódios de produção de grandes volumes de magmas basálticos no passado, cujas manifestações na superfície podem ter sido grandemente obliteradas pela erosão. Entre os principais exemplos desses fenômenos, associados a LIPs por muitos autores, estão o enxame de diques de McKenzie, no noroeste do Canadá, com 1,27 Ga (Figura 4.13) e as soleiras de Ferrar, na Antártida, com 180 Ma.
- As intrusões menores representam o registro das configurações das tensões atuantes na crosta durante a colocação do magma (Figuras 4.5 e 4.6).
- As mudanças no ambiente tectônico em que ocorreu a colocação podem ser reconhecidas durante a vida de um enxame de diques, como ocorre com o enxame de diques do Terciário paralelos à costa, no leste da Groenlândia (Figura 4.3a), onde os diques tardios apresentam inclinações maiores do que os mais antigos, devido ao desenvolvimento progressivo de um dobramento flexural monoclinal (o qual fez com que os diques antigos se inclinassem mais) ao longo da colocação do dique.

Capítulo 4 As Rochas Gabroicas 129

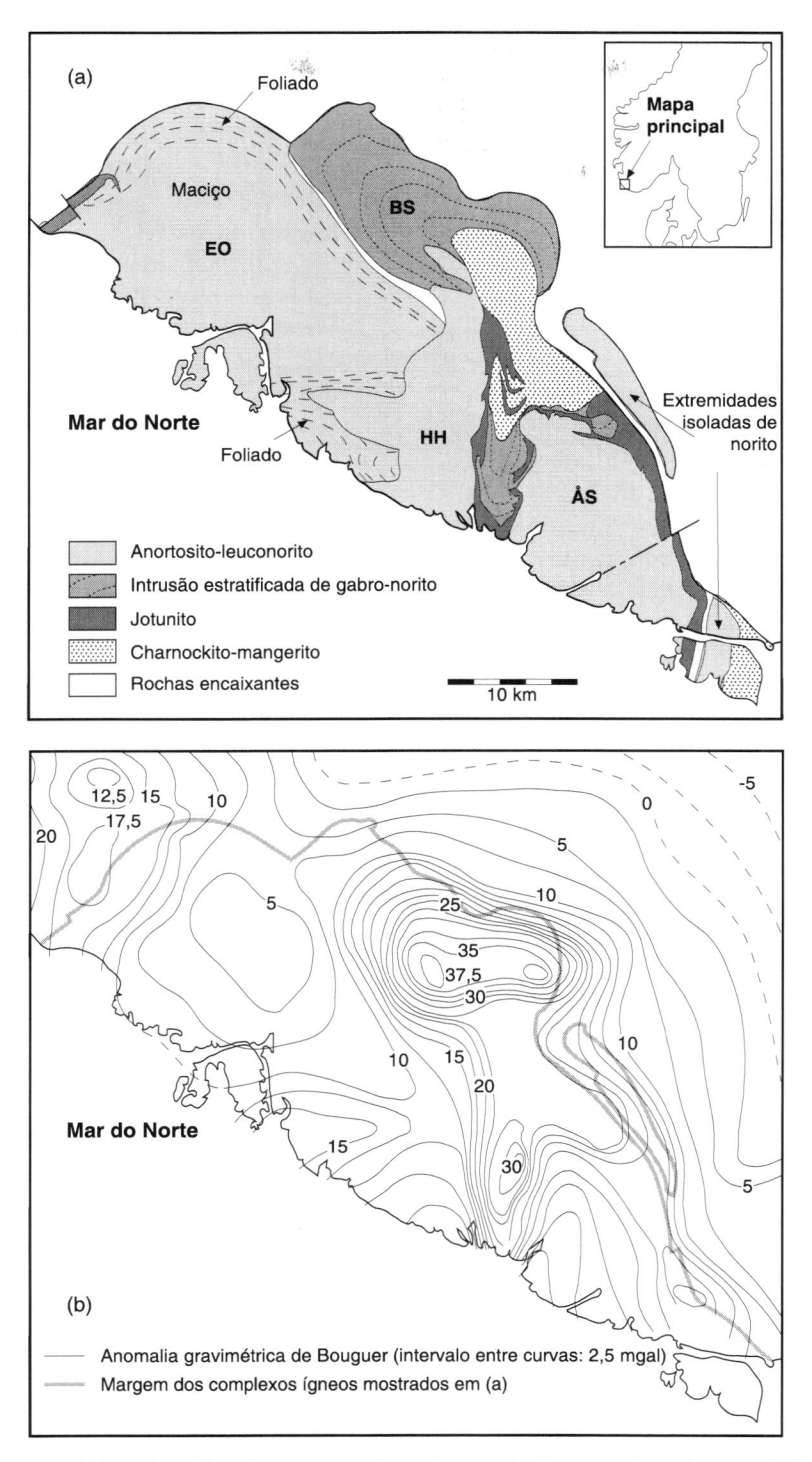

Figura 4.16 (a) Mapa geológico simplificado do complexo ígneo de Rogaland, sudoeste da Noruega (adaptado de Boile et al., 2003; direitos autorais: Elsevier). BS: intrusão estratificada de Bjerkreim-Sknodal (as linhas tracejadas indicam o sentido da estratificação); EO: plúton anortosítico de Egersund-Ogna (as linhas tracejadas indicam a direção da foliação); HH: plútons anortosíticos de Håland-Helleren; ÅS, plúton anortosítico de Åna-Sira. Os nomes **charnockito**, mangerito e jotunito são definidos na Figura 8.2. (b) Mapa da anomalia gravimétrica de Bouguer para os complexos ígneos de Rogaland (adaptado de Smithson and Ramberg, 1979).

- As soleiras e os diques espessos podem conter evidências de fracionamento *in situ* durante a cristalização, como vemos na acumulação de olivina na soleira de Palisades e na estratificação do dique gigante de Tugtûtoq, na Groenlândia meridional.

As intrusões estratificadas

- Em termos de escala, as maiores intrusões estratificadas são comparáveis aos derrames vulcânicos associados a LIPs e basaltos de platô continentais (CFBs). Portanto, essas estruturas podem ser de origem semelhante. Por exemplo, acredita-se que uma pluma tenha sido responsável pelo surgimento do Complexo de Bushveld, na África do Sul, com idade de 2,06 Ga (Figura 4.13).
- A "estratigrafia" das intrusões estratificadas gabroicas e ultramáficas documenta em detalhe a colocação e a história da cristalização do magma basáltico nas câmaras magmáticas crustais (Figura 4.8b) e reforça a validade dos achados laboratoriais sobre os princípios da cristalização fracionada e da reação entre magma e mineral, discutidos no Capítulo 3.
- A estratificação críptica de rochas estratificadas (Figura 4.8b) permite acompanhar as *mudanças* na composição do magma observadas com o avanço da cristalização, mas a composição magmática *absoluta* em qualquer estágio muitas vezes é difícil de estabelecer com confiabilidade.
- Algumas intrusões (por exemplo, Skærgaard) exibem um registro ininterrupto da cristalização ocorrida em uma câmara magmática fechada. Em outras, o registro da estratificação críptica é pontuado por reveses abruptos (por exemplo, o complexo terciário Kap Gustav Holm, no leste da Groenlândia – ver Myers et al., 1993) que testemunham o influxo de magma novo nos diversos estágios da história da cristalização. Há também intrusões em que a estratificação críptica praticamente não ocorre, como em Rum, por exemplo (Emeleus et al., 1996), o que sugere que suas câmaras estiveram abertas por um período significativo de sua cristalização. Isso teria permitido que o líquido magmático fosse reabastecido repetidas vezes através de acessos inferiores (e provavelmente retirado por aberturas no teto), de maneira que a composição do líquido magmático (e dos minerais cumuláticos) se manteve relativamente constante.
- Mesmo após 70 anos de investigações em campo e em laboratório, não há consenso sobre a possibilidade de os cristais cumuláticos serem depositados por sedimentação gravitacional após iniciarem a nucleação nos níveis mais elevados da intrusão, ou de a nucleação se dar *in situ*, no assoalho da câmara magmática (Figura 4.9). Logo, apesar de as intrusões estratificadas elucidarem algumas dúvidas sobre a dinâmica das câmaras magmáticas, elas suscitam uma gama de questionamentos adicionais sobre o modo como essas estruturas funcionam.
- Muitas intrusões máficas-ultramáficas estratificadas abrigam depósitos de PGEs com importância econômica, como a cromita e/ou sulfetos de metais básicos.
- Os anortositos registram um expressivo acréscimo básico e intermediário durante o Arqueano (Quadro 4.6) e o Proterozoico (Figura 4.15). Embora a gênese dos anortositos permaneça sem uma explicação definitiva, está claro que os processos cumuláticos estão por trás da proporção elevada de rochas leucocráticas e hololeucocráticas presentes nesses complexos.

EXERCÍCIOS

4.1 Selecione os nomes petrográficos adequados para rochas plutônicas com as seguintes composições:

(a) 30% de enstatita, 25% de augita, 45% de plagioclásio (An_{65}), teores baixos de opacos.

(b) 75% de plagioclásio cálcico, 22% de olivina, 3% de augita.

(c) 46% de plagioclásio (An_{45}), 44% de enstatita, 3% de augita, 7% de opacos.

(d) 46% de plagioclásio (An_{45}), 44% de enstatita, 9% de augita, 1% de opacos.

(e) 55% de plagioclásio (An_{45}), 35% de augita, 5% de hornblenda, 5% de opacos.

(f) 45% de plagioclásio (An_{65}), 40% de augita, 10% de analcita, 5% de opacos.

4.2 (a) Utilize a Regra das Fases para mostrar que os pontos R e E na Figura 4.3.1a são invariantes. (b) Descreva o que ocorre quando um líquido magmático com composição igual a m_b na Figura 4.3.1a entra em cristalização em equilíbrio. Compare o desfecho com a cristalização do líquido magmático m_a (Quadro 4.3).

4.3 Em uma planilha, calcule a análise dos elementos maiores de uma rocha cumulática composta por 70% de olivina com a composição dada na Tabela 1.2.1 (Quadro 1.2) e 30% de uma matriz intercumulática cuja composição é igual à análise D, na Tabela 2.5. Consulte o Apêndice B, se necessário.

CAPÍTULO 5
As Rochas Ultramáficas e Ultrabásicas

Embora não sejam abundantes na superfície da Terra, as rochas **ultramáficas** e **ultrabásicas** são fonte de informações valiosas sobre a gênese de magmas basálticos e os domínios de fontes mantélicas. Um petrólogo ígneo pode encontrar essas rochas em três ambientes distintos:

- Como cumulatos precoces em intrusões estratificadas exumadas pela erosão – são os cumulatos ultramáficos que cristalizaram e acumularam a partir de líquidos magmáticos básicos antes de atingirem a saturação em plagioclásio.
- Como amostras do manto peridotítico da terra que foram transportadas à superfície por processos vulcânicos ou tectônicos.
- Como lavas de composição ultrabásica estravasadas na superfície do planeta.

Por terem se formado em profundidade, as duas primeiras categorias, na maioria das vezes, têm apresentam granulação grossa o bastante para permitir a identificação de todos os minerais que apresentam (a menos que eles estejam muito alterados). Isso possibilita descrevê-las como ultramáficas (com **índice de cor** ≥ 90). Porém, elas podem ou não ser classificadas como ultrabásicas ($SiO_2 < 45\%$), dependendo das proporções relativas de olivina, espinélio e piroxênio: os piroxênios magnesianos, em regra, têm teores de $SiO_2 > 50\%$ e, por essa razão, um piroxenito pode ser ultramáfico sem ser ultrabásico.

A terceira categoria – composta sobretudo por rochas denominadas komatiitos – foi por muitos anos considerada um enigma na petrologia. Os cristais grossos e achatados típicos, a alteração quase sempre pervasiva, a limitada exposição em alguns terrenos arqueanos e a dificuldade de reconhecer material desvitrificado são fatores que obliteram o caráter vulcânico dessas rochas. O fato de os komatiitos terem extravasado como lavas na superfície foi aceito de modo mais amplo com a publicação, em 1969, do artigo pioneiro de Viljoen e Viljoen. A presença de lâminas de olivina que às vezes atingem 5 cm de comprimento (Figura 5.7) em uma rocha *vulcânica* vai contra a intuição de todo petrólogo sobre granulação e velocidade de resfriamento e indica a existência de um cenário de cristalização incomum. Esses aspectos serão discutidos ainda neste capítulo.

A NOMENCLATURA DAS ROCHAS ULTRAMÁFICAS

As definições

Os nomes empregados para descrever rochas ultramáficas de granulação grossa e os intervalos de composição modal em que esses termos têm validade estão resumidos na Figura 5.1. As rochas com mais de 40% de olivina são chamadas de peridotitos (derivado de *peridoto*, nome utilizado para a olivina com qualidade de gema). A Figura 5.1a, aplicável apenas a rochas contendo menos de 10% em volume de minerais félsicos (plagioclásio), forma a base do tetraedro do gabro, mostrado na Figura 4.1. Quando uma análise modal não está disponível, as seguintes definições são utilizadas:

Dunito: rocha composta de olivina em sua quase totalidade (em homenagem à Montanha de Dun, na Nova Zelândia).

Lherzolito: rocha de granulação grossa formada sobretudo por olivina (> 40%) + ortopiroxênio + clinopiroxênio (batizado a partir de Étang de Lherz[1], nos Pirineus franceses).

Harsburgito: rocha de granulação grossa composta principalmente por olivina (> 40%) + ortopiroxênio (o nome deriva da cidade de Harzburg, nas montanhas de Harz, Alemanha).

Wehrlito: rocha de granulação grossa formada especialmente por olivina (> 40%) + clinopiroxênio (batizada em homenagem a Wehrle, petrólogo que executou as primeiras análises dessa rocha).

Websterito: **piroxenito** constituído por ortopiroxênio + clinopiroxênio (de Webster, condado no estado

---
[1] Grafado também como "Lers" ou "Lhers".

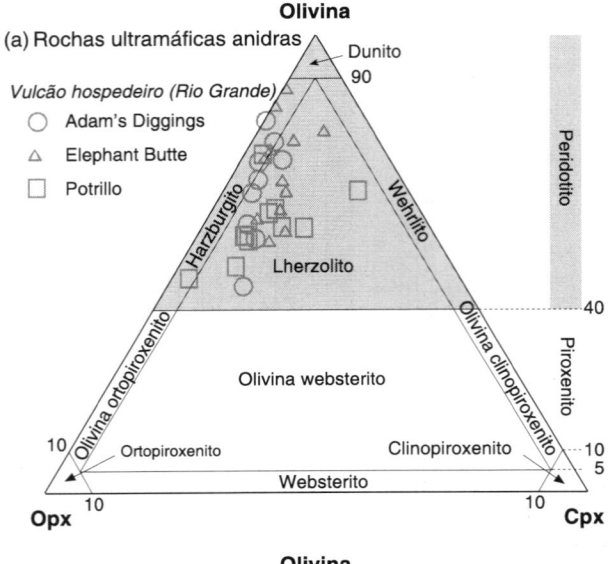

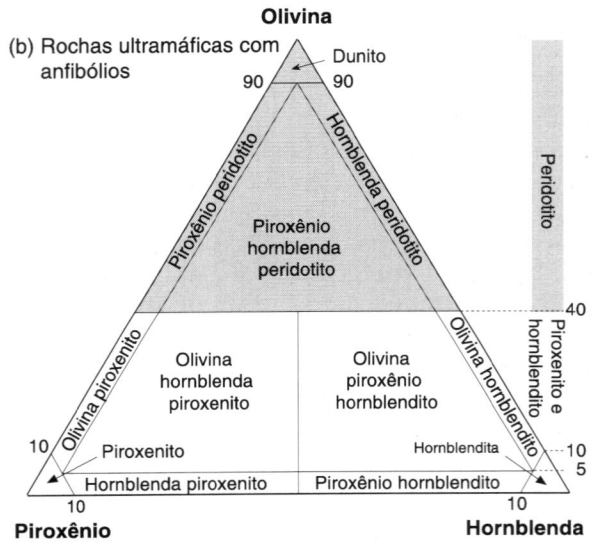

Figura 5.1 Diagrama com a nomenclatura de rochas ultramáficas de granulação grossa definida pela IUGS com base nas proporções **modais** (isto é, % em volume) de olivina, clinopiroxênio e ortopiroxênio presentes (Le Maitre, 2002). Os nomes são aplicáveis apenas a rochas com menos de 10% de plagioclásio modal (compare com a Figura 4.1). Composições naturais representativas são ilustradas (símbolos cinza) por xenólitos mantélicos de espinélio, lherzolito e harzburgito oriundos de vulcões basaníticos associados ao Rifte do Rio Grande, estado do Novo México, Estados Unidos (Kil e Wendlandt, 2004).

da Carolina do Norte, Estados Unidos). Teores de olivina entre 10% e 40% impõem ao mineral o nome de olivina websterito.

A definição de komatiito é tratada no Quadro 5.5.

Em virtude de sua origem mantélica ou do fato de serem cumulatos iniciais de magmas basálticos gerados no manto, essas rochas – e os minerais que contêm – são altamente **magnesianas**. Isso representa um desafio na identificação desses minerais em algumas rochas ultramáficas, já que as ligeiras diferenças na cor que servem para distinguir piroxênios da olivina no basalto (Quadro 2.2) e no gabro são geradas pelo teor de ferro que apresentam. Em contrapartida, os piroxênios magnesianos com teores reduzidos do metal apresentam cores pouco marcantes (e relevo semelhante ao da olivina). Essas dificuldades são agravadas em xenólitos ultramáficos (em basaltos e kimberlitos), nos quais as olivinas podem estar muito bem preservadas, sem os produtos de alteração que servem como ferramenta de diagnóstico, e em que a clivagem do piroxênio pode não ter se desenvolvido o bastante. Nessas circunstâncias, a birrefringência passa a ser o critério principal de diferenciação entre a olivina e o piroxênio.

Mineral	Birrefringência
Enstatita	0,007–0,020
Diopsídio-augita	0,018–0,033
Olivina magnesiana	0,035–0,040

Os minerais qualificadores

Em muitos peridotitos mantélicos, os minerais essenciais mostrados na Figura 5.1 com frequência estão acompanhados por quantidades significativas de uma fase aluminosa: o plagioclásio (raras vezes), o espinélio de alumínio (Quadro 5.1) ou a granada piropo (Quadro 5.2). A presença de um desses componentes em uma rocha ultramáfica indica a profundidade (pressão) em que se formou (Figura 5.5). Por essa razão, são mais esclarecedores nomes como espinélio lherzolito ou granada lherzolito, dependendo do componente presente (o plagioclásio lherzolito se forma somente em profundidades crustais). Para rochas em que a fase aluminosa contribui com menos de 5%, a IUGS recomenda a designação "lherzolito *com* espinélio" ou "lherzolito *com* granada" (Le Maitre, 2002). Nesses casos, quaisquer conclusões tiradas com base na profundidade em que a rocha se formou continuam válidas.

A maior parte das rochas ultramáficas é composta apenas por minerais anidros. A ocorrência do mineral hidratado hornblenda (anfibólio cálcico) em

Quadro 5.1 Os minerais de espinélio

Na mineralogia, o termo "espinélio" tem três diferentes acepções, o que causa certa confusão:

- O *grupo inteiro* de minerais óxidos de simetria cúbica que compartilham a fórmula geral $X^{2+}Y_2^{3+}O_4$, onde X representa um elemento bivalente e Y simboliza um elemento trivalente (Al, Fe^{3+}, Cr).
- Uma das três *séries* de solução sólida de Mg–Fe^{2+} (aquela que vai do $MgAl_2O_4$ ao $FeAl_2O_4$, ver a Figura 5.1.1) no grupo do espinélio.
- Um *membro extremo* ($MgAl_2O_4$ – "espinélio *sensu stricto*") da série do espinélio.

As três séries de solução sólida do grupo do espinélio estão resumidas na Figura 5.1.1 e na Tabela 5.1.1. Os vértices do prisma triangular na Figura 5.1.1 representam um membro extremo contendo um íon trivalente diferente (Fe^{3+}, Al^{3+}, Cr^{3+}). A direção anterior – posterior (ou esquerda – direita) representa a substituição entre o Mg e o Fe como elemento bivalente. Além das soluções sólidas dentro de cada série Mg–Fe, ocorrem misturas expressivas *entre* as séries, como mostram os campos sombreados na figura. Muitos espinélios também contêm titânio, por meio da incorporação do membro extremo ulvoespinélio ($Fe^{2+}_2TiO_4$ – não mostrada na Figura 5.1.1).

Os espinélios são minerais importantes em rochas ultramáficas e máficas, mas por serem opacos na maioria das vezes, seu valor diagnóstico no exame por luz transmitida é limitado. A exceção é a série do espinélio – típica de espinélio peridotitos derivados do manto (Tabela 5.1.1) –, a qual transita entre verde e marrom translúcidos à luz transmitida.

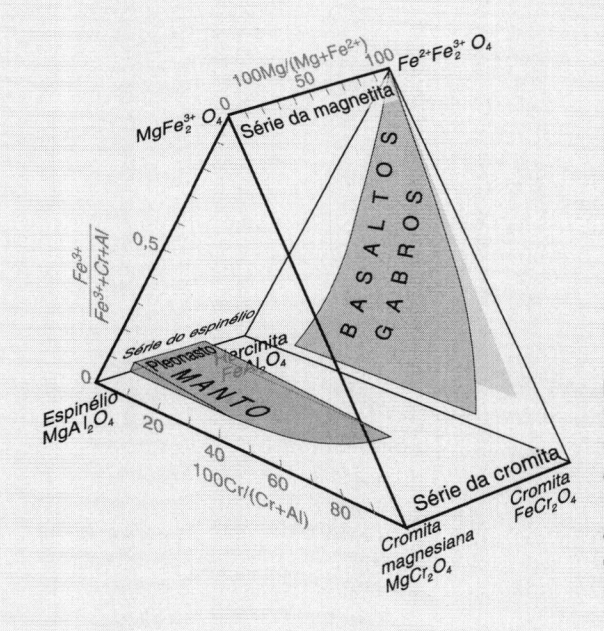

Figura 5.1.1 Alcance das soluções sólidas de espinélio na natureza, representado em um prisma triangular (o "prisma do espinélio") com as séries do espinélio, da magnetita e da cromita nos vértices (adaptado de Deer et al., 1992). As escalas em cinza representam as razões mais utilizadas para resumir a composição dos espinélios: o **número de Mg** e o "Número de Cr" [= 100 Cr/(Cr + Al)] e $Fe^{3+}/Fe^{3+} + Al + Cr$).

Tabela 5.1.1 Série de soluções sólidas e membros extremos do grupo do espinélio

Séries do espinélio	Y^{3+}	Membro extremo magnesiano	Membro extremo ferroso	Nomes de membros intermediários	Opacidade
Espinélio	Al^{3+}	Espinélio $MgAl_2O_4$	Hercinita $FeAl_2O_4$	Pleonasto	De marrom a verde-escuro, em seção delgada*
Cromita	Cr^{3+}	Cromita magnesiana $MgCr_2O_4$	Cromita $FeCr_2O_4$	–	Opaco
Magnetita	Fe^{3+}	Ferrita magnesiana $MgFe_2^{3+}O_4$	Magnetita $Fe^{2+}Fe_2^{3+}O_4$	–	Opaco

Quadro 5.2 A família da granada

As granadas formam uma família de minerais ortossilicatos com uma ampla gama de soluções sólidas (Figura 5.2.1).

A fórmula geral é:

$$X_3Y_2Si_3O_{12} \qquad [5.2.1]$$

onde X é um íon bivalente (Mg, Ca, Fe^{2+}, Mn) e Y é um íon trivalente (Al, Fe^{3+}, Cr^{3+}). A solução sólida na família das granadas é composta por duas séries isomorfas, cada uma com três membros extremos (as duas áreas triangulares na Figura 5.2.1); há significativa solução sólida em cada série, mas não entre séries. A granada que ocorre em rochas ultramáficas é uma solução sólida de piropo-almandina, com teores elevados de Cr em substituição ao Al.

Figura 5.2.1 Solução sólida no grupo mineral das granadas. As granadas encontradas em rochas ultramáficas e ígneas estão restritas à série do $piropo_{ss}$ – $almandina_{ss}$ ("ss" significa solução sólida), mostrada em preto. As granadas com teores expressivos dos outros membros extremos (em cinza) estão restritas a rochas metamórficas, exceto a variedade titanífera da andradita, chamada de *melanita* [$Ca_3(Fe^{3+},Ti)_2Si_3O_{12}$], a qual ocorre em algumas rochas ígneas alcalinas (Tabela 9.3).

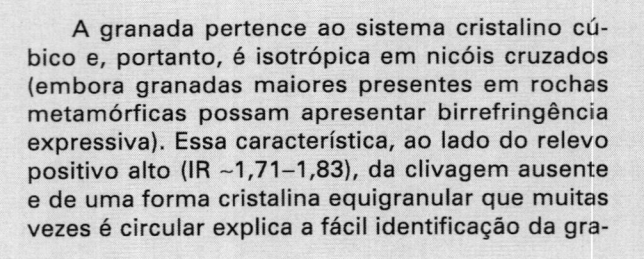

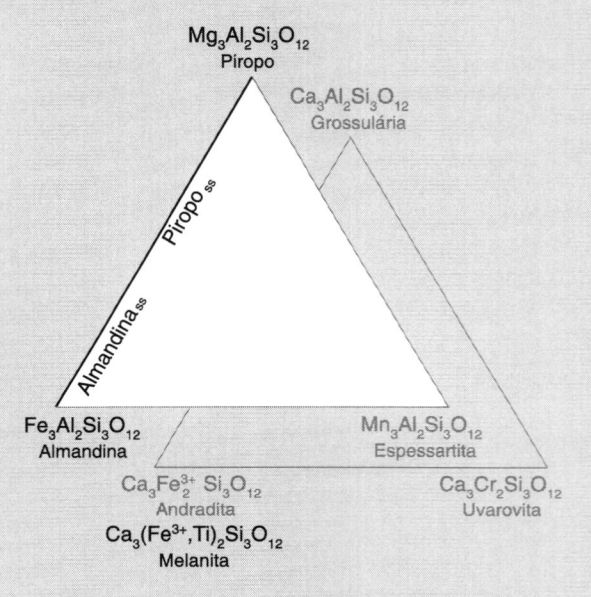

$Mg_3Al_2Si_3O_{12}$ Piropo
$Ca_3Al_2Si_3O_{12}$ Grossulária
$Piropo_{ss}$
$Almandina_{ss}$
$Fe_3Al_2Si_3O_{12}$ Almandina
$Mn_3Al_2Si_3O_{12}$ Espessartita
$Ca_3Fe_2^{3+}Si_3O_{12}$ Andradita
$Ca_3(Fe^{3+},Ti)_2Si_3O_{12}$ Melanita
$Ca_3Cr_2Si_3O_{12}$ Uvarovita

A granada pertence ao sistema cristalino cúbico e, portanto, é isotrópica em nicóis cruzados (embora granadas maiores presentes em rochas metamórficas possam apresentar birrefringência expressiva). Essa característica, ao lado do relevo positivo alto (IR ~1,71–1,83), da clivagem ausente e de uma forma cristalina equigranular que muitas vezes é circular explica a fácil identificação da granada em lâmina delgada. O $piropo_{ss}$ tende a variar de vermelho-rosa (Prancha 5.5) a púrpura em uma amostra de mão (sobretudo o cromo-piropo), mas é praticamente incolor em lâmina delgada. Por outro lado, a $almandina_{ss}$ tende a ser de um vermelho amarronzado em amostra de mão, mas apresenta cor macroscópica ligeiramente rosada em lâmina delgada.

---

uma rocha ultramáfica (ver Figura 5.1b para a nomenclatura) é indício da presença de água (no líquido magmático ou como vapor) durante a cristalização. As rochas ultramáficas podem também conter quantidades pequenas de outros minerais hidratados, como a **flogopita** (Tabela 5.1)

A alteração

As rochas ultramáficas e ultrabásicas, não importa a origem, são muito propensas à alteração hidrotermal. A olivina e o ortopiroxênio magnesianos reagem prontamente com fluidos aquosos quentes para formar serpentina. Uma rocha ultrabásica em que a maior parte da olivina foi alterada para formar serpentina é chamada de *serpentinito*. O baixo grau de metamorfismo das rochas ultramáficas pode gerar rochas com serpentina ou talco.

Com frequência, a alteração dos cristais de olivina acarreta a formação de pseudomorfos de serpentina que conservam traços das fraturas conchoidais do cristal de olivina no padrão de crescimento da serpentina fibrosa. Está claro que essas fraturas atuam como canais para a penetração de fluidos no cristal. Por essa

Tabela 5.1 Resumo da mineralogia das rochas ultramáficas. As propriedades ópticas dos minerais relevantes estão resumidas no Apêndice A

Minerais essenciais	• Olivina • Ortopiroxênio (enstatita) • Clinopiroxênio (diopsídio ou augita) no lherzolito	
Principais minerais qualificadores	• Plagioclásio • Espinélio (pleonasto) • Granada	Minerais aluminosos
	• Anfibólio (hornblenda) • Mica (flogopita)	
Minerais acessórios comuns	• Minerais de óxidos (cromita, série do espinélio)	
Minerais secundários (de alteração) comuns	• Serpentina ou **iddingsita** em substituição à olivina (ver Quadro 2.2) • Clorita ou **uralita** em substituição ao piroxênio	

razão, as fraturas primárias também podem ser observadas como veios de minerais opacos contendo óxido de ferro (Prancha 4.12): uma vez que a serpentina acomoda teores pequenos de ferro em sua estrutura cristalina, o ferro presente na olivina primária é expelido durante a reação de alteração (ver Equação 4.3).

A serpentinização do ortopiroxênio gera pseudomorfos achatados característicos em amostra de mão: os cristais apresentam um brilho metálico cor de bronze ou de mel; nessa forma, o mineral por vezes recebe a denominação especial de *bastita*.

Diante da propensão dos minerais máficos para se alterar, é importante tentar estabelecer a identidade dos minerais primários presentes na rocha com base nos produtos da alteração, a fim de obter informações sobre o tipo de rocha original.

OS CUMULATOS ULTRAMÁFICOS "ESTRATIFORMES" EM INTRUSÕES ESTRATIFICADAS

São raras as vezes em que o plagioclásio é o primeiro mineral a cristalizar em um magma basáltico primitivo. Soma-se a isso o fato de os primeiros cumulatos formados em muitas câmaras magmáticas gabroicas não apresentarem plagioclásio, razão pela qual têm composição ultramáfica (embora teores muito pequenos de plagioclásio possam, na verdade, ocorrer na rocha solidificada como mineral **intercumulático**, conforme a Prancha 5.2). A Tabela 5.2 lista diversas intrusões estratificadas nas quais as rochas ultramáficas representam parte importante da sequência cumulática exposta. Uma vez que os cumulatos ultramáficos, quando presentes, são encontrados na base da sequência cumulática, é natural considerá-los simplesmente como cumulatos iniciais formados a partir de magmas basálticos dos quais rochas gabroicas estratificadas cristalizaram mais tarde. Entretanto, os complexos de Bushveld e de Stillwater contribuem com evidências de que os cumulatos ultramáficos lá observados na verdade cristalizaram a partir de magmas com teores marcadamente maiores de SiO_2 e de MgO, em comparação com os cumulatos que compõem os gabros e noritos que os recobrem (Eales and Cawthorn, 1996; McCallum, 1996). A probabilidade (Tabela 5.6) de que líquidos magmáticos com alto teor de MgO tenham desempenhado algum papel nesses e em outros complexos, como Rum, por exemplo, é razão para discutir os cumulatos ultramáficos em separado neste capítulo.

A Figura 5.2 compara as divisões de cumulatos ultramáficos de três grandes intrusões pré-cambrianas estratificadas. Em cada uma, os cumulatos ultramáficos estratificados segundo um padrão rítmico encontram-se separados das rochas encaixantes por uma zona limite variável, conhecida por nomes diferentes em cada intrusão. As sequências cumuláticas estratificadas compartilham semelhanças notáveis, mas os pontos em comum ficam obscurecidos em meio a essas discrepâncias na nomenclatura. Em cada uma das três intrusões, os cumulatos ultramáficos podem ser divididos em duas zonas: a inferior, composta ao menos em parte por rochas com olivina, e a superior, formada sobretudo por piroxenitos. A estratificação, particularmente nas zonas inferiores, tem a forma de unidades cíclicas ou **macrorrítmicas** (Irvine, 1982). Essas unidades exibem uma gradação, com dunito ou peridotito na base (olivina cumulática ± cromita), passando pelo harzburgito e terminando com o piroxenito no topo. É comum observar bandas de **cromitito maciço** e/ou cromita disseminada sinalizando a base de cada unidade

Tabela 5.2 Algumas intrusões estratificadas nas quais os cumulatos ultramáficos formam parte importante da série estratificada exposta. A quarta coluna lista as estimativas do teor de MgO do magma parental publicadas (ver as referências citadas)

Exemplos	Idade (Ma)	Ambiente tectônico	Teor estimado de MgO no líquido magmático	Descrição recente
Rum, Ilhas Hébridas, Escócia	60	Margem passiva	18–20%	Emeleus et al. (1996)
Ofioolito de Semail, Omã	95	Ofiolito (dorsal oceânica de expansão rápida *ou* centro de expansão em antearco)	5–7%	Coogan et al. (2002)
Bay of Islands, Terra Nova, Canadá	500	Ofiolitos (interseção zona de subducção:dorsal meso-oceânica)	"Alto MgO – alto SiO_2"	Kurth-Velz et al. (2004)
Ilha Duke, Alasca	110	Cinturão de cavalgamento cordilheirano		Irvine (1974), Saleeby (1992)
Muskox, Canadá	1.270	Rifte continental, LIP		Roach et al. (1998)
Bushveld, África do Sul	2.060	Possivelmente uma LIP	14,9%	Eales and Cawthorn (1996)
Grande Dique, Zimbábue	2.575	Rifte continental, LIP	16%	Wilson (1996); Oberthür et al. (2002)
Stillwater, Montana	2.700	Possivelmente associado à subducção	14,5%	McCallum (1996)

cíclica, cujas quantidades às vezes são viáveis na perspectiva da extração de minérios. Em Stillwater e Bushveld, as zonas de piroxenito sobrejacentes às zonas inferiores de peridotito são mais uniformes.

As texturas cumuláticas mais prontamente reconhecíveis nessas rochas contêm **oicocristais** de enstatita (Prancha 5.1) ou bolsões de plagioclásio que não deixam dúvida de serem intercumuláticos (Prancha 5.2). No entanto, em lâmina delgada, muitas rochas cumuláticas ultramáficas têm uma textura poligonal que lembra aquela de rochas ultramáficas mantélicas (Prancha 5.6) discutidas a seguir – o que pode refletir o sobrecrescimento adcumulático. Contudo, é mais provável que essa textura se deva à acomodação do limite de grão em estado sólido promovida pelo resfriamento muito lento (ver o Capítulo 4; Vernon, 2004; Holness, 2005).

A repetição das unidades macrorrítmicas nas zonas com olivina, as quais também são proeminentes nas intrusões mais jovens de Muskox e de Rum, suscitou a suspeita de que a base de cada unidade pudesse sinalizar a entrada de um novo pulso de magma, como relatam Brown (1956) e Raedeke e McCallum (1984), por exemplo. A ausência de uma estratificação críptica sistemática nessas unidades ou mesmo a ocorrência de inversões na estratificação críptica existente em algumas intrusões são fatores citados em apoio a essa tese de "rejuvenescimento magmático", segundo Eales e Cawthorn (1996). Durante muito tempo, as 16 unidades macrorrítmicas da Série Estratificada Oriental no Complexo de Rum foram consideradas como a assinatura de uma câmara magmática aberta reabastecida de magma novo a intervalos regulares (Brown, 1956; Emeleus et al., 1996). Hoje, a tese mais aceita é a de que, em muitas intrusões – exceto Skaergaard, que parece ter evoluído como um sistema fechado –, o trajeto da evolução do magma e da acumulação cristalina no assoalho da câmara, o qual promove a estratificação críptica, foi pontilhado por injeções de magma primitivo (isto é, menos evoluído) a partir de um reservatório maior e mais profundo. Essas injeções são detectadas na forma de mudanças bruscas na assembleia de minerais cumuláticos e de inversões na estratificação críptica. A série cumulática de Rum também é cortada por camadas delgadas de peridotito, e há evidências de que ao menos uma das principais unidades ultramáficas observadas na intrusão (Unidade 9) se originou como intrusão menor de magma picrítico, não como resultado de processos cumuláticos (Holness, 2005).

Contudo, quais seriam os magmas parentais que geraram essas sucessões ultramáficas volumosas? A Tabela 5.2 mostra as melhores estimativas já obtidas para os teores de MgO de magmas parentais para cada

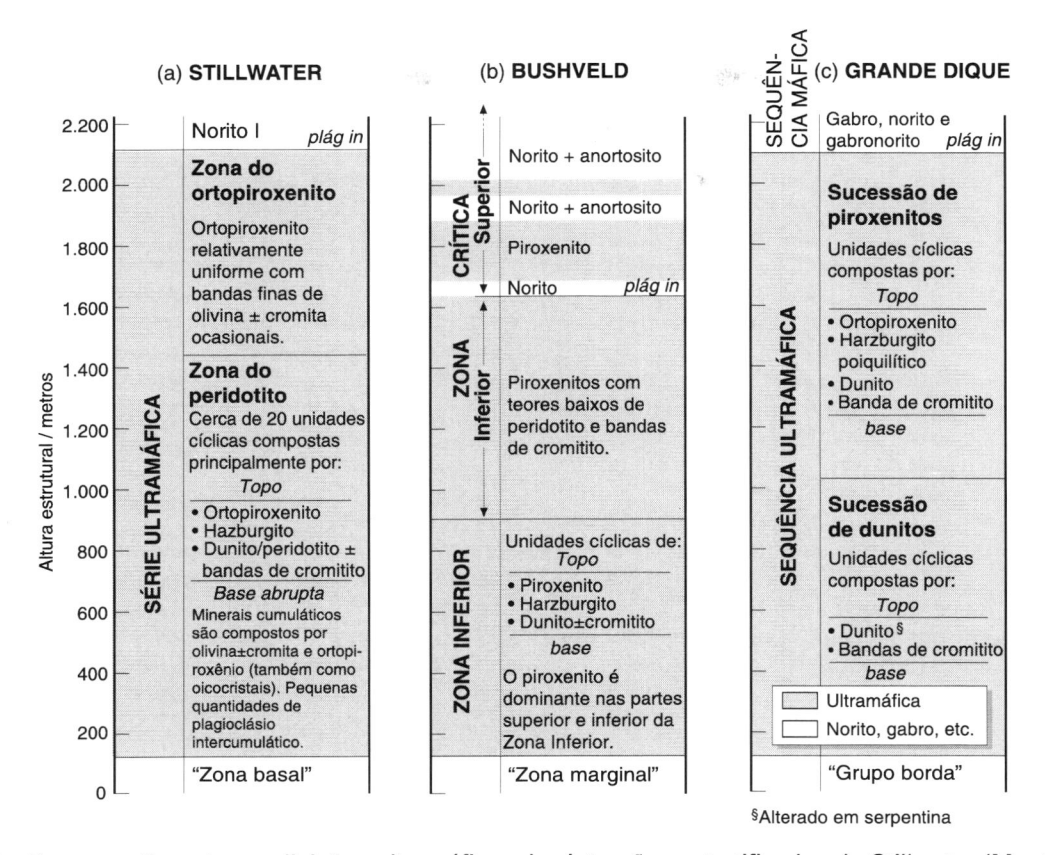

Figura 5.2 Comparação entre as divisões ultramáficas das intrusões estratificadas de Stillwater (Montana, Estados Unidos), Bushveld (África do Sul) e o Grande Dique (Zimbábue), com base em McCallum (1996), Eales and Cawthorn (1996) e Wilson (1996), respectivamente. Ver a Figura 4.13 para as localizações geográficas das intrusões. A nomenclatura original adotada pelos autores foi conservada, exceto por "ortopiroxenito", utilizado aqui em lugar de "bronzitito", termo hoje considerado obsoleto (uma rocha composta sobretudo por ortopiroxênio na faixa En_{70-90}, um mineral antes chamado de bronzita) e amplamente utilizado na literatura sobre Stillwater.

sequência cumulática ultramáfica. Muitos desses valores são mais altos do que aqueles observados em basaltos típicos e – como revelam as intrusões menores em Rum – caem na faixa do **picrito** (Figura 5.5.1 no Quadro 5.5). As estimativas acerca dos magmas parentais de intrusões do Arqueano e Proterozoico inferior mostradas na Figura 5.2 revelam teores de SiO_2 relativamente elevados: 54% em Stillwater, 53% no Grande Dique e 56% em Bushveld. Esses valores são confirmados pela importância do ortopiroxênio cumulático em cumulatos ultramáficos. A conjunção de teores elevados de MgO e de SiO_2 coloca essas composições magmáticas na faixa dos boninitos (Capítulo 6), um tipo de magma também representado em alguns dos principais enxames de diques pré-cambrianos. Alguns autores especularam que tais grandes intrusões e enxames de diques atuaram como sistemas de alimentação de grandes províncias ígneas (**LIPs**) pré-cambrianas, mas os magmas boniníticos não desempenham um papel definido nas LIPs modernas.

As divisões ultramáficas dos principais complexos ígneos estratificados contêm filões de **cromitito** maciço no membro de dunitos de cada unidade macrorrítmica, os quais representam ricas acumulações de cromo. Bushveld, Stillwater e o Grande Dique também contêm depósitos expressivos de elementos do grupo da platina (**PGEs**, *platinum group elements*). No Grande Dique, os depósitos de sulfetos contendo PGE ocorrem junto ao topo da sequência ultramáfica. Esses depósitos foram formados antes do surgimento do plagioclásio cumulático, mas em Bushveld e em Stillwater eles ocorrem nas regiões noríticas superiores das intrusões (Capítulo 4).

Os cumulatos ultramáficos nos ofiolitos

A Tabela 5.2 mostra que as rochas ultramáficas são encontradas em muitos complexos **ofiolíticos** (Quadro 5.3). Malpas (1978), ao descrever o ofiolito de Bay of Islands, na Terra Nova, foi o primeiro a reconhecer que

Quadro 5.3 Os ofiolitos e a estrutura da litosfera oceânica

O termo ofiolito se refere *não a um tipo de rocha*, mas a uma associação de tipos de rocha relacionadas que formam um "pacote" consistente, ainda que incompleto, em muitos cinturões orogênicos. O pacote completo é mostrado na Figura 5.3.1a, ao lado dos perfis de alguns exemplos bastante conhecidos, para enfatizar que os complexos individuais podem apresentar a sequência completa ou, como ocorre na maioria dos casos, apenas parte dela. A associação entre sedimentos pelágicos, basaltos almofadados, enxames de diques doleríticos tabulares e rochas plutônicas máficas/ultramáficas é característica da crosta oceânica formada inicialmente em um centro de expansão oceânico: os basaltos almofadados no topo da seção representam o magma extravasado no assoalho oceânico, o enxame de diques imediatamente abaixo é um relicto do sistema pelo qual o magma alimentava as erupções nos centros de expansão, e as rochas plutônicas são remanescentes de uma câmara magmática axial subjacente, assoalhada com cumulatos máficos e ultramáficos. Os cumulatos basais transicionam, mais abaixo, para tectonitos ultramáficos que parecem representar a litosfera mantélica subjacente: os teores de harzburgitos e de dunitos presentes nessas rochas metamórficas deformadas sugerem que o manto residual foi acrescentado à litosfera oceânica após a extração magmática inicial, a partir da astenosfera em ascensão (ver Quadro 5.4).

A noção de que os ofiolitos podem ser considerados amostras da litosfera oceânica é reforçada pela correlação entre os perfis de velocidade de refração sísmica da crosta oceânica *in situ* (Figura 5.3.1b) e os perfis das seções transversais desses ofiolitos (Figura 5.3.1c). O "Moho" sísmico que marca a base nominal da crosta oceânica é definido pela subida brusca da velocidade sísmica entre 6,5 e 7,5 km, na Figura 5.3.1b. Malpas (1978) sugeriu que essa característica,

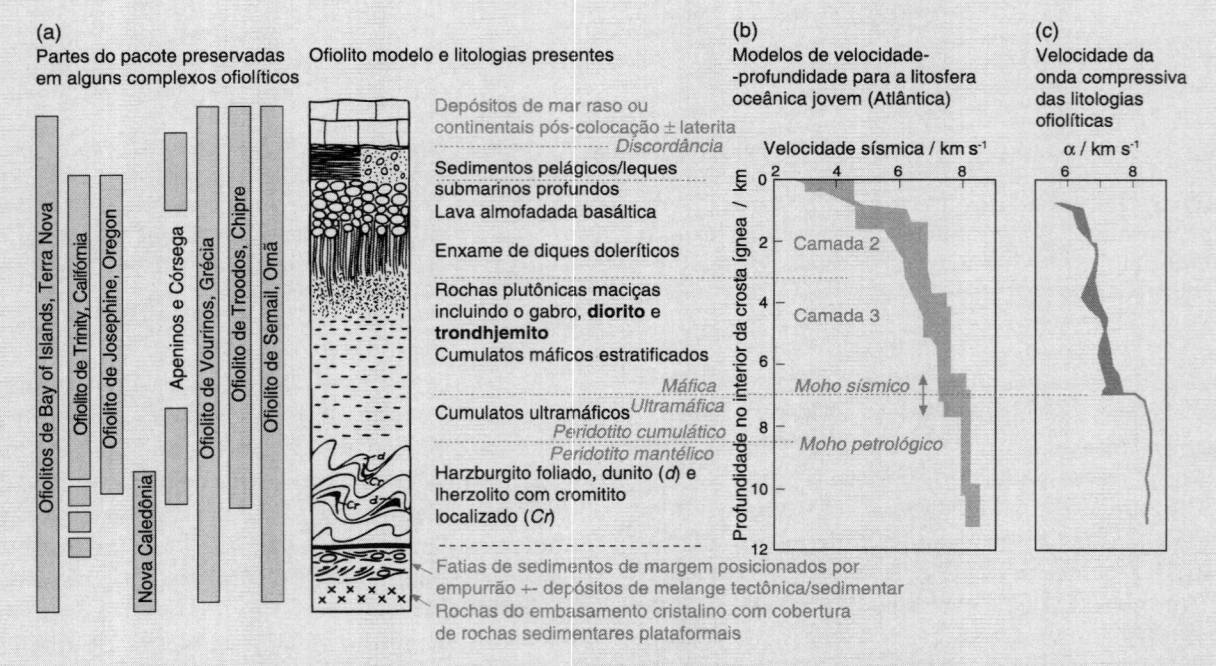

Figura 5.3.1 Diagrama composto comparando: (a) um pacote ofiolítico típico (adaptado de Moores, 1982). As colunas ilustram a parcela do pacote preservada em alguns ofiolitos no mundo (ver Figura 4.11). "Ofiolito", tal como definido por convenção, inclui as litologias grafadas em preto à direita do desenho (reproduzido de Moores [1982], cortesia da União Norte-Americana de Geólogos). As palavras grafadas em cinza são unidades adicionais incluídas na definição "expandida" de complexo ofiolítico dada por Moore. (b) Faixa de perfis com base em um modelo de velocidade-profundidade por refração sísmica da litosfera oceânica jovem (Oceano Atlântico com entre zero e 7 Ma, dados de White et al., 1992) em escala com a parte (a). (c) Velocidades de onda compressiva mensuradas em laboratório para as litologias dos ofiolitos de Bay of Islands (dados de Salisbury and Christensen, 1978) como função da altura estrutural.

na verdade, assinala o limite entre cumulatos máficos (com plagioclásio) e ultramáficos (sem plagioclásio) em ofiolitos, e que a verdadeira base da crosta – onde os cumulatos ultramáficos da câmara magmática transicionam para os harzburgitos mantélicos posicionados abaixo – precisa estar a profundidades maiores. O autor introduziu o termo "Moho petrológico" para definir esse limite inferior, o qual é observado em ofiolitos, embora não seja detectado pela via sísmica.

O estado deformado e muitas vezes metamorfizado das rochas existentes sob muitos corpos de ofiolitos (ver Figura 5.3.1a) indica que eles foram colocados em seu contexto atual mediante processos tectônicos, não magmáticos. Fileiras de corpos ofiolíticos são encontrados em muitos dos cinturões orogênicos do mundo (Figura 5.3.2). Para alguns, esses corpos revelam a zona de sutura continental exumada onde dois continentes convergentes se soldaram. Essa distribuição sugere que os ofiolitos sejam fragmentos da litosfera oceânica que formava o assoalho de uma bacia oceânica em processo de consumo que, por sua vez, ficou presa na zona de colisão continental formada na sequência.

Em que ambiente tectônico se formou a litosfera oceânica preservada nos ofiolitos? Os enxames de diques e as câmaras magmáticas sugerem a existência de um centro de expansão oceânica, o qual poderia ser uma dorsal meso-oceânica, uma bacia de back-arc – ou mesmo em um cenário de intra-arco ou frente de arco. Todas essas possibilidades foram propostas para diferentes ofiolitos. Em Omã, o ofiolito de Semail, o maior e mais bem exposto do mundo, foi considerado o produto de uma dorsal meso-oceânica de expansão rápida (Nicolas et al., 1994; Coogan et al., 2002), mas a formação de um centro de expansão em posição de frente de arco em um ambiente de arco imaturo sobre uma zona de subducção também foi proposta como origem desse ofiolito. Esse tipo de controvérsia também envolve a origem do ofiolito de Troodos, na ilha de Chipre. A geoquímica do ofiolito de Bay of Islands, na Terra Nova, indica que ele se formou em uma zona de suprassubducção (Jenner et al., 1991; Elthon, 1991) próximo à intersecção entre um arco de ilha uma dorsal em expansão (Kurth-Velz et al., 2004). Um único ambiente tectônico não consegue explicar todas as diferentes ocorrências de ofiolitos observadas no mundo. Dilek (2003) propicia uma revisão atualizada sobre a origem e a colocação de ofiolitos.

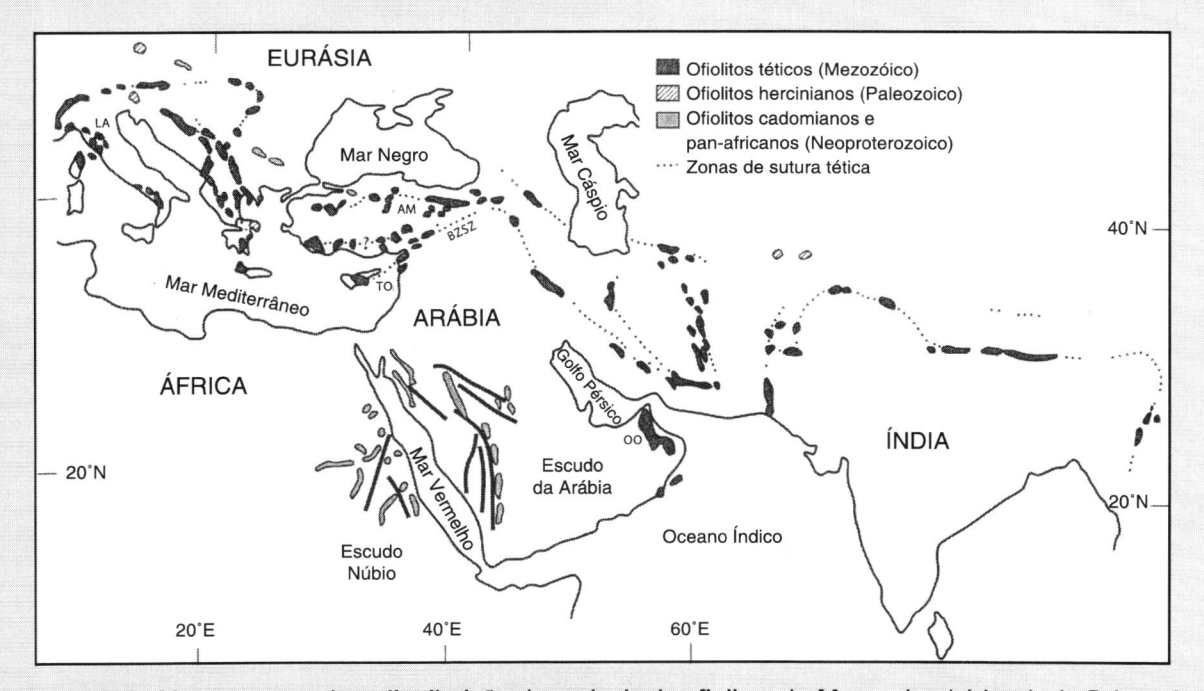

Figura 5.3.2 Mapa mostrando a distribuição dos principais ofiolitos do Mesozoico (téticos), do Paleozoico e do Neoproterozoico limítrofes dos mares Mediterrâneo, Negro, Cáspio e Vermelho, e ao Oceano Índico (adaptado de Moores et al., 2000, cortesia da Sociedade Geológica dos Estados Unidos). LA: ofiolitos ligúrios; AM: *mélange* de Ankara; TO: ofiolito de Troodos; BZSZ: zona de sutura de Bitlis-Zagros; OO: ofiolito de Omã (Semail).

os peridotitos presentes em complexos ofiolíticos têm duas origens fundamentalmente distintas:

- Uma unidade superior composta por dunitos com bandas e lentes de cromitito, as quais parecem ter se formado como cumulatos iniciais de olivina (+ cromita) a partir de um magma básico em uma câmara magmática sob um centro de expansão oceânica (Quadro 5.3).
- Uma unidade inferior formada sobretudo por harzburgitos, com arranjos do tipo tectônicos atribuíveis à deformação no estado sólido. Malpas reconheceu que os harzburgitos talvez não fossem cumulatos ígneos (a relação de reação entre a olivina e a enstatita [Quadro 4.3] impede que esses dois minerais cristalizem em equilíbrio a partir de líquidos magmáticos ígneos, em profundidades crustais), e concluiu que estas são rochas mantélicas sólidas deformadas geradas na porção superior da litosfera oceânica. Sua composição **empobrecida** (ver Quadro 5.4) é consistente com essa interpretação.

O desenho na Figura 5.3 ilustra a mesma zona de transição manto-crosta de parte do ofiolito de Semail, em Omã (mostrado como "OO" na Figura 5.3.2, Quadro 5.3). As áreas sombreadas em cinza-claro indicam os tectonitos de harzburgitos, os quais representam o manto litosférico formando o assoalho de uma câmara magmática de um centro de expansão oceânica. Essa unidade é rocha encaixante para numerosos corpos intrusivos tabulares duníticos e gabroicos, considerados remanescentes dos sistemas de condutos de magma litosférico que alimentavam câmaras magmáticas crustais posicionadas mais acima. A unidade mostrada na cor branca é composta sobretudo por dunitos heterogêneos, aparentemente cumuláticos, com lentes e bolsões de cromitito, os quais lembram intrusões estratificadas continentais (Figura 5.2). Em muitos pontos, os dunitos parecem ter sido expostos a injeção e percolação de magma, conforme indicam as soleiras gabroicas e as zonas de dunitos "enriquecidos" com plagioclásio e clinopiroxênio intersticial (Boudier and Nicolas, 1995). Por sua vez, os dunitos são recobertos por gabros estratificados, que são cortados por corpos intrusivos tabulares de troctolito e wehrlito. A sucessão de cumulatos de dunitos e de gabros pode ser compreendida em termos do magma basáltico do qual inicialmente apenas a olivina cristalizou (ao lado de quantidades muito pequenas de cromita). O plagioclásio e a augita cristalizaram na sequência, quando o líquido magmático em evolução se saturou nesses minerais (compare com a Figura 4.8).

No ofiolito de Semail, o limite entre o harzburgito mantélico e o dunito cumulático (o "Moho petrológico" de Malpas [1978] – ver Quadro 5.3) é intrincado, com muita interdigitação das duas litologias. Ambas possuem arranjos planares e li-

Figura 5.3 Seção esquemática da "zona de transição mantélica" no ofiolito de Semail, Omã (seção de Wadi Makhah), mostrando os harzburgitos empobrecidos da seção mantélica (cinza-claro), cumulatos ultramáficos (branco) contendo bolsões de cromitito (preto) e gabros estratificados como cobertura (cinza-escuro; as bandas brancas representam a estratificação); as linhas pontilhadas indicam traços de foliação. As rochas ultramáficas são cortadas por diques e soleiras de gabros. Os pontos indicam dunitos contendo plagioclásio e/ou clinopiroxênio intersticiais resultantes da percolação do magma. Reproduzido de Boudier and Nicolas (1995) com permissão de Oxford University Press.

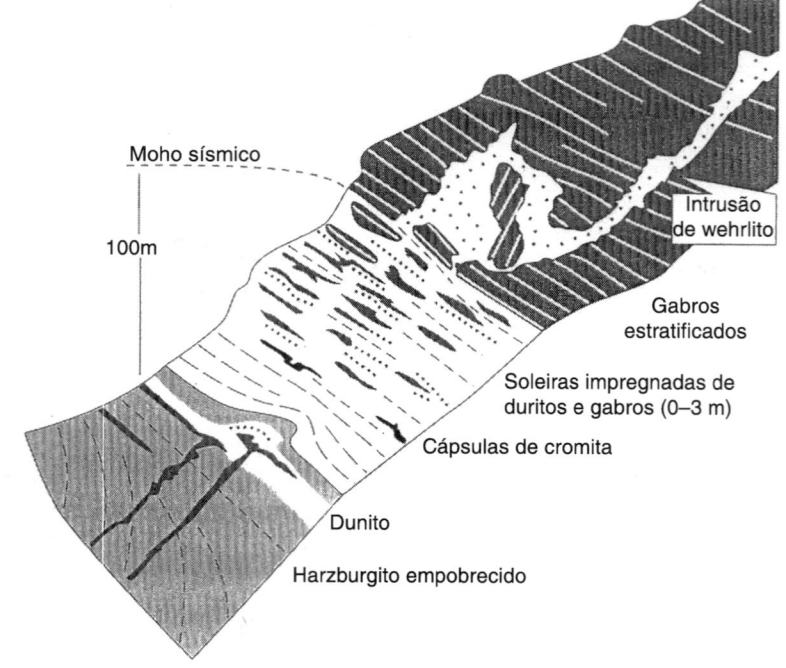

neares, indicando a ocorrência de deformação em estado sólido a altas temperaturas, a qual Boudier e Nicolas (1995) atribuíram aos fluxos na astenosfera em ascensão sob uma dorsal oceânica. Essa deformação parece ter afetado também os cumulatos magmáticos iniciais. Complexidades estruturais desse tipo são características da grande maioria dos ofiolitos (Moores, 1982).

Os corpos ultramáficos do tipo alasquiano

Mais de 30 complexos ultramáficos encontram-se distribuídos ao longo de uma cadeia linear com 500 km de comprimento e 35 km de largura que se estende de NNW a SSE pela região sudeste do estado do Alasca, Estados Unidos. A maioria desses complexos não tem mais de alguns poucos quilômetros de diâmetro. Os maiores apresentam zoneamento concêntrico bruto de um núcleo de dunito para margens de hornblenda piroxenito, embora o mais bem descrito deles, o impressionantemente estratificado complexo da ilha de Duke, na porção meridional da cadeia (Irvine, 1974), seja notável devido à ausência desse padrão de zoneamento. Em sua maioria, essas intrusões não são estratificadas, mas apresentam texturas cumuláticas características, tipificando uma associação chamada de "complexos ultramáficos do tipo alasquiano".

As intrusões ultramáficas do tipo alasquiano ocorrem em diversas partes do mundo, sobretudo nos Urais, na plataforma siberiana, na região que inclui a Colômbia e o Equador, além da Austrália oriental. A arquitetura concêntrica de um exemplo descrito recentemente na Colômbia é ilustrada na Figura 5.4. Nas cordilheiras alasquianas, colombianas e equatorianas, essas intrusões estão localizadas próximo aos limites entre terrenos alóctones adjacentes. Alguns autores cogitam que sua gênese pode estar relacionada com a acreção de terrenos. O zoneamento concêntrico característico de alguns corpos foi atribuído a injeções sucessivas de pastas ricas em cristais de frações cumuláticas derivadas de uma câmara magmática assentada em maior profundidade (Tistl et al., 1994), ao passo que a intrusão estratificada e não zonada da ilha de Duke pode ser o registro de uma dessas câmaras mais profundas. A abundância de hornblenda como mineral cumulático e pós-cumulático, ao lado da injeção de pegmatitos e diques compostos por hornblenda plagioclásio em rochas encaixantes e brechas de contato, sinaliza a ocorrência de uma composição magmática hidratada.

Como algumas das maiores intrusões estratificadas, os corpos ultramáficos do tipo alasquiano podem conter depósitos de PGE associados a camadas

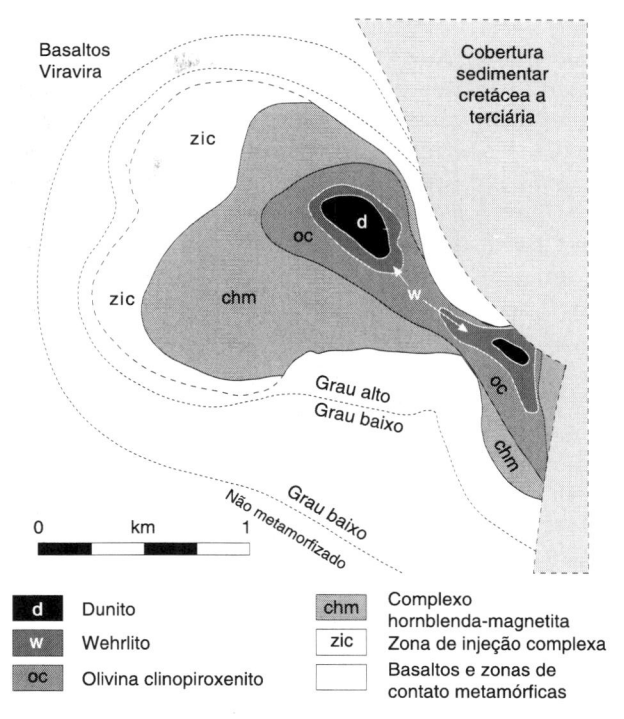

Figura 5.4 Mapa geológico esquemático de uma intrusão zonada ultramáfica do tipo alasquiano: a intrusão de Condoto com 20 Ma na região noroeste da Colômbia (SSW da cidade de Medelín), simplificado a partir de Tistl et al. (1994). A intrusão posicionou-se nos basaltos Viravira, os quais contêm lentes de cumulatos peridotíticos cogenéticos. A "zona de injeção complexa" (zic) consiste em piroxenitos metassomatizados e brechas magmáticas e é cortada por diques contendo hornblenda.

de cromitito e segregações no núcleo de dunito. Um exemplo é o "cinturão de platina" com 1.000 km de extensão no centro e no norte dos Urais, composto por quatorze desses complexos (Garuti et al., 1997). Os depósitos tipo "placer" associados a esses corpos frequentemente representam as melhores perspectivas em relação aos PGEs (como discutido em Tolstykh et al., 2004).

OS PERIDOTITOS GERADOS NO MANTO

Os xenólitos mantélicos nos basaltos e nos kimberlitos

Não é incomum encontrar basaltos **alcalinos** continentais ou lavas e chaminés basaníticas apresentando xenólitos cristalinos muito característicos, inalterados e de cor verde-oliva (Prancha 5.3) com diâmetros de algumas dezenas de centímetros, com teores variados de olivina, ortopiroxênio, clinopiroxênio e espinélio. De modo geral, o clinopiroxênio nesses xenólitos é um "diopsídio de cromo" verde–vivo em amostra de mão, como mostra a Prancha 5.4. A ocorrência de ortopiroxênio em inclusões encaixadas por basaltos alcalinos sugere que essas inclusões não são cumulatos **cogenéticos** – formados a partir do mesmo basalto encaixante em estágio anterior de sua ascensão pela crosta –, uma vez que não é comum o piroxênio com baixo teor de Ca cristalizar a partir de líquidos magmáticos pobres em SiO_2 como esses em profundidades crustais. Essa conclusão é confirmada pela textura vista em lâmina delgada (Prancha 5.6). Não há indícios de texturas como as mostradas nas Pranchas 5.1 e 5.2. De modo geral, esses xenólitos possuem uma textura poligonal ou em mosaico – na qual a maioria dos limites de grão se encontra em junções tríplices de 120° típicas da recristalização em estado sólido avançada. Essas rochas são mais bem caracterizadas como metamórficas do que ígneas. Os xenólitos de espinélio lherzolito e de harzburgito encontrados em basaltos são interpretados como amostras das paredes rochosas do conduto arrancadas e transportadas pelo magma que ascendeu diretamente do manto. As composições típicas (como proporções minerais em volume) desses "xenólitos mantélicos" encaixados em basaltos são ilustradas na Figura 5.1

Uma suíte mais variada de xenólitos gerados no manto é encontrada em diatremas e diques de **kimberlito** (Capítulo 9). Além dos espinélio lherzolitos, é possível encontrar granada lherzolitos (Prancha 5.5), harzburgitos, dunitos, piroxenitos e **eclogitos**, muitas vezes acompanhados de rochas de proveniência crustal. Parte da diversidade dos xenólitos gerados no manto se deve ao fato de os kimberlitos aparentemente serem gerados em grandes *profundidades* (com base na ocorrência de diamantes em alguns deles). A Figura 5.5 apresenta um diagrama temperatura-profundidade semelhante ao da Figura 2.17. Ela mostra as linhas limite entre os campos de estabilidade do plagioclásio lherzolito, do espinélio lherzolito e do granada lherzolito. As linhas limite são inclinadas, o que indica que a pressão (profundidade) em que o granada lherzolito (por exemplo) se transforma em espinélio lherzolito depende da temperatura e, portanto, do gradiente geotérmico local. Apesar dessas linhas limite inclinadas, de modo geral é verdadeira a noção de que o granada lherzolito é estável em profundidades mantélicas relativamente maiores, comparado ao espinélio lherzolito. Também encontra validade a ideia de que o plagioclásio lherzolito é estável apenas em profundidades crustais (daí o fato de ser raro). O manto em ascensão ao longo da adiabática de aproximadamente 1.300°C (ver a Figura 2.17) passa pelo campo do espinélio lherzolito antes de atingir o solidus. Os líquidos magmáticos formados nesse processo encontram paredes rochosas de espinélio lherzolito que ditam a litologia xenolítica dominante nesses basaltos. É apenas quando o manto ascende ao longo de uma geoterma de temperatura relativamente alta (por exemplo, 1.400°C) que ele se funde o bastante (a uma profundidade suficiente) para que a captura de xenólitos de granada lherzolito seja possível. Os espinélio lherzolitos também são apreendidos, mas em profundidades menores, durante os estágios posteriores da ascensão do magma.

Outro aspecto da diversidade dos xenólitos diz respeito à *história* do domínio mantélico "amostrado" por um xenólito. O Quadro 5.4 explora o processo de fusão parcial em rochas poliminerálicas como o lherzolito. Nele, o manto "fértil" – do qual nenhum líquido magmático fora extraído – é representado como lherzolito simples (em detrimento do espinélio e da granada, para fins de simplificação). Se admitir-

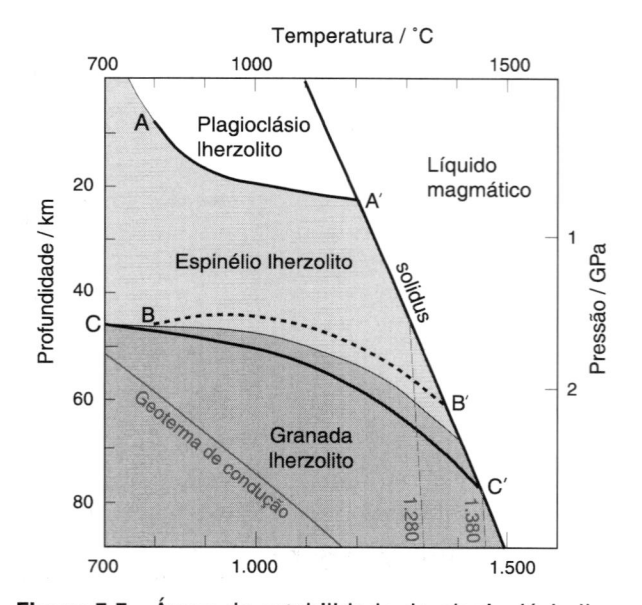

Figura 5.5 Áreas de estabilidade do plagioclásio lherzolito, do espinélio lherzolito e do granada lherzolito em um gráfico temperatura vs. profundidade (pressão). As curvas limite entre o plagioclásio-espinélio e o espinélio-granada A-A' e B-B' foram obtidas mediante cálculos termodinâmicos por Saxena e Eriksson (1983); C-C' é uma curva espinélio granada determinada experimentalmente por O'Hara et al. (1971); a linha limite entre o espinélio e o granada lherzolito foi arbitrada entre as curvas B-B' e C-C'. A curva solidus e as linhas marcadas "1280" e "1380", as quais representam as adiabáticas de 1.280°C e 1.380°C, respectivamente (compare com a Figura 2.17), são de McKenzie and Bickle (1989).

mos que o lherzolito inicial tenha composição "M", à medida que o líquido magmático de composição inicial m_1 é extraído de M em condições de equilíbrio, a assembleia sólida residual se empobrece em relação a m_1 e, por isso, migra de M (lherzolito) para s_1 (harzburgito). Se a extração no líquido magmático persistir, ela prosssegue para s_2 (harzburgito) e s_3 (dunito). Portanto, um determinado volume do manto que tenha passado por um ou mais episódios de extração magmática poderá conter domínios de harzburgito e de dunito, além de lherzolito (Figura 5.1). Por essa razão, não causa surpresa o fato de que essas rochas "mantélicas residuais" estejam representadas em suítes de xenólitos mantélicos inclusos em basaltos e kimberlitos que, presume-se, atravessaram esses domínios durante o curso de sua ascensão.

As suítes de xenólitos kimberlíticos tipicamente "recolheram amostras" da litosfera mantélica espessa subjacente aos crátons arqueanos ou aos cinturões proterozoicos móveis que as envolvem (os quais representam os dois domínios crustais antigos em que os kimberlitos são encontrados de costume).

A composição de olivina no manto e a identificação de líquidos magmáticos primários

Hoje, os petrólogos aceitam o fato de que muitos basaltos extravassados na superfície da Terra, inclusive aqueles de dorsais meso-oceânicas (MORBs, *mid-ocean ridge basalts*), sofreram algum grau de cristalização fracionada durante a ascensão. Isso pode ocorrer, por exemplo, em uma câmara magmática axial subjacente a uma dorsal meso-oceânica de expansão rápida. De maneira a utilizar as análises de basaltos para entender as regiões de origem do manto, é preciso excluir os basaltos mais evoluídos do escopo de nosso raciocínio, isto é, aqueles cujas composições já não estão em equilíbrio com a mineralogia mantélica e que, se considerados, poderiam distorcer nossas conclusões. No esforço de extrair informações válidas sobre o manto com base em composições basálticas, é preciso concentrar nossas atenções nos líquidos magmáticos **primários**, isto é, aqueles cujo fracionamento desde o momento em que se segregaram de sua origem mantélica tenha sido insignificante. Entretanto, essa condição suscita uma dúvida importante: como identificar os basaltos primários?

Uma abordagem qualitativa simples a essa indagação leva em conta apenas os basaltos contendo xenólitos cuja origem mantélica seja indiscutível. Quando um magma passa algum tempo fracionando no interior de uma câmara magmática crustal, quaisquer xenólitos nela contidos cujas densidades estejam muito acima ($\geq 3{,}2$ kg dm^{-3}) daquela do líquido magmático (tipicamente entre 2,65 e 2,70 kg dm^{-3}) afundam até o assoalho da câmara e, assim, escapam de serem transportados à superfície. Logo, a presença de xenólitos mantélicos é indício de que a lava encaixante passou do manto para a superfície *sem* ser detida em uma câmara magmática. Dito de outro modo, a composição do líquido magmático não teve a chance de se fracionar de maneira significativa.

Porém, os xenólitos mantélicos tendem a apresentar uma distribuição bastante restrita. Um teste muito aplicado para averiguar o caráter primário de um magma é baseado no **número de Mg** da lava (às vezes abreviado como "Mg #"). Esse princípio é ilustrado na Figura 5.6. As composições das olivinas presentes em xenólitos peridotíticos gerados no manto tendem a estar na faixa Fo$_{88}$–Fo$_{92}$. Esse intervalo é representado pela banda vertical da esquerda, na Figura 5.6.[2] As linhas de amarração horizontais traçadas saindo do ponto em que essas composições interceptam o solidus, passando pela área bifásica (hachurada) e indo até a curva liquidus indicam o intervalo de composição nesse sistema capaz de coexistir em equilíbrio com a olivina mantélica (essas composições são representadas pela banda vertical à direita). Os líquidos magmáticos nesse diagrama de fases são preparações laboratoriais simplificadas contendo apenas Mg_2SiO_4 e Fe_2SiO_4, as quais não têm muita semelhança com basaltos reais. Contudo, na verdade existe uma relação sistemática entre a composição de um basalto natural e a olivina com a qual ele pode entrar em equilíbrio. Em sua forma mais simples, desenvolvida por Roeder e Emslie (1970), essa relação pode ser expressa como:

$$\frac{(Fe^{2+}/Mg)^{olivina}}{(Fe^{2+}/Mg)^{líquido\ magmático}} \approx 0{,}3 \qquad [5.1]$$

onde Fe^{2+} e Mg representam as **proporções atômicas** do ferro ferroso e do magnésio em cada fase (ou as **proporções molares** de seus óxidos FeO e MgO).

---

[2] Uma vez que a composição da olivina (por exemplo, Fo$_{92}$) é expressa em porcentagens molares de Mg_2SiO_4, enquanto o eixo de composição (horizontal) da Figura 5.6 é representado – segundo a convenção que rege esses diagramas – em % *em massa*, as linhas limite esquerda e direita da banda manto-olivina não coincidem com os valores de 92% e de 88% no eixo da composição da figura. Um raciocínio semelhante explica por que a linha limite da direita da banda relativa aos líquidos magmáticos primários (Mg # = 68) não é representada pelo número 68 nesse diagrama.

Quadro 5.4 Qual é o mecanismo de fusão das rochas? As origens do manto "fértil" e do manto empobrecido em líquido magmático

A Figura 5.4.1 apresenta duas perspectivas sobre o processo de fusão parcial em uma rocha poliminerálica, como o lherzolito, por exemplo. Os três estágios da fusão parcial do lherzolito com a elevação da temperatura conforme poderiam ser vistos em lâmina delgada são mostrados à esquerda. Os diagramas de fase de um sistema laboratorial $CaMgSi_2O_6$(diopsídio)–Mg_2SiO_4(fosterita)–$Mg_2Si_2O_6$(enstatita), no qual a evolução da fusão pode ser acompanhada (ver a legenda para uma explicação do processo) são mostrados à direita. O ponto M ilustra a composição possível da assembleia de sólidos (lherzolito) iniciais que sofre fusão parcial. Essa composição é uma representação simplificada do "manto fértil".

O primeiro líquido magmático a surgir quando M é aquecida a uma temperatura alta o bastante (linha de amarração intermediária) é formado obrigatoriamente em equilíbrio químico com *os três* minerais presentes. A única composição de líquido magmático capaz de atender a essa exigência (m_1) está na união dos três campos de estabilidade dos minerais (diagramas da direita), no ponto **eutético** E. Esta indica a composição do líquido magmático inicial formado a partir da mistura de diopsídio, forsterita e enstatita (M ou N, por exemplo). A localização de E – dentro do triângulo – revela que *os três minerais participam na fusão parcial* e contribuem com o líquido magmático inicial, embora em proporções diferentes daquelas existentes no sólido original.

Porém, onde é que se formam os primeiros bolsões de líquido magmático na rocha? Se os três minerais precisam contribuir, depreende-se que esses bolsões (mostrados em preto no diagrama da esquerda) podem se formar apenas nas intersecções de grãos de Di–Fo–En, onde *todos* os componentes químicos estão disponíveis. No princípio, as intersecções dos grãos de Fo–En–En, Fo–Fo–En e Fo–Di–Fo não geram líquido magmático. À medida que a fusão parcial evolui, a composição do líquido, a princípio, mantém-se em m_1 devido à presença dos três minerais. Sabe-se que m_1 é mais rica em diopsídio do que M e, com o aumento de m_1 no líquido magmático (supondo que não haja escape de M), a mistura sólida remanescente se empobrece em Di e migra de M para s_1.

A mistura s_1 está no limite Fo–En do diagrama e marca o estágio em que o $CaMgSi_2O_6$ recém desapareceu do resíduo sólido, encontrando-se agora somente na fase líquida. A fusão (linha de amarração inferior) prossegue apenas com dois minerais restantes (Fo e En) e, por essa razão, a composição do líquido magmático, até então constante, começa a mudar. Enquanto estiver em equilíbrio com Fo e En, essa composição é forçada a migrar para cima, ao longo do **cotético** entre os campos "líquido magmático + olivina" e "líquido magmático + ortopiroxênio",* quando composição da mistura sólida residual migra de s_1 para Fo: o líquido magmático m_2, por exemplo, passa a coexistir com o sólido residual s_2. Quando o líquido magmático atinge m_3, ele coexiste com um sólido residual s_3 composto apenas de forsterita; a enstatita desapareceu do resíduo sólido. Se a fusão prosseguir, o líquido magmático evoluirá de m_3 diretamente para M.

Embora o diagrama de fases mostrado seja uma aproximação do que vemos na mineralogia mantélica natural (ele contém ferro – que, de modo geral, se encontra na olivina, no ortopiroxênio e no clinopiroxênio mantélicos –, mas não apresenta uma fase aluminosa), ele permite tirar duas conclusões úteis sobre a fusão parcial. A primeira é que todos os minerais presentes no lherzolito *começam a fundir ao mesmo tempo*, não em série, como seria de se supor. A segunda é que, com o avanço da fusão, o clinopiroxênio é o primeiro mineral a desaparecer, deixando para trás um resíduo sólido de Fo + En ("harzburgito"), seguido do ortopiroxênio. Com isso, resta um resíduo sólido composto apenas de Fo (o "dunito", na Figura 5.1).

Uma vez que o sistema é fechado, a composição global se mantém invariável em M. Contudo, ela agora inclui o líquido magmático m_1 + sólido s_1, $m_2 + s_2$, $m_3 + s_3$ e, por fim (se a fusão é finalizada), um líquido magmático de composição M.

---
*A relação de reação olivina-enstatita mostrada na Figura 4.3.1b não é válida na pressão no interior do manto.

Porém, no dia a dia, é mais comum expressar as proporções Fe:Mg presentes em uma rocha em termos do número de Mg:

$$\text{Número de Mg} = \left[\frac{100 \, \text{Mg}}{\text{Mg} + \text{Fe}^{2+}}\right]_{\text{atômico}}$$

$$= \frac{100 \, (\text{MgO}/40{,}32)}{(\text{MgO}/40{,}32) + (\text{FeO}/71{,}85)} \quad [5.2]$$

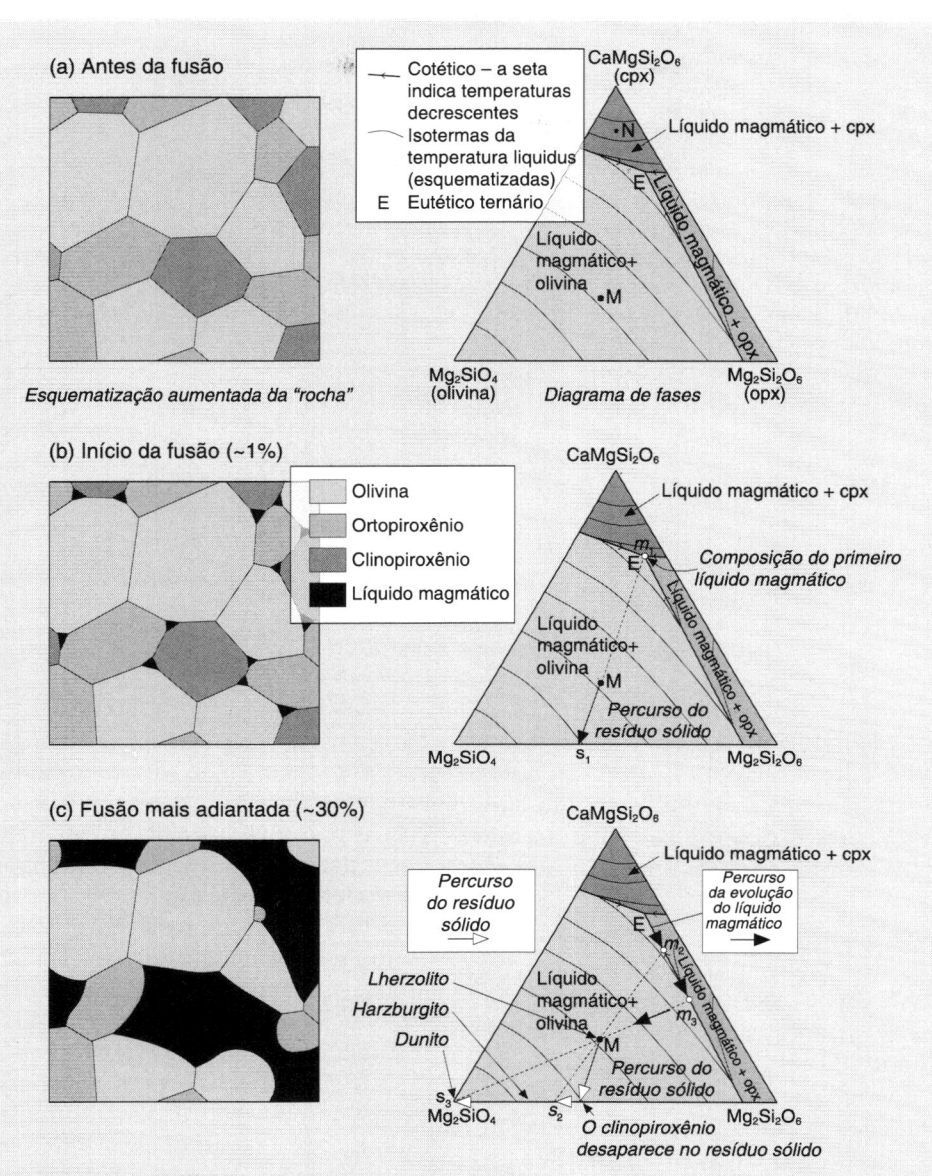

Figura 5.4.1 Percurso da fusão em um lherzolito à medida que a temperatura sobe de (a) um ponto abaixo do solidus para (b) um ponto imediatamente acima e, então, (c) um ponto muito acima dele. O diagrama de fases à direita é uma representação esquemática do sistema anidro Di–Fo–En em pressões típicas do manto superior (~2 GPa), com base em Yoder (1976), cortesia da Academia Nacional de Ciências dos Estados Unidos. Os campos indicam o intervalo de composição do líquido magmático em equilíbrio com um *único* mineral indicado (os tons de sombreado correspondem aos minerais relevantes no diagrama à esquerda); as linhas de temperatura liquidus são meramente ilustrativas. As áreas são demarcadas pelas linhas limite **cotéticas**, as quais delimitam as composições do líquido magmático capaz de coexistir com *dois* minerais. O ponto E (**eutético**), onde as três linhas limite se encontram, marca a única composição do líquido magmático que pode coexistir em equilíbrio com *os três* minerais.

onde 40,32 e 71,85 são as massas moleculares relativas (**MMR**s) do MgO e do FeO, respectivamente, e os teores de óxido são expressos em % em massa. Os valores do número de Mg (que varia de zero a 100) são elevados em líquidos magmáticos primitivos e baixos em líquidos mais evoluídos (ricos em Fe). Admitindo que as composições de olivina mantélica normalmente estão na faixa Fo_{88}–Fo_{92} (Figura 5.6), a Equação 5.1 pode ser utilizada para demonstrar que os líquidos magmáticos – aqueles

Figura 5.6 O sistema Mg_2SiO_4–Fe_2SiO_4; como na Figura 3.6, "ss" subscrito representa solução sólida. O intervalo das composições da olivina encontradas em xenólitos mantélicos é indicado pela banda vertical cinza à esquerda. Observe que "Fo_{92}" e "Fo_{88}" não aparecem nos pontos 92 e 88 no eixo horizontal porque ele está graduado em % em massa, não % molar. A banda horizontal cinza indica o feixe de linhas de amarração que unem essas composições de olivina ao intervalo de composições do líquido magmático que podem coexistir com elas (banda vertical cinza à direita).

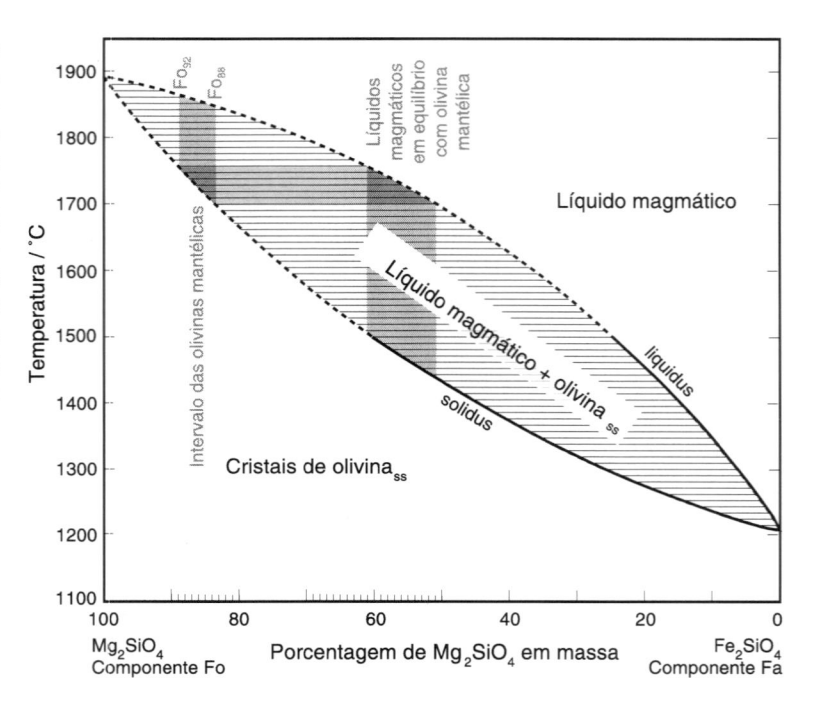

que estão em equilíbrio com a olivina mantélica – têm números de Mg na faixa 68-77 (ver Exercício 5.2). Números de magnésio acima de 68 são condição necessária para o magma ser considerado primário (alguns autores adotam um valor menor: Mg # > 65).

É importante observar que as Equações 5.1 e 5.2 envolvem o FeO, mas não o Fe_2O_3, (o Fe^{3+} se comporta diferentemente do Fe^{2+} por conta de sua carga iônica mais alta e de seu raio iônico menor, fatores que impedem sua entrada na olivina). No entanto, na representação das análises de basaltos, é comum listar apenas o total dos óxidos de ferro como ΣFeO ou ΣFe_2O_3 (ver Tabela 2.4 e Quadro 2.6). Nesses casos, por convenção, assume-se que 10% do ferro presente no líquido magmático estejam na forma Fe^{3+} e que os 90% restantes sejam Fe^{2+}. Logo, o FeO utilizado no cálculo do número de Mg é dado por 0,9 × ΣFeO, ou (0,9 × ΣFe_2O_3 ÷ 1,11).

Os maciços de peridotitos orogênicos

O estudo das relações espaciais e temporais entre diferentes litologias mantélicas de xenólitos encaixados em rochas vulcânicas é dificultado por dois fatores: (1) a relativa escassez dos xenólitos *compostos*, e (2) o tamanho reduzido dessas rochas (da ordem de dezenas de centímetros de diâmetro), o qual restringe a escala em que essas relações podem ser investigadas, em comparação com um afloramento em campo. Os peridotitos "orogênicos"[3] representam um ambiente alternativo para o estudo de rochas mantélicas que, embora não esteja estritamente *in situ*, preserva as relações espaciais essenciais entre diferentes litologias. Esses peridotitos se apresentam na forma de lentes de material mantélico de pouca profundidade, variando em escala entre 30 m e 20 km, que foram tectonicamente incorporadas às raízes de zonas de colisão continental, como os Pirineus e os Alpes. Com o passar do tempo, elas foram exumadas, muitas vezes em associação com rochas crustais de alto grau metamórfico, por soerguimento e erosão. A associação íntima com rochas de alto grau metamórfico como os granulitos, os charnockitos e os almandina-cianita gnaisses sugere que esses peridotitos se originaram da litosfera mantélica continental, não da litosfera oceânica amostrada pelos ofiolitos. Em alguns casos, como em Lanzo e Othris (Figura 4.13), por exemplo, o papel da astenosfera subcontinental também foi cogitado na gênese desses peridotitos.

Entre os peridotitos orogênicos mais estudados estão os da Zona Metamórfica do Norte dos Pirineus, inclusive os peridotitos do maciço de Étang de Lherz (um dos 40 corpos na margem setentrional dos Pirineus) e aqueles localizados nos cinturões montanhosos bético e de Rif, que se estendem pelo Mediterrâneo ocidental (ver Figura 4.13). Esses corpos ultramáficos consistem, sobretudo, em espinélio

---
[3] Também chamados de "peridotitos alpinos".

lherzolito foliado e metamorfizado, com ocorrência subordinada de piroxenitos e/ou harzburgitos portadores de espinélio e granada, os quais compõem um bandamento composicional da ordem de alguns metros e concordante com a foliação. Essas rochas são comumente serpentinizadas. Em alguns maciços, as rochas estratificadas são cortadas por veios ou diques discordantes de piroxenitos com anfibólios e/ou hornblenditos, os quais são evidência direta da migração de líquido magmático básico no manto superior. As relações intrusivas permitiram que as interações químicas entre esses líquidos magmáticos e suas encaixantes mantélicas fossem investigadas.

Não existe uma explicação definitiva para os processos responsáveis pela colocação de corpos de peridotito orogênico na crosta continental inferior. Tudo indica que alguns desses corpos tenham se formado por colocação tectônica associada a zonas de cisalhamento, possivelmente durante a extensão litosférica, enquanto outros talvez tenham ascendido na forma diapírica. Por exemplo, acredita-se que a parte meridional do peridotito de Lanzo, nos Alpes Italianos, seja um diápiro astenosférico colocado durante a abertura da bacia oceânica Liguriana-Piemontesa (Bodinier et al., 1991).

As texturas dos peridotitos xenolíticos e orogênicos

As texturas dos xenólitos ultramáficos encaixados em rochas basálticas e em kimberlitos têm muito em comum com as texturas dos peridotitos orogênicos, o que não causa surpresa, já que ambas as associações derivam do manto subcontinental. Os exemplos menos deformados nessas suítes possuem uma textura cristalina grossa (Prancha 5.4) que, observada em lâmina delgada (Prancha 5.6), compõe-se de grãos anédricos interligados cujos limites poligonais se encontram em junções tríplices a ângulos interfaciais da ordem de 120° (Prancha 5.6). Essa textura poligonal é o principal atributo das rochas metamórficas expostas a altas temperaturas por longos períodos de tempo. Em três dimensões, ela lembra a textura da espuma formada pelo sabão diluído em água. A causa é a mesma: a redução na energia livre interfacial (equivalente à tensão superficial na espuma) que o sistema atinge por meio da minimização da área grão-limite (ou sabão-filme, na analogia proposta) total. Os ajustes necessários entre o grão e o limite são possibilitados pela recristalização em estado sólido localizada nesses limites, amparada pelas altas temperaturas mantélicas.

Essa configuração pouquíssimo deformada (Prancha 5.6) é denominada textura *protogranular* (na qual o prefixo "proto" significa "estado original"). Outro exemplo dessa textura é mostrado na Prancha 5.7. Nela vemos uma rocha amostrada em Lherz, na qual os grãos minerais originais são cortados por fraturas mineralizadas formadas possivelmente durante a colocação tectônica do maciço no cinturão orogênico dos Pirineus. Um espectro de texturas mais deformadas é visto tanto em xenólitos quanto em maciços orogênicos. A deformação no interior do manto é governada por mecanismos dúcteis. Na textura deformada mais comum, duas gerações de cristais de olivina e de piroxênio podem ser distinguidas:

- Cristais maiores, muitas vezes alongados ou deformados ("porfiroclastos").
- Cristais poligonais menores sem deformação ("neoblastos") ou material cisalhado mais fino.

Um exemplo dessa textura *porfiroclástica* com matriz cisalhada é mostrado na Prancha 5.8. A deformação mais extrema gera uma textura mais fina equigranular ou em mosaico, considerada por alguns autores como registro de que tal rocha se originou na astenosfera dúctil.

Os peridotitos abissais do assoalho oceânico

Diferentes tipos de equipamentos de submersão permitiram dragar, perfurar e recuperar peridotitos encontrados em diversos pontos ao longo das paredes dos vales de zonas de fratura e de montanhas em vales de rifte de dorsais de expansão lenta, como os sistemas de dorsais Mesoatlântica e do Oceano Índico (Dick et al., 1984), ou mesmo em pontos de intersecção, como as Rochas de São Paulo (Figura 2.12). Com frequência, esses *peridotitos abissais* encontram-se consideravelmente serpentinizados e intemperizados, embora consigam, mesmo em condições adversas como essas, conservar evidências texturais e mineralógicas robustas o bastante para que muitos autores os correlacionem com peridotitos alpinos "litosféricos". Em termos de mineralogia primária, essas rochas variam de espinélio lherzolitos a dunitos. Além disso, muitos pesquisadores entendem que esses peridotitos sejam restos do manto (após a extração do basalto de dorsal meso-oceânica) acrescentados à borda em movimento da litosfera oceânica em expansão. Acredita-se que, em termos de composição, esses peridotitos abissais sejam complementares aos MORBs, devido a processos de fusão parcial por descompressão, e que essas rochas conservem um registro químico desses processos (Baker and Beckett, 1999).

Quadro 5.5 As definições de "komatiito" e "picrito": o consenso versus a convenção

A maior parte das definições de komatiito incorpora características genéticas, texturais e composicionais gerais, como:

- De modo geral, os komatiitos são rochas vulcânicas (reconhecidas com base em evidências de campo como bordas superiores resfriadas, lavas almofadadas, brechas de hialoclastitos e amígdalas), embora por vezes também formem soleiras subsuperficiais e outras intrusões menos expressivas (Beresford and Cas, 2001; Arndt et al., 2004).
- Derrames e soleiras komatiíticas exibem textura **spinifex**, embora apenas na porção superior (ver Figura 5.8).
- Do ponto de vista mineralógico, os komatiitos têm composição ultramáfica/peridotítica: o plagioclásio é muito raro em komatiitos arqueanos (Nisbet et al., 1993).
- Quimicamente, os komatiitos se distinguem por serem altamente magnesianos (na maior parte das vezes, os teores de MgO estão entre 18% e 32% em base livre de voláteis).

Em termos de composição química, as lavas komatiíticas têm muito em comum com os **picritos**, os quais compõem um dos muitos tipos de lava com alto teor de Mg (Capítulo 2). Os picritos são basaltos (ou doleritos) com uma abundância incomum de fenocristais de olivina (**poliédricos**). Com frequência, essas rochas apresentam teores de MgO entre 15% e 30%, semelhantes aos dos komatiitos. Em alguns casos, o alto teor de MgO resulta da acumulação de cristais no magma basáltico, ainda que algumas lavas picríticas aparentemente tenham extravasado na forma de líquidos magmáticos com alto teor de Mg, como reportam Holm et al. (1993), por exemplo. A principal diferença petrográfica entre o picrito e o komatiito está na presença ou ausência de olivina com textura spinifex, a qual é observada em derrames komatiíticos, mas não em picritos. Nestes, a olivina adota apenas o hábito poliédrico comum. Com frequência, os picritos também contêm uma pequena quantidade de plagioclásio.

A IUGS buscou traçar uma distinção entre komatiitos e picritos tomando por base apenas critérios químicos (Le Bas, 2000; Le Maitre, 2002; Figura 2.13). Essas definições químicas intrincadas são representadas de maneira simplificada na Figura 5.5.1. Contudo, Kerr e Arndt (2001) desafiaram essa abordagem: os autores demonstraram que mais da metade dos komatiitos com textura spinifex observados na ilha de Gorgona tinham composições no intervalo que a IUGS definira para os picritos (Figura 5.5.1), ao passo que todos os picritos sem essa textura ficavam na área reservada para os komatiitos (Figura 5.5.2). Os pesquisadores enfatizaram a necessidade de se desenvolver uma nomenclatura que levasse em conta as diferenças *texturais* entre os picritos – nos quais a olivina ocorre apenas como cristais poliédricos – e os komatiitos com textura spinifex. No entanto, na prática, a diferenciação entre komatiitos e picritos ainda é motivo de debate.

OS KOMATIITOS, OS PICRITOS E AS ROCHAS VULCÂNICAS AFINS COM ALTOS TEORES DE MgO

Ainda que não reste dúvida de que os peridotitos com texturas ígneas possam cristalizar de líquidos magmáticos ígneos, a maior parte dessas rochas tem granulação grossa e origem plutônica inquestionável. A exemplo do que ocorre com rochas cumuláticas, existem dúvidas acerca da composição do líquido magmático de que esses peridotitos cristalizam. Seria possível explicar a existência de todos os peridotitos com texturas ígneas considerando-os como cumulatos gerados a partir de líquidos magmáticos *básicos*, com base na hipótese de que sua composição ultramáfica seja uma consequência da cristalização seletiva de minerais máficos? Ou seriam alguns deles os produtos da cristalização de magmas *ultrabásicos*? A possível existência de líquidos magmáticos ultrabásicos foi muito debatida entre as décadas de 1920 e 1960. Por exemplo, ainda que com reservas, Vogt (1926) e Hess (1938) adotaram a noção de que líquidos magmáticos peridotíticos poderiam existir na natureza e extravasar na superfície da Terra, em condições específicas. Em sua obra seminal, *The Evolution of Igneous Rocks*, Bowen (1928) acolheu uma ideia oposta, ao entender que todas as rochas plutônicas ultramáficas seriam produtos da cristalização de magmas basálticos.[4] Segundo nossa discussão

---

[4] Ver a breve revisão dessa discussão apresentada em Arndt and Nisbet (1982, pp. 1–3).

Figura 5.5.1 Representação gráfica simplificada das áreas composicionais do komatiito e do picrito, de acordo com as definições propostas pela IUGS (Le Maitre, 2002). O diagrama em perspectiva é baseado no gráfico TAS da Figura 2.1 (plano posterior), em que o MgO é inserido como dimensão adicional. Um limite superior para o teor de MgO não está especificado.

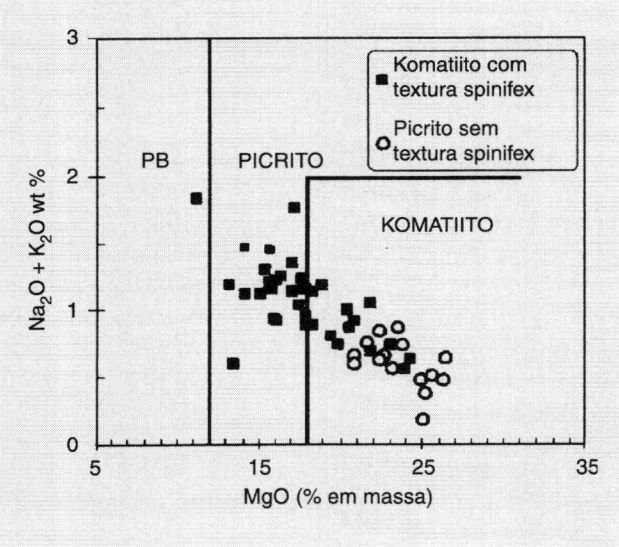

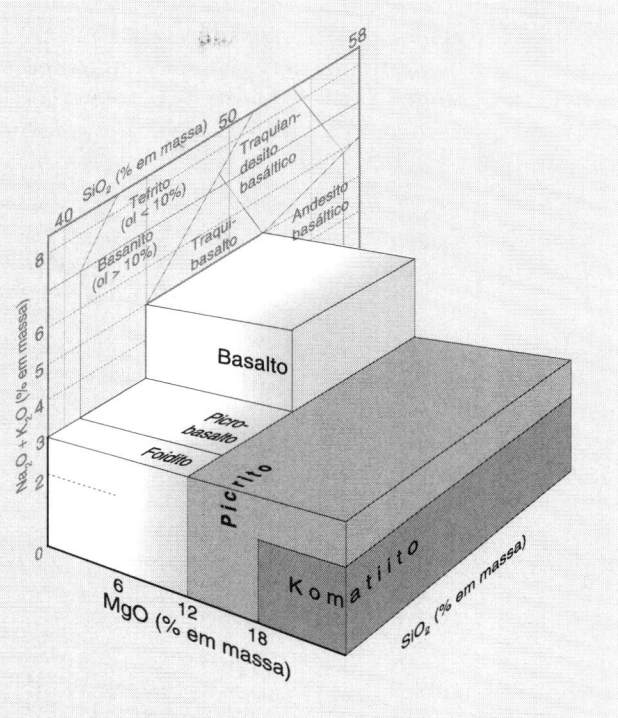

Figura 5.5.2 Composições dos komatiitos da ilha de Gorgona (símbolos pretos) e picritos (símbolos vazios) em um gráfico álcalis totais vs. MgO; as áreas marcadas são definidas com base na IUGS (Le Maitre, 2002). Reproduzido de Kerr and Arndt (2001), com permissão de Oxford University Press.

sobre os anortositos maciços (Capítulo 4), é possível explicar a existência de intrusões menos expressivas com composição peridotítica média com base na colocação de materiais pastosos enriquecidos em cristais que foram deslocados de câmaras mais profundas.

Entretanto, no intuito de fazer valer sua hipótese, os defensores da existência de líquidos magmáticos peridotíticos se depararam com dois obstáculos. O primeiro foi a falta – ao menos na literatura de abrangência internacional da época – de evidências de campo comprovando a existência de rochas *vulcânicas* que representassem, sem deixar dúvida, os líquidos magmáticos com composição peridotítica. O segundo foi a noção de que os líquidos magmáticos peridotíticos seriam altamente magnesianos e que, com base em indícios de caráter ex-

perimental incipientes na época (Figura 3.6), estes seriam produzidos por fusão apenas em temperaturas excepcionalmente altas, da ordem de 1.500°C a 1.600°C, as quais foram cogitadas tanto por Vogt quanto por Bowen. A maioria dos petrólogos de então entendia que a acumulação de minerais máficos a partir de líquidos magmáticos *basálticos* era a explicação mais plausível para a existência de rochas magmáticas ultramáficas.

Essa opinião dominante sofreu uma guinada com a publicação de pesquisa de campo de Viljoen e Viljoen (1969)[5], realizada no terreno montanhoso arqueano de Barberton, na África do Sul, como parte

---
[5] Para um apanhado histórico mais acessível, consultar Viljoen and Viljoen (1982).

do "Projeto Internacional de Estudos sobre o Manto Superior". O trabalho dos pesquisadores deixou clara a existência de derrames peridotíticos com teores de MgO que atingiam 30% em amostras coletadas no vale do rio Komati. Nas palavras de Viljoen e Viljoen (1982):

> *Características vulcânicas como topos de lava que no passado foram vítreas, brechas de hialoclastitos e amígdalas foram observadas nas lavas ultramáficas de Barberton.*

Os autores cunharam o termo "komatiito", derivado do nome do rio Komati, para batizar essas lavas efusivas evidentemente peridotíticas. Na época, o termo incluía tanto lavas peridotíticas quanto os basaltos quimicamente semelhantes (chamados de "komatiitos basálticos") com os quais estavam associadas; porém, hoje o termo é reservado para lavas ultrabásicas com alto teor de Mg (Quadro 5.5).

Em campo, a característica mais distintiva dos komatiitos típicos era a presença de cristais de olivina laminares com alguns centímetros de comprimento e orientação aleatória, ou que formavam feixes de cristais subparalelos ou divergentes (Figura 5.7). Em lâmina delgada, as lâminas de olivina muitas vezes tinham forma esqueletal (Prancha 5.9). Essa textura, hoje conhecida pelo nome geral "spinifex" (em alusão à espécie vegetal *Triodia spinifex*, uma gramínea nativa da Austrália – ver Nesbit, 1971) foi interpretada pelos Viljoen como textura gerada mediante **quenching**, ou resfriamento muito rápido, o que também é indício de erupção na superfície. As explicações atuais para essa textura são apresentadas na próxima seção.

Desde então, as lavas komatiíticas com textura spinifex são identificadas em **greenstone** belts (Quadro 5.6) arqueanos bem preservados. Por ironia, elas incluem lavas ultramáficas que haviam sido reconhecidas como tal antes de 1969, mas cuja importância petrológica ficara registrada apenas em relatórios geológicos internos (exemplos são citados em Viljoen e Viljoen, 1982). A Figura 5.8 ilustra a estrutura interna e a espessura de lavas komatiíticas típicas em Munro, uma cidade no nordeste de Ontário, Canadá. O diagrama realça o fato de a textura spinifex estar restrita à parte superior e mais rapidamente esfriada de um derrame komatiítico e a observação de que o tamanho das lâminas pode variar muito com a profundidade relativa à superfície da lava. A parte inferior do fluxo contém olivina com hábito **poliédrico**. Dito de outro modo, é por isso que os derrames komatiíticos são *texturalmente zonados*, sendo difíceis de reconhecer quando não estão apropriadamente expostos.

Embora em sua vasta maioria os komatiitos com textura spinifex sejam arqueanos, exemplos mais recentes são encontrados na ilha de Gorgona, na costa oeste da Colômbia, onde komatiitos do Cretáceo superior ocorrem em associação com **picritos** e basaltos (Aitken and Echeverria, 1984; Kerr et al., 1996). Muitos geólogos associam a erupção dessas rochas à enorme LIP Caribenho-Colombiana (Figura 2.15) formada pela pluma ancestral de Galápagos, embora evidências paleomagnéticas recentes sugiram a possibilidade de a ilha de Gorgona, na verdade, ser o produto de outro *hot spot*, localizado mais ao sul.

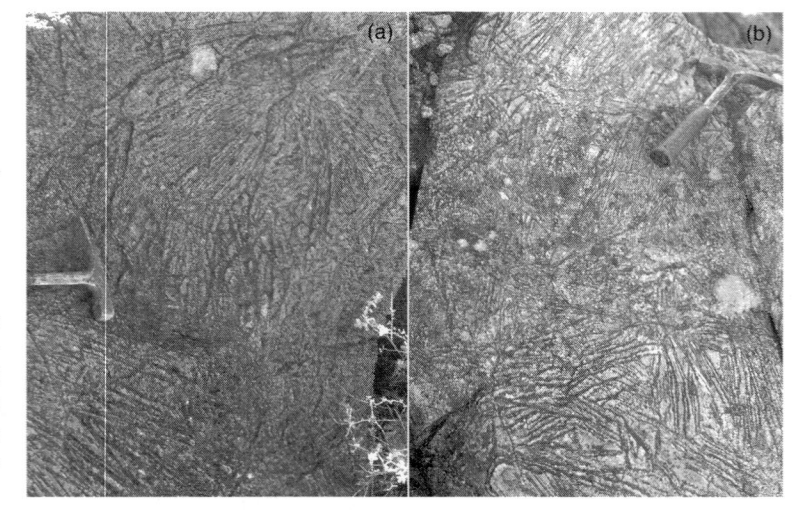

Figura 5.7 Fotos tiradas em campo de komatiitos expostos ao intemperismo na região de Kalgoorlie, oeste da Austrália. Os traços escurecidos marcam as lâminas de olivina alterada; o material mais claro entre eles representa o piroxênio e o vidro intersticiais alterados.

Quando 5.6 Os greenstone belts

Os **greenstone belts** são componentes importantes de muitos cratons arqueanos. Eles consistem em espessas sucessões vulcânicas e sedimentares depositadas na superfície da Terra entre 3,6 Ga (ou possivelmente antes) e 2,5 Ga antes do presente (BP, *before present*), as quais foram modificadas por dobramento, cavalgamento e metamorfismo de fácies xistos verdes. Entre os exemplos importantes desses cinturões estão o greenstone belt de Barberton, com 3,5 Ga, no cráton de Kaapvaal, África do Sul (área onde foram definidos os komatiitos), o cinturão de Belwinge, no Zimbábue, com 2,7 Ga e que se encontra muito bem preservado (Renner et al., 1994) e o cinturão de Norseman-Wiluna (2,7 Ga), no cráton de Yilgarn, oeste da Austrália.

As partes inferiores das sucessões de greenstone belt, são dominadas por derrames komatíticos e toleíticos acompanhados de intrusões menores e intercalados com formações ferríferas e outros sedimentos. Muitos estudiosos consideram este estágio como um indício de expansão da litosfera oceânica arqueana (Bickle et al., 1994). Nos níveis estratigráficos mais altos, rochas relacionadas a estratovulcões andesíticos e silícicos predominam, assim como rochas sedimentares terrígenas e vulcano-clássicas, indicando o surgimento de arcos de ilhas antigos.

Hoje, os greenstone belts encontram-se preservados em *terrenos granito greenstone*. Em alguns exemplos clássicos (Kaapvaal, na África do Sul, e Pilbara, na Austrália ocidental), os cinturões de greenstone belts formam bacias alongadas, estruturadas em dobras sinformes, posicionadas entre massas de granitoides em forma de domo (Figura 5.6.1). Alguns atribuem essa relação à ruptura de uma sucessão vulcânica lateralmente contínua devido ao diapirismo granítico (como sugerem Van Kranendonk et al., 2004). Nos outros locais em que ocorre, essa associação granito greenstone é muito mais complexa. Nela, o tectonismo horizontal, manifesto como cavalgamento compressivo ou exumação extensional de rochas crustais profundas, parece ter desempenhado um papel importante. Essas noções também foram consideradas nos estudos dos cinturões de Kaapvaal e de Pilbara (de Wit, 1998).

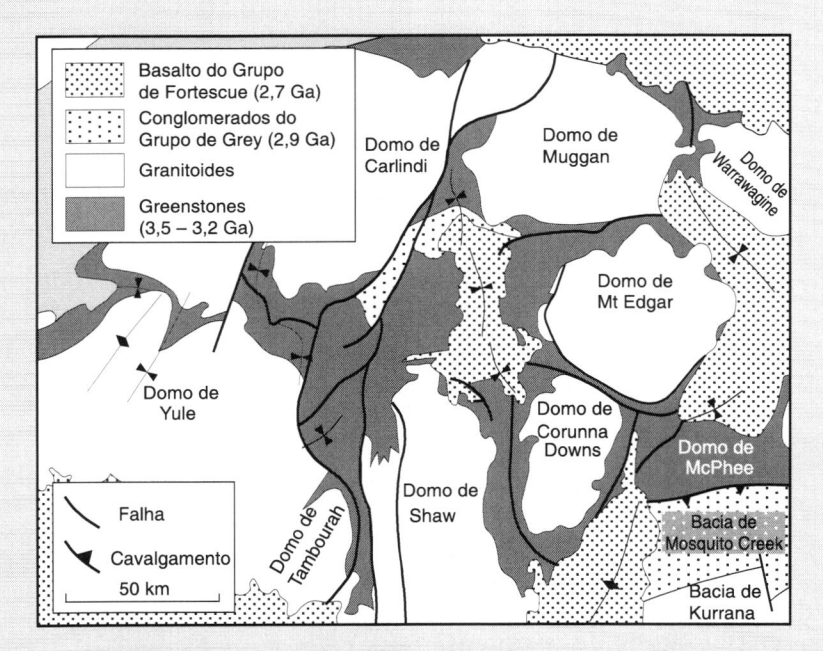

Figura 5.6.1 Mapa simplificado do cráton de East Pilbara (com base em Van Kranendonk et al., 2004; reproduzido com permissão de Elsevier) que ilustra a arquitetura domo-bacia do terreno. Os complexos de granitoides mostrados incluem componentes dos ortognaisses de 3,5–3,5 Ga e granitos potássicos mais jovens, com idades entre 3,3 e 2,8 Ga.

Figura 5.8 Seções transversais de dois tipos de derrames komatiíticos em Munro, Ontário, simplificado de Pyke et al. (1973) e Arndt et al. (1977) e reproduzido com permissão da Sociedade Geológica dos Estados Unidos e Oxford University Press: (a) derrame com zona superior com textura spinifex bem desenvolvida; (b) derrame com textura spinifex limitada. Mais de metade dos derrames de lavas peridotíticas dessa localidade não exibe textura spinifex.

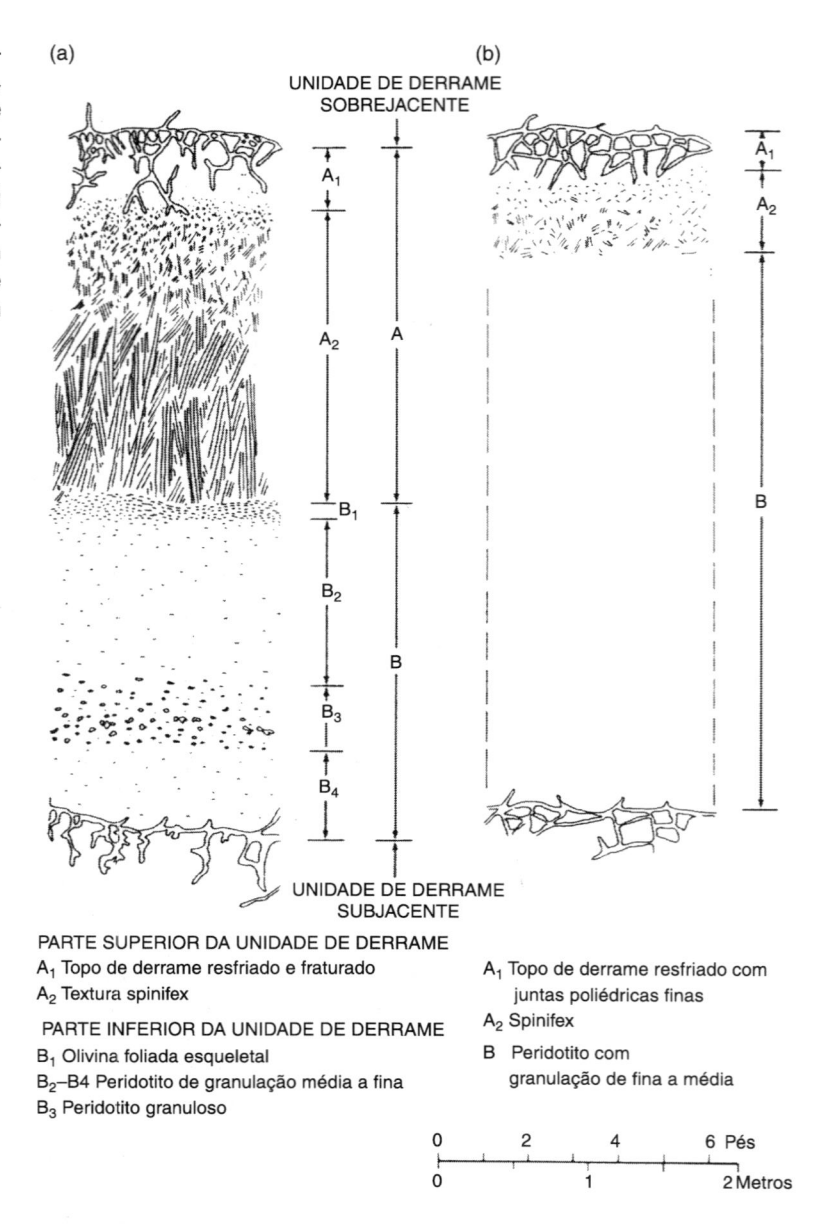

PARTE SUPERIOR DA UNIDADE DE DERRAME
A_1 Topo de derrame resfriado e fraturado
A_2 Textura spinifex

PARTE INFERIOR DA UNIDADE DE DERRAME
B_1 Olivina foliada esqueletal
B_2–B_4 Peridotito de granulação média a fina
B_3 Peridotito granuloso

A_1 Topo de derrame resfriado com juntas poliédricas finas
A_2 Spinifex
B Peridotito com granulação de fina a média

Os detalhes e a importância da textura spinifex

As Pranchas 5.9 a 5.11 ilustram algumas características distintivas da textura spinifex. A Prancha 5.9 mostra placas subparalelas grandes de olivina incolor (parcialmente alterada em serpentina + óxido de ferro) visualizadas à luz natural intercaladas com zonas marrons representando o líquido magmático intersticial resfriado instantaneamente. O campo de visão mostra uma imagem lateral das porções maciças centrais de diversas placas de olivina. À esquerda, muitas olivinas mais finas exibem formas ramificadas junto a suas extremidades. As zonas intersticiais de "líquido magmático" marrom cristalizaram como piroxênio com textura que lembra uma pena, uma faia ou por vezes uma textura **dendrítica**, percebidas com mais clareza com nicóis cruzados (Prancha 5.10). As zonas marrons também contêm dendritos delicados de cromita opaca (Prancha 5.11).

A predominância de olivinas achatadas, com hábitos cristalinos, esqueletais e dendríticos, torna os komatiitos com textura spinifex únicos entre as rochas ígneas terrestres. Ao explicar por que essas texturas ocorrem em komatiitos, mas não em derrames de lavas basálticas, Donaldson (1976, 1982) provou, mediante experimentos laboratoriais, que a formação de olivinas com hábitos semelhantes àqueles vistos nos komatiitos era favorecida pela cristalização extremamente veloz (resultante, em seus experimentos, ainda que não necessariamente na natureza, do resfriamento rápido). Com o aumento na velocidade do resfriamento, o hábito dominante da olivina (Figura 5.9) muda de poliédrico (a), passando por funil (hopper) equidimencional (ver legenda) a funil (hipper) alongado (e) e achatado (não mostrado na Figura 5.9). Donaldson comparou essa sequência experimental com as mudanças texturais observadas ao passar da zona B_{2-4} (olivina interior, poliédrica) à zona A_2 (olivina spinifex) em um fluxo de komatiito espesso (Figura 5.8). O autor atribuiu essa correlação à velocidade de cristalização crescente próximo à borda do fluxo.

Então por que a cristalização rápida favorece os hábitos esqueletal, oco e achatado? Durante a cristalização muito rápida do líquido magmático superesfriado, o crescimento cristalino ultrapassa a difusão química no líquido magmático circundante, deixando um cristal em crescimento cercado por uma zona de líquido magmático empobrecido em Mg_2SiO_4, em comparação com os outros constituintes do líquido magmático (Figura 5.10). O empobrecimento em Mg_2SiO_4 inibe o crescimento adicional em diversas faces do cristal; contudo, o fenômeno pode prosseguir nas irregularidades da superfície e vértices externos (Figura 5.10a), de onde fios ou dedos de um novo cristal podem se desenvolver (Figura 5.10b), o que constitui o primeiro estágio na evolução de uma forma cristalina esqueletal. Quando o crescimento de um dedo é inibido, um dedo secundário pode se formar (Figura 5.10c) a partir de um ponto favorável na superfície do dedo inicial. Não é difícil compreender como a repetição desse processo gera as formas dendríticas exageradas, entre outras, observadas nos komatiitos (as quais são muito bem ilustradas nas Pranchas 5.10 e 5.11, pelos cristais dendríticos de piroxênio e cromita).

Donaldson (1982) considerou pequenas as chances de velocidades de resfriamento muito altas, comparáveis às mostradas na Figura 5.9, serem alcançadas ao

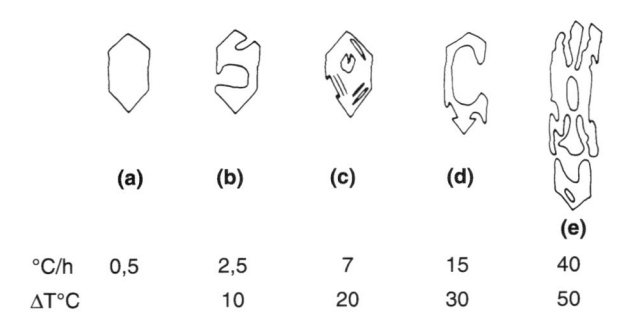

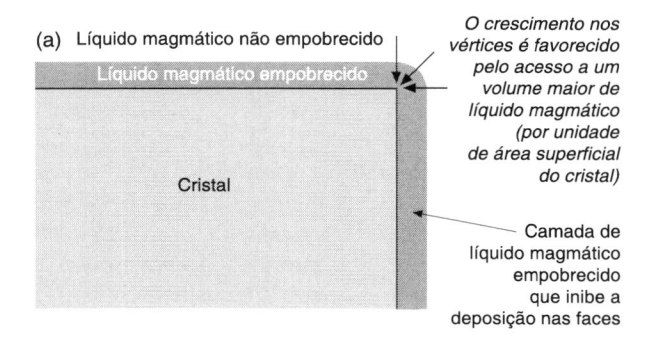

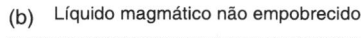

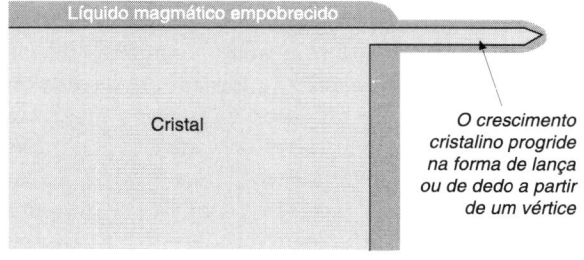

	(a)	(b)	(c)	(d)	(e)
°C/h	0,5	2,5	7	15	40
ΔT°C		10	20	30	50

Figura 5.9 Morfologias típicas da olivina cristalizada experimentalmente a partir de líquidos magmáticos ultrabásicos como função da velocidade de resfriamento (em °C por hora) (Adaptado de Donaldson, 1976, 1982). "ΔT °C" indica o grau de superesfriamento abaixo do liquidus no qual a olivina começa a se formar. Em temperaturas mais altas, a forma poliédrica normal da olivina (a) dá lugar a formas ocas, muitas vezes denominadas olivina em funil (hopper) (b)–(d) e então à forma "hopper alongado", (e). As olivinas achatadas (não mostradas) ocorrem em velocidades de resfriamento ligeiramente mais altas. Velocidades de resfriamento extremas produzem outras morfologias, como as olivinas "corrente" e "pena", por exemplo, as quais não são observadas em komatiitos naturais.

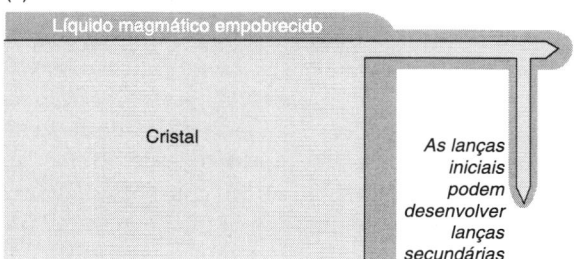

Figura 5.10 Esquema ilustrando a formação de morfologias cristalinas dendríticas e afins, onde o crescimento normal das faces é inibido por uma zona de líquido magmático empobrecido ao redor do cristal (com base em Vernon, 2004).

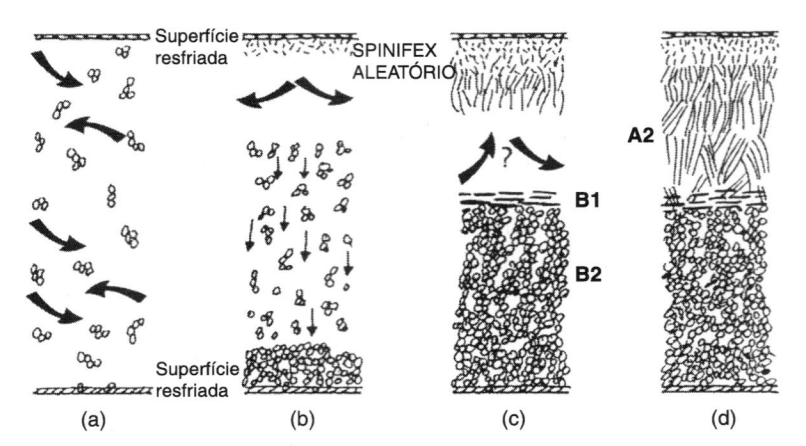

Figura 5.11 Diagrama esquemático mostrando o histórico de cristalização de um fluxo komatiítico (com base em Renner et al., 1994, reproduzido com permissão de Oxford University Press): (a) colocação do fluxo com fenocristais de olivina poliédricos suspensos na lava em extravasamento (as setas representam a convecção do magma); (b) a olivina se separa à medida que a zona com textura spinifex começa a se formar e o topo do fluxo continua em convecção; (c) zona cumulática formada pela separação das olivinas, embora o líquido magmático intersticial continue sem solidificar (a zona com textura spinifex se amplia para baixo, a partir do teto); (d) fluxo completamente solidificado. "A2", "B1" e "B2" fazem menção à Figura 5.8.

longo da camada de textura spinifex de um derrame komatiítico espesso (A₂ na Figura 5.8, que chega a ter 20 m de espessura em derrames espessos). Pelo contrário; o autor supôs que o alto teor de olivina dissolvida nos líquidos magmáticos komatiíticos levasse a um grau de supersaturação em olivina mais elevado para um dado ΔT, em comparação com líquidos magmáticos básicos, e que esse seria o principal fator a governar a cristalização rápida. Em contrapartida, Shore e Fowler (1999) entenderam que velocidades de resfriamento altas *poderiam* estar atuantes, até mesmo em derrames komatiíticos espessos. Os autores sugeriram que as olivinas com textura spinifex iniciavam a nucleação no topo de uma lava komatiítica (onde a velocidade de resfriamento pode ser maior devido à interação com corpos de água sobrejacente[6]), e passariam a crescer em direção ao interior do derrame com muita rapidez, sob a influência de um forte gradiente térmico. Na opinião dos pesquisadores, outra razão para o resfriamento muito rápido seria uma expressiva perda de calor por irradiação a partir da superfície da lava – acelerada pela temperatura elevada típica dos líquidos magmáticos komatiíticos – ao lado da condutividade térmica notavelmente alta dos cristais de olivina (sobretudo na direção do eixo *a*), em comparação com o líquido magmático circundante. Logo, é possível que a ancoragem dos cristais de olivina na superfície superior explique o rápido resfriamento interno, o tamanho significativo e o arranjo subparalelo dos cristais de olivina achatados. Os cristais de olivina suspensos nas regiões internas mais profundas do fluxo não tiveram acesso a esse mecanismo de "sumidouro térmico" e, por essa razão, cresceram mais lentamente, gerando **poliedros**, os quais, por sua vez, afundaram, formando cumulatos intrafluxo (Figura 5.11).

A gênese magmática dos komatiitos e dos picritos

Os basaltos **primários** extravasam com teores de MgO entre 8% e 15% (Tabela 2.4). Por outro lado, os komatiitos típicos têm teores de MgO entre 20% e 33% (Tabela 5.3). Em comparação, as rochas mantélicas **férteis** têm conteúdos de MgO variando de 37% a 42%. Isso indica que, em termos de composição, os komatiitos estão mais próximos das rochas mantélicas do que os basaltos e, portanto, incorporaram uma proporção maior de sua fonte mantélica. Logo, os komatiitos são indício de um grau mais alto de fusão do manto, comparado aos basaltos. O vulcanismo komatiítico ocorreu em grande escala durante o período Arqueano (Hill et al., 1994), e muitos pesquisadores sugerem que os elevados graus de fusão que esse tipo de vulcanismo representa exigiram um gradiente geotérmico mais acentuado e temperaturas potenciais mais elevadas no manto imaturo da Terra. Tal premissa pode ser posta à prova?

Nisbet et al. (1993) analisaram o komatiito no intuito de estimar as temperaturas potenciais necessárias para gerar esses líquidos magmáticos

---
[6] Alguns fluxos komatiíticos exibem estruturas almofadadas, o que sugere a ocorrência de erupção sob algum corpo hídrico (como observado por Renner et al., 1994).

Tabela 5.3 Análises dos elementos principais de algumas rochas ultramáficas (em base livre de voláteis). A. Peridotitos derivados do manto e composição mantélica estimada. B. Análises de komatiitos realizadas por Nisbet et al. (1993) que fornecem as melhores aproximações à composição do magma primário – não alterado pelo fracionamento e a acumulação da olivina – para cada área indicada

Descrição e localização	A. Composição do peridotito mantélico			B. Composição do líquido magmático komatiítico			
	Peridotito do Rio Kettle, CB, Canadá	Média do peridotito no manto	Harzburgito	Ilha de Gorgona, Colômbia (87 Ma*)	Belingwe, Zimbábue (2,7 Ga)	Alexo, Ontário (2,7 Ga)	Barberton, África do Sul (3,45 Ga)
Fonte dos dados	Walter (1998)	Herzberg (1993)	BVSP** (1981)	Nisbet et al. (1993), a partir de fontes citadas no artigo dos autores			
SiO_2	44,90	44,3	43,59	46,0	47,78	46,1	47,11
TiO_2	0,15	0,09	0,03	0,53	0,37	0,23	0,36
Al_2O_3	4,30	2,36	1,27	11,1	6,82	7,4	3,93
Cr_2O_3	0,41	0,43	0,43				0,42
ΣFeO	8,09	8,31	5,71	11,3	11,13	10,6	11,67
MnO	0,13	0,13	0,07		0,19	0,17	0,19
MgO	37,65	41,64	48,39	20,6	25,68	28,1	28,95
NiO	0,24	0,27	0,31				0,20
CaO	3,48	2,20	0,21	9,3	7,00	6,9	6,74
Na_2O	0,22	0,23	0,06	0,84	0,98	0,2	0,15
K_2O	–	–	0,07	0,03	0,05	0,08	0,01
Total	99,57	99,96	100,14	99,7	100,00	99,8	99,73
Temperatura da erupção estimada	–	–	–	1.400 ± 15	1.520 ± 10	1560 ± 5	1.580 ± 70

* See Kerr et al. (1996).
** (Basaltic Volcanism Study Project) Projeto Internacional de Estudos sobre o Manto Superior.

magnesianos. Uma vez que a olivina afunda muito rapidamente em líquidos magmáticos komatiíticos pouco viscosos, a acumulação do mineral pode alterar a composição de amostras de mão, levando a resultados inconclusivos. Nesse sentido, a primeira tarefa de Nisbet e de seus coautores foi a elaboração de um rol das melhores estimativas disponíveis das composições dos *líquidos magmáticos* komatiíticos parentais de Gorgona (Colômbia), Belingwe (Zimbábue), Alexo (Ontário) e das terras montanhosas de Barberton (África do Sul). Os autores utilizaram os valores publicados por diversas fontes para estimar as temperaturas das lavas komatiíticas durante a erupção (Tabela 5.3). Na sequência, Nisbet e seus colaboradores extrapolaram esses resultados para calcular as temperaturas potenciais requeridas para a produção de líquidos magmáticos komatiíticos a partir da fusão parcial do peridotito mantélico. Suas conclusões estão resumidas na forma dos percursos de fusão e ascensão mostrados na Figura 5.12.

A curva *a-b-c* representa o percurso de fusão e de ascensão previsto para o líquido magmático komatiítico da ilha de Gorgona mostrado na Tabela 5.3. A fusão por descompressão parece ter começado a uma profundidade perto de 120 km (ponto *a* na pressão de aproximadamente 4,5 GPa) e teria prosseguido à medida que a ascensão adiabática avançava para o interior da área de fusão parcial (linha *a-b* sólida espessa). Nisbet et al. (1993) assumiram que a fusão por descompressão teria se estendido somente até a base da litosfera (*b*), a qual atuara como uma "tampa" fria que impediu a ascensão do manto em profundidades menores. A profundidade *b* representa a espessura total média da litosfera

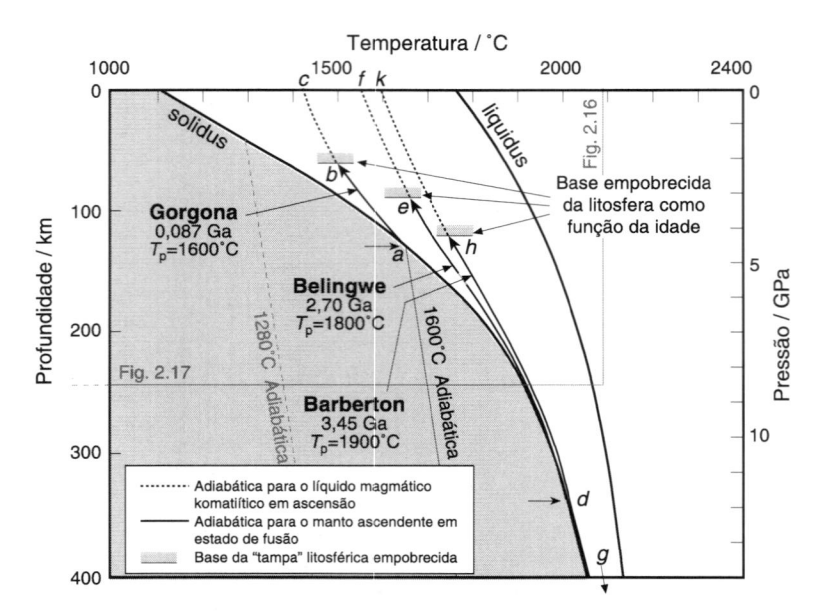

Figura 5.12 Diagrama temperatura-profundidade (compare com as Figuras 2.16 e 2.17) mostrando os percursos de fusão e ascensão aplicáveis à geração de líquidos magmáticos komatiíticos. A figura foi adaptada de Nisbet et al. (1993; direitos autorais Elsevier); a–b–c, d–e–f e g–h–k representam os percursos de fusão e de ascensão das composições dos líquidos magmáticos komatiíticos parentais (Tabela 5.3) da ilha de Gorgona, de Belingwe e de Barberton, respectivamente. As barras em b, e e h representam a base da litosfera (com base em Bickle, 1986), onde a ascensão e a fusão por descompressão são interrompidas. Os limites da Figura 2.17 e a adiabática de 1.280°C são mostrados para comparação; as fontes das linhas liquidus e solidus são as mesmas das curvas na Figura 2.17.

(b–c) durante o Cretáceo (87 Ma), conforme estimativas publicadas por Bickle (1986). Em b, o líquido magmático teria se separado do resíduo sólido e prosseguido à superfície, quando extravasou a temperaturas perto de 1.400°C. Cada segmento do percurso de ascensão adiabática – sólido até a, líquido magmático + "material pastoso" solidificado de a a b e líquido magmático de b a c – tem um gradiente distinto, o que, em parte, deve-se às diferentes compressibilidades do sólido e do líquido magmático (compare com a Figura 2.17) e à crescente proporção de líquido magmático no trecho de a a b. Esse gradiente também é afetado pelo calor latente de fusão. O ponto em que a fusão começa, a, coincide com a adiabática de 1.600°C do manto (Figura 5.12), o que sugere uma temperatura potencial T_p de 1.600°C na região da fonte mantélica da qual os komatiitos de Gorgona se originaram. Os líquidos magmáticos parentais picríticos com alto teor de MgO de Gorgona (Figura 5.5.2) provavelmente se formaram em temperaturas semelhantes ou ligeiramente mais altas (Herzberg and O'Hara, 1998, 2002).

Porém, os komatiitos parentais arqueanos são muito mais magnesianos do que o komatiito da ilha de Gorgona (Tabela 5.3). Na Figura 5.12, eles são representados por Belingwe (2,7 Ga de idade, percurso de fusão/ascensão d–e–f) e Barberton (3,45 Ga, g–h–k). A intuição sugere que esses líquidos magmáticos magnesianos sejam consequência de um grau de fusão mantélica muito mais alto do que aquele que gerou os komatiitos de Gorgona, o que é confirmado pelas temperaturas potenciais mais elevadas (1.800 °C e 1.900°C, respectivamente) calculadas por Nisbet et al. (1993) e pelas conclusões de uma revisão independente feita por Herzberg e O'Hara (1998). A fusão responsável pela formação dos komatiitos arqueanos também parece ter iniciado a profundidades muito maiores (d e g na Figura 5.12).

A necessidade de temperaturas mantélicas potenciais mais altas para a ocorrência do vulcanismo komatiítico arqueano não é fato excepcional: as temperaturas no interior da Terra primitiva logicamente eram mais altas do que as registradas hoje, já que naquelas épocas o aquecimento envolvido na acreção planetária era recente. Richter (1988) calculou a curva de resfriamento secular (temperatura potencial versus tempo) para o manto terrestre, a qual é reproduzida na Figura 5.13. As temperaturas potenciais envolvidas na gênese magmática dos komatiitos, conforme calculadas por Nesbit et al. (1993), são cerca de 300°C mais altas do que a curva

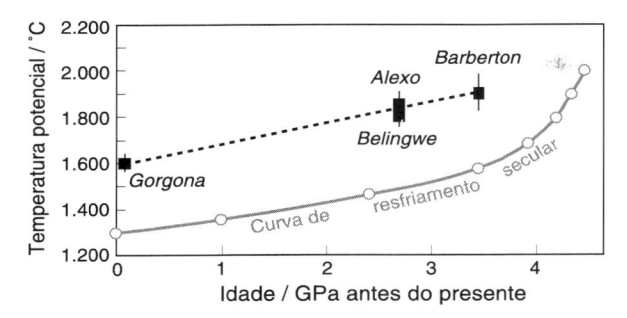

Figura 5.13 Temperaturas mantélicas potenciais estimadas a partir das composições dos líquidos magmáticos komatiíticos parentais (Figura 5.12) como função da idade, com base em Nisbet et al. (1993; direitos autorais: Elsevier); na curva, a idade dos komatiitos de Gorgona é 87 Ma (Kerr et al., 1996), não 160 Ma, como suposto por Nisbet et al. As barras de erro indicam a incerteza associada com as estimativas de temperatura potencial. Os resultados são cerca de 300°C mais altos do que o modelo de resfriamento secular do manto da Terra desenvolvido por Richter (1988).

de resfriamento superfície-manto de Richter. Essa anomalia térmica lembra aquela que supostamente existe sob muitos *hot spots* vulcânicos atuais (compare com as Figuras 2.18b e d). Ela levou Nisbet et al. (1993) e Herzberg e O'Hara (1998) a concluírem que os komatiitos com alto teor de MgO típicos de muitos greenstone belts arqueanos sejam produtos de plumas mantélicas arqueanas semelhantes, ainda que mais quentes, àquelas que hoje existem sob o Havaí e a Islândia.

É possível supor que as temperaturas de fusão elevadas sejam a única explicação para a existência de líquidos magmáticos altamente magnesianos, como o komatiito? Uma linha de pensamento (por exemplo, Parman et al., 1997, Groove and Parman, 2004) acredita que temperaturas potenciais altas como essas nunca teriam sido atingidas, mesmo na Terra primitiva, e defende a noção de que os altos graus de fusão exigidos pelos komatiitos foram o resultado da fusão em cenários ricos em H_2O (conforme a Figura 2.17c). Contudo, essa hipótese de "fusão a úmido" foi refutada por Arndt et al. (1997).

Os depósitos minerais associados aos komatiitos

Alguns komatiitos apresentam depósitos de sulfetos maciços contendo Ni, Cu e **PGEs** com importância econômica, a maioria dos quais se encontram em Kambala (Beresford et al., 2002) e Black Swan (Barnes, 2004) no cráton de Yilgarn, oeste da Austrália, além dos komatiitos de Reliance, no Zimbábue (Prendergast, 2003) e de Alexo, Texmont e Hart, no greenstone belt de Abitibi, Ontário (Lahaye et al., 2001). A maior parte desses depósitos de minérios foi deformada e metamorfizada, o que torna difícil a reconstrução da sequência de eventos magmáticos originais. No entanto, há indícios de que os sulfetos maciços em todos esses locais estão concentrados em sulcos na base das lavas komatiíticas espessas (~50 m) que teriam se infiltrado lentamente nas rochas subjacentes. Está claro que a temperatura dessas lavas komatiíticas foi alta o bastante para acarretar a fusão localizada nas rochas sobre as quais elas escorreram, gerando canais de *erosão térmica* em pontos onde as velocidades de fluxo e a troca térmica atingiram os valores mais altos.

Esses canais frequentemente invadem os metassedimentos interlava portadores de sulfetos. Por essa razão, Huppert et al. (1984) sugeriram que os depósitos de sulfetos ricos em níquel teriam se formado como resultado direto da incorporação desses materiais sedimentares. O Ni é abundante em lavas ultramáficas (Tabela 5.3) e, na ausência de enxofre, é incorporado como elemento-traço compatível nos cristais de olivina em processo de segregação (ver a Figura 2.7.1 no Quadro 2.7). Por outro lado, o Ni e o Fe também exibem uma tendência **calcófila** marcante. Em um líquido magmático komatiítico inicialmente pobre em sulfeto, a injeção de sulfetos a partir de sedimentos ou das encaixantes pode levar a uma separação rápida de (Fe, Ni)S muito insolúveis, talvez como gotículas de líquido magmático sulfetado imiscível que, por ser muito mais denso do que o líquido magmático komatiítico, afunda, acumulando-se e formando poças de sulfeto líquido no assoalho desses canais. Esse modelo de gênese de minérios ainda é amplamente aceito (Lahaye et al., 2001; Dowling et al., 2004, por exemplo). No entanto, ele já foi contestado com base em premissas de natureza isotópica (Forster et al., 1996).

REVISÃO – O QUE PODEMOS APRENDER COM O ESTUDO DAS ROCHAS ULTRAMÁFICAS?

As rochas ultramáficas de interesse do petrólogo ígneo são encontradas em três ambientes geológicos principais. Suas características e os meios pelos quais as rochas das três associações podem ser diferenciadas estão resumidas na Tabela 5.4.

Tabela 5.4 Resumo das características estruturais, texturais e mineralógicas dos peridotitos de três associações

	Cumulatos ultramáficos	Peridotitos mantélicos	Komatiitos e outras lavas com alto teor de MgO
Estruturas megascópicas distintivas	*Estratificação* macrorrítimica	Os peridotitos "orogênicos" são normalmente *foliados* e exibem *bandamento composicional* lherzolito-harzburgito	Alguns topos de lava komatiítica bem conservada preservam evidências de resfriamento vítreo, amígdalas e juntas de contração
Texturas distintivas	Uma forma de textura cumulática pode estar presente (por exemplo, os *oicocristais* de enstatita [Prancha 5.1]); o crescimento de acumulato ou o ajuste entre grão e limite no estado sólido podem obscurecer texturas cumuláticas e produzir contornos poligonais semelhantes aos xenólitos mantélicos	Peridotitos encaixados em basaltos ou kimberlitos normalmente exibem textura *protogranular* com limites de grão se encontrando em ângulos de ~120° (Prancha 5.6) Alguns xenólitos e muitos peridotitos orogênicos exibem texturas *cisalhadas* (Prancha 5.8)	A textura *spinifex* na parte superior de uma lava komitiítica (Prancha 5.9, Figura 5.8) Em geral, a olivina tem morfologia **poliédrica** na parte inferior de uma lava komatiítica e em lavas picríticas
Aspectos distintivos da mineralogia	*Plagioclásio* intersticial (intercumulático) (Prancha 5.2) A hornblenda é característica de alguns peridotitos do tipo alasquiano	O *espinélio* ou a *granada* muitas vezes estão presentes (Pranchas 5.4, 5.8 e 5.5); o clinopiroxênio, quando presente, é comumente o *Cr-diopsídio* (verde-vivo em amostra de mão, como na Prancha 5.4)	
Minerais óxidos típicos	*Cromita* euédrica ou subédrica (opaco)	O *espinélio* magnesiano (cor marrom, translúcido, isotrópico)* – ver Prancha 5.8	*Cromita formada por resfriamento instantâneo (quenching)* (dendrítica, opaca – ver Prancha 5.11)
Depósitos minerais associados	Cromita e sulfetos portadores de PGE (por exemplo, o Grande Dique)		Sulfeto de níquel, PGE (por exemplo, Kambalda, oeste da Austrália)

*No entanto, ocorrem lentes de cromitito em tectonitos de dunito em alguns ofiolitos (Moores, 1982, e Figura 5.3.1).

Os cumulatos ultramáficos

- Numerosas intrusões estratificadas importantes, posicionadas em diversos ambientes tectônicos (Tabela 5.2), contêm volumes expressivos de cumulatos ultramáficos. Elas incluem complexos continentais e aqueles colocados sob centros de expansão oceânica que se encontram preservados na forma de complexos de ofiolitos.
- As sequências cumuláticas ultramáficas em grandes intrusões pré-cambrianas estratificadas se constituem em uma série de unidades macrorrítmicas, cada qual composta por dunito (± cromitito) na base, harzburgito nas regiões intermediárias e piroxenito no topo (Figura 5.2). Essas sequências são consideradas por alguns como os produtos de injeções repetidas de magma novo em uma câmara com magma em processo de cristalização. Os magmas parentais de algumas dessas intrusões parecem ter sido picríticos ou boniníticos, não basálticos.
- As rochas ultramáficas em sequências ofiolíticas são de dois tipos diferentes (Quadro 5.3): uma unidade inferior composta por tectonitos harzburgitos representando a litosfera superior deformada e uma unidade sobrejacente de dunitos considerados os produtos cumulatos iniciais de uma câmara magmática axial originalmente localizada sob um centro de expansão oceânica.
- Os corpos ultramáficos petrologicamente zonados do tipo alasquiano podem refletir intrusões sucessivas (no nível exposto hoje) de materiais cristalinos de consistência pastosa transportados de um reservatório magmático maior. Muitos contêm depósitos de PGEs e de Au valiosos.
- As sequências cumuláticas ultramáficas normalmente contêm bandas de cromitito que podem ser exploradas.

Os peridotitos mantélicos

- As rochas ultramáficas derivadas do manto chegam à superfície como xenólitos em muitos basaltos alcalinos (espinélio peridotito) e em kimberlitos (granada, espinélio peridotito e eclogito).
- A granada piropo cristaliza sob pressões maiores do que o espinélio magnesiano (Figura 5.5), o que sugere que os kimberlitos que encaixam xenólitos de granada peridotito são gerados em profundidades maiores do que os basaltos alcalinos e magmas basaníticos que encaixam apenas os xenólitos espinélio peridotito.
- Amostras em grande escala de rochas mantélicas são encontradas em maciços de peridotito orogênico colocados tectonicamente nas raízes de zonas de colisão, como os Pirineus.
- As texturas de peridotitos mantélicos registram o próprio histórico de deformações. Os exemplos "protogranulares", os quais são os menos deformados, exibem textura metamórfica poligonal de granulação grossa (Pranchas 5.6 e 5.7). Nos exemplos mais deformados, os cristais maiores (porfiroclastos) estão intercalados com cristais menores e menos deformados (Prancha 5.8).
- O lherzolito, o harzburgito e o dunito estão em um espectro em ordem crescente de empobrecimento da litosfera por remoção do magma (Quadro 5.4).

Os komatiitos e os picritos

Existem muitas evidências de que lavas ultramáficas tenham extravasado na superfície da Terra, ao menos durante os primeiros capítulos da história de nosso planeta. Essas lavas komatiíticas se distinguem pela presença de grandes cristais laminares de olivina em suas porções superiores, uma característica chamada de textura spinifex.

A textura spinifex é o produto da cristalização extremamente rápida de um líquido magmático rico em MgO e super-resfriado de maneira muito intensa.

As composições dos komatiitos sugerem que as temperaturas potenciais no manto eram mais altas no Arqueano (1.800–1.900°C) do que hoje. Os komatiitos cretáceos e os picritos da ilha Gorgona indicam um cenário de temperatura potencial intermediária, 1.600°C.

Muitos komatiitos encaixam depósitos maciços com Ni–Cu–PGE de interesse econômico

EXERCÍCIOS

5.1 Expresse a composição de um cristal de olivina cuja análise é reproduzida abaixo na forma Fo_x:

Análise da olivina (% em massa de óxidos)	
SiO_2	39,93
FeO	13,97
MnO	0,19
MgO	45,67
CaO	0,04
Total	99,80

Massas atômicas relativas (MARs): O: 16,00; Mg: 24.32; Si: 28,09; Ca: 40,08; Fe: 55,85; Mn: 54,94.

5.2 Utilize as Equações 5.1 e 5.2 para calcular o número de Mg mínimo para um líquido magmático mantélico primário. Suponha que as composições da olivina mantélica estejam na faixa Fo_{88}–Fo_{92}.

5.3 (a) Calcule o número de Mg para a análise do N-MORB da Elevação do Pacífico Oriental dada na Tabela 2.4. Esse basalto representa um líquido magmático primário? (b) Calcule os números de Mg para as duas análises de uma rocha do Havaí dadas na Tabela 2.4. Os magmas representados por essas duas rochas se fracionaram em graus significativamente diferentes?

5.4 Calcule o número de Mg para o basalto toleítico com baixo-K e associado a arco (análise 6) na Tabela 2.4. Esse líquido magmático poderia ser o produto da fusão parcial da crosta alterada em uma zona de subducção? (As experiências mostram que a fusão parcial do basalto na presença de H_2O produz líquidos magmáticos com números de Mg no intervalo de 25 a 45 [Helz, 1976].)

Capítulo 6
Os Andesitos, os Dacitos e os Riolitos

Um rol de rochas vulcânicas subalcalinas cujas composições se deslocam para a direita a partir da área dos basaltos no diagrama álcalis totais versus sílica (TAS) está incluído no intervalo de composições de magmas naturais mostrado na Figura 1.5. Esses dados representam um continuum de composições de magmas evoluídos encontrados em associação com basaltos subalcalinos em diversos ambientes tectônicos. Para fins de descrição, os petrólogos julgam conveniente dividir esse continuum em três tipos de rochas: os andesitos, os dacitos e os riolitos (Figuras 1.5 e 6.1a). Com base na discussão sobre a evolução de magmas basálticos em câmaras magmáticas crustais no Capítulo 3, é natural considerar esses magmas intermediários e ácidos tão somente como produtos da cristalização fracionada do basalto, o que de fato são, em alguns casos. Por outro lado, a abundância relativa do dacito e do riolito é muito maior em arcos de ilhas e arcos continentais maduros do que em arcos de ilhas intraoceânicos jovens, o que sugere a influência da crosta continental **siálica** na abundância relativa desses magmas mais evoluídos, de acordo com mecanismos que serão discutidos neste capítulo.

O andesito, o dacito e o riolito são produtos característicos do vulcanismo de zona de suprassubducção (**SSZ**, *supra-subduction zone*), embora essas rochas não estejam confinadas a esse ambiente. Volumes significativos dessas rochas são formados em algumas grandes províncias ígneas continentais (LIPs, *large igneous provinces*), como a LIP do Iêmen, e em zonas de rifte. Esses tipos de rochas também extravasam em quantidades pequenas, mas significativas, em alguns centros de expansão oceânica como a Islândia e o centro de expansão de Galápagos (Figura 6.12).

A NOMENCLATURA DAS ROCHAS VULCÂNICAS INTERMEDIÁRIAS E ÁCIDAS

As definições

Os termos andesito, dacito e riolito são empregados de maneiras ligeiramente diferentes, segundo o tipo de informação necessária:

- O petrólogo que está fazendo *observações petrográficas qualitativas* de minerais e de texturas utilizaria um esquema de acordo com as linhas da Tabela 6.1.[1]
- Quando uma *análise química* de uma rocha vulcânica fresca está disponível, os nomes empregados são de acordo com as áreas no diagrama TAS adotado pela União Internacional das Ciências Geológicas (IUGS) (Figura 6.1a).
- Quando uma *moda* quantitativa está disponível (com base nos minerais observados por "contagem de pontos" em lâmina delgada – ver o Capítulo 1), o dacito e o riolito podem ser definidos segundo as proporções relativas de quartzo, feldspato alcalino e plagioclásio utilizando o gráfico "QAP" mostrado na Figura 6.1b. Um dos pontos fracos da abordagem definida pela IUGS é que o andesito e o basalto caem na mesma área; portanto, valores de **índice de cor** menores do que 35 são utilizados para diferenciar o andesito (Le Maitre, 2002, p.30).

As definições mais simples são:

Andesito: rocha ígnea de granulação fina,[2] normalmente **mesocrática** composta sobretudo por plagioclásio + um ou mais minerais máficos; na maioria das vezes, os andesitos são porfiríticos com fenocristais de plagioclásio (Prancha 6.1), os quais normalmente exibem **zonação oscilatória** (Prancha 6.2).

Dacito: rocha ígnea **leucocrática** de granulação fina (geralmente portadora de fenocristais de plagioclásio) composta sobretudo por plagioclásio sódico + quartzo; quando presente, o feldspato alcalino é subordinado ao plagioclásio (Prancha 6.6).

Riolito: rocha ígnea leucocrática composta principalmente por quartzo + feldspato alcalino (na maio-

---

[1] A distinção entre o plagioclásio e o feldspato alcalino é resumida no Quadro 6.1.

[2] O andesito não precisa necessariamente ser uma rocha **vulcânica** (no sentido do magma extravasado na superfície).

Tabela 6.1 A mineralogia do andesito, do dacito e do riolito

	Andesito	**Dacito**	**Riolito**
Minerais essenciais	• Plagioclásio* • Um ou mais minerais máficos	• Plagioclásio sódico • Quartzo • Feldspato alcalino *plagioclásio > feldspato alcalino****	• Feldspato alcalino • Quartzo • Plagioclásio sódico *feldspato alcalino > plagioclásio*
Minerais qualificadores	• Augita** • Enstatita** • Olivina • Hornblenda	• Hornblenda • Biotita • Granada (rara) • Piroxênio	• Hornblenda • Biotita • Piroxênio
Índice de cor	Normalmente **mesocrático**	**Leucocrático**	Difícil ou impossível de determinar (vidro)
Textura	Marcadamente porfirítica, com fenocristais de plagioclásio (exceto os boninitos)	Muitas vezes porfirítica, com fenocristais de quartzo e feldspato	Porfirítica, com fenocristais de quartzo e feldspato em matriz usualmente vítrea (esferulítica) ou microcristalina
Minerais secundários comuns	• Clorita ou **uralita** em substituição ao piroxênio, à hornblenda ou à biotita • **Sericita** ou epidoto em substituição aos feldspatos (aparência turva em luz natural) • Serpentina ou **iddingsita** em substituição à olivina (ver Quadro 2.2)		

*Normalmente com zonação oscilatória: as composições podem variar entre a bytowninta e a andesina.
**O andesito contendo *tanto* a augita *quanto* a enstatita muitas vezes é chamado apenas de "andesito com dois piroxênios".
***Para a diferença entre feldspato alcalino e plagioclásio ao microscópio, ver o Quadro 6.1.

ria das vezes como fenocristais) em uma matriz vítrea ou microcristalina (Prancha 6.9).

Depois dos basaltos, os andesitos são o tipo de rocha vulcânica mais comum na Terra (Gill, 1981). Às vezes, em lâmina delgada, os andesitos menos evoluídos são difíceis de distinguir dos basaltos (Prancha 6.3). As pistas que possibilitam essa diferenciação são duas: a presença de fenocristais de plagioclásio com zonação oscilatória e teores expressivos de ortopiroxênio. Além disso, devido ao fato de serem rochas intermediárias que, do ponto de vista químico, são mais evoluídas do que os basaltos (Figura 6.1a), os andesitos têm temperaturas liquidus e solidus mais baixas, as quais permitem que minerais máficos hidratados, como hornblenda e biotita, cristalizem junto com ou em substituição ao piroxênio (Quadro 6.2). A identidade do mineral máfico pode servir como qualificador (daí a citação dos minerais qualificadores na Tabela 6.1). Os minerais máficos hidratados se destacam por apresentarem cores mais intensas (e pleocroicas) sob luz natural, comparados à olivina e ao piroxênio.

A distinção petrográfica entre o dacito e o andesito é a presença de quartzo em abundância naquele; o mineral máfico dominante pode ser a hornblenda e/ou a biotita (Prancha 6.6). Raramente os dacitos podem conter granada, o que reflete a **anatexia** da crosta continental, discutida no Capítulo 8. O feldspato alcalino pode ocorrer, mas é subordinado ao plagioclásio (Figura 6.1b). Por outro lado, o riolito se diferencia do dacito pela predominância do feldspato alcalino em relação ao plagioclásio e, muitas vezes, também pela natureza vítrea da matriz, enfatizada por atributos como **fraturas perlíticas** e a presença de **esferulitos** (Figura 6.2). Rochas evoluídas semelhantes ao riolito, mas contendo teores menores de quartzo, são chamadas de quartzo latito (A ≈ P na Figura 6.1b) e quartzo traquito (A > P).

O gráfico TAS mostrado na Figura 6.1a é o mais utilizado como base para uma nomenclatura de rochas vulcânicas ácidas e intermediárias. Seu emprego é apropriado quando uma análise de elementos maiores está disponível, quando a rocha analisada é relativamente fresca (a alteração em um feldspato pode ser acompanhada por mudanças significativas no teor de álcalis da rocha total) e quando a análise foi recalculada em base livre de voláteis (Quadro 1.3). No espectro do andesito, a nomenclatura da IUGS fundamentada no diagrama TAS diferencia a parte com teor inferior de SiO_2 como "andesito basáltico" (Tabela 6.2), embora essa diferenciação química não seja reconhecida em definições petrográficas (Tabela 6.1 e Figura 6.1b).

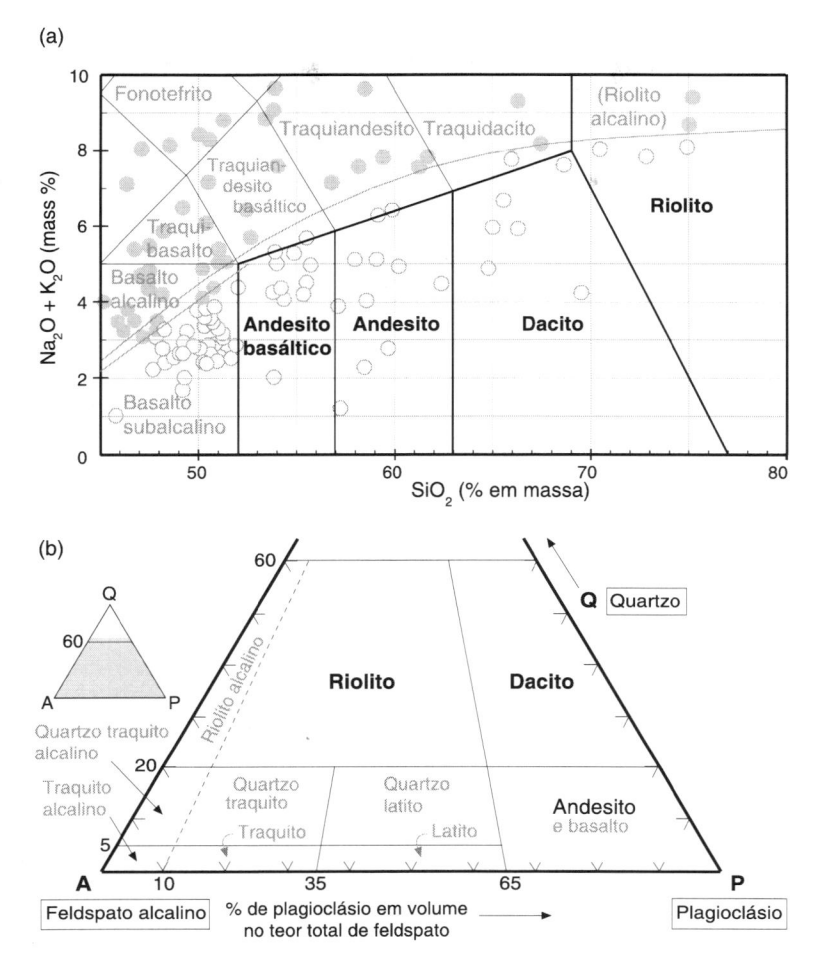

Figura 6.1 (a) Diagrama TAS mostrando as áreas composicionais do andesito basáltico, do andesito, do dacito e do riolito reconhecidas pela IUGS (Le Maitre, 2002, Figura 2.14); as composições ilustrativas das rochas mostradas são iguais às dadas na Figura 1.5. A linha curva (proposta por Miyashiro, 1978) separa as associações alcalinas e subalcalinas. (b) Porção inferior (ver detalhe) de um gráfico QAP mostrando as proporções modais relativas (volume) de quartzo (Q), feldspato alcalino (A) e plagioclásio (P) utilizadas para a definição modal estabelecida pela IUGS do dacito, do riolito e rochas de granulação fina associadas, com base em Le Maitre (2002, Figura 2.11);* os símbolos em "v" indicam divisões de 10%. As linhas que irradiam do vértice Q são as linhas limite nas quais os teores de plagioclásio/feldspato total são iguais a 10%, 35% e 65% em volume. Para representar modas nesta figura (ver o Exercício 6.1), aumentam-se as proporções modais de quartzo, feldspato alcalino e plagioclásio de maneira a fazer com que sua soma seja 100%, sem qualquer outro mineral, conforme explicação no Apêndice B. A IUGS define "plagioclásio" como um feldspato com > 5% de An e um "feldspato alcalino" como aquele com < 5% de An.

* Os nomes mais simples traquito alcalino, quartzo traquito alcalino e riolito alcalino são usados em lugar de nomes mais longos como traquito *feldspato*, etc., propostos pela IUGS.

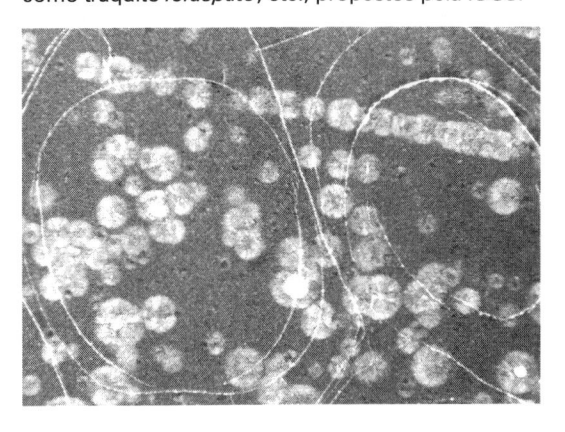

Figura 6.2 Lâmina delgada mostrando **fraturas perlíticas** (marcas elípticas grandes) em uma rocha vulcânica vítrea. Os círculos menores são **esferulitos** (centros de desvitrificação). Visualização em luz natural. Largura do campo: 2,7 mm.

Quadro 6.1 A distinção entre os tipos de feldspatos em rochas vulcânicas

A Figura 6.1.1 apresenta um diagrama ternário mostrando um intervalo de soluções sólidas naturais de feldspato em temperaturas magmáticas. A base do triângulo representa a série de soluções sólidas do **plagioclásio**. O lado esquerdo indica a série de soluções sólidas de **feldspatos alcalinos** que, nas temperaturas magmáticas (e valores baixos de P_{H_2O}), estende-se de forma contínua do $NaAlSi_3O_8$ ao $KAlSi_3O_8$ (o membro extremo chamado de ortoclásio).

O estilo das maclas observadas em nicóis cruzados – as quais refletem a simetria e a condição estrutural do cristal – representa o principal ponto de diferenciação entre o plagioclásio e o feldspato alcalino ao microscópio petrográfico. O estilo mais simples é representado pela sanidina monoclínica (Figura 6.1.1a e Prancha 6.9): um cristal típico é dividido em um par de indivíduos geminadas que se extinguem com rotações distintas, o que é chamado de macla simples. Diversas configurações de maclas simples são possíveis – a mais comum é denominada macla de Carlsbad –, embora esses detalhes raramente tenham importância para o petrólogo.

Em contrapartida, de modo geral, os cristais de plagioclásio exibem maclas paralelas repetidas (Figura 6.1.1c), chamadas de maclas múltiplas, lamelares ou de albita. Essas maclas representam uma base para as estimativas da composição dos cristais de plagioclásio (Quadro 4.1). Além disso, o plagioclásio pode exibir maclas simples do tipo Carlsbad, as quais não têm valor diagnóstico. É preciso ter cautela ao trabalhar com cristais de plagioclásio pequenos demais para terem desenvolvido mais de duas lamelas macladas (o que induziria, incorretamente, à sua identificação como sanidina). Quando uma confirmação é necessária, a maior parte dos cristais de plagioclásio exibe índices de refração (IR) muito maiores do que o meio em que a amostra é montada, ao passo que feldspatos alcalinos têm índices menores. Maclas múltiplas às vezes estão ausentes ou ocultas em um cristal de plagioclásio disposto quase paralelamente ao plano da seção.

O anortoclásio, um mineral triclínico como o plagioclásio, exibe maclas múltiplas em *duas* direções perpendiculares simultaneamente (Figura 6.1.1b; Prancha 9.6). Um estilo semelhante de macla é exibido pelo K-feldspato microclínio (Quadro 8.1), mas este se forma apenas em condições de resfriamento lento e, por isso, não é observado em rochas vulcânicas.

O resfriamento rápido garante que os feldspatos em rochas vulcânicas conservem sua condição estrutural de temperatura alta em cenários de temperaturas baixas. As alterações estruturais que ocorrem durante o resfriamento lento aumentam a complexidade das características ópticas dos feldspatos em rochas plutônicas, como veremos no Quadro 8.1.

É interessante observar que não há um limiar claro para os teores de SiO_2 que separam o dacito e o riolito na Figura 6.1., uma vez que o limite reconhecido pela IUGS é diagonal, não vertical.

O andesito, o dacito e o riolito estão localizados em divisões arbitrárias de um continuum de composições magmáticas possíveis. Uma vez que as Figuras 6.1a e b foram elaboradas com base em diferentes tipos de dados, as amostras representadas próximo a esses limites na Figura 6.1a receberiam nomes diferentes na Figura 6.1b, e vice-versa. As rochas de granulação fina com teores alcalinos maiores do que o andesito e o dacito são chamadas de traquiandesito e de traquidacito (Figura 6.1a e Capítulo 9).

A composição, a granulação e a cor de amostras de mão

A cor de uma amostra de mão varia com a composição, o grau de intemperismo *e* a granulação. A generalização acerca da possibilidade de as rochas félsicas apresentarem cor mais clara em amostra de mão, comparadas às rochas máficas, é válida dentro de certos limites: quanto menor o tamanho de grão de uma rocha, mais escura ela será em amostra de mão, independentemente de sua composição. Um exemplo bastante evidente do efeito da granulação é a **obsidiana**, uma rocha que, mesmo apresentando composição riolítica (salvo alguns casos), tem aspecto preto lustroso em amostra de mão fresca (Figura 6.3d) devido a seu estado vítreo.

Em rochas vulcânicas, a cor da crosta alterada pode ser um indício mais confiável da composição do que uma superfície interna recém-exposta. Os basaltos alterados em ambiente subaéreo tendem a formar uma superfície desgastada marrom-chocolate, ao passo que os andesitos se desgastam exibindo coloração vermelha, cinza ou verde. Por sua vez, a superfície desgastada dos riolitos normalmente ocorre

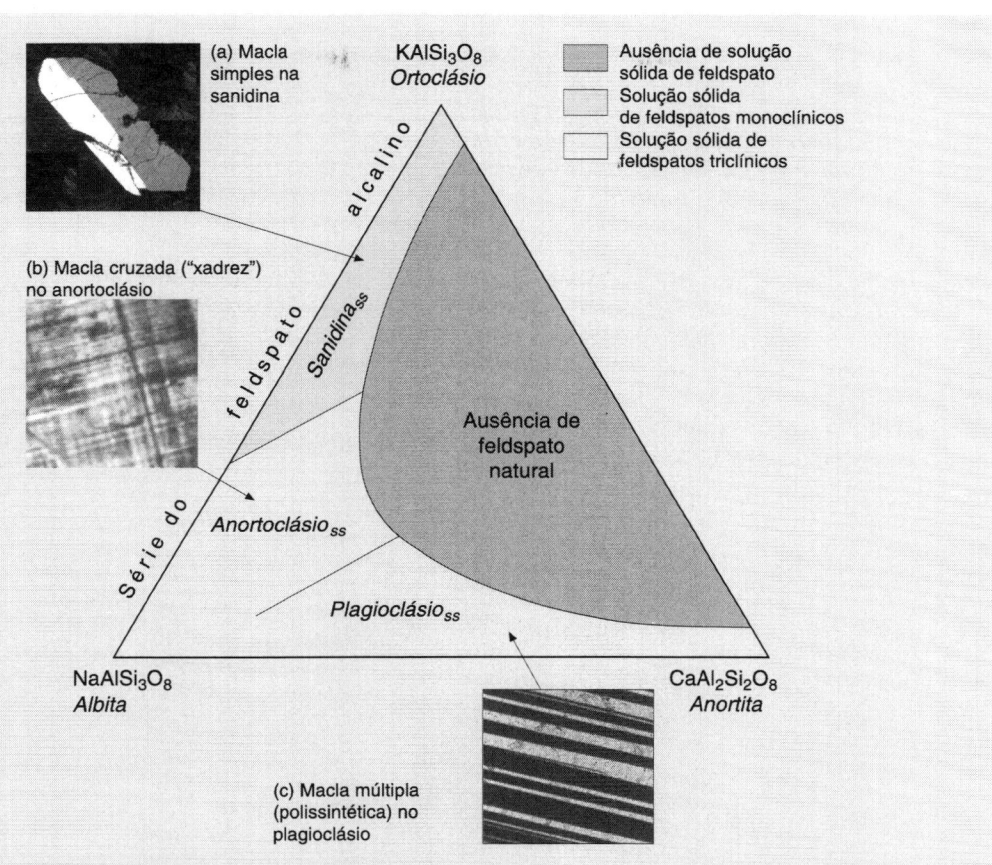

Figura 6.1.1 A extensão das soluções sólidas naturais nos feldspatos (ver legenda), e os intervalos composicionais nos quais são válidos os nomes de diferentes minerais (com base em Deer et al., 1992). Os nomes de minerais mostrados para os feldspatos alcalinos são aplicáveis para minerais de alta temperatura encontrados em rochas vulcânicas ("ss" significa solução sólida); eles diferem dos feldspatos alcalinos em rochas plutônicas (ver Quadro 8.1). As ilustrações representam exemplos reais (em nicóis cruzados) das diferentes maclas da (a) sanidina, (b) anortoclásio e (c) plagioclásio.

nas cores branca ou creme, contrastando de forma expressiva com o interior escuro dessas rochas (Figura 6.3f).

Os boninitos

Por serem mais evoluídos do que os basaltos, a maioria dos andesitos apresenta teores de MgO abaixo de 5% (Tabela 6.2). Uma das exceções importantes a essa regra é representada pelo subgrupo dos andesitos chamados de andesitos com alto teor de Mg, os *boninitos* (Crawford, 1989). A Prancha 6.4 mostra uma lâmina delgada de uma rocha encontrada na região que deu nome a esse mineral, o arquipélago de Bonin, no Japão. A maior parte do material cristalino é composta por fenocristais e microfenocristais prismáticos de ortopiroxênio inseridos em uma matriz vítrea quase incolor. Alguns fenocristais de ortopiroxênios podem apresentar uma borda de sobrecrescimento de clinopiroxênio (cpx) (ver Prancha 6.5). Devido ao fato de não apresentarem plagioclásio, essas rochas não atendem aos critérios petrográficos de definição dos andesitos; porém, elas ficam na área do andesito no diagrama TAS, já que têm teores de SiO_2 da ordem de 57,6%.[3] A definição de boninito mais aceita inclui critérios tanto petrográficos *quanto* geoquímicos (adaptado de Taylor et al., 1994 e de Le Maitre, 2002):

- *Boninito*: rocha ígnea de granulação fina contendo fenocristais ou microfenocristais de ortopiroxênio em abundância, sem plagioclásio, cuja composição atende aos seguintes critérios geoquímicos: (a) $SiO_2 > 52\%$; (b) $25\% > MgO >$

---
[3] Ver Tabela 6.2.

> **Quadro 6.2   Por que a hornblenda e a biotita cristalizam apenas a partir de magmas mais evoluídos**
>
> A identidade dos fenocristais máficos em rochas vulcânicas varia entre magmas basálticos e magmas mais evoluídos. Nos basaltos, a olivina e a augita predominam, ao passo que o ortopiroxênio, a hornblenda e a biotita se tornam gradativamente mais abundantes nos andesitos, nos dacitos e nos riolitos (Figura 6.2.1). O cruzamento entre as tendências da olivina e do ortopiroxênio reflete a relação de reação, discutida no Quadro 4.3, entre a olivina magnesiana e o líquido magmático evoluído para formar ortopiroxênio. Contudo, o subsequente surgimento da biotita está associado à estabilidade limitada a altas temperaturas, típica de todos os minerais **hidratados** (Figura 6.2.2).
>
> As fórmulas da hornblenda e da biotita apresentam íons OH^-:
>
> *Hornblenda* (anfibólio cálcico):
> $(Na,K)_{0-1}Ca_2(Mg,Fe,Al)_5Si_6Al_2O_{22}(OH)_2$
> *Biotita* (mica):
> $K_2(Mg,Fe^{2+})_{6-4}(Fe^{3+},Al,Ti)_{0-2}Si_6Al_2O_{20}(OH)_4$
>
> Em altas temperaturas, esses minerais hidratados sofrem **desidratação**. Por exemplo:
>
> **Figura 6.2.1** Curvas de frequência da ocorrência de alguns minerais máficos na forma de fenocristais em lavas calcialcalinas dos arcos de ilhas das ilhas Aleutas, no Oceano Pacífico ocidental, e nos Cascades, como função do teor de SiO_2 na rocha total (dados de Ewart, 1982). O eixo vertical representa a porcentagem de todas as rochas vulcânicas (dentro de um intervalo determinado de teores de SiO_2) que contêm fenocristais do mineral especificado; a largura de cada tendência indica a divergência entre diferentes províncias (noroeste do Pacífico, sudeste do Pacífico, Aleutas e Cascades). A augita e os óxidos de Fe-Ti (não mostrados) também são fenocristais importantes em uma ampla gama de composições.

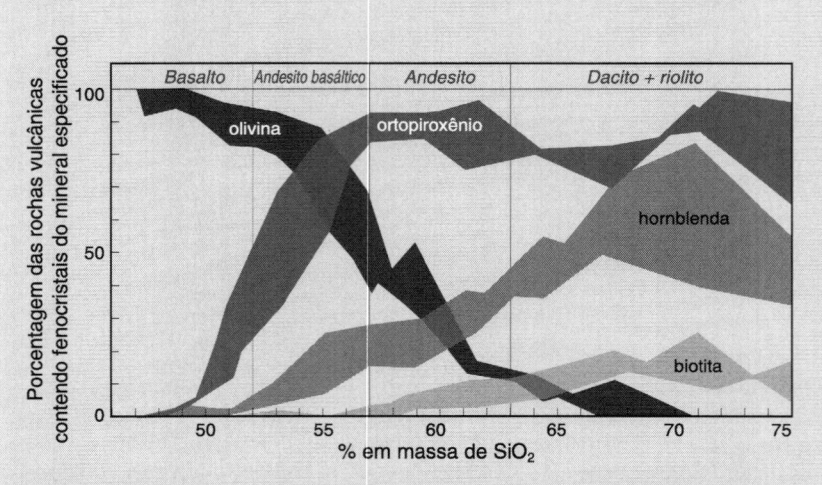

8%; (c) $TiO_2 < 0,5\%$.[4] Muitos derrames de boninitos apresentam uma matriz vítrea (Prancha 6.4) e podem conter clinoenstatita (Prancha 2.1) e/ou fenocristais de olivina juntamente a ortopiroxênio.

Os boninitos, apesar de seus teores elevados de SiO_2, representam magmas primitivos, como provam a ausência de plagioclásio, a quantidade marcante de MgO e os níveis reduzidos de TiO_2 que os caracterizam (Tabela 6.2). A maior parte dos boninitos tem números de Mg que ficam dentro do intervalo de equilíbrio com a olivina mantélica (ver a discussão sobre líquidos magmáticos **primários** no Capítulo 5). Os boninitos que se enquadram na definição consagrada desse grupo de rocha sofrem fracionamento, o que gera a "série boninítica" de rochas vulcânicas mais evoluídas (muitas vezes associadas a elas no campo) que compartilha algumas das características descritas.

---

[4] A definição dada pela IUGS se refere apenas aos aspectos geoquímicos desta definição.

$$KFe^{2+}_3Fe^{3+}AlSi_3O_{10}(OH)_2 \xrightarrow{O_2} KAlSi_3O_8 + Fe_3O_4 + H_2O \qquad [6.2.1]$$
Biotita (fórmula simplificada) — Sanidina Magnetita Vapor

Em minerais hidratados, a desidratação ocorre em temperatura bem definida, a qual aumenta com a pressão de vapor da água (Figura 6.2.2) e varia com a composição do líquido magmático. A forma dessas "curvas de desidratação" tem duas consequências importantes para a cristalização de minerais hidratados a partir de líquidos magmáticos ígneos:

- A hornblenda ou a biotita podem cristalizar como mineral estável apenas em temperaturas *abaixo* de suas curvas de desidratação. Apenas os líquidos magmáticos *mais evoluídos do que o basalto* têm temperaturas solidus baixas o bastante para que os minerais hidratados cristalizem, motivo pelo qual os cristais de hornblenda são os primeiros a surgir nos andesitos e os fenocristais de biotita são encontrados apenas em andesitos, dacitos e riolitos evoluídos (Figura 6.2.1).

- Em condições de pressão baixa (próximo à superfície), as temperaturas de desidratação se aproximam das temperaturas solidus (mesmo para o andesito e o dacito). Portanto, nas rochas vulcânicas, os minerais hidratados ocorrem *apenas como fenocristais* (cristalizados em profundidade, onde a elevada P_{H_2O} os estabiliza), não como minerais da matriz. Nas condições observadas na superfície, a cristalização gera apenas minerais desidratados.

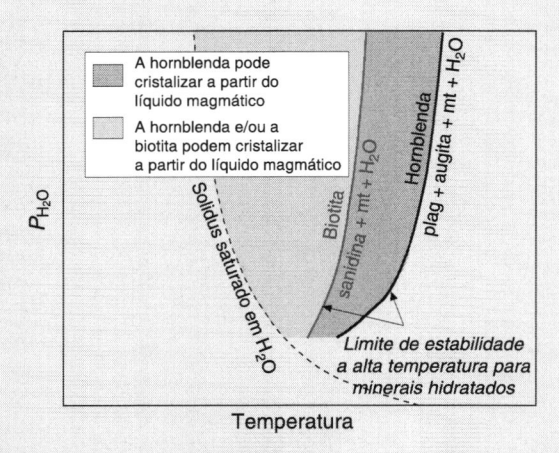

Figura 6.2.2 Curvas de desidratação P_{H_2O}–T esquematizadas para a biotita e a hornblenda. Para cada mineral hidratado, as condições que favorecem a cristalização estão na região de temperaturas baixas, enquanto as condições que favorecem a geração de produtos da quebra por desidratação estão na região de temperaturas altas. (Abreviaturas: plag: plagioclásio; mt: magnetita; "H_2O" representa a água no estado vapor.) A linha tracejada simboliza o solidus saturado em água para o dacito (ver Figura 6.4.1 no Quadro 6.4 para a fonte); as áreas sombreadas ilustram as condições restritivas em relação à P_{H_2O} onde a hornblenda e a biotita cristalizam a partir do líquido magmático (a curva não está em escala).

As rochas afins

Os andesitos e os dacitos são, sem dúvida, rochas magmáticas subalcalinas. Todos estão sob a curva construída por Miyashiro (Figura 6.1a). As rochas com composição essencialmente semelhante, mas com teores mais altos de álcalis, isto é, aquelas que ficam acima da curva de Miyashiro, caem nas áreas do traquiandesito e do traquidacito, discutidas no Capítulo 9.

De modo geral, os riolitos acima da curva de Miyashiro no gráfico TAS correspondem à área dos riolitos alcalinos mostrada na Figura 6.1b.

OS PROCESSOS ERUPTIVOS E AS FORMAS VULCÂNICAS

Os derrames de lavas andesíticas

Muitos derrames e campos de derrame andesíticos parecem-se com derrames basálticos, embora possam ocorrer diferenças de caráter quantitativo. Devido a seus teores mais altos de SiO_2, os líquidos magmáticos andesíticos são mais **polimerizados** (Quadro 6.3) e, portanto, mais viscosos do que os basálticos. Além disso, a abundância de fenocristais no andesi-

Tabela 6.2 Elementos maiores e elementos-traço representativos dos andesitos, dos dacitos e dos riolitos oriundos de diversos ambientes tectônicos. Os dados relativos ao ferro são apresentados como "FeO total" ["ΣFeO" = FeO real + (Fe$_2$O$_3$/1,11)], como na Tabela 2.4. Os campos em branco indicam componentes que não são fornecidos nas análises publicadas e consideradas nesta compilação. Os valores entre parênteses não estavam tabulados na publicação original, mas foram interpolados com base nos ETRs vizinhos. O elemento terras raras európio (Eu), incluído nesta tabela, é discutido no Capítulo 8

Tipo de rocha	Boninito	Andesito basáltico	Andesito			Dacito	Adaquito	Riolito
Ambiente tectônico	Fore-arc emergente	Arco de ilhas intraoceânico	Arco de ilhas intraoceânico	Arco de ilhas intraoceânico	ZVC Andina	Arco de ilhas intraoceânico	Arco de ilhas	Expansão continental de back-arc
Localização	Chichijima, Arq. de Bonin, Pacífico ocidental	Ilhas Sandwich do Sul	Ilhas Sandwich do Sul	Montserrat, Antilhas Menores	Vulcão Ollagüe, Chile-Bolívia	Complexo de Plat Pays, Dominica	Mindanao, Filipinas	Taupo, Nova Zelândia
Referência	1	2	3	4	5	6	7	8
% em massa de oxido								
SiO$_2$	55,09	53,31	58,07	59,95	61,4	63,4	60,85	74,24
TiO$_2$	0,07	0,73	0,73	0,65	0,84	0,52	0,59	0,31
Al$_2$O$_3$	7,85	16,44	17,51	17,24	16,6	16,6	17,46	13,63
ΣFeO	8,47	9,86	6,66	6,67	5,2	5,78	4,3	2,33
MnO	0,19	0,20	0,16	0,18	0,07	0,15	0,09	0,10
MgO	16,97	5,11	3,82	2,96	2,6	2,26	2,7	0,35
CaO	6,86	10,38	7,91	7,37	5,1	5,78	4,57	1,72
Na$_2$O	1,12	2,57	2,93	3,34	3,8	3,41	5,32	4,42
K$_2$O	0,31	0,44	0,84	0,77	2,9	1,46	2,54	2,82
P$_2$O$_5$	0,02	0,10	0,12	0,14	0,24	0,12	0,3	0,05
PMI	1,93	#	0,29	–0,06	0,64	0,3	1,14	#
Total	98,89	99,14	99,04	99,21	99,39	99,78	99,86	99,97
Ppm								
Rb	8,1	9,5	18,7	17,03	87	40	47	95
Ba	23,5	96	180	199	769	267	537	634
Th		0,83	1,68	2,39	7,9	4		10
Nb	<1	0,91	1,96	3,00	9	3,1	4,4	5,7
La	0,67	3,07	6,19	9,97	34,2	10	16,6	24
Ce	1,36	8,82	14,88	22,66	66,6	19	33	53,8
Sr	51	145	197	286	505	218	992	155
Nd	0,75	7,13	10,53	12,49	34,0	11	18	25,8
Zr	10,8	48,2	81,5	86,5	193	97	65	217
Sm	0,22	2,21	2,78	2,86	6,18	2,6	(3,3)	5,6
Eu	0,08	0,76	0,95	1,00	1,32	0,8	0,9	1,25
Gd*	0,25	2,66	3,15	3,26	(5,42)	2,6	(2,5)	(6,0)
Y	1,8	20,5	24,8	21,4	22	17	9,4	34,1
Yb	0,32	2,05	2,72	2,34	1,69	2,1	0,75	3,3
Lu	0,06	0,31	0,4	0,38	0,24	0,33		
Sc	36,3	36,2	26,3	14,5	10,6	14	9	7
Cr	1659	17	31	0,25	23		66	6
Ni	323	17	16	2,03	5	3	45	5

#Os resultados publicados são em base livre de voláteis
* Onde o valor não é fornecido no trabalho original, os valores relativos ao Gd foram interpolados dos valores de Sm e de Tb.
PMI: Perda de massa por ignição
Fontes dos dados
1 Taylor et al. (1994), análise 780/23 (boninito com microfenocristais de enstatita).
2 Pearce et al. (1995), análise SST 7-1 (andesito basáltico porfirítico com fenocristais de divina e enstatita, ilha de Thule).
3 Pearce et al. (1995), análise SSL 12-1 (andesito com dois piroxênios porfirítico com fenocristais de plagioclásio, ilha de Leskov).
4 Zellmer et al. (2003), análise MVO 47 (derrame de andesito porfirítico, com fenocristais de enstatita e hornblenda, vulcão de Soufrière Hills).
5 Feeley e Davidson (1994), análise OLA9024 (derrame de andesito porfirítico, com fenocristais de cpx, opx e plagioclásio).
6 Lindsay et al. (2005), análise D-JL-46 (do domo de lava dacítica de Patates).
7 Sajona et al. (1993), análise Q90-68 (andesito adoxítico porfirítico, com fenocristais de biotita, hornblenda e plagioclásio).
8 Price et al. (2005), análise P1174 (riolito de Taupo, zona vulcânica de Taupo, Ilha do Norte).

to contribui com essa característica por conta de um aumento da **resistência ao escoamento** da lava. Logo, as lavas andesíticas tendem a se mover a velocidades menores, e o fluxo resultante tem uma **relação espessura:comprimento** mais alta do que o fluxo de uma lava basáltica característica. As lavas andesíticas nunca têm feição pahoehoe: superfícies **a'a** pontiagudas são comuns, mas a feição mais típica associada ao andesito é a lava em bloco (Figura 6.3a), cuja superfície é composta integralmente por grandes blocos lisos, sem orientação definida, formados por **autobrechação**. Durante o derrame, esses blocos formam cascatas na parede frontal que se elevam a dezenas de metros de altura, mas são reincorporados à base do derrame à medida que a lava avança sobre eles.

O andesito *lato sensu* abrange uma gama ampla de teores de SiO_2. Os mais evoluídos, sobretudo aqueles que atingiram um grau avançado de cristalização antes ou ao longo da erupção, como nas erupções do vulcão Soufrière Hills, na ilha de Montserrat, ocorridas após 1995 (Figura 6.2b), podem ser viscosos o suficiente para formar um domo de lava espesso em vez de um derrame de lava tabular. Essa configuração é mais comum em dacitos e riolitos e, por essa razão, é discutida abaixo.

Os andesitos podem também resultar de erupções explosivas, formando cones de escória ou outros depósitos piroclásticos, abordados no próximo capítulo.

Os domos e os espinhos de lava dacítica

Os teores altos de SiO_2 e as temperaturas de erupção mais baixas dos líquidos magmáticos dacíticos e riolíticos (Figura 6.1) elevam a viscosidade desses magmas em comparação com a viscosidade do andesito (Quadro 6.3), sobretudo quando a cristalização evoluiu a um estágio avançado antes da erupção (Prancha 6.6). Devido a esses fatores, as lavas dacíticas extravasam formando domos espessos que se erguem diretamente sobre o conduto, não como derrames lateralmente extensos, os quais são atributo típico dos andesitos.

O crescimento exógeno e endógeno de domos de lava

A forma e o tamanho dos domos de lava variam com o teor de voláteis e a reologia da lava. Contudo, esses domos também variam em termos do modo como crescem. Alguns crescem mediante a acumulação de novos lobos de lava *extravasados* pelos condutos do cume. Além de recobrir o topo do domo, esses lobos escorrem pelos flancos mais íngremes, formando **coulées** (em francês, *fluxo de lava*), cujas superfícies são marcadas por dobras arqueadas distintas chamadas de *ogivas*, as quais lembram lavas pahoehoe em grande escala (Figuras 6.6e e 9.10). Esse estilo extrusivo de crescimento de domo é descrito como *exógeno* (do latim, "que cresce de fora").

Por outro lado, muitos domos de lava crescem por inflação quando o magma novo *intrude* o interior do domo, sem irromper na superfície. Esse domo *endógeno* (do latim, "que cresce de dentro") promove o desenvolvimento de topos cujas formas lembram blocos ou espinhos e cujas laterais são cobertas por tálus provenientes das escarpas íngremes superiores (Figura 6.3b). De modo geral, as lavas em domo crescem segundo mecanismos endógenos e exógenos. Entre 1980 e 1986, o Monte Santa Helena, nos Estados Unidos, foi palco de 15 episódios de posicionamento dos domos, os quais iniciavam por uma fase endógena e, ao final, ocasionaram a erupção de lava na superfície na forma de lobos exógenos (Fink et al., 1990). Por outro lado, no Japão, de 1991 a 1993, o vulcão Unzen cresceu inicialmente por meio da formação de lobos exógenos mas, à medida que a velocidade de descarga diminuía, a intrusão endógena passou a ser o mecanismo dominante de crescimento (Kaneko et al., 2002).

Às vezes, a pressão do magma no interior de um domo ativo força o surgimento de um espinho de lava solidificada através do cimo. O exemplo mais conhecido desse fenômeno talvez seja o espinho formado após a erupção do Monte Pelée na Martinica, em 1902. Contudo, ocorrências semelhantes foram observadas recentemente no domo de lava de Soufrière Hills, em Montserrat, e no Monte Santa Helena (Figura 6.3c). Nesse caso, juntos, o espinho e uma forma alisada do tipo dorso de baleia (*whaleback*), a qual também extrudiu na forma sólida, constituem um novo domo de lava que vem se desenvolvendo desde o final de 2004. Em junho de 2005, o espinho com paredes regulares havia se elevado a 160 m do assoalho da cratera.

Em vez de extravasar na superfície, os magmas andesíticos ou dacíticos às vezes são colocados como intrusão em pouca profundidade no interior do edifício vulcânico, o que causa a elevação das rochas sobrejacentes em forma de domo. Um exemplo muito conhecido da formação desse tipo de *criptodomo* foi visto no flanco norte do Monte Santa Helena, no estado norte-americano de Washington. Sua colocação, anterior a 1980, causou o deslizamento de terra que daria início à erupção pliniana de 18 de maio de 1980.

Os magmas riolíticos normalmente entram em erupção de maneira explosiva, muitas vezes com a produção de volumes expressivos de depósitos piroclásticos. Por exemplo, segundo Wilson (2001), a

Quadro 6.3 Os fatores que afetam a capacidade de escoamento do magma

A ESTRUTURA DO LÍQUIDO MAGMÁTICO

A **viscosidade** de um líquido magmático silicatado depende de duas propriedades básicas (Figura 6.3.1):

1 A temperatura: um líquido magmático se torna mais viscoso em temperaturas baixas.

2 A composição: líquidos magmáticos ácidos são muito mais viscosos do que líquidos magmáticos básicos, em uma mesma temperatura.

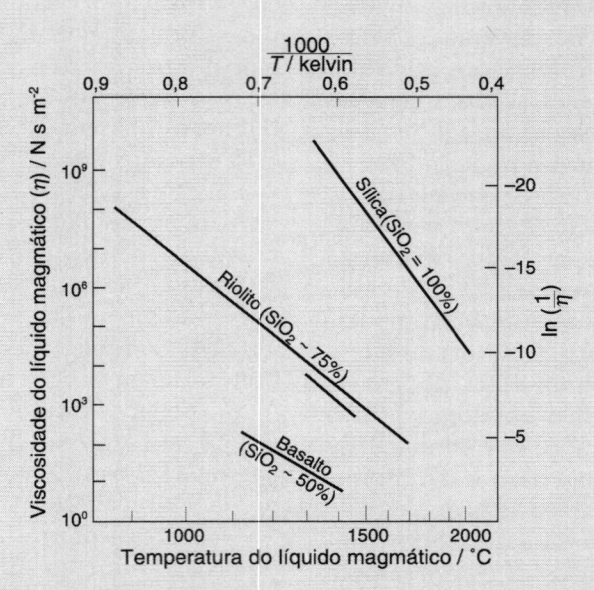

Figura 6.3.1 Dados experimentais demonstrando que a viscosidade de um líquido magmático silicatado *diminui* com o aumento da temperatura e *aumenta* com o teor de SiO_2 (basalto, riolito, sílica pura, nessa ordem). Observe que as escalas de viscosidade e de temperatura não são lineares ($\log_e$ viscosidade^{-1} na verdade varia linearmente com T^{-1}, onde T é expressa em kelvin). Adaptado de Gill (1996, Figura 3.8) com base nos dados de Scarfe (1977).

Em escala atômica, os líquidos magmáticos silicatados são compostos por cátions metálicos dispersos entre uma variedade de ânions silicato mais complexos. A arquitetura desses ânions moleculares exerce forte influência no escoamento do líquido magmático. Nos líquidos magmáticos basálticos, as estruturas aniônicas, por serem relativamente pequenas e simples [SiO_4^{4-}, $Si_2O_7^{6-}$, $(SiO_3)_n^{2n-}$], forçam passagem entre si, o que desobstrui o fluxo e confere ao basalto uma viscosidade baixa em dada temperatura. Por outro lado, em líquidos magmáticos ricos em SiO_2, como os dacitos e os riolitos, as unidades aniônicas estabelecem redes tridimensionais mais volumosas, semelhantes às redes cristalinas da mica e do feldspato. Elas se embaralham umas nas outras com maior facilidade,

---

erupção do Oruanui, na região de Taupo, Nova Zelândia, há 26 ka, lançou 430 km³ de depósito de queda, além de um fluxo de ignimbrito com mais de 320 km³. Erupções **efusivas** são relativamente raras. Quando lavas riolíticas extravasam, elas formam domos semelhantes àqueles desenvolvidos pelos dacitos. Um delicado "bracelete" de domos riolíticos tardios se formou no interior das paredes da caldeira de Valles, com 1,1 Ma, no estado norte-americano do Novo México, provavelmente como resultado do vazamento de lava riolítica desgaseificada pelo sistema de fraturas anelares da caldeira (ver Figuras 7.19c e 7.20b).

A seção transversal de um domo de dacitos ou riolitos pode apresentar *bandamento de fluxo*, isto é, a formação de bandas intercaladas que apresentam diferentes graus de cristalinidade e vesicularida-

formando uma estrutura **polimerizada** que inibe de modo significativo a capacidade de escoamento, o que se traduz nos valores elevados de viscosidade desses líquidos magmáticos. Essa diferença é mais bem entendida com base em um experimento imaginário. Imagine que você tem dois baldes: um contendo chumaços de algodão e outro com hastes flexíveis de algodão. Qual dos dois é esvaziado com mais facilidade?

$$X-O-Si-O-Si-O-Si-O-Si-O-Y + H_2O \rightarrow X-O-Si-O-Si-OH + HO-Si-O-Si-O-Y$$

Líquido magmático polimerizado   Água dissolvida   Líquido magmático menos polimerizado

O TEOR DE VOLÁTEIS

Os **voláteis** afetam a capacidade de escoamento de um magma de duas maneiras radicalmente distintas. Quando *dissolvidos* no líquido magmático, eles influenciam a polimerização. A H_2O dissolvida tende a *despolimerizar* um líquido magmático:

[6.3.1]

Em contrapartida, o CO_2 tende a promover a polimerização; mas, na maioria dos magmas intermediários, ele está presente em concentrações de uma a duas vezes mais baixas do que a H_2O. O efeito final desses gases vulcânicos dissolvidos é a *redução* da viscosidade.

Porém, à medida que o magma em ascensão se supersatura em voláteis e bolhas de gás começam a se formar (Figura 2.7), um efeito contrário ganha força. A presença de gases *exsolvidos* na forma de bolhas diminui a capacidade de escoamento de um líquido, já que eles aumentam a **resistência ao escoamento** (como ocorre com claras batidas em neve). Logo, esse gás exsolvido na forma de bolhas tende a *aumentar* a viscosidade efetiva do líquido magmático.

O TEOR DE CRISTAIS

Assim como a ocorrência de bolhas, a presença expressiva de uma suspensão cristalina em um magma aumenta a resistência ao escoamento em relação ao líquido magmático puro.

O EFEITO COMBINADO DA ASCENSÃO E DA DESCOMPRESSÃO DO MAGMA

A ascensão e a descompressão do magma intensificam uma à outra durante o percurso de subida. Em grandes profundidades, onde a pressão é alta, os voláteis encontram-se estabilizados em solução. Isso mantém a viscosidade em valores relativamente baixos. Além disso, a P_{H_2O} também rebaixa o solidus, inibindo a cristalização. No entanto, a ascensão do magma à superfície gera a descompressão, a qual reduz a solubilidade dos voláteis dissolvidos que, em determinado ponto, começam a formar bolhas. A redução do teor de voláteis *dissolvidos* aumenta a viscosidade do líquido magmático, enquanto o surgimento de *bolhas* eleva a resistência ao escoamento do magma repleto de bolhas. A diminuição do teor de voláteis dissolvidos por conta da formação de bolhas e da desgaseificação também eleva o solidus, promovendo a cristalização e aumentando a resistência ao escoamento. O resfriamento adiabático durante a ascensão atua no sentido de fazer a viscosidade crescer ligeiramente.

Portanto, esses efeitos atuam em combinação, sobretudo no caso de magmas mais evoluídos, cuja viscosidade inibe o escape de bolhas de gás, produzindo um magma altamente explosivo em profundidades reduzidas.

de (embora não necessariamente com composições distintas). O bandamento pode ser grosso o bastante para ser perceptível em campo (Figuras 6.3d e g), ou ocorrer em escala submilimétrica (exemplos de bandamento fino são ilustrados em Vernon, 2004). As bandas representam bolsões de heterogeneidade física ou química da lava viscosa rompidos e atenuados pelo fluxo durante a extrusão (e que às vezes são deformados, compondo dobras). Os fenocristais, quando presentes, exibem *foliação devido ao fluxo*. O bandamento é evidência de **mistura** (mingling) do magma em câmaras magmáticas subvulcânicas. Por exemplo, Seaman et al. (1995) estudaram o envolvimento de três magmas com composições diferentes e de dois eventos de mistura (Figura 6.4) para explicar as características específicas do bandamento de fluxo no domo de lava Aliso, no sul do estado norte-americano do Arizona.

Figura 6.3 (a) Superfície de um derrame de lava andesítica em bloco gerado na erupção do vulcão Colima, no México, em 1975/76 (foto: Jim Luhr, Instituto Smithsonian, reproduzido com permissão); (b) domo de endógeno de andesito preenchendo a cratera do vulcão Soufrière Hills, Montserrat, em junho de 2000, mostrando o cimo íngreme e as escarpas em tálus (imagem cortesia de Caribbean Helicopters); (c) espinho de lava projetando-se de um domo de lava dacítica na cratera do Monte Santa Helena, vista do sul, em 12/5/2005 (foto: Steve Schilling, reproduzida com permissão do USGS, Observatório Vulcânico de Cascades). (No final de junho do mesmo ano, esse espinho havia se elevado a 160 m do terreno circundante.)

Figura 6.3 (Continuação) (d) Fragmentos de obsidiana riolítica (do derrame de Roche Rosse), Monte Pilato, Lipari, Ilhas Eólias (diâmetro da moeda: 2,3 cm), a área salpicada representa uma superfície de fratura; (e) foto lateral obliqua de uma coulée de obsidiana em Glass Mountain, vulcão Medicine Lake, Califórnia (foto: cortesia de Ronald Greeley, Universidade do Estado do Arizona). A estrada de chão batido na base da imagem dá uma ideia da escala. Observe o conduto de erupção no cimo e a superfície em dobras (ogivas); (f) borda de intemperismo de cor branca em uma amostra de riolito oriunda do Distrito dos Lagos, Inglaterra.

Figura 6.3 (Continuação) (g) Bandamento de fluxo de um derrame de lava de latito em Gourougou, Marrocos (comprimento da marreta: 75 cm).

Figura 6.4 Formação do bandamento de fluxo devido à mistura de composições magmáticas ligeiramente diferentes, conforme deduzido para o domo de lava de Aliso, sul do estado do Arizona (adaptado de Seaman et al., 1995; cortesia da União Norte-Americana de Geofísica).

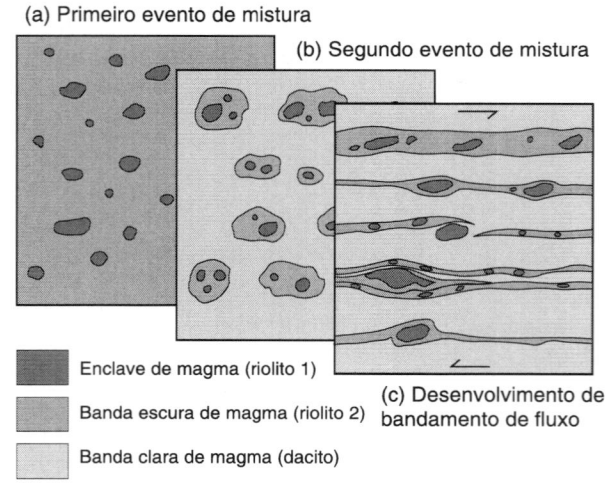

(a) Primeiro evento de mistura
(b) Segundo evento de mistura
(c) Desenvolvimento de bandamento de fluxo

Enclave de magma (riolito 1)
Banda escura de magma (riolito 2)
Banda clara de magma (dacito)

Depósitos de púmice bandado observados em alguns depósitos piroclásticos provavelmente se originaram de processos semelhantes de mistura de magmas no sistema de condutos subvulcânicos. Por outro lado, alguns exemplos de bandamento de fluxo ou laminação devido ao fluxo em corpos riolíticos têm origem piroclástica, onde o **ignimbrito** se tornou tão intensamente **soldado** que passa a fluir e a parecer com um derrame de lava (Kokelaar and Moore, 2006).

As erupções piroclásticas

Os derrames e os domos de lavas – os quais são exemplos de vulcanismo **efusivo** – são típicos de magmas relativamente pobres em **voláteis**. Por outro lado, nas maiores erupções de dacitos e riolitos, os níveis elevados de voláteis (4% a 8%) geram eventos muito **explosivos**, criando extensas áreas de **tefra** (cinza vulcânica) por centenas ou mesmo milhares de quilômetros. Essas erupções **piroclásticas** e seus depósitos são abordados no Capítulo 7.

A CRISTALIZAÇÃO DOS ANDESITOS, DOS DACITOS E DOS RIOLITOS – AS EVIDÊNCIAS TEXTURAIS

As texturas envolvendo variações no tamanho do cristal e na cristalinidade da matriz

Com frequência, os andesitos e os dacitos são muito porfiríticos (Pranchas 6.1 e 6.6). Entre os fenocristais que apresentam estão o plagioclásio, o ortopiroxênio, o clinopiroxênio, a hornblenda, a biotita, os óxidos de Fe-Ti, a apatita e o quartzo (ou a tridimita). A sequência em que os fenocristais aparecem e alteram suas proporções relativas em uma série de derrames ou rochas piroclásticas intermediárias a ácidas (Quadro 6.2) registra o avanço da cristalização fracionada. Isso pode ocorrer em câmaras magmáticas grandes e de longa duração que se estabeleceram e permanecem a uma profundidade fixa na crosta. A cristalização em profundidade sob condições isobáricas é resultado do resfriamento, e a efusão ocasional de magma que alimenta erupções na superfície produz lavas com distinções marcantes de granulação entre os fenocristais e a matriz.

Em contrapartida, muitos andesitos e dacitos apresentam **textura seriada** (Pranchas 6.1 e 6.6), o que indica a ocorrência de cristalização polibárica durante a ascensão (ver a Figura 2.10c). A cristalização durante a ascensão do magma sofre forte influência da presença de componentes voláteis, conforme explicado no Quadro 6.4. Em magmas pobres em voláteis, as temperaturas liquidus e solidus *diminuem* com o progresso da ascensão (Figura 6.4.1, Quadro 6.4) e, por essa razão, a cristalização pode acontecer somente se o resfriamento nas paredes do conduto ultrapassar a velocidade da subida. O contrário é observado para líquidos magmáticos ricos em água, cuja temperatura de solidus se eleva rapidamente com a subida do magma. Nessas circunstâncias, a cristalização ocorre como mera consequência da descompressão (ou devido à desgaseificação, a qual reduz P_{H_2O}), como mostra o ponto z na Figura 6.4.1. Portanto, os magmas saturados em água estão mais propensos a se solidificarem por completo antes de chegarem à superfície.

Blundy e Cashman (2001) reconstruíram o histórico de cristalização dos dacitos no Monte Santa Helena, no estado de Washington, Estados Unidos, no período compreendido entre 1980 e 1983. Suas conclusões estão resumidas na Figura 6.5. A fim de representar os percursos de ascensão do magma com realismo, a pressão e a profundidade são mostradas crescendo para baixo, inversamente ao que é visto na Figura 6.4.1 (Quadro 6.4). Na parte inferior do diagrama, um magma com teor de água estimado em 6% em massa está subsaturado em H_2O. Contudo, ao subir, ele atravessa o limite de saturação (linha tracejada larga cinza), tornando-se supersaturado em relação a H_2O e iniciando o processo de formação de vesículas. As linhas pretas com pontas de seta sinalizam os percursos de ascensão dos volumes magmáticos que alimentam as diferentes erupções na superfície. Blundy e Cashman sugerem que a cristalização dos fenocristais começou a aproximadamente 10 km de profundidade e continuou até atingir a marca de 4 km sob a superfície.

A área *cd* representa as condições no critpodomo pouco profundo formado sob a encosta norte do Monte Santa Helena na primavera de 1980. O vidro presente na matriz de amostras do criptodomo está repleto de **micrólitos** de feldspato e de alguns **oicocristais** de quartzo (Figuras 6b e 6e do artigo de Blundy e Cashman). A temperatura calculada no criptodomo estava ligeiramente abaixo da temperatura dos segmentos mais profundos ao longo do percurso de subida, o que levou os autores a concluir que a cristalização da matriz nessas amostras era consequência de uma velocidade de ascensão baixa e da descompressão em condições de saturação em água, não uma consequência do resfriamento. Os micrólitos de feldspato se formaram durante o percurso compreendido entre 4 km e 1 km sob a superfície. Os cristais de quartzo poiquilítico entraram em processo de nucleação durante a passagem do magma quase sólido através do limite de saturação em quartzo ("Qz in") na Figura 6.5. Essa "cristalização governada pela as-

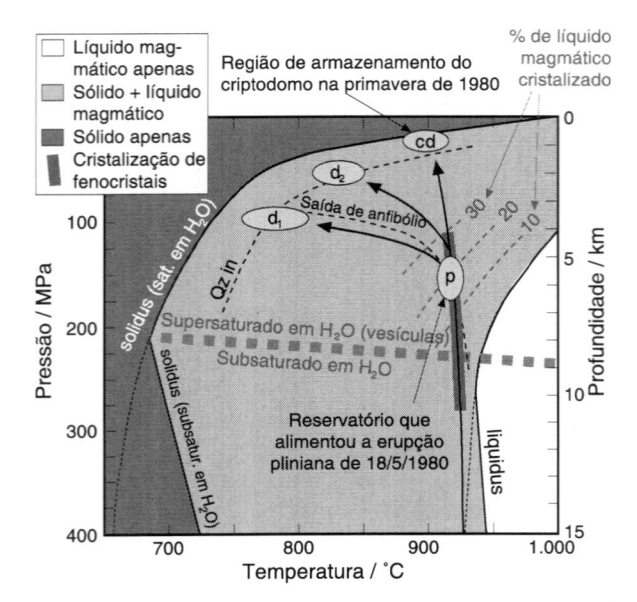

Figura 6.5 Percursos calculados de ascensão e de cristalização de diversos bolsões magmáticos dacíticos no Monte Santa Helena, em 1980, com base em Blundy e Cashman (2001), com permissão de Springer Science and Business Media. O eixo vertical representa a pressão (escala à esquerda) e a profundidade (escala à direita), em ordem crescente de valores para baixo. As curvas solidus e liquidus são calculadas para um teor de água hipotético de 6% (compare com a Figura 6.4.1 no Quadro 6.1, que mostra os valores no sentido contrário, isto é, crescendo para cima). A elipse *p* indica as condições calculadas no reservatório de magma que alimentou a erupção pliniana (em 18/5/1980). A elipse *cd* simboliza as condições aproximadas existentes no criptodomo que se desenvolveram durante a primavera de 1980, antes da erupção; d_1 e d_2 sinalizam as condições de armazenamento do dacito porfirítico com fenocristais de anfibólio e do dacito sem anfibólio que derramaram como domos efusivos em fevereiro de 1981 e no início de 1983, respectivamente. A linha tracejada "Qz in" mostra o grau de cristalização necessário antes do surgimento do quartzo. A linha "saída de anfibólio" indica o limite de estabilidade calculado para as hornblendas nos líquidos magmáticos dacíticos.

censão" resulta do marcante aumento na temperatura solidus do líquido magmático que acompanha a queda na pressão (P_{H_2O}). Na verdade, o fenômeno eleva a temperatura do magma na subida, devido à liberação de calor latente de cristalização (Blundy et al., 2006).

O campo *p* representa as condições de temperatura e pressão no reservatório de magma profundo que alimentou a erupção pliniana subsequente, em 18 de maio de 1980. Amostras de púmice coletadas no material depositado nessa data continham cerca de 30% de fenocristais em volume (sobretudo de hornblenda, plagioclásio e ortopiroxênio), mas a matriz entre as vesículas consistia apenas em vidro, sem micrólitos de feldspato ou quartzo. Sem dúvida, a descompressão e o esfriamento durante a erupção explosiva ocorreram rápido demais para que os cristais da matriz iniciassem o processo de nucleação.

As erupções explosivas de 1980 foram seguidas de uma série de erupções dacíticas formadoras de domos, tanto endógenas quanto exógenas, as quais se estenderam até 1986. A lava dacítica lançada em fevereiro de 1981 continha tanto hornblenda quanto quartzo, cuja coexistência somente é possível (segundo a Figura 6.5) em temperaturas da ordem de 780°C e profundidades de 4 km. Isso sugere a alimentação oriunda de um reservatório magmático de pouca profundidade (d_1) que sofrera resfriamento significativo. A erupção que formou o domo ocorrida em fevereiro e março de 1983 apresentava quartzo, mas não anfibólio, indicando que ela se originou em um reservatório localizado em profundidade pequena demais para permitir a formação de anfibólios. A dificuldade está em explicar como esses magmas resfriados conseguiram chegar à superfície, uma vez que teriam atingido o solidus durante a ascensão a uma profundidade entre 1 km e 2 km.

A cristalização motivada pela ascensão só ocorre em condições de saturação em H_2O quando as temperaturas solidus e liquidus (e as curvas de cristalinidade mostradas na Figura 6.5) sobem significativamente, à medida que a superfície é alcançada. A ascensão adiabática em condições de subsaturação em H_2O pode também causar a reabsorção de fenocristais, conforme discutido a seguir.

As texturas intracristalinas

As maclas são uma característica acentuada tanto do plagioclásio quanto dos feldspatos alcalinos (Quadro 6.1), embora não sejam relevantes para o petrólogo – exceto como meio de identificação mineral.

A zonação e as texturas de reabsorção são mais importantes, devido ao que revelam sobre o histórico da cristalização.

A zonação oscilatória

Embora não esteja elucidada, a zonação dos fenocristais de plagioclásio está entre as texturas mais notáveis vistas com nicóis cruzados em muitas rochas vulcânicas ácidas e intermediárias. A zonação é definida como uma variação radial na composição de um cristal que ocorre em muitos minerais, embora seja detectada com mais facilidade no plagioclásio, com base na mudança no seu ângulo de extinção e sua cor de interferência (Quadro 4.1). Nos andesitos e nos dacitos, dois tipos de zonação são relevantes nos fenocristais de plagioclásio:

Quadro 6.4 A cristalização e a fusão na presença e na ausência de água

As temperaturas **liquidus** e **solidus** em que os líquidos magmáticos cristalizam dependem da pressão e da disponibilidade de água. A Figura 6.4.1 mostra as curvas liquidus e solidus determinadas experimentalmente para uma composição simplificada de um dacito (sem Mg ou Fe). O comportamento da cristalização do líquido magmático na ausência de água é representado pelas linhas de "solidus seco" e "liquidus seco" à direita. Assim como em outros diagramas P–T, como aquele mostrado na Figura 2.17, as temperaturas liquidus e solidus secos aumentam com a pressão (e a profundidade). As curvas solidus e liquidus estão mais próximas para essas composições magmáticas mais evoluídas do que estariam para os basaltos.

A presença de água altera radicalmente esse cenário. Contudo, esse efeito depende da *quantidade* de água existente. Nesse sistema, ela pode ocorrer de duas formas: como H_2O dissolvida no líquido magmático e, se ocorrer *em quantidade superior* àquela que é solúvel no líquido magmático na pressão em questão, como **fase** vapor. Em tese, a água também se encontra em minerais hidratados, mas, nessas temperaturas, esses não cristalizam na ausência de ferro e de magnésio, os quais são exigidos para que a biotita e a hornblenda se formem.

Experimentos realizados na presença de *excesso* de água revelam uma *redução* significativa na temperatura solidus com o aumento na pressão (dT/dP negativa), como mostra a curva identificada como "solidus saturado em H_2O", na Figura 6.4.1. Nessas condições, o líquido magmático em processo de resfriamento em profundidade é capaz de manter-se em temperaturas muito menores do que atingiria na superfície. A presença de uma fase gasosa é possível quando $P_{H_2O} \geq P_{total}$. No entanto, embora os líquidos magmáticos possam ser produzidos em temperaturas comparativamente menores nessas condições, sua capacidade de ascender através da crosta é limitada pelo solidus: o percurso de subida de um líquido magmático parcialmente liquefeito gerado em z, por exemplo, não tardaria a interceptar o solidus do líquido magmático, fazendo com que este solidificasse outra vez, sem um avanço expressivo em direção à superfície.

Porém, o que acontece quando uma quantidade *pequena* de água está presente? A quantidade de H_2O dissolvível no líquido magmático aumenta com a pressão (como o CO_2 em um refrigerante). Imagine uma série de experimentos sobre fusão na qual o a quantidade de água total no sistema é fixa em 5%, por exemplo. A elevação gradual da pressão transfere uma proporção crescente desses 5% da fase gasosa para o líquido magmático. Os pontos *a*, *b* e *c* na Figura 6.4.1 revelam uma temperatura solidus progressivamente mais baixa (dT/dP negativa). Com o tempo, um valor de pressão é atingido ("s" na Figura 6.4.1) em que os 5% de água inicialmente presentes estarão dissolvidos no líquido magmático, o que elimina a fase gasosa. Uma elevação adicional da pressão leva o sistema a um estado de *subsaturação* em H_2O, no qual o valor de P_{H_2O} para de aumentar. De modo semelhante, a temperatura solidus não sofre redução adicional. Nessas condições novas (*s-s'*), o solidus recobra a inclinação positiva no espaço P–T (dT/dP), semelhante ao solidus seco, mas a uma temperatura muito menor. As condições P–T em que o dacito pode se encontrar em fusão parcial na presença de 5% de água são representadas pela área sombreada na Figura 6.4.1.

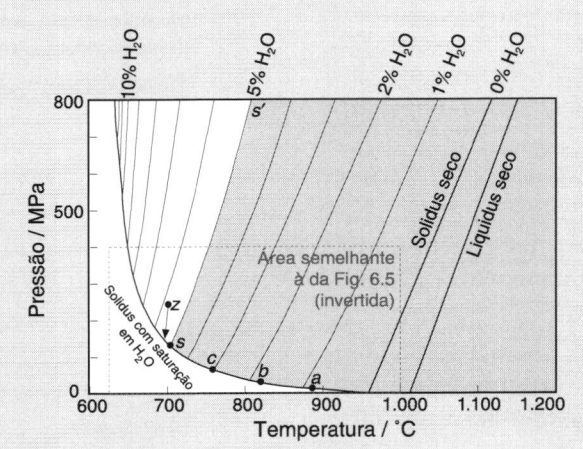

Figura 6.4.1 Diagrama de fusão P–T mostrando o comportamento de fusão de um dacito sintético em diferentes condições de hidratação (com base em Holtz et al., 2001; direitos autorais: Elsevier). As duas linhas à direita mostram as temperaturas solidus e liquidus como função da pressão na ausência de H_2O ("seco"). A curva à esquerda representa o solidus em condições de saturação em água (isto é, com excesso de H_2O presente na forma gasosa em todas as pressões). As linhas divisórias indicam como o solidus diminui com o aumento no teor de água (expresso em % em massa) em condições de *subsaturação* em H_2O. A área cinza mostra as condições de P e T nas quais o dacito estaria parcial ou totalmente fundido na presença de 5% em massa de H_2O.

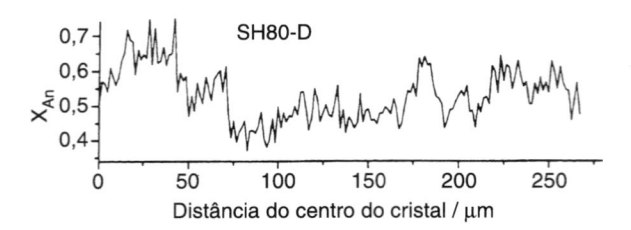

Figura 6.6 Variação na composição do núcleo à borda de um fenocristal de plagioclásio do Monte Santa Helena (reproduzido de Holz et al., 1997; com permissão da Sociedade Mineralógica dos Estados Unidos). X_{An} representa a fração molar da anortita no plagioclásio.

- A *zonação normal*, na qual a composição varia em uma direção a partir de um núcleo rico em An até uma borda empobrecida em An, com uma variação correspondente no ângulo de extinção.
- A *zonação oscilante*, na qual a composição varia de forma cíclica do núcleo à borda (Figura 6.6), produzindo anéis concêntricos de ângulos de extinção baixos e altos (Prancha 6.2) e uma variação correspondente nas cores de interferência. Flutuações da ordem de 30% nos teores de An não são raras (Nixon and Pearce, 1987).

A zonação regular normal reflete o reequilíbrio contínuo do cristal em relação às variações na composição do líquido magmático à medida que o magma encaixante evolui durante o histórico do crescimento de um fenocristal em uma câmara magmática. Ele pode ser considerado um análogo, em pequena escala, da estratificação críptica, na série estratificada de uma intrusão de grande porte.[5] Em contrapartida, a explicação da zonação oscilatória é mais complexa, segundo duas linhas de pensamento:

1 *Mecanismos extrínsecos*: a zonação oscilatória é vista como uma resposta do cristal a condições externas *oscilantes*. Por exemplo, Bowen (1928) atribuiu esse tipo de zonação à reciclagem de fenocristais de plagioclásio ao longo de zonas de líquido magmático mais frio e evoluído e de líquido magmático primitivo mais quente em uma câmara magmática convectiva. Outros estudiosos interpretaram o fenômeno como o registro da reação de um cristal a repetidos pulsos de magma novo e à mistura deste com o magma residente, mais evoluído. Pesquisas recentes revelam que o teor de An no plagioclásio pode sofrer redução durante a descompressão associada à erupção[6] na câmara magmática, voltando a subir durante a subsequente repressurização do magma (Blundy et al., 2008).

2 *Mecanismos intrínsecos*: oscilatória pode também ser uma consequência da auto-organização durante o crescimento cristalino, uma forma de *feedback* de caráter oscilatório entre a taxa de crescimento cristalino (a qual empobrece a camada limite do líquido magmático que envolve o cristal) e as taxas de difusão do soluto (as quais restauram a camada empobrecida mediante intercâmbio com o líquido magmático circundante).

A zonação oscilatória não está restrita ao plagioclásio ou mesmo a sistemas magmáticos (Shore and Fowler, 1996); portanto, o fenômeno pode ser atribuído a mais de uma causa.

As inclusões de líquido magmático

O crescimento rápido dos fenocristais pode aprisionar bolsões de líquido magmático contemporâneo ao processo no interior do fenocristal. Esses bolsões são conservados na forma de inclusões vítreas no interior do cristal (Prancha 6.11). Essas inclusões, chamadas de **inclusões de líquido magmático**, termo que gera certa confusão, propiciam a análise da composição do líquido magmático do qual os fenocristais cristalizaram. Uma vez que o cristal circundante "blinda" a inclusão contra os efeitos da descompressão durante a ascensão e a erupção, a análise das inclusões de líquido magmático representa a melhor maneira de determinar o verdadeiro teor de voláteis do líquido magmático em profundidade antes da desgaseificação durante a ascensão e a erupção. Os teores iniciais de H_2O em magmas de arco atingem 8% (Figura 6.14). Outros voláteis são encontrados em níveis muito menores. Por exemplo, as concentrações de CO_2 em inclusões de líquido magmático normalmente estão abaixo de 2.500 ppm (Wallace, 2005).

A reabsorção, o sobrecrescimento e a textura de peneira

A **reabsorção** parcial dos fenocristais em um líquido magmático encaixante pode ter uma série de causas:

- Uma queda na pressão em virtude da ascensão **adiabática** pode fazer com que a temperatura de um magma subsaturado em água se aproxime de sua temperatura liquidus.

---

[5] Uma transformação *súbita* de um plagioclásio cálcico em um plagioclásio mais sódico pode, por outro lado, refletir a descompressão associada à erupção.

[6] A elevação na temperatura de solidus com a queda de P_{H_2O} pode acarretar a cristalização rápida do feldspato alcalino.

- Uma queda na pressão ou em P_{H_2O} pode causar a expansão da área de estabilidade de um fenocristal à custa de outro. O magma *m* na Figura 6.7 está na cotética entre as áreas de estabilidade do feldspato alcalino$_{ss}$ e do quartzo a 200 MPa H$_2$O e, por essa razão, pode conter fenocristais dos dois minerais. Se P_{H_2O} cai bruscamente a 50 MPa, a mesma composição de líquido magmático estará na área do feldspato alcalino, instabilizando o quartzo e tornando-o mais propenso à reabsorção, conforme observaram Whitney (1988) e Blundy e Cashman (2001). O cristal de quartzo reabsorvido mostrado na Prancha 6.9 reflete essa mudança.

- A mistura do magma encaixante A com um magma B primitivo (de temperatura maior) pode levar à reabsorção ou à zonação reversa dos fenocristais originalmente em equilíbrio com A.

As evidências petrográficas da reabsorção são mostradas na Prancha 6.6, na qual o cristal de plagioclásio grande, acima do centro, exibe um "contorno interno" demarcado por uma zona de inclusões pequenas, na qual um novo crescimento euédrico se desenvolveu. O contorno arredondado é resultado da reabsorção das partes externas de um fenocristal de plagioclásio, talvez como resultado da mistura de seu líquido magmático encaixante com um líquido magmático mais primitivo e quente, o que levou à reabsorção parcial do cristal. A zona de poeira é composta por materiais que aderiram à superfície corroída antes da nova deposição de plagioclásio formar o sobrecrescimento sobreposto.

A reabsorção pode acarretar a corrosão interna e externa dos fenocristais, causando embaiamentos e canais profundos, como revela o fenocristal de quartzo corroído na Prancha 6.9. O sobrecrescimento rápido pode aprisionar bolsões de líquido magmático nesses vazios, gerando a **textura de peneira** observada em alguns fenocristais de plagioclásio (Prancha 6.7). Nelson e Montana (1992) atribuíram a formação de plagioclásio com essa textura à descompressão rápida, não à mistura de magmas. A erupção veloz pode conservar inclusões de líquido magmático como aquelas vistas nas Pranchas 6.7 e 6.11 na forma de bolsões de vidro no interior dos fenocristais.

O vidro vulcânico, a desvitrificação e texturas associadas

Os líquidos magmáticos com alto teor de SiO$_2$, como os riolitos, são altamente **polimerizados**. Sua estrutura molecular complexa (Quadro 6.3) inibe

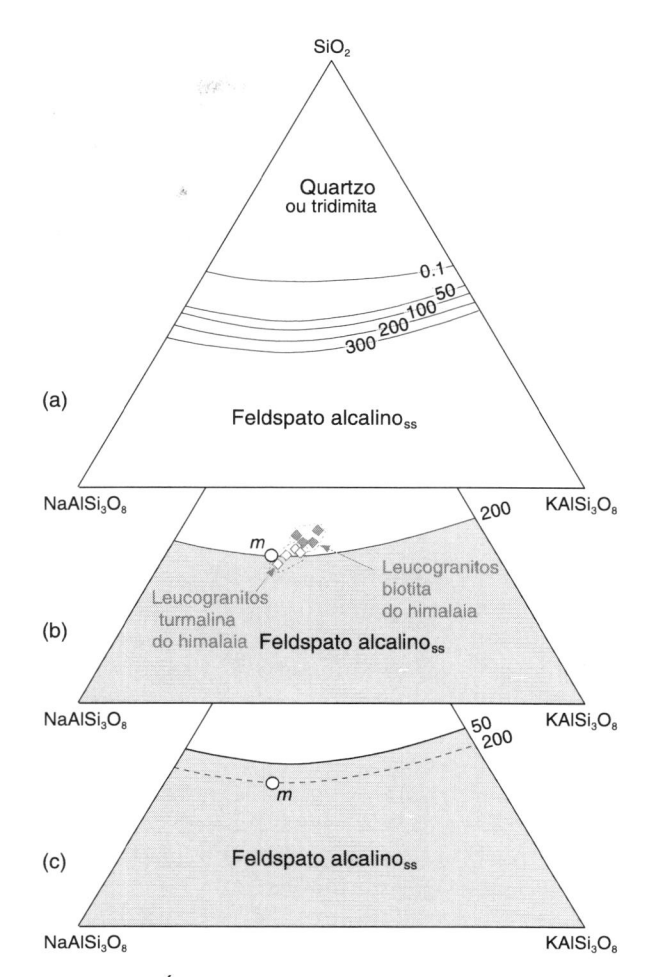

Figura 6.7 Áreas de estabilidade do feldspato alcalino e do quartzo em um sistema SiO$_2$–NaAlSi$_3$O$_8$–KAlSi$_3$O$_8$ (em proporções de massa) em condições de saturação em água, com base em Tuttle and Bowen (1958) (cortesia da Sociedade Geológica dos Estados Unidos). A posição da curva cotética varia com P_{H_2O} (expressa em MPa); 0,1 MPa é a pressão atmosférica (experimentos a seco). Um líquido magmático *m* em equilíbrio com o feldspato alcalino *e* o quartzo a P_{H_2O} = 200 MPa (b) fica na área aumentada do feldspato alcalino P_{H_2O} = 50 MPa (área sombreada em [c]), os cristais de quartzo se tornam instáveis e tendem a ser reabsorvidos. Os losangos cinza em (b) são as normas de oito leucogranitos do Himalaia (calculadas segundo as análises em Ayres and Harris, 1997), discutidas no Capítulo 8.

não apenas o fluxo físico, mas também a difusão química e o crescimento cristalino. Por essa razão, os derrames riolíticos tendem a ser vítreos. A forma mais característica é a **obsidiana**, nome dado ao vidro vulcânico afírico de cor preta e aspecto lustroso, o qual muitas vezes apresenta composição riolítica. Sua natureza vítrea é caracterizada por seu brilho (Figura 6.3d) e pela formação de fraturas conchoidais. As superfícies fraturadas[7] da obsidiana são lisas; porém, em escala milimétrica, apresentam inúmeros riscos arqueadas em ondas. No período Neolítico, a obsidiana era valiosa e comercializada em toda a Europa para a manufatura de utensílios de corte. O rastreamento de suas origens com base na comparação de análises químicas fornece informações úteis à pesquisa arqueológica sobre rotas comerciais da antiguidade. Exemplos clássicos de obsidianas incluem as lavas de Lipari (Figura 6.3d) nas Ilhas Eólias e o magnífico coulée da Montanha de Vidro, Medicine Lake, Califórnia, Estados Unidos (Figura 6.3e). Muitas obsidianas contêm bandas de púmices de cor clara.

O *pitchstone* é outra forma de rocha vulcânica (intrusiva rasa) vítrea. Ela difere da obsidiana por conter mais cristais, na forma de **microfenocristais** (Prancha 6.10) e **micrólitos** ou cristalitos. O teor de cristais confere um brilho menos pronunciado comparado ao da obsidiana. A composição dos pitchstones varia, do andesito ao riolito, embora composições ácidas sejam as mais comuns. Essas rochas normalmente apresentam teores mais altos de voláteis do que as obsidianas (Shelley, 1992).

Quando se contrai, o vidro vulcânico forma fraturas esferoidais características visíveis como **fraturas perlíticas** arqueadas em lâmina delgada (Figura 6.2) e nas superfícies fraturadas.

O vidro vulcânico – resultado do fracasso da cristalização do líquido magmático – ocorre em estado metaestável. Com o passar do tempo na escala geológica (Castro et al., 2008), ele tende a sofrer cristalização lenta em estado sólido, um processo chamado de **desvitrificação**. Os sinais desse fenômeno são facilmente visualizados com nicóis cruzados: o vidro isotrópico original se transforma em material cristalino birrefringente (área fechada na Prancha 6.9). Os cristais em formação iniciam a nucleação sobre impurezas, crescendo como feixes ou **esferulitos** (Figura 6.2) radiais em relação à partícula que lhes deu origem. Uma vez que os cristais têm orientação radial, os esferulitos podem exibir um padrão de extinção cruciforme com nicóis cruzados, formados pelos cristais cujas direções de vibração estão paralelas ao polarizador ou ao analisador. A cruz não se move quando a platina do microscópio é rodada. Davis e McPhie (1996) resumiram as muitas maneiras como os esferulitos se formam, mas nos vidros ácidos a desvitrificação é o processo mais comum.

A SUBDIVISÃO QUÍMICA DOS ANDESITOS, DACITOS E RIOLITOS

A associação dos andesitos, dacitos e riolitos está, sem dúvida, na área subalcalina das Figuras 1.5 e 6.1. Diante do fato de que essas rochas vulcânicas ocorrem em diversos ambientes geotectônicos, existe alguma subdivisão química relativa a esses ambientes?

O conceito de um trajeto "calcialcalino" de evolução magmática

A maioria dos andesitos e dacitos extravasados em arcos vulcânicos nas margens de placas convergentes acompanha uma direção da evolução magmática bastante diferente daquela dos magmas em outros ambientes tectônicos. Essa distinção é representada na Figura 6.8.

Os círculos pretos no diagrama superior simbolizam as análises do vulcão Thingmuli, no leste da Islândia, o mais distante possível de uma zona de subducção. Nesse diagrama ternário, também chamado de "gráfico AFM", os teores de álcalis totais, de ΣFeO e MgO estão nos vértices do triângulo. A tendência das composições, de basálticas a riolíticas, dirige-se inicialmente para o vértice do ΣFeO antes de se inclinar para a esquerda, descendo na direção do vértice que representa $Na_2O + K_2O$. A tendência inicial na direção do vértice ΣFeO (sinalizada pela seta cinza) reflete a redução marcante no teor de MgO do líquido magmático em evolução (de 8,6% a cerca de 4,0% no Thingmuli), acompanhada por uma ligeira elevação no teor de ΣFeO (de 11,5% a 15%). Essa tendência de "enriquecimento em ferro" é atribuível ao fracionamento inicial da olivina magnesiana e outros minerais máficos ricos em MgO (ao lado do plagioclásio cálcico). Com o avanço da cristalização e do enriquecimento em ferro dos cristais em processo de fracionamento (Figura 3.6), essa tendência se converte em uma tendência de teores decrescentes de MgO e ΣFeO com o aumento nas quantidades de álcalis. O vulcão Thingmuli (círculos pretos) é um exemplo clássico de uma "tendência toleítica"[8] com forma de cotovelo característica da evolução de basaltos subalcalinos em cenários distantes de zonas de subducção. Os membros andesíticos dessas associações são chamados de *islanditos*, embora tendências semelhantes sejam encontradas em lavas de centros de expansão oceânica e margens continentais passivas.

---

[7] Ao golpe de um martelo, a obsidiana se parte em lâminas de vidro muito afiadas, sinal de que é preciso redobrar os cuidados, sobretudo com os olhos, na hora de coletar uma amostra.

[8] Às vezes chamada de "tendência de Fenner", em homenagem a Fenner (1931), o primeiro estudioso a descrevê-la.

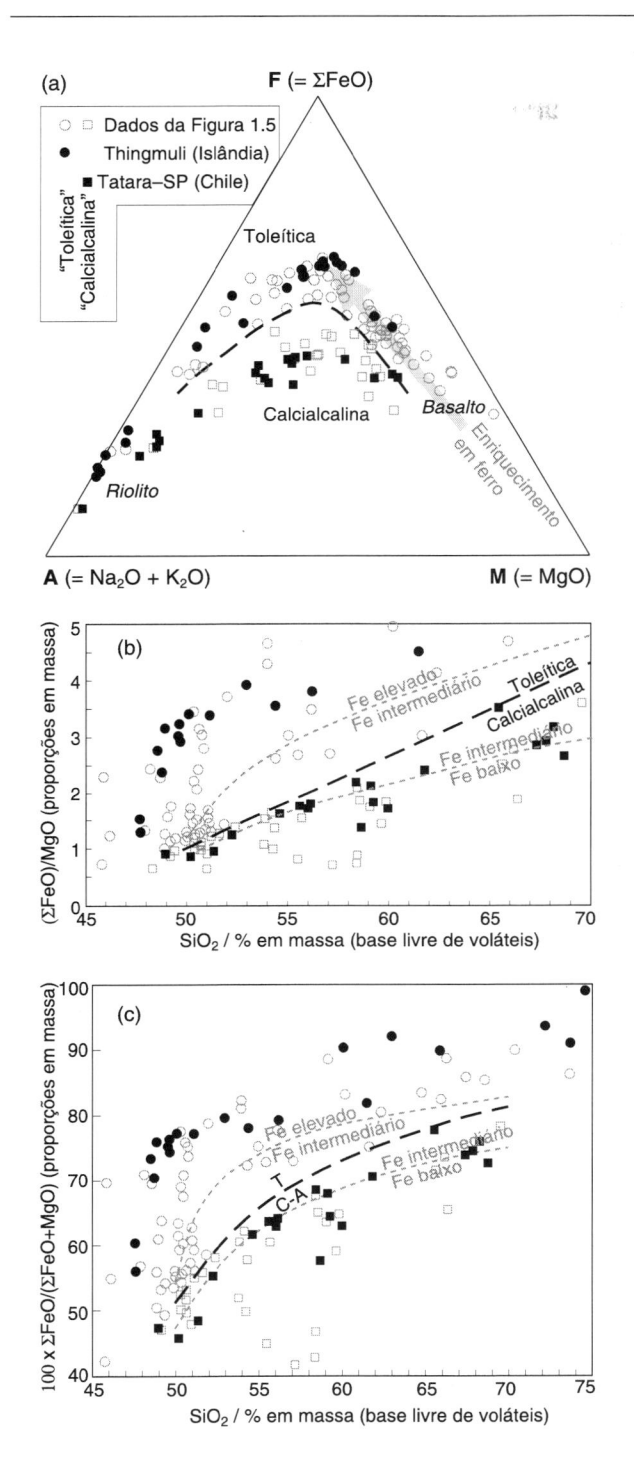

Figura 6.8 (a) Gráfico "AFM" (Álcalis–ΣFeO–MgO) proposto por Irvine e Baragar (1971), mostrando as áreas toleíticas e calcialcalinas e a linha que as divide (linha tracejada espessa). Os símbolos preenchidos simbolizam as análises do vulcão Thingmuli, leste da Islândia (Carmichael, 1964) e do complexo vulcânico Tatara/San Pedro (Dungan et al., 2001). Os símbolos cinza representam as composições subalcalinas dadas nos gráficos das Figuras 1.5 e 6.1. A seta cinza ilustra a direção geral do enriquecimento em ferro visto na série de magmas toleíticos (como em Thingmuli, por exemplo). (b) As mesmas análises representadas em um gráfico (ΣFeO)/FeO versus SiO_2, o qual é um diagrama alternativo para a diferenciação entre as tendências calcialcalinas e toleíticas de um magma; os símbolos têm o mesmo significado que em (a). A linha tracejada espessa que separa as áreas toleíticas e calcialcalinas foi calculada por Miyashiro (1974). As curvas tracejadas em cinza mostram os limites entre suítes com teores baixos, intermediários e altos de (ΣFeO)/MgO propostas por Arculus (2003). As amostras do magma evoluído de Thingmuli com teores reduzidos de MgO (< 1,0%) ficam além dos intervalos do ΣFeO/MgO e SiO_2 mostrados. (c) Forma revisada da Figura 6.8b, menos propensa à distorção devido a valores baixos de MgO. Observe o número maior de amostras evoluídas presentes neste gráfico.

No entanto, a maioria das séries magmáticas associadas à subducção segue uma tendência muito diferente, representada pelo vulcão Tatara-San Pedro, nos Andes chilenos (quadrados pretos na Figura 6.8a). A tendência dos magmas do Tatara cruzam o triângulo de maneira mais direta, com pouca curvatura. Uma linha divisória é mostrada na Figura 6.8a, a qual separa a série dos magmas toleíticos com tendência de enriquecimento em ferro das suítes associadas à subducção, nas quais essa tendência não ocorre. A Figura 6.8b mostra um diagrama alternativo utilizado para elaborar a mesma diferenciação. Há muitos anos as suítes de magmas que ficam abaixo das linhas divisórias nas Figuras 6.8a e b são chamadas de **calcialcalinas** ("calcicálcicas" nos Estados Unidos), um termo originalmente utilizado por

Peacock (1931). Hoje, não se sabe ao certo qual foi o objetivo do autor com a adoção desse termo; contudo, como descritor geoquímico de séries magmáticas características de cenários associados à subducção, o adjetivo continua sendo muito empregado.

Embora a distinção entre as séries magmáticas toleítica e calcialcalina seja essencial na petrologia ígnea, a validade do adjetivo "calcialcalino" vem sendo questionada com base no fato de que o principal discriminante da tendência mostrada nas Figuras 6.8a e b – a relação (ΣFeO)/MgO – não diz respeito ao cálcio ou aos álcalis! Por essa razão,

o termo calcialcalino tem significados diferentes para pessoas diferentes

de acordo com Sheth et al. (2002). Arculus (2003) propôs uma subdivisão de linhagens magmáticas subalcalinas em categorias mais apropriadamente batizadas como "baixa, média e alta razão de ΣFeO/MgO" (como mostrado na Figura 6.8b)[9] em substituição à subdivisão "calcialcalina versus toleítica". Observe que a tendência de Tatara-San Pedro cruza o limite entre o teor intermediário e o teor baixo de Fe, dificultando a classificação de um magma nessa categoria tríplice. Arculus (2003) também sugeriu a restrição no emprego do termo "calcialcalino" à acepção original proposta por Peacock (1931). O tempo dirá se a proposta de Arculus será aceita entre os petrólogos ou se o conceito de "calcialcalino" – independentemente da palavra empregada para descrevê-lo – está muito enraizado na literatura para ser abandonado.

Os valores da relação ΣFeO/MgO se espalham quando o teor de MgO diminui (< 1,0%) nos membros mais evoluídos da série toleítico. Por exemplo, a relação ΣFeO/MgO das amostras mais evoluídas encontradas em Thingmuli têm valores entre 8,7 e 113, muito além dos limites da Figura 6.8b. Uma maneira mais adequada de representar o diagrama desenvolvido por Arculus para superar esse obstáculo é dada na Figura 6.8c.

O efeito da água na evolução do magma

As variações na ordem de surgimento de fases mudam com as alterações na pressão da água. A primeira fase silicatada a surgir no liquidus varia com a pressão da água. ... O plagioclásio é, em geral, a última fase importante que cristaliza em valores elevados de pressão da água.

Yoder e Tilley, 1962

Deixando de lado os pormenores sobre a nomenclatura, por que as tendências toleítica e calcialcalina desenvolvem graus tão diferentes de enriquecimento em ferro, se ambas parecem evoluir por fracionamento de basaltos subalcalinos? As duas tendências de pontos pretos parecem muito diferentes nas Figuras 6.8a e b, embora a distribuição dos pontos em cinza sinalize que podem pertencer a um leque de tendências divergentes com graus intermediários de enriquecimento em ferro, não a uma distribuição dicotômica clara. O mecanismo pelo qual a natureza gera essa divergência de tendências em diferentes ambientes tectônicos a partir de uma gama relativamente restrita de composições basálticas subalcalinas requer uma explicação.

O percurso evolutivo trilhado por um líquido magmático em processo de cristalização fracionada depende (a) da composição inicial do líquido magmático, (b) dos minerais que dele cristalizam, (c) da ordem em que surgem e (d) das proporções em que cristalizam. Osborn (1959) explicou a tendência toleítica de "enriquecimento em ferro" como o resultado da cristalização em condições anidras e de pouca profundidade (o que favoreceria a cristalização precoce dos minerais silicatados máficos e do plagioclásio). Para o autor, a tendência calcialcalina refletia a cristalização profunda em condições oxidantes que ele atribuiu à presença de teores expressivos de H_2O no líquido magmático. Ele defendeu a tese de que essas condições acarretariam a cristalização precoce da magnetita (Fe_3O_4) que, ao empobrecer o líquido magmático em ΣFeO nos estágios iniciais, inibiria o enriquecimento em ferro. Segundo o pesquisador, essa cristalização precoce da magnetita também elevaria os teores de SiO_2 nos líquidos magmáticos subsequentes.

Ainda que tenha sido influente por algum tempo, a teoria proposta por Osborn perde validade em face da mera observação (ver Carmichael et al., 1974, por exemplo) de que muitos basaltos e andesitos basálticos associados a vulcões calcialcalinos – inclusive aqueles de Cascades (Figura 6.12), aos quais Osborne se refere de forma específica – *não* apresentam magnetita como fase de fenocristais precoces, fenômeno que seria observado caso o fracionamento da magnetita fosse o fator-chave por trás da tendência química característica dessas rochas. Estudos mais recentes sugerem que Osborn, assim como Kennedy (1955), que lhe precedeu, de fato estava certo ao ressaltar o papel da água na evolução das rochas calcialcalinas, ainda que ela afete a evolução do líquido magmático de modo muito diferente do que ele originalmente imaginara.

---

[9] Arculus (2003) propôs linhas limite que, na Figura 6.8b, são curvas, não retas, no sentido de representar as tendências da evolução magmática, como em Thingmuli.

O notável efeito que a H₂O pressurizada pode exercer na evolução magmática é demonstrado pelos experimentos laboratoriais de cristalização, representados na Figura 6.9. As composições iniciais utilizadas nesses experimentos – os símbolos maiores na Figura 6.9 – variaram do basalto (A e B) ao andesito (C). Nesses experimentos, a amostra pôde atingir o equilíbrio em uma temperatura predefinida, abaixo da temperatura liquidus, antes de ser levada ao **resfriamento instantâneo**. A composição do vidro (isto é, do líquido magmático resfriado instantaneamente) obtida em cada experimento foi analisada por **microssonda eletrônica**, e a gama de composições vítreas obtida em experimentos sucessivos com o mesmo material inicial define o trajeto composicional do líquido magmático em evolução à medida que a cristalização avança. Os resultados dos experimentos realizados com três valores controlados de pressão de vapor da água são ilustrados na forma de **diagramas de variação** de Al$_2$O$_3$ e ΣFeO versus MgO na Figura 6.9. As composições dos líquidos magmáticos menos evoluídos (isto é, com teores elevados de MgO) estão *no lado direito* desses diagramas. O conjunto de pontos de dados à esquerda indica as diferentes composições do líquido magmático à medida que a cristalização prossegue.

Esses dados, ainda que estejam relativamente dispersados, definem tendências divergentes claras. Os experimentos com as rochas A e C realizados na pressão atmosférica na ausência de água (símbolos brancos, setas em cinza-claro, "0,1 MPa") definem as tendências da evolução do magma de teores decres-

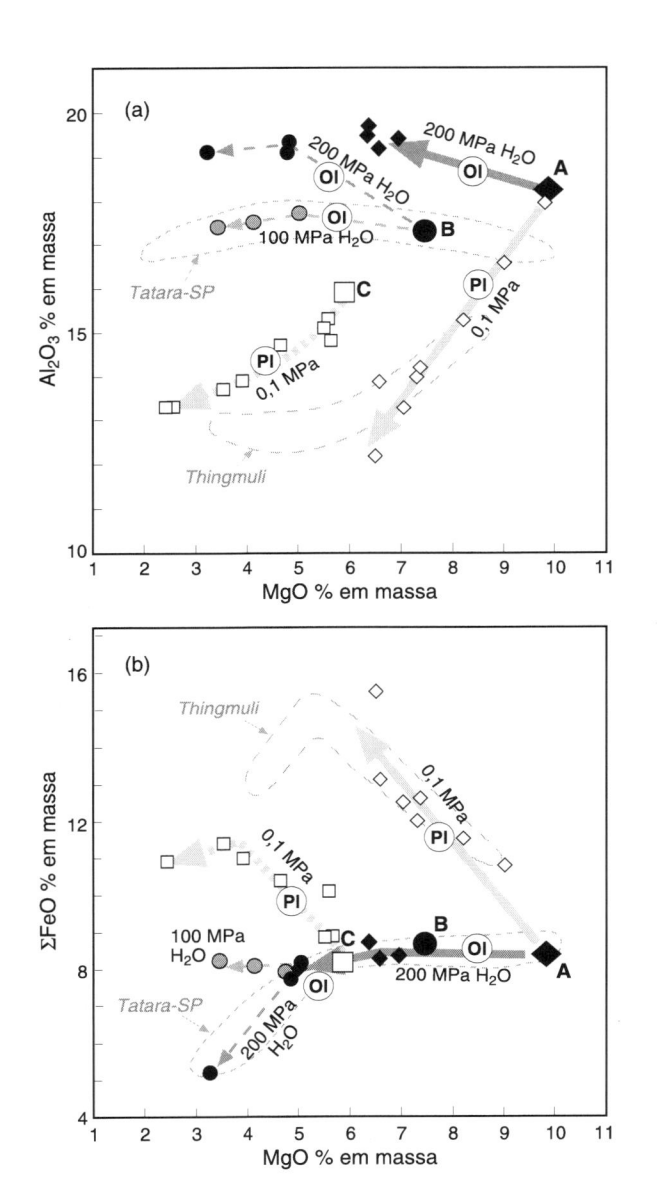

Figura 6.9 Percursos de evolução de líquidos magmáticos determinados experimentalmente como função da P_{H_2O} (com base nos dados de Grove et al., 1982, e de Sisson and Grove, 1993a,b) para (a) Al$_2$O$_3$ e (b) ΣFeO. Os diferentes símbolos representam a composição do vidro obtida em cada experimento: os círculos, os quadrados e os losangos relacionam os respectivos experimentos a dada composição inicial (símbolos grandes). Os experimentos na pressão atmosférica (0,1 MPa) (símbolos brancos) foram conduzidos no ar, sem a adição de água. Além disso, os experimentos realizados a 100 MPa e 200 MPa (símbolos em cinza e em preto, respectivamente) ocorreram em condições de subsaturação em H$_2$O e pressões equivalentes a 3 e 6 km de profundidade. Materiais iniciais: A e B são basaltos; C é um basalto andesítico. As áreas delineadas em cinza mostram a distribuição das análises de lavas dos vulcões Thingmuli e Tatara-San Pedro (as fontes são citadas na Figura 6.8), para referência. Os rótulos circulares indicam o mineral dominante que cristaliza em cada série de experimentos.

centes de Al_2O_3 e crescentes de ΣFeO. Em contraste, os experimentos com os basaltos A e B em valores altos de P_{H_2O} (símbolos em cinza ou preto, setas em cinza-escuro) produzem trajetos de evolução do líquido magmático que levam a teores elevados ou quase constantes de Al_2O_3 e quantidades menores ou quase constantes de ΣFeO. O contraste marcante na direção da evolução do líquido magmático em resposta aos valores diferentes de P_{H_2O} fica especialmente evidente com as duas séries de experimentos com o basalto A. A distribuição das análises de Thingmuli, na Islândia (a área cinza tracejada) é razoavelmente consistente com a tendência experimental para a pressão atmosférica, concordando com a interpretação dada por Osborn para o fracionamento em pouca profundidade, enquanto a distribuição das análises de Tatara-San Pedro (a área pontilhada cinza) concorda com a cristalização fracionada observada em valores elevados de P_{H_2O} em câmaras magmáticas profundas.

Contudo, por que a evolução do líquido magmático varia tanto com P_{H_2O}? A resposta a essa pergunta envolve os minerais principais que cristalizam. Yoder e Tilley (1962) reconheceram que a água pressurizada adia a cristalização do plagioclásio para um estágio posterior da evolução do líquido magmático (Tabela 6.3): o plagioclásio cristaliza no líquido magmático precocemente em experimentos anidros na pressão atmosférica, mas surge significativamente mais tarde quando a cristalização ocorre em valores elevados de P_{H_2O} (compare as setas A e B na Figura 6.10). A influência profunda que P_{H_2O} tem na determinação da ordem e das proporções nas quais diferentes minerais cristalizam é confirmada pelos rótulos circulares na Figura 6.9. O plagioclásio cálcico é um mineral com teores altos de Al_2O_3 e baixos de SiO_2. Quando cristaliza precocemente em líquidos magmáticos basálticos em valores baixos de P_{H_2O}, ele retira Al_2O_3 e eleva os teores de ΣFeO e de SiO_2 nesses meios, promovendo uma tendência semelhante àquela observada em Thingmuli. Por outro lado, com valores altos de P_{H_2O}, o plagioclásio está subordinado à olivina (± cpx) entre os primeiros minerais que cristalizam em líquidos magmáticos basálticos (Sisson and Grove, 1993a,b). Por essa razão, a maior parte do Al_2O_3 permanece no líquido magmático, no qual sua concentração cresce com o fracionamento até o plagioclásio surgir, em um estágio subsequente.

À primeira vista, essa explicação não é muito plausível, considerando a presença marcante dos fenocristais de plagioclásio em quase todas as rochas vulcânicas associadas à subducção, inclusive os basaltos. Porém, há evidências (Annen et al., 2006) de que os fenocristais, em muitos magmas hidratados, crescem durante a ascensão e o armazenamento em profundidades relativamente pequenas, e de que eles não necessariamente são os minerais que governam a principal tendência de fracionamento em reservatórios magmáticos mais profundos, nos quais P_{H_2O} é mais alta.

As associações baixo-K, médio-K e alto-K

As rochas vulcânicas associadas a arcos variam muito em termos do teor de K_2O, o qual muitas vezes está correlacionado com o estágio evolutivo do arco e com a localização de uma rocha relativa ao eixo dele. Por essa razão, muitas vezes é útil classificar essas rochas em associações geoquímicas com base no teor de K_2O, como baixo, médio e alto, segundo a Figura 6.11. Esse diagrama é menos eficiente do que a Figura 6.8 com relação à discriminação entre ambientes associados ou não à subducção, como mostra a expressiva sobreposição das

Tabela 6.3 As sequências de cristalização em experimentos com um basalto subalcalino de Kilauea (Figura 6.10) (Dados de Holloway and Burnham, 1972, Tabela 3)

	Sequência de cristalização na pressão atmosférica (percurso de resfriamento A na Figura 6.9)	Sequência de cristalização em valores altos de P_{H_2O} (equivalente ao percurso de resfriamento B na Figura 6.9)
Sequência de cristalização	ol	ol
	ol + cpx	ol + cpx
	ol + cpx + <u>plagioclásio</u>	ol + cpx + Magnetita
	ol + cpx + plag + magnetita	ol + cpx + plag + Magnetita + Anf
	(Anfibólios não são encontrados)	ol + cpx + plag + Magnetita + Anf + <u>plagioclásio</u>

ol: olivina; cpx: clinopiroxênio; plag: plagioclásio; anf: anfibólio

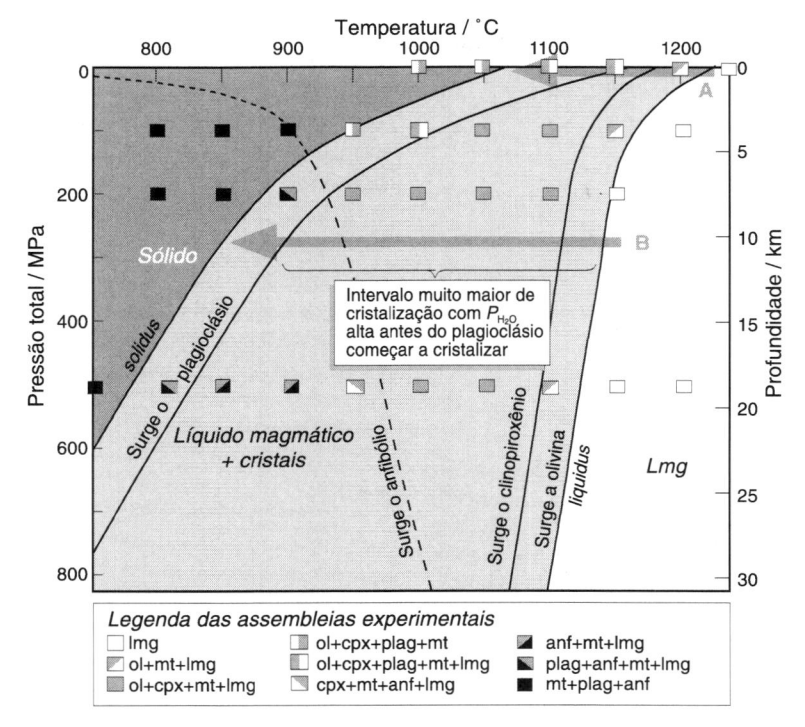

Figura 6.10 Diagrama de fases resumindo os resultados dos experimentos de cristalização de um basalto toleítico de Kilauea na presença de excesso de H_2O ($P_{H_2O} = P_{total}$) de Yoder and Tilley (1962). Os retângulos pequenos representam as condições de *P–T* de um experimento em separado, e os preenchimentos indicam os minerais formados no experimento (ver legenda). As curvas mostram as temperaturas aproximadas nas quais a olivina, a augita e o plagioclásio começam a cristalizar à medida que a temperatura cai. As setas A e B representam os percursos do resfriamento que ilustram a dependência da cristalização do plagioclásio relativa à pressão.

tendências de Thingmuli e do vulcão Tatara-San Pedro. Logo, o diagrama K_2O–SiO_2 é aplicado apenas a magmas associados à subducção. A maior parte das rochas calcialcalinas cai nos campos médio-K e alto-K.

Os valores mais altos de K_2O pertencem à associação shoshonito-latito. Os shoshonitos são uma variedade potássica de traquiandesito (Figura 9.2) que, devido a seu caráter ligeiramente alcalino, serão discutidos novamente no Capítulo 9. Por estarem associados a riftes em propagação tanto em arcos intraoceânicos (por exemplo, Izu-Bonin-Mariana, Figura 6.18) quanto continentais (ilustrado por Cascades), essas associações também são mencionadas neste capítulo.

ONDE OCORREM OS ANDESITOS, OS DACITOS E OS RIOLITOS

A princípio, os andesitos, os dacitos e os riolitos podem se formar como produtos da cristalização fracionada de basaltos subalcalinos em quaisquer ambientes em que estes ocorram (discutidos no Capítulo 2), embora sejam mais abundantes sobre zonas de subducção.

No mundo, os principais locais de derrames de andesitos, dacitos e riolitos são mostrados na Figura 6.12. O mapa em cores, útil como complementação, pode ser baixado de http://pubs.usgs.gov/imap2800.

Os arcos de ilhas

Em contraponto ao sistema de riftes meso-oceânicos, onde a litosfera oceânica está em constante formação, o sistema de zonas de subducção que ocorre em todo o planeta engloba os limites de placas convergentes onde a litosfera formada nas dorsais retorna ao manto. Os arcos de ilhas intraoceânicos e margens continentais ativas que se formam sobre essas zonas de subducção são os locais onde os maiores volumes de andesitos, dacitos e riolitos extravasam. A maior parte desses "arcos magmáticos" se encontra no chamado "Círculo de Fogo", o qual delimita o Oceano Pacífico em seus limites ocidental e seten-

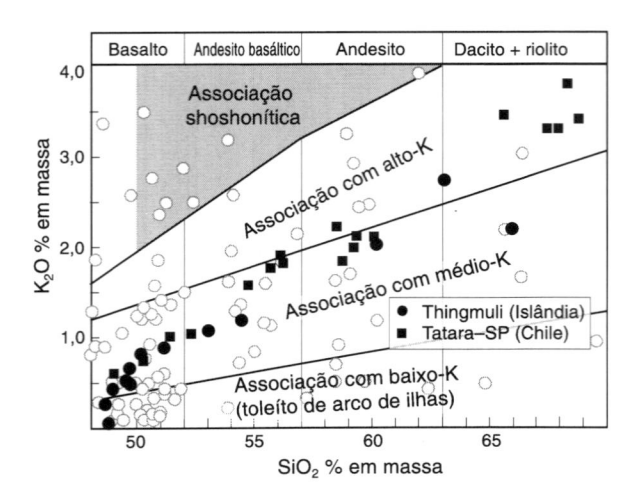

Figura 6.11 Gráfico K_2O vs. SiO_2 mostrando a subdivisão geoquímica dos basaltos, andesitos, dacitos e riolitos em associações com teores baixo-K, médio-K e alto-K, (as linhas limite são de acordo com Le Maitre, 2002). O limite que separa a associação shoshonítica da associação com alto-K foi definido por Peccerillo e Taylor (1976). O limite que diferencia o dacito do riolito na Figura 6.1 não pode ser representado como uma linha única neste diagrama. Portanto, as áreas foram combinadas. Os símbolos preenchidos são das fontes citadas na Figura 6.8, e os símbolos vazios são das fontes da Figura 1.5. **Nota**: as análises precisam ser recalculadas em base livre de voláteis (Quadro 1.3) antes de serem representadas neste diagrama.

trional – onde os arcos são intraoceânicos – e em sua margem oriental, onde a subducção ocorre sob uma margem continental ativa.

A taxa de produção anual de vulcanismo associado à subducção foi estimada por Crisp (1984) em 0,4 a 0,6 km³ ao ano, valores quase um grau de magnitude abaixo do valor produzido pelo sistema de dorsais meso-oceânicas (cerca de 3 km³ ao ano).[10] Contudo, assim como ocorre nas dorsais oceânicas, o volume derramado na superfície talvez seja menor (entre 5 e 10 vezes) do que a proporção de magma colocado em profundidade no interior da crosta, o que faria as taxas de produção total de líquido magmático sobre as zonas de subducção ultrapassar a marca de 2,5 km³ ao ano. Arculus (2004) relata estimativas da ordem de 1,2 a 7 km³ anuais.

As principais feições de um sistema de subducção intraoceânico são ilustradas na seção transversal da Figura 6.13. As características topográficas mais óbvias são (a) a fossa oceânica onde a placa em subducção começa seu percurso de descida para o interior do manto e (b) o arco vulcânico que se ergue na placa cavalgante, o qual corre paralelo à fossa e normalmente está deslocado entre 50 e 150 km dela. Entre a fossa e o arco está a região de *frente de arco*. O exemplo mostrado na Figura 6.13 é uma *margem de acreção*, porque os sedimentos do assoalho oceânico desprendidos da placa mergulhante se acumulam na borda principal da placa cavalgante. Essa situação leva a:

1 Um corpo de sedimentos acrecionados em forma de cunha que aumenta com o tempo. Devido à tensão de cisalhamento associada ao movimento da placa mergulhante, as estruturas dominantes nesse *prisma acrecionário* são os dobramentos e cavalgamentos, os quais muitas vezes se combinam, formando uma *melange* caótica. A base do prisma é marcada por descolamento cisalhado. Os prismas acrecionários normalmente crescem, formando uma *elevação de frente de arco* (Figura 6.13).

2 A *bacia de frente de arco* entre a elevação de frente de arco e o arco de ilhas, a qual é preenchida com sedimentos clásticos grossos desprendidos pela erosão subaérea do arco adjacente.

Exemplos de frente de arco de acreção são encontrados nas Aleutas, nas Antilhas Menores e nos arcos indonésios (Figura 6.12). Em contrapartida, muitas frentes de arco (possivelmente a maioria) são *erosionais*, não de acreção. Isto é, neles, a quantidade de material removido da placa cavalgante (e transportado a níveis mais profundos na zona de subducção) é maior do que a quantidade depositada nela. Esses arcos estão associados às fossas das Marianas, Peruana e de Tonga-Kermadec (Cliff and Vannucchi, 2004).

Em um sistema de arco-fossa típico, a gravimetria tem seu menor valor na fossa (Figura 6.13) devido à profundidade da água e à espessura do sedimento de baixa densidade em seu interior. À medida que entra na fossa, a placa mergulhante se flexiona para baixo, em uma "chameira", e então se alinha outra vez. Alguns sismólogos atribuem a zona sísmica dupla detectada no interior de algumas placas (Figura 6.13) às forças associadas ao estiramento da placa flexionada (Fowler, 2005). As zonas de subducção variam de forma significativa no mergulho da placa subductada: a maior parte delas mergulha em ângulos entre 40° e 70° relati-

---

[10] A produção vulcânica associada à subducção inclui uma proporção significativa de ejetólitos piroclásticos os quais muitas vezes são altamente vesiculares. A fim de utilizar volumes de material piroclástico para estimar as taxas de produção de magma, é precisão recalcular os volumes com base no **equivalente de rocha densa** (ERD) e assim eliminar as distorções devidas à vesiculação.

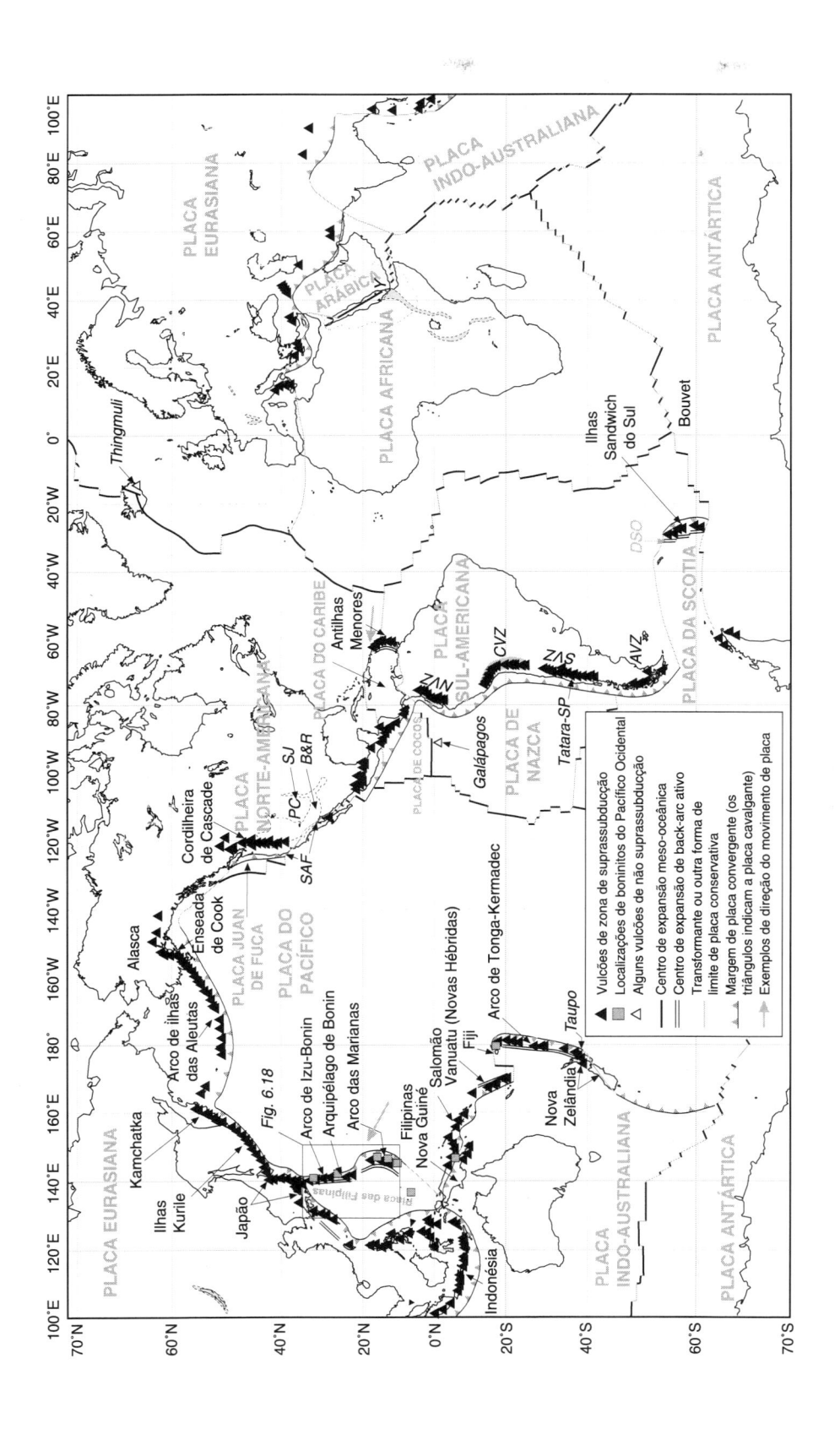

Capítulo 6 Os Andesitos, os Dacitos e os Riolitos

Figura 6.12 Mapa-múndi mostrando os arcos de ilhas oceânicos ativos e os arcos vulcânicos continentais, com base em um mapa do Instituto de Pesquisas Geológicas dos Estados Unidos (compare com a Figura 2.12). A distribuição dos vulcões de zona de suprassubducção é representada pelos triângulos pretos (o número de vulcões é alto demais para permitir a representação individual). O "Círculo de Fogo" que circunda o Oceano Pacífico pode ser traçado, no sentido horário, da Nova Zelândia à extremidade sul da América do Sul. *DSO*, Dorsal da Scotia Oriental; *B&R*, província Basin e Range; *PC* = Platô do Colorado; *SJ*, campo vulcânico de San Juan; *FSA*, extensão da Falha de Santo André; *NVZ*, *CVZ*, *SVZ* e *AVZ* dizem respeito às zonas vulcânicas setentrional, central, meridional e austral da Cordilheira dos Andes. *I*, Iêmen. A área do Pacífico ocidental aumentada na Figura 6.18 é indicada por um retângulo.

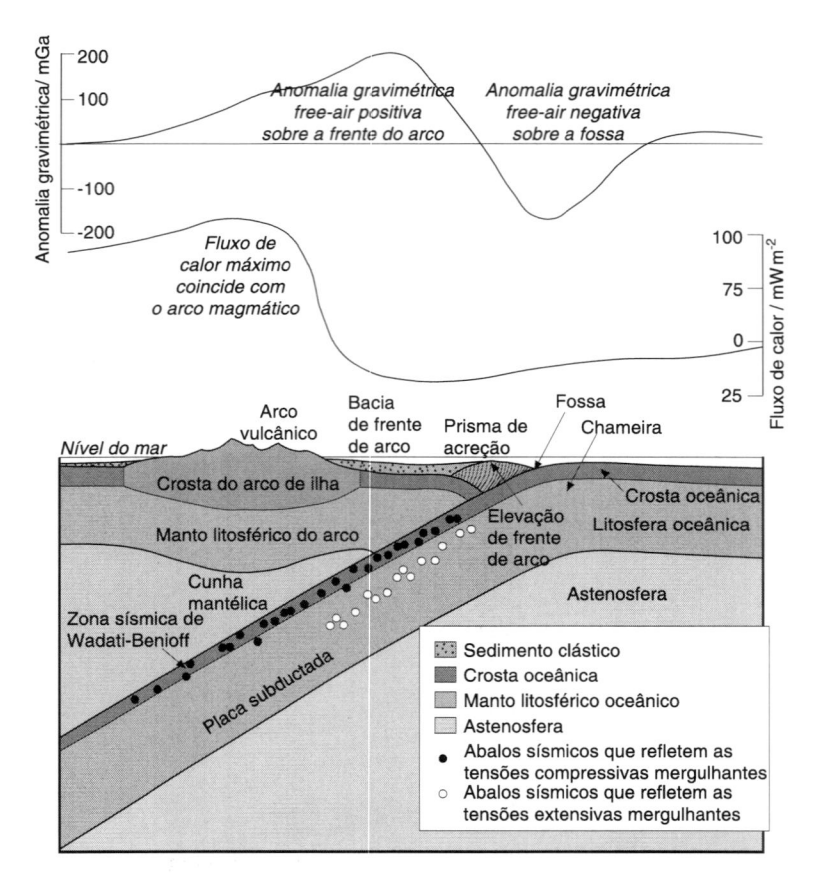

Figura 6.13 Aspectos de um arco de ilhas característico (adaptado de Blake and Argles, 2003, com permissão de Open University). A parte inferior da figura mostra a seção transversal de um sistema de subducção intraoceânico típico a cerca de 300 km de profundidade. Os círculos representam focos de abalos sísmicos na placa mergulhante (muitos outros abalos se originam na placa cavalgante). Os gráficos na parte superior são esquemas de perfis de gravidade free-air e de fluxo de calor ao longo da mesma seção. O perfil gravimétrico mostra uma marcante anomalia negativa que reflete a baixa densidade da água e do sedimento que ocupa a fossa e uma anomalia positiva sobre a região de frente de arco (uma consequência da placa mergulhante fria e densa subjacente). O fluxo de calor é baixo acima da região de frente de arco (a placa mergulhante é mais fria do que o manto circundante) e atinge o valor máximo sobre o arco vulcânico (refletindo as fontes magmáticas de calor em pouca profundidade nesse local) e sobre a região de back-arc.

vos à horizontal, embora valores extremos sejam conhecidos. Por exemplo, a placa do Pacífico mergulha a apenas 25°, na região de Honshu, no norte do Japão, ao passo que a mesma placa, sendo subductada sob o arco Izu-Bonin-Mariana, inclina-se com a profundidade a ponto de se tornar quase vertical.

Observe que o deslocamento da superfície de uma placa mergulhante não é obrigatoriamente perpendicular à sua margem, nem ao arco insular associado abaixo do qual ela mergulha. Na verdade, se considerarmos a geometria arqueada de muitos arcos insulares, a ortogonalidade não é válida em todos os casos. São conhecidos muitos exemplos de subducção oblíqua, como o arco setentrional das Marianas (Figura 6.18) e o arco setentrional das Antilhas menores (Figura 6.12). Em casos extremos, como na extremidade ocidental do arco das Ilhas Aleutas, o limite da placa não é convergente, mas transcorrente.

O arco japonês é diferente, pois consiste em duas cadeias de **estratovulcões** ativos paralelas à fossa (Tatsumi and Eggins, 1995). Nele, a cadeia de vulcões mais próxima da fossa está a uma distância da fossa na qual a **zona de Wadati-Benioff** atinge uma profundidade de 100-120 km; a "lacuna arco-fossa" medida na superfície varia, como é de esperar, inversamente com a intensidade do mergulho. A "cadeia mais próxima à região de back-arc", a qual é menos ativa, está mais distante da fossa, a uma distância correspondente a uma profundidade de 160 a 200 km na zona de Wadati-Benioff. O intenso fluxo de calor que atravessa a crosta do arco (Figura 6.13) reflete a presença de magma em pontos de menor profundidade.

O embasamento sobre o qual os vulcões de arco se encontram varia de arco para arco. Os arcos jovens, como os das Ilhas Sandwich do Sul, das Marianas e de Tonga-Kermadec (Figura 6.12) se construíram sobre uma crosta relativamente delgada (entre 15 e 20 km de espessura), enquanto arcos mais maduros normalmente se encontram sobre porções de crosta com 30 km de espessura (Fowler, 2005) e com uma estrutura sísmica semelhante à crosta continental. O posicionamento plutônico dos magmas de arco e dos produtos de sua diferenciação contribui significativamente para o espessamento crustal nessas regiões (discutido no Capítulo 8). A estrutura crustal do Japão é ainda mais complexa, devido à acreção de terrenos paleozoicos e mesozoicos e arcos continentais nas margens do cráton asiático, do qual o Japão se separou há apenas 25 Ma. Algumas seções transversais quase completas de antigas crostas de arcos de ilhas encontram-se preservadas em zonas de acreção de terrenos e ou suturas continentais como a seção do arco Talkeetna, com idade entre 210 e 180 Ma localizada na região centro-sul do Alasca (Greene et al., 2006) e a seção Kohistan, no noroeste do Himalaia (Petterson and Treloar, 2004). Sequências cumuláticas espessas presentes nessas seções profundamente erodidas sugerem a ocorrência de um grau elevado de diferenciação na base da crosta (Annen et al., 2006).

O intervalo e as categorias de composições magmáticas associadas a arcos de ilhas e outros sistemas de subducção são resumidos na Figura 6.11. Em arcos de ilhas jovens, o vulcanismo dominante normalmente é representado por basaltos e andesitos basálticos da associação baixo-K (também chamada de associação de toleítos de arco de ilhas). Exemplos incluem muitos vulcões do arco das Ilhas Sandwich do Sul, iniciado há menos de 3 Ma. Os basaltos baixo-K e andesitos basálticos afins muitas vezes são afíricos, mas podem apresentar fenocristais de plagioclásio, augita, olivina, enstatita e opacos, mas não hornblenda. Ainda que permaneça sem comprovação, a ideia de que os produtos semelhantes magmáticos baixo-K formem as bases de arcos de ilhas maduros faz sentido.

Por outro lado, os vulcões atuais existentes em arcos de ilhas maduros extravasam sobretudo produtos andesíticos e dacíticos pertencentes às associações médio-K e alto-K, mostrados na Figura 6.11 (na maioria das vezes, esses produtos são rochas com afinidade **calcialcalina**), das quais o setor central das Antilhas Menores e muitos arcos do Pacífico ocidental, como o Japão, são exemplos. Nas Antilhas, predominam os andesitos (fenocristais de plagioclásio, augita, hornblenda, enstatita e opacos), embora basaltos e dacitos possam ocorrer ao lado de riolitos (estes, raramente). Além disso, o estudo das inclusões cumuláticas frequentes nessas rochas vulcânicas, compostas pelos mesmos minerais acompanhados de olivina, magnetita, biotita, ilmenita, quartzo e apatita, também é fonte de informações sobre os minerais que sofrem fracionamento nesses locais.

De modo geral, os magmas gerados durante a subducção possuem teores de voláteis mais altos do que aqueles de outros ambientes tectônicos. As evidências mais convincentes dessa afirmação, ainda que sejam de caráter qualitativo, residem no fato de que a maior parte dos vulcões altamente explosivos do mundo está no "Círculo de Fogo" do Pacífico e ao longo do arco indonésio, onde a placa Indo-Australiana mergulha sob a placa Eurasiana (Figura 6.12). A correlação entre explosividade, viscosidade e teor de voláteis é explicada no Quadro 6.3. As mensurações quantitativas dos teores de voláteis em reservatórios magmáticos pré-erupção são obtidas com a análise de inclusões de líquido magmático aprisionadas em fenocristais durante o crescimento cristalino, as quais, na maioria dos minerais, conservam inalterado o teor de voláteis pré-erupção do líquido magmático, sem os efeitos da desgaseificação do magma inicial durante sua ascensão (ver Quadro 1.4). A Figura 6.14 compara os teores de água dissolvida pré-erupção de alguns magmas básicos associados à subducção (toleítos e boninitos de arco de ilhas) com aqueles de outros ambientes tectônicos, os quais são muito menores.

A maior variação do teor de H_2O na Figura 6.14 é observada para magmas associados à subducção mais evoluídos em algumas das principais erupções ocorridas no Quaternário, nas quais os teores de H_2O e de K_2O se elevaram devido à cristalização fracionada ou a outros processos de fracionamento. Tais análises sugerem que os magmas responsáveis pelas erupções piroclásticas mais violentas comumente possuem conteúdos de água pré-erupção entre 4 e 7%.

Os magmas associados à subducção também possuem uma assinatura de elementos-traço bastante característica, como mostram os perfis de elementos incompatíveis da Figura 6.15a. Conforme discutido no Capítulo 2 (ver a discussão da Figura 2.16c), esses perfis aumentam em complexidade – em comparação com as lavas que geraram os

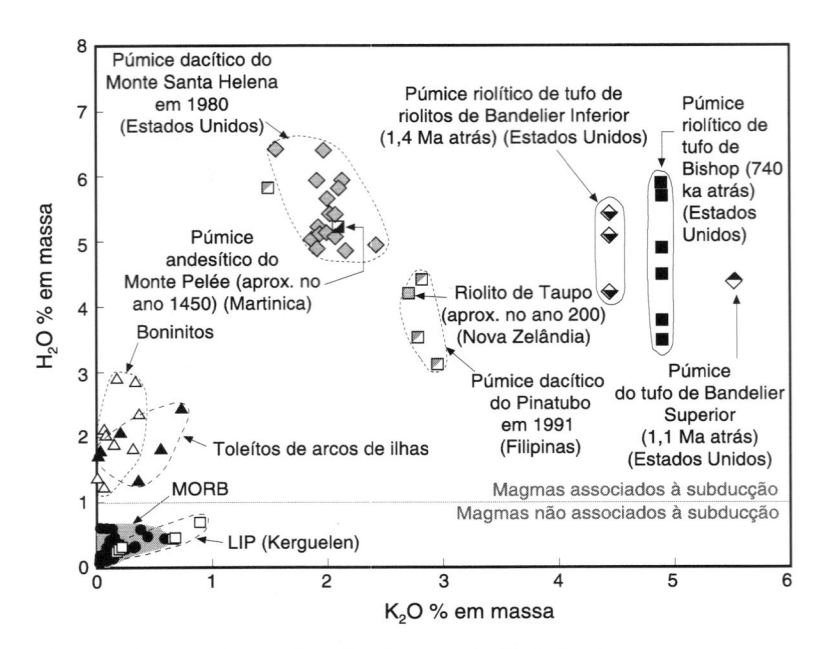

Figura 6.14 Teores de água pré-erupção em função do teor de K_2O de alguns magmas associados à subducção, medidos utilizando inclusões de líquido magmático presentes em fenocristais. As análises de vidros de MORBs (recuperados em profundidades onde as pressões são altas o bastante para impedir a perda de voláteis por desgaseificação) e as inclusões de líquidos magmáticos de uma LIP (platô oceânico de Kerguelen) são mostradas para comparação. Os dados são de Barclay et al. (1996), Belkin et al. (1998), Blundy e Cashman (2005), Danyushevsky et al. (2000), Dunbar e Kyle (1993), Dunbar e Hervig (1992), Gerlach et al. (1997), Martel et al. (1998), Sobolev e Chaussidon (1996) e Wallace (2002).

basaltos de dorsais meso-oceânicas (MORBs, *mid-ocean ridge basalts*) e os basaltos de ilhas oceânicas (OIBs, *ocean island basalts*) – por conta da presença de "picos" positivos e negativos nos padrões. No entanto, é possível fazer as seguintes generalizações:

- As abundâncias aumentam partindo das composições básicas para as ácidas, sobretudo para os elementos fortemente incompatíveis (lado esquerdo).
- Os perfis, de modo geral, tornam-se mais acentuados (isto é, relações Rb/Yb mais altas) para as rochas mais ácidas.
- Anomalias negativas significativas são observadas para os elementos de forte potencial iônico" (**HFSE**, *high field strength elements*) nióbio (Nb), fósforo (P) e titânio (Ti), mas não para o zircônio (Zr).
- A magnitude do pico negativo do Nb permanece essencialmente igual para todos os tipos de rocha, enquanto as anomalias do P e do Ti tendem a aumentar entre o andesito basáltico e o riolito.

- Exceto pelo Nb, os elementos à esquerda do lantânio (La) são muito mais abundantes do que ele e aqueles que estão a sua direita.

Em resumo, a distinção geoquímica dos magmas associados à subducção está no fato de possuírem teores de voláteis mais altos e relações mais altas de elementos litófilos de íons grandes/elementos terras raras (**LILE/ETR**) e LILE/HFSE do que os magmas de outros ambientes tectônicos. Essas observações são a chave para entender a petrogênese dos magmas de arcos, discutida na próxima seção.

Para muitos arcos de ilhas, a composição magmática tem certa correlação com a distância entre o vulcão e a fossa, ou – dito de outro modo – com a profundidade vertical h da zona de Wadati-Benioff sob o vulcão. O exemplo mais conhecido é a tendência do teor de K_2O dessas rochas vulcânicas, o qual aumenta desde a posição próxima à fossa até aqueles vulcões próximos à região de back-arc, às vezes chamada de *relação K-h* (Dickinson, 1975). Isso é ilustrado em forma de histograma na Figura 6.16. Nesses casos, as correlações paralelas com h muitas vezes existem para outros parâmetros geoquímicos, como a relação La/Yb. Contudo, um número pequeno de arcos de ilhas não

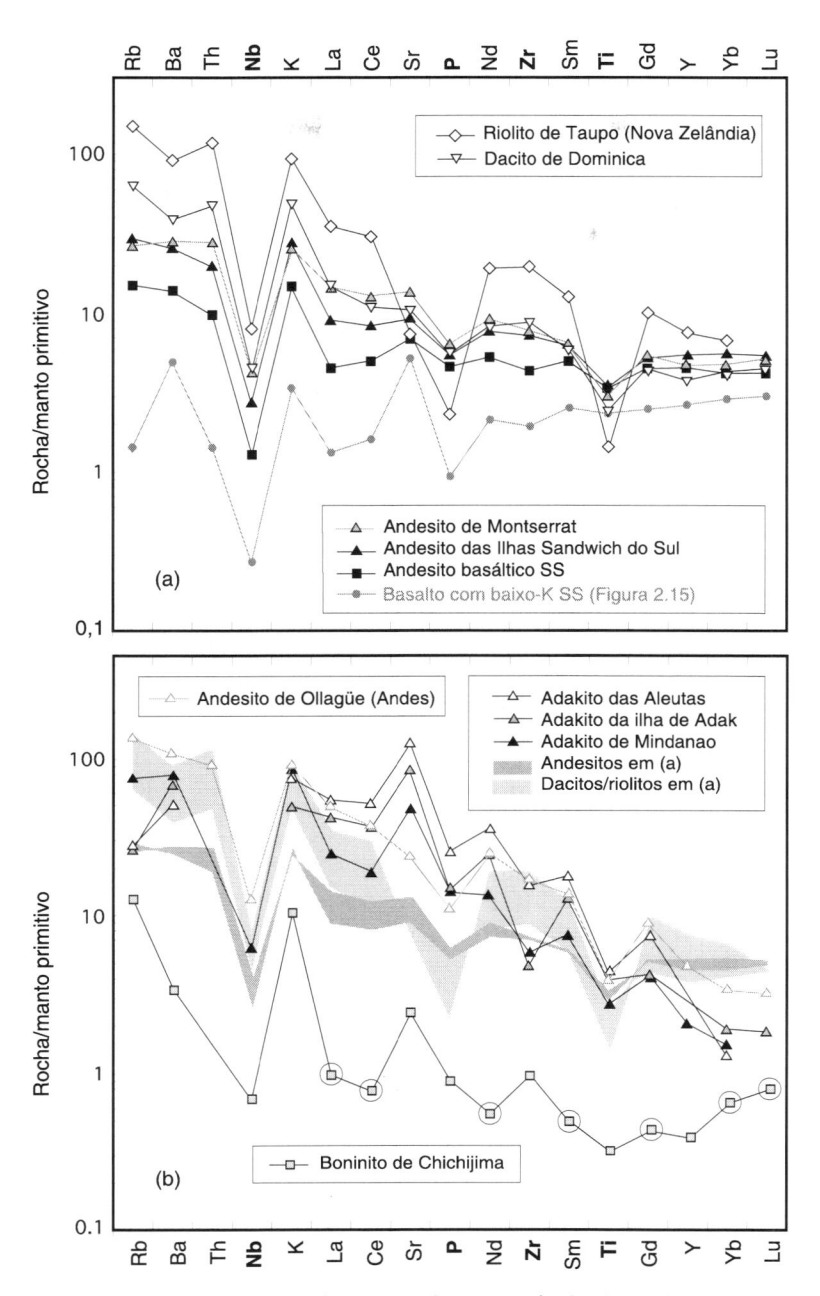

Capítulo 6 Os Andesitos, os Dacitos e os Riolitos 191

Figura 6.15 Diagramas de enriquecimento em elementos incompatíveis de rochas vulcânicas associadas a arcos de ilhas tabuladas na Tabela 6.2. (a) Andesitos, dacitos e riolitos típicos ao lado de (em cinza) um basalto toleítico baixo-K do arco de ilhas das ilhas Sandwich do Sul (ver Tabela 2.4), para comparação). (b) Um boninito, três adakitos e um andesito da Zona Vulcânica Central dos Andes; as análises são dadas na Tabela 6.2 (exceto para os adakitos das Aleutas, cujas análises foram realizadas por Kay [1978]). As áreas sombreadas em (b) representam as áreas relativas ao andesito e ao dacito + riolito da Figura 6.15a, para comparação. As abundâncias dos **elementos terras raras** no boninito estão inseridas em um círculo para enfatizar a forma côncava característica dos padrões de ETRs nessas rochas.
Os símbolos químicos em negrito indicam elementos **HSFE** (ver a Figura 2.7.1). Os dados para a normalização (de Sun e McDonough, 1989) estão tabulados na Tabela 2.4.

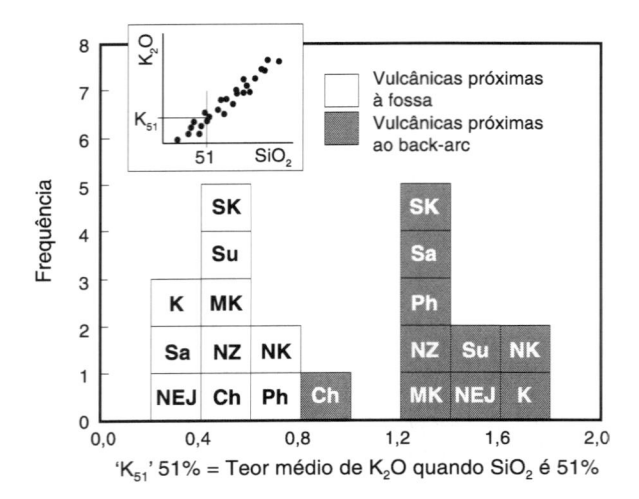

Figura 6.16 Variação nos teores de K_2O de rochas vulcânicas de arco com a distância em relação à fossa. Os quadrados representam uma associação vulcânica de arco específica, e sua posição no eixo horizontal (K_{51}) indica o teor médio de K_2O no ponto em um diagrama de variação K_2O-SiO_2 onde SiO_2 = 51,0% (ver o detalhe na parte superior da figura) – um artifício que elimina as diferenças devidas apenas à variação no grau de fracionamento. Adaptado de Tatsumi e Eggins (1995), Figura 3.13, com permissão de Blackwell Publishing. Ch, Chile; K, arco de Kamchatka; MK, porção média do arco de Kuril; NEJ, nordeste do Japão; NK, norte de Kuril; NZ, Nova Zelândia; pH, Filipinas; Sa, Sangihe (Indonésia); SK, sul do arco de Kuril; Su, Sulawesi (os dados originais e as fontes foram listados por Tatsumi e Eggins). O detalhe ilustra o significado de K_{51}: cada ponto representa a análise de uma rocha individual da província em questão.

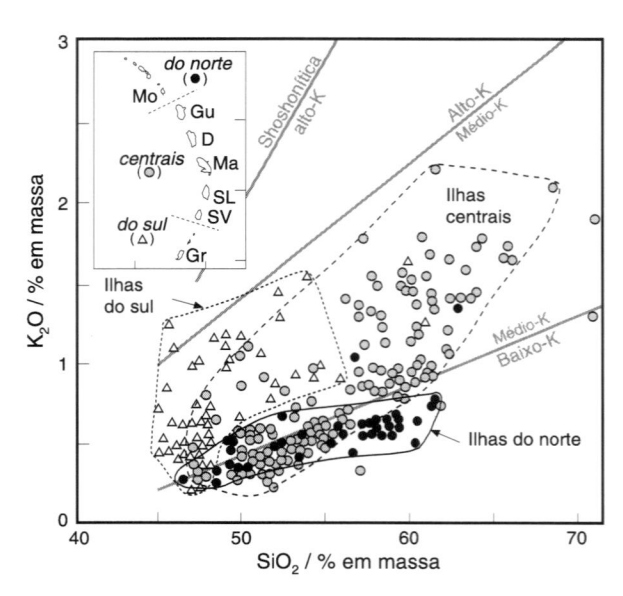

Figura 6.17 Zonação químico ao longo do comprimento do arco vulcânico das Antilhas Menores, adaptado de Macdonald et al. (2000). (Direitos autorais: Elsevier.) O detalhe no canto superior à esquerda mostra a divisão do arco nas regiões norte, centro e sul, adotada na referência bibliográfica (Mo, Montserrat; Gu, Guadalupe; D, Dominica; Ma, Martinica; SL, Santa Lúcia; SV, São Vicente; Gr, Granada). Para tornar o zonação mais claro, as áreas delimitadas deixam de fora alguns dados discordantes. Os limites entre os campos baixo-K, médio-K e altura-K, de acordo com a IUGS (Figura 6.11) são representados em cinza.

tem uma correlação *K-h* direta. Por exemplo, no arco Vanuatu/Novas Hébridas, a relação parece estar invertida (Barsdell et al., 1982).

Alguns arcos de ilhas exibem variação *longitudinal* sistemática na composição do magma. O exemplo mais conhecido é o arco das Antilhas Menores (Figuras 6.12 e 6.17), onde os vulcões ativos definem uma zona vulcânica com 10 km de largura, muito estreita para exibir uma variação geoquímica significativa ao longo do arco. A Figura 6.17 mostra um aspecto do zonação longitudinal, com base na divisão geográfica tríplice do arco, utilizada por Macdonald et al. (2000). Apesar da expressiva sobreposição entre as três populações, a variação no caráter geoquímico do norte para o sul é clara: as ilhas do norte produzem, sobretudo, magmas com baixos teores de K, as ilhas centrais (as mais ativas do ponto de vista eruptivo) geram magmas com teores baixos e médios de K que abrangem o intervalo mais amplo de teor de SiO_2, ao passo que Granada e as ilhas Granadinas, no sul, produzem basaltos e andesitos basálticos com teores baixos de K, alguns dos quais subsaturados em SiO_2.

A extensão em back-arc e o vulcanismo relacionado

Seguindo na direção sul ao longo do sistema de fossas Izu-Bonin-Mariana (Figuras 6.12 e 6.18), existe um ponto ("A" na Figura 6.18) onde o arco vulcânico ativo de Izu-Bonin se divide no arco vulcânico ativo das Marianas, a leste, e um "arco residual" submarino, mais antigo, de vulcões extintos (a Cadeia Ocidental das Marianas, Figura 6.18), a oeste. Os arcos vulcânicos ativo e residual são separados por uma bacia de extensão, a Depressão das Marianas, assoalhada por crosta oceânica. Os alinhamentos magnéticos e a batimetria indicam que a expansão oceânica ativa vem ocorrendo nessa bacia há cerca de 5 Ma, formando uma *bacia de back-arc* jovem, a qual atua constantemente na separação entre a Cadeia Oci-

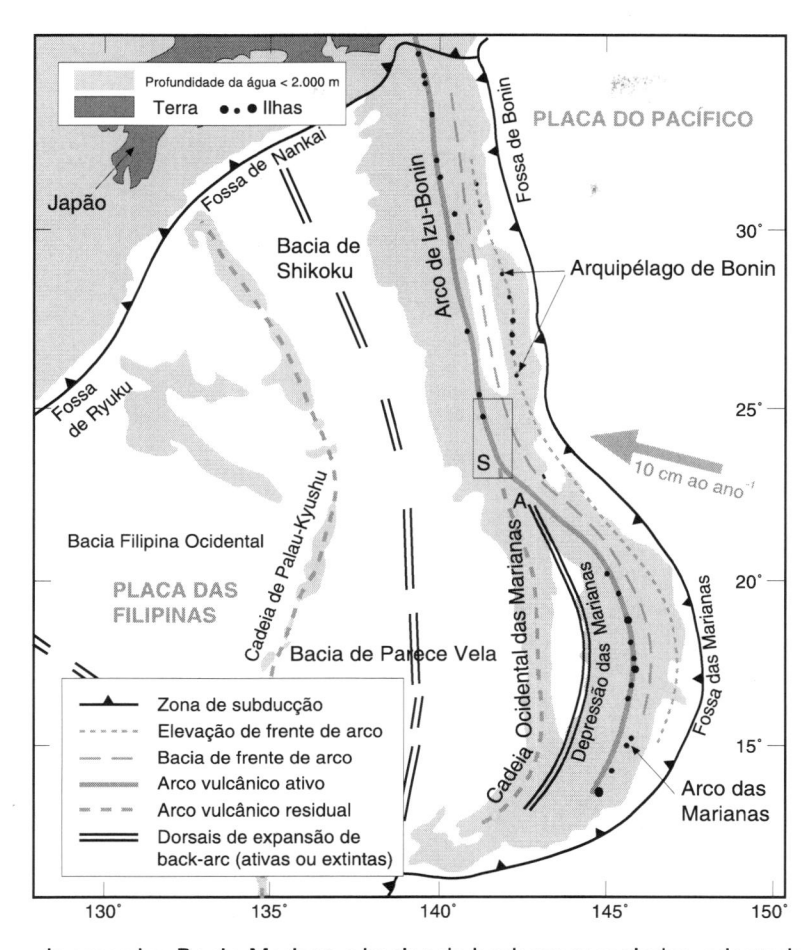

Figura 6.18 O sistema de arcos Izu-Bonin-Mariana e bacias de back-arc associadas, adaptado de Taylor et al. (1994) com permissão de Oxford University Press. As áreas em branco representam profundidades oceânicas maiores do que 2.000 m. O retângulo rotulado com S mostra a principal área de vulcanismo shoshonítico.

dental das Marianas e o Arco das Marianas. O rifteamento incipiente na crosta do arco ao norte do ponto A sugere que o eixo de expansão se propaga naquela direção (Yamazaki et al., 2003), "abrindo", de forma progressiva, o arco de Izu-Bonin na direção norte. Evidências geofísicas sugerem que as bacias de Parece Vela e de Shikoku ao oeste (Figura 6.18) também se originaram como uma bacia de back-arc antiga, cujo rifteamento começou há cerca de 30 Ma. Após, a expansão do assoalho oceânico separou a Cadeia de Palau-Kyushu do Arco das Marianas (antes de 5 Ma) (Sdrolias et al., 2004). Com o começo da expansão da Depressão das Marianas, a bacia de Parece Vela-Shikoku tornou-se inativa, ainda que o forte fluxo de calor observado nela seja um legado da expansão e da entrada de magma iniciais.

De acordo com a lógica, bacias *extensionais* não deveriam ocorrer em associação com limites *convergentes* entre placas. Afinal, a convergência gera força tectônica compressiva, e não extensional. Esse aparente paradoxo soa menos estranho se considerarmos que a região da placa do Pacífico que mergulha sob o arco das Marianas se originou no Jurássico: por ser antiga, fria e, portanto, mais densa, essa placa não tem flutuabilidade e está sujeita ao *rollback*, no qual a placa mergulhante afunda no manto a uma velocidade maior do que aquela com que converge com a placa cavalgante. A "linha de chameira" – em vez de estar fixa como um rolamento que dá suporte a uma esteira – recua em relação à placa cavalgante (Figura 6.19). O resultado é que a litosfera do arco afunda lateralmente onde é mais quente e mais fraca, na frente vulcânica. O adelgaçamento extensional da litosfera permite a ascensão da astenosfera, a qual sofre liquefação por descompressão, o que acarreta o início do vulcanismo basáltico no estilo MORB e a atividade hidrotermal no centro de expansão de back-arc. A atividade vulcânica de suprassubducção na porção do arco próxima à fossa se mantém,

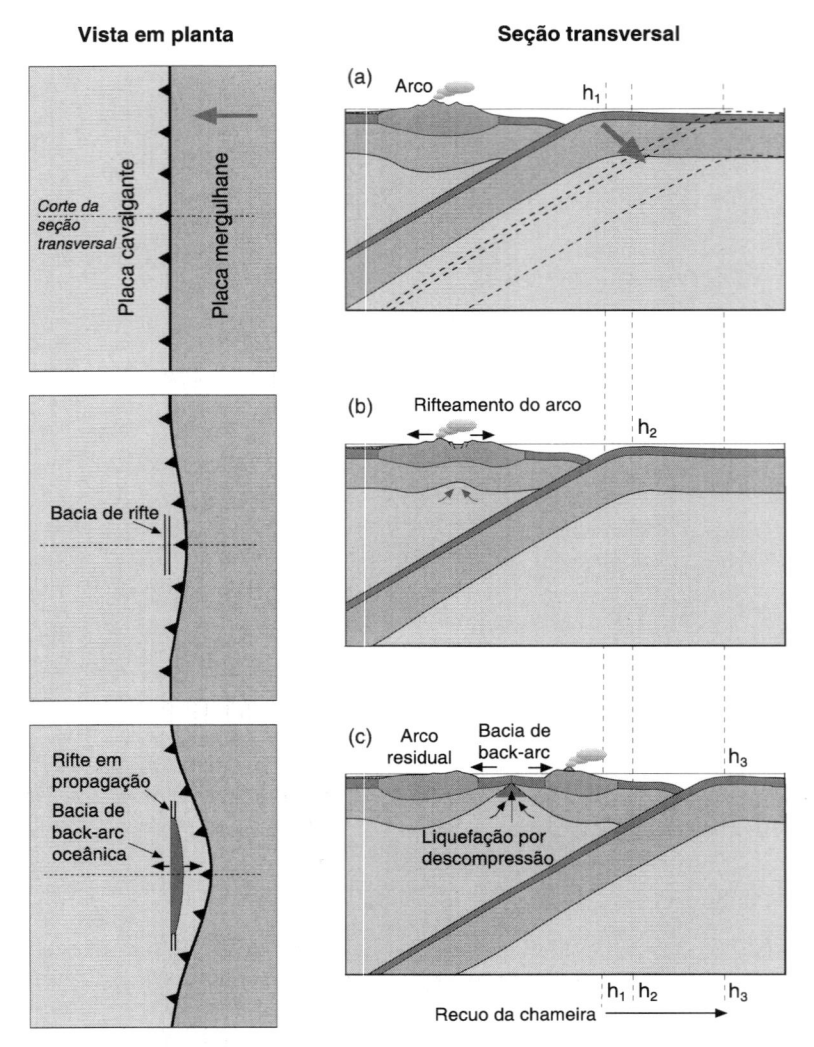

Figura 6.19 Formação de uma bacia intraoceânica de back-arc por *rollback* da placa. (a) Vista em planta e seção transversal da zona de subducção, como na Figura 6.13. "h_1" indica o ponto de inflexão (chameira) da placa mergulhante. A seta cinza e as linhas tracejadas mostram a extensão do *rollback* do arco ao passar do estágio (a) ao estágio (c). (b) *Rollback* inicial que causa a expansão litosférica na placa cavalgante; "h_2" indica a nova posição da chameira da placa. (c) *Rollback* intenso o bastante para iniciar uma bacia de back-arc assoalhada pela crosta oceânica; h_1, h_2 e h_3 indicam o quanto a chameira recuou de (a) a (c). A atividade do arco vulcânico está confinada ao fragmento de arco do lado da fossa; o vulcanismo de back-arc é alimentado pela ascensão da astenosfera, como ocorre nas dorsais meso-oceânicas.

mas cessa no arco residual. As bacias de back-arc e os arcos residuais semelhantes ocorrem em outras partes do planeta, associadas com as Antilhas Menores, os arcos das Ilhas Sandwich do Sul e de Tonga, por exemplo (Figura 6.12). Nem todas as bacias "se abrem" de maneira progressiva como a bacia das Marianas, e a ruptura muitas vezes não está centrada na frente de vulcanismo. Essas complexidades foram muito bem discutidas em um artigo de revisão publicado por Martinez et al. (2007).

Os estágios iniciais do rifteamento que precedem a formação de uma bacia de back-arc muitas vezes envolvem o vulcanismo **shoshonítico** (Figura 6.11), como hoje ocorre no arco de Izu-Bonin-Mariana (Figura 6.18), e ocorreu no arco de Fiji, entre 5,5 e 3 Ma atrás. A fase principal da expansão do retroarco gera basaltos semelhantes aos N-MORB, com graus variáveis de assinaturas geoquímicas típicas desses arcos, como discutido no Capítulo 2.

Os arcos continentais

O anel de vulcões associados à subducção que circunda o Oceano Pacífico (Figura 6.12) consiste não apenas em arcos de ilhas individuais, os quais demarcam os pontos onde uma placa oceânica mergulha sob a outra, mas também de arcos magmáticos formados nas margens continentais ativas, nos quais as placas oceânicas são subductadas por placas *continentais*. Alguns exemplos dessa situação incluem os Andes, onde a placa de Nazca mergulha sob a América do Sul, a Elevação de Cascade, onde a placa de Juan de Fuca mergulha sob a América do Norte, e a península do Alasca e a Baía de Cook, onde o arco de ilhas das Aleutas se junta ao continente Norte-Americano (Figura 6.12).

O processo de subducção sob margens continentais ativas é essencialmente o mesmo que ocorre sob arcos de ilhas (Figura 6.13), mas algumas pequenas diferenças devem ser esclarecidas:

- As placas que mergulham sob placas continentais tendem a se inclinar menos (20°, em média) do que as placas que mergulham sob placas oceânicas (Lallemand et al., 2005). Por exemplo, a inclinação da placa sob o Chile, a Colômbia e o Japão está na faixa 30 a 50°, ao passo que as placas que mergulham sob os arcos de Izu-Bonin, Novas Hébridas, Tonga-Kermadec e Aleutas Ocidentais têm inclinações entre 50° e 70°.
- Os magmas extravasados em arcos vulcânicos continentais ascendem através de porções de crosta mais espessas, menos densas e cujas composições se liquefazem com mais facilidade em comparação com os arcos de ilhas típicos. Além disso, esses magmas extravasam a elevações maiores (até 6.000 m acima do nível do mar, nos Andes, por exemplo). Esses fatores favorecem a cristalização fracionada em grau mais avançado durante a ascensão, acompanhada por graus mais altos de assimilação crustal, o que explica o fato de os dacitos e riolitos serem mais comuns em arcos vulcânicos de margem ativa (Figura 6.20).
- Além do viés para a direita na Figura 6.11, os arcos de margem continental tendem a se posicionar em pontos mais altos desse diagrama (isto é, os pontos que representam composições mais ricas em K_2O para um mesmo teor de SiO_2): os magmas baixo-K não são tão comuns, e há uma abundância maior dos tipos shoshoníticos e alto-K. Os teores de outros elementos incompatíveis também são elevados:

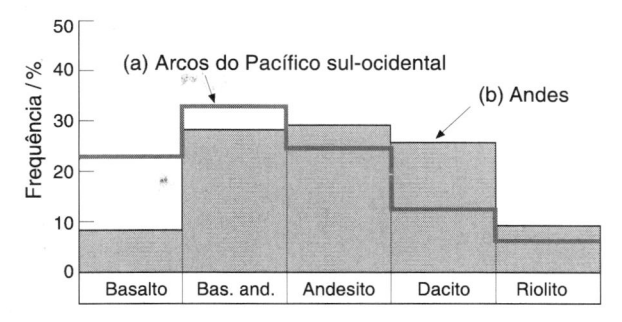

Figura 6.20 Comparação das proporções relativas aproximadas de tipos de rochas vulcânicas em (a) arcos de ilhas intraoceânicos do Oceano Pacífico sul-ocidental e (b) nos Andes; estimadas com base nos números relativos de análises dos tipos de rochas presentes na base de dados de Ewart (1979, 1982).

o andesito Andino mostrado na Figura 6.15b, por exemplo, é enriquecido em elementos incompatíveis de modo semelhante ao riolito de Taupo, comparado aos andesitos de arcos de ilhas, embora os teores de elementos terras raras (ETRs) sejam um tanto menores.

Os Andes ilustram muitas das principais associações entre a geometria da subducção e o magmatismo que a acompanha. Em dois setores dos Andes, a placa de Nazca está mergulhando a um ângulo excepcionalmente pequeno (por exemplo, a seção superior na Figura 6.21c), sem atividade vulcânica. Essas "zonas de placa horizontal" ocorrem entre as zonas vulcânicas central e do norte (linha a–a' na Figura 6.21) e entre a zona vulcânica central (CVZ, *central volcanic zone*) e a zona vulcânica do sul (SVZ, *southern volcanic zone*). As zonas não vulcânicas estão próximas ao ponto onde as dorsais assísmicas de Nazca e de Juan Fernandez colidem com a zona de subducção, sugerindo que a crosta oceânica de maior espessura (com até 18 km) que compõe essas dorsais – com o aumento da flutuabilidade da litosfera – influencia a geometria da subducção e define o ângulo muito pequeno de inclinação da placa mergulhante. A seção a–a' mostra que a cunha mantélica presente sob os arcos ativos está ausente ou muito diminuída nesse local, o que pode explicar as lacunas vulcânicas na Figura 6.21a.

Outra dorsal assísmica, a Dorsal de Carnegie ("DCa" na Figura 6.21a), se encontra com a zona de subducção sul-americana, causando uma subducção horizontal *sem* uma "lacuna vulcânica" associada. Um elemento característico dos vulcões equatorianos – como na Costa Rica ("CR"), onde

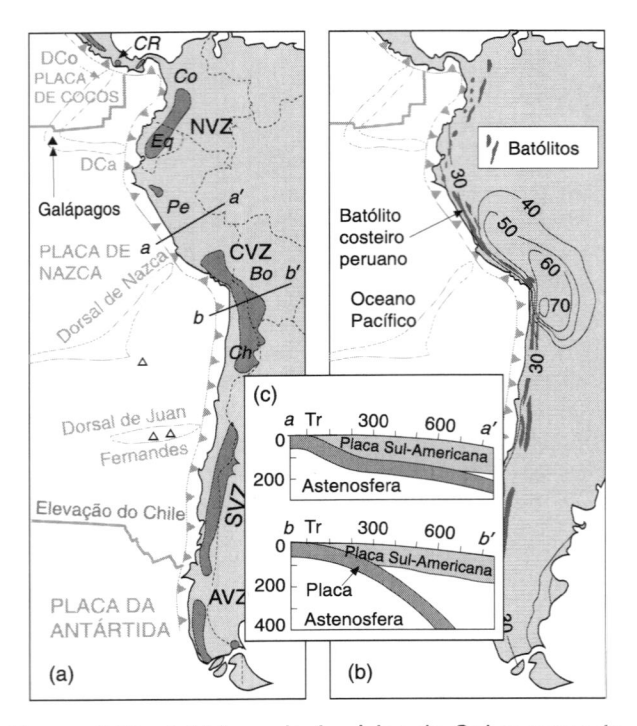

Figura 6.21 (a) Mapa da América do Sul mostrando as zonas vulcânicas do norte, central, do sul e austral (NVZ, etc.) em sombreado escuro, os traços de seções transversais a–a' e b–b' mostrados em (c) e os limites de placa relevantes e dorsais assísmicas (DCa, Dorsal de Carnegie; DCo, Dorsal de Cocos). Os triângulos representam os centros vulcânicos oceânicos fora das regiões de dorsal, do Projeto Global de Estudos sobre o Vulcanismo do Instituto Smithsonian. *Bo*, Bolívia; *Ch*, Chile; *Co*, Colômbia; *CR*, Costa Rica; *Eq*, Equador; *Pe*, Peru. (b) O mesmo mapa, mostrando as isópacas da espessura da crosta continental (km), de Baranzangi e Isacks (1971); os batólitos de cordilheiras também são mostrados em cinza-escuro. (c) Seções transversais mostrando os diferentes ângulos de subducção ao longo dos cortes a–a' e b–b' na seção (a), adaptado de Barazangi and Isacks (1971); Tr, fossa; as distâncias e profundidades são dadas em quilômetros. A figura foi adaptada de Blake e Argles (2003) com permissão da The Open University.

a dorsal assísmicos de Cocos ("DCo") colide com a fossa sul-americana (Figura 6.21a) – é a erupção de lavas **adakíticas**.[11] A possível relação entre os adakitos e a subducção em pouca profundidade, ou com a proximidade da Dorsal de Galapágos, é discutida na última seção deste capítulo.

A zona vulcânica central (CVZ, *central volcanic zone*) coincide com uma região onde a crosta continental sofreu um espessamento significativo (Figura 6.21b) durante um episodio de retração crustal há 1-12 Ma. A elevação da cordilheira que se sucedeu, ditada pela isostasia atuante em espessuras crustais de até 70 km, é representada no nome da cordilheira, Altiplano. A CVZ difere de outras zonas vulcânicas andinas na proporção excepcionalmente elevada de rochas vulcânicas silícicas, as quais muitas vezes ocorrem como enormes camadas de **ignimbrito** dacítico recobrindo uma extensão que ultrapassa 50.000 km².

Um exemplo impressionante de uma erupção de grande porte de riolitos é o vulcão de Taupo, na Ilha do Norte, Nova Zelândia. Ele teve nove erupções que extravasaram mais de 1.000 km³ de lavas nos últimos 60 ka. A maior foi a erupção climática de Oruanui, há 26.5 ka, a qual ejetou um total de 530 km³ de magma riolítico (Wilson, 2001). Uma análise do vulcão Taupo é dada na Figura 6.15.

Os centros de expansão oceânica

A crosta oceânica consiste sobretudo de basaltos, embora magmas mais evoluídos extravasem em diversos locais no sistema de dorsais oceânicas do globo, principalmente onde uma dorsal está sobre ou próximo a um *hot spot*. A Islândia, onde os riolitos contabilizam entre 10% e 12% das rochas superficiais, é um exemplo típico. O vulcão Krafla, localizado na região central do país, na zona de rifte axial (Figura 9.9), é conhecido por sua suíte **bimodal** de basaltos (com alguns islanditos) e riolitos. Thingmuli (Figura 6.12) ilustra o potencial na Islândia para a geração de uma série completa de magmas a partir do basalto, passando pelo islandito (andesito toleítico) e o dacito e terminando no riolito (Figuras 6.8 e 6.11) por cristalização fracionada.

Rochas vulcânicas evoluídas também ocorrem nas Ilhas Galápagos (Figura 6.21a). O vulcão Acedo, na Ilha Isabela, é um vulcão basáltico ativo que extravasou aproximadamente 1 km³ de riolitos há cerca de 120 ka, tanto como púmice quanto como lava que saía do assoalho da caldeira (Geist et al., 1995). Os andesitos e dacitos são encontrados em outros pontos das Ilhas Galápagos e estão associados à extremidade de um rifte em propagação da Dorsal das Galápagos adjacente.

As LIPs continentais

Muitas províncias de basaltos de platôs continentais são compostas sobretudo por basaltos, embora uma pequena proporção delas tenha desenvolvido um ca-

---
[11] Batizadas com o nome da ilha de Adak, no Alasca.

ráter marcantemente bimodal, com volumes expressivos de rochas vulcânicas silícicas (Figura 6.2.2). Alguns exemplos importantes dessas LIPs incluem:

- A província de basaltos de platô Afro-Arábica (Figuras 2.14 e 6.22) onde, considerando apenas o Iêmen setentrional, aproximadamente 5.000 km³ de rochas piroclásticas e coerentes de composição riolítica se formaram em um intervalo curto, há cerca de 19 Ma (Peate et al., 2005; Baker et al., 1999).
- Os basaltos de Paraná-Etendeka no Brasil e na Namíbia (Figura 2.15), onde grandes volumes de rochas vulcânicas silícicas extravasaram há quase 132 Ma (Ewart et al., 2004b).

Os riftes continentais

No período anterior a 30 Ma atrás, o vulcanismo do Terciário no oeste dos Estados Unidos era do tipo andesito-dacito calcialcalino, associado com a subducção da antiga placa de Farallon sob a América do Norte. Nesse vulcanismo, os riolitos eram relativamente raros. Contudo, há cerca de 30 Ma, a zona de subducção consumiu uma parte da Elevação do Pacífico Oriental, equivalente em comprimento e latitude à atual Falha de Santo André ("*FSA*" na Figura 6.12). Com isso, ocorreu uma mudança drástica no regime tectônico nas regiões da placa Norte-Americana sobrejacentes: fluxo de calor elevado, soerguimento e extensão ocorreram em uma extensa área chamada de Província de Basin and Range ("*B&R*" na Figura 6.12). O vulcanismo associado à extensão nesse local (desde 15-20 Ma) foi predominantemente basáltico (Capítulo 2), embora alguns vulcões tenham entrado em erupção formando suítes bimodais compostas por basalto (ou traquibasalto) com riolito com alto teor de sílica (72% a 76% de SiO_2) geoquimicamente distinto dos riolitos associados à subducção. O campo vulcânico de San Juan, no estado norte-americano do Colorado ("*SJ*" na Figura 6.12) exemplifica a transição entre o magmatismo calcialcalino e o magmatismo basáltico-riolítico associado à extensão com o tempo.

As erupções de riolitos em grande escala

O Parque Nacional de Yellowstone, no estado de Wyoming, oeste dos Estados Unidos (Figura 2.12), foi o centro das maiores erupções vulcânicas ocorridas na superfície da Terra em períodos geológicos recentes. O campo vulcânico do Platô de Yellowstone (YPVF, *Yellowstone Plateau Volcanic Field*) é composto pelos produtos de três grandes erupções formadoras de caldeiras (Tabela 6.4 e Capítulo 7) no Plioceno e no Quaternário, a partir de um sistema magmático que, a julgar por seu caráter sísmico, sua atividade intensa e episódios de soerguimento/subsidência que persistem até hoje, sem dúvida permanece ativo (Lowenstern and Hurwitz, 2008). Cada uma dessas erupções gerou um lençol de ignimbrito riolítico com milhares de quilômetros quadrados de extensão. A produção total de magma nos últimos 2 Ma é de quase 6.000 km³. Os sistemas capazes de erupções em escala tão grande são chamados de supervulcões (ver Wilson, 2008, para uma abordagem recente sobre o assunto).

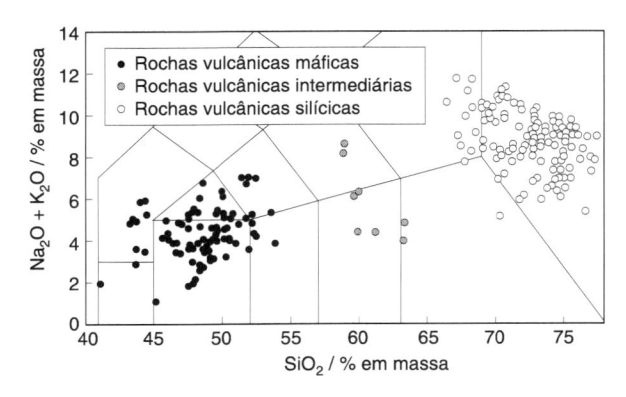

Figura 6.22 Diagrama TAS para as rochas do vulcanismo de platô da província Afro-arábica, Iêmen setentrional ocorrido no Oligoceno (dados de Peate et al., 2005), ilustrando sua distribuição bimodal. Observe a baixa abundância de rochas intermediárias. Os limites são os mesmos dados na Figura 2.1 e na Figura 6.1.

Tabela 6.4 Erupções de grande porte de riolitos no sistema da caldeira de Yellowstone, Estados Unidos (dados de Christiansen, 2001)

Erupção	Idade/Ma	Área de deposição/ km²	Volume de magma extravasado/ km³
Tufo de Lava Creek	0,64	7.500	1.000
Tufo de Mesa Falls	1,3	2.700	280
Tufo da Dorsal de Huckleberry	2,1	15.500	2.450*

*Uma única **unidade de resfriamento** piroclástica, a qual Christiansen (2001) acredita ter entrado em erupção em algumas horas ou dias.

As erupções de Yellowstone são mais um exemplo de um sistema magmático bimodal. Porém, diferentemente de outros sistemas, nos quais basaltos predominam, ou os basaltos e os riolitos ocorrem em proporções aproximadamente iguais (como no Iêmen, por exemplo), nessas erupções os riolitos contribuem com 95% da produção vulcânica (Christiansen, 2001) e os basaltos (sobretudo toleítos baixo-K) ocorrem apenas nas margens do platô, embora a maior parte das rochas vulcânicas volumosas da planície de Snake River (um pouco mais antiga) localizada no sudoeste seja de basaltos. Por essa razão, o sistema YPVF é o produto mais recente de um sistema vulcânico bimodal cujo foco (o *hot spot* de Yellowstone) se propagou por 450 km para o nordeste durante os últimos 12-15 Ma.

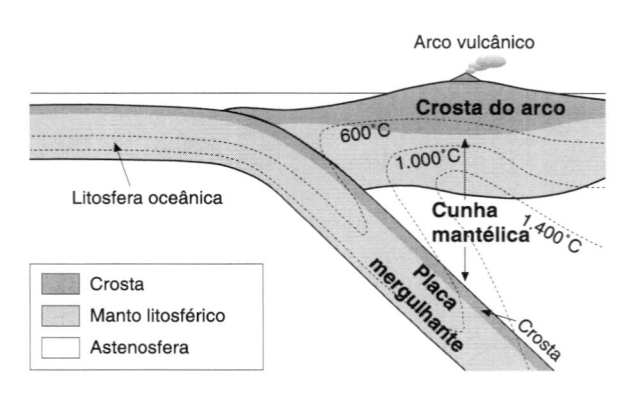

Figura 6.23 Seção transversal esquematizada de uma zona de subducção oceânica enfatizando (em negrito) as regiões onde a fusão pode iniciar. As crostas oceânicas e de arco estão sombreadas. As isotermas são baseadas em Tatsumi e Eggins (1995) e Furukawa (1993).

COMO OS MAGMAS INTERMEDIÁRIOS E ÁCIDOS SE FORMAM NA TERRA?

O vulcanismo de arco

Os materiais da fonte – onde a fusão começa?

A Figura 6.23 mostra três domínios de um sistema de subducção que podem participar na fusão parcial:

- A placa mergulhante, composta por sedimentos e crosta oceânica basáltica com entre 6 e 7 km de espessura (e com graus variáveis de **alteração** hidrotermal) que se desloca sobre o manto litosférico oceânico (peridotito serpentinizado localmente) com até 100 km de espessura.
- A "cunha mantélica"[12] sob a qual a placa mergulha, composta por astenosfera e litosfera mantélica de subarco (ambos de composição peridotítica).
- A crosta de arco acima da cunha mantélica, composta por gabro, diorito e (sobretudo nas margens continentais ativas) rochas plutônicas mais evoluídas e de embasamento.

Ao discriminar entre essas potenciais áreas-fonte para o vulcanismo de arco, é essencial lembrar que os magmas mais **primitivos** extravasados em arcos de ilhas típicos são *basaltos* (como mostram as análises 5 e 6 na Tabela 2.4, por exemplo). São esses basaltos, não os andesitos e dacitos discutidos neste capítulo, que fornecem o maior número de informações sobre a fonte da qual o magmatismo de arco se gerou. A geração de basalto por fusão parcial requer uma fonte peridotítica (Capítulo 2, penúltima seção). A placa contém peridotito mas, como mostram as isotermas na Figura 6.23, ele compõe sobretudo a região interior fria dela. A porção da placa que pode ser fundida com maior facilidade é a camada basáltica superior de crosta oceânica, a qual é mais quente (Figura 6.23), tem temperatura solidus inferior à temperatura do peridotito e contém minerais hidratados (como produtos de alteração) que reduzem o solidus ainda mais. Porém, a fusão dessa porção não produziria basalto, mas líquidos magmáticos mais evoluídos (ver Exercício 5.4) com teores de SiO_2 na faixa de 55% a 70% (Helz, 1976). Um raciocínio semelhante permite eliminar a crosta de arco como fonte de basaltos associados à subducção. Uma vez que eliminam alternativas, esses argumentos indicam veementemente que a cunha mantélica é o principal local de fusão associada à subducção. Essa conclusão é confirmada por tomografia sísmica do arco do Japão (Figura 6.24a), a qual mostra regiões de baixa velocidade da onda S, o que enfaticamente sugere a ocorrência de fusão parcial na cunha mantélica, mas não na placa subjacente.

O que causa a fusão na cunha mantélica?

Os indícios que fornecem aos petrólogos a resposta a essa pergunta estão na geoquímica das rochas vulcânicas de arco. O primeiro é o elevado teor de voláteis pré-eruptivos encontrados em muitos magmas associados à subducção (Figura 6.14) e as erupções explosivas típicas que eles produzem. O teor de água (e de outras espécies voláteis) da área-fonte mantélica foi suplementado? Em caso afirmativo, qual seria a fonte desse suplemento?

---

[12] Em três dimensões, sua aparência é de cunha; em duas, a sua forma é triangular, como nas seções transversais da Figura 6.23.

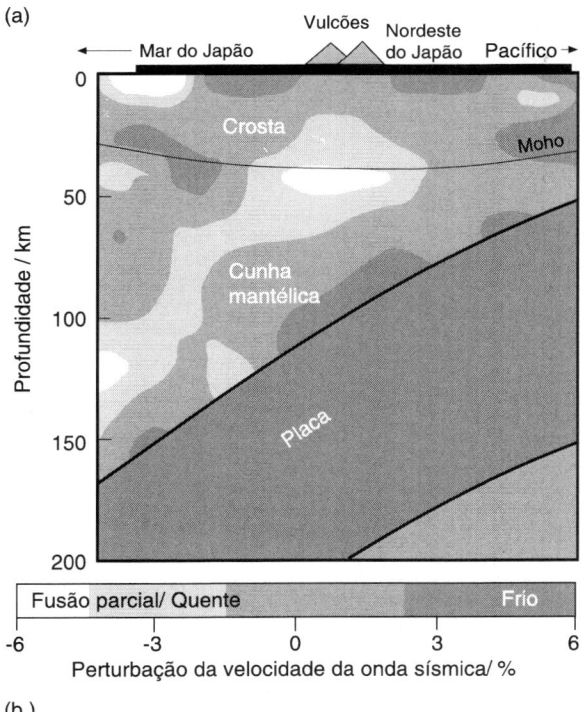

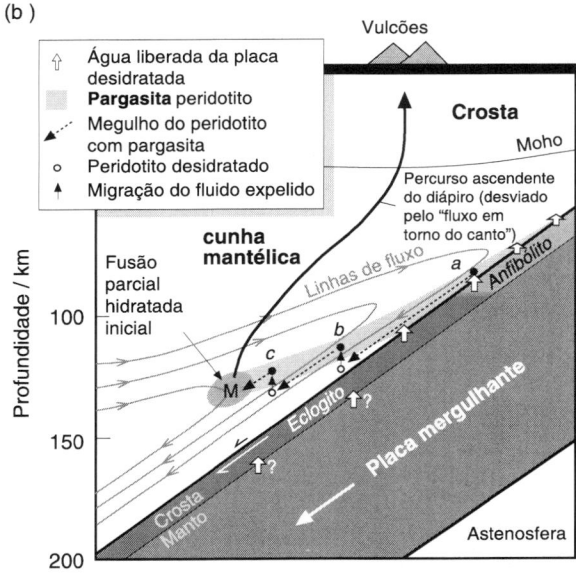

Figura 6.24 (a) Representação em escala de cinza de uma seção tomográfica (com base em Nakajima et al., 2001a, cortesia da União Norte-americana de Geofísica) através da zona de subducção sob o nordeste do Japão, mostrando regiões de velocidade baixa da onda sísmica (registrando a fusão parcial) na cunha mantélica e na crosta, mas não na placa mergulhante. (b) Representação resumindo como a desidratação da placa acarreta a fusão hidratada na cunha sobrejacente, a qual inclina a ascensão do líquido magmático consistente com (a). As linhas de fluxo da possível convecção induzida pela placa (linhas cinza) são de Furukawa (1993). A faixa cinza a-M representa o campo de estabilidade T-profundidade do pargasita peridotito (Davies and Stevenson, 1992). O fluxo de H_2O da placa para a cunha – cuja origem é a ruptura de minerais metamórficos como a lawsonita, a clorita e o anfibólio na placa – é contínuo até a profundidade de 90 km (Schmidt and Poli, 1998).

O segundo indício está nos perfis "em pico" de enriquecimento em elementos incompatíveis exibido por todos os magmas associados à subducção (Figura 6.15). Isso fica mais claro quando representamos as Figuras 2.16 e 6.15 de uma maneira ligeiramente diferente. Precisamos saber como a *área-fonte* de basaltos associados à subducção difere, em composição, da área-fonte dos MORBs (a astenosfera). Para responder a essa pergunta, é preciso representar as análises das rochas vulcânicas de uma zona de suprassubducção normalizadas em relação a um N-MORB mediano, não em relação ao manto primitivo. As diferenças introduzidas pelo processo de fusão se cancelam (de modo aproximado). Para esse fim, Pearce (1983) defendeu a adoção de gráficos de elementos incompatíveis "normalizados para MORB". A Figura 6.25a mostra o basalto baixo-K das Ilhas Sandwich do Sul da Tabela 2.4 (e Figura 2.16c) representado em uma variante do diagrama de Pearce. Os fatores de normalização estão listados na legenda. Observe como os "picos" na Figura 6.25a estão correlacionados aos subgrupos de elementos incompatíveis mostrados na Figura 2.7.1a:

- Os elementos Rb, Ba, Th, K e Sr, todos elementos litófilos de íon grande (LIL, *large íon litophile*), estão presentes nas maiores quantidades. A maioria deles é relativamente solúvel, por isso eles são suscetíveis ao transporte pela água (ver a Figura 2.7.1a).
- Os elementos presentes nos menores teores, em comparação com os MORBs, o Nb, o P e o Zr, os quais ficam sob a linha tracejada, são (ao lado do Ti) os elementos de forte potencial iônico (**HFSE**, *high field-strength elements*), muito imóveis em fluidos aquosos (ver a Figura 2.7.1a).
- Os **ETRs** e o Y (o qual imita os HFSE) formam um conjunto sub-horizontal intermediário (realçado pela linha tracejada).

Os dois últimos grupos são representados na Figura 6.25a sob a linha de referência dos MORBs. Uma linha de pensamento explica esse empobrecimento com base na suposição de que um mineral refratário que prontamente acomoda esses elementos (isto é, um elemento com o qual eles são compatíveis) continuou na fonte durante a fusão, restringindo sua absorção no líquido magmático baixo-K. Contudo, a opinião mais aceita hoje é a de que a fonte magmática que alimentou os basaltos baixo-K das Ilhas Sandwich do Sul se empobreceu nesses elementos em grau mais substancial do que o reservatório dos MORBs, devido a uma história mais complexa de fusão parcial e extração de líquido magmático na área-fonte. A extensão desse empobrecimento é mais marcante para os **HFSE**, sobretudo o Nb. Esse padrão é aceito pela maioria dos petrólogos como assinatura geoquímica dos peridotitos na cunha mantélica sobre uma zona subducção, e define o que é chamado de "componente de cunha mantélica" das composições das rochas vulcânicas de arco. Anomalias negativas do Nb são típicas dos magmas oriundos da fusão da cunha mantélica afetada por subducção na zona de suprassubducção.

Pearce e Parkinson (1993), entre outros pesquisadores, reconheceram que o empobrecimento em HFSE é mais extremo em arcos associados com os centros de expansão de back-arc. O basalto baixo-K mostrado na Figura 6.25a é do arco das Ilhas Sandwich do Sul, no Oceano Atlântico meridional, e o forte empobrecimento em HFSE nesse local, sobretudo do Nb, provavelmente é resultado de um domínio da cunha mantélica afetado pela fusão por descompressão sob o centro de expansão do back-arc da Elevação Oriental da Scotia (*DSO* na Figura 6.12).

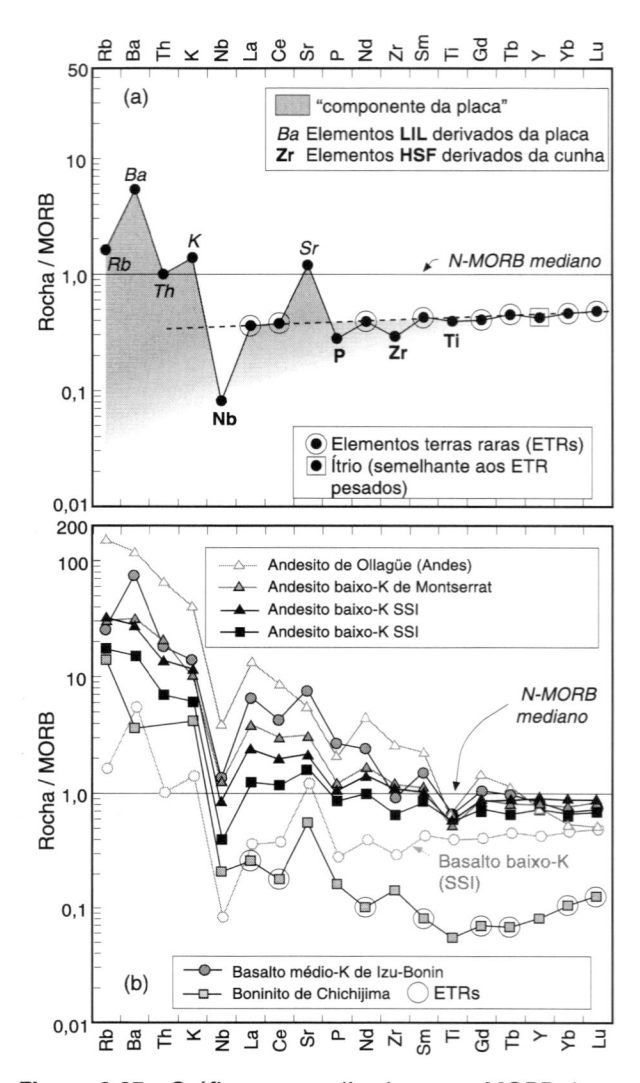

Figura 6.25 Gráficos normalizados para MORB de rochas vulcânicas de zona de suprassubducção (com base em Pearce, 1995). (a) Basalto baixo-K das Ilhas Sandwich do Sul (Tabela 2.4); (b) outras rochas vulcânicas de arco de ilha na Tabela 6.2 (exceto o basalto com teor intermediário de K de Izu-Bonin, cujas análises são de Sun e Stern, 2001); observe a escala vertical, a qual se estende a valores mais elevados do que (a).

Os valores normalizados para N-MORB utilizados são (em ppm): Rb, 056; Ba, 6,3; Th, 0,12; Nb, 2,33; K, 1079 (na forma de K_2O 0,13%//, La, 2,5; Ce, 7,5; Sr, 9o, P, 314 (na forma de P_2O_5), Nd, 7,3; Zr, 74; Sm, 2,63; Gd, 3,68; Ti, 7.600 (na forma de TiO_2 1,27%); Tb, 0,67; Y, 28; Yb, 3,05, Lu, 0,455 (Pearce e Parkinson, 1992, com base em Sun e McDonough, 1989).

Já os elementos LIL Rb, Ba, K e Sr, *estão presentes em teores maiores*, em comparação com os MORBs: dito de outro modo, eles ficam *acima* da linha do "N-MORB mediano" da Figura 6.25a. Sabendo que a maior parte desses elementos enriquecidos é altamente incompatível (fica no lado esquerdo do diagrama), o processo de extração do líquido magmático inicial proposto para explicar a tendência de empobrecimento em HFSE teria empobrecido também a fonte da cunha com relação a elementos LIL. A presença de níveis mais altos de elementos LIL no basalto baixo-K das Ilhas Sandwich do Sul, em comparação com os MORBs, é vista como um sinal de re-enriquecimento posterior da fonte com elementos LIL, antes da fusão que produziu o basalto baixo-K. A mobilidade aquosa desses elementos (Figura 2.7.1a) sugere que o agente de re-enriquecimento provavelmente tenha sido um fluido hidratado que, em algum ponto, **metassomatizou** a área-fonte da cunha. Se considerarmos que a litosfera mergulhante contém minerais hidratados (formados durante a alteração hidrotermal próximo à dorsal sofrida pelos basaltos do assoalho oceânico) que se desidratam à medida que a placa mergulhante se aquece, não é difícil supor que esse liquido contendo elementos LIL se origine na placa. O excesso de elementos LIL móveis (ao lado dos ETRs leves como o La, o Ce, o Nd e o Sm, os quais também estão presentes em teores elevados), em comparação com os elementos HFS, define o que é chamado de "componente derivado da placa" introduzido nesses peridotitos da cunha por esses fluidos hidratados que escapam. O componente da placa é simbolizado pela área cinza na Figura 6.25a; o limite inferior esmaecido representa a falta de informações seguras sobre os teores originais desses elementos na cunha empobrecida antes do re-enriquecimento em elementos LIL trazidos pelos fluidos.

Os fluidos aquosos derivados da placa, cujas assinaturas são vistas nos padrões de elementos-traço LIL de quase todas as rochas vulcânicas associadas à subducção (Figura 6.25b), são, na verdade, o agente causador da fusão na cunha. Segundo Davies e Stevenson (1992),

> *o paradoxo fundamental do vulcanismo da zona de subducção é a presença de líquido magmático e de um fluxo de calor elevado, adjacente a um enorme sumidouro de calor, a placa mergulhante fria*

(ver o perfil do fluxo de calor dado na Figura 6.13 e as isotermas mostradas na Figura 6.23). A Figura 2.18c mostrou que as geotermas calculadas da cunha mantélica não interceptam o solidus do peridotito seco. Contudo, no cenário que discutimos aqui, a fusão é possibilitada pela marcante redução do solidus do peridotito causada por uma pequena quantidade de água introduzida. Até mesmo a fonte peridotítica empobrecida, inferida para os basaltos baixo-K na Figura 6.25a – dos quais as frações mais facilmente fundíveis devem ter sido removidas por episódios prévios de extração de magma – poderia sucumbir à fusão quando em contato com os fluidos aquosos provenientes da placa.

A Figura 6.25b mostra os padrões normalizados para MORBs de (i) rochas vulcânicas evoluídas do arco das Ilhas Sandwich do Sul (em preto) e (ii) as rochas vulcânicas associadas à subducção de outros arcos. O andesito basáltico e o andesito dessas ilhas têm muitas características em comum com o basalto baixo-K do arquipélago mostrado na Figura 6.25a, embora sejam mais enriquecidos em elementos LIL, tenham razões La/Yb maiores e sejam menos empobrecidos em elementos HFS. Essas diferenças podem ser atribuídas a variações intra-arco no empobrecimento da cunha, ao grau de fusão e à extensão da cristalização fracionada. As amostras de outros arcos ilustram os graus muito variáveis de enriquecimento observados em rochas vulcânicas de zonas de suprassubducção em todo o mundo. É interessante observar que os basaltos médio-K de Izu-Bonin são muito mais enriquecidos em todos os elementos do que qualquer rocha encontrada nas Ilhas Sandwich do Sul. Contudo, a maior parte deles compartilha assinatura característica de uma razão LIL/HFS elevada do magmatismo de arco: em relação aos ETRs, os quais formam uma linha ou curva regular em cada padrão, os elementos LIL normalmente estão presentes em teores elevados, ao passo que os elementos HFS tendem a apresentar picos negativos.

Em alguns sistemas de arco, duas contribuições distintas das placas podem ser identificadas. As rochas vulcânicas do arco das Marianas (Figura 6.18), por exemplo, exibem uma assinatura isotópica atribuível a um componente de sedimento subductado que teria sido transportado da placa para a cunha mantélica pela migração de pequenos volumes de líquidos magmáticos parciais silícicos (Elliott et al., 1997). Contudo, na maioria dos arcos, os fluidos hidratados parecem ser o principal agente da metassomatização da cunha.

Como a água é transportada para o interior da cunha? O papel da dinâmica da cunha

A crosta oceânica que forma a parte superior de uma placa mergulhante consiste em basaltos com alteração hidrotermal, sedimentos de mar profundo e, por vezes, sedimentos clásticos derivados do arco ou do continente. Uma grande proporção da água transportada para baixo na crosta hidratada, sobretudo no componente sedimentar, é expelida a uma profundidade pequena demais (consideravelmente menor do que 50 km) para participar da gênese do magma do arco. À medida que a placa penetra a níveis mais profundos e mais quentes, as assembleias hidratadas de fácies xistos verdes presentes nos basaltos alterados são transformadas, inicialmente, na mineralogia da fácies anfibólio. Com o passar do tempo, em profundidades em torno de 60 a 90 km sob a região do frente de arco (Figura 6.24b), o anfibolito desidrata até formar o **eclogito**.[13] A água liberada nessa sucessão de reações de desidratação metamórfica penetra continuamente na cunha sobrejacente (Poli and Schmidt, 2002). A desidratação dos peridotitos serpentinizados da placa também pode contribuir com o fluxo de voláteis associados à subducção que invade a cunha (Rüpke et al., 2004).

No passado, os petrólogos supunham que a invasão de fluidos da placa em processo de desidratação causava a fusão parcial imediata dos peridotitos da cunha, logo acima dela, mas a seção tomográfica mostrada na Figura 6.24a sugere que a realidade é mais complexa. Primeiro, os peridotitos imediatamente sobrejacentes à placa mergulhante (onde ela desidrata, formando o eclogito) são mais frios do que as regiões internas da cunha – como mostram as isotermas na Figura 6.23 – e, mesmo na presença de vapor d'água, são muito frios para fundirem *in situ*. Segundo, modelos numéricos (como propostos por Furukawa, 1993; Kelemen et al., 2003) sugerem que, longe de formarem uma massa estática, os peridotitos entram em convecção em resposta a (i) o efeito resfriador da placa mergulhante e (ii) a fricção que esta impõe à cunha causada pelo movimento descendente, como mostram as linhas de fluxo da Figura 6.24b. A figura também ilustra um modelo que explica o padrão apresentado na Figura 6.24a, no qual o metassomatismo hidratado gerado na placa converte os piroxênios dos peridotitos da cunha em **pargasita**. O peridotito com pargasita formado em *a* é transportado por fluxo convectivo até *b*. Nesse ponto, após ter excedido a temperatura de degradação da pargasita, esse peridotito desidrata, e o líquido liberado migra para cima, causando a metassomatização do peridotito sobrejacente. O pargasita peridotito formado em *b* é o estágio seguinte em uma série de ciclos semelhantes, cujo efeito final é o transporte de líquidos (junto ao seu "componente da placa" de elementos LIL dissolvidos) na direção da região interna mais quente da cunha, onde o peridotito metassomatizado pode sofrer fusão parcial (em M). A clorita também pode desempenhar um papel importante no início da fusão hidratada (Gove et al., 2008).

A rota de ascensão do peridotito em estado de fusão parcial pode ser desviada na direção da fossa pelo "fluxo em torno do canto" na cunha, como mostra a Figura 6.24b. Esse desvio explica a zona inclinada (não vertical) de velocidade baixa das ondas S – representando o manto quente e em estado de fusão parcial – observada por tomografia sísmica sob o nordeste do Japão (Figura 6.24a). Os cálculos de Pearce e Peate (1995) sugerem que apenas 10% da fusão parcial sob arcos é atribuível especificamente à transferência de voláteis da placa, e que o restante se deve à fusão por descompressão à medida que a cunha mantélica fundida ascende ao longo do trajeto representado pela seta curva na Figura 6.24b.

Tatsumi e Eggins (1995) propuseram que a existência da cadeia vulcânica mais próxima à fossa se deva à fusão parcial que acompanha a quebra da pargasita (anfibólio) na cunha mantélica, conforme discutido. No entanto, parte do pargasita pode reagir com o ortopiroxênio para formar a **flogopita** (mica), a qual resiste à desidratação em profundidades maiores. A cadeia de vulcões de back-arc no Japão pode ser o resultado de fusão em grandes profundidades com a quebra da flogopita.

Por que as proporções de andesito, dacito e riolito são maiores em arcos maduros?

A preponderância de magmas mais evoluídos em arcos maduros pode refletir a dificuldade de o magma básico denso ascender através de seções crustais mais espessas. Devine (1995) argumenta que a crosta superior do arco atua como um filtro de densidade que favorece o transporte de magmas mais evoluídos (isto é, menos densos) para a superfície. Por outro lado, os magma basálticos parentais, por serem mais densos (Quadro 6.5), estão mais propensos a estagnar e se fracionar em níveis crustais intermediários, gerando magmas mais evoluídos cujas densidades menores possibilitam a retomada da ascensão. As erupções de magmas calcialcalinos são de vários tipos, desde a efusão de lava a eventos piroclásticos de alta explosividade, dependendo do teor de voláteis presentes no magma à medida que ele se aproxima da superfície e da extensão da desgaseificação anterior à erupção. As maiores erupções piroclásticas podem resultar na formação de caldeiras grandes, devido à saída do magma de câmaras magmáticas volumosas, conforme discutido no Capítulo 7.

As questões mais fundamentais relativas aos motivos pelos quais a maturidade de um arco de ilha acarreta uma mudança na afinidade do magma, de baixo-K para um magma calcialcalino com razão La/Yb mais alta e menor empobrecimento em elementos HFS incompatíveis (Figura 6.25b), e as dúvidas que cercam a razão pela qual esse caráter se torna mais marcante à medida que nos dis-

---

[13] A alta densidade do eclogito contribui com a "força de subducção" atuante na placa mergulhante.

Quadro 6.5 A densidade do líquido magmático e do magma

A densidade de um líquido magmático depende da:

- temperatura, pois uma massa de líquido magmático se expande ao ser elevada a temperaturas mais altas, o que diminui sua densidade;
- composição química e da estrutura do líquido magmático, porque concentrações elevadas de componentes como o Na_2O e do SiO_2 diminuem a densidade de um líquido magmático, ao passo que componentes como o MgO e sobretudo o ΣFeO atuam no sentido oposto. (O mesmo é válido para os minerais silicatados: os minerais máficos, como a olivina e o piroxênio, são mais densos do que os minerais félsicos, como o feldspato e o quartzo. Os minerais óxidos ricos em Fe são os de maior densidade.)

O segundo fator é o dominante. A Figura 6.5.1 mostra as densidades de líquidos magmáticos típicos para os principais tipos de rochas vulcânicas, calculadas na temperatura de 1.250°C. De modo geral, quanto mais evoluído o líquido magmático, menor sua densidade.

Minerais máficos têm densidades ainda maiores que qualquer das densidades de líquidos magmáticos apresentadas na Figura 6.5.1. Por essa razão, quando cristais máficos estão em suspensão em um líquido magmático, a densidade total do magma (magma + cristais) aumenta. Por outro lado, os minerais félsicos têm densidades mais parecidas com aquelas dos líquidos magmáticos em que estão imersos e, por isso, exercem pouca influência na densidade do magma.

As vesículas, que em última análise são bolhas contendo gases, reduzem a densidade dos magmas em que estão presentes. Isso é ilustrado com muita veemência pela densidade extremamente baixa do **púmice** (a qual muitas vezes é baixa o bastante para ele flutuar na água).

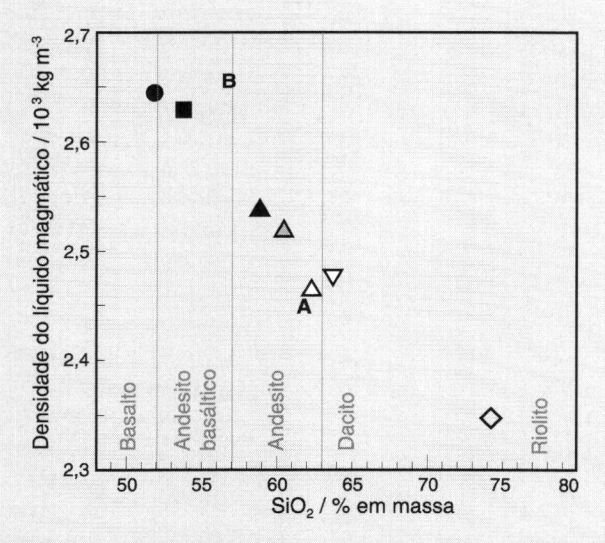

Figura 6.5.1 Densidades de líquidos magmáticos silicatados anidros calculadas na temperatura de 1.250°C como função do teor de SiO_2, para as análises dadas na Tabela 6.2 e o toleíto baixo-K na Tabela 2.4. Os símbolos são os mesmos da Figura 6.15, exceto B, **b**oninito de Chichijima e A, **a**dakito de Mindanao. Os cálculos são baseados em dados de Bottinga e Weill (1970).

tanciamos da fossa permanecem sem uma resposta válida para todas essas situações.

O papel da fusão crustal

A associação entre vulcanismo silícico na CVZ dos Andes e a crosta mais espessa da América do Sul (Figura 6.2.1a,b) não é coincidência. Aparentemente, o maior gradiente geotérmico causado pelo magmatismo associado à subducção andina, sobreposto ao calor gerado no espessamento crustal do Mioceno médio, causou a expressiva fusão e assimilação da crosta continental, o que explica a superabundância de produtos silícicos nela (de Silva, 1989). Os efeitos da assimilação crustal também deixam sua marca entre magmas menos evoluídos na CVZ. O estratovulcão de Ollagüe, na fronteira entre Chile e Bolívia, é composto principalmente por lavas andesíticas e dacíticas, representadas pelo andesito mostrado na Tabela 6.2 e nas Figuras 6.15 e 6.25. Sabemos que os altos teores de elementos incompatíveis são muito maiores do que aqueles observados em andesitos de arcos, e que eles têm mais em comum com os dacitos e riolitos de arco. Feeley e Davidson (1994) atribuíram as composições dos magmas desse vulcão à cristalização fracionada "associada a níveis elevados de assimilação crustal". Embora o impacto da assimilação crustal seja menos visível na zona vulcânica do norte (NVZ) e na SVZ, ele é detectado em muitas rochas vulcânicas andinas e possivelmente contribuiu com a maior abundância de magmas evoluídos naquele cinturão, ante arcos de ilhas oceânicos.

Outras erupções em grande escala de riolitos em zonas de suprasubducção provavelmente também envolvem a fusão crustal. Um exemplo dessas erupções é o vulcão Taupo, na Nova Zelândia. A Zona Vulcânica de Taupo, na Ilha do Norte, é uma região de extensão rápida e fluxo de calor elevado, com numerosos vulcões andesíticos importantes. Contudo, o riolito respondem por 80% da produção vulcânica total. De acordo com Price et al. (2005):

> À medida que avançam a extensão e o adelgaçamento, as geotermas em elevação resultam em uma fusão crustal em larga escala, quando os sistemas andesíticos precoces são reciclados e progressivamente suplantados, e extensos sistemas de armazenamento de riolito extensivos se formam em pouca profundidade na crosta.

Os adakitos sinalizam a fusão da placa?

As rochas vulcânicas mais comuns no Equador pertencem a um subconjunto de rochas vulcânicas intermediárias e ácidas chamadas de **adakitos**. As composições típicas dessas rochas são mostradas na Figura 6.15 e na Tabela 6.2. Elas têm teores de $SiO_2 \geq 56\%$ e de $Na_2O \geq 3,5\%$, embora sua mineralogia não permita distingui-las dos andesitos normais calcialcalinos e dos dacitos. O que os diferencia são os picos positivos do Sr muito visíveis nos diagramas de elementos incompatíveis (Figura 6.15b) e os teores normalmente reduzidos de elementos terras raras pesados e do ítrio (Y). Essas características compõem um índice útil na identificação dos adakitos – a razão Sr/Y – a qual, na maioria das vezes, apresenta valores maiores do que 40 para essas rochas, ao passo que para rochas calcialcalinas essa razão fica abaixo de 40.

Os teores um tanto altos de SiO_2 e os **números de Mg** moderados dos adakitos (entre 45 e 60) sugerem que eles talvez se originem pela fusão parcial de rochas parentais *basálticas* (compare com a Figura 5.6). Os teores reduzidos de elementos terras raras pesados e as elevadas razões La/Yb nessas rochas são indício garantido de que essas rochas parentais contêm granada, a qual, se permanece como mineral residual após a fusão, retém a maior parte dos elementos terras raras pesados e do Y na fonte (Quadro 6.6), o que empobrece os líquidos magmáticos em relação a esses elementos. Os adakitos também podem se formar com a cristalização fracionada de magmas parentais basálticos em profundidades nas quais a granada é um dos cristais que cristalizam. (Contudo, o fato de o empobrecimento em elementos terras raras pesados não ser verificado em rochas vulcânicas de arcos "normais" sugere que eles se originam em profundidades onde o espinélio, não a granada, é a fase aluminosa dominante.)

Os adakitos do Equador e da Costa Rica têm em comum um ambiente geotectônico no qual a litosfera oceânica jovem das placas de Nazca e de Cocos mergulha em ângulos relativamente pequenos, talvez por conta da subducção das dorsais assísmicas de Carnegie e de Cocos ("DCa" e "DCo", na Figura 6.21a). Na primeira descrição dos adakitos, eles foram considerados produtos da fusão parcial de metabasaltos na placa mergulhante (Defant and Drummond, 1990). Durante a subducção, os basaltos alterados da crosta oceânica atravessam fácies metamórficas de xistos verdes e de anfibolitos (Figura 6.24b) antes de se desidratarem para formar o **eclogito**, uma rocha básica que apresenta granada. As condições normais de subducção não permitem graus expressivos de fusão da placa, mas os modelos de fusão sugerem que, nos pontos em que a litosfera oceânica muito jovem (< 5Ma) é consumida, sua temperatura pode ser alta o bastante para permitir que a fusão por desidratação (ver o Quadro 8.4) ocorra sob condições de fácies de eclogito na crosta oceânica metamorfizada, produzindo líquidos magmáticos intermediários empobrecidos em elementos terras raras pesados (Defant and Drummond, 1990; Martin, 1999).

Nem todos os locais onde os adakitos são encontrados satisfazem esse critério. Os adakitos foram identificados em arcos onde a litosfera mergulhante pode ter até 45 Ma, uma idade muito avançada para que o calor residual na dorsal promova a fusão da placa. Gutscher et al. (2000) propuseram que o principal fator na promoção da gênese magmática do adakito por fusão da placa não é a idade dela, mas o ângulo muito suave de subducção (o qual ca-

Quadro 6.6 O que os elementos terras raras (ETRs) nos dizem sobre a mineralogia da fonte?

Os elementos terras raras (ETRs, ver Figura 2.7.1) formam uma série de elementos-traço intimamente relacionados que ocupam sua própria linha na tabela periódica (Figura 2.7.2). Suas propriedades químicas não variam muito – por exemplo, todos formam íons trivalentes –, e as poucas variações observadas ocorrem em consonância com a posição na tabela, como ilustra o raio iônico M^{3+}, o qual diminui de forma contínua a partir do lantânio (La^{3+} = 12,7 pm*) até o lutécio (Lu^{3+} = 10,5 pm). O ítrio (Y), um elemento trivalente, tem raio iônico muito semelhante aos raios dos ETRs (Figura 2.7.1) e muitas vezes é incluído em gráficos de ETRs e similares. Os ETRs e o Y são incompatíveis com relação aos principais minerais do liquidus de magmas ígenos básicos (por exemplo, a olivina, na Figura 6.6.1): o fracionamento inicial desses líquidos magmáticos apenas eleva o padrão global dos ETRs em diagramas como o da Figura 2.7.3, com algumas variações nas razões La/Y, La/Yb ou La/Lu.

Contudo, alguns processos ígneos discriminam os elementos ETRs leves e pesados. Os ETRs leves se comportam de modo incompatível com relação a todos os principais minerais formadores de rochas, ao passo que os ETRs pesados são menos incompatíveis em alguns minerais, como a hornblenda, e fortemente compatíveis na granada (Figura 6.6.1). Se a granada está presente como mineral da rocha-fonte que experimenta fusão parcial, o líquido magmático produzido será *empobrecido em ETRs pesados e em ítrio*, comparado aos líquidos magmáticos gerados na ausência da granada. Isso ocorre porque o equilíbrio líquido magmático-granada favorece a granada, a qual retém os ETRs pesados à custa do líquido magmático, desde que a granada exista como mineral residual após a fusão parcial. No entanto, se a granada é completamente consumida durante a fusão, o teor de ETRs pesados é liberado no líquido magmático.

O grau de empobrecimento em elementos ETRs pesados e em Y em um basalto revela informações sobre a profundidade em que ele se formou. Os lherzolitos do manto superior contêm um mineral aluminoso cuja identidade varia com a profundidade: o espinélio é estável em profundidades mantélicas relativamente pequenas, enquanto a granada é mais estável em profundidades maiores (Figura 5.5). Os basaltos cuja **coluna de fusão** está em profundidades compatíveis com os granada lherzolitos é mais empobrecido em ETRs pesados (e razões La/Yb mais altas), em comparação com os basaltos que se originam em profundidades menores, onde a fusão atinge a fácies de espinélio lherzolito. Alguns exemplos importantes são os padrões do kimberlito e do lamproito, mostrados na Figura 9.18.

Os adakitos mostrados na Figura 6.15b têm teores menores de ETRs pesados e de Y do que magmas de arco semelhantes, porque, de acordo com a linha de pensamento em vigor, resultam da fusão de rochas básicas contendo granada (na crosta oceânica metamorfizada da placa mergulhante ou na crosta continental inferior) ou da cristalização fracionada da granada a partir de magmas básicos.

O európio (Eu) é um elemento único entre os ETRs, por conta da formação não apenas dos íons Eu^{3+}, mas também de íons Eu^{2+} (em condições redutoras adequadas). As aplicações das "anomalias do Eu" na petrologia possibilitadas por esse comportamento são discutidas no Quadro 8.5.

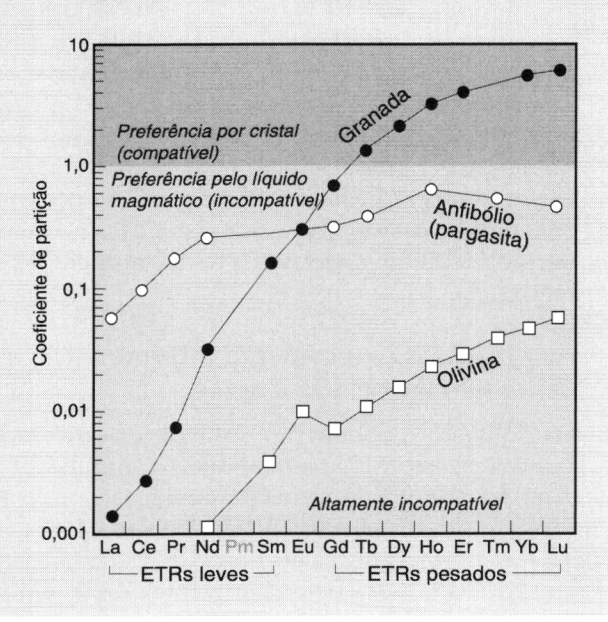

Figura 6.1.1 Coeficientes de partição mineral-líquido magmático $K_i^{mineral/líquido\ magmático}$ (onde *i* é um elemento terras raras, ver Quadro 2.7) para a distribuição de elementos terras raras trivalentes entre a granada, o anfibólio, a olivina e os líquidos magmáticos silicatados básicos (dados de Green et al. [2000], Latourrette et al. [1995] e Bedard [2005], respectivamente). Observe que os dados relativos à olivina variam muito. O eixo do coeficiente de partição está em escala logarítmica em quatro ordens de magnitude, em um único gráfico. Observe que os ETRs pesados (exceto o Gd) são compatíveis na granada, ao passo que os ETRS mais leves são altamente incompatíveis.

*pm: picometro (10^{-12} m).

racteriza a chamada "placa horizontal"). Outros autores entendem que alguns magmas adakíticos (por exemplo, o batólito da Cordilheira Blanca, no Peru, discutido no Capítulo 8) derivam da fusão de rochas basálticas com granada e anfibólio em grandes profundidades no interior da crosta, resultado do "underplating" de magmas básicos relativamente densos (Atherton and Petford, 1993; Peacock et al., 1994; Bryant et al., 2006). Porém, hoje as opiniões convergem para a noção de que os magmas adakíticos são formados pela cristalização fracionada profunda da granada a partir de magmas hidratados basálticos de arco derivados do manto junto à base da litosfera do arco (ver, por exemplo, MacPherson et al., 2006).

Muitos gnaisses arqueanos têm **trondhjemitos** com composições muito semelhantes às dos adakitos. As implicações relativas à subducção e à gênese magmática na primeira terça parte da história da Terra são discutidas no Capítulo 8.

Os boninitos: fusão de componentes fortemente empobrecidos de cunha mantélica ou de placa?

Em alguns locais no sistema de arcos do Pacífico ocidental (representados como quadrados em cinza na Figura 6.12), o embasamento da frente do arco – o qual está exposto nas Ilhas Bonin – contém uma proporção expressiva de boninitos do Eoceno médio. O caráter primitivo indicado pelos altos números de Mg e pela ausência de plagioclásio é confirmado pelo empobrecimento extremo em elementos ETRs e HFS, do qual o boninito de Chichijima é um bom exemplo (Tabela 6.2 e Figuras 6.15b e 6.25b). Esse caráter, com o ligeiro formato em U de seu padrão de ETRs e a combinação de picos *positivo para o Zr* e *negativo para o Ti* em relação aos ETRs, é peculiar aos boninitos. A exemplo de outros magmas de arco, a forma do padrão mostrado na Figura 6.25 sugere a ocorrência de fusão em uma fonte mantélica empobrecida em elementos HFS e enriquecida em elementos LIL oriundos da placa, embora o grau de empobrecimento da fonte nos elementos à direita no diagrama pareça ter sido muito maior nos boninitos do que nos basaltos baixo-K das Ilhas Sandwich do Sul, por exemplo. Muitos petrólogos entendem que os boninitos são os produtos da fusão de peridotitos harzburgíticos residuais remanescentes após a extração de MORB, do tipo encontrado na litosfera mantélica oceânica (Figuras 5.3 e 5.3.1).

A erupção simultânea de grandes volumes de vulcanismo boninítico em Izu-Bonin-Mariana (IBM) ao longo de milhares de quilômetros do arco jovem (Figura 6.12) no Eoceno médio indica a ocorrência de uma combinação de circunstâncias inéditas no vulcanismo de arco mais recente. As características químicas dos boninitos mostradas na Figura 6.25 são explicadas com base em quatro requisitos básicos:

1 Um grau extremo de empobrecimento na fonte na cunha (Figura 6.25), o qual indica a possibilidade de fusão da litosfera mantélica, não da astenosfera empobrecida.

2 As temperaturas mantélicas elevadas, necessárias à fusão parcial do manto litosférico refratário (o qual possivelmente era harzburgítico).

3 O aporte de fluidos hidratados, o qual induziu o enriquecimento em elementos LIL.

4 A existência de uma fonte para as razões Zr/Sm e Zr/Ti anomalamente altas discutidas acima.

Taylor et al. (1994) tentaram explicar a última característica por meio da incorporação de pequenas frações de líquido magmático oriundas de metabasaltos de fácies anfibolito na placa mergulhante – o anfibólio acomoda ETRs e o Ti e, por essa razão, os retém na fonte da placa. Contudo, ele não aceita o Zr, ainda que estudos recentes tenham excluído a possibilidade de fusão da placa, atribuindo os valores elevados das razões Zr/Sm e Zr/Ti à fusão de veios ou de domínios máficos na litosfera da cunha mantélica. Macpherson e Hall (2001) argumentaram que o vulcanismo do Eoceno médio no sistema de arcos de IBM pode ter desenvolvido seu caráter boninítico porque a subducção iniciou em uma região onde uma pluma incipiente (Capítulo 2) já estava ativa, gerando temperaturas mantélicas anormalmente altas.

Os boninitos também são encontrados em alguns complexos de ofiolitos de idades variadas (por exemplo, o ofiolito de Troodos, do Cretáceo, em Chipre – "TO" na Figura 5.3.2 e no Quadro 5.3), o que sugere que as condições necessárias para a formação desses líquidos magmáticos não existiram apenas no Pacífico ocidental durante o Eoceno. No Capítulo 5, foi mencionado que as composições de magmas parentais estimadas para algumas intrusões máficas proterozoicas de grande porte e de enxames de diques importantes gerados no mesmo período também estão na faixa de composição dos boninitos.

As origens do vulcanismo intermediário a ácido não associado a arcos

Os riolitos respondem por cerca de 10% das rochas vulcânicas expostas na Islândia. As opiniões sobre o modo como os líquidos magmáticos riolíticos se formam são divididas: Nicholson et al. (1991) consideravam que eles se originam do magma basáltico sobretudo por cristalização fracionada, embora exista uma contribuição da assimilação de rochas encaixantes alteradas (a assimilação com cristalização fracionada, **ACF**), enquanto Jonasson (1994) os considera apenas como produtos da fusão parcial de basaltos alterados. Thingmuli (Figura 6.12) constitui um exemplo clássico de cristalização fracionada desde o basalto, passando pelo islandito (andesito toleítico) e pelo dacito, até chegar ao riolito (Figuras 6.8 e 6.11), ainda que nenhum estudo recente tenha avaliado a contribuição da assimilação crustal.

Rochas vulcânicas evoluídas ocorrem também nas Ilhas de Galápagos e ao longo da dorsal de Galápagos. Em seu estudo sobre o vulcão Acedo, na Ilha Isabela, Geist et al. (1995) argumentaram que os riolitos com 120 ka de idade eram os produtos da cristalização fracionada avançada de basaltos, e descartaram a hipótese de que eles fossem gerados por **anatexia** crustal.

O motivo pelo qual algumas LIPs contêm volumes expressivos de rochas vulcânicas silícicas, as quais, às vezes, são tão abundantes quanto os basaltos que as acompanham, como vemos no Iêmen, não está completamente explicado. A distribuição da composição bimodal no Iêmen (Figura 6.22) e no Paraná-Etendeka sugere uma das explicações a seguir:

- O acesso do magma à superfície sofreu forte dependência da composição, com um viés contra produtos intermediários da cristalização fracionada, enquanto os magmas básicos parentais e suas variedades extremamente silícicas são favorecidos.
- Os líquidos magmáticos silícicos mostrados na Figura 6.22 não são os produtos da cristalização fracionada de magmas básicos, mas da fusão parcial da crosta pela qual passaram (e dentro da qual pode ter existido magma máfico quente, capaz de promover fusão parcial das paredes e do teto das grandes câmaras que o continham); os riolitos são os primeiros líquidos magmáticos a se formarem na fusão parcial das rochas silicatadas crustais (ver o Capítulo 8).

Dados isotópicos (Baker et al., 2000) não dão suporte à fusão das rochas crustais Pan-Africanas observadas na superfície como processo de origem dos riolitos do Iêmen, embora a fusão parcial de material basáltico **subplaca** associada ao episódio de derrame de basaltos não deva ser descartada. As origens das rochas vulcânicas silícicas de Etendeka-Paraná são igualmente enigmáticas (Ewart et al., 2004).

Outro desafio consiste na explicação dos grandes derrames de riolitos pelas caldeiras de Yellowstone nos últimos dois milhões de anos, como parte de um sistema magmático bimodal que privilegiou magmas silícicos. A elucidação desses derrames requer a análise cuidadosa das composições isotópicas do Sr, do Nd, do Pb e do O em rochas vulcânicas e do embasamento. Assim como ocorre com outros riolitos importantes, como em Taupo, na Nova Zelândia, é possível postular uma origem *tanto* em razão do fracionamento extremo do magma basáltico derivado do manto em grande profundidade no interior da crosta *quanto* da fusão parcial da crosta continental iniciada pela colocação de grandes volumes de magma básico derivado do manto em profundidade. Contudo, na verdade, a gênese do magma riolítico em escala tão grande muitas vezes parece envolver um complexo jogo entre esses dois conceitos (Hildreth et al., 1991; Charlie et al., 2005). A maior parte dos petrólogos atribui o soerguimento e o vulcanismo de Yellowstone a uma pluma mantélica, embora alguns especialistas discordem (Christiansen et al., 2002). A explicação fundamentada na pluma é respaldada por experimentos recentes com tomografia sísmica (Yuan and Dueker, 2005), os quais demonstraram a existência de uma anomalia de baixa velocidade da onda P com aproximadamente 100 km de diâmetro e que pode ser rastreada da caldeira atual de Yellowstone até uma profundidade de 500 km. A velocidade da anomalia é consistente com uma temperatura elevada "semelhante a uma pluma" em relação à temperatura do manto que a envolve (150-200°C).

REVISÃO – O QUE É POSSÍVEL APRENDER SOBRE OS ANDESITOS, OS DACITOS E OS RIOLITOS?

Os andesitos, os dacitos e os riolitos são encontrados em diversos ambientes tectônicos, mas a maior abundância dessas rochas é observada em zonas de suprassubducção (SSZ) – em arcos de ilhas e nas margens continentais ativas. Suas composições esclarecem os processos internos nessas margens convergentes.

As principais conclusões deste capítulo são:

- O vulcanismo das SSZs se origina da fusão parcial que ocorre sobretudo no interior da *cunha mantélica* sobre a zona de subducção, não na placa mergulhante subjacente ou na crosta de arco sobrejacente.
- O basalto baixo-K e pobre em fenocristais é o tipo de magma dominante nos arcos de ilhas intraoceânicos imaturos, mas em arcos de ilhas mais antigos e em margens continentais ativas, as erupções na superfície se constituem princi-

palmente de andesitos e dacitos calcialcalinos altamente porfiríticos; as texturas de reabsorção e de sobrecrescimento, além da zonação oscilatória, registram o histórico longo e complexo da cristalização do magma.

- Diversas linhas de evidência indicam que H_2O desempenha um papel essencial na gênese dos magmas associados à subducção. A desidratação de minerais metamórficos hidratados na placa mergulhante à medida que ela aquece cria um fluxo de voláteis no interior da cunha mantélica sobrejacente, onde desencadeia a fusão parcial por conta de diminuição do **solidus** do peridotito (Figura 2.18c,d). Portanto, a forte explosividade de muitos vulcões ao redor do "Círculo do Fogo" pode ser atribuída à reciclagem da água do mar através das zonas de subducção.

- A assinatura de elementos-traço "em picos", típica dos magmas das SSZ (Figuras 6.15a e 6.25a), pode ser dividida em (i) um "componente derivado da placa" enriquecido em elementos LIL transportado da placa por fluidos hidratados e (ii) um "componente da cunha" com graus variáveis de empobrecimento em elementos HFS (Figura 6.25a) que representa a fonte peridotítica da composição das rochas na cunha mantélica, antes do enriquecimento gerado pela placa.

- Os arcos continentais são caracterizados por uma proporção maior de rochas vulcânicas silícicas – como as piroclásticas dacíticas da CVZ dos Andes – e pelo maior enriquecimento em elementos incompatíveis, como o K_2O (ilustrado, em grau extremo, pelo andesito da CVZ na Figura 6.15b).

- Os boninitos parecem representar a fusão do harzburgito ultraempobrecido, ocorrida talvez na litosfera da cunha (Figura 6.23). Os boninitos gerados no Eoceno no Pacífico ocidental (Figura 6.15) podem ser os produtos do magmatismo associado à subducção, o qual foi favorecido pelas temperaturas anormalmente altas associadas à pluma incipiente na época.

- Os riolitos (e outros magmas silícicos) são encontrados em diversos ambientes não associados à subducção. Os mais impressionantes têm a forma de camadas tabulares de ignimbrito de grande porte em associação bimodal com o basalto, como aqueles associados com as caldeiras de Yellowstone formadas sucessivamente nos últimos 2 milhões de anos.

É interessante refletir acerca da delicada dependência dos processos internos nas margens convergentes com relação às condições na superfície: se as temperaturas na superfície estivessem *fora* do intervalo estreito no qual a água líquida é estável na pressão atmosférica (0°C a 100°C), não existiriam os oceanos, a hidratação da crosta oceânica seria muito pequena, os fluidos hidratados não poderiam ser liberados pela crosta subductada, a fusão na cunha mantélica estaria confinada a profundidades muito maiores pelo solidus seco e os arcos de ilhas, tal como os conhecemos, não existiriam.

EXERCÍCIOS

6.1 Selecione os nomes apropriados para rochas de granulação fina com as seguintes composições:

(a) Com 45% de plagioclásio (An_{25}), 8% de feldspato alcalino, 30% de quartzo, 5% de hornblenda, 8% de biotita e 4% de opacos (proporções modais).

(b) Com 51,5% de SiO_2, 2,5% de Na_2O, 1% de K_2O, **perda de massa por ignição** (**PMI**) de 2,5% e análise total 99,7%.

(c) Com 59,5% de SiO_2, 2,6% de K_2O e PMI de 0,2%.

(d) Com 59,5% de SiO_2, 3,0% de ΣFeO, 2,1% de MgO e PMI de 0,2%.

6.2 Discuta os principais pontos que permitem discriminar os seguintes pares:

(a) Andesito e dacito

(b) Andesito e traquiandesito

(c) Andesito basáltico e shoshonito

(d) Os percursos de fracionamento calcialcalino e toleítico

(e) Dacito calcialcalino e adakito

(f) Boninito e basalto baixo-K

(g) Dacito e riolito ao microscópio

6.3 Um riolito de Yellowstone tem os teores de elementos-traço (em ppm): Rb, 221; Ba, 722; Th, 32; K, 42.280; Nb, 56; La, 94; Ce, 180; Sr, 5; P, 140; Nd, 71; Zr, 321; Sm, 16; Ti, 1.100; Gd, 13; Tb, 2,5; Y, 64; Yb, 8; Lu, 1,1.

Elabore um gráfico normalizado para MORB e discuta (a) a quantidade de assinatura de subducção com base na Figura 2.16 e (b) a evidência para a cristalização da apatita durante a evolução do magma.

CAPÍTULO **7**

Como os Magmas entram em Erupção – uma Introdução aos Processos e Produtos Piroclásticos

A alta viscosidade e os teores muitas vezes elevados de voláteis aumentam a explosividade dos líquidos magmáticos silícicos discutidos no Capítulo 6. As maiores e mais devastadoras erupções desses magmas são sempre piroclásticas, como demonstram as camadas volumosas de ignimbrito riolítico de Taupo, de Toba e de Yellowstone. No entanto, esses fenômenos não estão reservados aos magmas supersaturados em SiO_2 discutidos no Capítulo 6. Magmas alcalinos evoluídos e magmas subsaturados em SiO_2, como o **traquito** e o **fonolito**, embora não pertençam à mesma categoria de volume eruptivo de Yellowstone, estão igualmente propensos a gerar grandes erupções piroclásticas capazes de distribuir ejetólitos ao longo de uma ampla área, como os depósitos de púmice fonolítico de Tenerife, nas Ilhas Canárias, do Lago Laacher, na região de Eifel, Alemanha, e a camada inicial de púmice branco da erupção do monte Vesúvio, na Itália, no ano 79. Este capítulo aborda a vulcanologia física, com enfoque na mecânica das erupções piroclásticas e no caráter físico dos depósitos que elas produzem, não na afinidade petrológica dos magmas extravassados.

Os magmas e processos magmáticos raramente atraem a atenção do público e da mídia, exceto quando o assunto é uma erupção vulcânica. Estima-se que cerca de 500 milhões de pessoas (perto de 7,5% da população mundial) vivam em áreas de risco com vulcões em atividade. A infeliz realidade por trás dessa formação de aglomerados populacionais em zonas de atividade vulcânica é explicada por diversos fatores, como (1) a presença de solos férteis gerados sobre as cinzas vulcânicas; (2) os longos períodos entre grandes erupções (muitas vezes da ordem de séculos), os quais diminuem a conscientização sobre os perigos de um vulcão nas proximidades; (3) as pressões do crescimento populacional em relação à terra disponível e (4) o crescimento perverso de grandes aglomerados urbanos junto a vulcões potencialmente letais, como ilustram os subúrbios surgidos ao redor de Nápoles, os quais invadem as encostas do Vesúvio. O petrólogo que não se interessa por processos eruptivos está perdendo a oportunidade de atrair a atenção do grande público para seu trabalho.

Uma leitura complementar e acessível sobre vulcanologia inclui os livros de Francis e Oppenheimer (2004) e – em nível mais elementar – a obra de Rothery (2001).

A NOMENCLATURA DAS ERUPÇÕES E DOS DEPÓSITOS VULCÂNICOS

O vulcanismo efusivo vs. o vulcanismo explosivo

No começo desta seção, é importante diferenciar a atividade vulcânica *efusiva* – cujo principal produto é a lava – da atividade *explosiva*, a qual ejeta principalmente material piroclástico. Ainda que sejam úteis, os termos *efusiva* e *explosiva* são as extremidades de um espectro de eventos. Por exemplo, a efusão dos domos de lava **silícica** muitas vezes é acompanhada de explosões (por vezes grandes o bastante para destruir o edifício vulcânico que está se erguendo). Além disso, o estilo da atividade em um conduto pode mudar, em qualquer direção, durante o curso de um episódio eruptivo: quando iniciou, a erupção do Monte Santa Helena, em 18 de maio de 1980, foi essencialmente explosiva – do tipo **pliniana** –, mas terminou como uma efusão relativamente calma de uma sucessão de domos de lava na cratera formada pelo estágio paroxísmico inicial.

A erupção efusiva ou explosiva de um magma depende de duas propriedades inter-relacionadas, as quais são consequências de sua composição:

- A viscosidade do magma, que depende da temperatura e do teor de SiO_2 (Figura 6.3.1 no Quadro 6.3). Magmas viscosos (ou com alta **resistên-**

cia ao escoamento) têm capacidade reduzida de dissipar forças aplicadas por um fluxo lento e, portanto, estão mais propensos a extravasar de modo friável e violento. Além disso, as bolhas de gás em lavas silícicas espessas tendem a permanecer aprisionadas, em comparação com lavas basálticas.
- O teor de voláteis no magma. Magmas ricos em gases têm maiores chances de entrar em erupção explosiva, por conta da vesiculação e da expansão intensas que ocorrem quando a pressão diminui (Figura 7.1).

O efeito do teor de gás dissolvido no magma em ascensão é ilustrado na Figura 7.1. Em profundidade, os gases estão completamente dissolvidos no líquido magmático, mas, durante a ascensão, o magma atravessa uma fronteira de saturação (em y, na Figura 7.1a, equivalente à linha tracejada grossa na Figura 6.5) e as bolhas surgem em uma fase gasosa separada.[1] O progresso da ascensão e a descompressão acima do "horizonte de vesiculação" causam a expansão das bolhas existentes e a formação de novas bolhas. Se imaginarmos o conduto como um tubo de raio uniforme (Figura 7.1b), é fácil perceber que a expansão motivada pelo gás inevitavelmente acelera o magma para cima – a única direção em que a expansão é possível.

A atividade efusiva é favorecida em magmas quentes e fluidos (com baixo teor de SiO_2), como o basalto, no qual o teor de voláteis dissolvidos é baixo. A aceleração ascendente em razão da expansão das bolhas pode contribuir com a ocorrência de fontes de lava, como vemos nas erupções havaianas, mas a atividade eruptiva, nesse caso, não é muito explosiva. O caráter fluido da lava basáltica gera grandes platôs de lava (Figura 2.2d) ou vulcões em escudo com inclinação leve (Figura 7.2a). Na outra extremidade do espectro, magmas mais frios, viscosos e evoluídos (com teores elevados de SiO_2), quando também apresentam teores altos de voláteis, entram em erupção de modo mais explosivo. As alterações na estrutura do magma decorrentes da descompressão e da vesiculação durante a ascensão acentuam essa tendência à explosividade (Quadro 6.3). A efusão desses magmas ocorre somente se a ascensão é lenta o suficiente (ou mesmo interrompida) para que o gás passe a escapar pelas paredes do conduto. Os vulcões propensos a erupções explosivas muitas vezes formam estratovulcões que consistem em camadas alternadas de lavas e depósitos piroclásticos (Figura 7.2b).

Os estilos de erupções vulcânicas

Os estilos de erupção vulcânica variam muito, e as características eruptivas podem diferir também de erupção para erupção em um mesmo vulcão. Os vulcanólogos dividem as erupções em diversas categorias que refletem os fenômenos físicos dominantes observados durante o curso desses eventos. Tal abordagem e os adjetivos empregados para descrever essas erupções, como "havaiana" e "vulcaniana" (hoje muitas vezes grafados sem iniciais

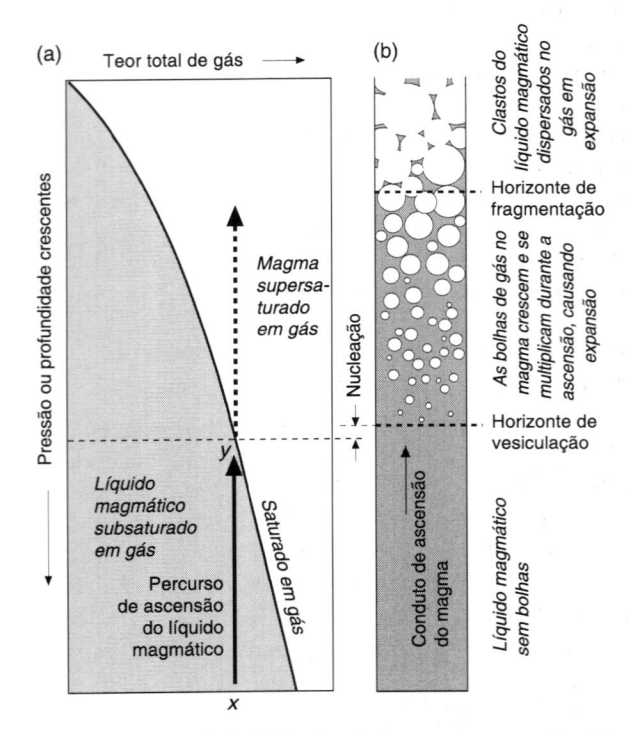

Figura 7.1 (a) Solubilidade de gases em um líquido magmático silicatado como função da pressão (compare com a Figura 2.7); líquido magmático com um teor de gás dissolvido de $x\%$ se torna saturado em gás em y. (b) Evolução de um líquido magmático em ascensão por um conduto vulcânico; acima do horizonte de vesiculação (menos profundo do que y, já que a nucleação das bolhas não é instantânea), a presença de uma fase gasosa acarreta a expansão progressiva – e, portanto, a aceleração para cima – à medida que a pressão é reduzida durante a ascensão. O horizonte de fragmentação marca o ponto onde a espuma se transforma em borrifo.

---

[1] A vesiculação inicia *acima do* horizonte de saturação em um corpo de magma em ascensão (Figura 7.1), porque a nucleação de bolhas, como a dos cristais (Quadro 2.3), exige certo grau de supersaturação.

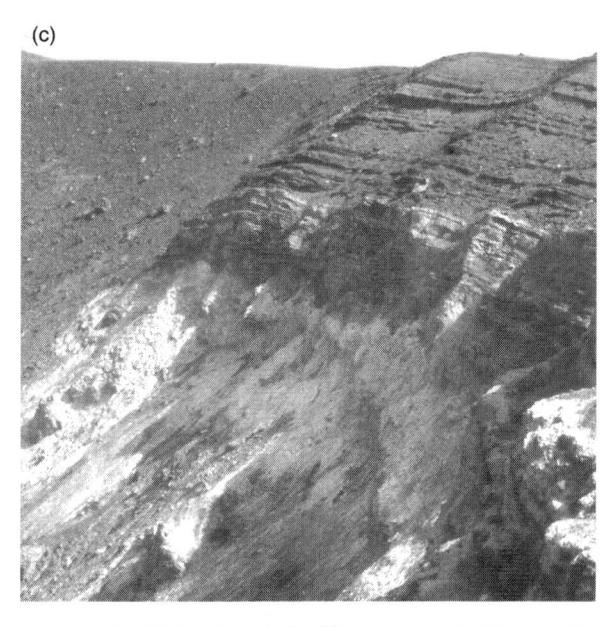

Capítulo 7 Como os Magmas entram em Erupção – uma Introdução aos Processos e Produtos Piroclásticos 211

Figura 7.2 (a) Vulcão em escudo. Vista do vulcão Mauna Loa, de Mauna Kea, Havaí (foto: D. Little, reproduzida com permissão da Sociedade Geológica dos Estados Unidos). (b) Estratovulcão: vista aérea do lado ocidental do Monte Hood, estado do Oregon, Estados Unidos (foto: M. Doukas, reproduzida com permissão da Sociedade Geológica dos Estados Unidos). (c) Cratera do vulcão Fossa, Ilha de Vulcano, Ilhas Eólias. As camadas escuras expostas na parede superior são os produtos das erupções de 1888-90.

maiúsculas) foram introduzidos pelo vulcanólogo italiano Giuseppe Mercalli em um livro publicado em 1907. As principais categorias são discutidas abaixo (em ordem crescente de explosividade), com base em relatos de testemunhas oculares desses eventos. As diferenças entre os estilos de erupção e entre as formas de relevo associadas a eles são resumidas na Tabela 7.1.

As erupções havaianas

Há pelo menos dois séculos, vêm atraindo os vulcões ativos no Havaí a curiosidade de turistas. Entre os relatos mais antigos apresentados à comunidade científica está um estudo preparado pelo missionário Joseph Goodrich, e publicado em um número do periódico *American Journal of Science* de 1824. Goodrich descreveu uma visita à região (provavelmente ao vulcão Mauna Loa)[2]:

> *A cratera parece estar se enchendo [de lava]. Em seu centro, ela continuava borbulhando. Atravessei o fundo em diversos pontos... Vapores sulfurosos densos subiam de todo lado; os gases eram sufocantes, tanto que a cratera mostrava-se intransponível em diversos pontos. O escape das substâncias gasosas fazia um estrondo tremendo, como o jato de vapor da caldeira de um trem. Na noite de 22/12/1824, um novo [conduto do] vulcão irrompeu no fundo da grande cratera; tão logo ele se erguera o bastante, desci próximo a ele, no ponto onde a lava estava borbulhando e fervendo, como uma fonte; parte dela era lançada a cerca de 40 ou 50 pés de altura [compare com a Figura 7.3a]. Foi uma das cenas mais terríveis que já presenciei; ver tamanha massa de lava incandescente escorrendo como água, embora não tão líquida como ela... Na visita seguinte, seis semanas após [a carga de trabalho desses missionários não parece ter sido das mais pesadas!] descobri que a lava havia formado um monte, o qual se erguia a 60 pés do fundo da cratera... Vidro vulcânico capilar* [uma referência ao cabelo de Pele – ver a Figura 2.9a] *ocorria em abundância em alguns pontos do fundo, a uma profundidade de 2 a 3 polegadas. Alguns desses capilares foram vistos a 15, 20 milhas da cratera, levados pelo vento, acomodados nas dobras da lava.*

As palavras de Goodrich refletem a alma da atividade vulcânica havaiana: jatos de lava basáltica incandescente e fluida[3] – relatos posteriores dão conta da existência de lava jorrando a 800 pés de altura (250 m) – e a construção de um *spatter cone* (um cone de respingos) em torno de um conduto ativo onde a lava ainda líquida se acumula. Nessas circunstâncias, a lava líquida muitas vezes se acumula ao ponto de formar lagos (Figura 7.3b), os quais podem milagrosamente se esvaziar em dias ou semanas. A essência do caráter das erupções havaianas é efusiva e, portanto, essas erupções produzem volumes muito baixos de material piroclástico, especialmente na forma de cabelo de Pele. As outras características desses tipos de erupção (como os tubos de lava, entre outros) foram discutidas no Capítulo 2.

As erupções estrombolianas

Um relato contemporâneo de uma erupção em um dos flancos do monte Vesúvio, em 1822, feito por um certo Signor Monticelli, dá uma noção clara do que os vulcanólogos hoje chamam de erupção estromboliana:

> *O cone, iluminado no cimo, oferecia um espetáculo magnífico: uma coluna de fogo erguia-se no céu, entre grossas nuvens de fumaça que se erguiam em rodopio. A imagem lembrava um imenso farol... porém, um exame mais de perto revelou uma chuva constante de pedras [incandescentes], lançadas com violência pela boca do vulcão, as quais caíam a diferentes distâncias, descrevendo trajetórias parabólicas [a contar da chaminé]. Imagine uma das fontes da Praça São Pedro em Roma que, em vez de água, jorrasse pedras incandescentes: vislumbre a fonte com um tamanho milhares de vezes maior do que suas reais dimensões e você terá uma noção do verdadeiro espetáculo de fogos de artifício que a erupção ofereceu.*[4]

Vistas à luz do dia, as erupções estrombolianas como essa não chegam a ser (à distância) muito impressionantes: as explosões periódicas lançam ruidosamente nuvens de cinza basáltica e lapili (Tabela 7.2 e Figura 7.3c) a algumas centenas de metros acima do conduto. Chuvas de **escória** preta sólida (pedaços de magma vesicular que esfriam ao contato com o ar) caem no cone de escória circundante e na cratera em seu centro. Apenas o conduto se tinge de vermelho, o que não é percebido quando não se está na boca da cratera. Contudo, como deixa claro o relato de Monticelli, uma erupção estromboliana vista à noite lembra um magnífico espetáculo de fogos de artifício (Figura 7.3d): piroclastos de escória

---

[2] Hoje o Havaí tem dois vulcões ativos cujos topos são caldeiras: o Mauna Loa, com 4.169 m de altitude (Figura 7.2a), e o Kilaunea, com 1.200 m. O ponto mais alto do arquipélago é o Mauna Kea (com 4.206 m de altitude), um vulcão semelhante ao Mauna Loa, mas inativo.

[3] Fluidos liquefeitos o bastante para derramarem a uma distância de 40 milhas, até o mar.

[4] Traduzido do idioma italiano para o inglês por Giullia Kistruck.

Capítulo 7 Como os Magmas entram em Erupção – uma Introdução aos Processos e Produtos Piroclásticos 213

Figura 7.3 (a) Jorro de lava em erupção do tipo havaiano em Pu'u 'O'o, Kilauea, Havaí, em setembro de 1983 (fotografia de J. D. Griggs); a fonte em si e o manto de lava de cor clara em primeiro plano são de um vermelho vivo; o conduto é circundado por um cone do tipo "*spatter cone*" (cone de respingos) que posteriormente cresceu para formar um edifício muito maior. (b) Fonte de lava observada no interior do lago de lava formado em dezembro de 1959 na cratera Iki, Kilauea, Havaí; note as gretas incandescentes na superfície de lava solidificada do lago (fotografia de J. P. Eaton). (c) Pequena coluna de erupção estromboliana, no vulcão Stromboli; note o cone fumegante em segundo plano. (d) Erupção estromboliana à noite, no Stromboli; uma segunda cratera em erupção, mais distante, pode ser visualizada na parte direita da imagem (fotografia de B. Chouet). As fotografias (a), (b) e (d) foram reproduzidas por cortesia do Serviço Geológico dos Estados Unidos (USGS).

Tabela 7.1 Estilos de erupção e suas características visíveis

	Fenômenos comumente observados	Depósitos piroclásticos (composição)	Unidades de relevo vulcânico típicas
Havaiana	Fontes incandescentes com altura ≥100 m (Figura 7.3a), lagos de lava (Figura 7.3b), tubos de lava	Pequenas quantidades de cabelo e lágrimas de Pele (basalto)	**Vulcão em escudo** basáltico (Figura 7.2a), caldeira no cimo, *spatter cone*, fluxos de lava (pahoehoe, a'a), barreiras (leveés)
Estromboliana	Explosões periódicas que emitem nuvens de **escória** ou de cinzas (Figura 7.3c,d)	Camadas de escória bem selecionadas (basalto ou andesito basáltico)	Cone de escória (Figura 2.6)
Vulcaniana	Explosões individuais, coluna eruptiva efêmera com 5 a 10 km de altura (Figura 7.4a)	Camadas delgadas de cinzas (Figura 7.2c), bombas vulcânicas "casca de pão", fragmentos líticos (Componente jovem normalmente intermediário a ácido)	Cratera (por exemplo, Fossa, Figura 7.2c)
Subpliniana	Coluna eruptiva persistente com 10 a 20 km de altura, CDP*	(a) Cobertura ampla de púmice de queda	**Estratovulcão** (Figura 7.2b) e cratera; contudo, as erupções plinianas maiores muitas vezes não têm um edifício positivo associado e podem ejetar quantidade de magma grande o bastante para causar a subsidência de caldeira (Figura 7.18)
Pliniana e ultrapliniana	Coluna eruptiva persistente com 20 a 50 m de altura e guarda-chuva, CDP*	(b) Lapili-tufos com púmice/ **ignimbrito** (normalmente dacito, riolito ou fonolito)	
Hidrovulcânica	Explosões repetidas, nuvem de cinza do tipo "rabo de galo" (Figura 7.9a), nuvem expansiva na base do surge	Camadas delgadas de cinza juvenil (muitas vezes basalto) *e/ou* materiais líticos da rocha encaixante; estratos cruzados na base do surge	Anel de tufo (ou cinza); cratera ou **maar** (Figura 7.9b)

* CDP: Corrente de densidade piroclástica (Figura 7.4e).

incandescente (cujo brilho é quase imperceptível à luz do dia) descrevem graciosas trajetórias parabólicas pelo ar e podem, mesmo após caírem nos flancos do cone (e rolarem por eles), sustentar seu brilho por algum tempo. Intervalos relativamente regulares de explosões (30 minutos ou algumas horas) são característicos das erupções estrombolianas. O vulcão que deu nome a esse tipo de erupção, o qual forma a ilha de Stromboli, nas Ilhas Eólias da Itália[5], produz erupções dessa categoria, intercaladas com explosões e episódios maiores e ocasionais de efusão de lava há milhares de anos. À noite, o fulgor emitido em seu cimo serve de farol para marinheiros, desde os períodos clássicos. No entanto, a maior parte dos exemplos de atividade estromboliana produz cones de escória **monogenéticos**, em escala menor. Os depósitos e formas de relevo associados a essas erupções são apresentados na Tabela 7.1.

Ao passo que os jorros de lava nas erupções havaianas permanecem líquidos até alcançarem o solo, a escória estromboliana normalmente se solidifica antes de cair – embora possa continuar incandescente por algum tempo. Essa diferença é atribuível ao grau de fragmentação – grandes jorros de líquido magmático são capazes de acumular calor de maneira mais eficiente comparados a massas de magma do tamanho de um punho fechado (ou menores) que, de modo geral, formam a escória.

As erupções vulcanianas

Ainda no arquipélago Eólio, outra ilha, chamada de Vulcano,[6] tipifica as erupções vulcânicas – caracterizadas por explosões "semelhantes a tiros de canhão". Esse tipo de erupção ocorreu no cone de Fossa, em Vulcano, entre 1888 e 1890. Guest et al. (2003)

---

[5] Isole Eolie, em italiano.

[6] O nome da Ilha de Vulcano deu origem ao termo *vulcanologia*.

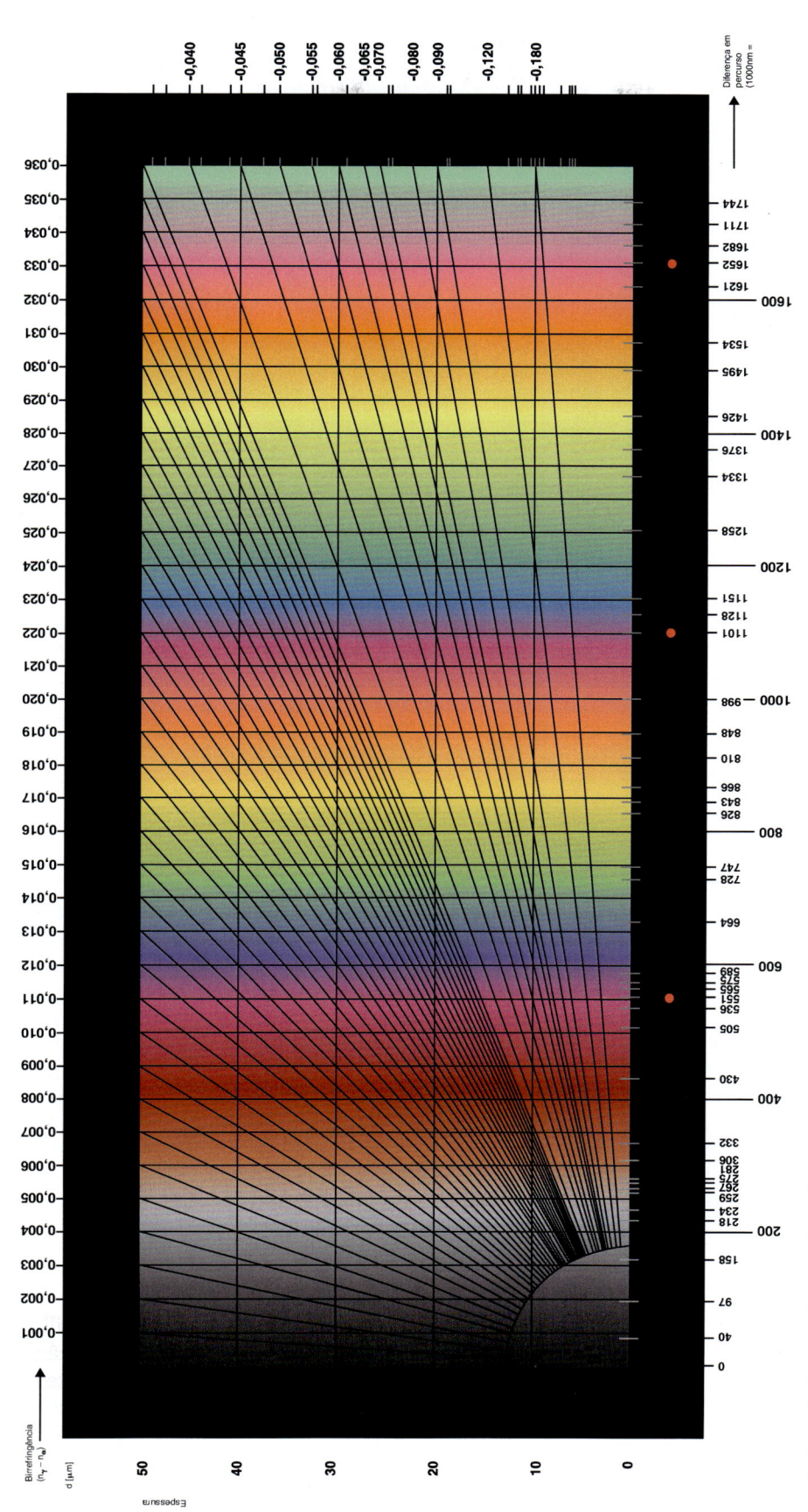

1 Gráfico de Michel-Lévy O gráfico de Michel-Lévy de cores de interferência. © Carl Zeiss, Alemanha (um arquivo no formato PDF está disponível em www.zeiss.de/C12567BE0045AF1/allBySubject/A30F2861A5385EBCC1256D52004AD6DF).

2.1 Basalto olivina-fírico de Waikoloa, ilha do Havaí (imagem cedida por J.G. Fitton); largura do campo: 3,5 mm.

2.2 Basalto holocristalino com microfenocrsitais de olivina e de plagioclásio (Preshal Mohr, Ilha de Skye); a imagem esquerda mostra a rocha em luz polarizada, a imagem à direita a mostra em nicóis cruzados. Como sugere a aparência de fenocristais de plagioclásio sem augita, esse basalto tem composição tholeiítica. Largura do campo: 3,2 mm.

2.3 Lava escoriácea em luz polarizada mostrando (i) textura **seriada**; (ii) fenocristais de olivina incolor (com alteração de **iddingsito** vermelho) e augita bege; (iii) microfenocristais de plagioclásio, olivina alterada e augita esparsa; (iv) massa fundamental vítrea tornada opaca por inclusões submicroscópicas de minerais de óxidos; (v) agrupamento **glomeroporfirítico** de cristais de augita (à direita); (vi) vesículas (de coloração azul causada pelo meio de montagem). Largura do campo: 1,3 mm (Ankaramita de Agde, Hérault, França.)

2.4 Agrupamento glomeroporfirítico de cristais de olivina em nicóis cruzados. A área circular preta sem micrólitos de plagioclásio é uma vesícula (Ankaramita de Agde, Hérault, França. Largura do campo: 2,7 mm.)

2.5 Ankaramita olivina-augita-fírica (Ilha de Aoba, Vanatu, sudoeste do Oceano Pacífico. A porção superior é mostrada em luz polarizada, a porção inferior é mostrada em nicóis cruzados. Largura do campo: 2,7 mm).

2.6 *Skylight*, ou claraboia, em um derrame de lavas no Havaí (foto: Ivvet Modinou, reproduzida com permissão).

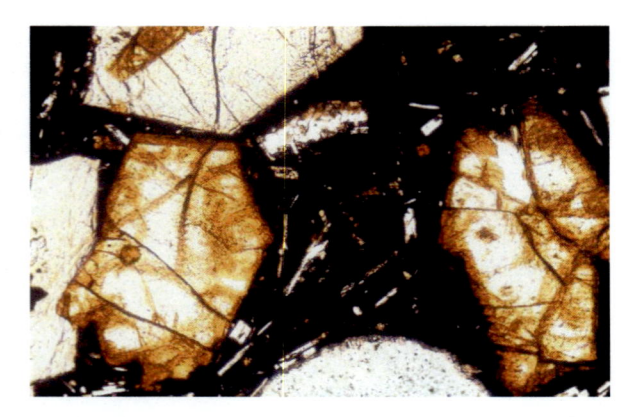

2.7 Alteração do iddingsito concentrada nas margens (e em algumas rachaduras) de fenocristais mostrada em luz polarizada (largura do campo: 1,4 mm); observe a diferença em cor macroscópica entre a olivina incolor (onde não alterada) e augita bege.

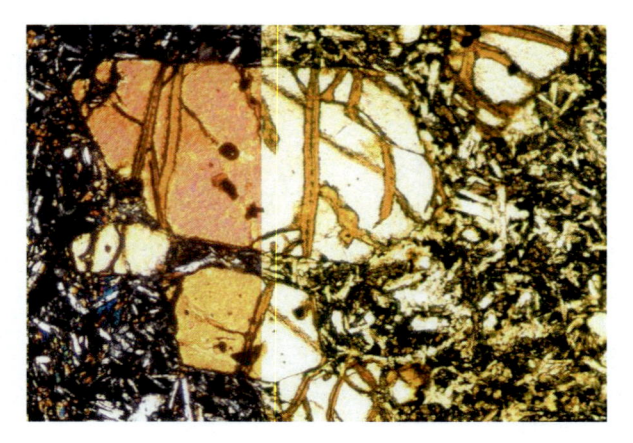

2.8 Serpentinização incipiente em rachaduras internas em fenocristais de olivina; a parte esquerda da imagem é mostrada em nicóis cruzados, a parte direita é mostrada em luz polarizada (largura do campo: 0,9 mm).

2.9 Pseudomorpho de iddingsito após fenocristais de olivina euédrica em luz polarizada (largura do campo: 3,2 mm).

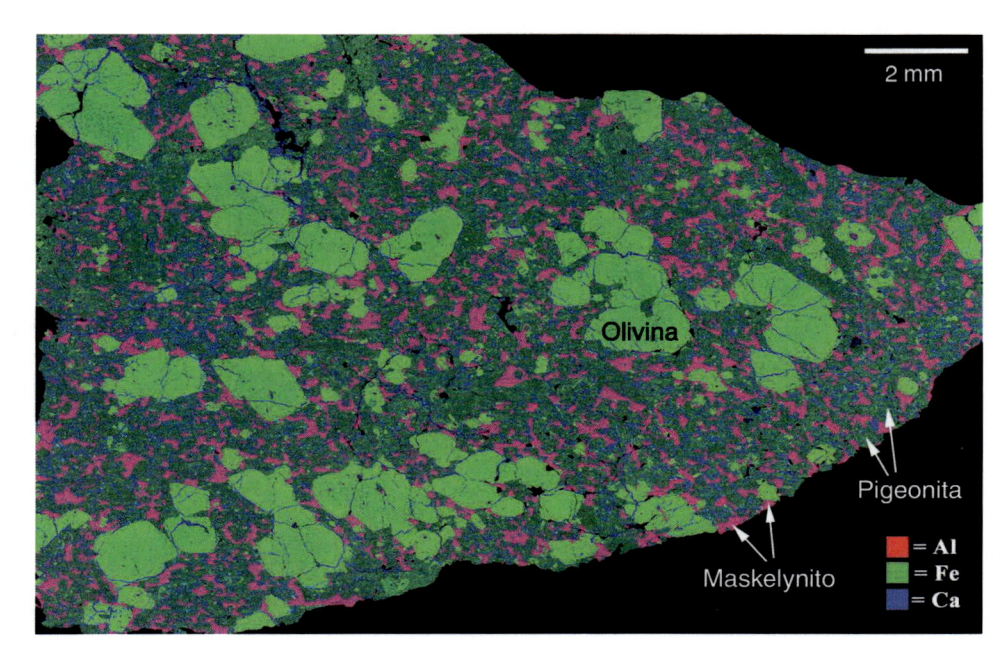

2.10 Mapa de elementos elaborado usando raio X de um shergotito olivina-fírico (um meteorito composto por acondrito basáltico oriundo de Marte). O mapa foi elaborado por varredura com um feixe de **microssonda eletrônica** em toda a área de uma amostra polida de superfície, mapeando os pontos dos quais os espectros de raios X do Al, do Ca e do Fe foram emitidos; a distribuição de cada elemento é indicada pelas cores mostradas na legenda. As cores permitem que os grãos dos minerais sejam mapeados segundo suas composições distintas: os glomerocristais de olivina (agrupamentos de fenocristais) contêm ferro e têm cor verde-claro a médio, a pigeonita na massa fundamental é de um verde mais escuro, e o maskelynito (vidro produzido pela liquefação isoquímica abrupta do plagioclásio) tem cor lilás, uma vez que contém cálcio (o qual confere a cor azul) e alumínio (responsável pela cor vermelha). Imagem cedida por C.A. Goodrich; reproduzido de Goodrich (2003) com ligeiras modificações e com permissão de Elsevier.

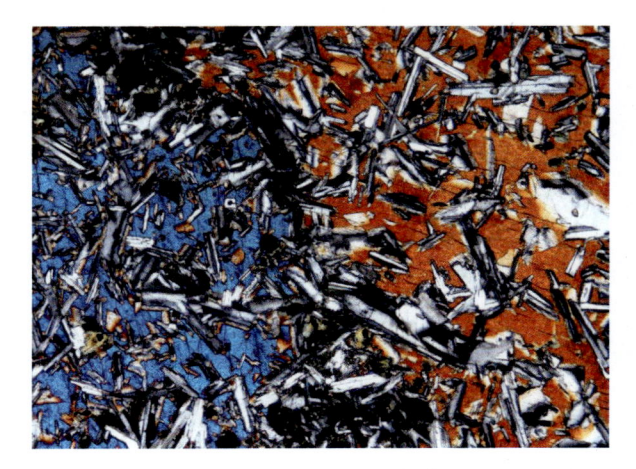

4.1 Textura **ofítica** no basalto (nicóis cruzados): os cristais euédricos de plagioclásio ripiforme com maclas múltiplas (cores de interferência cinza) são envoltos por dois oicocristais de augita com cores de interferência laranja (primeira ordem) e azul (segunda ordem). Largura do campo (1,3 mm) (Loch Scridain, Ilha de Mull).

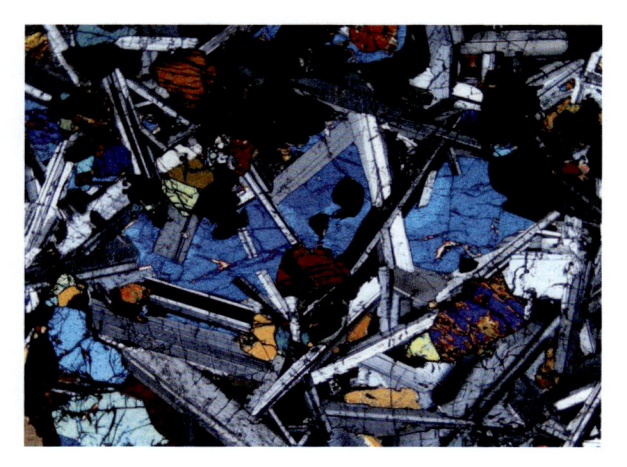

4.2 Olivina-dolerito subofítico (nicóis cruzados): a textura lembra a textura ofítica, exceto pela plagioclásio ripiforme, o qual na maioria das vezes não está completamente envolto pela augita (compare com a Prancha 4.1). (Olivina-analcita-dolerito da Soleira de Clauchlands, Ilha de Arran, largura do campo: 5,4 mm).

4.3 Textura poiquilofítica no gabro (nicóis cruzados; campo de visão: 2,7 mm de largura): os cristais de olivina, além dos plagioclásio ripiforme, são envoltos por oicocristal de augita. Observe que o tamanho dos cristais incluídos aumenta a partir do centro para a borda do oicocristais (gabro, origem desconhecida).

4.5 Laminação ígnea em um gabro feldspático (nicóis cruzados; campo de visão: 5,4 mm de largura); os cristais de plagioclásio cumuláticos subparalelos estão intercalados com olivinas cumuláticas e augita e opacos raros (Zona Superior, intrusão de Skaergaard, Leste da Groelândia).

4.4 Cumulato olivina-plagioclásio no gabro (nicóis cruzados; campo de visão: 5,4 mm de largura): Zona Inferior, intrusão de Skaergaard, Leste da Groelândia).

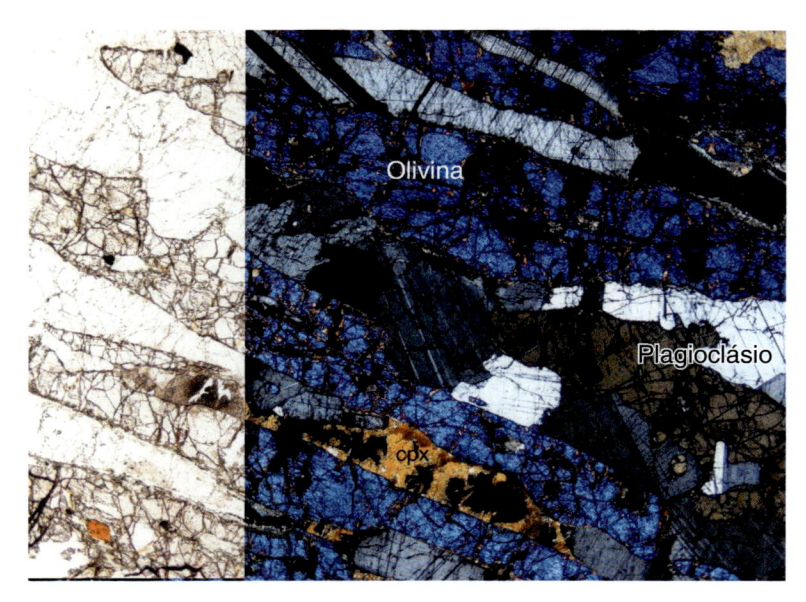

4.6 Cumulato crescente de olivina (cristais diagonais estreitos com cor de interferência azul) com cristais de augita e de plagioclásio intercumuláticos no olivina-gabro (plano a imagem à esquerda foi obtida com luz polarizada, a imagem à direita foi obtida com nicóis cruzados; campo de visão: 5,4 mm de largura; Glen Harris, Ilha de Rum, Hébridas).

4.7 Pigeonita invertida (cristal A, em extinção) com duas gerações de lamelas de exsolução: lamelas de augita largas paralelas à pigeonita (001) – formadas durante a inversão – e lamelas de augita mais finas paralelas à enstatita (100) formadas durante o resfriamento subsequente. Um cristal de augita maclado adjacente (cristal B) exibe lamelas de exsolução de enstatita paralelas a (001). Norito, Complexo de Bushveld (campo de visão: 2,7 mm de largura).

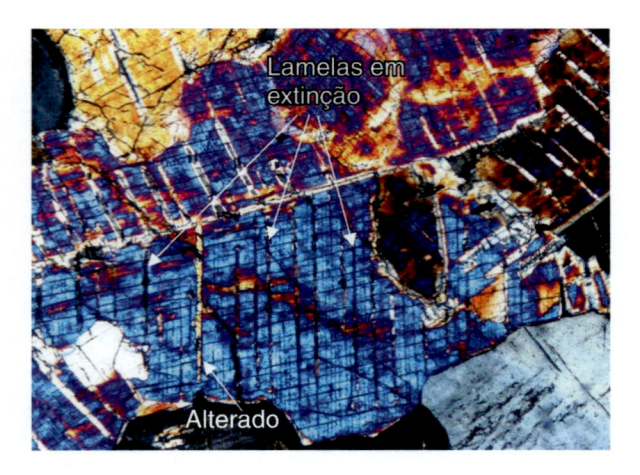

4.8 Cristal de augita maclado (grão B na Prancha 4.7) exibindo lamelas de ortopiroxênio no gabro (nicóis cruzados); a parte inferior da augita maclada encaixante mostra lamelas de ortopiroxênio que se extinguem paralelamente ao plano (100) das lamelas (exceto por um, o qual sofreu alteração). Campo de visão: 2,7 mm de largura.

4.9 Oicocristal de augita envolvendo ortopiroxênio cumulático, a augita também exibe lamelas de exsolução do ortopiroxênio paralelo a (100) enfatizado pela clivagem; zona de peridotitos do Complexo de Stillwater, Montana (nicóis cruzados, campo de visão: 1,5 mm de largura). Seção delgada cortesia de I. S. McCallum, Universidade de Washington, Seattle.

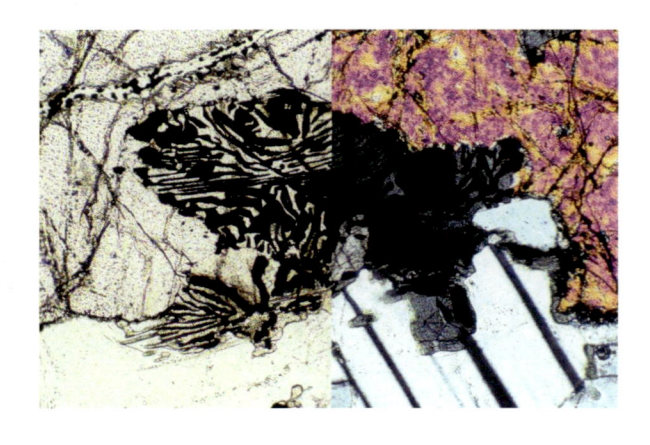

4.10 Ortopiroxênio-opaco simplectito formado no limite entre grãos de olivina (topo) e plagioclásio; a imagem à direita foi obtida com luz polarizada, enquanto a imagem à esquerda foi obtida em nicóis cruzados (troctólito da intrusão de Bem Buie, Ilha de Mull, campo de visão: 0,5 mm de largura).

4.11 Olivina-plagioclásio simplectito crescendo para fora da margem de um cumulato de grão de óxido Fe-Ti no grão de plagioclásio cumulato vizinho. Zona Intermediária, Intrusão de Skaergaard (foto cortesia de Gemma Stripp, Universidade de Cambridge). Nicóis cruzados, campo de visão: 0,7 mm de largura.

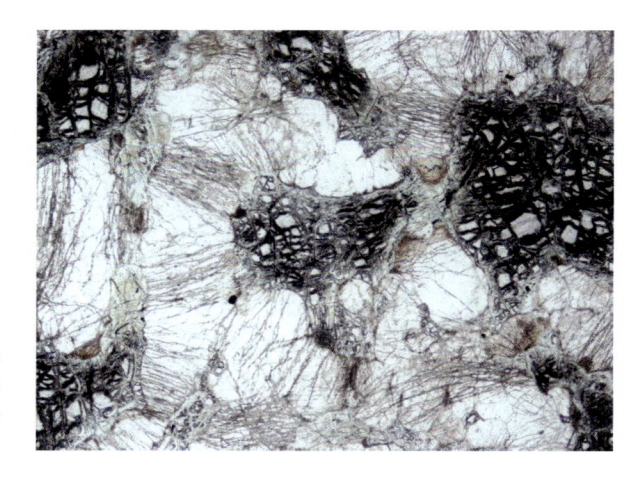

4.12 Rachaduras de expansão no plagioclásio irradiando de cristais de olivina serpentinizados devido à expansão que acompanha a alteração. (Troctólito, Aberdeenshire, Reino Unido, campo de visão: 2,7 mm de largura).

4.13 Anortosito tipo maciço (em nicóis cruzados): observe os cristais de plagioclásio que se desgastaram (como indica a ligeira curvatura das lamelas macladas em alguns cristais, por exemplo) e recristalizaram ao longo das bordas, formando subgrãos menores em resposta ao estresse pós-cristalização (Complexo de Morin, Quebec, Canadá; campo de visão: 5 mm de largura).

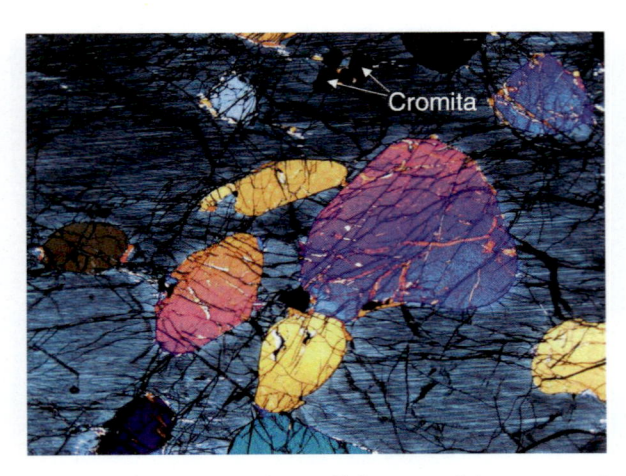

5.1 Cristais de cumulato olivina parcialmente reabsolvidos em um oicocristal de enstantita: o cumulato olivina-cromita da zona do peridotito da Intrusão de Stillwater (nicóis cruzados, campo de visão: 5,4 mm de largura); seção delgada cedida por I. S. McCallum, Universidade de Washington, Seatle.

5.2 Cumulato olivina-enstatita com plagioclásio intercumulático (maclagem múltipla) da zona do peridotito da Intrusão de Stillwater, Montana, Estados Unidos (nicóis cruzados; campo de visão: 5,4 mm de largura); observe o reajuste do limite de grão local a aproximadamente 120º próximo à metade inferior da margem esquerda. Seção delgada cedida por I. S. McCallum, Universidade de Washington, Seattle.

5.3 Nódulo de espinélio-lherzolito, vulcão de Leurat, Victoria, Austrália (barra de metal: 1 cm de comprimento). Observe o contorno arredondado do xenólito em contato com a escória basáltica encaixante (topo da foto). Foto: K. d1Souza.

5.4 Imagem aumentada da Prancha 5.3, mostrando o diopsídio-cromo e outros minerais individuais (comprimento da barra: 1 cm). O mineral verde-claro dominante é a olivina. Foto: K. D'Souza.

5.5 Amostra de mão de um xenólito protogranular de granada-lherzolito de um kimberlito (origem desconhecida). O cromo-diopsídio é idêntico ao da Prancha 5.4; o mineral amarelo é a enstatita, a granada é vermelha, a olivina é verde mais claro (barra de metal: 1 cm). Amostra cedida por M. A. Menzies, Universidade de Londres. Foto: K. D'Souza.

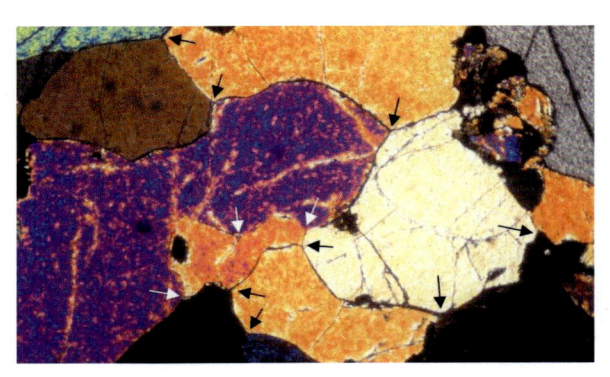

5.6 Textura protogranular em um harzburgito mantélico (xenólito em basalto do Maciço Central, França, nicóis cruzados, campo de visão: 2,7 mm de largura); as setas indicam junções triplas com ângulos interfaciais semelhantes a 120º.

5.7 Espinélio-lherzolito protogranular de Lherz (duto de perfuração de Fontete Rouge); nicóis cruzados, campo de visão: 2,7 mm de largura. Seção delgada cedida por E. McPherson, Open University.

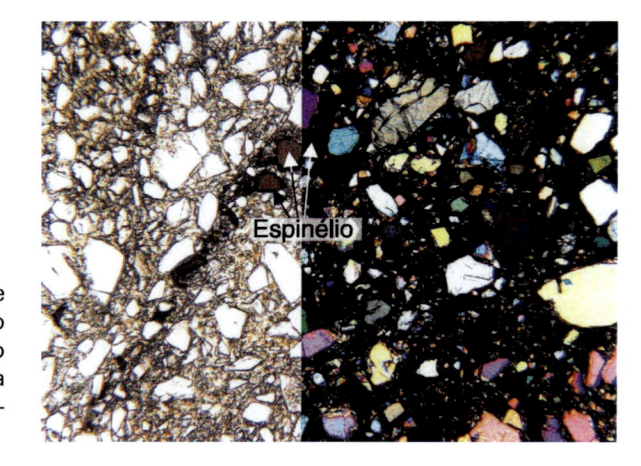

5.8 Espinélio-lherzolito porfiroclástico ("cisalhado") de Lherz (de uma zona de cisalhamento interceptada no duto de perfuração de Fontete Rouge); largura total do campo de visão: 2,7 mm. Os grãos isotrópicos sinalizados por seta com cor macroscópica marrom são de espinélio. Seção delgada cedida por E. McPherson, Open University.

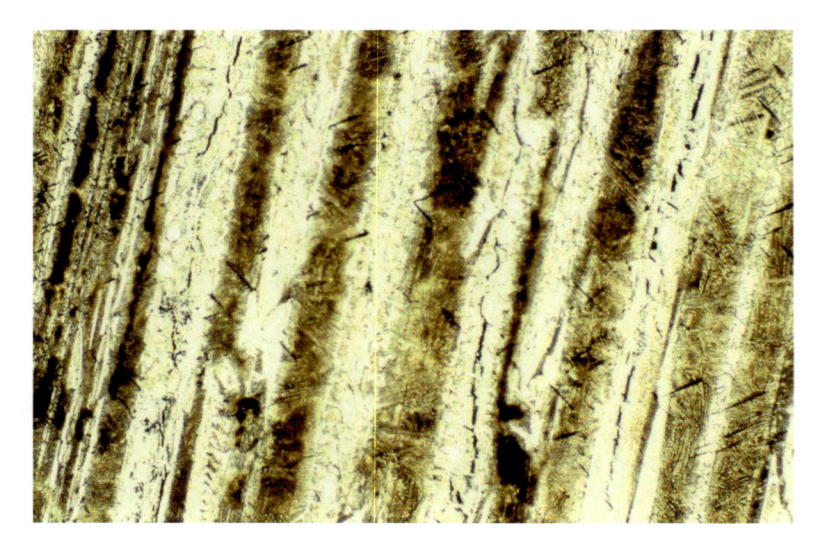

5.9 Textura spinifex em um derrame de komatiitos, Municipalidade de Munro, Ontário, em nicóis cruzados. As bandas brancas são placas de olivina vistas em seção transversal; formas esqueléticas e as terminações pontiagudas são visíveis junto à borda esquerda. Os cristais pretos lineares são dendritos de cromita primária (compare com a Prancha 5.11). A serpentinização parcial da olivina precipitou traços internos de opacos de óxido de ferro secundário (compare com a Prancha 4.9 e a Equação 4.3). As bandas marrons intercaladas são compostas de cristais de piroxênio de contorno indefinido (mais facilmente discerníveis no lado direito e nas Pranchas 5.10 e 5.11) cristalizados de um líquido magmático intersticial. Campo de visão: 1,4 mm de largura.

5.10 Imagem aumentada do mesmo komatiito, em nicóis cruzados. As bandas com cores de interferência mais altas são placas de olivina **opticamente contínuas** (parcialmente serpentinizadas – cores de interferência cinza). As bandas entre as olivinas consistem em cristais de piroxênio dendrítico que lembram plumas ou folhas de faia, os quais precipitaram rapidamente do manto intersticial (Municipalidade de Munro, Ontário; campo de visão: 0,56 mm de largura).

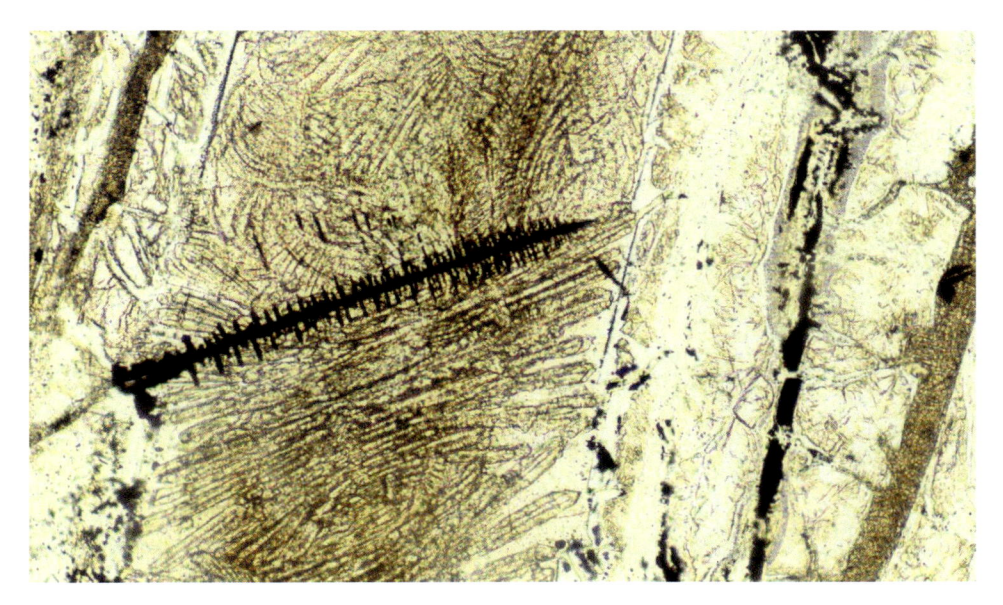

5.11 Dentrito com formato de "árvore de Natal" em uma zona de "líquido magmático" intersticial (os contornos de um cristal de piroxênio com aparência de pluma são visíveis) em um komatiito sob maior aumento (luz polarizada); os ramos de cromita que aparecem separados da "árvore" provavelmente aparecem unidos a ela em três dimensões. Na placa de olivina mais clara à direita, o óxido de ferro opaco expelido durante a serpentinização forma uma banda central menos regular (fluxo de komatiito da Municipalidade de Munro, Ontário; campo de visão: 0,28 mm de largura).

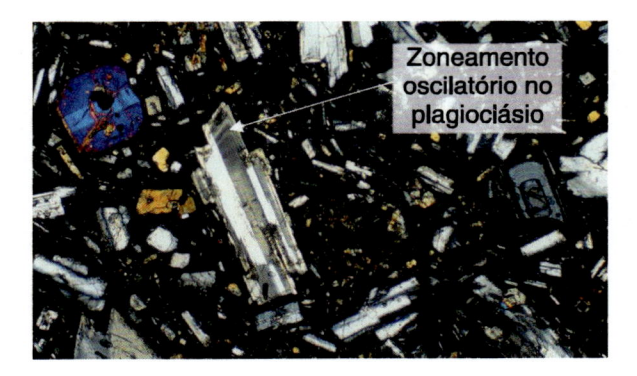

6.1 Piroxênio andesita plagioclásio-fírico com textura seriada, do vulcão de Cereme, Java; os fenocristais de feldspato exibem zoneamento oscilatório. Campo de visão: 1,3 mm de largura. Amostra cedida por C. M. H. Edwards.

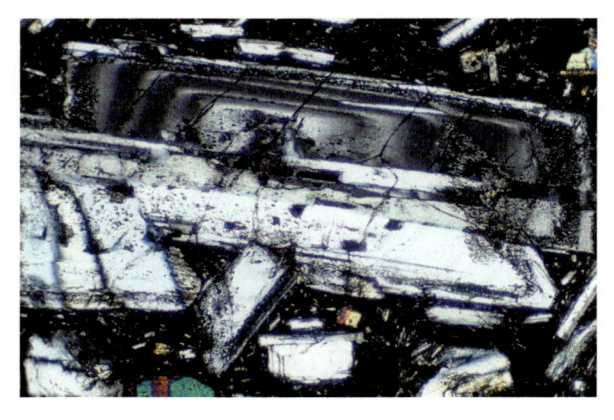

6.2 Imagem aumentada do zoneamento oscilatório em um fenocristal de plagioclásio complexo (mais claro na metade superior) de uma lava andesítica de Cereme. Nicóis cruzados; campo de visão: 0,5 mm de largura. Cortesia de C. M. H. Edwards.

6.3 Andesito basáltico (Tanna, Vanuatu). A imagem à direita foi obtida com luz polarizada, a da esquerda com nicóis cruzados; campo de visão: 2 mm de largura. Observe as terminações em cauda de andorinha do cristal de plagioclásio (centro). O cristal de alta birrefringência (esquerda) é de olivina.

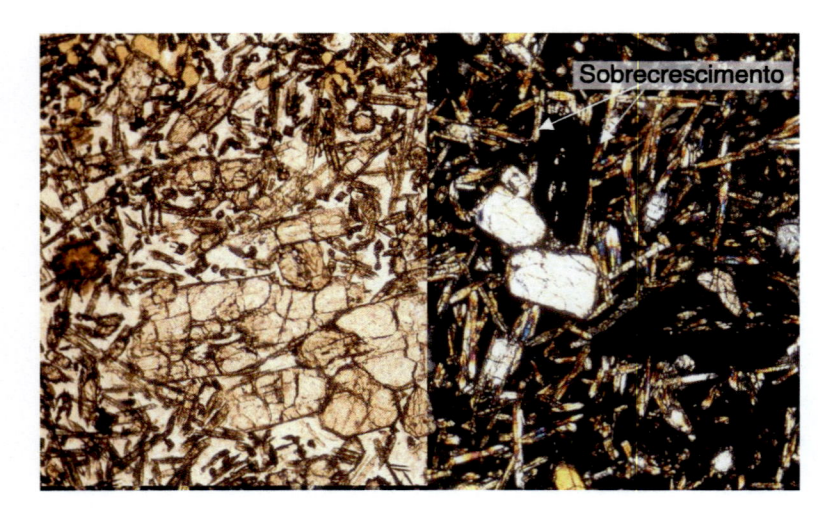

6.4 Lava boninítica enstatita-microfírica de Chichijima, Ilhas Bonin, Japão; campo de visão: 1,4 mm de largura total (imagem em luz polarizada à esquerda, em nicóis cruzados à direita). Seção delgada cedida por R. N. Taylor, Southampton, Instituto Oceanográfico, Reino Unido.

6.5 Supercrescimento do clinopiroxênio em um cristal de enstatita (em extinção) na mesma seção delgada mostrada na Prancha 6.4. Nicóis cruzados; campo de visão: 0,55 mm de largura. Seção delgada cedida por R. N. Taylor, Southampton, Instituto Oceanográfico, Reino Unido.

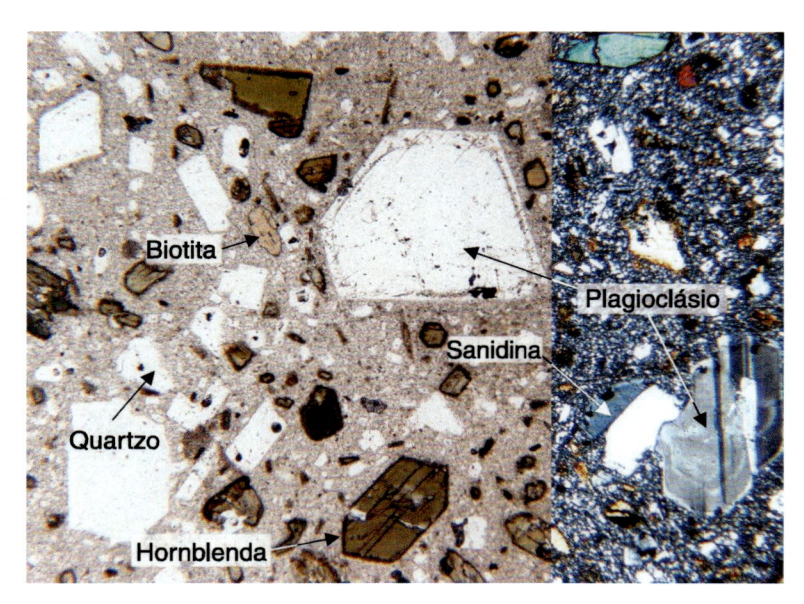

6.6 Lava dacítica biotita-horblenda plagioclásio-fírico (Northland, Nova Zelândia). Observe o zoneamento oscilatório no fenocristal de plagioclásio à direita (nicóis cruzados) e o supercrescimento delineado por uma zona de pequenas inclusões em um fenocristal de plagioclásio central grande. Campo de visão: 2,7 mm de largura total.

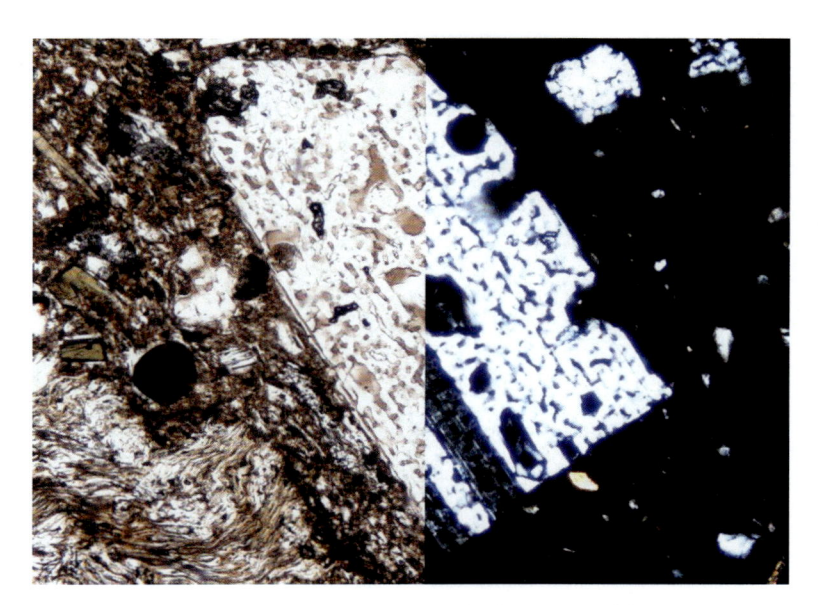

6.7 Textura de peneira relativamente grosseira (inclusões de líquido magmático [vidro] marrom-claras abundantes, em luz polarizada) em um clasto de plagioclásio em um tufo de lapílis riolíticos consolidados em Battleship Rock, Montanhas de Valles, Novo México (imagem à esquerda em luz polarizada, à direita em nicóis cruzados): observe também o contorno com embaiamento do cristal. Campo de visão: 0,9 mm de largura.

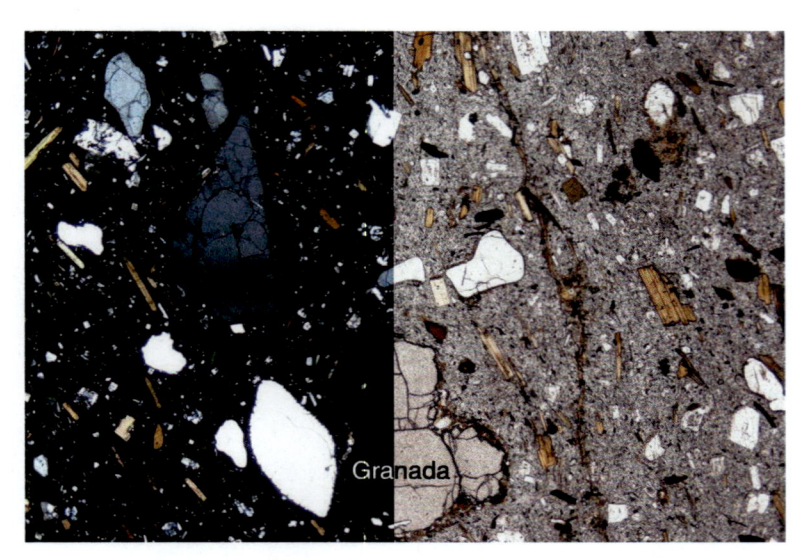

6.8 Dacito biotita com granada de vulcão de Cerro de Hoyazo (Mioceno) no sudeste da Espanha (a imagem à direita foi obtida em luz polarizada, a imagem à esquerda foi obtida em nicóis cruzados). Campo de visão: 5,4 mm de largura.

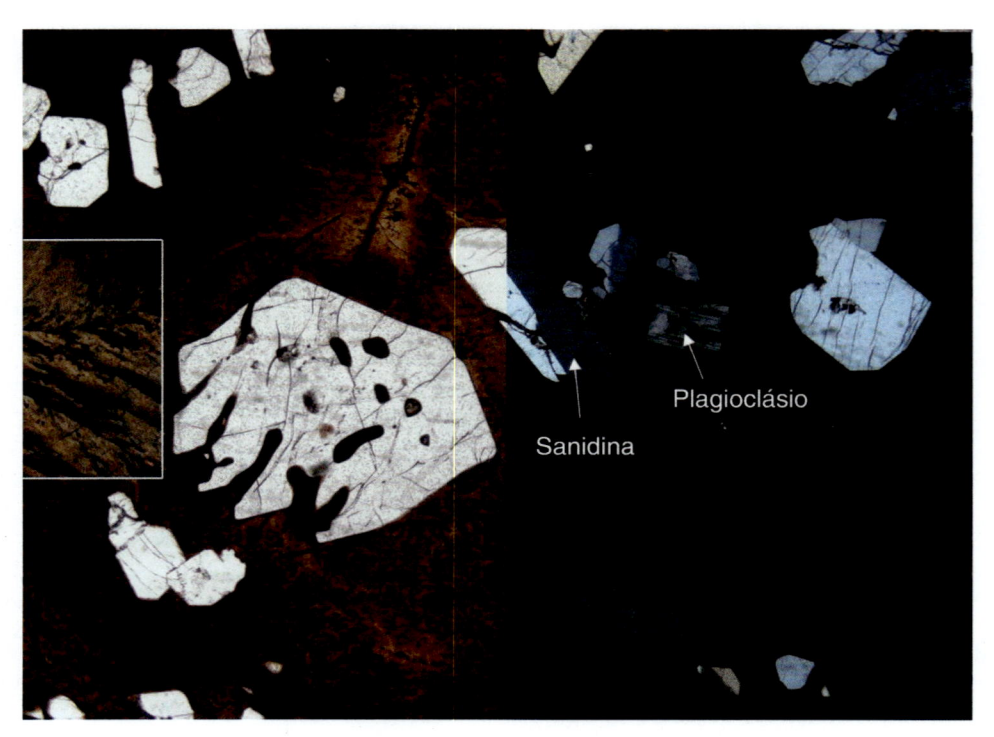

6.9 Riólito mostrando um cristal de sanidina com maclagem simples, um cristal de plagioclásio com maclagem múltipla e um fenocristal de quartzo reabsorvido parcialmente (Riólito de Taylor Creek, Novo México; campo de visão: 5,4 mm de largura). A imagem à esquerda foi obtida em luz polarizada, a imagem à direita foi obtida em nicóis cruzados; a área com uma moldura na margem esquerda é mostrada em nicóis cruzados, superexposta para enfatizar a birrefringência associada à desvitrificação esferulítica da matriz vítrea.

6.10 *Pitchstone* mostrando um microfenocristal de sanidina esquelético e micrólitos de feldspato em uma matriz vítrea. (Soleira de Ross, Mull, Hébridas, Escócia; a imagem à esquerda foi obtida em luz polarizada, a imagem à direita foi obtida em nicóis cruzados; campo de visão: 0,54 mm de largura no total).

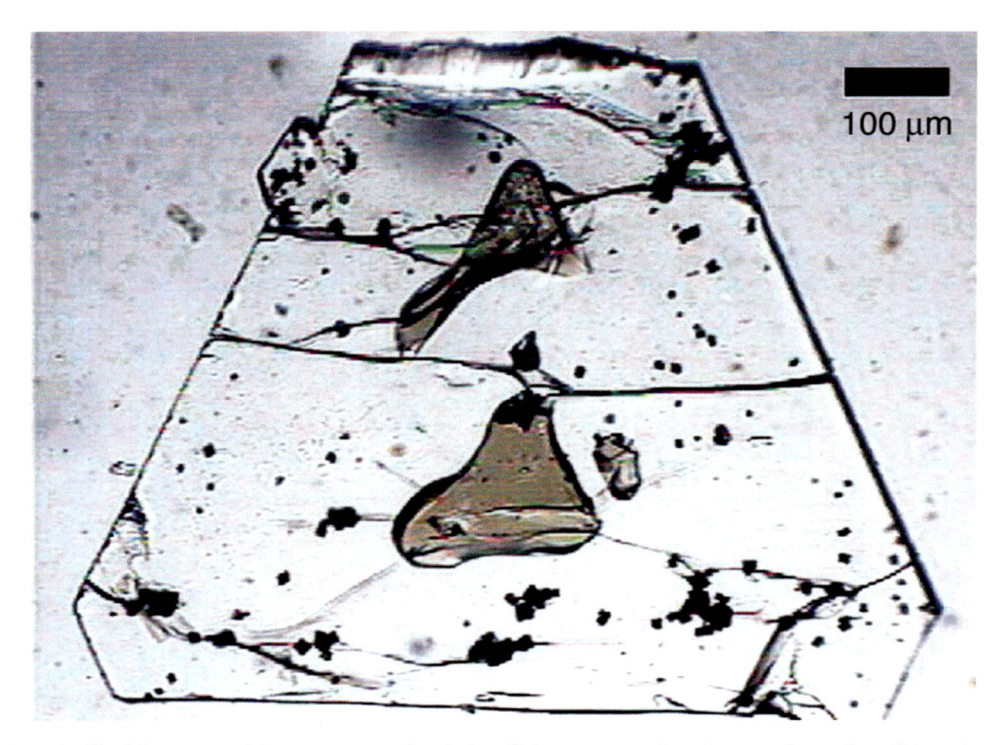

6.11 Inclusões de líquido magmático em um cristal de olivina separados de um clasto basáltico do *maar* de Blue Lake, Oregon. Cortesia de Paul Wallace (Metrich e Wallace, no prelo).

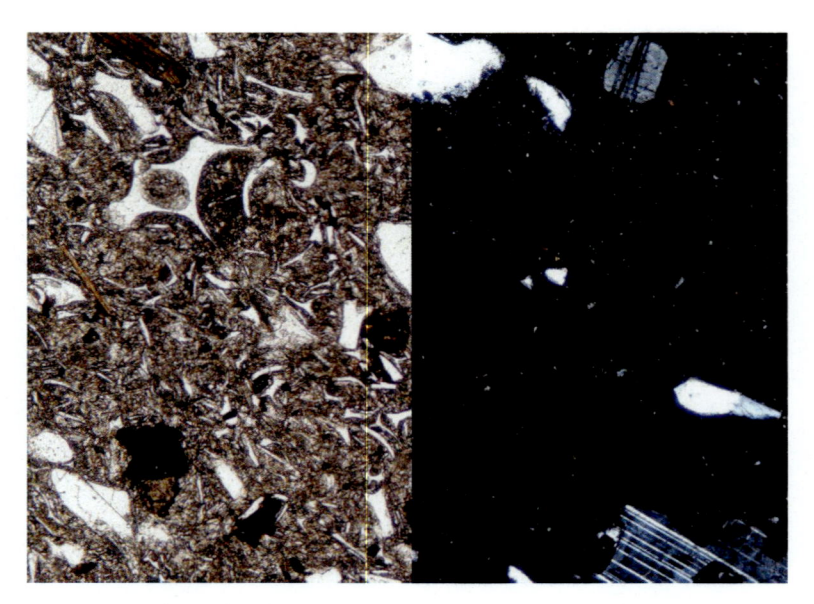

7.1 Tufo de Toba da erupção ocorrida há 74 ka mostrando fragmentos cristalinos de plagioclásio, sanidina, quartzo, biotita e opacos e lascas de vidro em cúspide (a imagem à esquerda foi obtida em luz polarizada, a imagem à direita foi obtida em nicóis cruzados). Campo de visão: 1,3 mm de largura. Amostra cedida por C. Tiltman, Grupo de Pesquisa do Sudeste Asiático, Universidade de Londres.

7.2 Tufo de lapílis não consolidado (ignimbrito de Kneeling Nun), Novo México (a parte inferior foi obtida em luz polarizada, a parte superior foi obtida em nicóis cruzados) e grãos irregulares de sanidina, plagioclásio, quartzo, biotita e opacos de todos os tamanhos estão colocados em uma matriz de lascas de vidro. Campo de visão: 2,7 mm de largura.

7.3 Textura eutaxítica em um tufo de lapílis consolidado (ignimbrito de Battleship Rock), Montanhas Jemez, Novo Méxio (a imagem à esquerda foi obtida em nicóis cruzados, a imagem à direita foi obtida em luz polarizada). Os lapílis de pedra-pomes achadatos (fiamme) definem uma foliação obliqua às bordas da imagem; esses lapílis e os cristais de quebrados de plagioclásio, sanidina, biotita e as lascas de vidro estão colocados em uma matriz de cinzas marrom alterada. Campo de visão: 5,3 mm de largura

8.1 Hornblenda quartzo diorito (a imagem à esquerda foi obtida com nicóis cruzados, a imagem à direita foi obtida em luz polarizada; campo de visão: 4,8 mm de largura); o plagioclásio está muito **sericitizado**, o que confere a ele uma aparência mosqueada em nicóis cruzados e turva em luz polarizada. Intrusão menor, plúton de Ardara, Irlanda (imagem cedida por A. Hall).

8.2 Granito subsolvus de duas micas, Albtal, Floresta Negra, Alemanha (a imagem à esquerda foi obtida em nicóis cruzados, a imagem à direita foi obtida em luz polarizada; campo de visão: 3,8 mm de largura). Observe as manchas negras (halos pleocroicos circundando inclusões de minerais acessórios ricos em U e Th) em cristais de bioitita.

8.3 Textura micrográfica em um granófiro, Ilha de Mull, Escócia; os grãos pequenos com cores de interferência de segunda ordem são minerais máficos alterados (nicóis cruzados, campo de visão: 1,3 mm de largura).

8.4 Turmalina muscovita granito: a imagem à esquerda foi obtida em luz polarizada (o detalhe mostra um cristal de turmalina rodado para demonstrar o pleocroísmo), a imagem à direita foi obtida em nicóis cruzados. Cornuália, Reino Unido (seção cedida por D. Alderton).

8.6 Textura de plagioclásio envolto em placas de granito polido (origem desconhecida; revestimento decorativo e Gorsvenor Square, Londres). Diâmetro da moeda: 1,2 cm.

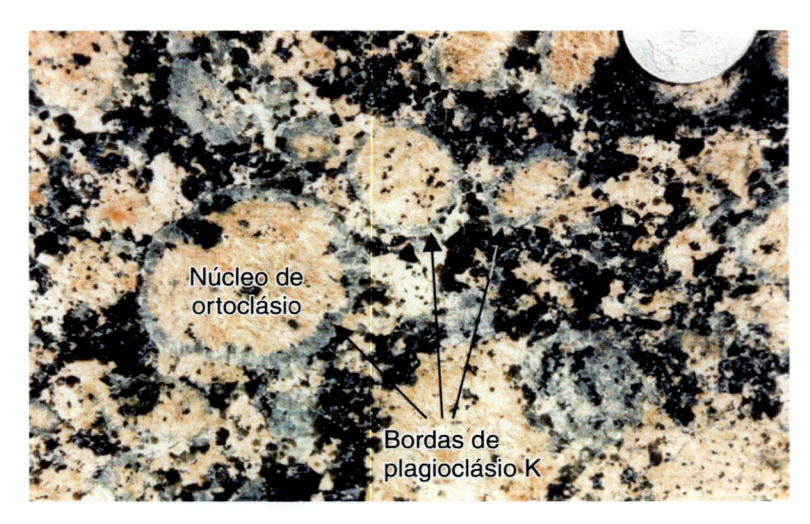

8.7 Superfície polida de uma placa de granito rapakivi (origem desconhecida) no saguão do Museu Geológico, Copenhague; diâmetro da moeda: aproximadamente 1,5 cm. Os megacristais de feldspato potássico corroídos (rosa) são envoltos por plagioclásio cinzento.

8.8 Megacristal de feldspato potássico em um enclave de microdiorito em amostra de mão de um granito de Shap, Reino Unido; a maclagem simples é discernível em amostra de mão devido ao reflexo diferencial dos dois indivíduos maclados. Comprimento da barra de aço: 1 cm (foto: K. D'Souza).

8.9 Margem de enclave de microdiorito em amostra de mão do granito de Shap; o megacristal de feldspato potássico no enclave tem cerca de 1,7 cm de comprimento (foto: K. D'Souza).

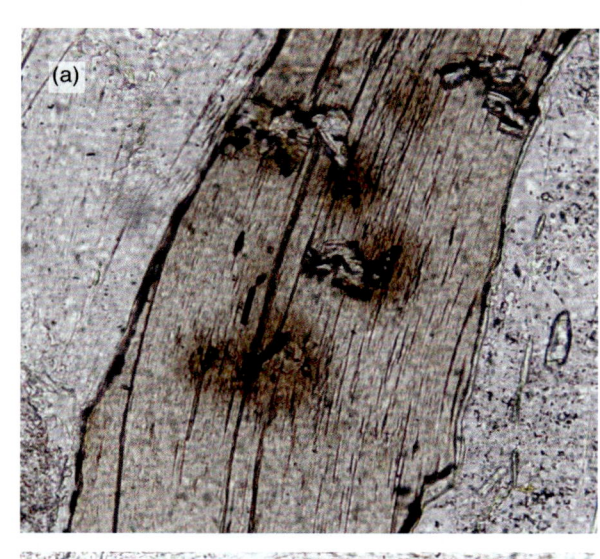

8.10 Cristal de biotita pleocróica contendo inclusões envoltas por **halos pleocroicos** resultantes de danos radioativos.

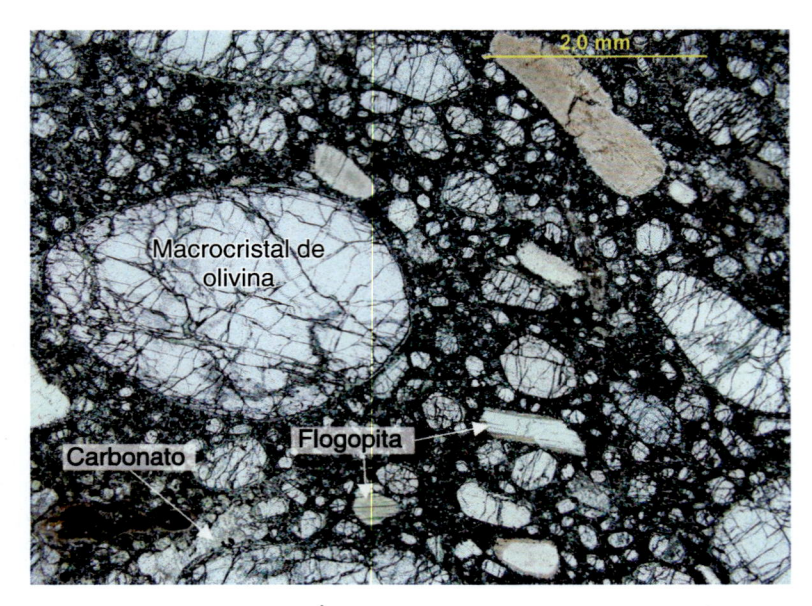

9.1 Kimberlito hipoabissal de Wesselton Mine, África do Sul, composto de macrocristais arredondados de olivina de tamanhos diversos ao lado de cristais de flogopita (setas). Além dos segmentos de carbonato, os minerais da massa fundamental têm granulometria muito fina para poderem ser identificados. Luz polarizada, campo de visão: 7 mm de largura. Imagem cedida pro R. H. Mitchell.

9.2 Kimberlito em tufo ou "do tipo vulcanoclástico maciço" (MVK< Sparks et AL., 2006) do diatrema de Kao em Lesoto, África meridional. O objeto circular na parte central inferior com textura semelhante à mostrada na Prancha 9.1 – embora os macrocristais de olivina no interior sejam menores e mais serpentinizados – é um lapíli peletizado jovem. Ele está cercado de um lapíli menor em uma matriz de macrocristais e de fragmentos cristalinos. Luz polarizada, campo de visão: 7 mm de largura. Imagem cedida por R. H. Mitchell.

9.3 Lava logopítica **hialo**-lamproítica de La Ciudad, Almeria, sudeste da Espanha. O fenocristal mosqueado junto ao topo e a maior parte dos cristais menores nesse campo de visão são de flogopita ligeiramente pleocroica; sua extinção linear é ilustrada pelo cristal horizontal no centro da imagem atravessando o limite do plano da luz polarizada e nicóis cruzados. A imagem à esquerda foi obtida com luz polarizada e a imagem à direita foi obtida com nicóis cruzados; campo de visão: 1,3 mm de largura.

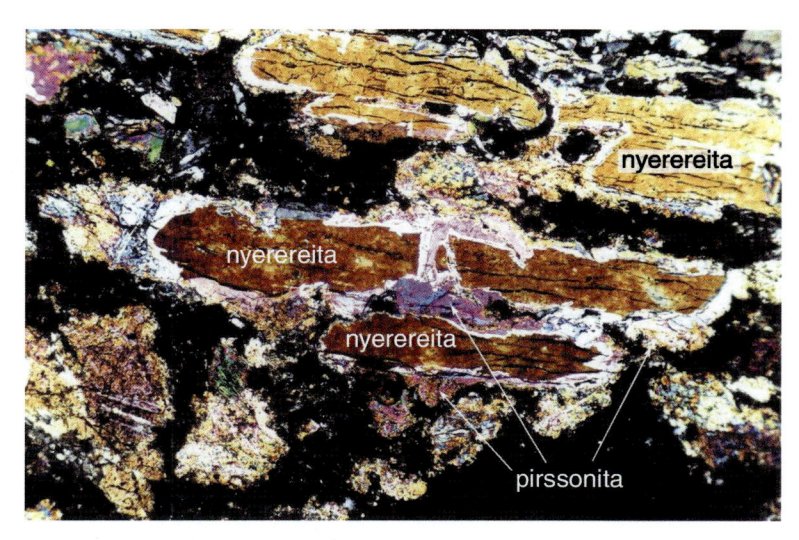

9.4 Fenocristais alongados de nyerereita [$Na_2Ca(CO_3)_2$] com borda de pirssonita [$Na_2Ca(CO_3)_2 \cdot 2H_2O$], um produto da alteração hidratada, em uma lava carbonatítica de Oldoinyo Lengai derramada em 2000, reproduzido de Zaitsev e Keller (2006). Reproduzido com permissão dos autores e de Elsevier. As áreas escuras são massa fundamental (composta de fluorita com magnetita, sulfetos e apatita), e os orifícios na lâmina onde os minerais solúveis (como a gregoryita e a silvita) dissolveram durante o intemperismo. Nicóis cruzados; campo de visao: 1,37 mm de largura.

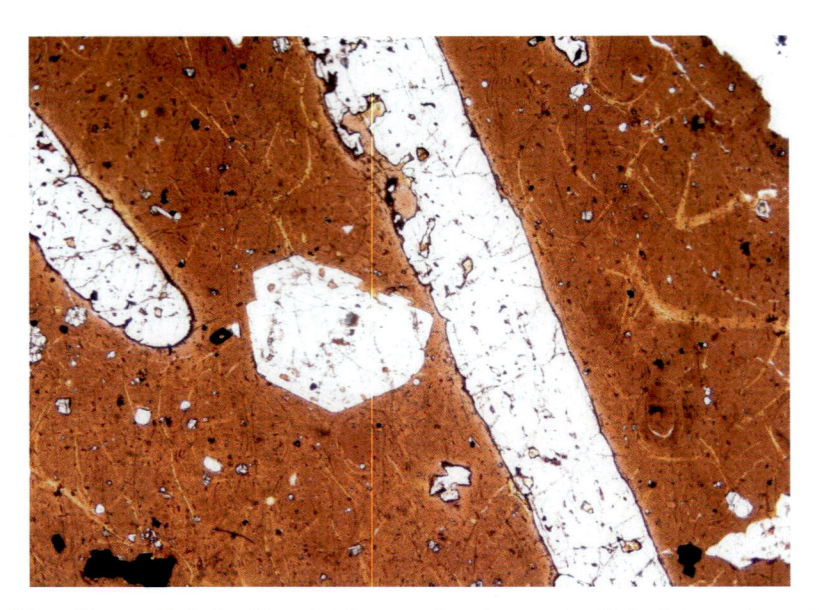

9.5 Lava **hialo**-fonolítica, Monte Quênia. Os cristais grandes de anortoclásio (os quais aqui foram parcialmente reabsorvidos e apresentam bordas escuras) e nefelina equidimensional em uma matriz vítrea marrom exibindo rachaduras **perlíticas** incipientes. Observe o embaiamento no anortoclásio próximo ao topo da imagem, onde o líquido magmático dissolveu o cristal localmente; poças de vidro no interior dos cristais podem resultar do embaiamento semelhante a contar das partes superior ou inferior do plano de extinção. Luz polarizada; largura: 5 mm. Amostra cedida por Jamie Walton.

9.6 Maclagem múltipla cruzada fina, típica do anortoclásio na lava fonolítica mostrada na Prancha 9.5 – ver a Prancha 6.1. Nicóis cruzados, largura do campo: 1,8 mm.

9.7 Nefelinito de textura seriada (origem desconhecida) contendo nefelina retangular de baixa refringência (às vezes com seis lados), piroxênio sódico de marrom a verde (aegirina-augita pleocroica, Quadro 9.1), e um cristal de esfeno marrom, em forma de diamante (à direita) em uma massa fundamental escura. A rocha não apresenta feldspato. A imagem à esquerda foi obtida em nicóis cruzados e a imagem direita foi obtida em luz polarizada; campo de visão: 5 mm de largura.

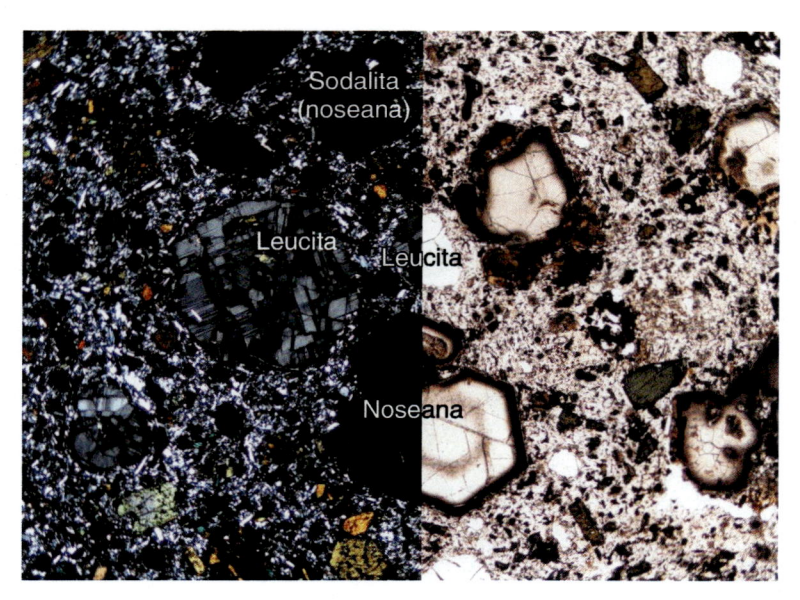

9.8 Leucita-sodalita-fonólito, Reiden, Alemanha. A leucita forma os fenocristais arredondados grandes com baixo relevo e baixa refringência, com maclagem múltipla complexa. A sodalita (variedade noseana; Figura 9.1.1) forma fenocristais isotrópicos euédricos de alto relevo, com bordas marrons diferenciadas (e algumas zonas internas de crescimento). Os microfenocristais verdes são de piroxênio sódico (Quadro 9.2). A massa fundamental holocristalina é formada pelos mesmos minerais e micrólitos de feldspato muito finos para exibirem maclagem diagnosticável. A imagem à esquerda foi obtida em nicóis cruzados, a imagem à direita foi obtida em luz polarizada; campo de visão: 5 mm de largura.

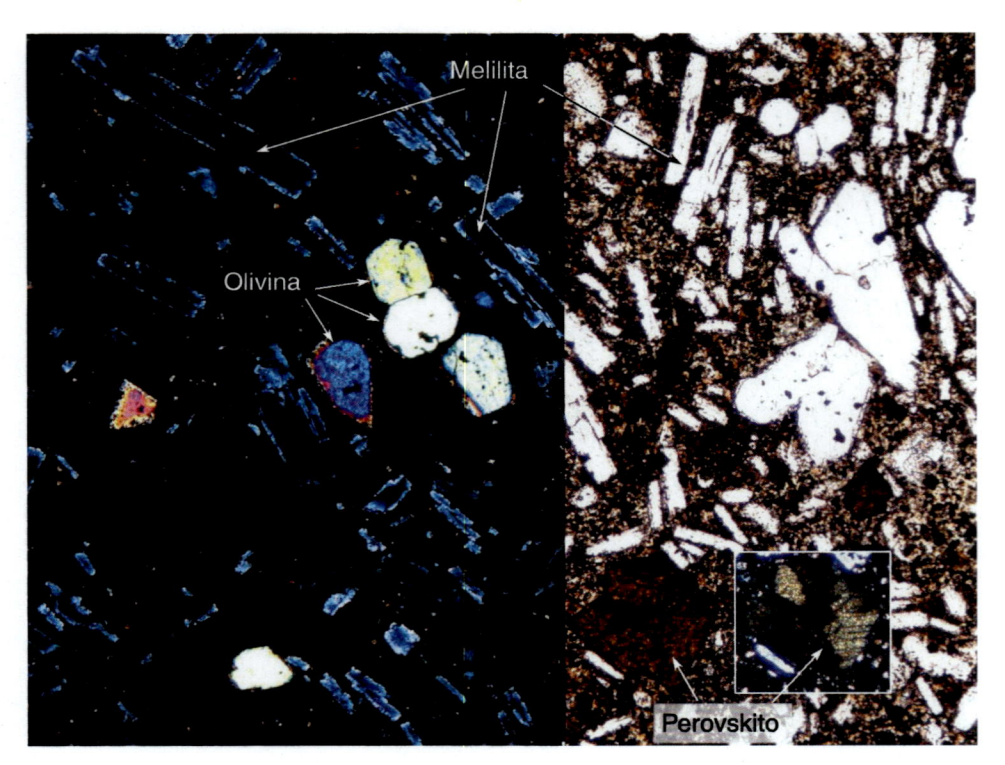

9.9 Olivina melilitito de Bufumbira, Rifte Ocidental, Uganda (seção delgada cedida por B. G. J. Upton); os cristais ripiformes de melilita exibem cor de interferência anômala entre azul e verde nas margens, cristais de olivina equidimensionais e um cristal de perovskito estão envoltos por uma massa fundamental vítrea. O detalhe mostra a maclagem múltipla do perovskito em nicóis cruzados. A imagem à esquerda foi obtida em nicóis cruzados, a imagem à direita foi obtida em luz polarizada. Largura do campo: 1,3 mm.

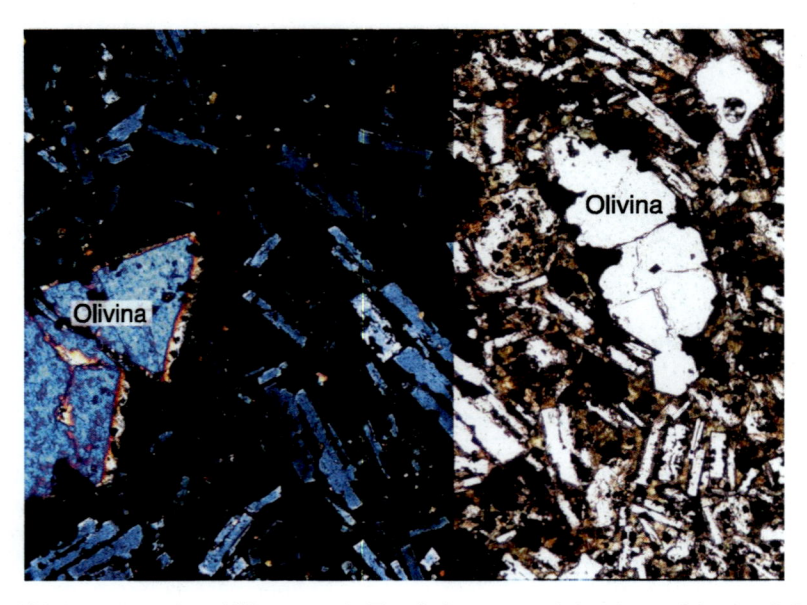

9.10 Lava olivina-melilítica de Armykon Hill, norte da Tanzânia (seção delgada cedida por J. B. Dawson). Os cristais ripiformes de melilita e os cristais de olivina estão envoltos em uma massa fundamental dos mesmos minerais, opacos e vidro alterado. A imagem à esquerda foi obtida em nicóis cruzados, a imagem à direita foi obtida em luz polarizada. Largura do campo: 1,3 mm.

9.11 Lava havaiítica, Ilhas Canárias. Observe o zoneamento oscilatório no fenocristal de plagioclásio inferior. As formas circulares em luz polarizada são vesículas. A imagem à esquerda foi obtida em nicóis cruzados, a imagem à direita foi obtida em luz polarizada. Largura do campo: 5,2 mm.

9.12 Textura traquítica em uma lava fonolítica de Puy Griou, Cantal, França. Observe como os cristais ripiformes de sanidida subparalelas circundam todo o cristal maior. Nicóis cruzados; campo de visão: 2,7 mm de largura.

9.13 Cristal de noseana no fonólito mostrado na Prancha 9.12. A imagem à esquerda foi obtida em nicóis cruzados, a imagem à direita foi obtida em luz polarizada. O cristal isotrópico está repleto de inclusões de opacos, exceto por uma borda clara.

9.14 **Laminação** ígnea em um sienito **hipersolvus** (composto de cristais de **perthita** com maclagem simples). Complexo de Gronnedal-Íka, sul da Groelândia. Nicóis cruzados, campo de visão: 5 mm de largura.

9.15 Cristais de nefelina (um deles está em extinção) parcialmente alterado em **sericita** em um nefelina-sienito, complexo de Gronnedal-Íka, sul da Groelândia, associados com piroxênio sódico (verde), biotita alterada (verde com opacos ao longo da clivagem) e perthita (cinza na margem direita). Nicóis cruzados; campo de visão: 0,7 mm de largura.

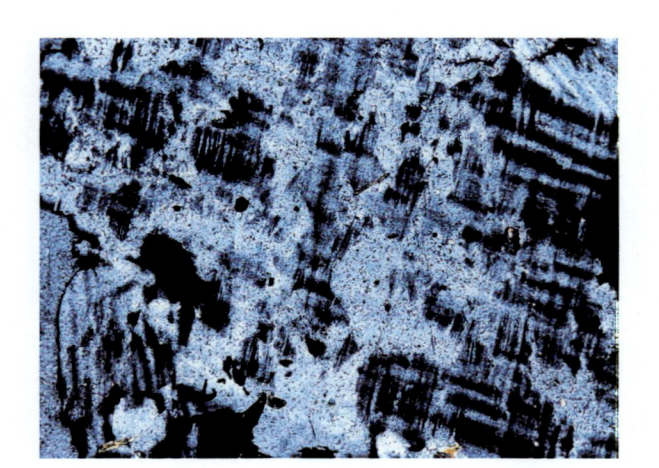

9.16 Lamelas de albita finas em um micróclino encaixante com maclagem tipo "xadrez escocês". Nicóis cruzados, campo de visão: 0,5 mm de largura.

9.17 Cancrinito (cores de interferência elevada) formado por reação em estágio avançado da nefelina com líquido magmático contendo carbonato em um nefelina-sienito; Gronneda-Íka, sul da Groelândia.

9.18 Pleocroísmo entre bege e azul da riebeckita no sienito, complexo de Kûngât, sul da Groelândia; largura do campo: 5,4 mm. As duas imagens mostram o mesmo grão, rodado em 90º.

9.19 O mundo de conto de fadas da cratera de Oldoinyo Lengai, norte da Tanzânia. Um fino derrame de lava natro-carbonatítica preta jovem se espalha no assoalho da cratera composta sobretudo de natrocarbonatito alterado, ao lado de *spatter cones* de cabonatito íngremes, em agosto de 1998 (foto: Fred Belton, reproduzido com permissão).

9.20 Lobo fino de lava natrocarbonatítica **pahoehoe** passando pela transição típica, de lava escura inicial para o estado hidratado branco, prosseguindo das margens para o centro. Cratera de Oldoinyo Lengai, Tanzânia, agosto de 1998 (foto: Fred Belton, reproduzido com permissão). Campo de visão: aproximadamente 2 m, da esquerda para a direita.

9.21 Camadas pretas (ricas em arfvedsonita), rosas (ricas em eudialita) e brancas (ricas em nefelina e feldspato alcalino) em uma rocha cumulática peralcalina de nefelina-sienito ("kakortokito") na parte inferior exposta do complexo de Ilímaussaq, sul da Groelândia. A estratificação macrorrítmica é visível nos rochedos no segundo plano. Comprimento do cabo do martelo: 25 cm.

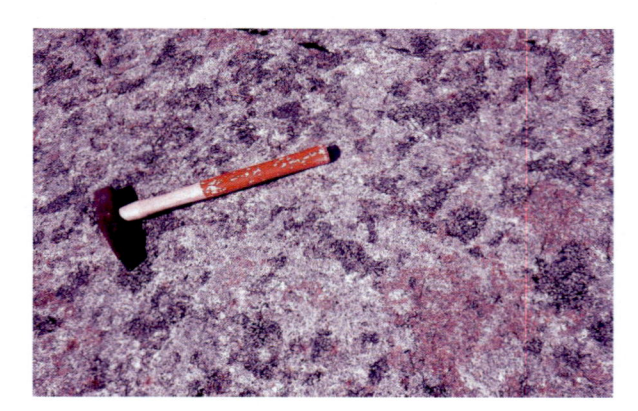

9.22 Oicocristais de eudialita (rosa), arfvedsonita (preto) e feldspato alcalino (branco) envolvendo cristais de sodalita cumulática menores (verde azulado) no sienito peralcalino nefelina-sodalita ("naujaíto"), complexo de Ilímaussaq, sul da Groelândia.

reuniram alguns trechos de descrições desse evento feitas na época:

A erupção iniciou em 3 de agosto de 1888. Nos primeiros três dias, apenas material antigo, arrancado das paredes do conduto, foi lançado: em outras palavras, a garganta de Fossa estava sendo limpa. ...O material ejetado era quente, pois, como disseram algumas pessoas, ele prendeu fogo às sebes que atingiu. Contudo, nos 13 dias que se seguiram, a quantidade de magma novo aumentou, até este se tornar o principal material ejetado. Nesse momento, havia enormes massas de ejetólitos plásticos, de forma arredondada, alongada ou achatada, a maioria das quais tinha uma textura superficial de casca de pão [Figura 7.4b]. Ficou claro para os geólogos testemunhas dessa atividade que a introdução de magma novo no sistema estava causando a erupção. Apesar disso, o papel do magma primário foi objeto de discussões...A situação se tornou confusa devido ao fato de uma alta porcentagem de material não juvenil ter sido ejetado durante essa erupção, fragmentos líticos (muitas vezes) recobertos por uma camada de lava fresca.

...

A velocidade e a violência das explosões eram variáveis. Estas ocorriam de minuto em minuto, lançando colunas de cinza a uma altura de 5.000 m ou mais... Três eventos explosivos catastróficos foram noticiados, em 4 de agosto de 1888, 26 de dezembro de 1889 e 15 de março de 1980. No último, uma explosão violenta, acompanhada por um enorme estrondo, ocorreu à noite... Ela fez o céu tingir-se de vermelho por três minutos. Sem dúvida, ela removera o tampão de lava resfriada no interior do conduto, expondo magma novo que, com o passar dos minutos, esfriou, formando uma nova crosta.[7]

Na maioria das vezes, as erupções vulcanianas são descritas como "erupções de limpeza de garganta" porque, como no caso das erupções em Fossa, ejetam uma proporção alta de material **lítico** (rochas preexistentes solidificadas, as quais bloqueiam o conduto), além de tefra **juvenil** (material magmático novo). Essas erupções formam depósitos pouco volumosos (< 1 km³), de espessura pequena, mas que se dispersam por áreas muito amplas (Figura 7.2c; Wright et al., 1980). De modo geral, o material juvenil tem composição intermediária ou ácida. Os ejetólitos continuam vesiculando durante e após o lançamento: a expansão constante gera rachaduras na superfície resfriada, criando o efeito "casca de pão". A Figura 7.4a mostra a coluna de erupção de uma explosão vulcaniana no vulcão Soufrière Hills, em Montserrat, uma da série de explosões que ocorreu em 1997 a intervalos de aproximadamente 10 horas, lançando cinzas a uma altura de 12 km.

As erupções plinianas

Enquanto as erupções havaianas, estrombolianas e vulcanianas são denominadas com base nos nomes de ilhas ou de vulcões específicos, as erupções plinianas receberam essa designação em homenagem a Plínio, o Jovem, cujo relato da erupção do Monte Vesúvio no ano 79 se mantém como a descrição mais antiga de uma erupção desse tipo. Em agosto daquele ano, Plínio passava uma temporada na propriedade de seu tio Caio Plínio (chamado de Plínio, o Velho, escritor igualmente prolífico), uma *villa* localizada em Misenum, na margem oeste da Baía de Nápoles, 30 km a oeste do Vesúvio. Plínio escreveu:[8]

Em 24 de agosto, no começo da tarde, minha mãe chamou sua atenção [de Caio Plínio] *para uma nuvem de tamanho e aparência incomuns... Não se podia precisar, da distância em que nos encontrávamos, de que montanha essa nuvem se erguia (depois foi revelado que era o Monte Vesúvio); a forma da nuvem parecia um pinheiro manso,*[9] *pois se elevava a grande altura sobre algo que parecia o tronco dessa árvore. Então ela se ramificava, talvez por ser arremessada para cima pela força da primeira explosão, após o que ficava sem apoio, quando a pressão diminuía, ou então era forçada para baixo pelo próprio peso, o que fazia com que ela se espalhasse, dispersando-se gradualmente. Às vezes, a nuvem parecia branca, às vezes manchada e suja, dependendo da quantidade de poeira e cinzas que carregava.*

Nesse mesmo relato, Plínio menciona que um pátio próximo ao vulcão estava "*...coberto de cinzas misturadas a púmice*" e cita "*o perigo representado pelo púmice em queda, mesmo sendo um material leve e poroso... Como medida de proteção as pessoas punham travesseiros sobre suas cabeças, amarrando-os com panos... Não tardou para que a nuvem descesse ao solo, cobrindo também o mar. As cinzas caíam* [em Misenum] *e... uma densa nuvem negra se

---

[7] Reproduzido com permissão da Sociedade Geológica de Londres.

[8] Traduzido do latim por Radice (1963). Reproduzido com permissão de Penguin Books Ltd.

[9] *Pinus pínea*, um pinheiro com uma copa que lembra a forma de um guarda-chuva, comum no sul da Itália; ver Figura 7.4g.

Figura 7.4 (a) Erupção vulcaniana no vulcão Soufrière Hills, Montserrat, em outubro de 1997 (foto reproduzida com permissão do Observatório de Vulcões de Montserrat). (b) Bomba "casca de pão" nos flancos do vulcão Vulcano, Ilhas Eólias (foto: D. Millward, comprimento do martelo: 35 cm). (c) Erupção pliniana, em 18 de maio de 1980, do Monte Santa Helena, estado de Washington, Estados Unidos (foto: Austin Post, Observatório de Vulcões de Cascade).

Capítulo 7   Como os Magmas entram em Erupção – uma Introdução aos Processos e Produtos Piroclásticos   **217**

Figura 7.4 (*continuação*) (d) Coluna da erupção pliniana do vulcão Pinatubo vista da antiga Base Aérea de Clark, nas Filipinas, em 12 de junho de 1991 (foto: Dave Harlow); (e) corrente de densidade piroclástica descendo da coluna de erupção pliniana de 7 de agosto de 1980 do Monte Santa Helena (foto: P. W. Lipman).

Figura 7.4 (*continuação*) (f) Domo de lava dacítica em agosto de 1981, após a formação da cratera do Monte Santa Helena, em maio do ano anterior (foto: Lyn Topinka). (g) Exemplar de pinheiro manso, como aquele descrito por Plínio no relato da erupção do Monte Vesúvio, no ano 79. As fotografias em (c), (d), (e) e (f) foram reproduzidas com permissão da Sociedade de Pesquisas Geológicas dos Estados Unidos.

erguia atrás de nós, espalhando-se no solo, como uma enxurrada."

O relato feito por Plínio resume o que hoje reconhecemos como as principais características de uma erupção pliniana:

- Uma erupção explosiva duradoura, a qual persiste por muitas horas e inicialmente produz uma **coluna eruptiva** flutuante em grande altitude (Figura 7.4.c,d) – muitas vezes entre 15 e 40 km. No topo, essa coluna tem formato de guarda-chuva ou de bigorna (Figura 7.6a), marcando a altitude na qual a nuvem de cinzas deixa de flutuar e começa a se espalhar lateralmente, sem se elevar (daí a analogia com o pinheiro manso).

- O predomínio de púmice e de cinza entre os materiais piroclásticos que caem da nuvem.
- A tendência da nuvem de descer ao solo, onde forma correntes de densidade na superfície.

As erupções plinianas, por serem muito explosivas, são típicas de magmas mais evoluídos (o dacito, o riolito e o fonolito) que possuem os teores mais elevados de voláteis. Elas diferem das erupções vulcanianas por serem mais persistentes e formarem colunas eruptivas mais altas (> 15 km), produzindo volumes extraordinários de púmice que – nas erupções maiores – representam a ejeção de centenas ou mesmo milhares de quilômetros cúbicos de magma durante o curso de algumas horas.

A nomenclatura dos piroclastos e dos depósitos piroclásticos

Os piroclastos são fragmentos sólidos de magma ou de material derivado dele (rochas, cristais, púmice) formados por fragmentação sob temperaturas elevadas (as quais não necessariamente são magmáticas). A maioria dos piroclastos se forma como produtos **juvenis** quentes de erupções explosivas cuja causa é a presença de teores elevados de voláteis no magma, os quais se traduzem no elevado número de vesículas. A vesiculação é máxima no **púmice**, cuja densidade pode ser baixa o bastante para permitir que ele flutue na água[10] (até se encharcar de água). De modo geral, a composição do púmice varia de intermediária a ácida. **Escória** é o termo empregado para descrever piroclastos vesiculares de magmas basálticos ou andesíticos.

O tamanho dos piroclastos e os depósitos piroclásticos

A terminologia utilizada para descrever piroclastos é baseada nos mesmos intervalos de tamanho utilizados para caracterizar depósitos sedimentares epiclásticos (Tabela 7.2).

Para descrever rochas compostas de material piroclástico, a União Internacional das Ciências Geológicas (IUGS) (Le Maitre, 2002) utiliza a nomenclatura de Fisher (1966) mostrada na Figura 7.5.

Tabela 7.2 A nomenclatura dos piroclastos

Piroclastos		Diâmetro /mm	Φ	Equivalente epiclástico
Bloco ou bomba*	Grosso	256	-8,0	Matacão
	Fino	64	-6,0	Bloco
Lapili				Seixo
		2	-1,0	
Cinza	Grossa			Areia
	Fina	1/16	+4,0	Silte

*As bombas são piroclastos nessa faixa de tamanho com forma característica, relacionada com o lançamento no ar ou com o impacto com a superfície.

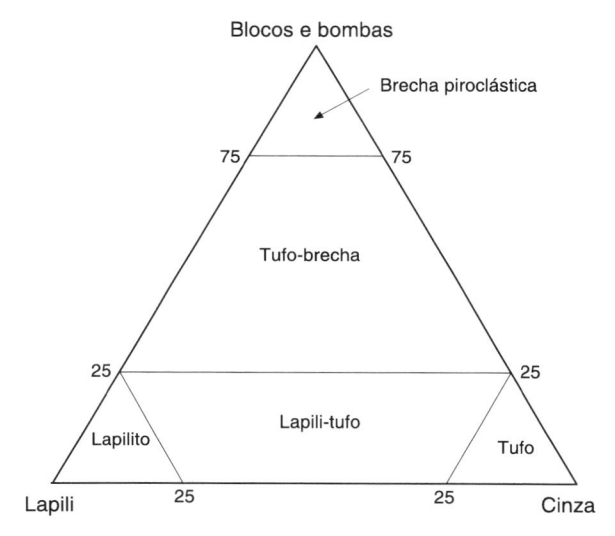

Figura 7.5 Nomenclatura descritiva das rochas piroclásticas, com base em Fisher (1966).

Os depósitos piroclásticos de queda ou de corrente[11] nas erupções plinianas

A Figura 7.6 ilustra duas maneiras radicalmente diferentes segundo as quais as partículas sólidas em uma coluna eruptiva pliniana são dispersadas no solo durante a erupção:

---

[10] Extensas áreas de púmice às vezes se formam na superfície da água dos oceanos em virtude de erupções submarinas ou insulares. Exemplos recentes desse fenômeno foram vistos após a erupção submarina do vulcão Home Reef, próximo à ilha de Late, arquipélago de Tonga, em agosto de 2006.

[11] O termo "depósito de corrente piroclástica" utilizado aqui inclui os depósitos formados por "fluxo" e por "surge" que, em outras terminologias, têm significados distintos.

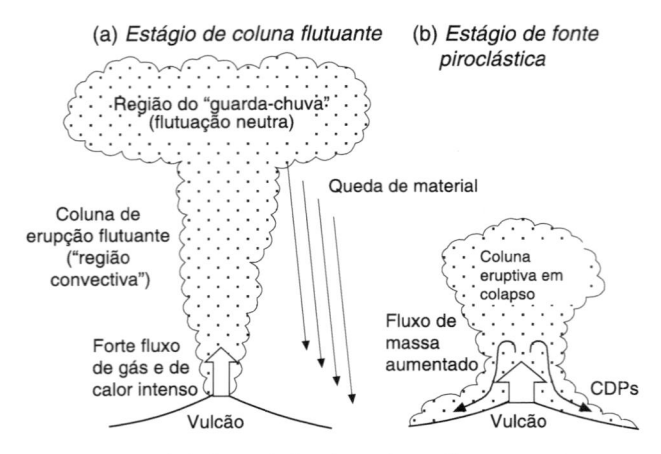

Figura 7.6 (a) O estágio de coluna flutuante de uma erupção pliniana quando os depósitos piroclásticos de queda se formam. (b) A coluna em processo de colapso ou estágio de "fonte" (*fountaining*) de uma erupção pliniana, quando já não flutua e seus conteúdos são transportados até o solo por correntes de densidade piroclástica (CDPs). Adaptado de Gill and Thirlwall (2003), cortesia da Associação de Geólogos.

1 Nos primeiros estágios da erupção, a coluna eruptiva – por ser quente, leve e ascender na forma de uma corrente constante de gás – atinge altura máxima (Figura 7.6a). Os clastos de púmice são lançados da coluna e de seu topo formando um "guarda-chuva" de detritos, que recobrem o solo e formam um *depósito piroclástico de queda* (Figura 7.7a).

2 Quando o clímax da erupção pliniana se aproxima, diversos fatores (maior fluxo de massa, alargamento do conduto, etc.) deixam a coluna eruptiva mais densa do que o ar que a envolve, fazendo com que ela venha abaixo, como uma massa indivisível (a qual é mais rápida do que a velocidade de sedimentação dos clastos individuais) em um processo chamado de *colapso da coluna* (ou da fonte): a nuvem – lapili, cinzas e gases – comporta-se como um fluido denso e quente que desce rapidamente pelos flancos do vulcão como uma série de **correntes de densidade piroclástica** (CDPs) que envolvem tudo o que encontram pela frente.[12] O depósito heterogêneo de lapili e cinzas com púmice que uma CDP deixa em seu rastro é chamado de **ignimbrito** (uma das diversas classes de *depósito piroclástico de corrente*).

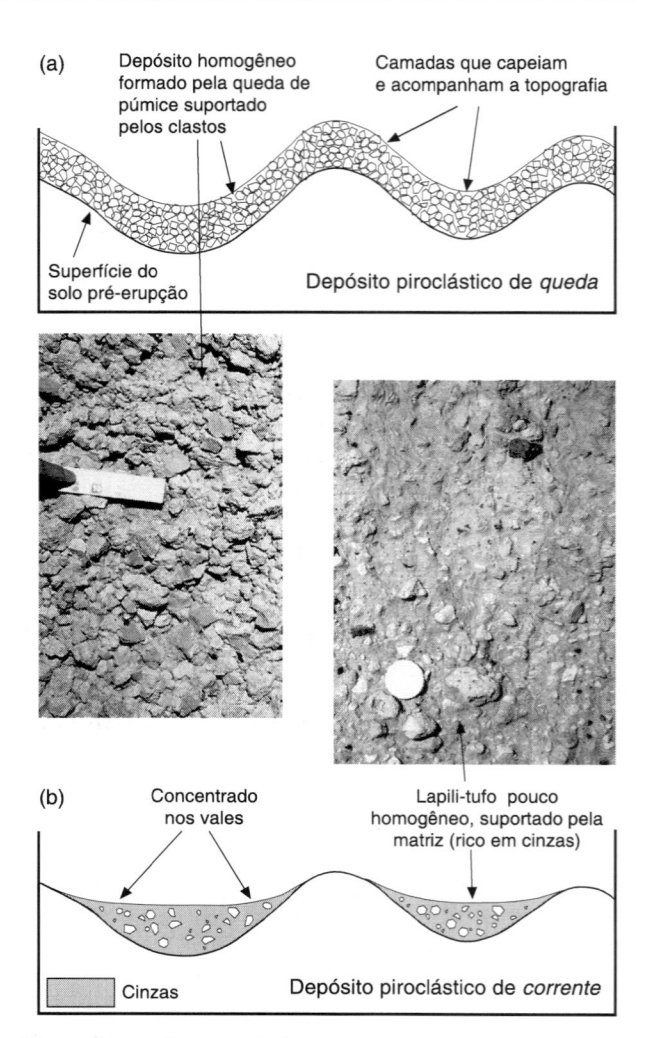

Figura 7.7 Características de depósitos piroclásticos plinianos de queda e de corrente em campo. (a) Um depósito de queda de púmice apresenta camadas que acompanham a topografia e é composto por lapili de púmice homogêneo (comprimento da régua: 10 cm). (b) Depósito piroclástico de corrente (ignimbrito) tende a se concentrar em vales e é composto por lapili tufos ricos em cinzas (diâmetro da moeda: 2,3 cm).

A diferença entre os depósitos piroclásticos de *queda* e de *corrente* associados a erupções plinianas é resumida na Figura 7.7. Os depósitos de queda, compostos por partículas de púmice que se acomodaram atravessando diversas dezenas de quilômetros de ar, de modo geral são bastante homogêneos e suportados por clastos. Nesses depósitos, a falta de cinzas finas confere às superfícies expostas uma aparência semelhante à de um cascalho grosso (Figura 7.7a). Os depósitos de queda recobrem o vulcão e o terreno no entorno com uma camada de tefra (ou material piroclástico) de espessura relativamente uniforme –

---

[12] A parte concentrada de uma CDP está oculta sob uma nuvem de cinzas que avança pelo solo e se ergue no ar (Figura 7.4e).

que assim acompanha a topografia (Figura 7.11a) – cuja espessura, tal como o tamanho médio dos clastos, diminui com o aumento da distância em relação ao vulcão. Os ventos registrados durante a erupção fazem com que o depósito se prolongue na direção em que sopram (Figura 7.8, detalhe). O depósito de queda de uma erupção pliniana de grandes proporções pode recobrir milhares de quilômetros quadrados de terreno (Figura 7.8).

Por outro lado, os ignimbritos depositados por CDPs, de modo geral, são pouco homogêneos, compostos por fragmentos de púmice de tamanho lapili imersos em uma matriz de cinzas (Figura 7.7b) e cujo termo descritor é lapili-cinza ou, quando litificados, lapili-tufo (Figura 7.5). As cinzas conferem às superfícies expostas uma aparência mais pedregosa, em comparação com um depósito de queda. A distribuição do ignimbrito muitas vezes é ditada pelo grau em que uma CDP engole o local por onde passa. O ignimbrito tende a se concentrar em ravinas e vales, mas seus depósitos são mais delgados em terrenos elevados (Figura 7.7b). Contudo, em um terreno plano, volumes muito grandes de ignimbrito formam uma camada espessa que se estende por uma área ampla. O volume total de uma camada de ignimbrito muitas vezes excede aquele do depósito de queda sobre o qual ocorre.

O fenômeno das correntes de densidade piroclástica não é exclusivo de erupções plinianas. As estruturas internas dos ignimbritos e os outros tipos de depósitos piroclásticos de corrente – e os processos que registram – serão discutidos ainda neste capítulo.

A identificação do estilo eruptivo com base nos depósitos piroclásticos

As erupções explosivas são fenômenos efêmeros. É por acaso que um observador experiente talvez se encontre no local e, quando isso ocorre, muitas vezes as condições dessas erupções são tais que impedem a observação do fenômeno de perto. Menos de 10% das erupções explosivas deste século [século XX] foram relativamente bem documentadas pela comunidade científica.

Essas palavras foram escritas pelo eminente vulcanólogo G.P.L. Walker em 1973, na introdução de um artigo científico em que apresentou uma nova abordagem para a caracterização das erupções vulcânicas, não com base em relatos de testemunhas oculares desses eventos, como as narrativas citadas (ainda que estas tenham valor), mas nas dimensões dos depósitos que formam. A classificação de Walker, que se tornou o padrão adotado hoje, é fundamentada em dois atributos mensuráveis de um *depósito piroclástico de queda* (Figura 7.7):

1 O grau de fragmentação F (um substituto para a "explosividade" intrínseca a uma erupção).

2 A área de dispersão do depósito – representada pelo índice de dispersão D, em quilômetros quadrados –, a qual reflete a altura da coluna de erupção.

As definições de F e de D são dadas na Figura 7.8 e em sua legenda. Quanto maior a coluna de erupção, mais ampla será a dispersão do material piroclástico e, portanto, o índice de dispersão, medido de maneira a não sofrer influência da velocidade do vento, serve como orientação geral para estimar a altura da coluna. O índice de fragmentação é uma medida da intensidade explosiva da erupção.

As erupções havaianas de lavas basálticas fluidas, as quais raramente são explosivas e produzem quantidades muito pequenas de material piroclástico, aparecem em uma das extremidades (uma das áreas sombreadas) do gráfico da "tendência F-D principal", na Figura 7.8. As erupções estrombolianas, responsáveis por inúmeros cones de escória basáltica em áreas vulcânicas em todo o mundo, são explosivas o bastante para dispersarem seus produtos a distâncias da ordem de um quilômetro, embora o grau de fragmentação destes não seja alto. Os quadrados pretos na Figura 7.8 mostram as coordenadas F–D de algumas erupções estrombolianas documentadas por Walker. Os principais tipos de erupção definidos por Walker apresentam índices de dispersão crescentes (e alturas de coluna maiores), de subpliniana a pliniana. Diversos depósitos plinianos exibem fragmentação muito maior (representados pelos círculos vazados na Figura 7.8); e a tendência principal sobe, atingindo valores maiores de F, com o aumento da violência da erupção. Nas erupções mais poderosas – para as quais Walker (1980) sugeriu uma categoria especial, a erupção "ultrapliniana" –, o índice de fragmentação chega a 90%, como observado na erupção de Taupo, há 1,8 ka, na Ilha do Norte, Nova Zelândia, representada pelo círculo grande na Figura 7.8. A Figura 7.8 revela que as categorias de erupções com base em relatos verbais se inserem em um continuum de violência eruptiva, e que os limites que as definem são relativamente arbitrários.

Walker atribuiu a tendência sombreada da Figura 7.8 a erupções magmáticas de "conduto aberto", cujos teores de voláteis e cuja viscosidade aumentam da esquerda para direita. Por outro lado, os produtos piroclásticos de erupções vulcanianas têm índices de fragmentação maiores e coordenadas F–D

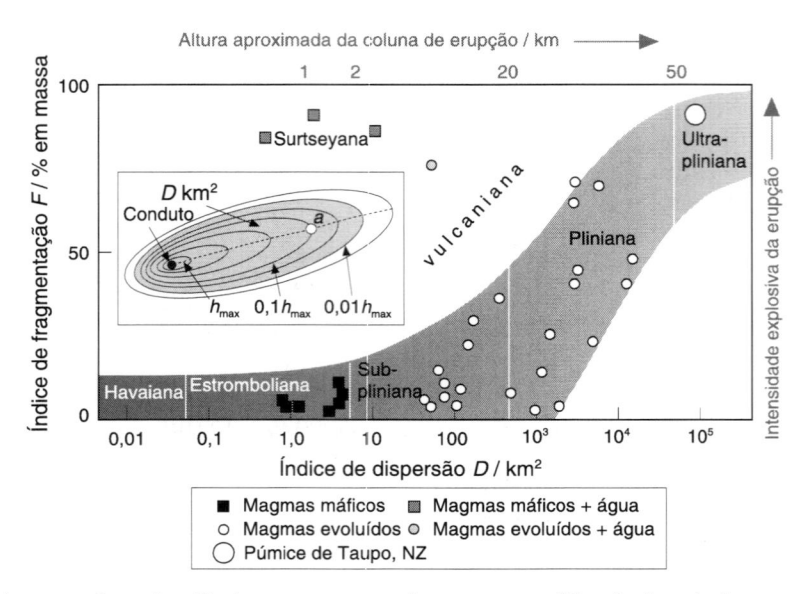

Figura 7.8 Classes de erupções piroclásticas representadas em um gráfico índice de fragmentação F vs. índice de dispersão D (com base em Alker, 1973, e Wright et al., 1980). Os pontos mostrados para fins de ilustração são de Walker (1973, 1980). A área sombreada representa a "tendência principal", na qual se encontram as coordenadas da maior parte das erupções; os dados das erupções vulcanianas, surtseyanas e freatoplinianas são espalhados demais para permitir delinear as categorias com clareza (Wright et al., 1980).

O detalhe mostra o significado de D. As elipses representam **isópacas** que indicam a espessura do depósito piroclástico de queda produzido pela erupção (como proporção de seu valor onde o depósito tem espessura máxima, h_{max}); D é a área (em quilômetros quadrados) no interior da isópaca de 1% da h_{max} do depósito. A linha tracejada mostra o eixo de dispersão. F (a porcentagem de massa de fragmentos piroclásticos menores do que 1 mm) é medido em uma única amostra coletada em a (círculo vazado), onde o eixo intercepta a isópaca de 0,1 h_{max}; a distribuição em função do tamanho de clasto é dada pela análise granulométrica (com base no peneiramento e na pesagem de frações com tamanho de grão idêntico).

que, ainda que espalhadas, estão acima da tendência sombreada na Figura 7.8. A razão para isso pode estar no fato de o conduto ter sido bloqueado por uma massa de material esfriado e solidificado. Logo, o acúmulo de pressão de gás e de magma necessário para desobstruir o conduto aumenta a fragmentação durante o lançamento do material.

A origem da explosividade das classes de erupção consideradas até aqui está no teor *intrínseco* de voláteis do magma, os quais formam vesículas e fazem com que esse magma se expanda à medida que perde pressão em seu percurso à superfície (Figura 7.1). Segundo Walker, nessas circunstâncias, a fragmentação se deve:

> À ruptura do magma resultante do movimento, da expansão e do escape de bolhas de gás.

O efeito é semelhante à formação de bolhas no champanha, quando a bebida sofre descompressão ao abrirmos a garrafa. Resultados muito diferentes são obtidos quando o magma interage com água *externa*, conforme explicado na próxima seção.

As erupções hidrovulcânicas

Nas primeiras horas do dia 14 de novembro de 1963, alguns pescadores perceberam os primeiros sinais da atividade vulcânica que, nos meses que se seguiriam, viria a formar uma nova ilha, chamada de Surtsey (nome dado ao "gigante do fogo" na mitologia islandesa), a sudoeste das Ilhas de Vestmann, na costa sul da Islândia (Figura 9.9). Naquela manhã, os pescadores relataram explosões e "jatos de detritos negros" e "colunas de fumaça e cinza" elevando-se do mar. Thorarinsson et al. (1964) resumiram o estilo diferenciado dessa erupção, a qual se prolongou por alguns meses: "*Após cada explosão, uma massa negra de tefra se ergue com rapidez, da qual se projetam inúmeras bombas, cada qual com seu próprio rastro de material piroclástico negro... Os rastros curvos de material piroclástico negro que mudam de cor, passando a branco* [quando o vapor d'água superaquecido condensa, formando nuvens brancas] *são típicos. Os jatos negros verticais alguma vezes se erguem à altura de meio quilometro.*" Esse tipo de erupção, ilustrado por um evento semelhante na costa de Tonga, mostrado na Figura 7.9a, é típico de magmas basálticos, quando estes extravasam em águas rasas. Quando o líquido magmático e a água se misturam, esta é convertida em vapor instantaneamente, criando explosões em série que lançam bombas e cinzas. Uma descrição vívida dos rastros característicos deixados pelas cinzas, os quais marcam a trajetória de ejetólitos em desintegração, foi dada por Thorarinsson et al. (1964), que se referiram a eles como "dedos de tefra". Outros autores mencionam a semelhança das nuvens de cinza com um "rabo de galo". Esse tipo de erupção, o qual reflete a interação explosiva entre o basalto liquefeito e a água superficial, foi chamado de "erupção surtseyana" (Walker and Croasdale, 1972). O material piroclástico associado (quando pode ser medido na costa) forma uma estratificação fina de cinzas ou tufos anelares ou cones em torno do conduto. Sua principal característica é serem finamente fragmentados, motivo pelo qual eles ficam junto ao topo do gráfico *F–D* (Figura 7.8). Os valores de *F* muito altos refletem a forte desintegração causada pelo choque térmico no momento em que a lava líquida sofre solidificação instantânea pela água fria (Walker, 1973).

Erupções igualmente violentas que geram vapor ocorrem em terra quando o magma extravasa

Figura 7.9 Erupções hidrovulcânicas. (a) Erupção surtseyana de um vulcão submarino ao longo da costa de Nuku'Alofa, em Tonga, em 18 de março de 2009 (foto: Dana Stephenson, reproduzida com permissão de Getty Images); observe os rastros de cinza e vapor por trás dos ejetólitos em processo de desintegração, o que confere uma aparência de "rabo de galo" característica da nuvem; o anel branco na base representa a corrente de densidade no fluxo basal. (b) **maar** de Schalkenmehrener, em Eifel, Alemanha, onde uma cratera de explosão foi formada por uma erupção **freatomagmática** no Pleistoceno.

em um lago ou quando encontra águas subterrâneas durante sua ascensão à superfície. Nesse caso, as rochas sobre o local da explosão são lançadas para fora, formando uma cratera circundada de um anel de ejetólitos pouco espesso. Esses eventos ocorreram em inúmeros locais na região de Eifel, Alemanha, durante o Pleistoceno. Muitas das crateras formadas hoje se encontram cheias de água, formando lagos quase circulares com cerca de um quilômetro de diâmetro, chamados de **maar** pelas populações locais (Figura 7.9). O termo é adotado na vulcanologia para descrever qualquer cratera formada por uma explosão hidrovulcânica. Essas explosões são descritas como **freáticas** nos casos em que os ejetólitos são compostos apenas por rocha encaixante (indicando a interação entre a água e as *encaixantes* aquecidas, não com o magma), e **freatomagmáticas**, quando um componente do magma juvenil (por exemplo, material piroclástico basáltico) também está presente, o que constitui evidência do contato direto entre o *magma* e água superficial (isto é, água **meteórica**).

Por que as erupções sob a água, em algumas circunstâncias, geram explosões surtseyanas violentas, produzindo volumes expressivos de tefra, enquanto que em outros cenários – como vimos no Capítulo 2 – essas erupções acarretam a efusão relativamente branda de lavas almofadadas, nas quais o material fragmentado é composto somente por hialoclastitos? Dois fatores entram em jogo na determinação do grau de explosividade na interação entre magma e água:

1 *A pressão*: as explosões surtseyanas são violentas por conta do grande aumento de volume quando a água no estado líquido subitamente é convertida em vapor. Uma vez que este é compressível, a variação em volume diminui de forma progressiva sob pressões mais altas (isto é, profundidades maiores) e atinge o valor zero a profundidades de um ou dois quilômetros abaixo do nível da água.

2 *A relação água:líquido magmático*: experiências comprovam que as interações água/líquido magmático (expressas em termos da conversão de energia térmica em energia cinética) e o grau de fragmentação de clastos (Φ) atinge o valor máximo quando a relação de massa água:magma fica no intervalo de 0,3 a 10 (Figura 7.10).

Por essa razão, as erupções surtseyanas e freatomagmáticas parecem representar a interação entre a água e o magma: (a) em pouca profundidade e (b) quando as relações água:magma favorecem a explosividade máxima (o intervalo sombreado na Figura 7.10). Na presença de proporções maiores de água, é provável que a interação seja menos explosiva, o que favorece a formação de lavas almofadadas e derrames tabulares.

O termo "hidrovulcânica" é muito conveniente e inclui todos esses tipos de erupção envolvendo águas superficiais ou subterrâneas.

AS ESTRUTURAS INTERNAS DOS DEPÓSITOS PIROCLÁSTICOS

Os depósitos piroclásticos de queda

Os depósitos piroclásticos de queda, formados por escória basáltica ou púmice de composição mais evoluída, têm em comum a característica de serem bem selecionados, com tamanhos de clasto que diminuem com as distâncias relativas ao conduto. As erupções estrombolianas produzem apenas graus

Figura 7.10 Curva experimental de conversão de energia para a interação entre água e magma em águas de pouca profundidade, com base em Wohletz and McQueen (1984). O eixo vertical mostra a eficiência explosiva (isto é, a razão entre a perda de energia cinética e o ganho de energia térmica). A escala à direita representa o tamanho de grão Φ (como mostrado na Tabela 7.2) e reflete a fragmentação em tamanho de grão mais fino quando a eficiência explosiva é alta.

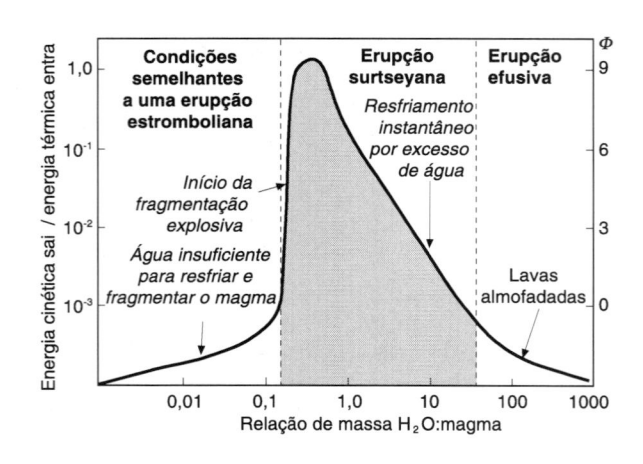

baixos de fragmentação; por essa razão, apenas uma pequena quantidade de cinzas finas é formada. Vistos em seção transversal (como nas paredes de pedreiras, por exemplo), os depósitos de escória podem exibir estratificação incipiente marcada por níveis de lapili mais grossos e mais finos (Figura 2.6b). Isso pode acontecer em razão das oscilações no grau de explosividade no conduto ou pode refletir a queda de lapilis mais grossos ao longo de um talude mais instável.

Nos depósitos plinianos de queda, os quais são praticamente livres de cinzas em sua porção proximal, o alto grau de seleção reflete a sedimentação prolongada no ar, o que dá a oportunidade de fragmentos tamanho lapili e cinzas finas se dispersarem a distâncias maiores, a contar do conduto. Os depósitos plinianos de queda normalmente são maciços, mas às vezes podem exibir estratificação (Figura 7.11a).

É comum citar o volume total de tefra como indicador da escala de uma erupção pliniana. Para evitar exageros em relação ao volume de magma ejetado, normalmente compensa-se a inflação motivada pela vesiculação do material piraclostático expressando o volume total como quilômetros cúbicos de **equivalente de rocha densa (ERD)**.

Os depósitos piroclásticos de corrente

Os ignimbritos – produtos do colapso da coluna pliniana

A estrutura interna dos ignimbritos varia de modo considerável. Em sua maioria, essas rochas consistem em **lapili-tufos** maciços muito grandes (abreviados como MLT, *massive lapilli-tuff*), como mostra a Figura 7.11b, embora alguns exibam estratificação interna de composição ou de tamanho máximo de grão (Figura 7.11c). Alguns ignimbritos também exibem gradação vertical de piroclastos, e não é incomum encontrar uma gradação normal de clastos líticos e gradação inversa de púmice no tamanho lapili em um mesmo ignimbrito. Os horizontes ricos em clastos líticos representam outro exemplo de heterogeneidade vertical visto em alguns ignimbritos, como no tufo de Bandelier, no estado do Novo México, Estados Unidos.

Em alguns ignimbritos, os fragmentos de púmice tamanho lapili apresentam aspecto lenticular, e não equidimensional, e tendem a formar camadas subparalelas, definindo um padrão de foliação (Figura 7.11d e Prancha 7.3), o que indica que eram dúcteis o bastante para se deformarem no momento da deposição e talvez também por algum tempo depois. Por outro lado, os clastos líticos incorporados no ignimbrito, por serem cristalinos, resistem a essa deformação. Os fragmentos achatados de púmice, devido à sua semelhança com uma chama, perceptível em seus afloramentos, recebem o nome **fiamme**, do idioma italiano. A foliação vista nos fiammes, observável tanto em amostra de mão (Figura 7.11d) quanto em lâmina delgada (Prancha 7.3), é chamada de textura **eutaxítica**, e a deformação que a gera é chamada de soldagem (*welding*). Os lapili-tufos em que os fragmentos de púmice retêm sua forma original equidimensional e não compactada (Prancha 7.2) são descritos como *não soldados* (*unwelded*); aqueles nos quais a foliação eutaxítica se desenvolveu são descritos como *soldados*. Os ignimbritos fortemente soldados são rochas duras e normalmente reproduzem algumas das características da lava, como disjunção colunar, por exemplo (Figura 7.11e). As condições de erupção que favorecem os ignimbritos soldados e não soldados são discutidas abaixo.

Embora haja consenso sobre a ideia de que os ignimbritos resultam do colapso de uma coluna de erupção pliniana, há décadas a maneira como as CDPs transportam e depositam seus materiais é motivo de controvérsias. O antigo "modelo padrão" de colocação do ignimbrito, introduzido por Sparks et al. (1973), contempla o colapso da coluna durante um estágio de "deflação", no qual uma "avalanche" concentrada de púmice, material lítico, cinzas e gás desloca-se pelo solo por um fluxo laminar auxiliado por forte cisalhamento na base (Figura 7.12a e Tabela 7.3). A colocação do ignimbrito ocorre quando essa avalanche termina, acomodando o material. Qualquer heterogeneidade vertical vista no ignimbrito (como a gradação inversa dos fragmentos de púmice no tamanho lapili), de acordo com essa hipótese, somente pode ser herdada de gradientes *instantâneos* desenvolvidos no interior da avalanche em movimento. Nesse modelo de colapso-deflação-avalanche-parada, a nuvem de cinzas em ascensão sobre a CDP reflete a elutriação de partículas finas da avalanche por meio de gases que escapam dela.

Na última década, um novo conceito de colocação do ignimbrito foi proposto por Branney e Kokelaar (1992, 2002). Em vez de se posicionar como uma massa única em movimento que acaba parando, os autores entenderam que o ignimbrito é depositado *progressivamente* na base de uma corrente de densidade piroclástica que flui sobre ele, em um processo que chamaram de "agradação progressiva". Um instantâneo da seção transversal em qualquer ponto durante a deposição exibiria: (i) o depósito estacionário na base, o qual se formou até aquele momento; (ii) o limite do fluxo onde ocorre a agradação e (iii) a corrente de densidade piroclástica sobrejacente que continua fluindo, concentrada na base, mas que se dilui nos pontos mais

Figura 7.11 (a) Estratificação acompanhando a topografia em um depósito pliniano de queda, pedreira de Okareka, próximo a Rotorua, Nova Zelândia. (b) Lapili-tufo de grande porte, exposto na parede de uma pedreira, parte do ignimbrito de Granadilla, em Tenerife; observe os limites internos (setas). (c) Cate de estrada que expõe o ignimbrito de Taupo (1,8 ka), riacho de Waihohonu, Nova Zelândia, a 50 km da fonte; observe a porção estratificada inferior e os troncos de árvores carbonizados arrastados pela corrente.

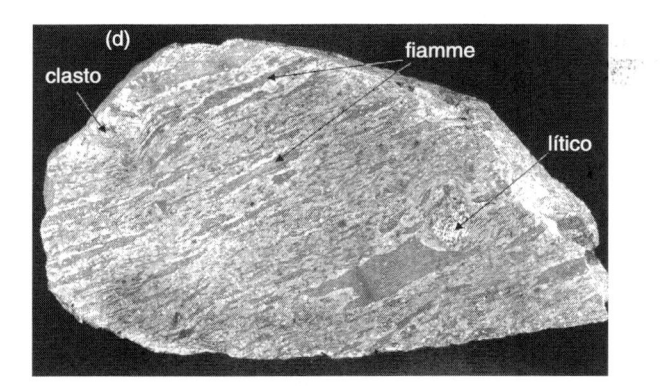

Figura 7.11 (continuação) (d) Superfície polida de um lapili-tufo soldado ordoviciano em Sty Head, Distrito dos Lagos, Inglaterra; largura de campo: 27 cm; observe a forte compactação da matriz em redor dos clastos líticos, os quais mantiveram a forma original. (e) Disjunção colunar em ignimbritos soldados em Lower Bandelier (sobrepostos pelo tufo de Upper Bandelier) na parede ocidental do Cânion de San Diego, Montanhas de Jernez, estado do Novo México, Estados Unidos.

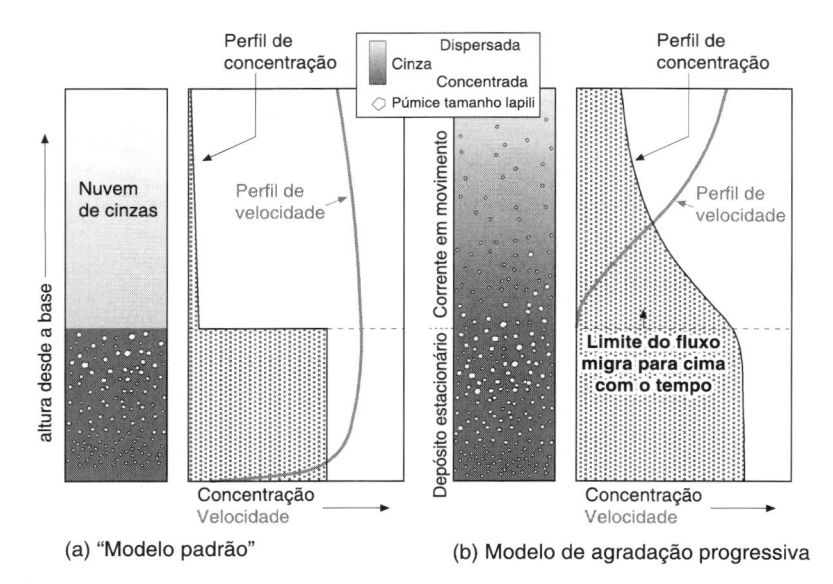

Figura 7.12 Representação esquematizada ilustrando (a) o "modelo padrão" de colocação do ignimbrito (Sparks et al., 1973) e (b) o modelo de agradação progressiva proposto em Branney and Kokelaar (1992, 2002).

Tabela 7.3 Mecanismos de transporte em uma CDP e da deposição do ignimbrito

Característica	Explicação pelo modelo padrão	Explicação pelo modelo de agradação progressiva
Natureza da corrente de densidade	A coluna entra em colapso e "deflaciona", formando uma "avalanche" concentrada, laminar e semifluida sobre uma camada basal de cisalhamento.	A coluna entra em colapso como uma corrente de densidade duradoura que desenvolve estratificação interna, com uma nuvem turbulenta diluída no topo, gradando para uma corrente concentrada na base.
Deposição do ignimbrito	A deposição ocorre quando a corrente cessa.	O depósito "entra em agradação" no limite inferior da corrente durante toda sua existência.
Interpretação da nuvem de cinzas	Devido à elutriação da cinza pelo gás que escapa.	Parte superior diluída da CDP.
Gradação vertical dos clastos	Segregação no interior da corrente de fluxo laminar durante o transporte produzindo corrente estratificada.	O tamanho dos clastos depositados varia com o tempo devido à inconstância na corrente ou às variações nas condições da erupção.
Zoneamento composicional	Difícil de explicar.	A erupção retira material de profundidades crescentes em níveis menos fracionados no interior de uma câmara magmática com o tempo.
Horizontes líticos	Difíceis de explicar.	Episódios individuais de alargamento do conduto causam a brechação das rochas encaixantes, introduzindo parcelas de material lítico na coluna em colapso.

altos (Figura 7.12b e Tabela 7.3). De acordo com esse modelo, a heterogeneidade vertical em um ignimbrito (por exemplo, a gradação dos fragmentos tamanho lapili) registra as *mudanças ao longo do tempo* durante o processo de deposição, refletindo as condições variáveis no conduto ou a instabilidade na velocidade da corrente e em sua capacidade de transportar seus materiais. A agradação progressiva explica a zonação composicional vista da base ao topo de algumas camadas de ignimbrito de grande porte (a qual registra a erupção retirando material de níveis cada vez mais profundos de uma câmara magmática zonada, com o tempo) e explica as variações bruscas na proporção de clastos líticos que registram episódios de brechação associados ao alargamento do conduto, por exemplo. A nuvem de cinzas, cuja aparência impressiona, evocando a imagem mitológica do "ressurgimento da fênix", é vista meramente como a porção superior mais dispersada e turbulenta da corrente de densidade.

A mesma CDP pode depositar material em um local ao mesmo tempo em que erode o substrato em outro, um comportamento que pode variar durante a vida de uma corrente duradoura. Portanto, um único depósito de ignimbrito é composto por diversas camadas (Figura 7.11b), e cada uma delas aumenta ou diminui de espessura longitudinal ou transversalmente em relação à direção da corrente. No passado, essas camadas eram interpretadas como "unidades de fluxo" individuais que ocorriam a determinados intervalos de tempo, embora (na ausência de horizontes expostos ao intemperismo entre elas) o modelo de agradação progressiva as interprete como produtos de uma única corrente duradoura cuja velocidade aumenta e diminui – às vezes de maneira complexa – ao longo do curso de uma única erupção.

De modo geral, um depósito pliniano completo é composto por uma camada de púmice de queda na base, recoberta por um lapili-tufo com púmice, o que sinaliza a evolução da erupção a partir de uma coluna eruptiva instável (queda de púmice), passando por uma coluna em colapso (ignimbrito). O magma que extravasa nesse estágio posterior normalmente tem teores menores de voláteis em relação ao estágio inicial da coluna flutuante (ver os dados sobre tufos de Bishop, na Figura 7.13). Não de maneira incomum, o final da atividade pliniana é marcado – como no Monte Santa Helena, em 1980 – pela extrusão de um domo de lava ou de domos, semelhantes em composição (exceto em termos de teor de voláteis) ou material piroclástico plinianos. O domo representa o vazamento constante de magma pobre em gases a partir do sistema de tubos de magma subjacente, em que os teores de voláteis são menores (Figura 7.13). Essa "desgaseificação" ocorre porque as frações superiores e mais ricas em voláteis

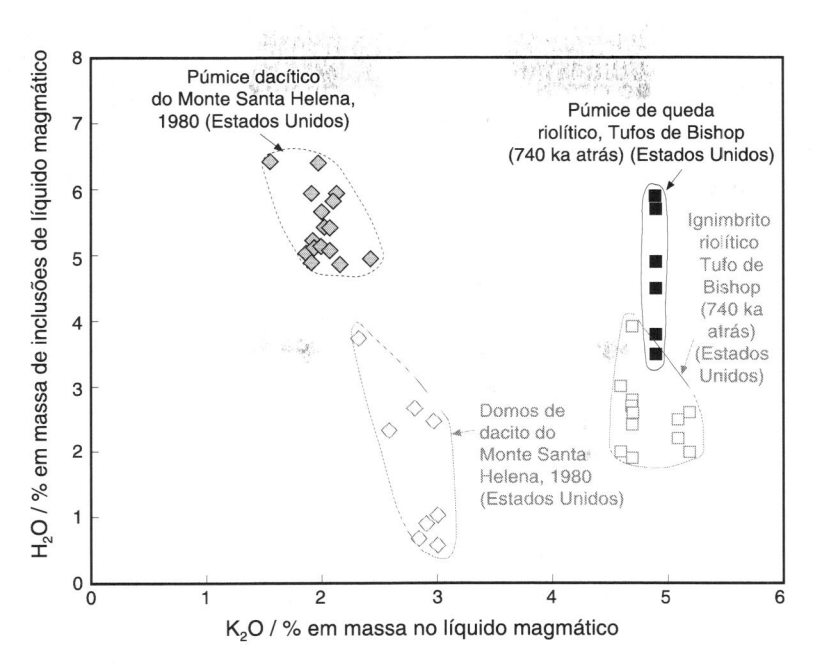

Figura 7.13 Teores de H_2O pré-erupção de diversos magmas do Monte Santa Helena e dos Tufos de Bishop (compare com a Figura 6.14) para ilustrar – para o Tufo de Bishop – a variação no teor de voláteis entre os estágios de coluna flutuante (púmice) e coluna em colapso (ignimbrito) de uma erupção pliniana; e – para o Monte Santa Helena – a extensão da desgaseificação do magma entre o magma extravasado no estágio pliniano inicial e a formação do domo dacítico pós-pliniano. Os dados são de Dunbar and Hervig (1992) e de Blundy and Cashman (2005).

do magma foram expelidas durante a fase explosiva da erupção ou devido ao escape de voláteis através das paredes do conduto, em função da permeabilidade da rocha e do tempo.

Embora as CDPs, em sua maioria, sejam um fenômeno típico das erupções plinianas, elas podem ocorrer em qualquer erupção que forme uma coluna eruptiva expressiva. A Figura 7.4a, por exemplo, mostra uma CDP (no lado esquerdo) formada por uma coluna eruptiva vulcaniana em colapso no vulcão Soufrière Hills, Montserrat (Antilhas Menores) em outubro de 1997.

Os depósitos de blocos e cinzas – os produtos do colapso de um domo de lava

Um tipo muito diferente de corrente de densidade piroclástica ocorreu em 1902 em outra ilha do Caribe, Martinica (ver o detalhe da Figura 6.17), conforme descrito por Lacroix (1904):

Na manhã do dia 8 de maio, o céu estava claro; uma pluma vertical de vapor, espantosamente regular, elevava-se da cratera [do vulcão Pelée, no sul da ilha], quando, de repente, passados dois minutos das oito horas, ocorreu o evento aterrorizante que, dentro de alguns instantes, destruiu a capital Saint Pierre, dizimando seus 28 mil habitantes. Diversas testemunhas... ouviram explosões violentas e, então, viram uma nuvem negra, pontilhada de lampejos luminosos, descendo pelo terreno e engolindo a cidade com rapidez furiosa. Após ter tragado a cidade, ela de súbito se assentou ao norte do vilarejo de Le Carbet [há cerca de 5 km ao sudeste de Saint Pierre]. Quando o vento passou a soprar na direção oposta, os poucos sobreviventes a bordo de navios ancorados no porto e que não haviam afundado, assim como as pessoas que conseguiram se agarrar a destroços que flutuavam na água, puderam ver que nada restara de sua cidade, a não ser uma pilha de ruínas em chamas. Toda a vegetação e todas as habitações na área entre a cratera, Le Morne Folie e La Petite Anse Du Barbet haviam desaparecido sob um manto escuro de cinzas.

As testemunhas oculares descreveram uma enorme explosão de gás incandescente varrendo a cidade. A força da explosão foi capaz de fazer soçobrar os navios ancorados no porto e de prender fogo a tudo que fosse inflamável em seu caminho.

Lacroix cunhou o termo *nuée ardente* ("nuvem ardente", em francês) para esse tipo particular de erupção, porque – especialmente ao entardecer – ela fulgura, assumindo um tom de vermelho opaco.¹³ Surpreendentemente, a nuvem de cinzas quentes que demonstrou seu poder devastador sobre Saint Pierre e seus habitantes não passou de uma pequena parte, ainda que mortal, de uma CDP que instalou o caos na ilha de Martinica. O fluxo principal da CDP do dia 8 de maio, na verdade, encontrou-se 3 km a noroeste de Saint Pierre, no vale de Rivière Blanche, conforme Lacroix descobriu nos dias que se seguiram:

> *Toda a região entre a cratera, Peres Rive e Lamarre Point havia sido engolida por uma espessa camada de detritos quentes, entre os quais (ao norte de Rivière Sèche) eram blocos de lava com mais de 100 m³ enterrados em uma matriz de cinzas, lapili e pedras de todos os tamanhos.*

Esse relato eloquente descreve a massa principal do depósito deixado pelo que hoje é chamado de *fluxo de blocos e cinzas*. Esse tipo de CDP resulta da desintegração gravitacional de um domo de lava endógena, cuja inflação enfraquece e desestabiliza seus lados mais íngremes (ver a Figura 6.3b) que, com isso, não tardam a entrar em colapso. Se o domo estiver em um terreno com inclinação alta ou em uma ravina – como ocorreu com aquele que se desenvolveu no Monte Pelée em maio de 1902 –, o material que libera (o qual muitas vezes inclui rochas ainda incandescentes oriundas do interior do domo) se rompe com os repetidos impactos com o solo, formando uma mistura de blocos de lava, lapili e material com granulometria de cinzas e com energia o bastante para prosseguir se deslocando com rapidez por um terreno inclinado. Esse material se transforma em uma corrente de densidade piroclástica quente e envolvente, composta não por púmice, mas por detritos de lava juvenil e densa. A maior parte do componente formado pelas cinzas é transportada pelo ar quente, formando a conhecida nuvem de cinzas (Figura 7.14a); na Martinica, foi o deslocamento lateral dessa nuvem de cinzas incandescentes aliado a fortes ventos observados naquele dia que arrasou a cidade de Saint Pierre e matou seus habitantes. Aqueles que sobreviveram a um contato com as bordas dessas CDPs relatam "a queima das correntes de ar", a qual, em sua forma mais intensa, provavelmente causou a maior parte das mortes em Saint Pierre em 1902. *Nuées ardentes* semelhantes foram observadas no Monte Pelée em julho e em dezembro do mesmo ano, e em 1929. O fenômeno muitas vezes é chamado de *atividade peleana*.

Uma parcela representativa dos conhecimentos científicos mais recentes sobre os fluxos de blocos e cinzas foi obtida com a observação da atividade vulcânica que vem ocorrendo no vulcão Sufrière Hills, em Montserrat, desde 1995. Uma sucessão de domos de lava andesítica (Figura 6.3b) se formou na cratera chamada de English's Crater, dando origem a numerosos episódios de colapso de domos. Os fluxos de blocos e cinzas (os quais não devem ser confundidos com a CDP de colapso de coluna vulcaniana de Montserrat, mostrada na Figura 7.4a) desceram o vale de Tar River repetidas vezes, pelo lado nordeste, o que culminou em uma série de CDPs que removeram praticamente todo o domo em 22 de maio de 2006;

Em alguns casos, o colapso do domo parece ser o resultado da atuação da gravidade apenas, conforme ilustram as CDPs de Montserrat desde 1995, ao passo que, em outros casos – como no Monte Pelée, em maio de 1902 –, o colapso aparentemente foi iniciado por uma ou mais explosões, como mostra o trecho de Lacroix acima

(Diversas testemunhas... ouviram explosões violentas).

Nos dois casos, os depósitos de blocos e cinzas são muito semelhantes: uma mistura caótica de blocos de rocha vulcânica densa de todos os tamanhos – alguns dos quais da ordem de metros de diâmetro – em uma matriz de cinzas (Figura 7.14b). Às vezes, é observada gradação inversa entre os clastos maiores. A origem desses depósitos, caracterizada por altas temperaturas, pode ser estipulada com base na característica disjunção prismática em clastos grandes e na coloração avermelhada devida à oxidação.

Os depósitos de surge basal relacionados a erupções hidrovulcânicas

As erupções hidrovulcânicas muitas vezes desenvolvem seu próprio tipo de corrente de densidade piroclástica. Além da nuvem de cinzas escuras com formato de "rabo de galo", a Figura 7.8a mostra uma almofada basal de vapor branco. Ela representa o estágio inicial de uma nuvem de cinzas circular, a qual se desloca pelo solo em um movimento de expansão radial chamada de *surge basal*. Essas nuvens são típicas de muitas erupções que envolvem a interação explosiva entre o magma e a água e resultam do colapso gravitacional de uma coluna eruptiva de vida curta associada a cada explosão. Os surges basais são uma forma de corrente de densidade piroclástica, embora mais diluídas do

---

¹³ Ao descreverem uma erupção semelhante, em uma noite de julho do mesmo ano, Anderson e Flett (1903) observaram que *"(a nuvem) era de um vermelho opaco, com rastros brilhantes que nos pareceram pedras grandes lançadas pela explosão e que emitiam faíscas amarelas".*

Figura 7.14 (a) *Nuée ardente* do Monte Pelée atingindo o mar em 16 de dezembro de 1902 (de Lacroix, 1904). (b) Seção típica de um depósito de blocos e cinzas (Old Horse Springs, Novo México, Estados Unidos).

que as que formam ignimbritos e, devido ao envolvimento da água, mais frias e úmidas. As rajadas de ventos centrífugos violentos associados a esses surges turbulentos depositam cinzas pobremente selecionadas, mas com laminações plano-paralelas e cruzadas muito características, que compõem a maior parte do anel de tufos que se acumula a partir de explosões repetidas. Formas comuns a dunas são comuns, as quais normalmente se acumulam à montante do fluxo (formando antidunas). Os indicadores de corrente têm orientação radial, partindo do centro das explosões.

Figura 7.15 Produtos de erupções hidrovulcânicas: (a) Camadas alternadas de escória andesítica juvenil e depósitos laminados do tipo surge basal no cone de escória de Pukeonake, Parque Nacional de Tongariro, Nova Zelândia. (b) Lapili acrescionário nas cinzas riolíticas de Oruanui, Nova Zelândia (diâmetro da tampa da lente: 6 cm).

A interação entre o magma basáltico em ascensão e um aquífero que ele encontra pelo caminho, capaz de formar *maars*, muitas vezes produz camadas alternadas de depósitos estrombolianos e de surge basal (Figura 7.15a). Uma série inicial de explosões freatomagmáticas rompe o aquífero e permite o acesso direto do magma à superfície, onde ele alimenta a atividade estromboliana por algum tempo. Uma pausa na injeção de magma pode fazer com que a água volte a percolar nas camadas sedimentares ou camadas ao longo de alguns meses ou anos, e o ciclo se repete algumas vezes, com a chegada de novos volumes de magma (Figura 7.15a).

O *lapili acrescionário* representa outro produto comum das erupções freatomagmáticas. Esses fragmentos têm forma esferoide e uma estrutura interna concêntrica (Figura 7.15b), formada com a adição sucessiva de cinzas finas em partículas iniciadoras em uma nuvem úmida de cinzas. Além disso, eles também se formam quando os ignimbritos entram no mar.

A instabilidade do edifício

As *nuées ardentes* geradas por domos de lava formados nas encostas do edifício vulcânico são um dos indícios da instabilidade da estrutura. Usando termos típicos da engenharia, os vulcões podem ser descritos como estruturas bastante fracas que sucumbem à atuação da gravidade de muitas maneiras. Primeiro, muitos vulcões estão propensos ao chamado *colapso em setores*, o qual, às vezes, não está associado a uma erupção e ocorre quando uma massa expressiva do vulcão desmorona na forma de uma *avalanche de detritos* frios (uma massa veloz de blocos, matacões e cascalho). Os fatores que desencadeiam esse desmoronamento podem ser a sismicidade, a superinclinação dos flancos resultante da intrusão de magma em pouca profundidade (ambos esses fatores desempenharam um papel na inicialização da erupção do Monte Santa Helena, em maio de 1980), a sobrecarga dos flancos instáveis por depósitos vulcânicos recém-formados, e (em ilhas oceânicas) a "remoção do apoio" da parte subaérea do edifício por conta da ação das ondas. Um depósito formado por uma avalanche de detritos tem muitos dos atributos de um depósito de blocos e cinzas, mas duas diferenças essenciais devem ser destacadas: os depósitos formados por avalanches de detritos não contêm evidências de colocação em temperaturas elevadas (Figura 7.16), e esses detritos incluem uma gama de tipos de rochas vulcânicas (em comparação com a uniformidade juvenil de um depósito de blocos e cinzas). A superfície irregular (hummocky) de um depósito formado por avalanche de detritos (Figura 7.17) pode ocultar "megablocos" com até 1 km de diâmetro e que mantiveram sua estratigrafia interna relativamente intacta.

Um segundo risco para a estabilidade de um edifício vulcânico diz respeito à presença, em muitos estratovulcões, de volumes muito grandes de cinzas não consolidadas. Ao se misturarem à água – cuja origem pode ser o derretimento da neve e do gelo presente nos cimos, o esvaziamento de um lago existente em uma cratera ou chuvas torrenciais – e sofrerem a ação da gravidade, as cinzas adquirem movimento, formando um deslizamento devastador chamado de *lahar*, palavra do idioma indonésio (Figura 7.16). Ainda que os lahares escorram apenas onde as condições de drenagem são favoráveis, esses fluxos são rápidos, viajando por distâncias que chegam a 100 km a partir de sua origem, arrastando consigo árvores, rochas e todo tipo de detrito. O poder de transporte dos lahares é impressionante. Esses fenômenos erodem as margens dos cursos d'água que invadem. Os lahares que escoaram pelos

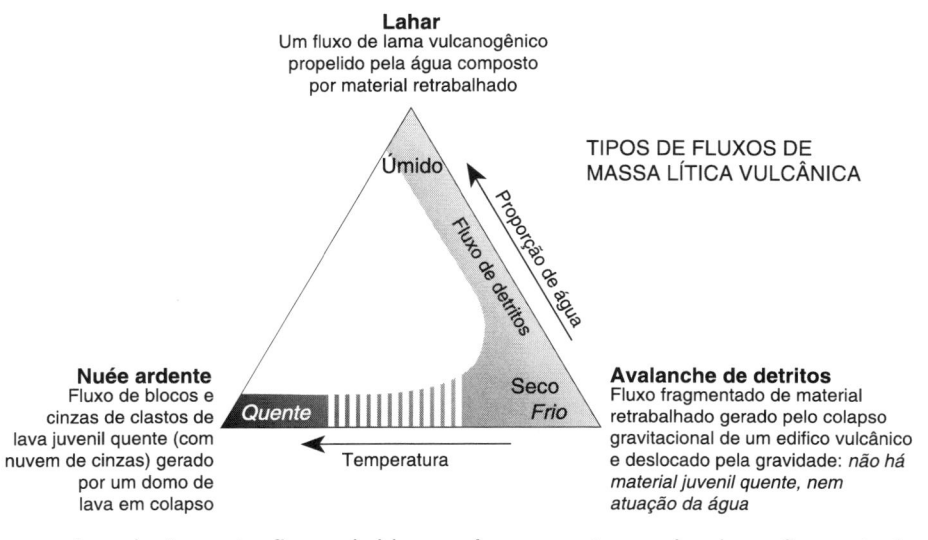

Figura 7.16 Resumo das relações entre fluxos de bloco e cinzas quentes, avalanches e fluxos de detritos vulcânicos frios e lahares.

Figura 7.17 Terreno irregular (hummocky) sinalizando a superfície de um depósito de detritos formado por avalanche excepcionalmente grande (recobrindo um área de 675 km²) gerado há 300 ka pelo Monte Shasta (o pico visível na linha do horizonte, 20 km ao sul do ponto em que a fotografia foi tirada), Califórnia, Estados Unidos. Foto: Harry Glicken. Reproduzida com permissão do Observatório Vulcânico de Cascades, USGS.

cânions do vulcão Nevado Del Ruiz, nos Andes colombianos, após uma erupção de pequeno volume em 1985, soterraram o vale onde ficava a cidade de Armero, matando 25 mil pessoas. Os depósitos formados por lahares são mal selecionados e *"contêm fragmentos de todos os tamanhos, de lama a matacões do tamanho de casas"* (Francis and Oppenheimer, 2004). Em comparação com uma avalanche de detritos, os clastos maiores tendem a estar mais espaçados em meio a uma matriz de lama.

AS TEXTURAS MICROSCÓPICAS

Muitos dos indícios nos quais se fundamenta o conhecimento sobre processos piroclásticos têm origem na observação de estruturas em escala de afloramento (granulometria, gradação, laminação cruzada, entre outras). A microscopia de polarização traz uma contribuição relativamente pequena, embora a inspeção de lâminas delgadas possa esclarecer os processos magmáticos que transcorrem antes e durante a erupção.

O púmice

O produto principal e mais característico de uma erupção pliniana é a forma de vidro vulcânico altamente vesicular chamada de **púmice**. O exame cuidadoso de uma amostra com lupa (Figura 7.18a) em lâmina delgada e em microscópio eletrônico (Figura 7.18b) revela que a vesiculação do púmice varia em um amplo intervalo, da ordem de micrometros a milímetros, e, às vezes, até centímetros. As vesículas maiores em um fragmento de púmice provavelmente foram as primeiras a sofrer nucleação, crescendo devido à difusão de gases em estado de supersaturação através de suas paredes enquanto estavam no estado líquido; as vesículas menores se formam mais tarde e, por isso, as oportunidades de crescer antes do líquido magmático se solidificar foram menores. O púmice normalmente contém uma elevada proporção em volume de vazios vesiculares (a qual pode atingir 80%).[14] Esse índice de vesicularidade elevado é a causa da densidade baixa, que permite ao púmice flutuar na água.[15] Algumas vesículas podem ser alongadas ou achatadas (Figura 7.18a), indicando estiramento ou deformação por cisalhamento do líquido magmático em processo de inflação, antes da vitrificação. O púmice pode conter fenocristais formados em profundidade e, se o percurso de ascensão do líquido magmático o conduz a um ponto próximo de seu solidus (Figura 6.5) – como resultado da perda de voláteis, por exemplo –, ele poderá apresentar teor alto de micrólitos cristalinos diminutos formados nesse estágio tardio (Figura 7.18b).

A Prancha 7.1 mostra uma amostra de tefra da erupção do vulcão Toba, há 74 ka, na ilha de Sumatra, Indonésia. A camada de cinzas formada por essa erupção colossal (provavelmente a maior de que se tem algum indício) pode ser detectada a grandes distâncias, em pontos tão remotos a contar de sua origem quanto o nordeste da Índia. A amostra contém inúmeros fragmentos cristalinos de biotita, feldspato e quartzo com até 1,5 mm de diâme-

---

[14] Ver Wright et al. (2003).

[15] Fragmentos flutuantes de púmice tamanho lapili, gerados na erupção do Krakatoa (Indonésia), em 1883, permaneceram flutuando por tempo bastante para cruzarem o Oceano Índico até a costa da África.

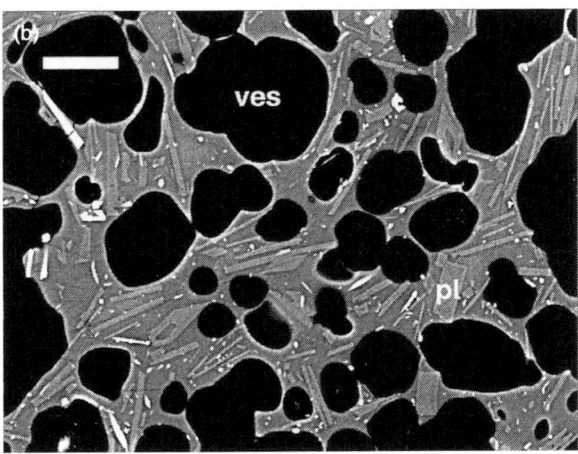

Figura 7.18 (a) Imagem aumentada de lapili de púmice de Tenerife (foto: K. D'Souza) (Comprimento da barra: 1 cm). Observe o alongamento das bolhas. (b) Na erupção de 18 de maio de 1980 do Monte Santa Helena, mostrando as vesículas da ordem de μm (ves) e a massa vítrea que as contém repleta de **micrólitos** de plagioclásio (pl) formado durante a ascensão (reproduzido de Blundy and Cashman, 2001, Figura 6b, com permissão de Springer Science and Business Media) (tamanho da barra: 10 μm).

tro, além de alguns clastos de púmice. Contudo, a característica mais distintiva é a matriz, composta por estilhaços curvos e muitas vezes em forma de **cúspide** de vidro vulcânico isotrópico, chamados de *shards*. Alguns desses fragmentos descrevem uma curva na mesma direção em lados opostos, o que sugere que tenham se originado de uma única bolha de líquido magmático borbulhante. Outros representam filmes rompidos de líquido magmático que foi compartilhado por duas ou mais bolhas adjacentes. A forma de um desses *shards* (canto superior esquerdo) sugere a união de cinco bolhas. Esses fragmentos registram a expansão de bolhas que extrapolou o limite da resistência à tração do líquido magmático que as contém. Cinzas de púmice semelhantes formam a matriz de muitos ignimbritos (Prancha 7.2 e 7.3), embora raramente com o mesmo estado de preservação.

Uma cinza vulcânica litificada formando uma rocha coerente, como mostrada na Figura 7.1, é chamada de **tufo**. Dependendo do constituinte prevalente, o nome pode ser refinado, como *tufo a cristal* ou *tufo vítreo* (o que significa que contém *shards* de vidro, como mostra a Prancha 7.1) ou, se os clastos de rocha cristalina predominam, *tufo lítico*. Combinações desses qualificadores são possíveis, como tufo cristal-lítico.

Os lapili-tufos

A Prancha 7.2 mostra uma rocha contendo uma mescla de clastos de púmice, fragmentos cristalinos e alguns clastos líticos em uma matriz isótropa formada principalmente por cinzas vítreas. A natureza fragmentária dessa composição é evidenciada pelos cristais quebrados (muitos dos quais exibem maclas truncadas de forma irregular). A matriz vítrea litificada e fina qualifica essa rocha como tufo. Os clastos de púmice não exibem foliação comum consistente com a deformação pós-deposicional.

As amostras de mão dessas rochas contêm fragmentos de púmice de até 3 cm de diâmetro, e seu caráter pobremente selecionado é sintetizado no termo *lapili-tufo*:

Lapili-tufo: tufo contendo clastos de tamanho lapili em uma matriz de granulometria tamanho cinzas.

Em termos mais específicos, esse é um lapili-tufo de púmice (os fragmentos tamanho lapili também poderiam ser líticos). Se considerarmos o contexto de campo onde essa rocha foi encontrada, é possível concluir que ela é o produto de uma corrente de densidade piroclástica rica em púmice resultante do colapso de uma coluna eruptiva pliniana, o que é indicado pelo termo genético *ignimbrito*. No entanto, até provas suficientes dessa origem terem sido obtidas, é indicado utilizar apenas o termo descritivo lapili-tufo. Observe que nenhuma dessas denominações – lapili-tufo ou ignimbrito – implica algo acerca da composição química ou modal da rocha. No que diz respeito à Prancha 7.2, a presença de cristais de quartzo e de biotita indica uma composição evoluída. Esse exemplo de rocha é, na verdade, um riolito, embora os ignimbritos de andesitos (Pinatubo), dacitos (Monte Santa Helena e Tufo de Fish Canion, estado do Colorado, Estados Unidos), **traquitos** (ignimbritos da Companhia, Itália), **fonolitos** (Tenerife) e mesmo basaltos (vulcão Masaya, Nicarágua) com composição evoluída também tenham sido relatados.

Os lapili-tufos soldados

O púmice que forma o componente juvenil de um ignimbrito é composto por vidro vesicular (Prancha 7.2) que permanece dúctil nas temperaturas de colocação de alguns ignimbritos (aproximadamente 550°C). Nos primeiros estágios de uma erupção pliniana (Figura 7.6a), quando os ejetólitos são lançados a grandes altitudes, há tempo para que os fragmentos de púmice tamanho lapili esfriem a uma temperatura próxima à da atmosfera antes de atingirem o solo como depósitos de queda ou de corrente. Nessas circunstâncias, o lapili retém grande parte de sua forma original, apesar da pressão gerada pelos depósitos sobrejacentes. Contudo, quando a erupção atinge seu clímax, a coluna eruptiva se torna mais densa, e os ejetólitos se incorporam quase imediatamente à CDP (Figura 7.6b). Em condições como essas, os fragmentos de púmice podem se depositar ainda quentes e dúcteis o bastante para sofrerem deformação. Conforme os fragmentos de púmice vão sendo soterrados sob uma pilha cada vez mais espessa de ignimbrito quente, vão se achatando e formando **fiammes** subparalelos (Prancha 7.3). Por outro lado, os cristais e fragmentos líticos resistem a essa compactação. Os depósitos de queda proximais também podem exibir soldagem.

Por essa razão, os ignimbritos e as camadas associadas de púmice de queda representam um registro estratigráfico sensível da evolução de uma erupção pliniana. A pluma flutuante inicial produz uma cobertura de púmice de queda muito ampla. O colapso da coluna ocorrido na sequência gera correntes de densidade piroclástica e os ignimbritos que estas depositam. No clímax da erupção – quando o alargamento do conduto ou outros fatores maximizam as taxas de descarga do magma –, a probabilidade de ocorrência de ignimbritos soldados atinge seu maior valor. Muitas camadas de ignimbritos importantes exibem variações na densidade da solidificação entre a base e o topo (Figura 7.11e) que registram – se a agradação progressiva for aceita – o estado flutuante da coluna eruptiva.

AS CALDEIRAS

As maiores erupções plinianas e ultraplinianas extravasam volumes colossais de magma evoluído na atmosfera mais rapidamente do que as câmaras magmáticas subvulcânicas conseguem fornecê-lo. Embora seja pouco provável que a câmara que alimenta uma erupção seja esvaziada por completo, a quantidade de magma descarregada pode ser grande o bastante para que o teto da câmara perca suporte, o que acarreta seu colapso e a subsidência vertical das rochas que o formam no interior da câmara parcialmente vazia. A depressão topográfica resultante desse colapso do teto da câmara é chamada de **caldeira** (Figura 7.20a). A subsidência é, muitas vezes, mas não sempre, acomodada por falhas anelares verticais ou inclinadas para fora, presumivelmente localizadas junto à periferia da área não suportada do teto (Figura 7.19b).

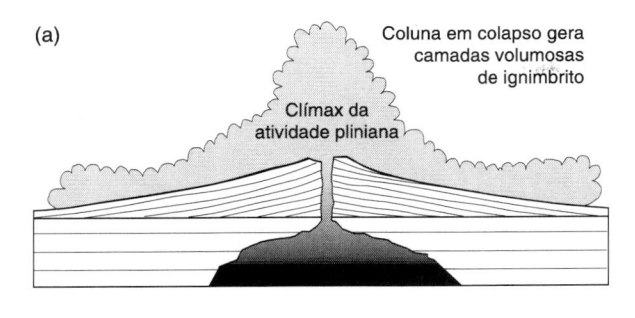

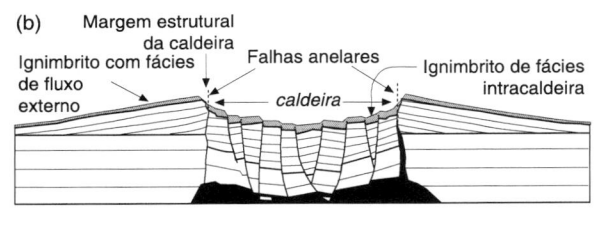

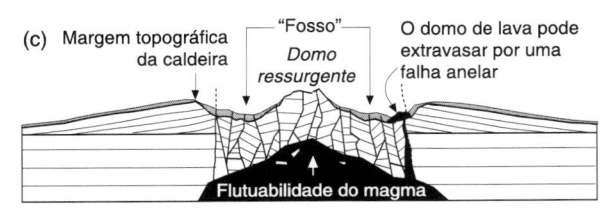

Figura 7.19 Seções transversais mostrando os estágios na evolução de uma caldeira, com base nas ideias de Howel Williams (ver Francis and Oppenheimer, 2005; Figura 11.5) e Kokelaar and Moore (2006). (a) Estágio de formação de ignimbritos durante o clímax. (b) Colapso do teto da câmara magmática sem suporte. (c) Soerguimento de um "domo" estrutural ressurgente devido à flutuabilidade e à pressão do magma no reservatório subjacente.

As caldeiras são características de muitos vulcões envolvidos em erupções plinianas de grande volume (por exemplo, a caldeira associada à erupção do Krakatoa, Indonésia, em 1883). Episódios repetidos de subsidência podem levar à formação de um *complexo de caldeiras* (Cole et al., 2005) contendo numerosas caldeiras aninhadas ou em sobreposição. Quando a erupção é muito grande, parte ou todo o edifício vulcânico pré-existente afunda no interior de uma enorme caldeira, deixando uma depressão visível na superfície do solo, como ocorreu nas erupções de Yellowstone (estado do Wyoming) há 650 ka; de Oruanui, em Taupo, Nova Zelândia, há 26,5 ka; e de Crater Lake (Oregon), há 7,7 ka. A escala dessas erupções formadoras de caldeiras foi resumida em um recente artigo publicado por Hildreth e Wilson (2007):

O Tufo de Bishop, produto de uma das maiores erupções do Quaternário, foi liberado há 760 ka pela câmara magmática de Long Valley, Califórnia Ocidental, durante um episódio que durou seis dias. O material remanescente da queda foi preservado em uma área que se estende do Oceano Pacífico ao estado de Nebraska, por 2,5 x 10^6 km²... A Caldeira de Long Valley entrou em colapso ao longo de uma zona elíptica de falhas anelares de 12 km por 22 km que se tornou ativa somente após metade, ou mais, do magma [riolítico] extravasado [600 km³] ter escapado da câmara.

Embora 760 ka pareça muito tempo atrás, essa enorme erupção foi o ápice de uma história de atividade que se estende por 4 Ma. A caldeira foi local de erupções pós-caldeira e de atividade hidrotermal, a qual é o foco das perturbações vulcânicas e sísmicas atuais. A Caldeira de Long Valley sem dúvida permanece viva hoje.

As erupções em escala monumental de Yellowstone (Tabela 6.4), o evento de formação do Tufo de Bishop há 760 ka e a erupção de Toba – chamadas de supererupções (Bachmann and Bergantz, 2008) – têm consequências ambientais em todo o globo, como afirmam Self e Blake (2008). A maior erupção piroclástica documentada é representada pelo Tufo de Fish Canyon, formado há 28 Ma. Esse tufo é composto por um ignimbrito ácido de aproximadamente 5.000 km³ que extravasou a caldeira La Garita, com 100 x 32 km², nas montanhas de San Juan, no estado do Colorado (Bachman et al., 2002).

A maior parte das caldeiras se desenvolve devido a uma combinação de mecanismos de colapso, os quais muitas vezes ocorrem aos poucos ou em estágios diversos (Cole et al., 2005; Kokellar and Moore, 2006). As falhas anelares podem não ocorrer de modo semelhante em todos os setores da periferia, causando o que é chamado de "colapso em alçapão". Em caldeiras do tipo *"downsag"*, parece não haver falhas anelares (ou, se existem, não se estendem à superfície). Uma vez formada, a parede de caldeira controlada por falha erode com muita rapidez, de maneira a fazer com que a feição topográfica (a *margem topográfica da caldeira*, Figura 7.19c) recue para fora com o tempo, em relação à posição das falhas anelares responsáveis por sua formação (a *margem estrutural da caldeira*, Figura 7.19b). Hildreth e Wilson (2007) observam que a Caldeira de Long Valley, a qual originalmente tinha 12 km x 22 km de extensão, alargou-se, formando uma depressão que hoje mede 17 km x 32 km. Segundo os autores, esse fenômeno se deve

...ao afundamento sineruptivo e ao recuo erosivo das paredes, o qual ocorre há séculos.

A localização do sistema de falhas anelares pode ser observada na superfície com base na extrusão de domos de lava no interior da parede topográfica (Figura 7.19c), como ilustrado, de modo elegante, pelo anel desses domos, na Caldeira de Valles, estado do Novo México, Estados Unidos (Figura 7.20b). O mais jovem desses domos é o **coulée** de Banco Bonito, cujas ogivas (rugas superficiais) são sugeridas na figura. A mineralização ou a alteração de rochas piroclásticas que preenchem as caldeiras pode também marcar a localização de um sistema de falhas anelares subjacente.

A presença continuada e/ou o reabastecimento de magma evoluído de densidade baixa nas câmaras magmáticas sob grandes caldeiras muitas vezes leva à formação de domos nas partes centrais do assoalho de uma caldeira (Figura 7.19c). A erosão causada pelo soerguimento pode remover os depósitos piroclásticos plinianos presentes no interior da caldeira da área em forma de domo, expondo rochas mais antigas (Figuras 7.19c e 7.20b). A característica de domo positiva é descrita como *domo ressurgente* (uma característica estrutural que não deve ser confundida com um domo de lava), e a depressão em forma de anel que a circunda no interior da caldeira é chamada de *fosso* (Figuras 7.19c e 7.20b). Exemplos semelhantes de ressurgência e de erupção de "riolitos de fosso" ocorreram também na caldeira de Long Valley. Bachmann e Bergantz (2008) ilustram o interessante exemplo de um domo ressurgente e de um fosso na caldeira de Creede, no campo vulcânico de San Juan, estado do Colorado.

As caldeiras também ocorrem nos cimos de alguns vulcões em escudo basálticos efusivos de grande porte, como o Mauna Loa e o Kilauea, no Havaí. Nesse contexto, a subsidência muitas vezes se deve à drenagem do magma de uma câmara no cimo para o interior de sistemas de diques em processo de dilatação que irradiam dela, o que pode alimentar erupções nos flancos em altitudes menores. Contudo, alguns vulcões basálticos formaram caldeiras como resultado de erupções explosivas, como o vulcão Masaya, na Nicarágua (ver Cole et al., 2005), por exemplo.

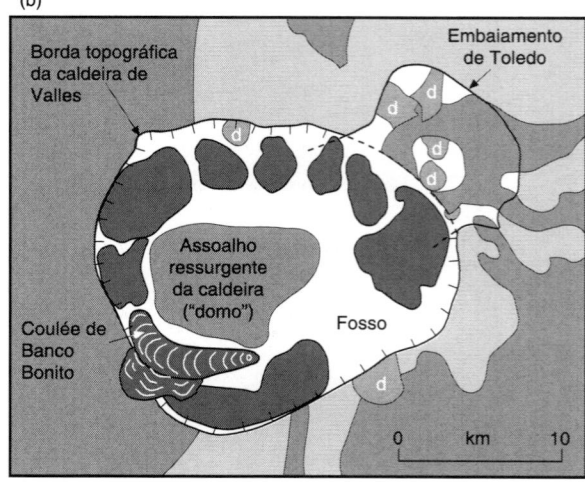

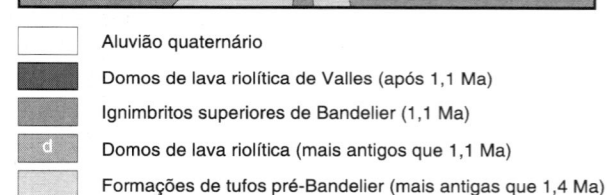

Figura 7.20 (a) Imagem aérea da caldeira do Lago Crater, formada há 7,7 ka, no estado de Oregon, vista do oeste (foto: M. Doukas, Instituto de Pesquisas Geológicas dos Estados Unidos); o diâmetro da caldeira é de aproximadamente 10 km. Diversos cones pequenos se formaram desde então no interior da caldeira, incluindo o cone de escória de Wizard Island, no primeiro plano da foto. (b) Bom demais para ser verdade? Mapa esquemático da caldeira de Valles, Novo México, mostrando o impressionante "bracelete" de notáveis domos riolíticos formados após a caldeira ("Valles"), demarcando a provável localização da fratura anelar (a margem estrutural da caldeira); o embaiamento de Toledo é uma caldeira secundária, com idade intermediária, formada entre as erupções dos tufos de Bandelier inferiores e superiores.

REVISÃO – A IMPORTÂNCIA DAS ERUPÇÕES PIROCLÁSTICAS

As grandes erupções piroclásticas ocorrem quando magmas evoluídos e com altos teores de voláteis ascendem a profundidades pequenas em relação à superfície, onde a pressão dos gases dissolvidos no líquido magmático excede a pressão imposta pelas rochas ou pelo magma sobrejacentes. As erupções plinianas podem ocorrer independentemente de o magma ser supersaturado em sílica (como o dacito do Monte Santa Helena, em 1980, ou os riolitos de Taupo, há 26,5 e 1,8 ka) ou subsaturado em sílica (como ilustram os piroclastos lançados pelo Vesúvio no ano 79 e aqueles vistos em Tenerife, projetados nos últimos 600 ka). A condição básica a ser atendida é a presença de teores elevados de voláteis no magma.

As principais conclusões tiradas neste capítulo são:

- É interessante dividir as erupções em categorias amplas: *efusivas* e *explosivas*. A explosividade de uma erupção depende sobretudo do teor de voláteis dissolvidos e da viscosidade do magma envolvido no fenômeno (a qual aumenta com o teor de SiO_2, conforme o Quadro 6.3). A interação com águas meteóricas pode contribuir com a explosividade, como ocorreu na erupção do Oruanui, em Taupo, Nova Zelândia, há 26,5 ka.
- As categorias utilizadas na descrição de erupções vulcânicas (plinianas, etc.) foram inicialmente definidas com base em relatos de testemunhas dos eventos (com base em Mercalli, 1907). Porém, hoje a categorização objetiva de erupções piroclásticas de grande escala é fundamentada sobretudo na análise do tamanho dos clastos ejetados e acumulados em depósitos de queda (Figura 7.8).
- É importante utilizar a terminologia de maneira a distinguir os *processos* piroclásticos – com termos como CDP e fluxo de blocos e cinzas – dos *depósitos* piroclásticos que deixam no solo – lapili-tufos ou ignimbritos (se a CDP é de púmice) e depósitos de bloco e cinzas (nos outros casos).
- O depósito piroclástico produzido por uma erupção pliniana normalmente envolve uma camada inicial *de queda*, composta de púmice bem selecionado (o que reflete o estado flutuante inicial da coluna eruptiva), seguido de uma ou mais unidades de *lapili-tufos* de púmice mal selecionados (nos quais o ignimbrito representa o colapso de uma coluna eruptiva não flutuante e mais densa). O ignimbrito pode ser seguido por uma fase de encerramento na qual os *domos de lava* de composição semelhante àquela dos materiais piroclásticos plinianos extravasam. Esses domos, de modo geral, representam o magma do mesmo reservatório que sofreu "desgaseificação" durante a erupção pliniana, como exemplificam os domos dacíticos derramados na cratera da erupção pliniana do Monte Santa Helena em maio de 1980 (estado de Washington, Estados Unidos) e o anel de domos riolíticos da caldeira de Valles, estado do Novo México (Figura 7.20b).
- As erupções hidrovulcânicas – as quais envolvem a interação entre o magma e *águas externas* – produzem materiais piroclásticos com graus mais elevados de fragmentação (Figura 7.8), com cinzas mais finas e uma proporção elevada de vidro. Os materiais chamados de lapili acrescionário muitas vezes são formados nesse tipo de erupção.
- As *nuées ardentes* (Figura 7.14a), compostas sobretudo por clastos de lava juvenil e densa e por cinzas (e que formam depósitos de blocos e cinzas, Figura 7.14b), são CDPs quentes originadas durante o colapso de domos de lava nas encostas do vulcão.
- Os surges basais (Figura 7.9a) são CDPs diluídas e frias que migram radialmente para fora de uma explosão hidrovulcânica e se depositam de modo diferenciado, como camadas laminadas de cinzas (Figura 7.15a).
- As erupções piroclásticas de grande porte são muitas vezes acompanhadas pela formação – ou subsidência renovada – de uma caldeira (Figuras 7.19 e 7.20). As grandes erupções dessa categoria foram responsáveis por efeitos ambientais em escala mundial (como a erupção de Toba, há 74 ka).

EXERCÍCIOS

7.1 Encontre um nome descritivo apropriado para a rocha mostrada na Prancha 7.1 que reflita os componentes que apresenta. Comente a granulometria dos piroclastos presentes.

7.2 Explique as diferenças de significado entre os grupos de termos abaixo:
- Lapili-tufo e ignimbrito
- Pliniana e vulcaniana
- CDP rica em púmice e ignimbrito
- Domo ressurgente e domo de lava
- Colapso de coluna, colapso de domo e colapso de setor
- Caldeira e cratera
- Lahar e avalanche de detritos

7.3 A sequência abaixo resume um depósito piroclástico exposto nas paredes de uma pedreira

(a) Resuma a sequência de camadas utilizando a terminologia descritiva apropriada.

(b) Interprete esse registro estratigráfico em termos de processos eruptivos sucessivos.

5. Camada de 6 m semelhante à do item 3, mas com clastos de púmice que exibem um achatamento marcante na porção central.

4. Camada de cinzas de púmice com 0,15 cm notavelmente mais rica em clastos líticos.

3. Camada de 5 m composta por clastos e cinzas de púmice mal selecionado e litificado, com a presença de alguns clastos líticos pequenos.

2. Camada de 1,5 m de clastos de claros de púmice bem selecionado (≤ 2 cm), cuja granulometria diminui ligeiramente na direção do topo.

1. Depósito litificado de clastos e cinzas de púmice mal selecionado cuja superfície sofreu a ação do intemperismo (e cuja base não foi exposta).

CAPÍTULO 8
As Rochas Graníticas

As rochas ígneas "graníticas", as quais incluem as equivalentes de granulação grossa e média ao andesito, ao dacito e ao riolito (Capítulo 6), são as mais abundantes na crosta continental da Terra. Elas são encontradas em uma variedade de ambientes geotectônicos, desde zonas orogênicas e de colisão continental, como os Andes e o Himalaia, até zonas anorogênicas intraplaca. Pequenos volumes ocorrem também em dorsais meso-oceânicas e complexos de ofiolitos. Os fluxos térmicos e de voláteis nas zonas de teto de plútons graníticos e de **batólitos** representam o principal mecanismo da mineralização hidrotermal, responsável pela formação de depósitos significativos de minerais metalíferos. As rochas graníticas, assim como os continentes nos quais elas representam parte importante, tornam a Terra um planeta singular entre todos os planetas do sistema solar (Campbell and Taylor, 1983).

A NOMENCLATURA DE ROCHAS PLUTÔNICAS INTERMEDIÁRIAS E ÁCIDAS

As definições dos tipos de rochas graníticas

Os petrólogos empregam o adjetivo "granítico" de modo mais amplo do que o substantivo "granito". Granítico é um termo que inclui o diorito, o granodiorito e o granito, os quais são os análogos de granulação grossa do andesito, do dacito e do riolito, respectivamente. Diferentemente das rochas vulcânicas, cuja mineralogia latente pode ser obscurecida pelo vidro ou cuja granulação fina não permite identificá-la com precisão, o tamanho de grão das rochas graníticas é suficiente para identificar os minerais constituintes com confiabilidade ao microscópio. A maioria desses minerais é identificável com facilidade também utilizando amostras de mão (Tabela 8.1). Nesse sentido, a União Internacional das Ciências Geológicas (IUGS) recomenda uma base puramente modal (petrográfica) para nomear rochas graníticas, sem a necessidade de utilizar o gráfico álcalis totais versus sílica (TAS) discutido no Capítulo 6. Observe que o esquema sugerido pela IUGS – resumido na Figura 8.1 – inclui mais categorias para rochas plutônicas do que a Figura 6.1 em relação a rochas vulcânicas.

Em termos práticos, a maneira como os nomes são atribuídos a rochas plutônicas intermediárias e ácidas depende das informações disponíveis:

- Quando uma *moda quantitativa* está disponível, o granito e o granodiorito são discriminados segundo as proporções relativas de feldspato alcalino e plagioclásio utilizando o gráfico QAP mostrado na Figura 8.1.[1] Nesse diagrama, o diorito cai na mesma área que o gabro. A distinção entre eles é traçada com base na *composição do plagioclásio*, o qual é cálcico (An > 50) para o gabro e sódico para o diorito (Le Maitre, 2002, p. 24). Os anortositos também caem nessa área, mas têm índice de cor $M < 10\%$ (ver a Figura 1.3b).
- Um petrólogo que esteja fazendo *observações petrográficas qualitativas* de minerais e texturas deve utilizar um esquema como aquele mostrado na Tabela 8.2.[2]

As definições simplificadas para essas rochas são:

Diorito: rocha ígnea de granulação grossa, normalmente mesocrática, composta sobretudo por plagioclásio sódico e um ou mais minerais máficos. A abundância de hornblenda pode ser útil para diferenciar o diorito do gabro.

Tonalito: rocha ígnea de granulação grossa, mesocrática ou leucocrática, composta principalmente por plagioclásio sódico e quartzo, acompanha-

---

[1] As linhas divisórias na Figura 8.1 são limites arbitrários para a divisão de um continuum de composições de rochas plutônicas. Elas não implicam saltos composicionais entre populações de rochas naturais.

[2] A distinção entre o plagioclásio e o feldspato alcalino em rochas plutônicas é resumida no Quadro 8.1.

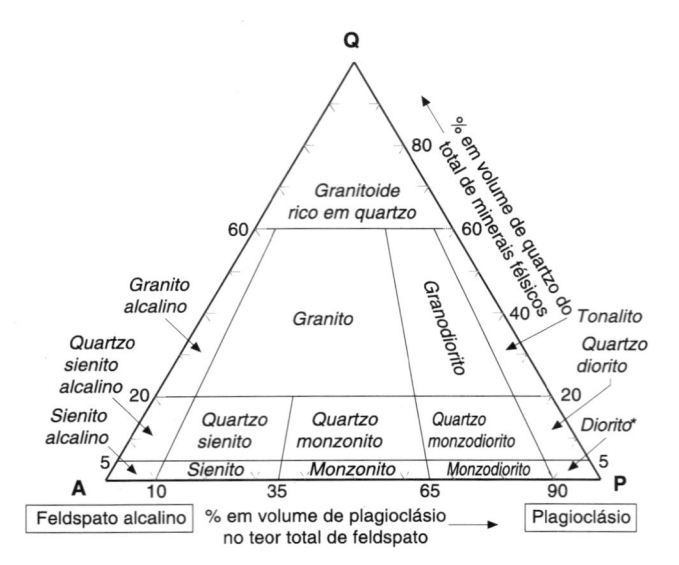

Figura 8.1 Gráfico QAP ternário mostrando as proporções modais relativas de quartzo (Q), feldspato alcalino (A) e plagioclásio (P) que definem as áreas da IUGS para rochas graníticas com base em Le Maitre (2002, Figura 2.11).** Os símbolos em "v" indicam divisões de 10%. As linhas que irradiam do ápice Q são linhas limite para o plagioclásio/feldspato total = 10, 35, 65 e 90% (em volume). Para representar uma **moda** de rocha nesta figura, é preciso aumentar proporcionalmente as quantidades de quartzo, de feldspato alcalino e de plagioclásio, de maneira que sua soma seja 100%, desconsiderando outros minerais (ver a Figura B1, Apêndice B). Para mais informações sobre a distinção petrográfica entre o feldspato alcalino e o plagioclásio em rochas plutônicas, ver o Quadro 8.1. A IUGS define "plagioclásio" como feldspato com An > 5% e "feldspato alcalino" com An < 5%.

*Diorito se o plagioclásio for sódico (An < 50%); gabro se o plagioclásio for cálcico.
** Assim como no Capítulo 6, os termos simplificados sienito alcalino, quartzo sienito alcalino e granito alcalino substituem o formato *feldspato* alcalino sienito, etc.

dos de um ou mais minerais máficos hidratados [10 < M < 40].

Granodiorito: rocha ígnea de granulação grossa, leucocrática, composta sobretudo por plagioclásio sódico, feldspato potássico (inclusive a **pertita**) e quartzo, acompanhados de um ou mais minerais máficos hidratados. Distingue-se do granito pela *predominância do plagioclásio* [5 < M < 25].

Granito:[3] rocha ígnea de granulação grossa, leucocrática, composta essencialmente de quartzo, felds-

pato potássico (inclusive pertita) e plagioclásio. Uma *predominância de feldspato alcalino* o distingue do granodiorito [5 < M < 20].

Granito alcalino: rocha ígnea de granulação grossa, leucocrática, composta sobretudo de quartzo e feldspato potássico (inclusive pertita) e *teores irrelevantes de plagioclásio*. Sua identidade é confirmada pela presença marcante de piroxênio alcalino ou de anfibólio alcalino (ver o Capítulo 9) [na maioria das vezes, M < 20].

Sem exceções, esses tipos de rocha estão incluídos no escopo do termo ***granitoide***, utilizado amplamente em campo (ou na análise de amostra de mão). O termo "leuco-" pode ser empregado para prefixar os nomes tonalito, granodiorito ou granito, o que permite identificar amostras anomalamente leucocráticas (cujos índices de cor M estão abaixo dos intervalos indicados).

Esses nomes são aplicáveis a rochas ácidas e intermediárias de granulação grossa. O prefixo "micro-" é útil para representar rochas de granulação média equivalentes. Por exemplo, "microdiorito" diz respeito a uma rocha com a mineralogia do diorito e granulação média, não grossa.[4]

Duas variedades de tonalito receberam nomes específicos devido a conotações geotectônicas distintas. O **trondhjemito** é um leucotonalito (isto é, uma rocha composta sobretudo de plagioclásio e quartzo, Figura 8.1) que muitas vezes contém teores reduzidos de biotita. Os trondhjemitos foram os protolitos ígneos de que se formaram muitos complexos de gnaisses de crátons arqueanos. Muitos gnaisses arqueanos compartilham atributos geoquímicos com as rochas vulcânicas adakíticas (ver a discussão sobre a suíte arqueana **TTG** a seguir). O plagiogranito é uma rocha intrusiva com semelhanças petrográficas com o trondhjemito, mas ocorre em volumes menores em dorsais oceânicas e em muitas sequências de ofiolitos (ver a Tabela 8.4).

As rochas afins

Na classificação modal mostrada na Figura 8.1, o granito e o granodiorito são limitados, na região pobre em quartzo do triângulo, pelo quartzo sienito, quartzo monzonito e quartzo monzodiorito. Esses tipos de rocha são de transição entre os granitoides e seus análogos saturados ou subsaturados em SiO_2 como o sienito, o monzonito e o monzodiorito, dis-

---

[3] Esse é o sentido restrito do termo. O nome às vezes também é utilizado em sentido amplo para se referir a todas as rochas graníticas.

[4] O emprego desse termo, já consagrado (como vemos em Cox et al., 1988), é preferível ao termo proposto por Le Maitre (2002, p.21).

Tabela 8.1 A identificação dos principais minerais constituintes das rochas graníticas visualizados em amostra de mão

Mineral	Cor	Hábito	Clivagem, etc.	Observações
Quartzo	Incolor/cinza	Normalmente anédrico	Ausente	Branco quando em veios hidrotermais
Feldspato alcalino	Rosa ou branco	Forma alongada, tabular	Incipiente, 2 conjuntos a 90°	Maclas simples frequentemente visíveis
Plagioclásio	Branco (raramente verde ou preto)	Forma alongada, tabular	Incipiente, 2 conjuntos a ~ 90°	Maclas múltiplas raramente visíveis
Piroxênio	Preto, verde-escuro ou marrom	Prismas com 4 ou 8 lados	Boa, 2 conjuntos a ~ 90°	
Anfibólio (hornblenda)	Preto ou verde-escuro	Prismas em forma de losango	Boa, 2 conjuntos a ~ 120°	
Biotita	Preto a marrom-escuro	Flocos escuros e brilhantes (seis lados)	Um plano de clivagem excelente	
Muscovita	Incolor	Flocos prateados (seis lados)	Um plano de clivagem excelente	
Turmalina	Normalmente preto	Prisma alongados de 3 lados/agulhas	Ausente	Clivagem ausente a diferencia da hornblenda

Tabela 8.2 A mineralogia de rochas graníticas típicas

	Diorito	Tonalito	Granodiorito	Granito[d]	Granito alcalino
Minerais essenciais	• Plagioclásio • Um ou mais minerais máficos (ver abaixo)	• Plagioclásio • Quartzo	• Plagioclásio sódico • Quartzo • Feldspato alcalino $plag > k\text{-}f$[a]	• Feldspato alcalino • Quartzo • Plagioclásio sódico $k\text{-}f \geq plag$	• Feldspato alcalino • Quartzo
Minerais qualificadores	• Quartzo • Hornblenda • Biotita • Augita	• Hornblenda • Biotita[e]	• Hornblenda • Biotita[e]	• Hornblenda • Biotita[b,e] • Muscovita[b] • Turmalina • Granada (almandina) • Cordierita • Andalusita	• Riebeckita ou outro anfibólio alcalino • Aegirina-augita (Esses minerais alcalinos são tratados no Capítulo 9)
Índice de cor	Melanocrático ou mesocrático	Mesocrático[c]	Mesocrático ou leucocrático	Leucocrático	Leucocrático
Minerais secundários comuns	• Clorita, **uralita** ou **iddingsita** em substituição ao piroxênio, à hornblenda ou à biotita • **Sericita** ou epidoto em substituição ao feldspato (o quartzo não é suscetível a alteração)				

[a] Para a distinção ao microscópio entre feldspato alcalino e plagioclásio em rochas plutônicas, ver o Quadro 8.1. A **pertita**, quando presente, está incluída no feldspato alcalino; a **antipertita** é considerada um plagioclásio.
[b] O nome "granito a duas micas" muitas vezes é utilizado em referência a um granito contendo biotita *e* muscovita (Prancha 8.2).
[c] Uma variante leucocrática do tonalito, composta sobretudo de plagioclásio sódico e quartzo com biotita é chamada de **trondhjemito**.
[d] Os termos (quartzo) monzonito e (quartzo) sienito designam os equivalentes pobres em quartzo dos granitos sódicos e potássicos (ver Figura 8.1).
[e] Muitas vezes, contém inclusões de minerais acessórios radioativos como o zircão, os quais são responsáveis pelo surgimento de halos pleocroicos (Prancha 8.10).

Quadro 8.1 A diferenciação entre os tipos de feldspatos em rochas plutônicas

A Figura 6.1.1 mostrou o intervalo de soluções sólidas de Or–Ab–An que ocorrem em feldspatos naturais em temperaturas magmáticas. Nas rochas vulcânicas, embora os fenocristais possam *crescer* segundo taxas de resfriamento lentas, o resfriamento rápido associado com a erupção garante que os feldspatos sejam "congelados" como as formas de alta temperatura mostradas na Figura 6.1.1. Contudo, durante o resfriamento lento sofrido por uma rocha plutônica, os cristais de feldspato alcalino têm tempo suficiente para passar por uma **inversão** para estruturas mais estáveis em temperaturas mais baixas. Por essa razão, as rochas plutônicas exibem texturas intracristalinas em cristais de **feldspato alcalino** não observadas em rochas vulcânicas. Essas estruturas são mostradas na Figura 8.1.1, em um diagrama tridimensional ao qual foi adicionada a dimensão da temperatura no diagrama ternário da Figura 6.1.1.

A superfície superior da Figura 8.1.1 é idêntica à Figura 6.1.1 (embora aqui ela esteja em perspectiva). As regiões inferiores ilustram as complexidades que emergem apenas em feldspatos resfriados lentamente. As áreas hachuradas indicam as regiões do espaço composicional onde não existem soluções sólidas na natureza: a régua indica que qualquer composição no interior dessas áreas representa uma *mistura* de dois feldspatos cujas composições estão nas extremidades de uma **linha de amarração**. Observe, no lado do par $KAlSi_3O_8$–$NaAlSi_3O_8$ da figura, a área de dois feldspatos demarcada pelo **solvus**. Essa área inclui uma gama de soluções sólidas que, embora estáveis como fase homogênea em temperaturas elevadas, **exsolvem** em duas fases distintas à medida que a temperatura cai abaixo do solvus (compare-a com a Figura 4.5.2 e o Quadro 4.5). Um exemplo de textura de exsolução é mostrado (em nicóis cruzados) na Figura 8.1.1c. As manchas negras e as lamelas do feldspato sódico (quase em extinção) formam um padrão espinha de peixe ditado pela simetria do mineral hospedeiro, em feldspato potássico com macla simples (representada pelo tom claro na parte inferior do campo e cinza intermediário na parte superior). Os feldspatos alcalinos que exibem essas estruturas são chamados de **pertitas**. A exsolução – por ser um processo relativamente lento – não ocorre durante o resfriamento rápido. Logo, os feldspatos homogêneos formados em temperaturas altas resistem em estado **metaestável** nas rochas vulcânicas. Muitos dos fenocristais de sanidina e de anortoclásio presentes em rochas vulcânicas evoluídas teriam sofrido exsolução e formado intercrescimentos de pertita e **antipertita**, respectivamente (Figura 8.1.1), se o resfriamento lento não tivesse sido interrompido pela erupção.

Quando passa por resfriamento lento, uma sanidina com alto teor de potássio sofre inversão, primeiro em uma forma **monoclínica** alternativa chamada de ortoclásio e, então, para um mineral **triclínico** chamado de microclínio. A inversão é um processo lento, o qual é suprimido pelo resfriamento rápido. A exemplo do anortoclásio, o feldspato alcalino triclínico com que ele coexiste, o microclínio exibe macla múltipla cruzada (Figura 6.1.1b), comumente denominada macla "xadrez". Os dois feldspatos alcalinos poderiam ser difíceis de distinguir, não fosse pelos regimes de resfriamento diferentes necessários para que se formem: o microclínio ocorre apenas em rochas que esfriaram lentamente (isto é, com granulação grossa), como o granito (Prancha 8.2), ao passo que o anortoclásio está restrito a rochas vulcânicas (Prancha 9.6).

Em amostra de mão, o feldspato alcalino presente em rochas plutônicas forma cristais tabulares brancos ou rosados, nos quais é possível reconhe-

---

cutidos no Capítulo 9. Eles compartilham muitas das características texturais e mineralógicas dos granitoides e, muitas vezes, encontram-se associados a eles em campo.

Os granitos com ortopiroxênios

Os minerais hidratados, como a hornblenda e a biotita, são comuns em todas as rochas discutidas até aqui. Eles refletem a cristalização de magmas hidratados evoluídos em condições plutônicas de valores relativamente elevados de P_{H_2O} nas quais as temperaturas solidus são mais baixas do que aquelas em que desidratam (Figura 6.2.2 no Quadro 6.2). Contudo, alguns líquidos magmáticos cristalizam em circunstâncias nas quais o ortopiroxênio pleocroico assume o lugar da hornblenda. Com isso, o único mineral hidratado presente é a biotita, em teores reduzidos. As rochas com ortopiroxênio com composição granítica e monzonítica – chamadas de **charnockitos** e mangeritos, respectivamente (Figura 8.2) – muitas vezes (mas não sempre) estão associadas com complexos anortosíticos do tipo maciço

cer macla simples a olho nu ou sob lupa (Prancha 8.8). O plagioclásio forma cristais tabulares alongados, normalmente brancos. A macla simples é menos comum.

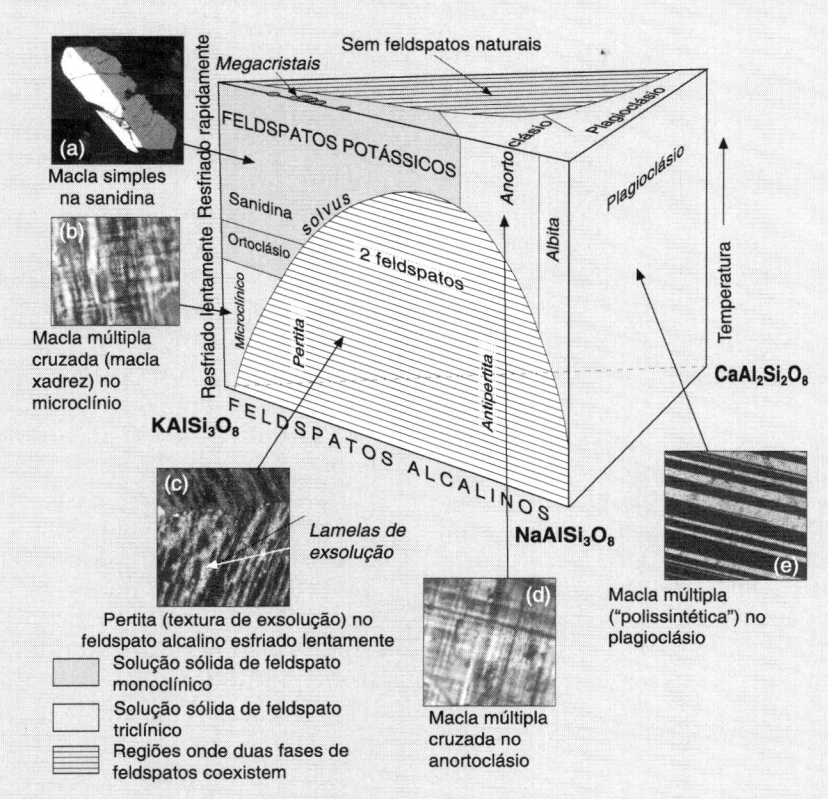

Figura 8.1.1 Extensão das soluções sólidas naturais dos feldspatos alcalinos como função da temperatura. A base triangular da figura é idêntica àquela mostrada na Figura 6.1.1, e a dimensão vertical representa a temperatura. Os painéis ilustram (em nicóis cruzados) os exemplos de macla e de exsolução característicos de cada intervalo de solução sólida: (a) macla simples na sanidina de alta temperatura; (b) macla xadrez grossa no microclínio de baixa temperatura; (c) exsolução e maclagem simples na **pertita** de baixa temperatura; (d) macla múltipla cruzada no anortoclásio de alta temperatura e (e) macla múltipla planar em plagioclásios de temperatura alta e baixa. As elipses rotuladas com "*megacristais*" mostram as composições dos megacristais de feldspatos potássicos nos granitos, conforme compilado por Vernon (1986).

(Figura 4.15). Sua origem e importância são discutidas ainda neste capítulo.

A FORMA E A ESCALA DAS INTRUSÕES GRANÍTICAS

Os plútons individuais

Os plútons graníticos individuais afloram em áreas de diversos tamanhos, desde menos de 10 km² até mais de 1.000 km². Até pouco tempo atrás, nossa compreensão sobre a forma desses plútons não era ditada apenas por dados concretos. Na maioria das vezes, o granito exposto na superfície constitui apenas o domo superior descoberto de um corpo cuja arquitetura mais profunda com frequência não é aparente em campo. Plútons graníticos raramente estão expostos em seções com mais de um ou dois quilômetros de extensão vertical. O assoalho dessas intrusões quase nunca está visível

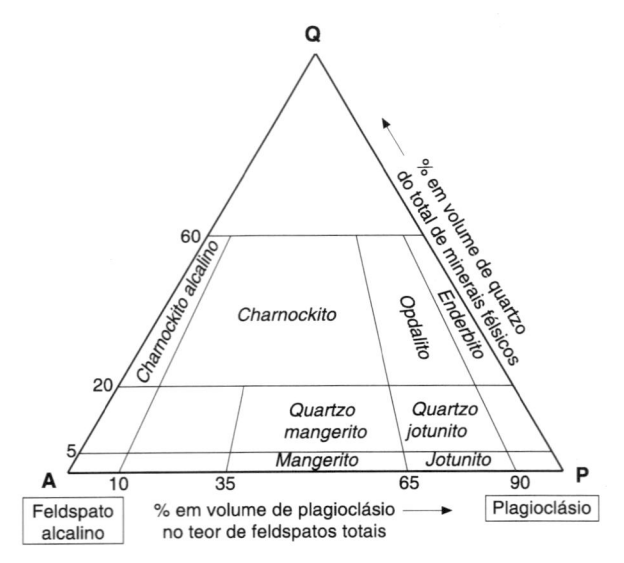

Figura 8.2 Diagrama QAP ternário mostrando as proporções modais do quartzo (Q), feldspato alcalino (A) e plagioclásio (P) que definem as áreas de rochas graníticas *com ortopiroxênio* de acordo com a IUGS, com base em Le Maitre (2002, Figura 2.11). As linhas que irradiam do vértice Q são as linhas limite plagioclásio/feldspatos totais relativas aos valores de 10, 35, 65 e 90% (em volume).

(como discutido em Rosenberg et al., 1995). Visto que os afloramentos de granito muitas vezes são limitados por contatos circulares ou elípticos que mergulham de forma centrífuga (Figura 8.3a), a noção prevalente é a de que a intrusão subjacente – cuja observação direta em três dimensões não é possível – tem a forma de um cilindro vertical ou de um *stock*. Essa opinião geral foi reforçada pelo conceito de **diápiros** graníticos leves que ascendem através da crosta circundante mais densa, proposto por Ramberg (1981).

A maior parte do que sabemos sobre a forma e o volume de plútons graníticos se fundamenta em investigações geofísicas. Os granitos muitas vezes têm densidade menor do que suas rochas encaixantes e, por essa razão, sua forma oculta pode ser estudada com base na anomalia gravimétrica negativa de **Bouguer**, como as intrusões granitoides vistas na Região dos Lagos da Inglaterra investigadas por Bott (1974). A Figura 8.4 mostra uma anomalia de Bouguer (a) e a interpretação mais comum de sua densidade (b) na região norte de uma massa granítica que forma o Granito de Eskdale e o Granófiro de Ennerdale que o recobre (mostrado em cinza-escuro no detalhe do mapa). Os modelos de densidade concebidos por Bott para explicar dados gravimétricos são consistentes com um *stock* de granito de faces íngremes internamente zonado (Figura 8.4b), mas esses modelos nunca são determinados apenas com dados gravimétricos. Por essa razão, existem interpretações alternativas para tais números. Por exemplo, a tendência da anomalia de Bouguer mostrada na Figura 8.4a pode ser explicada em relação a uma intrusão homogênea cuja base está a uma profundidade menor no norte do que no sul (Bott, 1974).

Nesse sentido, nossa percepção do granito de Eksdale como uma massa sólida e contínua representa a realidade? Levantamentos de reflexão sísmica, os quais são capazes de detectar detalhes internos mais sutis em comparação com estudos gravimétricos, representam uma ferramenta geofísica alternativa, capaz de gerar noções novas sobre a arquitetura das intrusões graníticas, como demonstra o trabalho de Evans et al. (1993) sobre o mesmo plúton (Figura 8.4). Com base na linha sísmica WSW-ENE que construíram, a qual é perpendicular à transversal gravimétrica de Bott, os autores descobriram inúmeros refletores horizontais localizados *no interior* da parte oculta do plúton granítico, a profundidades que atingem 4 km (o limite de profundidade de seus dados). Os refletores se concentraram em bandas de profundidades distintas com espessura entre 100 e 250 m separadas por camadas não refletoras com até 1 km de espessura. Evans et al. (1993) concluíram que a massa supostamente sólida do plúton granítico, na verdade, é composta (ao menos nas porções ocidentais superiores que investigaram) por uma pilha de intrusões graníticas tabulares que formam as camadas não refletoras e interdigitam com lascas de rochas encaixantes sedimentares (Grupo Skiddaw, Figura 8.4c) as quais, segundo eles,

> *conferem à margem oeste inclinada do complexo granítico um perfil semelhante a um cedro.*

Embora seja preciso ter cautela ao estender essa análise ao plúton de Eskdale como um todo, ela está de acordo com uma mudança na linha de estudos que considera a maioria dos plútons graníticos como corpos tabulares quase horizontais, não cilindros verticais que atingem grandes profundidades. Essa perspectiva também é relevante na escala dos **batólitos**, conforme discutido na próxima seção.

Alguns plútons de granitoides têm a forma de intrusões anelares (Tabela 8.3), colocadas na periferia de um bloco crustal abatido. Essas intrusões muitas vezes estão associadas a um sistema de cal-

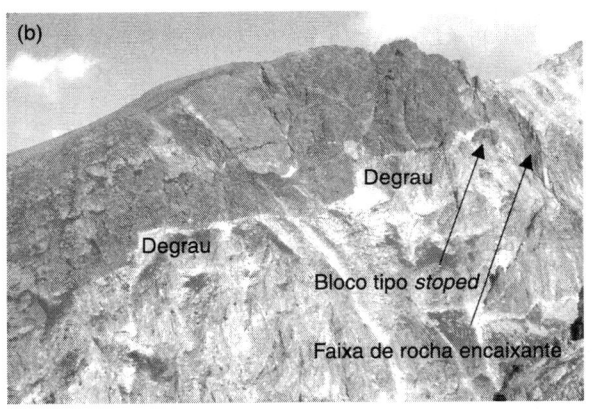

Figura 8.3 (a) Margem leste fortemente inclinada de um plúton granítico intrusivo em dioritos, centro plutônico de Kialneq, leste da Groenlândia; observe as camadas sub-horizontais, de cor clara, de granito intrudindo a zona de teto (nos picos da ilha).* (b) Contato superior em degraus de um plúton granítico, maciço de Argentera, Alpes Italianos; um bloco tipo *stoped*, arrancado ao teto da intrusão, e uma porção da rocha encaixante podem ser vistos à direita.

*Fotografia tirada pelo autor durante trabalho de campo executado por contrato com a Sociedade de Pesquisas Geológicas da Dinamarca e Groenlândia; reproduzido com permissão do órgão.

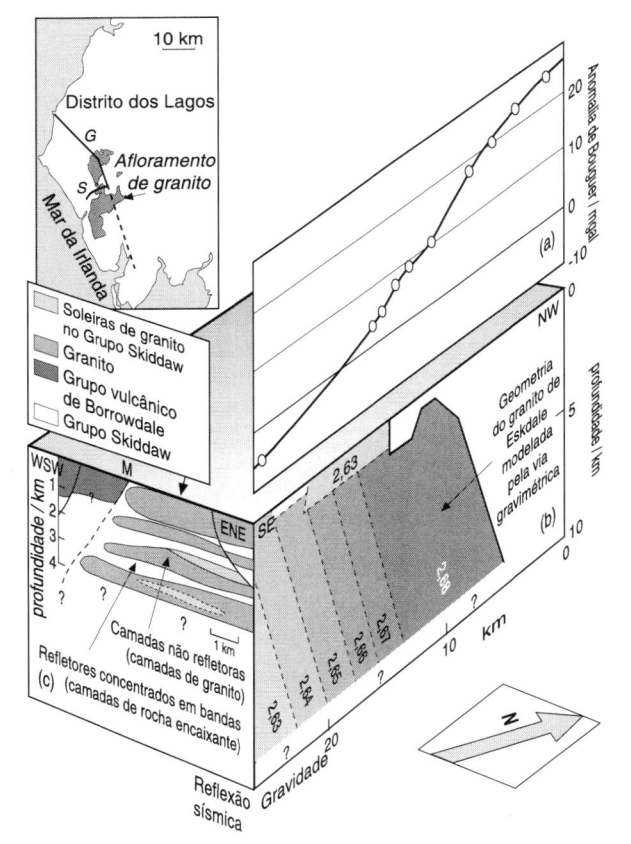

Figura 8.4 Enfoques geofísicos alternativos de um plúton granítico. O quadro (a) desse modelo tridimensional mostra a anomalia de Bouguer ao longo da metade norte do complexo de granitos de Eskdale e de Ennergale (Distrito dos Lagos, Inglaterra – o mapa é mostrado no detalhe). A face (b) abaixo mostra uma seção SE-NW modelada do corpo granítico (tons de cinza) mostrando a distribuição de densidade de rocha que mais bem explica a anomalia de Bouguer; as densidades estimadas do granito são dadas em km/dm^3 (os dados e a interpretação são de Bott, 1974). A face (c) mostra uma seção transversal ENE-WSW cortando a margem oeste do corpo granítico, com base no estudo de reflexão sísmica de Evans et al. (1993), mostrando o granito como consistindo em camadas tabulares empilhadas; a linha tracejada "M" marca o limite ocidental global da massa granítica. O mapa no detalhe mostra as linhas dos levantamentos gravimétricos [G; apenas a porção sólida da linha é mostrada em (a) e (b)] e sísmico (S).

deiras vulcânicas sobrejacentes e, portanto, representam intrusões de nível crustal raso. Um exemplo bem conhecido é a intrusão anelar de Glencoe, na Escócia (Figura 8.5a), discutida na seção "A Subsidência das grandes caldeiras (*cauldrons*)". Às vezes, pode-se formar uma sucessão de intrusões em arco que se intrudem mutuamente, como no lado oeste do centro de Red Hills, na Ilha de Skye (Figura 8.5b), sugerindo a ocorrência de episódios sucessivos de subsidência de um *cauldron*.

Os batólitos

As cordilheiras elevadas do oeste da América do Norte são dominadas por vastas áreas de granitoides mesozoicos, onde inúmeros plútons graníticos independentes se uniram para formar massas compostas chamadas de **batólitos** (Figura 8.6). O período durante o qual um batólito se desenvolve em fases sucessivas de intrusões pode se estender por 50 Ma a 100 Ma. Em muitos, como o Batólito de Sierra Nevada, plútons jovens intrudem os antigos, o que torna mais complexa a história evolutiva dessas rochas. Em outros, como o Batólito Peninsular Ranges em Baja, Califórnia, os plútons independentes encontram-se separados por rochas encaixantes (Johnson et al., 2003). Os batólitos são encontrados em todo o mundo, em arcos magmáticos continentais, cinturões orogênicos e zonas de sutura de todas as idades (ver a Figura 6.21b, por exemplo) e variam muito em escala linear. Por exemplo, o pequeno batólito de Weardale, na Região dos Lagos, Inglaterra (do qual o plúton de Eskdale-Ennerdale, mostrado na Figura 8.4, faz parte) se estende por 100 km na direção ENE e é determinado com base em sua assinatura gravimétrica (Bott, 1974), enquanto o gigantesco batólito Trans-Himalaiano tem aproximadamente 1.500 km de comprimento nas margens do platô tibetano. Na verdade, se o batólito de Karakorum, o qual se encontra no oeste do batólito Trans-Himalaiano, for incluído, esse sistema plutônico Trans-Himalaiano ultrapassa 3.000 km de extensão.

Embora seja natural imaginar que essas enormes massas intrusivas tenham raízes crustais profundas, indícios crescentes dão conta de que – como muitos plútons independentes – os batólitos podem ter a forma de grandes camadas tabulares (Cruden, 1998; Vigneresse, 1995; Petford et al., 2000; Taylor, 2007). A Figura 8.7 mostra os resultados de uma seção transversal gravimétrica do Batólito Costeiro do

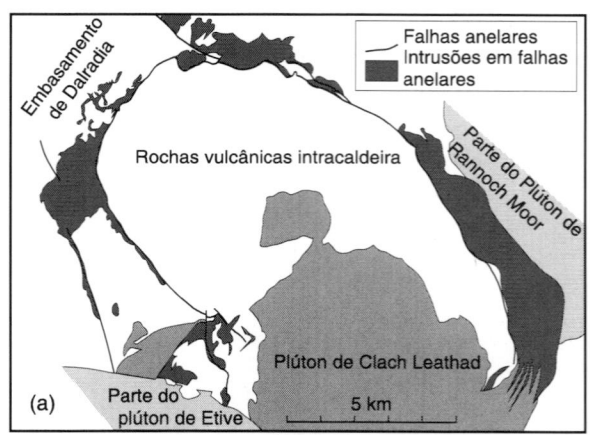

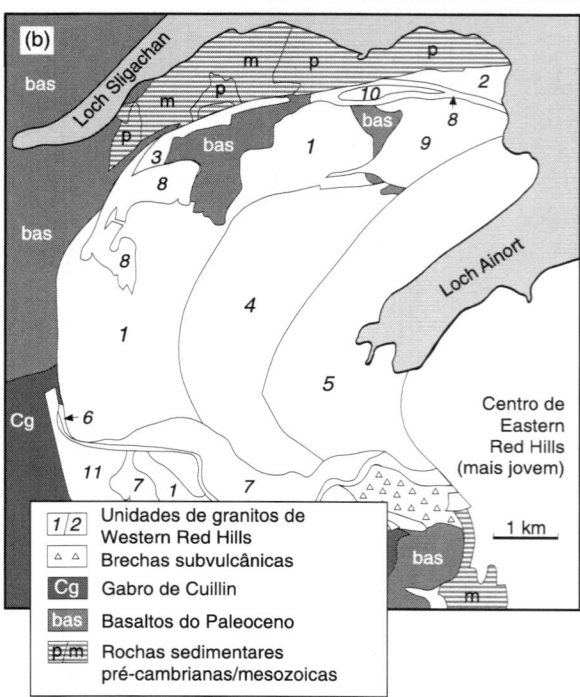

Figura 8.5 (a) Falhas anelares, intrusões em falhas e o plúton de subsidência da caldeira de Clach Leathad, centro de Glencoe, Escócia (simplificado com base no mapa de Kokellar e Moore, 2006); as falhas anelares se inclinam quase na vertical a SW e NW, e radialmente a 50°–80° a NE. "Dalradia" se refere aos metassedimentos neoproterozoicos do Supergrupo Dalradia. (b) Intrusões ácidas anelares sucessivas no Centro de Western Red Hills do Eoceno (WRHC), Ilha de Skye, Escócia (com base em Bell, 1976, com permissão da Associação de Geólogos). Os números indicam a ordem de colocação das unidades do WRHC.

Tabela 8.3 Alguns exemplos de intrusões granitoides: forma, idade, ambiente tectônico, tipos de rochas associadas e depósitos minerais

Forma visível	Exemplo	Idade/Ma	Tamanho	Ambiente tectônico	Tipos de rochas ígneas associadas	Descrição recente
Stock	Granito de North Arran, Escócia	60	10 km de diâmetro	Margem passiva associada a pluma	–	England (1992)
Tabular	Granito rapakivi de Quernertoq, SE da Groenlândia	~1745 Ma	20 km de comprimento	Orógeno ketilidiano	Granito com microclínio	Grocott et al. (1999)
Tabular/lopólito	Granito de Ljugaren*, Suécia central	~1700 Ma	12 × 12 Km²	Posterior à orogenia Svecofeniana, de 1,9 a 1,8 Ga	Outros granitos	Cruden (1998)
Intrusão anelar	Intrusão anelar de Glencoe, Escócia (Figura 8.5a)	~410 Ma	Anel com 8 km de diâmetro Intrusão anelar com mais de 1,5 km de largura	Fase Escandinávia (435-425 Ma) do orógeno caledoniano	Lavas e ignimbritos intracaldeira e calcialcalinos; corpos de **apinito** associados com muitos granitos caledonianos	Kokelaar and Moore (2006)
Intrusões semelhantes a diques	Plútons da soleira de Great Tonalite, Alasca**	~65 Ma	Corpo composto, estende-se por 800 × 25 km²	Zona de cisalhamento profunda em um terreno de acreção	Gabro, diorito, granodiorito, hornblendito, diques sinplutônicos, enclaves de microdioritos	Ingram and Hutton (1994)
Batólitos	Batólito costeiro do Peru	100 a ~60 Ma	1.600 × 65 km²	Cordilheira dos Andes	Rochas vulcânicas basálticas de bacia e marginal; diorito, tonalito, granodiorito, diques sinplutônicos andesíticos	Haerderle and Atherton (2002); Cobbing (1999)

*Um bom exemplo de corpo granítico que no passado era considerado como tendo forma diapírica, mas que hoje é interpretado como intrusão tabular.
**Apesar do nome, a grande Soleira de Great Tonalite é uma estrutura "semelhante a dique múltiplo" (Ingram e Hutton, 1994).

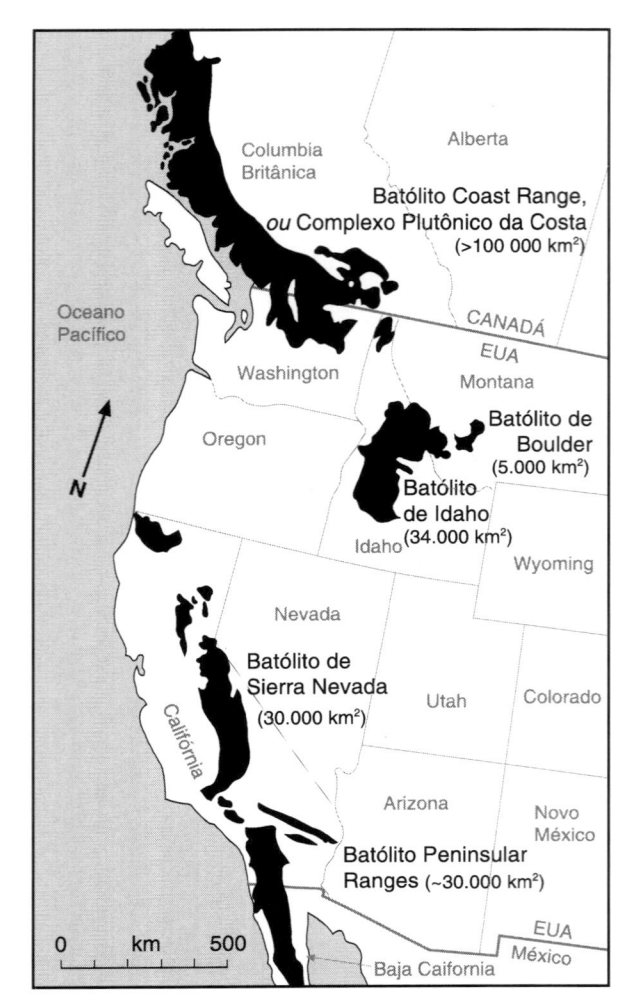

Figura 8.6 Batólitos granitoides mesozoicos do oeste da América do Norte. O mapa mostra áreas de afloramento aproximadas (em km²).

Peru, preparada por Haerderle e Atherton (2002). As relações de campo mostram que a maior parte do batólito intrudiu rochas vulcânicas de uma bacia marginal (Figura 8.16), sobretudo as de composição basáltica e que, portanto, têm densidade média relativamente alta. O sinal gravimétrico sugere que o batólito tem a geometria de uma placa horizontal que se estende a uma profundidade máxima de 3 km abaixo do nível do mar, exceto onde é "ancorada" ao longo da margem ocidental por uma zona de raiz mais profunda, com apenas 4 km de largura (Figura 8.7). A espessura média dos plútons individuais nesse batólito é 2,6 km, variando entre 1,0 e 5,6 km, o que sugere **relações espessura:comprimento** em torno de 5. Por essa razão, Haerderle e Atherton (2002) concluíram que

em escala crustal, está claro que o batólito forma uma fina camada no topo da crosta continental.

É provável que a maior parte dos **batólitos** graníticos, ao contrário do que sugere a origem grega do termo, sejam corpos tabulares de espessura relativamente pequena.

Uma técnica muito eficiente para estudar a forma de plútons em auxílio à inversão gravimétrica consiste na condução de levantamentos de campo da anisotropia de suscetibilidade magnética [5] (ASM) em uma intrusão, a qual fornece informações a respeito da petrofábrica relacionada à geometria do fluxo do magma durante a colocação. No plúton de Dinkey Creek, localizado no batólito de Sierra Nevada, Califórnia, por exemplo, a fábrica mineral obtida por ASM fornece indícios da configuração tabular da intrusão e de um dique alimentador com tendência ao NNW, localizado em profundidade (Cruden et al., 1999).

A COLOCAÇÃO DE INTRUSÕES GRANÍTICAS: O "PROBLEMA DO ESPAÇO"

Apesar das muitas discussões, não há consenso sobre como os magmas na crosta continental abrem espaço. Um dos principais problemas envolve a forma/geometria tridimensional e, em especial, as evidências dos assoalhos de plútons que, curiosamente, são raros.

Haerderle and Atherton (2002)

Em auxílio a uma explicação para o "espaço" ocupado por uma intrusão de grande porte, as observações diretas dessa intrusão revelam um elemento essencial à compreensão do mecanismo da colocação: uma intrusão granítica de grande porte certamente deslocou um volume equivalente de rochas crustais preexistentes. Então, para onde foram essas rochas? Se havia algo "aqui", onde está esse componente agora? Embora esse "problema do espaço" não esteja confinado às intrusões graníticas, os batólitos graníticos maiores, como o batólito de Sierra Nevada, na Califórnia, e o batólito Trans-Himalaiano, representam essa problemática em escala espetacular.

---

[5] Orientação preferida (não aleatória), nesse caso, dos cristais minerais magnéticos em um corpo intrusivo.

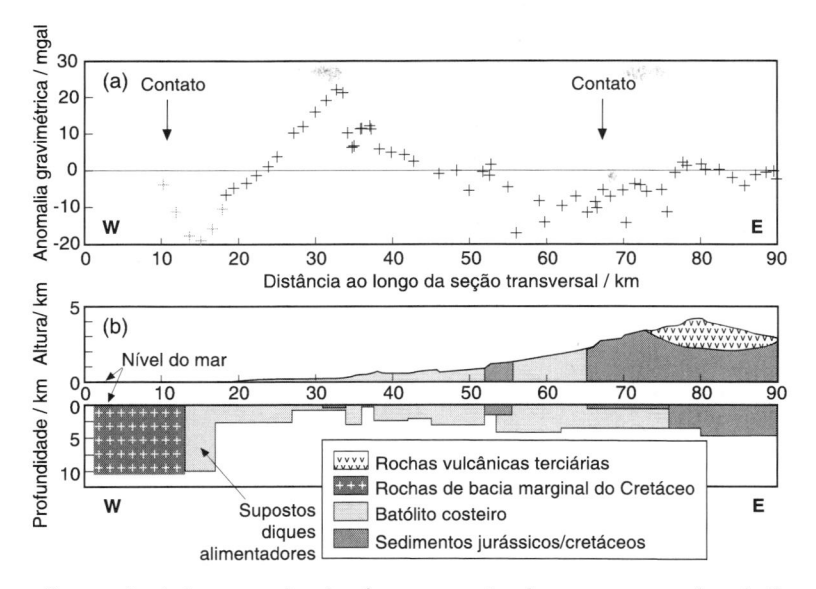

Figura 8.7 (a) Anomalia gravimétrica negativa (após a remoção dos campos regionais lineares) e (a) modelo bidimensional de gravidade melhor ajustado para a seção transversal de Casma Huarez através do Batólito Costeiro do Peru (Figura 8.16), com base em Haerderle e Atherton (2002; direitos autorais de Elsevier). Observe a diferença nas escalas de altura e profundidade acima e abaixo do nível do mar em (b). As cruzes em cinza em (a) representam dados de seções transversais paralelas.

A formação de granitos *in situ*: a "granitização" e o migmatito

Uma das maneiras de evitar o problema do espaço consiste em supor que o granito não foi introduzido, mas se formou *in situ*. Os geólogos franceses do século XIX desenvolveram o conceito de "granitização", o qual continuou popular durante as décadas de 1930 e 1940. De acordo com Read (1957), a granitização representaria

um processo pelo qual rochas sólidas são transformadas em rochas de caráter granítico sem passar pelo estágio magmático.

Nesse processo, uma mudança misteriosa é realizada por "fluidos que permeiam a rocha".

Segundo Buddington (1959),

uma das dificuldades de provar a granitização está no fato de que quase todos os critérios utilizados estão sujeitos a interpretações alternativas.

Desde então, a origem magmática dos granitos reafirmou seu domínio. Conforme Pitcher (1997), o conceito de

granitização pode ser entendido como um beco sem saída, onde o pensamento científico se perde.

Por outro lado, os *migmatitos* representam um testemunho direto de que o granito *pode* se formar *in situ*, até certo ponto. Um migmatito (do grego "mistura") é uma mistura de dois componentes intimamente relacionados em escala de afloramento: camadas, bolsões ou veios quartzo-feldspáticos, de composição granítica, que cortam ou se intercalam a gnaisses mais escuros (Figura 8.8). Os migmatitos são encontrados em terrenos metamórficos regionais desenvolvidos a um grau elevado o bastante para iniciar a fusão parcial – a **anatexia** – de rochas crustais profundas (muitas vezes metassedimentares). Os veios mais claros (que formam o componente chamado "leucossoma"[6]) são interpretados como resultantes da solidificação de líquidos magmáticos em migração quando ainda muito próximos a seu local de origem. O gnaisse encaixante ("mesossoma") pode formar orlas escuras ("melanossoma") na superfície de contato com o leucossoma, as quais são interpretadas por alguns pesquisadores como resíduo sólido complementar deixado pela extração do líquido magmático. O mesossoma é considerado a rocha fonte que ainda não se liquefez.

Contudo, seriam os migmatitos mais do que uma mera curiosidade localizada? Teriam eles uma importância maior na fonte de líquidos magmáticos graníticos? Mehnert (1968) chamou a atenção

---

[6] Do grego, "corpo pálido", em oposição a melanossoma ("corpo escuro").

Figura 8.8 Migmatito em gnaisse metassedimentar em Depotfjord, leste da Groenlândia (cortado por um dique de anfibolito. Comprimento do revólver: 22 cm).*

*A fotografia foi tirada pelo autor durante trabalho em campo executado com contrato com o Instituto de Pesquisas Geológicas da Dinamarca e Groenlândia; reproduzida com permissão do órgão.

para os maciços de granitoides da Floresta Negra, sul da Alemanha, onde ocorre a transição entre um núcleo de granodiorito magmático homogêneo e as margens de granodiorito "rajadas" que se gradam para uma zona de migmatitos além da qual ocorrem gnaisses normais compostas por quartzo-feldspato-biotita. A implicação dessa condição é que os migmatitos marcam o estágio inicial de um processo de fusão crustal em profundidade, no interior da crosta, o qual pode levar ao acúmulo de corpos significativos de líquido magmático granítico homogêneo. Por outro lado, Zeng et al. (2005) citaram um migmatito no lado sul do batólito de Sierra Nevada, Califórnia, o qual parece ter se solidificado antes de conseguir migrar por uma distância significativa. Isso não é incomum, porque a maior parte dos líquidos magmáticos migmatíticos provavelmente é formada próximo ao solidus saturado em água (por exemplo, o ponto z na Figura 6.4.1 no Quadro 6.4)

e, por menor que seja, a descompressão que acompanha a ascensão pode causar a solidificação quase instantaneamente. Na verdade, alguns autores entendem que os migmatitos são "granitos que falharam".

A maioria dos plútons granitoides não tem qualquer traço de migmatito associado (embora muitos contenham inclusões de rochas encaixantes – ver a seguir), e, nesses casos, é possível concluir que o magma migrou para profundidades significativamente menores do que seu local de origem, de maneira que o espaço antes ocupado se torna um problema. Além disso, é plausível que esses líquidos magmáticos – se tiverem origem anatética – tenham se formado em condições de subsaturação em água (Figura 6.4.1).

O *stoping*

Em locais onde a zona de teto de um granito ou de outra intrusão félsica rasa se encontra bem exposta, às vezes é possível observar degraus pelos quais o teto sobe ou desce. Além disso, blocos angulares da rocha encaixante do teto às vezes encontram-se suspensos no granito subjacente (Figura 8.3b). Essas observações são prova de um estilo de ascensão de magma chamado de *stoping*, no qual o espaço é criado para a ascensão do magma pelo desprendimento e abatimento de blocos do teto que podem atingir algumas centenas de metros. Com isso, o magma e o teto lentamente "trocam de lugar" à medida que os blocos afundam no magma. O *stoping* requer a propagação ascendente do magma por fraturas e fissuras no interior das rochas do teto (Figura 8.9a). Esse comportamento frágil sugere que o *stoping* pode ocorrer apenas em intrusões rasas, cujas rochas no teto são relativamente frias. Sem dúvida, o *stoping* modifica o perfil do teto de muitas intrusões félsicas, mas há poucas evidências de que os episódios de *stoping*, de alcance limitado, contribuam de modo mais expressivo com a ascensão de plútons graníticos (Glazner and Bartley, 2006).

A subsidência de grandes caldeiras (*cauldrons*)

As intrusões anelares em arco (Figura 8.5) indicam que o abatimento de blocos crustais muito maiores – por meio de falhas anelares íngremes – pode representar um canal importante para a ascensão de magma ácido na crosta superior. O termo **subsidência de *cauldron*** foi cunhado por Clough et al. (1909) em seu estudo pioneiro sobre Glencoe, Escócia. O termo descreve o abatimento, a exemplo de um pistão,

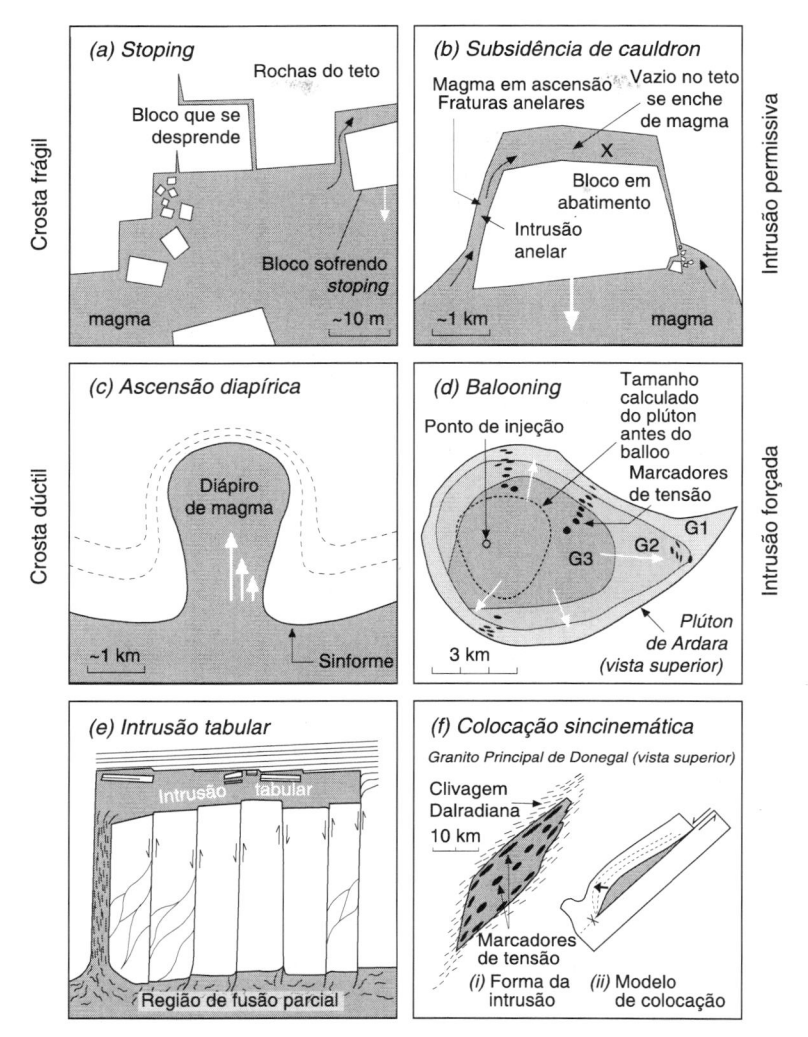

Figura 8.9 Modelos e critérios de ascensão e mecanismos de colocação de magmas graníticos. As escalas mostradas são somente para ilustração. (a) *Stoping*. (b) Subsidência de *cauldron*. (c) Ascenção diapírica (adaptado de Ramberg, 1981). (d) Balooning: o plúton de Ardara é uma intrusão caledoniana no noroeste da Irlanda; os contatos internos a dividem em três estágios intrusivos: G1, G2 e G3. As estimativas do ponto de injeção e da extensão da intrusão inicial antes do balooning (linha tracejada) foram preparadas por Molyneux e Hutton (2002). A foliação tangencial inclinada no granito aumenta na direção da periferia do plúton, conforme indica o achatamento dos enclaves que atuam como marcadores de tensão (elipses pretas, com base em Holder, 1979). (e) Colocação de um plúton tabular através de uma zona de raiz de dique, de acordo com Haerderle and Atherton (2002) e Cruden (1998); a intrusão começa como uma soleira concordante mas se infla sobretudo por conta da depressão do assoalho; o *stoping* modifica o perfil do teto. (f) Detalhe representando a colocação do Granito Principal de Donegal em uma zona de cisalhamento transcorrente sinistral, com base em Hutton (1982, 1988).

de um bloco circundado por falhas anelares em um corpo magmático subjacente (Figura 8.9b), com a ascensão do magma pelas fraturas anelares até o vazio em potencial sobrejacente no teto se preencher, formando uma intrusão em forma de sino. Em alguns casos, como em Glencoe (as unidades mais escuras mostradas na Figura 8.5a), as falhas anelares invadidas pelos magmas graníticos têm uma relação clara com as margens da caldeira na superfície, embora em sistemas exumados de maior profundidade não existam muitas provas dessa associação. De acordo com Kokelaar e Moore (2006), o plúton de Clach Leathad (cinza médio na Figura 8.5a)

representa a zona no teto da intrusão onde o magma ascendeu e substituiu blocos crustais abatidos de ro-

chas metassedimentares Dalradianas e rochas ígneas de Glencoe,

como simboliza o ponto X na Figura 8.9b.

A subsidência de grandes caldeiras pode ocorrer repetidamente no mesmo centro ígneo, quando intrusões posteriores às vezes são deslocadas em relação a intrusões que as precederam, como parece ter ocorrido no centro granítico de Western Red Hills, na Ilha de Skye (Figura 8.5b) e, de maneira espetacular, no complexo anelar sienito-granítico de Ras Ed Dom (Figura 8.18), no Sudão. Pitcher (1997) argumenta que os maiores batólitos podem ser construídos por

arranjos aninhados de plútons múltiplos que se estendem para baixo, como um empilhamento de blocos abatidos e grandes caldeiras interconectadas.

O *stoping* e a subsidência de *cauldrons* atuam em intrusões em pouca profundidade, onde o envelope de rocha encaixante relativamente fria é suscetível a fraturas frágeis. Esses mecanismos são descritos como *permissíveis*, pois a subsidência permite que as rochas crustais e magmas troquem de lugar.

A ascensão diapírica

Em temperaturas mais altas no interior da crosta, o contraste na viscosidade ou na ductilidade entre o magma viscoso e o envelope de rocha encaixante sólida pode ser muito menor do que próximo à superfície. Grout (1945) e Ramberg (1981) estão entre os muitos pesquisadores que defendem a noção de que a fricção entre as paredes da rocha e o magma pode diminuir até ele iniciar a ascensão na forma de um **diápiro** viscoso semelhante a um domo de sal. Nesse processo, as rochas encaixantes circundantes aquecidas (e portanto mais dúcteis) descem. Qualquer estratificação ou outra orientação existente no meio circundante é deslocada para baixo, dando origem a uma sinforme periférica (Figura 8.9c) devido à transferência de material da camada-fonte para o diápiro, como ocorre no entorno de diápiros de sal.

O conceito de ascensão diapírica, resultado de experimentos laboratoriais, não de observações em campo, foi importante como apoio à noção prevalente por muito tempo da existência de plútons graníticos cilíndricos que, contudo, vem sendo contundentemente contestada nos últimos 20 anos. Em seus modelos, Grout e Ramberg assumiram que os magmas graníticos tinham viscosidades altas, não muito abaixo da viscosidade de uma rocha sólida, ao passo que as mensurações mais atuais sugerem que, na prática, as viscosidades desses magmas sejam muito menores (como em Clemens and Petford, 1999, por exemplo). Mesmo considerando o efeito do teor de cristais (Quadro 6.3), essas mensurações comprometem a legitimidade da explicação física do diapirismo. Alem disso, de acordo com Grocott et al. (1999),

A hipótese da colocação de granitos como diápiros não tem validade para os níveis crustais de médios a altos, porque a reavaliação de contatos plutônicos antes considerados diapíricos não conseguiu revelar as estruturas diagnósticas essenciais [que indicam o diapirismo] em rochas intrusivas e encaixantes.

Contudo, alguns plútons, em especial o granito exterior de North Arran, Escócia, exibem características estruturais difíceis de explicar sem recorrer ao diapirismo (England, 1992).

O balooning

O magma em ascensão através da crosta começa a se resfriar, tornando-se mais viscoso e, por essa razão, esse processo de subida pode se interromper. Contudo, as frações mais profundas de um magma – as quais conservam suas temperaturas elevadas – continuam subindo e invadem a massa mais fria sobrejacente. Isso pode levar à formação de domos e à inflação radial do corpo de magma estagnado. O que diferencia esse processo, chamado de *balooning* (Figura 9.9d), é que ele causa uma foliação concêntrica achatada, tanto nas zonas externas do plúton – como indicam o achatamento dos xenólitos e outros marcadores de tensão – quanto no envelope de rocha encaixante, o que seria o reflexo da compressão direcionada para fora imposta pelo núcleo do corpo magmático em expansão. Um exemplo muito citado de balooning é o plúton caledoniano de Ardara, no noroeste da Irlanda (Molyneux and Hutton, 2000). Um mecanismo semelhante explica a foliação tangencial junto às margens do lacólito de Taçouate, no Marrocos (Pons et al., 2006).

A noção de balooning é controversa. Outros autores atribuíram o fenômeno de Ardara e intrusões semelhantes ao diapirismo em multiestágio (Paterson and Vernon, 1995). Uma vez que a compressão radial de rochas preexistentes gera espaço, a ascensão diapírica e o balooning são classificados como mecanismos de colocação *forçada*, diferentes do mecanismo *permissivo* que rege a subsidência de *cauldrons*.

A colocação de plútons e batólitos tabulares

Em seção anterior, concluímos que muitos plútons e batólitos graníticos, apesar de suas faces superiores serem domos com contatos inclinados, na verdade são tabulares, se considerarmos sua forma tridimensional de modo mais amplo, cujas espessuras totais estão entre 5 e 6 km ou menos (Figuras 8.4 e 8.7). A compreensão do modo como essas intrusões podem se formar exige que duas perguntas sejam respondidas:

1. Como o *magma é transportado* da fonte até o nível do plúton?
2. Como *é formado o espaço* para acomodar o magma que preencheu o plúton?

Atualmente, vem ganhando força uma argumentação em favor da noção de que a maior parte dos magmas graníticos ascende através da crosta não como diápiros cilíndricos clássicos, mas como sistemas de diques, os quais, em muitos casos, parecem explorar falhas preexistentes. Muitos batólitos andinos estão próximos ou são circundados por grandes sistemas de falhas. E estudos gravimétricos sugerem que o Batólito Costeiro do Peru, por exemplo, tem uma "zona raiz" estreita e íngreme que se estende por ao menos 10 km de profundidade em sua margem oeste (Figura 8.7), o que parece ser a expressão de um sistema alimentador de diques. Outros exemplos dessas zonas de raiz são citados por Cruden (1998). Petford et al. (1993) estimaram que o fluxo de magma granítico viscoso em ascensão por um dique com 6 m de largura, resultante da flutuabilidade ou da pressão do magma, pode ser rápido o bastante para preencher um batólito (seus cálculos foram embasados na Cordilheira Blanca, no Peru) em um período que não ultrapassa algumas centenas de anos.

Diversos mecanismos podem impedir a propagação ascendente de um dique preenchido com magma – como a intersecção com uma fratura horizontal livre para se deslocar, ou um horizonte dúctil ou resistente a fraturas – quando o magma se espalha lateralmente como uma soleira fina ou lençol. Devido à pressão do magma, a qual se mantém, essa soleira se infla na vertical, de maneira semelhante ao discutido no Capítulo 2 sobre os derrames espessos de lava basáltica, formando uma intrusão tabular volumosa limitada apenas pela continuidade do suprimento de magma.

A colocação ocorre sobretudo quando o fluxo vertical se converte predominantemente em um fluxo horizontal e em inflação vertical

(Brown, 2007). A inflação pode ocorrer com a elevação do teto em domo (formando um **lacólito**) em níveis crustais rasos, ou com a depressão do assoalho (formando um **lopólito**). Nesse caso, o assoalho da intrusão

pode ser visto como afundando em uma camada em deflação de líquido magmático parcial

Cruden (1998) em nível crustal mais profundo, como mostrado na Figura 8.9e, para que

as taxas de produção, de extração, ascensão e colocação de líquido magmático estejam em equilíbrio em escala crustal

(Brown, 2007). Cruden (1998) e Haerderle e Atherton (2002) acreditam que a depressão do assoalho seja o mecanismo dominante da maioria dos plútons graníticos, enquanto Grocott et al. (1999) e Stevenson et al. (2007) argumentam que o soerguimento do teto também desempenha um papel na formação desses plútons. Brown (2007) argumenta que o soerguimento do teto é dominante nos níveis menos profundos na crosta, ao passo que, em profundidades maiores, onde as pressões de sobrecarga são muito altas, a depressão do assoalho prevalece.

Os plútons sincinemáticos

O magmatismo granítico está intimamente associado com a orogenia, e a forma de muitos plútons graníticos reflete as forças tectônicas que controlam sua colocação. O tectonismo pode desempenhar um papel na criação do espaço ocupado por um granito. Um exemplo é o Granito Principal de Donegal, no noroeste da Irlanda (Figura 8.9f), cuja colocação foi reinvestigada por Hutton (1982, 1988). O granito se encaixou em uma zona de cisalhamento sinistral cujo deslocamento transcorrente é visivelmente maior no nordeste do que no sudoeste (ilustrado na Figura 8.9f[ii], se imaginarmos que a zona de cisalhamento está inserida no sudoeste, no ponto indicado por uma cruz). De acordo com Hutton, o deslocamento por cisalhamento diferencial fez com que o lado noroeste se curvasse para fora, criando o espaço preenchido pelo granito, o qual foi colocado de forma sincronizada com o desenvolvimento da zona de cisalhamento. O granito foi fortemente deformado por cisalhamento transcorrente em andamento, onde a tensão é maior na direção dos contatos e da extremidade mais estreita no nordeste (Figura 8.9f).

O espaço para o magma granítico também pode ser criado no interior de pontos localizados de dilatação em zonas de cisalhamento, em estruturas de extensão e em ambientes de cavalgamento.

AS ESTRUTURAS INTERNAS EM INTRUSÕES GRANÍTICAS

As inclusões

Muitos granitoides – como seus equivalentes gabroicos (Capítulo 4) – encaixam um conjunto diversificado de inclusões, muitas vezes chamadas de **enclaves** (do francês, "enclausuramento") pela comunidade científica europeia. Os dois termos se referem a corpos pequenos, cuja largura varia da ordem de centímetros a metros, os quais mostram um contraste óbvio em termos de granulação ou composição comparados ao granito que os envolve. Essas inclusões podem se originar como:

1. Xenólitos de rochas encaixantes arrancados da câmara, das paredes do conduto ou desprendidos do teto, durante diversos estágios da digestão ou da desintegração, desde intactos (com bordas abruptas – Figura 8.10a) a parcialmente assimilados (bordas difusas).

2. Glóbulos redondos ou linhas de elipses de material magmático contrastante – muitas vezes mais escuros e de granulação mais fina – que sugerem a injeção de magma novo de composição diferente enquanto o granito estava liquefeito (Figura 8.10c; Prancha 8.9). Esse novo magma, se for mais máfico e, portanto, tiver temperatura inicial mais alta, pode sofrer resfriamento rápido até formar um sólido de granulação fina quando resfriado ao contato com magma granítico mais frio (ver abaixo).

3. **Schlieren** de cumulatos cogenéticos arrastados por um fluxo de magma novo (como citam Reid et al., 1993), às vezes chamados de **autólitos**.

4. Fragmentos de resíduos sólidos refratários do processo de fusão – chamados informalmente de *restitos* – ou cristais desagregados de minerais de restito.

A estratificação ígnea

A estratificação modal do tipo visto em intrusões gabroicas (Capítulos 4 e 5) é menos desenvolvida e mais enigmática em intrusões ácidas. Contudo, exemplos de diversos plútons graníticos e sieníticos foram descritos. Um exemplo citado recentemente é o Lacólito de Tarçouate, um plúton calcialcalino composto, de pouca profundidade, formado durante o Proterozoico na cadeia de montanhas Anti-Atlas, no Marrocos (Pons et al., 2006). Ele é composto por um biotita granodiorito externo, homogêneo, mas foliado, o qual envolve um hornblenda granodiorito interno rico em inclusões melanocráticas (monzodiorito). O núcleo de hornblenda granodiorito exibe **estratificação modal** pervasiva (variação na proporção de biotita e de hornblenda) acompanhada por estratificação cruzada e bandamento em sulcos que lembram características semelhantes em intrusões gabroicas como Skaergaard (Figura 4.6d,e). A ocorrência de estratificação bem desenvolvida tem correlação com a abundância de inclusões microgranulares de monzodiorito (o tipo 2 na classificação descrita acima), o que levou Pons et al. (2006) a sugerirem que a acomodação cristalina convectiva e a formação de sequências de intrusões ocorrem devido a injeções episódicas de mais magma máfico (monzodiorito) durante a cristalização do hornblenda granodiorito.

A estratificação tipo comb e orbicular

Próximo às margens de plútons de quartzo monzonito, diorito e granodiorito, como os que compõem o batólito de Sierra Nevada, na Califórnia, Estados Unidos, não é incomum observar uma forma diferenciada de batólito na qual cada camada é composta por cristais alongados (muitas vezes de plagioclásio e hornblenda) orientados perpendicularmente ao planto da estratificação. A semelhança com os dentes de um pente (em inglês, *comb*) levou Moore e Lockwood (1973) a cunhar o termo *estratificação tipo comb*. Nela, os cristais tendem a se alargar ou ramificar à medida que crescem na direção do interior da intrusão, o que sugere a cristalização em condições nas quais a taxa de crescimento G excede a taxa de nucleação N consideravelmente. Na verdade, é possível que a taxa efetiva de nucleação no interior do líquido magmático tenha sido igual a zero, uma vez que os cristais alongados parecem ter crescido no substrato sólido disponibilizado pelas paredes, do assoalho ou do teto da câmara (um processo chamado de "nucleação heterogênea"), não nos novos núcleos cristalinos formados a partir do líquido magmático (nucleação homogênea). Vernon (1985) argumenta que esse processo pode ser desencadeado pelo **superaquecimento** localizado do líquido magmático,[7] o que provocaria a extração do líquido magmático dos núcleos cristalinos, dos quais a cristalização homogênea depende. A entrada abrupta de água no magma – o que diminui a temperatura liquidus (Figura 6.4.1) – é uma das maneiras pelas

---

[7] O superaquecimento pode ocorrer onde o magma ascende de maneira adiabática, isto é, por um sistema de diques.

quais o superaquecimento pode ocorrer (embora a causa dessa entrada de água continue sem uma explicação concreta).

Contudo, os processos responsáveis pelo bandamento rítmico constituem uma questão mais difícil de responder. É possível que as flutuações na P_{H_2O} da coluna do magma devidas à erupção ou desgaseificação repetidas na superfície, por exemplo, elevem e reduzam a temperatura liquidus periodicamente (Quadro 6.4), causando a concomitante flutuação no grau de super-resfriamento/supersaturação, de maneira que períodos de crescimento rápido se alternam com aqueles durante os quais ele é desprezível. Outra explicação diz que o limite entre camadas talvez apenas demarque o local onde o empobrecimento nos constituintes dissolvidos necessários para o crescimento cristalino (os "nutrientes") tenha atingido um valor crítico. Nesse caso, o crescimento cessaria, até a circulação ou a difusão do líquido magmático restaurar a supersaturação crítica para um novo estágio de nucleação e crescimento heterogêneos.

As inclusões sólidas suspensas no interior de um corpo magmático – muitas vezes abundantes junto às margens do plúton – representam um substrato alternativo, no qual a estratificação tipo comb se desenvolve, o que pode explicar o incrível fenômeno chamado de **estratificação orbicular** (Prancha 8.5). As esferas formadas são corpos ovoides, normalmente com alguns centímetros ou dezenas de centímetros de diâmetro. A seção transversal dessas esferas revela um delicado bandamento modal interno, muitas vezes com desenvolvimento radial de cristais alongados (Prancha 8.5, detalhe). Em alguns exemplos, a estrutura bandada consiste em sucessivos crescimentos cristalinos formados sobre o que aparentemente seriam inclusões cristalinas preexistentes suspensas no magma (por exemplo, MacKenzie et al., 1982, Figura 1.05). Em outros casos os núcleos de formação de cristais são mais variáveis, mesmo no intervalo de alguns centímetros (Prancha 8.5), e suas origens não são claras. A impressionante variedade da geometria e composição desses corpos ovoides é ilustrada por Elliston (1984). As estratificações orbiculares e aquelas do tipo comb às vezes estão intimamente associadas em campo.

As evidências de múltiplas fases na injeção

Poucas intrusões graníticas são formadas por um único pulso de magma. Em muitos plútons existem provas da ocorrência de uma sucessão de episódios intrusivos, cada um dos quais rompe, intrude ou substitui todos ou parte dos produtos das fases anteriores da intrusão. Exemplos em larga escala dessas fases são observados no Centro Ocidental de Western Hills do Paleoceno, ilustrado na Figura 8.5b, e no complexo anelar sienito-granítico de Ras ed Dom, no Sudão, com 236 Ma (Figura 8.18). Os pulsos contínuos de magma que se solidificam para formar sucessivas unidades intrusivas podem diferir em composição e mineralogia (Figura 8.18), ou serem distinguidos apenas em termos de granulação ou outros atributos texturais. Os contatos entre intrusões sucessivas em campo podem ou não ser resfriados e apresentarem granulação fina. A idade relativa de duas unidades muitas vezes pode ser estimada em um contato mútuo bem exposto a partir de **apófises** da unidade mais jovem na mais antiga (embora o *back-veining* possa causar confusão), por inclusões da litologia mais antiga na unidade mais jovem ou por intrusões menores que cortam uma unidade, mas são truncadas por uma unidade vizinha posterior.

A formação de veios em rede

Em escala menor, o envelope solidificado e relativamente frio de um plúton silícico pode se romper de modo frágil em resposta à tendência inflacionária de magmas pressurizados em ascensão a partir de níveis mais profundos. O resultado é uma rede tridimensional de fraturas invadidas por um granito ou microgranito posterior. A aparência incomum posteriormente exposta pela erosão, a qual fica mais óbvia quando os dois componentes diferem em composição e, às vezes, lembram a regularidade de uma rede de pescar em uma superfície erosiva bidimensional (Figura 8.10b), é chamada de *veios em rede* (net veining). Os complexos de veios em rede ou "brechas de intrusão" (Emeleus and Bell, 2005), como os mostrados na Figura 8.10b, às vezes exibem transição lateral ou vertical para um granito maciço com composição semelhante àquela desses veios, o que sugere que a formação de veios em rede pode representar um estágio inicial do *stoping* (discutido anteriormente).

Os diques sinplutônicos

De modo geral, os afloramentos de granitoides bem expostos são cortados por corpos semirregulares de rochas mais escuras e de granulação mais fina que, apesar de estarem rompidas em fragmentos angulares individuais, retêm a forma e coerência dos diques (Figura 8.10d). Esses corpos são rompidos pelo *back-veining* da rocha encaixante (ou veios pegmatíticos afins) ao longo do que parecem ser fraturas frágeis, e podem ser truncados por fases intrusivas posteriores do granitoide encaixante. Observações em campo como essas sugerem que o magma básico intrudiu em um estágio em que o granito encaixante havia resfriado o bastante para se fraturar de maneira frágil, mas ainda não o suficiente para evitar a refusão. O termo *dique sinplutônico* é amplamente empregado para descrever esses corpos, que às vezes ocorrem em enxames discerníveis. Um grau elevado de ruptura pode reduzir um dique sinplutônico a uma sequência de enclaves angulares.

A mistura de magmas

Um indício da disponibilidade de magmas de diferentes composições em um mesmo momento é a ampla ocorrência em muitos granitoides de elipses **afaníticas** escuras e arredondadas (ver "As inclusões", acima). Evidências mais contundentes dessa **mistura de magmas** estão expostas de maneira impressionante em diversas intrusões granito-sieníticas paleocenas no leste da Groenlândia. A Figura 8.10c mostra um exemplo de onde o magma microssienítico foi injetado em uma fratura angular em um sienito mais antigo e de granulação mais grossa. Lobos arredondados e almofadados de andesitos ou microdioritos mais escuros, os quais exibem margens **cúspides** em pontos esparsos, formam uma sequência quase contínua no interior do microssienito. Em ponto algum a litologia escura está em contato direto com o sienito mais antigo, de granulação mais grossa, e muitos petrólogos interpretam essas relações como indício de que o andesito escuro foi encaixado em um dique de microssienito claro enquanto este ainda estava liquefeito. As margens abruptas mostradas na Figura 8.10c apontam para um grau mínimo de mistura química entre os dois líquidos magmáticos, mas em outros exemplos os "lobos" do magma apresentam margens indefinidas, o que sugere uma assimilação significativa.

Relações semelhantes são observadas (ainda que raramente tão bem expostas) em diversos complexos graníticos. No Centro 2 do Complexo Central de Ardnamurchan, noroeste da Escócia (Blake et al., 1965; Emeleus and Bell, 2005), o dolerito lobado intrude o microgranito, mas também apresenta veios daquela litologia.

As intrusões de pequeno porte de appinitos e lamprófiros

> Das muitas associações entre rochas ácidas e básicas, talvez a associação de rochas graníticas e appinitos (e lamprófiros) seja a mais enigmática e, talvez, a mais instrutiva.
>
> Atherton and Ghani, 2002

Os appinitos são corpos pequenos ou médios de rochas intrusivas com alto teor de hornblenda e granulação média a grossa, descritos pela primeira vez em associação com os granitos do Caledoniano superior no noroeste da Escócia. Seu nome é derivado do distrito de Appin, em Argyll. Eles ocorrem como inclusões, grupos de intrusões menores e chaminés – muitas vezes no entorno de plútons graníticos e claramente associados a eles no tempo e no espaço – e como brechas de explosão. Em termos petrográficos, os appinitos são extremamente variados, ainda que apresentem composição mesocrática ou melanocrática na maioria das vezes. A fácies mais típica de uma suíte de appinitos consiste em um diorito melanocrático de granulação grossa, porfirítico com fenocristais de hornblenda, cujas lâminas delgadas revelam cristais de hornblenda marrons ou verdes imersos em uma matriz de plagioclásio e feldspato potássico em proporções aproximadamente iguais (Fowler and Henney, 1996), embora essa rocha possa exibir gradação para variantes ultramáficas portadoras de flogopita ou piroxenitos. A mineralogia da brechação comum nos appinitos sugerem que altas pressões de voláteis desempenham um papel essencial na sua formação e na sua colocação, e a associação comum de sulfetos e carbonatos tardios apoia essa conclusão.

Os granitos também são cortados por diques máficos tipicamente porfiríticos onde os fenocristais são exclusivamente máficos. As fases típicas dos fenocristais podem ser a augita, a hornblenda ou a biotita; alguns diques podem conter plagioclásio ou feldspatos potássicos (confinados à matriz), embora feldspatoides também ocorram. O termo geral para essas rochas de diques singulares – em associação com o granito, ou não – é **lamprófiro** (Quadro 9.6). Muitos outros nomes são empregados para identificar os diferentes tipos mineralógicos de lamprófiro (por exemplo, um biotita ortoclásio lamprófiro às vezes é chamado de *minette*), mas o mero uso de minerais qualificadores – como nesse exemplo – representa uma nomenclatura mais fácil e sistemática. Em relação à mineralogia e à geoquí-

Capítulo 8 As Rochas Graníticas **259**

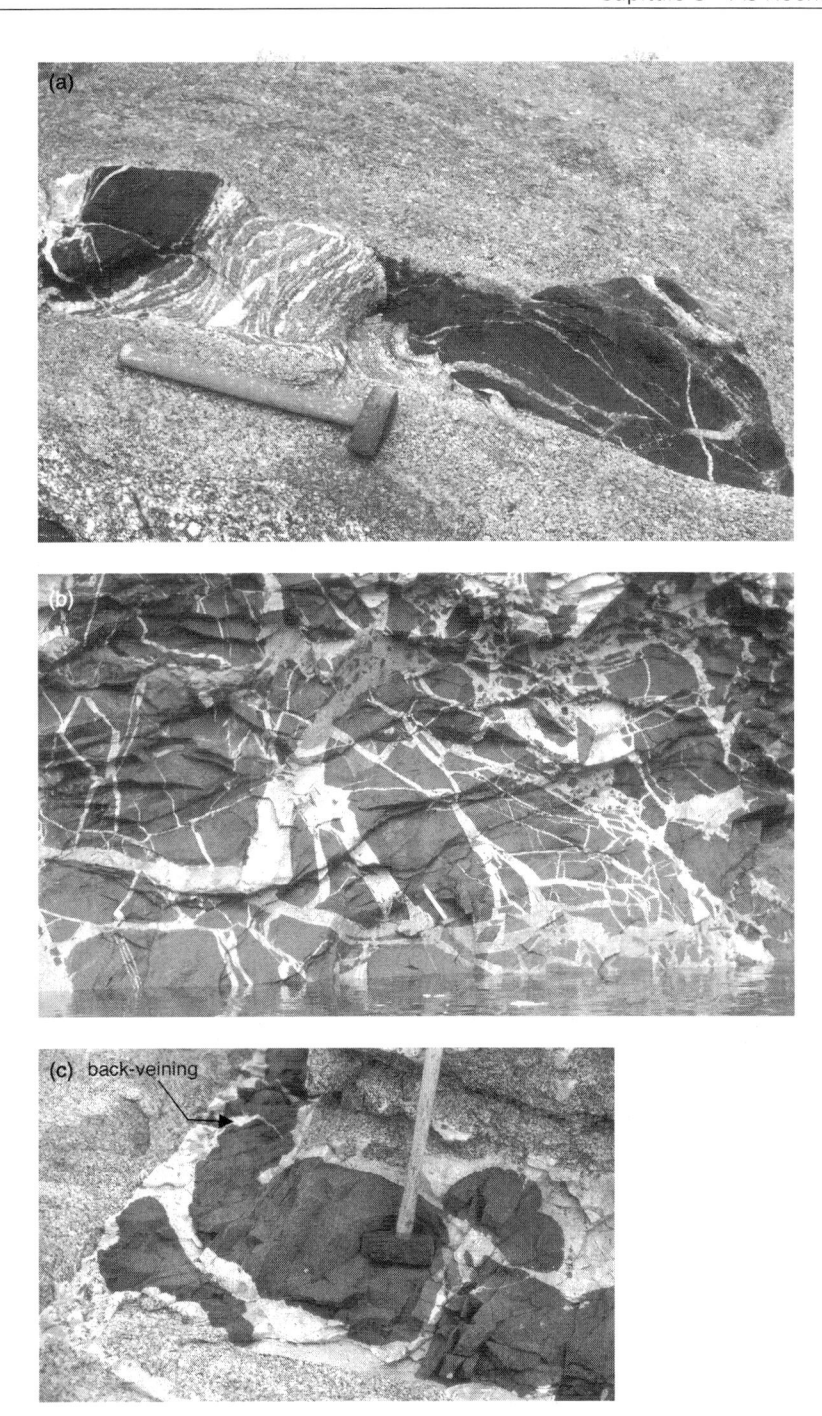

Figura 8.10 (a) Inclusão crustal composta em um granitoide, distrito de Ammassalik, leste da Groenlândia.* (b) Formação de veios em rede de microgranito em diorito, centro intrusivo de Kialineq, leste da Groenlândia; o martelo na parte central inferior serve de escala.* (c) Lobos de magma andesítico colocados em microssienito ainda liquefeito com veios em rede cortando um sienito anterior, centro plutônico de Nualik, leste da Groenlândia; observe (i) os lobos de andesito sempre separados do sienito mais antigo por microssienitos e (ii) o *back-veining* do microssienito no andesito.* (d) Desenho feito em campo mostrando os diques tipicamente interrompidos cortando um granodiorito encaixante não deformado (mostrado na cor branca) na Ilha de Cortes, Colúmbia Britânica, Canadá, de Pitcher e Bussell (1985) com permissão de M.A. Bussell; as áreas pontilhadas representam porções metassomatizadas dos diques.

*Fotografia tirada pelo autor durante trabalho em campo executado por contrato com a Sociedade de Pesquisas Geológicas da Dinamarca e Groenlândia; reproduzido com permissão do órgão.

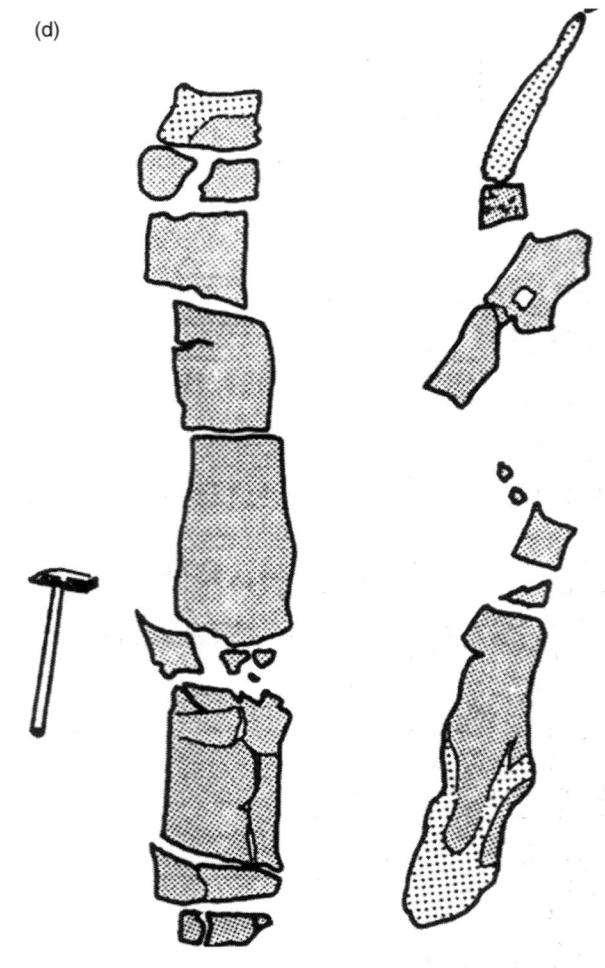

Figura 8.10 *(continuação)*

mica, muitos lamprófiros que cortam granitoides têm muito em comum com os appinitos mais melanocráticos. A gênese dessas rochas é discutida no Capítulo 9.

As cavidades miarolíticas (*vugs*)

Os granitos colocados a poucos quilômetros da superfície – os granitos "de nível crustal alto" ou "epigranitos" (termo composto a partir de "granito epizonal") – podem conter voláteis dissolvidos sob uma pressão (principalmente P_{H_2O}) que excede a pressão de confinamento atuando sobre o magma. Nessas circunstâncias, os gases dissolvidos começam a exsolver de modo semelhante à lava basáltica que forma vesículas. Contudo, no momento final de sua colocação, esse granito já pode ter atingido um estado avançado de cristalização e, por isso, as bolhas de gás formadas – aprisionadas em parte pela viscosidade elevada do magma e em parte pelas faces dos cristais circundantes – podem assumir formas muito irregulares, comparadas com a forma esferoidal que prevalece nas vesículas de um basalto, a qual é ditada pela tensão superficial. Esses vazios em escala centimétrica – chamados de *vugs* ou *cavidades miarolíticas*[8] – são forrados com cristais euédricos de minerais formadores de rocha, como o quartzo, o feldspato e a mica, e muitas vezes incluem minerais mais exóticos como o topázio, o berilo e a fluorita.

A fábrica mineral

A cristalização de magmas graníticos usualmente gera rochas com cristais orientados aleatoriamente. Os mecanismos que às vezes geram a **laminação** ígnea em plútons gabroicos não parecem atuar em magmas mais viscosos, dos quais os granitos cristalizam e, portanto, nenhum tipo de fábrica mineral magmática se desenvolve. Quando um granito exibe uma orientação mineral preferencial (a foliação, como na Figura 8.11, ou a lineação), a fábrica pode representar uma massa cristalina no ponto final da solidificação, mas ainda móvel, ou o produto da deformação pós-cristalização, o qual pode surgir de duas maneiras:

1 Se o magma continua a fluir em um direção a plúton de nível crustal alto em processo de cristalização a partir de um reservatório mais profundo, a câmara precisa sofrer inflação (expansão das margens) para gerar espaço para o magma que chega. Esse *balooning* pode fazer com que a superfície externa de um granito cristalizado sofra achatamento. O resultado é a foliação mineral concêntrica subparalela às margens da câmara. O plúton de Ardara, resumido na Figura 8.9d, é um exemplo claro dessa circunstância.

2 Um plúton granítico colocado precocemente em uma orogenia pode sofrer deformação durante o tectonismo regional subsequente (Figura 8.11). Nesse caso, a foliação no granito será, de modo geral, concordante com aquela das rochas encaixantes que o circundam. Essa deformação interna (ou a falta dela) permite a classificação cronológica de diferentes plútons em um cinturão orogênico como *sintectônicos* ou *pós-tectônicos*.

---

[8] Do italiano *miarole*, usado para se referir a uma cavidade cristalina no granito ou no pegmatito.

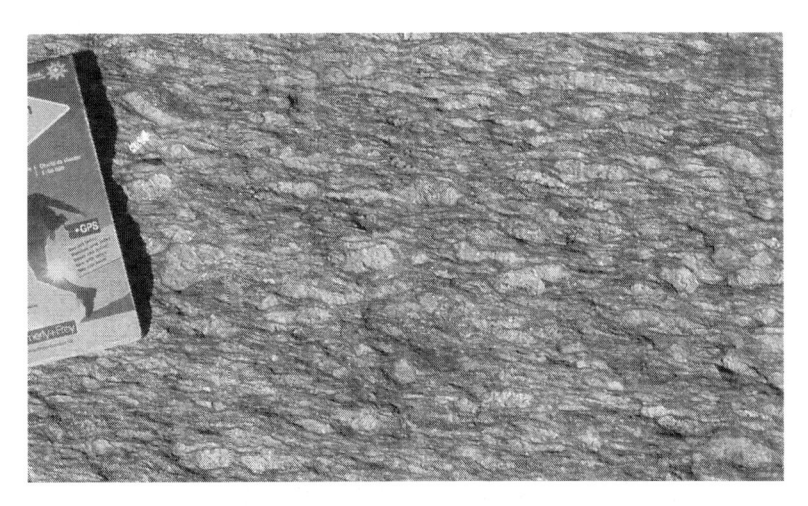

Figura 8.11 Foliação planar em um granitoide (Bregaglia, Suíça). Comprimento do mapa: 20 cm. Observe a forma lenticular de muitos megacristais de feldspato potássico.

COMO CRISTALIZAM OS MAGMAS GRANÍTICOS – AS EVIDÊNCIAS TEXTURAIS

As variações no tamanho do cristal: os megacristais de feldspato potássico

Muitas rochas graníticas contêm cristais de feldspato potássico euédricos em abundância – visivelmente maiores do que a matriz que os envolve. Comprimentos de até 5 cm são comuns, mas em alguns casos os cristais de feldspato potássico podem atingir 20 cm. É natural considerá-los **fenocristais** gigantes, mas uma linha de pensamento alternativa há muitos anos os interpreta como **porfiroblastos** pós-magmáticos formados como produto do **metassomatismo**. Ao reconhecerem a necessidade de um termo descritivo sem qualquer conotação genética, muitos petrólogos se referem a eles com o termo "megacristais de feldspato potássico".

A crença de que esses cristais são porfiroblastos – formados após a rocha encaixante ter solidificado – deriva do fato de ocorrerem não apenas nos próprios granitos que os hospedam, como também, *às vezes, em alguns dos enclaves que esses granitos contêm* (Prancha 8.9); algumas descrições dão conta de que esses megacristais atravessam o limite entre o enclave e o granito encaixante. A literatura sugere que alguns megacristais ocorrem em enclaves sedimentares cornubianíticos, onde, por definição, não poderiam ser considerados como fenocristais, já que o único processo pelo qual podem ter se formado é o metassomatismo. Porém, em uma abrangente revisão sobre essa questão, Vernon (1986) observa que as chamadas inclusões sedimentares cornubianíticas nunca foram descritas e ilustradas em detalhe e que, por essa razão, podem ser mais bem interpretadas como rochas ígneas comagmáticas de granulação mais fina (xenólitos endógenos ou inclusões máficas). Vernon reuniu evidências robustas de que os megacristais de feldspato potássico têm sua real origem como fenocristais, as quais incluem:

- Os megacristais em granitos muitas vezes têm forma euédrica (quando não são considerados eventuais sobrecrescimentos irregulares); por outro lado, os porfiroblastos de feldspato potássico formados em rochas metamórficas raramente são euédricos.

- As inclusões minerais euédricas (plagioclásio, biotita, etc.) no interior de megacristais estão dispostas em zonas de crescimento e tendem a se orientar paralelamente às faces de crescimento do feldspato potássico; se um porfiroblasto em crescimento envolvesse grãos preexistentes de outros minerais, as inclusões seriam anédricas e distribuídas e orientadas de forma aleatória, como aquelas observadas na matriz.

- As inclusões minerais nos megacristais são geralmente menores do que os cristais equivalentes na matriz, o que é consistente com o fato de o seu crescimento encerrar antes; as inclusões em um porfiroblasto pós-magmático, em contrapartida, seriam semelhantes em tamanho aos cristais da matriz que os envolve (a menos que as inclusões fossem reabsorvidas em parte pelo mineral que as envolve).

- A macla simples é comum em megacristais graníticos (e enclaves – Prancha 8.8), mas rara em feldspatos potássicos metamórficos ou metassomáticos.

Especula-se que tamanho excepcional de muitos megacristais, comparado ao tamanho dos fenocristais em rochas vulcânicas, ao lado de sua ocorrência em alguns granitos, tenha alguma relação com a nucleação. Vernon (1986) atribui o tamanho avantajado dos megacristais de feldspato potássico a uma taxa de crescimento G elevada, a qual ocorre em conjunto com uma taxa de nucleação N baixa do mineral[9] em líquidos magmáticos graníticos subsaturados em H_2O. Isso faz com que o crescimento eficiente se concentre nos poucos centros onde a nucleação foi exitosa, formando cristais muito grandes. Em granitos desprovidos de megacristais, a relação $N:G$ foi teoricamente maior, o que permitiu o desenvolvimento e o crescimento de um maior número de cristais de feldspato potássico menores. Em relação à composição de elementos maiores, os granitos com megacristais podem ser idênticos aos granitos seriados não porfiríticos adjacentes (Bateman and Chappell, 1979), o que nada revela sobre os fatores determinantes da relação $N:G$. Uma vez que os megacristais são comuns nos granitos, o fato de fenocristais de tamanhos semelhantes serem tão raros em rochas vulcânicas de composição comparável é no mínimo intrigante. Uma explicação para isso pode estar na observação de que os fenocristais de feldspato potássico não crescem na mesma proporção que crescem os megacristais até o magma encaixante ter adquirido um teor de cristais elevado demais para poder ascender à superfície (C.R. Bacon, citado por Vernon, 1986).

O instinto nos diz que o mineral que forma os maiores fenocristais em uma rocha ígnea deve ter sido o primeiro a cristalizar, mas os megacristais de feldspatos potássicos ilustram o quanto essa suposição é inválida. Segundo Vernon (1986), em experimentos com líquidos magmáticos graníticos típicos, o feldspato potássico muitas vezes cristaliza *após* o surgimento de minerais máficos e do plagioclásio. Isso reforça a conclusão de que o tamanho considerável dos megacristais se deve não ao seu surgimento precoce, mas à nucleação ineficiente, a qual concentra todo o crescimento de feldspatos potássicos em um número pequeno de cristais.

Os sobrecrescimentos

A formação de sobrecrescimentos minerais em rochas graníticas é um fenômeno frequente. Nos dioritos, é comum vermos a augita envolvida pela hornblenda – uma borda de reação se forma quando as condições (T, P_{H2O}) se alteram durante a cristalização, de um cenário que favorece as assembleias desidratadas (com augita) para um quadro que promove as assembleias hidratadas (com hornblenda). Se o resfriamento tivesse sido lento o bastante, talvez a augita tivesse se convertido por completo em hornblenda: uma borda de reação é evidência de uma reação incompleta. Às vezes, a biotita pode ser observada envolvendo o ortopiroxênio. A Prancha 8.6 mostra um granitoide em que o plagioclásio se encontra envolvido por ortoclásio.

O granito rapakivi

A formação de bordas brancas de oligoclásio em grandes megacristais de feldspato potássico de cor rosa[10] (parcialmente reabsorvidos), como mostra a Prancha 8.7, é um sobrecrescimento diferenciado visto em muitos granitoides proterozoicos, muitas vezes associados com anortositos e charnockitos. Essas rochas são chamadas de granitos rapakivi: as localidades típicas desses granitos são a Finlândia central e meridional, onde o termo "rapakivi" significa "pedra podre" (em alusão à exposição ao intemperismo nessa área). As localidades finlandesas fazem parte de um cinturão de magmatismo do Proterozoico médio que se estende da Ucrânia à região centro-oeste dos Estados Unidos (Forst et al., 1999), passando pela Feno-Escandinávia, a Groenlândia meridional e a península de Labrador. Outros exemplos de granitoides rapakivi ocorrem no sul da China, na Austrália e na Amazônia. Contudo, a textura rapakivi não está restrita a rochas pré-cambrianas: granitos rapakivi do Mioceno recentemente foram observados no Vale da Morte, na Califórnia, e em outros locais no oeste dos Estados Unidos (Calzia and Rämö, 2005).

A formação dessa textura com aparência intrigante em hornblenda-biotita granitos e em monzonitos é enigmática. O sobrecrescimento sugere uma mudança abrupta na composição magmática ou nas condições em que a cristalização ocorre. A opinião tradicional (Hibbard, 1981) é de que ocorreu uma mistura entre (i) um magma evoluído do qual megacristais de feldspato potássico cristalizaram (sob as condições descritas) e (ii) um magma mais quen-

---

[9] Mas não tão baixa a ponto de suprimir a nucleação homogênea por completo.

[10] Essa textura é mais bem visualizada em amostra de mão.

te e básico subsaturado em feldspatos potássicos. A mistura desses dois líquidos magmáticos leva à reabsorção parcial dos megacristais de feldspato potássico – o que causa as formas arredondadas descritas –, embora o resfriamento brusco sofrido pelo magma mais básico gere a deposição rápida de cristais de oligoclásio (a princípio esqueléticos) que se acumulam como uma borda no feldspato potássico. Outros autores atribuíram a textura rapakivi à exsolução ou ao deslocamento da cotética plagioclásio-feldspato potássico com a queda da P_{H_2O} durante a ascensão, mas essas explicações não são amplamente aceitas hoje.

A formação de bordas abruptas de composição mais cálcica nos cristais de plagioclásio é mais um sinal da mistura de magmas durante a cristalização de granitoides.

Os intercrescimentos

A Prancha 8.3 mostra um granito composto sobretudo por **feldspato alcalino** e quartzo em nicóis cruzados. O feldspato apresenta aspecto turvo por conta de alteração (ao passo que o quartzo, por não ser suscetível a alterações, conserva-se límpido). A característica mais marcante é o intercrescimento intrincado no qual o quartzo forma o que parecem ser zonas irregulares dispostas no interior de um feldspato encaixante. Tudo indica que essas zonas crescem radialmente a partir de uma superfície cristalina preexistente. Manchas adjacentes compartilham a mesma cor de interferência e, quando a lâmina é rodada entre nicóis cruzados, elas se extinguem na mesma posição. Isso sugere que essas manchas, em três dimensões, sejam parte de um mesmo cristal **opticamente contínuo** desenvolvido em um intercrescimento dotado de um grande número de curvas com um cristal de feldspato potássico (o qual também apresenta continuidade óptica). A orientação e as formas complexas que algumas das maiores zonas de quartzo compartilham são responsáveis pela aparência que lembra escritas antigas; daí o termo *micrográfica*[11] para descrever essa textura. Um granito porfirítico que exibe essa textura entre feldspato alcalino e quartzo é chamado de **granófiro**.

Porém, como é gerada essa textura incrível e o que ela nos diz acerca das condições da cristaliza-

ção? Ela parece representar a ocorrência concomitante de três circunstâncias:

1 Um magma quase completamente cristalizado com uma composição de líquido magmático **intersticial** evoluída que está na cotética do feldspato alcalino-quartzo (Figura 6.7) próximo à composição do líquido magmático; este é exaurido nos componentes dos minerais máficos, uma vez que eles não ocorrem nos intercrescimentos.

2 A cristalização rápida ($G \gg N$) em condições que favorecem a nucleação **heterogênea** em detrimento da nucleação homogênea: cristais novos encontram maior facilidade de nuclearem em cristais preexistentes do que de formarem novos núcleos.

3 O crescimento cristalino evolui com maior rapidez do que os íons "nutrientes" se difundem por meio do líquido magmático para reabastecer a zona do líquido magmático empobrecido próximo às superfícies dos cristais (compare com a Figura 5.10): por essa razão, o feldspato e o quartzo crescem de maneira oportunista, explorando bolsões de líquido magmático com composição favorável e formando um intercrescimento convoluto, não cristais individuais.

Para que esses intercrescimentos se formem em uma rocha de granulação grossa, é necessário um alto grau de superesfriamento do líquido magmático granítico envolvido, mas em condições plutônicas isso não pode ser atribuído ao resfriamento rápido. Uma das possíveis explicações para essa combinação pouco provável está na possibilidade de o magma ter cristalizado em um grau relativamente avançado, em condições de quase saturação em água (o que diminui o solidus – Figura 8.12), sofrendo uma queda brusca da pressão de vapor d'água (por exemplo, devido a falhas nas rochas do texto, liberando na atmosfera seus gases confinados). Essa redução na P_{H_2O} faria com que a temperatura solidus subisse a valores muito acima da temperatura real do líquido magmático (Figura 8.12a), criando um esfriamento "instantâneo".

As texturas intracristalinas

As texturas de exsolução

A propensão dos cristais de feldspato alcalino para **exsolverem** internamente em **pertita** ou **micropertita** foi descrita no Quadro 8.1. A causa da exsolução está no solvus que divide a série de soluções sólidas $KAlSi_3O_8$–$NaAlSi_3O_8$. Sua forma (Figura

---

[11] A textura é chamada de "gráfica" quando é discernível a olho nu e "micrográfica" quando visível apenas ao microscópio.

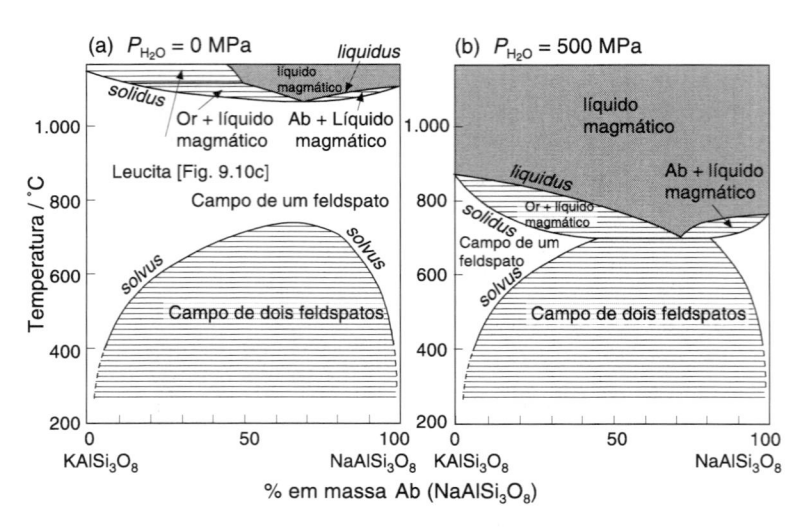

Figura 8.12 Cristalização e exsolução na série do feldspato alcalino (as áreas hachuradas representam **campos bifásicos**). (a) Na pressão de vapor da água igual a zero, a solução sólida completa existe em T > 700°C entre o $KAlSi_3O_8$ (Or) e o $NaAlSi_3O_8$ (Ab): a cristalização do líquido magmático nessas condições gera uma única fase homogênea de feldspato com composição intermediária, a qual exsolve formando **pertita** out **antipertita** à medida que esfria atravessando o **solvus** na área de dois feldspatos, característica de granitos de **hipersolvus**. A leucita é um feldspatoide (Quadro 9.1). (b) Valores altos de P_{H_2O} reduzem o solidus de feldspatos alcalinos a um ponto onde ele intercepta o solvus: nessas condições, não existe campo de um feldspato e, por isso, feldspatos alcalinos homogêneos intermediários não se formam; duas espécies diferentes de feldspatos (uma rica em potássio e outra com teores altos de sódio) cristalizam diretamente do líquido magmático (como em granitos **subsolvus**). Os dados são de Tuttle and Bowen (1958) e de Morse (1970).

8.12) aumenta a dependência do grau de solução sólida entre o ortoclásio e a albita em relação à temperatura: a solubilidade mútua aumenta com a temperatura até, em temperaturas acima de 700°C, a solução sólida compreender todo o intervalo de composições. Isso significa que, em valores baixos de pressão de vapor d'água, os líquidos magmáticos de composição granítica podem cristalizar um feldspato alcalino homogêneo no intervalo de composição sanidina-anortoclásio (Figura 8.1.1 no Quadro 8.1). O feldspato homogêneo do **hipersolvus** persiste abaixo de 700°C ou além, mas – durante o resfriamento lento –, à medida que ele cruza o solvus, passa a formar lentes ou zonas microscópicas de feldspato rico em sódio dispersas em um feldspato potássico encaixante, ou vice-versa (Figura 8.1.1c). As composições de equilíbrio dos dois feldspatos existentes são definidas pelos dois segmentos do solvus na temperatura em questão, e as composições divergem à medida que a temperatura diminui. O resultado é um granito com uma *única composição* de cristais de pertita ou micropertita (como ilustra o sienito na Prancha 9.14), descrito como *granito hipersolvus*. Um exemplo típico é um granito ou um sienito colocados em pouca profundidade na crosta, após perderem a maior parte do teor de voláteis durante a ascensão, devido à descompressão.

O resultado é diferente quando o feldspato cristaliza a partir do líquido magmático em um valor alto de P_{H_2O} (Figura 8.12b), quando um magma com teores altos de voláteis cristaliza em profundidade, por exemplo. O solvus não se altera muito em resposta à P_{H_2O}, mas as temperaturas liquidus e solidus caem marcadamente com valores elevados de P_{H_2O}. Quando P_{H_2O} é 500 MPa, essas temperaturas estão baixas a ponto de interceptarem o solvus, eliminando a região de hipersolvus de solução sólida completa. A lacuna na solução sólida significa que os feldspatos que se formam nessas condições cristalizam como cristais ricos em Or e em Ab individualmente (Prancha 8.2). Os granitos que contêm duas populações distintas de feldspatos potássicos e sódicos são chamados de *granitos subsolvus*.

A macla

As formas distintas de macla vistas em feldspatos granitoides foram definidas no Quadro 8.1.

OS PROCESSOS TARDIOS, A ALTERAÇÃO E A MINERALIZAÇÃO ASSOCIADOS AOS GRANITOIDES

O pegmatito e o aplito

Muitos plútons graníticos contêm lentes, veios ou camadas de uma fácies granítica de granulação marcadamente mais grossa chamados de **pegmatitos**. Em alguns, cristais individuais podem atingir proporções extraordinárias – de metros ou mesmo dezenas de metros de comprimento e toneladas de peso –, mas a presença de cristais entremeados de 1 a 5 cm é mais comum. Com relação à composição, os pegmatitos mais simples pouco diferem dos granitos normais que os envolvem – compostos apenas de feldspatos, quartzo, muscovita e, às vezes, turmalina (Prancha 8.4) –, enquanto outros incluem uma variedade de minerais mais exóticos, como o berilo ($Be_3Al_2Si_6O_{18}$), o espodumênio ($LiAlSi_2O_6$), o topázio $[Al_2SiO_4(OH,F)_2]$, o pirocloro $[(Na,Ca)_2(Nb,Ta)_2O_6(OH,F)]$, a cassiterita ($SnO_2$) e a monazita $([Ce,La,Th)PO_4]$. Os pegmatitos muitas vezes (mas não sempre) contêm minerais raros e valiosos como os citados, cuja presença, a qual sugere um nível alto de enriquecimento geoquímico relativo ao teor de elementos raros (F, Li, Be, B, Nb, Sn, **ETRs** e Th), desperta grande interesse em geólogos atuantes na área da economia.

Os pegmatitos formam corpos cujo tamanho pode atingir 100 m. A maior parte deles ocorre próximo às margens de intrusões graníticas e podem se estender como veios ou diques em suas rochas encaixantes (Figura 8.13a). Os pegmatitos normalmente estão associados a granitos e sienitos, mas os peg-

Figura 8.13 (a) Corpo tabular transgressivo de largura métrica de um pegmatito granítico cortando um gnaisse pré-cambriano, distrito de Ammassalik, leste da Groenlândia.* (b) Pequeno veio de aplito discordante cortando a rocha encaixante junto ao contato do Granito de Dartmoor, sudoeste da Inglaterra (diâmetro da moeda: 2,2 cm).

*Fotografia tirada pelo autor durante trabalho em campo executado por contrato com a Sociedade de Pesquisas Geológicas da Dinamarca e Groenlândia; reproduzido com permissão do órgão.

matitos gabroicos são observados também junto às margens de algumas intrusões máficas (ver a Figura 4.7h). Os tipos dos pegmatitos variam desde simples (nos quais diferem do granito encaixante apenas na granulação) até zonados, os quais são diferenciados internamente em relação à granulação e à mineralogia, frequentemente com um arranjo concêntrico e às vezes com grandes *vugs* centrais. Em corpos zonados, o pegmatito com frequência tem uma associação estreita com uma rocha de granulação mais fina, **fanerítica**, com composição semelhante e veios de quartzo, chamada de **aplito** (outro produto característico dos últimos estágios do magmatismo granítico – ver a Figura 8.13b). Alguns aplitos contêm minerais raros comparáveis aos dos pegmatitos.

Contudo, como são formados os pegmatitos e aplitos? Existem controvérsias acerca da origem dos cristais grandes vistos no pegmatito. Sem dúvida, o pegmatito e o aplito são fenômenos tardios associados com os restos de líquido magmático em um plúton de cristalização lenta, uma opinião reforçada pelos teores de elementos incompatíveis (Nb, Sn, ETRs e Th) elevados e às vezes interessantes do ponto de vista econômico. Já que um corpo de pegmatito pequeno interno precisa resfriar com a mesma velocidade com que resfria o plúton que o envolve (ou mais rápido nos pegmatitos transgressivos), o tamanho maior dos cristais não pode ser um resultado do resfriamento lento. Logo, tal como outras texturas discutidas anteriormente neste capítulo, cristais grandes refletem a dificuldade na nucleação e, portanto, uma relação $N:G$ baixa. Vernon (2004) relaciona a nucleação deficiente ao acúmulo de água dissolvida no líquido magmático residual. A água despolimeriza o líquido magmático (Quadro 6.3), dificultando a nucleação de cristais **polimerizados** como o feldspato e o quartzo. O atraso na nucleação eleva o grau de supersaturação, de modo que, quando a nucleação ocorre, o crescimento cristalino é rápido, levando à cristalização do pegmatito. Os teores elevados de água presentes durante a formação do pegmatito causam uma redução expressiva na temperatura solidus e, se a água consegue escapar do líquido magmático residual, a elevação brusca na temperatura solidus faz com que ele super-resfrie. Em uma condição como essa, a nucleação extremamente rápida talvez seja responsável pela granulação relativamente fina, típica do aplito.

A contração que decorre da cristalização pode desempenhar um papel na formação do pegmatito, pois as fissuras surgidas durante a contração permitem a entrada de líquido magmático saturado em H_2O oriundo da pasta cristalina circundante (J. Blundy, comunicação pessoal).

A alteração

A alteração hidrotermal em uma rocha é uma substituição química dos minerais originais por minerais novos, na qual um fluido hidrotermal transporta os reagentes químicos e remove os produtos aquosos da reação.

Reed (1997)

O acúmulo de espécies voláteis em magmas granitoides tardios, até a saturação e além dela, acarreta a "lavagem" por fluidos **hidrotermais** das regiões superiores solidificadas de uma intrusão e das rochas do teto sobrejacentes. Esses fluidos são suplementados com fluidos convectivos de outras fontes (por exemplo, água meteórica), os quais podem estar presentes em volumes altos. Os minerais magmáticos que persistem em estado metaestável em condições de subsolidus relativamente desidratado se tornam instáveis na presença de fluidos hidratados e recristalizam em minerais novos (sobretudo hidratados), estáveis nesse novo regime hidrotermal. Esses minerais são chamados de produtos de alteração. Um exemplo é a interação do feldspato potássico com a **sericita**:

$$3KAlSi_3O_8 + 2H^+ \rightarrow KAl_2AlSi_3O_{10}(OH)_2$$
Feldspato potássico Fluido   Sericita (mica)

$$+ 2K^+ + 6SiO$$
Fluido Quartzo

[8.1]

A Equação 8.1 deixa claro que o fluido aquoso é composto não apenas por H_2O, como também por solutos que desempenham uma função importante nas reações de alteração. O exemplo dado na equação é uma reação de **hidrólise** na qual o H^+ no fluido é trocado pelo K^+ no feldspato. O efeito final é que o cristal mineral recebe H^+ (que se converte no radical hidroxila) e perde potássio, o que altera sua identidade, pois se converte em minerais novos, a sericita e o quartzo. Outras alterações importantes envolvem o metassomatismo por cátions, no qual metais (como o K, o Na e o Ca, por exemplo) são adicionados à rocha, formando minerais novos. Essas modificações químicas sublinham a importância da alteração no estudo da geoquímica das rochas ígneas (Quadro 1.3).

A natureza da assembleia de alterações formada em um granitoide depende de diversos fatores, como a temperatura, a composição do fluido (por exemplo, pH, salinidade) e a relação água:rocha. O alcance da alteração depende principalmente da microestrutura da rocha, como o tamanho do grão, a clivagem dos minerais e a intensidade do fraturamento na rocha (o que auxilia na penetração de fluidos). Em temperaturas relativamente baixas, a alteração de rochas ígneas às vezes lembra o metamorfismo de grau baixo (fácies xistos verdes), com o surgimento de minerais como epidoto e clorita. Esses fatores geram uma variedade considerável no tipo e na intensidade das alterações em rochas graníticas. Os produtos comuns da alteração de granitoides e os minerais de que se originam são resumidos na Tabela 8.2. A alteração não é restrita a minerais anidros: por exemplo, tanto a hornblenda quanto a biotita são suscetíveis à cloritização. Por outro lado, é interessante ressaltar que nem todos os produtos da alteração são hidratados, como ilustra o quartzo na Equação 8.1.

A mineralização

O composto volátil predominante em quase todos os magmas félsicos na crosta terrestre é a água. As evidências estão na abundância de minerais hidratados, como os anfibólios e as micas em rochas ígneas félsicas, e na análise de gases vulcânicos, inclusões vítreas em fenocristais e inclusões fluidas... Outros voláteis, presentes em teores relativamente baixos, como o HCl, o HF, o H_2S, o SO_2, o H_2 e o CO_2, desempenham papéis importantes... sobretudo no estágio em que uma fase aquosa – o fluido hidrotermal – se separa de um magma em processo de cristalização.

Burnham (1997)

Conforme discutido, os fluidos hidrotermais que escapam de complexos de granitoides contêm solutos. Os cátions Na^+, K^+, Ca^{2+} e Mg^{2+} estão entre os mais abundantes, embora metais com importância econômica como o Cu, o Mo, a Ag e mesmo o Au também ocorram. Ainda que suas concentrações no fluido sejam baixas, um grande volume de fluidos hidrotermais que atravessam o teto de um corpo de granito em processo de cristalização pode ser suficiente para depositar uma quantidade significativa de minério. Talvez o tipo mais conhecido de depósitos minerais hidrotermais associados a rochas graníticas seja o chamado "cobre pórfiro". Esses depósitos estão associados a intrusões graníticas porfiríticas (de onde decorre o nome) em profundidades relativamente pequenas, as quais exsolvem fluidos minerais salinos fervente em pressões altas o bastante para fraturar as margens superiores solidificadas da intrusão e as rochas do teto que a recobrem, permitindo que os fluidos depositem sulfetos de cobre e de outros elementos na crosta permeável e formem um corpo de grandes dimensões de minério disseminado de baixa concentração.

Outro tipo importante de depósito mineral hidrotermal está associado aos "greisen", um termo empregado por mineiros para descrever uma assembleia de alterações de muscovita, quartzo, topázio e fluorita de granulação fina, muitas vezes com turmalina. Os greisens, que às vezes são recobertos por pegmatitos, formam-se junto ao teto de plútons graníticos e frequentemente hospedam minérios de Sn–W–Mo, cuja extração não é complicada, mas nem sempre é economicamente viável.

O tipo de depósito metálico tem correlação estreita com o tipo de granito e as rochas-fonte de que o magma se formou (Quadro 8.3). Alguns desses depósitos, em especial os de Zr–Nb associados com alguns granitos intraplaca (Tabela 8.3.1), são concentrados por processos magmáticos primários, não pela circulação de fluidos hidrotermais secundários.

A GEOQUÍMICA E A SUBDIVISÃO QUÍMICA DOS GRANITOIDES

A Tabela 8.2 e a Figura 8.1 resumem as diferenças petrográficas que permitem atribuir nomes aos principais tipos de rochas reconhecidos no interior de plútons ou batólitos graníticos. Os dioritos são os integrantes menos evoluídos da família dos granitoides, enquanto os granitos são os mais evoluídos. O diorito, o granodiorito e o granito podem ser vistos como estágios sucessivos do percurso de diferenciação de um magma granítico, embora a mistura de magmas, a contaminação e a fusão crustais também sejam fatores importantes que contribuem com a variação composicional de muitos plútons graníticos.

Os granitoides são encontrados em uma variedade de ambientes tectônicos em todo o mundo. O exame detalhado das tendências químicas de suítes de granitoides em diferentes ambientes traz à tona numerosas correlações com os ambientes geotectônicos em que ocorrem. A utilidade e a relevância desses "indicadores geotectônicos" serão discutidas adiante neste capítulo. Por enquanto, nossa atenção deve se concentrar nos parâmetros químicos úteis à descrição das diferenças composicionais entre as suítes de granitoides.

A primeira questão que surge diz respeito a com que fidelidade as análises de *rochas* granitoides efetivamente refletem a composição dos *magmas* de que cristalizaram. O Capítulo 4 demonstrou que as análises de gabros podem ser significativamente diferentes das composições dos magmas parentais, por conta de processos cumuláticos atuantes durante a cristalização. Contudo, esse "efeito cumulático" é válido também para as análises de rocha total de granitoides? É verdade que a estratificação modal ocorre em alguns granitoides (ver a seção "As Estruturas Internas em Intrusões Graníticas"), especialmente próximo às margens dos plútons, mas ela desempenha um papel menos importante em intrusões ácidas evoluídas do que nos gabros. A viscosidade maior e as taxas de difusão mais baixas exibidas por líquidos magmáticos silícicos (em relação aos líquidos magmáticos máficos – Quadro 8.3) talvez atuem contra a deposição de cristais e outros processos cristalinos segregativos. Além disso, a principal diferença entre as camadas está nas proporções de minerais máficos e, como essas são baixas em granitoides mais evoluídos, o potencial para um "viés cumulático" é pequeno, embora possa afetar as análises de dioritos. Logo, a análise de um granito relativamente homogêneo pode ser vista como uma estimativa da composição do magma de que cristalizou (sem levar em conta o teor de voláteis).

Três termos introduzidos por Shand (1951) são úteis ao resumir o aspecto-chave da química dos elementos principais nos granitoides e o que ela acarreta na mineralogia dessas rochas:

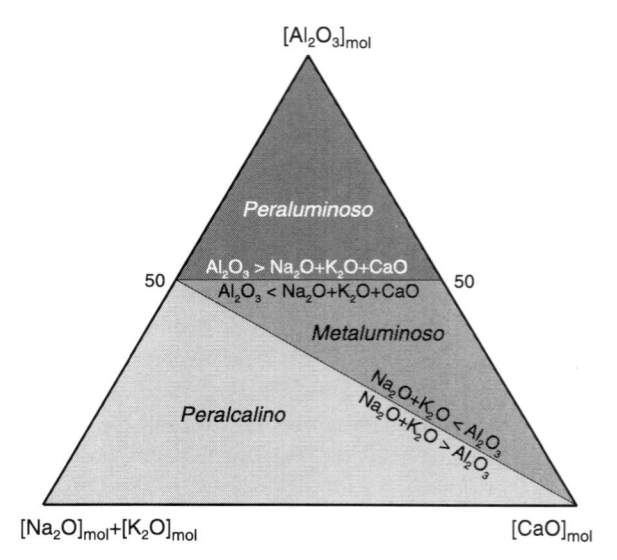

Figura 8.14 Os campos peraluminoso, metaluminoso e peralcalino representados em um diagrama ternário construído a partir da análise dos teores de Al_2O_3, $Na_2O + K_2O$ e CaO em rocha total (em proporções molares). Para representar uma análise neste diagrama, as porcentagens em massa de Al_2O_3, Na_2O, K_2O e CaO precisam ser (i) divididas pelos respectivos valores de **MMR** (ver a Tabela 2.3) e (ii) aumentadas proporcionalmente, de maneira que o total das quatro quantidades (em mol) seja de 100% (Apêndice B).

Quadro 8.2 Os minerais aluminosos nos granitoides e rochas afins

Os granitoides peraluminosos usualmente contêm um ou mais minerais com teores notadamente elevados de alumínio, como mostra a Tabela 8.2.1. Com exceção da turmalina, todos são quase incolores sob luz natural, embora a granada possa apresentar um tom entre rosa e vermelho e a cordierita, às vezes, exiba **halos pleocroicos** amarelos (dano por radiação) em torno de inclusões de apatita ou de zircão.

Considerando que a cordierita e a andalusita se formam sobretudo durante o metamorfismo de rochas sedimentares argilosas, sua ocorrência em granitos muitas vezes é atribuída à contaminação por metassedimentos pelíticos ou à fusão parcial direta desse material (como ocorre nos leucogranitos do Alto Himalaia, discutidos a seguir).

Tabela 8.2.1 Minerais notadamente ricos em

	Mineral	Fórmula
Mineral isótropo	Granada (almandina)	$(Mg,Fe^{2+})_3Al_2Si_3O_{12}$
Minerais anisótropo	Muscovita	$K_2Al_4[Si_6Al_2O_{20}](OH,F)_4$
	Cordierita	$(Mg,Fe^{2+})_2[Si_5Al_4O_{18}](H_2O)_n$
	Turmalina	$Na(Fe,Al)_3Al_6B_3Si_6(O,OH)_{30}$
	Andalusita	Al_2SiO_5
	Topázio	$Al_2SiO_4(OH,F)_2$

* De modo geral, a almandina é totalmente isótropa, embora

Peraluminoso:

$$[Al_2O_3]_{mol} > [Na_2O]_{mol} + [K_2O]_{mol} + [CaO]_{mol} \quad [8.2]$$

Peralcalino:

$$[Na_2O]_{mol} + [K_2O]_{mol} > [Al_2O_3]_{mol} \quad [8.3]$$

Metaluminoso:

$$[Na_2O]_{mol} + [K_2O]_{mol} < [Al_2O_3]_{mol}$$
$$< [Na_2O]_{mol} + [K_2O]_{mol} + [CaO]_{mol} \quad [8.4]$$

onde $[CaO]_{mol}$, por exemplo, representa o teor de CaO expresso em proporções molares, isto é, a porcentagem em massa de CaO na análise dos elementos maiores dividida pela massa molecular relativa (**MMR**) do CaO (56,08). O significado dos termos peraluminoso, peralcalino e metaluminoso é representado no diagrama da Figura 8.14.

O prefixo "per-" diz respeito a uma abundância ou a um excesso do composto cujo nome ele precede. O cálculo da **norma** (Quadro 2.4) de uma rocha peraluminosa revela um excesso de alumina em relação ao teor requerido para se combinar com o Na_2O, o K_2O e o CaO para formar feldspatos: esse excesso de Al_2O_3 aparece na norma de rochas peraluminosas como o mineral normativo *coríndon* (Tabela 2.3), e essas análises podem ser descritas como *coríndon-normativas*. Além disso, não sobra CaO na análise para formar diopsídio (Quadro 2.4). De modo geral, em termos modais, um granitoide peraluminoso é caracterizado pela presença de muscovita[12] (geralmente ao lado da biotita) e talvez outros minerais ricos em Al_2O_3, como o topázio, a granada almandina, a andalusita ou a cordierita (Quadro 8.2). Os granitoides com essa assinatura mineralógica muitas vezes são designados como do "tipo S", devido à sua possível origem na fusão parcial de rochas de embasamentos de origem sedimentar (Quadro 8.3).

Na outra extremidade, os granitoides peralcalinos são *deficientes* em alumínio e ficam na área inferior à esquerda na Figura 8.14. Ao calcular a norma de um granitoide peralcalino, o alumínio é esgotado antes de os outros álcalis ($Na_2O + K_2O$) terem sido designados ao feldspato alcalino. Isso tem duas consequências. A primeira é que não resta Al_2O_3 para se combinar com o CaO e formar anortita. Todo o CaO que aparece na análise (após calcular a apatita) é alocado ao diopsídio (Quadro 2.4). A segunda é que o excesso de sódio restante após o cálculo da norma feldspato alcalino (Or + Ab) se combina com o Fe_2O_3 para formar um piroxênio alcalino, o membro extremo chamado de acmita ($NaFeSi_2O_6$, ver a Tabela 2.3). Em relação à mineralogia modal, o resultado pode ter a forma de piroxênios sódicos pleocroicos de tons de verde da série aegirina-augita (Quadro 9.2), ou anfibólios sódicos pleocroi-

---

[12] A muscovita é um mineral fortemente aluminoso, como indica sua fórmula ($K_2O.3Al_2O_3.6SiO_2.2H_2O$) quando comparada, por exemplo, à do feldspato ortoclásio ($K_2O.Al_2O_3.6SiO_2$). A muscovita em si jamais aparece em uma norma porque o cálculo da norma envolve apenas minerais **anidros** (Quadro 2.4); o coríndon é seu correspondente na norma.

---

alumínio presentes em alguns granitoides

Birrefringência	Cor em luz polarizada	Outros diagnósticos
0*	Incolor a rosa	Relevo alto ($n \sim 1,8$)
0,036–0,049	Incolor	Extinção linear pontilhada em seções não basais, clivagem basal, relevo baixo
0,008–0,018	Incolor	Salpicada de inclusões finas de opacos; pode exibir halos pleocroicos em torno de inclusões de apatita e de zircão; às vezes exibe macla lamelar
0,017–0,035	Amarelo-incolor	Pleocroica (Quadro 8.4, Quadro A1)
0,009–0,012	Incolor, rosa ou verde	Relevo moderado ($n \sim 1,63$). Sinal óptico negativo. $2V_\alpha = 73–86°$
0,008–0,011	Incolor	Relevo moderado ($n \sim 1,63$). Sinal óptico positivo. $2V_\gamma = 48–68°$

algumas variedades de granada possam exibir ligeira birrefringência.

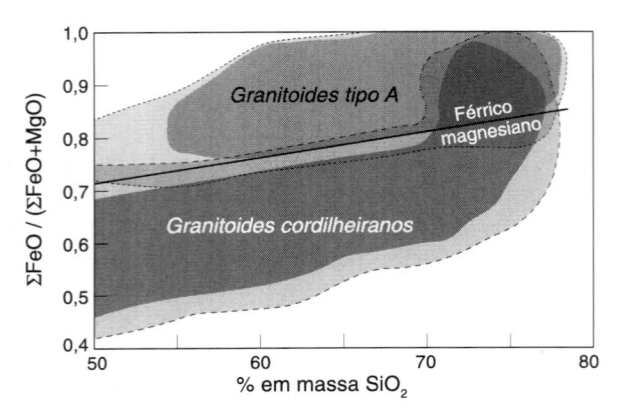

Figura 8.15 Gráfico do "número de Fe" [$\Sigma FeO/(\Sigma FeO + FeO)$] vs. teor de SiO_2 (livre de voláteis) para (i) composições de rochas intrusivas associadas a batólitos mesozoicos na América do Norte ("granitoides cordilheiranos") e (ii) granitoides do tipo A encontrados em todo o mundo, com base em Frost et al. (2001) com permissão de Oxford University Press. Os campos mais escuros representam 95% de cada população. Os campos tracejados e pontilhados incluem todos os pontos de dados. Também está ilustrada a linha limite entre os campos de granitoides "férricos" e "magnesianos" (*ibid.*).

cos de azuis a verdes da série arfvedsonita-riebeckita (Quadro 9.4). Os granitos com essa assinatura mineralógica são típicos de ambientes anorogênicos e são parte de uma associação chamada de granitoides do "tipo A" (Quadro 8.3).

Os granitoides metaluminosos (que constituem a maioria) ficam entre esses extremos (Figura 8.14). A hornblenda e/ou a biotita são minerais máficos típicos.

Uma base descritiva mais abrangente para a subdivisão geoquímica dos granitoides, a qual por sua vez também está alicerçada na geoquímica dos elementos maiores, foi apresentada por Frost et al. (2001). A Figura 8.15 ilustra um dos três parâmetros utilizados em sua classificação descritiva, o chamado número de Fe (teor de $\Sigma FeO/[\Sigma FeO + MgO]$ na rocha total).

ONDE OCORREM OS MAGMAS GRANÍTICOS

Os granitoides, por serem os equivalentes plutônicos dos andesitos, dos dacitos e dos riolitos, podem se posicionar em qualquer dos ambientes geotectônicos em que essas rochas vulcânicas afloram. Na verdade, nos locais em que as zonas dos tetos de plútons granitoides rasos estão preservadas, os granitos normalmente intrudem as sucessões vulcânicas de afinidade semelhante, como em Glencoe (Figura 8.5a) e nos Andes. A exumação causada por soerguimento e erosão é demorada, e muitos dos complexos de granitoides mais estudados e conhecidos datam do Mesozoico ou de períodos anteriores, entre os quais se destacam os batólitos do oeste dos Estados Unidos (Figura 8.6) e os batólitos costeiros do Peru (Figuras 8.7 e 8.16), discutidos adiante.

A Tabela 8.3 resume a forma, o tamanho e o ambiente tectônico de algumas intrusões granitoides importantes. A Tabela 8.4 apresenta as análises representativas de granitoides de ambientes diferentes, cujos perfis de elementos incompatíveis são mostrados na Figura 8.20.

Os arcos vulcânicos

Os granitoides são encontrados em arcos de ilhas oceânicos, em locais onde a erosão foi profunda o bastante para expô-los, embora normalmente estejam subordinados a rochas plutônicas e vulcânicas máficas. Exemplos dessas rochas ocorrem nos arcos das Aleutas e de Kurile, no Caribe, nas Filipinas e nas Ilhas Salomão (Pitcher, 1982). Nesses locais, os granitoides são quartzo dioritos e tonalitos com teores baixos de SiO_2. No arco das Aleutas, por exemplo, o gabro muitas vezes compõe a zona periférica de plútons zonados com quartzo diorito no centro. O grupo plutônico de Tanzawa, exposto no lugar onde a extremidade norte do arco de Izu-Bonin-Mariana (IBM) está colidindo com o Japão (Figura 6.18), consiste predominantemente em tonalitos colocados no local onde a crosta intermediária do IBM (Tatsumi et al., 2008).

As margens continentais ativas

A escala e a longevidade da atividade plutônica que pode se estabelecer quando a subducção prolongada ocorre sob uma margem continental ativa são exemplificadas no Batólito Costeiro do Peru (Figura 8.16), o setor mais estudado de uma cadeia de batólitos graníticos que se alinham ao longo da margem ativa Andina da América do Sul (Pitcher et al., 1985). O Batólito Costeiro do Cretáceo-Paleógeno se estende em segmentos por cerca de 1.600 km a partir de Arequipa, no sul ("A" no detalhe da Figura 8.16), para além de Trujillo, no norte ("T"), e é composto por aproximadamente 1.000 plútons individuais com entre 1,0 e 5,6 km de espessura. Muitos têm forma alongada paralelamente à tendência do batólito, zonas de teto achatadas, margens muito inclinadas com contatos abruptos e são zonados com núcleos félsicos. Alguns plútons formam diques anelares que ascendem em intrusões tabulares sobrejacentes (Haerderle and Atherton, 2002), as quais podem ser vistas como exemplos de subsidência de grandes caldeiras subvulcânicas semelhante à de Glencoe (Figura 8.5a). As rochas encaixantes quase nunca estão deformadas, e o regime intrusivo – o qual sem dúvida explora padrões de fraturas preexistentes – parece ter sido permissivo.

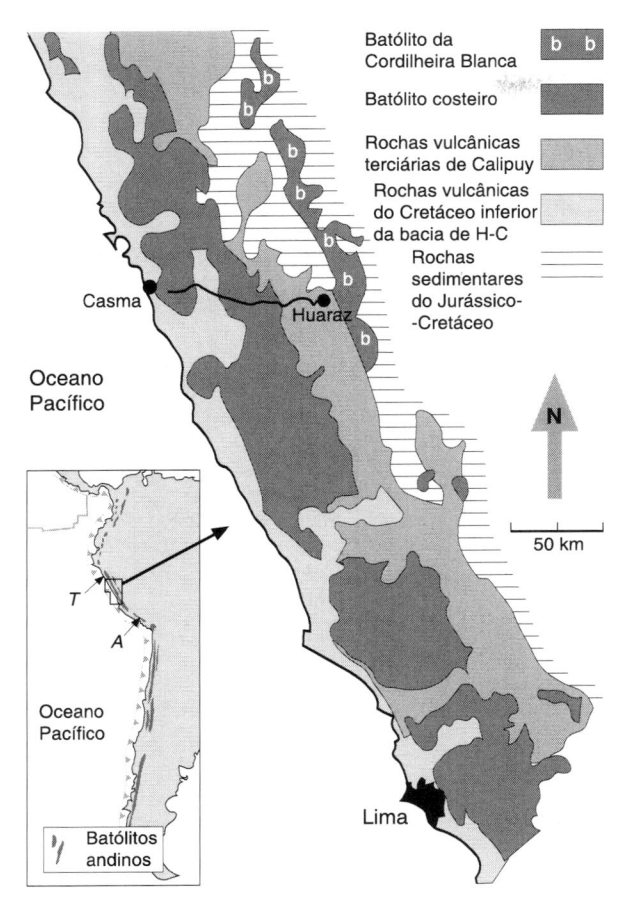

Figura 8.16 Mapa esquematizado da seção central do Batólito Costeiro do Peru e do batólito posterior da Cordilheira Blanca, segundo Haerderle and Atherton (2002; direitos autorais: Elsevier); na legenda, "H–C" representa a bacia de Huarmey-Cañete, do Cretáceo Inferior. A linha que vai de Casma a Huaraz marca a linha da seção transversal gravimétrica mostrada na Figura 8.7.

Ao longo da faixa central que compreende 70% do comprimento do batólito, os plútons foram colocados em pouca profundidade intrudindo sobretudo rochas vulcânicas do preenchimento uma bacia marginal do Cretáceo Inferior (a bacia de Huarney-Cañete), cujas origens extensionais são indicadas pelo enxame de diques basálticos subjacentes (Haerderle and Atherton, 2002). Os granitoides são cortados por enxames de diques sinplutônicos de composição andesítica (semelhantes aos mostrados na Figura 8.10d), a maioria dos quais na direção NNW–SSE, o que sugere a continuidade da extensão durante a cristalização. Ao norte de Trujillo, o batólito – já de forma bastante atenuada – intrude formações sedimentares da bacia adjacente de Chicama, enquanto 200 km ao sul de Lima (no "segmento de Arequipa") ele atravessa rochas de embasamento do maciço de Arequipa e suas coberturas vulcânicas e sedimentares.

Os plútons que compõem o Batólito Costeiro foram colocados principalmente entre 100 e 60 Ma atrás (Cobbing, 1999), embora um ou dois datem de apenas 30 Ma. Os tipos de rocha representados (não considerando os gabros mais antigos) incluem quartzo diorito (~ 57% SiO_2), quartzo monzodiorito, granodiorito e granito (~ 77% SiO_2), mas o tipo de rocha dominante é o tonalito (~ 60% SiO_2). Os principais minerais máficos são a hornblenda e a biotita e, por essa razão, as rochas do batólito são descritas como granitoides tipo I (Quadro 8.3). A magnetita e a apatita são minerais acessórios importantes. A mineralização associada a esses granitoides consiste principalmente em escarnitos com Cu–Mo–W, sulfetos disseminados de Cu–Mo do tipo pórfiro e veios com Au–Ag.

Há 50 Ma, o foco do magmatismo granitoide gradativamente começou a se deslocar para o leste. Durante o Cenozoico médio, ocorreram vários episódios de vulcanismo andesítico (as rochas vulcânicas de Calipuy) ao longo da margem leste do Batólito Costeiro, uma região que às vezes é chamada de "arco interior". Esses derrames foram acompanhados da colocação de plútons granitoides rasos (não mostrados na Figura 8.16) entre 50 Ma e 20 Ma atrás.

A fase mais recente – e mais oriental – da colocação de batólitos no Peru formou o batólito da Cordilheira Blanca, no Mioceno superior ("b" na Figura 8.16), o qual se estende por mais de 200 km de NNW a SSE na região da Alta Cordilheira, onde a crosta andina hoje atinge sua maior espessura (cerca de 50 km nessa latitude). Os tipos de rocha variam, desde quartzo dioritos mais antigos, quartzo monozodioritos e dioritos (encaixados entre 13 e 10 Ma, na época do espessamento crustal – ver o Capítulo 6) até leucogranodioritos com >70% SiO_2 colocados através da crosta espessa há cerca de 5 Ma. O leucogranodiorito é o tipo mais abundante de rocha – representando perto de 85% do volume do batólito. Em comparação com o batólito costeiro, não há diques sinplutônicos. Os principais minerais máficos dos granitoides são a hornblenda e a biotita, o que classifica o batólito como tipo I (Quadro 8.3). Os granitos deformados próximos ao sistema de falhas da Cordilheira Blanca (o qual define a margem oeste do batólito) são peraluminosos, embora as origens da muscovita que eles contêm e do seu caráter do tipo S sejam secundárias (Atherton and Petford, 1993).

Os batólitos granitoides do Mesozoico são uma característica marcante também no oeste da América do Norte (Figura 8.6), embora aqui sua distribuição seja menos linear. Pitcher (1982), entre outros, destaca a existência de zoneamento incipiente dos tipos

Quadro 8.3 Como estimar o protólito da fonte do magma: os granitoides tipos I, S e A

Os granitos dos principais batólitos da Zona Orogênica da Tasmânia, leste da Austrália, são de dois tipos contrastantes, os quais são muito comuns e podem ser diferenciados com base em critérios químicos, mineralógicos e de campo, entre outros. Acreditamos que esses granitos sejam derivados da fusão parcial de dois tipos de material fonte – ígneo e sedimentar. As diferenças entre esses granitos são herdadas das rochas de origem, o que nos permitiu classificá-los como granitos tipo I e tipo S, respectivamente.

Com essas palavras B.W. Chappell e A.J.R. White iniciam o artigo breve, mas influente, que publicaram em 1974, o qual estabeleceu uma fundamental divisão petrogenética para os granitoides paleozoicos do leste da Austrália a qual, desde então, é adotada em todo o mundo. As distinções que os autores traçaram entre os magmas granitoides do "tipo I" e do "tipo S" são resumidas na Tabela 8.3.1.

Tabela 8.3.1 As características dos granitoides tipos I, S e A

	Granitoides tipo I	Granitoides tipo S	Granitoides tipo A
Composição de elementos maiores	Metaluminoso*	Peraluminoso*	Metaluminoso a peralcalino; teores elevados de Σ FeO/MgO (ver Figura 8.15)
Minerais normativos	Diopsídio normativo	Coríndon normativo	Diopsídio normativo ± acmita
Variação dos tipos de rocha representados	Plútons normalmente incluem uma ampla gama de tipos de rocha, de básica a ácida (SiO_2 56% a 77%)	Geralmente restritos a leucogranitos de teor elevado de SiO_2 (SiO_2 64% a 77%); sem rochas máficas associadas.	De modo geral, granitoides com teor alto de SiO_2 (muitas vezes associados a sienitos)
Minerais qualificadores	Hornblenda e biotita	Muscovita (muitas vezes com biotita) ± outros minerais ricos em Al (Quadro 8.2)	Os minerais máficos são a biotita rica em Fe ou piroxênios/anfibólios alcalinos
Variação da relação $(^{87}Sr/^{86}Sr)_0$	0,704–0,706	0,708–0,765	0,702–0,717**
Litologias dos xenólitos	Xenólitos máficos de aparência ígnea portadores de hornblenda	Xenólitos metassedimentares	Vários
Depósitos associados a interesse econômico	Sulfetos de Cu e Mo do tipo pórfiro ± veios de pirita com Ag-Au	Sn, W, U (Li, Be, B) (ver a Figura 8.3.1)	Zr, Hf, Nb, Ta, Y, **ETRs**, Th (**elementos com alto potencial iônico**, ver a Figura 2.7.1)

* Chappell e White (1974) definiram o limite entre o tipo I e o tipo S em $Al_2O_3/(Na_2O + K_2O + CaO)_{mol} = 1,1$, não em 1,0.
** O intervalo da série magmática de White Mountain de New Hampshire é uma exceção, pois se estende a 0,736 (Eby, 1990).

I, mais próximos à costa do Pacífico (por exemplo, Sierra Nevada) aos tipos S, mais ao leste (por exemplo, o batólito de Idaho). Um zoneamento semelhante em relação à margem continental é vista no cinturão orogênico paleozoico da Tasmânia, na Austrália oriental, onde a divisão entre granitos tipo I e tipo S foi estabelecida pela primeira vez (Quadro 8.3): os granitoides do tipo S estão, sobretudo, na "porção interior" em relação à zona costeira, dominada por batólitos tipo I.

As zonas de colisão continentais

O plutonismo granitoide é uma característica importante das elevações do Himalaia e da margem sul do Tibete, onde a Índia e a Eurásia passam por um processo de colisão entre continentes iniciado há 55 Ma, o que acarretou um encurtamento crustal da ordem de 1.000 km durante esse período. A atividade plutônica nessa região se divide em diversos cinturões de características contrastantes.

É preciso enfatizar que a distinção entre o tipo I e o tipo S, ainda que fundamentada em critérios observacionais, é, em essência, genética e conceitual: os granitoides "tipo I" têm essa designação porque são vistos como produtos da fusão parcial de rochas crustais meta-*ígneas*, enquanto os granitos tipo S devem sua composição peraluminosa à anatexia de protólitos metamórficos pelíticos de origem argilosa *sedimentar* (ainda que não em todos os casos). Como pon visão dos granitoides orogênicos e de suas associações com depósitos minerais (Figura 8.3.1) em "tipo I" e "tipo S" é relevante, mas não pode ser adotada como uma classificação objetiva válida para todos os granitoides.

Uma das desvantagens dessa classificação é que ela não leva em conta muitos plútons graníticos colocados em riftes continentais e regiões distantes dos cinturões orogênicos, ou aqueles colocados após o fim dos movimentos orogênicos. Alguns desses plútons são metaluminosos, e sua composição se sobrepõe àquela dos cinturões, mas outros têm composição e mineralogia peralcalinas. Em 1979, essa observação levou M.C. Loiselle e D.R. Wones a proporem (em um resumo ainda mais conciso, apresentado em uma conferência) uma terceira categoria que, em referência às condições *anorogênicas* durante a colocação de granitos, chamaram de "granitos tipo A". As características químicas dessas rochas incluem valores elevados de $\Sigma FeO/MgO$ (Figura 8.15) e concentrações altas de **elementos-traço de forte potencial iônico** (Tabela 8.4), de tal modo que depósitos de Zr, Nb, Y e ETRs de interesse econômico muitas vezes estão associados a alguns granitos tipo A. Do ponto de vista mineralógico, eles se destacam por serem granitos de **hipersolvus**, o que sugere que cristalizaram em pressões reduzidas ou condições mais severas de hidratação (Figura 8.12) do que os granitos subsolvus típicos dos tipos I e S (Eby, 1990).

Outra armadilha da subdivisão de granitos nos tipos I, S e A é a impressão de que cada classe de granito é derivada de uma única fonte, prontamente identificada com base na composição do magma. Na verdade, poucos magmas granitoides se originam de fonte única; ao contrário, eles representam uma mistura de líquidos magmáticos mantélicos misturados com líquidos magmáticos crustais de composição variada (Frost et al., 2000).

Figura 8.3.1 Depósitos minerais associados com granitoides dos tipos I e S em todo o mundo (com base em Beckinsale, 1981).

A maior suíte magmática do Himalaia é formada pelo Batólito Trans-Himalaiano, com 2.500 km de comprimento, e seu correspondente ocidental, o Batólito de Karakorum, o qual se estende ao longo da margem sudoeste do platô tibetano (Figura 8.17) a até cerca de 200 km a nordeste dos pontos mais altos da cordilheira do Himalaia. O Batólito Trans-Himalaiano se encontra exatamente a nordeste da sutura de Tethys, onde o cráton da Índia no sudoeste toca na placa Eurasiana no nordeste. Seguindo a noroeste, essa sutura se divide em duas (Figura 8.17): (i) uma faixa norte que separa a placa eurasiana do terreno[13] de Kohistão-Ladakh – um arco de ilhas fóssil que foi colado (acrecionado) à placa eurasiana antes da colisão da Índia, e (i) um ramo meridional da sutura (designado como *Main Mantle Thrust*, MMT), onde o cráton da

---

[13] No inglês norte-americano, a palavra é grafada *terrane*; no inglês britânico, *terrain*.

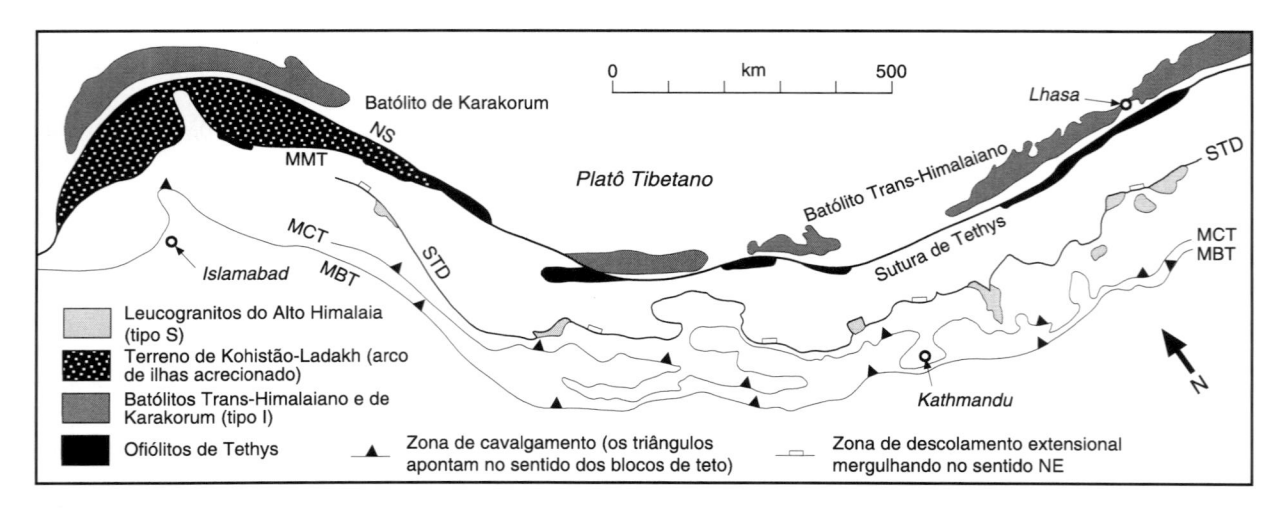

Figura 8.17 Mapa esquemático mostrando zonas de sutura, a tectônica de cavalgamento (*thrust*) e os batólitos granitoides da região do Tibete-Himalaia. STD (*Southern Tibetan Detachment*), descolamento tibetano meridional (zona de falha normal); MCT, *Main Central Thrust*; MBT, *Main Boundary Thrust*; NS, Sutura Setentrional; MMT, *Main Mantle Thrust* (a zona de sutura entre o continente da Índia e o terreno de Kohistão-Ladakh).

Índia colidiu com o arco do Kohistão. A massa de granitoides do Batólito de Karakorum fica ao norte da sutura setentrional.

Os batólitos que formam essa cadeia consistem em diversos plútons individuais de granodioritos e granitos tipo I, com hornblenda e biotita. Eles intrudiram principalmente as rochas metassedimentares de Tethys, entre 100 e 40 Ma atrás. Uma vez que a maioria deles é mais antiga que a colisão entre Índia e Tibete, tudo indica que se formaram em circunstâncias semelhantes àquelas existentes na formação dos batólitos mesozoicos andinos, sobre uma zona de subducção que consumiu a litosfera oceânica durante um longo período.

Outro cinturão magmático muito mais jovem – formado pelos leucogranitos do Alto Himalaia – inclui uma cadeia descontínua de intrusões tabulares de leucogranito a duas micas tipo S, muitas vezes com turmalina, distribuídas ao longo das zonas mais elevadas do Himalaia (Figura 8.17). Na verdade, elas formam alguns dos picos mais altos da cordilheira, inclusive o Everest. A maior parte está próxima ao bloco de muro (*footwall*) da zona de descolamento tibetana meridional (STD), um sistema de zonas de cisalhamento extensionais de baixo ângulo e falhas normais que, acredita-se, contribui com o colapso extensional do orógeno do Himalaia. Os leucogranitos têm idade entre 24 e 19 Ma, embora alguns possam ser ainda mais jovens. Eles estão restritos ao interior da cunha tectônica de rochas metassedimentares de alto grau chamadas de Sequência Himalaiana Maior, entre a STD e a zona *Main Central Thrust* (MCT, como mostra a Figura 8.17) a sudoeste. Alguns desses corpos de leucogranitos são concordantes e têm forma semelhante a soleiras ou aparência lacolítica. Uma das opiniões prevalentes é que tenham sido colocados como soleiras após o expressivo transporte lateral de magma a partir do nordeste, ao longo da STD (Searle, 1999).

Outros dois cinturões de plutonismo de granitoides tipo S afloram ao longo da cadeia do Himalaia. O cinturão plutônico do Norte do Himalaia é equidistante do cinturão Trans-Himalaiano e do cinturão do Alto Himalaia e inclui plútons de idade semelhante ao cinturão do Alto Himalaia, mas menos volumosos. O cinturão plutônico do Himalaia Menor, ao sul, formou-se no Paleozoico e, portanto, não tem relação com a colisão Índia-Eurásia (Debon et al., 1986).

Os plútons granitoides dos tipos I e S ocorrem em abundância em muitos orógenos colisionais mais antigos, como observado na orogenia Caledoniana/Apalache no leste dos Estados Unidos, na orogenia Variscana da Europa (por exemplo, o oeste da Península Ibérica) e no cinturão de dobramentos de Tasmânia, leste da Autrália.

As rochas graníticas intraplaca

O magmatismo granitoide não está restrito às margens continentais ativas ou aos limites de convergência de placas tectônicas. O exame da geologia de continentes antigos, como a África, revela inúmeros exemplos de complexos graníticos ou sieníticos sem qualquer relação qualquer com a orogenia, ou que foram colocados em cinturões orogênicos muito depois de o tectonismo ter cessado. Pearce et al. (1984) dividiram esse magmatismo granitoide *intraplaca* em três categorias:

1 Os granitoides colocados na crosta continental com espessura próxima à normal, como: (i) os granitos da Nigéria, (ii) os granitos e sienitos do Sudão (Figura 8.18) e (iii) os granitos do *graben* de Oslo, Noruega, do Permiano.

2 Os granitos (e monzonitos e sienitos associados) encaixados na crosta continental adelgaçada de maneira significativa pela extensão em margens passivas, como os granitos do leste da Groenlândia e do noroeste da Escócia, do Paleógeno. Pearce et al. (1984) embasaram a linha divisória entre as categorias **1** e **2** na ausência e na presença, respectivamente, de um enxame de diques unidirecionais significativos (como medida simplificada do grau de atenuação crustal).

3 Os granitoides colocados em ilhas oceânicas, sobretudo na Ilha de Ascensão, no Atlântico Sul, e em Reunião, no Oceano Índico.

Uma quarta categoria, distinguida por Sylvester (1989), consiste em:

4 Os granitos alcalinos de ambientes continentais pós-orogênicos, colocados tipicamente 25–75 Ma após o evento da colisão, são exemplificados pelos granitoides do escudo Árabe-Núbio do Pré-Cambriano e Cambriano, os granitoides tipo A do cinturão de dobramentos de Lachlan, sudeste da Austrália, do Devoniano superior (mais recentes que o plutonismo associado dos tipos I e S) e os granitoides do oeste do Alasca, do Cretáceo.

Todos esses ambientes caem na categoria A ou *anorogênica* de granitoides (Quadro 8.3, Tabela 8.3.1). Os granitos são metaluminosos ou peralcalinos e estão muitas vezes associados a sienitos (Figura 8.18). Os minerais máficos incluem a biotita e a hornblenda nos granitos e sienitos, ou a faialita, a ferroaugita (Figura 2.1.1 no Quadro 2.1), a aegirina-augita (Quadro 9.2) e os anfibólios sódicos como a arfvedsonita e a riebeckita (Quadro A1) nas rochas peralcalinas.

Os granitoides intraplaca do tipo A têm números de Fe significativamente mais altos do que os granitoides típicos das cordilheiras (Figura 8.15) e, por essa razão, caem na categoria "férrica" dos granitoides, definida por Frost et al. (2001). Eles também se destacam pelas concentrações elevadas de elementos-traço incompatíveis de alto potencial iônico, como o Zr e o Nb (Tabela 8.4 e Figura 8.19), além do Ga.

Os "plagiogranitos" dos centros de expansão oceânica

Pequenos corpos de quartzo microdiorito ou microtonalito estão associados com as unidades plutônicas superiores em muitos complexos ofiolíticos. Esses corpos se interdigitam com camadas cumuláticas de gabros ou ocorrem como pequenos *plugs* ou diques no interior de um enxame de diques. Por estarem confinados ao interior do ofiolito, eles parecem ter sido formados ao mesmo tempo que estes, pelo fracionamento de magmas basálticos subalcalinos (distintos dos granitos anatéticos pós-obducção que cortam alguns ofiolitos, como o de Omã, por exemplo, de acordo com Searle and Cox, 1999). Alguns exemplos de rochas ácidas semelhantes foram escavadas no assoalho oceânico, como na Dorsal Meso-Atlântica, a 45° latitude norte (Tabela 8.4) e das paredes internas da fossa de Tonga. Esses microgranitos oceânicos parecem ter sido formados em dorsais meso-oceânicas ou outros centros de expansão oceânica.

A maioria dessas rochas tem granulação de média a fina e é composta e especialmente por quartzo e plagioclásio, e a hornblenda é o principal mineral ferromagnesiano. Por conterem teores insignificantes de feldspato potássico, o termo "plagiogranitos oceânicos" foi proposto por Coleman e Peterman (1975) e continua sendo muito empregado.

Os discriminantes geoquímicos e a associação tectônica dos granitoides

Várias tentativas foram feitas para traçar uma distinção entre as diferentes associações de granitoides descritas – e os ambientes geotectônicos em que foram colocadas – utilizando diagramas geoquímicos discriminantes (normalmente com os elementos-traço). O valor potencial desses diagramas está no fato de esclarecerem o ambiente paleotectônico do magmatismo granitoide antigo nos casos em que evidências geológicas de campo inequívocas não são obtidas com facilidade. O diagrama concebido por Pearce et al. (1984) é o mais conhecido desse tipo. Dois exemplos são ilustrados na Figura 8.19.

Esses diagramas foram elaborados utilizando uma base de dados de 600 análises de granitoides colocados em ambientes tectônicos bastante estudados. Pearce et al. (1984) mostraram que era pos-

Tabela 8.4 Análises dos elementos maiores e elementos-traço de rochas graníticas representativas de diversos ambientes tectônicos. Os dados relativos ao ferro são apresentados como "FeO total" [Σ FeO = FeO real + (Fe₂O₃ real/1,11)], como na Tabela 2.4. As células em branco indicam componentes que não são dados nas análises originais publicadas

Tipo de rocha	Quartzodiorito	Tonalito	Granodiorito			Granito		Charnockito
Ambiente tectônico	Cordilheira	Cráton arqueano	Cordilheira	Cordilheira Tipo I	Cinturão de cavalgamento colisional Tipo S	Intraplaca pós-orogênico Tipo A	Dorsal meso-oceânica	Terreno granulítico proterozoico
Localização	Sierra Nevada, Califórnia	Média do TTG arqueano	Sierra Nevada, Califórnia	Sierra Nevada, Califórnia	Langtang, Nepal, Himalaia	Wallagga, Etiópia	Plagiogranito CMO - Atlântico 45°N	Plúton Fishtail, Bunger Hills, leste da Antártida
Referência	1	2	3	4	5	6	7	8
% em massa de óxido								
SiO₂	55,27	70,2	62,78	71,65	75,01	77,26	72,47	64,00
TiO₂	0,94	0,33	0,70	0,24	0,15	0,35	0,33	1,25
Al₂O₃	17,39	15,74	15,74	14,87	14,99	11,01	14,17	13,92
ΣFeO	7,04	2,56	5,08	1,58	1,18	2,22	2,85	7,63
MnO	0,14	0,04	0,09	0,04	0,03	0,02	0,08	0,15
MgO	3,80	1,09	2,50	0,38	0,37	0,04	1,39	1,19
CaO	7,13	3,17	4,80	1,87	0,77	0,18	1,48	3,59
Na₂O	3,59	4,87	3,25	3,98	3,25	4,38	5,55	2,30
K₂O	1,51	1,88	3,22	4,19	3,85	4,26	0,24	4,16
P₂O₅	0,24	0,12	0,18	0,08	0,12	0,01	0,06	0,47
LOI**	2,28		1,42	0,88	0,79	0,13	1,00	0,78
Total	99,33	100,00	99,76	99,76	100,51	99,86	99,62	99,44

Ppm							
Rb	88	50	134	158	236	152	100
Ba	440	746	745	1170	354	75	1973
Th	12,2	5,98	31,8	16,8	9	8,1	1
Nb	7	5,4	8	9	11	23	20
La	25,6	29,84	26,6	29,3	15,97	53,2	46,4
Ce	48	51,63	50	58	30,51	180	94,8
Sr	616	495	478	484	127	18	294
Nd	19	19,92	22	15	15,49	58,2	51,0
Zr	86	149	143	138	72	357	351
Sm*	4,7	2,79	5,8	2,5	3,75	13,1	9,28
Eu*	1,2	0,91	1,1	0,85	0,85	0,36	3,12
Gd*	3,8	2,04	5,8	2,5	4,52	11,3	
Tb*		0,25			0,68	1,47	1,17
Y	18	6,8	26	8	22	63	31
Yb	1,19	0,46	2,4	0,65	1,34	4,48	1,99

* Os dados em *itálico* (não tabulados na publicação original) foram estimados a partir de diagramas de ETRs publicados (Frey et al., 1978); o Gd, por interpolação gráfica.
** **Perda de massa por ignição.**

Fontes de dados

1 Bateman and Chappell (1979) e Frey et al. (1978), análise 0 (quartzo-diorito, intrusivas de Tuolumne).
2 Drummond et al. (1996), análise 3 (suíte **TTG** arqueana média com alto teor de Al).
3 As mesmas fontes da coluna 1, análise 4 (granodiorito, intrusivas de Tuolumne).
4 As mesmas fontes da coluna 1, análise 21 (pórfiro granítico, intrusivas de Tuolumne).
5 Inger and Harris (1993), análise KG208 (biotita-muscovita-leucogranito, vale de Langtang, Himalaia, Nepal).
6 Kebede et al. (1984) análise oceânica (c) (plagiogranito oceânico, Dorsal Meso-Atlântica na latitude 45° norte).
7 Pearce et al. (1984) análise 'oceânica' (c) (plagiogranito oceânico, Cordilheira Meso-Oceânica do Atlântico a 45°N).
8 Sheraton et al. (1992), análise 86286060 (ortopiroxênio granito, plúton de Fishtail, Bunger Hill, leste da Antártida.

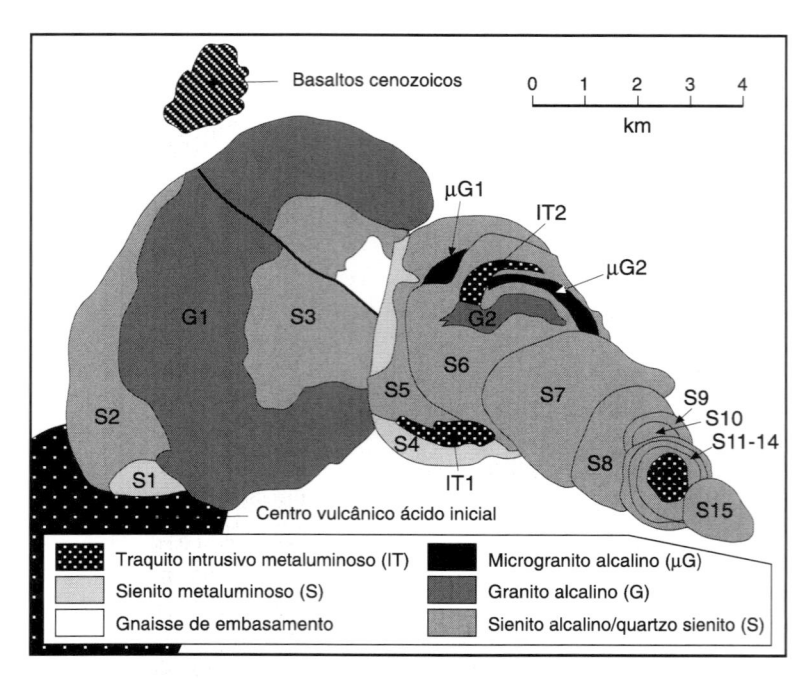

Figura 8.18 Mapa esquematizado do complexo anelar granítico-sienítico de Ras Ed Dom, com idade de 236 Ma (adaptado de O'Halloran, 1985; direitos autorais; Elsevier), um dos muitos complexos no deserto de Bayuda, Sudão. As unidades de cada tipo são numeradas em ordem de intrusão. O tamanho das intrusões sucessivas diminui com o tempo, e os seus centros migram primeiro para o NE, depois para o SE.

sível traçar uma diferenciação geoquímica entre quatro categorias tectônicas amplas (aproximadamente equivalentes às categorias descritas na seção "As Rochas Graníticas Intraplaca", anteriormente): granitoides de arcos vulcânicos, granitoides sincolisionais, granitoides intraplaca (anorogênicos) e granitos de centro de expansão oceânica (e no interior de ofiolito). As análises dos granitos de cada uma dessas associações são representadas com diferentes símbolos na Figura 8.19. Do ponto de vista empírico, elas definem campos composicionais distintos em cada um dos diagramas. O diagrama Rb versus (Y + Nb) é eficiente ao discriminar as quatro categorias, mas os granitoides de arcos vulcânicos e sincolisionais não podem ser separados no diagrama Nb versus Y. Os limites mostrados são aqueles definidos por Pearce et al. (1984) como a melhor linha reta que se encaixa em seus dados. Como ocorre muitas vezes com esses diagramas, algumas análises periféricas ficam no lado errado da maioria das linhas limite.

Sem dúvida, esses diagramas são úteis no estudo do magmatismo em áreas de maior complexidade geológica, mas devem ser adotados com cautela. O Nb e o Y são elementos relativamente **imóveis** cujas concentrações iniciais nas rochas silicatadas são relativamente resistentes, considerados graus moderados de alteração e metamorfismo. Contudo, o mesmo não pode ser dito sobre o elemento **móvel** Rb. Para que a Figura 8.19b possa ser utilizada com confiabilidade, é essencial garantir que apenas as análises de rochas frescas e não metamorfizadas sejam representadas nela.

O leitor também deve reconhecer que as diferenças composicionais que surgem na Figura 8.19, na verdade, têm uma relação mais forte com as diferentes composições das fontes e com os históricos de cristalização do que com o ambiene tectônico (Frost et al., 2001).

A suíte TTG arqueana

Os crátons arqueanos abrigam terrenos de dois tipos diferentes. Um consiste em greenstone belts (ver o Quadro 5.6) intercalados com corpos graníticos que, juntos, compõem os chamados *terrenos granito-greenstone*, como aqueles encontrados nos blocos de Yilgarn e Pilbara, no oeste da Austrália e no cráton de Kaapvaal, África do Sul. O segundo tipo é denominado *terrenos arqueanos de alto grau* e é representado pelo complexo de gnaisses Lewisian, noroeste da Escócia, pelo complexo de gnaisses de Amîtoq/Istaq, oeste da Groenlândia (Nutman et al., 1996) e o cinturão de Limpopo, sul da África. Esse tipo de cráton arqueano é dominado por gnaisses quartzo-feldspáticos bandados, de fácies anfibolito superior a granulito. Eles contêm lentes, camadas ou inclusões

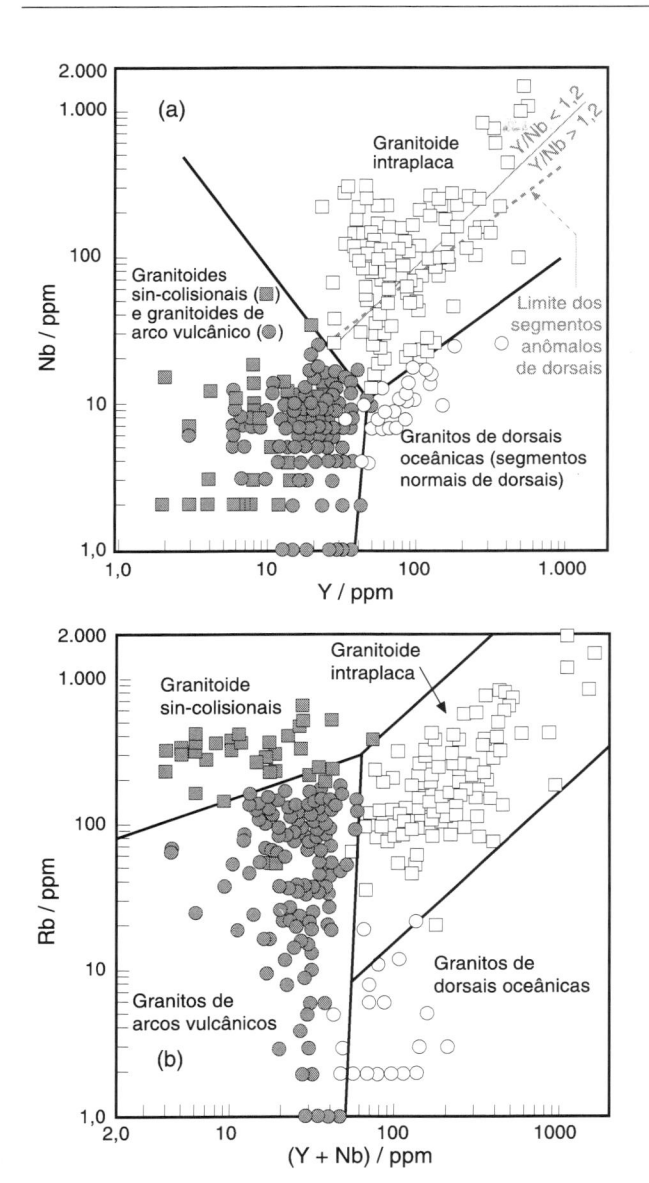

Figura 8.19 Dois dos diagramas discriminantes concebidos por Pearce et al. (1984, reproduzido com permissão de Oxford University Press) mostrando as análises de granitoides de ambientes tectônicos claramente definidos: (a) Nb vs. Y, ambos em ppm; a linha tracejada indica o limite superior dos granitos para segmentos anômalos de dorsais (E-MORB); a importância da razão Y/Nb (Eby, 1990) é discutida ainda neste capítulo. (b) Rb vs. (Y + Nb), todos em ppm. O agrupamento de valores baixos de Nb e de Rb em conjuntos de pontos que formam linhas horizontais ocorre porque esses valores (por estarem próximos aos limites de detecção analítica) são dados com apenas um **algarismo significativo**, o que é exacerbado com a adoção da escala logarítmica. **Nota:** As análises precisam ser refeitas em base livre de voláteis antes de esses diagramas serem construídos (Quadro 1.3).

irregulares de litologias supracrustais mais antigas (tanto metavulcânicas quanto metassedimentares).

Os gnaisses do segundo tipo têm teores baixos de feldspato potássico – daí o termo muito empregado em campo, "gnaisses cinza", que reflete a ausência de feldspato rosa. Eles certamente se formaram de protólitos ígneos plutônicos de composição tonalítica, trondhjemítica e granodiorítica. Juntos constituem o que é chamado de suíte arqueana tonalito-trondhjemito-granodiorito (**TTG**).

Além dos baixos teores de potássio sugeridos por sua petrografia (Figura 8.1), os terrenos de TTG arqueanos, os quais representam a crosta continental mais antiga da Terra, são distinguidos por seus gnaisses com curvas de teores de ETRs muito inclinadas e pelo enriquecimento em elementos terras raras pesados um pouco maior do que o dobro dos teores observados em condritos. Com relação a esses atributos, eles são semelhantes às lavas **adakíticas** modernas (Tabela 8.5 e Capítulo 6). A outra característica relativa a elementos-traços que diferencia os adakitos das rochas de arco vulcânico normais – um valor da razão Sr/Y acima de 40 – também é observada na associação TTG arqueana (Tabela 8.5). Por essa razão, é possível concluir que as fontes disponíveis e as condições de fusão no interior da Terra durante o Arqueano tinham algumas semelhanças com as condições que geraram o magmatismo adakítico atual. As implicações dessa conclusão são discutidas na última seção deste capítulo.

Granitos com teores normais de potássio também ocorrem em terrenos arqueanos. Porém, se forem consideradas as composições das rochas arqueanas sedimentares, esses granitos teriam contribuído com menos de 10% das áreas expostas à erosão no começo do Arqueano (cuja principal parte seria composta de TTG), ainda que tenham se tornado o tipo dominante de granito depois de 2500 Ma (Taylor e McLennan, 1985).

As suítes anortosito-mangerito-charnockito (AMC)

O Capítulo 4 mencionou os anortositos do tipo "maciço" e sua associação característica com granitoides portadores de ortopiroxênio, os **charnockitos** e mangeritos (a suíte anortisito-mangerito-charnockito, AMC).

O charnockito e os granitoides afins contendo ortopiroxênio (Figura 8.2) são característicos de terrenos granulíticos de pressões médias a altas. A localidade típica é a área de Madras, sul da Índia. As relações intrusivas às vezes indicam a colocação magmática dos protólitos, embora existam controvérsias acerca da possibilidade de o ortopiroxênio estar presente nessas rochas após cristalizar diretamente de magma empobrecido em água ou de ele ser o produto do

Tabela 8.5 A comparação entre as análises de uma suíte TTG arqueana média, de adakitos modernos e de dacitos de arco moderno (dados de Martin, 1999)

	Dacitos de arcos modernos	Adakitos modernos	Plútons adakíticos modernos	TTGs arqueanas
% em massa de óxido				
SiO_2	68,22	64,66	67,30	69,79
TiO_2	0,46	0,51	0,54	0,34
Al_2O_3	14,63	16,77	15,78	15,56
ΣFeO	3,86	3,78	3,00	2,81
MnO	0,09	0,08	0,05	0,05
MgO	1,22	2,20	1,96	1,18
CaO	2,88	5,00	3,67	3,19
Na_2O	4,15	4,09	4,19	4,88
K_2O	3,37	1,72	2,15	1,76
P_2O_5	0,21	0,17	0,12	0,34
Elementos (ppm)				
Ni	5	24	24	14
Cr	8	36	46	29
Sr	380	706	280	454
La	48,1	19	17,7	32
Y	47	10	17	7,5
Yb	4,4	0,93	1,1	0,55
$(La/Yb)_N$	7,5	14,2	11,0	39,7
Sr/Y	8,1	68,7	16,5	60,5

metamorfismo causado pela desidratação pós-magmática de granitos normais com hornblenda (muitos charnockitos mostram sinais de deformação e recristalização). Kilpatrick e Ellis (1992) defendem a tese de que um tipo de magma granitoide chamado de C é capaz de cristalizar o ortopiroxênio magmático.

COMO SÃO FORMADOS OS MAGMAS GRANITOIDES?

Embora os granitos homogêneos expostos normalmente indiquem que tiveram uma gênese simples, a grande diversidade de estruturas e de texturas discutida nas seções anteriores deste capítulo nos lembra de que a petrogênese dos granitos frequentemente é um processo complexo que ocorre em diversos estágios. Além disso, os detalhes da gênese do magma – isto é, o que se sabe dela – parecem variar muito entre ambientes tectônicos, como ilustra a célebre frase de H.H. Read:

Existem granitos e granitos.

Uma análise profunda das complexidades da gênese de magmas graníticos (e das muitas ferramentas utilizadas pelos petrólogos para investigá-la) vai além do escopo deste livro, mas o Capítulo 8 não estaria completo sem um panorama do conhecimento atual sobre ela. A gênese de magmas graníticos sempre foi vista como uma interação entre dois processos contrastantes: a cristalização fracionada prolongada do magma básico mantélico e a fusão parcial da crosta continental siálica antiga, que acarretam a formação de plútons anatéticos ou a contaminação de magmas mantélicos. Contudo, atualmente, as evidências dão conta de que outros processos precisam ser considerados.

Os plagiogranitos

As origens dos granitoides colocados nas bacias oceânicas, onde o magma evolui na ausência de crosta continental como um contaminante em potencial, são extremamente simples. O plagiogranito é formado de basaltos de dorsais meso-oceânicas por processos de fracionamento em centros de expansão, entre os quais o mais importante talvez seja a cristalização fracionada. A Figura 8.20b mostra o **diagrama multielementar** de um plagiogranito oceânico da Dorsal Meso-Atlântica (ver a análise na Tabela 8.4). Esse padrão é interessante devido:

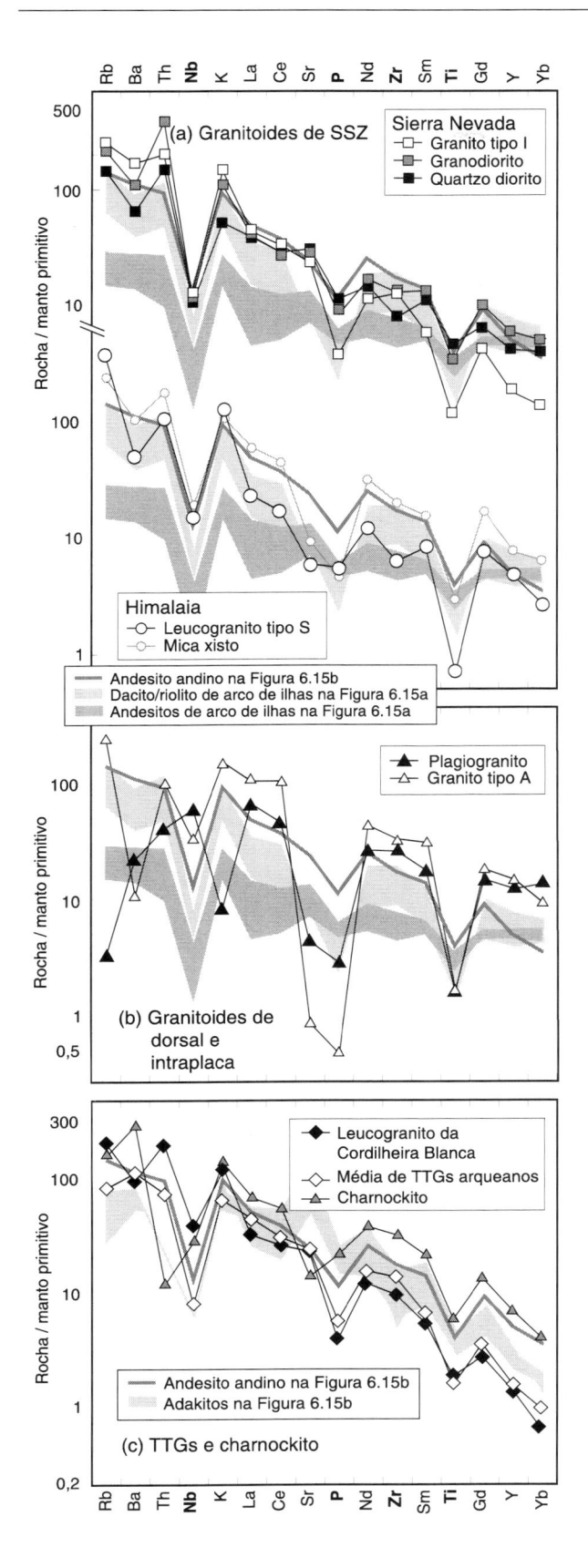

- Ao empobrecimento relativo nos elementos litófilos de íon grande (LILE) Rb, Ba e K, o que é consistente com a origem a partir de basaltos de dorsais meso-oceânicas (MORB) (Figura 2.16b), embora algumas perdas possam ocorrer por processos de alteração.
- Ao maior enriquecimento em Th, Nb e em elementos terras raras leves, em comparação com os pesados [$(La/Yb)_N \sim 4,5$], o que é consistente com os MORBs desse setor anômalo na latitude 45° norte na Dorsal Meso-Atlântica.
- As anomalias negativas proeminentes em P e em Ti, indicadoras da cristalização fracionada avançada dos minerais acessórios apatita [$Ca_5(PO_4)_3(OH,F)$] e óxidos de Fe–Ti, os quais empobrecem o líquido magmático residual em P e Ti.[14] O nível reduzido de Sr registra o fracio-

Figura 8.20 Perfis de enriquecimento em elementos incompatíveis em algumas análises de granitoides, incluindo aquelas da Tabela 8.4 (as fontes estão listadas na tabela), normalizados para o manto primitivo conforme a Tabela 2.4. O andesito andino contaminado de Ollagüe da Figura 6.15b e os campos dos andesitos e dacitos de arco na Figura 6.2a são apontados para fins de referência nos painéis (a) e (b). (a) Granitoides associados à subducção do batólito de Sierra Nevada e leucogranito pós-colisão da associação do Alto Himalaia; um mica xisto visto como fonte possível de material para o leucogranito (Inger and Harris, 1993, análises RM202) também é mostrado para comparação. (b) Plagiogranito da Dorsal Meso-Atlântica (latitude 45° norte) e granito anorogênico do oeste da Etiópia. (c) Leucogranito da Cordilheira Blanca no Peru (Figura 8.16, análise de Petford and Atherton, 1996), a composição média **TTGs** arqueanos e um charnockito magmático da Antártida. A área cinza em (c) representa os adakitos mostrados na Figura 6.15b. Os elementos em negrito são **elementos com alto potencial iônico**.

---

[14] Essas características também são consistentes com a formação de líquido magmático granítico pela fusão parcial de gabros associados a MORBs, se a apatita e a ilmenomagnetita permanecem no resíduo sólido.

namento do feldspato, no qual o Sr é moderadamente compatível.

Não há indício de anomalia negativa de Nb, o que distingue os plagiogranitos das lavas e rochas plutônicas de zona de suprassubducção (SSZ) mostradas nas Figuras 6.15 e 8.20a.

Os granitoides cordilheiranos

A cristalização fracionada foi proposta como fator mais importante pelas variações composicionais no Batólito Costeiro Mesozoico do Peru. Atherton e Sanderson (1985) descobriram que poderiam modelar[15] as tendências químicas observadas começando com um magma parental diorítico e, então, subtraindo (isto é, "cristalizando") plagioclásio + hornblenda + biotita ± piroxênio ± magnetita em proporções variáveis. A evolução química que calcularam correspondeu às tendências observadas sem a necessidade de considerar a assimilação da crosta continental superior. As razões isotópicas iniciais de Sr do segmento de Lima do batólito – onde ele intrude as rochas vulcânicas da Bacia de Huarmey-Cañete, do Cretáceo – caem no intervalo esperado para a cristalização fracionada de magmas derivados do manto (Figura 8.21), confirmando que a assimilação material da crosta continental havia sido, de fato, insignificante. Por outro lado, as razões iniciais mais altas observadas nos segmentos de Arequipa e Toquepala, onde o batólito tem contato com o maciço Pré-Cambriano de Arequipa, sugerem que graus significativos de contaminação crustal afetaram algumas unidades intrusivas (Figura 8.21b).

Atherton e Sanderson (1985) consideraram a hipótese de que o magma parental diorítico era o produto de um processo de dois estágios, no qual: (i) os magmas básicos originados da fusão parcial da cunha mantélica metassomatizada se acumularam e cristalizaram na base da crosta continental e, então, (ii) sofreram fusão parcial, formando o magma parental diorítico. Os líquidos magmáticos produzidos por esse processo de dois estágios herdariam as baixas razões $^{87}Sr/^{86}Sr$, porque as rochas básicas de que se formaram eram jovens quando sofreram a fusão parcial (Quadro 3.3). Não houve tempo suficiente para o crescimento significativo do ^{87}Sr em relação ao ^{86}Sr, apesar de a razão Rb/Sr moderadamente elevada.

A cristalização fracionada parece ter desempenhado um papel também nos setores norte e sul do batólito de Sierra Nevada, na Califórnia, embora

---

[15] Isto é, representar matematicamente.

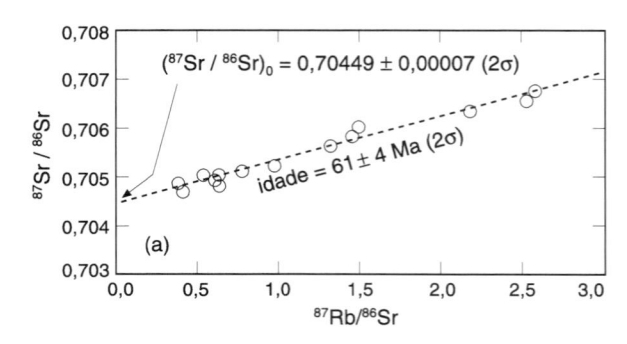

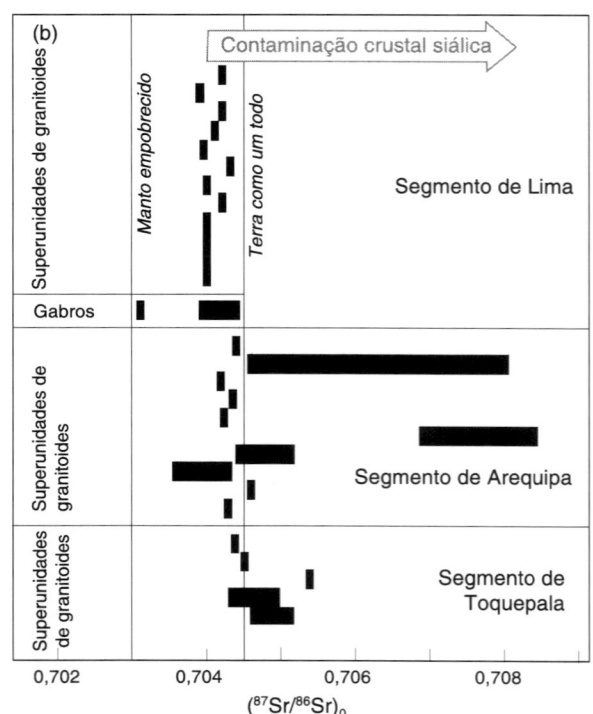

Figura 8.21 Tendências dos isótopos de Sr no Batólito Costeiro do Peru. (a) **Isócrona** Rb-Sr para a "superunidade" de Yarabamba, mostrando o gradiente (usado para calcular a idade) e a intersecção com o eixo y, a qual indica a razão isotópica inicial do Sr $(^{87}Sr/^{86}Sr)_0$ no momento da colocação. (b) Resumo das razões isotópicas iniciais do Sr obtidas para diferentes superunidades e segmentos do batólito, mostrando a contaminação crustal elevada nos segmentos de Arequipa e de Toquepala (com base em Beckinsale et al., 1985).

aqui as evidências de assimilação da crosta continental siálica sejam mais robustas. A Figura 8.20 mostra os diagramas multielementares de três granitoides do plúton de Tuolumne, norte de Sierra Nevada. Observe as características:

- Os granitoides compartilham diversas características das rochas vulcânicas de arco de ilhas mostradas na Figura 6.15 (resumidas aqui como áreas sombreadas), sobretudo a anomalia negativa do Nb.
- Contudo, o elevado nível de enriquecimento e a inclinação do perfil têm mais em comum com o andesito andino contaminado (linha cinza) do que com as rochas vulcânicas de arco, o que sugere um grau expressivo de assimilação crustal (compare com Feeley and Davidson, 1994).
- As diferenças entre os padrões de granitoides individuais não são significativas, mas os teores de Rb, Ba, Th, Nb e K aumentam de modo consistente, desde diorito, passando pelo granodiorito até o granito, concordando com a ocorrência de cristalização fracionada.
- As anomalias negativas para o P e o Ti também aumentam em magnitude, de modo gradual, desde o diorito até o granito, e condizente com o fracionamento dos minerais acessórios apatita e óxidos de Fe e de Ti.

A Figura 8.22a mostra que as razões $(^{87}Sr/^{86}Sr)_0$ para os plútons no norte e no sul da Sierra Nevada (símbolos preenchidos) aumentam de uma forma geral com o teor de SiO_2. A interpretação mais simples desse tipo de tendência é que ela representa a assimilação da crosta continental mais antiga por magmas básicos mantélicos durante a cristalização fracionada. A noção de assimilação associada à cristalização fracionada (De Paolo, 1981), muitas vezes chamada de **ACF**, foi introduzida no Capítulo 3. Os fatores que controlam a contribuição relativa da cristalização do basalto vs. fusão crustal nas "zonas quentes" crustais inferiores foram discutidos em uma perspectiva quantitativa por Annen et al. (2006).

Em contrapartida, os símbolos vazados na Figura 8.22b representam suítes intrusivas da região central de Sierra Nevada, as quais têm tendências muito diferentes. Em síntese, elas não têm correlação entre a razão inicial e o teor de sílica: os membros gabroicos e dioríticos de cada série têm valores de $(^{87}Sr/^{86}Sr)_0$ tão altos quanto aqueles dos granitos mais evoluídos. Coleman e Glazner (1997) atribuíram as razões iniciais altas das rochas máficas nessa razões (0,706–0,7075) não ao aporte de crosta mais antiga – o que teria correlacionado os valores de $(^{87}Sr/^{86}Sr)_0$ ao teor de SiO_2 na Figura 8.22a – mas à fusão da litosfera mantélica subcontinental antiga e enriquecida.

Existem muitas evidências da natureza enriquecida do manto litosférico sob partes do oeste dos Estados Unidos obtidas com o estudo de xenólitos encontrados em rochas vulcânicas basálticas em toda a região. Wenner e Coleman (2004) resumiram a diversidade dos granitoides na Sierra Nevada central da seguinte forma:

As tendências nas razões isotópicas iniciais do Sr revelam pouca variação em um intervalo de tipos de rochas na mesma suíte, mas variações espaciais e isotópicas expressivas entre suítes de rochas são observadas. Essas observações são consistentes com a interpretação que diz que os granitos na região central de Sierra Nevada são gerados pela fusão parcial de dioritos mantélicos juvenis que se misturam com líquidos magmáticos mantélicos penecontemporâneos... Existem poucas evidências de que a crosta conti-

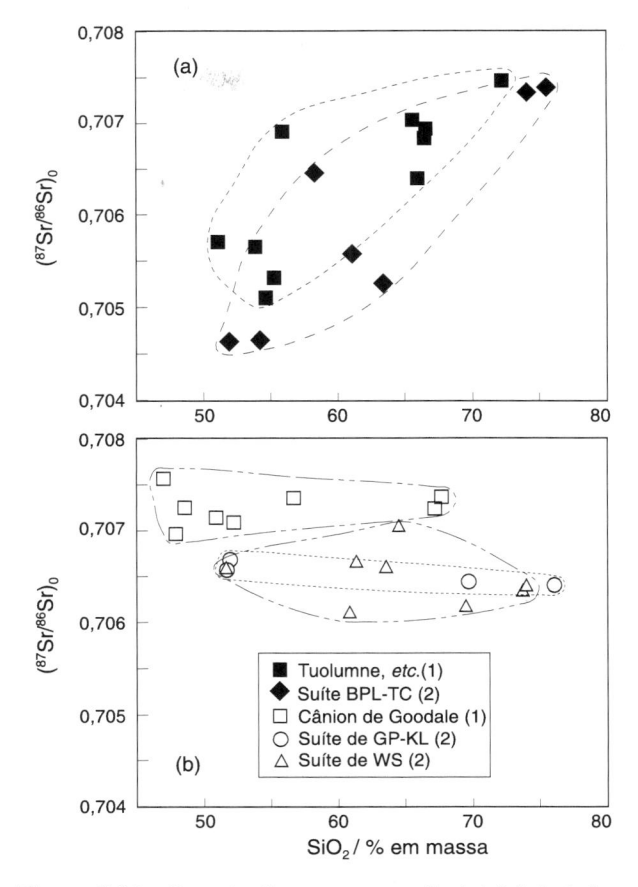

Figura 8.22 Correlações entre a razão inicial de isótopos de Sr e teor de SiO_2 em rocha integral para suítes de granitoides do batólito de Sierra Nevada, Califórnia. Os dados são de Coleman (2004, "2"); as abreviaturas são as mesmas utilizadas por Wennen e Coleman (2004). (a) Suítes intrusivas dos segmentos norte e sul ("Tuolumne, etc." inclui as suítes do Monte Whitney e de Rock Creek); (b) suítes intrusivas do segmento central. Os limites das áreas indicam a distribuição de amostras de cada suíte intrusiva.

nental antiga esteve envolvida na geração do batólito central de Sierra Nevada. Ao contrário, neste estudo, as tendências isotópicas de leste a oeste indicam que a maioria dos granitos na região central de Sierra Nevada seja crosta juvenil.

O mesmo tema da refusão de rochas máficas juvenis em *underplating* na crosta continental ocorre no batólito da Cordilheira Blanca, do Mioceno, no leste da cordilheira do Peru (Figura 8.16). Como na zona central da Sierra Nevada, o valor de $(^{87}Sr/^{86}Sr)_0$ varia em um intervalo relativamente restrito (0,7041–0,7057) para rochas intrusivas que vão do quartzo diorito ao leucogranodiorito que cobre uma ampla gama de valores de teor de SiO_2 (55% a 72%). Ainda que os magmas tenham ascendido através de 50 a 60 km de crosta continental espessa, Petford et al. (1996) concluíram que a contaminação por embasamento continental maduro foi muito pequena. Os leucogranodioritos com teores elevados de sódio da Cordilheira Blanca são notáveis por suas características semelhantes às dos adakitos, como razões Sr/Y e La_N/Yb_N um tanto altas e teores normalizados baixos de elementos terras raras pesados, em comparação com a maior parte dos magmas calcialcalinos (Figura 8.20c). De fato, o padrão do leucogranodiorito tem inclinação maior e mostra empobrecimento mais intenso em elementos terras raras pesados do que os adakitos vulcânicos atuais. Petford e Atherton (1996) entenderam que essas características representavam a assinatura da fusão parcial de rochas máficas juvenis em *underplating* sob a crosta continental. Se considerarmos a crosta sobrejacente espessa (com 50 km ou mais de espessura) no momento da colocação dos leucogranodioritos (há aproximadamente 5 Ma), a *underplate* acumulada com os processos normais na SSZ teria passado de um cenário de condições de estabilidade do plagioclásio para condições de maior profundidade, onde a granada é estável, o que, por sua vez, favorece a retenção de elementos terras raras pesados na fonte durante a fusão. Mesmo que a subducção sob esse setor dos Andes no final do Mioceno tenha ocorrido em pouca profundidade – o que promoveria a gênese de magmas adakíticos por fusão da placa –, para Petford e Atherton (1996), a fusão parcial de rochas máficas com granada em *underplating* com a crosta continental é a explicação mais plausível para a afinidade adakítica do batólito da Cordilheira Blanca.

A suíte arqueana TTG

Os gnaisses trondhjemíticos (TTG) arqueanos têm composições de elementos maiores ricas em sódio e assinaturas de elementos incompatíveis muito semelhantes aos adakitos em geral (Figura 6.15) e, em particular, aos granitoides da Cordilheira Blanca (Figura 8.20c). Isso indica que os protólitos ígneos desses gnaisses podem ter se formado mediante processos parecidos. Martin (1986, 1999) atribuiu as características de elementos incompatíveis dos gnaisses arqueanos TTG (Figura 8.20c) à fusão da placa na área de estabilidade da granada, tal como proposto para os adakitos atuais. Porém, Nutman et al. (1999) e Smithies (2000) entendem que a fusão parcial de rochas máficas com granada localizadas na base de uma crosta espessada por processos tectônicos[16] ou a fusão parcial de uma pilha basáltica alterada pela via hidrotermal constituem explicações igualmente plausíveis para esses atributos da suíte TTG. O que está claro é a presença de granada na região de origem e seu papel como fase residual no tamponamento dos elementos terras raras pesados nos líquidos magmáticos formados.

Uma noção complementar acerca da diferença entre a formação de granitoides no Arqueano e em períodos pós-Arqueano é possibilitada pelo elemento terras raras európio (Eu), um indicador

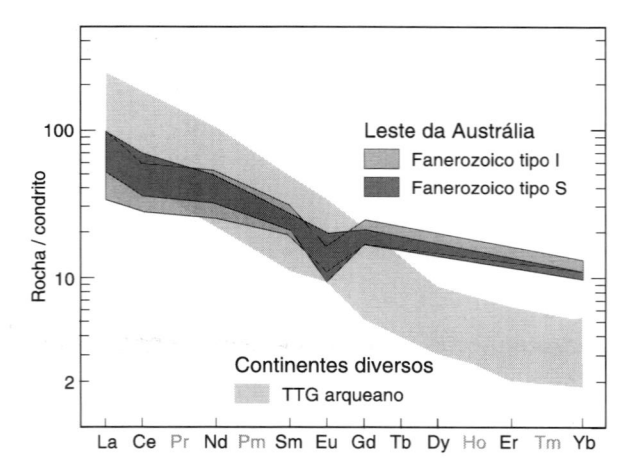

Figura 8.23 Comparação dos padrões de elementos terras raras para (a) gnaisses TTG arqueanos no oeste da Groenlândia, Suazilândia e o bloco de Pilbara, oeste da Austrália e (b) granitoides tipos I e S do Batólito Paleozoico da Nova Inglaterra, leste da Austrália (com base em Taylor and McLennan, 1985, com permissão de Blackwell Publishing). Os elementos mostrados em cinza são terras raras intercalados não representados neste diagrama.

---

[16] Observe que o padrão TTG na Figura 8.20c tem mais semelhança com a Cordilheira Blanca do que com os adakitos, com relação às razões Sr/Y e La/Yb.

sensível do fracionamento do plagioclásio (Quadro 8.5). Os granitos com teores altos de potássio típicos do Proterozoico e do Fanerozoico têm anomalias negativas para o Eu (Figura 8.23), indicando que o plagioclásio esteve presente na fonte onde a fusão parcial ocorreu ou que o fracionamento do plagioclásio se deu durante a evolução do magma. Por outro lado, os gnaisses TTG arqueanos pobres em potássio são distinguidos não apenas por seus padrões mais inclinados e teores reduzidos de elementos terras raras pesados, mas também pela falta de anomalia para o Eu, o que indica a fusão parcial em profundidades muito grandes para que o plagioclásio fosse estável, onde a granada fracionaria em seu lugar.

Os leucogranitos associados à colisão

Os granitoides tipo I dos batólitos Trans-Himalaiano e de Karakorum (Figura 8.17) colocados nos intervalos 100–40 Ma e 110–70 Ma, respectivamente, formaram-se sobre uma zona de subducção antiga antes da colisão entre a Índia (ou o arco do Kohistão) e a Eurásia. Por essa razão, é plausível supor que a petrogênese desses granitoides tenha muito em comum com os batólitos andinos (como o Batólito Costeiro do Peru, discutido anteriormente) e os batólitos do oeste dos Estados Unidos. Contudo, os leucogranitos tipo S associados à colisão que formam os cinturões descontínuos do Alto Himalaia e do Himalaia setentrional têm uma origem muito diferente.

Os leucogranitos associados à colisão encontrados no Alto Himalaia têm diversas feições características:

- Eles são granitos claros com intervalos limitados de composição: diferente dos batólitos tipo I na Cordilheira dos Andes, as intrusões não têm dioritos e outros granitoides intermediários.
- Os teores de sílica são uniformemente altos (SiO_2 está entre 70% e 77%).
- Os leucogranitos são fortemente peraluminosos (Exercício 8.3) e contêm minerais aluminosos essenciais (Tabela 8.2.1). As inclusões de litologias metassedimentares não são incomuns.
- Os leucogranitos têm razões $(^{87}Sr/^{86}Sr)_0$ no intervalo 0,743 – 0,762[17] (Inger and Harris, 1993; Harris et al., 1995).
- Comparados com os granitoides dos Andes, os leucogranitos do Himalaia são enriquecidos em Rb e K, mas empobrecidos em Sr, Zr e elementos terras raras leves (Figura 8.2a).

Todas essas características apontam para a formação de líquidos magmáticos leucograníticos por anatexia de meta**pelitos** de alto grau (Quadro 8.3) da "sequência cristalina do Alto Himalaia". Os pesquisadores pioneiros propuseram que as reações de desidratação em rochas metamórficas assentadas em profundidade haviam fornecido o fluxo de fluidos hidratados necessários para induzir a anatexia com saturação em H_2O dos pelitos com muscovita sobrejacentes, mas as linhas de pensamento atuais acreditam que a "fusão por desidratação" da muscovita, a qual ocorre na ausência de fluidos (isto é, subsaturação em H_2O) é a causa da anatexia (Quadro 8.4). As análises isotópicas mostram que, no momento da colocação do leucogranito (há ~ 20 Ma), os pelitos tinham razões $^{87}Sr/^{86}Sr$ da ordem de 0,749 – 0,761, semelhante aos valores de $(^{87}Sr/^{86}Sr)_0$ dos leucogranitos, cujas razões isotópicas iniciais foram herdadas dos pelitos.

A Figura 8.20a compara o perfil de elementos incompatíveis de um leucogranito do Alto Himalaia com aquele de um mica xisto da mesma área (no vale de Langtang). As semelhanças óbvias entre essas duas litologias, sobretudo com respeito aos elementos mais incompatíveis Rb, Ba, Th, Nb e Ti e às anomalias negativas do Sr e do P, suportam o modelo de anatexia dos pelitos.

Os granitos intraplaca

A diversidade química dos granitos tipo A e a variedade de ambientes tectônicos nos quais ocorrem indicam que um único modelo petrogenético não consegue explicar a formação de todas essas rochas. Eby (1990) dividiu os granitos tipo A em duas categorias, de acordo com suas razões Y/Nb:

Existe um grupo de granitoides tipo A com razões Y/Nb muito baixas [<1,2 – ver a Figura 8.19a] e razões $^{87}Sr/^{86}Sr$ iniciais normalmente baixas. Essas suítes são resultantes da diferenciação de magmas basálticos derivados direto de fontes mantélicas semelhantes aos OIB [plumas], os quais sofreram algum grau de interação crustal. Existe um segundo grupo de granitoides tipo A caracterizado por razões Y/Nb mais altas (1,2–7) e razões $^{87}Sr/^{86}Sr$ iniciais muito variáveis. Se analisarmos suíte por suíte, esse [segundo] grupo tem uma história petrogenética mais complexa, com algumas suítes com um componente mantélico significativo, enquanto outras podem ter origem apenas na crosta.

---
[17] Excluindo uma amostra anômala com $(^{87}Sr/^{86}Sr)_0 = 0,736$.

Quadro 8.4 A fusão por desidratação (na ausência de fluidos)

A estabilidade dos minerais hidratados é limitada em temperaturas elevadas. Minerais como a muscovita e a biotita são caracterizados por temperaturas de ruptura bem definidas em função da pressão (Quadro 6.2) a que eles se decompõem em minerais anidros e vapor d'água. Essas relações permitem que a mica se forme em rochas metamórficas de grau intermediário como os xistos, o que normalmente não ocorre em granulitos.

Em cinturões orogênicos apresentando condições típicas de profundidades intermediárias da crosta, a desidratação da muscovita desempenha um papel essencial na fusão crustal. A Figura 8.4.1 mostra as curvas solidus para a anatexia de **pelitos** com muscovita, como aqueles presentes na sequência metassedimentar do Alto Himalaia. Em excesso de água, a temperatura solidus do pelito cai para 600°C em profundidade, embora os líquidos magmáticos formados nessas condições "úmidas" – nas quais $[dT/dP]_{solidus}$ é negativa (curva tracejada) não possam ascender muito antes de cruzar o solidus outra vez, solidificando-se. Porém, se uma quantidade limitada de H_2O estiver presente, $[dT/dP]_{solidus}$ se torna positiva (linha sólida), conforme explicado no Quadro 6.4, o que permite que quaisquer líquidos magmáticos formados ascendam a níveis menos profundos, sem solidificarem-se de imediato. A fusão nessas condições pode ser resumida conforme:

Muscovita + Plagioclásio + Quartzo → *Líquido magmático* + Feldspato potássico + Sillimanita (ou cianita)
Mineral   Minerais anidros   *Líquido magmático*   Minerais anidros
hidratado   *hidratado*

[8.4.1]

O teor limitado de H_2O reside somente na muscovita, no membro esquerdo da Equação 8.4.1 e no líquido magmático no membro direito (enfatizado em itálico): não há excesso para formar uma fase líquida de H_2O em separado. Esse tipo de fusão que envolve o desaparecimento de um mineral hidratado, gerando líquido magmático e produtos cristalinos anidros, é chamado de fusão por desidratação ou fusão na ausência de fluidos. Experiências demonstraram que a fusão parcial de pelitos ricos em Al produz líquidos magmáticos peraluminosos com teores elevados de SiO_2 cujas composições são semelhantes às composições dos leucogranitos do Alto Himalaia.

A seta curva em cinza na Figura 8.4.1 mostra um cenário possível para a fusão por desidratação seguida pela ascensão e colocação de magma leucogranítico, concebido por Inger e Harris (1193) para os leucogranitos himalaianos. A fusão começa na área de estabilidade da cianita e é auxiliada pela descompressão em virtude da extensão ao longo do Descolamento Sul-Tibetano (Figura 8.17), seguida da segregação de líquido magmático auxiliada pela deformação. Os leucogranitos ascendem da área de origem através de sistemas de diques (como observado nos migmatitos sob os horizontes de colocação) antes da injeção lateral na forma de soleiras e lacólitos.

A fusão por desidratação também é relevante para a produção de magmas adakíticos por fusão da placa.

Figura 8.4.1 Gráfico ilustrando a fusão da muscovita por desidratação de metapelitos, formando leucogranito (com base em Inger and Harris, 1993, com permissão de Oxford University Press). A curva tracejada mostra o solidus de um pelito saturado em H_2O; a linha sólida mostra o solidus de um pelito em condições de subsaturação em H_2O (compare com a Figura 6.4.1). Os limites de fase dos três polimorfos de Al_2SiO_5 são mostrados, para referência, como linhas finas. Abreviaturas dos minerais: Mu, muscovita; Ab, albita (plagioclásio); Q, quartzo; V, vapor (H_2O na fase vapor); Ci, cianita; Sil, sillimanita; And, andalusita; Bi, biotita; K-f, feldspato potássico. A seta curva em cinza ilustra um possível percurso P–T–t desde a anatexia, passando pela ascensão, até a colocação do leucogranito em soleiras.

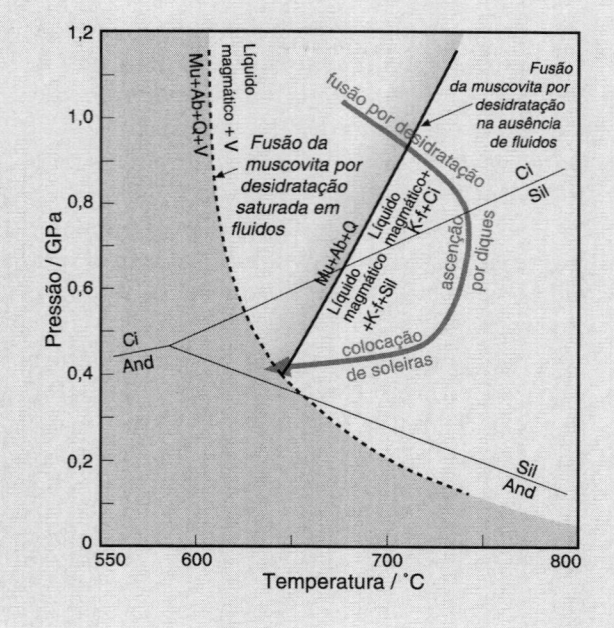

Quadro 8.5 A anomalia do európio e o fracionamento do plagioclásio

Por apresentar um estado de oxidação 2+ estável, além do estado 3+ característico dos ETRs, o európio é um elemento químico único entre os terras raras (Figura 2.7.1). Em condições relativamente redutoras, comuns na maioria dos magmas, o Eu ocorre sobretudo como íons Eu^{2+}, enquanto os outros ETRs existem como cátions trivalentes. Por essa razão, o íon Eu^{2+} tem uma carga menor e um raio iônico maior, o que aumenta sua semelhança com os íons Sr^{2+} e Ca^{2+} (Figura 2.7.1). Seu raio é ligeiramente grande demais para permitir a substituição do Ca^{2+} em minerais ferromagnesianos densos como a augita e a granada, mas, como o Sr^{2+}, ele toma o lugar do Ca^{2+} na estrutura aberta do plagioclásio, na qual ele faz a substituição preferencial (isto é, ele é moderadamente compatível). O resultado é que o fracionamento do plagioclásio empobrece o líquido magmático em Eu, em comparação com outros ETRs (os quais são incompatíveis com o plagioclásio).

O efeito do fracionamento do plagioclásio no padrão dos ETRs é mostrado na Figura 8.5.1. A curva do meio da figura representa o padrão dos ETRs de um basalto lunar primitivo, no qual os ETRs definem um padrão uniforme cerca de 10 vezes maior que os teores no condrito. O padrão de um basalto lunar mais evoluído (no alto da figura) é semelhante, salvo pelo fato de (i) o enriquecimento total ser cerca de 10 vezes maior devido ao fracionamento e (ii) o Eu estar presente em teores menores do que os outros ETRs, gerando o que é chamado de anomalia negativa do Eu. Isso se deve à extração seletiva do Eu pelo plagioclásio durante o fracionamento sob condições excepcionalmente redutoras, típicas do interior da Lua (as quais favorecem valores elevados da relação Eu^{2+}/Eu^{3+}). As evidências em apoio a essa interpretação são dadas pelo padrão de um anortosito das montanhas lunares. O anortosito se originou como um cumulato de plagioclásio na superfície de um oceano de magma nos primórdios da história da Lua, e confirma a incorporação preferencial do Eu no plagioclásio.

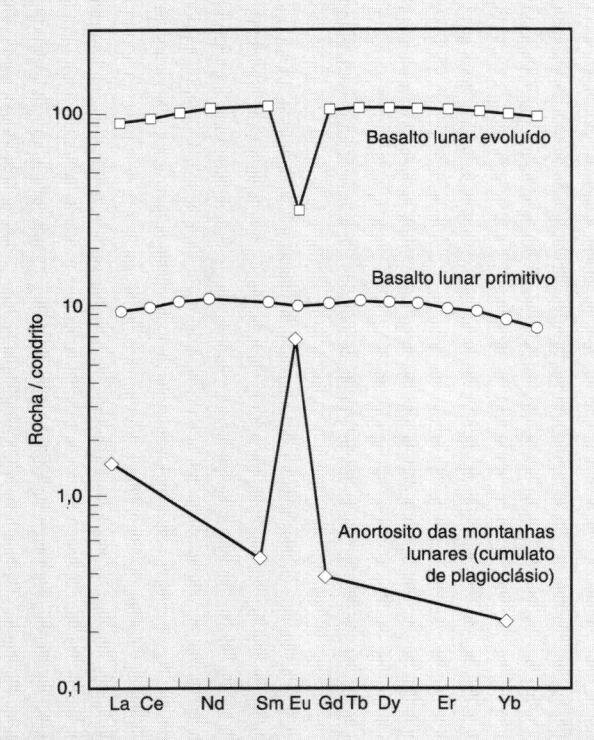

Figura 8.5.1 Padrões de ETRs de três rochas lunares. Em princípio, os padrões são semelhantes aos perfis de enriquecimento de elementos incompatíveis (Figura 2.16, Figura 8.20), mas o diagrama está restrito aos ETRs (mostrados em ordem de número atômico). Por razões históricas, as abundâncias representadas em um gráfico ETR são normalizadas não para o manto primitivo da Terra, mas para a composição média de meteoritos de composição condrítica (numericamente, as diferenças não são grandes). Adaptado de Gill (1997) e Taylor (1982).

O perfil de elementos incompatíveis do granito tipo A listado na Tabela 8.4 é mostrado na Figura 8.20b. Como o perfil do plagiogranito, ele tem sinais de graus avançados de cristalização fracionada (nível total elevado de enriquecimento, anomalias negativas marcantes para o Sr, o P e o Ti). Contudo, os teores de Rb, Th e K são maiores do que no plagiogranito, o que é consistente com a origem a partir de uma rocha parental basáltica semelhante a um basalto de ilha oceânica, não um basalto de dorsal (Figura 2.16a). A anomalia negativa para o Nb e a relação Y/Nb relativamente alta resultante (2,7) sugere um grau significativo de contaminação pela crosta continental.[18]

Os charnockitos e a suíte AMC

O ortopiroxênio que caracteriza a associação charnockito-mangerito-jotunito (Figura 8.2) cristalizou diretamente de um magma empobrecido em água, ou seria ele o produto do metamorfismo por desidratação pós-magmática do granito com hornblenda durante a deformação e o metamorfismo? Uma das opiniões aceitas sobre essa dúvida argumenta que a "charnockitização" de granitoides hidratados pode resultar tanto da troca metamórfica com fluidos ricos em CO_2 em ascensão de grandes profundidades na crosta ou no manto (Friend, 1981), quanto somente de temperaturas metamórficas elevadas. Porém, Kilpatrick e Ellis (1992) entendem que os charnockitos intrusivos são suficientemente característicos em termos geoquímicos (teores elevados de TiO_2, P_2O_3 e Zr – ver a Tabela 8.4) para serem considerados um tipo de magma granitoide particular, o tipo C, do qual o ortopiroxênio magmático cristaliza diretamente. Os autores propõem a tese de que o magma granitoide tipo C se formou com a fusão parcial uma fonte máfica de fácies granulito (isto é, desidratada) de grande profundidade crustal. Eles relatam análises de latitos e dacitos, os quais consideram equivalentes vulcânicos desse magma tipo C, como prova de sua existência.

A associação comum de intrusões charnockíticas proterozoicas em anortositos do tipo maciço (a suíte AMC, discutida no Capítulo 4) tende a suportar a noção de magma derivado por fusão de rochas de fácies granulito em profundidade na crosta. Existe consenso de que

Pequenas intrusões ferrodioríticas (jotuníticas) a monzoníticas (mangeríticas) [associadas com anortositos] *parecem ter se formado a partir de líquidos residuais da cristalização de massas anortosíticas ou da intrusão máfica mais primitiva (em maior profundidade crustal)... A maior parte dos estudiosos atribui a formação dos granitoides associados (quartzo monzonito, charnockito) à fusão da crosta inferior.*

Longhi et al. (1999)

Os granitos são exclusivos da Terra?

Vista do espaço, a Terra se diferencia dos outros planetas do Sistema Solar devido a duas características: seus oceanos azuis e as regiões marrons e verdes onde a superfície do planeta é alta o bastante para emergir acima do nível desses mares. Campbell e Taylor (1983) e Taylor e McLennan (1995) indicam que esses dois atributos-chave da Terra podem estar interligados.

A superfície da Terra em regiões continentais está elevada isostaticamente em relação às bacias oceânicas, porque a litosfera continental, vista em sua totalidade, é menos densa do que a litosfera oceânica. A flutuabilidade da litosfera continental se encontra quase exclusivamente na crosta: os continentes são formados por uma crosta siálica espessa cuja densidade média é $2,8 \times 10^3$ kg/m^3, ao passo que crosta oceânica tem densidade média $2,9 \times 10^3$ kg/m^3 (Fowler, 2005) e é muito delgada para ter impacto significativo na densidade da litosfera oceânica. A baixa densidade distintiva da crosta continental é resultado, sobretudo, das rochas graníticas volumosas que se acumularam nela, por conta de processos magmáticos ocorridos ao longo dos períodos geológicos. Esse valor de densidade exerce forte influência na história da Terra, elevando os continentes (contribuindo com a erosão, a produção de sedimentos e a prevalência de regimes climáticos) e impedindo sua subducção.

Cerca de 60% do volume atual dos continentes provavelmente já existia no final do Arqueano (Taylor and McLennan, 1995). Nosso conhecimento sobre os processos de formação dos continentes no Arqueano é incompleto, mas tudo indica que, conforme revela a acreção crustal Pós-Arqueano, alguma forma de subducção desempenhou papel vital neles. Não importa se a fusão ocorre na placa mergulhante (adakitos, TTG), na cunha mantélica (arcos de ilhas) ou no material básico a intermediário em *underplating* sob os continentes (Cordilheira Blanca): a água subductada na crosta oceânica hidratada tem papel essencial no desencadeamento da fusão associada à subducção. Sem os oceanos, os continentes

---

[18] A maior parte das adições à crosta continental ao longo da história da Terra são produtos de magmatismo associado à subducção e conservam a anomalia negativa para o Nb, a qual revela o fenômeno. A assimilação da crosta continental em magmas não associados à subducção introduz a anomalia para o Nb da rocha assimiladora no magma híbrido (ver o Exercício 8.5).

não teriam se desenvolvido e atingido sua forma atual. Campbell e Taylor (1983) concluíram seu artigo com as palavras:

Nossa tese principal é simples. A água é essencial na formação de granitos, e o granito por sua vez é fundamental na formação de continentes estáveis. A Terra é o único planeta com granito e continentes porque ela é o único planeta com abundância de água.

Contudo, desde a publicação desse artigo, a possível existência de rochas ígneas silícicas em outros planetas foi abordada por diversos autores, sobretudo em relação aos "domos em forma de panquecas" detectados em Vênus pelo radar da sonda Magalhães (ainda que não existam dados químicos diretos que provem essa suposta composição silícica).

Rosing et al. (2006) sugeriram a surpreendente noção de que a fotossíntese pode também ser um processo na superfície da Terra que tenha contribuído com o magmatismo granítico do planeta e com a formação dos continentes.

REVISÃO – O QUE PODEMOS APRENDER COM OS COMPLEXOS GRANÍTICOS?

Como seus equivalentes vulcânicos, os granitoides são encontrados em uma variedade de ambientes tectônicos. Contudo, os maiores volumes dessas rochas ocorrem nos limites de placas convergentes, sobre zonas de subducção (como no caso da cadeia dos Andes) e onde os continentes colidem (o Himalaia).

As principais conclusões deste capítulo são:

- Os plútons granitoides variam muito em forma, escala e ambiente tectônico. Hoje, a hipótese tradicional de que a maior parte dos plútons graníticos têm a forma de um stock profundo colocado como diápiro perde força, por conta das evidências geofísicas que sugerem uma arquitetura em camada para os corpos granitoides (Figuras 8.4 e 8.7).
- Os batólitos com 1.000 km ou mais podem ser colocados ao longo de períodos que excedem 50 Ma, como o Batólito Costeiro do Peru. Dados gravimétricos sugerem que ele tem forma de placa, aparentemente alimentada por uma raiz semelhante a um dique no lado ocidental. Os cálculos sugerem que os magmas graníticos podem ascender a níveis crustais mais rasos através de sistemas de diques alimentadores.
- Os plútons em forma de sino nos quais um bloco central da rocha de teto afundou – permitindo a ascensão do magma por seus lados – são os produtos da subsidência de grandes caldeiras (*cauldrons*), como ocorre em Glencoe, onde fraturas anelares têm clara correlação com a margem estrutural de uma caldeira de superfície.
- A cristalização de líquidos magmáticos granitoides pode levar a uma ampla variedade de texturas distintivas, muitas das quais são atribuíveis à interação sutil entre as taxas de nucleação e de crescimento cristalino.
- As variações na geoquímica e na mineralogia dos granitoides apoiam sistemas de classificação que consideram a suposta região de origem (Quadro 8.3), o histórico de fracionamento e, por essa razão, o ambiente tectônico (Figura 8.19).
- A gênese do magma granítico envolve: (a) a cristalização fracionada intracrustal de magmas mantélicos máficos ou intermediários, (b) a anatexia ou a assimilação de rochas ácidas antigas das regiões mais altas da crosta e/ou (c) a refusão de rochas mantélicas juvenis máficas a intermediárias em *underplating* sob a crosta continental. A fusão de rochas de placa mergulhante em pouca profundidade foi proposta como explicação para os batólitos arqueanos de TTG com razões Sr/Y altas (Martin, 1999) e os batólitos tonalíticos mais jovens análogos, mas a refusão de rochas básicas portadoras de granada em *underplating* sob a crosta representa uma explicação igualmente plausível.
- Os charnockitos e granitoides afins contendo ortopiroxênio (Figura 8.2) são entendidos como produtos da desidratação devida ao fluxo de CO_2 durante o metamorfismo regional de alto grau de granitos intrusivos. Porém, parece não haver dúvida de que alguns charnockitos – apesar da deformação e da recristalização posteriores – são, na verdade, magmáticos na origem e, de fato, podem ter equivalentes eruptivos (Kilpatrick and Ellis, 1992).

EXERCÍCIOS

8.1 Selecione os nomes apropriados para rochas com as seguintes características:

(a) Granulação grossa, 40% de plagioclásio, 28% de feldspato alcalino, 12% de quartzo, 8% de hornblenda, 8% de biotita e 4% de opacos (proporções modais).

(b) Rocha leucocrática de granulação fina composta sobretudo por plagioclásio, feldspato alcalino e quartzo em teores similares, com pequena quantidade de biotita e opacos.

(c) Rocha de granulação grossa composta por pertita e quartzo (com teor insignificante de plagioclásio), além de quantidades pequenas de arfvedsonita (um anfibólio alcalino).

8.2 Liste as principais observações que discriminam os pares de rochas:
(a) Granito e granodiorito
(b) Granito e quartzo monzonito
(c) Tonalito e trondhjemito
(d) Diorito e anortosito
(e) Monzonito e mangerito
(f) Granitos tipo S e tipo A

8.3 Determine se as análises dadas na Tabela 8.4 são peraluminosas, metaluminosas ou peralcalinas. Utilize os dados de MMR na Tabela 2.3a.

8.4 Represente as análises da Tabela 8.4 na Figura 8.19.

8.5 Teste o efeito da contaminação do basalto de derrame de Etendeka dado na Tabela 2.4 com teores em massa de 5%, 10% e 25% do granito tipo I de Sierra Nevada (Tabela 8.4) nos níveis de Th_N, Nb_N e K_N. Represente os resultados em um diagrama normalizado para o manto primitivo.

CAPÍTULO 9

As Rochas Alcalinas

As rochas alcalinas[1] podem ser definidas de diversas maneiras. Porém, de modo geral, elas formam a população de composições de rochas situadas acima das linhas divisórias alternativas X–Y e X–Z nas Figuras 1.5 e 9.1. A categoria alcalina inclui um amplo espectro de índices de cor, de ultramáfico a **félsico**. Em relação ao volume total, as rochas alcalinas ficam muito aquém das rochas subalcalinas: os platôs de lavas basálticas alcalinas nunca se equiparam às maiores províncias ígneas (LIPs) subalcalinas em escala, por exemplo; e as províncias sieníticas raramente se comparam em tamanho aos maiores batólitos graníticos. Na verdade, em termos de volume, as rochas alcalinas respondem por não mais que 1% das rochas ígneas expostas na superfície da Terra.

O fascínio que as rochas alcalinas despertam se deve sobretudo a sua composição e mineralogia:

- A deficiência em SiO_2 pode levar à cristalização de diversos feldspatoides (Quadro 9.1) em lugar de feldspatos.
- Famílias minerais conhecidas como os piroxênios e anfibólios muitas vezes se manifestam de forma peculiar em rochas alcalinas, como o clinopiroxênio sódico aegirina-augita, que é um mineral verde pleocroico sob luz natural (Quadro 9.2) que, à primeira vista, lembra a hornblenda. O anfibólio sódico riebeckita tem um pleocroísmo característico de azul índigo a marrom-claro (Quadro 9.4; Prancha 9.18).
- As concentrações elevadas de elementos incompatíveis em muitos magmas alcalinos podem levar – ao menos em rochas plutônicas **peralcalinas** – à ocorrência de minerais acessórios raros (por exemplo, Prancha 9.21 e 9.22).

Infelizmente, a diversidade dos feldspatoides presentes em rochas subsaturadas torna complexa e desnecessariamente desafiadora a nomenclatura das rochas alcalinas (Tabela 9.1). A nomenclatura utilizada neste livro envolve algumas simplificações criteriosas. Os nomes de variedades e outras complexidades não discutidas aqui podem ser consultados em Le Maitre (2002).

Os magmas alcalinos básicos e ultrabásicos, em especial os potássicos, também são de interesse petrológico, porque – a julgar pelo seu teor de xenólitos ultramáficos – ascendem rapidamente de profundidades consideráveis no manto. Esses xenólitos mantélicos representam uma oportunidade valiosa de estudar diretamente a petrologia das partes mais profundas do manto litosférico subcontinental – **MLS** (*sub-continental lithospheric mantle*, SCLM), através do qual os magmas que contêm tais xenólitos ascenderam. Por exemplo, o kimberlito e o lamproíto muitas vezes contêm lherzolitos e outros xenólitos e xenocristais derivados do manto – inclusive diamantes – que esclarecem o estado térmico e a composição da espessa litosfera continental subcratônica.

O termo "ácido" é menos útil para expressar o fracionamento do magma em rochas alcalinas do que é para rochas subalcalinas. A razão para isso é que, como mostra a Figura 9.1a, algumas rochas alcalinas muito evoluídas, como o fonolito, na verdade caem no intervalo "intermediário", não "ácido", de teor de SiO_2. Em termos práticos, os termos **félsico** (Figura 1.3) ou **sálico** são mais indicados para descrever a diferenciação de rochas alcalinas.

A petrografia e as ocorrências em campo das rochas alcalinas mais comuns são resumidas adiante, começando com os exemplos vulcânicos e prosseguindo com os equivalentes plutônicos.

A NOMENCLATURA DAS ROCHAS ALCALINAS DE GRANULAÇÃO FINA

As definições dos tipos de rocha sódicos e moderadamente potássicos

Tal como as rochas subalcalinas, os nomes apropriados para as rochas alcalinas sódicas variam de acordo com as informações disponíveis:

---

[1] Em inglês, "Alkali" é o adjetivo preferido pela IUGS (Le Maitre, 2002). Ele substitui "alkaline", utilizado até 2002 no Reino Unido e "alkalic" nos Estados Unidos.

Quadro 9.1 Os minerais feldspatoides e a melilita

Os feldspatoides (abreviados como "foids" em inglês) são os principais minerais que identificam rochas subsaturadas em sílica. Os que ocorrem em rochas ígneas (isto é, sem considerar a escapolita) têm composições que podem ser consideradas variantes deficientes em sílica da série de feldspatos alcalinos, $NaAlSi_3O_8$–$KAlSi_3O_8$. Suas composições são apresentadas graficamente e suas propriedades óticas diagnósticas são resumidas na parte deficiente em sílica do sistema SiO_2–$NaAlSiO_4$–$KAlSiO_4$ na Figura 9.1.1.

A nefelina, as sodalitas e a kalsilita cristalizam apenas de líquidos magmáticos subsaturados em sílica. A analcita, um feldspatoide hidratado, cristaliza desses líquidos magmáticos em valores relativamente altos de P_{H_2O}, mas a maior parte da analcita encontrada em rochas ígneas se formou como mineral hidrotermal pós-magmático no interior de vesículas. A leucita, ainda que seja subsaturada, pode cristalizar de líquidos magmáticos saturados ou supersaturados (Figura 9.7c).

Cancrinita $(Na,K)_6Ca_2Al_6Si_6O_{24}(CO_3)_2 \cdot 2H_2O$
Incolor em LD. Uniaxial negativa com cores de interferência de 1ª ordem maiores do que a nefelina. Muitas vezes forma bordas ou substitui a nefelina por reação com líquidos magmáticos ou fluidos tardios ricos em CO_3 tardios (Prancha 9.17)

Analcita $NaAlSi_2O_6 \cdot H_2O$
Incolor e *isótropa* em LD. Cristaliza de forma tardia a partir de alguns líquidos magmáticos alcalinos mas também ocorre como mineral hidrotermal.

Leucita $KAlSi_2O_6$
Incolor, pseudocúbica: δ muito baixo com *macla múltipla complexa característica* (ver a Prancha 9.8). Restrita a rochas vulcânicas. Pode ser substituída por um intercrescimento de nefelina e feldspato potássico ("pseudoleucita").

Kalsilita ~$KAlSiO_4$
Indistinguível da nefelina em LD.

Sodalita $NaAlSiO_4 \cdot X$
Variedades:
Sodalita se X = NaCl
Noseana se X = Na_2SO_4
Hauynita se X = $CaSO_4$
Muitas vezes azul celeste em amostra de mão. *Isótropa* e incolor em LD. A noseana muitas vezes tem *inclusões escuras microscópicas*. Ver as Pranchas 9.8 e 9.13.

Nefelina
~ $Na_3KAl_4Si_4O_{16}$
Contorno quadrado ou hexagonal em LD. Incolor, baixo δ, *negativa uniaxial*. Prontamente alterada a **sericita**, analcita e a outros minerais. Pranchas 9.7 e 9.15.

Também encontrada em rochas com feldspatoides (embora **não** seja um feldspatoide):

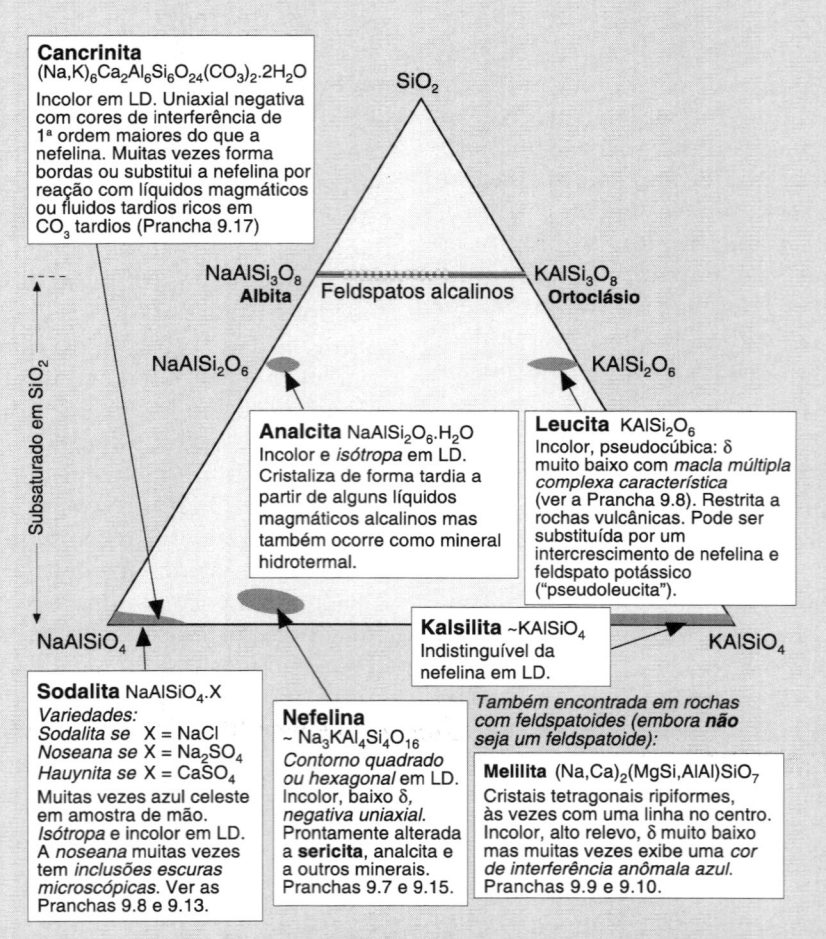

Melilita $(Na,Ca)_2(MgSi,AlAl)SiO_7$
Cristais tetragonais ripiformes, às vezes com uma linha no centro. Incolor, alto relevo, δ muito baixo mas muitas vezes exibe uma *cor de interferência anômala azul*. Pranchas 9.9 e 9.10.

Figura 9.1.1 As relações composicionais entre diferentes feldspatoides e feldspatos alcalinos (mostradas em proporções molares). Um resumo de dados ópticos é dado para cada feldspatoide (e para a melilita, um mineral não feldspatoide que substitui o plagioclásio em rochas muito subsaturadas). Ver os Quadros 6.1 e 8.1 para a identificação de feldspatos alcalinos.

- Um petrólogo que efetua *observações petrográficas qualitativas* de minerais e texturas utilizaria a Tabela 9.1.

- Quando uma *análise química* de uma rocha inalterada de granulação fina está disponível, os nomes podem ser aplicados segundo os campos

A melilita (que não é um feldspatoide) é mais um dos minerais característicos de rochas ígneas muito deficientes em SiO_2 (Pranchas 9.9 e 9.10). Ela pode ser vista como um "substituto" para o plagioclásio nessas rochas.

NEFELINA OU QUARTZO? O SINAL ÓPTICO COMO FERRAMENTA DE DIAGNÓSTICO

A nefelina é um mineral incolor de baixa refringência (Prancha 9.7) que, na forma anédrica, pode ser confundido com o quartzo (Tabela 9.1.1).

Ambos são minerais uniaxiais de baixa refringência e podem ser diferenciados com base em seus sinais ópticos:

1 Seleciona-se um cristal que esteja orientado de forma a mostrar a cor de interferência *mínima* para todas as posições da platina (gira-se a platina para verificar).

2 Seleciona-se a objetiva de maior aumento e estabelece-se o foco com cuidado; depois, escolhe-se uma parte limpa do cristal.

3 Em nicóis cruzados, o conjunto da subplatina é elevado e a lente de Bertrand é utilizada.

Uma cruz escura deve ser visível em um campo cinza, a qual corresponde à figura da interferência de um mineral uniaxial. Determina-se o sinal do mineral a partir da mudança de cor com a introdução do compensador (placa de gipso), como resumido na Figura 9.1.2.

A birrefringência menor da nefelina e sua suscetibilidade à alteração fornecem outras pistas.

Tabela 9.1.1 Propriedades ópticas comparativas da nefelina e do quartzo

	Nefelina	Quartzo
Cor macroscópica (luz natural)	Incolor	Incolor
Relevo	Baixo	Baixo
Clivagem	Incipiente	Nenhuma
Birrefringência	0,003–0,005	0,009
Indicatriz	Uniaxial	Uniaxial
Sinal	Negativo	Positivo
Alteração	Suscetível	Inalterado

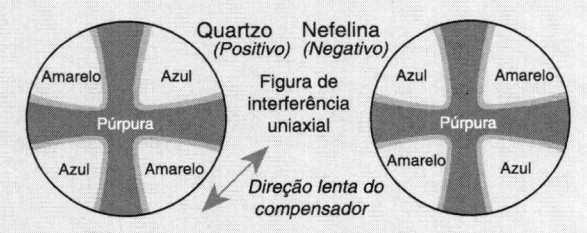

Figura 9.1.2 O uso de uma figura de interferência uniaxial (Figura A3 no Apêndice A) para determinar o sinal óptico.

definidos pela União Internacional das Ciências Geológicas (IUGS) em um gráfico álcalis totais vs. sílica (TAS) (Figuras 9.1a e 9.2). As **normas** calculadas a partir da análise podem ser úteis (por exemplo, na discriminação entre o basanito e o tefrito).

Figura 9.1 (a) Diagrama TAS mostrando os campos composicionais de rochas alcalinas de granulação fina reconhecidas pela IUGS (Le Maitre, 2002, Figura 2.14); as composições das rochas e as linhas limite são idênticas às da Figura 1.5 (que lista as fontes). As análises precisam ser recalculadas em base livre de voláteis (Quadro 1.3) antes de serem representadas neste diagrama. *"Ol"* indica olivina (Quadro 2.4); *"q"* representa a porcentagem em relação a todos os minerais félsicos na norma. (b) A porção subsaturada do losango QAPF (ver o detalhe da figura – o ápice "feldspatoides" representa o teor total desses minerais) mostra a nomenclatura de rochas alcalinas subsaturadas de granulação fina de acordo com as definições modais dadas pela IUGS (com base em Le Maitre, 2002). O triângulo principal mostra a nomenclatura utilizada quando a nefelina é o feldspatoide dominante. As proporções modais da nefelina, do feldspato alcalino e do plagioclásio precisam ser colocadas em proporção para somar 100%, excluindo-se os outros minerais (ver a Figura B1b, Apêndice B). A IUGS define "P" como feldspato com > 5% An e "A" como feldspato com < 5% An.

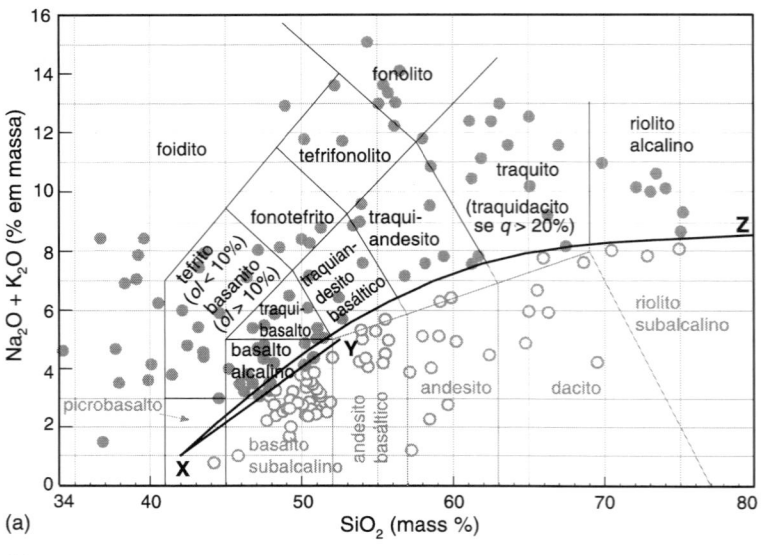

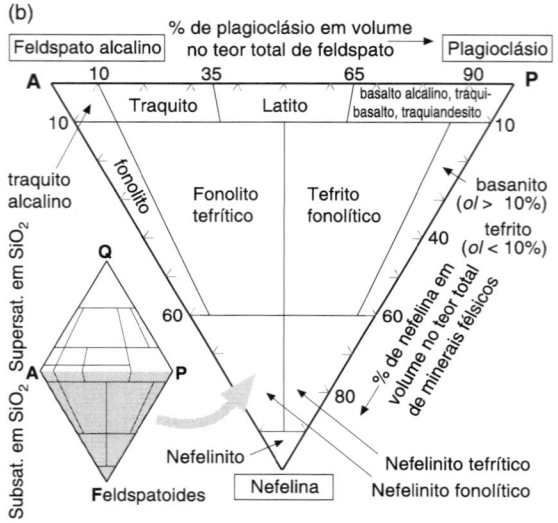

- Quando uma *moda* quantitativa está disponível (com base na contagem de pontos em amostra de mão – ver o Capítulo 1), as rochas alcalinas mais evoluídas podem ser denominadas de acordo com as proporções relativas de feldspatoides, de feldspato alcalino e de plagioclásio utilizando o "gráfico QAPF", mostrado na Figura 9.1b.

Expressas em palavras, as definições simplificadas desses tipos de rocha são:

Foidito: nome de família dado a rochas ígneas melanocráticas de granulação fina compostas sobretudo de clinopiroxênio + um feldspatoide. Esse termo genérico inclui os tipos de rocha individuais nefelinito (Prancha 9.7), leucitito, analcitito e kalsilitito (o nome reflete o feldspatoide presente).

Melilitito: rocha ígnea melanocrática de granulação fina composta essencialmente de clinopiroxênio + melilita (Figura 9.1.1 no Quadro 9.1). Ver as Pranchas 9.9 e 9.10.

Basanito: rocha ígnea melanocrática de granulação fina composta essencialmente de plagioclásio cálcico + augita + nefelina + *olivina* (>10%); difere do basalto alcalino pelo teor mais alto de nefelina (>5%).

Tefrito: rocha ígnea melanocrática de granulação fina composta essencialmente de plagioclásio cálcico + augita + nefelina; quando presente, a *olivina* ocorre em teores baixos (<10%).

Traquibasalto: rocha ígnea melanocrática a mesocrática de granulação fina composta essencialmente de plagioclásio *cálcico* + augita + feldspato alcalino. Ver a Prancha 9.11.

Tabela 9.1 A petrografia de algumas rochas alcalinas de granulação fina

	Nefelinito*	Basanito	Tefrito	Traquibasalto	Traquiandesito	Traquito	Fonolito
Minerais essenciais	• Nefelina • Cpx	• Plag. cálcico • Cpx • Feldspatoide • Olivina (>10%)	• Plag. *cálcico* • Cpx • Feldspatoide (ol < 10%)	• Plag. *cálcico* • Cpx • Sanidina ou anortoclásio**	• Plag. Sódico • Cpx • Sanidina ou anortoclásio***	• Sanidina e/ou anortoclásio***	• Sanidina ou anortoclásio*** • Nefelina ou outro feldspatoide
Minerais qualificadores	• Olivina • Melilita • Leucita	• Leucita** • Analcita**	• Leucita** • Analcita**	• Olivina	• Hornblenda**** • Biotita****	• Quartzo • Biotita**** • Aegirina-augita • Riebeckita****	• Leucita** • Analcita** • Aegirina • Riebeckita****
Índice de cor	Melanocrático	Melanocrático	Melanocrático	Melanocrático a mesocrático	Mesocrático	Leucocrático	Leucocrático
Texturas					Zonação oscilatória comum em fenocristais de plagioclásio	Pode ser porfirítico; a matriz frequentemente tem **textura traquítica**	Muitas vezes porfirítico; a matriz pode exibir textura traquítica

*O leucitito, o analcitito e o melilitito representam outros tipos de rocha sem feldspato definidas de modo análogo. Os nomes são um tanto confusos: essas rochas *não* são monominerálicas, e sim compostas apenas por nefelina, leucita, etc. (compare com o piroxenito e o hornblendito).
** Os minerais qualificadores representam, nesta tabela, o feldspatoide essencial presente (quando não estiver especificado, esse feldsparoide será a nefelina).
*** Para diferenciar os feldspatos alcalinos do plagioclásio ao microscópio, ver o Quadro 6.1.
**** Mineral hidratado presente apenas em fenocristais.

Quadro 9.2 Os piroxênios sódicos

Os piroxênios que cristalizam de magmas ricos em álcalis têm teores de sódio que os colocaram fora do intervalo das soluções sólidas de Mg–Fe–Ca encontradas em rochas subalcalinas (Quadro 2.1). Quando o Na^+ monovalente substitui um dos íons bivalentes Mg^{2+}, Fe^{2+} ou Ca^{2+} no piroxênio, o balanço de carga é conservado mediante a substituição associada de um íon trivalente (Fe^{3+} ou Al^{3+}) por um íon bivalente vizinho. Os piroxênios sódicos encontrados em rochas alcalinas envolvem a substituição de $[Na^+Fe^{3+}]$ por $[(Mg,Fe)^{2+} Ca^{2+}]$, dando surgimento à aegirina e à série de soluções sólidas aegirina–augita, como mostra a Figura 9.2.1. Ambas exibem pleocroísmo característico em tons de verde.

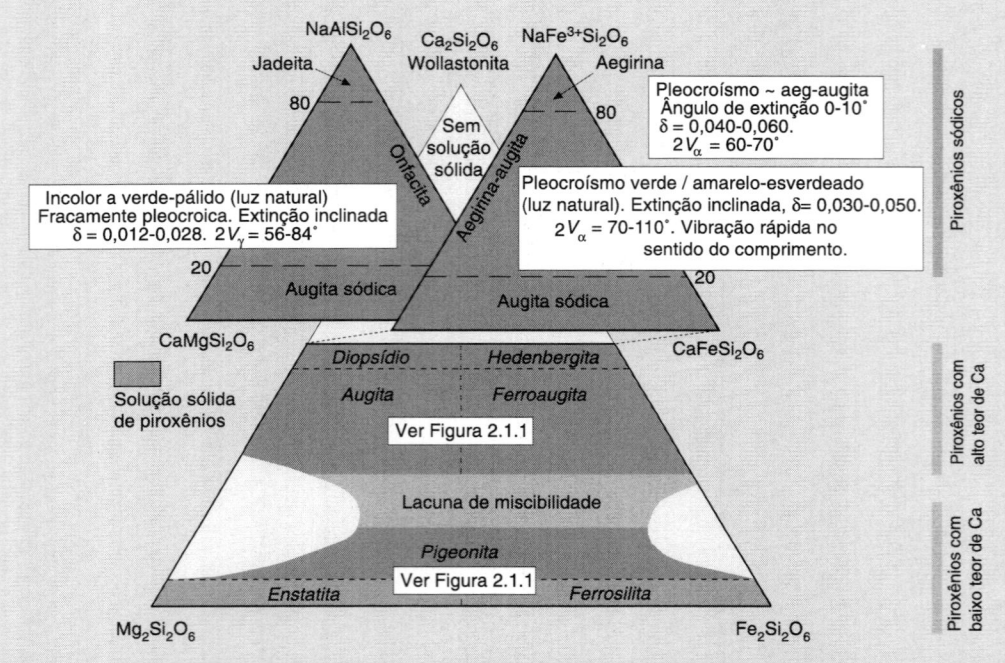

Figura 9.2.1 Como as soluções sólidas de piroxênio sódico se relacionam com os membros extremos dos piroxênios Ca–Mg–Fe (Quadro 2.1). O triângulo superior direito mostra a solução sólida aegirina-augita e aegirina característica de piroxênios em muitas rochas alcalinas, estendendo-se da união entre $CaMgSi_2O_6$–$CaFe^{2+}Si_2O_6$ ao membro extremo $NaFe^{3+}Si_2O_6$. (O triângulo esquerdo representa os piroxênios NaAl da série de alta pressão onfacita-jadeíta encontrada em eclogitos.)

Traquiandesito: rocha ígnea mesocrática de granulação fina composta essencialmente de plagioclásio *sódico* + feldspato alcalino + augita.

Traquito: rocha ígnea de granulação fina composta essencialmente de feldspato alcalino.[2] Quando o quartzo está presente, a rocha é chamada de quartzo traquito.

Latito: rocha ígnea de granulação fina composta essencialmente de feldspato alcalino + plagioclásio sódico em proporções aproximadamente iguais.

Fonolito: rocha ígnea de granulação fina composta essencialmente de feldspato alcalino + nefelina (e/ou outros feldspatoides). Ver as Pranchas 9.5 e 9.8.

Essas definições, e as divisões mostradas na Figura 9.1, são apenas maneiras práticas de dividir um continuum de composições de rochas.

As rochas moderadamente potássicas

O traquibasalto e o traquiandesito às vezes são subdivididos em duas séries, segundo o valor de $Na_2O–K_2O$ em % em massa (Figura 9.2):

---

[2] Os cristais ripiformes de feldspato presentes na matriz podem estar alinhados em um padrão ondulado, conhecido como **textura traquítica** (Prancha 9.2).

Tabela 9.2.1 A distinção óptica entre a augita, a aegirina-augita e a aegirina

	Augita $Ca(Mg,Fe^{2+})Si_2O_6$	Aegirina-augita $(Na,Ca)(Fe^{3+},Fe^{2+},Mg)Si_2O_6$	Aegirina $NaFe^{3+}Si_2O_6$
Birrefringência	0,018–0,033	0,030–0,050	0,040–0,060
Cor do mineral e pleocroísmo	Incolor a bege:* fracamente pleocroica	Fortemente pleocroica: verde incluindo tons de amarelo-esverdeado	Fortemente pleocroica: verde muitas vezes com verde-esmeralda

*Exceto a augita titanífera (Figura 2.1), a qual tem pleocroísmo púrpura marrom-pálido.

A aegirina-augita pleocroica verde pode ser confundida com a hornblenda. Esses dois minerais são distinguidos utilizando um teste simples, concebido com base no fato de que os piroxênios alcalinos possuem vibração rápida no sentido do comprimento: as ondas vibrando paralelamente ao comprimento do cristal têm o índice de refração mais baixo. A platina é girada de maneira a colocar o comprimento do cristal na direção NE a SW. Com isso, observa-se a cor de interferência nas partes mais delgadas do cristal. Após, o compensador é inserido (o compensador em si possui a vibração mais lenta no sentido do comprimento, é *length-slow*):

- Se a cor de interferência resultante é *aumentada* (gerando cores de segunda ordem ou mais alta), o cristal é *length-slow* (hornblenda).
- Se a nova cor de interferência é *mais baixa* do que aquela do cristal em si, ele é *lenght-fast* (piroxênio sódico).

A aegirina e a aegirina-augita são distinguidas de outros clinopiroxênios por sua cor verde intensa e pelo seu pleocroísmo, além da alta birrefringência (Tabela 9.2.1). Já a distinção *entre* a aegirina e a aegirina-augita não é tão fácil, pois seus esquemas pleocroicos diferem muito sutilmente. A aegirina tem a birrefringência mais alta (Tabela 9.2.1), embora a intensa cor do mineral torne mais difícil estimá-la.

- Se $Na_2O-K_2O > 2,0\%$ em massa, a rocha é *sódica* e pertence à série hawaiíto-mugearito-benmoreíto-traquito característica de ambientes intraplaca (Havaí) e margens construtivas (por exemplo, as Ilhas Hébridas[3]).
- Um traquiandesito para o qual $Na_2O-K_2O < 2,0\%$ em massa pertence à série shoshonito-latito *moderadamente potássica*, característica de alguns ambientes de arcos de ilhas e de colisão.

As rochas potássicas e ultrapotássicas

Existe uma divisão importante, ainda que volumetricamente subordinada, de rochas alcalinas máficas e ultramáficas na qual o teor de K_2O excede o teor de Na_2O. Os adjetivos utilizados para descrever essas rochas são:

Potássica: quando o teor de $K_2O > Na_2O$ (% em massa).
Ultrapotássica: quando o teor de $K_2O > 2 \times Na_2O$ (% em massa).[4]

---

[3] As localidades típicas são Mugeary, na Ilha de Skye, e Ben More, em Mull (as duas ficam na Escócia).

[4] Essa é a definição adotada por Foley et al. (1987); outros autores colocam o valor em $K_2O > 2,5$ ou $3,0 \times Na_2O$ (% em massa).

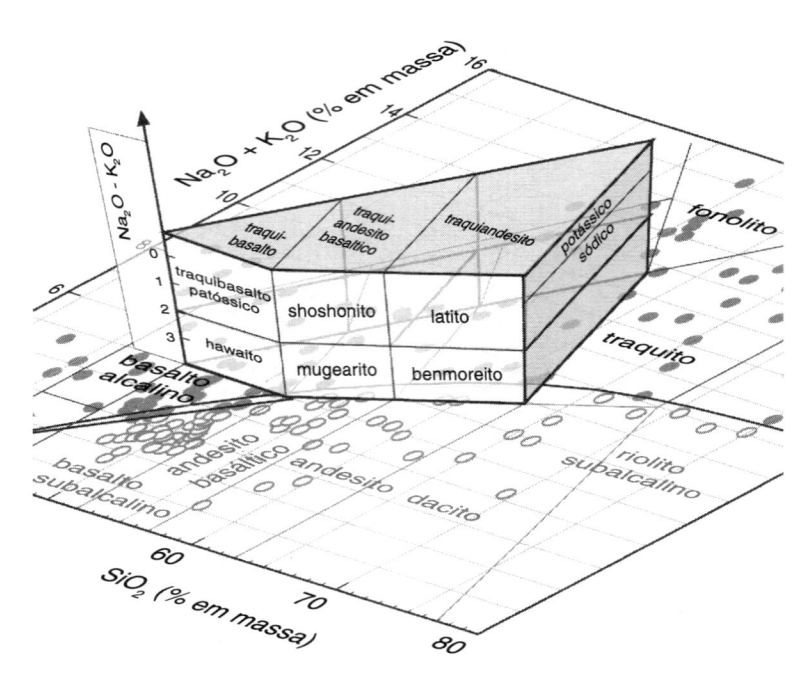

Figura 9.2 Vista em perspectiva do diagrama TAS de rochas alcalinas (Figura 9.1) mostrando como os traquibasaltos e os traquiandesitos são divididos em séries do shoshonito-latito (ligeiramente potássica) e hawaiíto-mugearito-benmoreíto (sódica), quando o teor (% em massa) de Na_2O-K_2O é menor ou maior que 2,0. Nota: As composições são descritas como potássicas apenas quando $K_2O > Na_2O$, isto é, quando $Na_2O-K_2O < 0$ (Tabela 9.2).

Em termos mineralógicos, o caráter de alto teor de potássio se manifesta na presença de sanidina ($KAlSi_3O_8$) em rochas saturadas em sílica, ou de feldspatoides potássicos como a leucita ($KAlSi_3O_6$) e/ou kalsilita ($KAlSiO_4$ – ver Quadro 9.1) em rochas subsaturadas em sílica, muitas vezes acompanhados de minerais máficos ricos em potássio como a mica flogopita ou a K-richterita (Quadro 9.4).

O leucitito e o kalsilitito são feldspatoiditos que se encaixam na definição dada. Os outros membros da família potássica – o kimberlito, o kamafugito e o lamproíto – são mais difíceis de definir. Estes são descritos nos Quadros 9.7 e 9.8.

Se fôssemos conceber uma nomenclatura nova para as rochas alcalinas, sem qualquer resquício do legado histórico, ela seria mais simples do que a nomenclatura descrita. O esquema concebido pela IUGS e abordado anteriormente representa a melhor racionalização para uma terminologia obscura que se desenvolveu de modo um tanto fragmentado por mais de um século (alguns nomes, como tefrito, datam das eras clássicas).

A alcalinidade e a relação K_2O/Na_2O em rochas máficas e ultramáficas de granulação fina

A lógica na nomenclatura das rochas alcalinas é mais facilmente compreendida examinando a Tabela 9.2, a qual mostra como as rochas alcalinas *máficas* e *ultramáficas* podem ser dispostas de modo sistemático segundo a petrografia e a composição de elementos maiores. Os basaltos subalcalinos ou toleíticos, caracterizados pela presença de piroxênio com baixo teor de Ca (na moda ou na norma – ver a legenda), aparecem no topo da tabela. Com o aumento no teor de álcalis (e a redução no conteúdo de SiO_2), o piroxênio com baixo teor de Ca (**LCP**, *low calcium pyroxene*) desaparece, dando lugar à olivina (olivina basalto). Quando quantidades pequenas de nefelina aparecem na norma, a rocha é chamada de basalto alcalino; porém, se teores significativos de nefelina são observados em lâmina delgada, a rocha é um tefrito ou um basanito, de acordo com o teor de olivina presente. Aumentos subsequentes no teor de álcalis e a redução na quantidade de sílica deixam a rocha subsaturada a ponto de impedir a formação de feldspatos, dando origem a rochas livres de feldspatos, como o nefelinito ou o melilitito.

A metade inferior da Tabela 9.2 mostra a mineralogia mais típica das rochas potássicas e ultrapotássicas (Quadros 9.7 e 9.8).

Os tipos de rochas associadas

Talvez o tipo mais notável de rocha associada a rochas alcalinas seja o *carbonatito*, uma rocha ígnea composta principalmente de carbonatos que, se-

Tabela 9.2 Resumo da mineralogia mais típica (os minerais estão divididos nas categorias supersaturados, saturados e subsaturados em SiO_2, da esquerda para a direita) de rochas máficas e ultramáficas de granulação fina. A alcalinidade e o teor de potássio aumentam do alto da tabela para baixo: as linhas divisórias sólidas marcam onde as rochas (a) perdem piroxênio com baixo teor de cálcio e (b) se tornam destituídas de feldspato; as linhas pontilhadas demarcam o caráter progressivamente mais potássico. A tabela simplifica uma área complexa e em constante evolução e da nomenclatura de rochas ígneas.

Nome da rocha	Supersaturados em SiO_2			Saturados		Minerais subsaturados					
	Quartzo	Piroxênio com baixo teor de Ca	Plagioclásio	Piroxênio com alto teor de Ca	Olivina	Nefelina	Melilita	Leucita	Kalsilita	Flogopita	
Basalto toleítico	▫	●	●	●	▫						Com LCP
Basalto			●	●	○						Sem LCP
Basalto alcalino			●	●	●	▽					
Tefrito			●	●	▼	△[1]					
Basanito			●	●	▲	△[1]					Com feldspato
Nefelinito			●		○	●	○				Sem feldspato
Melilitito			●		○		●	○	○		$Na_2O \geqslant K_2O$
Leucitito			●		○	○		●			$K_2O > Na_2O$
Kalsilitito			●		○				●		
Kimberlito[2] (Quadro 9.7)					●[3]				●		Potássico
Lamproíto[4] (Quadro 9.8)	○	○		○				○[5]		○[6]	Ultrapotássico
Kamafugito (Quadro 9.8)					●	○	○	○	○[6]		

[1] "Leucitatefrito" ou "leucitabasanito" se o feldspatoide presente for a leucita, não a nefelita.
[2] Usualmente contém macrocristais arredondados de olivina, granada, diopsídio, enstatita, flogopita, ilmenita e/ou cromita.
[3] Pode ser pseudomorfizado pela serpentina, a iddingsita ou carbonatos.
[4] Alguns lamproítos também contêm vidro ("hialo-lamproítos").
[5] Também pode conter sanidina.
[6] Também pode conter K-richterita (Quadro 9.4).

Símbolos (Modal / Normativo)
● Mineral essencial
▼ ▲ <10%, >10%
▽ △ <5%, >5%
○ ▫ Mineral qualificador

gundo evidências texturais (fenocristais euédricos de carbonatos – como mostra a Prancha 9.4 – ou a presença de vesículas na rocha, por exemplo), cristalizaram diretamente de um líquido magmático dominado por carbonatos. Os carbonatitos podem assumir formas intrusivas, efusivas ou piroclásticas. A definição e a composição mineralógica dos carbonatitos são discutidas no Quadro 9.3.

Os diques de lamprófiros (Quadro 9.6) também estão associados a diversos complexos alcalinos.

OS PROCESSOS ERUPTIVOS E AS FORMAS VULCÂNICAS

A maior parte dos magmas alcalinos extravasa de maneira semelhante a seus análogos subalcalinos, discutidos nos Capítulos 2, 6 e 7. Os basaltos alcalinos e os basanitos, por exemplo, extravasam formando fluxos de lava ou cones de cinza cuja forma não é distinguível daquela de derrames de basaltos toleíticos. Os riolitos e fonolitos **peralcalinos** intraplaca podem derramar em estilo pliniano explosivo semelhante a magmas dacíticos associados à subducção, ou – quando desgaseificados – podem formar domos de lavas e coulées (Figura 9.10) parecidos com o domo de riolito de Glass Mountain (Medicine Lake, Califórnia – ver a Figura 6.3e). Em vez de rever as informações tratadas em outros pontos deste livro, esta seção se concentra em exemplos nos quais o estilo eruptivo de certos líquidos magmáticos alcalinos difere, de forma significativa, do comportamento de magmas subalcalinos.

A erupção de magmas foidíticos – a lição dada pelo Monte Nyiragongo em 2002

Em 17 de janeiro de 2002 vários fluxos de lava se originaram ao longo de 10 km de um sistema de fissuras [que se estende] do cimo do Monte Nyiragongo (3.649 m de altitude) aos subúrbios da cidade de Goma. ... Às 8h30 horário local, a fissura de North Shaheru (2.600–2.800 m de altitude) gerou uma "cortina de fogo" e, nas horas seguintes, o sistema de fissuras se propagou para o sul, chegando aos arredores de Goma (1.550 m de altitude) às 16h00. Dois grandes fluxos de lava extravasaram de diferentes condutos e entraram na cidade, um dos quais atingiu o Lago Kivu, à noite. Nesse momento, cerca de 15% da cidade estavam cobertos por lava, um terço da pista do aeroporto estava destruído e perto de 120.000 pessoas haviam perdido suas casas.

(extraído de Giordano et al., 2007)

O Monte Nyiragongo é um **estratovulcão** integrante da Cadeia Vulcânica de Virunga, a qual se estende de NE a SW pelo ramo oeste do rifte do Leste da África, da República Democrática do Congo até Ruanda (Figura 9.3). O Monte Nyiragongo é conhecido pela longevidade de seu lago de lava (o qual se manteve ativo por 50 anos, até 1977) e pela extrema fluidez de suas lavas melitíticas-leucíticas-nefeliníticas. Os derrames velozes de lavas da principal erupção anterior do Monte Nyiragongo em 1977 haviam devastado diversos vilarejos próximos à zona de fissura, mas pararam a 2 km da cidade de Goma, na margem norte do Lago Kivu, quase 20 km ao sul do vulcão, sem ameaçar seus 20 mil habitantes. No entanto, em 2002, a lava do vulcão entrou em erupção a partir de diversos condutos ao longo da fissura N–S. Esses derrames dos condutos próximos ao cimo foram observados descendo a velocidades da ordem de dezenas de quilômetros por hora. A viscosidade baixa indicada por essas velocidades é confirmada pela forma da lava solidificada, conservada como derrames pahoehoe proximais com não mais de 5 a 15 cm de espessura. Porém, foi por sorte que as lavas extravasaram dos condutos mais próximos de Goma fluíram a velocidades menores, estimadas em 0,1 e 1,0 km/h.

Os modelos desenvolvidos para explicar essa erupção sugerem que a lava extravasada das seções mais altas do sistema de fissuras emergiu a uma temperatura perto de 1.370°C (significativamente mais alta que sua temperatura liquidus) e com viscosidade na casa de 60 Pa.s, o menor valor já medido para um magma silicatado natural (Giordano et al., 2007). Essa fluidez extrema indica um grau excepcionalmente baixo de polimerização (Quadro 6.3) para esses líquidos magmáticos pobres em sílica (ver a Tabela 9.5 para a análise). Sem dúvida, essa fluidez foi o resultado da ausência de cristais no líquido magmático **superaquecido**. Se essa lava muito quente tivesse extravasado de setores de fissuras próximo a Goma, a inundação da cidade e o número de vítimas teriam sido muito mais altos. No entanto, a lava extravasada dos condutos próximos a Goma já havia esfriado a 1.320°C durante a propagação da fissura no sentido sul nas semanas e meses que antecederam a erupção. A temperatura mais baixa e o teor mais alto de cristais dessa lava elevaram sua viscosidade aparente, diminuindo as velocidades do fluxo e os danos na cidade. As unidades de fluxo mais espessas (>2m), suas superfícies a'a e a abundância de escória são provas da viscosidade elevada dessas lavas locais mais frias.

A máxima frequentemente citada de que "os derrames de lava constituem um risco à propriedade, não à vida" (uma vez que, de modo geral, eles avançam a velocidades baixas o bastante para permitir que as pessoas se afastem a pé) evidentemente não pode ser dada por correta com relação a magmas ultrabásicos ricos em álcalis como os do Monte Nyiragongo. Na erupção de 2002, o número de mortes ficou em cerca de 60 (a maioria das quais causadas pela explosão de um tanque de combustível). Porém, essa cifra poderia ter sido muito maior se o acaso não tivesse direcionado as lavas mais quentes e fluidas para extravasarem de condutos distantes desse centro populacional.

A erupção do carbonatito – o caso singular de Oldoinyo Lengai

O conduto [estava] repleto de um líquido negro em um cone assimétrico. Outro fluxo, esse pequeno, ocorreu na brecha no flanco oeste do conduto-cone... A lava nova mais uma vez era negra e, mesmo no estado semilíquido, não demonstrava sinal da incandescência descrita em outros derrames de lavas [silicatadas]... Uma das características perceptíveis dos derrames era que, embora fossem de um preto brilhante logo após a extrusão, a lava assumia a cor branca no espaço de 24 horas.

(Dawson, 1962)

Nos últimos 15.000 anos, o imponente cone de Oldoinyo Lengai se ergueu a 2.200 m acima das praias do norte do Lago Natron, no vale de riftes de Gregory (Figura 9.3), periodicamente ejetando tefra

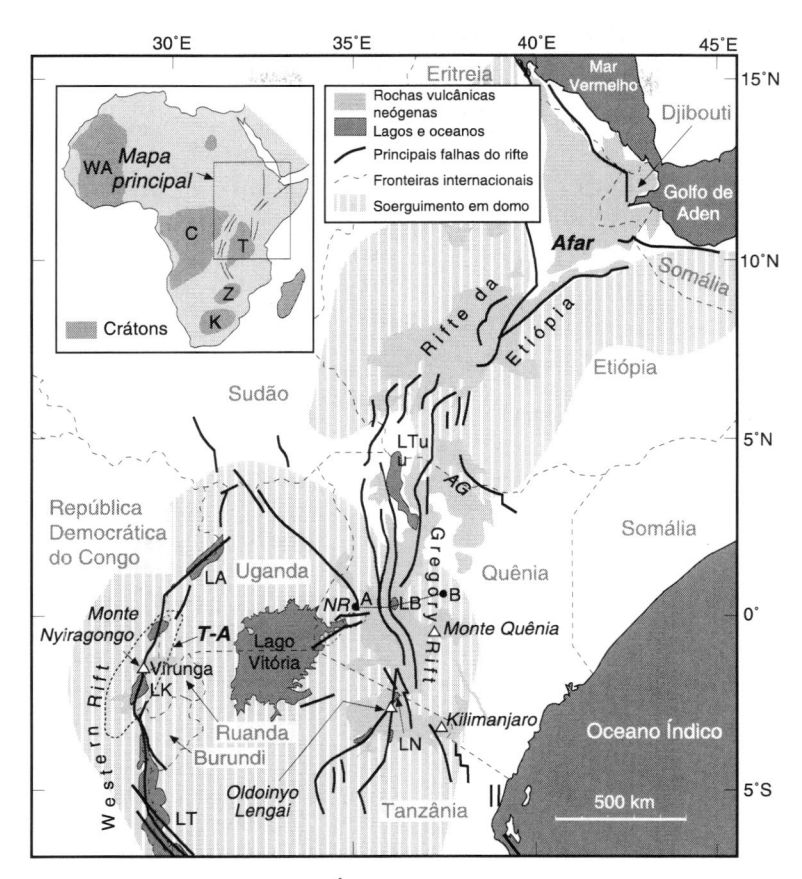

Figura 9.3 Mapa do sistema de riftes do Leste da África mostrando os riftes do leste (Gregory), do oeste e da Etiópia. As linhas pretas espessas indicam as principais falhas extensionais, as áreas em cinza-claro representam a distribuição das rochas vulcânicas neógenas associadas a riftes (ambas com base em Chorowicz, 2005, com permissão de Elsevier). As hachuras verticais em cinza-claro indicam a extensão do soerguimento do domo acima de 1.200 m (os platôs Etíope e do Leste da África). *T-A* = província vulcânica de Toro Ankole. Riftes e *grabens* subsidiários: *AG*, *graben* de Anza; *NR*, rifte de Nyanza (chamado de rifte de Kavirondo no passado). Lagos de rifte: LA, Lago Albert; LB, Lago Baringo; LK, Lago Kivu; LN, Lago Natron; LT, Lago Tanganika; LTu, Lago Turkana. A linha preta fina A–B a oeste do Monte Quênia mostra a localização da seção transversal gravimétrica representada na Figura 9.14. O detalhe do mapa ilustra como o sistema de riftes se relaciona aos principais crátons da África: C, Congo; K, Kaapvaal; T, Tanzaniano; WA, África Ocidental; Z, Zimbabuano.

de nefelinitos e carbonatitos. O edifício atual é o produto de duas fases distintas de construção do cone. A primeira teve composição fonolítica, a segunda foi composta sobretudo de nefelinito (Klaudius and Keller, 2006). O monte Oldoinyo Lengai atraiu a atenção do mundo pela primeira vez em 1960, quando Dawson (1962) publicou o primeiro estudo sobre o vulcanismo carbonatítico ativo no local em um periódico internacional. Ele continua sendo o único vulcão carbonatítico no mundo em que erupções de carbonatitos foram observadas em tempo real. As efusões de lava natrocarbonatítica notavelmente fluidas no assoalho da cratera do cimo ocorreram de forma contínua entre 1983 e 2007, e foram fotografadas em detalhe durante visitas frequentes (ver as Pranchas 9.19 e 9.20).

A cratera de Oldoinyo Lengai, com 2.950 m de altitude, tem uma aparência bizarra e singular. Os cones íngremes formados por esguichos de lava natrocarbonítica se erguem sobre o assoalho da cratera como uma procissão de monges trajados em hábitos negros. Esses cones lançam derrames delgados de lavas vesiculares escuras no assoalho branco da cratera circundante (Prancha 9.19) ou ejetam chuvas estrombolianas de bombas, lapili e cinzas a dezenas de metros de altura. No entanto, esses cones são efêmeros, e a aparência da cratera pode variar no intervalo de um ano.

Quadro 9.3 O que são os carbonatitos?

O carbonatito é uma rocha ígnea cuja mineralogia é composta sobretudo por carbonatos. A noção de que as rochas carbonatadas poderiam ter origem magmática foi inicialmente contestada no começo do século XX por petrólogos influentes como Shand, Daly e Johannsen, mas a existência de magmas carbonatíticos hoje não é objeto de dúvida. Os carbonatos primários encontrados nos carbonatitos incluem a calcita, a dolomita, a siderita, a ankerita e – somente em Oldoinyo Lengai e condutos adjacentes – minerais de carbonato de sódio como a nyererita.

As proporções de carbonatos e silicatos presentes em um corpo de carbonatito – especialmente um corpo plutônico – muitas vezes variam de forma considerável no campo, mesmo dentro de distâncias muito curtas. Por essa razão, a definição exata de "carbonatito" é controversa. A definição aceita pela IUGS (Le Maitre, 2002) inclui rochas plutônicas e vulcânicas que contêm mais de 50% em proporção modal de carbonatos magmáticos primários. Contudo, ao reconhecer que um líquido magmático carbonatítico homogêneo pode, em profundidade, cristalizar rochas cumuláticas com uma gama de relações carbonato:silicato, Mitchell (2005) defende a flexibilização dessa definição de carbonatito *lato sensu*, de modo a incluir qualquer rocha com mais de 30% de carbonatos ígneos em proporção modal, adicionando minerais qualificadores conforme a necessidade (por exemplo, o flogopita dolomita carbonatito).

Entre os carbonatitos definidos dessa maneira, Mitchell (2005) traça uma distinção entre:

1 Os carbonatitos magmáticos primários (*stricto sensu*), associados sobretudo com o nefelinito, o melilitito ou seus equivalentes plutônicos (sem feldspatos): exemplos ocorrem em Tororo e Napak, em Uganda, e Shombole e Kizingiri, no Quênia, além de complexos plutônicos análogos em Fen, na Noruega e em Oka, em Quebec.

2 Uma suíte diferente de outras rochas ígneas ricas em carbonatos – muitas vezes com teores elevados de Ba, Sr e minerais de ETRs – as quais estão associadas com rochas plutônicas evoluídas como os sienitos (Figura 9.4), o que leva alguns pesquisadores a sugerir que elas possam ser os produtos residuais da cristalização fracionada avançada.

Na maioria dos casos, o carbonatito é conservado como corpo intrusivo raso (Figura 9.6) ou como **diatrema** (Quadro 9.7) em um complexo anelar alcalino subvulcânico (por exemplo, Polino, na Itália), mas mais de 50 exemplos de carbonatitos extrusivos são conhecidos, na forma de anéis de tufos, lavas, rochas piroclásticas e estratocones (Woolley and Church, 2005). Na verdade, existem evidências (Bailey et al., 2005; 2006) de que o vulcanismo carbonatítico pode ser mais comum do que se pensava, já que, no passado, achava-se que as brechas carbonatíticas tufáceas eram encaixadas em sedimentos. Alguns diatremas e depósitos piroclastos carbonatíticos que pertencem à categoria (1) acima contêm xenólitos mantélicos que provam a geração e a rápida ascensão a partir de profundidades mantélicas. Na verdade, sabe-se que alguns xenólitos mantélicos contêm vidros de carbonatos (líquidos magmáticos que foram resfriados instantaneamente) que podem representar o carbonatito em formação.

O único vulcão carbonatítico ativo de que se tem conhecimento hoje – Oldoinyo Lengai, na Tanzânia – extravasa lavas (Figura 9.5) e material piroclástico de *natrocarbonatito*, nos quais os principais carbonatos primários são a nyererita (fórmula ideal, $Na_2Ca(CO_3)_2$) e a gregoryita (fórmula ideal, Na_2CO_3).

O magmatismo carbonatítico é, sobretudo, um fenômeno ígneo intraplaca, embora raros carbonatitos tenham sido encontrados em zonas orogênicas, como no Paquistão, onde foram colocados ao longo de cinturões de cavalgamento nos Himalaias (Tilton et al., 1998). Os carbonatitos ocorrem também em Fuerteventura (Ilhas Canárias), no arquipélago de Cabo Verde, no Atlântico central, e no arquipélago de Kerguelen, no Atlântico Sul (Wooley and Church, 2005). Esses são os únicos exemplos conhecidos em bacias oceânicas.

Os carbonatitos fornecem concentrações economicamente interessantes de minerais e metais raros como os minerais de ETRs em Mountain Pass, Califórnia. Noventa e nove por cento do nióbio em todo o mundo (Figura 2.7.2) são oriundos do pirocloro [$(Ca,Na)_2Nb_2O_6(OH,F)$] extraído de complexos carbonatíticos no Brasil e no Canadá.

As lavas natrocarbonatíticas extravasam em uma temperatura perto de 590°C (Norton and Pinkerton, 1997), alta o bastante para fazê-la fulgurar no escuro, mas muito baixa para torná-la visível à luz do dia – diferente das lavas basálticas de fluxo rápido (Prancha 2.6). Em comparação com os líquidos magmáticos silicatados, essa lava tem viscosidade muito baixa (cerca de 1–5 Pa.s, o que a torna ainda menos viscosa do que a lava nefelinítica de Nyiragongo) e tipicamente forma derrames pahoehoe com alguns centímetros de espessura, às vezes com superfícies marcadamente em corda. Contudo, um derrame expressivo com superfície a'a se formou em julho de 2000. A lava natrocarbonatítica recém-derramada tem cor preta (Prancha 9.19) e contém fenocristais de nyerereita (fórmula ideal, $Na_2Ca(CO_3)_2$) e a gregoryita (fórmula ideal, Na_2CO_3) em uma matriz de fluorita (CaF_2) e silvita (KCl) com traços de magnetita, apatita e sulfetos. Ao serem expostos ao ar, os carbonatos alcalinos solúveis em água são rapidamente alterados em variantes hidratadas brancas, como a pirsonita [$Na_2Ca(CO_3)_2.2H_2O$] e a gaylussita [$Na_2Ca(CO_3)_2.5H_2O$], mostradas a Prancha 9.4. O resultado é que a lava negra nova se torna branca em questão de horas ou dias (Prancha 9.20), em uma transição retratada de forma muito interessante na Figura 2(a) da obra de Zaitsev e Keller (2006). Essa transformação é ainda mais rápida quando chove.

Uma erupção explosiva no começo de setembro de 2007, grande o bastante para que a nuvem de cinzas fosse visível em imagem registrada por satélite e se depositasse no povoado de Ngare Sero (18 km ao norte) por um período de 12 horas, pode ter encerrado uma etapa de atividade efusiva silenciosa de natrocarbonatito que caracteriza a região do monte Oldoinyo Lengai desde 1983. Hoje esse vulcão lança cinzas com composição híbrida extremamente subsaturada (Mitchell and Dawson, 2007).

A NOMENCLATURA DAS ROCHAS ALCALINAS DE GRANULAÇÃO GROSSA

A nomenclatura das rochas alcalinas de granulação grossa está longe de ser simples e objetiva. A nomenclatura tradicional é repleta de nomes de variedades de rochas estabelecidos com base em sua localização geográfica, ao mesmo tempo em que a racionalização iniciada pela IUGS, ainda que mais sistemática, parece injustamente desafiadora para o iniciante nas ciências geológicas, como mostra a introdução de novos nomes proibitivos, como "feldspatoide monzodiorito" proposta pela instituição. A nomenclatura utilizada neste livro é mais simplificada.

O modo como nomes são atribuídos a rochas alcalinas de granulação grossa depende das informações disponíveis sobre elas:

- Um petrólogo que realiza *observações petrográficas qualitativas* de minerais e texturas utilizaria um esquema como o mostrado na Tabela 9.3.

- Se uma ***moda** quantitativa* está disponível, a IUGS atribui nomes de acordo com as proporções relativas de feldspato alcalino e plagioclásio utilizando o gráfico QAPF mostrado na Figura 9.4.[5] Conforme observado em relação à Figura 8.1, o diorito cai na mesma área que o gabro nesse diagrama, e a distinção entre eles é baseada na composição do plagioclásio – cálcico (An>50) para o gabro, sódica para o diorito.

No esforço de evitar nomes desnecessariamente longos, a nomenclatura consagrada de variedades de rochas é utilizada sempre que possível neste livro (por exemplo, "essexito" é empregado em lugar de "nefelina monzogabro" na Figura 9.4).

As definições simples dos tipos de rochas alcalinas de granulação grossa mais comuns são dadas abaixo. O intervalo do índice de cor aplicável a cada nome raiz (com base em Le Maitre, 2002, Figura 2.8) é dado entre colchetes.

Ijolito: rocha ígnea mesocrática de granulação grossa composta sobretudo de nefelina + clinopiroxênio [$30 < M < 70$]. (Compare com a nefelina.)

Theralito: rocha melanocrática de granulação grossa composta essencialmente de plagioclásio cálcico + augita + nefelina [$35 < M < 65$]; ou seja, um gabro contendo obrigatoriamente nefelina.

Essexito: rocha melanocrática de granulação grossa composta essencialmente de plagioclásio cálcico + clinopiroxênio + nefelina + feldspato alcalino [$20 < M < 60$].

Monzonito:[6] rocha ígnea leucocrática ou mesocrática de granulação grossa composta essencialmente de plagioclásio sódico + feldspato potássico[7] em proporções aproximadamente iguais, ao lado de minerais máficos [$15 < M < 45$]. (Compare com o latito.)

Sienito: rocha ígnea leucocrática de granulação grossa composta principalmente de feldspatos alcalinos + nefelina [$10 < M < 35$]. (Compare com o traquito.)

---

[5] As linhas divisórias na Figura 9.4 são limites arbitrários de um continuum de composições de rochas plutônicas. Elas não indicam qualquer quebra composicional entre populações de rochas naturais.

[6] A variedade *larvikita*, amplamente usada como rocha decorativa em fachadas de construções no Reino Unido devido a seu brilho, causado por feldspatos "Schiller", talvez seja o exemplo mais conhecido de monzonito para leitores europeus.

[7] Inclusive a **pertita**.

Tabela 9.3 A petrografia de algumas rochas alcalinas de granulação grossa

	Ijolito*	Theralito	Essexito	Monzonito	Sienito	Nefelina sienito
Minerais essenciais	• Nefelina • Clinopiroxênio**	• Plagioclásio cálcico • Augita*** • Nefelina	• Plagioclásio cálcico • Augita*** • Nefelina • Feldspato alcalino *Plagioclásio > feldspato alcalino*****	• Plagioclásio sódico • Feldspato alcalino *Plagioclásio ~ feldspato alcalino*****	• Feldspato alcalino • Plagioclásio sódico *Feldspato alcalino > plagioclásio*****	• Feldspato alcalino • Nefelina *Feldspato alcalino > plagioclásio*****
Minerais qualificadores	• Olivina • Melilita • Flogopita • Granada******	• Olivina	• Olivina	• Quartzo • Augita • Hornblenda	• Quartzo • Olivina (Fa) • Augita ou aegirina-augita***** • Hornblenda ou anfibólio sódico***** • Biotita*****	• Analcita • Aegirina-augita***** • Riebeckita ou outro anfibólio sódico*****
Minerais acessórios comuns (exceto opacos)	Esfeno, apatita Perovskita Wollastonita	Biotita Hornblenda ou kaersutita Apatita		Podem conter feldspatoides, esfeno, apatita, zircão*****		Eudialita*****, astrofilita*****, zircão*****, esfeno, apatita
Índice de cor	Mesocrático*	Melanocrático	Melanocrático a mesocrático	Mesocrático a leucocrático	Leucocrático	Leucocrático
Nome sistemático dado pela IUGS	Nefelina foidolito	Nefelina gabro	Nefelina monzogabro (nefelina monzodiorito, se o plagioclásio for sódico)			
Alteração	A nefelina frequentemente está alterada em sericita (Prancha 9.14), analcita, cancrinita ou zeólito.					

* Uma variante melanocrática é chamada de "melteigito", e a variante leucocrática é chamada de "urtito" (Figura 9.5).
** O piroxênio pode ser a augita sódica, a aegirina-augita ou a aegirina (Figura 9.2.1) e muitas vezes é fortemente zonada.
*** A augita presente é tipicamente a *augita titanífera* com tom de lilás pleocroico sob luz natural (Quadros 2.1 e 2.5).
**** Ver o Quadro 8.1 para a distinção prática entre feldspato alcalino e plagioclásio em rochas plutônicas ao microscópio. A **pertita**, quando presente, está incluída nos feldspatos alcalinos (a **antipertita** é considerada um plagioclásio).
***** De regra, a aegirina-augita, o anfibólio sódico, a eudialita e o astrofilita cristalizam de líquidos magmáticos com composição **peralcalina**. A augita, a hornblenda, a biotita e o zircão cristalizam de líquidos magmáticos **metaluminosos**.
****** A granada às vezes encontrada em foidolitos é da variedade *melanita* da andradita (ver o Quadro 5.2).

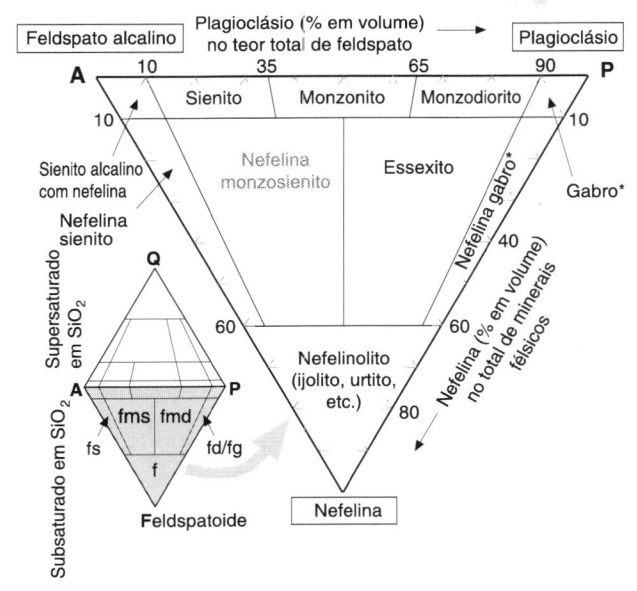

Figura 9.4 O detalhe da figura mostra a nomenclatura geral adotada pela IUGS para rochas ígneas alcalinas de granulação grossa, baseada na porção subsaturada do losango QAPF (f, feldspatoidelito; fmd, feldspatoide monzodiorito; fg, feldspatoide gabro; fms, feldspatoide monzosienito; g, gabro; m, monzonito; md, monzodiorito; s, sienito). A parte principal do gráfico mostra a nomenclatura modal aplicada a rochas nas quais a *nefelina* é o feldspatoide dominante. Rochas como o monzodiorito e o sienito com menos de 10% de feldspatoides podem ser descritas como "com feldspatoide" ou "com nefelina". Para construir esses diagramas, as proporções modais de nefelina, feldspato alcalino e plagioclásio são adaptadas para somar 100%, excluindo os outros minerais (ver a Figura B1b, Apêndice B). A IUGS define "P" como um feldspato com >5% An e "A" como um feldspato com <5% An. A distinção óptica entre o plagioclásio e os feldspatos em rochas plutônicas é resumida no Quadro 8.1.

*Quando a composição média de plagioclásio é sódica (An<50), o termo "diorito" é utilizado em lugar de "gabro".

Nefelina-sienito: rocha ígnea leucocrática de granulação grossa composta sobretudo de feldspatos alcalinos + nefelina [$M < 30$]. (Compare com o fonolito.)

Sövito: carbonatito de granulação grossa rico em calcita.

Os minerais máficos presentes em tipos de rochas mais evoluídos, como o sienito (olivina faialita, piroxênio sódico, anfibólio sódico, biotita), atuam como minerais qualificadores que realçam as diferenças na composição do magma: o piroxênio sódico aegirina-augita (Quadro 9.2) e o anfibólio sódico riebeckita (Quadro 9.4) cristalizam de líquidos magmáticos peralcalinos, ao passo que a biotita é mais característica de sienitos metaluminosos. Pelas razões discutidas no Capítulo 6 e 8, os anfibólios são mais prevalentes em rochas plutônicas do que em vulcânicas (onde ocorrem como fenocristais).

Tal como outras rochas plutônicas em que as proporções minerais são sensíveis a processos cumuláticos, o prefixo "leuco-" pode ser anteposto ao nome da rocha, indicando que se trata de um espécime leucocrático atípico (cujo índice de cor M fica *abaixo* do intervalo indicado após os nomes raiz acima). Por outro lado, o prefixo "mela-" denota uma rocha com índice de cor *mais alto* do que o esperado (*acima* do intervalo indicado ao lado dos nomes de rocha acima).

Infelizmente, nomes específicos de rochas às vezes são usados no lugar desses prefixos com mineralogia essencial idêntica, mas com proporções minerais diferentes. Logo, a variante leucocrática do ijolito é chamada de *urtito*, enquanto a variante melanocrática é denominada *melteigito*. Um nefelina sienito particularmente rico em aegirina-augita é chamado de *malignito*, se for mesocrático, ou de *shonkinito*, se for melanocrático (Figura 9.5).

Esses nomes se aplicam a rochas alcalinas de granulação grossa. Conforme discutido nos Capítulos 4 e 8, o prefixo "micro-" pode ser utilizado para nomear rochas de granulação média análogas. Por exemplo, "microssienito" representa uma rocha de mineralogia e composição sieníticas que tem granulação média, não grossa. O sövito de granulação média, às vezes, é chamado de *alvikito*.

AS FORMAS E PROCESSOS INTRUSIVOS EM PLÚTONS ALCALINOS

Os sistemas diatrema-hipoabissais

Tipicamente, os vulcões de anéis de tufos altamente alcalinos têm **diatremas** subjacentes, e estes têm diques e soleiras que os sustentam. A arquitetura intrusiva de nível cristal raso é ilustrada na Figura 9.7.1 (Quadro 9.7).

Quadro 9.4 Os anfibólios sódicos

Os anfibólios característicos de rochas ígneas com teores elevados de álcalis, da mesma forma que os piroxênios, têm composições sódicas muito distintas das hornblendas encontradas em rochas subalcalinas. A solução sólida na família dos anfibólios pode ser compreendida com base na fórmula geral A B_2 C_5 T_8 O_{22} $(OH)_2$, onde A, B, C e T representam sítios de cátions de tamanhos diferentes na estrutura cristalina (a qual, portanto, acomoda cátions distintos):

- A é um sítio grande que pode acomodar o Na^+ ou o K^+, ou ser parcial ou completamente vago (um sítio A vago é representado por '☐', como na fórmula da riebeckita na Figura 9.4.1).
- Os sítios B são octaédricos, relativamente grandes e acomodam o Na^+, o Ca^{2+}, o Mg^{2+} ou o Fe^{2+}.
- Os sítios C são octaédricos, menores e acomodam o Mg^{2+}, o Fe^{2+}, o Al^{3+} e/ou o Ti^{4+}.
- Os sítios T são tetraédricos e acomodam o Si^{4+} (e também uma proporção de Al^{3+} em alguns anfibólios).

As quantidades de cada íon presentes em cada sítio são determinadas por meio de cálculos rotineiros com base na análise de elementos maiores do cristal estudado, de modo análogo ao cálculo da fórmula da olivina mostrada na Tabela 1.2.1 no Quadro 1.2 (ver Gill, 1996, Tabela 8.4, para os detalhes do cálculo aplicados ao anfibólio).

A Associação Mineralógica Internacional (IMA, *International Mineralogical Association*) (1997) subdivide os anfibólios em quatro famílias, segundo os íons que ocupam o sítio B, como mostra a Figura 9.4.1. As hornblendas típicas de andesitos e granitoides caem na categoria cálcica. As fórmulas e propriedades ópticas dos diferentes anfibólios encontrados em rochas alcalinas são resumidas nos quadros da Figura 9.4.1. O pleocroísmo característico desses anfibólios distingue-os com facilidade da hornblenda comum. O pleocroísmo de bege a azul escuro da riebeckita é ilustrado na Prancha 9.18.

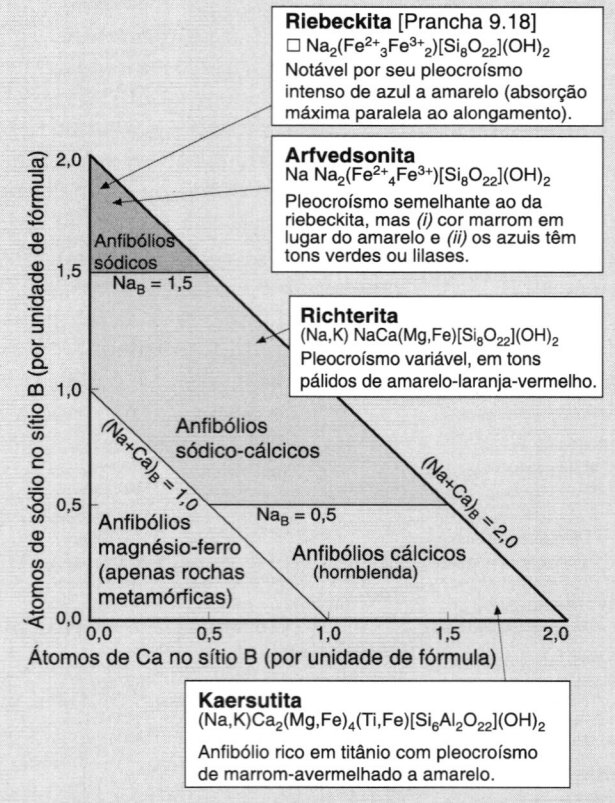

Riebeckita [Prancha 9.18]
☐ $Na_2(Fe^{2+}_3Fe^{3+}_2)[Si_8O_{22}](OH)_2$
Notável por seu pleocroísmo intenso de azul a amarelo (absorção máxima paralela ao alongamento).

Arfvedsonita
Na $Na_2(Fe^{2+}_4Fe^{3+})[Si_8O_{22}](OH)_2$
Pleocroísmo semelhante ao da riebeckita, mas (i) cor marrom em lugar do amarelo e (ii) os azuis têm tons verdes ou lilases.

Richterita
$(Na,K)NaCa(Mg,Fe)[Si_8O_{22}](OH)_2$
Pleocroísmo variável, em tons pálidos de amarelo-laranja-vermelho.

Kaersutita
$(Na,K)Ca_2(Mg,Fe)_4(Ti,Fe)[Si_6Al_2O_{22}](OH)_2$
Anfibólio rico em titânio com pleocroísmo de marrom-avermelhado a amarelo.

Figura 9.4.1 Resumo das divisões de anfibólios e propriedades ópticas dos principais tipos de anfibólios encontrados em rochas alcalinas. '☐' denota um sítio A vago.

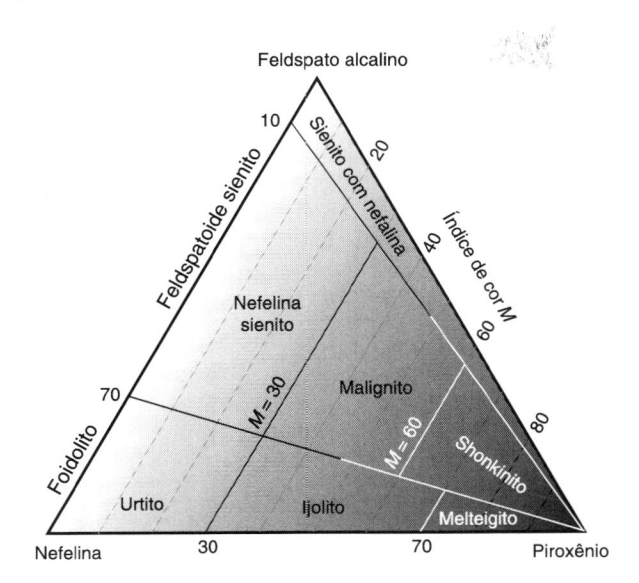

Figura 9.5 Os campos do nefelina sienito, malignito, shonkinito, urtito, ijolito e melteigito em um diagrama modal feldspato alcalino-nefelina-piroxênio, adaptado para a nomenclatura atual dada pela IUGS (Le Maitre, 2002, Figuras 2.4 e 2.8), com base em um diagrama semelhante preparado por Le Bas (1977).

As intrusões anelares

A Figura 9.6 mostra um mapa esquemático do complexo Tchivira, sudoeste de Angola, um centro intrusivo composto por ijolitos-nefelina sienitos e carbonatitos com cerca de 130 Ma – que representa as raízes de um vulcão que expeliu nefelinitos e fonolitos e carbonatitos no Cretáceo. Esse complexo forma uma montanha saliente que se eleva a 1.400 m acima do embasamento pré-cambriano vizinho. Ele exibe uma estrutura anelar concêntrica tão desenvolvida, que chega a ser visível em fotografias aéreas (Wooley, 2001). As intrusões em arco de carbonatitos (com brechas feldspáticas associadas) e foidolitos heterogêneos (sobretudo ijolito e urtito) estão dispostas concentricamente em torno de um corpo central composto de nefelina sienito, que também forma as intrusões em arco interna e externa mais a leste (Figura 9.6). Contrastando com a composição dessas litologias subsaturadas em sílica, unidades de gabros e sienitos foram colocadas subsequentemente ao norte e ao sul do nefelina sienito central (Coltorti et al., 1993). O complexo é cortado por diversos diques de basaltos, tefritos e fonolitos.

Encerradas entre as margens leste do carbonatito e a unidade de foidilito, lentes em arco de rochas sieníticas de granulação grossa ricas em feldspato potássico ocorrem em estreita associação com trechos de rocha encaixante. Contatos desse tipo – os quais, na maioria das vezes, contêm piroxênios ou anfibólios sódicos metassomáticos, além de feldspato potássico, e que parecem ter sido formados pelo metassomatismo alcalino relacionado aos carbonatitos – são característicos de muitos complexos carbonatíticos intrusivos. Eles são chamados de **fenitos**, com base no complexo carbonatítico de Fen, em Telemark, sul da Noruega, onde W.C. Brögger descreveu essas rochas pela primeira vez, em 1921. Outras evidências do poder de metassomatização dos líquidos magmáticos carbonatíticos são dadas pelos depósitos minerais que podem ocorrer no interior de halos de fenitização dos carbonatitos, como os depósitos de fluorita em Amba Dongar, Índia (Wiliams-Jones and Palmer, 2002). A expulsão de fluidos aquosos e/ou carbônicos ricos em álcalis parece fazer parte do processo de ascensão do carbonatito, e pode, até certo ponto, explicar a discrepância enigmática entre o natrocarbonatito extravasado hoje em Oldoinyo Lengai e as composições relativamente pobres em álcalis de carbonatitos intrusivos mais antigos (Tabela 9.4).

Complexos semelhantes aos de Tchivira, com idades semelhantes, ocorrem em posições correspondentes no outro lado do Oceano Atlântico, sobretudo os complexos de Jacupiranga e de Juquiá,

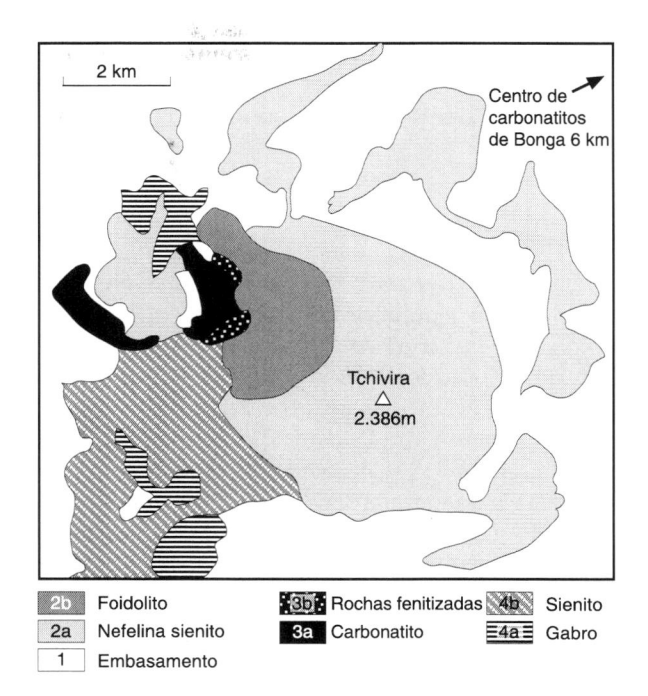

Figura 9.6 Mapa esquemático do complexo anelar ijolito-nefelina sienito-carbonatito de Tchivira, do Cretáceo, em Angola, com base em um mapa de F.E. Lapido-Loureiro elaborado em 1973 (reproduzido com permissão de Wooley, 2001, cortesia da Sociedade Geológica de Londres) e revisado por Coltorti et al. (1993).

no sudeste do Brasil. As intrusões em arco e a arquitetura concêntrica de intrusões anelares são vistas também em complexos alcalinos cujas composições não são tão extremas, especialmente o complexo de Okenyenya, discutido posteriormente.

Os lopólitos

A intrusão de Lovozero, na Península de Kola, noroeste da Rússia, é a maior intrusão de sienito peralcalino do planeta, com uma área de afloramento com cerca de 650.000 km². Essa intrusão posicionou-se em gnaisses graníticos arqueanos na forma de um **lopólito**, com um amplo sistema de diques alimentadores na região sudoeste (Kogarko et al., 1995, 2006). Sua forma e sua escala lembram o batólito costeiro do Peru (Figuras 8.7 e 8.16). Contudo, ao invés de ser composto por muitos plútons individuais, o complexo foi colocado em três estágios plutônicos principais, a partir de três magmas com graus crescentes de evolução (Kogarko et al., 2006). Assim como os conceitos sobre a colocação de granitos mudam (Figura 9.8), mais estudos poderão comprovar que a forma de outros complexos sieníticos, antes consideradas como domos, na verdade é tabular.

A estratificação ígnea em intrusões alcalinas

A estratificação ígnea modal é muito comum em intrusões alcalinas, desde gabros estratificados da intrusão anelar mesozoica de Okenyenya, no noroeste da Namíbia (Le Roex et al., 1996), e a intrusão cenozoica de Lilloise, leste da Groenlândia (Chambers e Brown, 1995), aos belos sienitos e nefelina sienitos estratificados da Província de Gardar, sul da Groenlândia (Figura 9.15, Prancha 9.21). A estratificação pode ser acompanhada por outros atributos de gabros estratificados, como a laminação ígnea (Prancha 9.14).

Acredita-se que o complexo de Lilloise, com 50 Ma de idade, tenha se formado por cristalização de magmas parentais picríticos alcalinos. Os 600 m mais profundos da sequência cumulática são formados por cumulatos ultramáficos de olivina e piroxênio com alto teor de Ca (**HCP)**, passando por cumulatos de gabros alcalinos (plagioclásio-HCP-olivina) com mais de 400 m de espessura, os quais são substituídos por 500 m de cumulatos de hornblenda- e kaersutita-plagioclásio. A estratificação modal é bem desenvolvida nas unidades cumuláticas, mais notavelmente na Zona Média (gabro) onde ela varia em escala, desde centímetros até o que se revela como estratificação **macrorrítmica**. A estratificação modal é acompanhada por estra-

Tabela 9.4 Comparação de (a) uma rocha carbonatítica do complexo de Kalkfeld na Namíbia com (b) a composição de um líquido magmático/fluido natrocarbonatito estimada com base em intrusões fluidas aprisionadas em metaquartzitos associados (de Bühn and Rankin, 1999). Os autores concluem que as inclusões representam um fluido metassomatizante de estágio avançado, não um líquido magmático carbonatítico original.

	Sövito KF54 (carbonatito, rocha total)	KF113 líquido magmático/fluido carbonatítico (composição calculada)
% em massa de óxido		
SiO_2	5,53	
TiO_2	0,32	1,1
Al_2O_3	0,49	
ΣFeO	23,92	4,1
MnO	2,61	0,6
MgO	4,05	1,0
CaO	19,40	16,3
Na_2O	0,13	21,3
K_2O	0,04	7,0
P_2O_5	7,05	
H_2O	0,50	[20]
CO_2	19,20	[20]
F	0,53	0,6
Cl	<0,01	5,0
ppm de metal		
Rb	1	1066
Ba	500	3816
Th	53	411
Nb	12000	190
La	3176	3361
Ce	5695	4172
Sr	25000	11467
Nd	1777	1055
Zr	11	
Sm*	225	162
Eu	63	32
Gd*	152	152
Y	435	711
Yb	26	27
Lu	4	2

[ ] = valores supostos

tificação de fases e críptica. Portanto, Lilloise tem muito em comum com Skaergaard (Capítulo 4). Porém, existem diferenças óbvias na mineralogia (a ausência de LCP e a presença de hornblenda e kaersutita). Além disso, diferentemente da intrusão intocada de Skaergaard, Lilloise sofreu ampla deformação pós-deposição – segundo Chambers and Brown (1995) – associada com a "subsidência do tipo pistão" da intrusão, tanto nas margens quanto no interior. A estratificação modal quase vertical não é incomum nela.

Assim como a intrusão de Lovozero já discutida, diversos plútons sieníticos da província de Gardar, sudoeste da Groenlândia (Figura 9.15), exibem estratificação modal, dos quais o complexo de Ilímaussaq é visual e mineralogicamente o mais espetacular. A parte mais exposta dessa intrusão consiste em cumulatos do assoalho evoluídos que cristalizaram a temperaturas na faixa de 700 a 800°C. Os cumulatos expostos são formados por uma série de 29 camadas macrorrítmicas, cada qual enriquecida em arfvedsonita negra na base, em eudialita[8] no centro e, no topo – de longe a parte mais espessa de cada camada –, nefelina branca + feldspato alcalino, formando uma sequência estratificada com 280 m de espessura (Prancha 9.21) contínua lateralmente por uma distância de 4 km. O termo local "kakortokito" ainda é utilizado para designar essas espetaculares rochas estratificadas, em reconhecimento a sua mineralogia incomum. Larsen e Sørensen (1987) calcularam que os cumulatos do assoalho de nível raso que hoje se encontram exumados teriam cristalizado a partir dos últimos 2% de um corpo de magma basáltico alcalino parental hipotético, se o enriquecimento tivesse sido o resultado apenas da cristalização fracionada. Contudo, as estimativas não seriam válidas se os cumulatos tivessem cristalizado de um corpo magmático de composição estratificada. De qualquer modo, a implicação é que os kakortokitos estratificados expostos não passam de uma fração superior de uma pilha muito mais espessa de cumulatos, cujo componente máfico mais denso é confirmado por grandes anomalias magnéticas e gravimétricas centralizadas no complexo.

Complementando esses cumulatos de assoalho tardios, cumulatos de teto (estruturalmente equivalente à Série da Borda Superior, UBS, *Upper Border Series* – Figura 4.8a) são observados, os quais preservam um registro mais completo do histórico de cristalização na câmara magmática, começando com uma assembleia de cumulatos anidros de temperatura relativamente alta (800–900°C) contendo feldspato alcalino, faialita, hedenbergita, magnetita titanífera e apatita aos quais, posteriormente, somaram-se a nefelina e a sodalita. A estratificação de fase evolui para baixo a partir do sienito, passando a um nefelina sienito estratificado e a um sodalita sienito, até chegar a um sodalitolito notável (cujo nome local é "naujanito"), no qual um grande número de pequenos cristais de sodalita é envolto por grandes oicocristais de eudialita, arfvedsonita, feldspato alcalino e nefelina (Prancha 9.22). Entre o sodalitolito e os cumulatos de assoalho subjacentes ocorre um "horizonte sanduíche" (compare com a Figura 4.7b) de sodalita nefelina sienitos laminados **subsolvus** ricos nesses minerais, além da analcita e da aegirina. Os últimos restos desse magma muito volátil e rico em elementos incompatíveis, os mais evoluídos no complexo, formaram um depósito significativo de urânio em Kvanefjeld.

Existem tantas incertezas sobre os mecanismos que produzem a estratificação em complexos alcalinos evoluídos como Ilímaussaq quanto para as principais intrusões estratificadas subalcalinas máficas e ultramáficas discutidas no Capítulo 4. As hipóteses atuais variam, desde a acumulação gravimétrica em um magma feldspatoide-sienítico convectivo (Kogarko et al., 2006) até a cristalização *in situ* de um magma feldspatoide-sienítico estagnado e de composição estratificada (Larsen and Sørensen, 1987; Bailey et al., 2006).

AS TEXTURAS – A IDENTIFICAÇÃO DE MINERAIS E OS PROCESSOS DE CRISTALIZAÇÃO

Assim como os magmas alcalinos sofrem processos de cristalização semelhantes aos discutidos nos Capítulos 2, 6 e 8, as rochas alcalinas compartilham muitas das texturas já discutidas. Conforme explicado em capítulos anteriores, as texturas dessas rochas esclarecem aspectos importantes dos processos de cristalização, mas em todas as rochas alcalinas as texturas intracristalinas também fornecem indícios importantes para a identificação de minerais.

As texturas envolvendo variações no tamanho dos cristais e na cristalinidade da matriz

Muitas rochas vulcânicas alcalinas são visivelmente porfiríticas (Pranchas 9.3, 9.4, 9.5 e 9.11) ou têm textura seriada (Pranchas 9.7 e 9.8), o que reflete histó-

---

[8] A eudialita é um silicato raro com fórmula $Na_5FeZr(Si_3O_9)_2(OH,Cl)$. Sua ocorrência em sienitos peralcalinos é discutida em seção sobre os atributos químicos de rochas alcalinas abaixo.

ricos de ascensão do magma dos tipos mostrados na Figura 2.10.

Porém, nem todos os cristais grandes em rochas alcalinas vulcânicas e hipoabissais podem ser interpretados segundo esse raciocínio. Os kimberlitos hipoabissais (Quadro 9.7) contêm cristais esféricos de origem obscura e significativamente maiores do que o material da matriz em que se encontram (Prancha 9.1); alguns podem, na verdade, ter se originado como fenocristais cogenéticos, mas outros são ambíguos o bastante e requerem termos não genéticos como "macrocristais".

As texturas intracristalinas e a identificação de minerais

O feldspato dominante em muitas rochas vulcânicas sódicas evoluídas é o *anortoclásio*, cuja principal característica diagnóstica é uma versão em escala menor da macla xadrez (Quadro 6.1) típica de todos os feldspatos triclínicos. Isso é ilustrado na Prancha 9.6. Os cristais de anortoclásio na referida lâmina, ainda que originalmente fossem euédricos, foram arredondados por **reabsorção**, talvez durante a ascensão do magma em condições de subsaturação em água (compare com a Figura 6.5). Esse processo pode também explicar o surgimento de vidro no interior dos cristais, os quais, acredita-se, representam o embaiamento local do líquido magmático no cristal acima ou abaixo do plano da lâmina delgada.

A macla múltipla complexa em rochas vulcânicas alcalinas não está restrita aos feldspatos alcalinos. A *leucita* tem birrefringência muito baixa, mas sua macla múltipla multidirecional característica às vezes é visível em fenocristais (Prancha 9.8), embora raramente seja observada nos cristais de leucita da matriz. A macla também é detectada na perovskita, um mineral acessório (Prancha 9.9).

Uma população densa de inclusões submicroscópicas diagnostica a *noseana*, um mineral do grupo da sodalita (Figura 9.1.1). A Prancha 9.8 mostra – além da leucita – muitos cristais euédricos de noseana com margens marrom-escuro distintas que lembram o caramelo e um cristal que exibe uma zona de crescimento interno semelhante. Essa aparência é atribuída à presença de inclusões de óxido de ferro submicroscópicas (MacKenzie et al., 1982). A noseana também pode assumir a aparência de um esfregão de aço sob luz natural (Prancha 9.13) devido à exsolução de filamentos muito pequenos de opacos. Na ausência dessas características, os membros extremos do grupo da sodalita, todos isótropos, não podem ser diferenciados apenas pela via óptica.

As zonações normal e oscilatória podem ser discernidas em fenocristais de plagioclásio e/ou piroxênio, como nos traquibasaltos e traquiandesitos (Prancha 9.11). As possíveis origens dessa característica no plagioclásio foram discutidas no Capítulo 6.

Os feldspatos em rochas alcalinas plutônicas de composição evoluída normalmente compartilham os atributos dos granitos **hipersolvus** tipo A (Quadro 8.3 e Figura 8.12). Em lugar dos cristais individuais de feldspato alcalino e de plagioclásio de granitos subsolidus, os dois membros extremos solvus coexistem como lamelas de exsolução e mineral hospedeiro no interior de uma única população de cristais de pertita (Quadro 8.1; Prancha 9.14). O feldspato potássico encaixante pode ser o ortoclásio ou um microclínio com macla xadrez (Prancha 9.16).

As texturas da matriz

Os traquitos e fonolitos holocristalinos muitas vezes exibem uma matriz de micrólitos de feldspato alcalino alinhados chamada de *textura traquítica*, a qual pode envolver fenocristais e inclusões de maneira característica (Prancha 9.12), indicando que se originaram com o fluxo laminar tardio de um magma pseudoviscoso com teores elevados de cristais.

As Pranchas 9.3, 9.5, 9.9 e 9.11 mostram rochas alcalinas nas quais a nucleação de cristais na matriz foi completamente inibida, formando a matriz vítrea.

As texturas de reação e de alteração

A cancrinita (Figura 9.1.1) às vezes se forma como um produto da reação entre a nefelina e a calcita, ou entre a nefelita e líquidos magmáticos ou fluidos tardios ricos em carbonatos (Prancha 9.17).

A nefelina também se apresenta frequentemente alterada (Prancha 9.15), sobretudo em rochas alcalinas plutônicas. Na maioria das vezes, forma-se um produto de alteração de grão fino, formado por sericita, analcita, sodalita ou ainda zeolita fibrosa.

A leucita nem sempre se encontra tão bem preservada como mostra a Prancha 9.8. Em algumas rochas vulcânicas, ela é parcial ou totalmente **metamorfizada**, formando um agregado secundário fino composto sobretudo por feldspato alcalino e nefelina, chamado de *pseudoleucita*. Exemplos semelhantes, muitas vezes com morfologia menos definida, são encontrados em diversos sienitos alcalinos (por exemplo, em Magnet Cove, Arkansas, Estados Unidos). Evidências texturais e experimentais sugerem que a pseudoleucita se formou da leucita magmática primária, embora os detalhes desse processo não estejam esclarecidos.

OS ATRIBUTOS QUÍMICOS E A SUBDIVISÃO DAS ROCHAS ALCALINAS

A alcalinidade: as rochas peralcalinas vs. *as* rochas metaluminosas

O conceito de "alcalinidade" pode ser quantificado pela comparação entre o teor de álcalis totais de uma rocha vulcânica com seu teor de Al_2O_3 em proporções molares. A rocha pode ser descrita como *peralcalina* ou *peraluminosa*, segundo as Fórmulas 8.2 e 8.3, dadas no Capítulo 8.

Peralcalina $\quad [Na_2O]_{mol} + [K_2O]_{mol} > [Al_2O_3]_{mol}$

Metaluminosa $\quad [Na_2O]_{mol} + [K_2O]_{mol} < [Al_2O_3]_{mol}$
$\quad < [Na_2O]_{mol} + [K_2O]_{mol} + [CaO]_{mol}$

onde $[Na_2O]_{mol}$, por exemplo, representa o Na_2O expresso em proporções molares, isto é, a % em massa de Na_2O na análise dos elementos maiores dividida pela massa molecular relativa (**MMR**) do Na_2O (isto é, 61,98). A relação entre os termos peralcalino e metaluminoso é mostrada de forma gráfica na Figura 8.14 (as rochas alcalinas raramente caem na categoria peraluminosa).

O caráter peralcalino ou metaluminoso de um líquido magmático exerce forte influência na mineralogia ferromagnesiana, conforme explicado no contexto da norma, no Capítulo 8. As rochas peralcalinas são caracterizadas por piroxênios sódicos verdes típicos como a aegirina-augita (Quadro 9.2) e/ou anfibólios sódicos como a riebeckita (Quadro 9.4). Por outro lado, em rochas alcalinas metaluminosas os minerais máficos dominantes são a biotita, a hornblenda e a augita titanífera (Quadro 2.1). Por essa razão, a ocorrência desses minerais em uma rocha é indício da composição do magma.

A peralcalinidade também influencia os minerais acessórios presentes nessas rochas. Os líquidos magmáticos metaluminosos cristalizam o mineral zircão ($ZrSiO_4$), e sua solubilidade limitada nesses líquidos magmáticos e sua cristalização relativamente precoce durante a cristalização fracionada atuam como um tampão para os teores de Zr desses líquidos magmáticos, mantendo-os em níveis baixos, da ordem de algumas centenas de ppm (Tabela 9.5). Contudo, em líquidos magmáticos peralcalinos, os átomos de Zr participam de complexos moleculares com sódio e ferro, e sua maior estabilidade no líquido magmático suprime a cristalização do zircão, permitindo que concentrações muito altas desse metal se acumulem no líquido magmático como elemento incompatível (Tabela 9.5, análises 2 e 8). Os minerais de Zr que acabam cristalizando são silicatos de Na-Zr complexos como a eudialita $[Na_5FeZr(Si_3O_9)_2(OH,Cl)]$ e a catapleíita $[Na_2Zr(Si_3O_9).2H_2O]$. As intrusões de nefelina sienito como Ilímaussaq na Groenlândia (Figura 9.15) e Lovozero (Península de Kola, noroeste da Rússia) em parte devem sua mineralogia exótica – e as concentrações extraordinariamente altas de elementos raros como o Zr, o Nb, o U, o Th e ETRs detectados em rocha total que contêm – à peralcalinidade dos magmas de que cristalizaram. Os nefelina sienitos ricos em eudialita ou minerais semelhantes às vezes são descritos como *agpaíticos*,[9] baseado em Agpat, uma localidade em Ilímaussaq (hoje grafado "Appat").

A subsaturação em sílica

As rochas alcalinas, definidas como aquelas acima da linha X–Z na Figura 9.1a, estão em um intervalo composicional de supersaturação (por exemplo, riolito alcalino) a subsaturação (por exemplo, nefelina sienito ou melilitito) em sílica. O conceito de saturação em sílica foi introduzido no Capítulo 2. A base normativa da expressão dos graus de saturação é resumida no Quadro 2.4 e explicada como procedimento sistemático no Apêndice B.

O significado de saturação em sílica pode ser mais bem compreendido examinando a Figura 9.7a, concebida por Yoder e Tilley (1962) para a classificação de basaltos de acordo com os minerais normativos que contêm. A figura mostra um tetraedro regular[10] – com diopsídio, nefelina, olivina e quartzo como seus vértices –, no qual as normas do basalto podem, a princípio, ser representadas. Essa figura, construída com base na Figura 2.11 e universalmente conhecida como "tetraedro do basalto" é dividida em três subvolumes que refletem diferentes resultados do cálculo da norma para basaltos. Alguns basaltos com teores de SiO_2 um tanto altos contêm enstatita e quantidades muito pequenas de quartzo em suas normas e seriam representados no volume "1"

---

[9] O termo "agpaítico" diz respeito à mineralogia, não meramente a um sinônimo de peralcalino.

[10] O diagrama ternário conhecido é uma ferramenta útil para representar três componentes em duas dimensões. Os petrólogos utilizam um tetraedro como conceito análogo para a representação de quatro componentes em três dimensões (ver o Apêndice B).

Tabela 9.5 Análises de elementos maiores e de elementos–traço de rochas alcalinas vulcânicas e hipoabissais representativas oriundas de diversos ambientes tectônicos. Os dados relativos ao ferro são apresentados como "FeO total" ["ΣFeO" = FeO total + (Fe$_2$O$_3$/1,11 real)] como na Tabela 2.4. As células em branco indicam componentes que não são dados nas análises publicadas

Tipo de rocha	Nefelinito	Lamproíto	Basanito	Tefrito	Mugearito	Shoshonito	Traquito	Fonolito
Ambiente tectônico	Rifte continental	Anorogênico	Hot spot oceânico	Hot spot oceânico	Hot spot oceânico	Rifte de intra-arco	Rifte continental/ hot spot	Hot spot oceânico
Localização	Nyiragongo, Rep. Dem. do Congo	Gaussberg, Antártida	Pico Teide, Tenerife, Ilhas Canárias	Pico Teide, Tenerife, Ilhas Canárias	Cratera de Haleakala, Havaí	N Hiyoshi, arco das Marianas do norte	Menengai, rifte do Quênia	Pico Teide, Tenerife, Ilhas Canárias
Referência	1	2	3	4	5	6	7	8
% em massa de óxido								
SiO$_2$	36,49	50,85	44,89	48,99	51,19	55,78	62,68	58,97
TiO$_2$	3,01	3,42	3,73	2,97	2,31	0,63	0,81	0,68
Al$_2$O$_3$	11,12	9,86	15,72	16,74	17,67	17,69	14,40	18,82
ΣFeO	11,17	6,00	11,46	8,93	9,11	6,51	6,41	3,41
MnO	0,22	0,09	0,19	0,19	0,25	0,15	0,30	0,20
MgO	8,64	7,95	5,39	3,8	2,84	2,89	0,36	0,40
CaO	17,41	4,63	10,76	8,15	6,57	6,52	1,50	0,84
Na$_2$O	3,40	1,65	4,02	5,45	5,73	3,72	6,66	9,80
K$_2$O	2,88	11,61	1,66	2,22	2,17	4,11	5,33	5,43
P$_2$O$_5$	1,77	1,48	0,92	1,17	0,99	0,35		0,10
LOI	2,89	1,22	#	#	#	0,87	0,18	0,38
Total	99,00	98,76	98,74	98,61	98,83	99,24	98,88	99,03
ppm								
Rb	70	315	34	53	50	123	75	179
Ba	1412	5550	465	640	849	836	54	54
Th	15,7	36	10	8	6,0	18.1	8	30
Nb	150	90	85	108	72	14.8	84	254
La	147	145	48,8	72,6	64,4	60.3	91,2	98,7
Ce	278	263	104,1	146,6	141,1	107	189	176,7
Sr	1176	1808	1130	1177	1015	941	2,9	4
Nd	109	84	45,2	57,6	65,0	43,1	79,4	50,4
Zr	298	1004	292	380	445	326	317	1084
Sm	16,0	10,8	8,36	10,0	13,15	7,51	14,23	8,08
Eu	4,6	3,0	3,00	3,36	3,97	2,00	1,68	1,59
Gd	11,6	6,8	7,64	9,88	10,03$	6,39	10,35	6,89
Y	40	18	35	41	43	29,2	61	46
Yb	2,3	1,20	1,64	2,28	3,21	2,48	6,05	3,26
Lu	0,32	0,1	0,25	0,31	0,45	0,40		0,58
Cr	254	306	33	24	2	1,81		7
Ni	112	233	14	2	4	9,43		5

As análises publicadas são em base livre de voláteis.
[1] Platz et al. (2004) análise 96-606 (melilita nefelinito porfirítico com fenocristais de melilita, leucita, clinopiroxênio e olivina).
[2] Sheraton e Cundari (1980), análise média (lamproíto porfirítico com fenocristais de augita, olivina e leucita); os teores de ETRs em rocha total foram calculados a partir de análises minerais e de vidro conduzidas por Foley e Jenner (2004) utilizando proporções modais em Sheraton e Cundari (1980).
[3] Ablay et al. (1998), análise T-1909 (histórico basanito porfirítico com fenocristais de apatita, plagioclásio, magnetita, clinopiroxênio e olivina).
[4] Ablay et al. (1998), análise TV-23-7 (fonotefrito porfirítico com fenocristais de kaersutita, plagioclásio, magnetita, clinopiroxênio e olivina).
[5] West e Leeman (1993) (2003) análise HK-37 (derrame de mugearito ligeiramente porfirítico com fenocristais de hornblenda, olivina e plagioclásio).
[6] Sun e Stern (2001), análise D53 (derrame de shoshonito porfirítico com fenocristais de olivina e plagioclásio imersos em matriz vítrea).
[7] Macdonald et al. (1994), análise W2 RJK9 (ignimbrito traquítico soldado, vulcão de Menengai, Quênia).
[8] Ablay et al. (1998), análise T1-17-2 (fonolito porfirítico com fenocristais de apatita, magnetita, biotita, clinopiroxênio e feldspato).

supersaturado em sílica. Um basalto com enstatita e olivina na norma (o que elimina a possibilidade da presença de quartzo) ficaria no volume "3" saturado em sílica, ao passo que uma rocha básica muito deficiente em SiO_2 com nefelina e olivina normativas ficaria no volume "5" subsaturado em sílica. Os dois minerais normativos essenciais de todos os basaltos – o diopsídio (que representa a augita modal) e o plagioclásio (representado nesse sistema pela albita) – estão em uma linha na face anterior que é comum aos três volumes. A albita está próxima à borda intermediária entre a nefelina e o quartzo, porque sua fórmula ($NaAlSi_3O_8$) é equivalente a uma molécula de nefelina ($NaAlSiO_4$) combinada com duas moléculas de SiO_2. A enstatita fica na borda frontal olivina-quartzo, o que reflete sua relação de reação com a olivina com alto teor de Mg e o SiO_2.

Esses subvolumes estão separados por dois planos interiores (marcados como "2" e "4"). Yoder e Tilley (1962) se referiram ao plano Di-En-Ab ("2") como o "plano da saturação em sílica", que separa o volume supersaturado "1" do volume saturado "3". O "plano crítico da subsaturação em sílica" ("4"), como o nome definido por Yoder e Tilley sugere, tem importância maior para o fracionamento do magma basáltico em pressões baixas. A razão é que esse plano divide as composições do líquido magmático básico no volume "5" que se fracionam para formar líquidos magmáticos residuais subsaturados (por exemplo, o fonolito) daquelas composições de líquidos magmáticos em outras partes do tetraedro, os quais, por sua vez, fracionam-se na direção dos líquidos magmáticos residuais supersaturados como o riolito. Para entender como esse processo ocorre, é preciso considerar as relações de fase experimentais no sistema ternário $CaMgSi_2O_6$–$NaAlSiO_4$–SiO_2 que formam a face anterior do tetraedro basáltico, como mostra a Figura 9.7b.

A cristalização fracionada de magmas básicos alcalinos

A Figura 9.7b é um diagrama ternário mostrando a geometria tridimensional da superfície liquidus $CaMgSi_2O_6$–$NaAlSiO_4$–SiO_2 por meio das "linhas" de temperatura (isotermas) que podem ser lidas como um mapa topográfico comum. Os leitores verão que o detalhe tridimensional pode ser útil. A superfície liquidus é formada por quatro campos principais. Esses campos representam os intervalos composicionais do líquido magmático dos quais os minerais nefelina, diopsídio, albita e sílica cristalizam *primeiro*.[11] Os campos são separados por **cotéticas** que formam "vales térmicos" profundos que levam a dois **eutéticos** ternários, E_1 e E_2. Todos os percursos de fracionamento do líquido magmático levam a um dos dois eutéticos. Um líquido residual que chega em E_1 cristalizaria a albita, o diopsídio e a nefelina (uma assembleia subsaturada em sílica), enquanto um líquido magmático evoluindo até E_2 cristalizaria a assembleia supersaturada em sílica albita–diopsídio–tridimita (que é um mineral de sílica de temperatura elevada).

Os dois eutéticos são separados por uma "sela de baixa temperatura" (S) na superfície liquidus (a qual está mais clara no detalhe) a 1.140°C. Essa barreira térmica impede a evolução do líquido magmático por cristalização fracionada natural de a partir de E_1 para E_2 e vice-versa, uma vez que as seções transversais exigem uma elevação inicial na temperatura, o que não pode ocorrer em uma câmara magmática em processo de resfriamento. Na verdade, a linha tracejada que vai do diopsídio à albita divide o diagrama em duas metades, entre as quais não há percursos de evolução de líquidos magmáticos em equilíbrio. Para entender o que isso significa, consideremos líquidos magmáticos com composições iniciais *x*, *y* e *z*. À medida que esfriam, cada um começa a cristalizar o diopsídio na mesma temperatura (1.250°C), mas os percursos subsequentes são muito diferentes. A cristalização do diopsídio a partir de *x* faz com que o líquido magmático evolua pela seta tracejada esquerda,[12] encontrando a cotética diopsídio-albita à *esquerda* da sela. A cristalização do diopsídio e da albita *juntos* (em proporções que se aproximam das coordenadas de S) desvia a composição do líquido magmático *para a esquerda*, para longe da sela, na direção do eutético subsaturado E_1, onde a nefelina também começa a cristalizar. Em contrapartida, a cristalização do diopsídio do líquido magmático *z* direciona a composição do líquido magmático ao longo da seta tracejada à direita, onde encontra a

---

[11] Uma pequena área da olivina também existe nesse diagrama de fases, embora a olivina não seja um dos membros extremos que definem esse sistema. Ela nos diz que esse diagrama não é, estritamente, um diagrama de fases **ternário** (que envolve apenas três componentes). A área da olivina (como a área do espinélio na Figura 3.3) é entendida como parte do sistema (quaternário) mais complexo $CaMgSi_2O_6$–$NaAlSiO_4$–SiO_2. Com relação aos objetivos deste capítulo, essa complexidade pode ser ignorada.

[12] Essa seta é obtida traçando uma linha do vértice do diopsídio até *x* e extrapolando-a.

314 Rochas e Processos Ígneos

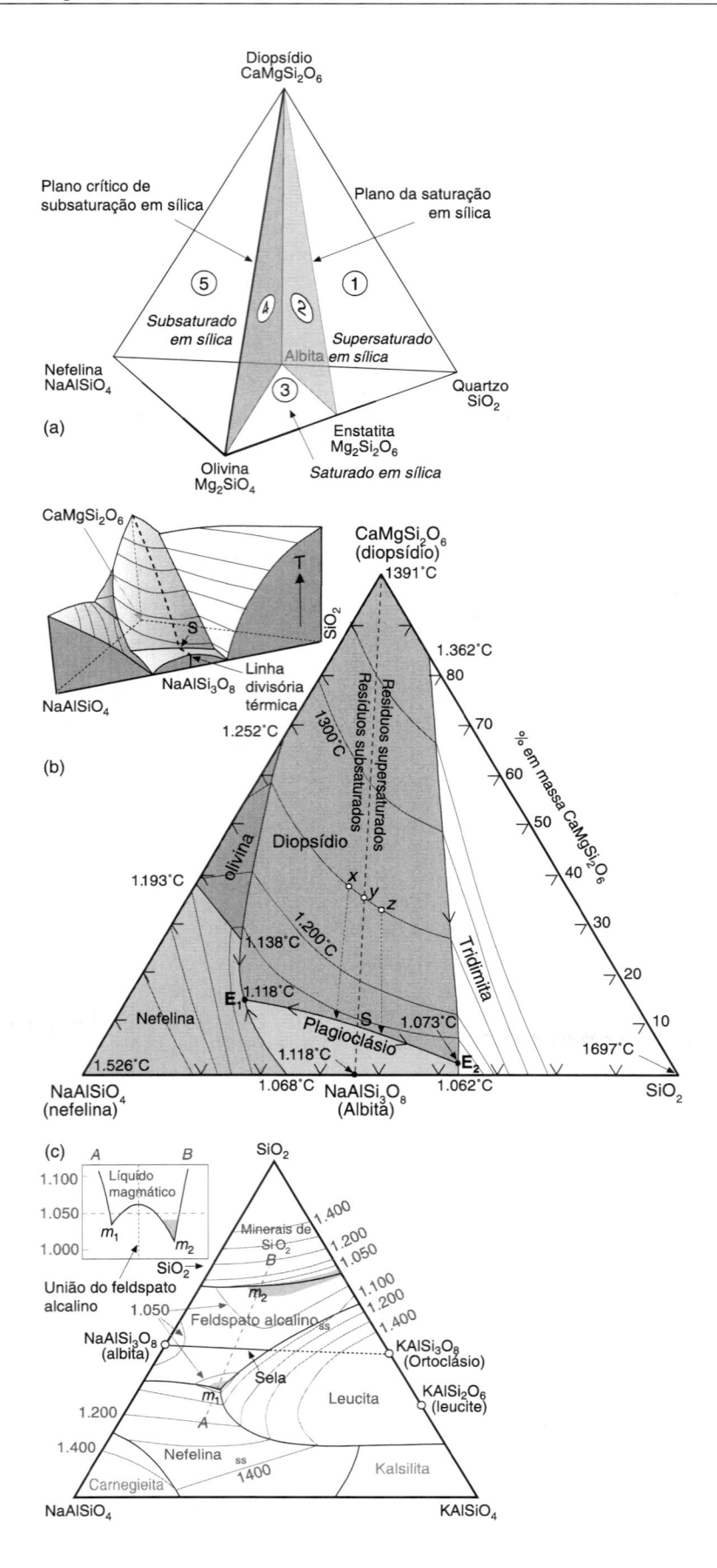

(a)

Diopsídio
CaMgSi$_2$O$_6$

Plano crítico de subsaturação em sílica

Plano da saturação em sílica

⑤ ④ ② ①

Subsaturado em sílica   *Supersaturado em sílica*

Nefelina
NaAlSiO$_4$

Albita

③

Quartzo
SiO$_2$

Enstatita
Mg$_2$Si$_2$O$_6$

Olivina
Mg$_2$SiO$_4$

Saturado em sílica

(b)

CaMgSi$_2$O$_6$

T

S

SiO$_2$

NaAlSi$_3$O$_8$

Linha divisória térmica

NaAlSiO$_4$

CaMgSi$_2$O$_6$ (diopsídio)
1.391°C

1.362°C

1.252°C

1.300°C

Resíduos supersaturados
Resíduos subsaturados

olivina

Diopsídio

1.193°C

1.138°C   1.200°C

x y z

Tridimita

E$_1$ 1.118°C

Nefelina

Plagioclásio

S   1.073°C

1.526°C   1.118°C   E$_2$

1.068°C   NaAlSi$_3$O$_8$ 1.062°C

NaAlSiO$_4$ (nefelina)   (Albita)   SiO$_2$

1697°C

% em massa CaMgSi$_2$O$_6$ — 10, 20, 30, 40, 50, 60, 70, 80

(c)

A   B
1.100 Líquido magmático
1.050
1.000 m$_1$ m$_2$
SiO$_2$ →

União do feldspato alcalino

SiO$_2$

Minerais de SiO$_2$

1.400
1.200
1.050
B
m$_2$
1.100
1.200
1.400

1.050

Feldspato alcalino$_{ss}$

NaAlSi$_3$O$_8$ (albita)

KAlSi$_3$O$_8$ (Ortoclásio)

Sela

m$_1$

Leucita

KAlSi$_2$O$_6$ (leucite)

1.200

A

1.400   Nefelina$_{ss}$

Carnegieita   1400   Kalsilita

NaAlSiO$_4$ KAlSiO$_4$

cotética à *direita* da sela e de onde a cristalização do diopsídio + albita a compele na direção do eutético supersaturado E_2. Nesse ponto, a tridimita (um mineral de sílica) também passa a cristalizar. A cristalização do diopsídio a partir dos líquidos magmáticos *x* e *z* que, a princípio, têm composições muito parecidas, leva a percursos divergentes que culminam com líquidos magmáticos cujas composições são radicalmente diferentes. Por conta dessa divergência, a linha $CaMgSi_2O_6$–$NaAlSiO_4$–SiO_2 atua como *linha divisória térmica* entre os domínios subsaturados e supersaturados distintos no diagrama de fases. O termo é um tanto enganoso, pois evoca uma "elevação" na temperatura mais pronunciada do que na verdade ocorre (exceto em torno de S). Na verdade, a união Di–Ab atua antes como um "divisor de águas" *químico*.

Embora seja difícil demonstrar em três dimensões, o plano de subsaturação crítica ("4") na Figura 9.7a atua de maneira idêntica, impedindo um líquido magmático no volume 5 de evoluir por cristalização fracionada em pressão baixa na direção de um líquido magmático residual saturado ou supersaturado. Pela mesma razão, um líquido magmático nos volumes 1-3 não pode fracionar formando um líquido magmático residual subsaturado. Conforme concluíram Yoder e Tilley (1962),

> *De modo geral, em condições de equilíbrio, nenhum líquido pode gerar produtos com nefelina e com sílica se apenas as principais fases [minerais] são consideradas. Com base nisso, é possível concluir que um único magma basáltico [parental] não pode produzir uma tendência toleítica e uma tendência basáltica alcalina apenas por fracionamento.*

Dito de outro modo, um único magma parental não pode fracionar em pressões baixas[13] e formar líquidos magmáticos residuais fonolíticos e riolíticos. O grau de saturação em SiO_2 em líquidos magmáticos que fracionam em profundidades crustais menores é herdado sobretudo das diferenças que seus magmas parentais básicos ou ultrabásicos trazem consigo do manto, como mostram as associações de magmas alcalinos do Rifte da África Oriental, por exemplo (Figuras 9.11 e 9.12).

Esses argumentos, naturalmente, não levam em conta os possíveis efeitos que a assimilação da crosta siálica pode ter na saturação em SiO_2 relativa dos magmas alcalinos continentais evoluídos (compare com as Figuras 3.11 e 3.12).

A saturação em sílica em fonolitos, traquitos e riolitos

O modo como os dois eutéticos E_1 e E_2 e a linha divisória térmica na Figura 9.7b influenciam a evolução de magmas alcalinos **sálicos** é compreendido de forma mais profunda examinando Figura 9.7c. Esse sistema ternário pode ser visto como uma expansão (causada pela adição de $KAlSiO_4$) da borda inferior da Figura 9.7b. Ele mostra as relações de fase de lí-

---

[13] Em pressões altas, a mineralogia do basalto (plagioclásio + augita) dá lugar à mineralogia do **eclogito**, e o fracionamento da granada e do piroxênio com teores elevados de jadeíta gera tendências evolucionárias diferentes.

Figura 9.7 (a) Diagrama normativo baseado no "tetraedro do basalto" elaborado por Yoder e Tilley (1960) mostrando o *plano de saturação em SiO_2* (dividindo o volume contendo composições de rocha com quartzo normativo das composições sem quartzo) e o *plano crítico de subsaturação em SiO_2* (o qual divide o volume contendo composições de rocha com nefelina normativa do volume contendo composições sem nefelina). O diagrama não está em escala. (b) Diagrama de fases ternário (proporções em massa) mostrando as relações de fase no sistema $CaMgSi_2O_6$–$NaAlSiO_4$–SiO_2 na pressão atmosférica, representado em proporções em massa (com base em Schairer and Yoder, 1960; reproduzido com permissão do American Journal of Science). As áreas de estabilidade do liquidus do plagioclásio, da nefelina, do diopsídio e da olivina são mostradas em diferentes tons de cinza para fins de clareza; a área sem sombreamento representa os minerais de sílica tridimita e, em temperaturas mais altas, cristobalita. As setas, as quais mostram os gradientes de temperatura das cotéticas, indicam a queda na temperatura. E_1 e E_2 são os eutéticos sub- e supersaturado, respectivamente, separados por uma "sela" em S. O detalhe mostra uma representação tridimensional da superfície liquidus, iluminada a partir da esquerda. (c) Relações de fase no sistema de "resíduos" SiO_2–$NaASiO_4$–$KalSiO_4$ (proporções em massa) na pressão atmosférica com base em Schairer (1957) com permissão de Wiley-Blackwell, mostrando os "mínimos termais" m_1 e m_2 na superfície liquidus (sombreadas) em um dos lados da "sela" na união de feldspato alcalino $NaAlSi_3O_8$–$KAlSi_3O_8$. As temperaturas são mostradas em °C. Os círculos vazados indicam as composições dos membros extremos albita, ortoclásio e leucita. (O diagrama cobre o mesmo intervalo composicional mostrado na Figura 9.1.1, mas difere em aparência por ser representado em proporção de massa, não molar.) O detalhe mostra uma seção transversal da sela de feldspato alcalino ao longo da linha tracejada *A–B* na figura principal.

quidos magmáticos residuais (fonolitos, traquitos, riolitos) restantes após o fracionamento prolongado do plagioclásio e de minerais máficos ter removido os teores iniciais de MgO, FeO e CaO no líquido magmático. A superfície liquidus é dividida em seis campos separados por "vales térmicos". Eles indicam os intervalos composicionais nos quais os minerais de sílica, a solução sólida de feldspato alcalino, a leucita e a solução sólida de nefelina cristalizam primeiro no líquido magmático (as áreas da kalsilita e da carnagieita – uma forma artificial de $NaAlSiO_4$ – não são relevantes nesta discussão).

A superfície liquidus cai à sua temperatura mais baixa dos "mínimos termais" (que, nesse sistema, não necessariamente são pontos eutéticos) na direção em que os líquidos magmáticos em evolução fracionam. As normas de muitos fonolitos e nefelina sienitos naturais, quando representadas nesse diagrama ternário, unem-se próximo ao mínimo subsaturado m_1, enquanto os riolitos e granitos alcalinos, de modo geral, caem não muito longe do mínimo subsaturado m_2 (conforme a Figura 6.7), o que sugere que as relações de fase naturais não diferem muito das relações vigentes nesse sistema laboratorial simplificado. Os dois mínimos são separados por uma "sela" pouco pronunciada de temperaturas que, como mostra a Figura 9.7b, impede os líquidos magmáticos em processo de cristalização de evoluir durante o esfriamento de m_1 a m_2, ou vice-versa. As normas dos traquitos e sienitos naturais caem ao longo da região da sela; esses líquidos magmáticos podem, a princípio, evoluir a fonolitos ou riolitos mediante o fracionamento do feldspato alcalino, em função de a composição do líquido magmático estar acima ou abaixo da união $NaAlSi_3O_8$–$KAlSi_3O_8$ na Figura 9.7c.

A área ampla onde a leucita cristaliza primeiro é uma característica de ambientes de baixas pressões. O fato de que ela se estende ao longo da composição do ortoclásio ($KAlSi_3O_8$) indica a ocorrência de **fusão incongruente**: em laboratório, quando o $KAlSi_3O_8$ é aquecido na pressão atmosférica, ele se funde formando a leucita ($KAlSi_2O_6$) no mesmo meio, não um líquido magmático de $KAlSi_3O_8$ apenas. Contudo, experiências em pressões elevadas na presença de vapor d'água (compare com a Figura 8.12) demonstram que a área da leucita se contrai até desaparecer em valores elevados de P_{H_2O}. Isso explica em parte a ocorrência limitada e a instabilidade da leucita em rochas alcalinas plutônicas, nas quais ela muitas vezes é substituída pela pseudoleucita.

ONDE OCORREM AS ROCHAS ALCALINAS

A variedade composicional das rochas alcalinas é igualada apenas pela diversidade de ambientes tectônicos em que ocorrem. Elas atingem seus maiores volumes em alguns riftes continentais, como o Sistema de Riftes do Leste da África (EARS, *East African Rift System*), o sistema de vales de riftes que se estende do Mar Vermelho à Tanzânia, embora ocorram – frequentemente em volumes menores – também em muitos outros ambientes, tanto oceânicos quanto continentais. Na verdade, um grande número de vulcões alcalinos da "Linha de Camarões", a qual se estende do norte da Nigéria, passando por Camarões até o Golfo da Guiné (Figura 9.16), atravessa os limites entre os domínios continentais e oceânicos.

As ilhas oceânicas

A maior parte da ilha do Havaí (e outras ilhas na cadeia Havaiana) é composta de basaltos toleíticos, com fenocristais de olivina, extravasados rapidamente durante o que é chamado de *estágio de construção do escudo* de um vulcão. Esse estágio subalcalino responde por mais de 95% do volume de cada edifício, mas é precedido e sucedido por pequenos volumes de rochas alcalinas. A Figura 9.8 mostra como o desenvolvimento de cada ilha se dividiu em quatro fases distintas (Clague, 1987). A primeira, o *estágio "pré-escudo"*, é observada apenas em Loihi Seamount – o edifício mais jovem na cadeia vulcânica linear Havaiana-Imperador –, situada a 30 km da costa sudeste do Havaí. Ele é composto por um basalto alcalino porfirítico, com fenocristais de augita e olivina, e por lavas basaníticas seguidas de basaltos transicionais e basalto toleítico com fenocristais de olivina, augita e plagioclásio, todos extravasados em velocidades relativamente baixas. É razoável supor que, com o tempo, esse edifício jovem seja completamente ocultado sob um vulcão toleítico em escudo muito maior. Com base nisso, é possível aceitar a noção de que a maior parte, senão todas as ilhas havaianas e os montes oceânicos de Imperador, provavelmente incorporem um estágio alcalino pré-escudo em seu desenvolvimento.

As lavas do *estágio pós-caldeira* ("3") formam uma cobertura descontínua e delgada de basaltos alcalinos, havaiítos, mugearitos (Tabela 9.5) e quantidades menores de ankaramito, traquito e fonolito. A erupção dessas lavas frequentemente ocorre após o colapso de uma caldeira no cimo de um vulcão, e os condutos (como os vulcões de

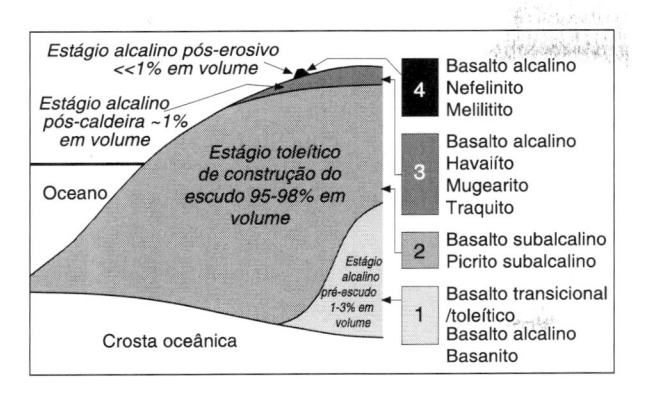

Figura 9.8 Seção transversal esquemática de uma ilha havaiana típica mostrando os quatro estágios em sua construção (com base em Clague, 1987, cortesia da Sociedade Geológica de Londres).

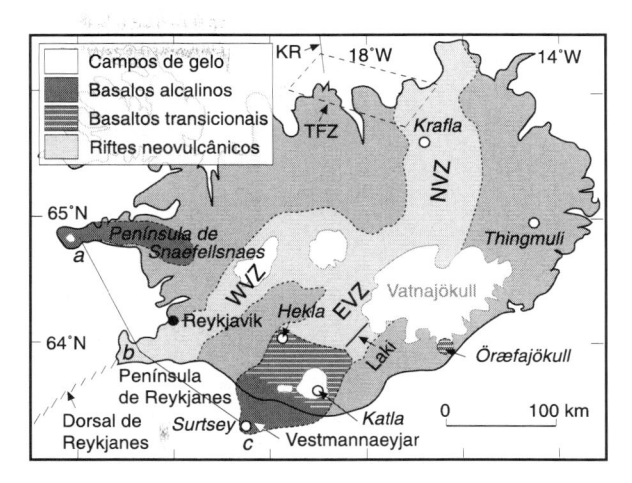

Figura 9.9 Mapa geológico esquemático da Islândia mostrando os campos de basaltos alcalinos holocenos "fora de rifte" da Península de Snaefellsnaes e região centro-sul da Islândia. Os vulcões de Öraefajökull, Thingmuli, Hekla e Katla e a zona de fissuras de Laki também são mostrados. WVZ, EVZ e NVZ, respectivamente, referem-se aos setores oeste, leste e norte da zona neovulcânica; KR, Dorsal de Kobeinsey; TFZ, Zona de Fraturas de Tjörnes (com base em Gudmundsson, 2007). A linha *a–b–c* mostra o traço da seção transversal mostrada na Figura 9.20.

Hualalai e Haleakala) tendem a se encontrar concentrados na área da caldeira ou ao longo de zonas de ruptura que emanam dela. A maior parte das lavas e dos cones de escória desse estágio representativo se forma no interior da caldeira. Uma vez que ele sucede o estágio de construção do escudo, o estágio alcalino pós-caldeira ainda não foi observado em vulcões um tanto jovens, como o Mauna Loa, o Kilauea e, naturalmente, Loihi.

O *estágio pós-erosivo* do vulcanismo alcalino ("4"), como sugere o nome, ocorre após um período de dormência – que dura entre 1 e 2 Ma – durante o qual vales erosivos profundos se formam no edifício do escudo toleítico. Volumes pequenos de basaltos alcalinos ou lavas mais fortemente alcalinas como o basanito e o nefelinito extravasam muito devagar a partir de condutos periféricos que não parecem ter relação alguma com a arquitetura do rifte principal da ilha. A presença de xenólitos de espinélio lherzolito, de dunito e, em alguns locais, de granada lherzolito é uma característica comum das lavas desse estágio (como as rochas vulcânicas de Honolulu do escudo de Koolau, na ilha de Oahu).

Um histórico semelhante de construção – dominado por rochas vulcânicas máficas – é aplicável a ilhas oceânicas em todo o mundo, embora em muitas delas o estágio de construção do escudo também consista em basaltos alcalinos (Carmichael et al., 1974). Alguns grupos ou cadeias de ilhas expressam um caráter químico provincial em termos de composição de basaltos de ilhas oceânicas (OIB). Por exemplo, os basaltos em ilhas do Atlântico Sul (Tristão da Cunha e a Ilha de Gough) e em Kerguelen, no sul do Oceano Índico (Figura 2.12) são notavelmente mais potássicos e ricos em elementos--traço altamente incompatíveis do que os OIBs em outros locais.

Os carbonatitos são observados nas ilhas de Fuerteventura (Ilhas Canárias) e Cabo Verde, no Atlântico central e em Kerguelen (Wooley and Church, 2005), mas esses são os únicos casos conhecidos em bacias oceânicas.

A Islândia

Em termos de volume, a maioria dos basaltos da Islândia tem composição subalcalina. No entanto, os basaltos alcalinos predominam em duas áreas "fora de rifte" de atividade do Holoceno nos dois lados da zona de rifte principal. A mais extensa é a península de Snaefellsnaes, no oeste da Islândia (Figura 9.9); seu equivalente oriental é o vulcão de Öraefajökull (na verdade, o maior vulcão ativo na Islândia), o qual exibe uma tendência composicional entre transicional e alcalina. Os produtos mais avançados do fracionamento, como os havaiítos, os mugearitos e os traquitos, ocorrem em todas essas áreas. Além disso, Öraefajökull extravasou grandes volumes de riolito, conferindo a esse vulcão uma distribuição **bimodal** de abundância. As lavas alcalinas também são encontradas na extremidade sul

Figura 9.10 Coulées de lava fonolítica exógena nos flancos da Montanha Rajada, um complexo de domos pós-caldeira na caldeira de Las Cañadas em Tenerife (Ilhas Canárias). A semelhança com lavas pahoehoe em corda se deve às ogivas arqueadas na superfície do coulée (em parte obscurecida pela queda posterior de púmice). A parede topográfica da caldeira de Cañada – coberta por cones de cinzas antigos – é visível ao fundo.

do rifte oriental em propagação ao sul, sobretudo nas ilhas chamadas Vestmannaeyjar (Figura 9.9). Os basaltos de vulcões próximos a essa área de basaltos alcalinos no sul, como os de Hekla e de Katla, têm caráter transicional.

Tenerife

Tenerife, uma das Ilhas Canárias na costa atlântica do Norte da África, diferencia-se de outras ilhas oceânicas por uma proporção relativamente alta de rochas alcalinas evoluídas que caracterizam o estágio pós-erosivo do desenvolvimento da ilha. Após um estágio de construção do escudo que durou de 11 a 4,2 Ma e formou as fundações basaníticas e basálticas da ilha, um novo estratovulcão pós-erosivo – o vulcão de Cañadas – cresceu no centro da ilha, elevando-se a 2.500 m acima do embasamento do escudo. Volumes expressivos de magma evidentemente se acumularam no interior desse edifício, e o lento resfriamento em uma ou mais câmaras magmáticas causou a erupção de até 100 km³ de fonolitos peralcalinos em uma sucessão de erupções plinianas de grande porte cujos depósitos encontram-se preservados como púmice ou ignimbritos nos flancos sudeste, sudoeste e norte da ilha. Essas erupções volumosas ocorreram entre 1,5 e 0,17 Ma atrás e levaram ao progressivo desenvolvimento de uma espetacular caldeira em cume (Figura 9.10b).[14] Em geral, os piroclastos lançados (Figura 7.19b) não estão soldados, embora as fácies próximais preservadas na borda da caldeira contenham depósitos de ejetólitos fortemente soldados que supostamente se formaram com os jorros lançados de forma tardia à medida que a intensidade de cada erupção diminuía.

Próximo à margem noroeste da caldeira, um novo cone – o imponente Pico Teide, com 3.718 m de altitude – desenvolveu-se ao lado de dois centros secundários (Pico Viejo e Montaña Blanca). Teide e Pico Viejo têm fundações basaníticas (Tabela 9.5) sobre as quais cada um construiu seu próprio edifício de lavas e piroclastos intermediários e félsicos. A produção mais recente de Teide consiste em derrames de lavas fonolíticas com fenocristais de feldspatos supridas pelo cume[15] com uma matriz vítrea preta característica, a qual forma feições de talude proeminentes nos flancos sul e leste. Por outro lado, as fases posteriores da erupção do centro de Montaña Blanca produziram domos e coulées de lava fonolítica com características exógenas típicas (Figura 9.10). Assim

---

[14] Uma minoria de geólogos interpreta a caldeira como uma escarpa de deslizamento em arco associada com o colapso lateral repetido dos flancos norte da ilha. Embora o colapso em múltiplos setores tenha afetado a fisiografia de Tenerife, seu papel na formação da caldeira é hipotético.

[15] Uma análise dessas lavas é dada na Tabela 9.5.

Quadro 9.5 Como identificar um líquido magmático primário

"Líquido magmático **primário**" é o termo empregado para descrever um líquido magmático natural cuja composição é consistente com a origem em razão da fusão parcial direta do peridotito mantélico fértil, a qual é acompanhada por cristalização fracionada insignificante durante a ascensão.

O Capítulo 5 discutiu as composições dos elementos maiores dos peridotitos mantélicos e concluiu que as olivinas mantélicas têm composições no intervalo Fo_{90}–Fo_{92} (Figura 5.6). Por essa razão, qualquer líquido magmático formado diretamente pela fusão parcial do peridotito mantélico precisa entrar em equilíbrio com olivinas apresentando esse intervalo composicional (Equação 5.1), o que restringe o número de Mg dos líquidos magmáticos primários a valores maiores que 68. Muitos petrólogos aceitam um valor menos rígido, de 65, como mínimo para que uma análise de rocha vulcânica seja qualificada como representativa de um líquido magmático primário.

Os líquidos magmáticos inicialmente em equilíbrio com a olivina mantélica, de modo geral, cristalizam a olivina e a cromita durante a ascensão, reduzindo a concentração de Ni (muito compatível na olivina) e de Cr na composição do líquido magmático que atinge a superfície. Logo, o teor de Ni representa um critério alternativo de identificação de um líquido magmático primário: os líquidos magmáticos basálticos com Ni ≥ 250 ppm usualmente são considerados primários, ao passo que aqueles com valores de Ni < 250 ppm talvez tenham sofrido o fracionamento da olivina (empobrecendo o líquido magmático em Ni) ± outros minerais. Os dois critérios pressupõem que a composição do magma extravasado não foi afetada pela acumulação ou pela alteração da olivina próximo à superfície.

Em campo, a presença de xenólitos mantélicos sugere que a composição do magma encaixante esteve perto de ser primária: uma vez que o magma certamente ascendeu do manto a uma velocidade muito alta para esses xenólitos densos precipitarem antes da erupção, é pouco provável que cristais individuais também tivessem precipitado. Portanto, eles teriam permanecido em suspensão como fenocristais de maneira que as análises em rocha total das vulcânicas encaixantes preservam uma composição magmática primaria (com relação a elementos não voláteis).

---

como os volumosos piroclastos de Cañadas, esses domos e coulées ilustram os estilos que rochas vulcânicas alcalinas evoluídas e subsaturadas em sílica compartilham com as rochas vulcânicas silícicas de arcos de ilhas e ambientes cordilheiranos.

Os riftes continentais

O sistema de riftes do Leste da África

A província vulcânica alcalina da Etiópia, do Quênia e do norte da Tanzânia (Figura 9.3) evoluiu passo a passo com o sistema de riftes do Leste da África, em resposta à extensa formação de domos pós-Eoceno nos platôs etíopes e do leste da África (Figura 9.3). Os platôs que formam os flancos do rifte se elevam a 3.000 m acima do nível do mar, e é neles que os mais altos picos africanos são encontrados – o monte Kilimanjaro, um estratovulcão (5.895 m de altitude), e o Monte Quênia, um vulcão em escudo (5.200 m). Em comparação, alguns setores do assoalho do rifte estão no nível do mar ou mesmo abaixo dele.

O desenvolvimento estrutural da zona queniana (o Rifte de Gregory) desse sistema de riftes foi dividido em três fases (Baker, 1987):

4 a 0 Ma atrás:	Estágio *graben* completo
12 a 4 Ma atrás:	Estágio *graben* parcial (as principais falhas normais na margem oeste, monoclinais no leste)
30 a 12 Ma atrás:	Estágio pré-rifte

A ocorrência de vulcanismo foi associada com cada um desses estágios. O modo como esse caráter variou no tempo e no espaço em relação ao rifte em desenvolvimento é mostrado na Figura 9.11. Quatro associações vulcânicas são reconhecidas (ver a legenda na Figura 9.11), cada uma das quais aparentemente representa magmas em percursos distintos de fracionamento (Figura 9.12). A associação mais subsaturada em sílica (1) é composta por melilititos, nefelinitos, fonolitos e alguns carbonatitos (observe que as rochas máficas dessa associação são livres de feldspato). A segunda associação (2) inclui os basanitos, basaltos alcalinos, tefritos e fonolitos. A última associação subsaturada (3) é composta por basaltos transicionais, mugearitos, bemboreítos, traquitos e alguns riolitos alcalinos. A quarta associação inclui alguns dos vulcões centrais nos

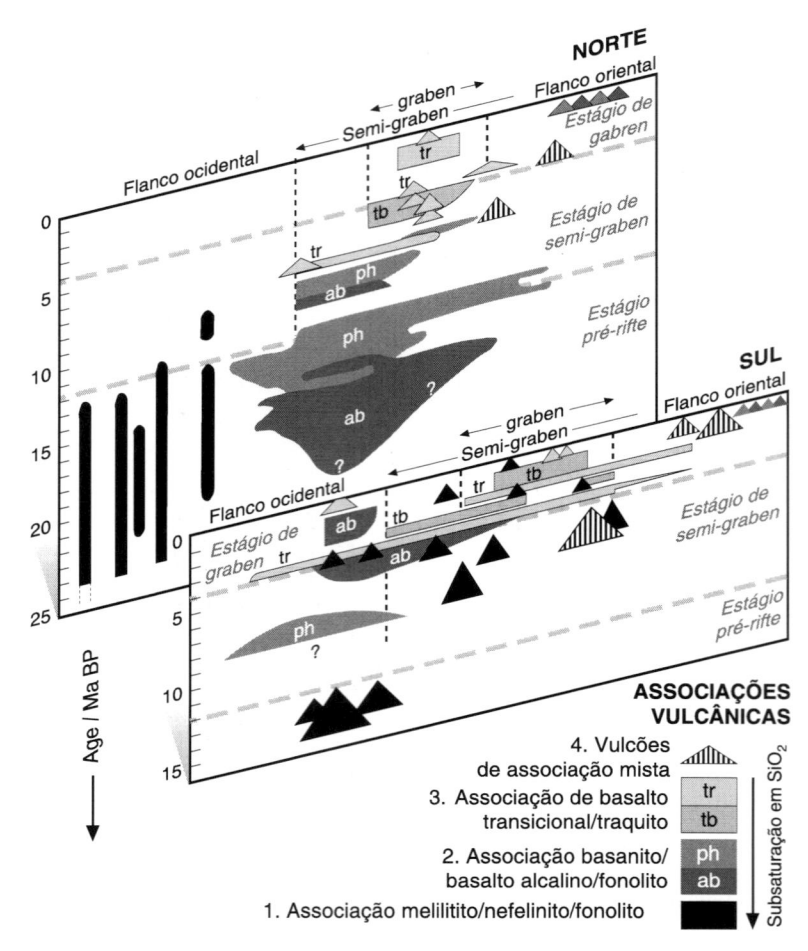

Figura 9.11 Perfis de idade nos setores norte e sul do Vale de Riftes do Quênia (com base em Baker, 1987) reproduzido com permissão da Geological Society of London. A extensão lateral dos campos de lava e dos vulcões centrais (triângulos) de cada associação vulcânica é mostrada de forma aproximada, assim como a posição das falhas que limitam *semi-graben* e *graben*.

quais essas associações se enterdigitam. A coerência dessas associações – nas quais os derivados mais subsaturados estão associados de modo consistente com os magmas parentais mais empobrecidos em SiO_2 – sugere algumas linhagens magmáticas paralelas, como ilustra a Figura 9.12. Enquanto algumas rochas máficas e ultramáficas na associação 1 são primitivas o bastante para serem consideradas líquidos magmáticos mantélicos **primários** (Quadro 9.5), os basanitos e os basaltos transicionais das associações 2 e 3, de modo geral, são muito evoluídos para representar esses líquidos magmáticos (Mcdonald and Upton, 1993).

A Figura 9.11 permite elaborar algumas generalizações acerca da distribuição temporal e espacial dessas associações nos setores norte e sul do rifte do Quênia:

- O vulcanismo iniciou antes e foi mais volumoso no norte em relação ao sul.
- No norte, há uma tendência geral para magmas mais subsaturados extravasarem nos flancos do rifte em cada estágio, enquanto magmas mais saturados em sílica extravasam no rifte/*graben*. Contudo, a associação 1 está mais amplamente distribuída no sul.
- Em dado local, o magmatismo tende a se tornar menos subsaturado com o tempo.
- O vulcanismo inicial surgiu no oeste do *graben* atual, mas os centros posteriores mostram uma migração generalizada para o leste, sobretudo no norte.
- Os vulcões de associação mista estão no leste de cada seção.

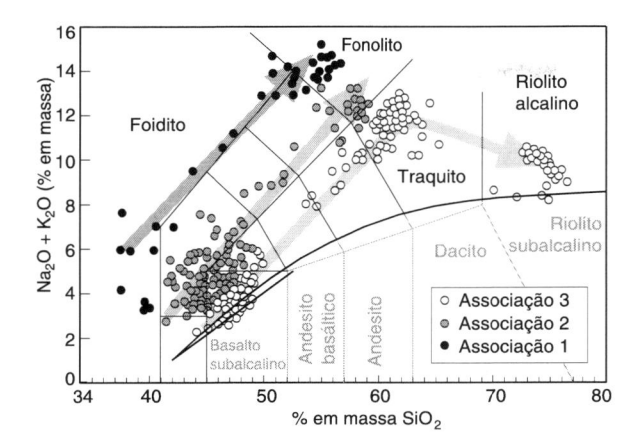

Figura 9.12 As análises de algumas rochas vulcânicas do rifte do Quênia em um gráfico TAS (compare com a Figura 9.1a). Os códigos de sombreamento e os percursos de fracionamento paralelo das três associações de magmas na Figura 9.11 são meramente ilustrativos.

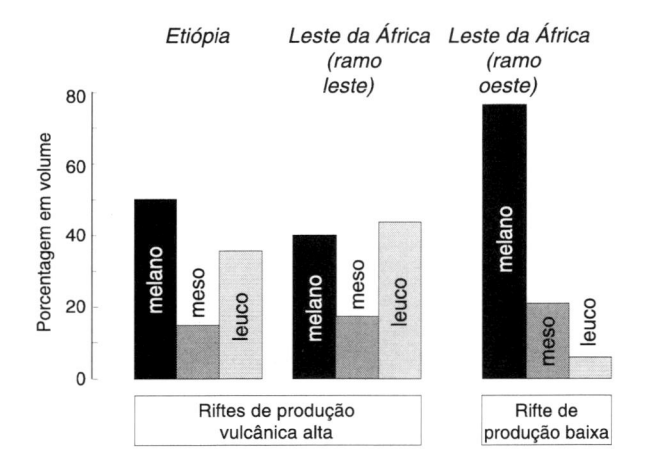

Figura 9.13 Proporções em volume de rochas melanocráticas, mesocráticas e leucocráticas em zonas de rifte continental de produção vulcânica alta e baixa (adaptado de Barberi et al., 1982, com permissão da American Geophysical Union). Observe que as distribuições de volumes das duas províncias de produção vulcânica alta são bimodais.

Uma característica importante do vulcanismo do rifte de Gregory (leste) do Leste da África é a distribuição bimodal em volume de composição do magma, na qual rochas vulcânicas leucocráticas como o traquito e o fonolito constituem até 50% do total da produção vulcânica (Figura 9.13), igualando ou excedendo o volume de rochas vulcânicas melanocráticas como o nefelinito e o basalto. Essa é uma característica de alguns riftes continentais de produção vulcânica elevada, a qual contrasta com os riftes de produção vulcânica baixa como o ramo oeste do sistema de riftes do Leste da África (Figura 9.13) e com a maioria das províncias de basaltos de derrames continentais, nos quais as rochas máficas predominam.

Como essa superabundância de rochas félsicas nos riftes de produção vulcânica elevada pode ser explicada? Karson e Curtis (1989) estimaram que o fracionamento do magma de 22.900 km³ de rochas vulcânicas traquíticas e fonolíticas extravasados no rifte entre o equador e 2° latitude sul desde o Mioceno até o presente (exceto por alguns vulcões) não teria ocorrido sem a presença de 35.000 km³ de cumulatos ultramáficos e de 95.000 km³ de cumulatos máficos no interior da crosta. Estudos gravimétricos ao longo do rifte (Figura 9.14a) mostram que o rifte do Leste da África é caracterizado por (i) uma ampla anomalia de **Bouguer** negativa que indica densidades anormalmente baixas em profundidades mantélicas, à qual se sobrepõe (ii) uma anomalia de Bouguer positiva menor e mais estreita que representa uma região axial de densidades extraordinariamente *altas* no interior da crosta logo abaixo do rifte, o que é consistente com a presença de cumulatos complementares às rochas vulcânicas evoluídas. Os perfis gravimétricos e sísmicos não indicam se esses corpos densos na crosta são intrusões de densidade intermediária extensas na dimensão lateral ou enxames de corpos semelhantes a diques de alta densidade.

A acumulação de material magmático denso na crosta indica a ocorrência de períodos nos quais o suprimento de magma do manto excedeu a taxa de derrame do magma na superfície. Isso permite que o magma em processo de fracionamento deposite cumulatos densos em profundidade e surja na superfície em volumes aparentemente desproporcionais de magma evoluído. Por essa razão, a crosta continental atua como um filtro de densidade, favorecendo o transporte preferencial de magmas siálicos de baixa densidade para a superfície (Gill, 1973). Contudo, os grandes volumes de rochas vulcânicas traquíticas e fonolíticas também podem ser os produtos da fusão parcial de intrusões máficas profundas de composição basáltica alcalina (Hay and Wendlandt, 1995). Essa hipótese explica a distribuição das abundâncias bimodais, mas não esclarece a causa do aparente reaquecimento e refusão.

A anomalia negativa ampla mostrada na Figura 9.14 é consistente com o adelgaçamento litosférico sob o rifte, o qual permite a ascensão de manto mais quente, de baixa densidade, a profundidades

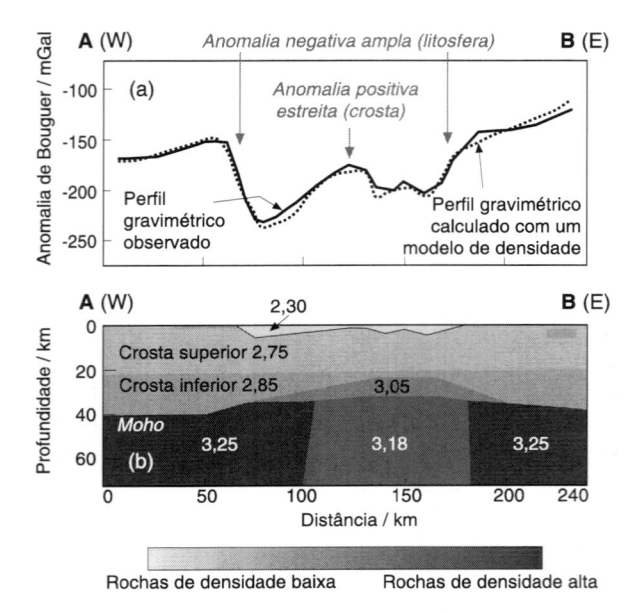

Figura 9.14 Perfil gravimétrico e interpretação composta ao longo do Vale do Rifte do Quênia, adaptado de Mariita e Keller (2007), com permissão de Elsevier. (a) Perfil gravimétrico leste-oeste no vale de riftes do Quênia e do platô que o flanqueia na região do Lago Baringo (ver a linha preta fina A-B a oeste do Monte Quênia, na Figura 9.3); a curva tracejada mostra um perfil gravimétrico calculado com base no modelo de densidade mostrado em (b). (b) Modelo de densidade simples para o manto superior e crosta sob o Leste da África, o qual representa o melhor ajuste para o perfil gravimétrico mostrado em (a). Os números indicam as densidades do modelo em kg/dm³.

mais próximas à superfície. O adelgaçamento é atribuído em parte ao estiramento da litosfera em áreas de soerguimento em domo mostrado na Figura 9.3, e em parte à causa desse soerguimento: a invasão de uma coluna mantélica excepcionalmente quente em ascensão de profundidades mantélicas maiores. As baixas velocidades sísmicas observadas no manto sob o rifte do Quênia são consistentes com a presença de 3% a 5% de líquido magmático parcial nessa coluna de densidade baixa (Mechie et al., 1997). A contribuição de plumas mantélicas com a evolução estrutural e magmática do Leste da África é discutida adiante. Uma correlação entre o soerguimento, a extensão e o vulcanismo (dominantemente basáltico, nesse caso) é observada na Província de Basin and Range (*B&R*, na Figura 2.12) e em áreas semelhantes no oeste dos Estados Unidos, onde – como no Leste da África – o soerguimento se distribui simetricamente em cada um dos lados do rifte de Rio Grande (*RG* na Figura 2.12). Cerca de 80% das rochas vulcânicas de Basin and Range são como as rochas nefelina-normativas do Leste da África. Contudo, a possibilidade de o vulcanismo de Basin and Range refletir a ocorrência de uma pluma mantélica (Fitton et al., 1991) ou ser atribuído à subducção de um segmento da Elevação do Pacífico Oriental nos últimos 30 Ma (Capítulo 2 e 6) continua sendo motivo de debate.

Todas as rochas vulcânicas alcalinas do Rifte de Gregory e seus flancos têm afinidade sódica (Na_2O-$K_2O > 2,0$ em % em massa), uma imagem que contrasta de modo marcante com as rochas vulcânicas do ramo oeste do sistema de riftes.

O Rifte Ocidental

O Rifte Ocidental mais estreito do Leste da África coincide com a margem ocidental do cráton da Tanzânia e realça o controle que a estrutura crustal e litosférica tem na localização da formação de riftes continentais. A produção vulcânica associada com o Rifte Ocidental é muito menor e menos volumosa do que no Rifte de Gregory, e é notável por sua afinidade potássica subsaturada em sílica nos últimos 3 Ma (embora esse local tenha visto o derrame de rochas vulcânicas toleíticas e sódico-alcalinas entre 11 e 6 Ma – ver Kampunzu et al., 1998). Os kamafugitos ultrapotássicos típicos de vulcanismos recentes no rifte ocidental são descritos no Quadro 9.8. Carbonatitos eruptivos ocorrem em Fort Portal, na região norte.

A província alcalina plutônica de Gardar, no sul da Groenlândia

Os condutores de magma e as intrusões que provavelmente se encontram sob uma província vulcânica alcalina continental, como o Rifte de Gregory, por exemplo, são entendidas com o exame de províncias exumadas mais antigas de afinidade composicional semelhante, como a província de Gardar, do Proterozoico médio, no sul da Groenlândia (Upton et al., 2003) ou a província de Oslo, do Permiano, no sul da Noruega. A província de Gardar, hoje exposta de forma espetacular devido à glaciação, foi colocada em três episódios de magmatismo ocorridos entre 1350 e 1140 Ma atrás. A Figura 9.15 mostra que Gardar é formada por:

1 Uma bacia limitada por falhas que conserva uma sequência com 3 km de espessura de lavas alcalinas subaéreas basálticas/havaiíticas e sedimentos clásticos (a Formação Eriksfjord).

2 Três zonas, orientadas a SW–NE, sobretudo de enxames de diques máficos, que incluem diver-

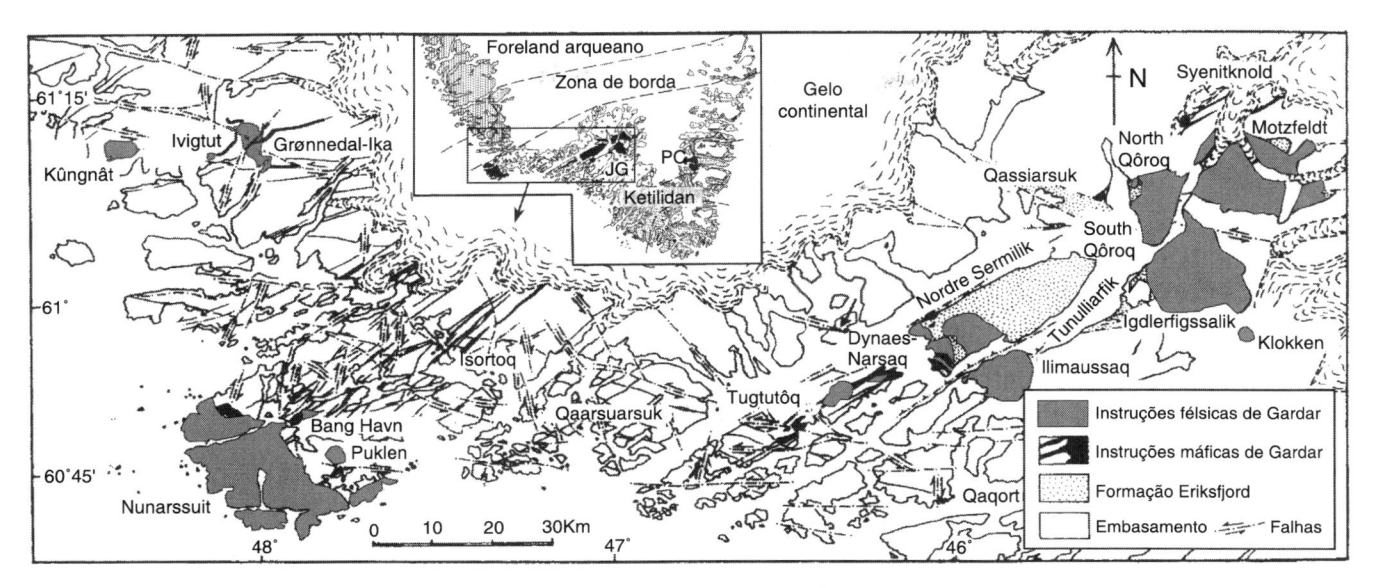

Figura 9.15 Mapa da província alcalina de Gardar do Proterozoico médio (ver detalhe no mapa) adaptado de Upton et al. (2003), mostrando a distribuição da Formação Eriksfjord composta por lavas subaéreas e rochas sedimentares, e que sofreu subsidência tectônica, os enxames de diques de Gardar e os plútons máficos e félsicos. O magmatismo de Gardar está concentrado em três zonas orientadas a SW-NE: (i) Ivigtût-Grønnedal, (ii) Nunarssuit-Isortoq e (iii) Tugtutôq-Motzfeldt. O detalhe mostra a localização da Província de Gardar em relação ao cráton arqueano e ao orógeno de Ketilidian (1850-1600 Ma); JG, Batólito de Ketilidian Julianehab; PC, Complexo de Paatusoq (um plúton sienítico recém-descoberto da idade de Gardar – outros podem estar sob a calota de gelo que os separa).

sos diques maciços compostos de grandes proporções, com até 800 m de comprimento.

3 Plútons com afloramentos circulares ou elípticos concentrados no interior dessas zonas compostos principalmente de sienito ou granito colocados provavelmente a 5 ± 2 km sob a superfície.

Ao comparar a província plutônica de Gardar com as rochas vulcânicas do Rifte de Gregory e áreas adjacentes, fica clara a existência de numerosas semelhanças entre elas (Macdonald and Upton, 1993), entre as quais:

- A localização do rifte de Gardar e a maior parte da província magmática associada – no interior do orógeno proterozoico que delimita o cráton arqueano da Groenlândia (Figura 9.15) – lembra a distribuição dos riftes cenozoicos que demarcam o cráton tanzaniano no Leste da África (Figura 9.3).
- Os diques máficos ligeiramente alcalinos e a alta porcentagem em volume de rochas félsicas na província de Gardar lembram basaltos transicionais, mugearitos, benmoreítos, traquitos e alguns riolitos alcalinos da associação 3 no Rifte de Gregory.
- Os lamprófiros ultramáficos esparsos (Quadro 9.6) e lavas afins, às vezes contendo xenólitos mantélicos e associados com carbonatitos, são análogos à associação nefelinito-carbonatito do Sistema de Riftes do Leste da África.
- A zona de diques de Tugtutôq-Motzfeldt na direção NE–SW de Gardar exibe um máximo gravimétrico axial estreito – o que implica uma massa complementar de rochas ígneas máficas densas em profundidades crustais maiores – semelhantes à massa associada com o Rifte de Gregory no Leste da África (Figura 9.14). Não há anomalia negativa sob Gardar, em função de sua idade muito maior e de sua litosfera mais espessa.

Macdonald e Upton (1993) traçaram um paralelo entre a zona de diques de Tugtutôq-Ilímaussaq na província de Gardar (onde a extensão – representada pelo bloco com falha em subsidência e a subsequente colocação de diques intensa – foi seguida pela colocação de plútons centrais) e a dorsal de Erte'Ale, na Depressão de Danakil, Etiópia, onde erupções basálticas fissurais na zona axial em expansão rápida do Rifte da Etiópia foram seguidas pela construção de vulcões centrais riolíticos e traquíticos e complexos de caldeiras afins, cujas raízes podem lembrar os plútons centrais de Gardar.

Quadro 9.6 Os lamprófiros

Os lamprófiros compõem uma mescla diversificada e poligenética de *rochas porfiríticas de ocorrência em diques** poligenéticas que compartilham um nome com base em um atributo unificador característico reconhecido com facilidade em campo: a presença de fenocristais de minerais exclusivamente máficos (muitas vezes a biotita ou anfibólios), com feldspatos e/ou feldspatoides confinados à matriz. Devido à associação comum de lamprófiros com plútons granitoides, eles foram mencionados no Capítulo 8 (junto aos appinitos). Contudo, intrusões menores de afinidade lamprofírica são comuns também em outros ambientes, e – uma vez que a maioria tem composições alcalinas – é importante revisar sua petrologia e ocorrência a partir de um ponto de vista mais amplo. Os lamprófiros foram descritos por Rock (1987) como estando entre as rochas alcalinas de mais larga distribuição.

Interpretada no sentido mais amplo, a família dos lamprófiros inclui rochas de composição mineralógica de holomelanocrática a mesocrática. Os lamprófiros são normalmente colocados de forma tardia nos centros ígneos onde ocorrem (Rock, 1977). Embora sua composição se sobreponha à composição de outras rochas ígneas (Figura 9.6.1), eles não podem ser considerados meras variantes texturais de rochas plutônicas ou vulcânicas com as quais estão associados em campo. As características comuns (mas não universais) que diferenciam os lamprófiros são:

- Uma estrutura interna em bandas ou zonas no interior do dique, sugerindo diferenciação no fluxo ou intrusão multiestágio.

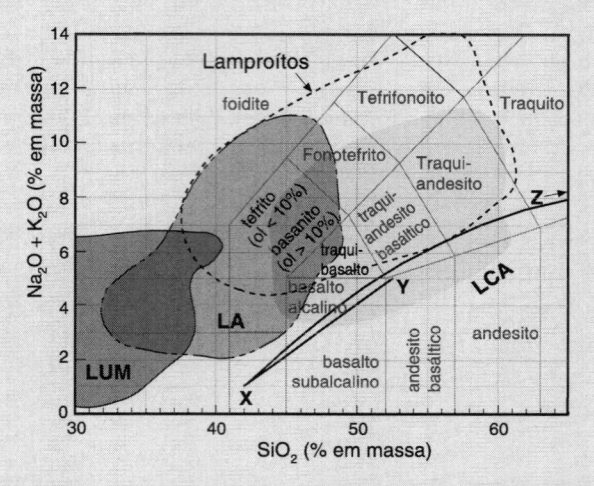

Figura 9.6.1 Campos composicionais de lamprófiros ultramáficos (LUM), lamprófiros alcalinos (LA) e lamprófiros calcialcalinos (LCA), com base em Rock (1987) representados em um diagrama TAS da IUGS que enfatiza (i) o caráter alcalino de quase todos os lamprófiros, (ii) a extensão da superposição entre grupos de lamprófiros estabelecidos, (iii) sua superposição no espaço TAS com os lamproítos (linha tracejada) e outros tipos de rochas ígneas. As linhas limite (reproduzidas com permissão da Sociedade Geológica de Londres) foram traçadas por Rock (1987) para envolver 95% das análises disponíveis de cada grupo, evitando o espalhamento de dados e as imprecisões decorrentes disso.

* Os lamprófiros também ocorrem, mas de forma mais rara, na forma de soleiras, chaminés e stocks; é comum a ocorrência de brechas associadas.

- **Ocelos** globulares de composição carbonatada ou silicatada da ordem de centímetros, aparentemente formados como gotículas de líquido magmático imiscível separado do magma encaixante.
- Evidência da presença de quantidades elevadas de voláteis no magma em forma de calcita, zeolita ou outros minerais hidratados primários, que normalmente têm origem hidrotermal.
- A alteração seletiva é comum: se os minerais máficos estiverem alterados, os minerais félsicos muitas vezes estarão frescos e vice-versa (Rock, 1987).

Com base na mineralogia, na composição e na associação tectônica, Rock (1987) diferenciou três grupos de lamprófiros:

- Os *lamprófiros calcialcalinos* (LCA, na Figura 9.6.1), caracterizados pela presença de fenocristais de *biotita* ou de hornblenda com feldspato alcalino ou plagioclásio na matriz (os feldspatoides estão ausentes). Os LCAs estão associados com plútons granitoides em cinturões orogênicos.
- Os *lamprófiros alcalinos* (LA), caracterizados pela *kaersutita* (Figura 9.4.1) ou fenocristais zonados de *augita titanífera* (Quadro 2.1) em uma matriz contendo feldspatoides e feldspatos. Os LAs estão associados com sienitos gabros ou complexos de rochas alcalinas e carbonatitos nos vales de riftes continentais e crátons.
- Os *lamprófiros ultramáficos* (LUMs), caracterizados pela presença de fenocristais de flogopita olivina e/ou augita na matriz contendo *perovskita, carbonato* e/ou *melilita*. Variedades com teores de SiO_2 tão baixos quanto 20% são transicionais para o carbonatito. Os LUMs são menos comuns do que outros lamprófiros e estão associados com centros alcalinos ultramáficos- -carbonatíticos e sienitos em riftes continentais (como afirma Downes et al., 2005).

A maioria dos LUMs tem teores de SiO_2 menor que 36%, ao passo que a maior parte dos LCAs tem teores de SiO_2 acima de 46%, embora ocorram superposições significativas entre grupos (Figura 9.6.1). Rock (1987) incluiu os lamproítos e kimberlitos no interior de um "clã lamprofírico" mais amplo, mas essa associação não é reconhecida pela IUGS (Le Maitre, 2002).

A nomenclatura dos lamprófiros sofre com uma profusão de nomes de variedades, como mostra a Tabela 9.6.1.

Tabela 9.6.1 Nomes de variedades de lamprófiros. Os nomes de grupos são de Rock (1987) – ver a Figura 9.6.1. As diferenças se referem à abundância relativa: logo, "bioita > hornblenda" significa "a biotita é mais abundante que a hornblenda". "Ti-augita" diz respeito à augita titanífera descrita na legenda da Figura 2.1.1

Grupo	Nome do lamprófiro	Principais minerais na forma de fenocristais	Minerais félsicos na matriz
LCA	Minette	Biotita > hornblenda	Felds. alc. > plagioclásio
	Vogesito	Hornblenda > biotita	Felds. alc. > plagioclásio
	Kersantito	Biotita > hornblenda	Plagioclásio > Felds. alc.
	Espessartito	Hornblenda > biotita	Plagioclásio > Felds. alc.
LA	Sannaito	Kaersutita ± Ti-augita	(Felds. alc. > plag.) > feldspatoide
	Camptonito	Kaersutita ± Ti-augita	(Plag. > felds. alc.) > feldspatoide
	Monchiquito	Kaersutita ± Ti-augita	Analcita ± vidro
LUM	Alnoíto	Flogopita ± olivina ± augita	Melilita ± perovskita + calcita
	Ailiquito	Olivina ± HCP ± anfibólio ± flogopita	Calcita ± perovskita
	Damkjernito*	Biotita ± Ti-augita	Nefelina ± calcita ± feldspato alc.

* Esse é o nome consagrado, ainda que baseado em uma grafia incorreta da localidade típica na Noruega, "Damtjern".

Contudo, uma diferença notável entre as duas províncias é que as rochas basálticas de Gardar têm razões Al_2O_3/CaO mais altas que os basaltos transicionais no Leste da África, uma característica magmática que supostamente constitui a razão da abundância de megacristais de plagioclásio nos diques máficos de Gardar (Macdonald and Upton, 1993). Esses "Grandes Diques de Feldspato" não têm análogos vulcânicos no Leste da África, mas sugerem a presença de complexos anortosíticos proterozoicos em níveis crustais mais profundos sob Gardar semelhantes àqueles presentes em partes contíguas da América do Norte e do Escudo Báltico (Figuras 4.13 e 4.14).

As províncias anorogênicas continentais associadas menos claramente com o rifteamento

Camarões-Golfo da Guiné

A Linha de Camarões é uma cadeia vulcânica proeminente com 1.600 km de comprimento que se estende para o nordeste, saindo da Ilha de Pagalú, no Golfo da Guiné, até próximo ao Lago Chade, ao lado da margem noroeste do cráton de Congo (Figura 9.16). Ela é composta por ilhas vulcânicas e montes oceânicos no Golfo da Guiné e vulcões continentais – incluindo quatro grandes vulcões em Camarões e grandes platôs de lavas em Camarões e na Nigéria (Fitton, 1987; Déruelle et al., 2007). Complexos anelares anorogênicos intrusivos de granitos e sienitos estão associados ao lineamento e variam em idades K-Ar entre 66 e 30 Ma (com alguns datando de cerca de 10 Ma próximo ao Monte Camarões). Por outro lado, as idades K-Ar das rochas vulcânicas variam de 35 Ma até o presente. Não existe correlação entre idade e localização geográfica que possa sugerir uma migração de placas típica do Pacífico ao longo de um *hot spot* fixo. O Monte Camarões (4.095 m de altitude, a montanha mais alta da África ocidental) continua ativo. Ele entrou em erupção seis vezes entre 1868 e 2000. Além disso, vários outros vulcões exibem cones de escória morfologicamente recentes. As rochas vulcânicas da cadeia são sobretudo alcalinas, com composições entre o basalto transicional e o nefelinito na extremidade primitiva do espectro de diferenciação, e entre o riolito alcalino (dominante na parte continental da cadeia) e o fonolito (prevalente no setor oceânico) na extremidade evoluída.

A variação petrológica das rochas vulcânicas da Linha de Camarões é semelhante à variação das rochas do rifte do Quênia, embora nela

> não sejam observadas falhas em rifte ou estruturas em graben ao longo do setor continental... e a maior parte do magmatismo foi associada com vulcões centrais, não de fissuras.
>
> Fitton (1987)

Contudo, de acordo com um estudo mais recente,

> o setor continental é uma sucessão de horsts e grabens.
>
> Déruelle et al. (2007)

Fitton (1987) observou que a distribuição em forma de Y do vulcanismo da Linha de Camarões (Figura 9.16) lembra a forma da Depressão de Benue (um rifte cretáceo com sua própria suíte vulcânica alastrada extravasada em três períodos, 147-106 Ma, 97-81 Ma e 68-49 Ma atrás, segundo Coulon et al. [1996], a qual é parte de um sistema estendido de riftes que se espalhou pela África central durante o Cretáceo), embora as correlações dessa natureza não tenham uma explicação definitiva.

Os kimberlitos e os crátons

O kimberlito é essencialmente o único magma fanerozoico a ascender e ser colocado no interior de crátons estáveis. A distribuição das intrusões de kimberlitos e os teores de diamantes com importância econômica que eles contêm têm correlação com os crátons arqueanos e os cinturões proterozoicos móveis que formam suas margens, como descrito no Quadro 9.7.

As rochas alcalinas associadas à subducção

Como mencionado no Capítulo 6, volumes pequenos de rochas vulcânicas alcalinas alto-K estão associados com alguns arcos de ilhas e continentais, os quais normalmente são encontrados na porção de back-arc, longe da fossa (Figura 6.16). Alguns exemplos de rochas alcalinas alto-K associadas à subducção são considerados abaixo.

As rochas vulcânicas potássicas da Itália

> O vulcanismo italiano é resultado da colisão entre as placas tectônicas Africana e Eurasiana. A natureza complexa da colisão é mascarada pela disposição aparentemente simples dos vulcões italianos ao lon-

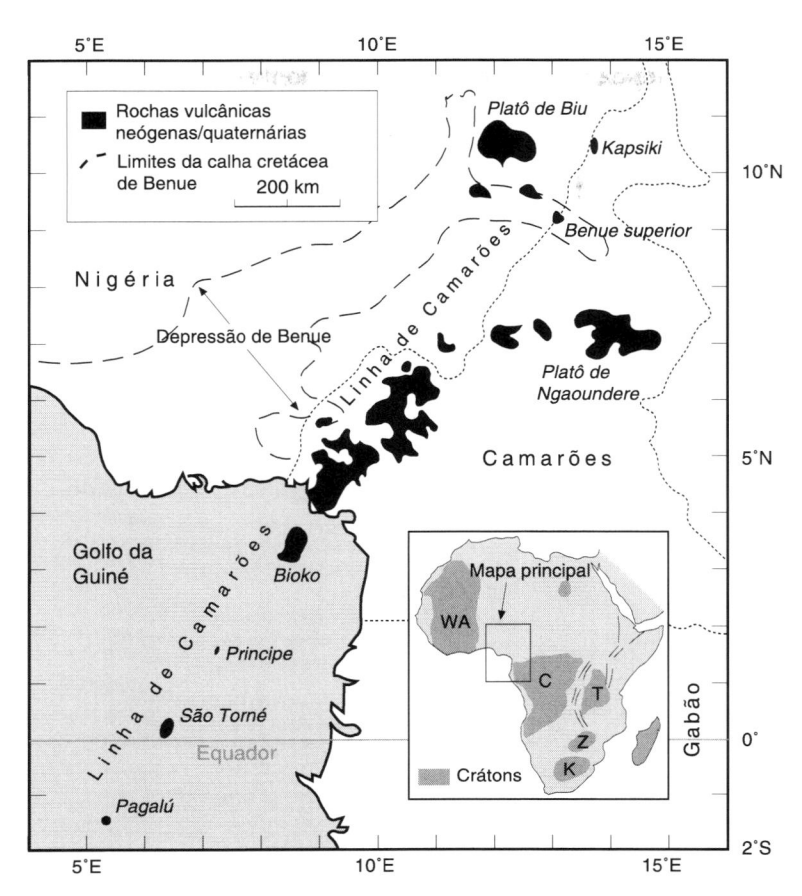

Figura 9.16 Mapa da região centro-oeste da África mostrando a distribuição de rochas vulcânicas neógenas e quaternárias da Linha de Camarões e centros relacionados (com base em Fitton, 1987*). A localização da área do mapa principal é mostrada no detalhe, assim como os crátons arqueanos (ver a legenda da Figura 9.3 para as abreviaturas).

*Com permissão da Geological Society of London.

go de uma frente que se estende do... Monte Amiata, na Toscana, passando pelos vulcões campanianos e o Etna, até a pequena ilha de Pantelleria [Figura 9.17]. Contudo, o exame detalhado revela que essa frente é composta por segmentos que interagem e se diferenciam na idade, no agrupamento e na química de seus vulcões componentes.

Kilburn e McGuire, (2001).

No quaternário, vários vulcões entraram em erupção em diversos períodos ao longo da península italiana e além, da Toscana, no norte, à Sicília e Pantelleria, no sul. Esses vulcões exibem uma diversidade notável de tipos de magma para uma região geográfica tão pequena. Alguns vulcões, como o Etna e centros na ilha de Pantelleria, têm afinidade alcalina sódica (ver os triângulos pretos na Figura 9.17): por essa razão, o Etna hoje extravasa sobretudo

hawaiítos,[16] enquanto Pantelleria é a localidade-tipo do *pantellerito* – uma variedade peralcalina de riolito alcalino – que extravasou na ilha como ignimbritos durante grandes erupções piroclásticas formadoras de caldeiras (as quais também produzem depósitos de queda soldados semelhantes aos de Tenerife) e como derrames de lavas. Porém, a maior parte dos vulcões italianos, em graus variados, é potássica em sua composição.

O arco eólio de sete ilhas vulcânicas e um número semelhante de montes oceânicos, ao norte da Sicília, têm menos de 1 Ma de idade e incluem as ilhas típicas de Vulcano e de Stromboli (Figura 9.17), cujos nomes são sinônimos de estilos de erupção (Figura

---

[16] O vulcanismo inicial do Etna – extravasado entre 500 e 200 ka atrás – era composto de basaltos toleíticos. Entre 30 e 20 ka atrás o vulcão extravasou hawaiítos, mugearitos e traquitos.

7.8). A maior parte dos magmas extravasados de Vulcano pertence a uma única tendência de basalto alto-K a riolito alto-K (Figura 6.11), embora a ilha exiba um repertório rico de estilos eruptivos, desde estratovulcão simples, formação de caldeira e preenchimento de domos de lava, até o estilo vulcaniano característico do cone Fossa atual (ver o Capítulo 7). Por outro lado, Stromboli derramou uma variedade de tipos de magma durante sua história (calcialcalino, alto-K, shoshonítico e potássico), tanto como lavas quanto piroclastos. Seu estilo estromboliano atual de erupção (intercalado com explosões maiores ocasionais e com episódios de efusão de lava, como observado em 2002 e 2003 e em março de 2007) persiste há milhares de anos.

Em comparação com o caráter de arco do vulcanismo insular eólio, o vulcanismo quaternário ao norte do território italiano é mais alcalino e de modo geral potássico e/ou ultrapotássico. Logo, os vulcões da província romana (por exemplo, o vulcão Vulsini) incluem uma variedade de ignimbritos e lavas portadores de leucita. A província também tem vulcões de **kamafugito** em Cupaello e San Venanzo (Quadro 9.8). Os vulcões campanianos nos arredores de Nápoles derramam shoshonitos (ver abaixo), leucita basanitos e leucititos.

A suíte de shoshonitos

Os shoshonitos e os latitos são traquibasaltos e traquiandesitos ligeiramente potássicos (Figura 9.2).

Quadro 9.7   O kimberlito

O kimberlito é uma rocha ultramáfica (e ultrabásica) definida de acordo com atributos texturais e composicionais. Um kimberlito inalterado é composto por cristais circulares a anédricos relativamente grandes (0,5 a 10 mm) de olivina e outros minerais máficos no interior de uma matriz de granulação fina (Prancha 9.1). Muitas vezes, não está claro se esses cristais maiores são **cogenéticos** (isto é, fenocristais) ou não, e, uma vez que podem naturalmente ser fragmentos de cristais maiores, eles são chamados de *macrocristais*, um termo descritivo deliberadamente destituído de implicações genéticas (Mitchell, 1986). Os macrocristais são principalmente de olivina, mas podem também incluir flogopita, granada, diopsídio, enstatita, ilmenita magnesiana e/ou cromita. A matriz de um kimberlito comumente inclui carbonatos e serpentina primários, além da olivina, do flogopita, do perovskito, do espinélio e da apatita, o que sugere que tenha cristalizado a partir de um magma rico em voláteis (sobretudo CO_2). Muitos kimberlitos contêm xenólitos esféricos a subangulares de litologias mantélicas (por exemplo, o lherzolito, o harzburgito e o eclogito) e xenocristais afins, além de xenólitos de origem crustal inferior como o granulito e gnaisses. Alguns kimberlitos são de interesse econômico por conterem xenocristais de diamante. Um diatrema típico pode produzir cerca de 25 a 50 quilates por 100 toneladas.

O kimberlito normalmente ocorre como diques ou soleiras tabulares em níveis mais profundos, que gradam para cima até um **diatrema** com forma de chifre mais próximo à superfície preenchido com detritos vulcanoclásticos (Figura 9.7.1). As fácies hipoabissais encontradas em intrusões menores são compostas por rochas duras, frescas em tons de cinza-escuro, verde e preto com textura macrocristalina (Prancha 9.1), chamadas de *kimberlito hipoabissal* (KH). O kimberlito da fácies de diatrema consiste em xenólitos angulares a circulares de rocha encaixante, clastos de kimberlitos e fragmentos de *lapili peletizados*, os quais são pelotas arredondadas características contendo olivina serpentinizada e outros macrocristais em uma matriz mais fina de diopsídio e serpentina microcristalinos (Prancha 9.2). Essa assembleia de condutos é conhecida como *brecha de kimberlitos em tufos* (TKB, *tuffisitic kimberlite breccia*), embora o termo *kimberlito vulcanoclástico maciço* (MVK, *massive volcanolcastic kimberlite*) seja preferido hoje (Mitchell, 1986; Sparks et al., 2006). Na maioria das localidades em que os kimberlitos ocorrem, as fácies de crateras sobrejacentes foram removidas pela erosão.

A ocorrência de kimberlitos está restrita a crátons continentais antigos, onde a espessura média da litosfera está entre 150 e 200 km. Clifford (1966) foi o primeiro a observar que os kimberlitos contendo diamantes na África estão confinados aos núcleos arqueanos desses crátons (regiões estáveis há mais de 2,4 Ga, de acordo com Mitchell, 1986). Contudo, os kimberlitos encontrados nos cinturões proterozoicos móveis vizinhos não apresentam diamantes.

A maioria dos kimberlitos tem idade paleozoica ou mesozoica.

Eles são encontrados em três ambientes tectônicos (ver a literatura citada por Gill et al., 2004):

- Os riftes em propagação em arcos de ilhas intraoceânicos e bacias de back-arc como o sistema de arcos de IZu-Bonin-Mariana (ver o quadrado sinalizado com "S" na Figura 6.18), as ilhas de Tabar-Lihir-Tanga-Feni no nordeste de Papua Nova Guiné e em Fiji, normalmente em associação com vulcanismo calcialcalino.
- Zonas de rifte em arcos magmáticos continentais como Cascades, no oeste dos Estados Unidos, em associação com rochas vulcânicas calcialcalinas baixo-, médio- e alto-K.
- Ambientes pós-colisão, como o platô do Tibete e os Alpes, onde um orógeno elevado pode sofrer colapso extensional controlado pela gravidade e adelgaçamento litosférico associado. As intrusões de granitoides de composição semelhante em cinturões colisionais mais antigos, como o escudo Finoescandinavo, refletem o magmatismo análogo em orógenos mais antigos.

Os shoshonitos campanianos mencionados na seção anterior normalmente são considerados como pertencentes ao terceiro ambiente.

Os lamproítos e o desfecho da colisão continental

O contexto tectônico do vulcanismo do lamproíto às vezes é difícil de identificar (Quadro 9.8), mas ele ocorre com maior frequência em um cenário pós-colisão e pode (como no sul do Tibete) estar relacionado à extensão tardia associada ao colapso gravitacional do orógeno (Gao et al., 2007).

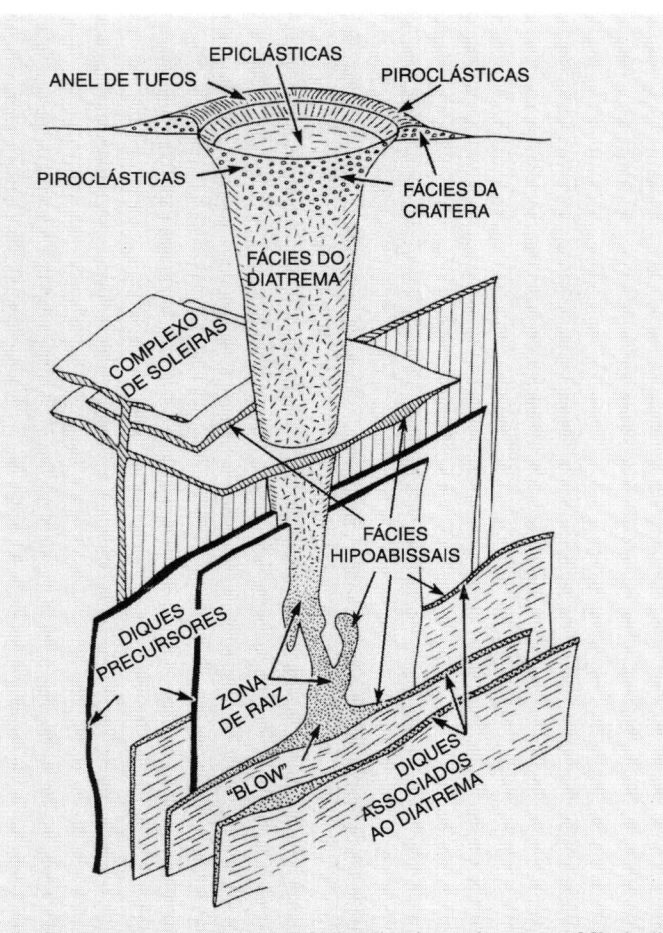

Figura 9.7.1 Modelo de um sistema de condutos de kimberlito (com base em Mitchell, 1986, com permissão do autor e de Springer Science and Business Media). A dimensão vertical é de entre 1 e 3 km.

Quadro 9.8 As rochas ultrapotássicas

A divisão inferior das rochas na Tabela 9.2 é composta de rochas vulcânicas continentais diversas que compartilham o caráter distintivo de serem **ultrapotássicas**. Elas caem em duas categorias amplas, em função do teor de sílica:

- Os *kamafugitos** são rochas vulcânicas ultrabásicas (Figura 9.8.1) encontradas em alguns riftes continentais, sobretudo o ramo oeste do sistema de riftes do Leste da África.
- Os *lamproítos* são lavas básicas a intermediárias e rochas hipoabissais que ocorrem em vários ambientes pós-orogênicos.

O termo *kamafugito* inclui uma gama de rochas vulcânicas máficas raras compostas principalmente de olivina ± melilita ± kalsilita (Pranchas 9.9 e 9.10). Como indica a mineralogia, elas são completamente subsaturadas em sílica e têm composição ultrabásica (Figura 9.8.1). Os kamafugitos padrão ocorrem na província vulcânica ativa de Toro-Ankole, ao norte e ao sul do Lago Kivu, no vale de riftes do ramo acidental** do Leste da África (Figura 9.3). Rochas vulcânicas similares também são encontradas em algumas outras partes do mundo, onde o contexto tectônico não é bem definido, como os vulcões quaternários de San Venanzo e Cupaello, no centro da Itália (*San* V e *C* na Figura 9.17).

Por outro lado, a maior parte dos *lamproítos* tem composição de básica a intermediária. Eles têm em comum algumas características dos kimberlitos, muitas vezes com xenólitos empobrecidos de dunito e harzburgito e, em frequência menor, xenocristais de diamantes. Na verdade, a produção de diamantes de lamproítos normalmente é maior que nos diatremas de kimberlitos (~500 quilates/100 toneladas, em comparação com 20-80 quilates/100 toneladas, segundo Mitchell and Bergman, 1991). Os lamproítos são de máficos a ultramáficos, mas poucos são ultrabásicos (Figura 9.8.1). Em termos mineralógicos, os lamproítos são muito diversos e, portanto, são difíceis de definir somente com base na petrografia: eles podem conter olivina, diopsídio, enstatita, flogopita (Prancha 9.3), K-richterita (Figura 9.4.1), leucita e/ou sanidina como minerais principais (Tabela 9.2), além de uma gama de outros minerais como acessórios. Eles *não* contêm plagioclásio, melilita ou kalsilita. Muitos lamproítos têm uma matriz vítrea (Prancha 9.3) ou de granulação muito fina. Sua diversidade mineralógica e ocorrência irregular motivaram numerosos nomes de variedade redundantes (Le Maitre, 2002) que devem ser deixados de lado em favor de termos mais sistemáticos: por exemplo, "diopsídio-flogopita-leucita lamproíto" – por ser mais informativo – é preferível a "wyomingita". A característica comum a todos os lamproítos é que eles são ultrapotássicos, mesmo sendo relativamente ricos em SiO_2 (Figura 9.8.1). Em comparação com os kimberlitos, eles contêm mais H_2O^+ que CO_2. Rock (1987) sugeriu uma relação entre os lamproítos e certos tipos de lamprófiros (Quadro 9.6), mas essa relação não foi comprovada.

*Esse nome estranho, apresentado por Sahama (1974), é uma redução dos nomes mais antigos katungito, mafurito e ugandito (cujos significados não são relevantes neste contexto).

**As rochas vulcânicas do ramo ocidental do sistema de riftes do Leste da África (Figura 9.3) são mais potássicas que as do rifte de Gregory, no leste.

COMO OS MAGMAS ALCALINOS SE FORMARAM NA TERRA?

As rochas alcalinas representam desafios importantes para nossa compreensão da gênese magmática devido à sua diversidade composicional e à variedade de ambientes em que o magmatismo alcalino pode ocorrer. Com relação a algumas classes de rochas alcalinas (como os shoshonitos), os petrólogos ainda não conseguiram gerar uma explicação plausível e abrangente.

É possível presumir com segurança que os processos e as condições de fusão no interior da Terra responsáveis pelo espectro de líquidos magmáticos básicos e ultrabásicos mostrado na Figura 9.1a sejam qualitativamente semelhantes aos processos e condições propostos para explicar a geração de líquidos magmáticos discutidos na última seção do Capítulo 2 (ver a Figura 2.18). Porém, ao fazer essa suposição, é preciso explicar por quê, no contexto atual, os processos mantélicos dão vazão a magmas parentais alcalinos e frequentemente subsaturados em sílica – como aqueles do rifte do Leste da África – e não a basaltos subalcalinos que caracterizam as dorsais meso-oceânicas, as LIPs e as grandes ilhas oceânicas, como o arquipélago

Figura 9.8.1 Comparações de elementos maiores entre os kamafugitos e lamproítos. Os dados relativos ao kamafugito são de Toro Ankole, Leste da África (*"T-A"* na Figura 9.3; quadrados pequenos, El Hinnawi, 1965) e dos vulcões San Venanzo e Cupaello, na Itália central (quadrados maiores, de Gallo et al., 1984). Os dados relativos ao lamproíto, obtidos em diversos continentes, são de Mitchell and Bergman (1991); os losangos em cinza representam exemplos anômalos com oicocristais de flogopita de Leucite Hills no estado de Wyoming, Estados Unidos. (As análises precisam ser recalculadas em base livre de voláteis para serem representadas nesses diagramas.)

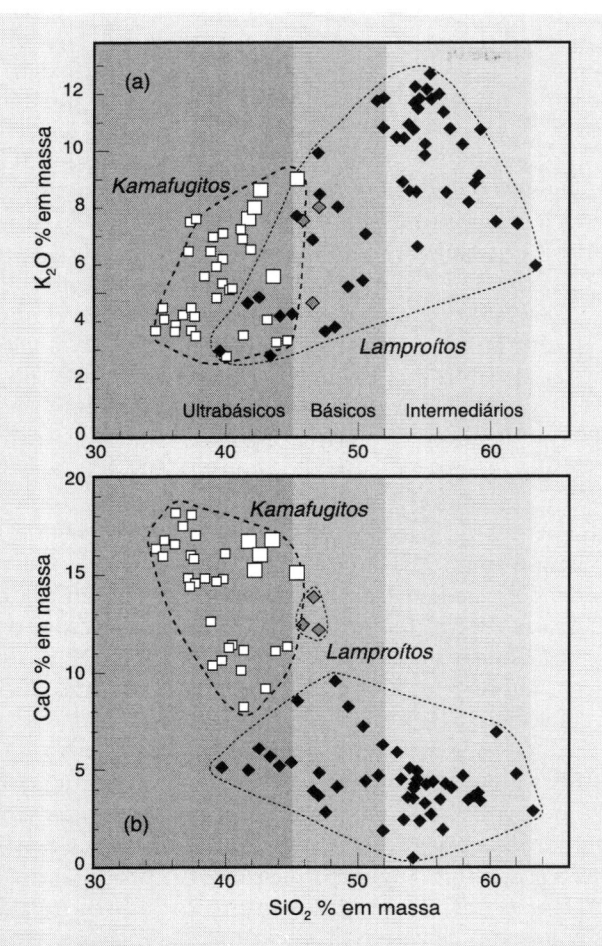

Os lamproítos podem ocorrer como domos de lava, diques, chaminés vulcânicas ou anéis de tufos. Eles ocorrem em uma variedade de ambientes continentais, na forma de um evento tardio em orógenos que sofreram colapso extensional, por exemplo, como no sul e norte do Tibete e no sudoeste da Espanha. Em outros casos, o ambiente tectônico é mais enigmático. Os lamproítos de Leucite Hills, no oeste dos Estados Unidos, por exemplo, estão próximos ao limite entre o cráton arqueano de Wyoming e o Platô do Colorado, onde a orogenia cretácea de Laramie representa o tectonismo mais recente (Mirnejad and Bell, 2006). Todas as principais ocorrências de lamproítos datam do Cenozoico.

do Havaí. Comecemos discutindo alguns indícios geoquímicos.

As evidências geoquímicas

O teor de SiO_2 dos líquidos magmáticos mantélicos parciais – a subsaturação e a profundidade da fusão

As experiências com a fusão parcial nos peridotitos mantélicos resumidas na Figura 9.18 mostram que os teores de sílica dos líquidos magmáticos formados são sensíveis à pressão na qual a fusão experimental é realizada. O espalhamento relativamente amplo dos pontos de dados na Figura 9.18 resulta, em parte, do uso de dois peridotitos diferentes como materiais iniciais, além do fato de que os experimentos de fusão em cada valor de pressão foram conduzidos em temperaturas diferentes (isto é, ao longo de um intervalo de porcentagens do líquido magmático). Contudo, a tendência é clara: os líquidos magmáticos formados em equilíbrio com o peridotito em altas pressões têm teores significativamente menores de SiO_2 do que os líquidos magmáticos análogos formados em pressões baixas. Logo, uma possível explicação para a subsaturação em SiO_2 característica de

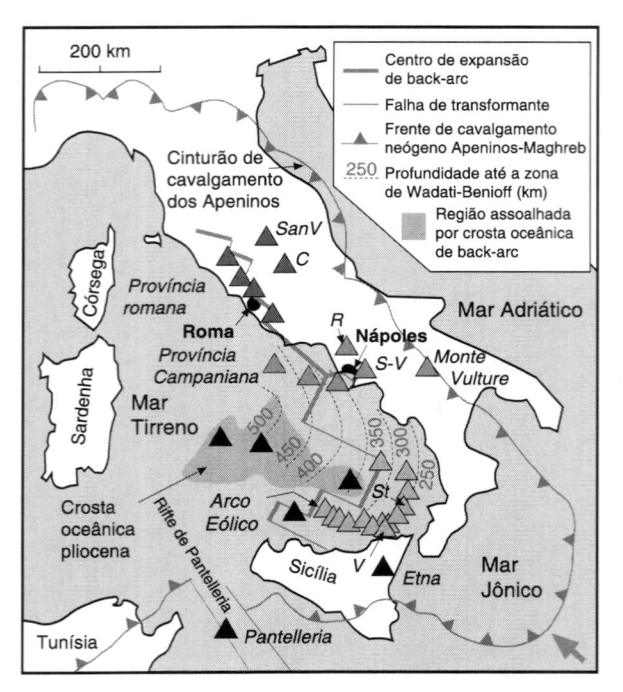

Figura 9.17 Mapa mostrando os vulcões quaternários da Itália (triângulos). *C*, Cupaello; *R*, Roccamonfina; *SanV*, San Venanzo; *St*, Stromboli; *S-V*, Somma-Vesúvio; *V*, Vulcano. Os triângulos pretos indicam vulcões de basaltos e traquitos sódico-alcalinos; outros triângulos são sombreados de acordo com a província à qual o vulcão pertence. A frente de cavalgamento dos Apeninos-Maghreb (zona de sutura) e os centros de expansão de back-arc e falhas transformantes supostos na bacia de back-arc do Mar Tirreno e no oeste da Itália são de Turco e Zuppetta (1998). A zona de terremotos com focos intermediários e profundos sob o sul da Itália é mostrada em linhas de profundidade expressas em quilômetros (com base em Panza and Suhadolc, 1990).

muitas rochas máficas alcalinas talvez seja que elas representam magmas formados por fusão parcial em pressões mais altas (isto é, em profundidades maiores – ver a Figura 9.18, escala superior) do que aquelas em que magmas subalcalinos são gerados. Muitos magmas básicos alcalinos extravasam por vulcões localizados na litosfera relativamente espessa, onde a profundidade da fusão na astenosfera subjacente pode ser controlada pela espessura da litosfera acima dela, mais refratária.

Como vimos, o grau de saturação em sílica de magmas básicos e ultrabásicos exerce uma influência muito grande no caráter dos magmas evoluídos formados por cristalização fracionada a partir deles (Figuras 9.7b e 9.12).

O enriquecimento em elementos incompatíveis e o grau de fusão

Uma das principais características dos magmas alcalinos básicos e ultrabásicos são os altos teores de elementos-traço altamente incompatíveis (HITE, *highly incompatible trace elements*), ante a maioria dos magmas básicos subalcalinos. Isso é ilustrado, em termos gerais, na Figura 9.19, na qual os teores de Rb, Ba e Th de rochas alcalinas são entre 40 e 1.000 vezes maiores que os teores desses elementos no manto primitivo. Uma ilustração específica dessa diferença pode ser obtida comparando os dois padrões de OIB – ambos das ilhas havaianas – mostrados na Figura 2.18a. O basalto alcalino havaiano pós-erosão da ilha de Kauai (Tabela 2.4, coluna 4) contém quantidades consistentemente maiores de Rb, Ba, Th, Nb, K, La, Ce, P e Nd do que o toleíto havaiano de Kilauea (Tabela 2.4, coluna 3). Essa diferença não pode ser atribuída aos graus diferentes de cristalização fracionada, uma vez que duas amostras têm números de Mg muito semelhantes, (64,4 e 63,3, respectivamente – ver o Exercício 5.3b).

Uma explicação para os níveis distintos de enriquecimento em HITE em magmas que, como aqui, provavelmente são oriundos de fontes semelhantes, consiste em postular que o magma basáltico alcalino mais enriquecido era o produto de um *grau menor de fusão parcial*, uma vez que os líquidos magmáticos são mais enriquecidos nesses elementos do que os líquidos magmáticos de graus mais altos (Quadro 9.9). Contudo, é interessante observar que o basalto alcalino de OIBs tem teores de elementos terras raras pesados muito semelhantes aos do toleíto de OIB (o Yb, na verdade, está presente em teores muito menores). Os valores mais altos da razão La/Yb de OIBs podem ser o reflexo da existência de granada residual na fonte mantélica de basaltos alcalinos, a qual tampona as concentrações de HREE e de Y no líquido magmático primário parental (Quadro 6.6).

Tanto o teor reduzido de SiO_2 em magmas alcalinos básicos e ultrabásicos quanto o menor grau de fusão que eles parecem representar são consistentes com a fusão sob uma litosfera espessa. A Figura 2.17 mostra como, para dada temperatura, o grau de fusão aumenta à medida que o manto astenosférico ascende a profundidades menores. Uma litosfera espessa, a qual supostamente apresenta uma composição de elementos maiores refratários que resiste à fusão parcial, inibe essa ascensão e, portanto, explica o fato de que a fusão está confinada a maiores

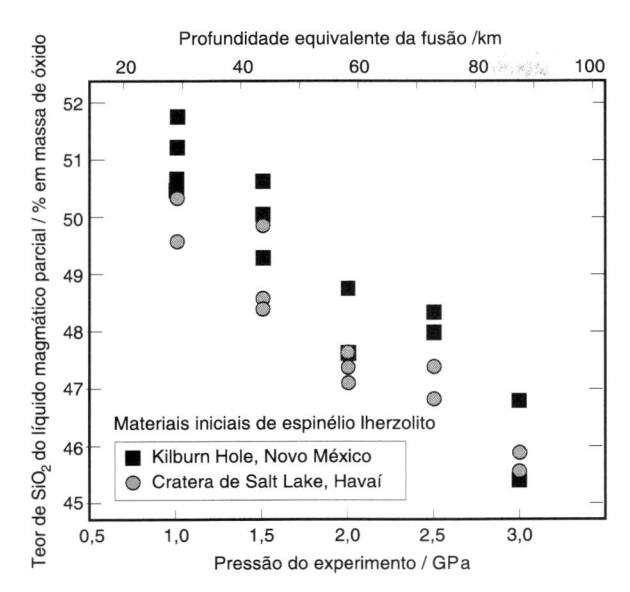

Figura 9.18 A dependência do teor em SiO_2 no líquido magmático em função da temperatura em experimentos de fusão parcial em dois espinélio lherzolitos naturais (de Hirose and Kushiro, 1993) com permissão de Elsevier. As amostras de alta pressão utilizadas incluíram agregados de pequenos cristais de diamante para gerar espaço vazio nos quais líquidos magmáticos parciais de baixo grau podem segregar; após o **resfriamento instantâneo** (*quenching*), as composições do líquido magmático foram determinadas por análise de **microssonda eletrônica** do material vítreo aprisionado entre os diamantes. Isso permite executar uma análise mais confiável de frações menores de líquido magmático do que seria possível com o uso de técnicas convencionais.

profundidades, onde apenas graus de liquefação relativamente baixos são possíveis. A validade dessa explicação para o magmatismo alcalino em diversos ambientes é discutida abaixo.

Enriquecimento em elementos incompatíveis a partir da litosfera continental?

Os diagramas multielementares dos basaltos alcalinos, basanitos, mugearitos e tefritos do Havaí formam um grupo relativamente coerente (reproduzido como a faixa cinza na Figura 9.19b). A pouca variação entre eles pode ser explicada com base nos graus diferentes de cristalização fracionada (uma vez que ela está correlacionada com o número de Mg). O fato de os basaltos continentais alcalinos e as rochas alcalinas de ilhas oceânicas terem assinaturas semelhantes de elementos-traço sugere uma origem comum para esses magmas, de fontes *sublitosféricas* de composição semelhante: as diferenças entre as composições oceânica e continental parecem ter tido pouca influência no caráter desses magmas alcalinos.

Contudo, o quadro é radicalmente diferente para as outras rochas alcalinas mostradas na Figura 9.19. O kimberlito de Wesselton, o leucita nefelinito de Nyiragongo (Figura 9.19a), o lamproíto de Gaussberg e o kamafugito de Cupaello (Figura 9.19b), sem exceções, exibem teores muito maiores de HITE. Embora seja possível recorrer a graus de fusão ainda menores das mesmas fontes sublitosféricas para explicar esses padrões, chega o ponto em que a proporção de líquido magmático formado seria tão pequena que extraí-lo de sua fonte seria impraticável. Além disso, o fato de que todas essas amostras enriquecidas são oriundas de regiões continentais com história geológica longa é significativo, e os petrólogos cada vez mais adotam a noção de que esses níveis elevados de enriquecimento testemunham a interação do líquido magmático com o manto litosférico subcontinental (**SCLM**, *subcontinental lithospheric mantle*) durante a ascensão ou a fusão parcial do próprio SCLM.

O estudo detalhado dos xenólitos nos kimberlitos e alguns lamproítos durante as últimas décadas deixou claro que o SCLM antigo tem evolução química complexa. Atualmente, uma noção muito aceita é a de que partes do SCLM foram progressivamente "metassomatizadas" pela percolação lenta de carbonatos ou fluidos hidratados e/ou de volumes baixos de líquidos magmáticos silicatados que deixam para trás um enriquecimento local em elementos incompatíveis. Os veios e diques observados em peridotitos (Capítulo 5) podem ser um aspecto diferente da mesma história. Os magmas que posteriormente ascendem através do SCLM estão sujeitos a assimilar esse componente "metassomático", e não somente um peridotito empobrecido, e esse processo de dois estágios pode explicar o extremo enriquecimento em elementos incompatíveis nas quatro rochas listadas. Observe que os padrões do kimberlito de Wesselton e do nefelinito de Nyiragongo têm valores muito altos de Nb. Por outro lado, o lamproíto e o kamafugito italiano têm enriquecimento marcante em HITE *combinado com anomalias de Nb negativas*, o que sugere uma contribuição associada à subducção para o enriquecimento metassomático de suas fontes mantélicas litosféricas (Capítulo 6).

Quadro 9.9 Os elementos incompatíveis na fusão parcial

Um elemento-traço altamente incompatível não pode ser acomodado em cristais dos principais minerais formadores de rocha no manto superior (olivina, LCP, HCP, espinélio e granada). Os átomos desses elementos (Rb, Ba, Th, Nb, etc.) presumivelmente residem em pequenos cristais de minerais acessórios localizados ao longo dos limites do grão entre os cristais de minerais mais abundantes ou como inclusões dentro destes. Essa situação é ilustrada no detalhe da Figura 9.9.1a.

Quando a fusão parcial começa, os átomos de elementos altamente incompatíveis são extraídos dos limites de grão para o interior de pequenos bolsões de líquido magmático formados em interseções apropriadas entre os grãos (Figura 9.9.1b, compare com o Quadro 5.4). Uma vez que todos os átomos de elementos incompatíveis estão confinados nesses pequenos bolsões de líquido magmático, eles estão presentes em concentrações elevadas. Com o avanço da fusão, os mesmos átomos se diluem em um volume maior de líquido magmático (Figura 9.9.1c).

Logo, quando uma rocha fonte mantélica é fundida em parte e os produtos desse processo extravasam na superfície, o líquido magmático inicial gerado por graus pequenos de líquido magmático é caracterizado por concentrações elevadas de elementos altamente incompatíveis. Os magmas representando graus elevados de fusão contêm níveis menores desses elementos devido à diluição. Esse comportamento é descrito em termos matemáticos pela *equação da fusão parcial*:

$$C_i^{\text{líquido magmático}} = \frac{C_i^0}{D_i + F(1-D_i)} \quad [9.9.1]$$

onde $C_i^{\text{líquido magmático}}$ é a concentração (ppm) do elemento-traço i no líquido magmático, C_i^0 é a concentração global (ppm) do elemento-traço i no sólido preexistente, F é a fração do líquido magmático (entre 0 e 1) e D_i é o coeficiente de distribuição do elemento i na assembleia mineral sólida total:

$$D_i = x^A K_i^A + x^B K_i^B + x^C K_i^C + x^D K_i^D + \ldots \quad [9.9.2]$$

onde x^A é a fração da massa do mineral A na assembleia mineral sólida (A + B + C + D + ...) em processo de fusão, e K_i^A é o coeficiente de partição do elemento i entre o mineral A e o líquido magmático.

Para um elemento altamente incompatível para o qual $K_i^{A,B,C,D} \approx 0,0$ e, portanto, $D_i \approx 0,0$, a equação da liquefação parcial é reduzida à forma mais simples:

$$C_i^{\text{líquido magmático}} \approx \frac{C_i^0}{F} \quad [9.9.3]$$

Para a fusão completa, $F = 1$ e, portanto, $C_i^{\text{líquido magmático}} = C_i^0$.

Os basaltos alcalinos oceânicos associados a hot spots e rochas afins

O arquipélago havaiano e outras ilhas intraplaca

O Havaí e outras ilhas havaianas se encontram em uma ampla elevação topográfica com cerca de 1.200 km de largura (na direção SW-NE) e 3.000 km de comprimento que se ergue 1.500 m acima das planícies abissais adjacentes, com elevações máximas entre 200 e 300 km a NW de Kilauea (Zhong ans Watts, 2002). A explicação mais aceita para essa característica é o apoio dinâmico fornecido por forças que promovem a flutuabilidade geradas por uma pluma mantélica quente em ascensão sob as ilhas (Ribe and Christensen, 1999). Na vizinhança imediata da ilha principal do Havaí existe uma depressão local em forma de fosso no assoalho oceânico, a qual é mais marcante a NE, causada pelo carregamento flexural da litosfera motivado pelo peso da ilha.

No desenvolvimento de cada uma das ilhas havaianas, os basaltos alcalinos e outras lavas básicas subsaturadas (estágio "1" na Figura 9.8) parecem ter sido extravasados *antes* da fase de construção do escudo toleítico (como em Loihi, por exemplo) e após, nos estágios pós-caldeira e pós-erosivo ("3" e "4" na Figura 9.8). Uma vez que a ilha é transportada sobre o *hot spot* pelo movimento da placa do Pacífico, essa sucessão pode estar relacionada à distância a partir do centro da pluma. Uma explicação (com base em Valbracht et al., 1996, entre outras obras) envolve três estágios de interação entre a pluma e a litosfera oceânica, descritos aqui da perspectiva de um pequeno elemento volumétrico da pluma em ascensão sob uma ilha havaiana à medida que é arrastado da base da pluma, pela lateral até o topo, por convecção:

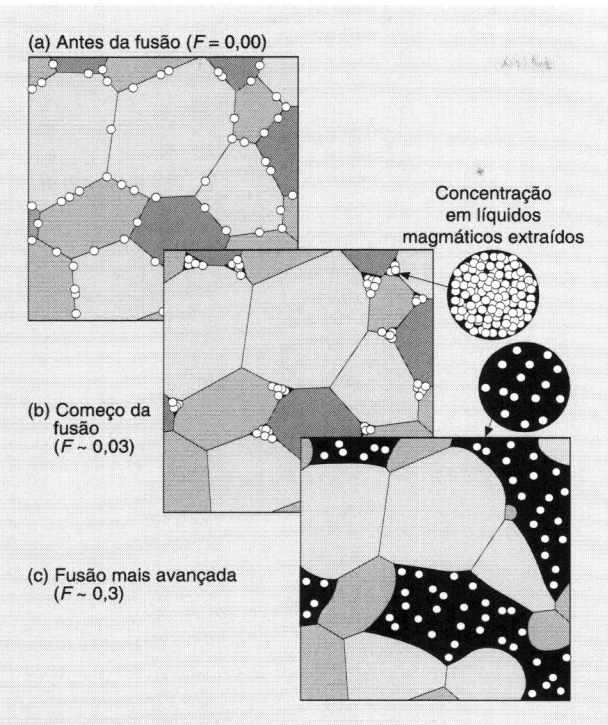

Figura 9.9.1 Desenhos mostrando a distribuição de átomos de um elemento altamente incompatível (círculos brancos) em um lherzolito mantélico simplificado sofrendo fusão parcial conforme descrito no Quadro 5.4. O número de átomos mostrados é o mesmo em cada diagrama; as áreas em preto representam o líquido magmático. (a) Antes de a fusão começar, os átomos dos elementos incompatíveis, por terem sido excluídos dos minerais formadores de rocha, residem ao longo dos limites de grão. (b) Em baixos graus de fusão, todos os átomos de elementos incompatíveis estão presentes (em concentrações elevadas) em pequenos bolsões de líquido magmático em interseções dos limites de grão apropriadas. (c) À medida que a fusão avança, o mesmo número de átomos é disperso em um volume grande de líquido magmático (isto é, eles são diluídos a concentrações menores).

1. O material da pluma em ascensão inicialmente sofre fusão em profundidade, e os líquidos magmáticos pouco fracionados com teores elevados de voláteis[17] escapam do elemento volumétrico da pluma e permeiam a litosfera sobrejacente, onde iniciam a fusão litosférica para formar os basaltos alcalinos e toleíticos típicos do monte oceânico de Loihi.

2. O mesmo elemento volumétrico da pluma, após ter ascendido a profundidades menores, sofre fusão por descompressão mais avançada na zona axial quente da pluma, gerando volumes expressivos de magma subalcalino construtor de escudo. As rochas vulcânicas alcalinas pós-caldeira podem representar uma fase de enfraquecimento desse estágio, à medida que a fusão recua a profundidades maiores e graus mais baixos de fusão em regiões periféricas da pluma.

3. A fusão de volumes pequenos que abastece os magmas alcalinos pós-erosivos (os quais extravasam após uma pausa significativa) parece, de acordo com dados isotópicos, envolver a fusão de um componente MORB, preso na própria pluma (Valbracht et al., 1996) ou presente como veios invasivos de piroxenito na litosfera sobrejacente (Lassiter et al., 2000). Experimentos matemáticos conduzidos para modelar a interação entre uma pluma flutuante e uma placa litosférica em movimento sobre ela demonstram a existência de uma segunda região de fusão entre 300 e 500 km descendo pelo eixo da pluma (Ribe and Christensen, 1999), a qual pode explicar o estágio pós-erosivo.

---

[17] Essa característica é postulada para explicar a composição primitiva de isótopos de hélio das lavas de Lohi, mas os detalhes não são pertinentes nessa discussão.

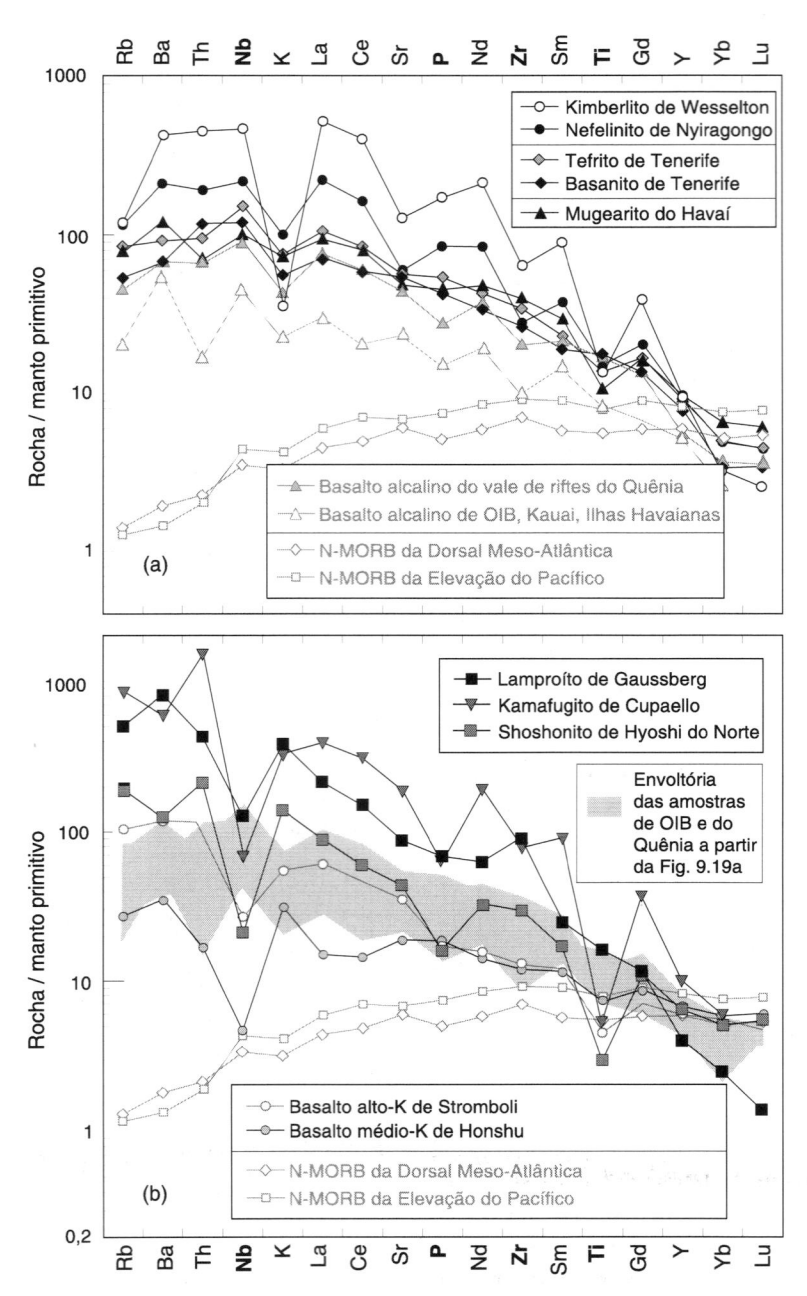

Figura 9.19 Diagramas de enriquecimento de elementos incompatíveis para algumas rochas alcalinas básicas e ultrabásicas (incluindo a maioria das rochas listadas na Tabela 9.5). Os fatores de normalização em relação ao manto primitivo (com base em Sun and McDonough, 1989) são mostrados na Tabela 2.4. Os símbolos de elementos em **negrito** representam **HSFEs**. (a) A soleira de kimberlitos afaníticos de Wesselton (dados de Le Roex et al., 2003), o leucita melilita nefelinito de Nyiragongo, o basanito e o tefrito de Tenerife e o mugearito Haleakala do Havaí; os padrões de MORB e de basaltos alcalinos da Figura 2.16 são mostrados (em cinza) para comparação. (b) Os padrões do shoshonito potássico de Hyoshi do Norte (norte do Arco das Marianas), o lamproíto ultrapotássico de Gaussberg (Antártida) na Tabela 9.5 e um kamafugito de Cupaello (Figura 9.17, dados de Conticelli and Peccerillo, 1992) comparados com basaltos alto- e médio-K e MORB da Figura 2.16; as faixas cinza resumem os padrões de OIB e do basalto alcalino do rifte do Quênia da Figura 9.19a para referência.

As cadeias de ilhas oceânicas onde o estágio de construção do escudo é composto por basaltos alcalinos, não toleíticos, podem (i) ter se formado em uma litosfera mais espessa do que a do Havaí ou (ii) ser os produtos de plumas menos vigorosas (com menor temperatura potencial). Uma vez que a espessura da litosfera oceânica aumenta com a idade até 60 Ma, e que essa velocidade diminui muito após esse período, é improvável que ela se torne mais espessa que a litosfera com 85 Ma de idade sob o Havaí. Por essa razão, a segunda explicação parece ser a mais plausível para a existência de escudos alcalinos.

O modelo da pluma havaiana é válido para ilhas oceânicas grandes como Reunião e Tristão da Cunha (Figura 2.12) que pertençam a cadeias insulares que aumentam com a idade, mas não é aplicável a todas as ilhas oceânicas intraplaca. Por exemplo, as ilhas Canárias (inclusive Tenerife), na costa noroeste da África, não apresentam vários dos atributos da cadeia do Havaí: não há uma "elevação" topográfica de grande amplitude como aquela associada ao *hot spot* havaiano (que testemunha a existência de uma pluma subjacente), as ilhas têm atividade vulcânica por períodos mais longos do que as ilhas e montes submarinos havaianos (com exceção de uma das ilhas Canárias, todas se mantêm ativas há 5 ka) e a produção de líquido magmático é menor. Essas diferenças dificilmente explicam a ação de uma pluma vigorosa em estado estacionário sob as Ilhas Canárias, indicando que outros mecanismos de gênese magmática podem estar atuantes na região, embora não haja consenso sobre eles.

Muitas ilhas e montes submarinos em bacias oceânicas não têm relação com as cadeias de ilhas que evoluem com a idade, como o arquipélago do Havaí. Logo, não é possível postular, com razoabilidade, a existência de uma pluma mantélica sob cada uma dessas ilhas e montes. O conceito de "bolhas" pequenas sujeitas à fusão no interior da astenosfera convectiva foi mencionado no Capítulo 2 como explicação possível para os centros vulcânicos espalhados em bacias oceânicas (Fitton, 2003).

A Islândia

A Islândia é a região vulcânica mais estudada em todo o mundo. Contudo, apesar da riqueza de dados geoquímicos e isotópicos sobre a região, pouco se sabe sobre como a origem do vulcanismo basáltico alcalino "fora do rifte" e de vulcanismos afins difere da gênese dos toleítos e picritos das principais zonas de rifte. Um modelo recente, ilustrado na Figura 9.20, mostra uma seção transversal sob a Islândia, de Snaefellsnaes a Vestmannaeyjar (*a–b–c*, na Figura 9.9). Esses pontos estão a distâncias radiais aproximadamente iguais em relação ao suposto centro da pluma sob a calota de gelo de Vatnajökull. A área branca descreve o topo da pluma quente em movimento de expansão radial, entre a astenosfera (abaixo) e a litosfera (acima). As barras verticais representam as colunas de fusão que alimentam o vulcanismo em *a*, *b* e *c* (em três dimensões, essas colunas podem parecer inclinadas na direção do centro da pluma), truncado pela litosfera de diferentes espessuras.

Segundo Kokfelt et al. (2006), os dados relativos a isótopos e elementos-traço indicam duas composições parentais dominantes que contribuem com o vulcanismo pós-glacial: (i) uma litologia piroxenítica relativamente enriquecida contendo de 3% a 6% de granada e (ii) uma fonte lherzolítica empobrecida com menos de 2% de granada. No modelo que Kokfelt e seus colaboradores desenvolveram, ambas estão presentes no interior da pluma heterogênea da Islândia. As diferentes profundidades em que essas duas litologias *começam* a sofrer fusão na pluma em ascensão adiabática são indicadas pelas linhas tracejadas na Figura 9.20. Uma vez que Vestmannaeyjar está um pouco mais próximo ao centro quente da pluma (Figura 9.9), a fusão é mostrada iniciando a uma profundidade um pouco maior do que ocorre em Snaefellsnaes. A fusão sob Snaefellsnaes está restrita – pelo início da fusão a uma profundidade relativamente menor e pela litosfera refratária espessa sobrejacente – a um intervalo de profundidade estreito, entre 80 e 50 km, e se sustenta sobretudo a partir de uma fonte piroxenítica que produz basaltos alcalinos enriquecidos. A fusão sob Vestmannaeyjar está sujeita aos mesmos controles, mas, nela, o intervalo de fusão se estende de 100 a 40 km, o que permite que uma proporção maior de líquido magmático seja obtida do componente lherzolítico empobrecido. Entretanto, sob a Península de Reykjanes (*b*), a litosfera pouco espessa permite um grau de fusão significativamente maior em profundidade menor. Aqui, a composição do magma subalcalino é ditada por uma fusão mais avançada, sobretudo da fonte lherzolítica empobrecida.

O magmatismo de rifte continental associado a plumas

A Figura 9.3 revela que o vulcanismo neógeno do Leste da África foi associado ao desenvolvimento de duas "elevações" topográficas amplas (regiões de soerguimento em domo), uma no limite com o rifte da Etiópia e uma centralizada no Lago Vitória. O soerguimento a uma altitude de aproximadamente 3.000 m acima do nível do mar em áreas tão amplas como essas implica o apoio dinâmico fornecido por uma coluna de densidade anormalmente baixa, a qual permite o soerguimento do manto sob essas elevações, cujas dimensões não são diferentes daquelas da elevação associada à pluma havaiana descrita. Além disso, durante o Neógeno, de 10^5 a 10^6 km³ de produtos vulcânicos foram derramados ao longo do rifte do Quênia (Baker, 1987), e um volume semelhante está associado ao rifte da Etiópia (Rogers, 2006). Uma produção vulcânica dessa escala, considerando o grande volume correspondente de magma de alta densidade também inserido na crosta (Figura 9.14), indica temperaturas potenciais elevadas no manto subjacente. Considerados em conjunto, o soerguimento e o magmatismo apontam, sem deixar dúvida, para a presença de uma pluma mantélica convectiva quente em ascensão sob o Leste da África. A tomografia sísmica sugere que o manto de velocidades sísmicas anormalmente baixas se estende a profundidades de ao menos 400 km sob o norte da Tanzânia (Nyblade et al., 2000).

Os platôs da Etiópia e do Leste da África aparecem de forma separada na Figura 9.3. Portanto, se aceitarmos que têm origem em uma pluma, é importante perguntar se ambos se formaram em resposta à *mesma* pluma ou se cada platô é o produto de uma pluma mantélica diferente. Ebinger e Sleep (1998) defendem a ideia de que as duas províncias vulcânicas associadas ao soerguimento, como outros centros soerguidos do vulcanismo alcalino neógeno dispersos no norte da África (como Hoggar, Tibetsi, Darfur e a Linha de Camarões) são as manifestações de uma única pluma sob o Platô Etíope, cujo topo se deslocou lateralmente, em um movimento facilitado pela topografia inferior da litosfera africana (isto é, ao longo de "corredores" nos quais a espessura da litosfera é menor). Contudo, esse modelo não permite prever com sucesso a distribuição do vulcanismo nas regiões mais meridionais do rifte do Quênia-Tanzânia ou no Rifte Ocidental (compare com a Figura 9.3). Outros autores, entre os quais Rogers (2006) em um dos estudos mais recentes sobre o assunto, argumentam que a região de soerguimento e vulcanismo de rifte centralizada no Lago Vitória (Figura 9.3) é o produto de uma "pluma do Quênia" diferente, a qual tem características isotópicas e geoquímicas muito distintas das características da pluma de Afar (Rogers et al., 2000). O modelo termal de um cenário de duas plumas elaborado por Lin et al. (2005) prevê a distribuição de rochas vulcânicas no Quênia e no norte da Tanzânia com mais precisão do que um modelo de pluma única e sugere que duas plumas seriam separadas por uma "linha de estagnação" que impede a mistura e faz com que preservem suas assinaturas geoquímicas e termais (de soerguimento) individuais.

Com o tempo, o ponto de origem do vulcanismo do Leste da África migrou para o sul, de Turkana (há 35 Ma, LTu, na Figura 9.3) para o norte do Quênia (30 Ma), centro-sul do Quênia (15 Ma, Figura 9.11) e norte da Tanzânia (aproximadamente 10 Ma), uma tendência que Rogers (2006) atribui à migração da pluma do Quênia[18] para o sul. É

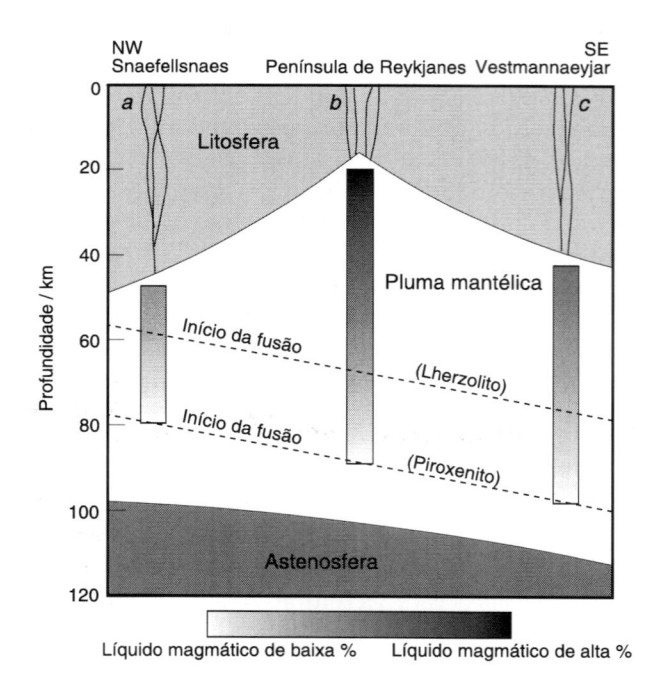

Figura 9.20 Seção transversal esquemática da região de fusão no topo da pluma sob a Islândia, ao longo da linha *a–b–c* mostrada na Figura 9.9, com permissão de Oxford University Press.

---

[18] Talvez "pluma da Tanzânia" seja um nome melhor, considerando sua localização hipotética atual.

possível que os basaltos eocenos de Amaro no sul da Etiópia representem a manifestação vulcânica mais jovem e setentrional dessa pluma, sugerindo que ela tenha se formado há 45 Ma, isto é, 15 Ma antes da primeira atividade vulcânica associada com a pluma de Afar.

Os basaltos, basanitos e nefelinitos do rifte de Gregory, no Quênia e no norte da Tanzânia, são geoquimicamente semelhantes (Figura 9.19a) aos OIBs. Portanto, é razoável considerá-los primeiramente como produtos da fusão do manto da pluma sublitosférica, semelhante ao que ocorre sob ilhas oceânicas associadas a *hot spots* (Macdonald et al., 2001), embora, em partes do Leste da África, o sistema esteja restrito a graus menores de fusão em grande profundidade pela litosfera continental mais espessa. Contudo, as razões de isótopos radiogênicos dos basaltos extravasados pela borda do cráton da Tanzânia diferem daquelas dos cinturões móveis proterozoicos (Rogers et al., 2000). Essa correlação com a idade da crosta e da litosfera sugere que os basaltos recolheram uma contribuição isotópica dependente da idade, também da litosfera continental.

O caráter distintivamente potássico das lavas extravasadas no Rifte Ocidental, além das concentrações elevadas de outros elementos incompatíveis como o Rb, o Ba, o Th, o Nb e os elementos terras raras leves (Figura 9.19a), muitas vezes é atribuído à presença de um mineral rico em potássio na fonte mantélica, o qual pode ser um anfibólio ou uma flogopita. Não há equivalente para essa afinidade altamente potássica nas ilhas oceânicas. Logo, Rogers (2006) interpreta o vulcanismo atual do Rifte Ocidental como resultado, sobretudo, da fusão parcial do manto litosférico subcontinental enriquecido em elementos incompatíveis, conforme discutido anteriormente neste capítulo. Já que os **HSFEs** (incluindo o Nb) estão presentes em níveis tão altos quanto os elementos litófilos de íon grande (**LILEs**) (Figura 9.19a), o autor argumenta que o agente metassomático talvez tenha sido um líquido magmático silicatado alcalino (não um fluido hidratado, do tipo que fraciona os LILEs em relação aos HSFEs em ambientes associados à subducção). Os isótopos radiogênicos indicam que o enriquecimento em elementos incompatíveis data de aproximadamente 1 Ga atrás, quando a litosfera se estabilizou após a orogenia kibariana nessa parte da África.

Os carbonatitos

Os petrólogos não têm uma ideia real do caráter mineralógico e composicional de um magma formador de carbonatito, exceto pelo fato de que ele precisa conter Si, Mg, Fe, P e álcalis que expliquem a presença corriqueira de silicatos, óxidos e fosfatos máficos. Logo, os esquemas petrogenéticos atuais são marcados por especulações de todo tipo.

Mitchell, (2005)

Diante dessa incerteza sobre a composição de magmas, a geração de magmas carbonatíticos permanece um enigma. Os carbonatitos *stricto sensu* (Quadro 9.3), assim como os nefelinitos e melilititos que os acompanham, sem dúvida são formados de magmas mantélicos. Os xenólitos lherzolíticos relatados em diversos carbonatitos eruptivos (Wooley and Church, 2005) confirmam essa afirmação. Um possível modelo para explicar a gênese do magma considera que magmas carbonatíticos e silicatados coexistentes podem evoluir como líquidos magmáticos imiscíveis complementares que se separam de um magma carbonatado-silicatado parental. Essa relação é suportada pela observação, em campo, de **ocelos** em uma lava nefelinítica (Kjarsgaard and Peterson, 1991) e por diversos estudos experimentais (para uma discussão, ver Brooker, 1998). A Figura 9.21 mostra um solvus possível e a "lacuna de miscibilidade" que ele envolve, em pressões e temperaturas mantélicas.[19] Segundo Brooker, a área de imiscibilidade de dois líquidos magmáticos é pequena quando estes são subsaturados com CO_2 (curvas solvus cinza), mas se expande mais perto da saturação em CO_2 (curva preta). **Linhas de amarração** radiais unem composições nos lados opostos do solvus que estão em equilíbrio: uma composição como M, por exemplo, que forma um líquido magmático homogêneo em condições de subsaturação em CO_2 (por exemplo, $P_{CO_2}/P_{total} \sim 0,5$), desfaz-se em líquidos magmáticos silicatados e carbonatados separados (m_1 e m_2) à medida que a diminuição de pressão leva à saturação em CO_2. Observe que o solvus não se estende ao limite relativo ao baixo teor de álcalis do diagrama e, por essa razão, o fenômeno de separação está restrito a líquidos magmáticos um tanto ricos em álcalis. Dito de outro modo, os sövitos com alto teor de calcita como aqueles encon-

---

[19] A existência de um solvus foi estabelecida, mas os detalhes envolvidos variam entre os estudos sobre o assunto.

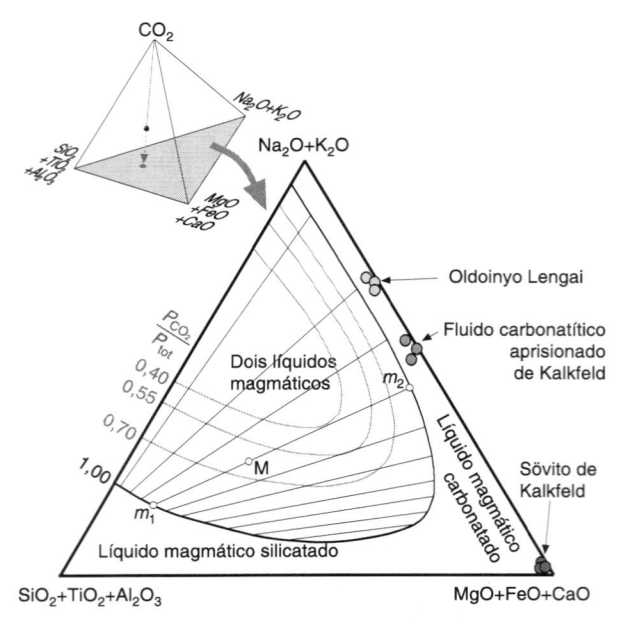

Figura 9.21 Diagrama conceitual **isotermal** de fases (% em massa) mostrando o **solvus** que separa líquidos magmáticos silicatados e carbonatados imiscíveis em condições de saturação (curva preta) e subsaturação (curva cinza) em CO_2 a 2,5 GPa e 1.250°C, com base em Brooker (1988). As coordenadas no sistema quaternário CO_2–$(Na_2O + K_2O)$–$(SiO_2 + TiO_2 + Al_2O_3)$–$(MgO + FeO + CaO)$ são **projetadas** (Apêndice B) do vértice relativo ao CO_2 em direção à base ternária livre de CO_2 (área sombreada no detalhe) mostrada na figura principal. As linhas finas radiais são **linhas de amarração** arbitrárias conectando líquidos magmáticos silicatados (por exemplo, m_1) e carbonatados (m_2). As composições do natrocarbonatito de Oldoinyo, do "fluido carbonatito aprisionado" de Karkfeld (Tabela 9.4) e do sövito de Kalkfeld foram obtidas de Bühn e Rankin (1999).

trados em Kalkfeld (Tabela 9.4) não podem ser os produtos da imiscibilidade, a menos que – como se infere com base nas auréolas de **fenito** – o sövito não passe de um resíduo empobrecido em voláteis de um magma carbonatítico inicialmente com teores muito mais altos em álcalis.

Os líquidos magmáticos silicáticos carbonatados homogêneos também podem ser deslocados pelo solvus por (i) resfriamento, o qual alarga a lacuna de miscibilidade, ou (ii) o fracionamento de silicatos. Os magmas carbonatíticos podem também se originar pela fusão parcial direta do peridotito mantélico carbonatado. Bell et al. (1998) e Mitchell (2005) defendem a noção de que os carbonatitos magmáticos primários são de tipos diversos (o que, em outras palavras, equivale à máxima de H.H. Read sobre os granitos: *há carbonatitos e carbonatitos*) e portanto um único modelo não consegue explicar todos esses magmas.

Outros riftes continentais e províncias alcalinas

No Leste da África existe uma associação causal clara entre o soerguimento, o rifteamento, o vulcanismo e uma pluma mantélica subjacente. O envolvimento de uma pluma é mais difícil de demonstrar para províncias alcalinas que deixaram de ser ativas. Na província alcalina de Gardar, no sul da Groenlândia, por exemplo, a geologia fornece um registro claro da extensão do Proterozoico tardio, da subsidência associada a riftes e do magmatismo alcalino, mas não há evidências preservadas sobre a existência de soerguimento sinmagmático regional de grande porte – como o soerguimento no Leste da África observado hoje – que comprovem o envolvimento de uma pluma. As comparações petrológicas, ao lado do máximo gravimétrico axial na zona de diques de Togtutôq-Motzfeldt, estabelecem um paralelo muito próximo com o cenário tectono-magmático do Sistema de Riftes do Leste da África (Upton et al., 2003), mas não existem evidências diretas da atividade de uma pluma na época.

Algumas províncias continentais associadas a riftes parecem se formar sem o envolvimento de uma pluma. O rifte Carbonífero do Vale de Midland, na Escócia, produziu vulcanismo semelhante a OIB por 70 Ma; porém, aqui parece que não houve a formação de domo por uma pluma como aquele visto no Leste da África e em Basin and Range (ver Fitton, 2003). Em casos como esse, o magmatismo provavelmente aconteceu em razão da fusão por descompressão que acompanhou a ascensão passiva da astenosfera em resposta ao adelgaçamento litosférico associado à extensão. Considerando sua semelhança com a ascensão em dorsais meso-oceânicas, o motivo de um processo como esse, isto é, gerar magmas semelhantes a OIB, não a MORB (magma astenosférico), é um mistério. Esse é mais um aspecto interessante do "paradoxo do OIB" proposto por Fitton (2003).

As origens do magmatismo da Linha de Camarões, o qual prossegue de forma intermitente há 66 Ma no centro-oeste da África (Figura 9.16), não são compreendidas por completo. Os basaltos dos vulcões localizados em setores continentais e oceânicos da linha são geoquimicamente idênticos, o que exclui o envolvimento significativo de fontes litosféricas (uma vez que a litosfera mantélica continental introduziria assinaturas geoquímicas distintas) e coloca a fonte do magmatismo no manto convectivo subjacente. Não há correlação entre a idade e a localização geográfica dos centros vulcânicos e plutônicos que explique a tendência geográfica linear em termos da migração da litosfera, segundo o estilo havaiano, sobre uma fonte pontual sublitosférica subjacente. Se uma pluma mantélica fosse utilizada para explicar a distribuição, a idade e a composição semelhante à dos OIBs dos vulcões, ela teria de ter a forma de um lençol vertical e permanecer estacionária com relação à placa africana por 66 Ma (Fitton, 2003). Meyers et al. (1998) e Déruelle et al. (2007) propuseram uma "linha quente" convectiva com essas características no manto sob a região, mas a causa dessa configuração incomum da pluma – se ela de fato existe – está longe de ser esclarecida.

Diferentemente dos basaltos da Linha de Camarões, os quais são indistinguíveis em setores oceânicos e continentais, existem diferenças claras nos magmas sálicos da província: a vasta maioria das rochas vulcânicas evoluídas do setor continental são traquitos e riolitos alcalinos, ao passo que, exceto por duas, todas as rochas evoluídas do setor oceânico são fonolitos. Como propõe Fitton (1987):

> *a contaminação crustal progressiva dos magmas em processo de fracionamento fornece a explicação mais simples do domínio de rochas sálicas supersaturadas no setor continental.*

Os kimberlitos

> *O kimberlito constitui um tipo de rocha rico em voláteis e altamente alcalino que, de muitas maneiras, atraiu mais atenção do que seu volume relativo sugere merecer. Isso se deve sobretudo ao fato de ele servir como meio de transporte de diamantes e de xenólitos mantélicos de granada peridotito até a superfície da Terra. Além disso, sua provável origem em profundidades maiores que as de qualquer outra rocha ígnea e a composição magmática extrema que apresentem em termos de teores baixos de SiO_2 e níveis elevados de elementos-traço incompatíveis ilustram a importância de entender a petrogênese dos kimberlitos.*
>
> Le Roex et al. (2003)

Não apenas a ocorrência de diamantes (uma propriedade compartilhada com os lamproítos), mas também a análise de granada lherzolitos e de xenólitos de harzburgito normalmente contidos nos kimberlitos deixam claro que os magmas kimberlíticos têm origem em profundidades no interior do manto terrestre muito maiores do que aquelas em que se originam os outros tipos de magmas. Esses xenólitos são fragmentos de rocha das paredes do conduto arrastadas pelo magma kimberlítico durante sua ascensão rápida[20] através da litosfera. Eles são úteis como ferramentas para delimitar os pontos e as condições em que o líquido magmático kimberlítico é formado. Experimentos laboratoriais revelam que o teor de Al_2O_3 nos cristais de ortopiroxênio coexistentes com granada varia com a pressão em que o equilíbrio foi estabelecido (MacGregor, 1974). Portanto, a análise por **microssonda eletrônica** do Al_2O_3 em ortopiroxênios naturais em xenólitos de granada peridotidos permite estimar a *profundidade* de sua residência no manto (isto é, a profundidade de origem do xenólito). A *temperatura ambiente* a que o xenólito é exposto antes de ser aprisionado pelo magma kimberlítico pode também ser estimada por geotermometria, com base no teor de CaO do clinopiroxênio existente ao lado do ortopiroxênio (Quadro 4.5). A Figura 9.22 mostra estimativas das temperaturas em profundidade e no ambiente em que os xenólitos mantélicos – recuperados nesse exemplo da chaminé de kimberlito de Jericó no cráton de Slave, no norte do Canadá – entraram em equilíbrio antes de serem apanhados pelo magma kimberlítico em ascensão. Os pontos de dados definem uma "geoterma de escudo" que corta o manto litosférico do cráton de Slave. Uma vez que o kimberlito precisa se originar em profundidades maiores que os xenólitos mais profundos, esse gráfico indica que o kimberlito de Jericó se originou a mais de 220 km sob a superfície. Os xenólitos de outros kimberlitos da Província de Slave e de outros locais sugerem uma origem em profundidades semelhantes.

Portanto, é possível concluir que a gênese do magma kimberlítico é caracterizada por graus muito baixos de fusão no interior do **SCLM** (para explicar o enriquecimento extremo em HITE, mostrado na Figura 9.19), o que ocorre em profundidades consideráveis (para explicar o intervalo de pressões registradas pelos xenólitos mostrados na Figura 9.22 e às vezes confirmado pela presença de diamantes), como mostra a Figura 9.23. A ocorrência de kimberlitos no interior e ao redor de crátons, não em associação com riftes mais jovens, é consistente com esse quadro.

---

[20] Sparks et al. (2006) estimam que os magmas kimberlíticos ascendem a velocidades de 4 a 20 m/s.

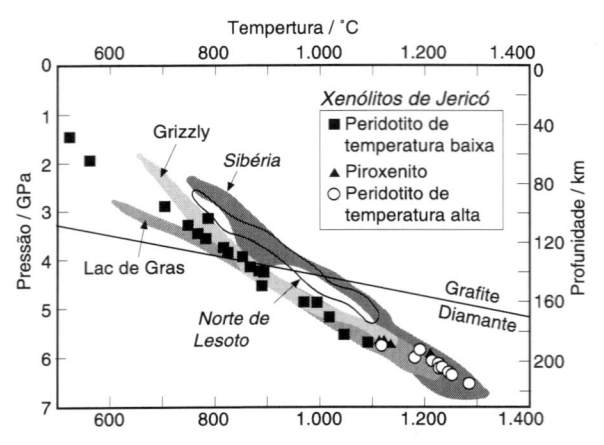

Figura 9.22 Estimativas de *P–T* dos xenólitos mantélicos da chaminé kimberlítica de Jericó no cráton de Slave, territórios do noroeste, Canadá, adaptado de Kopylova et al. (1998) com permissão de Oxford University Press. Os símbolos representam diferentes xenólitos. As áreas *P–T* comparando populações de xenólitos de outras chaminés no cráton de Slave (Grizzly, Lac de Gras) e de kimberlitos na Sibéria e no norte de Lesoto (África meridional) também são ilustradas (as fontes são dadas em Kopylova et al., 1998), assim como o limite que define as áreas de estabilidade do grafite e do diamante.

É possível diferenciar os kimberlitos do sul da África em dois tipos:

- Os kimberlitos do "Grupo I", os quais têm teores elevados de Nb (como Wesselton, na Figura 9.19) e razões de isótopos de Sr iniciais semelhantes às dos OIBs.
- Os kimberlitos do "Grupo II" (chamados de "orangeítos" por Mitchell, 1986), os quais tendem a ser mais ricos em flogopita, têm anomalias negativas para o Nb e possuem teores mais altos de Sr radiogênico.

A distinção entre essas categorias é de natureza principalmente geoquímica. As diferenças mineralógicas são muito tênues. Becker e Le Roex (2006) propuseram que os magmas kimberlíticos do Grupo I são o resultado da fusão do **SCLM** anteriormente enriquecido por líquidos magmáticos ou fluidos semelhantes a OIBs (isto é, oriundos de uma pluma). Por outro lado, os kimberlitos do Grupo II exibem uma deficiência em Nb que lembra o magmatismo de zona de suprassubducção (**SSZ**), indicada pelo modelo proposto por Becker e Le Roex para a fusão de:

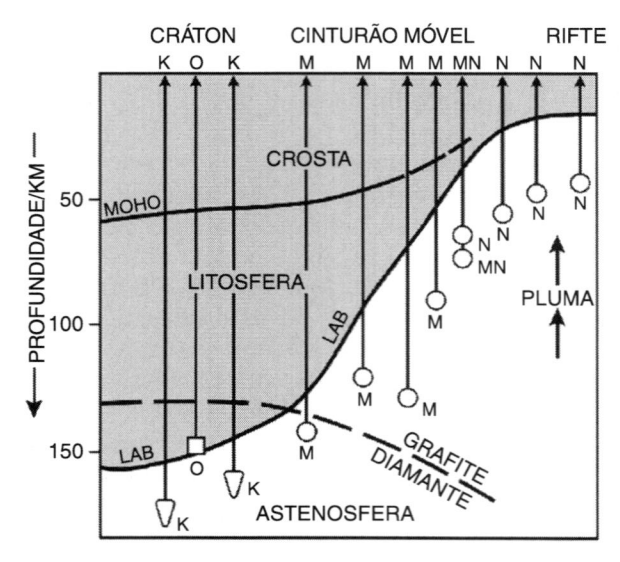

Figura 9.23 Diagrama preparado por Mitchell (2005, com permissão da Associação Mineralógica do Canadá) associando as origens do kimberlito (K), melilitito (M) e nefelinito (N) à espessura da litosfera e à contribuição da pluma. LAB, limite litosfera-astenosfera; MN, melilita nefelinito.

regiões fonte do manto litosférico arqueano e proterozoico metassomatizadas por líquidos magmáticos ou fluidos associados com os eventos de subducção antigos não relacionados com ascensão de pluma mantélica. A ascensão de plumas mantélicas sob a África meridional durante o Mesozoico, no momento da divisão de Gondwana, pode ter atuado como fonte de calor para a fusão do SCLM e a geração de magmas kimberlíticos dos Grupos I e II.

Existem dúvidas sobre se o início da fusão parcial para formar magmas kimberlíticos ocorre no SLCM – como sugerido acima – ou na astenosfera subjacente (Figura 9.23). Contudo, poucos pesquisadores questionam o impacto que a litosfera de escudos antigos tem na composição dos kimberlitos.

As rochas alcalinas associadas à subducção

O vulcanismo semelhante ao vulcanismo de arco das ilhas Eólias, na Itália, foi atribuído (por Guest et al., 2003, por exemplo) à subducção que ocorre a noroeste da placa africana sob o Mar Jônico, onde a zona de subducção permanece ativa (ver a seta cinza e as curvas da zona de Wadati-Benioff na Figura 9.17). As províncias potássicas da Itália central também foram interpretadas como produtos da subducção, mas estão localizadas em uma região da Itália – a oeste dos Apeninos – que sofre rifteamento e falhamento em blocos iniciados no Mioceno superior e que persistem até o presente. Na verdade, partes do Mar Tirreno vizinho a elas são assoalhadas por crosta oceânica nova (Figura 9.17) e, por isso, têm algumas características de uma bacia de back-arc extensional (conforme a Figura 6.19). A maior parte dos modelos recentes atribui os vulcões potássicos da Itália central a esse episódio de tectonismo extensional ocorrido na parte posterior da frente de cavalgamento Apeninos-Maghreb e ao adelgaçamento litosférico que o acompanhou (Turco and Zuppeto, 1998 – ver a Figura 9.17). Contudo, alguns pesquisadores entendem que os vulcões quaternários italianos sejam associados a plumas (Bell et al., 2006).

A suíte shoshonítica

O tectonismo extensional no interior de um ambiente de margem convergente também parece ter desempenhado um papel-chave na gênese da suíte shoshonítica (Figura 9.2) e de algumas rochas vulcânicas calcialcalinas alto-K associadas a ela. A associação com a subducção é confirmada pela anomalia negativa para o Nb, exibida pela maioria dos shoshonitos, a qual muitas vezes é acompanhada por uma anomalia semelhante para o Ti (como mostra a Figura 9.19b, por exemplo). De modo geral, os shoshonitos demonstram um enriquecimento significativamente maior em elementos litófilos de íon grande (LILEs), da ordem de 100 a 1.000 vezes, em comparação com as rochas vulcânicas calcialcalinas associadas.

Em relação aos shoshonitos intraoceânicos das Marianas, Sun e Stern (2001) concluíram que – apesar da anomalia para o Nb – os fluidos hidratados derivados da placa desempenharam um papel menos relevante na gênese dos magmas shoshoníticos, comparado à função que exerceram nos magmas calcialcalinos e toleíticos associados. Ao contrário, os autores atribuíram o enriquecimento característico em elementos incompatíveis do shoshonito (Figura 9.19b) ao envolvimento do sedimento oceânico subductado na fonte mantélica do centro de expansão de back-arc, e demonstraram que a anomalia negativa para o Nb poderia ter sido herdada do sedimento subductado.

De modo geral, os shoshonitos dos arcos magmáticos continentais (por exemplo, Cascades, no oeste dos Estados Unidos) e de ambientes pós-colisionais (Tibete, Alpes) apresentam curvas de elementos terras raras muito mais inclinadas do que aquelas de arcos intraoceânicos como as Marianas, como mostram suas razões Ce/Yb na Figura 9.24. Os valores elevados de Ce/Yb provavelmente refletem a presença de granada residual na fonte mantélica. A Figura 9.24 também enfatiza o enriquecimento em Ce (e, por analogia, em outros elementos terras raras leves) muito maior nos shoshonitos de ambientes colisionais, como o Tibete. Turner et al. (1996) atribuem os shoshonitos do Tibete à fusão do SCLM previamente metassomatizado por processos de subducção antigos. Seu modelo está fundamentado em uma interpretação específica do colapso orogênico extensional, no qual a parte mais baixa da litosfera adelgaçada se desprende e afunda, expondo o interior da litosfera mais fria a temperaturas astenosféricas altas o bastante para dar início à fusão da litosfera.

Porém, esses modelos diferentes não explicam as características comuns aos shoshonitos em aproximadamente todos os ambientes em que ocorrem. Nesse sentido, percebe-se a necessidade de uma hipótese unificadora, válida para todos esses ambientes associados à subducção.

Os lamproítos

Em campo, os lamproítos às vezes estão associados a shoshonitos em ambientes tectônicos pós-colisionais, como no Tibete e no noroeste dos Alpes, por exemplo (Figura 9.24).

O alto enriquecimento em LILEs e teores elevados de MgO e de elementos compatíveis característicos dos lamproítos (Figura 9.19b) indicam os graus baixos de fusão em uma fonte de SCLM metassomatizado. A anomalia negativa para o Nb comum nos lamproítos (em comparação com os shoshonitos) sugere que episódios anteriores de subducção contribuíram com o enriquecimento metassomático da litosfera. Alguns autores (como Gao et al., 2007. Guo et al., 2006; Altherr et al., 2004) entendem que o sedimento oceânico subductado é o principal componente na gênese do magma lamproítico. Esse sedimento teria sido adicionado ao SCLM por líquidos magmáticos parciais de baixo grau oriundos da placa mergulhante. Estudos experimentais indicam que – a exemplo do vulcanismo potássico do Rifte Ocidental do Leste da África – a fonte certamente continha um mineral residual com teores elevados de potássio, como a flogopita ou o anfibólio (Edgar and Vukadinovic, 1992), talvez como componente de veios metassomáticos. A ocorrência de xenocristais de diamantes em alguns lamproítos indica a origem em uma profundidade considerável na litosfera (Figura 9.23).

Os lamprófiros

> Os lamprófiros são muito diversificados, tanto em sua gênese quanto em sua composição. Fontes e/ou condições de fusão diferentes explicam exemplos diferentes dessas rochas em um mesmo ramo no interior de um mesmo complexo ígneo.
>
> Rock (1987)

O termo "lamprófiro" abrange uma gama tão ampla de tipos magmáticos e ambientes tectonomagmáticos (Quadro 9.6), que um único modelo de gênese magmática não pode explicar a todos. Talvez seja possível afirmar que os lamprófiros – ainda que estejam entre as rochas alcalinas mais comuns – sejam também as menos conhecidas, da perspectiva petrogenética.

REVISÃO – A IMPORTÂNCIA DO MAGMATISMO ÍGNEO ALCALINO

As rochas ígneas alcalinas são notáveis por sua ampla diversidade composicional, tanto mineralógica (Tabelas 9.1 e 9.3) quanto geoquímica (Figuras 9.1a e 9.19). A subsaturação em sílica, o alto teor de álcalis e o forte enriquecimento em elementos incompatíveis pode acarretar a ocorrência de minerais incomuns, como a sodalita ou a eudialita. As características mais notáveis das rochas alcalinas incluem:

- A diversidade da composição das rochas alcalinas transpõe as divisões entre as mineralogias subsaturada e supersaturada em sílica, metaluminosa e peralcalina, sódica, potássica e ultrapotássica, e silicatada e carbonatada.
- Alguns magmas alcalinos, como o leucita nefelinito e o natrocarbonatito, têm viscosidade marcadamente baixa.
- Os basaltos alcalinos e lavas alcalinas afins ocorrem em ilhas oceânicas. No Havaí, eles formam o estágio pré-escudo (o qual antecede o escudo toleítico que forma a maior parte da ilha), o estágio pós-caldeira e o estágio pós-erosivo. Muitas ilhas e montes oceânicos menores são compostos exclusivamente por basaltos alcalinos e rochas derivadas.
- Volumes grandes de rochas vulcânicas alcalinas estão associados a riftes continentais ativos como o sistema de riftes do Leste da África, onde muitas vezes formam uma população bimodal (Figura 9.13). O soerguimento, a extensão, o rifteamento, o vulcanismo alcalino (Figura 9.3) e uma anomalia de Bouguer negativa regional (Figura 9.14) na região sugerem a presença de uma ou mais plumas mantélicas quentes e flutuantes que invadem e adelgaçam a litosfera continental.
- Os carbonatitos estão associados a muitos centros vulcânicos no Leste da África. Alguns podem ser os produtos da imiscibilidade de líquidos magmáticos em um magma parental silicatado-carbonatado ascendente. O parentesco genético entre o natrocarbonatito de Oldoinyo Lengai e os carbonatitos cálcicos ou magnesianos é desconhecido.
- Os basaltos alcalinos continentais são geoquimicamente muito semelhantes àqueles extravasados em ilhas oceânicas. O enriquecimento em HITE pode ser explicado com base nos graus de fusão por descompressão restringida por uma litosfera espessa. Contudo, os magmas potássicos com os teores mais elevados de HITE (o kamafugito, o kimberlito e o lamproíto) estão confinados às províncias orientais e, provavelmente, envolvem a fusão do SCLM metassomatizado.

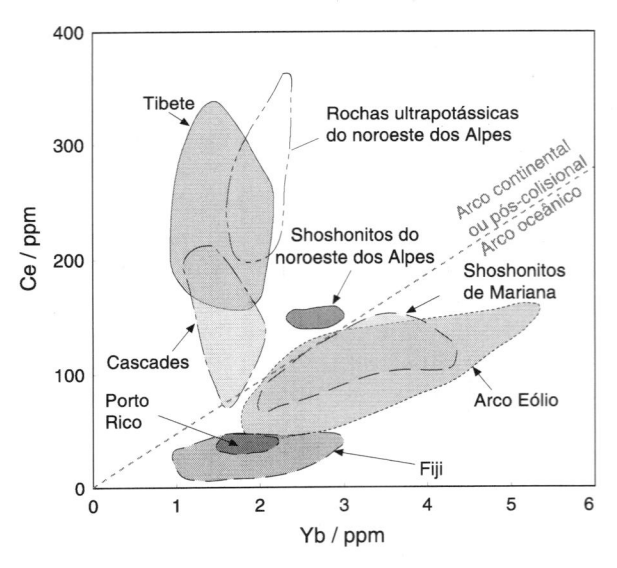

Figura 9.24 Campos de Ce–Yb para os shoshonitos de diversas partes do mundo, com base em Gill et al. (2004) e Sun and Stern (2001) utilizando as fontes de dados citadas pelos autores. As linhas sólidas envolvem os grupos de dados para ambientes pós-colisionais; as linhas desenhadas com traço e ponto intercalados envolvem as composições de arcos continentais; e as linhas tracejadas envolvem os dados de arcos oceânicos.

- Os shoshonitos se correlacionam com a extensão em back-arc em arcos magmáticos oceânicos e continentais. Eles também estão associados aos lamproítos presentes em ambientes extensionais pós-colisionais. O sedimento oceânico subductado às vezes desempenha um papel em sua gênese magmática.
- Os kimberlitos são gerados em profundidades maiores no interior do manto continental em comparação com qualquer outro tipo de magma. Apesar de seu volume agregado muito pequeno, eles são singularmente importantes no que diz respeito ao conhecimento sobre as regiões mais profundas da litosfera subcontinental.

EXERCÍCIOS

9.1 Escolha os nomes raiz apropriados para rochas de granulação fina com as composições:
   (a) 29% de plagioclásio sódico, 40% de feldspato alcalino, 15% de nefelina, 12% de aegirina-augita e 4% de opacos em volume.
   (b) 45,0% de SiO_2, 4,5% de Na_2O, 2,5% de K_2O e 2,5% de LOI, além de 20% de olivina na norma.
   (c) 52,35% de SiO_2, 4,05% de Na_2O, 2,98% de K_2O livre de voláteis.
   (d) 48,9% de SiO_2, 4,5% de Na_2O, 2,09% de K_2O livre de voláteis.
   (e) Uma rocha em dique com fenocristais de kaersutita e augita titanífera (ver a legenda da Figura 2.1.1) em uma matriz de augita titanífera, analcita e vidro.

9.2 Trace a diferença entre:
   (a) O urtito e o melteigito.
   (b) Os kimberlitos tipos I e II.
   (c) Os estágios pós-caldeira e pós-erosão do magmatismo de ilhas oceânicas.
   (d) O essexito e o monzonito.
   (e) O sienito e o sövito.

9.3 (a) Calcule as composições (em % em massa de CaO, MgO, Na_2O, Al_2O_3 e SiO_2) nos dois líquidos magmáticos eutéticos ternários E_1 e E_2 mostrados na Figura 9.7b. E_1 tem temperatura 45°C maior que E_2. Explique o que impede um líquido magmático em processo de resfriamento com composição E_1 de evoluir a E_2 por cristalização fracionada. (b) Trace a evolução do líquido magmático y na Figura 9.7b à medida que a cristalização evolui. Se E_1 for descrito como um eutético "fonolito" e E_2 for visto como um eutético "riolito", qual é o nome de rocha que mais adequadamente resume o líquido magmático residual produzido pelo líquido magmático em processo de cristalização y?

9.4 Entre as análises dadas na Tabela 9.1, qual é a que representa os líquidos magmáticos primários? Justifique sua resposta.

9.5 Estime as proporções relativas em massa dos líquidos magmáticos imiscíveis m_1 e m_2 nos quais o líquido magmático M mostrado na Figura 9.21 exsolve a 2,5 GPa e 1.250°C em condições de subsaturação em CO_2.

APÊNDICE A
A Identificação de Minerais por Microscopia de Polarização

INTRODUÇÃO

A identificação mineral lembra o processo de diagnóstico médico: as suspeitas iniciais são acompanhadas de testes complementares. Para um estudante iniciante no trabalho com um microscópio, a melhor conduta consiste em adotar uma abordagem sistemática para garantir que observações essenciais não sejam negligenciadas. A Figura A1 resume um procedimento geral recomendado para *os minerais desconhecidos* em lâmina delgada:

1. As observações em luz natural (LN).
2. Observações com nicóis cruzados (luz paralela).
3. Quando necessário, as observações com nicóis cruzados utilizando luz convergente.

Os leitores mais experientes, que já tenham assimilado um repertorio das principais propriedades dos minerais, poderão criar atalhos com base nos atributos com maior poder diagnóstico.

O Quadro A1 resume os principais minerais ígneos e secundários em termos de suas propriedades diagnósticas principais:

- Os minerais são agrupados segundo a **cor do mineral** dominante em luz natural (da esquerda para a direita).
- Em cada grupo, os minerais são posicionados em uma escala de birrefringência, como indicam suas **cores de interferência**[1] (de cima para baixo). Ver a Prancha 1.

Portanto, as identificações intuitivas podem – quando necessário – ser verificadas com base em dados minerais fornecidos em outras partes deste livro:

Piroxênios: Quadro 2.1 (piroxênios com Ca–Mg–Fe)
Quadro 2.2 (augita vs. olivina)
Quadro 4.2 (ortopiroxênio vs. clinopiroxênio)
Quadro 4.5 (texturas de exsolução)
Quadro 9.2 (piroxênios sódicos)

Olivina: Quadro 2.2 (augita vs. olivina)

Feldspatos: Quadro 4.1 (determinação do plagioclásio)
Quadro 6.1 (feldspatos vulcânicos)
Quadro 8.1 (feldspatos plutônicos)

Feldspatoides e melilita: Quadro 9.1

Anfibólios: Quadro 9.2 (piroxênios sódicos)
Quadro 9.4 (anfibólios sódicos)

Todos os minerais nos granitos: Tabela 8.2.1

Espinélio: Quadro 5.1

Granada: Quadro 5.2

Como alternativa, os leitores podem consultar uma obra sobre mineralogia, como Deer et al. (1992) e Gribble e Hall (1992).

AS OBSERVAÇÕES EM LUZ NATURAL

As observações conduzidas nesse estágio incluem:

1. O *hábito cristalino* do mineral:
   - Ele é **euédrico**, **subédrico** ou **anédrico**?

---

[1] É importante lembrar que a cor de interferência depende não apenas da birrefringência do mineral, como também da orientação do cristal sendo examinado. A estimativa da birrefringência deve sempre ser embasada na cor de interferência de maior ordem observada em diferentes cristais (Figura A1).

Apêndice A A Identificação de Minerais por Microscopia de Polarização

Luz natural
Analisador não introduzido
Lente de Bertrand não introduzida

Nicóis cruzados: Luz paralela
Analisador introduzido
Lente de Bertrand não introduzida

Nicóis cruzados: Luz convergente
Analisador introduzido
Lente de Bertrand introduzida

Observações básicas
- Hábito cristalino e aparência geral
- Clivagens/fraturas
- Relevo (teste de Becke)
- Cor do mineral
- Pleocroísmo

O mineral é *opaco* (isto é, preto em todas as circunstâncias?)

— Não →

Sim ↓

Registre "**mineral opaco**" e identifique-o, se possível

O mineral é *isótropo* (isto é, preto apenas em nicóis cruzados?)

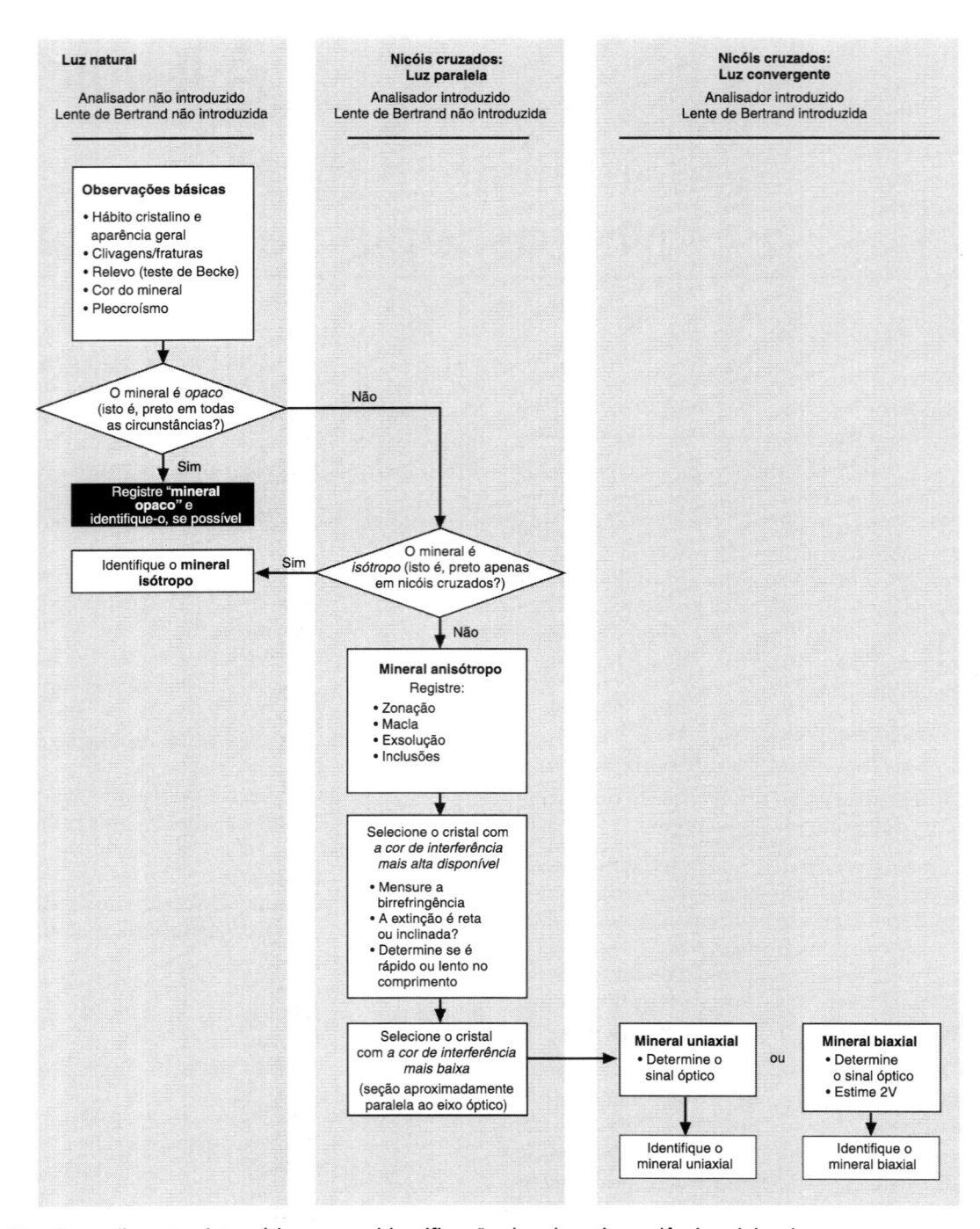

← Sim — Identifique o **mineral isótropo**

Não ↓

Mineral anisótropo
Registre:
- Zonação
- Macla
- Exsolução
- Inclusões

Selecione o cristal com *a cor de interferência mais alta disponível*
- Mensure a birrefringência
- A extinção é reta ou inclinada?
- Determine se é rápido ou lento no comprimento

Selecione o cristal com *a cor de interferência mais baixa* (seção aproximadamente paralela ao eixo óptico)

Mineral uniaxial
- Determine o sinal óptico

ou

Mineral biaxial
- Determine o sinal óptico
- Estime 2V

Identifique o mineral uniaxial

Identifique o mineral biaxial

Figura A1 Procedimento sistemático para a identificação de minerais em lâmina delgada.

Apêndice A A Identificação de Minerais por Microscopia de Polarização

Quadro A1 Esquema simplificado para a identificação de minerais ígneos comuns

Os minerais são reunidos horizontalmente em quatro grupos de **cor**. Os retângulos sombreados representam o intervalo de birrefringência (δ) característico do mineral estudado. Os minerais isotrópicos são mostrados em retângulos no topo; os minerais com birrefringência anormalmente alta são mostrados em quadrados na parte inferior. Os nomes de minerais mostrados em **negrito** indicam os minerais formadores de rocha; os nomes em *itálico* indicam minerais secundários (produtos de alteração). As elipses pretas mostram os quadros que abordam as técnicas de diferenciação de minerais semelhantes em maior profundidade.

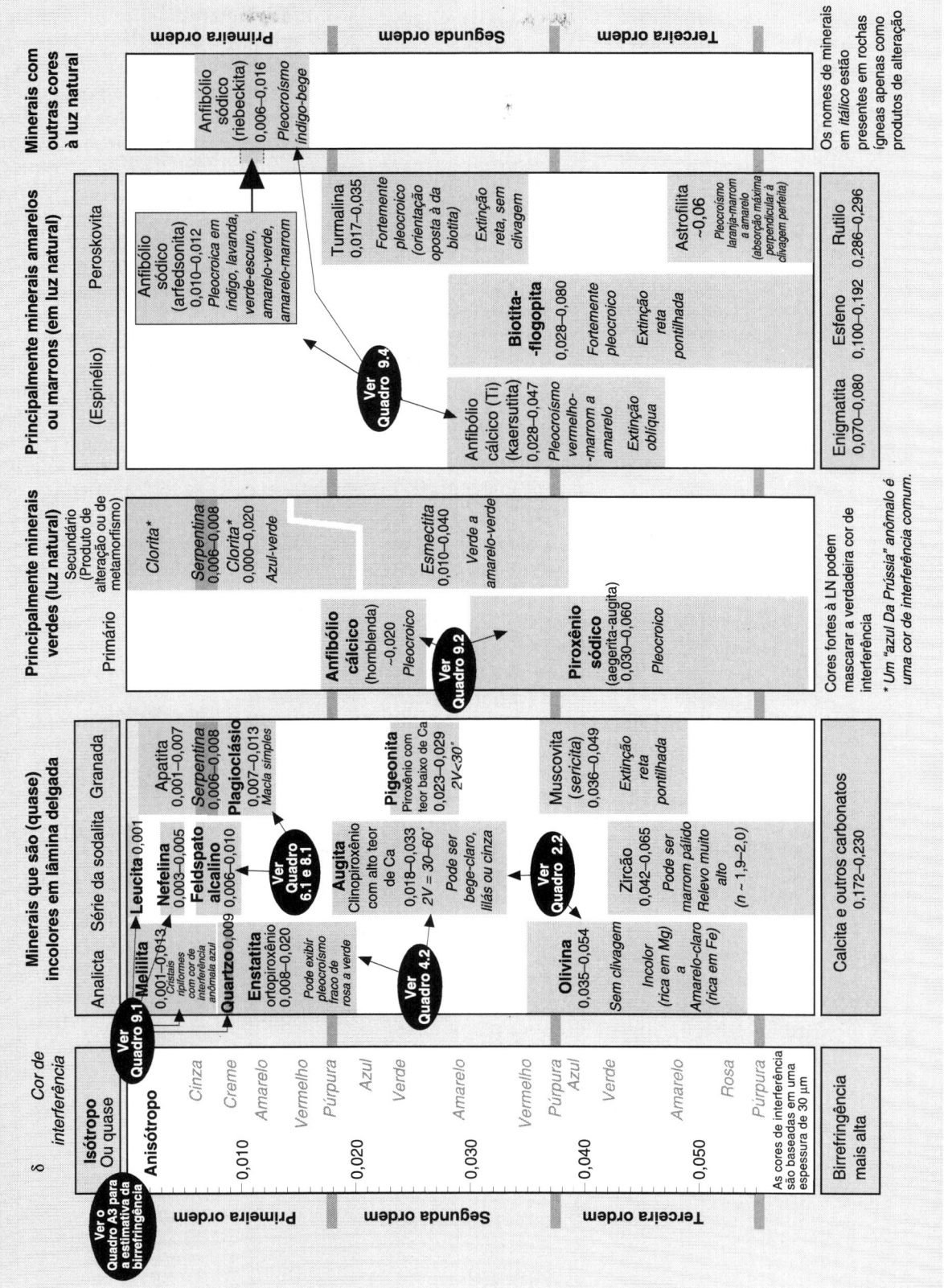

Minerais que são (quase) incolores em lâmina delgada
Analcita — Série da sodalita — Granada

- **Melilita** 0,001–0,013
  Cristais diploformes com cor de interferência anômala azul
- **Leucita** 0,001
- **Nefelina** 0,003–0,005
- **Feldspato alcalino** 0,006–0,010
- **Apatita** 0,001–0,007
- *Serpentina* 0,006–0,008
- **Plagioclásio** 0,007–0,013 Macla simples (Ver Quadro 6.1 e 8.1)
- **Quartzo** 0,009
- **Enstatita** ortopiroxênio 0,008–0,020 Pode exibir pleocroísmo fraco de rosa a verde
- **Augita** Clinopiroxênio com alto teor de Ca 0,018–0,033 2V = 30–60° Pode ser bege-claro, lilás ou cinza (Ver Quadro 2.2)
- **Pigeonita** Piroxênio com teor baixo de Ca 0,023–0,029 2V–30°
- **Muscovita** (sericita) 0,036–0,049 Extinção reta pontilhada
- **Olivina** 0,035–0,054 Sem clivagem Incolor (rica em Mg) a Amarelo-claro (rica em Fe) (Ver Quadro 4.2)
- **Zircão** 0,042–0,065 Pode ser marrom pálido Relevo muito alto (n ~ 1,9–2,0)

Principalmente minerais verdes (luz natural)
Primário — Secundário (Produto de alteração ou de metamorfismo)

- *Clorita**
- *Serpentina* 0,006–0,008
- *Clorita** 0,000–0,020 Azul-verde
- **Anfibólio cálcico** (hornblenda) ~0,020 Pleocroico (Ver Quadro 9.2)
- *Esmectita* 0,010–0,040 Verde a amarelo-verde
- **Piroxênio sódico** (aegerita-augita) 0,030–0,060 Pleocroico

Cores fortes à LN podem mascarar a verdadeira cor de interferência

*Um "azul Da Prússia" anômalo é uma cor de interferência comum.

Principalmente minerais amarelos ou marrons (em luz natural)
(Espinélio) — Peroskovita

- **Anfibólio sódico** (arfedsonita) 0,010–0,012 Pleocroica em índigo, lavanda, verde-escuro, amarelo-verde, amarelo-marrom
- **Turmalina** 0,017–0,035 Fortemente pleocroico (orientação oposta à da biotita) Extinção reta, sem clivagem
- **Anfibólio cálcico** (kaersutita) 0,028–0,047 Pleocroísmo vermelho-marrom a amarelo Extinção oblíqua (Ver Quadro 9.4)
- **Biotita-flogopita** 0,028–0,080 Fortemente pleocroico Extinção reta pontilhada
- **Astrofilita** ~0,06 Pleocroísmo laranja-marrom a amarelo (absorção máxima perpendicular à clivagem perfeita)

Minerais com outras cores à luz natural

- **Anfibólio sódico** (riebeckita) 0,006–0,016 Pleocroísmo índigo-bege

Os nomes de minerais em *itálico* estão presentes em rochas ígneas apenas como produtos de alteração

Birrefringência mais alta

Enigmatita 0,070–0,080	Esfeno 0,100–0,192	Rutilo 0,286–0,296	Calcita e outros carbonatos 0,172–0,230

As cores de interferência são baseadas em uma espessura de 30 μm

δ Cor de interferência

Ordem	δ	Cor
Isótropo Ou quase		
Anisótropo		
Primeira ordem	0,010	Cinza / Creme / Amarelo / Vermelho / Púrpura
Segunda ordem	0,020 / 0,030	Azul / Verde / Amarelo / Vermelho / Púrpura
Terceira ordem	0,040 / 0,050	Azul / Verde / Amarelo / Rosa / Púrpura

Ver o Quadro A3 para a estimativa da birrefringência

- Os cristais são **equidimensionais**, alongados, tabulares, **aciculares**, fibrosos, **prismáticos**, achatados, quadrados ou com seis lados[2]?
- Qual é o tamanho médio do grão do mineral?
- Ele é um fenocristal ou um mineral da matriz?

2 A respeito da *clivagem* (ou clivagens) do mineral:
- Existe apenas uma direção de clivagem ou há duas ou mais?
- Os grãos diferentes do mesmo mineral podem exibir clivagens diferentes. Por exemplo, as seções basais da mica não exibem clivagem, enquanto as seções perpendiculares às lâminas exibem clivagem única pronunciada. Também é relevante observar a *ausência* da clivagem regular: as fraturas irregulares vistas na olivina, por exemplo, representam uma importante ferramenta de diagnóstico.

3 O *índice de refração* (IR) do mineral pode ser estimado utilizando a combinação de dois testes simples que utilizam resina de montagem (IR = 1,54) como material de referência:
   (a) O teste de Becke, o qual indica se o índice de refração do mineral é maior ou menor que o da resina (ver o Quadro A2).
   (b) O *relevo* do mineral; um cristal cujas características ou irregularidades na superfície se sobressaem à luz natural tem *alto relevo*, indicando que seu índice de refração difere marcantemente daquele da resina. Um mineral com aparência plana e sem atributos de relevo – chamado de mineral de *baixo relevo* – tem IR próximo àquele da resina (por exemplo, o quartzo, com IR = 1,55). Os intervalos de IR em relação aos relevos são dados na Tabela A1. Observe que o *alto relevo* indica que o IR do mineral *excede* aquele da resina.

4 A *cor (body colour)* do mineral é definida como sua cor quando visto à luz natural.[3] Mesmo uma cor muito fraca pode ter valor diagnóstico. Por exemplo, o bege-claro da augita muitas vezes ajuda a diferenciá-la da olivina, a qual é incolor.

Um mineral que parece preto à luz natural, independentemente da orientação (isto é, incapaz de transmitir qualquer comprimento de onda através de uma espessura igual a 30μm) é chamado de *opaco*. Os minerais opacos são compostos por óxidos (a magnetita, a cromita, a ilmenita e a hematita são alguns exemplos) ou sulfetos (como a pirita, a calcopirita, a pirrotita e a galena) de metais de transição. Na maioria das vezes, não é possível distinguir uns dos outros em luz transmitida. O termo *opaco* não deve ser confundido com *isótropo* (em referência a um mineral preto *apenas* em nicóis cruzados – ver a Tabela A2).

5 O *pleocroísmo*, definido como as variações na cor anisótropo de um mineral, ou na intensidade dela, quando a platina do microscópio sofre rotação. O pleocroísmo representa uma valiosa ferramenta de diagnóstico para alguns minerais anisótropo coloridos (como a biotita, mostrada na Prancha 8.10, a turmalina, na Prancha 8.4, a aegirina-augita, a hornblenda e a riebeckita, na Prancha 9.18). A augita titanífera e a enstatita exibem pleocroísmo menos intenso, mas muitas vezes característico.

Os minerais coloridos que pertencem ao sistema cristalino cúbico (por exemplo, o espinélio e as variedades coloridas da granada) são não pleocroicos. Um mineral pleocroico pode ser não pleocroico em algumas de suas seções. Por exemplo, a biotita não exibe pleocroísmo quando examinada em seção basal.

AS OBSERVAÇÕES EM NICÓIS CRUZADOS

Nicóis cruzados usados com luz paralela

Os "nicóis cruzados" (XP, em inglês, NC, em português,[4] para distinguir da luz natural, LN ou PPL) fornecem um meio valioso de se examinar minerais anisostrópicos. O estudo das cores de interferência obtidas permite estimar, com rapidez, a birrefringência do mineral, a qual é uma propriedade essencial no diagnóstico (ver o Quadro A1).

---

[2] A menos que o mineral forme hexágonos *regulares*, é melhor evitar o adjetivo "hexagonal", porque os cristais podem ter seções transversais com seis lados, mesmo que não pertençam ao sistema de cristais hexagonais (como os anfibólios, por exemplo).

[3] Não confundir **cor (body colour)** com **cor de inteferência** (discutida adiante).

[4] O termo "luz polarizada cruzada" (sigla em inglês, XPL), utilizado em alguns textos nas ciências geológicas (por exemplo, MacKenzie et al., 1982), deve ser evitado, uma vez que é baseado em uma interpretação equivocada da física ótica simples.

Quadro A2 O teste de Becke

Este teste simples permite determinar se o índice de refração de um mineral (IR) é maior ou menor que aquele da resina de montagem (o bálsamo do Canadá ou uma resina epóxi com IR igual a 1,54). Ele é usado com sucesso, se observadas três condições:

1. Seleciona-se um grão do mineral a ser identificado adjacente à resina, não aos minerais vizinhos; muita vezes, usa-se um grão na borda da lâmina delgada.
2. O foco do microscópio é colocado no limite do grão utilizando uma objetiva de alta ou média potência.
3. A iluminação é reduzida gradualmente, regulando o fechamento do diafragma da subplatina.

Uma linha com um brilho difuso é vista ao longo da borda selecionada. Ela é formada pela refração da luz devido à diferença em IR (mas não é observável sob iluminação total). O movimento dessa linha deve ser perceptível quando o foco da lente do microscópio é gradualmente distorcido por meio do *aumento da distância* entre a objetiva e a lâmina, elevando a primeira (em microscópios antigos) ou descendo o conjunto da platina. O botão regulador de ajuste fino no foco deve ser utilizado, nos microscópios que o possuem. A banda luminosa é vista migrando *para o interior do material com IR maior* (Figura A2.1). Se o IR do mineral for maior que 1,54, a banda luminosa migra para o mineral (Figura A2.1a), mas se ele for menor que esse valor, ela migra para fora, para a resina (Figura A2.1b).

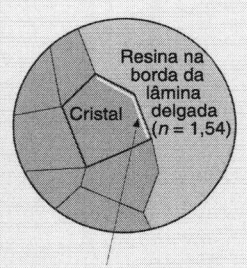

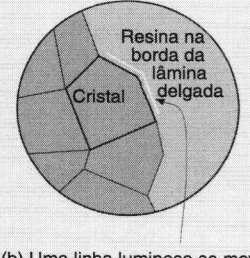

(a) Uma linha luminosa se move *para o interior* do cristal, indicando que $n_{mineral} > 1,54$.

(b) Uma linha luminosa se move *para o fora* do cristal, indicando que $n_{mineral} < 1,54$.

Figura A2.1 O uso da linha luminosa de Becke para determinar o índice de refração de um mineral $n_{mineral}$ em relação ao índice da resina de montagem ($n_{resina} = 1,54$) no limite da lâmina delgada. Os dois diagramas mostram o efeito de um ligeiro *aumento na distância platina-objetiva* a partir da posição do foco. (a) $n_{mineral} > n_{resina}$; (b) $n_{mineral} < n_{resina}$.

Tabela A1 Os relevos baixo e alto

Intervalo de IR	Como o relevo é descrito	Exemplos
1,40–1,50	Moderado, negativo	Analcita, sodalita (feldspatoides)
1,50–1,54	Baixo, negativo	Feldspato alcalino, albita, nefelina
1,54–1,58	Baixo, positivo	Quartzo, plagioclásio cálcico
1,58–1,67	Moderado, positivo	Turmalina, apatita
1,67–1,76	Alto	Augita, epidoto, granada (piropo)
> 1,76	Muito alto	Esfeno

Com base em Gribble e Hall (1992).

Tabela A2 Quatro razões para um mineral exibir a cor preta em lâmina delgada

Preto em luz natural	Preto em nicóis cruzados	Razão para a cor preta
Sim – o mineral é opaco		**A luz não atravessa o cristal**
Não	O mineral (não opaco) é *isótropo**	O mesmo IR para os dois raios – sem diferença de fases – interferência destrutiva
Não	O mineral (anisótropo) está em *posição de extinção*	As direções da vibração mineral são paralelas às do polarizador e do analisador – a luz não atravessa o analisador
Não	O mineral (anisótropo) é visto em um *eixo óptico*	O mesmo IR para os dois raios (nessa seção) – sem diferença de fase – interferência destrutiva

* Os materiais isótropos incluem o vidro vulcânico, os cristais que pertencem ao sistema cúbico, minerais amorfos (por exemplo, a ágata) e a resina de montagem.

A observação do mineral em nicóis cruzados permite concluir:

6 O mineral é **isótropo**? Uma vez que não ocorrem diferenças entre os dois raios, um mineral isótropo tem aparência preta em todas as seções quando examinado em nicóis cruzados. Os poucos minerais cristalinos isótropos encontrados em rochas ígneas são listados na parte superior do Quadro A1. A maior parte deles é diferenciada com base na cor ou no índice de refração.

Antes de descrever um cristal como isótropo, é importante avaliar outras razões possíveis para ele apresentar a cor preta (Tabela A2). A aparência isótropa pode também ser observada onde um grão do mineral foi removido durante a preparação da lâmina e substituído por resina de montagem.

7 As *estruturas cristalinas internas* muitas vezes são visíveis em nicóis cruzados. As estruturas com poder diagnóstico incluem:

- A macla, por exemplo, a macla múltipla do plagioclásio (Figura 4.11), a macla simples da sanidina (Figura 6.1.1), a macla xadrez do microclínio e do ortoclásio (Figura 8.1.1) e a maclagem múltipla complexa na leucita (Prancha 9.8)
- As lamelas de exsolução (por exemplo, os piroxênios nos gabros – Pranchas 4.7 e 4.8).

Outras características internas, como a **zonação** da composição – muitas vezes revelada como uma mudança no ângulo de extinção do núcleo do cristal até a borda (Prancha 6.2) –, talvez não sejam úteis à identificação do mineral, mas devem ser registradas.

A extensão dos **oicocristais** opticamente contínuos em texturas ofíticas e poiquilíticas (Pranchas 4.1, 4.2 e 4.3) também pode ser observada em nicóis cruzados.

8 Algumas propriedades precisam ser mensuradas em uma seção *de cor de interferência máxima* do mineral, isto é, a seção α-γ. A lâmina delgada deve ser examinada com cuidado para identificar os grãos do mineral de interesse que exibem o maior **atraso relativo**. As medições abaixo devem ser baseadas apenas nesses cristais:

- Estima-se a birrefringência do mineral δ comparando a cor de interferência do cristal com o gráfico de Michel-Levy (Prancha 1), supondo que a espessura da seção seja $t = 30\mu m$. É essencial reconhecer a ordem da cor de interferência (ver o Quadro A3).
- Determina-se se os cristais exibem extinção reta ou oblíqua (ver o Quadro A1) em relação às faces do cristal ou aos traços de clivagem. Esse teste diferencia o ortopiroxênio do clinopiroxênio, para os quais essa seção é a mais apropriada (Quadro 4.2).
- Às vezes, é útil (por exemplo, na distinção entre o piroxênio alcalino verde e a hornblenda) determinar se um cristal é **length-slow** (isto é, o cristal é alongado paralelamente ao índice de refração maior) ou length-fast. O procedimento é descrito no Quadro 9.2.

Com frequência, é necessário selecionar outras seções do cristal para medidas específicas, como a estimativa da composição do plagioclásio (ver o Quadro 4.1).

> **Quadro A3 Duas maneiras alternativas de determinar a ordem de uma cor de interferência desconhecida**
>
> 1 Examinam-se as partes do cristal onde sua espessura diminuiu durante a preparação, tanto nas bordas quanto em fraturas internas (por exemplo, a Prancha 4.8 – as áreas amarelas e brancas no cristal com a cor de interferência predominantemente azul-púrpura). Nesse ponto, muitas vezes é possível acompanhar e contar as ordens, até o cinza diferenciado relativo à primeira ordem.
>
> 2 Com o grão do mineral no campo de visão, insere-se uma cunha de quartzo no *slot* auxiliar do microscópio. Se isso resultar em uma cor de interferência de ordem elevada, gira-se a platina 90°. Então, a cunha é deslocada para dentro e para fora lentamente até uma franja escura indicar onde ela compensa o atraso relativo do cristal do mineral com exatidão. A remoção da lâmina delgada deve restaurar a cor de interferência original, a qual se deve à cunha, não ao mineral. As ordens da cor são contadas à medida que a cunha é recuada lentamente.

Nicóis cruzados usados com luz convergente

A maior parte dos minerais presentes em rochas ígneas pode ser identificada apenas com as propriedades observadas em luz natural e nicóis cruzados recém-listadas. Às vezes (por exemplo, na distinção entre a sanidina, o quartzo e a nefelina), a identificação do caráter *uniaxial* ou *biaxial* de um mineral também é útil (Figura A2), assim como a definição de seu *sinal óptico*. Essas observações exigem o uso do microscópio de polarização em seu modo "conoscópico" ou de luz convergente.[5]

Antes de observar um mineral sob luz convergente, seleciona-se um cristal que mantenha a *cor de interferência mais baixa* à medida que a platina é rodada sob luz paralela: essa seção será quase perpendicular a um eixo óptico.

Os minerais uniaxiais

Os minerais uniaxiais possuem um eixo de simetria dominante (tríade, tétrade ou héxade). Suas propriedades relativas à refração são resumidas por uma **indicatriz** elipsoidal com simetria rotacional em torno desse eixo, como mostra a Figura A2b. A indicatriz tem uma seção circular. Dois índices de refração principais especificam as propriedades ópticas de um mineral uniaxial (ver a legenda da Figura A2).

Quando observado ao longo do eixo óptico *em luz convergente*, um mineral uniaxial exibe uma cruz negra característica (Figura A3a) que persiste com a rotação da platina. Se o eixo óptico está um pouco oblíquo em relação ao eixo do microscópio, o centro da cruz é excêntrico (como mostrado aqui) e se move em círculos quando a platina é rodada, mas a cruz não gira nem se desfaz.[6] As franjas da cor de interferência exibem um **atraso relativo** maior do centro da cruz à cunha do campo de visão. Com minerais de baixa birrefringência, como os feldspatoides e o quartzo, apenas as cores de primeira ordem são observadas. Essas características constituem o que é chamado de *figura de interferência* de um mineral uniaxial e servem – sobretudo a cruz persistente – para diferenciá-lo de minerais biaxiais (compare com a Figura A5, a qual mostra uma figura biaxial). A Figura A3b mostra como a figura de interferência se relaciona com a indicatriz: o centro da cruz representa os raios movendo-se paralelamente ao eixo óptico e as franjas de cores indicam o atraso relativo crescente sofrido pelos raios mais oblíquos que emergem nas partes mais externas do campo de visão.

A indicatriz de um mineral uniaxial pode ter uma forma oval (elipsoide estendida, $n_\varepsilon > n_\omega$) ou achatada ($n_\varepsilon < n_\omega$). Essas formas são codificadas pelo sinal óptico: a forma oval estendida, ilustrada pela indicatriz do quartzo, tem sinal positivo, enquanto a elipsoide achatada, típica da nefelina e da calcita, tem sinal negativo. O método de determinação do sinal óptico de um mineral uniaxial é descrito no Quadro 9.1.

Os minerais biaxiais

A maior parte dos minerais constituintes de rochas – pertencentes aos sistemas cristalinos ortorrômbico, monoclínico e triclínico (Figura A2) – obedecem

---

[5] Nesse modo, o microscópio é focalizado no cristal em estudo com aumento alto, o analisador é introduzido, a cremalheira com o condensador da subplatina, ou uma lente convergente adicional, são introduzidos e a lente de Bertrand é posicionada.

[6] Se o eixo óptico for ainda mais oblíquo, o centro da cruz ficará fora do campo de visão e os braços da cruz se deslocam quando a platina sofre rotação.

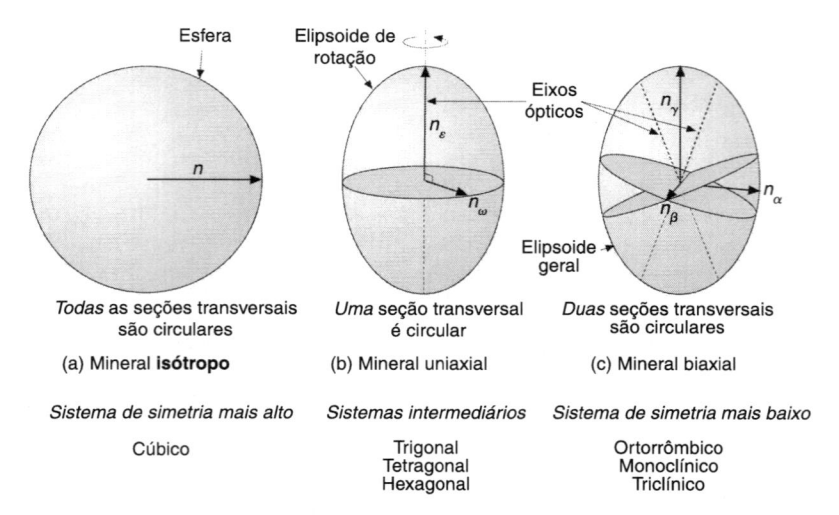

Figura A2 Figuras ilustrando como o índice de refração *n* varia com a direção da vibração da luz transmitida em cristais (a) isótropos, (b) uniaxiais e (c) biaxiais. O caráter elíptico das **indicatrizes** uniaxiais e biaxiais foi aumentado para melhorar a visualização. O número de setas "*n*" indica quantos índices de refração principais são necessários para especificar o comportamento da refração de cada cristal.

	Índices de refração principais	Seções circulares
• Cristal isótropo	n	Todas as seções são circulares
• Cristal uniaxial	n_ω (onda simples) n_ε (onda extraordinária)	Uma
• Cristal biaxial	n_α (IR mínimo) n_β (IR intermediário*) n_γ (IR máximo)	Duas

* Em perspectiva reduzida na Figura 2Ac.

Uma dada seção transversal, perpendicular a um eixo óptico, indica um plano no qual o cristal tem aparência isotrópica.

à óptica biaxial. A **indicatriz** biaxial é uma elipsoide comum, com três semieixos perpendiculares de comprimentos diferentes, como mostram as Figuras A2c e A5b, representando três índices de refração principais: a notação utilizada é mostrada na legenda da Figura A2. Essas elipsoides têm suas seções circulares, as quais marcam duas seções onde o cristal tem aparência isótropa. As duas linhas perpendiculares a essas seções circulares são os dois *eixos ópticos* (daí a origem do nome "biaxial"). O plano em que eles se encontram é chamado de *plano óptico axial* (POA).

Para um cristal biaxial cujo POA é quase vertical e paralelo ao polarizador ou ao analisador, as isógiras[7] formam uma cruz que pouco difere de um eixo óptico uniaxial (compare com a Figura A3). A principal diferença é que, quando a platina sofre rotação de 45° a partir dessa posição, as isógiras de um mineral biaxial *se separam* e formam duas hipérboles, como mostra a Figura A5a. Se uma seção com **retardo relativo** baixo foi selecionada antes de selecionar a luz convergente, a figura de interferência talvez seja menos simétrica que na Figura A5a. Além disso, é possível que apenas uma isógira esteja visível. Em

---

[7] Assim como em uma figura uniaxial, as isógiras marcam os pontos na figura onde as direções de vibração do mineral são paralelas às do analisador e do polarizador.

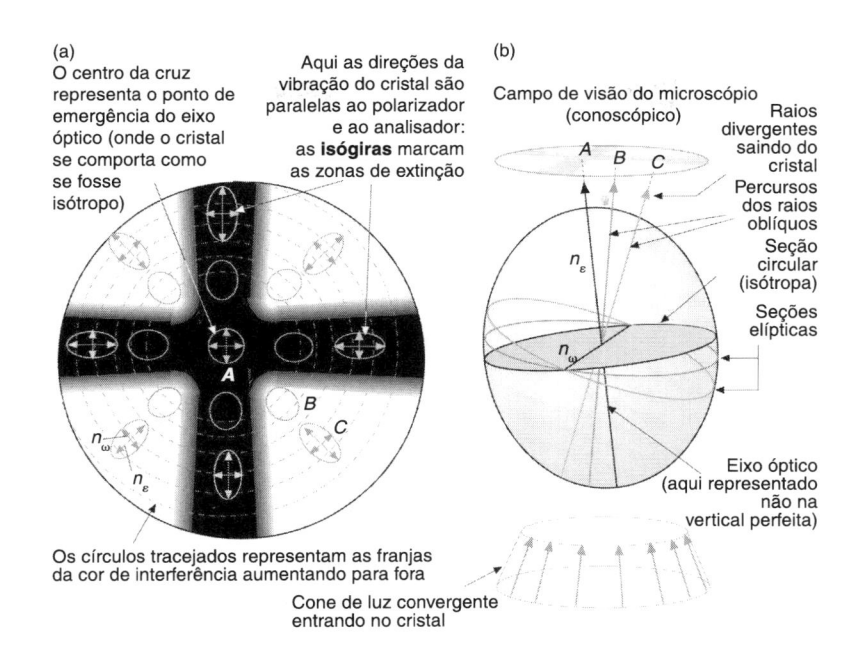

Figura A3 (a) Representação do eixo óptico ligeiramente descentralizado de um mineral uniaxial (utilizando luz convergente, de alta potência com nicóis cruzados). Os círculos tracejados representam as franjas de cor (o atraso relativo aumenta na direção radial). As setas e elipses cinza foram adicionadas para indicar as direções de vibração dos raios que emergem nos pontos considerados e os índices de refração que encontram. O círculo em A sinaliza o ponto em que emergem os raios que se deslocam ao longo do eixo óptico e que se comportam de maneira isótropa (dois IRs de valor idêntico). B e C indicam os pontos em que emergem os raios de maior obliquidade em relação ao eixo óptico, nos quais o caráter anisótropo do cristal parece aumentar. (b) Como a figura de interferência pode ser entendida em termos da indicatriz uniaxial. O campo de visão sob luz convergente é uma "imagem das direções". A linha preta que aponta para A representa o eixo óptico perpendicular à seção circular (isótropa); o eixo óptico não é perfeitamente vertical, o que reflete a figura de interferência um pouco descentralizada em (a). Os raios oblíquos B e C são perpendiculares às seções elípticas da indicatriz, representando o comportamento anisótropo. O **atraso relativo** e a cor de interferência aumentam de A para C.

ambos os casos, a figura de interferência com suas isógiras curvas escuras é facilmente distinguível do cristal uniaxial.

O ápice de cada hipérbole representa um eixo óptico (Figura A5). Se duas isógiras são visíveis, a distância entre elas na separação máxima dá uma estimativa do ângulo $2V$. Quando há simetria, como na Figura 5Aa, as isógiras estão na borda do campo de visão quando $2V \sim 60°$, o que fornece uma calibração aproximada para a estimativa visual dos valores mais baixos de $2V$.

O sinal óptico de um mineral biaxial é definido de modo diferente de um mineral uniaxial. O sinal pode ser determinado em uma figura de interferência, como a Figura A5a, inserindo uma placa auxiliar (na maioria das vezes, é o compensador) no *slot* e observando como as cores de interferência variam (Figura A6). No ponto onde a direção lenta da placa se

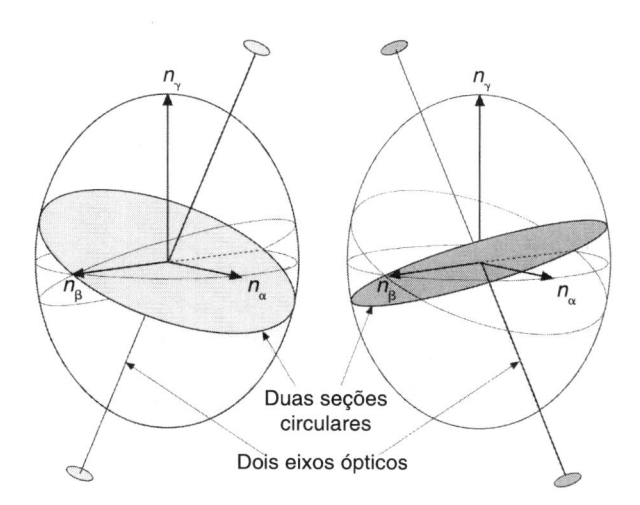

Figura A4 As duas seções circulares (isótropas) e os dois eixos ópticos de uma indicatriz biaxial

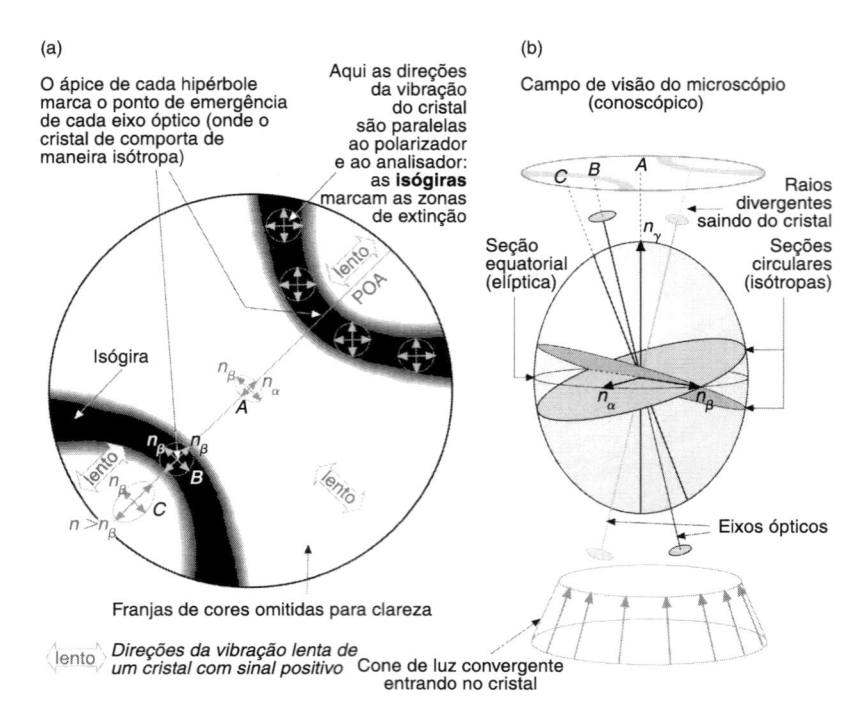

Figura 5A (a) As isógiras individuais de uma figura de interferência biaxial de valor moderado de $2V_\alpha$, mostradas para um cristal cujo plano óptico axial (POA) está a 45° em relação aos nicóis (alta potência, nicóis cruzados, luz convergente). As setas e elipses em cinza foram adicionadas para indicar as direções de vibração e índices de refração relativos de três raios que emergem em A, B e C – ver (b). (b) Como a figura de interferência pode ser entendida em termos da indicatriz biaxial. A, B e C representam os raios que se deslocam ao longo de uma bissetriz dos dois eixos ópticos (a "bissetriz aguda") ao longo de um eixo óptico e em direção mais oblíqua. Os eixos ópticos são mostrados com os mesmos símbolos usados na Figura A4.

Figura A6 Determinação do sinal óptico em um mineral biaxial. (a) As mudanças na cor de interferência vistas em cada domínio da figura de interferência de um cristal *positivo* quando uma placa auxiliar (compensador) é introduzida. (b) Alterações correspondentes para um cristal biaxial *negativo*. α, β e γ são as direções de vibração relativas aos IRs mínimo (n_α), intermediário (n_β) e máximo (n_γ).

Sugestão: Como ocorre como minerais uniaxiais (Quadro 9.1), a variação no retardo relativo visto no quadrante SW com a inserção da placa auxiliar reflete o sinal óptico do mineral.

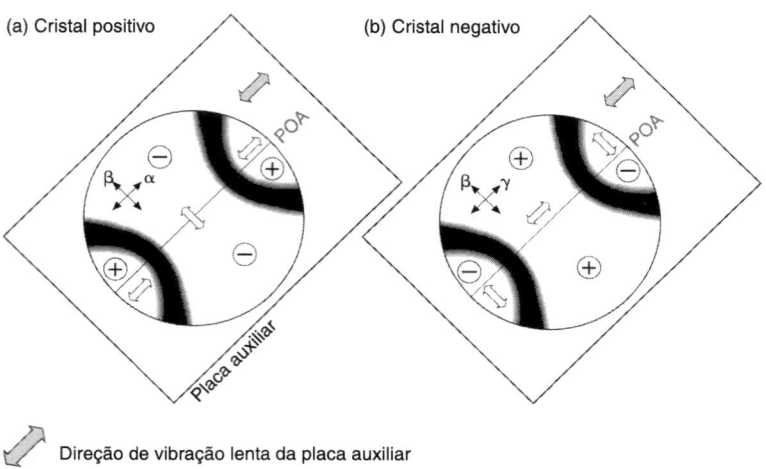

sobrepõe à direção lenta do mineral, o retardo relativo é intensificado, e uma cor de interferência mais alta é observada. Observe que as direções lenta e rápida mudam na passagem pelas isógiras. No ponto onde a direção lenta da placa se sobrepõe à direção rápida da placa, a compensação ocorre, o atraso relativo diminui e uma cor de interferência mais baixa é percebida.

APÊNDICE B

Os Cálculos Petrográficos

OS CÁLCULOS SIMPLIFICADOS DA NORMA CIPW

Os estágios do cálculo da norma CIPW

Como mostrado no Quadro 2.4, o cálculo da norma[1] compreende cinco estágios. Todos (exceto o Estágio 1) podem ser executados usando uma cópia do formulário básico mostrado na Tabela B1:

1 O recálculo da análise em base livre de voláteis

Ver o Quadro 1.3

2 A transformação da análise em proporções moleculares

Divide-se o valor percentual do peso de cada óxido (isto é, o número de gramas de óxido por 100 g de rocha) pela massa molecular relativa (MMR) de cada óxido para expressar a análise em número de **mols** de cada óxido por 100 g de amostra.

3 A distribuição de óxidos diferentes do SiO_2

Após, procede-se com os cálculos segundo uma sequência (cada cálculo envolve apenas operações aritméticas simples); cada óxido é distribuído a moléculas minerais apropriadas (como mostrado na Tabela 2.3, Capítulo 2). Quando esses cálculos são feitos em papel, *as anotações iniciais na tabela devem ser feitas a lápis, para permitir correções posteriores.* Os minerais acessórios como a apatita e a ilmenita, por serem fáceis de determinar, são calculados antes, por convenção. Depois, calculam-se as quantidades provisórias do ortoclásio, da albita e da anortita: a quantidade de cada um é determinada pela quantidade do constituinte *menos abundante* restante das distribuições anteriores. Após, as quantidades de piroxênio com alto teor de cálcio (HCP; diopsídio) e de piroxênio com baixo teor de cálcio (LCP, enstatita[2]) são determinadas. Se restar alguma quantidade de Al_2O_3, CaO ou Na_2O (o que é raro), esses óxidos são designados ao coríndon, à wollastonita e à acmita (piroxênio sódico), nessa ordem.

4 A distribuição do SiO_2: o mineral é deficiente em quartzo ou em sílica?

As distribuições provisórias conduzidas na Etapa 2 formam o feldspato e o piroxênio, saturados em sílica, independentemente do teor de sílica existente de fato. O estágio seguinte, o qual é muito importante, consiste em distribuir o SiO_2 disponível. Caso reste algum SiO_2 após a distribuição, essa quantidade é atribuída ao quartzo. Com isso, o processo de distribuição está completo. Contudo, se o teor de SiO_2 é *insuficiente* para formar todos os minerais saturados calculados em (3), então será preciso instituir os minerais subsaturados em SiO_2 no lugar da enstatita e do feldspato. Primeiro, o MgO e o FeO (com MnO) são redistribuídos da enstatita para a olivina, até a deficiência em sílica ser anulada. Se esse ajuste não sanar essa deficiência, a albita terá de ser recalculada como nefelina e, caso necessário, o ortoclásio deverá ser calculado como leucita.

Neste livro, a principal finalidade da norma é expressar o grau de saturação em sílica de uma rocha ígnea de modo análogo ao que ocorre na natureza, em termos de minerais como o quartzo, a enstatita, a olivina e a nefelina, enfatizando a importância desses minerais essenciais quando ocorrem naturalmente (isto é, na moda).

5 O cálculo da norma com base na % em massa

De acordo com Cross, Iddings, Pirsson e Washington, a norma é expressa em *porcentagens em massa* dos minerais constituintes (embora uma "norma molar" fosse mais conveniente). Portanto, o último estágio do cálculo consiste em multiplicar a quantidade de

---

[1] Todos os cálculos nesse estágio devem ser executados (e redigidos) com quatro casas decimais. Quando uma planilha é utilizada, as células devem – para fins de clareza – ser formatadas para mostrar quatro casas decimais para dados molares e duas casas decimais para dados de % de massa.

[2] No esquema original do cálculo da norma CIPW, a enstatita tinha o nome "hiperstênio", hoje considerado obsoleto.

Tabela B1 Planilha para o cálculo manual de uma norma simplificada.

	SiO$_2$	TiO$_2$	Al$_2$O$_3$	Fe$_2$O$_3$	FeO+MnO	MgO	CaO	Na$_2$O	K$_2$O	P$_2$O$_5$	Σanálise	Norma % em massa
% em massa na análise												
MMR aproximada	60	80	102	160	72	40	56	62	94	142		
Mols/100 g												
					ϕ =						Multiplique	
					μ =						pela MMR	
q											60	
or											556	
ab Plag											524	
an											278	
ne											284	
lc											436	
c											102	
ac											462	
Di											224*	
wo											116	
En											108*	
Ol											156*	
mt											232	
he											160	
il											152	
ap											328	
Σ coluna												
W =						X =						
H =												
W − S =						X − S =						

Nota: Todos os cálculos molares são executados com quatro casas decimais. Para as fórmulas dos minerais, consulte a Tabela 2.3b no Capítulo 2.
*Esses valores são aproximados, válidos para rochas básicas ($\mu < 0,5$); os valores para rochas mais evoluídas são dados no texto, assim como as soluções exatas.

cada mineral normativo pela massa molecular dada na Tabela B1.

O procedimento de cálculo

O procedimento simplificado descrito abaixo não considera o MnO (o qual, supõe-se, está incluído no teor de FeO) e trata (FeO + MgO) como uma entidade única, ϕ, depois de os minerais acessórios com FeO terem sido calculados.[3]

1. A análise de óxidos em base livre de voláteis é inserida na linha 2 da tabela e convertida em proporções molares dividindo cada valor pela massa molecular relativa logo abaixo (linha 3). Os resultados são inseridos na linha 4 (mol/100 g).

2a. A fórmula nominal da apatita ($Ca_5[PO_4].3[OH,F]$) pode ser expressa em termos de óxido anidro, aproximadamente, como $3,33CaO.P_2O_5$. Logo, para cada molécula de P_2O_5 na análise do óxido, uma molécula de apatita aparece na norma, o que "consumirá" 3,33 moléculas de CaO.

   Na coluna do P_2O_5 da linha *ap* da tabela, a quantidade molecular do P_2O_5 é inserida (oriunda da linha 4).[4] Esse número é multiplicado por 3,33 e o produto é inserido na coluna relativa ao CaO na linha *ap*.

2b. A fórmula da ilmenita, $FeTiO_3$, pode ser escrita como $FeO.TiO_2$. O TiO_2 geralmente é menos abundante que o FeO, e a quantidade molar de TiO_2, portanto, determinará a quantidade de ilmenita na norma, com algum teor de FeO restante. Após, insere-se o número de mols de TiO_2 na linha *il* na coluna TiO_2 e o *mesmo número* é inserido na linha *il* na coluna "FeO". Isso representa a quantidade de FeO reservada para a ilmenita, a qual deixou de estar disponível para formar outras moléculas de minerais.

3a. As moléculas de K_2O são transferidas para a linha *or* para indicar a quantidade de ortoclásio presente. Após, o mesmo número é inserido na linha *or* na coluna Al_2O_3. Esta quantidade de Al_2O_3 agora está reservada para o ortoclásio e não pode ser designada a outras moléculas.

3b. Se o número de mols de AlO_3 restantes exceder o do Na_2O, o número de mols de Na_2O é transferido para a linha *ab* para compor a albita; o mesmo número é, então, escrito na coluna Al_2O_3.

Se a quantidade restante do Al_2O_3 da etapa 3a for *menor* que a quantidade de Na_2O, a quantidade de albita presente é determinada pelo Al_2O_3 disponível. Esse número é inserido na coluna Al_2O_3 e Na_2O. Nesse ponto, o Al_2O_3 foi consumido por completo, e o excedente de Na_2O é utilizado para compor a acmita (ver 4a).

3c. Se 3a e 3b deixam um resíduo de Al_2O_3, ele é distribuído em proporções molares de CaO para compor a anortita, *an*: o resíduo de Al_2O_3 é escrito na linha *an*, na coluna Al_2O_3 e na coluna CaO.

3d. Se 3c utiliza todo o CaO disponível, deixando um excedente de Al_2O_3, este é inserido como coríndon (*c*)[5]. Isso é um sinal da presença de minerais modais altamente aluminosos, como a muscovita.

4a. Se um excedente de Na_2O restar após 3b, ele deve ser distribuído em proporções iguais de Fe_2O_3 para compor a acmita (*ac*).

4b. Se, como acontece com frequência, um excesso de Fe_2O_3 restar após 4a, este é distribuído com igual número de mols de FeO para formar magnetita (*mt*).

4c. Se 4b deixa um excesso de Fe_2O_3, ou se todo o FeO foi usado na formação da ilmenita, alocar o Fe_2O_3 para formar hematita (*he*).

5a. O restante do FeO é adicionado ao MgO, e o total é inserido no campo ϕ (letra grega "phi"). Esse procedimento é usado no cálculo dos silicatos ferromagnesianos. (Esse método é uma simplificação: o esquema original da norma CIPW trata em separado o FeO e o MgO em todo o cálculo, relatando a olivina separadamente como fo e fa, por exemplo.)

5b. Calcula-se $\mu = MgO/\phi$, onde MgO é o teor molar de MgO usado no passo 5a. (Esse parâmetro é utilizado na etapa final do cálculo da norma.)

6a. Se restar alguma quantidade de CaO após 3c, ela é distribuída com uma quantidade igual de ϕ para formar o diopsídio (piroxênio com alto teor de cálcio).

6b. Se no cálculo em 6a restar um excedente de CaO, este é distribuído para a wollastonita (*wo*).

6c. Se restar um excedente de ϕ após 6a, este é distribuído para a enstatita.

Com isso, completa-se a distribuição de óxidos, exceto o SiO_2: para todos os óxidos exceto o SiO_2, o valor na célula "Σ coluna", na base da ta-

---

[3] O procedimento do cálculo da norma completa é descrito em Cox et al. (1979).

[4] No final do cálculo, a soma de todas as distribuições em uma coluna precisa ser igual à proporção molecular original do respectivo óxido. Isto é, os totais na linha inferior da tabela precisam concordar com os valores na linha 4.

[5] Nesse estágio, a soma dos valores na coluna Al_2O_3 deve ser igual ao valor relativo ao Al_2O_3 na linha 4.

bela, deve ser igual àquele na célula "Mols/100 g", no topo. As proporções de enstatita, albita e ortoclásio (e outros minerais, em casos extremos) dependem da existência de teores altos o bastante de SiO_2 para satisfazer as respectivas fórmulas. Esse teste é aplicado, e os ajustes necessários são implementados, nos itens 7a-7e abaixo.

7a Utilizando as fórmulas minerais dadas na Tabela 2.3, o SiO_2 é distribuído aos minerais silicatados nos itens 2 a 6c. Usando um lápis, a demanda de SiO_2 para cada mineral é inserida na respectiva linha, na coluna SiO_2. Os valores totais do número de mols necessários nessas distribuições são somados. Essa soma é chamada de W e é escrita na célula W na planilha.

7b O total de SiO_2 disponível (ver a linha 4) é chamado de S. Se S é *maior que W*, então existe um excedente de SiO_2, e a diferença deve ser inserida como quartzo (q). Nesse caso, prossegue-se diretamente ao item 8.

7c Se S é *menor que W*, existe uma *deficiência* em SiO_2 e o teor de enstatita (piroxênio com baixo teor de cálcio) calculado em 6c precisa ser compensado. O teor original de SiO_2 distribuído para a enstatita é chamado de E. Logo, $(W - E)$ é a demanda total de SiO_2 se a enstatita não é considerada. Se toda a enstatita fosse transformada em olivina (cujo teor de sílica necessário é metade daquele da enstatita), a demanda total de sílica seria expressa por $(W - E) + 0{,}5E = W - 0{,}5E$.

Logo, se:

$$W - S \leq 0{,}5E \qquad [B1]$$

a deficiência em sílica será eliminada pela transformação de parte ou de toda a enstatita em olivina. Portanto, os ajustes necessários são:

Quantidade revisada de enstatita = E'
= $E - 2(W - S)$ [B2]

O valor de E' é escrito na linha da enstatita na coluna SiO_2 e na coluna ϕ em substituição aos valores anteriores. O valor restante de ϕ é escrito na linha da olivina:

Quantidade de olivina = $E - E'$ [B3]

A quantidade de SiO_2 distribuída para a olivina equivale à *metade* desse valor. Ele é inserido na linha da olivina na coluna SiO_2.
Com isso, prossegue-se direto para o item 8.

Se $W - E > 0{,}5E$, então *toda* a enstatita precisa ser transformada em olivina, e etapas adicionais são conduzidas para atender à deficiência restante em SiO_2, a primeira das quais consiste em transformar a albita em nefelina.

7d A nova demanda de sílica, após parte ou a totalidade da enstatita ter sido substituída pela olivina, é $X = W - 0{,}5E$. (Embora a enstatita tenha sido eliminada da norma, a quantidade E calculada em 7c ainda é relevante para os cálculos.)

Considere-se que a quantidade provisória de Na_2O na albita calculada em 3b seja chamada de A. Logo, $X - 6A$ seria a nova demanda de SiO_2 se a albita fosse desconsiderada. Se transformarmos toda a albita em nefelina, a nova demanda de SiO_2 se torna $(X - 6A) + 2A = (X - 4A)$.
Logo, se:

$$S \geq X - 4A \qquad [B4]$$

a deficiência em sílica será eliminada com a transferência de toda ou parte da albita para a nefelina. Os ajustes necessários são:

Quantidade revisada de Na_2O na albita = A' =
$A - 0{,}25(X - S)$ [B5]

Quantidade de Na_2O na nefelina = N
= $0{,}25(X - S)$ [B6]

Agora, prossegue-se direto ao item 8.
Se $S < X - 4A$, *toda* a albita precisa ser convertida em nefelina, e outras etapas devem ser realizadas para reduzir a demanda de sílica.

7e Se uma deficiência em sílica resultar da etapa 7d, o ortoclásio pode ser recalculado para a leucita. Uma deficiência em sílica muito dificilmente persistirá após essa etapa.

8 Todas as distribuições de SiO_2 agora estão completas. A etapa final, após verificar que os totais em cada coluna equivalem ao teor de cada óxido disponível na linha 4, consiste em converter a norma molecular em % em massa. Para cada mineral, considera-se o número de mols de qualquer constituinte que esteja presente na fórmula como uma *única* molécula (por exemplo, para o feldspato, utiliza-se K_2O ou Al_2O_3, não SiO_2; para a olivina, usa-se o SiO_2, não ϕ), multiplicando-o pelo peso molecular dado na penúltima coluna e inserindo o resultado na última.

Para os *minerais ferromagnesianos* diopsídio, enstatita e olivina, os valores da MMR do mineral utilizados nessa etapa dependem de sua razão MgO/FeO. Uma aproximação simplificada consiste em utilizar os valores:

	Rochas menos evoluídas ($\mu > 0,5$)	Rochas mais evoluídas ($\mu < 0,5$)
Diopsídio	224	240
Enstatita	108	124
Olivina	156	188

A solução precisa pede que sejam usadas as equações:

	Equação da MMR do mineral
Diopsídio	MMR = 216 × μ + 248 × (1 – μ)
Enstatita	MMR = 100 × μ + 132 × (1 – μ)
Olivina	MMR = 140 × μ + 204 × (1 – μ)

9 Calculam-se as porcentagens minerais normativas, comparando-as com a análise total em base livre de voláteis. Se os valores exatos da MMR do Di, da En e da Ol forem usados, a norma total deverá concordar com a análise no intervalo de erro de ± 0,05%; se forem utilizados os valores aproximados de MMR, a concordância deverá ficar em ±0,50%. Uma discrepância maior pode indicar um erro de cálculo.

COMO REPRESENTAR DADOS EM DIAGRAMAS TERNÁRIOS E QUATERNÁRIOS

A Figura 8.1 ilustra o tipo de diagrama recomendado pela União Internacional das Ciências Geológicas (IUGS) para a definição das faixas de composição abrangidas por diversos nomes de rochas plutônicas. Esse diagrama **ternário** é construído obedecendo a proporções relativas de três minerais em uma rocha, representadas para descobrir o nome aplicável a ela. Nesse exemplo, os três minerais são o quartzo (Q), o feldspato alcalino (A) e o plagioclásio (P). A composição mineralógica de uma rocha é determinada pela contagem de pontos em lâmina delgada, conforme descrição no Capítulo 1 (ver a seção "A classificação com base na proporção de minerais – o índice de cor" do Capítulo 1) e, por essa razão, as porcentagens obtidas são dadas em *porcentagens em volume*, não em massa.

Os pontos de dados em gráficos ternários podem ser representados utilizando um papel milimetrado triangular especial, como mostra a Figura B1a. A Tabela B2 é um exemplo de composição modal de um granito para explicar o processo de representação. Na tentativa de representar as porcentagens do quartzo, do feldspato alcalino e do plagioclásio (coluna 1 da Tabela B2) *diretamente*, temos três linhas distintas, as quais formam um triângulo (sombreado na Figura B1b) quando se unem. O tamanho desse triângulo está relacionado à porcentagem total dos outros minerais na rocha (a hornblenda, etc.) não representados na Figura B1b. Para que a rocha apareça como um ponto único na Figura B1(b), é necessário recalcular as porcentagens de quartzo, feldspato alcalino e plagioclásio de forma que a soma desses três componentes (como foi feito com Q, A e P na coluna 2 da Tabela B1) resulte em 100%. Note que os três minerais félsicos perfazem 77% da moda; assim, o recálculo deve ser realizado através da multiplicação de cada porcentagem original por 100/77 (ou pela divisão por 0,77). Os valores assim obtidos estão ilustrados na coluna 2 da Tabela B2 e são plotados como uma estrela na Figura B1(b).

O mesmo procedimento é utilizado para representar diagramas de variação de normas ou outros dados.

Também é possível visualizar – em princípio – a representação de dados químicos ou mineralógicos em um diagrama tridimensional quaternário (isto é, com quatro componentes), cuja forma é um tetraedro regular. Contudo, a representação desses gráficos em duas dimensões traz algumas dificuldades de ordem prática. Um exemplo desse tipo de diagrama quaternário é mostrado no detalhe da Figura 4.1. A solução normalmente adotada é **projetar** coordenadas de um ponto no volume interno dessa figu-

Tabela B2 Procedimento de recálculo de uma análise modal de rocha para plotagem em um diagrama ternário

	Todos os minerais (% em volume)	Minerais félsicos (% relativa em volume)	
Quartzo	24	Q	31
feldspato alcalino	33	A	43
plagioclásio	20	P	26
hornblenda	5		
biotita	11		
opacos	5		
acessórios	2		
total	100		
total de minerais félsicos	77		100

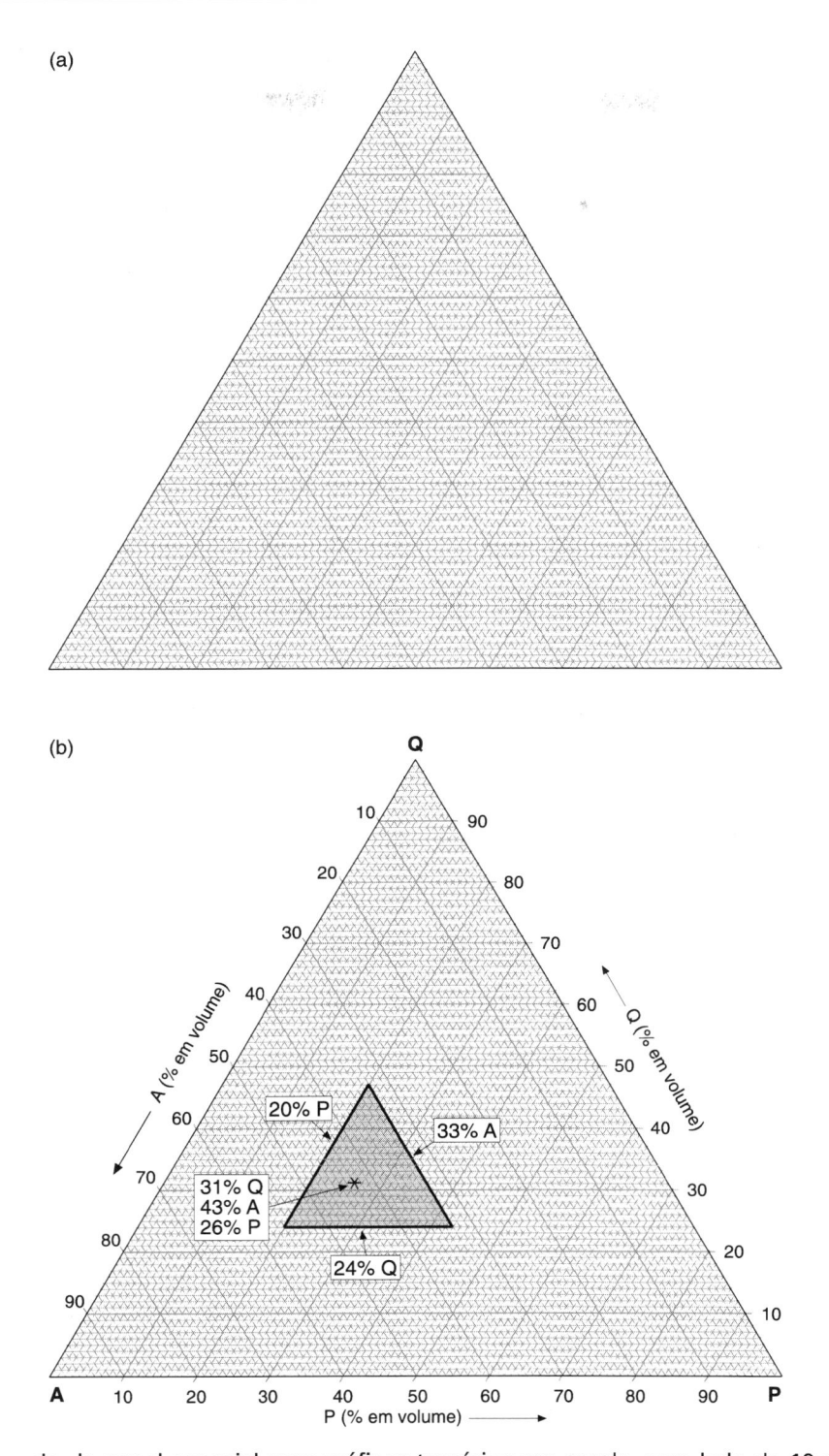

Figura B1 (a) Exemplo de papel especial para gráficos ternários em escala, com lado de 10 cm; as graduações dividem cada lado em 100 partes iguais. Versões particulares estão disponíveis em editoras especializadas. (b) Diagrama ternário QAP (compare com as Figuras 6.1 e 8.1) da moda ilustrativa de um granito que consta da Tabela B2; Q representa quartzo, A representa feldspato alcalino e P representa plagioclásio (ver Figuras 6.1.1 e 8.1.1).

ra nas faces bidimensionais (por exemplo, a Figura 9.21). O cálculo no Exercício B2 ilustra a forma mais simples de elaborar essas projeções. Outras maneiras de representar projeções em sistemas quaternários são descritas por Cox et al. (1979).

OS CÁLCULOS DE MISTURAS

Muitas vezes, é útil testar uma hipótese petrológica utilizando um modelo numérico. Um exemplo dessa situação consiste em testar se a composição de uma amostra composta (análise A) pode ser o resultado da assimilação global da rocha encaixante típica (análise B) por um magma representado pela análise de rocha C. Essa possibilidade pode ser testada utilizando uma equação de mistura simples:

$$C_i^A = C_i^B x^B + C_i^C x^C \quad [B7]$$

onde C_i^A representa a concentração (em % em massa) da espécie i (por exemplo, o MgO) na análise A, C_i^B é sua concentração na rocha encaixante B e x^B é a proporção em massa da rocha encaixante B assimilada pelo líquido magmático C ($0 < x^B < 1,00$, $x^B + x^C = 1,00$). Um exemplo do uso desse cálculo é dado no Exercício 8.5, no Capítulo 8. A equação pode ser utilizada para estimar a quantidade de um contaminante em potencial necessária para explicar a composição de uma rocha híbrida (resolvendo para x^B).

Outros exemplos em que a equação de mistura (a qual não precisa estar restrita a misturas de apenas dois componentes) são (*i*) a avaliação dos efeitos da acumulação de olivina na base do derrame de komatito e (*ii*) o cálculo da mudança na composição do líquido magmático quando 20% de plagioclásio (de composição especificada) é cristalizado do líquido magmático parental. Nesse caso, no qual um componente está sendo subtraído, a equação precisa ser formulada em termos da mistura do plagioclásio com o líquido magmático residual para recriar o líquido magmático inicial:

$$C_i^{\text{parental}} = C_i^{\text{residual}} x^{\text{residual}} + C_i^{\text{plagioclásio}} x^{\text{plagioclásio}} \quad [B8]$$

Esses cálculos podem ser repetidos para diversos elementos maiores. Hoje existem programas de computador que utilizam uma gama de diferentes elementos maiores para calcular a mistura por melhor ajuste polinomial por mínimos quadrados (do líquido magmático residual e de diversos minerais em fracionamento) para equivaler à composição observada do líquido magmático parental considerado.

EXERCÍCIOS

B1. Calcule as normas CIPW simplificadas para as análises de rochas (dadas em base livre de voláteis):

	a	b	c
SiO_2	56,9	75,4	48,57
TiO_2	0,75	0,11	1,18
Al_2O_3	19,70	13,72	17,40
Fe_2O_3	2,80	0,29	1,33
$FeO+MnO$	2,20	0,82	8,69
MgO	1,31	0,12	8,71
CaO	2,36	0,49	11,50
Na_2O	7,95	4,05	2,40
K_2O	5,45	4,40	0,25
P_2O_5	0,18	0,03	0,10

B2. Na Figura B1a, represente as composições modais dadas para uma rocha plutônica: 38% de plagioclásio, 30% de ortopiroxênio, 21% de clinopiroxênio, 4% de olivina, 7% de opacos e minerais acessórios. Atribua um nome de rocha apropriado utilizando a Figura 4.1.

B3. Explique quais minerais normativos são eliminados se os minerais normativos abaixo estiverem presentes na análise:

Enstatita (En)

Coríndon (c)

Olivina (Ol)

APÊNDICE C
Símbolos, Unidades e Constantes Utilizados Neste Livro

As unidades listadas abaixo são atribuídas pelo Sistema Internacional de Unidades (SI) (http://physics.nist.gov/cuu/Units/). Algumas publicações mais antigas podem dar as mesmas quantidades em unidades tradicionalmente utilizadas em outros sistemas (por exemplo, a viscosidade dada em poise), as quais podem ser convertidas em unidades SI no website http://www.megaconverter.com/Mega2/index.html.

A	**Número de massa** atômica de um isótopo = $Z + N$
An_{65}	Exemplo de símbolo utilizado para representar uma solução sólida de plagioclásio composta por 65% em proporção molar do membro extremo anortita ($CaAl_2Si_2O_8$) e 35% em proporção molar de albita ($NaAlSi_3O_8$)
C	Número de **componentes** em um sistema em equilíbrio (Regra de Fases, Quadro 3.3)*
C_i^a	Concentração da espécie i na fase a (mineral, líquido magmático…) em % em massa, a menos que indicado ao contrário
c	Velocidade da luz (= $2,998 \times 10^8$ m/s *no vácuo*)
D_i	Coeficiente de distribuição global do elemento i em uma mistura específica de minerais*
F	Fração do líquido magmático durante a fusão parcial ou a cristalização fracionada (entre 0,0 e 1,0)*
f	Número de graus de liberdade (variância) associados com um equilíbrio (Regra de Fases, Quadro 3.3)*
Fo_{90}	Símbolo que representa uma solução sólida de olivina composta por 90% em proporção molar de fosterita (Mg_2SiO_4) e 10% em proporção molar de faialita (Fe_2SiO_4)
G	Taxa de crescimento cristalino (sem unidades específicas)

* Grandeza adimensional

g	Aceleração da gravidade (9,81 m/s²)
h	Profundidade, em km
K_i^A	**Coeficiente de partição** que descreve a distribuição do elemento i entre o líquido magmático e o mineral A (ver o Quadro 2.7)*
M	Índice de cor (Figura 1.3b)
N	Taxa de nucleação cristalina (unidades não especificadas) *ou* número de neutrons de um isótopo, segundo o contexto
n	Índice de refração, de modo geral, ou de um mineral isótropo (por exemplo, o vidro)*
n_α	Índice de refração mais baixo de um mineral biaxial (ver a Figura A2)*
n_β	Índice de refração de um mineral biaxial para um raio vibrando na direção β (ver a Figura A2)*
n_γ	Índice de refração mais alto de um mineral biaxial (ver a Figura A2)*
n_ε	Índice de refração do raio extraordinário em um mineral uniaxial (ver a Figura A2)*
n_ω	Índice de refração do raio ordinário em um mineral uniaxial (ver a Figura A2)*
$n+$	Carga catiônica nominal* (Quadro 2.7) em unidades de carga atômica
P	Pressão de carga, em pascals (Pa), megapascals (MPa = 10^6 Pa) ou gigapascals (GPa = 10^9 Pa)
P_{H_2O}	**Pressão parcial** da água, nas mesmas unidades de P
P_m	Pressão do magma, nas mesmas unidades de P
r	Raio iônico (Quadro 2.7), em pm (picometros = 10^{-12} m)
r_x	Raio de uma partícula esférica (ou dimensão linear de um cristal equidimensional) usado na equação de Stoke, em metros
t	Espessura de uma seção cristalina (ou caminho percorrido através dela), em metros
T	Temperatura, em °C ou em Kelvin (K)
T_p	Temperatura potencial, em °C

v_t		Velocidade terminal (ver a explicação sobre a **Lei de Stokes**) em m/s
x^A		Fração (em massa) do mineral A em uma assembleia em processo de fusão parcial
X		Composição em termos gerais *ou* composição de um mineral expressa em proporções molares de seus membros extremos*
x^a		Proporção em massa ($0 < x^a < 1,00$) do componente a (por exemplo, um mineral) em uma mistura
Z		Número atômico*

Letras gregas e outros símbolos (em ordem alfabética, em grego)

α	alfa	Direção de vibração com o *menor* índice de refração em um cristal biaxial (ver a Figura A2)
β	beta	Direção de vibração perpendicular a α e γ em um cristal biaxial (ver a Figura A2)
γ	gamma	Direção de vibração com o *maior* índice de refração em um cristal biaxial (ver a Figura A2)
δ	delta	Birrefringência de um mineral anisotrópico = $n_{máximo} - n_{mínimo}$
$\delta^{18}O$		Razão $^{18}O/^{16}O$ em um mineral ou rocha expressa como desvio positivo ou negativo em partes por mil (‰) do valor de $^{18}O/^{16}O$ em um material de referência (ver o Glossário)
ΔT	delta t	Grau de superesfriamento (= $T - T_{solidus}$) em °C; ver o Quadro 2.3
ε	épsilon	Direção extraordinária de vibração do raio paralelo ao eixo de simetria de um cristal uniaxial (Figura A4)
η	eta	Viscosidade do líquido magmático em $N.s/m^2 = kg/m.s$
κ	kappa	Força de tensão da rocha encaixante, em Pa
λ	lambda	Comprimento de onda, em metros (m), micrometros ($\mu m = 10^{-6}$) ou picometros (pm = 10^{-9})
μ	mu	Relação molar MgO/Φ no cálculo da norma (Apêndice B)
ν	nu	Frequência da luz, em Hz = s^{-1}
ρ	ro	Densidade, em kg/dm^3
ρ_m		Densidade do líquido magmático, em $kg/dm^3 = g/cm^3$
ρ_x		Densidade de um cristal em suspensão, em $kg/dm^3 = g/cm^3$
σ_1	sigma-1	Tensão compressiva principal máxima, em Pa
σ_2		Tensão compressiva principal média, em Pa
σ_3		Tensão compressiva principal mínima, em Pa
ϕ	phi (minúscula)	Número de fases participantes em um equilíbrio (Quadro 3.3)*
Φ	phi (maiúscula)	= MgO molar + FeO (após cálculo dos minerais de óxidos de Fe) no cálculo de uma norma simplificada (Apêndice B)
ω	ômega	Direção ordinária de vibração do raio, perpendicular ao eixo de simetria de um cristal uniaxial (Figura A4)
‰	partes por mil	Ver $\delta^{18}O$, acima

* Grandeza adimensional

Glossário

a'a Termo do dialeto nativo do arquipélago havaiano usado para descrever lavas basálticas com superfície muito irregular, fragmentada, pedregosa.

ACF Assimilação (crustal) associada à cristalização fracionada, mecanismo em que a assimilação de rochas crustais da parede da câmara por um magma em evolução é auxiliado pela liberação de **calor latente** durante a cristalização fracionada.

Acicular Hábito cristalino em forma de agulha (do latim, "alfinete ornamental").

Ácido, acídico Termo que descreve uma rocha magmática contendo quartzo ou um líquido magmático suficientemente rico em SiO_2 para cristalizá-lo.

Acumulação Concentração de cristais de um ou mais minerais próximo à base de uma câmara magmática (ou derrame espesso de lava), a qual forma um **cumulato**.

Adakito Rocha andesítica ou dacítica caracterizada por teores de Na_2O abaixo de 3,5%, teores reduzidos de elementos terras raras pesados e ítrio (Y ≤18 ppm) e, em virtude disso, uma razão La/Yb alta, com anomalia positiva para o Sr em um diagrama normalizado para o **manto primitivo** (Figura 6.15b) e Sr/Y >4.

Adiabático, adiabática Descreve um processo, como a expansão ou a contração, por exemplo, no qual um corpo de rochas não troca calor com sua vizinhança. O trabalho realizado na expansão utiliza energia interna e, por isso, acarreta uma variação de temperatura. Uma adiabática é um percurso de ascensão em um diagrama P–T, a qual representa a variação de temperatura durante esse processo (ver a Figura 2.17).

Afanítica Descreve uma textura ou matriz cujos constituintes cristalinos têm granulação muito fina para serem discerníveis a olho nu (do grego "não visível").

Afírico Não porfirítico.

Alcalino Prefixo que especifica uma categoria de rochas contendo teores elevados de álcalis em um **gráfico TAS** (os teores que aparecem acima das linhas X–Y ou X–Z na Figura 1.5). A **IUGS** define rochas alcalinas como aquelas que contêm **feldspatoides** modais ou normativos e/ou piroxênios ou anfibólios alcalinos. Compare com **subalcalino** e **toleítico**.

Algarismos significativos Número de algarismos informados no resultado de uma análise. Por exemplo, o resultado "Nb = 1,645 ppm" registra uma concentração de nióbio com quatro algarismos significativos. A conduta indicada exige que o número de algarismos significativos seja equivalente à precisão da análise: 1,645 implica uma precisão de ±0,003, ao passo que 1,6 indica precisão de ±0,3.

Alteração Processo em que um ou mais minerais ígneos **primários** (por exemplo, a olivina) são convertidos em minerais **hidratados** secundários (por exemplo, a serpentina), os quais são mais estáveis em condições **hidrotermais**.

Altura estrutural Escala de referência para altura relativa (perpendicular à estratificação modal, se inclinada) que se eleva acima do nível exposto mais baixo de cumulatos em uma intrusão estratificada.

Amígdala Uma **vesícula** em uma rocha vulcânica preenchida com minerais **hidrotermais** pós-magmáticos (do grego, "amêndoa").

Analisador Lâmina de Polaroide® localizada sobre a lente objetiva cuja direção de vibração é perpendicular àquela do **polarizador**. O analisador pode ser removido (**luz natural**) ou estar inserido (**nicóis cruzados**), dependendo da tarefa necessária.

Análise de rocha total Análise geoquímica do pó preparado com a trituração de uma amostra completa de rocha (após a remoção da superfície exposta ao intemperismo, dos veios, etc.) Compare com **análise mineral**.

Análise de rocha total Ver **análise total**.

Análise mineral Análise química de um mineral em uma rocha, realizada em um separado de mineral, em um cristal separado do mineral (por exemplo, um **fenocristal**) ou em uma parte desse cristal (se for **zonado**). Ver **microssonda eletrônica**.

Anatexia Fusão parcial de uma rocha crustal em condições metamórficas de alto grau.

Anédrico Descreve um grão mineral cuja forma cristalina é irregular (do grego, "sem lados").

Anfibolito (a) Rocha metamórfica máfica composta sobretudo por hornblenda e plagioclásio. (b) Uma das fácies do metamorfismo regional.

Ângulo de extinção Ângulo medido (pela rotação da platina) entre a posição de extinção de um cristal e uma característica de referência do cristal, como uma face, um traço de clivagem (no piroxênio) ou um **plano de composição da macla** (no plagioclásio).

Anidro Descreve um mineral ou outro material que não contêm água (do grego, "sem água").

Anisotrópico (Óptica) Descreve um mineral cujo índice de refração e outras propriedades variam segundo a direção cristalográfica.

Ankaramito Rocha basáltica com teor elevado de olivina *e* de **fenocristais** de piroxênio (da localidade de Ankaramy, no Madagascar).

Anomalia de Bouguer Variação gravimétrica observada em uma seção transversal medida, corrigida para fatores como latitude, elevação e terreno.

Antipertita Feldspato rico em sódio contendo lamelas de exsolução de feldspato rico em potássio (compare com a **pertita**).

Aplito Veio ou outro corpo intrusivo de rocha granítica composto por minerais de coloração clara com textura **fanerítica** de granulação fina.

Apófise Pequena protuberância ou veio irregular que se ramifica nas rochas das paredes da margem de um dique ou de outra intrusão de pequeno porte.

Área de duas fases Área em um diagrama de fases binário que ilustra um intervalo de composições que podem existir apenas como misturas de duas fases imiscíveis (cristal-líquido magmático ou cristal-cristal).

Atraso relativo (AR) Expresso pela fórmula $t\,(n_1 - n_2)$, em milímetros. Escala numérica das cores de interferência obtidas quando a luz atravessa uma seção do cristal de espessura t e com birrefringência definida por $(n_1 - n_2)$. Também chamado de diferença de percurso óptico.

Autobrechação Fragmentação da camada externa rígida de um derrame de lava causada pelas forças associadas com o fluxo persistente no interior dele.

Autólito Inclusão cogenética em uma rocha ígnea.

Bálsamo Também chamado de bálsamo do Canadá. Cimento óptico com IR = 1,54 (semelhante ao do vidro óptico) tradicionalmente utilizado na preparação de lâminas delgadas. Hoje a resina epóxi é mais usada.

Bar Unidade obsoleta de pressão, semelhante a 1 atmosfera. Um bar = 0,1 MPa = 10^5 Pa.

Basalto com alto teor de alumina (*high alumina basalt*, *HAB*) Basalto com $(Al_2O_3)_{\text{livre de voláteis}} > 16\%$ (Le Maitre, 2002). Ainda que seja usado por alguns como sinônimo de basalto calcialcalino, os HABs podem, na verdade, ser **subalcalinos**, calcialcalinos *ou* basaltos alcalinos.

Basalto transicional Basalto cuja composição está próxima à linha limite enre o basalto alcalino e o basalto toleítico (Figura 2.1).

Basaltos de platôs continentais (CFB, *continental flood basalts*) Províncias vulcânicas continentais caracterizadas pela erupção de sucessões espessas de lavas tabulares basálticas; exemplos continentais de **grandes províncias ígneas**.

Básica Termo que descreve uma rocha cujo teor de SiO_2 está entre 45% e 52%.

Batólito Corpo intrusivo de grande escala (100 – 10.000 km² de área de exposição) composto por uma variedade de plútons granitoides independentes (do grego "rocha profunda").

Bimodal Descreve uma suíte de rochas ígneas composta por tipos de rochas básicas e ácidas (ou melanocráticas e leucocráticas) e teores menores de rochas intermediárias (ver as Figuras 6.22 e 9.13, por exemplo).

Binário Sistema ou diagrama de fases que abrange misturas ou soluções de *dois* componentes puros (por exemplo, o Mg_2SiO_4–Fe_2SiO_4).

Calcialcalino Termo ambíguo (ver Sheth et al., 2002; Arculus, 2003) para suítes de rochas com enriquecimento insignificante em ferro (Figura 6.8); geralmente aceito como sinônimo das associações médio- e alto-K, como nas Figuras 1.6 e 6.11.

Calcófilo Classe de elementos químicos que prontamente se dividem em materiais sulfetos (do grego, "com afinidade pelo cobre"), não silicatos. Compare com **litófilo**.

Caldeira Depressão na superfície (com menos de 1 km de diâmetro e normalmente cercada de escarpas em falha anelar) devida à subsidência do teto de uma câmara magmática subjacente. Muitas vezes, as caldeiras resultam de uma ou mais erupções de ignimbritos de grande porte (do latim *caldaria*, "panela fervente").

Calor latente Calor liberado quando um líquido magmático cristaliza ou absorvido quando um sólido cristalino sofre fusão.

Campo de derrame "Amontoado de derrames (de lava) de um único episódio eruptivo" (Francis and Oppenheimer, 2004).

Carbonatito Rocha de textura ígnea composta sobretudo por minerais carbonatos que teriam cristalizado de um magma ou líquido magmático carbonatado.

Carga O material utilizado nas análises em um experimento de equilíbrio de fases (normalmente selado em uma cápsula de ouro ou de platina); normalmente, uma carga é preparada com uma mistura de gels de óxidos sintéticos em proporções predeterminadas, mas durante o experimento ela é convertida em cristais e/ou líquido magmático e em cristais e/ou vidro após resfriamento instantâneo (*quenching*).

Cauldron Caldeira exumada em nível no qual a maior parte do material extravasado foi removida por erosão, e unidades sedimentares sob o assoalho da caldeira ficam expostas (adaptado de Cole et al., 2005).

Charnockito Rocha granítica típica de terrenos de alto grau e AMC nos quais o principal mineral máfico é o ortopiroxênio. Batizado com o nome do fundador da cidade de Calcutá, Job Charnock, no século XVII, cuja lápide foi talhada em uma rocha desse tipo.

Cinza Nome dado aos piroclastos com diâmetro menor que 2 mm.

Coeficiente de partição Ver o Quadro 2.7.

Cogenético Descreve uma inclusão (**autólito**) geneticamente relacionada com a rocha ígnea encaixante (por exemplo, um bloco cumulático).

Coluna de fusão Os basaltos ou outros magmas mantélicos são produtos da fusão em diversas profundidades (Figura 2.17). O percurso vertical a contar do ponto em que a fusão começa até o ponto onde o líquido magmático se segrega e escapa para a superfície é chamado de coluna de fusão.

Componente Um dos elementos químicos básicos de uma rocha, **fase** ou **sistema**, formulado de modo a minimizar o número [por exemplo, para a maior parte das finalidades os componentes da olivina são definidos como $Mg_2SiO_4 + Fe_2SiO_4$ (dois componentes), não $MgO + FeO + SiO_2$ (três componentes) ou $Mg + Fe + Si + O$ (quatro componentes). Para fins de clareza, neste livro os componentes são representados por fórmulas, não membros extremos.

Condrito A classe mais abundante de **meteorito** rochoso, caracterizada em sua maior parte por assembleias esferoidais de cristais e vidro de escala milimétrica chamadas de côndrulos.

Cone de escórias Forma cônica de um depósito de queda **piroclástica** composto de **escória** em torno do conduto de uma erupção **estromboliana**.

Cor A cor de um mineral ao microscópio, vista em luz natural. Compare com **pleocroísmo** e **cor de interferência**.

Cor de interferência Também chamada de "cor de polarização", é a cor que o cristal parece apresentar quando visto em nicóis cruzados. Em princípio, ela não tem relação com a cor do mineral à luz natural, embora uma cor intensa possa distorcer o índice de interferência.

Corona (textura) Borda de reação entre dois cristais adjacentes (por exemplo, a olivina e o plagioclásio nos gabros) que reflete reações entre a borda e o grão em temperaturas sub**solidus** (do latim "grinalda" ou "coroa").

Corrente de densidade piroclástica (CDP) Nuvem incandescente e rasteira de púmice (ou material lítico) e cinzas que flui rapidamente pelos flancos de um vulcão em erupção após o colapso de uma coluna eruptiva ou de um domo de lava acumulado.

Cotética Limite curvilíneo em um diagrama de fases onde dois ou mais minerais estão em equilíbrio com o líquido magmático.

Coulée Domo de lava alongado ou lobo de lava em um domo exógeno (ver a Figura 6.3e e a Figura 9.10).

Cristal Estado da matéria no qual os átomos, íons ou moléculas estão dispostos em uma estrutura regularmente repetida cuja simetria confere aos minerais algumas características composicionais e ópticas bem definidas.

Cristalização em equilíbrio Processo de cristalização em que todos os cristais de um mineral, em uma situação ideal, independentemente de como são formados, têm composição uniforme que se altera com a queda de temperatura, de maneira a se manterem em equilíbrio químico e térmico contínuo com o líquido magmático em evolução. Compare com **cristalização fracionada**.

Cristalização fracionada Processo de cristalização idealizado no qual as frações iniciais de cristais são isoladas em relação às frações posteriores do líquido magmático; algumas circunstâncias (por exemplo, o resfriamento rápido) inibem a interação entre cristais formados no começo do processo e frações posteriores do líquido magmático. Compare com **cristalização em equilíbrio**.

Cromitito Rocha **ultramáfica** composta sobretudo de cromita (espinélio de cromo – Figura 5.1.1); forma camadas em muitas intrusões máficas estratificadas.

Cumulático Descreve um mineral ou cristal formado precocemente que acumula, isto é, se concentra, no assoalho de uma câmara magmática em processo de cristalização. Tal como empregado neste livro, o termo não tem relação com os mecanismos que regem a concentração.

Cumulato Descreve uma rocha plutônica na qual um ou mais minerais **cumuláticos** foram concentrados por processos de seleção cristalina não especificados durante o resfriamento lento de uma câmara magmática. Os cumulatos, muitas vezes, exibem **estratificação** ígnea.

Cúspide Forma delimitada por superfícies côncavas que se encontram em terminações pontiagudas.

$$\delta^{18}O = 1000 \times \frac{\left(^{18}O/^{16}O\right)_{amostra} - \left(^{18}O/^{16}O\right)_{padrão}}{\left(^{18}O/^{16}O\right)_{padrão}} \permil ;$$

o símbolo "‰" (per mil) é uma abreviatura para "partes por mil". Nesta fórmula, "padrão" diz respeito a um material de referência internacional (na maioria das vezes é a "água do oceano média padrão") medido no mesmo laboratório. O objetivo de utilizar $\delta^{18}O$ consiste em minimizar os erros entre laboratório ao medir pequenas diferenças na razão $^{18}O/^{16}O$ de 1% ou menos.

Dendrítico Termo que descreve um cristal que tenha adotado um hábito ramificado (do grego *dendron*, "árvore") – ver a Prancha 5.11.

Depósito VMS Depósito de sulfetos maciços vulcanogênicos (*vulcanogenic massive sulphide*).

Desidratação Reação em que um mineral **hidratado** (contendo OH, como o anfibólio, por exemplo) se decompõe em um mineral **anidro** (como o piroxênio) e um fluido hidratado (H_2O).

Deutérica Descreve uma alteração causada por fluidos magmáticos tardios (do grego "secundário").

Diagrama de enriquecimento em elementos incompatíveis Também chamado de gráfico "spidergram", como a Figura 2.16.

Diagrama de fases Diagrama mostrando (a) os limites de estabilidade de diversas **fases** (minerais, líquido magmático) como função da temperatura, da pressão e/ou composição e (b) as fases que podem coexistir em equilíbrio mútuo sob várias condições.

Diagrama de variação Diagrama mostrando a correlação entre as concentrações de dois ou mais componentes em uma suíte de rochas ígneas ou amostras de minerais (ver por exemplo a Figura 3.10).

Diápiro Pluma ascendente cilíndrica ou em forma de cogumelo de material leve (do grego "perfurar").

Diatrema Conduto ou chaminé subvulcânica preenchido por brecha ("intrusão vertical em forma de cenoura", segundo Mithcell, 1986) intrusiva em rochas encaixantes próximas à superfície por magmas **subsaturados em sílica** explosivos com altos teores de gás, como os magmas kimberlíticos e melilitíticos (Quadro 9.7).

Dique Intrusão de pequeno porte e bordas paralelas que atravessa a fábrica da maioria das rochas encaixantes.

Dique anelar Corpo tabular intrusivo tardio com composição em arco, parcial ou totalmente envolvendo um plúton, muitas vezes com contatos inclinados com caimento para fora.

Diques *en echelon* Diques paralelos longitudinalmente deslocados, como as telhas de um telhado.

Dúctil Comportamento mecânico em que o material se deforma (muda de forma) de maneira irreversível, sem fraturar. Compare com **frágil**.

Eclogito Rocha metamórfica de granulação grossa composta de granada e da variedade de piroxênio **onfacita** – a assembleia de minerais adotada por uma rocha basáltica em pressões altas (mantélicas).

Efusiva Descreve erupções caracterizadas pela emissão passiva de lava (compare com **erupção explosiva**).

Elemento incompatível Elemento-traço cujo raio iônico grande ou carga atômica elevada faz com que seja excluído dos minerais que compõem os **fenocristais**, o que faz sua concentração se acumular nas frações do líquido magmático (Quadro 2.7). Os elementos maiores K, Ti e P muitas vezes se comportam como elementos incompatíveis.

Elemento litófilo Classe de elementos que residem preferencialmente em líquidos magmáticos e minerais da classe dos **silicatos** (do grego "com afinidade por rocha"), e não em sulfetos (elementos **calcófilos**) nem materiais metálicos (elementos *siderófilos*).

Elemento maior Elemento químico presente em uma amostra de rocha ou de mineral com concentração maior que 0,1% em massa (o que contribui de maneira expressiva com a análise total). Nas análises de silicatos, os elementos principais são apresentados na forma de óxidos (em porcentagem em massa de cada um).

Elemento terras raras (ETR) Série de **elementos-traço** do lantânio (La, Z = 57) ao lutécio (Lu, Z = 71) – ver a Figura 2.7.2 – cujas propriedades geoquímicas variam gradativamente entre eles. O Quadro 6.6 tem mais detalhes sobre os elementos terras raras.

Elemento-traço Elemento químico geralmente presente em uma amostra de rocha ou de mineral em concentrações abaixo de 0,1% em massa. Em análises de silicatos, são representados em ppm em massa ($= \mu gg^{-1}$) do *elemento*.

Elementos compatíveis Elemento cujos cátions são prontamente incorporados em sítios catiônicos ou minerais em processo de cristalização (ver o Quadro 2.5). Os elementos compatíveis e minerais são mutuamente seletivos: por exemplo, o Ni é aceito em cristais de olivina (e, até certo ponto, de piroxênio), mas não em feldspato.

Elementos HFS (HFSE, *high field strength elements***)** Elementos com forte potencial iônico, um subgrupo de **elementos incompatíveis**. Ver o Quadro 2.7.

Elementos LIL (LILE) íons litófilos de raio iônico grande, um subgrupo dos elementos incompatíveis (Quadro 2.7)

Empobrecido, empobrecimento Descreve (a) uma rocha ou fonte de magma que tem concentração **normalizada** de elementos incompatíveis menor que aquela observada em um tipos de rocha comparáveis (ver o Capítulo 2), ou (b) um elemento presente em uma rocha em concentração **normalizada** menor que aquela de elementos comparáveis (por exemplo, o Nb em rochas vulcânicas associadas à subducção).

Enxame de diques em lençol Enxame de diques muito denso, a ponto de a quantidade de rocha encaixante entre diques vizinhos ser desprezível e de muitos diques formarem intrusões em outros. É característico de centros de expansão oceânica.

Equidimensional Descreve um cristal de lados iguais em todas as direções.

Equilíbrio *Equilíbrio químico*: Duas **fases** A e B em contato mútuo estão em equilíbrio uma com a outra se, para cada **componente** químico comum às duas, a velocidade em que um deles passa de A para B é exatamente igual à velocidade em que ele passa de B para A, de maneira que as composições químicas globais de A e de B permanecem constantes. As duas fases *não* precisam ter a mesma composição. *Equilí-*

brio térmico: Duas fases em contato estreito estão em equilíbrio térmico se têm a mesma temperatura.

Equivalente de rocha densa (ERD) Uma base para obter o volume de um depósito piroclástico por meio de recálculo do volume do magma antes da inflação (isto é, sem vesiculação). A fórmula utilizada é volume$_{ERD}$ = volume$_{medido}$ × $\rho/2,5$ onde ρ = densidade do material piroclástico em g/cm^3.

Erupção explosiva Erupção que envolve a liberação explosiva de gás sob pressão e que cuja principal característica é a produção de material piroclástico (compare com **efusiva**).

Escória Piroclastos, normalmente do grau dos lapili (Tabela 7.2) compostos de basalto ou andesito altamente vesiculares.

Esferulito Agregado organizado de microcristais aciculares que emergem de um ponto ou linha (com base em Fowler et al., 2002), normalmente formado pela desvitrificação do vidro. *Adjetivo: esferulítico*.

Esmectita Grupo de minerais argilosos (silicatos hidratados em falhas) que ocorrem como uma alteração verde, de granulação fina, produto do intemperismo em rochas ígneas.

Espilito Rocha produzida pelo metamorfismo do basalto no assoalho oceânico em fácies de xistos verdes intensas. A albita substitui o plagioclásio cálcico, e as bordas vítreas almofadadas e os cristais de olivina são transformados em clorita; a actinolita e o epidoto também são comuns. Os vazios são preenchidos com calcita.

Estratificação orbicular Variante radial da estratificação do tipo comb, provavelmente em razão da nucleação **heterogênea** em inclusões sólidas no interior de um corpo de magma.

Estratificação por gravidade Descrição ultrapassada de camadas com **estratificação modal** (Figura 4.7b e c).

Estratificação rítmica Recorrência sistemática de camadas ou sequências de camadas características (Irvine, 1982).

Estratificação tipo comb Camadas compostas de cristais alongados (por exemplo, de plagioclásio ou hornblenda) perpendiculares ao plano da camada (compare com **orbicular**).

Estratificado, estratificação Variação, com a **altura estrutural** em uma intrusão, das proporções relativas dos minerais cumuláticos ("estratificação modal"), de suas composições ("estratificação críptica") ou suas identidades ("estratificação de fases").

Estratovulcão Edifício grande, de encostas relativamente íngremes, construído por camadas alternadas de lavas e vulcanoclastos (inclusive piroclastos).

Estromboliana Descreve uma erupção ligeiramente explosiva de um magma basáltico/andesítico; série de explosões que ejetam clastos de **escória** que se acumulam, formando um **cone de escórias** em torno do conduto.

Euédrico Descreve a forma de um cristal delimitado por suas faces cristalinas características, exibindo forma cristalina perfeita ou quase perfeita (sinônimo de idiomorfo) (do grego "com lados bem definidos").

Eutaxítica Foliação causada pelo subparalelismo de lapili de púmice em forma de lente em um **lapili-tufo soldado** (do grego "bem arranjado").

Eutético Ponto em um **diagrama de fases** (por exemplo, o ponto E na Figura 2.2), o qual simboliza o ponto mais baixo no **liquidus**, no ponto onde ele encontra o **solidus**. Ele indica a *composição* do líquido magmático final formado durante a cristalização e do primeiro líquido magmático a se formar durante a fusão. Ele também demarca a *temperatura* em que um líquido magmático se cristaliza por completo durante o resfriamento, e no qual a fusão inicia durante o aquecimento (do grego "que se liquefaz com facilidade").

Evoluído Descreve a composição de um magma ou de uma rocha com teor relativamente baixo de MgO e/ou teor alto de SiO$_2$, sugerindo que sofreu um grau elevado de cristalização fracionada. Compare com **primitivo**.

Exsolver, exsolução Separação de um soluto **supersaturado** para formar uma nova fase, cristalina, gasosa ou, em casos especiais, líquida. Em cristais, esse processo normalmente produz lamelas ou bolhas de exsolução (por exemplo, a Prancha 4.7 e a Figura 8.1.1c no Quadro 8.1).

Extrato Denota a composição global do material sólido que se separa de um líquido magmático quando *vários* minerais cristalizam ao mesmo tempo, considerando as composições de minerais individuais e suas proporções relativas.

Fanerítica Descreve uma rocha na qual os cristais de todos os minerais principais podem ser vistos a olho nu (do grego "visível").

Fase Uma fase química é um domínio em um sólido ou em uma rocha parcialmente fundida, no qual existem características físicas e químicas uniformes que o diferencia das outras partes da rocha. Cada mineral, líquido magmático ou gás (como bolhas) forma uma *fase* química distinta. As fases sólidas são identificadas neste livro pelos nomes (e não pelas fórmulas) dos minerais.

Feldspato alcalino Termo que abrange todos os feldspatos cujas composições estão entre o ortoclásio (KAlSi$_3$O$_8$) e a albita (NaAlSi$_3$O$_8$), inclusive as pertitas (Quadro 8.1).

Feldspato potássico Termo que abrange todos os membros com teores elevados de potássio da série de

feldspatos alcalinos (a sanidina, o microclínio, o ortoclásio), exceto a pertita.

Feldspatoide (Abreviado como *foide* pela IUGS). Ver o Quadro 9.1.

Félsico Classe de minerais que inclui os feldspatos, os feldspatoides e os minerais de sílica como o quartzo. Também descreve rochas ricas nesses minerais (ver a Figura 1.3).

Fenito Rochas de contato álcali-metassomatizadas quartzo-feldspáticas ricas em feldspato potássico e piroxênios ou anfibólios sódicos, encontradas nas bordas de muitos carbonatitos intrusivos.

Fenocristais Cristal significativamente maior que os cristais da matriz, cujo tamanho relativo e forma **euédrica** indicam que ele se formou cedo na história da cristalização do magma. O termo inclui quaisquer cristais euédricos menores que tenham sido envoltos por fenocristais maiores (Cox et al., 1979, p. 179). (Do grego "cristal brilhante".)

Ferromagnesiano Categoria de minerais ricos em ferro no estado ferroso e em magnésio, como a olivina, o piroxênio, o anfibólio, a biotita e a **flogopita**.

Fértil Descreve um peridotito mantélico que não sofreu episódios anteriores de fusão.

Fiamme Lapili de púmice subparalelo em forma de lente (Tabela 7.2) ou clastos menores em um **lapili-tufo soldado** (eutaxítico) (do italiano, "flamas").

Fírico Sinônimo de **porfirítico** (isto é, contendo **fenocristais**). "Olivina-fírico" indica a presença de fenocristais de olivina, por exemplo.

Flogopita Mica cuja composição aproximada é $K_2Mg_6[Si_6Al_2O_{20}](OH,F)_4$ e que representa o membro extremo magnesiano da série da biotita.

Fluido *Física*: Termo geral que abrange os estados da matéria capazes de escoar, isto é, líquidos e gases. *Geologia*: Refere-se a fluidos hidratados ou outros fluidos ricos em voláteis, nos estados líquido, gasoso ou supercrítico.

Foide Abreviatura de **feldspatoide** (Le Maitre, 2002). Ver o Quadro 9.1.

Fonolito Rocha de granulação fina ou que é composta sobretudo de feldspato e feldspatoide alcalinos (Figura 9n); magma evoluído e **subsaturado em sílica** (Figura 1.5).

Frágil Descreve o comportamento mecânico em que um material sofre fratura sob fadiga, sem passar por uma mudança gradual de forma. Compare com **dúctil**.

Fragmentos de lapili peletizados Fragmentos tamanho lapili com formato esferoidal presentes em kimberlitos da fácies de diatrema, compostos por cristais primários e fragmentos líticos acidentais envoltos por uma borda delgada de matriz kimberlítica.

Fraturas perlíticas Fraturas esferoidais relacionadas à contração (em amostra de mão ou em lâmina delgada) em rochas vítreas, sobretudo os riolitos.

Freático Descreve a interação explosiva entre uma rocha quente e a água subterrânea, formando um tufo anelar de ejetólitos de rocha encaixante (do greto "poço").

Freatomagmática Descreve uma interação explosiva entre o magma e a água subterrânea, formando um tufo anelar de ejetólitos de rocha encaixante e material juvenil. Compare com **maar, freática**.

Fusão incongruente Fusão de um mineral na qual um novo mineral é formado além do líquido magmático: mineral A → líquido magmático + mineral B; o oposto da relação de reação discutida no Quadro 4.3. Um dos minerais que liquefaz de maneira incongruente (na pressão atmosférica) é a enstatita: $Mg_2Si_2O_6$ (En) → líquido magmático + Mg_2SiO_4 (Fo) – ver a Figura 4.3.1.

Fusão por descompressão Fusão causada pela ascenção do manto em profundidades pequenas o bastante para que o **solidus** do manto seja cruzado (ver a Figura 2.17). Não é necessário um aumento na temperatura.

Gabroica Adjetivo que abrange rochas de granulação grossa semelhantes ao gabro como o anortosito e o norito, além do gabro *stricto sensu*.

Geoterma Uma curva modelo, estimada com base em mensurações do fluxo de calor da superfície, indicando como a temperatura aumenta com a profundidade no interior da Terra.

Geotermômetro Equilíbrio dependente da temperatura entre dois minerais coexistentes em solução sólida que, quando calibrado mediante experimentos em temperaturas controladas, pode ser utilizado para estimar a temperatura de cristalização de uma rocha natural a partir das composições mensuradas de minerais relevantes; por exemplo, o **solvus** do piroxênio mostrado na Figura 4.5.2.

Glomeroporfirítica Textura porfirítica em que os **fenocristais** ocorrem em agrupamentos.

Gráfico isocrônico ou isócrona Gráfico das razões de isótopos radiogênicos de uma gama de amostras cogenéticas (rocha total ou mineral) a partir do qual é possível determinar a idade delas. Esse gráfico mostra a abundância do isótopo filho (por exemplo, o ^{87}Sr) em cada amostra em relação a um isótopo de referência não **radiogênico** (por exemplo, o ^{86}Sr) representada contra a abundância do nuclídeo pai (^{87}Rb) em relação ao mesmo isótopo filho de referência (Figura 8.21a).

Gráfico TAS Abreviatura do diagrama de variação para o teor de álcalis totais-sílica [$(Na_2O + K_2O)$ vs. SiO_2]. Ver a Figura 1.6 e 2.1.

Grande província ígnea (**LIP**, *large igneous province*) Província ígnea de grande volume (ou seu enxame de diques alimentadores hipoabissais) que testemunha a erupção na superfície, em período relativamente curto (normalmente com não mais de 0,5–2 Ma de idade) sobretudo de magmas basálticos com mais de 1×10^6 km³ em volume. Compare com **basaltos de platôs continentais, platô oceânico**.

Granitoide Nome comum em campo para rochas de granulação grossa compostas por quartzo, feldspato alcalino e plagioclásio, em quaisquer proporções.

Granófiro (Porfirítico) Granitoide cuja massa fundamental exibe uma textura micrográfica entre o feldspato potássico e o quartzo (ver a Prancha 8.3).

Granulação fina Ver a Figura 1.3a.

Granulação média Ver a Figura 1.3a.

Greenstone belt Nome empregado em campo para descrever rochas vulcânicas metamorfizadas em fácies xistos verdes com coloração verde devida à presença de clorita secundária, de hornblenda e de epidoto. Cinturão alongado e dobrado desse tipo de rocha (com metassedimentos).

Halo pleocroico Halo que circunda uma inclusão de mineral rico em U e Th, na qual o mineral encaixante (normalmente a cordierita ou a biotita – ver a Prancha 8.10) exibe **pleocroísmo** exagerado devido ao dano radioativo.

Havaiana Descreve o estilo menos explosivo de erupção vulcânica, caracterizada por jorros moderados de magma basáltico de baixa viscosisdade.

HCP Abreviatura de *high calcium pyroxene*, piroxênio com alto teor de cálcio (Figura 2.1.1).

Hialo- Prefixo definido pela IUGS indicando a presença de vidro em uma rocha ígnea (ver a Prancha 9.3).

Hialoclastito Depósito **piroclástico** composto por fragmentos rachados de vidro vulcânico formado pelo *quenching* de líquido magmático (normalmente basáltico) sob o nível d'água (do grego, "fragmento de vidro".

Hidratado Descreve um mineral (por exemplo, a mica, o anfibólio) que contém água ou o radical hidroxila (OH) em sua estrutura, ou um fluido composto sobretudo de H_2O.

Hidrólise Reação química envolvendo a quebra de uma molécula de água, da qual um fragmento se torna um dos reagentes, como o H^+ na Reação 8.1, por exemplo.

Hidrotermal Descreve uma categoria de processos magmáticos e pós-magmáticos envolvendo a água em temperaturas elevadas (normalmente 150 a 500°C), como a alteração e a mineralização.

Hipersolvus Região de solução sólida homogênea acima de um solvus em um diagrama de fases (por exemplo, a Figura 8.12a); granito contendo um único feldspato alcalino homogêneo (cristalizado em condições de P_{H_2O} baixa) que posteriormente exsolve em **pertita**.

Hiperstênio Nome obsoleto para soluções sólidas de ortopiroxênio no intervalo En_{50-70} (ver o Quadro 2.1 para a nomenclatura atual).

Hiperstênio-normativa Descrição obsoleta de uma rocha cuja **norma** contém ortopiroxênio. Hoje, o termo preferido é "enstatita-normativa" (Tabela 2.3).

Hipoabissal Descreve rochas intrusivas colocadas em profundidade relativamente pequena. Compare com **plutônica**.

HITE (*highly incompatible trace element*) **Elemento-traço** altamente incompatível (por exemplo, o Rb, o Ba, o Th ou o Nb).

Hot spot "Qualquer ocorrência localizada de magmatismo anômalo (normalmente intraplaca), algumas vezes não explicado por processos de tectônica de placas" (Fitton, 2007). Apenas uma minoria de *hot spots* está associada a **plumas** mantélicas.

HREE (*heavy rare earth element*) Elemento terras-raras pesado (ou seja, com número atômico alto) como os da série Gd – Lu (ver a Figura 2.7.2).

Iddingsita Nome informal de um produto composto de alteração, de cor vermelha a marrom, formado por goethita/hematita, clorita e **sesmectita**.

Idiomórfico Ver **euédrico** (do grego, "com forma própria").

Ignimbrito Depósito (normalmente de lapili-tufos maciços) resultante da passagem de uma **corrente de densidade piroclástica**.

Imóvel Identifica um grupo de elementos cujas concentrações são as menos afetadas pela **alteração hidrotermal**.

Inclusão de líquido magmático Pequena inclusão vítrea no interior de um **fenocristal** que preserva a composição do líquido magmático (sobretudo em termos de voláteis) do qual o cristal se formou antes da erupção. Ver o Quadro 1.4 e a Prancha 6.11.

Indicatriz Figura tridimensional hipotética (Figura A2) que indica como o índice de refração varia com a direção de vibração da luz transmitida em um cristal anisotrópico.

Índice de cor Porcentagem **modal** (em volume) de minerais **máficos** em uma rocha (ver a Figura 1.3b).

Instável Descreve uma corrente de densidade piroclástica cujo regime de fluxo varia com o tempo.

Intercumulático Descreve um líquido magmático que preenche os espaços entre minerais **cumuláticos**, ou um mineral que cristalizou desse líquido magmático (por exemplo, ver a Prancha 5.2).

Intergranular Textura em que cristais equidimensionais de olivina e de piroxênio preenchem os espaços no interior de uma estrutura formada por cristais de plagioclásio tabular.

Intersertal Textura em que fragmentos de vidro preenchem os espaços no interior de uma estrutura de cristais tabulares de plagioclásio.

Intersticial Material encontrado nos interstícios de uma rocha, isto é, nos espaços entre cristais formados anteriormente (do grego "colocado entre").

Invariante Descreve um equilíbrio químico que não tolera variações nas condições aplicadas – ver o Quadro 3.3.

Inverter, inversão Diz respeito à recristalização de um mineral a partir de uma estrutura estável em temperaturas elevadas em uma forma de temperatura baixa.

Isoquímico Descreve um processo que não altera a composição de uma rocha.

Isoterma (isotermal) Descreve uma linha (ou um processo que transcorre nela) de temperatura constante em um **diagrama de fases**.

Isótopo (isotópico) Refere-se aos átomos de um elemento que diferem no número de nêutrons no núcleo (N). Os isótopos são definidos por seus **números de massa**, por exemplo, ^{87}Sr.

Isótropo (Óptica) Descreve um mineral ou outra substância com índice de refração uniforme (independentemente da orientação do cristal) e sem **birrefringência**. Exemplos de minerais isótropos são os minerais cristalinos do sistema cúbico, vidro vulcânico e sintético, líquidos, o **bálsamo** ou a resina epóxi (que preenchem os espaços vazios na lâmina de rocha) (do grego "volta idêntica").

IUGS (*International Union of Geological Sciences*) União Internacional das Ciências Geológicas, cuja Subcomissão para a Sistemática de Rochas Ígneas definiu as convenções atuais sobre a nomenclatura de rochas ígneas (ver Le Maitre, 2002).

Juvenil Descreve amostras de um magma em erupção, em comparação com materiais sólidos gerados em erupções passadas.

Kamafugito Rocha vulcânica ultrapotássica ultrabásica (ver o Quadro 9.8).

kb, kbar = quilobar = 1.000 bar, 1 kb = 0,1 GPa.

Lacólito Intrusão tabular concordante cujo assoalho é plano e o teto é em domo (do grego "reservatório" e "rocha").

Lacuna de miscibilidade Intervalo composicional em uma **série de soluções sólidas** em que nenhum cristal é estável: as composições nesse intervalo consistem em misturas bifásicas. A solubilidade mútua dos membros extremos tem forte dependência da temperatura, como mostra a curva **solvus** (Figura 4.5.2a).

Laminação Termo aplicado (neste caso, especificamente para rochas ígneas) em referência ao subparalelismo de cristais ripiformes achatados de plagioclásio em uma rocha cumulática rica em plagioclásio, provavelmente como resultado de processos de deposição.

Lamprófiro Classe de rochas máficas porfiríticas em diques com fenocristais exclusivamente de minerais máficos (augita, hornblenda, biotita) (do grego "cintilante" e **porfirítico**). Ver o Quadro 9.6.

Lapili Piroclastos com diâmetros da ordem de 2–64 mm.

Lapili-tufo **Tufo** contendo lapili (Tabela 7.2) e **cinzas**.

LCP Sigla de *low-calcium pyroxene*, piroxênio com baixo teor de cálcio, o qual abrange ortopiroxênios e pigeonita (Figura 2.1.1).

Lei de Stokes Equação que relaciona a velocidade de sedimentação[1] v_t de uma partícula sólida (por exemplo, um cristal) de raio r_x e densidade ρ_x em um fluido (por exemplo, o líquido magmático) de densidade ρ_m e viscosidade símbolo:

$$v_t = \frac{2gr_x^2(\rho_x - \rho_m)}{9\eta}$$

Lento (óptico) Direção da vibração com índice de refração elevado; valores elevados de índice de refração indicam lentidão da luz.

Leuco- Prefixo aplicado ao nome de rocha para denotar uma proporção menor de minerais escuros em comparação com o teor desses minerais que ela normalmente contém (do grego "cor clara"), como o leucogabro, por exemplo (ver Le Maitre, 2002, e as Tabelas 2.7 e 2.8).

Leucocrático Descreve a composição de uma rocha cujo **índice de cor** é menor que 35% em volume, como mostrado na Figura 1.3b) (do grego, "cor clara dominante").

Linha de amarração Linha isotérmica em um diagrama de fases que une duas fases coexistentes em equilíbrio.

LIP (large igneous provinces) ver Grande província ígnea

Líquido magmático Fase líquida de um magma (Figura 1.1) ou de uma **amostra** fundida (compare com **magma**).

Liquidus (i) A maior temperatura em que o líquido magmático de determinada composição pode entrar em equilíbrio com cristais. (ii) Uma linha no espaço T–X, a qual mostra como essa temperatura varia com

---

[1] Uma partícula inicialmente em repouso acelera até o atrito neutralizar a aceleração gravitacional, resultando em uma velocidade em estado estacionário ou "terminal" v_t.

a composição do líquido magmático (ver a Figura 3.1.1). (iii) Linha no espaço P–T mostrando como a temperatura varia com a pressão (ver a Figura 2.17).

Lítico Termo que descreve os ejetólitos ou detritos piroclásticos formados por rocha sólida densa (os produtos de erupções anteriores ou os materiais arrancados da parede do conduto), em contraste com os produtos magmáticos **juvenis** de uma erupção em andamento.

Lopólito Descreve uma grande intrusão em forma de pires, com assoalho côncavo e teto relativamente plano (do grego "bacia" e "rocha").

LREE (*light rare earth element*) Elemento terras raras leve, isto é, com Z baixo entre o La e o Sm (ver a Figura 2.7.2).

Ma Sigla de "mega ano", unidade informal, mas muito utilizada, de tempo geológico equivalente a 10^6 anos.

Maar Cratera formada por explosão durante uma erupção **freatomagmática**, muitas vezes cheia de água e/ou aluviões.

Macla, maclado Um cristal composto por duas ou mais partes cujas redes cristalinas têm orientações diferentes associadas com base em uma operação de simetria – como um plano de espelho (plano de macla), ou um eixo de rotação (eixo de macla) – é chamado de cristal maclado. A macla normalmente é detectada pela diferença no ângulo de extinção em nicóis cruzados (ver a Figura 8.1.1).

Macrorrítmico Conjunto relativamente espesso (> 5 m) de camadas cumuláticas repetidas (Irvine, 1982).

Máfico Categoria de minerais ricos em magnésio (Mg) e ferro (Fe), também chamados de **ferromagnesianos**. O termo também é usado em referência a rochas com teores relativamente altos nesses minerais (ver a Figura 1.3b).

Magma Termo que abrange todas as rochas parcial ou totalmente fundidas, incluindo líquido magmático, cristais e fases gasosas.

Magnesiano Descreve um líquido magmático ou mineral rico em magnésio, comparado com o ferro, isto é, que tem um valor elevado da relação $MgO/(MgO + \Sigma FeO)$.

Manto primitivo Composição mantélica hipotética representando a composição média do manto logo após a formação da Terra: uma composição calculada com base na análise de **meteoritos** condríticos (Sun and McDonough, 1989).

Massa atômica relativa (MAR) Também chamada de "peso atômico" de um elemento, definida como a massa de um átomo expressa em uma escala na qual $^{12}C = 12,0000$.

Massa molecular relativa (MMR) Também chamada de "peso molecular" de um composto. Soma das MARs de todos os elementos constituintes consideradas segundo o número de átomos de cada um presentes em sua fórmula. Logo, a MMR do Na_2O = (23 x 2) + 16. A MMR é expressa em unidades de massa atômica ou em g/mol.

Matriz intersticial Material que circunda os **fenocristais** em uma rocha porfirítica.

Mela- Prefixo acrescido a um nome de rocha para representar uma proporção maior de minerais escuros, em comparação com a proporção normalmente observada (do grego "cor escura"), como o **melanefelinito**, por exemplo. Ver Le Maitre (2002) e as Tabelas 2.7 e 2.8.

Melanocrática Descreve uma composição de rocha cujo **índice de cor** está entre 65 e 90 em porcentagem em volume, como na Figura 1.3b (do grego "cor escura dominante").

Membro extremo Um dos ingredientes que fazem parte de uma mistura em uma série mineral de **solução sólida** como o plagioclásio, o qual é composto pelos membros extremos albita ($NaAlSi_3O_8$) e anortita ($CaAl_2Si_2O_8$).

Mesocrática Descreve a composição de uma rocha cujo **índice de cor** está entre 35 e 65 em porcentagem em volume, como na Figura 1.3b (do grego "entre" e "dominante").

Metaestável Estado instável (por exemplo, uma assembleia de minerais) preservado devido à lentidão das reações que levam ao estado estável.

Metaluminosa Descreve uma rocha em que $([Na_2O]_{mol} + [K_2O]_{mol}) < [Al_2O_3]_{mol} < ([Na_2O]_{mol} + [K_2O]_{mol} + [CaO]_{mol})$; isto é, rochas que não são **peralcalinas** nem **peraluminosas**. Ver a Figura 8.14.

Metassomático, metassomatismo Forma de metamorfismo em que os componentes químicos são introduzidos em (ou lixiviados de) uma rocha pela passagem de um **fluido**.

Meteórico Descreve os fluidos oriundos sobretudo da precipitação atmosférica.

Meteorito Fragmento de detritos do sistema solar que sobrevivem às altas temperaturas registradas durante a entrada na atmosfera e caem na Terra como amostra recuperável.

Microfenocristal Um **fenocristal** muito pequeno para ser visto a olho nu (com base em Shelley, 1992).

Micrólito Cristal alongado muito pequeno (mas grande o bastante para exibir birrefringência) em uma rocha vulcânica, tipicamente de feldspato.

Micropertita Pertita cuja textura de exsolução é visível apenas ao microscópio.

Microssonda eletrônica Instrumento analítico no qual um cristal mineral em uma seção de rocha é bombardeado por um fino feixe de elétrons de alta energia; os elementos presentes emitem raios X característicos com intensidades proporcionais a suas concentrações, permitindo a análise química *in situ* em escala de micrômetros.

Mistura (mingling) A combinação, sem homogeneização completa, de magmas de composição ou vesicularidade diferentes.

Moda, modal Composição real de uma rocha, expressa como porcentagens em volume dos diversos minerais presentes, determinadas pela análise petrográfica quantitativa (ver o texto sobre "contagem de pontos", no Capítulo 1) de uma lâmina delgada. Compare com **norma**.

Mol, molar Quantidade de um composto químico cuja massa, quando expressa em gramas, é numericamente igual à **MMR** relativa do composto. O número de mols pode ser calculado dividindo a massa do composto presente (em gramas) por sua **MMR**. As concentrações molares são aquelas expressas em números relativos de mols.

Monoclínico Classe de cristais (por exemplo, o clinopiroxênio) cuja estrutura é caracterizada por um eixo (duplo) de simetria rotacional.

Monogenético Descreve um vulcão produzido por um único episódio eruptivo.

Móvel Refere-se à suscetibilidade de um elemento à solução parcial em fluidos aquosos quentes durante um processo de **alteração**, a qual pode afetar a concentração do elemento em uma amostra de rocha ou de mineral em particular, ou em fluidos oriundos da desidratação da placa. Ver o Quadro 2.6.

Nome raiz Nome fundamental da rocha derivado dos minerais essenciais (por exemplo, **traquito**).

Norma CPIW Sinônimo de cálculo da **norma** concebido pelos petrólogos W. Cross, J. P. Iddings, L. V. Pirsson e H. S. Washington, no começo do século XX. A sigla deriva das iniciais de seus nomes.

Norma, normativo Composição de elementos principais de uma rocha, recalculada como porcentagem em massa de um número limitado de minerais anidros padronizados (chamados de "normativos"). Compare com **moda**.

Normalizado Análise química de uma rocha ou concentração de elementos expressa como a razão $(C_{elemento})^{rocha}/(C_{elemento})^{composição\ de\ referência}$, onde "composição de referência" normalmente se refere ao "**manto primitivo**" ou MORB médio (Quadro 2.7).

Nucleação heterogênea Descreve a nucleação e o crescimento de um mineral em um cristal de outro mineral ou em outro substrato sólido.

Número atômico Simbolizado pela letra Z, representa o número de prótons no núcleo de um átomo que identifica o elemento químico; numericamente, é igual (a) à carga do núcleo em unidades de carga atômica e (b) ao número de elétrons em um átomo neutro.

Número de massa Número integral A de um isótopo, representando a soma do **número atômico** Z e do número de nêutrons N.

Número de Mg $\left[\dfrac{100\ Mg}{Mg + Fe^{2+}}\right]$ em **proporções atômicas**
$= \dfrac{100 \times (MgO/40,32)}{(MgO/40,32) + (FeO/71,85)}$ onde "MgO" etc representa a porcentagem em massa de óxidos na análise de elementos maiores de uma amostra de rocha ígnea ou de um mineral (40,32 e 71,85 são os valores de **MMR** para o MgO e o FeO). Onde uma análise de rocha fornece apenas o ferro total (como ΣFe), o teor real de FeO pode ser estimado pela fórmula $FeO \approx 0,9\ \Sigma FeO$.

Obsidiana Vidro vulcânico afírico, preto brilhante, muitas vezes de composição riolítica.

Ocelos Segregações globulares, félsicas ou carbonatíticas, da ordem de centímetros, sugestivas de imiscibilidade do líquido magmático (do latim "olhos pequenos").

Ofiolito Assembleia característica, ainda que variável, de rochas encontradas em orógenos colisionais (ver o Quadro 5.3). Acredita-se que representam uma fatia da litosfera oceânica (do grego, "pedra semelhante a cobra").

Ofítica Classe de textura **poiquilítica** em gabros, doleritos e alguns basaltos, na qual cristais de plagioclásio euédricos menores são envolvidos por cristais de augita anédricos maiores, **opticamente contínuos** (do grego "como uma cobra", em referência à superfície mosqueada).

Oicocristal Cristal encaixante que cresceu em torno de outros cristais em uma textura **poiquilítica** ou **ofítica**.

Onfacita Clinopiroxênio de Na–Al (Figura 9.2.1) característico do **eclogito**.

Opticamente contínuo Propriedade apresentada por diferentes partes de um cristal grande único, quando visto em nicóis cruzados, de se extinguirem quando na mesma orientação da platina (mesmo quando aparentemente não estejam em contato, no plano da seção – ver a Prancha 8.3).

Ortorrômbico Classe de cristais (por exemplo, o ortopiroxênio) cuja estrutura tem três eixos perpendiculares (duplos) de simetria rotacional; indica simetria maior que a simetria de cristais monoclínicos.

Pahoehoe Termo do dialeto havaiano que descreve uma lava basáltica com superfície lisa ou corrugada.

Pargasita $\{NaCa_2(Mg,Fe)_4Al[Si_6Al_2O_{22}](OH)_2\}$, uma variedade de hornblenda que resiste à desidratação a temperaturas mais altas do que outras.

Pegmatito, pegmatítico Fácies de uma rocha plutônica que tem granulação marcadamente mais grossa do que a da rocha encaixante; formam veios ou bolsões no interior de uma intrusão, mas podem se estender às rochas encaixantes.

Pelito Rocha sedimentar argilosa metamorfizada contendo minerais ricos em alumínio, como a muscovita (formada a partir dos argilominerais originais).

Peralcalino Descreve rochas acmita-normativas nas quais $[Na_2O]_{mol} + [K_2O]_{mol})/[Al_2O_3]_{mol} > 1,00$.

Peraluminoso Descreve rochas nas quais $[Al_2O_3]_{mol}/([CaO]_{mol} + [Na_2O]_{mol} + [K_2O]_{mol}) > 1,00$. Essas rochas são coríndon-normativas. Ver a Figura 8.14. Compare com **metaluminoso**.

Perda de massa por ignição (PMI) Método simples para mensurar o teor de voláteis totais de uma amostra de mineral ou de rocha. A amostra é pesada e ignificada a 1.000°C ou temperaturas mais altas por 30 minutos e pesada outra vez para determinar a massa de voláteis perdidos.

Peridotito Ver a Figura 5.1.

Pertita Cristal de feldspato rico em potássio contendo lamelas de exsolução de feldspato rico em sódio (compare com a **antipertita**). Ver a Figura 8.1.1c. Muitas vezes, é visível apenas ao microscópio (**micropertita**).

PGE Sigla para *platinum group elements*, elementos do grupo da platina (Ru, Rh, Pd, Os, Ir e Pt).

Picrito Rocha basáltica anormalmente rica em cristais de olivina (do grego "amargo", em referência obscura ao teor elevado de MgO").[2]

Pigeonita invertida Pigeonita que sofreu **inversão** a partir de sua estrutura cristalina **monoclínica** original, convertendo-se em enstatita ortorrômbica (Quadro 4.5).

Piroclasto, piroclástico Clasto de material vulcânico quente juvenil fragmentado durante a erupção pela força explosiva do gás vulcânico em expansão ou pelo colapso de um domo de lava (do grego "fragmento incandescente"). Descreve uma erupção cujo produto principal são os depósitos piroclásticos.

Piroxenito Rocha **ultramáfica** de granulação grossa composta principalmente de piroxênios, com menos de 40% em volume de olivina (Figura 5.1).

Plagioclásio Série de feldspato que inclui a solução sólida entre os membros extremos $NaAlSi_3O_8$ e $CaAl_2Si_2O_8$ – ver a Figura 3.4.

Plagioclásio sódico Plagioclásio contendo mais albita que anortita ($An_{<50}$).

Plano de composição Limite entre os domínios de **maclas** vizinhas em um cristal.

Platô oceânico Região extensa da crosta oceânica anormalmente espessa. Pode ser visto como um exemplo oceânico de **grande província ígnea**.

Pleocroísmo Propriedade de um cristal anisotrópico caracterizada pela mudança de cor segundo a direção da vibração da luz natural que o atravessa (do grego "mais cores").

Pluma, pluma mantélica Fenômeno convectivo em forma de cogumelo composto de manto quente leve que teria ascendido – promovendo a fusão – sob um *hot spot* (Figura 2.18b). Alguns petrólogos questionam a existência de plumas, apesar das evidências de caráter sísmico.

Plumoso Composto de diversos filamentos curvilíneos finos, como uma pena (ver a Prancha 5.10).

Plúton Corpo intrusivo de grande porte, de forma inespecífica, colocado em profundidade.

Plutônico Descreve as rochas intrusivas originalmente colocadas ou os processos magmáticos ocorridos em profundidades significativas. Infelizmente, é usado na nomenclatura da IUGS como sinônimo de rocha de **granulação grossa** (Le Maitre, 2002, p.3).

Poiquilítica Textura na qual um número elevado de cristais pequenos de um mineral (ou de diversos minerais) são envoltos por cristais maiores e menos numerosos de outro mineral (do grego "mosqueado"). Compare com **ofítica**.

Polarizador Folha de Polaroide® localizada sob a platina, com direção de vibração E-W. O polarizador sempre está instalado. Compare com **analisador**.

Poliédrico Termo utilizado para diferenciar o hábito regular da olivina em **picritos** da forma esquelética vista nas porções superiores de lavas **komatíticas**. Também utilizado, embora de forma confusa, para descrever as disjunções vistas nas partes superiores de muitas dessas lavas (do grego "com muitos lados").

Polimerizado Descreve a conectividade da estrutura Si–O–Si com carga negativa em um líquido magmático ou cristal silicático, composta de ânions silicato relativamente pequenos (um tanto "não polimerizados") em um líquido magmático komatítico de viscosidade baixa, ou de redes de silicato 3D grandes ("fortemente polimerizados") em líquidos magmáticos ácidos como o riolito (Quadro 6.3).

Porcentagem em massa, % em massa Porcentagem de um elemento ou óxido em um mineral ou rocha expressa em massa (por exemplo, gramas do elemento ou óxido por 100 g de amostra). Também chamada de porcentagem em peso.

Porcentagem em peso Termo obsoleto ainda muito utilizado para representar a porcentagem em massa de um elemento ou óxido em um mineral ou rocha (isto é, a massa do elemento, em gramas por 100 g de amostra).

Porcentagem molar Modo convencional de expressar a composição de uma solução sólida mineral em termos de seus membros extremos (por exemplo, Fo_{85}). Compare com **porcentagem em massa**.

Porfirítico Textura ígnea na qual cristais euédricos maiores, formados inicialmente (**fenocristais**) estão

---
[2] Historicamente, o termo **picrito** também abrange o **ankaramito**.

envoltos em uma matriz de cristais menores que evidentemente cristalizaram mais tarde (do grego "púrpura", a cor original dos pórfiros egípcios muito utilizados como pedra ornamental).

Porfiroblastos Em rochas metamórficas, este termo designa cristais grandes, em relação ao tamanho do grão da rocha matriz.

PPL Abreviatura de *plane-polarized light*, uma configuração do microscópio de polarização na qual o **analisador** é removido. Também denominada luz natural.

ppm Partes por milhão (de um elemento, em massa); 1.000 ppm equivale a 0,1% em massa (do elemento, não do óxido).

Precisão Refere-se ao grau de concordância entre determinações repetidas de um elemento em uma amostra utilizando o mesmo método. Magnitude do erro aleatório associado com uma análise. Uma análise precisa é aquela em que o erro aleatório é baixo. A precisão pode ser expressa quantitativamente em termos de desvio padrão ou variância.

Pressão parcial Pressão efetiva exercida por um único componente volátil (por exemplo, P_{H_2O}) de um magma. Se a pressão parcial for menor que a pressão de carga, o componente se encontra totalmente dissolvido no magma; se a pressão parcial for maior ou igual à pressão de carga, uma fase gasosa é formada.

Primário Em relação a um *mineral*, refere-se a um mineral ígneo que cristalizou de um líquido magmático (compare com **secundário**); em relação a um *líquido magmático* ou *magma*, diz respeito à ocorrência de uma composição de rocha total (sobretudo o **número de Mg** maior que 65) consistente com a origem direta a partir de um peridotito do manto superior (com o qual está em equilíbrio), sem cristalização fracionada envolvida. Ver o Quadro 9.5.

Primitiva Composição de um magma ou de uma rocha com teores relativamente altos de MgO e/ou baixos em SiO_2, sugerindo que o magma foi pouco fracionado desde o evento de fusão no qual se formou. Compare com **evoluído**.

Primitivo Diz-se de um magma com grau mínimo de fracionamento.

Prismático Descreve uma clivagem, uma face ou uma seção cruzada paralela ao eixo de alongamento de um cristal (o eixo cristalográfico z).

Projeção Técnica de representar coordenadas *n* dimensionais em um diagrama com *n*–1 dimensões. Por exemplo, uma tendência de pontos de dados em um diagrama quaternário (de quatro componentes, em três dimensões) pode ser representada (não de modo perfeito) projetando-os em uma de suas faces ternárias. Para melhor compreender essa representação, é interessante imaginar as sombras projetadas pelos pontos nessa face quando iluminados por uma fonte de luz gerada no ponto do espaço de onde a sai projeção (normalmente um vértice do tetraedro tridimensional).

Proporções atômicas Relação (por exemplo, um quociente) entre dois ou mais elementos expressa em termos do *número de átomos*, não de suas proporções de massa. Numericamente, as proporções atômicas são idênticas às **proporções molares** dos óxidos correspondentes.

Proporções molares A relação (por exemplo, o quociente) entre dois ou mais óxidos ou membros extremos, expressa em termos do *número de mols*, não em proporções em massa. Numericamente, equivale às **proporções atômicas** dos metais correspondentes.

Pseudomorfo Do grego, "forma falsa". Contorno de um produto de alteração que retém a forma reconhecível do mineral **primário** que ele substituiu.

Púmice Produto vulcânico microvesicular de baixa densidade, semelhante a uma esponja, formado pela descompressão de magma **evoluído** e rico em voláteis.

Qualificador Adjetivo que descreve um mineral ou elemento químico adicionado ao **nome raiz**, o qual sinaliza os atributos texturais, mineralógicos ou químicos de uma amostra (por exemplo, gabro *poiquilítico*, *olivina basalto*, toleíto *baixo-K*).

Quartzo Um dos diversos minerais cuja composição é SiO_2. Compare com **sílica**.

Quaternário Descreve um sistema (ou diagrama de fases) composto de quatro **componentes** químicos independentes (compare com **binário, ternário**). Um diagrama quaternário é um tetraedro regular hipotético no qual as proporções relativas de quatro componentes (representadas pelos vértices) podem ser representadas em três dimensões, desde que a soma deles seja 100%.

Quenching Resfriamento rápido de uma **amostra** experimental até a temperatura ambiente, para garantir que as **fases** em equilíbrio na temperatura do experimento sejam preservadas e não cristalizem formando outras fases durante o resfriamento lento. Refere-se também ao vidro e a outras texturas naturais (por exemplo, a textura spinifex) associada com o resfriamento muito rápido.

Radiogênico Descreve um isótopo filho estável formado por uma reação de decaimento radioativo. Sua abundância aumenta com o tempo e na proporção da razão isótopo pai:isótopo filho do material em que ocorre. A abundância de um isótopo radiogênico normalmente é expressa proporcionalmente a um isótopo não radiogênico estável do mesmo elemento (por exemplo, $^{87}Sr/^{86}Sr$).

Rapakivi Variedade de granitoide em que cristais de ortoclásio grandes, muitas vezes arredondados, estão envoltos pelo plagioclásio (do idioma finlandês "pedra podre").

Rápido (Óptica) Em uma seção transversal de um mineral birrefringente, a direção de vibração que tem o menor IR é chamada de direção "rápida". Compare com **lento**.

Razão isotópica inicial Razão de isótopos **radiogênicos** inicial, como a razão inicial de isótopos de $(^{87}Sr/^{86}Sr)_0$ herdada por uma rocha magmática de seu magma fonte, antes do crescimento do isótopo-filho (^{87}Sr) resultante do decaimento *in situ* do nuclídeo-pai (^{87}Rb). É determinada pela intersecção do eixo y em um **gráfico isocrônico ou isócrona** (ver a Figura 8.21a) ou pelo cálculo de correção de idade.

Reabsorção Redissolução parcial de um fenocristal no líquido magmático, resultando em contorno arredondado, em embaiamento e/ou **textura de peneira**.

Refratário Elemento ou composto que sofre fusão apenas em temperaturas muito altas.

Regra da alavanca ver Quadro 3.2

Relação espessura:comprimento Relação dimensional entre a espessura e o comprimento que caracteriza a geometria de lavas, depósito de fluxo **piroclástico** e plútons graníticos.

Resistência ao escoamento Tensão de cisalhamento crítica que deve ser aplicada a um líquido magmático ou a um sólido dúctil para ele começar a escoar ou deformar. Se um líquido magmático tem uma resistência ao escoamento significativa, os cristais poderão permanecer em suspensão, sem afundar, de acordo com a lei de Stokes.

Sálico Categoria de minerais normativos CPIW que inclui o quartzo, feldspatos e feldspatoides. Às vezes, o termo também é usado para descrever rochas ígneas com normas ricas nesses minerais (compare com **félsico**, termo que se refere à composição modal). Antônimo de fêmico.

Saturado Refere-se a um líquido magmático contendo o maior teor possível, na forma dissolvida (em dada temperatura), de um componente mineral específico e que, portanto, é capaz de coexistir de forma estável com o mineral cristalino. Ver também **supersaturado em sílica**.

Schlieren Concentrações bandadas de cristais grossos de minerais máficos ou de outros tipos, como vistas nos granitos, por exemplo (do idioma alemão "soltar-se", dito de um nó ou uma corda).

SCLM Sigla de *subcontinental lithospheric mantle*, manto litosférico subcontinental (MLS).

Secundário Termo utilizado para descrever minerais e processos pós-magmáticos nos quais os minerais magmáticos originais são substituídos por minerais de temperaturas menores, normalmente **hidratados**, mais estáveis em condições **hidrotermais**.

Separação Ver **exsolução**.

Seriada Textura que lembra a textura porfirítica, que exibe um continuum de tamanho de cristal, do **fenocristal** maior até o cristal mais fino da matriz.

Sericita, sericitizado Produto de alteração incolor que inclui principalmente a muscovita finamente dividida em substituição a feldspatos e feldspatoides.

Série de soluções sólidas Toda a gama de composições abrangidas por **soluções sólidas** formadas pela mistura de dois ou mais **membros extremos** específicos. Compare com **série isomorfa**.

Série isomorfa Um mineral (por exemplo, a olivina) cuja composição pode variar sem alterações na simetria do cristal (do grego "forma idêntica") e forma uma **série de solução sólida**.

Serpentinito Nome de rocha para um peridotito que foi quase totalmente alterado em minerais de serpentina. Relíquias de olivina ou de piroxênio podem estar presentes, além da cromita e do espinélio de cromo.

Shoshonito Traquiandesito ligeiramente potássico (Figuras 6.11 e 9.2). Rocha mesocrática porfirítica de fenocristais de plagioclásio e matriz de granulação fina com olivina, piroxênio com teores elevados ou baixos de cálcio, magnetita, hornblenda e/ou biotita.

Siálico Descreve rochas ricas em $\underline{Si}O_2$ e $\underline{Al}_2O_3$ (como observadas na crosta continental, por exemplo).

Sílica Dióxido de silício, SiO_2. Na petrologia, sílica se refere especificamente ao componente químico SiO_2, *não* ao **quartzo** mineral (uma rocha com teor de sílica da ordem de 65% pode conter apenas 10% de quartzo).

Silicato Composto químico no qual o silício está combinado com oxigênio e diversos metais (por exemplo, a olivina *fosterita* Mg_2SiO_4). Os silicatos podem ocorrer nos estados fundido, cristalino e amorfo (vítreo).

Silícico Adjetivo de emprego obscuro que descreve rochas com teor elevado de SiO_2 ou que contêm quartzo; sinônimo aproximado de ácido.

Simplectito Intercrescimento microscópico "emaranhado" formado na interface entre dois minerais (Pranchas 4.10 e 4.11) pela reação no estado sólido ou com o líquido magmático ou fluido residual.

Sistema Em Química, região específica do espaço composicional que é objeto de estudo. "O sistema Mg_2SiO_4–Fe_2SiO_4" se refere a todas as composições (de líquido magmático, solução sólida ou mistura química) que podem se formar misturando Mg_2SiO_4 e Fe_2SiO_4 em proporções variáveis, em condições diversas.

Soldagem, soldado (welding, welded) Sinterização e compactação de clastos de púmice e lascas de vidro em um depósito de ignimbrito ou, em casos mais raros, em um depósito de queda proximal, formando uma fábrica planar de **fiammes**.

Solidus (i) Temperatura em que um sólido ou uma mistura de sólidos de determinada composição começa a sofrer fusão, (ii) linha no espaço T–X mostrando como a temperatura varia com a composição (como mostra a Figura 3.4), *ou* (iii) linha no espaço P–T que mostra como a temperatura varia com a pressão (Figura 2.17).

Solução sólida Mineral composto de dois ou mais compostos químicos (**membros extremos**) misturados em escala atômica. Pode ser *completa*, como a olivina, cujos cristais permitem que os compostos estejam misturados em quaisquer proporções, como dois líquidos totalmente miscíveis, ou *parcial*, como o feldspato alcalino, cujos cristais se acomodam apenas em um intervalo limitado de mistura (ver **lacuna de miscibilidade**).

Solvus Curva em um diagrama de fases (como nas Figuras 4.5.2 e 9.21), a qual define a extensão da miscibilidade parcial entre dois **membros extremos**, a **lacuna de miscibilidade** entre eles e as composições de fases coexistentes (por exemplo, como função da temperatura).

Subalcalino Denota a série de magma caracterizada por teores de álcalis totais baixos, como definido em um diagrama TAS (Figura 1.5). Compare com **alcalino** e **toleítico**.

Subédrico Descreve um mineral que exibe uma forma cristalina reconhecível, mas imperfeita.

Subsaturado em sílica Descreve a composição de uma rocha ou líquido magmático cuja norma contém olivina e nefelina, sem enstatita ou quartzo.

Subsidência do cauldron Afundamento de um bloco crustal de grande porte cercado de falhas anelares, acompanhado da elevação do magma para formar intrusões anelares e/ou uma intrusão no teto (Figura 8.9b).

Subsolvus Descreve um granito ou sienito no qual os feldspatos alcalinos estão presentes em cristais de feldspato sódico e potássico separados, os quais cristalizaram em condições de P_{H_2O} elevadas.

Super-resfriamento, super-resfriado Descreve um líquido magmático que se conserva metaestavelmente em estado de fusão quando sua temperatura cai abaixo da temperatura **liquidus** de equilíbrio. O super-resfriamento é um pré-requisito para a nucleação do cristal. A intensidade do super-resfriamento geralmente é expressa como $\Delta T = T_{liquidus} - T_{real}$, em °C. Compare com **supersaturado**.

Superaquecido Descreve um líquido magmático cuja temperatura real excede a temperatura liquidus.

Supersaturado Descreve uma solução ou líquido magmático contendo um teor de um soluto específico que é maior que sua concentração de saturação nas condições prevalentes (por exemplo, a temperatura e a pressão).

Supersaturado em sílica Descreve a composição de uma rocha ou líquido magmático cuja norma contém enstatita[3] e quartzo.

Surtseyana Descreve uma erupção explosiva gerada pela interação entre o magma em ascensão e a água do mar ou de um lago.

Taxa de efusão Fluxo de produção de lava em um conduto, em unidades como m³/s.

Tefra Termo geral que abrange todos os tipos de depósitos piroclásticos não consolidados (do grego "cinzas"); alguns vulcanólogos reservam o termo para citar os depósitos de queda piroclástica (como discutido em Oppenheimer e and Francis, 2005).

Ternário Descreve um sistema (ou diagrama de fases) com três componentes químicos (compare com **binário**). Um diagrama ternário é um triângulo equilátero no qual as proporções relativas de três componentes (cada qual representado em um vértice) pode ser representado em duas dimensões, desde que a soma de seus teores seja 100%.

Textura de peneira Concentração de **inclusões de líquido magmático** em um fenocristal (sobretudo de plagioclásio), responsável pela aparência de peneira (Prancha 6.7); pode refletir a reabsorção durante a descompressão.

Textura traquítica Textura da matriz na qual os micrólitos de feldspato ou cristais ripiformes encontram-se alinhados em um padrão de fluxo ondulado.

Toleítico Refere-se a magmas com afinidade **subalcalina** caracterizados pela presença de enstatita **normativa**.

Toleíto (**basalto toleítico**) Basalto subalcalino (o nome deriva da região de Tholey, Saar, Alemanha) contendo piroxênio com baixo teor de cálcio ou com enstatita na norma.

Traquito Rocha ígnea alcalina de granulação fina composta de feldspato alcalino (Figura 9.1); magma alcalino evoluído que não é **supersaturado em sílica** nem **subsaturado em sílica** (Figura 1.5).

Triclínico Classe de cristais cuja estrutura não tem eixos de simetria rotacional, isto é, um sistema cristalino com a menor simetria.

Trondhjemito Variedade leucocrática de tonalito (Figura 8.1) contendo biotita. Termo derivado do antigo nome da região de Trondheim, Noruega.

TTG Sigla de suíte "**trondhjemito**-tonalito-granodiorito" prevalente entre protólitos magmáticos de gnaisses arqueanos.

Tufo Depósito piroclástico consolidado com teor de cinzas maior que 75%.

---

[3] "Enstatita" diz respeito a um piroxênio com baixo teor de cálcio, segundo o emprego corrente do termo em mineralogia (Deer et al., 1992). A enstatita em uma norma significa o mesmo que hiperstênio-normativo, na literatura antiga (ver o Quadro 2.1).

U.M.A. Unidade de massa atômica; escala de massas atômicas relativas, na qual $^{12}C = 12,0000$.

Ultrabásico Classe de rochas ígneas ou metamórficas com teores de SiO_2 (base livre de voláteis) menores que 45% em massa. Ver a Figura 1.3c.

Ultramáfica Classe de rochas com teores de minerais máficos maiores que 90% em volume (isto é, índice de cor ≥ 90). Ver a Figura 1.3b.

Ultrapotássica Descreve uma classe de rochas ígneas raras, em cujas análises de **rocha total** $K_2O > 2 \times Na_2O$ (% em massa) (Foley et al., 1987).

Underplating Acumulação controlada pela densidade de um magma basáltico junto à base da crosta continental durante um episódio magmático importante.

Unidade de resfriamento Massa de derrames de lava ou correntes de densidade piroclástica (CDPs) colocados em intervalos suficientemente curtos para poderem esfriar como entidade única (muitas vezes indicada por um padrão comum de disjunções).

Uralita Nome informal de um anfibólio secundário de azul a verde, o qual ocorre como um produto da alteração de piroxênios, na forma de cristal único ou agregado fibroso (ver Deer et al., 1992).

Vapor Substância no estado gasoso.

Vermicular Descreve um intercrescimento de dois ou mais minerais, cuja aparência lembra um grupo de larvas.

Vesícula Vazio arredondado ou esférico em uma rocha vulcânica, representando uma bolha de gás formada quando a rocha estava em estado de fusão (do latim "bolha"). Ver também **amígdala**.

Viscosidade efetiva Termo geral empregado para descrever a resistência ao escoamento de fluidos que exibem tensão de cisalhamento finita (isto é, não estritamente **viscosos**).

Viscosidade, viscoso *Informalmente*, descreve a capacidade de um líquido magmático ou de um **fluido** de resistir ao escoamento. Em *termos formais*, um fluido viscoso é aquele que desenvolve um gradiente de velocidade proporcional à tensão de cisalhamento aplicada a ele. A viscosidade é definida como a relação tensão de cisalhamento/gradiente de velocidade.

Volátil *Adjetivo*: refere-se a uma substância que forma um gás em temperatura relativamente baixa. *Substantivo*: um dos muitos componentes químicos de líquidos magmáticos ígneos que podem ser liberados como gases durante a descompressão (o que promove a "desgaseificação") ou durante a cristalização: inclui H_2O (normalmente dominante), CO_2, SO_2, H_2S, HCl e HF.

Vulcânico Descreve processos ígneos na superfície da Terra. Uma rocha vulcânica é uma rocha ígnea colocada por uma erupção na superfície (compare com Le Maitre, 2002, p.3). O termo deriva do nome do deus romano do fogo, Vulcano.

Vulcão em escudo Vulcão com inclinação suave, encostas convexas formadas por lavas basálticas.

Xenólitos Fragmento de rocha sólida preexistente e não relacionada, mecanicamente incorporada em um magma (do grego "pedra estrangeira"). Compare com **autólito**.

XP Abreviatura de nicóis cruzados, uma configuração de um microscópio de polarização em que o **polarizador** e **analisador** estão presentes.

Zona de suprassubducção (**SSZ**, *supra-subduction zone*) Inclui processos magmáticos em todas as margens de placas convergentes.

Zona de Wadati-Benioff Zona inclinada marcada por focos de terremotos que delineia a superfície superior de uma placa mergulhante (ver a Figura 6.13).

Zonação normal **Zonação** radial secular, na qual as partes externas do cristal têm uma composição de temperatura menor, em comparação com o núcleo. Na maioria das vezes, reflete a mudança progressiva na composição do líquido magmático durante o crescimento do cristal.

Zonação oscilatória Padrão repetitivo de **zonação** radial em um cristal: uma varredura composicional do núcleo à borda revela zonas alternadas de temperaturas alta e baixa (Figura 6.6). Pode ser determinada opticamente, como no plagioclásio, por exemplo, com base na presença de bandas com **ângulo de extinção** variável.

Zonação reversa Zonação radial secular na qual as porções externas do cristal têm composição de temperatura maior do que o núcleo. Normalmente reflete a mistura entre magma encaixante e magma mais primitivo durante o crescimento cristalino.

Zonação setorial Forma não radial da **zonação** (comum em clinopiroxênios) na qual um cristal é dividido em quatro quadrantes cuja composição e propriedades ópticas são idênticas para quadrantes opostos, mas diferentes para quadrantes adjacentes.

Zonação, zonado Descreve um cristal, tipicamente um **fenocristal**, o qual exibe heterogeneidade química e óptica de forma sistemática. Ver zonação **normal**, **oscilatória**, **reversa** e **setorial**.

Soluções dos Exercícios

CAPÍTULO 1

1.1 Entre os termos dados, *de granulação fina* é a descrição mais apropriada, com base no tamanho de *grão da matriz* menor que 1 mm, na Figura 1.3a. Uma descrição mais completa seria "porfirítico com matriz de granulação fina".

1.2
(a) Quantitativamente, o teor de SiO_2 na rocha é dado pela média ponderada dos teores de SiO_2 [= (40 × 51,3 + 55 × 50,9 + 5 × 55,1)/100]. Com a mera observação, sem cálculos, é possível perceber que o teor de SiO_2 da rocha precisa estar entre 50,9 e 55,1%; portanto, ela *não pode ser classificada* como ultrabásica (a qual requer SiO_2 < 45%; Figura 1.3c).

(b) Os minerais máficos representam 40 + 55 = 95%; uma rocha com esse índice de cor *pode* ser descrita como ultramáfica (Figura 1.3b).

(c) O índice de cor *também é muito alto* para a rocha ser melanocrática e, portanto, (d) é a opção correta para uma rocha holomelanocrática (Figura 1.3b).

1.3 As análises podem ser representadas nas Figuras 1.4 e 1.5 adicionando Na_2O e K_2O e representando a soma em relação ao teor de SiO_2. As coordenadas (x, y) são A (48,30; 4,25), B (56.29; 5,32), C (55.59; 13,53).

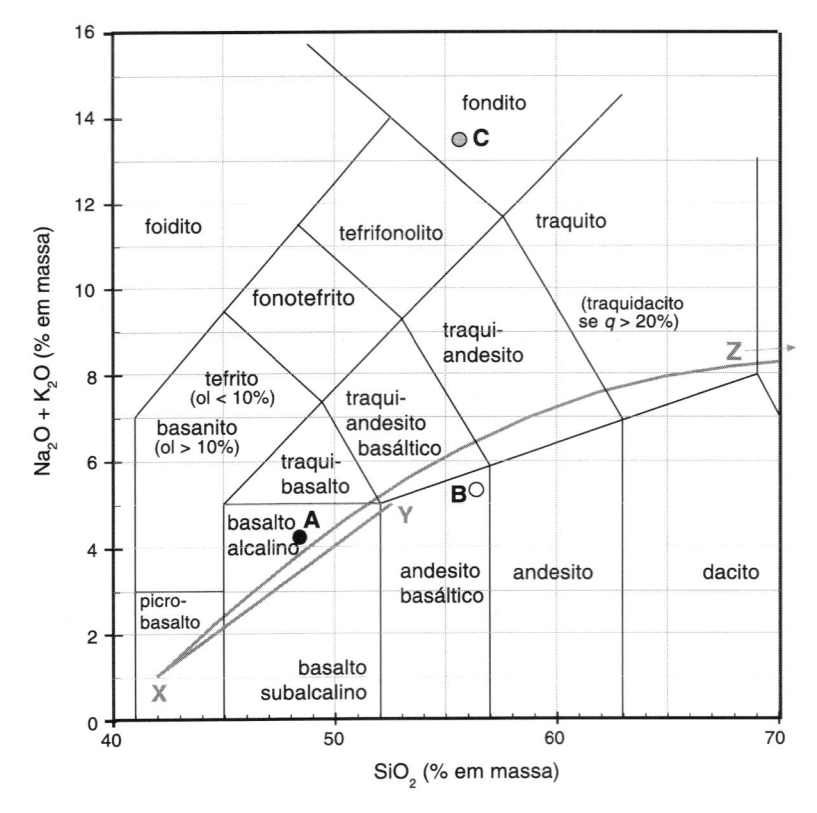

Figura EA1

A cai na área do basalto na Figura 1.4 (na divisão do *basalto alcalino* na Figura 1.5).

B fica na área do andesito basáltico da Figura 1.4. A Figura 1.6 o identifica com um *andesito basáltico alto-K*.

Devido ao teor extremamente elevado de álcalis totais, *C* fica na área do *fonolito* na Figura 1.4.

1.4 Ver a Tabela 1.1

   (a) Biotita traquito
   (b) Tefrito
   (c) Quartzo latito
   (d) Olivina nefelito
   (e) Hornblenda andesito (a presença de quartzo transformada em hornblenda dacito)

CAPÍTULO 2

2.1 O basalto c tem um teor de SiO_2 de 50,77% e $Na_2O + K_2O$ = 1,82%. A análise fica no interior da área subalcalina (ou toleítica) na Figura EA2. A análise D (SiO_2 = 48,18%, $Na_2O + K_2O$ = 3,43%) fica na linha divisória X–Y entre os basaltos alcalinos e subalcalinos e ligeiramente abaixo da linha X–Z; a melhor descrição de sua composição é "basalto transicional".

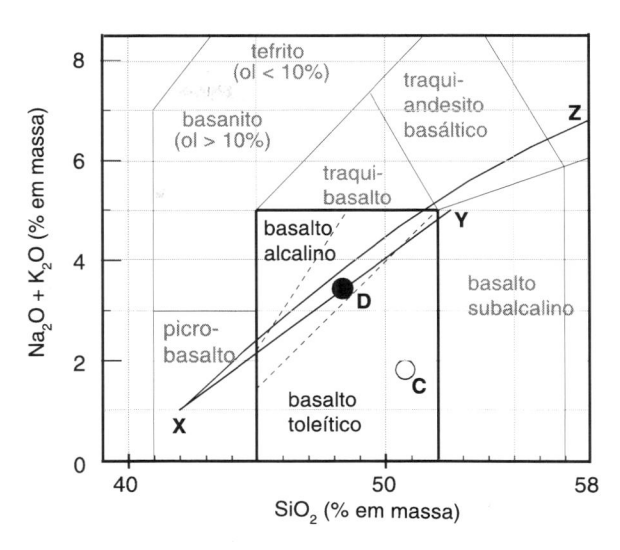

Figura EA2

2.2 Como mostra a tabela abaixo (Tabela EA1), a análise C possui enstatita e quartzo normativos e pode ser descrita em termos normativos como quartzo toleíto (consistente com sua posição na área subalcalina acima). A norma da análise D contém olivina em lugar do piroxênio com baixo teor de cálcio; com apenas 0,5% de nefelina, ela não poderia ser considerada um basalto alcalino. A melhor descrição seria transicional, de acordo com suas coordenadas no gráfico TAS (Exercício 2.1).

	Análise C		Análise D	
(a) Análise de óxidos	% em massa	mol/100 g	% em massa	mol/100 g
SiO_2	50,77	0,8449	48,18	0,8018
TiO_2	0,67	0,0084	1,9	0,0238
Al_2O_3	18,97	0,1861	15,06	0,1477
Fe_2O_3	1,55	0,0097	1,87	0,0117
FeO	7,95	0,1106	9,55	0,1329
MnO	0,19	0,0027	0,19	0,0027
MgO	6,32	0,1567	6,97	0,1729
CaO	11,8	0,2104	12,15	0,2167
Na_2O	1,69	0,0273	2,76	0,0445
K_2O	0,13	0,0014	0,67	0,0071
P_2O_5	0,03	0,0002	0,29	0,0020
Total	100,07		99,59	

Continuação

(b) Norma	mol/100 g	% em massa	mol/100 g	% em massa
Q	0,0540	3,24		
C				
or	0,0014	0,77	0,0071	3,96
ab	0,0273	14,30	0,0427	22,39
an	0,1574	43,79	0,0961	26,73
ne			0,0018	0,52
ac				
ns				
di	0,0523	11,93	0,1138	25,91
en	0,1996	22,38		
ol			0,0796	13,01
mt	0,0097	2,25	0,0117	2,71
il	0,0084	1,27	0,0238	3,61
ap	0,0002	0,07	0,0020	0,67
Total		100,00		99,51

2.3 Os dados sobre elementos incompatíveis normalizados para o manto primitivo são calculados dividindo as concentrações dadas na Tabela 2.5 pelas concentrações correspondentes para o manto primitivo. Os dados relativos ao manto primitivo e os resultados normalizados são dados a seguir (observe que o número de algarismos significativos registrados para cada elemento, os quais refletem a precisão da análise, corresponde ao da análise original).

	Manto primitivo	Análises normalizadas	
		A	B
Rb	0,635	4,3	20
Ba	6,989	4,2	57,6
Th	0,085	3	27,2
Nb	0,713	0,29	35
K*	0,03	4,3	22,3
La	0,687	1,62	32,6
Ce	1,775	1,60	24,6
Sr	21,1	5,7	21,8
P*	0,022	1,4	13,2
Nd	1,354	2,19	18,1
Zr	11,2	1,71	9,8
Sm	0,444	2,39	11,6
Ti*	0,217	3,1	8,76
Gd	0,596	2,55	
Tb	0,108		8
Y	4,55	2,92	6,4
Yb	0,493	2,86	5,09
Lu	0,074	2,7	

* Os valores para o manto primitivo são dados em % em massa de óxido.

Os dados são representados em um gráfico em que os elementos são dispostos em ordem no eixo x, e a análise normalizada representada em um eixo y em escala logarítmica, calculando os logaritmos ou utilizando papel para gráficos com escala logarítmica (ver a Figura EA3 abaixo); onde um elemento é omitido devido ao método analítico utilizado (Gd, Th), a linha é traçada diretamente entre os elementos vizinhos. A análise A tem uma anomalia fortemente negativa para o Nb, identificando-a como associada à subducção, sobreposta a um padrão relativamente plano, empobrecido; essa análise tem muito em comum com o toleíto com baixo teor de potássio das Ilhas Sandwich do Sul na Figura 2.16c.

2.4

$\Sigma Fe_2O_3 = Fe_2O_3 + (1,11 \times FeO) = 1,56$
$+ (1,11 \times 9,8) = 12,44$ % em massa (Quadro 2.6).

$\Sigma FeO = FeO + (Fe_2O_3 \div 1,11)$
$= 9,8 + (1,56 \div 1,11) = 11,53$ % em massa.

Nota: Esses dois números são duas maneiras alternativas de representar o *mesmo* teor de ferro total. Eles diferem devido aos números diferentes de átomos de oxigênio ligados a cada átomo de ferro nas fórmulas de cada óxido. No FeO, cada Fe tem um oxigênio ligado, ao passo que, no Fe_2O_3, cada Fe está ligado a 1,5 átomo de oxigênio. O fator 1,11 é a razão entre $MMR_{FeO_{1,5}}$ (ou $MMR_{Fe_2O_3} \div 2$) e MMR_{FeO} = (159,7 ÷ 2): 71,85.

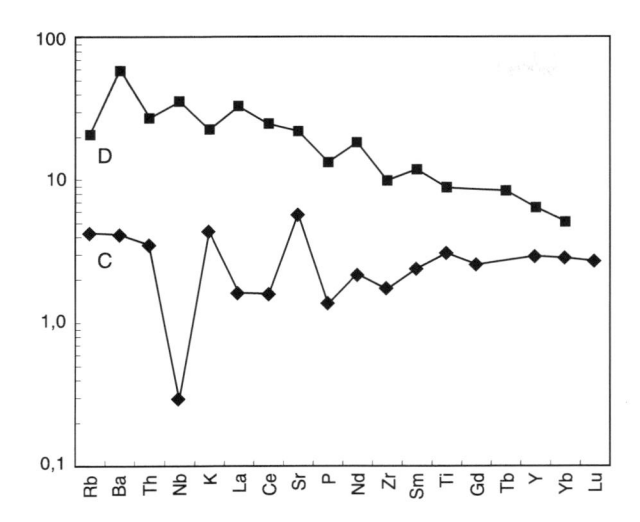

Figura EA3

CAPÍTULO 3

3.1 As fórmulas do diopsídio e da anortita podem ser reescritas na forma $CaO.MgO.2SiO_2$ e $CaO.Al_2O_3.2SiO_2$, respectivamente, indicando as proporções nas quais os óxidos estão combinados em cada mineral. A maneira mais clara de iniciar o cálculo é:

Óxido:	MgO	Al_2O_3	SiO_2	CaO	Total
MMR	40,32	101,96	60,90	56,08	
Diopsídio					
Proporções dos óxidos	1		2	1	
Massa de n mols	40,32		120,18	56,08	216,58
% em massa de cada óxido*	18,62		55,49	25,89	100,00
Anortita					
Proporções dos óxidos		1	2	1	
Massa de n mols		101,96	120,18	56,08	278,22
% em massa de cada óxido*		36,65	43,20	20,16	100,00

* Por exemplo: $18,62 = 100 \times 40,32/216,58$

3.2

	MgO	Al_2O_3	SiO_2	CaO	Totais
0,26* anortita	0,00	9,53	11,23	5,24	26,00
0,74* diopsídio	13,78	0,00	41,06	19,16	74,00
Composição do líquido magmático n	13,78	9,53	52,29	24,40	100,00
0,41* anortita	0,00	15,03	17,71	8,26	41,00
0,59* diopsídio	10,98	0,00	32,74	15,28	59,00
Composição do eutético E	10,98	15,03	50,45	23,54	100,00

3.3 (a) A olivina começa a cristalizar em cerca de 1.430°C (interpolando as curvas na superfície liquidus). (b) As distâncias y–z e y–Fo na Figura 3.3 são 12,0 e 55,0 mm, respectivamente. É possível considerar que composição y seja $100 \times 12,0/(12,0 + 55,0) = 17,9\%$ de cristais de Fo e $100 \times 55 (55 + 12) = 82,1\%$ de líquido magmático z. Portanto, 17,9% em massa do líquido magmático y precisa cristalizar (como olivina) antes de atingir a cotética em z, onde a anortita aparece a aproximadamente 1.285°C.

3.4 A linha é estendida verticalmente, de m para baixo. (a) 1.700°C: a distância horizontal da linha (= composição horizontal do líquido magmático + cristais) até o solidus é 18,0 mm, e entre a linha e o liquidus a distância é 11,5 mm. A porcentagem do líquido magmático (em massa) = $100 \times 18,0/(18,0 + 11,5) = 61\%$; portanto, 39% cristalizou. (b) 1.600°C: as distâncias correspondentes são 8.5 e 24,0 mm. A porcentagem em massa do líquido magmático é $100 \times 8,5/(8,5 + 24,0) = 26\%$; portanto, 74% cristalizou. (c) 1.550°C: as distâncias são 2,5 e 30,00 mm: 7,7% do líquido magmático permanece, portanto 93% cristalizou. As composições da olivina são 83,5, 73 e 63% Fo em peso. A expressão de 83,5% em massa, em base molar, é:

$$= \frac{(83,5/40,32)}{(83,5/40,32)+(16,5/71,85)} = Fo_{90}$$

As composições correspondentes a 1.600°c e 1.550°C são Fo_{83} e Fo_{75}.

3.5

(a) As distâncias Z-extrato e extrato-Y na Figura 3.10f medem 13,5 e 8,5 mm, respectivamente. Utilizando a Regra da Alavanca (Quadro 3.2) calcula-se a porcentagem de Y no extrato como 100 × 8,5/(8,5 + 13,5) = 39%. A porcentagem de Z = 100 × 13,5/(13,5 + 8.5) = 61%.

(b) A composição do líquido magmático inicial m_0 pode ser dada por "extrato (Z + Y)" e líquido magmático residual m_1. As linhas de amanação extrato – m_0 e $m_0 – m_1$ medem 13,0 e 4,0 mm, respectivamente. Portanto, m_0 consiste em 100 × 4,0/(13,0 + 4,0) = 24% extrato e 100 × 13,0/(13,0 + 4,0) = 76% de líquido magmático. A composição m_1 é atingida quando 24% do líquido magmático m_0 cristalizou como Z + Y e restam 76% em massa do líquido magmático.

(c) As linhas de amanação extrato –m_0 e m_0–m_5 medem 13,0 e 13,5 mm. Logo, m_0 pode ser dividido como 100 × 13,5/(13,0 + 13,5) = 51% de extrato e 100 × 13,0/(13,0 + 13,5) = 49% de líquido magmático. A composição m_5 é atingida quando 51% do líquido magmático m_0 cristalizou como X + Y e restam 49% em massa do líquido magmático.

CAPÍTULO 4

4.1 Consulte a Figura 4.1

(a) Conteúdo aproximadamente iguais de ortopiroxênio e clinopiroxênio com menos de 65% de plagioclásio indicam que essa rocha é um *gabronorito*; opacos são acessórios e, por essa razão, não são mencionados no nome.

(b) O plagioclásio compreende mais de 65% da rocha, indicando que ela é um *leucotroctolito*.

(c) Uma rocha plutônica composta por ortopiroxênio e plagioclásio é chamada de *norito*; segundo o emprego corrente (legenda da Figura 4.1), esse termo é aplicável mesmo quando o plagioclásio não é cálcico (nesse caso, An_{45}); o teor de clinopiroxênio é menor que 5%, no interior da área do norito, na Figura 4.1.

(d) A maior proporção de augita faz dessa rocha um *clinopiroxênio* (ou *augita*) *norito* (Figura 4.1).

(e) O plagioclásio + augita sugere um gabro, mas é preciso observar que o plagioclásio é a andesina (An_{45}); por isso, o nome mais apropriado para essa rocha é diorito (o nome completo seria *hornblenda diorito*).

(f) A analcita, a qual é um feldspatoide, revela que essa rocha é um *gabro alcalino* (ou analcita gabro).

4.2

(a) A partir da equação 3.3.1 no Quadro 3.3, a regra das fases para os diagramas T-X é $\phi + f = C + 1$. O ponto R está na junção entre os campos "líquido magmático + Fo" e "líquido magmático + En", indicando que três fases estão em equilíbrio (líquido magmático, forsterita e enstatita), assim $\phi = 3$. Como todas as fases nesse sistema são combinações de dois componentes Mg_2SiO_4 e SiO_2, $C = 2$. Logo, $3 + f = 2 + 1$ e $f = 0$ (uma condição invariante). Os cálculos são idênticos para o ponto E (as fases em equilíbrio com o líquido magmático são um enstatita e um mineral de sílica).

(b) Diferentemente do líquido magmático m_a, o líquido magmático m_b está à *direita* (o lado rico em forsterita) da composição de $Mg_2Si_2O_6$ na Figura 4.3.1a: uma linha vertical que sai de m_b intercepta a área do subsolidus En + Fo. Esse fator, ao lado da temperatura mais alta, significa que o líquido magmático m_b cristaliza mais olivina do que m_a no fracionamento até R. A composição do líquido magmático (assim como para m_a) atinge R, mas aqui o líquido magmático restante estará subordinado em quantidade à olivina e será consumido na reação líquido magmático + olivina, deixando uma mistura sólida de enstatita e excesso de forsterita (em comparação com o excesso de líquido magmático, em m_a).

4.3 Esta é uma aplicação da equação de mistura dada na equação B7, no Apêndice B; o termo C na equação se refere às concentrações de óxidos, e os termos x representam as proporções nas quais a olivina e a matriz basáltica estão misturadas. Por exemplo, o teor de SiO_2 no cumulato (mistura) é calculado como 0,7 × 48,18 + 0,3 × 39,58 = 42,16%. A mesma média ponderada é calculada para cada um dos óxidos de elementos maiores na tabela abaixo.

	D	Olivina	Cumulato
SiO_2	48,18	39,58	42,16
TiO_2	1,9		0,57
Al_2O_3	15,06		4,518
Fe_2O_3	1,87		0,561
FeO	9,55	16,63	14,506
MnO	0,19		0,057
MgO	6,97	43,66	32,653
CaO	12,15		3,645
Na_2O	2,76		0,828
K_2O	0,67		0,201
P_2O_5	0,29		0,087
Total	99,59	99,87	99,786

CAPÍTULO 5

5.1 A notação Fo_x representa, em proporções molares, a relação $100 \times MgO/(MgO + FeO)$ para a olivina. A primeira etapa consiste em calcular as massas moleculares relativas do FeO e do MgO. A segunda é dividir a % em massa desses óxidos por sua MMR para determinar o número de mols de cada óxido por 100 g de olivina:

O número de mols em cada óxido por 100 g de olivina pode, então, ser inserido na fórmula, como mostrado no quadro no lado direito. Observe que não são necessários cálculos para outros óxidos, além do FeO e do MgO.

5.2. Fo_{88} representa uma olivina composta por 88% molar de Mg_2SiO_4 e $(100 - 88) = 12\%$ molar de Fe_2SiO_4. Portanto, a relação atômica $(Fe^{2+}Mg)_{olivina}$ é $12 \div 88 = 0,136$. Logo,

$$\left(\frac{Fe^{2+}}{Mg}\right)_{líquido\ magmático} = \frac{(Fe^{2+}/Mg)_{olivina}}{0,3}$$
$$= \frac{0,136}{0,3} = 0,453$$
$$= \frac{0,453}{1,00}$$

O número de Mg de um líquido magmático em equilíbrio com Fo_{88} é calculado pela expressão:

$$Mg\# = \frac{100 \times 1,00}{(1,00 + 0,453)} = 68,8$$

Uma vez que Fo_{88} é o menor limite magnesiano do intervalo de composição da olivina mantélica, Mg # = 68,8 representa o líquido magmático menos magnesiano capaz de coexistir com a olivina mantélica, segundo a Equação 5.1.

5.3 (a) "FeO" para o cálculo no número de Mg = 0,9 × ΣFeO = 0,9 × 10,46 = 9,41%.

$$\text{Número de Mg} = \frac{100 \times (7,56/40,32)}{(7,56/40,32 + 9,41/71,85)}$$
$$= 58,88$$

Esse valor é muito menor que o valor crítico 68 e, por essa razão, não representa um líquido magmático primário: sem dúvida, ele passou por cristalização fracionada entre a fusão e a erupção.

(b) Para o basalto subalcalino (toleítico), "FeO" para o cálculo do número de Mg = 0,9 × ΣFeO = 0,9 × 11,18 = 10,06%.

$$Mg\ \# = \frac{100 \times (9,74/40,32)}{(9,74/40,32 + 10,08/71,85)} = 63,30$$

	MMR	Análise ÷ MMR	
SiO_2			
FeO	55,85 + 16,00	13,97 ÷ 71,85 = 0,1944	$100 \times MgO/(MgO + FeO)$
MnO			$= 100 \times 1,1327/(1,1327 + 0,1944) = 85,35$
MgO	24,32 + 16,00	45,67 ÷ 40,32 = 1,1327	
CaO			

Para o basalto alcalino, "FeO" usado no cálculo do número de Mg = 0,9 × ΣFeO = 0,9 × 12,44 = 11,20%.

$$\text{Número de Mg} = \frac{100 \times (11{,}36/40{,}32)}{(11{,}36/40{,}32 + 11{,}20/71{,}85)}$$
$$= 64{,}39$$

O número de Mg também não indica um líquido magmático primário. Contudo, os valores são muito parecidos, o que sugere que os dois líquidos magmáticos fracionaram em graus semelhantes.

5.4 O valor de ΣFeO na análise 6 na Tabela 2.4 = 8,53%. Ele é multiplicado por 0,9 para estimar o teor de FeO como 7,68%.

$$\text{Número de Mg} = \frac{100 \times (6{,}34/40{,}32)}{(6{,}34/40{,}32 + 7{,}68/71{,}85)}$$
$$= 59{,}5$$

Este toleíto baixo-K é demasiadamente magnesiano para ter sido originado pela fusão parcial hidratada da crosta oceânica subductada, segundo os experimentos feitos por Helz.

CAPÍTULO 6

6.1

(a) O recálculo apenas do plagioclásio, do feldspato alcalino e do quartzo de maneira a totalizar 100% dá 54% de plagioclásio, 10% de feldspato alcalino e 36% de quartzo em volume. Essas coordenadas ficam na área do *dacito* na Figura 6.1b.

(b) Utilizando o fator de correção dado no Quadro 1.3, recalcula-se a análise em base livre de voláteis. O fator de correção é 1,026; os valores em base livre de voláteis são SiO_2 = 52,8%, Na_2O = 2,6%, K_2O = 1,03%, Na_2O + K_2O = 3,59%. Essas coordenadas ficam na área do *andesito basáltico* na Figura 6.1a.

(c) O valor de PMI é muito baixo para fazer uma diferença significativa nos dados relativos a SiO_2 e K_2O e, por isso, não são necessárias correções. Na Figura 6.1a, o SiO_2 fica na área do andesito. A Figura 6.11 mostra que essa rocha é um *andesito alto-K*.

(d) Correções para o teor de voláteis não são necessárias. ΣFeO/MgO = 1,43 coloca essa análise nas áreas *calcialcalina* e "*Fe baixo*" na Figura 6.8b. Como alternativa, 100 × ΣFeO (ΣFeO + MgO) = 58,8, o que coloca essa análise nas categorias *calcialcalina* e "*Fe baixo*" na Figura 6.8c.

6.2

(a) No dacito e no andesito, o teor de SiO_2 (livre de voláteis) é maior e menor que 63%, respectivamente (Figura 6.1a).

(b) O teor de Na_2O + K_2O (livre de voláteis) está acima da linha do andesito/traquiandesito na Figura 6.1a).

(c) O teor de K_2O (livre de voláteis) está acima da linha limite BA/shoshonito na Figura 6.11.

(d) Todas as análises devem ficar abaixo ou acima da linha tracejada grossa na Figura 6.7b ou da curva tracejada grossa na Figura 6.7c.

(e) Para um dacito calcialcalino, Sr/Y < 40, enquanto para um adakito, Sr/Y > 40 (assim como SiO_2 > 56%, Na_2O > 3,5%, e o teor de elementos terras raras pesados é três vezes menor que o teor no manto primitivo (Figura 6.15b).

(f)

	Boninito	Basalto baixo-K
SiO_2	>53%	<52%
MgO	8% < boninito < 24%	normalmente <8,0%
TiO_2	<0,5%	>0,5%
ETR* Fig. 6.14(b)	Todos os ETR$_N$ < 1,0	LREE$_N$ < LREE$_N$

*N subscrito indica a normalização em relação ao manto primitivo.

(g) "O riolito ... é diferenciado do dacito pelo domínio do feldspato alcalino sobre o plagioclásio e muitas vezes pela natureza vítrea da matriz por características como fraturas perlíticas (Figura 6.2) e esferulitos (Prancha 6.9)."

6.3 A divisão dos dados em ppm pelos fatores de normalização para o MORB dados na legenda da Figura 6.25 gera um oposto:

(a) A anomalia negativa para o Nb h_1 (o fator pelo qual o valor real de Nb fica abaixo do valor interpolado, ~ 1,5 x) para o riolito de Yellowstone é muito menor que aquela do riolito de Taupo (h_2 ~ 8 x) e os padrões da zona de suprassubducção mostrado na Figura 6.25, o que sugere uma fonte magmática ligeiramente afetada pelos processos de subducção. O vulcanismo de Yellowstone ocorreu em um ambiente de extensão continental (a periferia

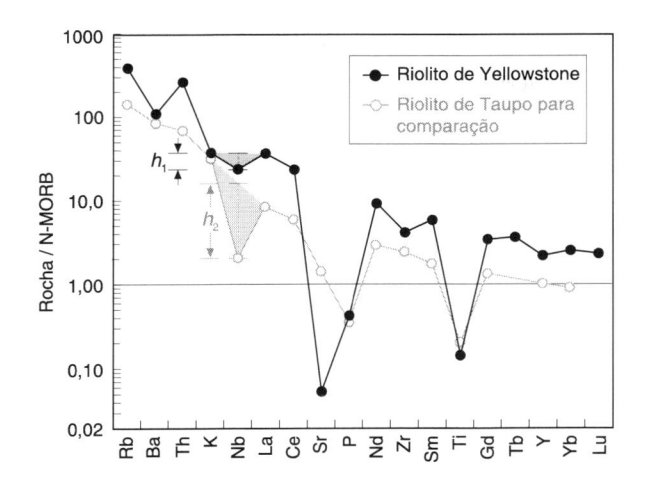

Figura EA4

de Basin and Range) com o possível envolvimento de uma pluma mantélica (Figura 2.16). A pequena anomalia para o Nb h_1 pode simplesmente refletir contaminação pela crosta continental associada à subducção.

(b) O pronunciado pico negativo em P provavelmente se deve ao fracionamento da apatita durante a cristalização fracionada do magma parental do riolito.

CAPÍTULO 7

7.1 A rocha consiste sobretudo em fragmentos de cristais e lascas de vidro (*shards*), assim como um *tufo cristal-vítreo*. O campo de visão (mostrado na legenda) é 1,3 mm; logo, os cristais e as lascas maiores têm menos de 0,25 mm e ficam na classe de cinzas grossas (Tabela 7.2). O cristal maior (na parte direita inferior) está parcialmente visível, mas não pode exceder 2 mm.

7.2 *Os lapili-tufos e os ignimbritos*

Lapili-tufo é um termo usado em campo para descrever uma rocha piroclástica composta de lapili e cinza litificada.

Ignimbrito é um termo *conceitual* para o depósito formado por uma corrente de densidade piroclástica composta por púmice. Um ignimbrito pode ser descrito em campo como um lapili-tufo de púmice.

Pliniano e vulcânico

Uma erupção pliniana é uma *erupção prolongada* com uma *coluna eruptiva muito alta* (com mais de 15 km, ver a Figura 7.4c), a qual forma volumes expressivos de púmice e é depositada inicialmente como queda de púmice em uma ampla área. Após, o colapso da coluna leva à formação de colunas de densidade piroclástica que depositam ignimbritos.

Uma erupção vulcânica ocorre em escala menor, com uma *coluna de erupção mais baixa* (com menos de 15 km de altura, ver a Figura 7.4a). Ela é marcada por uma *série irregular de explosões individuais* que desobstruem o conduto e lançam pequenos volumes de piroclastos juvenis, sobretudo na forma de bombas do tipo "casca de pão" e depósitos de queda finamente laminados.

As correntes de densidade piroclástica ricas em púmice e os ignimbritos

Uma corrente de densidade piroclástica de púmice é um fenômeno associado com erupções plinianas no estágio de colapso da coluna.

Um ignimbrito é o depósito formado por uma corrente de densidade piroclástica de púmice.

Domo ressurgente e domo de lava

Um domo ressurgente representa a *formação estrutural de domos* não eruptiva de um assoalho de caldeira após o fim de erupções que formam caldeiras (Figura 7.19c).

Um domo de lava se forma quando um *magma relativamente viscoso e pobre em voláteis*, isto é, um magma evoluído, extravasa; isso pode ocorrer na cratera (Figura 7.4f) ou na caldeira (Figura 7.20b) formada por uma erupção explosiva anterior no mesmo conduto ou mesmo não ter qualquer relação com atividade anterior.

O colapso da coluna, do domo e em setor

O colapso de uma coluna se refere ao *colapso gravitacional de uma coluna eruptiva inicialmente leve* (nuvem de cinzas), por exemplo, durante uma erupção pliniana prolongada (Figura 7.6b); o produto é uma ou mais correntes de densidade piroclástica que deposita ignimbritos (no exemplo pliniano) ou outros depósitos de corrente.

O colapso do domo é uma falha em parte de um domo de lava em processo de inflação; quando o domo está na encosta o produto típico é uma *nuée ardente* (corrente de bloco e cinza – ver a Figura 7.14) e depósitos quentes associados.

O colapso em setor se refere ao colapso gravitacional de um edifício vulcânico, parte do qual desliza e se rompe; o produto mais comum é um deslizamento de detritos frios (Figura 7.16).

As caldeiras e as crateras

Uma caldeira é uma depressão formada pela *subsidência estrutural do teto de uma câmara magmática* pela subsidência em falhas anelares em arco (Figura 7.19) após a erupção rápida do magma de uma câmara magmática rasa (ou pela drenagem de magma em um sistema de condutos associado, em vulcões basálticos grandes).

Uma cratera é uma depressão em forma de funil formada pelo *lançamento explosivo de material como resultado de processos vulcânicos ou hidrovulcânicos*.

O deslizamento tipo lahar e a avalanche de detritos

Um lahar é um deslizamento de *lama associado à atividade vulcânica* causado pela mistura de água (resultante do derretimento de neve ou outras razões) e cinza vulcânica em um edifício vulcânico.

Uma avalanche de detritos é uma *corrente de densidade fria e seca dominada por líticos* causada pelo colapso gravitacional de parte do edifício vulcânico (Figura 7.16).

7.3

	(a) Descrição	(b) Processo inferido
5.	Lapili-tufo com textura eutaxítica (soldado)	Ignimbrito soldado depositado por corrente de densidade piroclástica que favorece uma taxa mais alta de liberação, talvez como resultado do alargamento do conduto
4.	Lapili-tufo rico em líticos	Pode representar o alargamento explosivo do conduto (Tabela 7.3)
3.	Lapíli-tufo (púmice)	Ignimbrito depositado pela coluna de densidade piroclástica durante o colapso inicial de uma coluna pliniana não flutuante (Figura 7.6b)
2.	Lapili de púmice	Camada de púmice de queda formado a durante o estágio flutuante de uma coluna pliniana em evolução
1.	Lapíli tufo (púmice)	O topo exposto ao intemperismo sugere parte de um ciclo eruptivo mais antigo. O ignimbrito está relacionado ao colapso de uma coluna eruptiva pliniana

CAPÍTULO 8

8.1

(a) O recálculo dos teores de plagioclásio, feldspato alcalino e quartzo individualmente, para totalizar 100%, dá teores de 50% de plagioclásio, 35% de feldspato alcalino e 15% de quartzo em volume. Essas coordenadas ficam na área do *quartzo monzonito* na Figura 8.1

(b) Fica na área do granito, mas a granulação fina indica o nome biotita microgranito.

(c) Arfvedsonita granito (alcalino).

8.2

(a) No granito, o plagioclásio representa menos de 65% *em volume* do teor total de feldspato (as gradações ao longo da parte inferior da Figura 8.1), ao passo que no granodiorito o teor de plagioclásio é maior que 65%.

(b) No granito, o quartzo compõe *mais de 20%* dos minerais félsicos em volume; no quartzo monzonito, esse teor é *menor que 20%*.

(c) O tonalito é uma rocha ígnea *mesocrática* de granulação grossa composta principalmente de plagioclásio e de quartzo; o trondhjemito é semelhante, mas *leucocrático*.

(d) Tanto o diorito quanto o anortosito ficam próximo ao vértice P da Figura 8.1; o anortosito é uma rocha hololeucocrática (índice de cor menor que 10%), ao passo que o diorito é *meso-* ou *melanocrático*.

(e) O mangerito é um enstatita monzonito.

(f) Os granitos do tipo S (Quadro 8.3) normalmente são peraluminosos e contêm minerais aluminosos essenciais como a muscovita, a turmalina e a cordierita, sugerindo a origem em um protólito metassedimentar, enquanto os granitos do tipo A são metaluminosos ou peralcalinos; seus minerais máficos incluem a biotita, a aegirina (piroxênio alcalino) e a arfvedsonita (anfibólio alcalino).

8.3 Os valores de $(Na_2O + K_2O)/Al_2O_3$ e de $Al_2O_3/(Na_2O + K_2O + CaO)$ *em unidades molares* para as oito análises na Tabela 8.3 são dadas abaixo. Por exemplo, para a análise 1, $[(Na_2O + K_2O)/Al_2O_3]_{mol} = (3,59/1,98 + 1,51/94,2)/(17,29/101,96) = 0,434$.

Análise	1	2	3	4	5	6	7	8
$(Na_2O + K_2O)/Al_2O_3$	0,434	0,483	0,561	0,745	0,792	**1,092**	0,663	0,595
$Al_2O_3/(Na_2O + K_2O + CaO)$	0,848	0,976	0,896	**1,027**	**1,155**	0,872	**1,173**	0,940
	metaluminoso	metaluminoso	metaluminoso	peraluminoso	peraluminoso	peralcalino	peraluminoso	metaluminoso

Se $(Na_2O + K_2O)/Al_2O_3$ for maior que 1,0, a rocha é peralcalina. Se $Al_2O_3/(Na_2O + K_2O + CaO)$ excede 1,0, a rocha é peraluminosa. Se nenhuma das relações excede 1,0, a rocha é metaluminosa.

8.4 O recálculo dos dados em base livre de voláteis dá o conjunto de dados:

Análise	1	2	3	4	5	6	7	8
Y/ppm	18	7	26	8	22	63	56	31
Nb/ppm	7	5	8	9	11	23	42	20
Y+Nb/ppm	26	12	34	17	33	86	98	51
Rb/ppm	90	50	136	159	238	152	2	101

Os dados estão plotados na Figura 8.19, como mostrado na Figura EA5. Observe que o plagiogranito, coletado em latitude 45° norte na Dorsal Meso-Atlântica, fica na área do "segmento de dorsal anômalo" em (a).

8.5 Esse cálculo utiliza a equação que descreve a mistura de magmas:

$$C_i^{mistura} = C_i^A x^A + C_i^B x^B + ... \quad \text{(Apêndice B)}$$

onde $C_i^{mistura}$ é a concentração da espécie i (Th, Nb ou K) no líquido magmático basáltico contaminado, C_i^A é sua concentração no basalto não contaminado A, C_i^B é sua concentração no contaminante granítico B, x^B é a proporção em massa do contaminante B assimilada no líquido magmático contaminado e $x^A = 1 - x^B$. O caminho mais simples consiste em usar as concentrações dos elementos-traço em sua forma normalizada para o manto primitivo (dividindo o teor em ppm dado nas Tabelas 2.4 e 8.4 pelo teor em ppm no manto primitivo, na Tabela 2.4). A aplicação da equação nos valores normalizados (os quais são mostrados em itálico na tabela abaixo):

	Basalto de Entedeka	Granito tipo I	95% de basalto 5% de granito	90% de basalto 10% de granito	80% de basalto 20% de granito
Th_N	48,7	199,4	56,3	63,8	78,9
Nb_N	39,7	12,7	38,3	37,0	34,3
K_N	49,0	140,4	53,6	58,2	67,3

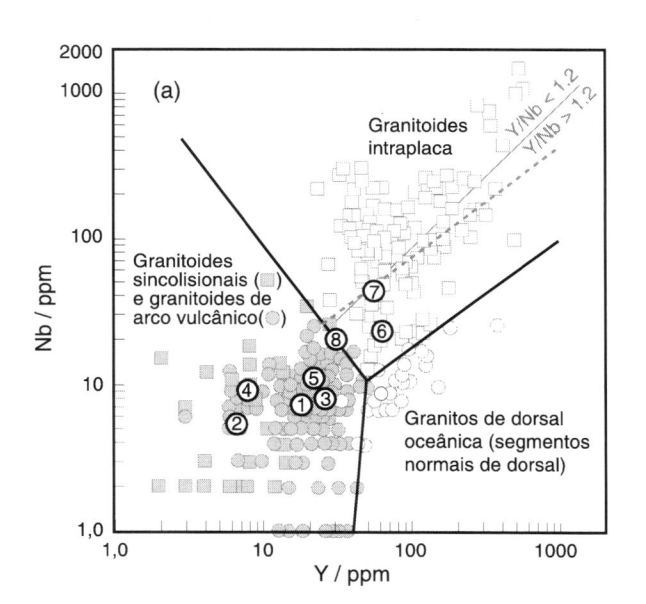

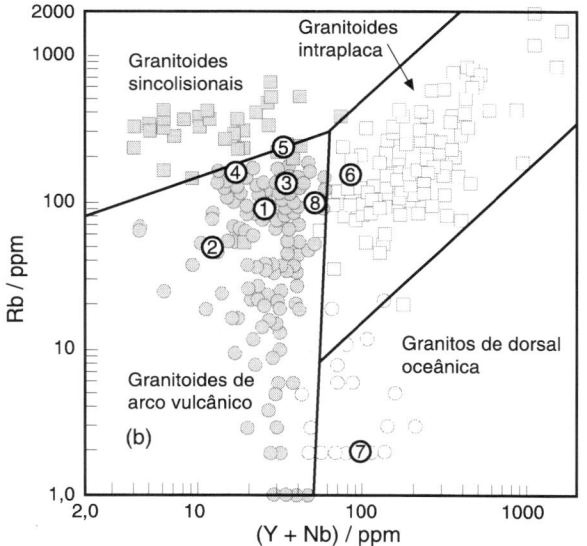

Figura EA5

Os resultados são representados no gráfico abaixo (Figura EA6). Observe que, à medida que a proporção do assimilante aumenta, a anomalia negativa para o Nb fica mais pronunciada, porque o Nb é ligeiramente reduzido mas, sobretudo, porque os teores de Th e de K aumentam devido à assimilação.

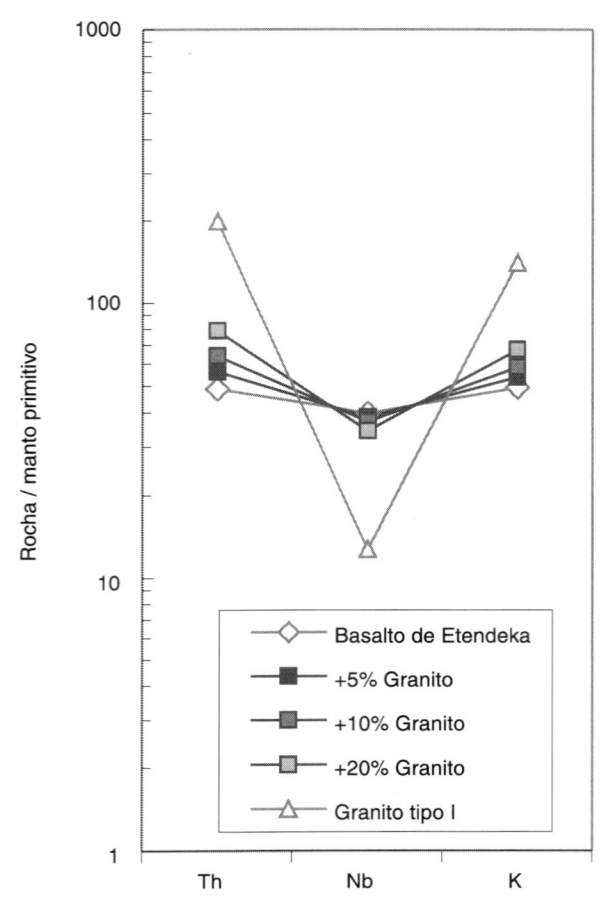

Figura EA6

CAPÍTULO 9

9.1

(a) 29% de plagioclásio, 40% de feldspato alcalino e 15% de nefelina somam 84% de minerais félsicos. A divisão de cada um por 84/100 = 0,84 dá 35% de plagioclásio, 48% de feldspato alcalino e 18% de nefelina. Essa composição fica na área do fonólito tefrítico na Figura 9.1b.

(b) A correção para voláteis (supondo uma análise total de 100%) implica a multiplicação de cada porcentagem por 100/(100 − 2,5) = 1,025, resultando em SiO_2 = 46,15%, Na_2O = 4,62% e K_2O = 2,56%, base livre de voláteis. Com $Na_2O + K_2O$ = 7,18%, o valor fica no campo do basanito-tefrito na Figura 9.1a. Uma vez que a olivina normativa excede 10%, a rocha é um basanito.

(c) 52,35% SiO_2, 4,05% Na_2O, 2,98% K_2O em base livre de voláteis dá $Na_2O + K_2O$ = 7,03%, o que coloca a análise na área do traquiandesito basáltico na Figura 9.1a. Já que $Na_2O - K_2O$ < 2,0, a rocha é classificada como shoshonito na Figura 9.2.

(d) 48,9% SiO_2, 4,50% Na_2O, 2,09% K_2O em base livre de voláteis dá ($Na_2O + K_2O$ = 6,60%), o que fica na área do traquibasalto na Figura 9.1a. Uma vez que $Na_2O - K_2O$ > 2,0, a rocha é um havaiíto.

(e) Uma rocha de dique com fenocristais de minerais máficos é chamada de lamprófiro (Quadro 9.6). A Tabela 9.6.1 dá o nome de variedade monchiquito para essa rocha.

9.2

(a) O urtito e o melteigito são, respectivamente, variedades leucocráticas e melanocráticas do ijolito (Figura 9.5).

(b) O tipo I e o tipo II são classes de kimberlitos da África do Sul que têm, respectivamente, teores de Nb elevados e razões isotópicas de Sr semelhantes às dos basaltos intraoceânicos (tipo I) e anomalias negativas de Nb e Sr mais radiogênico, os quais parecem refletir os diferentes tipos de metassomatismo do manto litosférico subcontinental (tipo II).

(c) O estágio pós-caldeira do vulcanismo havaiano consiste em uma cobertura fina de basaltos alcalinos, ankaramitos, havaiítos, etc., extravasados após o colapso de uma caldeira de cimo no final do estágio de construção do escudo; segue-se o estágio pós-erosivo, após um hiato de 1 a 2 Ma, e é composto de basaltos alcalinos, basanitos e nefelinitos (Figura 9.8).

(d) Ambos são rochas alcalinas de granulação grossa: o essexito é um gabro com nefelina contendo plagioclásio cálcico + clinopiroxênio + nefelina + feldspato alcalino; o monzonito é uma rocha mesocrática composta principalmente de plagioclásio sódico e feldspato alcalino em proporções aproximadamente iguais.

(e) Ambos são rochas ígneas de granulação grossa: o sienito é uma rocha silicatada composta principalmente de feldspato alcalino, enquanto o sövito é um carbonatito rico em calcita.

9.3 (a) Extraídos da Figura 9.7b, E_1 e E_2 podem ser expressas em termos das seguintes proporções minerais aproximadas (% em massa):

	% de diopsídio	% de nefelina	% de quartzo
E_1	15	66	19
E_2	2	36	62

O cálculo abaixo é efetuado mais facilmente em uma planilha. Os três primeiros blocos recalculam a fórmula de cada mineral em porcentagens em massa dos óxidos constituintes. Os quarto e quinto blocos calculam as composições E_1 e E_2 como médias ponderadas dessas análises minerais idealizadas.

Diopsídio		$CaO.MgO.2SiO_2$		
	MMR	Proporções molares	Proporções em massa	% em massa
SiO_2	60,09	2	120,18	55,49
Al_2O_3	101,96		0	0,00
MgO	40,32	1	40,32	18,62
CaO	56,08	1	56,08	25,89
Na_2O	61,98		0	0,00
			216,58	100,00

Nefelina		$Na_2O.Al_2O_3.2SiO_2$		
	MMR	Proporções molares	Proporções em massa	% em massa
SiO_2	60,09	2	120,18	42,30
Al_2O_3	101,96		101,96	35,89
MgO	40,32	1	0	0,00
CaO	56,08	1	0	0,00
Na_2O	61,98		61,98	21,81
			284,12	100,00

Quartzo		SiO_2		
	MMR	Proporções molares	Proporções em massa	% em massa
SiO_2	60,09	1	60,09	100,00
Al_2O_3	101,96		0	0,00
MgO	40,32		0	0,00
CaO	56,08		0	0,00
Na_2O	61,98		0	0,00
			60,09	100,00

E_1	Diopsídio × 0,15	Nefelina × 0,66	Quartzo × 0,19	
SiO_2	8,32	27,92	19,00	55,24
Al_2O_3	0,00	23,68	0,00	23,68
MgO	2,79	0,00	0,00	2,79
CaO	3,88	0,00	0,00	3,88
Na_2O	0,00	14,40	0,00	14,40
				100,00

(continuação)

E_1	Diopsídio × 0,02	Nefelina × 0,36	Quartzo × 0,62	
SiO_2	1,11	15,23	62,00	78,34
Al_2O_3	0,00	12,92	0,00	12,92
MgO	0,37	0,00	0,00	0,37
CaO	0,52	0,00	0,00	0,52
Na_2O	0,00	7,85	0,00	7,85
				100,00

A cristalização fracionada faz com que um líquido magmático evolua em composição à medida que a temperatura *cai*. Um líquido magmático em resfriamento de composição E_1 no eutético é impedido de evoluir até E_2 pela temperatura liquidus mais alta em S (~1.140°C).

(b) A cristalização do diopsídio puro a partir do líquido magmático y conduz o líquido magmático residual diretamente para baixo pela "divisão térmica" até a sela "S", na cotética entre as áreas do diopsídio e da albita. Portanto, a albita começa a cristalizar conjuntamente com o diopsídio. Uma vez que o diopsídio, S e a albita são colineares nesse diagrama, o líquido magmático não pode evoluir até E_1 ou E_2. Portanto, a composição do líquido magmático residual permanece inalterada em S, até a cristalização se completar. A composição rica em albita que não contém nefelina nem quartzo corresponde ao traquito.

9.4 Os critérios para o líquido magmático primário são Mg# > 65 e Ni > 250 ppm (Quadro 9.5). Os dados são recalculados a partir da Tabela 9.5, como abaixo (primeiro dividindo as porcentagens de FeO e de MgO por suas MMRs, para converter essas quantidades em proporções molares):

	1	2	3	4	5	6	7	8
FeO	11,17	6,00	11,46	8,93	9,11	6,51	6,41	3,41
0,9× FeO*	10,05	5,40	10,31	8,04	8,20	5,86	5,77	3,07
/71,85	0,1399	0,0752	0,1435	0,1119	0,1141	0,0815	0,0803	0,0427
MgO	8,64	7,95	5,39	3,8	2,84	2,89	0,36	0,4
/40,32	0,2143	0,1972	0,1337	0,0942	0,0704	0,0717	0,0089	0,0099
Mg #	60,5	**72,4**	48,2	45,7	38,2	46,8	10,0	18,8
Ni/ppm	112	233	14	2	4	9,43		5

* Para corrigir ΣFeO em FeO.

Apenas a análise 2 (o lamproíto de Gaussberg, Antártida) se qualifica como primário com base no número de Mg. Seu teor de Ni (mesmo corrigido para o teor de voláteis, 236 ppm) também é ligeiramente menor.

9.5 Ao medir a Figura 9.21 com uma régua, percebe-se que a distância m_1–M é 13,5 mm e que a distância M–m_2 é 23,5 mm. Utilizando a regra da alavanca (Quadro 3.2), fica evidente que m_1 predomina: a razão de massa $m_1/m_2 = 23,5/13,5 = 1,74$; logo, a porcentagem em massa de m_1 em M é 100 × 23,5/(13,5 + 23,5) = 63,5% (m_2 = 36,8%).

APÊNDICE B

B1. Os resultados são resumidos na tabela a seguir. Um arquivo no formato PDF com os cálculos pode ser visto em www.grupoa.com.br.

	a	b	c
q		33,31	
or	32,24	26,03	1,49
ab	34,75	34,23	20,24
an	1,93	2,43	35,95
ne	15,57		
lc			
c		1,39	
ac			
Di	6,94		16,51
wo			
En		1,39	7,57
Ol	0,43		13,38
mt	4,06	0,42	1,93
he			
il	1,43	0,21	2,25
ap	0,42	0,07	0,23
Total	99,76	99,48	99,57

B2. Os cálculos são tabulados abaixo. Como apenas um traço de olivina está presente, a composição é representada de modo mais adequado na face relativa ao plagioclásio-ortopiroxênio-clinopiroxênio no tetraedro; as coordenadas são mostradas como um círculo preenchido (rotulado "Ex B2") na Figura 4.1. Perceba que essa composição, na realidade, cai no interior da figura quaternária plag-opx-cpx-ol na Figura 4.1 (ainda que próximo à face A). A eliminação da olivina conforme anteriormente equivale, exatamente, à **projeção** das coordenadas quaternárias na face A a partir do vértice da olivina: imagine colocar uma fonte pontual de luz no vértice da olivina e, então, observar onde ele gera uma sombra da composição quaternária na face A.

B3.

(a) A *nefelina* é calculada apenas depois de toda a enstatita ter sido convertida em olivina.

(b) *Diopsídio*: o coríndon aparece somente quando o Al_2O_3 exceder o teor exigido pelo total de feldspatos. Nessas circunstâncias, não resta teor de CaO após o cálculo da anortita e, portanto, o Di não se forma.

(c) *Quartzo*: a olivina é calculada na norma apenas quando o teor de SiO_2 presente não basta para atender à demanda da enstatita (En); nessas circunstâncias, não há quartzo normativo.

	Moda original (% em volume)	Plag. opx e cpx (% relativa em volume)
plag	38	43
opx	33	37
cpx	18	20
ol	4	
opacos & acc	7	
Total	100	
Plag + opx + cpx	89	100

BIBLIOGRAFIA

Aitken, B. G. & Echeverria, L. M. (1984). Petrology and geochemistry of komatiites and tholeiites from Gorgona Island, Colombia. *Contributions to Mineralogy and Petrology* **86**, 94–105.

Alabaster, T., Pearce, J. A. & Malpas, J. (1982). The volcanic stratigraphy and petrogenesis of the Oman ophiolite complex. *Contributions to Mineralogy and Petrology* **81**, 168–183.

Altherr, R., Meyer, H. P., Holl, A., Volker, F., Alibert, C., McCulloch, M. T. & Majer, V. (2004). Geochemical and Sr–Nd–Pb isotopic characteristics of Late Cenozoic leucite lamproites from the East European Alpine belt (Macedonia and Yugoslavia). *Contributions to Mineralogy and Petrology* **147**, 58–73.

Andersen, J. C. Ø., Rasmussen, H., Nielsen, T. F. D. & Rønsbo, J. G. (1998). The Triple Group and the Platinova gold and palladium reefs in the Skaergaard Intrusion: stratigraphic and petrographic relations. *Economic Geology* **93**, 488–509.

Andersen, J. C. Ø. (2006). Postmagmatic sulphur loss in the Skaergaard Intrusion: implications for the formation of the Platinova Reef. *Lithos* **92**, 198–221.

Anderson, E. M. (1938). The dynamics of the formation of cone-sheets, ring-dykes, and cauldron-subsidences. *Royal Society of Edinburgh Proceedings* **56**, 128–157.

Anderson, T. & Flett, J. S. (1903). Report on the eruptions of the Soufrière in St Vincent, in 1902 and on a visit to Montagne Pelée, in Martinique: Part 1. *Philosophical Transactions of the Royal Society* **A200**, 353–553.

Annen, C., Blundy, J. & Sparks, R. S. J. (2006). The genesis of intermediate and silicic magmas in deep crustal hot zones. *Journal of Petrology* **47**, 505–539.

Annen, C., Scaillet, B. & Sparks, R. S. J. (2006). Thermal constraints on the emplacement rate of a large intrusive complex: The Manaslu leucogranite, Nepal Himalaya. *Journal of Petrology* **47**, 71–95.

Arculus, R. J. (2003). Use and abuse of the terms calcalkaline and calcalkalic. *Journal of Petrology* **44**, 929–935.

Arculus, R. J. (2004). Evolution of arc magmas and their volatiles. In: Sparks, R. S. J. & Hawkesworth, C. J. (eds.) *The state of the planet: frontiers and challenges in geophysics.* Washington DC: American Geophysical Union, **150**, 95–108.

Arculus, R. J. & Wills, K. J. A. (1980). The petrology of plutonic blocks and inclusions from the Lesser Antilles island arc. *Journal of Petrology* **21**, 743–799.

Arndt, N., Ginibre, C., Chauvel, C., Albarède, F., Cheadle, M., Herzberg, C., Jenner, G. & Lahaye, Y. (1997). Were komatiites wet? *Geology* **26**, 739–742.

Arndt, N. T., Lesher, C. M., Houlé, M. G., Lewin, E. & Lacaze, Y. (2004). Intrusion and crystallization of a spinifex-textured komatiite sill in Dundonald Township, Ontario. *Journal of Petrology* **45**, 2555–2571.

Arndt, N. T., Naldrett, A. J. & Pyke, D. R. (1977). Komatiitic and iron-rich tholeiitic lavas of Munro Township, northeast Ontario. *Journal of Petrology* **18**, 319–369.

Arndt, N. T. & Nisbet, E. G. (1982). *Komatiites*. London: Allen and Unwin.

Ashwal, L. D. (1993). *Anorthosites*. Berlin: Springer-Verlag.

Atherton, M. P. & Ghani, A. A. (2002). Slab breakoff: a model for Caledonian, Late Granite syn-collisional magmatism in the orthotectonic (metamorphic) zone of Scotland and Donegal, Ireland. *Lithos* **62**, 65–85.

Atherton, M. P. & Petford, N. (1993). Generation of sodium-rich magmas from newly underplated basaltic crust. *Nature* **362**, 144–146.

Atherton, M. P. & Sanderson, L. M. (1985). The chemical variation and evolution of the super- units of the segmented Coastal Batholith. In: Pitcher, W. S., Atherton, M. P., Cobbing, E. J. & Pankhurst, R. J. (eds.) *Magmatism at a plate edge–the Peruvian Andes.* Glasgow: Blackie, 208–227.

Ayres, M. & Harris, N. (1997). REE fractionation and Nd-isotope disequilibrium during crustal anatexis: constraints from Himalayan leucogranites. *Chemical Geology* **13**, 249–269.

Bachmann, O. & Bergantz, G. (2008). The magma reservoirs that feed supereruptions. *Elements* **4**, 17–21.

Bachmann, O., Dungan, M. A. & Lipman, P. W. (2002). The Fish Canyon magma body, San Juan Volcanic Field, Colorado: rejuvenation and eruption of an upper- crustal batholith. *Kournal of Petrology* **43**, 1469–1503.

Bacon, C. R., Sisson, T. W. & Mazdab, F. K. (2007). Young cumulate complex beneath Veniaminof caldera, Aleutian arc, dated by zircon in erupted plutonic blocks. *Geology* **35**, 491–494.

Bailey, D. K., Garson, M., Kearns, S. & Velasco, A. P. (2005). Carbonate volcanism in Calatrava, central Spain: a report on the initial findings. *Mineralogical Magazine* **69**, 907–915.

Bailey, J. C., Sørensen, H., Andersen, T., Kogarko, L. N. & Rose-Hansen, J. (2006). On the origin of microrhythmic layering in arfvedsonite lujavrite from the Ilímaussaq alkaline complex, South Greenland. *Lithos* **91**, 301–318.

Bailey, K., Kearnsi, S., Mergoil, J., Daniel, J. M. & Paterson, B. (2006). Extensive dolomitic volcanism through the Limagne Basin, central France: a new form of carbonatite activity. *Mineralogical Magazine* **70**, 231–236.

Baker, B. H. (1987). Outline of the petrology of the Kenya Rift alkaline province. In: Fitton, J. G. & Upton, B. G. J. (eds.) *Alkaline igneous rocks*. London: Geological Society of London Special Publication **30**, 293–311.

Baker, J., Snee, L. & Martin, M. (1996). A brief Oligocene period of flood volcanism in Yemen: implications for the duration and rate of continental flood volcanism at the Afro-Arabian triple junction. *Earth and Planetary Science Letters* **138**, 39–55.

Baker, J. A., Macpherson, C. G., Menzies, M. A., Thirlwall, M. F., Al-Kadasi, M. & Mattey, D. P. (2000). Resolving crustal and mantle contributions to continental flood volcanism, Yemen: constraints from mineral oxygen isotope data. *Journal of Petrology* **41**, 1805–1820.

Baker, M. B. & Beckett, J. R. (1999). Origin of abyssal peridotites: a reinterpretation of constraints based on primary bulk compositions. *Earth and Planetary Science Letters* **171**, 49–61.

Baranzangi, M. & Isacks, B. L. (1971). Spatial distribution of earthquakes and subduction of the Nazca plate beneath South America. *Geology* **4**, 686–692.

Barberi, F., Santacroe, R. & Varet, J. (1982). Chemical aspects of rift magmatism. In: P á lmason, G. (ed.) *Continental and oceanic rifts: final report of Inter-Union Commission on Geodynamics Working Group 4, Continental and Oceanic Rifts*. Washington DC: American Geophysical Union: Geodynamics Series, **8**, 223–258.

Barclay, J., Carroll, M. R., Houghton, B. F. & Wilson, C. J. N. (1996). Pre-eruptive volatile content and degassing history of an evolving peralkaline volcano. *Journal of Volcanology and Geothermal Research* **74**, 75–87.

Barnes, S. J. (2004). Introduction to nickel sulfi de orebodies and komatiites of the Black Swan area, Yilgarn Craton, Western Australia. *Mineralium Deposita* **39**, 679–683.

Barsdell, M., Smith, I. E. M. & Sporli, K. B. (1982). The origin of reversed geochemical zoning in the northern New Hebrides volcanic arc. *Contributions to Mineralogy and Petrology* **81**, 148–155.

Basaltic Volcanism Study Project. (1981). *Basaltic volcanism on the terrestrial planets*. New York: Pergamon Press.

Bateman, P. C. & Chappell, B. W. (1979). Crystallization, fractionation, and solidification of the Tuolumne Intrusive Series, Yosemite National Park, California. *Bulletin of the Geological Society of America* **90**, 465–482.

Beard, J. S. & Borgia, A. (1989). Temporal variation of mineralogy and petrology in cognate gabbroic enclaves at Arenal Volcano, Costa Rica. *Contributions to Mineralogy and Petrology* **103**, 110–122.

Becker, M. & Le Roex, A. P. (2006). Geochemistry of South African on-and off-craton, Group I and Group II kimberlites: petrogenesis and source region evolution. *Journal of Petrology* **47**, 673–703.

Beckinsale, R. D. (1981). Granite magmatism in the tin belt of south-east Asia. In: Atherton, M. P. & Tarney, J. (eds.) *Origin of granite batholiths–geochemical evidence*. Nantwich: Shiva Publishing Ltd, 34–44.

Beckinsale, R. D., Sanchez-Fernandez, A. W., Brook, M., Cobbing, E. J., Taylor, W. P. & Moore, N. D. (1985). Rb-Sr whole-rock isochron and K-Ar age determinations for the Coastal Batholith of Peru. In: Pitcher, W. S., Atherton, M. P., Cobbing, E. J. & Pankhurst, R. J. (eds.) *Magmatism at a plate edge – the Peruvian Andes*. Glasgow: Blackie, 177–207.

Bedard, J. H. (2005). Partitioning coeffi cients between olivine and silicate melts. *Lithos* **83**, 394–419.

Belkin, H. E., De Vivo, B., Torok, K. & Webster, J. D. (1998). Pre-eruptive volatile content, melt-inclusion chemistry, and microthermometry of interplinian Vesuvius lavas (pre-AD1631). *Journal of Volcanology and Geothermal Research* **82**, 79–95.

Bell, J. D. (1976). The Tertiary intrusive complex on the Isle of Skye. *Proceedings of the Geologists ' Association* **87**, 247–271.

Bell, K., Castorina, F., Rosatelli, G. & Stoppa, F. (2006). Plume activity, magmatism, and the geodynamic evolution of the Central Mediterranean. *Annals of Geophysics* **49**, 357–371.

Beresford, S., Cas, R., Lahaye, Y. & Jane, M. (2002). Facies architecture of an Archean komatiite-hosted Ni-sulphide ore deposit, Victor, Kambalda, Western Australia: implications for komatiite lava emplacement. *Journal of Volcanology and Geothermal Research* **118**, 57–75.

Beresford, S. W. & Cas, R. A. F. (2001). Komatiitic invasive lava flows, Kambalda, Western Australia. *Canadian Mineralogist* **39**, 525–535.

Bickle, M. J. (1986). Implications of melting for stabilisation of the lithosphere and heat loss in the Archaean. *Earth and Planetary Science Letters* **80**, 314–324.

Bickle, M. J., Nisbet, E. G. & Martin, A. (1994). Archean Greenstone Belts Are Not Oceanic-Crust. *Journal of Geology* **102**, 121–138.

Blake, D. H., Elwell, R. W. D., Gibson, I. L., Skelhorn, R. R. & Walker, G. P. L. (1965). Some relationships resulting from the intimate association of acid and basic magmas. *Quarterly Journal of the Geological Society of London* **121**, 31–49.

Blake, S. & Argles, T. (2003). *Growth and destruction: continental evolution at subduction zones. Course S339 Understanding the Continents Block 3, 153 pp*. Milton Keynes: The Open University.

Blundy, J. & Cashman, K. (2001). Ascent-driven crystallisation of dacite magmas at Mount St Helens, 1980–1986. *Contributions to Mineralogy and Petrology* **140**, 631–650.

Blundy, J. & Cashman, K. (2005). Rapid decompression-driven crystallization recorded by melt inclusions from Mount St. Helens volcano. *Geology* **33**, 793–796.

Blundy, J., Cashman, K., Rust, A. & Melnik, O. (2008). Textural and chemical consequences of post-eruptive pressure changes at Mount St. Helens volcano (abstract). In: Troll, V. (ed.) *Volcanic and Magmatic Studies Group Meeting*. Dublin.

Blundy, J., Cashman, K. V. & Humphreys, M. (2006). Magma heating by decompression-driven crystallization beneath andesite volcanoes. *Nature* **443**, 76–80.

Blundy, J. & Wood, B. (2003). Partitioning of trace elements between crystals and melts. *Earth and Planetary Science Letters* **210**, 383–397.

Bodinier, J. L., Menzies, M. A. & Thirlwall, M. F. (1991). Continental to oceanic mantle transition – REE and Sr-Nd isotopic geochemistry of the Lanzo Lherzolite Massif. In: Menzies, M. A., Dupuy, C. & Nicolas, A. (eds.) *Orogenic lherzolites and mantle processes. Special volume of the Journal of Petrology 1991*. Oxford, 191–210.

Bolle, O., Demaiffe, D. & Duchesne, J. C. (2003). Petrogenesis of jotunitic and acidic members of an AMC suite (Rogaland anorthosite province, SW Norway): a Sr and Nd isotopic assessment. *Precambrian Research* **124**, 185–214.

Bott, M. H. P. (1974). The geological interpretation of a gravity survey of the English Lake District and the Vale of Eden. *Journal of the Geological Society of London* **130**, 309–331.

Bottinga, Y. & Weill, D. F. (1970). Densities of liquid silicate systems calculated from partial molar volumes of oxide components. *American Journal of Science* **269**, 169–182.

Boudier, F. & Nicolas, A. (1995). Nature of the Moho transition zone in the Oman Ophiolite. *Journal of Petrology* **36**, 777–796.

Bowen, N. L. (1915). The crystallization of haplobasaltic, haplodioritic and related magmas. *American Journal of Science (4th series)* **40**, 161–185.

Bowen, N. L. (1922). The reaction principle in petrogenesis. *Journal of Geology* **30**, 177–198.

Bowen, N. L. (1928). *The evolution of the igneous rocks*. Princeton NJ: Princeton University Press (republished by Dover Publications Inc in 1956).

Bowen, N. L. & Anderson, O. (1914). The binary system MgO-SiO_2. *American Journal of Science (4th series)* **37**, 487–500.

Bowen, N. L. & Schairer, J. F. (1932). The system FeO-$SiO2$. *American Journal of Science (4th series)* **24**, 177–213.

Bowen, N. L. & Schairer, J. F. (1935). The system MgO-FeO-SiO_2. *American Journal of Science (5th series)* **29**, 151–217 (an annotated extract is printed in Morse, 1980, pp 1437–1959).

Branney, M. J. & Kokelaar, P. (1992). A reappraisal of ignimbrite emplacement: progressive aggradation and changes from particulate to non-particulate flow during emplacement of high-grade ignimbrite. *Bulletin of Volcanology* **54**, 504–520.

Branney, M. J. & Kokelaar, P. (2002). *Pyroclastic density currents and the sedimentation of ignimbrites*. London: Geological Society Memoir No **27**, 143 pp.

Brooker, R. A. (1998). The effect of CO_2 saturation on immiscibility between silicate and carbonate liquids: an experimental study. *Journal of Petrology* **39**, 1905–1915.

Brown, G. M. (1956). The layered ultrabasic rocks of Rhum, Inner Hebrides. *Philosophical Transactions of the Royal Society of London, series B* **240**, 1–53.

Brown, M. (2007). Crustal melting and melt extraction, ascent and emplacement in orogens: mechanisms and consequences. *Journal of the Geological Society of London* **164**, 709–730.

Bryant, J. A., Yogodzinski, G. M., Hall, M. L., Lewicki, J. L. & Bailey, D. G. (2006). Geochemical constraints on the origin of volcanic rocks from the Andean Northern Volcanic Zone, Ecuador. *Journal of Petrology* **47**, 1147–1175.

Buddington, A. F. (1959). Granite emplacement with special reference to North America. *Geological Society of America Bulletin* **70**, 671–747.

Bühn, B. & Rankin, A. H. (1999). Composition of natural, volatile-rich Na-Ca-REE-Sr carbonatitic fluids trapped in fl uid inclusions. *Geochimica Et Cosmochimica Acta* **63**, 3781–3797.

Burnham, C. W. (1997). Magmas and hydrothermal fluids. In: Barnes, H. L. (ed.) *Geochemistry of hydrothermal ore deposits*. New York: J. Wiley. 3rd edn, 63–123.

Calzia, J. P. & Rämö, O. T. (2005). Miocene rapakivi granites in the southern Death Valley region, California, USA. *Earth-Science Reviews* **73**, 221–243.

Campbell, I. H. & Taylor, S. R. (1983). No water, no granites – no oceans, no continents. *Geophysical Research Letters* **10**, 1061–1064.

Caress, D. W., McNutt, M. K., Detrick, R. S. & Mutter, J. C. (1995). Seismic Imaging of Hotspot-Related Crustal Underplating Beneath the Marquesas Islands. *Nature* **373**, 600–603.

Carmichael, I. S. E. (1964). The petrology of Thinmuli, a Tertiary volcano in eastern Iceland. *Journal of Petrology* **5**, 453–460.

Carmichael, I. S. E., Turner, F. J. & Verhoogen, J. (1974). *Igneous petrology*. New York: McGraw Hill.

Castro, J. M., Beck, P., Tuffen, H., Nichols, A. R. L., Dingwell, D. B. & Martin, M. C. (2008). Timescales of spherulite crystallization in obsidian inferred from water concentration profiles. *American Mineralogist* **93**, 1816–1822.

Cawthorn, R. G. (ed.) (1996). *Layered Intrusions*. Amsterdam: Elsevier.

Cawthorn, R. G. & Walraven, F. (1998). Emplacement and crystallization time for the Bushveld Complex. *Journal of Petrology* **39**, 1669–1687.

Chambers, A. D. & Brown, P. E. (1995). The Lilloise Intrusion, East Greenland – Fractionation of a Hydrous Alkali Picritic Magma. *Journal of Petrology* **36**, 933–963.

Chappell, B. W. & White, A. J. R. (1974). Two contrasting granite types. *Pacific Geology* **8**, 173–174.

Charlier, B. L. A., Wilson, C. J. N., Lowenstern, J. B., Blake, S., Calsteren, P. W. V. & Davidson, J. P. (2005). Magma generation at a large, hyperactive silicic volcano (Taupo, New Zealand) revealed by U–Th and U–Pb systematics in zircons. *Journal of Petrology* **46**, 3–32.

Chorowicz, J. (2005). The East African rift system. *Journal of African Earth Sciences* **43**, 379–410.

Christensen, U. (1998). Fixed hotspots gone with the wind. *Nature* **391**, 739–740.

Christiansen, R. L. (2001). *Geology of Yellowstone National Park – The Quaternary and Pliocene Yellowstone plateau volcanic field of Wyoming, Idaho and Montana.*

Christiansen, R. L., Foulger, G. R. & Evans, J. R. (2002). Upper-mantle origin of the Yellowstone hotspot. *Geological Society of America Bulletin* **114**, 1245–1256.

Claeson, D. T. & Meurer, W. P. (2004). Fractional crystallization of hydrous basaltic 'arc-type' magmas and the formation of amphibole-bearing gabbroic cumulates. *Contributions to Mineralogy and Petrology* **147**, 288–304.

Clague, D. A. (1987). Hawaiian alkaline volcanism. In: Fitton, J. G. & Upton, B. G. J. (eds.) *Alkaline igneous rocks.* London: Geological Society of London Special Publication **30**, 227–252.

Clemens, J. D. & Petford, N. (1999). Granitic melt viscosity and silicic magma dynamics in contrasting tectonic settings. *Journal of the Geological Society of London* **156**, 1057–1060.

Clift, P. & Vannucchi, P. (2004). Controls on tectonic accretion versus erosion in subduction zones: implications for the origin and recycling of the continental crust. *Reviews of Geophysics* **42**, doi:10.1029/2003RG000127.

Clough, C. T., Maufe, H. B. & Bailey, E. B. (1909). The cauldron-subsidence of Glen Coe, and the associated igneous phenomena. *Quarterly Journal of the Geological Society of London* **65**, 611–678.

Cobbing, E. J. (1999). The Coastal Batholith and other aspects of Andean magmatism in Peru. In: Castro, A., Fern á ndez, C. & Vigneresse, J. L. (eds.) *Understanding granites: integrating new and classical techniques.* London: Geological Society of London Special Publication **168**, 111–122.

Coffin, M. F. & Eldholm, O. (1994). Large igneous provinces: crustal structure, dimensions, and external consequences. *Reviews of Geophysics* **32**, 1–36.

Coffin, M. F., Pringle, M. S., Duncan, R. A., Gladczenko, T. P., Storey, M., Müller, R. D. & Gahagan, L. A. (2002). Kerguelen hotspot magma output since 130 Ma. *Journal of Petrology* **43**, 1121–1139.

Cole, J. W., Milner, D. M. & Spinks, K. D. (2005). Calderas and caldera structures: a review. *Earth Science Reviews* **69**, 1–26.

Coleman, D. S. & Glazner, A. F. (1997). The Sierra Crest magmatic event: rapid formation of juvenile crust during the Late Cretaceous in California. *International Geology Review* **39**, 768–787.

Coleman, R. G. & Peterman, Z. E. (1975). Oceanic plagiogranite. *Journal of Geophysical Research* **80**, 1099–1108.

Coltice, N., Phillips, B. R., Bertrand, H., Ricard, Y. & Rey, P. (2007). Global warming of the mantle at the origin of flood basalts over supercontinents. *Geology* **35**, 391–394.

Coltorti, M., Alberti, A., Beccaluva, L., Dossantos, A. B., Mazzucchelli, M., Morais, E., Rivalenti, G. & Siena, F. (1993). The Tchivira-Bonga Alkaline-Carbonatite Complex (Angola) – Petrological Study and Comparison With Some Brazilian Analogs. *European Journal of Mineralogy* **5**, 1001–1024.

Conrad, W. K. & Kay, R. W. (1984). Ultramafic and mafic inclusions from Adak Island: crystallisation history, and implications for the nature of primary magmas and crustal evolution in the Aleutian Arc. *Journal of Petrology* **25**, 88–125.

Conticelli, S. & Peccerillo, A. (1992). Petrology and geochemistry of potassic and ultrapotassic volcanism in central Italy – petrogenesis and inferences on the evolution of the mantle sources. *Lithos* **28**, 221–240.

Coogan, L. A., Thompson, G. & MacLeod, C. J. (2002). A textural and geochemical investigation of high level gabbros from the Oman ophiolite: implications for the role of the axial magma chamber at fast spreading ridges. *Lithos* **63**, 67–82.

Courtillot, V. E. & Renne, P. R. (2003). On the ages of flood basalt events. *Comptes Rendus Geosciences* **335**, 113–140.

Cox, K. G., Bell, J. D. & Pankhurst, R. J. (1979). *The interpretation of igneous rocks.* London: George Allen and Unwin.

Cox, K. G., Price, N. B. & Harte, B. (1988). *An introduction to the practical study of crystals, minerals and rocks.* London: McGraw-Hill. Revised 1st edn.

Crawford, A. J. (ed.) (1989). *Boninites and related rocks.* London: Unwin Hyman.

Crisp, J. (1984). Rates of magma emplacement and volcanic output. *Journal of Volcanology and Geothermal Research* **20**, 177–211.

Cross, W., Iddings, J. P., Pirsson, L. V. & Washington, H. S. (1902). A quantitative chemicomineralogical classification and nomenclature of igneous rocks. *Journal of Geology* **10**, 555–690.

Cruden, A. R. (1998). On the emplacement of tabular granites. *Journal of the Geological Society of London* **155**, 853–862.

Cruden, A. R., Tobisch, O. T. & Launeau, P. (1999). Magnetic fabric evidence for conduit-fed emplacement of a tabular intrusion: Dinkey Creek pluton, central Sierra

Nevada batholith, California. *Journal of Geophysical Research* **104**, 10511–10530.

Danyushevsky, L. V., Eggins, S. M., Falloon, T. J. & Christie, D. M. (2000). H_2O abundance in depleted to moderately enriched mid-ocean ridge magmas; Part I: incompatible element behaviour, implications for mantle storage, and origin of regional variations. *Journal of Petrology* **41**, 1329–1364.

Davies, J. H. & Stevenson, D. J. (1992). Physical model of source region of subduction zone volcanics. *Journal of Geophysical Research* **97**, 2037–2070.

Davis, B. K. & McPhie, J. (1996). Spherulites, quench fractures and relict perlite in a Late Devonian rhyolite dyke, Queensland, Australia. *Journal of Volcanology and Geothermal Research* **71**, 1–11.

Davison, I., Al-Kadasi, M., Al-Khirbash, S., Al-Subbary, A. K., Baker, J., Blakey, S., Bosence, D., Dart, C., Heaton, R., McClay, K., Menzies, M., Nichols, G., Owen, L. & Yelland, A. (1994). Geological evolution of the southeastern Red Sea rift margin, Republic of Yemen. *Geological Society of America Bulletin* **106**, 1474–1493.

Dawson, J. B. (1962). The geology of Oldoinyo Lengai. *Bulletin Volcanologique* **24**, 348–387.

De Graff, J. M. & Aydin, A. (1987). Surface morphology of columnar joints and its significance to mechanics and direction of joint growth. *Geological Society of America Bulletin* **99**, 605–617.

De Paolo, D. J. (1981). Trace element and isotopic effects of combined wallrock assimilation and fractional crystallisation. *Earth and Planetary Science Letters* **53**, 189–202.

de Silva, S. L. (1989). Altiplano-Puna volcanic complex of the central Andes. *Geology* **17**, 1102–1106.

de Wit, M. J. (1998). On Archaean granites, greenstones, cratons and tectonics: does the evidence demand a verdict? *Precambrian Research* **91**, 181–226.

Debon, F., Le Fort, P., Sheppard, S. M. F. & Sonet, J. (1986). The four plutonic belts of the Transhimalaya-Himalaya: a chemical, mineralogical, isotopc and chronological synthesis along a Tibet-Nepal section. *Journal of Petrology* **27**, 219–250.

Deer, W. A. & Abbott, D. (1965). Clinopyroxenes of the gabbro cumulates of the Kap Edvard Complex, East Greenland. *Mineralogical Magazine* **34**, 177–193.

Deer, W. A., Howie, R. A. & Zussman, J. (1992). *An introduction to the rock-forming minerals*. Harlow: Longman. 2nd edn.

Defant, M. J. & Drummond, M. S. (1990). Derivation of some modern arc magmas by melting of young subducted lithosphere. *Nature* **347**, 662–665.

Dempster, T. J., Preston, R. J. & Bell, B. R. (1999). The origin of Proterozoic massif-type anorthosites: evidence from interactions between crustal xenoliths and basaltic magma. *Journal of the Geological Society of London* **156**, 41–46.

Déruelle, B., Ngounouno, S. & Demaiffe, D. (2007). The 'Cameroon Hot Line' (CHL): a unique example of active alkaline intraplate structure in both oceanic and continental lithospheres. *Comptes Rendus Geoscience* **339**, 589–600.

Devine, J. D. (1995). Petrogenesis of the basalt-andesite dacite association of Grenada, Lesser Amtilles island arc, revisited. *Journal of Volcanology and Geothermal Research* **69**, 1–33.

Dick, H. J. B., Fisher, R. L. & Bryan, W. B. (1984). Mineralogic variability of the uppermost mantle along mid-ocean ridges. *Earth and Planetary Science Letters* **69**, 88–106.

Dick, H. J. B., Lin, J. & Schouten, H. (2003). An ultra-slow-spreading class of ocean ridge. *Nature* **426**, 405–412.

Dickinson, W. R. (1975). Potash-depth (K-h) relations in continental margin and intra-ocean magmatic arcs. *Geology* **3**, 53–56.

Dilek, Y. (2003). Ophiolite concept and its evolution. In: Dilek, Y. & Newcomb, S. (eds.) *Ophiolite concept and the evolution of geological thought*. Boulder CO: Geological Society of America, **Special Paper 373**, 1–16.

Dixon, J. E., Stolper, E. M. & Holloway, J. R. (1995). An experimental study of water and carbon dioxide solubilities in mid ocean ridge basaltic liquids.1. Calibration and solubility models. *Journal of Petrology* **36**, 1607–1631.

Donaldson, C. H. (1976). An experimental investigation of olivine morphology. *Contributions to Mineralogy and Petrology* **57**, 187–213.

Donaldson, C. H. (1982). Spinifex-textured komatiites: a review of textures, compositions and layering. In: Arndt, N. T. & Nisbet, E. G. (eds.) *Komatiites*. London: Allen and Unwin, 213–244.

Dowling, S. E., Barnes, S. J., Hill, R. E. T. & Hicks, J. D. (2004). Komatiites and nickel sulfide deposits of the Black Swan area, Yilgarn Craton, Western Australia. 2: geology and genesis of the ore bodies. *Mineralium Deposita* **39**, 707–728.

Downes, H. (1984). Sr and Nd isotope geochemistry of coexisting alkaline magma series, Cantal, Massif Central, France. *Earth and Planetary Science Letters* **69**, 321–334.

Downes, H., Balaganskayab, E., Bearda, A., R., L. & Demaiffe, D. (2005). Petrogenetic processes in the ultramafic, alkaline and carbonatitic magmatism in the Kola Alkaline Province: a review. *Lithos* **85**, 48–75.

Dowty, E. (1980). Crystal growth and nucleation theory and the numerical simulation of igneous crystallization. In: Hargraves, R. B. (ed.) *Physics of magmatic processes*. Princeton NJ: Princeton University Press., 419–485.

Drummond, M. S., Defant, M. J. & Kepezhinskas, P. K. (1996). Petrogenesis of slab-derived trondjemite tonalite-dacite/adakite magmas. *Transactions of the Royal Society of Edinburgh: Earth Sciences* **87**, 205–215.

Dunbar, N. W. & Hervig, R. L. (1992). Petrogenesis and volatile stratigraphy of the Bishop Tuff: evidence from melt inclusion analysis. *Journal of Geophysical Research* **97** (**B11**), 15129–15150.

Dunbar, N. W. & Kyle, P. R. (1993). Lack of volatile gradient in the Taupo plinian-ignimbrite transition: evidence from melt inclusion analysis. *American Mineralogist* **78**, 612–618.

Dungan, M. A., Wulff, A. & Thompson, R. (2001). Eruptive stratigraphy of the Tatara–San Pedro Complex, 36°S, Southern Volcanic Zone, Chilean Andes: reconstruction method and implications for magma evolution at long-lived arc volcanic centers. *Journal of Petrology* **42**, 555–625.

Eales, H. V. & Cawthorn, R. G. (1996). The Bushveld Complex. In: Cawthorn, R. G. (ed.) *Layered Intrusions*. Amsterdam: Elsevier, 181–229.

Ebinger, C. J. & Sleep, N. H. (1998). Cenozoic magmatism throughout east Africa resulting from impact of a single plume. *Nature* **395**, 788–791.

Eby, G. N. (1990). The A-type granitoids: a review of their occurrence and chemical characteristics and speculations on their petrogenesis. *Lithos* **26**, 115–134.

Edgar, A. D. & Vukadinovic, D. (1992). Implications of experimental petrology to the evolution of ultra-potassic rocks. *Lithos* **28**, 205–220.

El Hinnawi, E. E. (1965). Petrochemical character of African volcanic rocks, Part III: central Africa. *Neues Jahrbuch für Mineralogie Abhandlungen* **103**, 126–146.

Elliott, T., Plank, T., Zindler, A., White, W. & Bourdon, B. (1997). Element transport from slab to volcanic front at the Mariana arc. *Journal of Geophysical Research-Solid Earth* **102**, 14991–15019.

Elliston, J. N. (1984). Orbicules: an indication of the crystallisation of hydrosilicates, I. *Earth-Science Reviews* **20**, 265–344.

Elsdon, R. (1971). Clinopyroxenes from the Upper Layered Series, Kap Edvard Holm, East Greenland. *Mineralogical Magazine* **38**, 49–57.

Elthon, D. (1991). Geochemical evidence for formation of the Bay of Islands ophiolite above a subduction zone. *Nature* **354**, 140–143.

Emeleus, C. H. & Bell, B. R. (2005). *The Palaeogene volcanic districts of Scotland*. Nottingham: British Geological Survey.

Emeleus, C. H., Cheadle, M. J., Hunter, R. H., Upton, B. G. J. & Wadsworth, W. J. (1996). The Rum layered suite. In: Cawthorn, R. G. (ed.) *Layered intrusios=ns*. Amsterdam: Elsevier, 403–439.

Emeleus, C. H. & Upton, B. G. J. (1976). The Gardar period in southern Greenland. In: Escher, A. & Watter, W. S. (eds.) *Geology of Greenland*. Copenhagen: Geological Survey of Greenland, 152–181.

England, R. W. (1992). The genesis, ascent and emplacement of the Northern Arran Granite, Scotland: implications for granite diapirism. *Geological Society of America Bulletin* **104**, 606–614.

Ernst, R. E., Head, J. W., Parfitt, E., Grosfi ls, E. & Wilson, L. (1995). Giant radiating dyke swarms on Earth and Venus. *Earth-Science Reviews* **39**, 1–58.

Evans, D. J., Rowley, W. J., Chadwick, R. A. & Mill-ward, D. (1993). Seismic reflections from within the Lake District batholith, Cumbria, northern England. *Journal of the Geological Society of London* **150**, 1043–1046.

Ewart, A. (1979). A review of the mineralogy and chemistry of Tertiary-Recent dacitic, latitic, rhyolitic, and related salic volcanic rocks. In: Barker, F. (ed.) *Trondhjemites, dacites and related rocks*. Amsterdam: Elsevier, 13–121.

Ewart, A. (1982). The mineralogy and petrology of Tertiary–Recent orogenic volcanic rocks, with special reference to the andesitic–basalt composition range. In: Thorpe, R. S. (ed.) *Andesites: Orogenic Andesites and Related Rocks*. Chichester, UK: J. Wiley, 26–87.

Ewart, A., Marsh, J. S., Milner, S. C., Duncan, A. R., Kamber, B. S. & Armstrong, R. A. (2004a). Petrology and geochemistry of early Cretaceous bimodal continental flood volcanism of the NW Etendeka, Namibia. Part 1: Introduction, mafic lavas and re evaluation of mantle source components. *Journal of Petrology* **45**, 59–105.

Ewart, A., Marsh, J. S., Milner, S. C., Duncan, A. R., Kamber, B. S. & Armstrong, R. A. (2004b). Petrology and geochemistry of early Cretaceous bimodal continental flood volcanism of the NW Etendeka, Namibia. Part 2: Characteristics and petrogenesis of the high-Ti latite and high-Ti and low-Ti voluminous quartz latite eruptives. *Journal of Petrology* **45**, 107–138.

Feeley, T. C. & Davidson, J. P. (1994). Petrology of calc-alkaline lavas at Volcan Ollagüe and the origin of compositional diversity at central Andean stratovolcanoes. *Journal of Petrology* **35**, 1295–1340.

Fenner, C. N. (1931). The residual liquids of crystallizing magmas. *Mineralogical Magazine* **22**, 539–560.

Fink, J. H., Malin, M. C. & Anderson, S. W. (1990). Intrusive and extrusive growth of the Mount St Helens lava dome. *Nature* **348**, 435–437.

Fisher, R. V. (1966). Mechanism of deposition from pyroclastic flows. *American Journal of Science* **264**, 350–363.

Fitton, J. G. (1987). The Cameroon line, West Africa: a comparison between oceanic and continental alkaline volcanism. In: Fitton, J. G. & Upton, B. G. J. (eds.) *Alkaline Igneous Rocks*. London: Geological Society Special Publication **30**, 273–291.

Fitton, J. G. (2007). The OIB paradox. In: Foulger, G. R. & Jurdy, D. M. (eds.) *Plates, plumes and planetary processes*: Geological Society of America, **430**, 387–412.

Fitton, J. G. & Godard, M. (2004). Origin and evolution of magmas on the Ontong Java Plateau. In: Fitton, J. G.,

Mahoney, J. J., Wallace, P. & Saunders, A. D. (eds.) *Origin and Evolution of the Ontong Java Plateau*: Geological Society of London Special Publication **229**, 151–178.

Fodor, R. V. & Galar, P. (1997). A view into the subsurface of Mauna Kea volcano, Hawaii: crystallization processes interpreted through the petrology and petrography of gabbroic and ultramafi c xenoliths. *Journal of Petrology* **38**, 581–624.

Foley, S. F., Venturelli, G., Green, D. H. & Toscani, L. (1987). The ultrapotassic rocks: characteristics, classification, and constraints for petrogenetic models. *Earth-Science Reviews* **24**, 81–134.

Foley, S. F. & Jenner, G. A. (2004). Trace element partitioning in lamproitic magmas – the Gaussberg olivine leucitite. *Lithos* **75**, 19–38.

Foster, J. G., Lambert, D. D., Frick, L. R. & Maas, R. (1996). Re-Os isotopic evidence for genesis of Archaean nickel ores from uncontaminated komatiites. *Nature* **382**, 703–706.

Fowler, A. D., Berger, B., Shore, M., Jones, M. I. & Ropchan, J. (2002). Supercooled rocks: development and significance of varioles, spherulites, dendrites and spinifex in Archaean volcanic rocks, Abitibi Greenstone belt, Canada. *Precambrian Research* **115**, 311–328.

Fowler, C. M. R. (2005). *The solid Earth: an introduction to global geophysics*. 2nd edition. Cambridge: Cambridge University Press. 2nd edn.

Fowler, M. B. & Henney, P. J. (1996). Mixed Caledonian appinite magmas: implications for lamprophyre fractionation and high Ba-Sr granite genesis. *Contributions to Mineralogy and Petrology* **126**, 199–215.

Francalanci, L., Tommasini, S., Conticelli, S. & Davies, G. R. (1999). Sr isotope evidence for short magma residence time for the 20th century activity at Stromboli volcano, Italy. *Earth and Planetary Science Letters* **167**, 61–69.

Francis, E. H. (1982). Magma and sediment-I: emplacement mechanism of late Carboniferous tholeiite sills in northern Britain. *Journal of the Geological Society of London* **139**, 1–20.

Francis, P. & Oppenheimer, C. (2004). *Volcanoes*. Oxford: Oxford University Press. 2nd edn.

Fretzdorff, S., Livermore, R. A., Devey, C. W., Leat, P. T. & Stoffers, P. (2002). Petrogenesis of the back arc east Scotia Ridge, South Atlantic Ocean. *Journal of Petrology* **43**, 1435–1467.

Frey, F. A., Chappell, B. W. & Roy, S. D. (1978). Fractionation of rare-earth elements in the Tuolumne Intrusive Series, Sierra Nevada Batholith, California. *Geology* **6**, 239–242.

Friend, C. R. L. (1981). Charnockite and granite formation and influx of CO_2 at Kabbaldurga. *Nature* **294**, 550–552.

Frost, B. R., Barnes, C. G., Collins, W. J., Arculus, R. J., Ellis, D. J. & Frost, C. D. (2001). A geochemical classification for granitic rocks. *Journal of Petrology* **42**, 2033–2048.

Frost, C. D., Frost, B. R., Chamberlain, K. R. & Edwards, B. R. (1999). Petrogenesis of the 1.43 Ga Sherman batholith, SE Wyoming, USA: a reduced, rapakivi-type anorogenic granite. *Journal of Petrology* **40**, 1771–1802.

Furukawa, Y. (1993). Magmatic processes under arcs and formation of the volcanic front. *Journal of Geophysical Research* **98**, 8309–8319.

Gallo, F., Giammetti, F., Venturelli, G. & Vernia, L. (1984). The kamafugitic rocks of San Venanzo and Cuppaello, central Italy. *Neues Jahrbuch für Mineralogie Monatshefte* **Jahrgang 1984**, 198–210.

Gao, Y., Hou, Z., Kamber, B. S., Wei, R., Meng, X. & Zhao, R. (2007). Lamproitic rocks from a continental collision zone: evidence for recycling of subducted Tethyan oceanic sediments in the mantle beneath southern Tibet. *Journal of Petrology* **48**, 729–752.

Garuti, G., Fershtater, G., Bea, F., Montero, P., Pushkarev, E. V. & Zaccarini, F. (1997). Platinum-group elements as petrological indicators in mafic- ultramafic complexes of the central and southern Urals: Preliminary results. *Tectonophysics* **276**, 181–194.

Geist, D., Howard, K. A. & Larson, P. (1995). The Generation of Oceanic Rhyolites By Crystal Fractionation – the Basalt-Rhyolite Association At Volcan-Alcedo, Galapagos-Archipelago. *Journal of Petrology* **36**, 965–982.

Gerlach, T. M., Westrich, H. R. & Symonds, R. B. (1997). Preeruption vapor in magma of the climactic Mount Pinatubo eruption: source of the giant stratospheric sulfur dioxide cloud. In: Newhall, C. G. & Punongbayan, R. S. (eds.) *Fire and Mud – Eruptions and lahars of Mount Pinatubo, Philippines*. Quezon City *and* Seattle: Philippine Institute of Volcanology and Seismology *and* University of Washington Press, 415–420.

Gibb, F. G. F. & Henderson, C. M. B. (2006). Chemistry of the Shiant Isles Main Sill, and wider implications for the petrogenesis of mafic sills. *Journal of Petrology* **47**, 191–230.

Gill, J. B. (1981). *Orogenic andesites and plate tectonics*. Berlin: Springer- Verlag.

Gill, R. (1996). *Chemical fundamentals of geology*. London: Chapman and Hall. 2nd edn.

Gill, R. (ed.) (1997). *Modern analytical geochemistry*. Harlow: Longman.

Gill, R. & Thirlwall, M. (2003). *Tenerife, Canary Islands*. London: Geologists' Association Guide No. 49.

Gill, R. C. O. (1973). Mechanism for the salic magma bias of continental alkaline provinces. *Nature phys. Sci.* **242**, 41–42.

Gill, R. C. O., Aparicio, A., El Azzouzi, M., Hernandez, J., Thirlwall, M. F., Bourgois, J. & Marriner, G. F. (2004). Depleted arc volcanism in the Alboran Sea and shoshonitic volcanism in Morocco: geochemical and isotopic constraints on Neogene tectonic processes. *Lithos* **78**, 363–388.

Gillepsie, M. R. & Styles, M. T. (1999). BGS rock classification scheme. Volume 1: Classification of igneous rocks. Research Report RR 99–06. Keyworth, Nottingham, UK: British Geological Survey, 52 pp.

Giordano, D., Polacci, M., Longo, A., Papale, P., Dingwell, D. B., Boschi, E. & Kasereka, M. (2007). Thermo-rheological magma control on the impact of highly fluid lava flows at Mt. Nyiragongo. *Geophysical Research Letters* **34**.

Glazner, A. F. & Bartley, J. M. (2006). Is stoping a volumetrically signifi cant pluton emplacement process? *Geological Society of America Bulletin* **118**, 1185–1195.

Goldschmidt, V. M. (1937). The principles of distribution of chemical elements in minerals and rocks. *Journal of the Chemical Society of London* **140**, 655–673.

Goodrich, C. A. (2003). Petrogenesis of olivine-phyric shergottites Sayh Al Uhaymir 005 and elephant moraine A79001 lithology A. *Geochimica Et Cosmochimica Acta* **67**, 3735–3772.

Gorring, M. L. & Naslund, H. R. (1995). Geochemical reversals within the lower 100 M of the Palisades Sill, New Jersey. *Contributions to Mineralogy and Petrology* **119**, 263–276.

Gottschalk, M. (1997). Internally consistent thermodynamic data for rock-forming minerals in the system SiO_2- TiO_2- Al_2O_3- Fe_2O_3-CaO-MgO-FeO-K_2O-Na_2O-H_2O-CO_2. *European Journal of Mineralogy* **9**, 175–223.

Green, T. H., Blundy, J. D., Adam, J. & Yaxley, G. M. (2000). SIMS determination of trace element partition coefficients between garnet, clinopyroxene and hydrous basaltic liquids at 2–7.5 GPa and 1080–1200 degrees C. *Lithos* **53**, 165–187.

Greene, A. R., DeBari, S. M., Kelemen, P. B., Blusztajn, J. & Clift, P. D. (2006). A detailed geochemical study of island arc crust: the Talkeetna Arc section, south central Alaska. *Journal of Petrology* **47**, 1051–1093.

Gribble, C. D. & Hall, A. J. (1992). *Optical Mineralogy – principles and practice*. London: UCL Press.

Grocott, J., Garde, A. A., Chadwick, B., Cruden, A. R. & Swager, C. (1999). Emplacement of rapakivi granite and syenite by floor depression and roof uplift in the Palaeoproterozoic Ketilidian orogen, South Greenland. *Journal of the Geological Society of London* **156**, 15–24.

Grout, F. F. (1945). Scale models of structures relating to batholiths. *American Journal of Science* **243A**, 260–284.

Grove, T. L., Chatterjee, N., Parman, S. W. & Médard, E. (2006). The influence of H 2O on mantle wedge melting. *Earth and Planetary Science Letters* **249**, 74–89.

Grove, T. L., Gerlach, D. C. & Sando, T. W. (1982). Origin of calc-alkaline series lavas at Medicine Lake volcano by fractionation, assimilation and mixing. *Contributions to Mineralogy and Petrology* **80**, 162–180.

Grove, T. L. & Parman, S. W. (2004). Thermal evolution of the Earth as recorded by komatiites. *Earth and Planetary Science Letters* **219**, 173–187.

Gudmundsson, A. (2007). Infrastructure and evolution of ocean-ridge discontinuities in Iceland. *Journal of Geodynamics* **43**, 6–29.

Guest, J. E., Cole, P. D., Duncan, A. M. & Chesteer, D. K. (2003). *Volcanoes of southern Italy*. London: Geological Society of London.

Guo, Z.-F., Wilson, M., Liu, J.-Q. & Mao, Q. (2006). Postcollisional, potassic and ultrapotassic magmatism of the Northern Tibetan plateau: constraints on characteristics of the mantle source, geodynamic setting and uplift mechanisms. *Journal of Petrology* **47**, 1177–1220.

Gust, D. A., Arculus, R. J. & Kersting, A. B. (1997). Aspects of magma sources and processes in the Honshu arc. *Canadian Mineralogist* **35**, 347–365.

Gutscher, M.-A., Maury, R., Eissen, J.-P. & Bourdon, E. (2000). Can slab melting be caused by flat subduction? *Geology* **28**, 535–538.

Haerderle, M. & Atherton, M. P. (2002). Shape and intrusion style of the Coastal Batholoth, Peru. *Tectonophysics* **345**, 17–28.

Hammer, J. E. (2006). Interpreting inclusive evidence. *Nature* **439**, 26–27.

Harris, N., Ayres, M. & Massey, J. (1995). Geochemistry of granitic melts produced during the incongruent melting of muscovite – implications for the extraction of himalayan leukogranite magmas. *Journal of Geophysical Research-Solid Earth* **100**, 15767–15777.

Hatton, C. J. (1995). Mantle plume origin for the Bush-veld and Ventersdorp magmatic provinces. *Journal of African Earth Sciences* **21**, 571–577.

Hay, D. E. & Wendlandt, R. F. (1995). The origin of Kenya rift plateau-type flood phonolites: results of high-pressure/high-temperature experiments in the systems phonolite-H_2O and phonolite-H_2O–CO_2. *Journal of Geophysical Research* **100**, 401–410.

Helz, R. T. (1976). Phase relations of basalts in their melting range at P_{H20} = 5 Kb – Part II: Melt compositions. *Journal of Petrology* **17**, 139–193.

Herzberg, C., Gasparik, T. & Sawamoto, H. (1990). Origin of mantle peridotite: constraints from melting experiments to 16.5 GPa. *Journal of Geophysical Research* **95**, 15, 779–803.

Herzberg, C. & O'Hara, M. J. (1998). Phase equilibrium constraints on the origin of basalts, picrites, and komatiites. *Earth-Science Reviews* **44**, 39–79.

Herzberg, C. & O'Hara, M. J. (2002). Plume-associated ultramafic magmas of Phanerozoic age. *Journal of Petrology* **43**, 1857–1883.

Hess, H. H. (1938). A primary peridotite magma. *American Journal of Science, Series 5* **35**, 321–344.

Hibbard, M. J. (1981). The magma mixing origin of mantled feldspars. *Contributions of Mineralogy and Petrology* **76**, 158–170.

Hildreth, W., Halliday, A. N. & Christiansen, R. L. (1991). Isotopic and chemical evidence concerning the genesis and contamination of basaltic and rhyolitic magma beneath the Yellowstone Plateau Volcanic Field. *Journal of Petrology* **32**, 63–138.

Hildreth, W. & Wilson, C. J. N. (2007). Compositional zoning of the Bishop Tuff. *Journal of Petrology* **48**, 951–999.

Hill, R. E. T., Barnes, S. J., Gole, M. J. & Dowling, S. E. (1994). The volcanology of komatiites as deduced from field relationships in the Norseman -Wiluna greenstone belt, Western Australia. *Lithos* **34**, 159–188.

Hirose, K. & Kushiro, I. (1993). Partial melting of dry peridotites at high pressures: Determination of compositions of melts segregated from peridotite using aggregates of diamond. *Earth and Planetary Science Letters* **114**, 477–489.

Holder, M. A. (1979). An emplacement mechanism for post-tectonic granites and its implications for the geochemical features. In: Atherton, M. P. & Tarney, J. (eds.) *Origins of batholiths*. Nantwich: Shiva, 117–126.

Holloway, J. R. & Burnham, C. W. (1972). Melting relations of basalt with equilibrium water pressure less than total pressure. *Journal of Petrology* **13**, 1–29.

Holloway, J. R. & Wood, B. J. (1988). *Simulating the Earth – experimental geochemistry*. London: Unwin Hyman.

Holm, P. M., Gill, R. C. O., Pedersen, A. K., Hald, N., Larsen, J. G., Nielsen, T. F. D. & Thirlwall, M. F. (1993). The picritic Tertiary lavas of West Greenland: contributions fom ' Icelandic ' and other sources. *Earth and Planetary Science Letters* **115**, 227–244.

Holmes, A. (1928). *The nomenclature of petrology, with reference to selected literature*. London: Murby. 2nd edn.

Holness, M. B. (2005). Spatial constraints on magma chamber replenishment events from textural observations of cumulates: the Rum Layered Intrusion, Scotland. *Journal of Petrology* **46**, 1585–1601.

Holten, T., Jamtveit, B., Meakin, P., Cortini, M., Blundy, J. & Austrheim, H. (1997). Statistical characteristics and origin of oscillatory zoning in crystals. *American Mineralogist* **82**, 596–606.

Holtz, F., Johannes, W., Tamic, N. & Behrens, H. (2001). Maximum and minimum water contents of granitic melts geneated in the crust: a re-evaluation and implications. *Lithos* **56**, 1–14.

Hunter, R. H. & Sparks, R. S. J. (1987). The differentiation of the Skaergaard intrusion. *Contributions to Mineralogy and Petrology* **95**, 451–461.

Huppert, H. H., Sparks, R. S. J., Turner, J. S. & Arndt, N. T. (1984). Emplacement and cooling of komatiite lavas. *Nature* **309**, 19–22.

Husch, J. M. (1990). Palisades Sill – Origin of the Olivine Zone By Separate Magmatic Injection Rather Than Gravity Settling. *Geology* **18**, 699–702.

Hutton, D. H. W. (1982). A tectonic model for the emplacement of the Main Donegal Granite, NW Ireland. *Journal of the Geological Society of London* **139**, 615–631.

Hutton, D. H. W. (1988). Granite emplacement mechanisms and tectonic controls: influences from deformation studies. *Transactions of the Royal Society of Edinburgh: Earth Sciences* **79**, 245–255.

Ikeda, S., Toriumi, M., Yoshida, H. & Shimizu, I. (2002). Experimental study of the textural development of igneous rocks in the late stage of crystallization: the importance of interfacial energies under non-equilibrium conditions. *Contributions to Mineralogy and Petrology* **142**, 397–415.

Ildefonse, B., Blackman, D. K., John, B. E., Ohara, Y., Miller, D. J., MacLeod, C. J. & Party, I. O. D. P. E. S. (2007). Oceanic core complexes and crustal accretion at slow-spreading ridges. *Geology* **35**, 623–626.

IMA. (1997). Nomenclature of amphiboles: report of the Subcommittee on Amphiboles of the International Mineralogical Association, Commission on New Minerals and Mineral Names. *Mineralogical Magazine* **61**, 295–321.

Inger, S. & Harris, N. (1993). Geochemical constraints on leucogranite magmatism in the Langtang valley, Nepal Himalaya. *Journal of Petrology* **34**, 345–368.

Ingle, S. & Coffin, M. F. (2004). Impact origin for the greater Ontong-Java Plateau? *Earth and Planetary Science Letters* **218**, 123–134.

Ingram, G. M. & Hutton, D. H. W. (1994). The Great Tonalite Sill – Emplacement Into a Contractional Shear Zone and Implications For Late Cretaceous to Early Eocene Tectonics in Southeastern Alaska and British-Columbia. *Geological Society of America Bulletin* **106**, 715–728.

Irvine, T. N. (1974). Petrology of the Duke Island ultramafic complex, southeastern Alaska. *Geological Society of America Memoir* **138**, 240 pp.

Irvine, T. N. (1982). Terminology for layered intrusions. *Journal of Petrology* **23**, 127–162.

Irvine, T. N., Anderson, J. C. Ø. & Brooks, C. K. (1998). Included blocks (and blocks within blocks) in the Skaergaard intrusion: geologic relations and the origins of rhythmic modally graded layers. *Geological Society of America Bulletin* **110**, 1398–1447.

Irvine, T. N. & Baragar, W. R. A. (1971). A guide to the chemical classification of the common volcanic rocks. *Canadian Journal of Earth Sciences* **8**, 523–548.

James, D. E. (1981). The combined use of oxygen and radiogenic isotopes as indicators of crustal contamination. *Annual Reviews of Earth and Planetary Sciences* **9**, 311–344.

Jang, Y. D., Naslund, H. R. & McBirney, A. R. (2001). The differentiation trend of the Skaergaard intrusion and the timing of magnetite crystallization: iron enrichment revisited. *Earth and Planetary Science Letters* **189**, 189–196.

Jeffreys, H. (1938). A note on fracture mechanisms. *Royal Society of Edinburgh Proceedings* **56**, 158–163.

Jenner, G. A., Dunning, G. R., Malpas, J., Brown, M. & Brace, T. (1991). Bay of Islands and Little Port complexes, revisited: age, geochemical and isotopic evidence confirm suprasubduction-zone origin. *Canadian Journal of Earth Sciences* **28**, 1635–1652.

Johnson, S. E., Fletcher, J. M., Fanning, C. M., Vernon, R. H., Paterson, S. R. & Tate, M. C. (2003). Structure, emplacement and lateral expansion of the San Jose Tonalite pluton, Peninsular Ranges batholith, Baja California, Mexico. *Journal of Structural Geology* **25**, 1933–1957.

Jonasson, K. (1994). Rhyolite Volcanism in the Krafla Central Volcano, Northeast Iceland. *Bulletin of Volcanology* **56**, 516–528.

Kampunzu, A. B., Bonhomme, M. G. & Kanika, M. (1998). Geochronology of volcanic rocks and evolution of the Cenzoic western branch of the East African Rift System. *Journal of African Earth Sciences* **26**, 441–461.

Kaneko, T., Wooster, M. J. & Nakada, S. (2002). Exogenous and endogenous growth of the Unzen lava dome examined by satellite infrared image analysis. *Journal of Volcanology and Geothermal Research* **116**, 151–160.

Karson, J. A. & Curtis, P. A. (1989). Tectonic and magmatic processes in the Eastern Branch of the East African Rift and implications for magmatically active continental rifts. *Journal of African Earth Sciences* **8**, 431–453.

Kay, R. W. (1978). Aleutian magensian andesites: melts from Pacific ocean crust. *Journal of Volcanology and and Geothermal Research* **4**, 117–132.

Kebede, T. & Koeberl, C. (2003). Petrogenesis of A-type granitoids from the Wallagga area, western Ethiopia: constraints from mineralogy, bulk-rock chemistry, Nd and Sr isotopic compositions. *Precambrian Research* **121**, 1–24.

Kelemen, P. B., Rilling, J. L., Parmentier, E. M., Mehl, L. & Hacker, B. R. (2003). Thermal structure due to solid-state flow in the mantle wedge beneath arcs. In: Eiler, J. M. (ed.) *Inside the subduction factory*. Washington, D.C.: American Geophysical Union Geophysical Monograph **138**, 293–311.

Kelley, K. A., Plank, T., Grove, T. L., Stolper, E. M., Newman, E. & Hauri, E. (2006). Mantle melting as a function of water content beneath back-arc basins. *Journal of Geophysical Research* **111**, B09208 doi:09210.01029/02005JB003732, 002006.

Kelley, S. P. (2007). The geochronology of large igneous provinces, terrestrial impacts craters, and their relationship to mass extinctions on Earth. *Journal of the Geological Society* **164**, 923–936.

Kennedy, G. C. (1955). Some aspects of the role of water in rock melts. *Crust of the Earth: a symposium*. **62**: Geological Society of America Special Paper, 489–503.

Kerr, A. C. & Arndt, N. T. (2001). A note on the IUGS reclassification of the high-Mg and picritic volcanic rocks. *Journal of Petrology* **42**, 2169–2171.

Kerr, A. C., Marriner, G. F., Arndt, N. T., Tarney, J., Nivia, A., Saunders, A. D. & Duncan, R. A. (1996). The petrogenesis of komatiites, picrites and basalts from the Isle of Gorgona, Colombia; new field, petrographic and geochemical constraints. *Lithos* **37**, 245–260.

Kil, Y. & Wendlandt, R. F. (2004). Pressure and temperature evolution of upper mantle under the Rio Grande Rift. *Contributions to Mineralogy and Petrology* **148**, 265–280.

Kilburn, C. J. & McGuire, W. J. (2001). *Italian volcanoes*. Harpenden: Terra Publishing.

Kilpatrick, J. A. & Ellis, D. J. (1992). C-type magmas: igneous charnockites and their extrusive equivalents. *Transactions of the Royal Society of Edinburgh: Earth Sciences* **83**, 155–164.

Kjarsgaard, B. & Peterson, T. (1991). Nephelinite-carbonatite liquid immiscibility at Shombole volcano, East Africa: Petrographic and experimental evidence. *Mineralogy and Petrology* **43**, 293–314.

Klaudius, J. & Keller, J. (2006). Peralkaline silicate lavas at Oldoinyo Lengai, Tanzania. *Lithos* **91**, 173–190.

Klingelhöfer, F., Minshull, T. A., Blackman, D. K., Harben, P. & Childers, V. (2001). Crustal structure of Ascension Island from wide-angle seismic data: implications for the formation of near-ridge volcanic islands. *Earth and Planetary Science Letters* **190**, 41–56.

Kogarko, L. N., Williams, C. T. & Woolley, A. R. (2006). Compositional evolution and cryptic variation in pyroxenes of the peralkaline Lovozero intrusion, Kola Peninsula, Russia. *Mineralogical Magazine* **70**, 347–359.

Kokelaar, B. P. & Moore, I. D. (2006). *Glencoe caldera volcano, Scotland*. Nottingham: British Geological Survey.

Kokfelt, T. F., Hoernle, K., Hauff, F., Fiebig, J., Werner, R. & Garbe-Schonberg, D. (2006). Combined trace element and Pb-Nd-Sr-O isotope evidence for recycled oceanic crust (upper and lower) in the Iceland mantle plume. *Journal of Petrology* **47**, 1705–1749.

Kopylova, M. G., Russell, J. K. & Cookenboo, H. (1998). Petrology of peridotite and pyroxenite xenoliths from the Jericho Kimberlite: implications for the thermal state of the mantle beneath the Slave craton, northern Canada. *Journal of Petrology* **40**, 79–104.

Kuno, H. (1960). High-alumina basalt. *J. Petrology* **1**, 121–145.

Kurth–Velz, M., Sassen, A. & Galer, S. J. G. (2004). Geochemical and isotopic heterogeneities along an island arc–spreading ridge intersection: evidence from the Lewis Hills, Bay of Islands Ophiolite, Newfoundland. *Journal of Petrology* **45**, 635–668.

Lacroix, A. (1904). *La Montagne Pelée et ses éruptions*. Paris: Masson et Compagnie.

Lahaye, Y., Barnes, S. J., Frick, L. R. & Lambert, D. D. (2001). Re-Os isotopic study of komatiitic volcanism and magmatic sulfide formation in the southern Abitibi greenstone belt, Ontario, Canada. *Canadian Mineralogist* **39**, 473–490.

Lallemand, S., Heuret, A. & Boutelier, D. (2005). On the relationships between slab dip, back-arc stress, upper plate absolute motion, and crustal nature in subduction zones. *Geochemistry, Geophysics, Geosystems* **6**, doi:10.1029/2005GC000917.

Larsen, L. M. & Sørensen, H. (1987). The Ilimaussaq intrusion – progressive crystallization and formation of layering in an agpaitic magma. In: Fitton, J. G. & Upton, B. G. J. (eds.) *Alkaline igneous rocks*. London: Geological Society of London Special Publication **30**, 473–488.

Larsen, L. M., Watt, W. S. & Watt, M. (1989). Geology and petrology of the lower Tertiary plateau basalts of the Scoresby Sund region, East Greenland. *Geological Survey of Greeland Bulletin* **157**, 1–164.

Lassiter, J. C., Hauri, E. H., Reiners, P. W. & Garcia, M. O. (2000). Generation of Hawaiian post-erosional lavas by melting of a mixed lherzolite/pyroxenite source. *Earth and Planetary Science Letters* **178**, 269–284.

LaTourrette, T., Hervig, R. L. & Holloway, J. R. (1995). Trace-Element Partitioning Between Amphibole, Phlogopite, and Basanite Melt. *Earth and Planetary Science Letters* **135**, 13–30.

Le Bas, M. J. (1977). *Carbonatite-nephelinite volcanism*. London: Wiley-Interscience.

Le Bas, M. J. (2000). IUGS rclassification of the high -Mg and picritic volcanic rocks. *Journal of Petrology* **41**, 2467–2470.

Le Maitre, R. W. (1962). Petrology of volcanic rocks, Gough Island, South Atlantic. *Geological Society of America Bulletin* **73**, 1309–1340.

Le Maitre, R. W. (1976). The chemical variability of some common igneous rocks. *Journal of Petrology* **17**, 589–637.

Le Maitre, R. W. (2002). *Igneous rocks – a classification and glossary of terms. Recommendations of the IUGS subcommission on the Systematics of Igneous Rocks*. Cambridge: Cambridge University Press. 2nd edn.

Le Roex, A. P. (1985). Geochemistry, mineralogy and magmatic evolution of the basaltic and trachytic lavas from Gough Island, South Atlantic. *Journal of Petrology* **26**, 149–186.

Le Roex, A. P., Bell, D. R. & Davis, P. (2003). Petrogenesis of group I kimberlites from Kimberley, South Africa: evidence from bulk-rock geochemistry. *Journal of Petrology* **44**, 2261–2286.

Le Roex, A. P., Watkins, R. T. & Reid, A. M. (1996). Geochemical evolution of the Okenyenya sub-volcanic ring complex, northwestern Namibia. *Geological Magazine* **133**, 645–670.

Leat, P. T. (2008). On the long-distance transport of Ferrar magmas. In: Thomson, K. & Petford, N. (eds.) *Structure and Emplacement of High-Level Magmatic Systems*. London: Geological Society Special Publication **302**, 45–61.

Lee, C. A. (1996). A review of mineralization in the Bushveld Complex and some other layered intrusions. In: Cawthorn, R. G. (ed.) *Layered Intrusions*. Amsterdam: Elsevier, 103–145.

Lin, S.-C., Kuo, B.-Y., Chiao, L.-Y. & van Keken, P. E. (2005). Thermal plume models and melt generation in East Africa: a dynamic modeling approach. *Earth and Planetary Science Letters* **237**, 175–192.

Lindsay, J. M., Trumbull, R. B. & Siebel, W. (2005). Geochemistry and petrogenesis of late Pleistocene to Recent volcanism in southern Dominica, Lesser Antilles. *Journal of Volcanology and Geothermal Research* **148**, 259–294.

Lindsley, D. H. (1983). Pyroxene thermometry. *American Mineralogist* **68**, 477–493.

Lindsley, D. H. & Andersen, D. J. (1983). A two-pyroxene thermometer. *Proceedings of the Thirteenth Lunar and Planetary Science Conference. Journal of Geophysical Research* **88 Supplement**, A887–A906.

Lofgren, G. (1980). Experimental studies on the dynamic crystallization of silicate melts. In: Hargraves, R. B. (ed.) *Physics of magmatic processes*. Princeton NJ: Princeton University Press., 487–551.

Longhi, J. (2005). A mantle or mafic crustal source for Proterozoic anorthosites? *Lithos* **83**, 183–198.

Longhi, J., van der Auwera, J., Fram, M. S. & Duchesne, J.-C. (1999). Some phase equilibrium constraints on the origin of Proterozoic (massif) anorthosites and related rocks. *Journal of Petrology* **40**, 339–362.

Lowenstern, J. B. & Hurwitz, S. (2008). Monitoring a supervolcano in repose: heat and volcanic flux at the Yellowstone caldera. *Elements* **4**, 35–40.

Lyle, P. (2000). The eruption environment of multi-tiered columnar basalt lava fl ows. *Journal of the Geological Society* **157**, 715–722.

Maaløe, S., James, D., Smedley, P., Petersen, S. & Garmann, L. B. (1992). The Koloa volcanic suite of Kauai, Hawaii. *Journal of Petrology* **33**, 761–784.

Macdonald, G. A. (1967). Forms and structures of extrusive basaltic rocks. In: Hess, H. H. & Poldervaart, A. (eds.) *Basalts: the Poldervaart treatise on rocks of basltic composition*. New York.: Inter-science, **Vol 1**, 1–61.

Macdonald, G. A. & Katsura, T. (1964). Chemical composition of Hawaiian lavas. *Journal of Petrology* **5**, 82–133.

Macdonald, R., Hawkesworth, C. J. & Heath, E. (2000). The Lesser Antilles volcanic chain: a study in arc magmatism. *Earth-Science Reviews* **49**, 1–76.

Macdonald, R., Navarro, J. M., Upton, B. G. J. & Davies, G. R. (1994). Strong compositional zonation in peralkaline magma: Menengai, Kenya rift valley. *Journal of Volcanology and Geothermal Research* **60**, 301–325.

Macdonald, R., Rogers, N. W., Fitton, J. G., Black, S. & Smith, M. (2001). Plume-lithosphere interactions in the generation of the basalts of the Kenya Rift, East Africa. *Journal of Petrology* **42**, 877–900.

Macdonald, R. & Upton, B. G. J. (1993). The Proterozoic Gardar rift zone, south Greenland: comparisons with the East African Rift System. In: Pritchard, H. M., Alabaster, T., Harris, N. B. W. & Neary, C. R. (eds.) *Magmatic Processes and Plate Tectonics*. London: Geological Society of London Special Publication 76, 427–442.

MacGregor, I. D. (1974). The system $MgO–Al_2O_3–SiO_2$: solubility of Al_2O_3 in enstatite for spinel and garnet peridotite compositions. *American Mineralogist* **59**, 110–119.

MacKenzie, W. S., Donaldson, C. H. & Guilford, C. (1982). *Atlas of igneous rocks and their textures*. Harlow: Longman.

Macpherson, C. G., Dreher, S. T. & Thirlwall, M. F. (2006). Adakites without slab melting: high pressure differentiation of island arc magma, Mindanao, the Philippines. *Earth and Planetary Science Letters* **243**, 581–593.

Macpherson, C. G. & Hall, R. (2001). Tectonic setting of Eocene boninite magmatism in the Izu-Boniun Mariana forearc. *Earth and Planetary Science Letters* **186**, 215–230.

Mahoney, J. J. & Coffi n, M. F. (eds.) (1997). *Large Igneous Provinces: continental, oceanic, and planetary fl ood volcanism*. Washington: American Geophysical Union.

Malpas, J. (1978). Magma generation in the upper mantle, field evidence from ophiolite suites, and application to the generation of oceanic lithosphere. *Philosophical Transactions of the Royal Society of London A* **288**, 527–546.

Mariita, N. O. & Keller, G. R. (2007). An integrated geophysical study of the northern Kenya rift. *Journal of African Earth Sciences* **48**, 80–94.

Martel, C., Pichavant, M., Bourdier, J. L., Traineau, H., Holtz, F. & Scaillet, B. (1998). Magma storage conditions and control of eruption regime in silicic volcanoes: experimental evidence from Mt. Pelee. *Earth and Planetary Science Letters* **156**, 89–99.

Martin, H. (1986). Effect of steeper Archaean geothermal gradient on geochemistry of subduction-zone magmas. *Geology* **14**, 753–756.

Martin, H. (1999). Adakitic magmas: modern analogues of Archean granitoids. *Lithos* **46**, 411–429.

Martinez, F., Okino, K., Ohara, Y., Reysenbach, A.-L. & Goffredi, S. K. (2007). Back-arc basins. *Oceanography* **20**, 116–127.

Mathison, C. I. & Ahmat, A. L. (1996). The Windimurra Complex, Western Australia. In: Cawthorn, R. G. (ed.) *Layered Intrusions*. Amsterdam: Elseveier, 485–510.

McBirney, A. R. (1996). The Skaergaard Instrusion. In: Cawthorn, R. G. (ed.) *Layered Intrusions*. Amsterdam: Elsevier, 147–180.

McBirney, A. R. & Naslund, H. R. (1990). The differentiation of the Skaergaard intrusion. *Contributions to Mineralogy and Petrology* **104**, 235–247.

McCallum, I. S. (1996). The Stillwater Complex. In: Cawthorn, R. G. (ed.) *Layered intrusions*. Amsterdam: Elsevier, 441–483.

McHone, J. G. (2000). Non-plume magmatism and rifting during the opening of the central Atlantic Ocean. *Tectonophysics* **316**, 287–296.

McKenzie, D. & Bickle, M. J. (1988). The volume and composition of melt generated by the extension of the lithosphere. *Journal of Petrology* **29**, 625–679.

McLelland, J. M., Bickford, M. E., Hill, B. M., Clechenko, C. C., Valley, J. W. & Hamilton, M. A. (2004). Direct dating of Adirondack massif anorthosite by U-Pb-SHRIMP analysis of igneous zircon: Implications for AMCG complexes. *Geological Society of America Bulletin* **116**, 1299–1317.

Mechie, A., Keller, G. R., Prodehl, C., Khan, M. A. & S. J., G. (1997). A model for the structure, composition and evolution of the Kenya rift. *Tectonophysics* **278**, 95–119.

Mehnert, K. R. (1968). *Migmatites and the origin of granitic rocks*. Amsterdam: Elsevier Publishing.

Mercalli, G. (1907). *I vulcani attivi della Terra*. Milan: Ulrico Hoepli.

Mitchell, R. H. (1986). *Kimberlites – mineralogy, geochemistry and petrology*. New York: Plenum Press.

Mitchell, R. H. (2005). Carbonatites and carbonatites and carbonatites. *Canadian Mineralogist* **43**, 2049–2068.

Mitchell, R. H. & Bergman, S. C. (1991). *Petrology of lamproites*. New York: Plenum Press 441 pp.

Mitchell, R. H. & Dawson, J. B. (2007). The 24th September 2007 ash eruption of the carbonatite volcano Oldoinyo Lengai, Tanzania: mineralogy of the ash and implications for formation of a new hybrid magma type. *Mineralogical Magazine* **71**, 483–492.

Miyashiro, A. (1974). Volcanic rock series in island arcs and active volcanic margins. *American Journal of Science* **274**, 321–355.

Miyashiro, A. (1978). Nature of alkalic volcanic rock series. *Contributions to Mineralogy and Petrology* **66**, 91–104.

Molyneux, S. J. & Hutton, D. H. W. (2000). Evidence for significant granite space creation by the ballooning mechanism: The example of the Ardara pluton, Ireland. *Geological Society of America Bulletin* **112**, 1543–1558.

Moore, J. G. & Lockwood, J. P. (1973). Origin of comb layering and orbicular structure, Sierra Nevada batholith, California. *Bulletin of the Geological Society of America* **84**, 1–20.

Moores, E. M. (1982). Origin and emplacement of ophiolites. *Reviews of Geophysics and Space Physics* **20**, 735–760.

Moores, E. M., Kellogg, L. H. & Dilek, Y. (2000). Tethyan ophiolites, mantle convection, and tectonic ' historical contingency ': a resolution of the ophiolite conundrum. In: Dilek, Y., Moores, E., Elthon, D. & Nicolas, A. (eds.) *Ophiolites and oceanic crust: new insights from field studies and the Ocean Drilling Program*: Geological Society of America Special Paper, **349**, 3–20.

Morimoto, N., Fabries, J., Ferguson, A. K., Ginzburg, I. V., Ross, M., Seifert, F. A. & Zussman, J. (1988). Nomenclature of pyroxenes. *Mineralogical Magazine* **52**, 535–550.

Morse, S. A. (1970). Alkali-feldspars with water at 5 kb pressure. *Journal of Petrology* **11**, 1–20.

Morse, S. A. (1980). *Basalts and phase diagrams*. New York: Springer-Verlag.

Myers, J. S. (1975). Igneous stratigraphy of Archaean anorthsite at Majorqap qâva, near Fisken æ sset, South-West Greenland. *Report of the Geological Survey of Greenland* **75**, 77–80.

Myers, J. S. (1981). The Fiskenaesset anorthosite complex – a stratigraphic key to the tectonic evolution of the West Greenland Gneiss Complex 3000–2800 m.y. ago. In: Glover, J. E. & Groves, D. I. (eds.) *Archaean Geology – second international symposium, Perth 1980*.: Geological Society of Australia, 7, 351–360.

Myers, J. S., Gill, R. C. O., Rex, D. C. & Charnley, N. (1993). The Kap Gustav Holm Tertiary Plutonic Centre, East Greenland. *Journal of the Geological Society of London* **150**, 259–275.

Nakajima, J., Matsuzawa, T., Hasegawa, A. & Zhao, D. P. (2001). Three-dimensional structure of V_p, V_s, and V_p/V_s beneath northeastern Japan: implications for arc magmatism and fluids. *Journal of Geophysical Research-Solid Earth* **106**, 21843–21857.

Nelson, S. T. & Montana, A. (1992). Sieve-textured plagioclase in volcanic rocks produced by rapid decompression. *American Mineralogist* **77**, 1242–1249.

Nesbitt, R. W. (1971). Skeletal crystal forms in the ultramafic rocks of the Yilgarn Block, Western Australia: evidence for an Archaean ultramafic liquid. *Geological Society of Australia Special Publication* **3**, 331–347.

Nicholson, H., Condomines, M., Fitton, J. G., Fallick, A. E., Gronvold, K. & Rogers, G. (1991). Geochemical and Isotopic Evidence For Crustal Assimilation Beneath Krafla, Iceland. *Journal of Petrology* **32**, 1005–1020.

Nicolas, A., Boudier, F. & Ildefonse, B. (1994). Evidence from the Oman ophiolite for active mantle upwelling beneath a fast-spreading ridge. *Nature* **370**, 51–53.

Nielsen, T. F. D. (2004). The shape and volume of the Skaergaard Intrusion, Greenland: implications for mass balance and bulk composition. *Journal of Petology* **45**, 507–530.

Nielsen, T. F. D. (2006). A world class deposit in the Skaergaard intrusion. Copenhagen: Geological Survey of Denmark and Greenland (Greenland Mineral Resources, Fact Sheet No 13 www.geus.dk/minex/go_fs13.pdf).

Nielsen, T. F. D., Andersen, J. C. Ø. & Brooks, C. K. (2005). The Platinova Reef of the Skaergaard Intrusion. In: Mungall, J. E. (ed.) *Exploration for Platinum-Group Element Deposits*.Ottawa: Mineralogical Association of Canada,35, 431–455.

Nisbet, E. G., Cheadle, M. J., Arndt, N. T. & Bickle, M. J. (1993). Constraining the potential temperature of the Archaean mantle: a review of the evidence from komatiites. *Lithos* **30**, 291–307.

Nixon, G. T. & Pearce, T. H. (1987). Laser-interferometry study of oscillatory zoning in plagioclase: the record of magma mixing and phenocryst recycling in calc-alkaline magma chambers, Iztaccíhuatl volcano, Mexico. *American Mineralogist* **72**, 1144–1162.

Norton, G. & Pinkerton, H. (1997). Rheological properties of natrocarbonatite lavas from Oldoinyo Lengai, Tanzania. *European Journal of Mineralogy* **9**, 351–364.

Nutman, A. P., Bennett, V. C., Friend, C. R. L. & Norman, M. D. (1999). Meta-igneous (non-gneissic) tonalites and quartz-diorites from an extensive ca. 3800 Ma terrain south of the Isua supracrustal belt, southern West Greenland: constraints on early crust formation. *Contributions to Mineralogy and Petrology* **137**, 364–388.

Nutman, A. P., McGregor, V. R., Friend, C. R. L., Bennett, V. C. & Kinny, P. D. (1996). The Itsaq Gneiss Complex of southern west Greenland; The world's most extensive record of early crustal evolution (3900–3600 Ma). *Precambrian Research* **78**, 1–39.

Nyblade, A. A., Owens, T. J., Gurrola, H., Ritsema, J. & Langston, C. A. (2000). Seismic evidence for a deep upper mantle thermal anomaly beneath east Africa. *Geology* **28**, 599–602.

O'Halloran, D. A. (1985). Ras ed Dom migrating ring complex: A-type granites and syenites from the Bayuda Desert, Sudan. *Journal of African Earth Sciences* **3**, 61–75.

O'Hara, M. J., Richardson, S. W. & Wilson, G. (1971). Garnet-peridotite stability and occurrence in crust and mantle. *Contributions to Mineralogy and Petrology* **32**, 48–68.

Oberthur, T., Davis, D. W., Blenkinsop, T. G. & Hohndorf, A. (2002). Precise U-Pb mineral ages, Rb-Sr and Sm-Nd systematics for the Great Dyke, Zimbabwe – constraints on late Archean events in the Zimbabwe craton and Limpopo belt. *Precambrian Research* **113**, 293–305.

Osborne, E. F. & Tait, D. B. (1952). The system diopside–forsterite–anorthite. *American Journal of Science* **Bowen Volume**, 413–433.

Panza, G. F. & Suhadolc, P. (1990). Properties of the lithosphere in collisional belts in the Mediterranean – a review. *Tectonophysics* **182**, 39–46.

Parman, S., Dann, J., Grove, T. L. & de Wit, M. J. (1997). Emplacement conditions of komatiite magmas from the 3.49 Ga Komati Formation, Barberton Greenstone Belt, South Africa. *Earth and Planetary Science Letters* **150**, 303–323.

Paterson, S. R. & Vernon, R. H. (1995). Bursting the bubble of ballooning plutons–a return to nested diapirs emplaced by multiple processes. *Geological Society of America Bulletin* **107**, 1356–1380.

Peacock, M. A. (1931). Classification of igneous rock series. *Journal of Geology* **39**, 54–67.

Peacock, S. M., Rushmer, T. & Thompson, A. B. (1994). Partial melting of subducting oceanic crust. *Earth and Planetary Science Letters* **121**, 227–244.

Pearce, J. A. (1983). Role of the sub-continental lithosphere in magma genesis at active continental margins. In: Hawkesworth, C. J. & Norry, M. J. (eds.) *Continental basalts and mantle xenoliths*. Nantwich: Shiva, 230–249.

Pearce, J. A., Baker, P. E., Harvey, P. K. & Luff, I. W. (1995). Geochemical evidence for subduction fl uxes, mantle melting and fractional crystallization beneath the South Sandwich-Island Arc. *J. Petrol.* **36**, 1073–1109.

Pearce, J. A., Harris, N. B. W. & Tindle, A. G. (1984). Trace element discrimination diagrams for the tectonic interpretation of granitic rocks. *Journal of Petrology* **25**, 956–983.

Pearce, J. A. & Parkinson, I. J. (1993). Trace element models for mantle melting: application to volcanic arc petrogenesis. In: Prichard, H. M., Alabaster, T., Harris, N. B. W. & Neary, C. R. e. (eds.) *Magmatic Processes and Plate Tectonics*. London: Geological Society of London Special Publication **76**, 373–403.

Pearce, J. A. & Peate, D. W. (1995). Tectonic implications of the composition of volcanic arc magmas. *Ann. Rev. Earth Planet. Sci.* **23**, 251–285.

Peate, I. U., Baker, J. A., Al-Kadasi, M., Al-Subbary, A., Knight, K. B., Riisager, P., Thirlwall, M. F., Peate, D. W., Renne, P. R. & Menzies, M. A. (2005). Volcanic stratigraphy of large-volume silicic pyroclastic eruptions during Oligocene Afro-Arabian fl ood volcanism in Yemen. *Bulletin of Volcanology* **68**, 135–156.

Peccerillo, A. & Taylor, S. R. (1976). Geochemistry of Eocene calc-alkaline volcanic rocks from the Kastamonou area, northern Turkey. *Contributions to Mineralogy and Petrology* **58**, 63–81.

Petford, N. & Atherton, M. (1996). Na-rich partial melts from newly underplated basaltic crust: the Cordillera Blanca Batholith, Peru. *Journal of Petrology* **37**, 1491–1521.

Petford, N., Atherton, M. P. & Halliday, A. N. (1996). Rapid magma production rates, underplating and remelting in the Andes: isotopic evidence from northern-central Peru (9–11°S). *Journal of South American Earth Sciences* **9**, 69–78.

Petford, N., Cruden, A. R., McCaffrey, K. J. W. & Vigneresse, J.-L. (2000). Granite magma formation, transport emplacement in the Earth's crust. *Nature* **408**, 669–673.

Petford, N., Kerr, R. C. & Lister, J. R. (1993). Dike transport of granitoid magmas. *Geology* **21**, 845–848.

Petterson, M. G. & Treloar, P. J. (2004). Volcanostratigraphy of arc volcanic sequences in the Kohistan arc, North Pakistan: volcanism within island arc, back arc-basin, and intra-continental tectonic settings. *Journal of Volcanology and Geothermal Research* **130**, 147–178.

Pitcher, W. S. (1982). Granite type and tectonic environment. In: Hsü, K. J. (ed.) *Mountain building processes*. London: Academic Press, 19–40.

Pitcher, W. S. (1997). *The nature and origin of granite*. London: Chapman & Hall. 2nd edn.

Pitcher, W. S., Atherton, M. P., Cobbing, E. J. & Pankhurst, R. J. (1985). *Magmatism at a plate edge – the Peruvian Andes*. Glasgow: Blackie.

Pitcher, W. S. & Bussell, M. A. (1985). Andean dyke swarms: abdesite in synplutonic relationship with tonalite. In: Pitcher, W. S., Atherton, M. P., Cobbing, E. J. & Pankhurst, R. J. (eds.) *Magmatism at a plate edge–the Peruvian Andes*. Glasgow: Blackie, 102–107.

Platz, T., Foley, S. F. & André, L. (2004). Low-pressure fractionation of the Nyiragongo volcanic rocks, Virunga Province, D.R. Congo. *Journal of Volcanology and Geothermal Research* **136**, 269–295.

Polacci, M., Cashman, K. V. & Kauahikaua, J. P. (1999). Textural characterization of the pahoehoea `a transition in Hawaiian basalt. *Bulletin of Volcanology* **60**, 595–609.

Poli, S. & Schmidt, M. W. (2002). Petrology of subducted slabs. *Annual Review of Earth and Planetary Sciences* **30**, 207–235.

Pons, J., Barbey, P., Nachit, H. & Burg, J. P. (2006). Development of igneous layering during growth of pluton: The Tarcouate Laccolith (Morocco). *Tectonophysics* **413**, 271–286.

Prendergast, M. D. (2003). The nickeliferous Late Archean Reliance komatiitic event in the Zimbabwe craton-magmatic architecture, physical volcanology, and ore genesis. *Economic Geology* **98**, 865–891.

Price, R. C., Gamble, J. A., Smith, I. E. M., Stewart, R. B., Eggins, S. & Wnight, I. C. (2005). An integrated model for the temporal evolution of andesites and rhyolites and crustal development in New Zealand's North Island. *Journal of Volcanology and Geothermal Research* **140**, 1–24.

Pyke, D. R., Naldrett, A. J. & Eckstrand, O. R. (1973). Archean ultramafi c flows in Munro Township, Ontario. *Geological Society of America Bulletin* **84**, 955–978.

Radice, B. (ed.) (1963). *The letters of the Younger Pliny*. London: Penguin.

Raedeke, L. D. & McCallum, I. S. (1984). Investigations of the Stillwater Complex: Part II. Petrology and petrogenesis of the Ultramafi c Series. *Journal of Petrology* **25**, 395–420.

Ramberg, H. (1981). *Gravity, deformation, and the earth's crust: in theory, experiments, and geological application*. London: Academic Press. 2nd edn.

Read, H. H. (1957). *The granite controversy*. London: Murby.

Reed, M. H. (1997). Hydrothermal alteration and its relationship to ore fl uid composition. In: Barnes, H. L. (ed.) *Geochemistry of hydrothermal ore deposits*.

New York: J. Wiley. 3rd edn, 303–365.

Reid, J. B., Murray, D. P., Hermes, O. D. & Steig, E. J. (1993). Fractional crystallization in granites of the Sierra-Nevada–how important is it? *Geology* **21**, 587–590.

Renner, R., Nisbet, E. G., Cheadle, M. J., Arndt, N. T., Bickle, M. J. & Cameron, W. E. (1994). Komatiite flows from the Reliance Formation, Belingwe Belt, Zimbabwe: I. petrography and mineralogy. *Journal of Petrology* **35**, 361–400.

Ribe, N. M. & Christensen, U. R. (1999). The dynamical origin of Hawaiian volcanism. *Earth and Planetary Science Letters* **171**, 517–531.

Richter, F. M. (1988). A major change in the thermal state of the Earth at the Archaean-Proterozoic Boundary: consequences for the nature and preservation of continental lithosphere. *Journal of Petrology* **Special Lithosphere Issue**, 39–52.

Roach, T. A., Roeder, P. L. & Hulbert, L. J. (1998). Composition of chromite in the upper chromitite, Muskox layered intrusion, Northwest Territories. *Canadian Mineralogist* **36**, 117–135.

Rock, N. M. S. (1977). The nature and origin of lamprophyres: some definitions, distinctions, and derivations. *Earth-Science Reviews* **13**, 123–169.

Rock, N. M. S. (1987). The nature and origin of lamprophyres: an overview. In: Fitton, J. G. & Upton, B. G. J. (eds.) *Alkaline igneous rocks*. London: Geological Society of London, **30**, 191–226.

Roeder, P. L. & Emslie, R. F. (1970). Olivine-liquid equilibrium. *Contributions to Mineralogy and Petrology* **29**, 275–289.

Rogers, N., Macdonald, R., Fitton, J. G., George, R., Smith, M. & Barreiro, B. (2000). Two mantle plumes beneath the East African rift system: Sr, Nd and Pb isotopic evidence from Kenya Rift basalts. *Earth and Planetary Science Letters* **176**, 387–400.

Rogers, N. W. (2006). Basaltic magmatism and the geodynamics of the East African Rift System. In: Yirgu, G., Ebinger, C. J. & Maguire, P. K. H. (eds.) *The Afar Volcanic Province within the East African Rift System*. London: Geological Society of London, Special Publication **259**, 77–93.

Rosenberg, C. L., Berger, A. & Schmid, S. M. (1995). Observations from the floor of a granitoid pluton: inferences on the driving force of final emplacement. *Geology* **23**, 443–446.

Rosing, M. T., Bird, D. K., Sleep, N. H., Glassley, W. & Albarede, F. (2006). The rise of continents – an essay on the geologic consequences of photosynthesis. *Palaeogeography, Palaeoclimatology, Palaeoecology* **232**, 99–113.

Rothery, D. A. (2001). *Volcanoes*. London/Blacklick OH: Hodder/McGraw Hill.

Rüpke, L. H., Morgan, J. P., Hort, M. & Connolly, J.A. D. (2004). Serpentine and the subduction zone water cycle. *Earth and Planetary Science Letters* **223**, 17–34.

Sahama, T. G. (1974). Potassium-rich alkaline rocks. In: Sørensen, H. (ed.) *The Alkaline Rocks*. New York: J. Wiley.

Sajona, F. G., Maury, R. C., Bellon, H., Cotten, J., Defant, M. J. & Pubellier, M. (1993). Initiation of Subduction and the Generation of Slab Melts in Western and Eastern Mindanao, Philippines. *Geology* **21**, 1007–1010.

Saleeby, J. B. (1992). Age and Tectonic Setting of the Duke Island Ultramafic Intrusion, Southeast Alaska. *Canadian Journal of Earth Sciences* **29**, 506–522.

Salisbury, M. H. & N.I., C. (1978). The seismic velocity structure of a traverse through the Bay of Islands Ophiolite Complex, Newfoundland, an exposure of oceanic crust and upper mantle. *Journal of Geophysical Research* **83**, 805–817.

Saxena, S. K. & Eriksson, G. (1983). Theoretical computation of minerals assemblages in pyrolite and lherzolite. *Journal of Petrology* **24**, 538–555.

Scarfe, C. M. (1977). Viscosity of a pantellerite melt at one atmosphere. *Canadian Mineralogist* **15**, 185–189.

Schairer, J. F. (1957). Melting relations of the common rock-forming oxides. *Journal of the American Ceramic Society* **40**, 215–235.

Schairer, J. F. & Yoder, H. S. J. (1960). The nature of residual liquids from crystallization, with data on the system nepheline–diopside–silica. *American Journal of Science* **258A**, 273–283.

Schmidt, M. W. & Poli, S. (1998). Experimentally based water budgets for dehydrating slabs and consequences for arc magma generation. *Earth and Planetary Science Letters* **163**, 361–379.

Scoates, J. S. (2000). The plagioclase-magma density paradox re-examined and the crystallization of Proterozoic anorthosites. *Journal of Petrology* **41**, 627–649.

Sdrolias, M., Roest, W. R. & Muller, R. D. (2004). An expression of Philippine Sea plate rotation: the Parece Vela and Shikoku Basins. *Tectonophysics* **394**, 69–86.

Seaman, S. J., Scherer, E. E. & Standish, J. J. (1995). Multistage magma mingling and the origin of flow banding in the Aliso lava dome, Tumacacori Mountains, southern Arizona. *Journal of Geophysical Research* **100**, 8381–8398.

Searle, M. & Cox, J. (1999). Tectonic setting, origin, and obduction of the Oman ophiolite. *Geological Society of America Bulletin* **111**, 104–122.

Searle, M. P. (1999). Emplacement of Himalayan leucogranites by magma injection along giant sill complexes: examples from the Cho Oyu, Gyachung Kang and Everest leucogranites (Nepal Himalaya). *Journal of Asian Earth Sciences* **17**, 773–783.

Self, S. & Blake, S. (2008). Consequences of explosive supereruptions. *Elements* **4**, 41–46.

Self, S., Keszthelyi, L. & Thordarson, T. (1998). The importance of pahoehoe. *Annual Review of Earth and Planetary Sciences* **26**, 81–110.

Self, S., Thordarson, T., Keszthelyi, L., Walker, G. P. L., Hon, K., Murphy, M. T., Long, P. & Finnemore, S. (1996). A new model for the emplacement of Columbia River Basalts as large, inflated pahoehoe lava flow fields. *Geophysical Research Letters* **23**, 2689–2692.

Shand, S. J. (1951). *Eruptive rocks*. London: Murby. revised 3rd ed.

Shaw, H. R. (1980). The fracture mechanisms of magma transport from the mantle to the surface. In: Hargraves, R. B. (ed.) *Physics of magmatic processes*. Princeton NJ: Princeton University Press, 201–264.

Shelley, D. (1992). *Igneous and metamorphic rocks under the microscope: classification, textures, microstructures and mineral preferred orientations*. London: Chapman and Hall.

Sheraton, J. W., Black, L. P. & Tindle, A. G. (1992). Petrogenesis of plutonic rocks in a Proterozoic granulite-facies terrane – the Bunger Hills, East Antarctica. *Chemical Geology* **97**, 163–198.

Sheraton, J. W. & Cundari, A. (1980). Leucitites from Gaussberg, Antarctica. *Contributions to Mineralogy and Petrology* **71**, 417–427.

Sheth, H. C., Torres-Alvarado, I. S. & Verma, S. P. (2002). What is the 'calc-alkaline rock series'? *International Geology Review* **44**, 686–701.

Shore, M. & Fowler, A. D. (1996). Oscillatory zoning in minerals: a common phenomenon. *Canadian Mineralogist* **34**, 1111–1126.

Shore, M. & Fowler, A. D. (1999). The origin of spinifex texture in komatiites. *Nature* **397**, 691–694.

Sisson, T. W. & Grove, T. L. (1993a). Experimental investigations of the role of water in calc-alkaline differentiation and subduction zone magmatism. *Contributions to Mineralogy and Petrology* **113**, 143–166.

Sisson, T. W. & Grove, T. L. (1993b). Temperature and H_2O contents of low-MgO high-alumina basalts. *Contributions to Mineralogy and Petrology* **113**, 167–184.

Smith, D. K. & Cann, J. R. (1993). Building the crust at the Mid-Atlantic Ridge. *Nature* **365**, 707–715.

Smithies, R. H. (2000). The Archaean tonalite-trondhjemite-granodiorite (TTG) series is not an analogue of Cenozoic adakite. *Earth and Planetary Science Letters* **182**, 115–125.

Smithson, S. B. & Ramberg, I. B. (1979). Gravity interpretation of the Egersund anorthosite complex, Norway: its petrological and geothermal significance. *Geological Society of America Bulletin* **90**, 199–204.

Sobolev, A. V. & Chaussidon, M. (1996). H_2O concentrations in primary melts from supra-subduction zones and mid-ocean ridges: implications for H_2O storage and recycling in the mantle. *Earth and Planetary Science Letters* **137**, 45–55.

Sparks, R. S., Huppert, H. E., Koyaguchi, T. & Hall-worth, M. A. (1993). Origin of modal and rhythmic igneous layering by sedimentation in a convecting magma chamber. *Nature* **361**, 246–249.

Sparks, R. S. J., Baker, L., Brown, R. J., Field, M., Schumacher, J., Stripp, G. & Walters, A. (2006). Dynamical constraints on kimberlite volcanism. *Journal of Volcanology and Geothermal Research* **155**, 18–48.

Sparks, R. S. J., Self, S. & Walkeer, G. P. L. (1973). Products of ignimbrite eruptions. *Geology* **1**, 115–118.

Steinberger, B. (2000). Plumes in a convecting mantle: models and observations for individual hotspots. *Journal of Geophysical Research (Solid Earth)* **105**, 11127–11152.

Stevenson, C. T. E., Owens, W. H., Hutton, D. H. W., Hood, D. N. & Meighan, I. G. (2007). Laccolithic, as opposed to cauldron subsidence, emplacement of the Eastern Mourne pluton, N. Ireland: evidence from anisotropy of magnetic susceptibility. *Journal of the Geological Society* **164**, 99–110.

Stoiber, R. E. & Morse, S. A. (1994). *Crystal identification with the polarizing microscope*. Dordrecht: Kluwer.

Storey, B. C. & Kyle, P. R. (1997). An active mantle mechanism for Gondwana breakup. In: Hatton, C. J. (ed.) *Special Issue on the Proceedings of the Plumes, Plates and Mineralisation '97 Symposium*: South African Journal of Geology, **100**, 283–290.

Stripp, G. & Holness, M. (2006). Enigmatic late-stage textures in mafic cumulates: Skaergaard Intrusion, East Greenland (abstract). *Transactions of the American Geophysical Union* **87 (Supplement V51B)**, 1672.

Sun, C.-H. & Stern, R. J. (2001). Genesis of Mariana shoshonites: contribution of the subduction component. *J. of Geophys. Res. – Solid Earth* **106**, 589–608.

Sun, S.-s. & McDonough, W. F. (1989). Chemical and isotopic systematics of oceanic basalts: implications for mantle composition and processes. In: Saunders, A. D. & Norry, M. J. (eds.) *Magmatism in the ocean basins*: Geological Society of London Special Publication 42, 313–345.

Sylvester, P. J. (1989). Post-collisional alkaline granites. *Journal of Geology* **97**, 261–280.

Tarduno, J. A. (2007). On the motion of Hawaii and other mantle plumes. *Chemical Geology* **241**, 234–247. Tatsumi, Y. & Eggins, S. (1995). *Subduction zone magmatism*. Cambridge, Mass: Blackwell Science.

Tatsumi, Y., Shukuno, H., Tani, K., Takahashi, N., Kodaira, S. & Kogiso, T. (2008). Structure and growth of the Izu-Bonin-Mariana arc crust: 2. Role of crust-mantle transformation and the transparent Moho in arc crust evolution. *Journal of Geophysical Research* **113**, B02203, doi:02210.01029/0200 7JB005121.

Taylor, B. (2006). The single largest oceanic plateau: Ontong Java-Manihiki-Hikurangi. *Earth and Planetary Science Letters* **241**, 372–380.

Taylor, G. K. (2007). Pluton shapes in the Cornubian Batholith: new perspectives from gravity modelling. *Journal of the Geological Society of London* **164**, 525–528.

Taylor, R. N., Nesbitt, R. W., Vidal, P., Harmon, R. S., Auvray, B. & Croudace, I. W. (1994). Mineralogy, chemistry, and genesis of the boninite series volcanics, Chichijima, Bonin Islands, Japan. *J. Petrol.* **35**, 577–617.

Taylor, S. R. (1982). *Planetary science: a lunar perspective*. Houston: Lunar and Planetary Institute.

Taylor, S. R. & McLennan, S. M. (1985). *The continental crust: its composition and evolution*. Oxford: Blackwell Scientific Publications.

Taylor, S. R. & McLennan, S. M. (1995). The geochemical evolution of the continental crust. *Reviews of Geophysics* **33**, 241–265.

Tegner, C. (1997). Iron in plagioclase as a monitor of the differentiation of the Skaergaard intrusion. *Contributions to Mineralogy and Petrology* **128**, 45–51.

Thompson, R. N. & Tilley, C. E. (1969). Melting and crystallization relations of Kilauean basalts of Hawaii. The lavas of the 1959–1960 Kilauea eruption. *Earth and Planetary Science Letters* **5**, 469–477.

Thomson, K. (2004). Sill complex geometry and internal architecture: a 3D seismic perspective. In: Breitkreuz, C. P., N. (ed.) *Physical Geology of High-Level Magmatic Systems*: Geological Society of London Special Publication **234**, 229–232.

Thomson, K. & Schofi eld, N. (2008). Lithological and structural controls on the emplacement and morphology of sills in sedimentary basins. In: Thomson, K. & Petford, N. (eds.) *Structure and Emplacement of High-Level Magmatic Systems*. London: Geological Society of London Special Publication **302**, 31–44.

Thorarinsson, S., Einarsson, T., Sigvaldason, G. & Elisson, G. (1964). The submarine eruption off the Vestmann Islands 1963–64. *Bulletin Volcanologique* **27**, 435–446.

Tilton, G. R., Bryce, J. G. & Mateen, A. (1998). Pb–Sr–Nd isotope data from 30 and 300 Ma collision zone carbonatites in northwest Pakistan. *Journal of Petrology* **39**, 1865–1874.

Tistl, M., Burgath, K. P., Höhndorf, A., Kreuzer, H., Muñoz, R. & Salinas, R. (1994). Origin and emplacement of Tertiary ultramafic complexes in northwest Colombia: evidence from geochemistry and K-Ar, Sm-Nd and Rb-Sr isotopes. *Earth and Planetary Science Letters* **126**, 41–59.

Tolstykh, N. D., Sidorov, E. G. & Kozlov, A. P. (2004). Platinum-group minerals in lode and placer deposits associated with the ural-alaskan-type Gal'moenan complex, Koryak-Kamchatka Platinum Belt, Russia. *Canadian Mineralogist* **42**, 619–630.

Tomkeieff, S. I., Walton, E. K., Randall, B. A. O., Battey, M. H. & Tomkeieff, O. (1983). *Dictionary of petrology*. New York.: Wiley.

Turco, E. & Zuppetta, A. (1998). A kinematic model for the Plio-Quaternary evolution of the Tyrrhenian–Apenninic system: implications for rifting processes and volcanism. *Journal of Volcanology and Geothermal Research* **82**, 1–18.

Turner, S., Arnaud, N., Liu, J., Rogers, N., Hawkesworth, C., Harris, N., Kelley, S., van Calsteren, P. & Deng, W. (1996). Post-collision, shoshonitic volcanism on the Tibetan Plateau: implications for convective thinning of the lithosphere and the source of ocean island basalts. *J. Petrol.* **37**, 45–71.

Tuttle, O. F. & Bowen, N. L. (1958). *Origin of granite in the light of experimental studies in the system $NaAlSi_3O_8$-$KAlSi_3O_8$-SiO_2-H_2O*.

Upton, B. G. J., Emeleus, C. H., Heaman, L. M., Goodenough, K. M. & Finch, A. A. (2003). Magmatism of the mid-Proterozoic Gardar Province, South Greenland: chronology, petrogenesis and geological setting. *Lithos* **68**, 43–65.

Upton, B. G. J., Parsons, I., Emeleus, C. H. & Hodson, M. E. (1996). Layered alkaline igneous rocks of the Gardar Province, South Greenland. In: Cawthorn, R. G. (ed.) *Layered Intrusions*. Amsterdam: Elsevier, 331–363.

Valbracht, P. J., Staudigel, H., Honda, M., McDougall, I. & Davies, G. R. (1996). Isotopic tracing of volcanic source regions from Hawaii: Decoupling of gaseous from lithophile magma components. *Earth and Planetary Science Letters* **144**, 185–198.

Van Kranendonk, M. J., Collins, W. J., Hickman, A. & Pawley, M. J. (2004). Critical tests of vertical vs. horizontal tectonic models for the Archaean East Pilbara granite-greenstone terrane, Pilbara craton, Western Australia. *Precambrian Research* **131**, 173–211.

Vernon, R. H. (1985). Possible role of superheated magma in the formation of orbicular granitoids. *Geology* **13**, 843–845.

Vernon, R. H. (1986). K-feldspar megacrysts in granites – phenocrysts, not porphyroblasts. *Earth-Science Reviews* **23**, 1–63.

Vernon, R. H. (2004). *A practical guide to rock microstructure*. Cambridge: Cambridge University Press.

Vigneresse, J. L. (1995). Control of granite emplacement by regional deformation. *Tectonophysics* **249**, 173–186.

Viljoen, M. J. & Viljoen, R. P. (1969). Evidence for the existence of a mobile extrusive peridotitic magma from the Komati Formation of the Onverwact Group. *Geological Society of South Africa Special Publication* **2**, 87–112.

Viljoen, R. P. & Viljoen, M. J. (1982). Komatiites – an historical review. In: Arndt, N. T. & Nisbet, E. G. (eds.) *Komatiites*. London: Allen and Unwin, 5–17.

Vogt, J. M. L. (1926). Magmas and igneous ore deposits. *Economic Geology* **21**, 207–233.

Wadsworth, W. J. (1961). The ultrabasic rocks of southwest Rhum. *Philosophical Transactions of the Royal Society, Series B* **244**, 21–64.

Wager, L. R. (1960). The major element variation of the Layered Series of the Skærgaard intrusion and a re-estimation of the average composition of the hidden layered Series and of the successive residual magma. *Journal of Petrology* **1**, 364–398.

Wager, L. R. & Brown, G. M. (1968). *Layered igneous rocks.* Edinburgh: Oliver and Boyd.

Wager, L. R., Brown, G. M. & Wadsworth, W. J. (1960). Types of igneous cumulates. *Journal of Petrology* **1**.

Wager, L. R. & Deer, W. A. (1939). Geological investigations in East Greenland, Part III. The petrology of the Skærgaard Intrusion, Kangerdlugssuaq, East Greenland. *Meddelelser om Grønland* **105**, 1–346.

Walker, G. P. L. (1965). Some aspects of Quaternary volcanism in Iceland. *Transactions of the Leicester Literary and Philosophical Society* **59**, 25–40.

Walker, G. P. L. (1973). Explosive volcanic eruptions – a new classification scheme. *Geologische Rundschau* **62**, 431–446.

Walker, G. P. L. (1980). The Taupo Pumice–Product of the Most Powerful Known (Ultraplinian) Eruption. *Journal of Volcanology and Geothermal Research* **8**, 69–94.

Walker, G. P. L. & Croasdale, R. (1972). Characteristics of some basaltic pyroclastics. *Bulletin Volcanologique* **35**, 303–317.

Wallace, P. J. (2002). Volatiles in submarine basaltic glasses from the North Kerguelen Plateau (ODP site 1140): implications for source region compositions, magmatic processes, and plateau subsidence. *Journal of Petrology* **43**, 1311–1326.

Wallace, P. J. (2005). Volatiles in subduction zone magmas: concentrations and fluxes based on melt inclusion and volcanic gas data. *Journal of Volcanology and Geothermal Research* **140**, 217–240.

Walter, M. J. (1998). Melting of garnet peridotite and the origin of komatiite and depleted lithosphere. *Journal of Petrology* **39**, 29–60.

Wenner, J. M. & Coleman, D. S. (2004). Magma mixing and Cretaceous crustal growth: Geology and geochemistry of granites in the Central Sierra Nevada Batholith, California. *International Geology Review* **46**, 880–903.

Wessel, P. & Lyons, S. (1997). Distribution of large Pacific seamounts from Geosat/ERS-1: Implications for the history of intraplate volcanism. *Journal of Geophysical Research-Solid Earth* **102**, 22459–22475.

West, H. B. & Leeman, W. P. (1993). The open-system geochemical evolution of alkalic cap lavas from Haleakala Crater, Hawaii, USA. *Geochimica Et Cosmochimica Acta* **58**, 773–796.

White, R. & McKenzie, D. (1989.). Magmatism at rift zones: the generation of volcanic continental margins and flood basalts. *Journal of Geophysical Research* **94**, 7685–7729.

White, R. S. (1993). Melt production rates in mantle plumes. *Philosophical Transactions of the Royal Society of London A* **342**, 137–153.

White, R. S., McKenzie, D. & O' Nions, R. K. (1992). Oceanic crustal thickness from seismic measurements and rare earth element inversions. *Journal of Geopysical Research* **97**, **19**, 683–715.

White, R. V. & Saunders, A. D. (2005). Volcanism, impact and mass extinctions: incredible or credible extinctions? *Lithos* **79**, 299–316.

Whitney, J. A. (1988). The origin of granite: the role and source of water in the evolution of granitic magmas. *Geological Society of America Bulletin* **100**, 1886–1897.

Williams-Jones, A. E. & Palmer, D. A. S. (2002). The evolution of aqueous-carbonic fluids in the Amba Dongar carbonatite, India: implications for fenitisation. *Chemical Geology* **185**, 283–301.

Wilson, A. H. (1996). The Great Dyke of Zimbabwe. In: Cawthorn, R. G. (ed.) *Layered Intrusions*. Amsterdam: Elsevier, 365–402.

Wilson, C. J. N. (2001). The 26.5 ka Oruanui eruption, New Zealand: an introduction and overview. *Journal of Volcanology and Geothermal Research* **112**, 133–174.

Wilson, C. J. N. (2008). Supereruptions and supervolcanoes: processes and products. *Elements* **4**, 29–34.

Wilson, J. R. & Larsen, S. B. (1985). Two-dimensional study of a layered intrusion: the Hyllingen Series, Norway. *Geological Magazine* **122**, 97–124.

Wilson, J. R. & Sørensen, H. S. (1996). The Fongen -Hyllingen layered intrusive complex, Norway. In: Cawthorn, R. G. (ed.) *Layered intrusions*. Amsterdam: Elsevier, 303–329.

Wilson, J. T. (1963). A possible origin of the Hawaiian islands. *Canadian Journal of Physics* **41**, 863–870.

Wilson, M. (1989). *Igneous petrogenesis*. London: Unwin Hyman.

Wilson, M. (1993). Magmatic differentiation. *Journal of the Geological Society of London* **150**, 611–624.

Wohletz, H. & McQueen, R. G. (1984). Experimental studies of hydromagmatic volcanism. In: *Geophysics Study Committee: Explosive volcanism: inception, evolution and hazards*. Washington DC: National Academy of Sciences, 158–169.

Woolley, A. R. (2001). *Alkaline rocks and carbonatites of the world*. London: The Geological Society.

Woolley, A. R. & Church, A. A. (2005). Extrusive carbonatites: a brief review. *Lithos* **85**, 1–14.

Wright, I. C., Gamble, J. A. & Shane, P. A. R. (2003). *Submarine silicic volcanism of the Healy caldera, southern Kermadec arc (SW Pacifi c): I – volcanology and eruption mechanisms. *Bulletin of Volcanology* **65**, 15–29.

Wright, J. V., A. L., S. & Self, S. (1980). A working terminology of pyroclastic deposits. *Journal of Volcanology and Geothermal Research* **8**, 315–336.

Wyllie, P. J. (1981). Plate tectonics and magma genesis. *Geologische Rundschau* **70**, 128–153.

Yamazaki, T., Seama, N., Okino, K., Kitada, K. & Naka, J. (2003). Spreading process of the northern Mariana Trough: Rifting-spreading transition at 22°N. *Geochemistry Geophysics Geosystems* **4**.

Yang, Y. & Morse, S. A. (1992). Age and Cooling History of the Kiglapait Intrusion From an Ar-40/Ar-39 Study. *Geochimica Et Cosmochimica Acta* **56**, 2471–2485.

Yardley, B. W. D. (1989). *An introduction to metamorphic petrology*. Harlow: Longman.

Yoder, H. S. J. (1976). *Generation of basaltic magmas*. Washington DC: National Academy of Sciences.

Yoder, H. S. J. & Tilley, C. E. (1962). Origin of basalt magmas: an experimental study of natural and synthetic rock systems. *Journal of Petrology* **3**, 342–532.

Yuan, H. & Dueker, K. (2005). Teleseismic P-wave tomogram of the Yellowstone plume. *Geophysical Research Letters* **32**, doi:10.1029/2004GL022056.

Zaitsev, A. N. & Keller, J. (2006). Mineralogical and chemical transformation of Oldoinyo Lengai natrocarbonatites, Tanzania. *Lithos* **91**, 191–207.

Zellmer, G. F., Hawkesworth, C. J., Sparks, R. S. J., Thomas, L. E., Harford, C. L., Brewer, T. S. & Loughlin, S. C. (2003). Geochemical evolution of the Soufrière Hills Volcano, Monserrat, Lesser Antillerr volcanic arc. *Journal of Petrology* **44**, 1349–1374.

Zeng, L. S., Saleeby, J. B. & Ducea, M. (2005). Geochemical characteristics of crustal anatexis during the formation of migmatite at the Southern Sierra Nevada, California. *Contributions to Mineralogy and Petrology* **150**, 386–402.

Zhang, Y. X. & Xu, Z. J. (2008). 'Fizzics' of bubble growth in beer and champagne. *Elements* **4**, 47–49.

Índice

Os termos em **negrito** são definidos no Glossário. Os números inteiros abaixo se referem aos números de página. Os algarismos decimais em *itálico* se referem a figuras e os em **negrito**, a pranchas.

a'a 24, *2.2c*
Abitibi (Canadá) 157
ACF: *ver* assimilação com cristalização fracionada
ácido *1.3c*, 7-8, 291
acmita 37, 269
acondrito 57-58
acondrito basáltico 57-58
acreção de terreno 141, 189
acumulação 84-85
adakito *6.15*, 195-196, 204-206, 279-280, *8.20*
adcumulato 117, 136, 158
adelgaçamento litosférico *9.14*, 321-322, 340-341
adiabática 60-61
— ascensão adiabática 60-61, *2.18*, *6.19*
— expansão adiabática 60-61
Adirondacks (Nova York) *4.13*, 123-124
aegirina *9.2.1*, 296
aegirina-augita (piroxênio) 269, 296-297, 310-311, **9.7**, **9.8**
Afar (Etiópia) *9.3*
— pluma 338-339
agpaíticos 310-311
agradação progressiva (do ignimbrito) 225-228, *7.12b*
água do mar 42
água **meteórica** 35, 224, 239
ailiquito (lamprófiro) 325
Al_2O_3 84-85, *3.10*, *6.9*, 183-184
Alasca 194-195
albita 11, 37
alcalinidade 298-299
alcalino *1.5*, 16
— basalto 21, *2.1*, 22-23, 299, *9.11*, 337-338
— feldspato 161-165, *6.1.1*, *6.7*, 8.1, 243-245, *8.1.1*, 308-309, **8.3**, 263
— granito 122-123, **8.1**, 241-243
— lamprófiro *9.6.1*, 324-325
— picrito 308
— riolito *1.5*, 167, *9.1a*, 322-323

— rochas Capítulo 9
— traquito *9.1b*
álcalis totais 3-5
Alexo (Canadá) 155, 157
algarismos signficativos 44, *8.19*
almandina (granada) *5.2.1*
alnoíto (lamprófiro) 325
Alpes 146, 328-330
alteração, **alterado** 2-3, 14, 16, 30, 35, **2.3**, **2.7-2.9**, 119, **4.12**, 134, **5.10**, **8.1**, **8.3**, **9.2**, **9.4**, **9.15**, 325
— basalto 201-202
alteração deutérica 35
Altiplano 195-196
alvikito 305
AMC (anortosito-mangerito-charnockito), suíte 123-124, 279-280, *8.20c*, 288
amígdala, amigdaloidal 30, *2.8b*
amostra experimental 67-68
analcita (feldspatoide) 292-293
análise de rocha total 1-2, *1.1*, 2-3
análise geoquímica 2-3, 3-5, 13, *1.2*
análise integral 2-3
análise química 4
anatexia 161-162, 207, 250-252, 273, 280
andalusita 268-269
Andes *6.21*
andesina 11
andesito 12, *1.4*, 151, Capítulo 6, 161-162, 168, *6.1*, **6.1**, **6.2**, **6.3**, *6.15*, 236, *8.10c*, *8.20*
andesito basáltico *1.4*, *6.1*, 164, 168, **6.3**
anfibólio 61-63, *6.2.1*, *6.5*, **6.6**, **8.1**, **9.18**
anfibólio sódico 291, 306, 310-311
ângulo de extinção 96-97, *4.1.2*, 350, 352
ângulos interfaciais 147
anisotropia de suscetibilidade magnética (ASM) 250
ankaramito 21, **2.3**, **2.4**, **2.5**
ankerita 302

anomalia gravimétrica 55-57, 128, *4.16b*, 186, *6.13a*, 246, *8.4a*, 250, 254-255, 308-309, 320-322, *9.14*
anomalia **gravimétrica de Bouguer** 55-57, 128, *4.16b*, 186, *6.13a*, 246, *8.4a*, 320-322, *9.14*
anomalia gravimétrica residual *8.7a*
anomalia magnética 308-309
anortita (feldspato) 11, 269
anortoclásio (feldspato) 164-165, *8.1.1*, 309-310, **9.5**, **9.6**
anortosito *4.1*, 94-95, 119, 122-128, *4.14*, *4.15*, *4.16*, **4.13**, 279-280
anortosito arqueano 123-127, *4.14*
anortosito de Fiskenaesset (oeste da Groenlândia) *4.13*, 123-124, 126-127
anortosito de Nain (Labrador) *4.13*
anortosito do lago de Saint Jean (Canadá) 122-123, *4.15*
anortosito lunar 128, *8.5.1*
anortosito tipo maciço *4.14*, 123-128
Antilhas Menores 122-123, *6.12*, 189, 192, *6.17*, 270
antiperthita 243-245, *8.1.1*, *8.12*
apatita 175, 281
apinito 249, 257-258, 260
aplito *8.13b*, 265-266
apófise *4.3c*, 256-257
arco continental 194-196, *6.20*, *6.21*, 248-249, *8.6*
Arco das Aleutas (Alasca etc) 122-123, *6.2.1*, 186, *6.12*, 194-196, 270
arco das Filipinas *6.12*, *6.16*, 270
arco das Marianas 186, *6.12*, 189
arco de ilhas 61-63, 185-195, *6.12*, *6.13*, *6.15*, *6.16*, *6.17*, *6.18*, *6.19*
— basalto *2.18*
— (IAT) 55-57, 189
arco de Izu-Bonin-Mariana (IBM) 185, 188, *6.12*, 192-195, *6.18*, 328-330
arco de Kamchatka *6.12*, *6.16*
arco de Sangihe (Indonésia) *6.16*

arco de Sulawesi (Indonésia) *6.16*
arco de Tonga-Kermadec 186, *6.12*, 189
arco do Japão *6.12, 6.16*
Arco Eólio (Itália) 326-330, *9.17*, 342-343
arco Kuril *6.12, 6.26*, 270
arcos das Ilhas Salomão 270
área bifásica 70-72, *3.2.1, 4.3.1*
arfvedsonita (anfibólio) 269, 306, *9.4.1*, 308-309, **9.21, 9.22**
Armykon Hill (Tanzânia) **9.10**
ascensão: *ver* astenosfera
ASM: *ver* anisotropia de suscetibilidade magnética
assimilação 257-258, 282-284
— com cristalização fracionada (ACF) 88-89, 207, 282-284
assimilação/contaminação crustal *3.11, 3.12*, 85-91, *3.4.2*, 204, 340-341
astenosfera 59-61
atividade peleana 230
atraso relativo 350, 352-353
augita 7-8, 20, 22-23, *2.1.1*, 30, **2.3, 2.5**, 261-262
augita sódica *9.2.1*
augita titanífera *2.1.1*, 42, 94-95, 325
autólito 255-256
avalanche de detritos 231, *7.16*
AVZ: *ver* Zona Vulcânica Austral

bacia de back-arc 57, *6.18, 9.17*, 342-343
— extensão 192-195, *6.18*
bacia de back-arc do Mar Tirreno *9.17*, 342-343
bacia de frente de arco 186, *6.13*
Bacia de Nauru 52, *2.15*
back-veining 256-258, *8.10c*
baía de Cook (Alasca) *6.12*, 194-195
balooning 8.9d, 253-255, 258, 260
bandamento composicional 147
bandamento de fluxo 170, *6.3g, 6.4*
Barberton (África do Sul) 150, 155, *5.12*
basalto 7-9, 12, *1.4*, Capítulo 2, 20, 197-198, 236, 299
— tetraedro de *2.11*, 311, 313-316, *9.7a*
basalto alcalino fora de rifte (Islândia) *9.9*, 317-318
basalto alto-Al 57
basalto alto-K 57

basalto de dorsal meso-oceânica (MORB, *mid-ocean ridge basalt*) 41-46, *2.16, 2.18*, 147, 199-201, *6.25*, 280-281
basalto de ilha oceânica (OIB, *ocean-island basalt*) 44-45, 46-52, *2.16, 2.18*, 285, 317, *9.8, 9.19*
basalto de platô Paraná-Etendeka 196-197
basalto lunar 57-58, *8.5.1*
basalto submarino 13
basalto transicional 41, *9.11*
basaltos de platô Afro-Arábico 196-197, *6.22*
basaltos de platôs continentais (**CFB**, *continental flood basalts*), província 52-55, *2.15*, 61-63
basaltos de riftes intracontinentais 54-57
basaltos extraterrestres 57-58
basanito 12, *1.4, 9.1a,b*, 294-295, 299, 312, 317-319, *9.8, 9.11*, 328-329
básico *1.3c*, 7-8, 21
bastita 135
batólito 65, 248-251, *8.7*
— do oeste dos Estados Unidos *8.6*
— geometria 248-250, *8.7*
Batólito Costeiro do Peru *6.21*, 249, 270-272, *8.16*
batólito da Cordilheira Blanca (Peru) 254-255, *8.16*, 270-272, *8.20c*, 284
batólito de Boulder (Montana) *8.6*
Batólito de Coastal Range (Colúmbia Britânica) *8.6*
batólito de Idaho (Idaho) *8.6*
batólito de Karakorum 248, *8.17*, 272-274
batólito de Península Ranges (Califórnia-México)
batólito de Sierra Nevada (Califórnia) *8.6*, 250, *8.20*, 282-284, *8.22*
batólito Trans-Himalaiano 248, *8.17*, 272-274
benmoreíto *9.1a*, 297, 322-323
berilo 265-266
biaxial (óptica) *A1*, 352-357, *A2, A4, A5, A6*
biotita 94-95, 161-162, 166-167, **6.6, 6.8, 243, 8.1, 8.2, 8.10**, 261-262, 267, 310-311, 325, **9.15**
birrefringência 30, 98, 180, **6.9, 9.7**
bivariante 74, 77-78

bloco(s) 219
— e cinza, fluxo 229-230, *7.14, 7.16*
bolha 255-256
bolhas de gás 209-210
bomba 219, 223, *7.9a*
bomba tipo "casca de pão" 214-215, *7.4b*
boninito 137, 165-168, *6.12*, **6.4, 6.5, 6.15**, 206
Borda da Série Superior (Skaergaard) *4.8, 4.9*
borda de reação 261-263
Bowen N.L. 76-77, 79-80, 112-113, 148, 178
bowlingita 30
brecha de intrusão 256-258, *8.10b*
brecha piroclástica *7.5*
bronzita *5.2*
Buddington A.F. 250-251
Bufumbira (Uganda) **9.9**
Burro Mt (Califórnia) *4.13*
bytownita 11

cabelo de Pele 31, *2.9a*, 212
cadeias de ilhas que evoluem com a idade 335, 337
calcialcalino 180-184, *6.8, 6.9*, 189
— basalto 44-45
— lamprófiro 324-325, *9.6.1*
calcita 302, 324
calcófilo 157
cálculo de fórmulas (mineral) 11
cálculo de misturas 362, 364
caldeira 236-238, *7.19, 7.20, 9.10*, 318-319
Caldeira de Cañadas (Tenerife) 318-319, *9.10*
caldeira de Long Valley (California) 238
caldeira do tipo "downsag" 237
caldeira em alçapão 237
calderas de Valles (Novo México) 170, **6.7**, 238, *7.20b*
calor latente 88-89, 156, 175
camada limite mecânica 60-61, *2.18b*
camada limite térmica 59-62, *2.17*
camadas em sulcos *4.7e*, 110, 255-256
camadas que acompanham a topografia 221, *7.7a, 7.11a*
câmara magmática axial 41, 138-139, 143
campo de derrame 26-27

campo vulcânico de San Juan *6.12*, 237-238
camptonito (lamprófiro) 325
cancrinita (feldspatoide) 292-293, 309-310, **9.17**
CaO 84-85, *3.10*
carbonatito 3-5, 298-303, *9.6*, 307-308, 317, 321-323, 338-340, *3.21*
carbonato 324
carnockito 123-124, *4.16*, 244-246, *8.2*, 276-277, *8.20c*, 288
Cascade Range (noroeste dos Estados Unidos) *6.2.1*, 185, *6.12*, 194-196, 328-330
cassiterita 265-266
catapleíta (mineral) 310-311
cavidade miarolítica 258, 260
centro de Western Red Hills (Skye) 248, *8.5b*, 253-254, 256-257
CFB: *ver* basaltos de platôs continentais
chaminés negras 46
Chile *6.16*
cinturão de greenstone de Belingwe (Zimbábue) 151, 155-156, *5.12*, *5.13*
cinturão greenstone 150-151, 157
cinturão plutônico do norte do Himalaia 274
cinza 28, 212-214, 219, *7.5*
Círculo de Fogo 185
claraboia 26-27, **2.6**
clasto **lítico** 214-215, 225
clinoenstatita 166, **6.4**, **6.5**
clinopiroxênio 22-23, 98, 175, **6.5**
clivagem 30, 347, 350
clorita 8-9, 61-63, 94, 161-162, 202, 267
CO$_2$ *3.21*, 339-340
cobertura frontal de Soufrière Hills (Montserrat), 169, *6.3b*, 215, *7.4a*, 230
cobre pórfiro 267
coeficiente de distribuição total 333-334
coeficiente de partição 50, *2.5*, *6.6.1*, 333-334
colapso da coluna 220, *7.6b*
colapso em setor 233
colapso extensional (de um orógeno) 328-331
colocação forçada 254-255
colocação permissiva 253-254, 271
Colômbia 141

coluna eruptiva 218
compensador (óptica) 96, 291-293
complexo anelar de Ras ed Dom (Sudão) 253-254, *8.18*, 256-257, 274-275
complexo anelar de Tchivira (Angola) 307, *9.6*
Complexo Central de Ardnamurchan (Escócia) 257-258
complexo de Bushveld (África do Sul) 102-104, *4.13*, 135-136, *5.2*
complexo de Grønnedal-Íka (sul da Groenlândia) *9.15*, **9.14, 9.15, 9.17**
complexo de Ilimaussaq (sul da Groenlândia) 308-309, *9.15*, **9.21, 9.22**
complexo de Jacupiranga (Brasil) 308
complexo ígneo de Rogaland *4.13*, 124-128, *4.15*
componente 67-68
componente da cunha 200-201
componente derivado da placa 200-202, *6.25a*
composição 2-3
compressível, compressibilidade 59-60, 156
concordante 98-99
condições de subsaturação em água 177, 251-252, 261-262, 266, 285-286, *8.4.1*
condições de subsaturação em H$_2$O 177, 251-252, 261-262, 285-286, *8.4.1*
cone de cinzas: *ver* escória, cone de
contagem de pontos 5-6
convecção duplamente difusiva *4.9*
cor de interferência 291-293, 347-350, 352-353
cor de interferência anômala 349, **9.9, 9.10**
cor de polarização: *ver* cor de interferência
cor do mineral 347-347, 350
cordierita 268-269
coríndon normativo 268-269
corpos minerais de Sn-W-Mo 267, 272-273, *8.3.1*
corpos minerais de Zr-Nb 267
corpos tabulares em cone *4.3e*, 99, 102, *4.6a*
corpos ultramáficos do tipo alasquiano 141, *5.4*

corrente convectiva 110-115, *4.9*
corrente de densidade piroclástica 214, *7.4a,e*, 219, *7.6b*, 225-233, *7.14*, *7.15a*, 236
Costa Rica 195-196
cotética 73-75, *3.3*, *3.7*, 84-85, *5.4.1*, 263, 311, 313, *9.7b*
coulée 167, *6.3f*, *3.10*, 319
coulée de Glass Mountain (Califórnia) *6.3e*, 180
Cr 319
Crater Lake (Oregon) 237, *7.20a*
cratera 239
cráton *9.3*, 322-323, 326, *9.15*, 323, 326, *9.16*, 327-329, *9.23*
cráton de Kaapval (África do Sul) 151
cráton de Pilbara (Austrália) 151, *5.6.1*
cráton Tanzaniano *9.3 (detalhe)*, 321-323, *9.16*
crescimento endógeno (do domo de lava) 169, *6.3b*, 176, 230
crescimento exógeno (do domo de lava) 169, *6.3e*, 176, *9.10*, 319
criptodomo 169
cristal 1-2
— acumulação 17
— conteúdo 171
— fundido 128
— hábito 347, 350
— taxa de crescimento (C) 32, *2.3.1*, 256-257, 261-262
— tufo 235
— tufo cristal-vítreo **7.1**, 235-236
cristalização fracionada 3-5, *3.1*, 78-80, *3.5*, *3.8*, 82-83, 87-88, 201, 280-288, 331-333
cristalização *in situ* 110-111, *4.9*
cromita 115, 126-127, 133, *5.1.1*, 158, **5.9, 5.11**
cromitito 115, 135, *5.2*, 137, 141
crosta continental 91, 189, 194-195, 280-288
crosta de arco 197-198, *6.23*, *6.24*
crosta **siálica** 161, 288-289
cumulática (rocha) 15, 17, 75-76, *3.8*, 93, 107-115, 138-139, 189, 255-256, 308-309
— textura 116, **4.4, 5.1, 5.2**
— xenólito 122-123, 189
cumulato **cogenético** 142
— inclusões 255-256
cumulato de teto 128

cumulus (mineral) 76-77, 82-83, 107-115, *4.8, 5.2*
cunha mantélica *2.18*, 61-63, *6.13*, 197-202, *6.23, 6.24*
Cupaello (Itália) 328-333, *9.17, 9.19*
CVZ: *ver* Zona Vulcânica Central

dacito 12, *1.4*, Capítulo 6, 161-162, 168, *6.1, 6.3c, 6.5*, **6.6**, *6.15, 7.4c,f*, 219, 236, 280
damkjernito (lamprófiro) 325
Decã 26-27, 52, *2.15*
deflação 225
dendrito, hábito dendrítico 152, *5.10*, **5.9, 5.11**
densidade 99, 102, 110, 202-203, *6.5.1*, 246-248, *8.4, 9.14*, 321-322
— corrente de 110
— filtro 202, 321-322
depósito de corrente piroclástica 219-221, *7.7b, 7.11b-e*
depósito de onda piroclástica 230-233, *7.15a*
depósito de queda 219-221
depósito de queda piroclástica *2.6b*, 219-221, *7.7a, 7.11a*
Depressão de Benue (Nigéria) 323, 326, *9.16*
Descolamento Tibetano Meridional (STD, *South Tibetan Detachment*) 274, *8.17*
descompressão 175, 178, 209-210
— **fusão** *2.18*, 202, 340-341
desgaseificação 16, 29, 175, 228, 239
desidratação 167, *6.2.2, 6.24*, 202
— fusão 286, *8.4.1*
desvitrificação *2.9b*, 32, 179-180, **6.9**
diabásio *ver* dolerito
diagrama de fases **binários** 68-69
diagrama de variação 3-5, *1.2, 1.4, 1.5, 1.6*, 72-73, 84-85, *3.10*, 183-184, *6.9*
diagrama *P-T-X* 68-69
diagrama QAP *6.1b, 8.1*
diagrama QAPF 291-293, *9.1b, 9.4*
diagrama **quaternário** 361-362, 364
diagrama **ternário** 71-77, *3.3*, 79-80, *3.7, 3.8, 4.3.1b*, 112-113, 144-145, *5.4.1*, 178-179, *6.7, 9.7b, c*, 311, 313, 315-316, 361-362, 364, *B1*
diagrama *T-X* 67-68, *3.1.1, 3.2, 3.4*
diagramas de enriquecimento em elementos incompatíveis 51, *2.16*, 57, *6.15, 8.19*, 332-338

diamante 327-331, *9.18*, 340-342, *9.22, 9.23*
diápiro, diapírico 246, *8.9c*, 253-254
diatrema 302, 305, *9.7.1*, 327-329
— fácies (kimberlito) 327-329
diatrema de Kao (África do Sul) **9.2**
diopsídio 131-132
diopsídio de cromo 142, **5.4**
diorito 93, 108, *8.1*, 241-243, *8.1*, 249, 257-258, 276-277
dique 94-95, *4.5a*
— enxame 98, *4.3a*, 138, *5.3.1, 9.15*, 322-323
dique alimentador (sistema) *8.7b*, 254-255
dique anelar *4.3f*, 99, 102, *4.6b*
dique gigante 102-103, 122-123
dique sinplutônico 249, 257-258, *8.10d*, 270
direção de vibração 96-97
direção de vibração **lenta** (óptica) 77-78, 352-353
direção de vibração **rápida** 96-97
divisão térmica *9.7a,b*, 315-316
dolerito 93
doleritos de Ferrar (LIP) *2.15, 4.3d*
— complexo de soleiras 98-99
dolomita 302
domo ressurgente *7.29*, 238, *7.20b*
dorsal assísmica 194-196
Dorsal da Scotia Oriental *2.12, 6.12*
Dorsal de Carnegie *6.21*
Dorsal de Cocos *6.21*
Dorsal do Pacífico Oriental 41
Dorsal Meso-Atlântica 41, *2.16*
dúctil 24, 26-27, 225, 253-254
Duke Island 136, 141
dunito 131, *5.1, 5.2, 5.4*, 142-145, 147

EARS: *ver* Sistema de Riftes do Leste da África
eclogito 142, 199-202, *6.24, 6.25*, 204, 327-328
eficiência explosiva *7.10*, 224
elemento com alto potencial iônico (HFSE, *high field strength element*) 49-51, *2.7.1*, 55-57, *2.16*, 190-192, *6.15*, 199-201, *6.25*, 206
elemento compatível 49-51, *6.6.1*
elemento incompatível 41, 49-51, 54-58, *2.16*, 189, 194-195, 199-201, *6.25*, 204-205, 266-267, *8.20*, 281-288, 285, 308-309, *3.19*, 338-339
elemento **móvel** 14, 35, 46, 51

elementos litófilos de íon grande (**LILE**, *large-ion lithophile element*) 49-51, *2.7.1, 2.16*, 55-57, 190-192, *6.15*, 199-201, *6.25*
elementos maiores 4
elementos terras raras ETR 45, 49-51, *6.15*, 199-200, *6.25*, 204-206, *6.6.1, 8.5.1*, 287, 302
elemento-traço 4, 42
elemento-traço altamente incompatível (HITE, *highly incompatible trace element*) 317, 331-332, 334-335
elevação de frente de arco 186, *6.13*
Elevação do Pacífico Oriental 196-197
embaiamento **6.7, 6.9**, 309-310, **9.5**
E-MORB 42
empobrecida (manto) 143, 200
empobrecimento da cunha 201
enclave **8.9**, 255-256, *8.10a*, 260-261
enderbito *8.2*
energia interfacial 34
enigma do anortosito 122-123
enriquecimento em ferro *6.3a*, 180
enstatita *2.1*, 39, 42, 118, 120-121, **4.8**, 131-132, 136, **5.1, 6.4, 6.5**, 329-330
enxame de diques de Mackenzie (Canadá) 98, *4.13*
enxame de diques tabulares 138, *5.3.1*
epigranito 258, 260
equação da fusão parcial 333-335
Equador 195-196
equilíbrio 67-68, 71-72
— **cristalização** 77-79, *3.5*
equilíbrio textural 118
equivalente de rocha densa (ERD) 186, 225
erosão 110, 146
— frente de arco erosional 186
erosão térmica 157
erupção **efusiva** 170-171, 175, 209, *7.10*, 239
erupção em flanco 238
erupção **estromboliana** 24, 28, 212-214, *7.3c,d*, 221, *7.8, 7.10*, 301, 327-328
erupção explosiva 175, 209, 239
erupção **freatomagmática** 224
erupção **Havaiana** 24, 31, 209-210, 212, *7.3a,b*, 214, 221, *7.8*

erupção hidrovulcânica 204, 222-224, *7.9*
erupção pliniana 214-219, *7.4c,d, 7.6, 7.7*, 221, *7.8*, 299, 318-319
erupção subpliniana 214, 221, *7.8*
erupção **surtseyana** *7.8*, 223, *7.9a, 7.10*
erupção ultrapliniana 221, *7.8*
erupção vulcaniana *7.2c, 7.4a*, 214-215
escória *2.2e, 2.6b*, 28, **5.3**, 212-214, 219
— **cone de** *2.6a*, 169, 212-214, 299, 323, 326
esfeno **9.7**
esferulito, esferulíticas 12, 31-32, *2.9b,c*, 161-162, *6.2*, 180
esmectita 20
espessartito (lamprófiro) 325
espessura da crosta 195-196
espilito 42
espinélio 131-133, *5.1.1*, 142, *5.5, 5.8*, 158, 169, *6.3c*
— lherzolito 142, *5.5*, **5.3, 5.4, 5.6-5.8**, 147, 317
espodumênio 265-266
essexito 303-304, *9.4*
estágio de construção do escudo 315-317, *9.8*, 334-335
estágio pós-caldeira 317, *9.8*, 334-335, 337
estágio pós-erosivo 317, *9.8*, 334-335, 337
estágio pós-escudo 315-316, *9.8*
estratificação críptica 108, *4.8*, 110, *4.9*
estratificação cruzada 109, *4.9*, 255-256
estratificação ígnea 93, 102-115, *4.7, 4.8, 4.9*, 308-309
estratificação macrorrítmica 115, 135, 158, 308-309, **9.21**
estratificação modal 108, 110-115, *4.9, 4.6.3c*, 255-256
estratificação por tamanho de grão 108
estratificação rítmica: *ver* estratificação modal
estratificação tipo comb 118, 255-257
estratovulcão 151, 188, 209-210, *7.2b*, 214, 300, 327-328
Eu (európio) *8.23*, 284-285, 287, *8.5.1*

eucrito (acondrito basáltico) 57-58
eudialita 308-311, **9.21, 9.22**
eutético *3.1.1*, 68-69, *3.2*, 70-71, *3.3, 4.3.1*, 144, *5.4.1, 9.7b*, 311, 313, 344-345
eutético ternário *3.3*, 75-76
evolução da água e do líquido magmático 175-177, 182-184, *6.9, 6.10*, 288
evoluído 11, 42, 48, 75-76, 318
excesso de água 177
explosão **freática** 224
exsolver, exsolução 29, 118, 120-121, **4.7-4.9**, 263-264, *8.12*, 350, 352
extinção oblíqua 98
extinção reta 98
extinções biológicas 54-55
extrato *3.10*, 85-87

fácies anfibolito 202
fácies **hipoabissais** (kimberlito) 327-329, *9.7.1*
faialita (olivina) 9-10, 305, 308-309
falha anelar (caldeira) 170, *7.19*, 238, *7.20b*, 253-254
Falha de Santo André *6.12*
fase 65, 68-69
— **diagrama** 65-66, *3.1.1*
— estratificação 108, *4.8*, 110, *4.9*
— experimentos com equilíbrio de 66-67
— Regra das Fases 74
fase aluminosa (no manto) 131-132
ΣFe_2O_3 46-47, 146
ΣFeO 44-47, 146, 168, *6.9*
Fe_2O_3 46-47
feldspato 96-97, 164-165, *6.1.1*, 242, 244-245, *8.1.1*, **4.1-4.5, 5.2, 6.1, 6.2, 6.6, 6.7, 6.9, 6.10, 8.1, 8.3, 8.6, 8.7, 8.8, 9.6, 9.11, 9.12, 9.14, 9.16**
feldspatoide 39-40, 291-293, **9.5, 9.7, 9.8, 9.13, 9.15, 9.17**
félsico 5-6, *1.3b*, 292
fenito, fenitização *9.6*, 307, 339-340
fenocristal 1-2, *1.1*, 32, **2.3, 2.7, 2.8, 2.9, 2.10**, 260-261
FeO 46-47
férrico 4
ferroaugita *2.1.1*
ferrodiorito 108
ferromagnesiano 5-6, *1.3*
ferrosilita *2.1.1*
ferroso 4
fértil (manto) 142, *5.4.1*, 144-145, 154

fiamme 225, *7.11d*, 236
figura de interferência (óptica) 291-293, 352-353, *A3, A5, A6*
fírico (por exemplo, olivina-fírico) 12, 21, 32
fissura não eruptiva 52
flogopita 134, 202, 298, **9.1, 9.3**, 325, 327-330, 342-343
fluido 35
fluido hidratado 201-202
fluorita 267, 303, **9.4**
flutuabilidade 288
fluxo de calor 55-59, *6.13*
"fluxo em torno do canto" *6.24*, 202
fluxo laminar 225, 309-310
foidito (rocha de granulação fina) *1.4, 9.1b*, 294-295
foidolito (rocha de granulação grossa) *9.4*
foliação 140-141, *5.3*, 225, *8.9d,f*, 253-255, 258, 260-261, *8.11*
foliação do fluxo 171
fonolito 12, *1.4*, 209, 219, 236, **9.1**, 295-296, 301, 312, 318-322, *9.10, 9.11*, **9.5, 9.7, 9.8, 9.12**
fonotefrito *1.4, 9.1a*
fonte ou jorro de lava 31, 209-210, *7.3a,b*, 212
força de tensão 98-99
força iônica 46
forma de pires 98-99
formação de juntas (em derrames) 26-27, *2.3*, 98
formato de guarda-chuva 215-218
forsterita 9-10
fosso *7.19*, 238, *7.20b*
frágil 24, 26-27, 251-254, 256-258
fratura *en echelon* 99, 102
fratura perlítica *6.2*, 180, **9.5**
frente de arco acreacionária 186
frente de solidificação 110-111, *4.9*
fusão, profundidade 331-332
fusão crustal 203
fusão incongruente 112-113, *4.5.1*, 120, 315-316, *9.7c*
fusão parcial 58-61, 65, *3.1*, 142, 144-145, *5.4.1*, 197-199, *6.24*, 199-202, *6.25*, 207, 280-288, 331-335, *9.9.1*, 341-343

gabro Capítulo 4, 93, *4.1*, 249
gabro homogêneo 110
gabroico 93
gabronorito *4.1*, 94-95

Galápagos 161, *6.12*, *6.21a*, 195-197, 207
geoterma 58-63
geoterma condutiva *2.17*, *5.5*
geoterma convectiva *2.17*
geoterma em escudo *9.22*, 344-345
geoterma oceânica 58-63, *2.17*, *2.18*
geotermômetro 121, *9.22*, 341-342
Glencoe (Escócia) 248-249, *8.5a*, 270
glomerocristal 34, **2.10**
glomeroporfirítico 34, **2.3**, **2.4**
graben 319-322, *9.12*
gradação inversa (de púmice) 225, *7.12*
gradação vertical 225, *7.12*
gradiente geotérmico 142, 155
gradiente químico 110-111
gráfico, diagrama TAS 3-5, *1.2*, *1.4*, *1.5*, 41, *3.1*, 149, *5.5.1*, *5.5.2*, 161-162, *6.1*, *9.1*, *9.6.1*
gráfico AFM *6.8a*, 180-182
gráfico normalizado para MORB 199-201, *6.25*
granada 11, 50, 131-132, 158, **5.5**, 161-162, **6.8**, 204-206, *6.6.1*, 268-269, 284-285, 332-333
— lherzolito 142, *5.5*, **5.5**, 205, 317, 340-342, *9.22*
— peridotito 58-59, *5.5*, **5.5**
Grande Dique (Zimbábue) 102-104, *4.13*, 136, *5.2*
grande província ígnea (LIP, *large igneous province*) 44-45, 52-55, *2.15*, 61-63, 137, 119, 122-123, 128, 161, 207
Grande Soleira de Tonalite (Alasca) 249
Grandes Diques de Feldspato 323, 326
granítico 241
granitização 250-251
granito Capítulo 8, *8.1*, 241-243, **8.2**, **8.4**, **8.6**, **8.7**, **8.9**, 276-277, 322-323
— terreno granito-greenstone 151, *5.6.1*
granito de dorsal oceânica *8.19*
Granito de Eskdale (Reino Unido) 246-247
granito de Ljugaren (Suécia) 249
granito de North Arran 249, 253-254
granito de Shap **8.9**

Granito Principal de Donegal (Irlanda) *8.9f*, 254-256
granito rapakivi 123-124
granito rapakivi de Quernertoq (sul da Groenlândia) 249
granito/sienito de **hipersolvus** 264, 273, **9.14**, 309-310
granitoide anorogênico 269, 273
granitoide Capítulo 8
granitoide de arco vulcânico *8.19*
granitoide intraplaca *8.19*
granitoide pós-tectônico 260-261
granitoide sincolisional *8.19*
granitoide sintectônico 258, 260, *8.11*
granitoide subsolvus **8.2**, 308-309
granitoide tipo A 269, 272-273, 276-277, *8.19*, *8.20*, 285-288
granitoide tipo C 280, 288
granitoide tipo I 272-273, 276-277
granitoide tipo S 269, 272-273, 276-277
granitoides com ortopiroxênio *8.2*
granitoides cordilheiranos 282-284, *8.20*
granitoides intraplaca 274-275, 285-288, *8.18*
granitos Caledonianos 249
granodiorito *8.1*, 241-243, 249-252, 255-256, 276-279
granófiro 8.3, 263
granófiro de Ennerdale (Reino Unido) 246-247
granulação fina *1.3a*, 7-8
granulação grossa *1.3a*
granulação média *1.3a*
graus de liberdade 74
gregoryita (mineral) 302
greisen 267

H$_2$O, fluxo de 199, *6.24*
H$_2$O, teor de 189, *6.14*
H$_2$O e evolução do líquido magmático 182-184, *6.9*, *6.10*
hábito **plumoso 5.10**, **5.11**
halo pleocroico **8.2**, **8.10**, 268-269
harzburgito 131-132, *5.1*, 135, *5.2*, 140, *5.3*, 142-145, 327-328
Havaí 26-27, **2.1**, **2.6**, 315-317, *9.8*, *9.19*
havaiíto *9.1a*, 318, **9.11**
HCP: *ver* piroxênio com alto teor de cálcio
Hébridas 26-27

hedenbergita (piroxênio) *2.1.2*, *9.2.1*, 308-309
hercinito (espinélio) 133, *5.1.1*
Hess H.H. 148
HFSE 200-201, 273
— empobrecimento 200-201
hialina, **hialo-** *1.3a*
hialoclastito 24, 27, *2.4*
hidrólise 266
hidrotermal 8-9, 14, 16, 35, 57-58, 266
— alteração 266-267
— metamorfismo 35
hiperstênio 22, *2.1.1*
— -**normativo** 36
HITE: *ver* elemento-traço altamente incompatível
Hoggar 337-338
holocristalino **2.2**
hololeucocrático *1.3b*
holomelanocrático *1.3b*
horizonte de fragmentação *7.1*
horizonte de vesiculação *7.1*
Horizonte Merensky (Bushveld) 115
horizonte sanduíche (Skaergaard) *4.8*
hornblenda 94-95, 134, 141, *5.4*, 158, 161-162, 166-167, 175-176, *6.5*, **6.6**, 243, **8.1**, 255-258, 261-262, 267, 270, 288, 308-311, 325
hornblenda gabro 122-123
hornblendito *5.1*, 147, 249
hot spot 41, *2.12*, 47, 334-335
HREE 51, 205, *6.6.1*, 332-333
Huoshi (arco das Marianas, Japão) 312, *9.19*

ICP-AES 4
iddingsita 20, 30, **2.3**, **2.7**, **2.9**, 94, 161-162
identificação de mineral 22-23, *2.1.1*, 96-97, *4.1.1*, *4.1.2*, 164-165, *6.1.1*, 242, 244-245, *8.1.1*, 292-293, *9.1.1*, 296-297, *9.2.1*, 306, *9.4.1*, 309-310, 347-357
Iêmen 88-89, *6.12*, *6.22*, 207
ignimbrito 171, 195-197, 214, 220, 225-229, *7.11b-e*, *7.12*, **7.2**, **7.3**, 236, 249
ignimbrito com faces de fluxo externo *7.19*
ignimbrito de fácies intracaldeira *7.19*

ijolito 303-304, *9.4*, *9.5*
Ilha da Ascensão *2.13*, 275
Ilha de Bouvet *6.12*
Ilha de Gorgona (Colômbia) 148-152, 155, *5.12*, *5.13*
Ilha de Gough 84-87, *3.10*
Ilhas Canárias **9.11**
Ilhas de Bonin **6.4**, 206
Ilhas Sandwich do Sul (SSI, *South Sandwich Islands*) *2.12*, *6.12*, 189, 200-201, *6.25a*
impacto de bólidos 54-55
inclinação da placa 194-195, *6.21*
inclusão mineral 260-261
inclusão sincinemática *8.9f*, 254-256
indicatriz (óptica) 353-355, *A2-A5*
índice de cor 5-6, *1.3b*, 131
índice de dispersão D km^2 201, *7.8*
índice de fragmentação F % 221, *7.8*
índice de refração (IR) 32, 347, 350-351, *A2.1*
Indonésia 186, *6.12*
inflação 26-27, *8.9e*, 254-255
inflação topográfica *9.3*, 334-335, 337-339
instabilidade do edifício 233
intemperismo, exposto ao 2-3, 165, *6.3f*
intercumulático 107, 110, 117, 135
intermediário *1.3c*, 7-8
intrusão anelar 248-249, *8.5*, *8.9b*, *9.6*, 307
intrusão de Condoto *5.4*
intrusão de Kap Edvard Holm (leste da Groelândia) *4.2*
intrusão de Lilloise (leste da Groenlândia) 308
intrusão de Lovozero (Kola, noroeste da Rússia) 308
intrusão de Muskox (Canadá) *4.13*, 133
intrusão de Skaergaard (leste de Groenlândia) *4.2*, *4.7b-e*, *4.7h*, *4.8*, *4.9*, 136
intrusão de Stillwater, Montana 104, *4.13*, **4.9**, **5.1**, **5.2**, 135-136, *5.2*
intrusão em arco 248, *8.5b*
intrusão em forma de sino *8.9b*, 252-254
intrusão tabular 246-247, *8.3a*, *8.4c*, 250
intrusão ultramáfica zonada 141
invariante 74, *4.3.1*, 113

inverter, inversão 120-121, *4.5.1*, 242, 244-245, *8.1.1*
Islândia 48-52, *2.14*, 161, 195-197, 206-207, *9.9*, 317-318, 335, 337-338, *9.20*
islandito 181-182, 207
isobárico 175
isócrona *8.21*
isógira (óptica) 353-356, *A3*, *A5*, *A6*
isópaca *7.8*
isostasia 195-196
isoterma 311, 313, *9.7b,c*, *9.21*
isótopos de oxigênio 88-89, *3.12*
isótopos estáveis 90-91
isótopos **radiogênicos** *3.11*, *3.12*, 85-91
isótropo (óptica) 292-293, 348-347, 350, *A1*, 350, 352
Itália 326-330, *9.17*
IUGS 7-8, *1.4*, 14, *2.1*, *4.1*, 161-162, *6.1*, 219, 241, 291, 294, 302, 305, *9.1*

jorros 214, *7.3a,b*, 318-319
jotunito *4.16a*, *8.2*
junção colunar 26-27, *2.3*, 98, 225, *7.11e*
junção radial *2.3*
junção tríplice (limite de grão) 142, **5.6**, 147

K$_2$O 4, *6.14*
— gráfico K$_2$O *vs.* SiO$_2$ *6.11*
kaersutita 94-95, 306, *9.4.1*, 308, 325
kakortokito 308-309, **9.21**
kalsilita (feldspatoide) 292-293, 297
kalsilitito (rocha) 298-299
kamafugito 299, 321-322, 328-321, *9.8.1*
Kambalda (Austrália) 157
kersantito (lamprófiro) 325
Kilauea (Havaí) 212, 238
Kilimanjaro (Tanzânia) *9.3*, 319
kimberlito 142, 291, 299, 327-329, **9.1**, **9.2**, 340-343, *9.22*, *9.23*
kimberlito de Jericó (Canadá) *9.22*
kimberlito de Wesselton (África do Sul) **9.1**, 332-333, *9.19*
kimberlito Grupo I 341-342
kimberlito Grupo II 342-343
kimberlito hipoabissal **9.1**
kimberlito vulcanoclástico maciço (MVK, *massive volcaniclastic kimberlite*) **9.2**, 327-329

komatiito 148-157, *5.5.1*, *5.7*, *5.8*, *5.9*, *5.11*, **5.9-5.11**
komatiito basáltico 150
Krakatau (Indonésia) 234, 237
K-richterita (anfibólio) 298, 306, 329-330

labradorita 8-9, 11
lacólito 254-255, 274
lacólito de Targouate (Marrocos) 255-256
lacuna arco-fossa 188-189
lacuna de miscibilidade 22, 120-121, 339-340
Lago de Laacher (Alemanha) 209
lahar 233, *7.16*
lamelas de exsolução 94-95, **4.7-4.9**
lâmina delgada Apêndice A
laminação cruzada 231
laminação ígnea 110, 117, **4.5**, 258, 260, 308, **9.14**
lamprófiro 257-258, 260, 322-325, *9.6.1*, 343-344
lamproíto 291, 299, **9.3**, 312, 329-331, *9.8.1*, 343-344
lamproíto de Gaussberg (Antártida) 312, 332-333, *9.19*
lapili 28, 212-214, 219, *7.5*
— cinza 221
— pedra *7.5*
— **tufo** *6.7*, *7.2*, *7.3*, 214, *7.5*, 221, 225-229, *7.11d*, 236
lapili acreacionário *7.15b*, 233
lapili peletizados *9.2*, 327-329
larvikito 303
lasca de vidro em cúspide 235, *7.1*
latito 12, 161-162, *6.3g*, *9.1b*, 296-297, 328-330
lava 2-3
— domo 169, *6.3b*, *6.5*, *7.4f*, 230, 238, *7.20b*, 299, *9.10*
— espinho 169, *6.3c*
— jorro 31, 209-210, *7.3a,b*, 212
— lago 212, *7.3b*, 300
— tubo, túnel 26-27, 212
lava almofadada 24, 26-27, *2.4*, *2.5*, 138, *5.3.1*, 154, *7.10*
lava em blocos 169, *6.3a*
LCP: *ver* piroxênio com baixo teor de cálcio
Lei de Stokes 110, 114
lente de Bertrand 291-293
Leste da Groenlândia 26-27, *4.3a-c*, 130

leucita (feldspatoide) 292-293, 297, **9.8**, 309-310, 315-316, *9.7c*, 329-330
Leucite Hills (Wyoming) *9.8.1*, 329-330
leucitito (rocha) 12, 298-299, 328-329
(leuco) granito a duas micas 243, **8.2**, 274
leuco- 241-242, 305
leucocrático 6-7, *1.3b*
leucogabro 123-128, *4.6.3b*
leucogranito *8.20c*, 285
leucogranitos do Alto Himalaya *8.17*, 285-286, *8.20a*, *8.4.1*, 285-286
leucogranodiorito 271-272
leuconorito 123-128
leucossoma 251-252
leucotroctolito 123-128
lherzolito 131, *5.1*, 143-146, 327-328, 337-339
limite de grão 147
lineação 141, 258, 260-261
linha da dobradiça 193, *6.19*
linha de amarração 70-71, 76-78, *3.4*, *3.8*, 81-82, 242, 244-245, *8.1.1*, *9.21*, 339-340
Linha de Camarões 323, 326, *9.16*, 340-341
linha de descenso líquido (LLD) 73-75
linhagem de magma com baixo teor de ferro *6.8b,c*, 182
linhagem de magma com teor elevado de Fe *6.8b,c*, 182
linhagem de magma com teor intermediário de ferro *6.8b,c*, 182
LIP: *ver* grande província ígnea
Lipari *6.3d*
líquido magmático 1-2, *1.1*, *5.4.1*
— composição 82-83
— **inclusão** 16, 178, **6.7**, **6.11**, 189, *6.14*
— percurso de evolução *5.4.1*
— velocidade de produção 41, 52
líquido magmático **intersticial** 94-95, 107, **5.9-5.11**, 263
líquido magmático/basalto **primário** 143-146, 154, 319-320, 344-345
líquidos magmáticos imiscíveis 324, *9.23*, 344-345
liquidus *2.17*, *3.1.1*, 68-70, *5.12*, *6.5*, 177
liquidus seco 177, *6.4.1*

litosfera 155, *5.12*
litosfera do manto subcontinental (SCLM, *sub-continental mantle lithosphere*) 332-333, 340-343, *9.23*
litosfera mantélica 146
litosfera oceânica *2.18*
LLD: *ver* linha de descenso líquido
lopólito 102-104, 254-255, 308
LREE *6.6.1*
lujavrito (rocha) 308-309
luz convergente 347-348, 352-357

maar 24, *7.9b*, 224
Macdonald e Katsura *1.5*, 17, 42
macla múltipla 96-97, 118, *6.1.1*, **9.8, 9.16**
macla múltipla complexa *6.1.1*, 242, 244-245, *8.1.1*, 292-293, 309-310, **9.6, 9.8, 9.9, 9.16**
macla polissintética *6.1.1*, *8.11*
macla simples 165, **9.12, 9.13**
macla xadrez *6.1.1*, *8.1.1*, 350, 352, **9.6, 9.16**
maclado macla 98, *6.1.1*, 176, 261-262, **9.6, 9.9, 9.16**, 348, 350, 352
macrocristal (kimberlito, etc.) 309-310, **9.1, 9.2**, 327-329
madeira carbonizada *7.11c*
máfico 5-6, *1.3b*
magma 1-2, *1.1*
— câmara magmática 2-3
— composição 16
— diferenciação Capítulo 3, 65
— mistura 171, 257-258, *8.10c*
— **mistura** 257-258
— oceano de (na Lua) 128
— pressão 98-99, 102, *4.5*, *4.6*, 169, 214-215, 254-255
— tubo *4.4a*
magma de zona de suprassubducção 57, 161
magma **hidratado** 141, 184, *2.6*, *6.10*
magnetita 133, *5.1.1*, 167, *6.2.2*, 182-185, *6.9*, *6.10*
Majorqap Qava (Fiskenaesset) 126-127
malignito 305, *9.5*
mangerito 123-124, 244-246, **8.2**, 279-280
manto litosférico: *ver* litosfera do manto
manto residual 143
marcador de tensão 254-256

margem de placa convergente 180
margem estrutural da caldeira *7.19*, 238
margem intrusiva em **cúspide** 257-258
margem resfriada 98, *4.3b*
margem topográfica de caldeira *7.29*, 238
Masaya (Nicarágua) 238
maskelynito **2.10**
massa molecular relativa (**MMR**) 38-40, 145
matriz 1-2, *1.1*, 5-6, 32, *2.10*
Mauna Kea (Havaí) 212
Mauna Loa (Havaí) 212, 238
Medicine Lake (Califórnia) *6.3e*, 180
médio-K *1.6*
— basalto de arco 55-57, *2.16*
megabloco 233, *7.17*
megacristal, megacristalino 123-124, *4.6.3a*, *8.1.1*, 323, 326
megacristal de **feldspato potássico** 260-262, **8.11**, **8.8, 8.9**
mela- 305
melange 186
melanita (granada) *5.2.1*, 304
melanocrático 6-7, *1.3b*
melanossoma 251-252
melilita (mineral) 292-293, 325, **9.9, 9.10**
melilitito (rocha) 294-295, 299, *9.11*, **9.9, 9.10**, *9.23*
melteigito 304-305, *9.5*
membro extremo 11, 76-77
Mercalli, Giuseppe 212
mesocrático 6-7, *1.36*
mesossoma 251-252
metabasalto 42
metaestável, i. 32, 118, 121
metaluminoso 268-269, *8.14*, 304, 310-311
metamorfismo de baixo grau 16, 35
metassomatismo 200-201, 333-334, 341-344
MgO 84-85, 90, *3.10*, 89, 92, 166, 183, *6.9*
mica xisto *8.20a*, 285-286
micro- 241-242
microclínio (feldspato) *8.1.1*, 309-310, **9.16**
microdiorito 241-242, 249, *8.10d*, **8.9**

microestrutura de núcleo e borda 119, **4.13**
microfenocristal 21, **2.2**, *2.10*, 180
microgabro (IUGS) 93
micrólito (cristais) 175, 180, **6.10**, 234, *7.18b*
micropertita 263-264
microssienito *8.10c*
microssonda eletrônica 2.10, 183, *9.18*
Midland Valley, Escócia 340-341
migmatito 250-252, *8.8*
minerais aluminosos 268-269, 285
minerais **anidros** 35, 171
mineral 2-3
mineral acessório 8-9
mineral em amostra de mão, identificação 243
mineral essencial 8-9
mineral hidratado 35, 61-63, 141, 166-167, *6.2.2*
mineral pós-magmático 8-9
mineral qualificador 8-9
mineralização 267
minette (lamprófiro) 325
mínimo termal *9.7c*
Misenum (Itália) 215
mistura (*mingling*) 257-258
Miyashiro *1.5*, 17
MMR 38-40, 46, *8.14*, 269, 310-311
moberg 48, *2.14*
moda, proporções **modais** *4.1*, 131-132, *5.1*, 161, *6.1b*, 241, *8.1*, *9.1b*, 294
modelo padrão (de colocação do ignimbrito) 225-228, *7.12a*
Moho 138-139
Moho petrológico 138-140
Moho sísmico 138-139, *5.3*
mol, molar 9-10, 38-40, 143, *8.14*
monazita 265-266
monchiquito (lamprófiro) 325
monoclínico 22, *6.1.1*, 242, 244-245, *8.1.1*
monóclino flexural 130
monogenético 214
Monte Camarões 323, 326
monte oceânico de Loihi 315-317, *9.8*, 334-335, 337
Monte Pelée 169, *6.14*, 229-230, *7.14a*
Monte Quênia *9.3*, 319
Monte Santa Helena (Washington) *6.3c*, 175-176, *6.5*, *6.14*, *7.4c,e,f*

Montes Jemez (Novo México) *7.11e*
monzodiorito *8.1*, 243-242, 244
monzonito *8.1*, 243-242, 244, 261-263, 303-304, *9.4*
MORB: *ver* basalto de dorsal meso-oceânica
morfologia *swallowtail* **5.9**, **6.3**
mugearito *9.1a*, 297, 312, 318, 322-323
Mull 26-27, *2.3*, **6.10**, **8.3**
municipalidade de Munro (Canadá) 150, *5.8*, **5.9-5.10**
muscovita 243, **8.4**, 267-269, 285-286, *8.4.1*

Nápoles 209, 215
natrocarbonatito 301-303, **9.4**, **9.19**, **9.20**
naujaito 308-309, **9.22**
Nb 190, 302, 338-339
— anomalia 57-58, 190-192, *6.15*, 200-201, *6.25*, 333-334, 342-343
nefelina (feldspatoide) 5-6, 36-40, 292-293, *9.1b*, 308-310, **9.5**, **9.7**, **9.15**, **9.17**
— sienito 122-123, 304-305, 308-309, **9.15**, **9.17**, **9.21**, **9.22**
nefelinito (rocha) 12, 36, *2.11*, 37, *9.1b*, 299, **9.7**, 300-301, 312, 317, 320-322, *9.8*, *9.11*, *9.23*
negativo (sinal óptico) 291-293
neoblasto 147, **5.8**
Ni 104, 115, 127, 319
nicóis cruzados 347-348, 350, 352-357
N-MORB 41, 44-45, 55-57, *2.16*
nome raiz 7-10
norito *4.1*, 94-95, 122-123, *5.2*, 137
norma 37-40, 268-269, 291-294, 311, 313-316, *9.7*, Apêndice B
norma CIPW 37-40, 268-269, 291-294, 311, 313-316, *9.7*, Apêndice B
noseana (sodalita) **9.8**, **9.13**
Nova Guiné *6.12*
Nova Zelândia *6.12*
nucleação 32, *2.3.1*, 110-111, 175, 256-257, 266
nucleação em bolhas *7.1*
nucleação heterogênea 256-257, 263
nucleação homogênea 256-257
nuée ardente 229-230, *7.14a*, *7.16*
número An 11
número de Fe *8.15*, 270

número de Mg *5.1.1*, 143-146, 204-206, 319, 332-333
NVZ: *ver* Zona Vulcânica Setentrional (*Northern Volcanic Zone*)
nyerereita (mineral) 89, 92, **9.4**
Nyiragongo (República Democrática do Congo) 300, 312, *9.3*, 332-333, *9.19*

obsidiana 164-165, 179-180, *6.3d*
ocelos 324, 339-340
ofiolito 42, 119, *4.13*, 137-141, 242, 244, *8.17*
Ofiolito de Bay of Islands (Terra Nova) *4.13*, 136, *5.3.2*
ofiolito de Semail (Omã) 119, 136, 138, *5.3.2*, 140, *5.3*
ofiolito de Troodos (Chipre) 139, *5.3.2*, 206
ogiva 169, *6.3f*
OIB: *ver* basalto de ilha oceânica
oicocristal *4.1*, *4.11*, **4.9**, 136, 158, **5.1**, 175, 308-309, **9.22**, 350, 352
Oldoinyo Lengai (Tanzânia) 300-302, *9.3*, **9.4**, **9.19**, **9.20**
oligoclásio (plagioclásio) 11, 263
olivina 9-10, 30, 39, **2.1-2.5**, **2.7-2.9**, **2.10**, 112-113, 131-132, 143-146, **4.3-4.5**, **4.12**, *5.6*, **5.1-5.11**, 150-154, *5.9*, *5.11*, 166, **6.3**, **9.1-9.2**, **9.9**, **9.10**
— basalto 8-9, 23, **2.1**
— fracionamento 155
— gabro 8-9
— melilitito **9.9**, **9.10**
— toleíto 21, **2.1**, **2.2**, **6.10**
olivina mantélica *5.6*, **5.3-5.7**, 319
olivina **poliédrica** 148-150, *5.8*, *5.9*, *5.11*, 158
olivina-fírico 2.1, 2.3
opaco (óptica) 248, 347, 350, 352
opdalito *8.2*
opticamente contínuo 35, 263, **8.3**, 325
Öræfajökull (Islândia) *9.9*, 317-318
ordem de cor de interferência 352-353
ortoclásio 37, **8.7**
ortocumulato 117, **4.4**
ortopiroxênio 22-23, 98, 165-167, 175, 244-245, *8.2*
ortorrômbico 22
óxido 4

óxido de ferro total 46-47
óxidos de Fe-Ti 166, 175, 281

pahoehoe 24, *2.2a*, 300-303, **9.20**
— dedos de lava 24, *2.2b, 2.5*, 98-99, **9.20**
pahoehoe conchoso 24
pahoehoe em corda 24, 303
palagonita 27
Pantelleria (Itália) 326-330, *9.17*
pantellerito 326-330, *9.17*
pargasita (anfibólio) *6.24*, 202-203, *6.6.1*
pegmatito 102-103, 141, *8.13a*, 265-266
pegmatito zonado 266
pelito 285-286
península de Reykjanes 317-318, *9.9*, 335, 337, *9.20*
península de Snaefellsnaes (Islândia) 48, *9.9*, 317-318, 335, 337-338, *9.20*
peralcalino 268-269, *8.14*, 304, 310-311
peralcalino 8-9
peraluminoso 268-269, *8.14*, 285
percurso de cristalização 70-71
percurso P-T-t *8.4.1*
perda de massa por ignição 15
perfil de reflexão sísmica *5.3.1b*, 189, 246, *8.4c*
peridotito 58-59, 131, *5.1, 5.2*
peridotito de Lherz (Pirineus) *4.13*, 146-147
perovskita (mineral) 309-310, *9.9*, 325
pertita 242, 244-245, *8.1.1*, 263-264, *8.12*, 304, **9.14, 9.16**
petrografia, petrográfico 2-3, 161, 241
petrologia experimental 66-67
PGE 104, 115, 137, 141, 157-158
pH 267
P_{H_2O} 177, *6.4.1*, 258, 260, 286, 315-316
picrito 21, 136, 148-152, *5.5.1, 5.5.2*
picrobasalto 84-85
pigeonita *2.1.1*, 42, **2.10**
pigeonita invertida *4.8*, 118, 120-121, **4.7**
Pinatubo (Filipinas) *6.14, 7.4d*
pinheiro manso 215, *7.4g*
Pirineus 146

piroclasto, piroclástico 175, 219
— nomenclatura *7.5*
— tamanho de grãos 219
pirocloro (mineral) 265-266, 302
piropo 131-132, *5.2.1*
piroxênio 7-8, 11, 22-23, 30, 98, **4.1- 4.9, 5.1-5.5, 5.9-5.11**, 120-121, **6.4-6.5**, 161-162, 243, 296-297, **9.7, 9.8, 9.15**
— quadrilátero *2.1.1, 4.2*, **4.5.2**
piroxênio com alto teor de cálcio (HCP, *high-Ca pyroxene*) 7-8, 22-23, *2.1.1*, 42, 120-121
piroxênio com baixo teor de cálcio (LCP, *low-Ca pyroxene*) 22-23, *2.1.1*, 39, 42, 120-121, 142
piroxênio sódico 291-297, *9.2.1*, **9.7, 9.8, 9.15**, 310-311
piroxenito *5.1*, 135, *5.2*, 142, 147, 335, 337-338
pirsonita **9.4**
Pitcher W.S. 250-251
pitchstone 180, **6.10**
Placa de Cocos *6.21*, 204
placa de Farallon 54-55
Placa de Juan de Fuca 194-196, *6.21*
Placa de Nazca 194-196, *6.21*, 204
placa mergulhante 197-198, *6.23*
plagioclásio *6.1b, 8.1*, 243-246, *8.1.1*, 255-256, 284-285
— composição 96-97, *4.1.2*
— fenocristais 175, **6.1, 6.2, 6.6**
— flotação 114
— macla *6.1.1*
— série *3.4*, 76-80, 164-165
plagioclásio cálcico 7-8, 20
plagiogranito 242, 244, 275-277, *8.19*, 280-282, *8.20*
planar-rampa-planar (soleira) *4.4b*
plano crítico da subsaturação em sílica 311, 313-316, *9.7a*
plano de composição *4.1.2*
plano de luz polarizada 347-351
plano de saturação em sílica 311, 313-316, *9.7a*
plataforma siberiana 141
Platô de Hikurangi 52, *2.15*
Platô de Kerguelen 52, *2.15*
Platô de Manihiki 52, *2.15*
Platô de Ontong Java 44-45, 52-55, *2.15*, 2.16
Platô do Colorado *6.12*
pleocroísmo 98, **8.4, 8.10, 9.18**, 348-347, 350

pleonasto (espinélio) 133, *5.1.1*
Plínio 215
pluma 60-63, *2.18*, 104, 119, 122, 157
— topo 335, 337, *9.20*
Pluma do Quênia 338-339
pluma inicial 61-63, 206
pluma mantélica 60-63, *2.18*, 104, 119, 122, 157, 335, 337-339
plúton 102-104, 244-256
plúton de Ardara (Irlanda) **8.1**, *8.9d*, 254-255
plúton de Tuolumne (Sierra Nevada) 276-277
plúton em forma de funil 102-103
plúton tabular *8.9e*
plutônico viii, 7-8, 16-17, Capítulo 4, *4.1*, 131-114, *5.1*, Capítulo 8, 303-309, *9.4*
polibárico 175
polimerizado, polimerização 33, 167-171, 266, 300
ponto de reação 73-75, *4.3.1*, 113
porcentagem em massa 9-10
porcentagem em peso *1.1*, 4
porfiroblasto 260-261
porfiroclasto, textura porfiroclástica 147, **5.8**
pós-colisional 328-331, 342-344, *9.24*
positivo (sinal óptico) 291-293
potássio *ver também* alto-K, etc. 17, *1.6*, 41
ppb 4
PPL 347, 350-351
ppm 4
precisão 44
pressão 1-2, 16, 29, *2.17*, 58-63, 98-99, 102, *4.5, 4.6, 5.5*, 142, *5.4.1*, 155-157, *5.12, 6.5, 6.7*, 170-171, 175-176, 179, 182-184, *6.9, 6.10, 6.2.2, 6.4.1, 7.1*, 224, 236, 258, 260, 286, *8.4.1*, 311, 313, 331-333, *9.18*
primitivo 11, 197-198
— magma 197-198
— manto 50-51
Princípio de Reação 76-77, 110, 112-113
prisma acreacionário 186, *6.13*
problema do espaço 250-255, *8.9*
processo pós-magmático 2-3
processos tardios 266-267, *8.13*
projeção em diagrama de fase 362, 364

província alcalina de Gardar (sul da Groenlândia) 122-123, 308-309, *9.15*, 321-323, 326
província alcalina de Oslo 322-323
Província Campaniana (Itália) 328-329, *9.17*
Província de basalto de platô de Etendka *2.15*, 54-55, *2.16*
Província de Basin and Range *2.12*, 54-55, *6.12*, 196-197, 321-322
província de Karoo (África meridional) 26-27
Província Magmática do Atlântico Central (CAMP) *2.15*, 54-55
Província Romana (Itália) 328-329, *9.17*
província vulcânica de Toro--Ankole *9.3*, 329-331
Província Vulcânica do Atlântico Norte (NAVP, *North Atlantic Volcanic Province*) *2.15*
pseudoleucita (produto de alteração) 310-311, 315-316
pseudomorfo 35, **2.9**, 310-311
púmice 203, 214-219, *7.18*, 234-236
púmice bandado 171

qualificador 7-10
qualificador geoquímico 16, 18, *6.8b-c, 8.14, 8.19, 9.8.1, 9.24*
quartzo 5-6, *2.11*, 37, 94-95, 175-176, 179, **6.9**, *8.1*, 243, 263, **8.3**, 267, 291-293
— diorito 276-277
quartzo-feldspático 250-251, 279
Quench, quenching (resfriamento instantâneo) 67-68, 83-84, 183, *9.18*
Quênia 54-55, *2.16*, 61-63
"rabo de galo" *7.9a*, 223

rápido no comprimento (óptica) 96-97, 297, 352-353
razão isotópica do Sr 85-91, *8.21*, 282-285
razão isotópica inicial do Sr *3.4.2*, 90-91
razão La/Yb 284
razão Sr/Y 204-206, 279, 284
razão Y/Nb *8.19*, 285-288
razão Zr/Sm 206
razão Zr/Ti 206
reabsorver, **reabsorção** 176, 178-179, 309-310
Read H.H. 250-251, 280

reajuste grão-limite 136
recife 114
Recifes de Platinova *4.8*, 115
REE: *ver* elementos terras-raras
refratário 58-59
Regra da Alavanca 71-73, *3.2.1*
relação água:rocha 267
relação Ce/Yb 342-343, *9.24*
relação espessura:comprimento 24, 16, 250
relação *K-h* 190-192, *6.16*
relação LILE/ETR 190
relação LILE/HFSE 190, 338-339
relação *N:G* 261-262, 266
relação ΣFeO/MgO *6.8*
relevo (óptico) 269, 348, 347, 350-351
reservatório de MORB 200
resistência ao escoamento 169-171, 209
Reunião 26-27
reversa (estratificação críptica) 136
richterita 306, *9.4.1*
riebeckita (anfibólio) 269, 306, *9.4.1*, 310-311, **9.18**
Rifte da Etiópia *9.3, 9.13*, 337-338
Rifte de Baikal *2.12*, 54-55
Rifte de Gregory *9.3*, 319-322, *9.11, 9.12, 9.14*
rifte de Rio Grande (Estados Unidos) *2.12*, 54-55, *5.1*, 321-322
rifte do Reno *2.12*, 54-57
Rifte Ocidental (leste da África) *9.3, 9.13*, 321-322
riftes com elevada produção vulcânica *9.13*
Rio Columbia 26-27
riolito 12, *1.4*, Capítulo 6, 161-162, *6.1*, 168, *6.3f, 6.9, 6.15*, 195-198, 206-207, 219
rochas livres de feldspato 299
rochas moderadamente potássicas 296-297, *9.2*
rochas **ultrapotássicas** 297, 299, 326-327, 329-331, *9.8.1*
rochas vulcânicas de Coppermine (Territórios do Noroeste, Canadá) *4.13*
rochas vulcânicas de Honolulu 317
Rochedos de São Paulo *2.12*
Roeder e Emslie 143
rollback 6.19
rollback da placa 193-194, *6.19*

Rum (Hébridas) 104, *4.7a, 4.7f, 4.7g, 4.13*, 135-136

sálica 292, 340-341
salinidade do fluido 267
San Venanzo (Itália) 328-329, *9.17*
sanidina 164-165, 167, *6.2.2*, **6.10**, *8.1.1*, 297, **9.12**
sannaito (lamprófiro) 325
saturado 70-71
saturado em sílica *2.11*, 36, *9.11, 9.12*
schlieren 255-256
SCLM: *ver* manto litosférico subcontinental (*sub-continental mantle lithospere*)
Seção do arco de Kohistan (Himalaia) 189, 273, *8.17*
seção do arco de Talkeetna (Alasca) 189
seção α-γ 98, *4.2.1*, 350, 352-353
secundário 8-9, 15, 16
sedimento de mar profundo 201-202
sedimento pelágico *5.3.1*
segmento de Arequipa (Peru) 271
semi-graben 319-322, *9.11*
separação 118, 120-121, *4.7-4.9*
separação 220, *7.7*, 225
sericita 20, 94, 161-162, 243, **8.1**, 266, 292, **9.15**
série alto-k *1.6*, 57, 326-330
Série de Borda Marginal (Skaergaard) *4.8, 4.9*
série de reação contínua 113
série de reação descontínua 113
Série Estratificada 108-115
serpentina (mineral) 20, 30, 61-63, *2.8*, 94, 135, *5.3.1a*, 161-162, 327-328
serpentinito (rocha) 135
serpentinito cisalhado *5.3.1a*
serpentinização **2.8, 5.9-5.11**
shergotito 57-58, **2.10**
shonkinito 305, *9.5*
shoshonito-latito *1.6*, 57, 185, *6.11, 6.18*, 194, 297, *9.2*, 312, 328-330, *9.19*, 342-344, *9.24*
siderita 302
sideromelana 32
sienito *8.1*, 243-242, 244, *9.4*, 275, 304-305, 322-323, **9.14, 9.15, 9.16, 9.17, 9.18**
sílica 4
silicato 4

silícico 7-8
silvita (mineral) 303
sinal óptico 291-293, A1, 352-357, A6
SiO_2 3-5, 131, 166, 204-206, 285, *9.18*
sistema 66-67
— $CaMgSi_2O_6$–$CaAl_2Si_2O_8$ *3.1.1*, *3.2*, 67-72
— $CaMgSi_2O_6$–$CaAl_2Si_2O_8$–Mg_2SiO_4 *3.3*
— $CaMgSi_2O_6$–Mg_2SiO_4–$NaAlSiO_4$–SiO_2 311, 313, *9.7b*
— $CaMgSi_2O_6$–$NaAlSi_3O_8$–$CaAl_2Si_2O_8$ *3.7*, *3.8*, 79-84
— $CaMgSi_2O_6$–$NaAlSiO_4$–SiO_2 311, 313, *9.7b*
— Mg_2SiO_4–Fe_2SiO_4 *3.6*
— $NaAlSi_3O_8$–$CaAl_2Si_2O_8$ *3.4*, 76-80, *3.5*
— SiO_2–$NaAlSiO_4$–$KAlSiO_4$ *9.7c*, 315-316
sistema de "resíduos" *9.7c*
Sistema de Riftes do Leste da África (EARS) *2.12*, *9.3*, 319-322, *3.11*, *3.12*, *3.13*
Skye (Hébridas) 26-27
slumping 110, *4.7f*
Sm (samário) 206
sobrecrescimento 261-262, **8.6**, **8.7**
sodalita (feldspatoide) 292-293, **9.8**, **9.13**, **9.22**
sodalitolito (rocha) 308-309
soerguimento 146
soldado, soldagem 12, 171-175, **7.3**, *7.11d,e*, 236
soleira 98-99, *4.3d*, *4.5b*, *8.9e*, 254-255
soleira composta, dique 102-103, 324
soleira diferenciada 102-103
solidus *58-59*, *2.17*, *2.18*, *3.1.1*, 68-70, 121, *5.5*, *5.12*, 175-177, *6.5*
solidus saturado em H_2O *6.4.1*, 251-252, 263, 266
solidus seco 177, *6.4.1*
solubilidade 30
solução sólida 9-10, 76-77, *6.1.1*, *8.1.1*
soluto iônico 266-267
solvus 22, 120-121, *4.5.2*, 242, 244-245, *8.1.1*, 263-264, *8.12*, *9.21*, 339-340
sövito 305, 308, 339-340
spatter cone 7.3a, **9.19**

SSZ: *ver* zona de suprassubducção
Staffa *2.3*
stock 246, 249
stoping 8.3b, *8.9a*, 251-253, 257-258
Stromboli (Ilhas Eólias, Itália) *2.16*, 57, 326-330, *9.17*, *9.19*
subalcalino *1.5*, 16, *2.1*
— basalto 22, 37
subducção 61-63
— basaltos associados à 55-58
— magmas associados à 185, 326-330, 333-334
— zona 185-196
subgrão 119, **4.13**
subsaturado em sílica 5-6, *2.11*, 36, 39-40, 292-293, *9.11*, *9.12*, 321-322, 331-332
subsidência de cauldron 248, *8.9b*, 252-254
subsidência do teto 102-103
subsolidus 121
suíte **bimodal** 195-198, *6.22*, 207, 318, 320-321, *9.12*, *9.13*
suíte **TTG** (tonalito-trondhjemito-granodiorito) 278-280, *8.20*, 284-285, *8.23*
sulfeto 115, 157, 257-258
sulfeto vulcanogênico maciço (VMS) 57-58
superaquecimento, superaquecido 256-257, 300
supererupção 237
super-resfriamento, super-resfriado 32, *2.3.1*, 118, 263
supersaturado *7.1*
supersaturado em sílica 5-6, *2.11*, 36, 38-39
surge basal *7.9a*, 230-233, *7.15a*
SVZ: *ver* Zona Vulcânica Meridional

talco 135
tamanho de grão 3-5, *1.3*, 32, 116
Taupo (Nova Zelândia) *6.12*, *6.14*, *7.8*, *7.11c*
— ignimbrito *7.11c*
taxa de efusão 26-27, 28
taxa de nucleação (N) 256-257, 261-262, 266
tectonito 138-140
tefra 175
— dedos 223, *7.9a*
tefra **juvenil** 215, 219
tefrifonolito *1.4*, *9.1a*

tefrito 12, *1.4*, *9.1*, 294-295, 299, 312
Teide (Tenerife) 318-319
temperatura potencial 60-61, 155-156, *5.12*, *5.13*
tendência de Fenner 180
tendência toleítica 180, *6.8a*
Tenerife 209, 318-319, *9.10*, *9.19*
tensão principal mínima *4.5*
teor de voláteis pós-eruptivo *6.14*, *7.13*
terremoto *6.13*, *9.17*
terreno irregular 233, *7.17*
teste de Becke 351
textura **afanítica** 34
textura **afírica** 34, 75-76, 189
textura cisalhada 158, **5.8**
textura corona 118
textura de peneira 179, **6.7**
textura de reação 118, 261-262
textura em crescente 118, **4.6**
textura esquelética *5.9*, **5.9-5.11**, **6.10**
textura **eutaxítica** 225, *7.11d*, **7.3**
textura **fanerítica** 266
textura **intergranular** 34
textura **intersertal** 33, **2.3**
textura micrográfica 263, **8.3**
textura **ofítica** 34, 116, *4.11*, **4.1**
textura **orbicular** 255-257, **8.5**
textura **poiquilítica** 116, *4.11*, 175
textura poiquilofítica 116, **4.3**
textura poligonal 118, 136, 147
textura **porfirítica** 12, 32, *2.10*, 309-310
textura protogranular 147, **5.3-5.7**, 158
textura **rapakivi 8.7**, 261-263
textura **seriada** 12, **2.3**, *2.10*, 175, **6.1**, **6.6**, 309-310, **9.7**
textura **simplectítica** 119, **4.10**, **4.11**
textura spinifex 148-154, *5.7*, *5.8*, *5.9*, *5.10*, *5.11*, 158, **5.9**, **5.10**, **5.11**
textura subofítica 116, **4.2**
textura traquítica 309-310, **9.12**
theralito 303-304
Thingmuli (Islândia) 180-184, *6.8*, *6.9*
Ti 206
Tibesti 337-338
Tibete 272-274, *8.17*, 328-330, 343-344
TiO_2 166
^{TM18}O 88-89
Toba (Indonésia) 234

toleíto, basalto toleítico 21, 22, 35-41, 151, *6.10*
toleíto baixo-K 52, 55-57, *2.16*, 57, 189, 197-198
tomografia sísmica 199, *6.24*, 202, 207, 337-338
tonalito *8.1*, 241-243, 271-272, 276-279
topázio 265-269
topografia dos *trap* *2.2d*, 26-27
trajetória da tensão *4.6*
transgressiva 98-99
transicional *1.5*
"Traps" siberianos *2.15*
traquiandesito *1.4*, 164, *9.1*, 295-296, 328-330
traquibasalto 12, *1.4*, 164, *9.1a*, 294-295, 328-330
traquidacito *9.1a*
traquito 12, *1.4*, 84-85, *3.10*, 161-162, 209, 236, 9.1, 295-296, 312, 318, *9.11*, 322-323
triângulo trifásico *3.8*, 81-82
triclínico 165, *6.1.1*, 242, 244-245, *8.1.1*
tridimita 175
trituração 2-3
trivariante 75-76
troctolito *4.1*, 94-95, 119, 122-128, 140
trondhjemito 206, 241-243, 278-279
tufo 214, *7.5*, 235-236
— anelar 302
tufo de Bandelier *6.14*, *7.11e*
tufo de Bishop (Califórnia) 237, 6.14
Tufo de Fish Canyon (Colorado) 237
tufo lítico 236
tufo vítreo 235
turmalina 243, **8.4**, 265-269

ultrabásico *1.3c*, 7-8, 58-59, Capítulo 5
ultramáfico *1.3b*, Capítulo 5, *5.1*
— cumulato *5.3.1*
— lamprófiro 322-325, *9.6.1*
— tectonito 138-139
ulvoespinélio 133
underplating 47, 207, 284-288

uniaxial (óptica) 291-293, *A1*, 352-357, *A2*, *A3*
univariante 74, 77-78, *4.3.1*, 113
Urais (Rússia) 141
uralita 20, 30, 94, 161-162, 243
urtito 304-305, *9.5*

Vale de Riftes do Quênia *9.11*, *9.12*, 319-322, *9.14*, 9.19
valores de normalização para MORB *6.25*
Vanuatu **2.5**, *6.12*, **6.3**
variância 74
varíola 32
veios em rede 256-258, *8.10b*
vesícula, vesicular 1-2, *1.1*, 12, 16, 24, 29-30, **2.3**, *2.7*, *2.8a*, 203, *7.18*, 234, **9.11**
amígdala 30, *2.8b*
Vestmannaeyjar (Islândia) *9.9*, 318, 335, 337-338, *9.20*
Vesúvio (Itália) 212, 215, *9.27*
vidro 13, 161-162, 165, **6.9-6.11**, 234
viscosidade 169-171, 209-210
VMS: *ver* sulfeto vulcanogênico maciço
vogesito (lamprófiro) 325
voláteis (teor, pressão) 2-3, 15, 29, 171, 175, 189-190, 197-202, 257-258, 324-325
— livre de 15, 38
vug 258, 260
vulcânico viii, 7-8, 16-17, Capítulo 2, *2.1*, Capítulo 6, *6.1*, 291-303, *9.1*
vulcanismo de margem continental ativa 57-58
vulcanismo potássico 297, 299, 321-322
Vulcano (Ilhas Eólias, Itália) *7.2c*, *7.4b*, 326-330, *9.17*
vulcão de Cantal (França) 87-88, *3.11*, **9.12**
vulcão de Tatara/San Pedro (Chile) 180-182, *6.8*, *6.9*
vulcão em escudo 26-27, 48, 209-210, *7.2a*, 214

Walker G.P.L. 221
websterito 131-132, *5.1*
wehrlito 131-132, *5.1*, 140, *5.3*, *5.4*
wyomingito (lamproíto) 329-330

xenocristal 1
xenólito 17, 58-59
xenólitos mantélicos 141-146, **5.3, 5.4, 5.5**, 302, 317, 319, 322-323, 327-328, 338-342, *9.22*
XRFS 4

Y (ítrio) 205
Yellowstone (Wyoming) *2.12*, *2.15*, 196-198
— *hotspot*/pluma 197-198, 207
Yoder e Tilley 58-59, 182-184, *6.10*, 310-316

zeólita 325
zircão (mineral) 310-311
zona colunal 26-27, *2.3*
zona de fissura de Laki 48, 317, *9.9*
zona de limite 135
zona de placa plana 194-195, *6.21*
zona de sutura continental 139, 146, 189, 248-250, *8.17*
Zona inferior (Skaergaard) 108, *4.8*
Zona Intermediária (Skaergaard) 108, *4.8*
zona irregular de derrame (*entablement*) 26-27, *2.3*
zona neovulcânica (Islândia) *9.9*
Zona Oculta (Skaergaard) 108-109, *4.8*, *4.9*
zona orogênica da Tasmânia 272
zona sísmica de **Wadati-Benioff** 188-190, *6.13*, *9.17*, 342-343
zona spinifex *5.11*
Zona Superior (Skaesrgaard) 108, *4.8*
Zona Vulcânica Austral (Andes) *6.12*, *6.21*
Zona Vulcânica Central (Andes) *6.12*, 194-195, *6.21*
Zona Vulcânica Meridional (Andes) *6.12*, 194-196, *6.21*
Zona Vulcânica Setentrional (Andes) *6.12*, *6.21*
zonação, zonado 33, **2.5**, 65, *3.5*, 79-80, 82-83, 116, 126-127, 176, **6.1, 6.2, 6.6**, 350, 352
zonação normal 178, 309-310
zonação oscilatória 161-162, 176-178, *6.6*, **6.1, 6.2, 6.6, 9.11**, 309-310
Zr 89, 92, 190, 206, 310-311